KB252228

맥클라렌 강해설교
디모데후서~야고보서

〈 딤후·딛·몬·히·약
역자 〈 정충하

알렉산더 맥클라렌 강해설교전집 15

맥클라렌 강해설교
디모데후서~야고보서

〈 딤후·딛·몬·히·약
역자 〈 정충하

크리스챤
다이제스트

국립중앙도서관 출판시도서목록(CIP)

맥클라렌 강해설교 : 디모데후서~야고보서 / [저자]:
알렉산더 맥클라렌 ; 역자: 정충하. -- 고양 : 크리
스챤다이제스트, 2014
p. ; cm. -- (알렉산더 맥클라렌 강해설교전집 ; 15)

원표제: Expositions of holy scripture
원저자명: Alexander Maclaren
영어 원작을 한국어로 번역
ISBN 978-89-447-2115-1 94230 : ₩30000
ISBN 978-89-447-2100-7 (세트) 94230

강해 설교[講解說教]
디모데 후서[--後書]
야고보서[--書]

233.7-KDC5
227-DDC21 CIP2014023410

차례

디모데후서

디도서

빌레몬서

히브리서

야고보서

디모데후서

1
젊은 병사에 대한 노병(老兵)의 훈계

"[1]하나님의 뜻으로 말미암아 그리스도 예수 안에 있는 생명의 약속대로 그리스도
예수의 사도 된 바울은 [2]사랑하는 아들 디모데에게 편지하노니 하나님 아버지와
그리스도 예수 우리 주께로부터 은혜와 긍휼과 평강이 네게 있을지어다 [3]내가 밤
낮 간구하는 가운데 쉬지 않고 너를 생각하여 청결한 양심으로 조상적부터 섬겨
오는 하나님께 감사하고 [4]네 눈물을 생각하여 너 보기를 원함은 내 기쁨이 가득하
게 하려 함이니 [5]이는 네 속에 거짓이 없는 믿음이 있음을 생각함이라 이 믿음은 먼
저 네 외조모 로이스와 네 어머니 유니게 속에 있더니 네 속에도 있는 줄을 확신하
노라 [6]그러므로 내가 나의 안수함으로 네 속에 있는 하나님의 은사를 다시 불일듯
하게 하기 위하여 너로 생각하게 하노니 [7]하나님이 우리에게 주신 것은 두려워하
는 마음이 아니요 오직 능력과 사랑과 절제하는 마음이니"

딤후 1:1-7

"[14]그러나 너는 배우고 확신한 일에 거하라 너는 네가 누구에게서 배운 것을 알며
[15]또 어려서부터 성경을 알았나니 성경은 능히 너로 하여금 그리스도 예수 안에 있
는 믿음으로 말미암아 구원에 이르는 지혜가 있게 하느니라 [16]모든 성경은 하나님
의 감동으로 된 것으로 교훈과 책망과 바르게 함과 의로 교육하기에 유익하니 [17]이
는 하나님의 사람으로 온전하게 하며 모든 선한 일을 행할 능력을 갖추게 하려 함
이라"

딤후 3:14-17

바울의 마음은 이 편지를 쓰기 훨씬 전부터 디모데에게 마음이 가 있었습니다. 그것은 그의 2차 선교여행까지 거슬러 올라갑니다. 그리고 그것은 디모데도 마찬가지였습니다. 디모데 역시도 바울에 대해 젊은이 특유의 열정적인 애착심을 품고 있었습니다. 그는 전체 동역자들 가운데 바울로부터 가장 많은 사랑을 받은 사람이었던 것 같습니다.

디모데와 관련한 두 서신은 그가 다소 심약한 젊은이라서 강함과 담대함이 보충될 필요가 있었음을 보여 줍니다. 그는 역경과 반대에 지나치게 민감한 경향이 있었습니다. 그리하여 바울은 그가 자신의 심령을 굳세게 하도록 그를 계속 격려할 필요가 있었던 것 같습니다. 바울의 투옥과 임박한 죽음은 분명 디모데의 심약한 마음을 더욱 낙망시키며 슬프게 했을 것입니다. 어쨌든 격려와 용기를 불어넣어 주는 말이 감옥 밖에 있는 친구가 아니라 감옥 안에 있는 순교자로부터 나온 것은 참으로 아름답고 감동적입니다. 디모데가 바울을 위로하며 격려하는 것이 마땅했지만, 실제로는 바울이 디모데를 위로하며 격려했습니다.

오늘의 본문 속에서 우리는 디모데에 대한 바울의 두 가지 주요한 훈계를 보게 됩니다. 첫 번째는 1장 6절의 "네 안에 있는 은사를 불일듯하게 하라"는 훈계이며, 두 번째는 3장 14절의 "배우고 확신한 일에 거하라"는 훈계입니다. 첫 번째 훈계 즉 자신의 영적 능력을 계속 증진시키도록 노력하라는 훈계는 디모데의 믿음에 대한 바울의 지식 위에 기초합니다, 두 번째 훈계 즉 이미 받은 교훈을 굳게 붙잡으라는 훈계는 진리의 구원하는 능력에 대한 디모데의 지식 위에 기초합니다. 그러나 바울은 디모데를 너무나도 사랑했기에 그에게 단순히 훈계만 주는 것으로 끝내지 않았습니다. 바울의 훈계는 디모데에 대한 따뜻한 애정의 아주 부드러운 덮개로 싸여 있었습니다.

1. 첫 번째 훈계를 살피기에 앞서 먼저 1-5절의 머리말을 살펴보도록 합시다.

서신은 이렇게 시작합니다. "하나님의 뜻으로 말미암아 그리스도 예수 안에 있는 생명의 약속대로 그리스도 예수의 사도 된 바울은"(1절). 바울은 자신의 사도적 권위를 제쳐 놓지 않습니다. 도리어 그는 그것을 사용하여 자신의 인사말을 한층 더 달콤하며 강력하게 만듭니다. 그는 어떻게 사도가 되었습니까? 그것은 하나님의 뜻으로 말미암은 것이었습니다. 그는 무엇을 위해 사도가 되었습니까? 그것은 사람들에게 그리스도 안에 있는 생명의 약속을 알게 하기 위함이었습니다. 이와 같이 바울은 사도의 권위로 옷 입고 생명의 위대한 약속을 지닌 채 디모데를 마치 사랑하는 자녀처럼 자신의 품에 안습니다. 장군이 스스로를 낮추어 병졸(兵卒)을 껴안습니다. 그리스도의 사도가 젊은 종에게 사랑과 축복을 붓습니다. 그가 "은혜와 긍휼과 평강"을 기원할 때, 그것은 기도인 동시에 예언이었습니다. "사랑하는 아들 디모데에게 편지하노니 하나님 아버지와 그리스도 예수 우리 주께로부터 은혜와 긍휼과 평강이 네게 있을지어다"(2절).

우리는 바울의 언어 속에 디모데에 대한 사랑이 흘러넘치는 것을 주목할 수 있습니다. 3-5절의 언어 속에는 다소의 모호함이 있지만, 그러나 그 의미는 명백합니다. 바울의 마음은 디모데의 "거짓이 없는 믿음"으로 생긴 감사로 흘러넘치고 있었습니다. 그러나 그에 대해 말하려고 하는 순간 그의 마음속에서는 또 다른 뜨거운 생각이 용솟음쳐 오르고 있었습니다. 서로 떨어져 있는 사람들 사이의 사랑의 언어는 세상 모든 곳에서 동일한 법입니다. 그러나 사랑은 영적으로 드높일 필요가 있으며, 그것은 "기도" 안에서 그 최고의 표현을 발견합니다. 로마의 감옥에 갇혀 조만간 사형에 처해질 것을 예상하고 있음에도 불구하고 젊은 동역자에게 자신이 항상 그를 생각하며 그리워하고 있노라고 말하고 있는 한 죄수를 생각해 보십시오.

계속해서 바울은 디모데가 자신과 헤어져야만 했을 때 흘렸던 눈물을 생각하면서, 그를 다시 보기를 간절히 바라노라고 말합니다. "네 눈물을 생각하여 너 보기를 원함은"(4절). 헤어질 때의 디모데의 눈물과 다시 만나기를 바라는 바울의 간절한 소망은 얼마나 아름답게 서로 대조됩니까! 이런 지도자를 도대체 어떤 추종자가 냉랭한 마음으로 따를 수 있겠습니까!

자신 안에 "거짓 없는 믿음"이 있음을 인정해 주는 글을 읽을 때, 디모데의 마음은 얼마나 큰 기쁨으로 고동쳤겠습니까! 노병이 신병의 어깨를 두드리며 노고를 치하해 줄 때, 신병에게 항상 그것은 영원히 잊을 수 없는 순간이 될 것입니다. 특별히 그의 외조모와 어머니를 칭찬하는 말은 그의 마음을 더욱 따뜻하게 만들어 주었을 것입니다. "이 믿음은 먼저 네 외조모 로이스와 네 어머니 유니게 속에 있더니"(5절). 이런 혈통을 가진 사람이 대대로 계승되는 믿음에 충실하라는 훈계를 받을 때, 도대체 누가 이런 훈계에 귀를 기울이지 않겠습니까! 어쨌든 우리는 이러한 말로 인해 디모데가 이어지는 훈계를 흔쾌히 받아들일 수 있는 충분한 준비가 되었을 것으로 짐작할 수 있습니다. 물론 바울에게 있어 이러한 말은 단순한 수사적 기교가 아니었습니다. 그것은 그의 깊은 애정으로 말미암은 것이었습니다. 디모데의 마음밭은 바울의 사랑의 물로 온전히 적셔졌으며, 그리하여 씨앗을 받아들일 충분한 준비가 되었습니다.

2. 계속해서 노병은 권위적인 명령이 아니라 따뜻한 권면으로 훈계합니다.

"그러므로 내가 나의 안수함으로 네 속에 있는 하나님의 은사를 다시 불일듯 하게 하기 위하여 너로 생각하게 하노니"(6절). 바울은 디모데가 이미 사역자로서 구비(具備)되었음을 인정합니다. 왜냐하면 그는 이미 사역을 위한 "하나님의 은사"를 받았기 때문입니다. 그것은 성령으로부터, 그리고 바울을 위시한 장로들의 회에서 안수를 통해 받은 것이었습니다" (딤전 4:14).

물론 6절의 명령은 디모데에게 특별하게 해당되는 것이긴 합니다. 그러나 거기에 함축된 원리는 보다 더 넓은 의미에서 모든 그리스도인들에게 적용됩니다. 왜냐하면 모든 그리스도인들이 동일한 성령을 받고 또 하나님으로부터 은사를 받기 때문입니다. 하나님의 모든 은사들은 올바른 조건 위에서 계속 유지됩니다. 사람이 하나님의 은사를 소홀히 할 때, 그것은 곧 그칠 것입니다. 마치 소홀히 여김을 받는 불이 곧 꺼지는 것처럼 말입니다. 모든 것이 그렇습니다. 쓰지 않는 근육은 퇴화되며, 계발되지 않는 재능은 소멸됩니다. 하나님의 은혜도 마찬가지입니다. 우리가 그것을 충성되게 사용하지 않을 때, 그것은 사라집니다. 성령의 은사는 우리 자신의 행동을 대체하는 대체물이 아닙니다. 우리가 그것을 소유하는 분량은 그에 대한 우리의 거룩한 열정의 분량에 비례합니다.

분명 디모데는 바울의 투옥과 임박한 죽음의 예상으로 인해 낙망하고 있었을 것입니다. 그는 항상 바울을 의지했습니다. 그러나 지금까지 그를 지탱해 주던 강한 버팀목이 뽑히려고 하고 있었습니다. 이제 그는 홀로 서야만 했습니다. 뿐만 아니라 바울이 감당했던 일 가운데 일부를 자신이 떠맡아야만 했습니다. 그리하여 바울은 명랑한 목소리로 그의 가라앉은 마음을 밝게 해주려고 애를 씁니다. 바울은 우리 마음의 시들시들한 불을 다시금 "불일듯하게" 하라고 훈계하는데, 이러한 메시지는 여러 가지 환경 가운데 낙망한 우리 모두에게 임합니다.

바울은 그러한 훈계의 기초로서 하나님의 은사의 당연한 결과를 가리킵니다. "하나님이 우리에게 주신 것은 두려워하는 마음이 아니요 오직 능력과 사랑과 절제하는 마음이니"(7절) 성령은 위험 앞에서 주눅 든다든지 혹은 마땅히 행해야만 하는 의무 앞에서 움츠리는 등의 두려워하는 마음을 우리에게 주입(注入)하지 않습니다. 도리어 성령은 연약한 자 안에 "능력"을 불어넣음으로써, 그가 모든 일을 행하며 감당할 수 있도록 만들어줍니다. 또 성령은 사람 안에 "사랑"을 불어넣음으로써, 그가 하나님과 사람을 위해 열심히 일할 수 있도록 만들어 줍니다. 또 성령은 사람에게 범사에 쉬운 일만 좇으며 항상 넓은 길로만 다니려고 하는 마음을 억제시키는 "절제하는 마음"을 불어넣어 줍니다. 모든 젊은이들은 마음을 열고 이러한 훈계에 귀를 기울일 필요가 있습니다. 그리고 그것은 그들에게 능력과 사랑과 절제하는 마음을 가져다주는 신적 보혜사의 들어오심을 위해 그들이 문을 열도록 격려합니다.

3. 계속해서 3:14-17의 두 번째 훈계를 주목하십시오.

여기의 훈계는 첫 번째 훈계와 마찬가지로 디모데의 혈통적 특성 즉 그가 조상들로부터 이어진 믿음을 전승받은 사실을 전제합니다. 그는 경건한 가정으로부터 신앙적인 감화를 받으며 자랐습니다. 우리는 여기에서 그의 견고함의 두 가지 근거를 주목할 수 있습니다. 그것은 그가 누구로부터 배웠는지를 알았던 사실과 어려서부터 성경을 알았던 사실입니다. "너는 배우고 확신한 일에 거하라 너는 네가 누구에게서 배운 것을 알며 또 어려서부터 성경을 알았나니"(14, 15절). 오늘날 많은 젊은이들이 어린 시절 어머니로부터 배운 신앙을 떠나는 것은 얼마나 안타까운 일입니까!

그러나 진리를 굳게 붙잡는 일과 관련하여 제시되는 주된 근거는 성경(여기에서는 구약을 의미함)이 구원에 이르는 지혜를 가져다주며 또한 그리스도인이 특별히 그리스도인 선생은 "모든 선한 일"을 행할 수 있도록 갖추어 주는 능력을 가지고 있다는 사실입니다. "성경은 능히 너로 하여금 그리스도 예수 안에 있는 믿음으로 말미암아 구원에 이르는 지혜가 있게 하며 하나님의 사람으로 모든 선한 일을 행할 능력을 갖추게 하느니라"(15, 17절). 그리고 이러한 두 가지 근거 사이에 성경의 신적 기원과 용도를 언급하는 16절이 놓입니다. "모든 성경은 하나님의 감동으로 된 것으로 교훈과 책망과 바르게 함과 의로 교육하기에 유익하니." 여기에 언급되는 성경의 신적 기원과 용도는 영감(靈感)의 방법과 관련한 다양한 관점이나 혹은 비평학적 연구로 영향을 받지 않습니다. 성경이 우리의 성품을 거룩함과 아름다움으로 빚기 위해 사랑과 능력과 절제의 영이 사용하는 주된 도구인 것은 항상 사실입니다. 그 마음에 성령을, 그리고 그 손에 성경을 가진 사람은 자신이 필요로 하는 모든 것을 가지고 있는 것입니다.

여기에서 바울이 디모데에 준 훈계는 그가 받은 것 "안에 거하라"는 것입니다(14절). 디모데에게 준 이와 같은 훈계는 우리를 공격하는 것과는 매우 다른 종류의 유혹들에 대항할 것을 권면하는 것이었을 것입니다. 그러나 여기에 내포된 정신은 우리 모두에게 적용됩니다. 그것은 비합리적인 보수주의라든지 혹은 모든 종류의 새로운 사상을 금하지 않습니다. 다만 그것은 우리가 그리스도의 성육신과 그의 희생제사와 성령의 선물 등과 같은 중심적인 진리들을 굳게 붙잡을 것을 명령합니다. 왜냐하면 오늘날 무수히 많은 사람들에게 있어 세속주의와 무관심으로 인해 그것을 붙잡는 힘이 너무나 느슨해졌기 때문입니다.

바울은 디모데에게 예전의 일을 생각할 뿐만 아니라 나아가 스스로의 경험을 되새겨 볼 것을 훈계합니다. 디모데는 복음의 중심적인 진리들을 배웠을 뿐만 아니라 또한 "확신"했습니다(14절). 복음을 굳게 붙잡는 이것이 가장 견고한 기초입니다. 그리고 그것은 우리 모두가 가질 수 있는 기초입니다. "하나님의 아들을 믿는 자는 자기 안에 증거가 있고"(요일 5:10). 하나님의 아들을 믿는 자는 온갖 다툼과 변론의 소용돌이 속에서도 고요함과 평온함을 누릴 수 있습니다. 왜냐하면 그는 "자신이 믿는 자를 알며" 또한 구주께서 자신을 위해 그리고 자신 안에서 무슨 일을 행하셨는지를 알기 때문입니다.

2
그리스도는 우리를 어떤 사람으로 만드나?

"하나님이 우리에게 주신 것은 두려워하는 마음이 아니요 오직 능력과 사랑과 절제하는 마음이니"

딤후 1:7

본 서신에서 바울의 입장과 디모데의 입장은 우리의 통상적인 예상과는 정반대로 뒤바뀌어 있습니다. 연로(年老)한 바울은 죄수로 옥에 갇혀 있었으며 곧 사형을 당할 처지였습니다. 그러므로 우리는 위로의 대상이 당연히 그일 것으로 예상할 수 있습니다. 그러나 실제로는 정반대였습니다. 왜냐하면 실제로 위로의 대상은 그가 아니라 디모데였기 때문입니다. 반면 그는 위로자의 입장에 서 있었습니다. 디모데는 어느 정도 심약한 성정(性情)을 가진 사람이었던 것으로 보입니다. 본 서신은 죽음을 앞둔 바울이 심약한 디모데의 용기를 북돋워 주기 위해 부른 긴 노래이며, 오늘의 본문은 그 노래의 첫 소절입니다. 본문 속에서 바울은 낙심 가운데 있는 젊은 디모데에게 하나님이 그에게 주신 것을 다시금 생각해보도록 격려합니다. 본문 가운데 있는 "영"(spirit)이 사람에게 주어진 성령을 의미하는 것이든 혹은 그와 같은 신적 선물을 받은 사람의 영을 의미하는 것이든, 하반절에 열거된 목록은 하나님이 사람 안에 내주(內住)하는 임재로 말미암아 생기는 자질들입니다(한글개역개정판에는 "마음"으로 되어 있음). 한 마디로 말해서, 오늘의 본문은 우리에게 기독교가 어떤 종류의 사람을 만드는지를 이야기해 줍니다.

하반절에 열거된 목록은 모든 사람들에게 완전하게 공통적인 것으로 의도된 것이 결코 아닙니다. 그것은 일차적으로 디모데가 가장 필요로 했던 자질들을 포함하고자 의도된 것이었습니다. 그러므로 본문에 열거된 것들은 본질적으로 "강하며 남자다운 덕들"입니다. "하나님이 우리에게 주신 것은 두려움의 영이 아니요 오직 능력과 사랑과 절제의 영이니." 마지막 것은 '자제력'(self-control) 혹은 '스스로를 다스림'의 개념을 표현합니다.

이제 바울이 열거한 목록을 하나씩 살펴보도록 합시다. 그럴 때 우리는 그것들의 의미를 가장 잘 이해하게 될 것입니다.

1. 첫째로, 예수 그리스도는 두려움 없는 사람을 만듭니다.

"하나님이 우리에게 주신 것은 두려움의 영이 아니요." 물론 용기나 두려움은 대체로 기질의 문제입니다. 그러나 여러분도 아는 것처럼, 복음의 목적은 기질을 고치는 것입니다. 때로 억제하고 때로 격려함으로써, 자연적인 결함이 뛰어난 것이 되도록 만듭니다. 우리는 복음이 사람의 성격 안에 있는 자연적인 특성들을 말살시키고자 의도된 것이 아니라는 사실을 받아들여야 합니다. 또한 복음이 사람의 성격 안에 가장 깊이 뿌리박힌 결함들을 처리하여 굽은 것들을 곧게 펴고 울퉁불퉁한 것들을 평탄하게 만들고자 의도된 것임을 우리가 깨닫지 못한다면, 우리는 복음의 목적을 충분히 이해하지 못할 것입니다.

그러므로 나는 복음이 전달해 주는 은사들을 매일같이 활용하고 그것이 나타내는 진리들을 구체화하면서 살아가는 사람들은 분명 두려움 없는 사람이 될 것이라고 감히 말합니다. 그는 더 이상 바람에 흔들리는 갈대가 아니라, 모든 위험과 원수들 앞에서도 마치 놋기둥과 철벽(鐵壁) 같이 될 것입니다.

삶을 똑바로 직시할 때, 우리가 도대체 어떻게 두려워하지 않을 수 있는지 나는 알지 못합니다. 매일의 삶 가운데 일어날 수 있는 일들에 대해 생각해 보십시오. 매일의 삶 가운데 확실하게 일어날 일들에 대해 생각해 보십시오. 언제든 우리에게 올 수 있는 일들에 대해 생각해 보십시오. 언젠가 우리 모두에게 필연적으로 올 일들에 대해 생각해 보십시오. 이런 것들에 대해 생각할 때, 사람이 아무런 두려움 없이 사는 것은 참으로 이상한 일이 될 것입니다. 하나님에 대한 우리의 관계를 생각해 보십시오. 그의 완전하며 의로우신 뜻과 우리의 패역한 반역이 충돌할 때 그 결과가 무엇일지 생각해 보십시오. 정말로 하나님이 계시고 또 그의 심판이 있다면, 우리가 뿌린 것을 거둘 때 그 결과가 무엇일지 생각해 보십시오. 그럼에도 불구하고 두려워 떨지 않는 자들에게 분명 하나님은 이렇게 경고하실 것입니다. "너희 안일한 자들아 떨지어다 너희 염려 없는 자들아 당황할지어다"(사 32:11).

또한 우리 가운데 많은 사람들에게 이미 어느 정도 과거의 경험이 되었으면서도 여전히 우리 앞에 두려운 위협으로 남아 있는 것들을 생각해 보십시오. 금방이라도 뇌성벽력과 함께 호우(豪雨)를 쏟아낼 것 같은 빽빽한 구름이 다가오는 것 같은 경우 말입니다. 그럴 때 우리가 어떻게 두려워하지 않을 수 있겠습니까? 그럴 때는 도리어 두려워하는 것이 지혜처럼 보일 것입니다. 이런 상황에서 도대체 누가 "넘치는 재앙이 밀려올지라도 우리에게 미치지 못할 것이라"라고 확실하게 말할 수 있겠습니까!(사 28:15),

여러분은 체조 선수가 발동작으로 공을 자유자재로 굴리는 것을 본 적이 있을 것입니다. 이와 같이 어떤 사람들은 자신의 운명과 행운의 공을 자유자재로 굴리는 것처럼 보입니다. 그러나 그 모든 순간들에는 공을 떨어뜨릴 가능성이 항상 있습니다. 그리고 언젠가는 필연적으로 떨어뜨리게 될 것입니다. 하나님과의 관계가 올바르지 못하며, 매일 밤 가시로 가득 찬 베개를 베고 자며, 그 영혼 안에 온갖 슬픔과 근심이 가득 하며, 삶의 모든 상황이 항상 꼬이기만 하는 어떤 사람에게 "두려워하지 마세요"라고 말하는 것보다 더 공허하며 어리석은 말이 어디 있겠습니까? 그가 바보가 아니라면, 그는 당연히 두려워할 것입니다.

그러나 바울은 여기에서 "하나님이 우리에게 주신 것은 두려움의 영이 아니요"라고 말합니다. 그렇습니다. 하나님은 우리에게 두려움의 영을 쫓아낼 수 있는 유일한 것을 주셨습니다. 그는 우리에게 그 자신의 복음을 주셨으며, 그럼으로써 그의 이름은 우리에게 가장 소중하며 사랑스러운 소망이 됩니다. 그는 우리에게 예수 그리스도 안에서 죄 사함과 받아들여짐과 거룩하게 됨의 확신을 주셨으며, 그럼으로써 우리를 두렵게 만드는 모든 것들은 그 의미가 변화됩니다. 그는 우리에게 "만일 우리가 붙잡기만 한다면 우리를 용감하게 만들어 줄" 진리를 주셨습니다. 또 그는 우리에게 "모든 것이 합력하여 선을 이룰" 것과 "우리를 영원히 버리지 않을" 것을 확증해 주셨습니다. 이 땅에 계시는 동안 그토록 자주 "두려워하지 말라"고 말씀하셨던 주님은 지금도 하늘로부터 그를 의지하는 모든 사람들에게 똑같이 말씀하십니다. "그가 오른손을 내게 얹고 이르시되 두려워하지 말라 나는 처음이요 마지막이니"(계 1:17). 그로부터 모든 변화가 시작되며, 그에 의해 모든 일이 움직이며, 그에게로 모든 것이 향합니다. 그러므로 그와 연합한 자는 아무것도 두려워할 필요가 없습니다. 왜냐하면 아무것도 그리스도와 연합한 자를 해칠 수 없기 때문입니다.

2. 둘째로, 예수 그리스도는 강한 사람을 만듭니다.

"하나님이 우리에게 주신 것은 두려워하는 마음이 아니요 오직 능력이니." 여기에서 우리는 기질과 관련한 앞의 논의를 다시금 되돌아볼 필요가 있습니다. 기질의 측면에서 우리 사이에는 다양한 차이가 있습니다. 우리 가운데 어떤 사람들은 다른 사람들보다 훨씬 더 유순하며, 감수성이 풍부하며, 순종적입니다. 또 어떤 사람들은 다소 유별난 기질을 갖고 있기도 합니다. 이러한 차이들이 여전히 남아 있을 것이지만, "가장 약한 자가 다윗처럼 강한 자"가 될 수 있습니다. 그리고 아주 강한 자는 "하나님의 사자처럼" 더 강해질 수 있습니다. 뒤에 배치된 병사들과 앞에 배치된 병사들 사이의 차이는 여전히 남아 있을 것이지만, 전체 부대는 계속해서 앞으로 전진할 것입니다.

나는 여러분에게 의지와 도덕적 본성에 있어서의 강함을 계속 계발할 필요가 있다는 사실을 일깨워 주고 싶습니다. 대부분의 경우, 약한 것은 나쁜 것입니다. 나는 대부분의 사람들이 잘못된 길로 가거나 혹은 마귀에게로 가는 것은 악(惡)으로 기우는 성향 때문이라기보다 저항할 수 없는 치명적인 연약함 때문이라고 믿습니다. 오늘날의 사람들, 특별히 젊은이들 가운데 "'No!'라고 말할 수 없는 사람은 결국 모든 나쁜 것들에 대해 'Yes!'라고 말할 수밖에 없는 운명에 처하게 될 것"이라는 말을 깊이 새길 필요가 있습니다. 우리가 살고 있는 세상에서 약한 것은 나쁜 것입니다. 여러분은 유혹 앞에서 자신이 얼마나 쉽게 굴복했는지 알 것입니다. 단지 거기에 유혹이 있었으며 무심코 그것에 귀를 기울였다는 이유 외에 다른 아무 이유도 없었음에도 불구하고 말입니다. 세상에 그토록 많은 술꾼이 있는 이유가 무엇입니까? 그것은 순전히 약함 때문입니다. 악이 만연한 장소에 가 보십시오. 그러면 여러분은 대개의 경우 약함이 악이라는 사실을 발견하게 될 것입니다. 그리고 그것은 항상 불행과 비참함으로 연결됩니다. 밀턴의 실낙원에 등장하는 사탄은 "어떤 일을 행할 때나 혹은 고난을 당할 때, 약하게 되는 것은 비참하게 되는 것"이라고 말합니다. 그리고 우리의 경험이 증언하는 것처럼, 약함은 일반적으로 실패와 넘어짐으로 귀결됩니다.

그러면 사람이 어떻게 강하게 될 수 있습니까? 형제들이여, 나는 연약한 본성이 강하게 될 수 있는 다른 방법들을 낮춤으로써 예수 그리스도의 복음을 높이기를 바라지 않습니다. 우리의 연약한 본성을 강하게 만드는 다른 방법들이 있으며, 그것들은 나름대로 사람들에게 도움을 줍니다. 그러나 여러분이 어떤 풍랑 앞에서도 능히 흔들리지 않고 굳건하게 설 수 있는 능력을 갖기를 원한다면, 그것을 얻는 가장 확실한 방법은 예수 그리스도를 믿는 믿음으로 여러분의 마음을 열고 그 안에 "강한 하나님의 아들"을 받아들이는 것입니다. 그는 자신의 강한 영(Spirit)을 그것을 받아들이는 모든 영들(spirits) 안으로 불어넣습니다. 그럼으로써 그 영을 받은 영들은 강함을 얻게 됩니다. 우리가 예수 그리스도를 가까이 하며 그의 영이 들어올 수 있도록 마음을 연다면, 우리는 어떤 고난 속에서도 그리고 모든 유혹에도 불구하고 강할 것입니다. 예수 그리스도의 복음 안에는 우리의 약함을 강함으로 바꾸는 은사(gift)가 담겨 있습니다. 그 안에 떨어지는 것은 무엇이든 돌로 만드는 우물을 상상해 보십시오. 그곳에 연약한 스펀지 한 조각을 던져 넣습니다. 그러면 어떻게 됩니까? 우물로부터 돌의 원소들이 침투해 연약한 스펀지는 곧 강한 돌로 변할 것입니다. 이와 같이 우리가 우리의 마음 안으로 그리스도께서 주시는 은혜를 받아들인다면, 우리의 연약함은 어떤 압력에도 능히 맞설 수 있는 강함으로 바뀔 것입니다. 이와 같이 주 안에서 그리고 그의 힘의 능력 안에서 강한 자가 참으로 강합니다. 그리고 오직 그만이 참으로 강합니다. 만일 여러분이 능력을 원한다면, 그것이 어디에 비축되어 있는지 배우십시오.

> "그의 강함은 열 사람의 강함과 같았도다.
> 왜냐하면 그의 마음이 정결했기 때문이라."

바로 여기에 비밀이 있습니다. 마음이 정결할 때, 우리는 강합니다. 그러면 마음은 어떻게 정결해집니까? 그것은 마음 안으로 정결케 하는 그리스도가 들어오심으로 말미암습니다. 이와 같이 예수 그리스도는 강하며 두려움이 없는 사람을 만듭니다.

3. 예수 그리스도는 사랑의 사람을 만듭니다.

"하나님이 우리에게 주신 것은 오직 사랑이니."

> "거인의 강한 힘을 갖는 것은 좋은 일이지만
> 그것을 거인처럼 사용하는 것은 폭군이다."

힘(power)은 대체로 사람을 폭군으로 만드는 경향이 있습니다. 자신의 강한 힘을 의식할 때, 사람은 항상 오만함과 무자비함과 동정심의 결여와 약함에 대한 경멸로 퇴행하는 경향이 있습니다. 그리하여 너무나 아름답게도 바울은 능력(power) 바로 다음에 사랑을 놓습니다. 오늘날의 세대의 어떤 도덕주의자들은 바로 이 부분에서 치명적으로 그릇된 길로 나아갔습니다. 왜냐하면 그들은 우주에서 가장 강한 것이 사랑이라는 사실을 보지 못했기 때문입니다. 그러나 바울은 철학자도 아니었고, 자신이 말하는 덕(德)들 사이의 관계나 혹은 그것들의 한계를 학문적으로 제시하고자 하지 않았습니다. 다만 그는 솜씨 좋은 화가처럼 어떤 색채가 가장 잘 어울릴지 직관적으로 압니다. 혹은 보석 세공인처럼 자신의 팔찌 안에 있는 보석들을 어떻게 배치할 것인지 그래서 초록색의 에메랄드는 어디에 놓고 빨강색의 루비는 어디에 놓고 파랑색의 사파이어는 어디에 놓을지 직관적으로 이해합니다. 이와 같이 바울은 그리스도가 강한 사람을 만들면서 동시에 사랑의 사람을 만든다고 말합니다. "깨어 믿음에 굳게 서서 남자답게 강건하라 그리고 너희 모든 일을 사랑으로 행하라"(고전 16:13, 14). 여러분 스스로 강함을 계발하지 마십시오. 또 다른 사람 안에 있는 강함을 흠모하지도 마십시오. 사랑과 긍휼로부터 분리된 능력은 아무것도 아닙니다.

이 시간 나는 여러분에게 예수 그리스도께서 그의 복음 가운데 사람들을 모든 죄의 뿌리인 자기중심적 열중으로부터 건져내어 믿음의 열매이며 동시에 모든 덕의 뿌리인 사랑으로 데려가는 절대적인 방법을 일깨워 주고자 합니다. 어떤 사람을 사랑의 사람으로 만드는 유일한 방법은 먼저 그에게 사랑을 붓는 것입니다. 예수 그리스도는 성육신하신 사랑이며, 우리 모두의 영혼을 사랑하는 자입니다. 그는 우리에게 오셔서 우리에게 자신의 손과 옆구리를 보이시며 말씀하십니다. "하나님이 내 안에 계시며 내가 하나님 안에 있도다. 나의 상처를 보라. 하나님이 이처럼 세상을 사랑하셨도다." 우리는 우리에 대한 하나님의 사랑을 알고 또 믿었습니다. 예수 그리스도는 우리가 하나님으로부터 사랑을 받았음을 확증하심으로써 우리가 그를 사랑하도록 만듭니다.

4. 마지막으로, 예수 그리스도는 스스로를 다스리는 사람을 만듭니다.

"하나님이 우리에게 주신 것은 오직 절제하는 마음이니." 우리는 본문의 "절제"를 "자제력" 혹은 "스스로를 다스리는 것"으로 대체할 수 있습니다. 또한 나는 여러분에게 스스로를 다스리기 위해서는 우리가 결연하며 단호한 자제력를 계속 훈련해야만 한다는 사실을 지적하고 싶습니다. 우리에게는 육체 안에 뿌리박은 기호(嗜好)와 소욕이 있습니다. 그것을 만족시키는 것은 완전히 정당한 일이긴 합니다. 그러나 그것을 삶의 인도자로 삼거나 혹은 그것을 절제와 삼감 없이 만족시키는 것은 삶을 파괴하는 것입니다. 이성(理性)이 맹목적인 욕망에 끌려다녀서는 안 됩니다. 도리어 이성이 욕망을 이끌어야 합니다. "본성을 따라" 산다는 것은 "동물적인 욕망을 따라" 산다는 것과 동의어입니다. 그리고 그것은 필연적으로 우리를 머지않아 시궁창으로 빠뜨릴 것입니다.

우리는 자신을 똑바로 바라볼 필요가 있습니다. 그리고 우리 안에 수많은 욕망들이 들끓고 있다는 사실을 직시할 필요가 있습니다. 그것은 마치 태어난 지 얼마 안 되는 고양이 새끼들과 같습니다. 아직 눈도 뜨지 못한 채 입을 벌리며 젖을 달라고 칭얼거리는 고양이 새끼들 말입니다. 또 우리는 우리 안에 "이렇게 할지니라, 저렇게 하지 말지니라"라고 말하는 목소리가 있다는 사실을 주목할 필요가 있습니다. 우리는 자신을 면밀히 살펴야만 합니다. 그리고 그 모든 맹목적인 욕망들과 기호들을 스스로의 통제 아래 두어야만 합니다. 다시 말해서 그러한 것들을 '결코 뇌물로 매수될 수 없는 의지'와 '결코 속임을 당하지 않을 이성'과 '하나님에 대하여 진실한 양심' 아래 두어야만 합니다. 스스로를 다스리십시오. 그렇지 않으면 여러분은 결국 산산조각 찢기고 말 것입니다.

그렇지만 자신을 다스릴 수 없는 사람들에게 그리고 그렇게 할 수 없는 것이 병(病)인 사람들에게 내부의 목소리가 "누가 나를 이 사망의 몸에서 건져내리요?"라고 부르짖는 것이 도대체 무슨 소용이 있단 말입니까? 폐위된 군주에게 그의 왕국을 통치하라고 말하는 것은 무익한 말입니다. 문제는 그의 왕국이 반란군의 세력 아래 있다는 사실입니다. 그는 자기 휘하에 군대를 가지고 있지 않습니다. 버틀러 주교(Bishop Butler)가 말한 것처럼 양심이 권세(authority)와 함께 힘을 가지고 있다면, 그것은 세상을 지배하고도 남을 것입니다. 그러나 힘없는 권세는 웃음거리에 불과합니다. 그러므로 욕망과 욕체의 소욕이 짐승처럼 날뛰는 반면 의지는 연약함 가운데 있을 때, 양심이 칙령을 반포하는 것은 아무 소용없는 일입니다. 그러한 칙령은 단지 종이쪽지에 불과합니다.

형제들이여, 우리가 자신을 완전하게 다스릴 수 있도록 만들어 주는 것은 오직 한 가지입니다. 예수 그리스도께 맡기십시오. 그에게 여러분을 다스려 달라고 간구하십시오. 그러면 그가 여러분이 자신을 다스릴 수 있도록 도우실 것입니다. 바로 이것이 사람이 자신을 이길 수 있는 최고의 승리입니다. 어떤 도덕주의자는 "모든 사람은 각자 자신의 왕관을 쓴 왕이다"라고 말합니다. 그러나 그렇게 되기 위해서는, 먼저 예수 그리스도의 종이 되어야만 합니다. 오직 그만이 여러분을 여러분 자신과 세상의 주인으로 만들어 줄 수 있습니다. 가장 약한 자조차도 그리스도 안에서 강한 자가 될 수 있습니다. 그리고 가장 자기중심적인 사람조차도 그리스도 안에서 사랑의 사람이 될 수 있습니다. 그리고 그럴 때 그는 평안과 기쁨으로 채워질 것이며, 그 안에 있는 작은 왕국 내에서의 거센 폭동과 반란은 진압될 것입니다. 우리가 그에게로 가서 그를 온전히 신뢰한다면 그리고 그와의 참된 교제 가운데 살면서 그가 준 은사들을 꾸준히 사용한다면, 그는 예전에 제자들에게 말씀하셨던 것과 똑같이 우리에게 이렇게 말씀하실 것입니다. "두려워하지 말라 이는 내 능력이 약한 데서 온전하여짐이라" (고후 12:9). 우리의 마음은 그의 사랑에 대한 응답으로 불붙을 것입니다. 어떤 사슬로도 결박할 수 없었던 미치광이를 조용히 자기 발 앞에 무릎 꿇게 만들었던 자는 우리에게 도시 하나를 다스리는 권세를 주실 것입니다. 그리고 그는 육체를 '해방되어 자유롭게 된 영'(靈)의 종으로 만드실 것입니다.

3
고요한 마음

"이로 말미암아 내가 또 이 고난을 받되 부끄러워하지 아니함은 내가 믿는 자를 내가 알고 또한 내가 의탁한 것을 그 날까지 그가 능히 지키실 줄을 확신함이라"

딤후 1:12

본문에서 "내가 그에게 의탁한 것"(that which I have committed unto Him)이라고 번역된 구절은 원어(原語)적으로 다소의 모호함이 있습니다. 개정역(Revised Version)의 난외(欄外)에는 다음과 같은 또 하나의 독법(讀法)이 제시되어 있습니다 — "그가 나에게 의탁한 것"(that which He hath committed unto me). 오늘날 영어(英語)를 사용하는 독자들은 동일한 구절이 어떻게 이렇게 서로 다르게 번역될 수 있는지 매우 의아하게 느낄 것입니다. 그러나 그 비밀은 같은 개정역이 제공하는 부가적인 각주(脚註) 즉 우리에게 여기의 원어가 "my deposit"(혹은 "my trust")이라고 말해 주는 각주에 의해 풀립니다.

이제 여러분은 "my trust"가 "내가 다른 존재에게 의탁한 어떤 것"을 의미할 수도 있고 또 "다른 존재가 나에게 의탁한 어떤 것"을 의미할 수도 있다는 사실을 이해할 수 있을 것입니다. 이렇게 하여 두 가지 독법이 모두 가능해집니다. 그렇지만 이러한 두 가지 독법 가운데 어느 것을 취할 것인가 하는 것은 다소 어려운 문제입니다. 나는 여기에서 내가 어떤 독법을 선호하는 이유를 장황하게 늘어놓음으로써 여러분을 머리 아프게 만들고 싶지 않습니다. 다만 나는 여기에서 "그가 나에게 의탁한 것"이라는 독법을 옹호하는 강력한 논증들이 있긴 합니다. 그렇지만 본문의 전체적인 흐름과 특별히 여기의 "의탁"이 바울이 지켜야만 하는 어떤 것이라기보다 하나님이 지켜야만 하는 어떤 것이라는 개념이 흠정역과 개정역이 취한 — 한글개역개정판도 마찬가지임 — 독법을 취하도록 강요한다는 사실을 간략하게 이야기하고자 합니다.

그렇게 할 때 다음 질문이 제기되는데, 그것은 바울이 하나님께 의탁한 것이 구체적으로 무엇이냐는 것입니다. 그것은 다름 아닌 그 자신이었습니다. 그는 모든 두려움과 염려와 함께 자신의 존재 전체를 하나님께 의탁했습니다. 그는 베드로가 다음과 같이 훈계한 것을 그대로 실천했습니다. "그러므로 하나님의 뜻대로 고난을 받는 자들은 또한 선을 행하는 가운데에 그 영혼을 미쁘신 창조주께 의탁할지어다"(벧전 4:19). 바울은 이 서신을 기록하기 오래 전에 이미 자신의 영혼을 주님께 의탁했습니다. 여기에서 그는 자신의 삶을 되돌아보는 가운데 지금까지 겪은 모든 경험들이 자신의 믿음을 확증하는 것을 봅니다. 그는 자신의 믿음에 대해 결코 부끄러워하지 않을 뿐만 아니라 그 믿음이 자신에게 가져다준 모든 것에 대해서도 추호도 불만스러운 마음을 갖지 않습니다.

1. 첫째로, 믿음의 "의탁"을 주목하십시오.

우리는 본문에서 묘사된 두 가지 행동 즉 "내가 믿는"이라는 표현에 묘사된 행동과 "내가 의탁한"이라는 표현에 묘사된 행동이 실제로 동일한 행동을 언급하는 것이라는 사실을 주목할 수 있습니다. 그 은유는 매우 명백합니다. 어떤 사람이 보화를 가지고 있습니다. 그는 그것을 잃을까 두려워합니다. 그는 자신에게 그것을 지킬 능력이 있는지 의심합니다. 그는 신뢰할 만한 사람이 있는지 둘러봅니다. 그는 그에게 그것을 의탁합니다. 바로 이것이 "믿음"이라는 단어로서 신약이 의도하는 정확한 의미입니다.

여러분과 나는 동일한 보화를 가지고 있습니다. 그것은 우리 자신입니다. 우리가 가진 것들 가운데 가장 값진 것은 우리 자신의 개별적인 존재입니다. 우리는 그것을 "지킬" 수 없습니다. 우리 모두의 주변에는 위험이 있습니다. 우리는 마치 황금과 보석을 가지고 소매치기와 노상강도들이 우글거리는 나라를 여행하는 사람들과 같습니다. 모든 곳에 우리의 참된 보화 즉 우리 자신의 영혼을 탈취하려고 노리는 원수들이 있습니다. 우리는 우리 자신을 지킬 수 없습니다. 우리의 발은 약하고 길은 미끄럽습니다. 사방에 유혹의 불똥이 있으며, 그것이 우리 마음에 떨어져 거센 불을 일으킵니다. 만일 우리가 우리 자신의 보잘것없는 힘으로 그 모든 유혹들에 맞서 싸우며 우리의 인생길을 걸어가고자 한다면, 우리는 필연적으로 파멸에 이르게 될 것입니다. 그러므로 우리는 신뢰할 만한 자를 찾고, 그에게 우리의 보화를 맡겨야만 합니다. 그럴 때 비로소 우리의 보화는 안전할 것입니다.

그러면 그렇게 하는 방법은 무엇입니까? 그것은 우리 모두를 위해 십자가에서 죽으신 그의 사랑하는 아들의 인격과 사역 안에서 스스로를 나타내신 하나님을 겸손하게 의지하는 것입니다. 그리고 그의 신적 임재를 계속 실현하면서, 우리의 모든 난관들 가운데 그의 지탱하는 손의 실재와 우리의 모든 싸움 가운데 그의 보호하심과 우리의 악과의 모든 투쟁 가운데 그의 거룩케 하는 영을 온전히 의지하는 것입니다. 우리는 그의 임재를 실현하며, 그를 온전히 의지하며, 우리 자신의 불충분함을 의식하며, 자기를 신뢰하는 것으로부터 떠나야만 합니다. 뿐만 아니라 우리 자신을 하나님께 의탁하는 본질적인 부분으로서, 우리는 우리 자신의 의지를 그의 의지와 조화시켜야만 합니다. 의탁은 순복을 포함합니다.

사랑하는 형제들이여! 만일 여러분이 이와 같이 자신의 약함을 알고 강함을 위해 그에게로 돌이킨다면 그리고 마음을 열고

> "나는 나 자신을 구원할 수 없나이다.
> 나는 나 자신을 지킬 수 없나이다.
> 그러나 나는 주 안에서 강할 것이요,
> 주는 항상 나를 지키실 것이나이다."

라고 부르짖는다면, 그는 필경 여러분을 강하게 하며 굳게 붙잡을 것입니다. 또 만일 여러분이 온 마음으로 엎드려 "주여, 나를 지키는 것은 나의 일이 아니라 당신의 일이나이다. 당신의 손에 나의 영을 의탁하나이다"라고 말한다면, 여러분의 그와 같은 의탁은 결코 헛되지 않을 것입니다.

또 이와 같은 믿음의 의탁과 관련하여 자신이 그렇게 했음을 바울이 추호도 의심하지 않는 것을 주목해 보십시오. 그는 자신이 그렇게 했노라고 말하기를 조금도 두려워하지 않습니다. 아, 스스로를 그리스도인이라고 고백하는 사람들 가운데 자신의 믿음의 실재(實在)에 대해 고요하게 확신하는 자리에까지 이르지 못한 사람들이 얼마나 많습니까! 나의 형제여, 당신은 자신이 예수 그리스도를 믿는다는 사실에 대해 추호의 의심의 여지도 없다고 느낍니까? 당신이 그렇게 느낀다면, 그것은 참으로 좋은 일입니다. 그리스도인들이 자신의 믿음의 실재에 대해 분명한 확신을 갖는 것은 매우 바람직한 일입니다. 그러나 우리는 섣부른 확신을 경계해야 합니다. 스스로를 그리스도인으로 부르는 사람들 가운데 너무나 많은 사람들이 자신의 의지를 하나님의 목적에 순복시키지 않고 또 그의 임재의 확신 가운데 안식과 평안을 누리지도 못하면서 자신의 믿음의 실재를 섣부르게 확신합니다. 우리 모두는 스스로에게 "나는 나 자신을 그에게 의탁했나?"라고 물어볼 필요가 있습니다. 여러분이 그렇게 하지 않았다면, 여러분은 인생의 진정한 축복을 놓친 것입니다. 그리고 여러분은 여러분의 보화를 도적들이 우글거리는 나라에서 안전하게 지키지 못할 것입니다. 도리어 어느 날 여러분은 모든 보화를 빼앗긴 채 피를 흘리며 쓰러진 상태로 발견될 것입니다. 다만 나는 여러분이 종말이 오기 전에 그와 같은 상태로 선한 사마리아인에 의해 발견되기를 바랍니다! 오직 그만이 여러분의 상처를 싸매 주고, 여러분을 안전한 장소로 데려갈 수 있습니다.

2. 둘째로, 믿음의 고요함을 주목하십시오.

디모데전서와 후서에서 우리는 고요한 마음을 묘사하는 참으로 아름다운 그림을 보게 됩니다. 두 서신은, 어떤 비평학자들은 의심의 눈초리로 바라보지만 나에게는 진정성의 증표들로 보이는, 자서전적인 세부적인 묘사들로 가득합니다.

두 서신이 제시하는 그림을 보십시오. 거기에 연로한 바울이 있습니다. 그는 많은 고난과 고초를 겪습니다. 그는 죄수로 감옥에 갇혀 있습니다. 그는 지금까지 많은 활동을 했지만, 이제는 감옥에 갇혀 더 이상 활동할 수 없습니다. 그는 혼자입니다. 지금 그 주위에는 오직 한 명의 신실한 친구만이 있을 뿐입니다. 몇몇 사람들의 배교와 많은 사람들의 무관심은 그의 마음을 더욱 쓰라리게 만듭니다. 그는 가난하며, 옷도 변변치 않습니다. 그는 "겨울이 오기 전에" 외투 한 벌을 필요로 합니다. 한 번 그는 황제 앞에 섰었습니다. 그때 그는 사자의 입으로부터 구원받았습니다. 그러나 이번에는 무사할 것을 기대할 수 없음을 압니다. 그는 자기의 달려갈 길을 완주(完走)했음을 압니다. 그의 삶은 참으로 초라하기 짝이 없었습니다. 가말리엘의 제자 시절 가지고 있었던 모든 소망은 좌절되었습니다. 그때 그는 기독교 이단을 때려 부수는 망치였습니다. 그러나 여기에 나타난 그의 마지막 노래를 들어 보십시오. 아무런 두려움도, 떨림도, 실망도 나타나지 않습니다. 도리어 우리는 그 노래 속에 기쁨의 탄성이 가득한 것을 발견합니다. 그것은 다음과 같이 외치는 시편 기자의 마음과 같습니다. "여러 사람의 말이 우리에게 선을 보일 자 누구뇨 하오니 여호와여 주의 얼굴을 들어 우리에게 비추소서 주께서 내 마음에 두신 기쁨은 그들의 곡식과 새 포도주가 풍성할 때보다 더하니이다"(시 4:6, 7). 그는 수많은 위험과 난관과 고통을 겪었습니다. 그의 인생은 수많은 가시와 고된 수고와 많은 염려로 가득했습니다. 더욱이 지금 그는 순교자로서의 죽음을 예상하고 있습니다. 그러나 그 모든 것에도 불구하고, 그는 지금 고요한 마음으로 이렇게 말합니다. "내가 이 고난을 받되 부끄러워하지 아니함은 내가 믿는 자를 내가 알고 또한 내가 의탁한 것을 그 날까지 그가 능히 지키실 줄을 확신함이라."

나의 형제여, 만일 당신이 바울의 고요함과 평온함을 갖고자 한다면, 당신은 바울의 믿음을 가져야만 합니다. 당신 자신을 하나님께 고요하게 의탁하십시오. 그럴 때 비로소 당신은 우리 모두가 세상에서 직면할 수밖에 없는 모든 위험과 낙망과 난관과 싸움 가운데서도 고요한 마음을 가지게 될 것입니다. 당신의 마음의 고요함의 깊이는 당신이 스스로를 하나님께 의탁하는 분량에 비례할 것입니다.

설령 내가 믿음으로부터 아무것도 얻지 못했다 하더라도 내가 나의 근심을 나의 어깨로부터 그의 어깨로 옮겼다는 바로 그 사실이 나에게 고요함을 가져다 줄 것입니다. 그 짐이 나의 어깨가 아닌 그의 어깨 위에 있다고 내가 믿는 한 말입니다. 그에게 의탁할 때, 고요함과 평온함이 따릅니다. "대상(隊商)의 주인은 내가 아니로다. 길을 이끄는 것이나 먹을 것을 조달하는 것이나 외부의 적으로부터 보호하는 것은 나의 몫이 아니로다. 나의 몫은 명령에 순종하며, 그의 발자국을 따르며, 빛을 기다리는 것이로다"라고 말할 수 있을 때 비로소 어떤 상황에서든 고요함을 누릴 수 있을 것입니다. 그러나 나의 짐을 주님에게 의탁했다고 해서 나의 책임이 면제되는 것은 아닙니다. 다만 무거운 짐으로 인해 괴로워하며 애를 태우는 등의 일로부터 면제될 뿐입니다. 나에게는 여전히 감당해야 할 임무들과 의무들이 있습니다. 그러나 그 모든 것을 그가 내게 맡기신 것으로 여길 때, 그것들의 의미는 완전히 달라집니다. 나에게는 여전히 난관들과 위험들이 있습니다. 그러나 내가 "하나님이 나의 주인이시며 나는 그의 손 안에 있도다. 그는 자신이 기뻐하는 일을 나를 통해 행하실 것이라"라고 말할 수 있다면, 나는 그 모든 것을 고요하며 평온하게 직면할 수 있을 것입니다. 그것은 나의 의지를 버리는 것이 아닙니다. 도리어 나의 의지에다가 생기(生氣)를 부여하는 것입니다. "하나님의 일은 나를 돌보는 것이며, 나의 일은 그가 내게 주신 일을 행하는 것이라"라고 느끼는 자보다 더 강한 자는 결코 없습니다.

사랑하는 친구들이여, 바로 이것이 여러분을 노리고 있는 모든 공격들로부터 여러분을 지켜 줄 유일한 갑옷입니다. 여러분은 어떤 종류의 갑옷을 입고 있습니까? 그것은 겉으로는 쇠처럼 보이지만 실제로는 종이 판지(板紙)로 만든 갑옷입니까? 마치 연극장에서 배우들이 입는 가짜 갑옷처럼 말입니다. 아마도 우리가 입은 갑옷들 가운데 상당수의 갑옷들이 그럴 것입니다. 가짜 갑옷을 벗어 버리십시오. 의의 호심경을 붙이고, 구원의 소망의 투구를 쓰십시오. 그리고 그 모든 것 위에 믿음의 방패를 드십시오. 그리고 무슨 일이 생기든 주께 맡기십시오. 그러면 여러분은 모든 공격 앞에서도 능히 굳게 설 것입니다. 바울에게 고요함과 평온함을 가져다주었던 것은 바로 그의 믿음이었습니다.

계속해서 이와 같이 스스로를 하나님의 사랑의 손에 온전히 의탁하는 것이 그의 인생의 모든 위험과 난관을 막아주는 갑옷이었을 뿐만 아니라 또한 그의 임박한 죽음도 고요한 마음으로 바라볼 수 있었던 비밀이었다는 사실을 주목하십시오. 바울은 자신의 생애가 거의 종말에 도달했음을 알았습니다. 그는 자신의 생애와 관련하여 헛된 망상 아래 있지 않았습니다. 본 서신의 끝 부분에서 여러분은 자신의 종말을 "할렐루야!"로 맞이하는 위대한 믿음의 외침을 보게 될 것입니다. "전제와 같이 내가 벌써 부어지고 나의 떠날 시각이 가까웠도다 나는 선한 싸움을 싸우고 나의 달려갈 길을 마치고 믿음을 지켰으니 이제 후로는 나를 위하여 의의 면류관이 예비되었으므로 주 곧 의로우신 재판장이 그 날에 내게 주실 것이며 내게만 아니라 주의 나타나심을 사모하는 모든 자에게도니라"(4:6-8), 자신의 죽음이 임박했음을 알고 있었음에도 불구하고, 그는 같은 서신에서 이렇게 말합니다. "내가 사자의 입에서 건짐을 받았느니라 주께서 나를 모든 악한 일에서 건져내시고 또 그의 천국에 들어가도록 구원하시리니"(4:16, 17). 그는 참수자의 칼을 피할 것을 기대했습니까? 그는 죽음이 확실하다고 생각하는 가운데 비틀거리기 시작했습니까? 결코 그렇지 않았습니다. 그에게 있어 죽음은 곧 구원이었습니다. 그의 머리가 날카로운 칼에 의해 떨어지는 것은 "그를 천국에 들어가도록 구원하는" 것이었습니다. 그에게 있어 죽음을 폐하신 예수 그리스도를 붙잡는 믿음이 죽음의 전체적인 모양을 뒤바꾸어 버렸습니다. 그에게 있어 죽음은 두려움이 아니었습니다. 도리어 그것은 그가 갇힌 감옥에 와서 그를 깨우며 "일어나라!"라고 말할 하나님의 천사였습니다. 그러면 그의 발에 채워져 있는 족쇄는 풀어질 것이었습니다. 그러면 천사는 그를 열린 옥문을 통과하도록 이끌 것이며, 그는 곧 자신이 도성에 있는 것을 발견하게 될 것이었습니다. 이와 같이 예수 그리스도 안에 계시된 하나님을 믿는 믿음은 인생 가운데 부딪히게 되는 악들을 막아 주는 갑옷일 뿐만 아니라 또한 필연적인 죽음의 악도 막아 주는 갑옷입니다. 그것은 "죽음의 두려운 그림자"의 전체적인 모양을 바꾸어 버립니다.

나는 죽음에 대한 공포의 기초 위에서 복음을 받아들이도록 촉구하는 것에 위험이 있다는 사실을 압니다. 나는 설령 죽음이 없다 하더라도 우리가 그리스도인이 되어야만 하는 수많은 이유들이 있다는 사실을 압니다. 동시에 나는 우리 모두가 어디에선가 우리를 집어삼키려고 입을 벌리고 있는 확실한 죽음을 지나치게 간과하는 경향이 있다는 사실도 압니다. 우리가 언젠가 필연적으로 죽음의 어둠 속으로 들어가야만 한다면, 그 사실을 직시하며 미리 준비하는 것이 훨씬 더 나을 것입니다. 나는 사람들에게 공포심을 주면서 그리스도인이 되도록 강요하고 싶지는 않습니다. 그러나 나는 여러분이 결국 마지막 원수와 맞서 싸워야만 한다는 사실을 잊지 않기를 바랍니다. 여러분이 자신의 영혼을 사랑한다면, 나는 여러분이 이 문제를 진지하게 다루기를 바랍니다. 여러분은 죽음에 대해 준비되어 있습니까? 여러분은 자신의 영과 혼과 몸을 그의 손에 의탁했습니까? 여러분은 고요한 마음으로 "당신은 내 영혼을 음부에 버리지 아니하시며 당신의 종으로 썩음을 당하지 않게 하실 것이나이다"(행 2:27)라고 말할 수 있습니까?

바울의 믿음은 그에게 고요한 삶과 죽음을 이기는 담대함을 주었습니다. 그것은 또한 여러분에게도 똑같은 것을 줄 것입니다.

3. 셋째로, 믿음의 경험을 주목하십시오.

본문 가운데 바울 사도는 "내가 믿는 자를 내가 알고"라고 말합니다. 그렇기 때문에 그는 "그가 능히 지키실 줄을" 확신할 수 있었습니다.

바울은 어떻게 그를 알았습니까? 그는 경험을 통해 알았습니다. 그는 매일의 삶의 경험을 통해 알았습니다. 그는 지금까지 지나온 모든 시련의 그러나 축복의 날들을 통해 알았습니다. 그는 자신의 사모하는 마음에 임한 모든 계시들로 알았습니다. 그것은 하나님을 의지하는 겸손한 믿음의 결과와 상급이었습니다. 그리하여 그의 삶 전체가 그를 예수 그리스도와 연합시킨 최초의 믿음을 그에게 계속 확증해 주었습니다.

여러분이 믿음의 가치를 알기를 원한다면, 먼저 그것 즉 믿음을 실행하십시오. 우리는 경험하기 전에 먼저 믿어야 합니다. 여기에서 바울 사도도 믿음으로써 알았다고 말하지 않습니까? 먼저 믿으십시오. 그러고 난 후에 우리는 이렇게 말할 수 있게 될 것입니다. "우리는 그의 말씀을 들었으며, 그가 세상의 구주이신 그리스도이심을 알도다."

나아가 진실로 자기 자신을 하나님께 의탁한 사람은 결코 그것을 후회하지 않습니다. 이것 외에 사람을 실망시키지 않을 또 다른 종류의 삶이 있습니까? 수많은 사람들이 일어나 다음과 같이 말할 수 있는 것은 기독교 신앙의 실제성을 충분히 증거하고도 남지 않습니까? "보라, 우리가 그를 믿었으니 우리는 결코 부끄러움을 당하지 않을 것이라." "가난한 자들이 주께 부르짖으매 주께서 그들의 부르짖음을 들으시고 그들을 모든 환난에서 건지셨도다. 그들이 하나님을 바라보매 하나님이 빛이 그들에게 비취었도다. 그러므로 그들의 얼굴은 부끄러움을 당하지 않을 것이라." 여러분이 그리스도인이 아니라면, 여러분은 이러한 확신에 동참할 수 없습니다. 왜냐하면 그러한 확신은 오직 그리스도인만이 경험할 수 있는 것이기 때문입니다. 복음 진리의 실제성에 대한 나의 내적 증거는 다른 사람들과 공유(共有)될 수 없습니다. 여러분은 "주의 선하심을 알기" 전에 먼저 그것을 "맛보아야만" 합니다. 그를 시험해 보십시오. 그리고 믿으십시오. 그러면 여러분은 그를 믿은 모든 사람들이 경험했던 것을 경험하게 될 것입니다. "소망이 우리를 부끄럽게 하지 아니함은"(롬 5:5).

4. 마지막으로, 여기에서 믿음의 결승점을 주목하십시오.

"그 날까지 그가 능히 지키실 줄을 확신함이라." 바울은 본 서신에서 그

날에 대해 자주 언급했습니다. 지금과 같은 상황에서는 너무나 자연스러운 일이지만, 어쨌든 지금 그의 마음 가운데 그 날이 크게 자리 잡고 있었습니다. 또 그 날을 언급하는 그의 어투는 매우 주목할 만합니다. 바울은 그 날을 "그와 모든 사람들이 의로운 재판장 앞에 서서 육체로 있는 동안 행한 대로 받을" 날로 믿었습니다. 그 날과 관련한 엄숙한 생각과 굳은 확신과 결연한 태도가 그의 마음 안에 있었습니다. 이 모든 것 앞에서 그는 "나의 가련한 영혼을 그 날까지 그가 능히 지키실 줄을 아노라"라고 말합니다.

아, 나의 형제들이여! 여러분에게 있어 우리 모두가 서게 될 심판대에 대해 생각하지 않음으로써 평온함을 얻는 것은 쉬운 일입니다. 여러분에게 있어 소위 "지적인 회의주의"(intellectual scepticism)와 같은 태도로 미래와 관련한 신약의 계시들을 살핌으로써 평온함을 얻는 것은 쉬운 일입니다. 여러분에게 있어 심판과 관련하여 성경이 계시하는 것 외에 다른 표준을 적용하는 가운데 "내가 나름대로 최선을 다한다면 하나님도 결코 나를 가혹하게 대하지 않을 거야"라고 말하면서 평온함을 얻는 것은 쉬운 일입니다. 그러나 여러분 앞에 불타고 있는 확실한 심판대를 생각해 보십시오. 자신이 그 자리에 서게 될 것이라는 사실을 생각해 보십시오. 여러분이 엄격한 심판의 대상이 될 것이라는 사실을 생각해 보십시오. 여러분의 마음의 생각과 계획까지 낱낱이 드러나게 될 것이라는 사실을 생각해 보십시오. 그런데도 여러분은 평온할 수 있습니까? 여러분은 그때 그 자리에서 평온할 것입니까? 여기의 바울은 온전히 평온했습니다. 어떻게 그럴 수 있었습니까? 그것은 그가 온전한 믿음으로 자신의 영혼을 하나님의 손에 의탁했기 때문이었습니다. 그리고 그의 생애 전체가 그에게 그의 의탁이 결코 헛되지 않았음을 가르쳐 주었기 때문이었습니다.

여러분이 삶 가운데 이와 비슷한 평안을 원한다면, 여러분이 죽음에 직면하여 이와 비슷한 승리를 원한다면, 여러분이 심판 날에 이와 비슷한 담대함을 원한다면 — 나는 여러분에게 그것을 바울이 찾은 곳에서 찾아보라고 간곡히 권면하고 싶습니다. 바로 그곳 즉 아들 안에서 스스로를 나타내신 하나님을 믿는 단순한 믿음 속에서 여러분도 그것을 찾을 수 있을 것입니다.

4
바른 말

" 너는 그리스도 예수 안에 있는 믿음과 사랑으로써 내게 들은 바 바른 말을 본받아 지키고"

딤후 1:13

모든 위대한 작가나 화가는 작품 활동을 하는 가운데 어떤 스타일로부터 다른 스타일로 바뀝니다. 그럼으로써 그를 잘 아는 사람들은 그의 어떤 책이나 혹은 어떤 그림을 "초기" 스타일 혹은 "후기" 스타일 등으로 정확하게 시기(時期)를 구별할 수 있습니다. 그러므로 바울의 초기 서신들과 후기 서신들 사이에 큰 차이가 있는 것은 조금도 놀랄 일이 아닙니다. 도리어 아무런 차이도 없는 것이 정말로 놀랄 만한 일이 될 것입니다. 세 권의 목회서신(디모데전후서와 디도서)의 각각의 특색들 사이의 차이는 서로 완전히 다른 시기와 상황 속에서 기록된 것이라고 말해야 할 정도로 그렇게 크지 않습니다.

세 권의 목회서신 안에는 바울이 통상적으로 사용하는 않은 특이한 단어들과 표현들이 있습니다. 그러한 것들은 종종 이러한 서신들의 진정성을 부인하는 근거로 제시되곤 합니다. 그러나 그러한 논증은 어떤 사람이 나이가 들면 젊은 시절에 사용하지 않았던 단어들을 결코 사용하지 않을 것이라는 전제 위에서만 가능합니다. 본문 속에 나타나는 "바른 말"(sound word)이라는 표현은 그와 같이 후기의 서신들 가운데 독특하게 나타나는 표현들 가운데 하나입니다. 이러한 표현과 또 이것과 병행되는 "바른 교훈"(sound doctrine)이라는 표현은 목회서신 가운데 여섯 번 나타납니다. 특별히 "바른 교훈"이라는 표현은 오늘날 우리들 가운데 흔히 사용되는 매우 일반적인 표현이 되었습니다. 사람들은 종종 이와 같은 표현들을 올바로 이해하지 못한 채 사용하곤 합니다. 실제로 그에 대한 통상적인 이해는 그것의 실제적인 의미와 그로부터 도출되는 실제적인 교훈들을 모호하게 만듭니다. 이제 이와 같은 표현들 속에 내포되어 있는 개념들과 교훈들을 살펴보도록 합시다.

1. "바른 말의 본"으로 바울이 의미하는 것은 무엇입니까?

본문의 "바른 말의 본(本)을 굳게 붙잡고"라는 표현을 주목해 보십시오(Hold fast the form of sound words, 한글개역개정판에는 "바른 말을 본받아 지키고"라고 되어 있음). 여기에서 "바른 말의 본"(form of sound words)으로 바울이 의미하는 것은 무엇입니까? 먼저 우리는 이것이 어떤 "공식화된 교리"(doctrinal formula)를 의미하지 않는다는 사실을 기억할 필요가 있습니다. 여기에서 "form"으로 번역된 단어는 그가 디모데에게 보낸 첫 번째 편지에서 자신과 자신의 회심을 "이후 주를 믿어 영생을 얻을 자들의 본"으로 말할 때 사용한 것과 동일한 단어입니다(1:16). 이것은 어떤 틀에 박힌 신조(信條)를 의미하지 않습니다. 도리어 그것은 "어떤 틀에 압착되지 않을, 그러나 사람들의 삶을 위해 본이 될 교훈 체계"를 의미합니다. 개정역(Revised Version)은 "form"이라는 단어 대신 "pattern"이라는 단어를 사용합니다(pattern은 form과 비슷하게 "本" "模範" "型" 등을 의미하는 단어임 — 역주). 나는 사도 시대에는 아무런 신조도 없었음에도 불구하고 교회는 하나님의 진리를 더욱 굳게 붙잡았다고 생각합니다. 어쨌든 여기에서의 바울의 생각은 "그 안에서 기독교 신앙의 모든 장엄함이 짓뭉개져 버리는 엄격한 신조"의 개념이 결코 아니었습니다.

계속해서 "바른 말"(sound words)이라는 표현을 생각해 보도록 합시다. 우리 모두는 그와 같은 표현이 사람들에게 통상적으로 어떻게 이해되는지 잘 압니다. 어떤 말이 "sound" 하다고 받아들여지는 것은 그것이 비평가의 신조(信條)와 일치할 때입니다("sound"는 "건전한" "올바른" "정통적인" 등을 의미하는 단어임). 건전한 고교회파 교도(sound High-Churchman)는 건전한 비국교도와 완전히 다른 사람입니다. 청교도와 성례주의자는 각자 주장하는 표준에 있어 서로 다릅니다. 우리 모두는 때때로 사람들이 다른 사람들을 얼마나 쉽게 판단하는지 잘 압니다. 사람들은 다른 사람들이 머리를 흔든다든지 혹은 어깨를 들썩거리는 것을 보고 너무나 쉽게 그들을 정죄하는 가운데 그들이 "sound"한지 의문을 제기합니다.

그러나 이 모든 것은 "sound words"라는 표현을 사용함에 있어 바울이 생각한 것과 매우 거리가 멉니다. 이와 관련하여 우리는 그것과 병행되는 "바른 교훈"(sound doctrine)이라는 표현을 살펴볼 필요가 있습니다. "Doctrine"이라는 단어는 일반적인 독자들에게 어떤 진리에 대한 추상적이며 무미건조한 신학적 명제의 개념을 전달합니다("doctrine"은 "教理" "主義" 등을 의미하는 단어임). 그러나 여기에서 바울 사도가 의미하는 것은 "교리"(doctrine)가 아니라 "교훈"(teaching)입니다. "doctrine"을 "teaching"으로 대체할 때, 여러분은 여기에서 바울이 생각하고 있었던 바에 훨씬 더 근접하게 될 것입니다. 그것은 마치 어떤 신학적인 표준에 일치하는 것을 의미하는 "sound"를 "건강한" "온전한" "건강을 주는" "치료하는" 등을 의미하는 "healthy"로 대체할 때 여러분이 그것의 의미에 훨씬 더 가까이 다가가게 되는 것과 마찬가지입니다. 이러한 개념들은 서로 융합됩니다. 그 자체로 건강한 것은 건강을 줍니다. 마치 음식이 건강을 주고, 약이 병을 치료하는 것처럼 말입니다. 바울 사도가 디모데에게 어떤 가르침을 주었을 때, 그는 그것을 "어떤 표준과 일치되는 교리"가 아니라 다만 육체적인 의미에서 "건강하며 온전한 교훈"을 의미하고 있었습니다. 그리고 그러는 가운데 그는 "건강하며 또 건강을 주는 것으로서의 그것의 효과"를 가리키고 있었습니다. 바로 이것이 "sound words" 혹은 "sound doctrine"이라는 표현으로서 바울이 의미한 바였습니다. 이러한 개념을 올바로 이해하십시오. 그러면 여기의 말씀의 전체적인 모양은 즉시 바뀌게 될 것입니다.

오늘 설교의 첫 번째 주제 즉 "바른 말의 본"이라는 표현의 의미와 관련하여 내가 제시하고자 하는 것은 "치료"(healing)와 "거룩함"(holy)이 어원적(語原的)으로 서로 연결되어 있다는 것입니다. 바울의 교훈 속에는 치료하는 힘이 담겨 있습니다. 그것은 사람을 더 선하게 만듭니다. 그것은 더 정결한 도덕과 더 높은 선(善)과 더 이타적인 사랑을 만듦으로써 병든 본성에 조화와 건강을 가져다줍니다. 바울은 사람을 치료하는 유일한 것은 거룩한 것이며, 사람이 거룩하게 되는 방법은 자신이 언급한 교훈을 굳게 붙잡는 것이라고 말합니다.

이와 같이 여기의 "sound"라는 단어의 참된 의미는 일반적으로 받아들여지는 것처럼 "정통적인"을 의미하는 것이 아니라, 더 고결한 태도와 더 정결한 행동과 더 거룩한 성품을 산출하는 성향을 의미합니다. 여러분이 목회서신 가운데 바울이 제시하는 "건강을 주는 교훈과 반대되는 것들의 긴 목록"을 주목한다면, 여러분은 그러한 사실을 훨씬 더 분명하게 이해하게 될 것입니다. "sound"에 대한 통상적인 개념이 옳다면, 그와 반대되는 것들의 목록은 이단(異端)과 관련한 목록이 되어야만 할 것입니다. 그러나 실제로 제시되는 목록을 보십시오. "불법한 자, 복종하지 아니하는 자, 경건하지 아니한 자, 죄인, 거룩하지 아니한 자, 망령된 자, 아버지를 죽이는 자, 어머니를 죽이는 자, 살인하는 자, 음행하는 자, 남색하는 자, 인신매매를 하는 자, 거짓말하는 자, 거짓 맹세하는 자, 기타 바른 교훈을 거스르는 자"(딤전 1:9, 10). 여기의 목록 가운데 어떤 정통적인 교리의 표준으로부터 이탈되는 것을 언급하는 것은 아무것도 없습니다. 그것들은 모두 행동에 있어서의 이탈을 가리킵니다. 바로 이러한 것들이 "건강을 주는" 혹은 "치료하는" 교훈과 반대되는 것들입니다. 그것들은 건전한 정통과 반대되는 것들이 아닙니다. 어떤 프랑스 왕은 자기 모자에다가 동정녀 마리아와 성자(聖者)들의 작은 형상들을 매달고 다니면서도 그 마음속에는 항상 마귀를 품고 다녔는데, 실제로 너무나 많은 사람들이 그렇게 하고 있지 않습니까? "바른 말의 본"(The form of sound words)은 치료하는 교훈의 본입니다(the pattern of healing teaching). 그것은 사람들을 거룩하게 만듦으로써 자기의 치료하는 효과를 증명합니다. 바로 이것이 첫 번째 질문, 즉 "'바른 말의 본'으로서 바울이 의미하는 것은 무엇입니까?"라는 질문에 대한 우리의 대답입니다.

2. 이러한 치료하는 말은 어디에서 발견됩니까?

이와 관련하여 바울에게는 아무런 의심의 여지도 없었습니다. 그것 즉 치료하는 말은 그가 예수 그리스도와 그의 구원에 대해 전파한 메시지 안에 있었습니다. 그것은 성령에 의해 감동된 그의 메시지 안에서 발견될 수 있었습니다. 그리스도의 진리, 그의 성육신, 그의 희생제사, 그의 부활, 그의 승천, 성령의 선물 — 이러한 위대한 사실들로부터 흘러나오는 모든 것이 총체적으로 병든 세상을 치료합니다.

이러한 사실은 역사적(歷史的)으로도 증명됩니다. 어느 시대를 막론하고 그리스도인들의 삶과 행위가 기독교의 원리들과 완전하게 일치한 적은 없었습니다. 그럼에도 불구하고 나는 기독교의 위대한 진리들의 직간접적인 영향력으로 말미암아 모든 세대를 통해 세상이 점진적으로 향상되어 왔다고 감히 말합니다. 또 나는 오늘날 새로운 사상의 이름으로 옛 복음을 발로 차버리는 사람들이 많이 있음에도 불구하고 그리고 모든 종류의 불완전함과 왜곡과 뒤틀림에도 불구하고, 여전히 집합적인 그리스도인들의 행동과 성품이 완전한 형상이 반사되어 가장 아름답게 구체화된 것이라고 감히 말합니다. 우리 모두가 질리도록 들어온 "비국교도적 양심"(Nonconformist conscience)이라는 빈정거리는 말의 의미가 무엇입니까? 그러나 여기의 형용사는 틀렸습니다. 그것은 "기독교적 양심"이 되어야만 합니다. 어쨌든 그러한 말 속에서 나는 성품과 행동에 있어서의 기독교적 이상(理想)이 무의식적으로 나타나는 것을 발견합니다. 그리고 나는 그러한 이상(理想)이 신실한 그리스도인들에 의해 평균적인 도덕의 수준보다 훨씬 더 높게 실현되어 가고 있다고 생각합니다. 그리고 그 모든 것은 "치료하는" 혹은 "건강을 주는" 말 덕분입니다.

이러한 건강을 주는 말이 자신의 복음 안에서 발견된다는 바울의 주장은 우리가 그 복음의 내용을 살필 때 비로소 역사적(歷史的)으로 확증됩니다. 왜냐하면 개인과 사회를 변화시키는 도구는 역사적으로 기독교 진리 외에 없었기 때문입니다. 먼저 기독교 진리의 죄 사함과 용납의 개념으로부터 치료의 능력이 임합니다. 형제들이여, 사람의 모든 악이 흘러나오는 근원까지 들어가는 것은 오직 "하나님이 그리스도 안에서 세상과 더불어 화목하셨다"는 교훈뿐입니다. 그것 외에는 다른 모든 것은 근원까지 들어가지 못합니다. 더 높은 도덕을 산출할 수 있기 전에, 먼저 '죄책(罪責)의 실재'와 '사람과 하나님 사이의 불화와 반목'이 다루어져야만 합니다. 여러분이 그와 같은 중심적인 병을 치료하지 않는다면, 실제로 여러분은 거의 아무것도 치료하지 않은 것입니다. 여러분이 무엇인가를 치료하기는 하지만, 그러나 여전히 암이 깊숙이 자리 잡고 있습니다. 세상의 치료약들은 고작해야 표면의 종기들만을 치료할 수 있을 뿐, 깊은 곳에 자리 잡고 있는 악성 종양을 뿌리 뽑는 데는 완전히 무력합니다. 여러분은 병자에게 건강을 가져다 줄 수 있기 전에 먼저 죄의 병을 다루는 것으로부터 시작해야만 합니다.

나아가 우리는 이러한 "건강을 주는 말"에 의해 더 높고 더 온전한 도덕이 가능하게 되는 것을 주목할 필요가 있습니다. 그것은 그것이 우리에게 예수 그리스도의 완전한 본(本)을 제시해 주기 때문이며, 또한 그것이 우리의 삶을 형성하는 가장 강력한 능력인 사랑을 작동시키기 때문이며, 또한 그것이 우리에게 다른 어떤 계시보다도 훨씬 더 엄중하며 확실한 심판의 개념을 제시하기 때문입니다. 그것은 우리에게 모든 사람이 하나님 앞에서 스스로 행한 모든 일에 대해 설명해야만 하며 마침내 "심은 대로 거둘" 것이라는 사실을 확증해 줍니다. 예수 그리스도의 완전한 본(本), 사랑의 강력한 동기(動機), 심판과 보응의 엄숙한 경고에 더하여, 그와 같은 "건강을 주는 말"은 또한 우리에게 우리 자신의 힘으로는 결코 도달할 수 없는 높이의 선(善)과 정결에 도달하도록 이끌어 주는 신적 권능을 확증해 줍니다. 이 모든 이유들로 인해 예수 그리스도의 성육신과 죽음의 메시지는 세상에 건강을 가져다주는 말이 됩니다.

계속해서 이러한 건강을 주는 치료 효과는 오직 복음에 의해서만 산출될 수 있을 뿐이라는 사실을 기억하십시오. 어쩌면 여러분 가운데 어떤 사람들은 오늘 설교의 첫 번째 주제를, 그것이 교리를 대수롭지 않게 여기는 오늘날의 풍조와 맞는 것처럼 보인다는 이유 때문에, 동의하는 마음으로 들었을는지 모릅니다. 여러분은 여기의 둘째 주제 역시 그와 같이 들을 것입니까? 그리스도로부터 분리되었음에도 불구하고 자신이 어떻게 행동해야 하며 또 어떤 존재가 되어야 하는지에 대해 분명한 개념을 가지고 있는 사람들이 많이 있습니다. 또 그리스도로부터 단절되었음에도 불구하고 고결하며 숭고한 삶을 성공적으로 이루어 나가는 사람들도 적지 않게 있습니다. 그럼에도 불구하고 전체적이며 장기적인 관점에서, 여러분이 "건강을 주는 말"의 본(本)을 바꾼다면 여러분은 세상의 건강을 떨어뜨리게 될 것이라고 나는 감히 단언합니다. 나에게 오늘날의 세대는 이에 대한 실물 교훈처럼 보입니다. 오늘날의 문학에서 두 가지 풍조 즉 남자와 여자 사이의 관계와 관련한 명백한 도덕법칙을 배척하는 것과 예수 그리스도의 옛 복음을 배척하는 것이 나란히 가는 이유는 무엇입니까? 나는 그러한 두 가지가 대체적으로 원인과 결과의 관계로 엮여 있다고 생각합니다. 나는 만일 여러분이 세상을 청교도적 도덕으로 되돌리기를 바란다면 여러분은 근본적으로 청교도 신학으로 되돌아가야만 한다고 생각합니다. 나는 신앙을 어떤 특정한 신학 체계로 못 박고자 하지 않습니다. 그러나 만일 여러분이 복음으로부터 성육신의 진리와 십자가에서의 희생제사와 부활과 승천과 성령의 선물 등 "건강을 주는 말"을 빼버린다면, 나는 그러한 복음은 고작 파리 한 마리에게조차 건강을 줄 수 없을 정도로 무력한 복음이라고 말하지 않을 수 없습니다.

3. 이러한 "건강을 주는 말"을 우리는 어떻게 해야 합니까?

"너는 믿음과 사랑으로써 바른 말의 본을 굳게 붙잡고"(Hold fast the

form of sound words, 앞에서도 이야기한 것처럼 한글개역개정판에는 "바른 말을 본받아 지키고"라고 되어 있음). 이러한 훈계는 다음과 같이 세 가지 측면에 적용됩니다. 첫째로 그것은 지적(知的)인 측면에 적용됩니다. "그 말이 네 생각을 점령하도록 그것을 굳게 붙잡으라." 형제들이여, 여러분은 복음의 사실들과 원리들을 정말로 생각으로 "굳게 붙잡고" 있습니까? 내가 볼 때 오늘날 너무나 많은 사람들이 그렇게 하지 않는 것 같습니다. 오늘날 너무나 많은 사람들이 성경보다 신문을 더 붙잡으며, 복음보다 소설을 더 붙잡습니다. 나는 바쁜 현대인들에게 있어 그들의 업무 이외의 어떤 일을 위해 에너지를 남겨두는 것이 얼마나 어려운지 잘 압니다. 그럼에도 불구하고 나는 여러분이 좀 더 많은 기독교적 지식을 얻기 위해 노력할 것을 충고하고 싶습니다. 우리 주님은 제자들에게 "너희는 따로 한적한 곳에 가서 잠깐 쉬어라"라고 말씀하셨습니다(막 6:31). 바쁘게 수고하는 모든 사람들은 깊은 묵상을 통해 "건강을 주는 말을 굳게 붙잡을" 필요가 있습니다.

둘째로, 그것은 마음에 적용됩니다. "믿음과 사랑으로써 … 굳게 붙잡고." 이것은 "건강을 주는 말"을 마음으로 붙잡는 것을 함축합니다. 지적인 이해는 감정으로 이어집니다. 믿음은 단순한 신조(信條) 이상입니다. 그것은 스스로를 진리 위에 던지면서, 사랑의 감정으로 불붙습니다.

셋째로, 그것은 성품과 행동에 적용됩니다. 하나님의 계시의 궁극적인 목적은 감정이 아닙니다 — 그것이 심지어 믿음과 사랑의 모양을 취할 때조차도 말입니다. 그것은 지식이 궁극적인 목적이 아닌 것과 마찬가지입니다. 하나님은 예수 그리스도 안에 있는 모든 은혜와 사랑 가운데 우리가 스스로를 알게 하십니다. 그렇지만 우리가 아는 것 자체가 궁극적인 목적이 아닙니다. 또 그에 대해 감사하며 사랑하는 감정을 느끼는 것 역시 궁극적인 목적이 아닙니다. 많은 감정적인 그리스도인들이 그것이 전부인 것처럼 생각하기는 하지만 말입니다. 다만 지적으로 아는 것과 감정적으로 느끼는 것을 통해, 우리는 하나님이 기뻐하시는 것을 행할 수 있게 되고 또 하나님이 바라시는 대로 될 수 있게 됩니다. 우리 집 앞에 큰 물이 흐르고 있습니다. 그것의 목적은 단지 지식으로 우리의 물통을 채우는 것도 아니며, 믿음과 사랑으로 우리의 마른 입술을 적시는 것도 아닙니다. 그것의 목적은 우리가 그 물을 사용하여 인생의 물레방아의 모든 바퀴들을 돌리게 하는 것입니다. "건강을 주는 말"의 본(本)을 굳게 붙잡는 사람은 단순히 지적으로 이해하는 사람도 아니고, 감정적으로 뜨겁게 불붙은 사람도 아닙니다. 다만 그것을 실제로 행하는 사람입니다.

세상은 마치 수많은 병자들이 모여 있는 연못가와 같습니다. 그 이름은 베데스다 즉 "긍휼의 집"입니다. 그러나 그곳에 모여 있는 수많은 병자들의 상태를 볼 때, 그런 이름은 어울리지 않는 것처럼 보입니다. 그러나 이 연못이 한번 그리고 영원히 요동치며 움직였습니다. 누구든지 그 연못으로 들어가면, 그는 어떤 병을 가졌든지 즉시로 온전해질 것입니다.

5
하나님의 청지기들

" 우리 안에 거하시는 성령으로 말미암아 네게 부탁한 아름다운 것을 지키라"

딤후 1:14

바울 사도는 앞에서 "내가 의탁한 것을 그 날까지 그가 능히 지키실" 것이라는 자신의 확신을 표명했습니다(12절). 그리고 여기에서 비슷한 표현이기는 하지만 전혀 다른 맥락에서 그와 같은 위대한 확신의 주된 개념을 의도적인 병행(竝行)으로 다시금 반복합니다. 12절에 대한 우리 성경(KJV)의 번역이 옳든 그렇지 않든, 어쨌든 12절과 14절 사이의 의도적인 병행은 여전히 남습니다. 12절을 본문으로 한 앞의 설교에서 나는 우리 성경의 번역을 옹호하는 근거들을 제시했습니다. 두 개의 "의탁"이 있습니다. 하나님이 우리에게 무엇인가를 의탁하시며, 우리가 하나님께 무엇인가를 의탁합니다. 마찬가지로 두 개의 "지킴"이 있습니다. 하나님이 지키시며, 우리가 지켜야 합니다. 설령 12절과 14절이 모두 사람들에 대한 하나님의 의탁을 말하는 것이라 하더라도, 어쨌든 두 개의 "지킴" 사이의 대조적인 병행은 여전히 남을 뿐만 아니라 도리어 더 증가됩니다. 왜냐하면 하나님이 지키시는 것과 우리가 지키는 것이 같은 것이기 때문입니다. 그러므로 우리는 여기에서 사람의 신실함과 하나님의 보호 사이의 전체적인 관계가 나타나는 것을 보게 됩니다. 참된 기독교적 삶은 총체적으로 하나님의 일인 동시에 신자의 일로 간주될 수 있습니다. 하나님이 우리를 지키실 때, 우리는 스스로를 지킬 수 있습니다. 또 하나님은 우리가 스스로를 지킬 수 있도록 하심으로써 우리를 지키십니다.

1. 첫째로, 우리에게 맡겨진 책임을 주목하십시오.

명백히 바울은 여기에서 주로 자신과 디모데에게 맡겨진 복음의 메시지에 대해 생각하고 있었습니다. 이러한 사실은 문맥 전체를 통해 나타납니다. 13절은 "너는 그리스도 예수 안에 있는 믿음과 사랑으로써 내게 들은 바 바른 말의 본을 굳게 붙잡으라"라고 말합니다. 또 같은 훈계가 반복되는 디모데전서 6장 20절에서도 이와 동일한 맥락이 나타납니다. "망령되고 헛된 말과 거짓된 지식의 반론을 피함으로 네게 부탁한 것을 지키라 이것을 따르는 사람들이 있어 믿음에서 벗어났느니라." 또 이 같은 그리스도인들에게 맡겨진 것으로서의 복음의 개념은 디모데전서의 또 다른 구절에서도 나타납니다. 거기에서 바울은 이렇게 말합니다. "이 교훈은 내게 맡기신 바 복되신 하나님의 영광의 복음을 따름이니라"(1:11). 그러한 개념은 또한 그의 다른 표현들 속에서도 나타납니다. 예컨대 우리는 데살로니가전서에서 "오직 하나님께 옳게 여기심을 입어 복음을 위탁 받았으니"라는 표현을 보게 됩니다(2:4). 또 바울은 자신과 자신의 동료들을 종종 "하나님의 비밀을 맡은 자"로 표현하는데, 우리는 이러한 표현의 기저(基底)에도 그와 같은 개념이 내재되어 있는 것을 볼 수 있습니다(고전 4:1). 그러나 이 모든 표현들은 결코 사도나 혹은 교회의 가르치는 직분의 특권을 나타내지 않습니다. 그것은 다만 성령의 선물을 통해 모든 그리스도인들에게 주어진 엄숙한 책임을 선포할 뿐입니다. 구원의 메시지를 받은 사람은 바로 그 사실로 말미암아 그 메시지를 다른 사람들에게 전달하는 책임을 가집니다. 하나님의 말씀은 모든 신자들에게 맡겨집니다. 진리에 대한 그들의 이해가 아무리 불완전하다 하더라도 그리고 그들의 활동영역이 아무리 협소하다 하더라도 말입니다.

이와 관련하여 그리스도인들에게 두 가지 책임이 맡겨집니다. 하나는 진리를 보존하는 책임이며, 다른 하나는 진리를 전파하는 책임입니다.

그리스도인으로서 여러분은 진리를 보존할 책임이 있습니다. 우리 가운데 어떤 사람들에게, 사람들이 듣든지 아니 듣든지 상관없이 열심히 복음을 전파함으로써, 복음으로부터 영광과 능력을 탈취하려고 하는 모든 풍조에 특별한 형태로 맞서는 책임이 맡겨집니다. 그러나 또 다른 측면에서 진리를 보존하는 책임은 우리 모두에게 맡겨집니다. 이와 같이 우리 모두는 우리 자신의 영혼의 양식을 위해 복음을 지키는 책임을 가집니다. 우리는 우리를 둘러싸고 있는 모든 풍조를 주의 깊게 살피는 가운데 세속주의와 자기중심주의와 보이지 않는 영원한 것들을 배제하고 오로지 보이는 것들만 추구하는 풍조가 우리의 보화를 빼앗아가지 못하도록 지켜야 합니다. 또 우리는 우리가 고백하는 것을 지켜야 하며, 우리의 손으로 하는 모든 일들이 거룩하여질 수 있도록 우리의 소망의 닻과 우리의 삶을 인도하는 모든 것들을 우리의 손에 묶어야 합니다. 여러분의 미간(眉間)에 하나님의 말씀을 기록하십시오. 여러분의 모든 생각이 그 빛에 비춰을 받도록 말입니다. 여러분의 집의 대문과 설주에 하나님의 말씀을 기록하십시오. 일하기 위해 집으로부터 나갈 때나 일을 마치고 집으로 돌아올 때 그것을 보고 생각하며 마음을 새롭게 하기 위해 말입니다. 우리에게 맡겨진 책임은 우리가 받은 하나님의 말씀과 복음을 보존하는 것입니다. "네가 가진 것을 굳게 잡아 아무도 네 면류관을 빼앗지 못하게 하라"(계 3:11).

나아가 모든 그리스도인들에게 그 말씀을 전파할 책임이 맡겨집니다. 그것은 우리 모두에게 주어집니다. 그것은 사도들이나 혹은 교회의 특별한 사역자들에게만 주어진 배타적인 특권이 아닙니다. 하나님을 말씀을 가진 모든 그리스도인에게 그 말씀을 전파하는 책임이 맡겨집니다.

나아가 여기에서 우리는 또 하나의 개념을 끌어낼 수 있는데, 그것은 우리에게 우리 주님의 인격과 명성을 지키는 책임이 맡겨졌다는 개념입니다. 사람들은 예수 그리스도에 대한 인상(印象)을 성경보다 여러분에게서 훨씬 더 많이 취합니다. 기독교회야말로 대부분의 사람들이 가장 잘 아는 진짜 성경입니다. 기록된 계시는 너무나 자주 우리 그리스도인들이 예수 그리스도에 대해 나타내는 표현들에 의해 흐지부지되곤 합니다. 예수 그리스도는 자신의 명성을 우리 손에 맡기셨습니다. 그는 이를테면 이렇게 말씀하셨습니다. "너희들의 삶을 통해 사람들이 내가 어떤 종류의 그리스도인지 알 수 있도록 하라. 너희들의 삶을 통해 내 안에 있는 생명의 영을 나타내라. 그렇게 함으로써 너희 안에 사람을 변화시키는 무엇인가가 있음을 믿게 하라."

계속해서 우리는 본문을 더 광범위하게 적용할 수 있습니다. 우리 모두에게 맡겨진 가장 큰 것은 다름 아닌 우리 자신입니다. 이와 관련하여 우리에게 두 가지가 맡겨지는데, 하나는 우리의 성품을 발전시키는 것이며 다른 하나는 우리의 재능을 사용하는 것입니다.

우리에게 우리의 성품을 발전시키는 책임이 맡겨집니다. 우리는 우리의 참된 자아가 주도권을 갖도록 하기 위해 우리 안에 있는 많은 것들을 잘라내고, 억제하고, 정복하고, 통제해야 합니다. 또 우리는 부지런히 은혜의 성품들을 계발해야만 합니다. 우리가 가진 약점(弱點)은 단지 그것을 억압하는 것으로 치료되지 않습니다. 도리어 그것은 반대쪽 성품을 계발함으로써 치료됩니다. 그것은 오직 우리 자신이 해야만 합니다. 어느 누구도 우리를 위해 그 일을 대신 해줄 수 없습니다. 우리는 많은 것을 맡은 청지기입니다. 그러나 우리에게 맡겨진 가장 중요한 것은 바로 우리 자신의 본성입니다. 거기에는 하늘까지 올라가는 가능성들도 있는 반면 지옥까지 내려가는 악들도 있습니다. 그 모든 것이 우리 마음의 좁은 방 안에 감추어져 있습니다. 그러므로 우리는 그 모든 것을 부지런히 계발하며, 갈고 닦아야 합니다. 또 우리에게는 우리의 재능들을 사용할 책임이 맡겨집니다. 하나님이 우리에게 이러한 것들을 주신 것은 우리로 하여금 그것들을 계속 사용하여 강화시키기 위함입니다. 이와 같이 한 사람의 인간으로서 당신에게 당신의 자연적인 자아를 책임지도록 맡겨질 뿐만 아니라 또한 한 사람의 그리스도인으로서 당신에게 더 나은 자아를 가져다주는 말씀을 지키는 책임이 맡겨집니다.

2. 둘째로, 우리가 그러한 책임을 지키는 것을 주목하십시오.

본문을 다시 한 번 보십시오. "우리 안에 거하시는 성령으로 말미암아 네게 부탁한 아름다운 것을 지키라." 여기에서 "지키라"라고 번역된 단어는 보존하는 의미에서 지키는 것을 의미하기 보다 "망을 보며 경계하는" 의미에서 지키는 것을 의미합니다. "지키는" 것은 본문이 명령하는 경계(警戒)의 결과입니다. 우리가 그 단어가 성경에서 실제로 어떻게 사용되는지 살펴본다면, 우리는 이러한 훈계의 취지를 좀 더 충분하게 이해할 수 있게 될 것입니다. 그 단어는 그리스도께서 탄생하시기 전날 밤 베들레헴의 목자들이 행하던 일을 묘사하는데 사용되었습니다. "그 지역에 목자들이 밤에 밖에서 자기 양 떼를 지키더니"(눅 2:8). 여러분은 여러분의 책임 아래 맡겨진 하나님의 말씀과 여러분 자신을 이렇게 지켜야 합니다. 또 그 단어는 사도들이 갇혀 있는 옥문 밖에서 간수들이 주의 깊게 지키는 것을 묘사하는데 사용되었습니다. 이와 같이 우리는 목자가 양 떼를 지키는 것처럼, 간수가 죄수를 지키는 것처럼 경계하며 지켜야 합니다. 그리스도인들은 양들이 도적질을 당하거나, 죄수들이 도망치지 못하도록 주의를 기울이며 경계하면서 살아야 합니다. 우리는 본문의 훈계로부터 몇 가지 교훈을 도출할 수 있습니다.

무엇보다도 먼저 청지기 의식(意識)을 계발하십시오. 우리에게 주어진 기쁨과 감사 등의 풍성한 감정을 계속해서 생생하게 지키는 것은 결코 쉬운 일이 아닙니다. 맡은 자로서의 책임 의식이 약화되고 우리가 우리 자신의 것이라고 생각하는 것으로부터 모든 악이 시작됩니다. 탕자의 타락은 "재산 중에서 내게 돌아올 분깃을 내게 주소서"라고 말하는 것으로부터 시작되었습니다(눅 15:12). 그로부터 자연스럽게 다음 단계가 따릅니다. "며칠이 안 되어 둘째 아들이 재물을 다 모아 가지고 먼 나라에 가"(13 상반절). 그리고 계속해서 또 다음 단계가 따릅니다. "거기서 허랑방탕하여 그 재산을 낭비하더니"(13 하반절).

만일 우리 안에서 맡은 자로서의 청지기 의식이 약화된다면, 필연적으로 우리 안에서 모든 선(善)의 주된 동기(動機)가 약화될 것입니다. 그리고 우리는 하나님을 잊어버리며, 자기의지(自己意志)를 좇으며, 자기를 주장하며, 제멋대로 방종할 것입니다. 만일 우리가 달란트를 우리의 것이라고 생각한다면, 우리는 그것을 우리 자신의 목적을 위해 사용할 것이며 따라서 그것은 결국 "낭비"가 될 것입니다.

일상적인 대화에서 "달란트"라는 단어를 청지기와 전혀 상관없는 의미로 사용하면서 맡은 자로서의 청지기 의식을 잊어버리는 것은 얼마나 슬픈 일입니까! 우리는 청지기로서의 책임 의식을 계발하는데 특별히 주의할 필요가 있습니다.

또 잠자지 말고 깨어 부지런히 살피며 경계하십시오. 한 위대한 정치사상가는 "자유의 대가(代價)는 끊임없이 살피며 경계하는 것이다"라고 말합니다. 하나님이 우리에게 주신 보화를 지키는 대가 역시 마찬가지입니다. 어떤 암벽동굴 사이에 감추어진 엄청난 보화와 관련한 옛 신화가 있습니다. 그 보화는 눈꺼풀이 없는 눈을 가진 신비한 생물들에 의해 보호되고 있습니다. 그들은 눈을 감을 수도 없으며, 잠잘 수도 없습니다. 그리스도인들도 이와 같이 해야 합니다. 우리는 항상 눈을 크게 뜨고 부지런히 경계해야 하며, 우리 주위에 있는 모든 악들에 대해 깨어 있어야 하며, 강도들이 우리의 손으로부터 보화를 탈취해 가지 못하도록 늘 조심해야 합니다. 이와 같이 항상 경계하십시오.

또 여러분에게 맡겨진 진리에 정통하십시오. 나는 오늘날의 지적인 의심이나 의식적(意識的)인 불신앙이 그리스도인들에게 끼치는 영향에 대해서는 그다지 두려워하지 않습니다. 내가 정말로 두려워하는 것은 부지불식간에 그들을 휩쓸어가는 무의식적인 풍조입니다. 이와 관련하여 히브리서 저자는 "그러므로 우리는 들은 것에 더욱 유념함으로 우리가 흘러 떠내려가지 않도록 함이 마땅하니라"라고 말합니다(히 2:1). 자신들에게 맡겨진 하나님의 말씀과 복음에 정통하지 못한 그리스도인들이 그와 같이 될 것입니다. 미처 알아차리기도 전에 그들은 소리 없이 흐르는 물결에 흘러 떠내려갑니다. 상대방과의 치열한 논쟁에 의해 기독교 신앙을 잃어버리는 사람이 한 명이라면, 소리 없는 증발에 의해 잃어버리는 사람은 열 명입니다. 구약에 등장하는 한 사람은 자신이 지키던 죄수가 도망치자 이렇게 변명합니다. "종이 이리 저리 일을 볼 동안에 그가 없어졌나이다"(왕상 20:40).

이것은 너무나 많은 그리스도인들에게 있어 사실입니다. 그들의 손으로부터 하나님의 말씀이 미끄러져 나갔습니다. 그들은 그것이 어떻게 그리고 정확하게 언제 미끄러져 나갔는지 알지 못합니다. 여러분이 꽃을 꺾어 꽃병에 꽂는다고 상상해 보십시오. 그러면서 거기에 아무런 물도 주지 않는다면, 꽃은 곧 시들 것입니다. 여러분이 복음의 진리들에 정통하고 그것들을 계속적으로 묵상함으로써 여러분의 믿음을 새롭게 하지 않는다면, 그것들은 곧 쪼그라들 것이며 여러분은 머지않아 그것의 달콤함을 잃어버릴 것입니다. 여러분의 마음 안에 감추어진 하나님의 말씀을 지키십시오. 그렇게 함으로써 여러분은 하나님과 그의 말씀에 대해 죄를 범하지 않게 될 것입니다.

또 여러분의 은사를 사용하십시오. 달란트를 지키는 가장 나쁜 방법은 그것을 수건에 싸서 지키는 것입니다. 자신의 달란트를 땅에 묻어 두었다가 주인에게 드린 종을 생각해 보십시오. 그는 그것이 땅에 묻혀 있는 동안 녹이 슬고 썩으므로 얼마나 많이 훼손되었는지 알지 못했습니다. 물론 금은 녹이 슬지 않습니다. 그러나 우리가 소유한 달란트의 금은 녹이 습니다. 우리의 은사를 쪼그라들게 만드는 가장 확실한 방법은 그것을 사용하기를 게을리 하는 것입니다. 곡식을 지킴에 있어 그것을 밭에 넓게 뿌리는 것은 매우 이상한 방법처럼 보입니다. 그러나 그렇게 할 때 곡식은 크게 증가될 것입니다. 여러분의 믿음을 사용하십시오. 여러분의 믿음이 여러분의 삶의 인도자가 되게 하십시오. 기도와 묵상으로 여러분의 믿음의 크기를 증가시키십시오. 여러분의 재능을 사용하십시오. 여러분의 능력을 사용하십시오. 그러면 그것들은 자랄 것이며, 여러분은 강하게 될 것입니다.

3. 마지막으로, 우리에게 맡겨진 것을 지킴에 있어 우리의 동맹군을 주목하십시오.

"우리 안에 거하시는 성령으로 말미암아." 모든 일은 우리 자신의 힘으로가 아니라 내주하시는 성령의 힘으로 이루어집니다. 이러한 사실로부터 우리는 다음과 같은 두 가지 개념을 도출할 수 있습니다.

하나는 하나님으로 하여금 우리를 지키도록 맡길 때 우리가 스스로를 가장 잘 지킨다는 개념입니다. 바울 사도는 지금까지 그렇게 했으며, 지금 디모데에게 그렇게 하라고 훈계하고 있습니다. 우리의 믿음은 이러한 위대한 동맹군을 전선(戰線)으로 데려갑니다. 하나님이 우리에게 맡긴 것을 다시 하나님께 맡기십시오. 그러면 우리는 여호와의 사자가 그를 경외하는 자 주위를 둘러 진 치는 것을 확실하게 알게 될 것입니다. 마치 야곱이 위험한 길을 갈 때 하늘에서 천사들이 자기 주위에 진 치고 있는 것을 보았던 것처럼 말입니다. 이와 같이 하나님으로 하여금 우리를 지키도록 맡길 때, 우리는 스스로를 가장 잘 지킬 수 있습니다.

여기에서 도출할 수 있는 또 하나의 개념은 하나님은 우리가 스스로를 지킬 수 있도록 능력을 주심으로써 우리를 지킨다는 개념입니다. "우리 안에 거하시는 성령으로 말미암아." 그의 보호하심은 단순히 우리 주위에 어떤 외적인 장벽을 둘러치는 것도 아니고, 우리로 하여금 위험을 피할 수 있도록 어떤 상황을 변화시켜 주는 것도 아닙니다. 그것은 우리 안에 우리의 생각을 빚으며, 우리의 욕망을 통제하며, 우리의 약점을 보강하며, 모든 악으로부터 우리를 지키는 어떤 신적인 생명의 원리를 놓는 것입니다. 하나님이 우리를 위해 싸운다는 것은 우리를 대신하여 싸운다는 의미가 아니라 우리가 싸울 때 우리 곁에서 싸우고 계신다는 의미입니다. "하나님이 나를 돌보실 거야"라고 말하면서 스스로 돌보지 않는 것은 믿음이 아닙니다. 그것은 위선이든지 아니면 스스로 속은 억측일 뿐입니다. 믿음은 노력을 배제시키지 않습니다. 도리어 그것을 더욱 촉진시킵니다. 하나님을 더 많이 의지할수록, 우리는 더 열심히 노력할 것입니다. 하나님이 우리를 지키실 때, 우리는 스스로를 지킵니다. 또 우리가 스스로를 지킬 때, 하나님은 우리를 지키십니다. 둘 모두 사실입니다. 그러므로 우리는 하나님을 의지하고 열심히 노력해야 합니다.

사랑하는 형제여, 우리는 위험한 길을 여행하고 있습니다. 우리는 우리 앞에 평탄한 길이 펼쳐져 있는지 아니면 어디에 강도가 웅크리고 숨어 우리의 보화를 탈취하고자 노리고 있는지 알지 못합니다. 이 땅은 무방비 상태로 아무 염려 없이 여행할 수 있는 땅이 아닙니다. 도리어 눈을 부릅뜨고 계속해서 경계하며 모든 노력을 다해야만 하는 땅입니다. 이 땅은, 만일 우리가 스스로를 우리를 온전히 지킬 수 있는 자에게 맡기지 않는다면, 결국 강도를 만나 모든 보화를 강탈당하게 될 땅입니다.

"나로 하여금 계속해서 거룩한 불을 지키게 하라.
나로 하여금 계속해서 내 안에 있는 은사를 불일듯하게 하라."

우리가 모든 삶 가운데 그리고 죽을 때 "아버지여 나의 영혼을 아버지의 손에 맡기나이다"라고 말한다면, 우리는 "여호와께서 너를 영원히 지키실 것이라"는 옛 약속이 우리에게 이루어지는 것을 확실하게 보게 될 것입니다.

6
인생의 참된 목표 – 그리스도를 기쁘게 하는 것

"병사로 복무하는 자는 자기 생활에 얽매이는 자가 하나도 없나니 이는 병사로 모집한 자를 기쁘게 하려 함이라"

딤후 2:4

바울은 용기와 활력이 넘치는 사람이었으며, 그랬기 때문에 연약한 성격의 디모데에게 자신의 용기와 활력을 불어넣어 줄 수 있었습니다. 디모데전후서의 전체적인 분위기로 판단할 때, 바울의 젊은 동역자는 용기와 활력이 부족했던 것으로 보입니다. 그는 육체도 약했을 뿐만 아니라 마음도 약했습니다. 그는 쉽게 가라앉았으며, "자주 나는 병을 위해" 포도주를 필요로 했습니다(딤전 5:23). 디모데전후서에 나타나는 디모데에 대한 바울 사도의 세심한 위로와 격려의 표현들은 너무나 아름답습니다. 여기에 편안하며 즐거운 그리스도인의 삶이라는 장밋빛 그림은 없습니다. 도리어 여기보다 고난의 사실이 더 뚜렷하게 나타나는 서신은 없습니다.

그것은 참으로 지혜로운 일이었습니다. 왜냐하면 고된 일과 역경 가운데 있는 사람을 지탱해 주는 가장 좋은 방법은 그가 직면하게 될 일을 분명하게 말해 주는 것이기 때문입니다. 그러면 그것이 여과기의 역할을 할 것입니다. 그러나 그것은 오직 불순물만을 걸러낼 것입니다. 반면 그것은 잠재되어 있는 열정을 불러일으킬 것입니다. 왜냐하면 사람들은 항상 위험과 역경을 무릅쓰고 나아가는 열정적인 지도자에게 열광하는 법이기 때문입니다. 소년들은 무시무시한 폭풍과 파선(破船)의 이야기를 들으면서 기꺼이 선원이 됩니다.

이와 같이 바울은 "아들 디모데"에게 사역자 앞에 기다리고 있는 모든 수고와 위험을 제시함으로 그를 격려합니다. 본문을 포함하고 있는 문맥 속에는 자기부인(自己否認)과 계속적인 수고가 반드시 필요함을 일깨워주는 많은 예화와 은유들이 들어 있습니다. 병사는 장군을 기쁘게 하기 위해 죽음을 무릅써야 할 뿐만 아니라 또한 자신의 일상적인 생업을 버려야만 합니다(4절). 씨름하는 선수는 모든 힘을 기울여 경기해야 할 뿐만 아니라 또한 법대로 경기해야만 합니다(5절). 농부는 즐겁게 앉아 추수의 열매를 먹기에 앞서 먼저 밭에서 오래 참으며 고된 수고를 해야만 합니다(6절). 이와 같이 세속적인 일을 열심히 감당하는 자들은 우리를 부끄럽게 만들기에 충분합니다. 그들은 불처럼 뜨거운데 우리는 얼음처럼 차갑단 말입니까! 그들은 시간과 수고를 아끼지 않는데 우리는 아낀단 말입니까!

본문은 위에 열거한 몇 가지 은유들 가운데 첫 번째 것 즉 병사와 관련한 은유입니다. 이제 본문의 은유로부터 몇 가지 주제들을 살펴보도록 합시다.

1. 첫째로, 그리스도인 병사에게 있어 인생의 궁극적인 목적이 무엇인지 주목하십시오.

병사들은 전쟁을 위해 조직된 군대의 구성원들로서, 그들이 행하는 일 가운데는 분명 야만적이며 악마적인 요소가 있습니다. 그러므로 병사들의 예를 가지고 평강의 왕의 종들의 삶이 어떠해야 하는지를 예증(例證)하는 것은 다소 이상하게 보일 수 있습니다. 그렇지만 양자(兩者)는 전쟁을 수행한다는 점에 있어 유사점이 있습니다. 병사의 가장 큰 덕목 가운데 하나는 무조건적이며 즉각적인 복종입니다. 만일 하급자가 상관의 명령에 대해 이러쿵저러쿵 한다든지 혹은 어느 정도까지 복종할 것인가를 추론한다든지 혹은 지체하며 우물쭈물한다면, 그 모든 것은 군대에서 항명으로 간주될 것입니다. 하급자는 상관의 명령에 대해 이유를 따져서는 안 됩니다. 오직 명령대로 복종해야만 합니다. 그의 행동의 유일한 표준은 상관의 의지(意志)입니다. 아무리 영웅적인 행동이라 하더라도 명령과 반대되는 행동을 했다면, 그는 항명자로서 사살(射殺)될 것입니다. 그리고 충성과 용맹에 대한 최고의 보상(報償)은 장군의 칭찬입니다. 알렉산더나 나폴레옹 같은 장군의 웃음이나 혹은 "잘 했어!"라는 칭찬의 말을 위해 기꺼이 목숨을 던진 병사들이 얼마나 많습니까!

같은 인간에 대한 이와 같은 절대적인 복종의 태도는 사람을 기계로 만듭니다. 그러나 권위에 대한 그와 같은 절대적인 복종과 철저한 순복 속에는 매우 숭고한 측면이 있습니다. 순종의 행동은 그 일의 여하에 따라 그리고 그 일을 시키는 주인에 따라 좋을 수도 있고 나쁠 수도 있습니다. 그러나 순종 자체는 사람에게 있어 합당한 것입니다. 오로지 자기를 기쁘게 하는 것 안에는 아름다움이나 숭고함이 없습니다. 양심에 따라 도덕적으로 선한 권위에 기꺼이 순복하는 것은 정말로 숭고하며 아름다운 것입니다. 만일 우리가 절대적인 통치자, 지도자, 명령자를 발견할 수 있다면 그리고 그의 권위가 최상의 권위이며 그의 명령이 우리의 최고의 지혜와 일치될 뿐만 아니라 또한 우리를 가장 정결한 행복으로 이끈다면, 분명 그에게 순종하는 것은 우리의 인생을 가장 숭고하며 아름답게 만들 것입니다. 우리는 작은 것을 크게 만들고, 큰 것을 작게 만드는 비밀을 발견했습니다. 그 비밀은 모든 인생을 숭고하게 만듭니다. 그리고 가장 절대적인 섬김을 가장 완전한 자유와 최고의 왕권으로 만듭니다.

이와 같이 본문은 그리스도를 기쁘게 하는 것을 그리스도인 병사의 최고의 목표로 삼음으로써 기독교 도덕의 핵심적인 특성을 붙잡습니다. 도덕 법칙을 완전히 새롭고 복된 것으로 만드는 것은 바로 이것입니다. 복음은 예수 그리스도를 '의무의 모범과 법칙'(Pattern and Law of duty)으로 제시합니다. 그 안에서 차가운 대리석 조상(彫像)은 따뜻하며 숨 쉬는 피와 살로 바뀝니다. 또 복음은 그를 '의무를 위한 능력'(Power for duty)으로 제시합니다. 그는 하늘로부터 구부려 수렁에서 버둥거리는 보잘것없는 우리에게 도움의 손길을 내밉니다. 율법은 싸늘한 눈으로 우리의 버둥거림을 바라보며, 우리 옷에 튄 더러운 흙탕물 방울의 수를 헤아리는데 말입니다. 또 복음은 그를 '의무를 위한 동기'(Motive for duty)로 제시합니다. 세상의 도덕은 단지 채찍과 보상의 저급한 동기(動機)에 호소할 뿐입니다. 그러나 그는 "사랑의 줄"로 우리를 의(義)와 선(善)으로 끌어당깁니다. 마지막으로, 복음은 그를 '순종의 상급'(Reward of obedience)으로 제시합니다. 그것은 우리에게 올바른 행동의 참된 보상이 그를 기쁘게 하는 것 안에 놓여 있음을 가르칩니다.

이러한 것들이 기독교 도덕의 위대한 특징들입니다. 그리고 그 모든 것들은 살아 계신 한 인격 안에 매달려 있습니다. 의식법(儀式法)이든 양심법이든 도덕법이든, 율법의 모든 싸늘함과 무력함은 완전히 반대쪽 특성으로 바뀝니다. 그리스도가 의무이며, 사랑이 율법입니다. 그리스도가 능력이며, 그리스도가 자극입니다. 그리스도가 동기이며, 그리스도가 상급입니다. 그러므로 어떤 율법의 석판(石板)이나 혹은 어떤 양심의 목소리나 혹은 어떤 윤리의 체계 속에서도 아무런 매력도 발견하지 못한 마음과 의지는 율법을 사랑으로 바꾸는 자에게 기쁘게 순복하며 기꺼이 순종을 바칩니다. 그리고 미약한 손은 그의 능력으로 말미암아 능히 그의 뜻을 행할 수 있도록 강해집니다. 그리고 최고의 목표가 그의 웃음과 칭찬의 말이 됨으로써 상급을 바라는 마음은 이기적인 자기중심주의로부터 자유로워집니다. 바로 이것이, 그리고 바로 이것만이 참된 도덕입니다. 이것은 완전히 새로운 것입니다. 이것은 의무들의 싸늘한 목록이 아니라, 모든 사람들이 마땅히 되어야만 하는 모범인 한 인물 안에서 의무가 새로운 형태로 나타나는 것입니다. 그는 그것을 성취할 수 있는 새로운 능력을 가져다줍니다. 왜냐하면 그가 우리의 모든 행동을 움직이는 새로운 동기이기 때문입니다.

이와 같은 그리스도를 기쁘게 하는 개념은 단순한 유신론(有神論)보다 얼마나 더 강력한 동기를 제공해 줍니까! 물론 "하나님이 나를 바라보고 계신다"는 생각은 종종 우리의 행동을 억제하며 격려하는 강력한 동기가 될 수 있습니다. 그러나 동시에 그것은 너무나 쉽게 우리를 엄한 주인 앞에서 두려워 떠는 초라한 하인으로 만듭니다. 그리고 그러한 하나님 개념은 너무나 쉽게 멀리 떨어진 희미한 신의 개념으로 변질될 수 있습니다. 그러나 죄로 얼룩진 도성을 바라보며 눈물을 흘린 자를 생각해 보십시오. 자기를 세 번이나 부인한 자를 분노하는 마음이 아니라 안타까운 마음으로 바라본 자를 생각해 보십시오. 그럴 때 우리는 그가 우리를 아는 것에 대해 두려워할 필요가 없을 것입니다. 또 그럴 때 우리는 그가 우리 가까이 계시며, 우리의 순종을 기뻐하시며, 우리의 마음의 완악함을 슬퍼하고 계시다는 사실을 의심할 필요가 없을 것입니다. 우리가 기쁘게 해야 하는 자는 멀리 떨어져 있는 희미한 신이 아니라, 우리의 모든 형편을 알고 계시는 우리의 맏형이며 우리의 대장입니다.

이러한 개념은 우리 각자에 대한 그리스도의 현재적인 지식의 실재를 함축합니다. 그렇다면 모든 사람의 행동뿐 아니라 그 기저(基底)에 있는 동기(動機)까지 정확하게 아는 이 사람은 도대체 누구입니까? 여기에는 오직 하나의 대답이 있을 뿐입니다. 이 사람은 육체로 나타난 하나님이어야만 합니다. 만일 그렇지 않다면, 이미 죽은 지 열아홉 세기가 지난 사람을 기쁘게 한다는 것은 참으로 어처구니없는 개념이 될 것입니다. 뿐만 아니라 그의 생애로부터 우리의 의무를 취하고 그의 칭찬으로부터 우리의 상급을 취하기 위해 다른 모든 율법을 제쳐놓는 것은 단순히 어처구니없는 일이 아니라 명백한 신성모독이 될 것입니다. 그러나 우리가 그리스도 안에서 육체가 되신 말씀을 본다면, 그가 모든 사람의 마음을 안다고 믿으면서 "살든지 죽든지 그를 기쁘게 하고자" 애쓰는 것은 참으로 합리적인 일이 될 것입니다.

이와 같은 분명한 삶의 목표는 여러 가지 방법으로 우리의 삶을 복되고 숭고하게 만듭니다. 무엇보다도 그것은 동기와 목표를 단순화합니다. 여러 가지 사소한 목표들에 끌려 다니는 대신, 우리는 하나의 큰 목표를 갖고 우리의 모든 삶을 그 하나의 목표로 향하도록 만듭니다. 그럴 때 우리의 삶은 얼마나 복된 삶이 될 것입니까! 뿐만 아니라 그것은 우리가 수많은 유혹들을 뛰어넘게 만듭니다. 그러한 유혹들은 그리스도를 기쁘게 하는 것을 삶의 궁극적인 목표로 삼는 사람들에게 더 이상 유혹이기를 그칩니다. 빙하 시대의 영국을 생각해 보십시오. 그때 영국 땅에 빙하시대에 적합한 동물과 식물들이 살고 있었습니다. 그러나 우주적인 변화로 말미암아 빙하 시대가 끝났을 때, 그것들은 어떻게 되었습니까? 그것들은 더 이상 영국 땅에 살지 않고 북극을 향해 도망쳤습니다. 이와 같이 유혹들도, 우리가 그리스도를 기쁘게 하는 것을 우리 삶의 궁극적인 목표로 삼을 때, 우리로부터 도망칠 것입니다. 또 그것은 우리를 사람들의 판단을 두려워하는 것으로부터 건져줍니다. 왜냐하면 장군의 칭찬을 유일한 명예로 생각하는 병사에게 잡다한 무리들의 생각은 별로 중요하지 않기 때문입니다. 나아가 그것은 일을 위한 에너지를 공급해줄 뿐만 아니라 또한 힘들고 무미건조한 일도 즐거운 일로 변화시킵니다. 왜냐하면 사람들에게 있어 자신이 사랑하는 자를 위해 수고하는 것은 항상 즐거운 일이기 때문입니다. 사랑의 동기로 행하는 일은, 설령 오랜 시간 지속되는 일이라 하더라도 결코 지루하지 않을 것입니다. 또 그를 기쁘게 하기 위한 바람으로 행하는 일은, 설령 힘든 일이라 하더라도, 결코 고통스럽지 않을 것입니다. 자유로움과 숭고함, 행복과 즐거움 ― 이 모든 것은 인생의 궁극적인 목적이 우리의 대장이신 예수 그리스도를 기쁘게 하는 것이라는 생각으로부터 흘러나옵니다.

2. 둘째로, 본문이 예수 그리스도를 어떻게 지칭하는지 주목하십시오.

그는 "병사로 모집한 자" 혹은 개정역(Revised Version)에 따르면 "병사로 명부(名簿)에 올린 자"입니다. 내가 생각할 때 단순한 호칭 대신 이런 표현을 사용한 것은 우리의 최고의 목표가 그리스도를 기쁘게 하는 것이어야 하는 이유를 특별하게 제시하기 위함인 것으로 보입니다.

고대 시대에 전쟁이 벌어지면 각 부족의 족장들은 자기 부족원들을 그의 깃발 아래 모집하고 그들을 자기 부대(部隊)의 명부에 올렸습니다. 부대를 구성하는 것은 지도자의 행동이었습니다. 그러면 그는 자신의 부대원들에게 명령하는 권세를 갖는 것은 그가 그들을 모집하여 명부에 올렸기 때문입니다. 이와 같이 예수 그리스도는 우리를 모집하여 그의 병사로 명부에 올렸습니다. 그랬기 때문에 그는 우리에게 명령하는 권세를 갖습니다.

여기에서 우리 주님이 우리를 자기에게로 이끄는 위대한 행동을 주목해 보십시오. 통상적으로 불붙은 십자가는 부족원들을 전쟁으로 부르는 신호였습니다. 이와 같이 그리스도의 사람들은 십자가로 말미암아 부름을 받습니다. 우리를 위한 그의 위대한 사역, 그의 슬픔과 동정(同情)의 생애, 그의 수치와 희생의 죽음, 그의 영광의 부활 — 이러한 것들이 그가 사랑하는 영혼들을 자기 곁으로 모으기 위해 모든 세상에 보내는 부름입니다. 그는 그들을 자신의 종과 병사로 사용함으로써 그들을 존귀케 합니다. 십자가는 그가 모든 사람을 자기에게로 끌어당기는 자석입니다. 사람들을 죄와 자신을 좇는 삶으로부터 자기 자신과 세상 안에 있는 악들과 더불어 싸우는 삶으로 옮기는 유일한 힘은 그리스도의 죽음의 사실입니다. 어떤 사람이 그 사실을 믿고 그것을 붙잡을 때, 그 안에서 그와 같은 힘이 작동하게 됩니다. 바로 이것이 우리의 기호(嗜好)를 변화시킵니다. 그리고 우리가 예전에 좋아하던 것들을 버리고 새 대장의 휘하에서 그의 일을 감당하도록 만듭니다. 이 같은 말할 수 없이 강력한 사랑의 증거가 우리가 그의 부르심에 순종하도록 만들 것입니다. 또 우리를 위한 무한한 긍휼과 십자가 위에서의 처절한 음성이 우리 모두를 불러 우리를 그의 명부에 올립니다. 십자가의 메시지는 우리를 위한 죄 사함과 축복의 메시지일 뿐만 아니라 또한 그것은 모든 악의 권세와 맞서 싸우도록 부르는 나팔소리입니다. 그 싸움은 한쪽 측면에서 그리스도께서 십자가에서 죽으심으로써 끝났습니다. 그러나 다른 쪽 측면에서 그것은 장차 만왕의 왕이라 불리는 자가 자기를 따르는 병사들과 함께 말을 타고 와서 최후의 싸움을 싸우고 최후의 승리를 거둘 때까지 계속될 것입니다.

예수 그리스도는 우리를 위해 자신을 완전하게 주셨으며, 그렇기 때문에 우리를 다스리는 절대적인 권리를 갖습니다. 그가 우리에게 절대적인 순종을 요구할 수 있는 권리를 갖는 것은 단지 그의 신적 본성 때문만도 아니고, 그가 태초에 하나님과 함께 창조에 동참했기 때문만도 아닙니다. 그것은 우리를 위한 그의 위대한 사랑과 완전한 희생 때문입니다. 그의 통치권은 고난 위에 세워진 통치권입니다. 그의 가시 면류관 둘레에 수많은 왕관들이 얽혀 있습니다. 그것은 마치 그 기초는 십자가의 못이라고 부르는 수많은 쇠 조각들로 이루어지고 그 위를 황금과 보석으로 덮은 '몬자의 왕관'과 같습니다(Monza: 이탈리아 북부의 도시국가). 우리를 위해 스스로를 완전하게 내어주심으로써, 그는 우리를 다스리는 완전한 권리를 취하셨습니다. 모든 사람을 위해 죽음을 맛본 자만이 모든 사람을 다스리는 통치권을 취합니다. 그는 우리를 위해 자신을 주셨습니다. 그러므로 우리는 그에게 우리 자신을 드려야 합니다. 그는 우리를 위해 죽으시고, 다시 살아나셔서, 우리를 향해 "너희는 나를 섬기지 않으려느냐?"라고 물으십니다. 우리는 우리의 영혼과 생명 모두를 그에게 빚집니다. 그가 자신의 쓰라린 고통과 죽음으로 그것을 사심으로써, 그것은 우리의 것이 되었습니다. 그러므로 우리는 그의 부름을 거절하지 않을 것입니다. 그의 부름 또한 기쁨과 축복으로의 은혜로운 초청입니다. 우리는 그의 십자가의 마력과 그의 사랑의 마법에 스스로를 굴복시킵니다. 예수 그리스도가 여러분의 삶을 통치하도록 하십시오. 그가 여러분의 본성과 소욕의 은밀한 샘을 통제하도록 하십시오. 그는 여러분을 그의 병사로 부르셨습니다. 그러므로 이제 여러분의 의무는 그를 기쁘게 하는 것입니다. "그러므로 형제들이여 하나님의 모든 자비하심과 특별히 그리스도의 희생제사의 최고의 긍휼로 여러분에게 권하노니 여러분의 몸을 하나님이 기뻐하시는 거룩한 산 제물로 드리십시오"(롬 12:1).

3. 마지막으로, 병사들에게 요구되는 단호한 끊음을 주목하십시오.

바울의 시대에는 상비군(常備軍)이 없었습니다. 다만 각자의 생업(生業)을 영위하다가 전쟁이 나면 병사로서 부름을 받고 전쟁터로 보내졌습니다. 갑작스런 부름이 임하면, 농부는 쟁기를 그대로 밭에 놓고 병사가 되었으며 직공(織工)은 자신이 짜던 직물을 그대로 베틀 위에 버려둔 채 병사가 되었습니다. 신랑은 신부를 그대로 두고 병사가 되었으며, 장사(葬事) 중에 애곡하는 자는 시신을 그대로 내버려 둔 채 병사가 되었습니다. 남자들이 전쟁터에 나가 있는 동안 각 가정에서의 모든 산업은 마비되었습니다. 본문 가운데 "전쟁하는"이라고 번역된 단어는 개정역(Revised Version)처럼 "복무하는"으로 번역될 때 훨씬 더 생생한 의미를 전달할 수 있습니다(한글개역개정판은 개정역처럼 되어 있음). 원정(遠征) 중에 있는 병사는 군사적인 일 외에는 아무 일도 할 수 없습니다. 평화가 선포되고 난 연후에야 비로소 그는 자신의 농장이나 공장으로 돌아갈 수 있습니다. 그러나 전쟁터에 있는 동안에는 오직 하나의 일만을 할 수 있을 뿐인데, 그것은 싸우는 일입니다. 그렇지 않을 때, 그는 장군으로부터 엄한 책망 외에는 아무것도 기대할 수 없을 것입니다.

그렇다면 이에 상응하는 그리스도인의 의무는 무엇입니까? 물론 본문은 본래 기독교 사역자들의 헌신과 관련하여 언급된 것이기는 하지만, 그러나 오직 그들에게만 제한되는 것은 아닙니다. 디모데나 바울에게 맡겨진 사역은 그들 특유의 것일 수 있지만, 그러나 그것이 행해지는 정신과 충성된 사역의 조건은 예수 그리스도를 위한 모든 사역에 있어 동일합니다. 만일 바울과 디모데가 "이생의 일"에 얽매이지 말아야 할 필요가 있었다면, 그것은 모든 그리스도인들에게 마찬가지입니다.

병사로서 부름 받아 복무하는 사람과 주를 위해 싸우는 그리스도인은 다음과 같은 한 가지 부분에서 서로 다릅니다. 그것은 병사는 자신의 모든 일을 완전히 버려야만 하는 반면 우리는 그럴 필요가 없다는 사실입니다. 병사는, 가장 필요하며 중요한 일이라 하더라도, 자신의 모든 일을 버려야만 합니다. 왜냐하면 그는 병사로서 두 가지 일을 동시에 감당할 수 없기 때문입니다. 그러나 우리에게 있어 이생의 일을 버리는 것은 필요하지 않습니다. 왜냐하면 이생의 일을 행하는 것은 그리스도인으로서의 싸움을 싸우는 것과 양립할 수 없는 것이 아니기 때문입니다. 그렇습니다. 우리는 이생의 일을 버릴 필요가 전혀 없습니다. 도리어 그러한 일들은 그리스도인으로서 우리의 싸움을 싸우는 싸움터가 됩니다. 만일 그러한 일들을 버린다면, 우리는 그리스도인으로서 싸워야 할 싸움터를 잃어버리게 됩니다. 그리스도인의 싸움이 우리 자신 안에 있는 악과 더불어 계속적으로 싸우는 것이 아니라면 도대체 무엇이겠습니까? 그리스도인으로서의 싸움이 세상 안에서 각종 유혹과 더불어 계속적으로 싸우는 것이 아니라면 도대체 무엇이겠습니까? 그리스도인으로서의 싸움이 우리의 영혼과 손의 모든 활동을 그리스도의 율법의 능력 아래 놓고자 하는 계속적인 노력이 아니라면 도대체 무엇이겠습니까? 그리스도인으로서의 싸움이 마음과 생각과 의지와 행동 속에 있는 우리의 전체적인 자아를 그리스도께 순복시키고자 하는 계속적인 노력이 아니라면 도대체 무엇이겠습니까? 이생의 모든 일을 그리스도를 기쁘게 하려는 목적으로 행하고자 끊임없이 노력하는 것 외에 그리스도인으로서의 싸움을 성공적으로 싸우는 또 다른 방법이 무엇이겠습니까? 이생의 일을 버리는 그리스도인은 마치 적을 보고 놀라 자신의 위치로부터 도망치는 병사와 같습니다. 그가 장군의 엄한 책망 외에 달리 무엇을 기대할 수 있겠습니까? 차라리 그 정도로 끝나면 다행일 것입니다. 그보다 훨씬 더 두려운 형벌을 당할 수도 있지 않겠습니까? 반면 충성스러운 병사는 언젠가 장군의 환한 웃음을 보게 될 것입니다.

만일 우리가 본문이 의미하는 바를 올바로 이해하고자 한다면, 우리는 본문 가운데 "얽매이는"이라는 단어에 특별히 주목할 필요가 있습니다. 왕을 기쁘게 할 가능성에 치명적인 위해(危害)를 끼치는 것은 이생의 일을 행하는 것이 아니라 그것에 "얽매이는" 것입니다. 여기의 은유는 충분히 명백하며, 충분히 생생합니다. 그물 안에서 헛되이 버둥거리는 가련한 물고기를 생각해 보십시오. 그물로부터 빠져나와 다시 바다에서 마음껏 헤엄치고자 자신의 비늘이 그물코에 얽히도록 몸부림치지 않습니까? 또 숲에서 마음껏 뛰놀다가 올무에 얽혀 더 이상 뛸 수 없게 된 동물을 생각해 보십시오. 올무로부터 빠져나오고자 몸부림칠수록 올무의 줄에 더 단단히 얽매지 않습니까? 이와 같이 사람들은 세상에 속한 여러 가지 줄들에 의해 붙잡히고 얽매여 있습니다. 요나의 운명이 많은 그리스도인들에게 떨어집니다. 그들이 자신에게 실제적으로 임한 것을 알았다면, 그들 역시 요나처럼 "바다풀이 내 머리를 감쌌나이다"라고 부르짖었을 것입니다(욘 2:5).

이와 같이 우리는 이생의 일들을 버릴 필요는 없지만 그러한 것들이 우리의 싸움을 훼방하지 못하도록 해야만 합니다. 만일 우리가 싸우러 나가는 가운데 덤불에 얽매이면, 칼을 뽑아 그것을 베어버리십시오. 거기에 예쁜 꽃들과 노래하는 새들이 있을는지 모릅니다. 그러나 만일 그것이 우리의 길을 가로막는다면, 우리는 그것을 베어버려야만 합니다. "만일 네 오른 눈이 너로 실족하게 하거든 빼어 내버리라 왜냐하면 그것이 네게 유익하기 때문이라"(마 5:29).

우리가 정말로 얽매는 것들을 잘라버리기를 바란다면, 우리는 그러한 것들을 쉽게 발견할 수 있을 것입니다. 내가 적진을 향해 달려가야만 할 때, 나의 발을 가로막는 것이 무엇입니까? 내가 하늘로 날아올라가야만 할 때, 나의 날개를 꺾는 것이 무엇입니까? 내가 하나님을 바라보아야만 할 때, 나의 눈을 흐리게 하는 것이 무엇입니까? 합법적인 일입니까? 심지어 칭찬할 만한 일입니까? 소유입니까? 취미 활동입니까? 오락입니까? 사교(社交)입니까? 그것이 무엇이든, 나의 의무는 그것을 버리는 것입니다. 그것은 나를 얽어맵니다. 그것은 나의 싸움을 훼방합니다. 그러므로 나는 줄을 끊어야만 합니다. 나는 오직 단호한 끊음으로 말미암아 그렇게 할 수 있습니다. 어쩌면 나는 언젠가 더 강해질는지 모릅니다. 그리고 그때에는 그것을 오용(誤用)하지 않고 올바로 사용할 수 있을는지 모릅니다. 그러나 지금은 그렇게 할 수 없습니다. 그러므로 지금은 단호히 끊어야 합니다. 나는 어느 누구도 판단하고 싶지 않습니다. 누구든 그리스도를 붙잡은 손이 느슨하게 되지 않고 그러한 것들을 계속 가지고 있을 수 있다면, 그렇게 하십시오. 나는 아무도 판단하지 않을 것입니다.

그러므로 형제들이여, 설령 합법적인 것이라 하더라도 만일 그것이 여러분의 마음을 잡아끌면서 하여금 하나님을 똑바로 바라보지 못하게 하고 여러분으로 하여금 기독교적인 삶을 살지 못하도록 방해한다면, 여러분을 얽어매고 있는 그 독사(毒蛇)를 즉시로 떨어 버리십시오. 만일 여러분이 그리스도인으로서의 고결함을 지키고자 한다면, 어떤 값을 치르고서라도 그것을 버리십시오.

그러나 여러분이 위험함에도 불구하고 그 자리에 서 있어야만 한다면, 여러분의 마음을 독을 중화(中和)시킬 수 있는 자에게 올려 드리십시오. 그러면 그는 자기 종들의 핏줄 안으로 강한 힘을 부어줄 것입니다. 그러면 그들은 그의 명령을 실행하는 가운데 "뱀을 집어올리며 무슨 독을 마실지라도 해를 받지 아니할" 것입니다(막 16:18). 요컨대 무슨 일이든 이생의 일들이 여러분을 얽어매지 못하게 하십시오. 그것이 그리스도를 기쁘게 하는 필수불가결한 조건입니다. 그렇게 되기 위해, 그것들은 항상 부차적인 자리에 놓여야만 합니다.

그리고 그것들을 항상 보다 더 높은 삶을 위한 밑거름으로서 사용해야만 합니다. 그러나 언제든 그렇게 사용할 수 없을 때, 그것들은 완전히 버려야만 합니다. 우리는 스스로 그렇게 하고자 결단해야 합니다. 우리는 살든지 죽든지 그리스도를 기쁘게 하는 것을 우리의 유일한 목표로 삼아야만 합니다. 그러면 그러한 숭고한 동기(動機)가 우리의 삶 속으로 생기를 불어넣어 줄 것입니다. 그리고 우리에게 선악을 분별할 수 있도록 밝은 통찰력을 줄 것이며, 우리의 마음과 의지를 그의 마음과 의지와 조화되도록 이끌 것이며, 우리로 하여금 악을 멀리하고 선을 가까이 하도록 인도할 것입니다. 이와 같이 항상 그의 얼굴을 바라보며 그의 웃음을 최고의 상급으로 여기며 살아갈 때, 우리가 그의 얼굴빛을 가로막는 것을 버리는 것은 결코 어려운 일이 아닐 것입니다. 그렇게 순복할 때, 우리는 그에게 복종하는 그리고 온전한 의미에서 그의 승리하는 병사가 될 수 있을 것입니다. 또 그렇게 싸울 때, 우리는 그가 우리의 보잘것없는 수고를 기쁘게 받으실 것을 확신할 수 있을 것입니다. 그리고 우리는 그가 우리를 지킬 것이라는 놀라운 소망과 평온한 마음으로 싸움에 임할 수 있을 것입니다. 그리고 마침내 우리의 왕이 승리자로 개선할 때, 우리도 그를 따를 것입니다. 그때 우리는 그의 입술에서 칭찬의 말을 들을 것이며, 그의 얼굴에서 웃음을 볼 것입니다. 그리고 그것이 그리스도의 모든 병사들의 최고의 상급이 될 것입니다.

7
신실하신 하나님

"우리는 미쁨이 없을지라도 주는 항상 미쁘시니 자기를 부인하실 수 없으시리라"
딤후 2:13

오늘 내가 이 본문을 선택한 것은 그것이 전달하는 하나님의 신실하심이라는 위대한 개념을 살피기 위함입니다. 하나님의 신실하심은 매우 익숙한 표현입니다. 그러나 나는 그러한 개념의 깊이와 넓이는 그 표현만큼 그렇게 익숙하지 않다고 생각합니다. 성경에서 하나님의 신실하심이란 표현은 다양한 상황에서 훈계하거나 혹은 격려할 때 사용되며 또 적용됩니다. 자신에게 들어온 빛을 여러 각도로 분산시키는 프리즘을 생각해 보십시오. 그와 같이 하나님의 신실하심이란 개념은 진리의 빛을 다양한 각도와 색채로 분산시킵니다. 그것은 바울이 매우 애호하는 개념이었습니다. 이미 그의 첫 번째 편지에 그와 같은 개념이 나타납니다. 그리고 이 마지막 편지에서 우리는 또 다시 그와 같은 개념이 나타나는 것을 발견합니다. 다시 말해서 하나님의 신실하심의 개념은 처음부터 마지막까지 그의 마음속에 불타고 있었던 것입니다. 그는 자신의 수많은 위험과 분투 속에서 그러한 개념을 증명했습니다. 그리고 죽음을 눈앞에 둔 시점에 그는 그러한 개념에 마지막 인(印)을 찍습니다. 그러나 그러한 개념을 사용한 것은 비단 바울만이 아닙니다. 신약의 다른 모든 저자들도 똑같이 그와 같은 개념을 사용합니다. 오늘 설교를 통해 나는 하나님의 신실하심이라는 위대한 개념의 다양한 측면을 살피는 가운데, 그 안에 담겨 있는 아름다운 보화들을 끌어내 보고자 합니다.

1. 하나님의 신실하심이 의미하는 바는 무엇입니까?

어떤 사람이 자신의 말에 책임을 지며 사람들과 더불어 신뢰 관계를 지키며 자신의 책임을 충실히 이행함으로써 신뢰할 만할 때, 우리는 그를 "신실하다"고 말합니다. 우리가 "신실하신 하나님"이라고 말할 때, 이것 역시 똑같은 것을 의미합니다.

대부분의 사람들에게 신실하신 하나님이라는 표현에서 떠오르는 첫 번째 개념은 아마도 그가 자신의 약속을 지키신다는 개념일 것입니다. 물론 거기에는 이러한 개념이 포함되어 있습니다. 그러나 우리는 실제로 신약에서 하나님의 신실하심이라는 표현이 이러한 개념을 의미하는 경우는 비교적 드물다는 사실을 주목할 필요가 있습니다. 그것은 단지 두 번의 경우에서만 하나님이 자신의 말씀을 지키는 경우에 사용되었습니다. 그러한 두 번의 경우는 모두 히브리서에서 나타납니다. 거기에서 우리는 다음과 같은 말씀들을 읽습니다. "또 약속하신 이는 미쁘시니 우리가 믿는 도리의 소망을 움직이지 말며 굳게 잡고"(10:23). "믿음으로 사라 자신도 나이가 많아 단산하였으나 잉태할 수 있는 힘을 얻었으니 이는 약속하신 이를 미쁘신 줄 알았음이라"(11:11). 어둠으로부터 하나님이 무엇인가를 말씀하시거나 혹은 약속하신 것은 위대한 사실입니다. 어떤 헌장(憲章)을 선포한 군주처럼 하나님이 자신의 통치 원리를 선포하시고, 그럼으로써 그것을 따르지 않을 수 없도록 스스로를 그것에 속박시키신 것은 위대한 사실입니다. 그는 폭군이 아닙니다. 그는 자신도 따라야만 하는 법을 제정해 주신 왕입니다. 마치 강둑 위에 서 있는 나무로부터 뻗어 나온 가지들처럼, 인생의 요동치는 강 위에 그의 약속들이 매달려 있습니다. 물에 빠진 아이들이 그것을 붙잡으라고 말입니다.

하나님이 자신의 모든 말씀을 지킨다는 개념은 참으로 위대한 것이기는 하지만, 그것은 "신실하신 하나님"이라는 표현과 관련하여 신약이 사용하는 의미의 일부일 뿐입니다. 여기의 본문은 그것보다 훨씬 더 심오한 의미를 증언합니다. "주는 자기를 부인하실 수 없으시리라." 이것이 하나님의 신실하심에 대한 바울의 개념입니다. 그의 본성과 성품이 그를 위해 이를테면 엄숙한 책임을 구성합니다. 그가 그 자신의 율법이며, 그는 자신의 존재에 의해 속박됩니다. 그는 그 자신의 한결같은 불변의 자아(自我)와 추호도 모순될 수 없습니다. 하나님으로서 그는 하나님이라는 바로 그 이름에 담겨 있는 선과 지혜의 성품에 진실해야만 합니다. 우리는 우리의 최선의 자아에 미달됩니다. 우리에게는 우리의 본성 안에서 싸우는 모순된 충동들과 생각들이 있습니다. 우리 안에서 육신이 영을 대적하며, 영이 육신을 대적합니다. 어떤 사람도 항상 자기 자신이지 않습니다. 그러나 하나님은 항상 자기 자신이십니다. 우리는 가뭄 때는 마르고 홍수 때는 넘치고 여름에는 뜨뜻해지고 겨울에는 얼어버리는 작은 시내와 같습니다. 그러나 하나님의 거대한 강은 항상 둑까지 차며, 항상 깨끗하며, 항상 흐릅니다. 하나님의 거대한 대양(大洋)은 마르는 것도 없고 넘치는 것도 없습니다. 여러분은 대양의 깊은 곳을 볼 수 없습니다. 모든 것은 맑고 깨끗합니다. 대양은 어둡지 않습니다. 다만 우리의 감각이 제한되어 있을 뿐입니다. 이와 관련하여 요한은 이렇게 말합니다. "우리가 그에게서 듣고 너희에게 전하는 소식은 이것이니 곧 하나님은 빛이시라 그에게는 어둠이 조금도 없으시다는 것이니라"(요일 1:5). 태양조차도 흑점을 가지고 있습니다. 태양은 빛을 발하는 광구(光球)를 가지고 있지만, 그 중심의 핵은 검고 어둡습니다. 그러나 참 빛은 그렇지 않습니다. "주는 항상 미쁘시니 자기를 부인하실 수 없으시리라."

하나님의 신실하심이라는 표현 속에는 또 하나의 심오한 개념이 들어있습니다. 그것은 그가 그의 말씀과 그 자신에 대하여만 참된 것이 아니라, 이를테면 그의 일련의 과거의 행동들에 대하여서도 또한 참되다는 개념입니다. 이러한 개념은 신약에서 두 가지 방식으로 적용됩니다. 베드로는 고난 가운데 있는 제자들에게 "하나님의 뜻대로 고난을 받는 자들은 또한 선을 행하는 가운데에 그 영혼을 미쁘신 창조주께 의탁할지어다"라고 말합니다(벧전 4:19). 창조의 사실은 창조주를 자기의 피조물에 대한 확실한 책임으로 묶습니다. 하나님은 그러한 책임을 이행하실 것입니다. 또 한 가지 방식은 '인간의 구속과 관련한 그의 과거의 행동들'과 관련된 것들입니다. 이와 관련하여 우리는 다음과 같은 말씀들을 발견합니다. "너희를 부르시는 이는 미쁘시니"(살전 5:24). "너희를 불러 그의 아들 예수 그리스도 우리 주와 더불어 교제하게 하시는 하나님은 미쁘시도다"(고전 1:9). 여기의 개념은 자신의 구속의 사실로 말미암아 하나님께서 자기 백성들을 확실하게 책임지게 되시기 때문에 그가 자신의 책임을 신실하게 이행하실 것이라는 것입니다.

2. 이러한 신실하심은 무엇을 보증합니까?

이러한 세 가지 개념 즉 하나님이 자신의 말씀과, 자기 자신과, 자신의 과거의 행동에 대해 신실하다는 개념으로부터, 우리는 그러면 그러한 신실하심이 보증하는 것은 무엇인지를 계속 물어야만 합니다. 창조주로서 그의 신실하심은 그가 창조한 피조물들에게 무엇을 보증합니까?

그것은 첫째로 신실하신 창조주가 그의 피조물들의 복리(福利)를 돌보실 것이라는 사실을 보증합니다. 창조는 어떤 사람들이 생각하는 것처럼 단순히 능력의 역사(役事)나 혹은 어떤 필연적인 과정만이 아닙니다. 그것은 하나님의 사랑의 결과입니다. 이와 관련하여 시편 기자는 이렇게 말합니다. "큰 빛들을 지으신 이에게 감사하라 그 인자하심이 영원함이로다"(시 136:7). 그는 자신의 피조물들에게 이를테면 자신을 부어주셨습니다. 왜냐하면 그의 이름이 사랑이기 때문입니다. 이와 같이 하나님은 자신이 창조한 피조물들에 대해 책임을 인식하십니다. 심지어 가장 작은 미생물조차도 하나님에 대해 무엇인가를 요구할 수 있는 권리를 가집니다. 왜냐하면 그것은 생명의 신비한 선물을 가지고 있기 때문입니다. 하나님은 그것의 복리(福利)를 돌볼 책임이 있습니다. 새들은 알을 낳고 그로부터 새끼를 부화합니다. 그러고는 새끼들이 자기들이 원하는 대로 가도록 내버려둡니다. 사람들은 때때로 부모로서의 의무와 책임을 잊습니다. 그러나 창조주 하나님은 우리가 자신의 신실하심에 호소하도록 허락하십니다. 그러므로 우리는 이렇게 말할 수 있습니다. "당신은 나를 지으셨나이다. 그러므로 내가 당신의 이름으로 청구서를 제출하노니 하나님이여 청구서대로 지불하소서." "너희 영혼을 미쁘신 창조주께 의탁할지어다"(벧전 4:19).

특별히 창조라는 과거의 행동과 관련한 그의 신실하심의 개념은 우리에게 그가 심으신 모든 바람들(desires)과 그가 창조하신 모든 필요들이 만족되고 채워질 것이라는 사실을 보증합니다. 만일 우리가 올바른 상태에 있다면, 지금 우리가 바라는 것들은 장차 우리가 소유하게 될 것들의 예언이 됩니다. 하나님은 사람의 마음속에 채우실 의도가 없는 열망을 두시지 않습니다. "하나님이 입을 보내실 때는 반드시 그 입을 채울 양식도 함께 보내신다"는 옛 속담을 생각해 보십시오. 만일 여러분의 마음속에 어떤 바라는 것들이 있을 때, 그것은 하나님이 그러한 것들을 주실 것임을 미리 예언하는 것이라는 사실을 확신하십시오. 우리의 모든 필요들, 우리의 모든 갈급한 열망들, 우리 영혼의 모든 고통스러운 갈증들 — 이 모든 것들은 우리를 하나님께 데려가도록 의도된 것들입니다. 이와 같이 하나님이 우리에게 어떤 열망을 주실 때, 하나님은 그것을 채우는 일에 스스로를 속박하십니다. 만일 우리가 하나님이 신실하신 창조주이기 때문에 어떤 사람도 먹을 것이 없어서 굶주리며 마실 것이 없어서 목마를 필요가 없다는 사실을 믿지 않는다면, 우리에게 세상은 도무지 답을 알 수 없는 수수께끼가 될 것입니다.

나아가 이와 같은 '창조주로서의 하나님의 신실하심'의 개념은 우리의 일이 우리의 능력에 비례하여 맡겨질 것이라는 사실을 보증합니다. 이와 관련하여 바울은 이렇게 말합니다. "오직 하나님은 미쁘사 너희가 감당하지 못할 시험 당함을 허락하지 아니하시고"(고전 10:13). 또 시편 기자는 이렇게 말합니다. "이는 그가 우리의 체질을 아시며 우리가 단지 먼지뿐임을 기억하심이로다"(시 103:14). 우리의 능력 이상의 것은 결코 우리에게 주어지지 않을 것입니다. 지혜로운 마부(馬夫)는 자신의 말에게 그것이 감당할 수 없는 과도한 짐을 지우지 않을 것입니다. 지혜로운 기술자는 자신의 보일러가 감당할 수 없는 과도한 압력을 가하지 않을 것이며, 자신의 엔진이 감당할 수 없는 과도한 일을 시키지 않을 것입니다. 하나님은 자신이 만든 마음이 어느 정도의 압력을 견딜 수 있는지 아십니다. 하나님은 자신이 만든 사람이 어느 정도의 무게를 질 수 있는지 아십니다. 마부가 말에게 베푸는 긍휼보다 하나님이 자기 피조물들에게 베푸는 긍휼이 더 적을 것입니까? 마부가 말에게 베푸는 신실함보다 하나님이 자기 피조물들에게 베푸는 신실하심이 더 적을 것입니까? 하나님은 자신의 피조물들을 돌보는 책임을 인식하는 신실하신 창조주입니다. 그는 그들이 바라는 것들을 만족시키며, 그들의 필요를 채울 것입니다. 그는 그들이 감당할 수 있는 힘에 비례하여 그들에게 짐을 지울 것입니다.

계속해서 하나님이 그리스도 예수 안에서 우리를 부르시는 보증이 무엇인지 생각해 보십시오. 그와 관련하여 우리는 세 가지 대답을 찾을 수 있습니다.

첫째로 보증되는 것은 죄 사함입니다. 사도 요한은 하나님의 신실하심의 개념을 이와 같은 측면으로 적용하면서 이렇게 말합니다. "그는 미쁘시고 의로우사 우리 죄를 사하시며 우리를 모든 불의에서 깨끗하게 하실 것이요"(요일 1:9). 예수 그리스도께서 세상에 오시고 죽으신 것은 사람들이 죄 사함과 깨끗케 하심을 얻도록 하기 위함이었습니다. 하나님의 신실하심 속에는 그의 사죄의 긍휼이 포함됩니다. 만일 우리가 하나님의 부르심에 순종했음에도 불구하고 그의 죄 사함의 은총을 충분히 소유하지 못한다면, 그는 그의 약속에도 신실하지 않고 그리스도를 보내신 과거의 행동에도 신실하지 않고 우리를 부르신 일에도 신실하지 않게 될 것입니다. 이와 같이 긍휼이 하나님의 신실하심의 결과로 간주될 때, 그것의 온유하며 부드러운 속성은 장엄함과 엄위함으로 바뀔 것입니다. 열대의 숲에서 여러분은 강한 나무줄기로부터 가장 여리고 부드러운 꽃이 피는 것을 발견할 수 있을 것입니다. 이와 같이 죄 사람의 은총이라는 아름다운 꽃은 하나님의 신실하심이라는 강한 나무줄기로부터 솟아납니다. 의로우신 하나님은 예수를 믿는 자들을 의롭게 만드십니다.

둘째로 보증되는 것은 기독교적 성품이 완성되는 특권입니다. 바로 이것이 바울의 서신들에서 하나님의 신실하심의 개념이 가장 보편적으로 적용되는 경우입니다. 예컨대 우리는 데살로니가 교회의 성도들을 위해 바울이 "너희의 온 영과 혼과 몸이 우리 주 예수 그리스도께서 강림하실 때에 흠 없게 보전되기를 원하노라"라고 기도하는 것을 발견합니다(살전 5:23). 그러고 나서 바울은 곧바로 이렇게 덧붙입니다. "너희를 부르시는 이는 미쁘시니 그가 또한 이루시리라"(24절). 이러한 개념은 바울의 다른 구절들에서도 자주 나타나는데, 그러한 구절들을 여기에서 일일이 인용할 필요는 없을 것입니다. 어쨌든 하나님의 신실하심의 개념은 그리스도인의 삶이 점진적으로 온전해지는 것을 보증합니다. 하나님은 자신이 시작한 일을 도중에 싫증내지 않습니다. 하나님은 자신이 시작한 일을 도중에 중단하지 않습니다. 우리는 종종 싫증내기도 하고, 중단하기도 하지만 말입니다. 그러나 하나님은 결코 그렇게 하지 않습니다. 하나님은 "스룹바벨의 손이 이 성전의 기초를 놓았은즉 그의 손이 또한 그 일을 마치리라"라고 말씀하셨습니다(슥 4:9). 스룹바벨이 그렇게 할 것이라면, 하나님은 얼마나 더 그렇게 하시겠습니까?

어떤 사람이 방파제를 쌓을 계획을 세우고 작업을 시작했습니다. 그러나 그는 자신이 가진 자원도 충분히 계산하지 않았을 뿐만 아니라 또한 조류(潮流)의 힘도 충분히 고려하지 않았습니다. 결국 그는 도중에 중단하고 말았으며, 그리하여 버려진 콘크리트 덩어리들이 바닷가에 흉하게 내버려져 있습니다. 그리고 순간순간 밀려오는 파도들은 아무렇게나 내버려져 있는 콘크리트 덩어리들 위로 흘러넘치며, 그의 어리석은 계획을 비웃습니다. 그러나 하나님의 하시는 일은 결코 그렇게 끝나지 않습니다. 아무도 하나님의 하시는 일을 보면서 "이 사람이 공사를 시작하고 능히 이루지 못하였도다"라고 말할 수 없습니다(눅 14:30). 하나님의 작업장 안에 반쯤 작업하다가 실패한 채 버려져 있는 것은 아무것도 없습니다. 여러분은 하나님에 대해서는 염려할 필요가 없습니다. 오로지 여러분 자신만 염려하면 됩니다. 여러분이 오직 계속적으로 스스로를 하나님께 순복시키는 자들만이 계속적으로 그의 정결케 하며 거룩케 하는 은혜 아래 거한다는 사실을 기억하지 않는다면, "성도의 최종적인 보존"에 대해 말하는 것은 쓸모없는 일입니다. 우리는 계속 스스로를 하나님께 순복시켜야 합니다. 그럴 때, 하나님이 거룩하게 하기 시작한 자들이 점진적으로 완전하여져 가는 것은 확실한 사실입니다. 하나님은 자신이 시작한 작품을 반드시 끝마치십니다. 마치 화가가 계속적인 붓놀림으로 마침내 자신의 그림을 완성하는 것처럼, 그리고 조각가가 계속적인 작업으로 마침내 자신의 조상(彫像)을 완성하는 것처럼, 그리고 재봉사가 계속적인 바느질로 마침내 자신의 옷을 완성하는 것처럼 말입니다. "너희를 부르시는 이는 미쁘시니 그가 또한 이루시리라."

셋째로 보증되는 것은 궁극적인 축복입니다. 다른 곳에서 바울은 하나님의 신실하심에 대한 확신의 기초 위에서 이렇게 말합니다. "주께서 너희를 우리 주 예수 그리스도의 날에 책망할 것이 없는 자로 끝까지 견고하게 하시리라"(고전 1:8). 하나님은 신실하십니다. 그렇기 때문에 이 땅에서의 그리스도인의 삶 속에는 그 자체로 여기에서의 모든 일이 마침내 승리로 실현될 날에 대한 예언이 담겨 있습니다. 이 땅에서 연약한 싹밖에 내지 못한 초라한 식물을 생각해 보십시오. 그러나 언젠가 그것은 하늘의 집에 옮겨질 것이며, 거기에서 영원한 꽃으로 활짝 필 것입니다. 땅의 경험들이 하늘에서 완성되지 않는다면, 하나님은 거짓말쟁이가 될 것입니다. 그리스도께서 십자가 위에서 구속하신 자들의 성품이 단지 이 땅에서의 지금과 같은 모습이 전부일 뿐이라면, 여러분은 그가 만족하실 것이라고 생각합니까? 절대로 그렇지 않습니다. 하나님의 신실하심이 증명되기 위해서는 필연적으로 천국이 필요합니다.

3. 우리 안에 있는 어떤 속성이 하나님의 신실하심과 상응됩니까?

이러한 질문에 대답하기 위해, 우리는 히브리서의 한 구절을 인용할 필요가 있습니다. "약속하신 이는 미쁘시니 우리가 믿는 도리의 소망을 움직이지 말며 굳게 잡고"(10:23). 하나님의 신실하심과 상응되는 것은 바로 우리의 믿음입니다. 그리고 그것은 하나님의 실실하심에 대한 우리의 응답입니다. 잘 조율된 두 개의 악기를 생각해 보십시오. 하나의 악기의 현(絃)을 치면, 옆에 있는 다른 악기의 현도 같이 떱니다. 이와 같이 하나님의 신실하심은 우리 마음속의 믿음의 현을 떨게 만듭니다. 하나님이 신실하신 하나님이라면, 그에 대한 우리의 응답은 필연적으로 신뢰하는 믿음일 것입니다.

나아가 하나님의 변치 않는 신실하심과 참으로 상응되는 것은 우리의 변치 않는 믿음이라는 사실을 주목하십시오. 반석 위에 반석을 세우십시오. 그의 확실한 신실하심에 여러분의 두려워 떠는 미지근한 믿음으로 응답할 것입니까? 견고한 요새를 세울 수 있는 난공불락의 바위산을 생각해 보십시오. 어떤 사람이 그 바위산 위에 그것과 어울리는 화강암 성벽을 세우는 대신 나뭇가지나 천막 따위로 대충 은신처를 짓는다면, 여러분은 그에 대해 무엇이라고 말할 것입니까? 그는 도리어 그 바위산을 모독하고 있는 것이 아닙니까? 여러분의 믿음을 하나님의 신실하심과 어울리도록 만드십시오. "선을 행하는 가운데 여러분의 영혼을 미쁘신 창조주께 의탁"하십시오(벧전 4:19). 모든 것을 그의 손에 맡기십시오. 모든 것을 그에게 절대적으로 의탁하십시오.

또 여러분이 할 수 있는 방식으로 하나님의 신실하심을 모방하십시오. 고린도 교회의 성도들에게 바울은 이렇게 말합니다. "하나님은 미쁘시니라 우리가 너희에게 한 말은 예 하고 아니라 함이 없노라"(고후 1:18). 신실하신 하나님을 믿는 사람이 사람들 가운데 신실하지 못한 사람이 되는 것은 참으로 어울리지 않는 일입니다.

헛된 소망의 환영(幻影)에서 떠나십시오. 확실하지 못한 모든 피난처와 허약한 방어물에서 떠나십시오. 세상이 주는 모든 보화에서 떠나십시오. 어째서 우리가 만세 반석 위에 세울 수 있음에도 불구하고 모래 위에 세운단 말입니까? 어째서 우리가 단순히 재물과 육신적인 사랑과 성공을 의지한단 말입니까? 이 모든 것들은 속이며, 배반하며, 떨어지며, 지나갈 것입니다. 그것들은 신뢰할 만한 가치가 없습니다. 하나님은 신실하십니다. 그리스도는 "신실하고 참된 증인"입니다. "예수께서 죄인을 구원하기 위해 오셨다"는 말은 신실한 말입니다. "미쁘다 모든 사람이 받을 만한 이 말이여 그리스도 예수께서 죄인을 구원하시려고 세상에 임하셨다 하였도다"(딤전 1:5). 만일 우리가 스스로를 신실하신 하나님과 연결시키고 그의 신실한 증언의 말을 받아들인다면, 우리의 마음은 고요할 것이며 우리의 삶은 요동하지 않을 것입니다. 그리고 우리는 우리의 무게를 지탱해 주지 못하는 썩은 나뭇가지와 같은 버팀목에 기대는 불행에서 건짐받을 것입니다. 세상에 있는 동안 우리는 점진적으로 완전하여져 가다가, 마침내 주 예수의 날에 완전함에 이를 것입니다. 신실하신 하나님은 자신의 말씀과, 자신의 위대한 구속사역과, 우리 안에서의 계속적인 역사(役事)로 말미암아 그것을 우리에게 주시기로 스스로를 속박하셨습니다. 그리고 그때 하늘에서 우리는 우리를 반갑게 맞이하는 음성을 듣게 될 것입니다. "잘 하였도다 착하고 신실한 종아!"(마 25:21).

8
기초와 인침

" 그러나 하나님의 견고한 터는 섰으니 인침이 있어 일렀으되 주께서 자기 백성을 아신다 하며 또 주의 이름을 부르는 자마다 불의에서 떠날지어다 하였느니라"

딤후 2:19

바울 사도의 말년의 생애에는 슬픔과 낙망에 떨어질 수 있는 충분한 이유들이 있었습니다. 그는 궁핍했으며, 감옥에 갇혀 있었으며, 늙고 외로웠으며, 처참한 죽음을 예상하고 있었습니다. 복음과 교회의 전망(展望) 역시 어둡기는 마찬가지였습니다. 여러 가지 악들이 이미 고개를 쳐들기 시작했으며, 계속해서 증가하고 있는 추세였습니다. 그렇기 때문에 그의 마지막 서신인 이 디모데후서는 여러 가지 우울한 전망으로 가득 차 있지만, 그 안에 비관주의라든지 혹은 지도자들이 죽음을 앞두고 종종 빠지게 되는 낙망 같은 것은 전혀 없습니다. 곳곳에서 악의 징후들과 점증(漸增)하는 위험들을 인식함에도 불구하고, 본 서신에는 흔들림 없는 확신이 있습니다.

본문은 그와 같은 확신을 보여 주는 한 가지 분명한 실례(實例)입니다. 앞에서 바울은 교회를 위협하는 여러 종류의 거짓과 오류들에 대해 말하고 있었습니다. 그는 매우 격렬하며 엄한 말투로 말합니다. 그러고 난 연후에 곧바로 본문의 "그럼에도 불구하고"(nevertheless)와 함께, 그는 이를테면 정반대 쪽으로 날아갑니다(한글개역개정판에는 "그러나"로 되어 있음). 그러면서 그의 영혼은 어떤 일이 일어나든 "하나님의 기초는 견고하게 설" 것이라는 큰 확신 가운데 기쁨으로 뛥니다(the foundation of God standeth sure, 한글개역개정판에는 "하나님의 견고한 터는 섰으니"라고 되어 있음). 이와 같이 바울은 젊은 동역자 디모데를 격려하면서, 남자답게 담대하며 흔들리지 말 것을 명합니다.

나에게 있어 본문은 기독교 전반에 대해서나 우리 자신의 개인적인 측면에 대해서 매우 값진 교훈을 담고 있는 것처럼 보입니다. 특별히 옛 복음이 위기에 처한 오늘날과 같은 전환기에는 더욱 그렇습니다. 그럼에도 불구하고 하나님의 기초는 견고하게 섭니다. 이제 본문과 관련하여 몇 가지 중요한 주제들을 살펴보도록 합시다.

1. 여기에 주변을 에워싸고 있는 여러 위험들에도 불구하고 즐거운 확신 가운데 기뻐하고 있는 한 노인을 보십시오.

신약에서 "기초"는 총체적으로 예수 그리스도 자신입니다. 그렇지만 여기에서 그러한 은유는 다소 다른 형태로 사용됩니다. 본문의 "기초"는 하나님에 의해 세워진 것으로 간주되는 건물의 일부가 아니라 전체적인 건물입니다. 다시 말해서 "하나님의 기초"는 하나님에 의해 세워진 것, 즉 하나님 자신이 "산 위에 세우신" 전체적인 집입니다. 이러한 사실은 바울이 "집"에 대해 말하는 바로 다음 구절에 분명하게 나타납니다(20절, "큰 집에는 금 그릇과 은 그릇뿐 아니라 나무 그릇과 질그릇도 있어"). 물론 그 "집"은 어떤 측면에서 교회입니다. 그러나 그것은 단순히 하나의 기관이나 혹은 어떤 외적인 조직체로서의 교회가 아니라, 복음의 증인으로서의 교회입니다. 무슨 일이 생기든 견고하게 서는 것은 그와 같은 교회와 복음 그 자체인 그리스도입니다. 교회를 보배롭고 영원한 것으로 만드는 것은 다름 아닌 그것에 맡겨진 메시지입니다.

여기에서 가장 중요한 교훈은 우리 모두가 이와 같은 고요하며 즐거운 확신을 항상 가져야만 한다는 것입니다. 현재의 위험과 불완전함과 오류를 더 분명하게 깨닫고 더 고통스럽게 느낄수록, 우리는 하나님이 세우신 것은 결코 허물어질 수 없다는 진리를 더 굳게 붙잡게 될 것입니다. 그러한 확신 가운데 견고하게 설 때, 우리는 지평(地平)을 360도 전체로 둘러볼 수 있습니다. 그리고 가공할 만한 위험과 어두운 먹구름에도 불구하고, 우리는 어떤 폭풍도 그리스도께서 타고 계신 배를 침몰시키지 못할 것임을 확신할 수 있습니다. 사람은 갈 수 있습니다. "그럼에도 불구하고" 하나님의 기초는 견고하게 섭니다. 이런저런 오류들은 생길 수 있습니다. "그럼에도 불구하고" 하나님의 기초는 견고하게 섭니다. 개인들과 개교회들은 타락할 수 있습니다. "그럼에도 불구하고" 하나님의 기초는 견고하게 섭니다. 세속주의로 말미암아 촛대는 옮겨질 수 있으며, 등불은 꺼질 수 있습니다. "그럼에도 불구하고" 하나님의 기초는 견고하게 섭니다. 소금은 그 맛을 잃을 수 있습니다. "그럼에도 불구하고" 하나님의 기초는 견고하게 섭니다. 과거의 역사(歷史)는 우리에게 이러한 사실을 분명하게 말해줍니다. 하나님의 교회가 오래 전에 사라지지 않고 오늘날에도 그리스도인들이 예전과 마찬가지 모습으로 남아 있는 것은 기적 중의 기적입니다. 그 이유가 무엇입니까? 그것은 교회에 맡겨진 메시지가 결코 허물어질 수 없는 메시지이며, 교회 안에 계신 자가 결코 허물어질 수 없는 자이기 때문입니다. 껍데기는 변할 수 있지만, 그 안에 싸여 있는 알맹이는 변하지 않습니다. 마찬가지로 교회의 모든 타락과 연약함에도 불구하고 교회 안에 있는 중심적인 진리와 살아 계신 그리스도는 억제될 수도 없고, 옮겨질 수도 없고, 소멸될 수도 없습니다.

그러므로 형제들이여, 우리가 교회 안에 있는 영원한 복음과 영원하신 그리스도로 말미암아 결코 허물어질 수 없는 반석 위에 굳게 선다면, 우리가 외적인 조직체 위에 항상 생길 수밖에 없는 모든 변화들로 말미암아 요동하며 흔들리는 것은 참으로 이상한 일이 될 것입니다. 무슨 일이 생기면, 그냥 생기게 하십시오. 바람에 떨어지는 것은 오직 마른 잎사귀들뿐입니다. 우리는 파도처럼 계속해서 밀려 오는 고통들에 대해 방파제를 세울 수 있습니다. 우리는 거센 파도를 능히 막을 수 있는 강력한 콘크리트 장벽을 세울 수 있습니다. 그렇습니다. 아무리 거센 폭풍이 몰아친다 하더라도, 방파제는 그 모든 것을 능히 막아냅니다. 많은 일들이 생길 수 있습니다. "그럼에도 불구하고" 하나님의 기초는 견고하게 섭니다. 그러므로 고등비평, 자유주의 신학, 교회의 타락과 결함, 옛 복음의 위기 등으로 인해 놀라 정신을 잃지 마십시오. 그런 것들로 말미암아 믿음을 잃지 마십시오. 언약궤를 실은 수레를 생각해 보십시오. 갑자기 소들이 뛰고 수레가 흔들림으로 언약궤가 손상되지 않을까 걱정하지 마십시오. "그럼에도 불구하고" 하나님의 기초는 견고하게 섭니다. 그러므로 교회의 전통이나 정치체제나 교리 등이 바뀌는 것에 대해 걱정하지 마십시오. '사람들이 만든 신조(信條)들'과 '사람들이 만든 의식(儀式)들'과 '사람들이 만든 교회들'이 어떻게 되는 것에 대해서는 신경 쓰지 마십시오. 그럼에도 불구하고 하나님으로부터 말미암은 것은 설 것입니다. "요동(搖動)할 수 있는" 것들은 그냥 요동하게 내버려 두십시오. 그러나 그런 가운데서도 "요동할 수 없는" 것들이 더욱 견고하게 서는 것으로 인해 기뻐하십시오.

2. 이러한 확신에 대한 신적 보증을 주목하십시오.

하나님의 기초가 견고하게 설 것을 말한 후, 바울은 곧바로 "인침"에 대해 언급합니다. "그럼에도 불구하고 하나님의 기초는 견고하게 서니 인침이 있어 일렀으되." 이것은 수사학자까지도 놀라게 할 은유들의 혼합입니다. 바울은 은유들을 섞는 것에 대해 개의치 않았습니다. 기초를 인친다는 것은 분명 어색한 개념입니다. 다만 그의 마음속에 있었던 것은 확증과 보증의 개념입니다. 바울은 그러한 은유를 계속해서 확장시킵니다. 인(印) 위에는 두 개의 새김이 있습니다. 마치 동전의 앞면과 뒷면에 각각의 새김이 있는 것처럼 말입니다. 하나는 신적 측면의 보증을 언급하며, 다른 하나는 인간적 측면의 보증을 언급합니다.

신적 측면의 보증은 "주께서 자기 백성을 아신다"는 것입니다. 여기의 "주"를 나는 그리스도를 지칭하는 것으로 취합니다. 그러면 여기에 함축된 보증은 무엇입니까? 이러한 질문에 대한 대답으로 나는 다음과 같은 주님의 말씀을 제시하고 싶습니다. "나는 내 양을 알고 양도 나를 아는 것이 아버지께서 나를 아시고 내가 아버지를 아는 것 같으니"(요 10:14, 15). 이러한 앎(knowledge)은 단순히 그 안에 위로가 있을 수도 있고 없을 수도 있는 전지(全知)의 신적 속성이 아닙니다. 그것은 단순히 모든 것을 다 안다는 개념보다 훨씬 더 따뜻하며, 친밀하며, 은혜로우며, 힘을 주는 무엇입니다. 예수께서 자기의 양을 아는 지식은 가장 친밀한 사랑과 가장 따뜻한 동정(同情) 위에 기초한 지식이며 또한 그 안에서 완성되는 지식입니다. 그로 말미암아 영원의 깊음으로부터의 말할 수 없는 교제가 이루어지며, 그 안에서 아버지가 아들을 알고 아들이 아버지를 압니다. 그리고 이와 같은 두 개의 앎 즉 아버지가 아들을 아는 것과 아들이 아버지를 아는 것은 하나의 거룩함 안으로 뒤엉켜 섞입니다. 이와 같이 예수 그리스도와 그의 백성들을 하나로 묶는 띠는 너무도 친밀하며, 너무도 따뜻하며, 너무도 사랑스럽습니다. 이와 같은 신적 지식 즉 주님이 자기 백성을 아신다는 사실은 그가 그들을 모든 악과 모든 위험으로부터 지킬 것이라는 사실을 확증합니다. 그러한 지식은 그들 가운데 있는 영광일 뿐만 아니라 그들을 두르는 불의 성벽도 될 것입니다.

이와 같이 주님이 자기 백성을 아신다는 사실은 보호와 돌봄을 의미합니다. 그는 자기에게 속한 것을 잃어버리지 않을 것입니다. 그는 양이 우리 밖에서 방황하고 있음에도 불구하고 그것을 알지 못하는 무관심한 주인이 아닙니다. 그는 자신의 지갑의 동전을 잃어버렸음에도 불구하고 그것을 잃어버렸다는 사실조차 알지 못하는 무관심한 주인이 아닙니다. 그는 동생이 먼 나라에서 방황하며 굶주리고 있음에도 불구하고 집에 편안하게 앉아 아무런 아픔도 느끼지 못하는 무관심한 형이 아닙니다. 결코 그렇지 않습니다. 도리어 그는 자기에게 속한 모든 자들을 아십니다. 그들은 그의 소유이며, 그는 자신의 소유를 자기 손으로 꽉 붙잡은 채 놓지 않습니다.

이와 같이 여기에 기초가 견고하게 설 것이라는 사실에 대한 확실한 신적 보증이 있습니다. 그러므로 형제들이여, 우리에게 있어 위험을 바라보는 가운데 충분하게 위기를 인지(認知)하고 우리 자신의 연약함을 생각하면서 두려워 떠는 것은 지혜로운 일입니다. 그러나 오직 위험만을 바라보거나 혹은 우리 자신의 연약함만을 예리하게 느끼는 나머지 우리 주님께서 내미신 보호의 손과 따뜻한 사랑을 보지 못하는 것은 어리석은 일이며 또한 불신앙적인 일입니다. 우리가 우리의 마음을 그에게 드렸다면, 우리는 그에게 속합니다. 그러면 그는 이 땅에서든 하늘에서든 "자기의 거룩한 자가 썩음을 당하도록" 내버려 두지 않을 것입니다. 여러분이 절벽 꼭대기의 좁은 공간을 걸어가고 있다고 상상해 보십시오. 이런 상황에서 계속 아래를 내려다 본다면, 틀림없이 여러분은 머지않아 현기증을 느낀 나머지 떨어지고 말 것입니다. 그러나 만일 여러분이 위를 바라본다면, 여러분은 현기증을 느끼지 않고 차분하게 걸어가게 될 것입니다. 위험을 대수롭지 않게 여기지 마십시오. 여러분 자신의 연약함을 잊어버리지 마십시오. 그러나 "나의 발이 미끄러질 때에 주의 인자하심이 나를 붙드실" 것이라는 사실을 기억하십시오(시 94:18). 미끄러운 얼음과 연약한 발을 인식하십시오. 그러나 그와 함께 "주께서 자기 백성을 아신다"는 사실을 기억하십시오.

3. 계속해서 인간적 측면의 보증을 주목하십시오.

동전의 뒷면 즉 기초의 다른 면에는 이렇게 새겨져 있습니다. "주의 이름을 부르는 자마다 불의에서 떠날지어다." 두 개의 새김은 항상 함께 갑니다. 둘이 서로 얼마나 잘 어울리는지 보십시오. 하나는 약속이며, 다른 하나는 명령입니다. 하나는 하나님에 대한 깊은 것을 말하며, 다른 하나는 우리에 대한 분명한 사실을 말합니다. 만일 여러분이 "주의 이름을 부르는 자마다 불의에서 떠날지어다"라는 단순한 교훈으로 내려가지 않는다면, 여러분이 "주께서 자기 백성을 아신다"는 높음까지 올라가는 것은 쓸모없는 일입니다. 유대인들은 이러한 두 개의 새김 가운데 첫 번째 것을 믿었으며, 그것이 그들의 종교의 전부였습니다. 그 결과가 무엇이었는지 생각해 보십시오. 그들과 그들의 도덕과 그들의 나라가 어떻게 되었는지 생각해 보십시오. 이러한 종류의 말씀들로부터 도출된 "무조건적인 선택" "영원한 예정" "최종적인 보존" 등의 공식화된 교리에 지나치게 함몰된 나머지 또 다른 측면의 진리를 잊어버린 그리스도인들이 얼마나 많습니까! 우리는 그로 인해 너무나 많은 사람들이 방종(放縱)의 길로 내달렸음을 압니다. 그들은 화려한 육두마차(六頭馬車)를 몰고 보편적인 의와 도덕의 길을 제멋대로 내달렸습니다. "주께서 자기 백성을 아신다"는 진리를 올바로 붙잡는 유일한 방법은 그와 함께 "주의 이름을 부르는 자마다 불의에서 떠날지어다"라는 진리를 동시에 붙잡는 것입니다.

그리스도의 이름을 부르는 것은 자신이 그의 소유라고 말하는 것과 같은 것입니다. 또 여러분이 예수 그리스도에게 속하는 최고의 증거는 여러분이 실제적인 의의 삶을 사는 가운데 모든 불의에서 스스로를 멀리 하는 것입니다. 대체로 사람들은 자신이 구원받은 증거를 발견하기 위해 자기 자신을 바라봅니다. 그러나 나는 여러분이 구원받았는지 여부와 관련하여 여러분 자신의 생각을 듣기보다 여러분을 둘러싸고 있는 주변 사람들의 생각을 들어보고 싶습니다. 여러분의 확신이 이와 같은 사실 위에 기초한다면, 여러분은 자신이 예수 그리스도의 소유라는 것에 대한 보다 더 분명한 확신에 도달하게 될 것입니다. 바로 이것이 여러분이 그의 소유인 것에 대한 최고의 표적입니다. 뜨거운 감정이나 열렬한 열망이나 교제의 의식(意識)이 아니라 이러한 일상적이며 평범한 의(義)가 우리가 그리스도에게 속했음을 보여 주는 가장 확실한 표적입니다. 물론 이러한 것들은 매우 필요한 것들입니다. 그러나 그것들은 예수 그리스도 안에서의 하나님의 계시의 최종적인 목표에 도달하기 위한 방편들에 불과합니다. 그것들은 우리로 하여금 이 세상에서 의롭고, 경건하며, 올바르게 살도록 만들기 위한 것들입니다. 그와 같이 살기를 더 힘쓸수록, 우리는 우리가 예수 그리스도에게 속했다는 의식(意識)을 더 확실하게 가질 수 있게 될 뿐만 아니라 우리가 견고하게 설 수 있는 도움도 더 많이 얻게 될 것입니다.

그러므로 사랑하는 형제들이여, 여러분에게 마지막으로 권면하고 싶은 것은 이러한 두 가지를 항상 마음과 생각으로 굳게 붙잡으라는 것입니다. "하나님이 짝지어 주신 것을 사람이 나누지 못할지니라"(막 10:9). 우리 주님의 사랑과 동정(同情)과 돌봄의 손이 있기 때문에, 여러분은 확신할 수 있는 권리를 가집니다. 그러나 여러분이 그가 여러분을 안다는 사실에 기초한 확신을 가질 권리를 갖게 되는 것은 오직 그러한 확신이 여러분 안에서 "불의로부터 떠나는" 것으로 역사(役事)할 때뿐입니다. 만일 여러분이 보잘것없는 방식으로나마 그렇게 하고자 애쓴다면 그리고 그리스도를 위해 그리고 자신이 그의 소유이기 때문에 그렇게 하고자 애쓴다면, 여러분은 "하나님의 기초는 견고하게 선다"는 사실을 더욱 분명하게 확신할 수 있습니다. 그리고 우리가 그와 같은 기초이신 예수 그리스도 위에 세워진다면, 우리는 악의 모든 공격에 능히 대항할 수 있을 것입니다.

여러분은 예수 그리스도께서 많은 사람들이 자신에게 와서 "주여 주여 우리가 주의 이름으로 선지자 노릇 하며 주의 이름으로 귀신을 쫓아내며 주의 이름으로 많은 권능을 행하지 아니하였나이까?"라고 말할 것이라고 말씀하신 것을 기억할 것입니다(마 7:22). 그러면 그들에게 주님은 엄한 목소리로 "내가 너희를 도무지 알지 못하니 내게서 떠나가라"라고 말씀하실 것입니다(23절). 그러면 주님이 그렇게 말씀하시는 이유는 무엇입니까? 그것은 그들이 "불법을 행하는 자들"이었기 때문입니다.

9
큰 집과 그 안에 있는 그릇들

"큰 집에는 금 그릇과 은 그릇뿐 아니라 나무 그릇과 질그릇도 있어 귀하게 쓰는 것도 있고 천하게 쓰는 것도 있나니 그러므로 누구든지 이런 것에서 자기를 깨끗하게 하면 귀히 쓰는 그릇이 되어 거룩하고 주인의 쓰심에 합당하며 모든 선한 일에 준비함이 되리라"

딤후 2:20, 21

본문은 "그러나"(but)와 함께 시작합니다(한글개역개정판에는 생략되어 있음). 그것은 이제부터 언급할 것이 앞에서 언급한 것과 어느 정도 역접(逆接) 관계가 될 것을 암시합니다. 바울은 그가 "하나님의 기초"(foundation of God)라고 부르는 것에 대해 혹은 하나님에 의해 세워지는 집에 대해 이야기하고 있었습니다. 계속해서 그는 그와 같이 세워진 것은 어떤 위험이나 결함에도 불구하고 결코 무너질 수 없다는 자신의 확신을 표명했습니다. 그러나 그러한 위대한 이상(理想)을 깊이 생각할 때, 바로 그 안에 어두운 개념들이 함축되어 있었습니다. 그는 계속 자신의 은유를 이어갑니다. 왜냐하면 "큰 집"은 "하나님의 기초"에 의해 암시되기는 하지만, 둘이 정확하게 동일한 대상을 지칭하는 것은 아니기 때문입니다. 하나님에 의해 세워진 집 즉 어떤 일이 일어나든 견고하게 서는 집은 우리가 "보이지 않는 교회"라고 부르는 것, 즉 이상적(理想的)인 공동체 혹은 예수 그리스도와 참으로 연합된 모든 사람들의 모임을 의미합니다. 반면 본문의 "큰 집"은 우리가 "보이는 교회"라고 부르는 것, 즉 공적으로 신앙을 고백하는 자들로 이루어진 기관 혹은 조직체를 의미합니다. 전자는 하나님이 세우신 것으로 무너질 수 없는 것입니다. 반면 후자는 사람들이 만든 것으로 무너질 수 있는 것이며, 거기에는 이질적인 요소들이 포함되어 있습니다.

우리는 본문의 은유 속에서 큰 집을 구성하는 재료들의 이질성(異質性)을 발견할 수 있습니다. 왜냐하면 거기에 서로 다른 재료들로 만들어지고 또 서로 다른 가치와 용도를 갖는 많은 그릇들이 있기 때문입니다. 여기의 다양한 그릇들은 교회를 구성하는 다양한 지체들을 의미합니다. 이상(理想)의 높은 곳에서 세상 조직체로서의 교회의 실제 상태로 내려올 때, 우리는 어떤 지체들은 금이나 은으로 만들어진 반면 또 어떤 지체들은 나무와 흙으로 만들어졌다는 엄중한 사실과 맞닥뜨리게 됩니다. 이러한 사실 앞에 이전에 언급한 영웅적인 확신은 수정될 수밖에 없습니다. 그리고 그것은 우리 모두에게 매우 명백한 의무를 부과합니다. 오늘 우리는 본문 가운데 암시된 세 가지 사실을 주목해 보고자 합니다. 그것은 다음과 같습니다. 첫째로, 하나의 조직체로서의 교회의 실제 상태와 관련한 엄중한 사실. 둘째로, 우리 모두에게 열린 분발의 가능성. 마지막으로, 그러한 가능성이 실제화 될 수 있는 길과 관련한 분명한 방향.

1. 첫째로, 우리는 여기에서 하나의 조직체로서의 교회의 실제 상태와 관련한 엄중한 사실을 발견합니다.

"큰 집에는 금 그릇과 은 그릇뿐 아니라 나무 그릇과 질그릇도 있어." 큰 집 거실의 장식장에는 값비싸고 반짝이는 금 그릇과 은 그릇이 있습니다. 그러한 그릇들은 조심스럽게 다루어지고 보호됩니다. 그런가 하면 부엌이나 혹은 뒷마당에는 일상적으로 사용되는 값싼 나무 그릇과 질그릇이 있습니다. 지금 바울은 우리가 세상에서 보는 교회가 바로 이와 같다고 말합니다. 여기에서 그릇들을 구별하는 원리는 무엇입니까? 언뜻 보기에 그것은 사람들에게 주어진 서로 다른 다양한 은사들과 은혜들인 것처럼 보입니다. 언뜻 보기에 금 그릇과 은 그릇은 기독교 공동체 안에서 보다 더 빛나는 지체들인 반면, 나무 그릇과 질그릇은 보다 덜 눈에 띄는 지체들로 보입니다. 그러나 그렇지 않습니다. 성경은 세상처럼 많이 받은 사람들과 적게 받은 사람들, 혹은 좀 더 존귀한 일을 행하는 사람들과 좀 더 비천한 일을 행하는 사람들을 구별하지 않습니다. 성경의 원리는 "작은 섬김이라도 올바로 행해진다면 참된 섬김"이며, 세상에서 가장 큰 일을 담당한 사람이라고 해서 가장 작은 일을 담당한 사람보다 하늘에서 반드시 더 큰 것은 아니라는 것입니다. 모든 사람들이 같은 높이에 섭니다. 하나님의 군대의 영광과 존귀는 오직 장군들만 독점하지 않습니다. 장군이든 병사든 신실함이 같다면 같은 높이에 섭니다.

그러면 "금 그릇과 은 그릇"과 "나무 그릇과 질그릇" 사이를 구별하는 기준은 무엇입니까? 본문은 그것을 도덕적인 깨끗함이라고 말합니다. "누구든지 이런 것에서 자기를 깨끗하게 하면 귀히 쓰는 그릇이 되어"(21절). 자기를 깨끗하게 하는 사람은 나무 그릇과 질그릇의 범주에서 나와 금 그릇과 은 그릇의 범주로 들어갑니다. 이와 같이 구별의 기초 혹은 분류의 근거는 "선한가 혹은 악한가?" "깨끗한가 혹은 불결한가?" "경건한가 혹은 불경건한가?" 하는 것입니다. 최고의 수준으로 깨끗한 자들은 금 그릇과 은 그릇입니다. 덜 깨끗하거나 혹은 깨끗하지 않은 자들은 나무 그릇과 질그릇입니다. 우리는 바울의 또 다른 구절에서도 이와 같은 구별의 기준을 발견할 수 있습니다. "이 닦아 둔 것 외에 능히 다른 터를 닦아 둘 자가 없으니 이 터는 곧 예수 그리스도라 만일 누구든지 금이나 은이나 보석이나 나무나 풀이나 짚으로 이 터 위에 세우면 각 사람의 공적이 나타날 터인데 그 날이 공적을 밝히리니 이는 불로 나타내고 그 불이 각 사람의 공적이 어떠한 것을 시험할 것임이라"(고전 3:11-13). 여기에서 우리는 터(foundation, 혹은 "기초")와 그 위에 다양한 재료로 집을 세우는 선생들에 대한 말씀을 보게 됩니다. 여기를 보십시오. 한쪽에 금과 은과 보석이 있고, 다른 한쪽에 나무와 풀과 짚이 있습니다. 이러한 재료들은 여기의 선생들이 선포한 교리들일 수도 있고, 어쩌면 그들이 얻은 회심자들일 수도 있습니다. 어쨌든 집을 짓는 다양한 재료들과 관련하여 여기에 나타나는 대조를 주목해 보십시오. 한쪽에 금과 은과 보석의 값비싼 재료들이 있고, 다른 한쪽에 나무와 풀과 짚의 값싼 재료들이 있습니다. 여기의 말씀과 오늘의 본문이 암시하는 것은 보이는 조직체로서의 교회 안에는 깨끗함과 신실함의 정도에 따라 금 그릇이나 은 그릇으로 지칭될 만한 사람들과 나무 그릇이나 질그릇으로 지칭될 만한 사람들이 있으며 또 항상 있을 것이라는 사실입니다.

그러면 그것은 무엇을 의미합니까? 그것은 이것입니다. 즉 모든 이상(理想)은 그것이 하나의 제도나 혹은 조직으로 구체화될 때, 필연적으로 오염되게 마련이라는 것입니다. 완전하게 정결한 수은(水銀)을 공기 중에 노출시켜 보십시오. 그러면 필연적으로 그 표면 위에 투명하지 않은 막이나 찌끼 같은 것이 낄 것입니다. 예수께서 말씀하신 그물의 비유도 비슷한 개념을 암시합니다. 사람의 손으로 만든 그물은 결코 나쁜 고기를 걸러낼 수 없습니다. 그 안에는 좋은 고기와 나쁜 고기가 섞여 있을 수밖에 없습니다. 마찬가지로 교회 안에는 필연적으로 두 부류의 사람들이 섞여 있을 수밖에 없습니다.

여기의 저급한 부류의 사람들이 비록 매우 불완전하기는 하지만 그러나 희미하나마 하나님의 빛을 가지고 있는 참된 그리스도인들인지, 아니면 이름만 그리스도인일 뿐 실제로는 주님과 전혀 무관한 사람들인지의 여부를 나는 여기에서 논의하지 않을 것입니다. 어쨌든 여기의 두 부류의 사람들을 나누는 구분선은 매우 가늘며 희미합니다. 실제로 그들을 두 부류의 사람들이라고 부르는 것조차 별로 의미가 없습니다. 여기에서 바울은 보이는 교회와 연결되기 위해 선행되어야만 하는 조건에 대해 말하고 있지 않습니다. 다만 그는 그 조건이 무엇이든지 간에 보이는 교회에 필연적으로 달라붙는 악에 대해 말하고 있을 뿐입니다. 악은 여기의 우리 교회 안에도 달라붙습니다. 우리는 우리 교회를 깨끗하게 지키고자 애씁니다. 그러나 우리는 성공하지 못합니다. 그리고 결코 성공하지 못할 것입니다. 그러나 우리는 그렇게 하고자 하는 노력을 포기해서는 안 됩니다. 여기의 작은 집에는 "금 그릇과 은 그릇"이 있는가 하면 "나무 그릇과 질그릇"도 있습니다.

이러한 사실로 말미암아 여러분은 자신이 그 "큰 집"과 더불어 단순히 명목적이며 외적인 연결밖에 가지고 있지 않은 것이 아닌지 돌아볼 필요가 있습니다. 여러분은 그 집 안에 있을는지 모릅니다. 그러나 여러분은 귀하게 쓰이지 않는 채, 그 집의 뒷마당에 아무렇게나 놓여 있는 질그릇일는지 모릅니다. 사랑하는 친구들이여, 항상 이러한 사실을 잊지 마십시오. 이러한 원리를 여러분 개개인에게 적용하는 것은 나의 몫이 아닙니다. 그렇지만 나는 한 사람의 목회자로서 우리 교회에 등록된 이름들 가운데 "살았다 하는 이름은 가졌으나 실상은 죽은" 이름들이 있다는 사실을 인정하지 않을 수 없습니다.

2. 둘째로, 우리는 여기에서 우리 모두에게 열린 분발의 가능성을 보게 됩니다.

어떤 조건 위에서 귀한 그릇이 될 수 있는지를 논의하는 까닭이 무엇이겠습니까? 두말할 것도 없이 그것은 그릇 즉 사람으로 하여금 귀함을 얻을 수 있도록 하기 위한 것입니다.

그러면 사람은 어떻게 귀함을 얻습니까? 그것은 섬김(service)을 통해서입니다. 본문을 주의 깊게 읽어 보십시오. 그러면 여러분은 "귀히 쓰는 그릇이 되어"라는 표현에 이어 그러한 그릇의 세 가지 특징이 뒤따르는 것을 보게 될 것입니다. 그러한 세 가지 특징을 언급하기에 앞서, 먼저 나는 여러분이 여기에서 '참된 존귀는 곧 섬김'이라고 하는 신약의 위대한 원리가 어떻게 구체화되는지 주목해 보기를 바랍니다. "너희 중에는 그렇지 않을지니 너희 중에 누구든지 크고자 하는 자는 너희를 섬기는 자가 되고 너희 중에 누구든지 으뜸이 되고자 하는 자는 모든 사람의 종이 되어야 하리라"(막 10:43, 44). 그리스도께서 "자기가 하나님께로부터 오셨다가 하나님께로 돌아가실 것을 아시고 일어나 겉옷을 벗고 수건을 가져다가 허리에 두르시고 대야에 물을 떠서 제자들의 발을 씻기신" 것처럼, 우리 역시도 존귀하게 되고자 한다면 그것이 섬김 안에 있다는 사실을 깨달아야만 합니다(요 13:3). 우리가 물질적인 것이든 육체적인 것이든 정신적인 것이든 형제들보다 더 나은 무엇인가를 가지고 있다면, 우리는 그 모든 것을 주를 섬기는 일에 사용해야만 하는 의무를 가집니다. 우리 모두는 '섬김이 곧 존귀'라는 사실을 항상 기억해야 합니다.

이제 본문이 금 그릇과 은 그릇의 존귀를 구성하는 것으로서 제시하는 세 가지 특징들을 살펴보도록 합시다. 첫째는 "거룩하게 되는" 혹은 좀 더 적절한 표현으로 "성별(聖別)되는" 것입니다. "거룩" 혹은 "성별"의 근본적인 개념은 도덕적인 정결이 아니라, 스스로를 하나님께 순복시키는 것입니다. 존귀는 정결로부터 오는 것이며, 정결의 시작은 성별 혹은 거룩함입니다. 하늘의 군대에서 높은 자는 그 가슴에 화려한 장식을 단 사람이 아니라 그 마음에 피 묻은 십자가의 흔적을 가진 사람입니다. 그리고 하나님을 섬기는 일에 자신의 몸과 혼과 영을 온전히 순복시킨 사람입니다. 희생 제사와 관련한 일에 사용되기 위해 성전에 드려진 그릇들을 생각해 보십시오. 그것은 일반적인 가정에서 사용되는 황금 잔보다 훨씬 더 존귀합니다. 비록 평범한 그릇이라 하더라도, 거룩하게 구별되었을 때, 그것은 가장 존귀해집니다. 이와 관련하여 스가랴 선지자는 여기에서 사용된 은유와 비슷한 은유를 사용하면서 하나님의 나라가 완전하게 나타나는 날과 관련하여 이렇게 말합니다. "그 날에는 말 방울에까지 여호와께 성결이라 기록될 것이라 … 예루살렘과 유다의 모든 솥이 만군의 여호와의 성물이 될 것인즉"(슥 14:20, 21). 이와 같이 하나님에게 거룩하게 구별된 그릇은 존귀한 그릇이 됩니다.

둘째는 "주인의 쓰심에 합당하게" 되는 것입니다. 거실의 장식장 한 가운데 놓인 주인의 잔을 생각해 보십시오. 주인은 수많은 잔들 가운데 그 잔을 선택하여 거기에다가 포도주를 따라 즐겁게 마십니다. 두말할 것도 없이 모든 잔들 가운데 가장 존귀한 잔은 바로 그 잔입니다. 우리 가운데 모든 그리스도인들이 그리스도에 의해 쓰임 받을 수 있으며, 또한 그에게 유용(有用)한 존재일 수 있습니다. 우리는 여기에서 그리스도께서 스스로를 낮추시는 것을 발견할 수 있지 않습니까? 여러분은 우리 주님이 이스라엘의 왕으로서의 위엄을 공적으로 나타내신 사건을 기억할 것입니다. 그때 주님은 보잘것없는 나귀새끼를 위해 "주가 쓰시겠다 하라"는 메시지와 함께 두 제자를 맞은편 마을로 보내셨습니다(막 11:3). 이와 같이 나귀새끼를 필요로 하셨던 것처럼, 우리 주님은 자신의 목적을 수행하기 위해 여러분을 필요로 하십니다. 그는 자신의 대리자로서, 자신의 뜻을 실행할 자로서, 세상에서 자신의 대사(大使)와 종으로서 여러분을 필요로 하십니다. 나에게 있어 나의 모든 불완전함과 어리석음과 게으름에도 불구하고 예수 그리스도의 택함을 받아 그의 일에 쓰임을 받는 것보다 더 큰 존귀는 아무것도 없습니다. 형제들이여, 여러분은 예수 그리스도에 의해 쓰임을 받고자 하는 야망을 가지고 있습니까? 여러분은 예수 그리스도에게 유용한 사람이 되고자 하는 야망을 가지고 있습니까? 여러분은 그에게 쓸모 있는 사람입니까? 이것은 내가 내 자신에게 던지는 질문들입니다. 나는 여러분 역시도 동일한 질문들을 스스로에게 던져 보기를 바랍니다.

셋째는 "모든 선한 일에 준비함이 되는" 것입니다. 섬기는 습관은 자랄 것입니다. 예수 그리스도에 의해 거룩하게 구별되어 쓰임 받는 사람은 범사에 점점 더 유용한 사람이 될 것입니다. 우리는 마땅히 주님께 범사에 유용한 사람이 되고자 하는 야망을 가져야 합니다. 우리의 모든 것을 자연적인 한계 아래 굴복시키는 것은 매우 위험합니다. 우리가 스스로 자신의 분깃이라고 여기는 것에 우리 스스로를 제한시키는 것은 매우 위험합니다. 그것이 세상에서 우리 사역의 두드러진 부분이 되는 것은 괜찮습니다. 그러나 우리의 모든 사역을 우리가 좋아하는 특정한 것으로 제한해서는 안 됩니다. 우리는 우리가 좋아하지 않으며 마음에 맞지 않는 일을 위해서도 준비되어야 합니다. 다방면으로 다재다능한 사람이 되도록 노력하십시오. 허리띠를 묶고 등을 들고 서십시오. 그리고 이렇게 말하십시오. "주여 내가 무엇을 하기를 원하시나이까? 내가 여기 있나이다. 나를 보내소서."

3. 마지막으로, 이러한 가능성이 우리 모두에게 실제화될 수 있는 길과 관련한 분명한 방향을 주목하십시오.

"천하게 쓰는 그릇." 이러한 부류의 그릇이 되는 것으로부터 빠져 나오십시오. 그러면 어떻게 그렇게 할 수 있습니까? 그것은 자신을 깨끗하게 함으로 말미암습니다. 그러므로 우리가 어떤 부류에 속하는지를 결정하는 것은 오직 우리 자신의 진지한 노력 외에 아무것도 없습니다. 여러분은 우리 주님의 네 가지 밭의 비유를 기억할 것입니다. 길가로 하여금 스스로를 딱딱하게 만들며, 돌짝밭은 거기 떨어진 씨앗을 뿌리 내리지 못하게 만들며, 가시떨기는 가시와 엉겅퀴 외에는 아무것도 내지 못하게 만드는 어쩔 수 없는 이유가 있었습니까? 그것들은 좋은 밭이 될 수 없었습니까? 그러면 어째서 그것들은 그렇게 되지 못했습니까? 그것은 그것들이 — 다시 말해서 그것들이 나타내는 사람들이 — 좋은 밭이 되고자 하는데 무관심했기 때문입니다. 마찬가지로 질그릇이 금 그릇이 되며, 나무 그릇이 은 그릇이 되며, 은 그릇이 금 그릇이 되지 못할 아무런 이유도 없습니다. 바울은 본래 질그릇이었습니다. 그러나 그는 최고의 금 그릇이 되었습니다. 반면 유다는 은 그릇이었습니다. 그러나 그는 질그릇이 되고, 마침내 산산조각 깨어지고 말았습니다. 이와 같이 여러분은 스스로 자신의 자리를 결정할 수 있습니다. 그러면 어떻게 여러분은 자신의 자리를 결정합니까? 그것은 스스로를 깨끗하게 함으로 말미암습니다. 성품은 우리를 쓸모 있는 사람으로 만듭니다. 화려한 은사보다 거룩한 삶으로 말미암아 그리스도의 나라는 더 크게 확장되며, 그의 목적은 더 잘 이루어지며, 그의 뜻은 더 잘 진척됩니다. 여러분은 화려한 은사를 통해서보다 거룩한 삶을 통해, 그리스도를 위해 훨씬 더 많은 일을 행할 수 있습니다. 그리고 여러분 모두가 그것을 가질 수 있습니다. 여러분이 그것을 갖고자 한다면 말입니다.

여기에서 그와 같은 정결함은 우리 자신의 노력에 의해 얻어진다는 사실을 주목하십시오. "그러므로 누구든지 이런 것에서 자기를 깨끗하게 하면." 그리스도를 위해 스스로를 깨끗하게 하고자 애쓰는 어떤 사람을 상상해 보십시오. 틀림없이 그는 즉시 일만의 병사를 가진 자신이 이만의 병사를 가지고 오는 적을 이길 수 없다는 사실을 발견하게 될 것입니다. 그러면 그는 어떻게 해야 합니까? 만일 그가 지혜로운 자라면, 그는 자신의 왕에게 사신(使臣)을 보내 “속히 오셔서 나를 도우소서”라고 도움을 청할 것입니다. 우리가 스스로를 깨끗하게 하고자 애쓴다면, 필연적으로 우리는 스스로를 하나님의 도우심 위로 던져야만 합니다. 그러나 거기에는 개인적인 노력이 있어야만 합니다. 그리고 나는 그러한 노력은 근본적으로 믿음과 순종을 통해 우리 안에 들어와 우리를 깨끗하게 하는 신적 생명을 붙잡고자 애쓰는 방향으로 나아가야만 한다고 생각합니다. 그리고 또 다른 방향에서 우리는 겸손한 믿음으로 임하는 신적 도우심을 우리의 성품과 행동의 모든 부분에 적용시키고자 노력해야만 합니다.

그러므로 형제들이여, 만일 우리가 스스로를 깨끗하게 하고자 한다면, 우리는 그렇게 할 수 있습니다. 그리고 우리가 주 앞에 엎드려 “온전히 거룩하여질 수 있도록 내게 능력을 주소서”라고 말할 때, 우리는 가장 확실하게 그것을 얻게 될 것입니다.

우리 가운데 다른 집에 속한 그릇들도 있을 것입니다. 그러나 그리스도께서 강한 자를 결박하시고, 그의 소유를 탈취하셨습니다. 우리 주님은 그로부터 그가 의지(依支)하는 모든 갑옷을 벗기고, 그가 사용하는 그릇들을 빼앗으셨습니다. 그러므로 우리가 그리스도께서 우리를 해방시켜 주신 것을 받아들이면서 스스로를 그의 은혜와 권능 위에 던진다면, 우리는 강한 자의 어두운 집으로부터 우리 주님의 “큰 집”으로 옮겨질 것입니다. 여러분의 지체를 불의의 병기로 내어 주지 마십시오. 여러분 자신을 하나님께 드리십시오. 그리고 여러분의 지체를 의의 병기로 그분께 드리십시오.

10
모양과 능력

"경건의 모양은 있으나 경건의 능력은 부인하니
이 같은 자들에게서 네가 돌아서라"
딤후 3:5

바울은 지금 악(惡)이 다가오고 있는 것을 예상하는 가운데 자신의 마지막 편지를 기록하고 있습니다. 자신의 사명이 거의 막바지에 이르렀음을 알고 있는 충성된 파수꾼이 남은 시간 동안 최선을 다해 적의 동태를 파악하고자 열심히 지평(地平)을 살피는 것은 너무나 자연스러운 일입니다. 노인들은 미래에 대해 우울한 전망을 갖는 경향이 있습니다. 본 서신에도 교회의 타락을 경고하는 언급들이 많이 나타나는데, 그러한 경고들은 사도 이후 시대의 교회 역사(歷史)에 의해 충분하게 증명되었습니다. 그리고 한 걸음 더 나아가 그러한 경고들은 교회의 영원한 위험을 가리킵니다. 그것들은 그 세대에 필요한 경고였을 뿐만 아니라, 모든 세대에 필요한 경고이기도 했습니다.

바울은 여기에서 장차 다가올 기독교의 타락한 모습을 보여 주는 매우 어두운 그림을 그립니다. 나는 그가 열거하는 악의 목록 전체를 다루고자 하지 않습니다. 다만 처음과 중간과 마지막이 가장 중요하다는 사실만을 간단히 지적하고자 합니다. 그 목록은 "자기를 사랑하며"와 함께 시작됩니다(2절). 바로 이것이 모든 형태의 죄의 뿌리입니다. 그리고 중간에 "쾌락을 사랑하기를 하나님 사랑하는 것보다 더하며"가 있습니다(4절). 그리고 마지막에 목록 전체를 요약하는 것으로 오늘의 본문인 "경건의 모양은 있으나 경건의 능력은 부인하니"가 있습니다(5절).

나는 이러한 말씀에 대해 굳이 길게 설명할 필요는 없다고 생각합니다. 신약에서 "경건"은 하나님을 경외하는 성품뿐만 아니라 그것으로부터 흘러나오는 행동까지도 의미합니다. 경건의 모양(form) 혹은 경건이 외적으로 나타나는 형식은 우리 모두가 잘 압니다. 그러나 "경건의 능력을 부인하는" 것은 무엇입니까? 경건은 말에 있는 것이 아니라 행동에 있습니다. 바울의 후기 서신에서 "부인하는"(deny) 것은 종종 저버리며, 포기하며, 내던져 버리는 것을 의미합니다. 예컨대 우리는 디도서에서 "경건하지 않은 것과 이 세상 정욕을 다 버리고"(denying ungodliness and worldly lusts)라는 말씀을 읽습니다(2:12). 여기에서 "deny"는 단순히 그러한 것들을 내던져 버리는 것을 의미합니다. 그와 마찬가지로 본문의 "부인"은 복음의 원리를 입술로 거부하는 것이 아닙니다. 왜냐하면 그렇게 이해하는 것은 여전히 경건의 모양을 가지고 있다는 개념과 모순되기 때문입니다. 다만 그것은 경건의 피상적인 외양(外樣)은 그대로 가지고 있으면서도 참된 경건 안에 내재해 있는 능력은 실제 내던져 버리면서, 그것으로부터 자신의 삶과 성품을 빚기를 포기하는 것입니다.

바울은 자신이 떠난 후 나타나게 될 교회의 미래의 모습과 관련하여 이 같이 우울한 시각으로 내다봅니다. 이제 이와 관련한 몇 가지 개념들을 살펴보도록 합시다.

1. 첫째로, 교회 역사(歷史) 가운데 이런 상태가 종종 반복된 사실을 주목하십시오.

"경건의 모양은 있으나 경건의 능력은 부인하니." 어떤 위대한 사상이나 원리가 처음 세상에 들어올 때, 그것은 뜨거운 열정을 불러일으키면서 많은 사람들을 영웅적인 거룩함과 헌신으로 이끕니다. 기독교가 처음 세상에 들어왔을 때, 단순한 형식주의자들과 미지근한 자들은 그 안으로 쉽게 끌려 들어오지 않았습니다. 그러나 심지어 사도 시대의 교회에서조차 아나니아와 삽비라, 마술사 시몬, 그리고 데마와 같은 사람들이 있었습니다. 세월이 흐르면서 초창기의 열정이 가라앉고 한때 거센 불처럼 타올랐던 신앙이 제도화되자, 그 주위로 피상적이며 미지근한 교인들이 모여들었습니다. 그렇게 하여 교회는 느슨하며 명목적(名目的)인 교인들의 큰 덩어리가 되었습니다.

얼마 전에 다른 교파에 속한 어떤 지도자와 이야기한 적이 있었습니다. 그는 조용한 목소리로 이렇게 말했습니다. "우리 교파는 세례 교인만 해도 수십만 명이 넘습니다. 그렇지만 나는 그 가운데 4분의 1정도만 진짜 영적인 사람이라고 생각합니다." 그는 정말로 자신의 추측에 대해 확신하고 있는 것처럼 보였습니다. 아, 이게 도대체 무슨 일입니까! 기독교회가 그리스도인의 가면을 쓴 이교도들의 거대한 덩어리란 말입니까!

모든 교회에는 이런 부류의 느슨한 교인들이 있게 마련입니다. 그들은 교회의 영적 활동을 훼방하며, 교회의 평균 온도를 떨어뜨립니다. 마치 대서양에 떠 있는 거대한 빙산들이 유럽 전체의 여름 온도를 떨어뜨리는 것처럼 말입니다. 그들은 거룩함을 "괴상한" 것으로 만듭니다. 그들은 철저한 기독교적 삶을 "이상야릇한" 것으로 만듭니다. 그들은 교회의 영성(靈性)을 거의 세상의 수준으로 끌어 내립니다. 이것은 오늘날의 우리들에게도 적용됩니다. 세상에 있는 모든 하나님의 교회에는 참된 그리스도인들로 이루어지는 중심핵이 있습니다. 그리고 그 둘레를 본문의 표현처럼 "경건의 모양은 있으나 경건의 능력은 부인하는" 사람들이 둘러싸고 있습니다. 오늘날 이런 풍조는 너무나 보편적입니다. 그러므로 주님께 이렇게 물어봅시다. "주여 내니이까?"

2. 둘째로, 은밀하게 역사(役事)하는 이러한 악들을 생각해 보십시오.

본문 가운데 바울이 "경건의 모양은 있으나 경건의 능력은 부인하니"라고 표현하는 사람들을 생각해 보십시오. 나는 그들이 대부분 자신들의 그와 같은 상태를 의식(意識)하지 못할 것이라고 생각합니다. 충분한 의미에서 위선자들의 숫자는 놀랄 만큼 적습니다. 그들과 이야기해 보십시오. 그러면 여러분은 그들이 자신들의 진정한 상태에 대해 거의 알지 못하는 것을 발견하고 깜짝 놀라게 될 것입니다. 극히 적은 양의 금으로도 큰 덩어리에 금박을 입혀 그것을 금덩어리처럼 보이게 만들 수 있습니다. 마찬가지로 사람들은 극히 적은 양의 신실함을 가지고도 그것으로 자신을 화려하게 꾸밀 수 있습니다. 통속적인 의미에서 위선자의 숫자는 철저한 그리스도인의 숫자보다 훨씬 더 적습니다. 영지주의를 비롯한 수많은 이단들의 선구자들인 이러한 사람들은 자신들의 진정한 모습에 대해 아무런 개념도 가지고 있지 않습니다. 만일 그들이 여기에서 바울이 그린 그림을 본다면, 틀림없이 그들은 이렇게 말할 것입니다. "아, 정말로 흉측하기 짝이 없는 그림이군. 나의 모습과는 너무나 달라!" 너무나 많은 사람들이 이와 같이 생각할 것입니다.

이와 같이 이것은 무의식적인 위선입니다. 사람은 더 악할수록 자신의 악함을 알지 못합니다. 스스로를 그리스도인이라고 고백하는 어떤 사람을 상상해 보십시오. 믿음의 실체를 더 완전하게 놓치고 오로지 모양만을 붙잡을수록, 그는 본문의 경고가 자신에게 적용되는 사실을 더 적게 깨달을 것입니다. 영적인 퇴보와 타락을 보여 주는 가장 강력한 표적은 스스로 그것을 의식하지 못하는 것입니다. 이스라엘의 위대한 영웅 삼손을 생각해 보십시오. 자신의 머리털이 들릴라의 무릎 위에서 잘렸음에도 불구하고, 그는 여호와의 신이 자신을 떠나고 그와 함께 자신의 강한 힘이 사라졌음을 알지 못한 채 블레셋 사람들과 싸우러 나가지 않았습니까? 손과 발이 더 많이 얼수록, 사람의 감각은 더 무뎌질 것입니다. 어떤 사람이 "이것은 나와 전혀 상관없는 말씀이야!"라고 말한다면, 그것은 그가 그 말씀과 가장 밀접하게 관련되는 사실을 보여 주는 가장 확실한 증표입니다.

그러면 자신의 실상을 의식(意識)하지 못하는 이유는 무엇일까요? 이에 대해서는 굳이 길게 설명할 필요조차 없습니다. 그것은 우리가 우리 자신의 성품에 대해 매우 관대한 관점을 취하는 경향이 있기 때문입니다. 그렇기 때문에 자신의 기독교적 생명이 계속해서 빠져나가며 쇠퇴하고 있음에도 그것을 전혀 의식하지 못하는 사람들이 그토록 많은 것입니다. 그들은 마치 겉모습은 그럴듯한데 속은 텅 비어 있는 숲의 큰 나무들과 같습니다. 마침내 폭풍이 몰아치고, 그 나무는 쓰러집니다. 그러면 어떻게 됩니까? 마침내 그 텅 빈 속이 모든 사람 앞에 드러납니다. 그리고 사람들은 그 나무가 오랜 시간 계속 썩어가고 있었음을 알게 됩니다.

형제들이여, 우리의 기독교적 생명을 갉아먹는 숨어 있는 적들이 겉으로 드러난 분명한 적들보다 훨씬 더 위험합니다. 우리 가운데 겉으로 드러난 분명한 악들에 대해서는 단호히 대적하면서도 은밀한 악들에 대해서는 무방비상태로 굴복하는 사람들이 얼마나 많습니까! 한낮의 치열한 공격보다 밤중에 은밀하게 날아오는 화살 하나가 더 치명적일 수 있습니다.

3. 셋째로, 이러한 상태를 만들어 내는 원인들을 생각해 보십시오.

나는 이러한 "모양"(form, 혹은 "형식")의 주된 실례(實例) 가운데 하나가 당시 교회의 단순한 예배에 참여하는 것이었다고 생각합니다. 설령 "경건의 모양은 있으나"란 구절이 단순히 예배 행위를 지칭하는 것은 결코 아니라 하더라도, 어쨌든 예배는 그러한 악이 나타나는 주된 분야 가운데 하나입니다. 우리 가운데 많은 사람들은 예수 그리스도와의 내적인 연합을 교회와의 외적인 연결로 대체시킵니다. 모든 외적인 "형식들"(forms)은 감각에 지배되는 우리의 본성을 나름대로 만족시켜 주는 경향이 있습니다. 그 신앙이 대부분 예배장소에 참석하는 것으로 이루어지는 사람들이 얼마나 많습니까? 다른 사람들과 함께 일어나 찬송가를 부르고, 함께 연합하여 기도하는 등으로 말입니다. 그러면서 그들은 예배장소를 떠나자마자 신앙에 대해서는 까맣게 잊어버리고 맙니다. 다음 주일 또 다시 그곳에 올 때까지 말입니다. 물론 우리에게는 예배의 외적인 형식들이 필요합니다. 우리가 그것을 필요로 하는 것은 우리의 연약함의 증표입니다. 그러나 외적인 형식들은 절대적이거나 불변적인 것이 아닙니다. 그것은 변할 수 있으며, 다른 것으로 대체될 수 있습니다.

가장 순전하며 단순한 형식조차도 종종 빛을 차단하는 지저분한 창문처럼 될 수 있습니다. 그러므로 나는 교회가 이와 같은 위험한 요소를 자신의 외적인 예배 안에 최소한만 받아들이는 것이 가장 지혜로운 일이라고 생각합니다. 영(靈)을 지키기 위해 형식은 가능한 적은 것이 좋습니다. 물론 단순한 형식들도 복잡하며 정교한 형식들 못지않게 오용(誤用)될 수 있습니다. 퀘이커 교도들의 예배당도 종종 가톨릭의 대성당 못지않게 형식적이며 외형적일 수 있습니다. 우리는 그 모든 것들이 온갖 종류의 위험으로 가득 차 있으며 항상 그럴 것이라는 사실을 잊어서는 안 됩니다. 우리는 경건의 능력에 내적으로 순복하는 것을 교회의 회원이 되며, 예배당에 오며, 기도모임에 참석하며, 주일학교에서 가르치며, 성경을 읽는 것 따위로 대체시켜서는 안 됩니다.

또 하나의 원인은 모든 종류의 행동들이 처음 동기(動機)로부터 벗어나 단순히 기계적이며 습관적인 행동이 되는 경향입니다. 습관은 선(善)의 가장 중요한 동맹군입니다. 그러나 습관적인 선은 기계적인 선이 되고, 그럼으로써 결국에는 더 이상 선이 되기를 그치는 경향이 있습니다. 예배에 있어서든 혹은 실천적인 삶에 있어서든 어떤 경건의 행동을 할 때마다, 우리는 그것을 기독교적 생명의 중심축 위에 세우고자 계속 애쓸 필요가 있습니다. 앞에서도 이야기한 것처럼 선한 동기와 충동으로 시작한 일이라 하더라도 시간이 지나면서 점차적으로 습관적이며 기계적인 일이 되는 경향이 있습니다. 이것은 경건의 일에 있어서도 마찬가지입니다.

뿐만 아니라 우리로 하여금 경건의 능력에 순복하지 못하도록 훼방하는 일상의 근심과 염려, 매일의 분주한 일들, 감각의 계속적인 작용 등이 있습니다. 작은 모래 알갱이들이 이집트의 거대한 신전들과 신들의 형상들을 묻어 버립니다. 이와 같이 바람에 날려 오는 사소한 근심들과 일상의 일들의 작은 모래 알갱이들이 우리로 하여금 모든 것의 유일한 기초인 예수 그리스도의 사랑을 보지 못하고 느끼지 못하도록 가로막습니다. 우리가 우리와 그리스도를 하나로 묶은 띠를 계속적으로 굳게 조이지 않는다면, 그것은 어느 순간 풀려 느슨하게 될 것입니다. 배가 부두에 단단히 묶여 있지 않다면, 그것은 조만간 파도에 떠밀려 표류하게 될 것입니다. 우리가 주의를 기울이지 않는다면, 우리의 기독교적 생명과 열정은 우리의 손가락 사이로 조금씩 빠져나가게 될 것인데도 우리는 그것이 사라진 것을 알지도 못할 것입니다. 세상, 우리 자신의 연약함, 일상의 사소한 일들, 환경의 압박, 감각의 지배, 옳은 일을 습관적으로 행하는 것 — 이 모든 것들은 우리를 기계적이며 습관적으로 종교적인 삶에 참여하도록 만들고 그럼으로써 우리 자신조차 의식하지 못하는 사이에 우리를 위선자로 만드는 경향이 있습니다.

4. 마지막으로, 그러면 어떻게 우리가 이러한 악들을 피할 수 있는지 생각해 보도록 합시다.

첫째로, 이러한 위험의 실재(實在)를 단 한순간도 잊어버리지 마십시오. 나는 이것이 가장 중요한 일이라고 감히 단언합니다. 미리 경고 받을 때, 우리는 미리 무장하게 됩니다. 하나님의 말씀의 교훈으로 자신의 연약함을 깨닫고, 자신이 얼마나 신뢰할 수 없는 존재인지를 알며, 경건의 삶에 있어 단순히 외적인 모양에만 집착하는 것이 얼마나 위험한 일인지를 배운 사람은 그러한 위험에 가장 잘 대처할 수 있을 것입니다. 자신이 언제든지 그릇된 길로 빠질 수 있음을 알고 항상 두려워하는 가운데 스스로 조심하며 살피는 자는 얼마나 복됩니까!

하나님의 말씀의 빛 가운데 항상 스스로를 엄격하게 살피는 것이야말로 우리가 이와 같은 형식주의로 미끄러지지 않도록 지켜 주는 가장 큰 힘입니다. 이와 같이 형식주의로 미끄러짐에도 스스로 그것을 의식하지 못하는 것이 정말로 사실이라면, 그것은 우리에게 가장 우렁찬 목소리로 이렇게 경고합니다. "깨어 경계하라! 왜냐하면 우리는 땅 밑에서 무슨 일이 벌어지는지 알지 못하기 때문이라. 그러므로 계속 살피며 주의를 기울이라." 우리는 우리 자신의 성품과 우리의 영적 본성의 움직임을 부지런히 살펴야만 합니다. 또 우리는 우리의 습관과 우리가 기독교의 외적인 형식들에 참여하는 것의 결과와 작용을 부지런히 살펴야만 합니다. 우리는 이러한 것들을, 마치 열대지방에 사는 사람들이 침대에 들어가거나 혹은 옷을 입기 전에 혹시 거기에 뱀이나 전갈 등이 들어가 있지나 않은가 살피는 것처럼, 그렇게 살펴야만 합니다. 바닷물이 들어와 삼키지 못하도록 제방을 쌓은 도시를 생각해 보십시오. 그 제방을 부지런히 살피는 것이 그 도시의 안전을 확보하는 조건입니다. 만일 거기에 쥐 한 마리가 통과할 수 있을 정도의 구멍이 생긴다면, 그 구멍으로 인해 조만간 제방은 무너지고 도시 전체는 바닷물에 완전히 잠기게 될 것입니다. 이와 같이 우리 주위에는 항상 그와 같은 위험이 있습니다. 그리고 가장 가공할 만한 위험은 어둠 가운데 은밀하게 작동하는 힘입니다. 그러므로 우리는 눈을 크게 뜨고 우리 삶의 모든 부분들을 샅샅이 살펴야만 합니다. 왜냐하면 어느 구석에 악한 짐승이나 벌레 따위가 숨어있을지 모르기 때문입니다.

마지막으로, 우리는 예수 그리스도와의 개인적인 교제를 매일같이 새롭게 하며 심화시키고자 노력해야 합니다. 이것이 없다면 다른 모든 것은 다 쓸데없는 일이 될 것입니다. 그는 우리 삶 가운데 경건이 작동하는 능력의 근원입니다. 우리가 그를 더 가까이 할수록, 그러한 능력은 우리 마음 가운데 더 풍성하게 될 것입니다. 그리고 우리는 스스로 속은 얄팍한 외식주의자가 아니라, 실제적이며 온전한 그리스도인이 될 것입니다.

열매는 맺지 못한 채 잎만 무성한 나무를 생각해 보십시오. 그 나무는 열매가 없다는 사실을 무성한 잎으로 감춥니다. 주님은 여러분과 나에게 오셔서 열매를 찾으실 것입니다. 그가 우리에게서 아무런 열매도 찾지 못한다면, 그는 이렇게 말씀하실 것입니다. "이제부터 영원토록 네가 열매를 맺지 못하리라"(마 21:19).

11
석양의 빛

"[1]하나님 앞과 살아 있는 자와 죽은 자를 심판하실 그리스도 예수 앞에서 그가 나타나실 것과 그의 나라를 두고 엄히 명하노니 [2]너는 말씀을 전파하라 때를 얻든지 못 얻든지 항상 힘쓰라 범사에 오래 참음과 가르침으로 경책하며 경계하며 권하라 [3]때가 이르리니 사람이 바른 교훈을 받지 아니하며 귀가 가려워서 자기의 사욕을 따를 스승을 많이 두고 [4]또 그 귀를 진리에서 돌이켜 허탄한 이야기를 따르리라 [5]그러나 너는 모든 일에 신중하여 고난을 받으며 전도자의 일을 하며 네 직무를 다 하라 … [16]내가 처음 변명할 때에 나와 함께 한 자가 하나도 없고 다 나를 버렸으나 그들에게 허물을 돌리지 않기를 원하노라 [17]주께서 내 곁에 서서 나에게 힘을 주심은 나로 말미암아 선포된 말씀이 온전히 전파되어 모든 이방인이 듣게 하려 하심이니 내가 사자의 입에서 건짐을 받았느니라 [18]주께서 나를 모든 악한 일에서 건져내시고 또 그의 천국에 들어가도록 구원하시리니 그에게 영광이 세세무궁토록 있을지어다 아멘"

딤후 4:1–5, 16–18

본 서신에 나타난 제반 정황으로 판단할 때, 디모데는 육체적으로나 정신적으로나 그렇게 강한 사람으로는 보이지 않습니다. 바울의 극심한 시련과 임박한 죽음은 바울 자신보다도 젊은 디모데의 심령을 더 강하게 짓눌렀습니다. 반면 바울의 굳건한 심령을 요동하게 하는 것은 아무것도 없었습니다. 죽음을 눈앞에 둔 시점에 그는 매우 담대한 어조로 디모데를 격려합니다.

1-5절은 바울이 디모데에게 모든 어려움 가운데에도 그의 직무에 최선을 다할 것을 일깨우는 격려의 말입니다. 그리고 그 중간에 교회를 향해 다가오고 있는 어두운 날들에 대한 슬픈 예언이 끼어 있습니다. 그러나 그것은 낙망 가운데 그의 직무를 포기할 이유가 아니라 도리어 그것을 전심으로 행해야할 이유입니다. 계속해서 디모데에게 기독교 선생으로서의 가장 강력한 동기(動機)가 제시되는데, 그것은 하나님과 예수 그리스도 앞에서 행하라는 것입니다. 예수 그리스도께서 나타나실 때 그를 보며 그의 심판대 앞에 서게 될 것을 기억하면서 말입니다.

주인의 눈은 부지런한 종을 만듭니다. 이러한 동기(動機)는 다른 모든 동기들을 불필요한 것으로 만듭니다. 만일 큰 백보좌와 그 위에 앉은 자가 항상 우리 눈앞에 있다면, 우리는 어떻게 말씀을 전파하고 어떻게 가르치고 어떻게 살 것입니까? 그것이 우리로부터 모든 게으름과 겁약함과 마지못해 의무를 이행하는 것과 말씀을 기계적으로 반복하는 것과 모든 자기중심적인 이기주의와 세속주의를 불태워 버리지 않겠습니까?

본문이 일차적으로 명령하는 특별한 의무는 "말씀을 전파하라"는 것입니다(2절). 실제로 이것은 모든 그리스도인들에게 지워지는 의무입니다. 그리고 계속해서 이에 부수되는 의무로서 "항상 힘쓰라"는 명령이 따릅니다. 이것은 말씀을 전파하는 일에 항상 관심을 기울이라는 것입니다. 그러나 "때를 얻든지 못 얻든지" 그렇게 하라는 것은 위험할 뿐만 아니라 지혜롭지 못한 훈계가 아닙니까? 우리가 적당하지 않은 때에 억지로 사람들에게 복음을 강요함으로써 유익은 고사하고 도리어 해를 끼치지 않겠습니까? 의심의 여지 없이 열정뿐만 아니라 그와 함께 지혜와 신중함이 필요합니다. 그러나 그리스도에 대해 듣기를 원하지 않는 사람이나 혹은 그에 대해 말하기를 원하지 않는 사람에게 "합당하지 않은 때"로 보이는 때는 그것이 "합당하지 않은 때"로 보이는 바로 그 이유 때문에 "합당한 때"일 수 도 있습니다. 벨릭스를 생각해 보십시오. 그는 가장 "합당한 때"를 "합당하지 않은 때"로 판단하고는 그만 말씀이 전파되는 자리를 성급하게 떠나 버리고 말았습니다. "바울이 의와 절제와 장차 오는 심판을 강론하니 벨릭스가 두려워하여 대답하되 지금은 가라 내가 틈이 있으면 너를 부르리라 하고"(행 24:25). 그리스도인이 자신의 신앙을 어느 정도 "강요"하는 것은 결코 해로울 것이 없습니다.

그러나 "말씀을 전파하는" 사역에는 반드시 신자들의 삶을 특별하게 돌보는 일이 수반되어야만 합니다. "범사에 오래 참음과 가르침으로 경책하며 경계하며 권하라." 디모데는 필요할 때 죄에 대해 "경책"을 받을 필요가 있었습니다. 여기에서 "경책"이라고 번역된 단어는 요한복음 16장에서 보혜사가 행하실 사역에 대해 적용된 단어와 동일한 단어입니다. "그가 와서 죄에 대하여, 의에 대하여, 심판에 대하여 세상을 책망하시리라"(요 16:8). "경책"에 이어 계속해서 "경계하며" "권하는" 것이 따르고, 나아가 "위로하며" "격려하는" 것이 따라야만 합니다. 신실한 선생이 때로 찌르는 창을 사용해야만 한다면, 그는 동시에 그것을 치료하는 향유와 붕대를 가져야만 합니다. 나아가 "경책하며 경계하며 권하는" 삼중의 사역은 "범사에 오래 참음과 가르침으로" 행해져야만 합니다. 이에 대해 크리소스톰은 다음과 같이 아름답게 주석합니다. "분노로서도 아니고 증오심으로서도 아니고 모욕적인 태도로서도 아니고 … 사랑과 동정심과 안타까운 마음으로."

그리스도와 교회를 위한 바울의 열정적인 사역의 막바지를 드리우고 있는 다가오는 어두운 날들에 대한 전망은 그의 마음을 더욱 어둡게 하며, 그의 짐을 더욱 무겁게 했습니다. 에베소에서 바울은 자신이 떠난 후 사나운 이리들이 올 것을 내다보았습니다. "내가 떠난 후에 사나운 이리가 여러분에게 들어와서 그 양 떼를 아끼지 아니하며"(행 20:29). 마찬가지로 여기에서도 바울은 자신이 떠나고 난 후에 거짓 선생들이 많이 일어날 것을 내다보면서, 디모데와 다른 형제들이 지혜롭고 담대하게 "진리로부터 돌이켜 허탄한 이야기를 따르는" 풍조에 잘 대처할 것을 간절히 바랍니다(4절).

바울이 여기에서 그리고 있는 그림은 오늘날에도 사실입니다. 바른 교훈은 사람들의 입맛에 잘 맞지 않는 법입니다. 사람들의 귀는 가려워서,

긁어주기를 바랍니다. 대중들은 경책과 책망은 제쳐놓고 오로지 듣기 좋은 말만 하면서 자신들의 생각과 편견을 옹호해 주는 선생을 원합니다. 이것은 기독교 선생에게 있어 사역을 포기할 이유가 아니라, 도리어 자신의 사역을 더 열심히 감당해야 할 이유입니다. 그는 하나님의 전체적인 목적을 선포하는 것을 회피해서는 안 됩니다.

이러한 악한 풍조에 맞서 그것을 극복하는 참된 방법은 자기희생적인 삶을 나타내며, 범사에 스스로를 삼가며, 모든 시련과 역경을 기꺼이 인내하며, 복음을 전파하는데 갑절의 노력을 기울이며, 사역의 모든 영역을 풍성하게 채우며, 모든 책임을 기꺼이 이행하는 것입니다.

계속해서 16-18절을 보십시오. 우리는 여기의 마지막 말씀에서도 계속해서 승리의 선율이 울려 퍼지는 것을 보게 됩니다. 바울의 두 번째 투옥과 관련하여, 우리는 여기에 기록된 것 외에 또 다른 정보를 가지고 있지 않습니다. 그때 로마의 그리스도인들과 모든 친구들이 그를 버렸습니다. 이렇게 볼 때, 그의 마지막 고난은 그리스도의 고난과 상당 부분 비슷한 점이 있었습니다. 그는 친구들의 도움을 가장 필요로 할 때 그들로부터 버림을 당하는 쓰라림을 맛보았습니다. 그러나 바울의 마음속에는 어떤 쓰라림의 흔적도 없었습니다. 도리어 그는 그의 주님처럼 자신을 버린 자들을 위해 기도했습니다. 그는 홀로 남겨졌습니다. 그러나 그의 모든 짐을 짊어지신 예수 그리스도께서 자신의 종들이 자신이 맛본 것과 같은 쓰라림을 맛보지 않도록 하기 위해 죽으셨습니다.

바울에 앞서 순교의 길을 갔던 스데반은 예수께서 하나님 우편에 서 계신 것을 보았습니다. 그러나 바울은 한층 더 축복된 경험을 가졌습니다. 왜냐하면 예수께서 로마의 법정에서 — 아마도 황제 앞에서 — 그 곁에 서 계셨기 때문입니다. 그 곁에 그와 같은 대언자가 계시는데, 도대체 무엇이 그를 두려워하게 만들 수 있겠습니까?

여기에서 "주께서 내 곁에 서서 나에게 힘을 주심은 나로 말미암아 선포된 말씀이 온전히 전파되어 모든 이방인이 듣게 하려 하심이니"라는 말씀을 주목해 보십시오(17절). 바울은 주님이 자기 곁에 임하신 것을 일차적으로 자신을 위로하기 위한 것으로서가 아니라 "그가 선포한 말씀이 온전하게" 되기 위한 것으로 이해했습니다. 이것은 얼마나 아름다운 생각입니까! 그에게 있어 시련은 일차적으로 복음을 전파하는 최고의 기회였습니다. 왜냐하면 시련의 환경 속에서 그는 그것이 아니라면 결코 가질 수 없는 복음 전파의 대상을 가질 수 있었기 때문입니다. "모든 이방인들"이 — 거기에는 정치인들과 장군들과 원로원 의원들과 아마도 네로 황제까지 포함될 것이었습니다 — 복음을 들을 수 있다면, 그는 자신이 어떻게 되든 개의치 않았습니다. 그는 오직 그리스도의 도우심의 이차적인 결과로서 자신이 사자의 입에서 건짐을 받았노라고 덧붙입니다(17절). 그에게 닥친 위험은 극단적인 위험이었습니다. 그에게는 어떤 희망도 없는 것처럼 보였습니다. 그는 사자의 날카로운 이빨에 물려 있었습니다. 그러나 예수 그리스도께서 그를 그것으로부터 건져내셨습니다. 참된 다윗은 자신의 어린 양을 사자의 입으로부터 건져냈습니다.

변치 않는 예수 그리스도를 신뢰하는 사람에게, 과거는 곧 미래의 예언입니다. 왜냐하면 그는 우주 전체를 자신의 뜻대로 움직일 수 있는 자이기 때문입니다. "이미 있던 것이 후에 다시 있겠고"(전 1:9). "그가 나를 그토록 큰 사망에서 건져내셨도다"라고 말할 수 있는 사람은 즉시로 "그가 또 다시 나를 건져내실 것이라"라고 덧붙이는데 아무런 주저함도 갖지 않을 것입니다. 여기의 바울도 마찬가지입니다. 그 역시도 자신의 경험을 생각하며 똑같이 고백합니다. 그러므로 그의 마지막 말은 확고한 믿음 위에서 터져 나오는 우렁찬 영광송입니다. "주께서 나를 모든 악한 일에서 건져내시고 또 그의 천국에 들어가도록 구원하시리니 그에게 영광이 세세무궁토록 있을지어다 아멘"(18절).

여기에서 우리는 주기도문이 은은하게 메아리치는 것을 감지할 수 있습니다. 여기에서 "구하다"(deliver), "악으로부터"(from evil), "나라"(kingdom), "영광"(glory) 등의 단어들이 나타나는 것을 주목해 보십시오. 바울의 확신은 좌절되었습니까? 결코 그렇지 않습니다. 왜냐하면 로마의 성문 밖에서 날카로운 칼이 그의 목에 떨어질 때, 그는 실제로 모든 악한 일로부터 건짐 받았기 때문입니다. 죽음은 바울을 "천국에 들어가도록 구원하기 위해" 보냄 받은 예수 그리스도의 마지막 사신(使臣)이었습니다. 그리고 거기에서 그는 더 아름다운 목소리로 예수 그리스도에게 영원무궁토록 영광을 돌릴 것입니다.

12
죽음을 앞둔 죄수의 마지막 회고

"[6]전제와 같이 내가 벌써 부어지고 나의 떠날 시각이 가까웠도다 [7]나는 선한 싸움을 싸우고 나의 달려갈 길을 마치고 믿음을 지켰으니 [8]이제 후로는 나를 위하여 의의 면류관이 예비되었으므로 주 곧 의로우신 재판장이 그 날에 내게 주실 것이며 내게만 아니라 주의 나타나심을 사모하는 모든 자에게도니라"

딤후 4:6-8

바울 사도의 긴 여정은 이제 거의 종착지에 다다랐습니다. 그는 로마 감옥에 수감되어 있었으며, 그의 친구들은 그를 버리고 떠났습니다. 그는 언제 네로 황제의 소환(召喚)을 당할지 알 수 없었습니다. 네로 앞에 서는 것은 그의 머리를 "사자의 입" 속으로 집어넣는 것과 마찬가지였습니다. 지금 그는 교회가 점점 더 타락의 늪 속으로 빠져 들어가는 것을 내다보고 있었으며, 그로 인해 그의 마음은 심히 어두웠습니다. 다메섹 도상에서 살아 계신 그리스도를 보고 그의 말씀을 들은 그 날 이후 그가 걸어온 길은 얼마나 험한 길이었습니까!

통상적인 표준으로 판단한다면, 그것은 분명 잘못된 길이었습니다. 그는 모든 것을 잃었습니다. 그는 자신의 신분과 촉망받는 장래를 내던졌으며, 온갖 고생과 수고와 슬픔을 겪었으며, 평생 동안 외롭고 궁핍했으며, 유대인들과 이방인들로부터 경멸과 조롱을 당했으며, 심지어 형제들로부터도 많은 어려움을 겪었습니다. 드디어 그의 모든 여정은 거의 마지막 종착지에 다다랐습니다. 가장 위대한 선생에 대한 세상의 보답은 감옥과 참수자(斬首者)의 칼이었습니다. 네로가 통치하는 세상에서 바울에게 가능했던 유일한 장소는 감옥과 처형장이었지만, 가이사가 되는 것보다 차라리 순교자가 되는 것이 훨씬 더 낫지 않습니까?

본문은 우리 앞에 죽음을 앞둔 한 죄수의 그림을 보여 줍니다. 그러나 거기에 모사된 죄수의 모습은 자신의 마지막 순간을 평온한 마음으로 기다리는 너무도 아름다운 모습입니다. 바울 이후로 이와 같이 평온하게 자신의 안식에 들어간 사람들이 얼마나 많습니까! 그들로 인해 하나님께 감사드립시다. 그리고 우리 자신도 그 순간이 올 때 그들과 동일한 평온함과 온전한 소망을 가질 수 있도록 스스로를 위해 기도합시다.

본문은 과거에 대해, 현재에 대해, 그리고 미래에 대해 언급합니다. "내가 선한 싸움을 싸우고 — 나의 떠날 시각이 가까웠도다 — 이제 후로는 나를 위하여 의의 면류관이 예비되었으므로."

1. 첫째로, 아무 두려움 없이 죽음을 바라보는 고요한 용기를 주목하십시오.

본문의 언어는 우리에게 바울이 자신의 죽을 날이 임박했음을 알고 있었음을 보여 줍니다. 개정역(Revised Version)은 우리에게 좀 더 정확한 번역을 제시합니다. "전제와 같이 내가 이미 부어지고 있고 나의 떠날 시각이 왔도다"(I am already being offered and the time of my departure is come). 전제가 드려지는 과정이 이미 시작되었습니다. 지금의 고난은 이를테면 전제가 드려지기 시작하는 첫 단계였습니다. 여기에서 바울이 디모데에게 말하는 어투는 매우 주목할 만합니다. 여기에 흥분이나, 감정의 떨림, 혹은 공연히 허세를 부리는 듯한 태도는 전혀 나타나지 않습니다. 그는 지나치게 과장한다든지 혹은 억지로 꾸미는 등의 태도를 전혀 취하지 않습니다.

본문의 어투뿐만 아니라 문맥의 전체적인 상황 역시 주목할 만합니다. 바울은 단지 디모데에게 최선을 다해 그리스도를 위한 직무를 다할 것을 훈계하는 과정에서 자신에 대해 이야기하고 있을 뿐이었습니다. 그가 디모데에게 말하고자 한 모든 것은 "나는 곧 떠나게 될 것이니 너는 최선을 다해 너의 직무를 행하라"는 것이었습니다. 따라서 자신에 대한 이야기는 디모데에 대한 훈계에 수반되는 부수적인 이야기였을 뿐입니다.

본문에 이어 나타나는 사소한 이야기들 역시 어투와 상황 못지않게 주목할 만합니다. 본문의 이야기에 이어 곧바로 가죽 종이에 쓴 책이라든지, 겨울을 나기 위한 겉옷이라든지, 동료들의 움직임에 대한 사소한 정보들이 이어집니다. 이러한 것들은 바울이 지극히 자연스러운 용기와 담대함으로 자신의 운명에 직면하며 임박한 죽음을 바라보았음을 보여 줍니다. 임박한 죽음에 대한 전망이 세상에서의 하나님의 일에 대한 그의 관심을 약화시키지 않았습니다. 또 그것이 동료들에 대한 그의 동정심을 약화시키지도 않았으며, 그가 일상의 사소한 일들을 준비하지 못하도록 가로막지도 않았습니다. 병적인 열심과 광신으로부터 완전히 자유로운 사람이 있었다면, 감옥에 앉아 평온한 마음으로 자신의 죽음을 기다리고 있었던 이 사람이 바로 그 사람이었습니다.

여기에서 바울이 죽음을 묘사하기 위해 사용한 표현들을 주목해 보십시오. 거기에 놀라운 아름다움과 힘이 담겨 있지 않습니까? 그는 죽음이라는 추한 이름으로 자신의 입술을 더럽히지 않을 것입니다. 그렇게 하는 대신, 그는 죽음을 "전제"와 "떠남"으로 부릅니다. 통상적으로 사람들은 "죽음"이라는 단어를 입에 올리기를 좋아하지 않습니다. 그것은 사람들의 마음 위에 마치 관 위에 흙이 떨어지는 것처럼 그렇게 떨어집니다. 그래서 사람들은 "죽음"이라는 단어 대신 완곡어법을 사용해, 그것의 두려운 얼굴을 비단으로 감싸 가립니다. 그러나 완곡어법을 사용하는 데에는 서로 상반되는 두 가지 이유가 있습니다. 그것은 "두려움"과 "확신"입니다. 어떤 사람들은 죽음에 대해 너무나 두려워하는 나머지 그 단어조차 입에 올리려고 하지 않습니다. 그리하여 그것을 비교적 덜 두려운 이름으로 부름으로써, 그것과 자신 사이에 일종의 방패를 세우고자 합니다. 반면 또 어떤 사람들은 죽음의 개념에 대해 매우 친숙합니다. 그것은 그들에게 혐오스러운 개념이 아닙니다. 그것을 그들은 예수 그리스도께서 주신 생각과 느낌으로 바라봅니다. 그들은 그것을 새로운 관점으로 바라봅니다. 그럼으로써 그것의 어둡고 두려운 측면은 상당 부분 사라집니다. 그리하여 그들은 그것의 추한 옛 이름을 사용하기를 좋아하지 않습니다. 도리어 그것이 가진 보다 더 부드러운 측면을 반영하는 이름으로 그것을 부르기를 더 좋아합니다. 그리하여 그들은 그것을 "잠"이나 "안식" 등의 이름으로 부릅니다.

이제 죽음과 관련하여 여기에 사용된 은유들을 살펴보도록 합시다. 먼저 우리는 여기에서 "전제"(drink offering)라는 표현을 보게 됩니다. "전제와 같이 내가 이미 부어지고 있고." 두말할 것도 없이 바울이 여기에서 이와 같은 상징을 사용한 이유는 자신의 순교를 내다보고 있었기 때문입니다. 그의 피 흘림은 제단 위에 부어지는 값진 포도주와 같은 제물이 될 것이었습니다. 우리는 이러한 상징을 우리 모두에게까지 일반화시켜 적용시킬 수 있습니다. 우리 모두는 우리의 죽음을 하나님께 드리는 희생제물로 만들 수 있습니다. 왜냐하면 우리는 우리의 의지(意志)를 하나님의 의지에 순복시킴으로써 우리의 마지막 싸움을 예배와 자기순복의 행동으로 바꿀 수 있기 때문입니다. 우리가 그의 손을 인식할 때, 우리가 우리의 의지를 그의 목적에 순복시킬 때, 우리가 주를 향하여 살 때 — 죽음은 그것의 모든 두려움과 대부분의 고통을 잃을 것입니다. 그리고 우리에게 그것은 바울의 경우처럼 감사로 드리는 참된 제물이 될 것입니다. 나아가 부차적인 의미에서, 그것은 또한 자신의 영을 아버지의 손에 의탁한 "주님의 죽으심을 본받는" 것이 될 것입니다(빌 3:10). 물론 우리는 주님의 희생제사의 본질적인 성격과 무한한 효과는 결코 흉내 낼 수 없습니다. 그러나 우리는 우리의 의지를 하나님께 순복시키고 우리의 생명을 기꺼이 그분께 드림으로써 우리의 희생제사를 온전하게 만들 수 있습니다.

계속해서 바울은 "떠남"이라는 또 하나의 친숙한 상징을 사용합니다. "나의 떠날 시각이 가까웠도다." 이러한 개념은 거의 대부분의 언어에서 발견됩니다. 죽는 것은 "멀리 떠나는" 것이며, 베드로가 변화산에서 말했던 것처럼 "별세하는"(Exodus) 것입니다. 그러나 이러한 진부한 상징은 기독교 안에서 훨씬 더 깊어지고 예리해집니다. 그리스도의 부활의 의미를 배우고 그것이 보증하는 소망을 품고 살아가는 사람들에게, 죽음은 단지 장소나 상태가 바뀌는 것에 불과합니다. 우리에게는 이미 수많은 변화들이 있었으며, 인생은 그 자체로 일련의 긴 떠남입니다. 다만 여기의 떠남이 다른 떠남들과 다른 것은 그것이 본질적으로 마지막 떠남이기 때문입니다. 우리는 나그네와 행인으로 살던 이 땅의 보이는 세상으로부터 떠나, 더 이상 장막을 치고 광야를 방랑하지 않을 하늘의 영원한 집으로 갑니다. 죽음을 "떠남"이라는 상징으로 부르는 것에는 삶이 영원히 계속된다는 확신이 깔려 있습니다. 이것과 비교할 때, 다른 것들은 얼마나 사소한 것이 됩니까! 우리는 날씨를 바꿀 수 있습니다. 왜냐하면 폭풍우가 몰아치는 삶이 하늘의 고요한 삶으로 바뀔 수 있기 때문입니다. 그러나 우리는 우리 자신을 바꿀 수 없습니다. 몸을 떠날 때, 우리는 아무것도 잃지 않습니다. 왜냐하면 여기의 몸은 하늘의 집에서 입기에 적합하지 않은 옷이기 때문입니다. 우리는 단지 한 단계 더 여행할 뿐입니다. 비록 칠흑 같은 마지막 어둠을 통과해야만 한다고 하더라도 말입니다. 어떤 사람들은 — 예컨대 바울과 같은 순교자들은 — 그것을 마치 불 병거를 타고 넘어가는 것처럼 넘어갑니다. 어떤 사람들은 두려워하는 마음과 피 흘리는 발과 힘겨운 발걸음으로 그것을 통과합니다. 그러나 모든 사람들은 그들의 맏형을 보고 그의 손을 붙잡을 수 있습니다. 그리고 그들은 그 마지막 여행이 자신들이 두려워했던 만큼 그렇게 어렵지 않다는 사실을 발견할 수 있습니다.

2. 둘째로, 바울은 자신의 지나온 길을 평온한 마음으로 되돌아봅니다.

바울은 자신이 지나온 생애를 세 가지 상징으로 묘사합니다 — '싸움'과 '경주'와 '지킴.' "나는 선한 싸움을 싸우고 나의 달려갈 길을 마치고 믿음을 지켰으니"(7절). 첫 번째 상징은 그를 넘어뜨리려고 하는 상대 씨름선수와의 긴 투쟁의 팽팽한 긴장을 암시합니다. 우리는 세상과 더불어 맞붙어 싸워 이겨야만 합니다. 우리는 우리의 죄성(罪性)과 특별히 동물적인 본성을 매 순간 완전한 힘의 능력 아래 놓아야만 합니다. 모든 고결하며 복된 삶은 바로 이와 같은 삶입니다.

계속해서 바울은 인생을 경주로 생각합니다. 그것은 한 방향으로 계속 달려가는 것을 의미합니다. 그리고 특별히 그것은 모든 근육을 극한까지 긴장시키며 심장을 헐떡이면서 노력하는 것을 의미합니다. 나아가 바울은 인생을 지키는 것으로 생각합니다. 그는 자신에게 맡겨진 보화를 지키는 것처럼 믿음을 지켰습니다. 이런 측면에서 그는 선한 청지기였으며, 이제 그는 자신의 주인에게 돌아갈 준비가 되어 있습니다. 디모데에게 보낸 두 개의 편지 속에는 자신에게 맡겨진 보화를 지키는 것과 관련한 언급이 많이 나옵니다. 바울은 디모데에게 "네게 맡겨진 아름다운 것을 지키라"고 당부합니다(딤후 1:14). 이와 같이 맡겨진 보화를 지키는 것은 이 땅에 있는 우리에게만 한정되지 않습니다. 바울은 주님께서 자신이 의탁한 것을 마지막 날까지 능히 지키실 것을 확신합니다. "이로 말미암아 내가 또 이 고난을 받되 부끄러워하지 아니함은 내가 믿는 자를 내가 알고 또한 내가 의탁한 것을 그 날까지 그가 능히 지키실 줄을 확신함이라"(딤후 1:12). 이와 같은 확신은 바울이 자신에게 맡겨진 일을 더욱 신실하게 지키도록 이끌었습니다. 그는 주님의 청지기로서 자신에게 맡겨진 소유와 직무를 신실하게 지켜야만 했습니다. 그의 인생은 그의 믿음을 포기하도록 강요하는 목소리들로 가득했습니다. 위협과 회유, 그 자신의 연약한 본성, 세상의 계속적인 속삭임 — 이 모든 것들은 그가 믿음을 헌신짝처럼 내던져 버리도록 끊임없이 유혹했습니다. 그러나 그는 그것을 안전하게 지켰습니다. 마침내 종착지에 거의 다다른 그는 자기 마음의 은밀한 장소에 손을 대고 그것이 안전하게 그대로 있는지 더듬어 봅니다. 그는 그것이 거기에 안전하게 있음을 느끼면서, 이제 그것을 주님께 돌려 드릴 준비를 합니다. 이렇게 즐겁게 고백하면서 말입니다. "주인이여 당신의 한 므나로 열 므나를 남겼나이다"(눅 19:16).

이와 같이 바울은 자신의 인생을 본질적으로 투쟁과 분투와 충성으로 회고합니다. 우리에게 이 세상은 즐거운 동산이 아닙니다. 도리어 그것은 고난과 슬픔으로 가득한 황량한 광야이며, 힘써 싸워야 하는 경주장입니다. 여러분은 사람들이 씨름하며 달리는 장소에 잔디가 깔려 있다든지 혹은 많은 꽃들이 피어 있을 것을 기대할 수 없습니다. 우리는 세상이 황량한 광야와 같다고 해서 실망할 필요가 없습니다. 우리는 세상에 즐거운 것들이 별로 없다는 사실로 인해 슬퍼할 필요가 없습니다. 왜냐하면 우리는 매우 중요한 일을 위해 여기에 있기 때문입니다. 그러므로 우리의 노력을 가로막으며 우리의 열정을 약화시키는 즐거운 것들을 지나치게 추구하지 맙시다. 다만 길가에 있는 시냇물에서 급히 물 한 모금 마시는 것으로 만족합시다. 그리고 또 다시 싸우러 나갑시다.

인생에 대한 이러한 관점은 우리의 인생을 참으로 빛나며 아름답게 만듭니다. 그리고 죽음 앞에서조차 우리의 마음을 고요하며 평온하게 만듭니다. 우리는 자신의 배를 폭풍이 몰아치는 대서양을 건너 안전하게 항구에 정박시킨 선장과 같은 마음을 느낄 수 있습니다.

신학자들은 때로 바울이 여기에서 자신의 지난 사역과 자신의 신실함에 대해 내리는 평가에 대해 의아하게 생각하곤 합니다. 그러나 그러한 의구심은 불필요합니다. 그의 사역이 한참 진행되는 동안의 그의 평가와 종착지에 거의 다다랐을 때의 여기의 평가 사이의 차이를 주목하는 것은 매우 흥미롭습니다. 그가 모든 수고를 아끼지 않고 달려가도록 고취했던 것은 다음과 같은 마음이었습니다. "내가 달려갈 길과 주 예수께 받은 사명 곧 하나님의 은혜의 복음을 증언하는 일을 마치려 함에는 나의 생명조차 조금도 귀한 것으로 여기지 아니하노라"(행 20:24). 그는 자신의 달려갈 길을 기쁨으로 마치기를 간절히 바랐습니다. 그리고 지금 로마의 조용한 감옥에서 그러한 바람은 이루어졌습니다. 지금 개선장군의 당당함이 마치 천사처럼 그 주위를 두르고 있습니다. 그는 다른 사람들에게 복음을 전파한 후 정작 자신은 버림을 당하지 않을까 하는 두려움으로 열심히 싸우며 씨름했습니다. 이제 그러한 두려움은 사라졌으며, 그 곁에 은은한 소망이 서 있었습니다.

이러한 감정의 변화가 종종 두려움과 자기비하(自己卑下)에 떨어지곤 하던 심령이 마지막에 평안과 담대한 확신으로 충만해지는 것에 대한 하나의 실례(實例)가 아니면 무엇이겠습니까? 항상 두려움 가운데 자신의 달려갈 길을 달려가다가 인생의 종착점에 자신의 모든 지나온 길을 평온한 만족으로 되돌아볼 수 있는 사람은 얼마나 복됩니까! 이와 같이 항상 두려워하는 자가 복이 있습니다. 마지막 순간에 그는 소망을 가질 것입니다. 지나온 모든 싸움의 길은 그에게 즐거운 기억입니다. 험준한 산을 올라갈 때는 너무나 힘들고 고통스럽지만, 그 모든 길을 통과하고 난 후 멀리서 그 산을 바라보면 그것이 너무도 아름답고 사랑스럽게 보이는 것처럼 말입니다. 눈보라가 휘몰아치는 사나운 겨울 날씨를 생각해 보십시오. 그러나 그러난 날씨는 대부분의 경우 구름 한 점 없는 청명한 하늘과 함께 끝납니다.

자신이 달려온 길에 대한 바울의 평가를 다시 한 번 생각해 보십시오. 그러한 평가는 어리석은 자기만족과는 전혀 다른 것입니다. 그것은 자신의 죄와 결함과 충성되지 못함에 대한 깊은 의식과 함께 가는 것입니다. 그것은 오직 이러한 것들을 깊이 의식하면서 동시에 "주 예수 그리스도의 긍휼을 바라보는" 자들에게만 속합니다. 그리고 그것은 스스로를 겸손하게 낮추는 것과 반대되는 것이 아니라 도리어 그것의 결과입니다. 이와 같이 자신이 지나온 길을 즐거운 만족과 소망으로 되돌아볼 수 있는 삶은 오직 기독교적 헌신과 노력의 삶이라는 사실을 우리는 기억할 필요가 있습니다. 우리는 인생의 종착지에서 이러한 사실을 분명하게 깨닫게 됩니다. 그때 다른 모든 것들은 헛되며 아무것도 아닌 것으로 드러날 것입니다. 언젠가 런던의 한 만찬장에서 가면무도회를 마치고 쏟아져 나오는 한 무리를 본 적이 있습니다. 그때는 이른 아침이었습니다. 이제 막 밝아 오기 시작하는 아침 여명에 그들의 피곤한 눈과 무거운 발과 유치한 화장과 우스꽝스러운 옷차림이 여지 없이 드러났습니다. 그날이 밝아올 때, 많은 사람들의 삶이 이와 같이 드러날 것입니다.

이제 우리 모두는 다음과 같은 질문을 스스로에게 던져 보아야만 합니다. "나는 예수 그리스도를 위해 살았나? 나는 그로 말미암아 살았나?" 나는 우리 모두가 "그래, 나는 그렇게 살았어"라고 대답할 수 있기를 바랍니다. 그럴 때 우리는 마지막에 고요한 확신을 갖게 될 것입니다. 그리고 우리의 지나온 길을 평온한 마음으로 되돌아보게 될 것입니다. 설령 우리의 삶이 많은 죄와 허물로 가득하다 하더라도, 우리는 겸손한 소망과 함께 그가 긍휼 가운데 베푸실 상급을 바라보게 될 것입니다.

3. 셋째로, 모든 것의 절정은 승리의 면류관을 바라보는 것입니다.

"이제 후로는 나를 위하여 의의 면류관이 예비되었으므로"(8절). 싸움과 경주의 상징을 생각할 때, 우리는 여기의 면류관이 통치권의 상징이 아니라 승리의 상징이라는 사실을 알 수 있습니다. 이것은 신약 전체를 통해 예외 없이 동일합니다. 미래의 그리스도인들의 왕권의 개념은 면류관보다도 보좌에 앉아계신 예수 그리스도와의 연합의 개념 위에서 제시됩니다. 반면 그들의 머리 위에 씌워지는 화관은 "승리자에게 주어지는 상"으로서의 월계관입니다. 이와 같이 면류관은 분투와 노력을 통해 옵니다. "경기하는 자가 법대로 경기하지 아니하면 승리자의 관을 얻지 못할 것이며"(딤후 2:5).

그러한 면류관은 "생명"과 "영광"으로 이루어집니다. 다시 말해서 주님을 위해 신실하게 수고한 결과는 참된 생명과 영광을 소유하는 것입니다. 그것은 마치 수많은 보석들로 치장된 빛나는 왕관처럼 승리자의 머리 위에 올려집니다. 모든 기독교적 분투와 노력의 결과는 우리의 본성과 성품이 완전하게 완성되는 것이며, 바로 그것이 우리의 "영광"입니다. 이 땅에서의 자연적인 생명은 항상 미약합니다. 그리고 영적인 생명은 고작해야 감추어진 영광에 불과합니다. 그러한 영광의 빛 안에서 행하는 자들의 모습을 분별하기 위해 그것을 응시하는 것은 별로 유익이 없습니다. 그러나 우리는 거기에서 "인자와 같은 이"가 그들과 함께 계시는 것을 희미하게나마 볼 수 있습니다. 그들이 공유하는 것은 그리스도 자신의 생명이며, 그들을 비추는 것은 그리스도 자신의 영광입니다.

여기에서 바울이 기대한 "의의 면류관"은 "생명의 면류관"과 같은 것이었습니다. 후자의 표현은 이를테면 그것의 재료를 나타내는 반면, 전자의 표현은 그것이 주어지는 자의 성품을 나타냅니다. 오직 의(義)만이 그러한 상을 받을 수 있습니다. 그것을 얻는 것은 분투나 투쟁이 아니라, 그러한 투쟁 가운데 점진적으로 형성된 성품입니다. 다시 말해서 그것을 얻는 것은 열심히 수고한 공로가 아니라, 그러한 것들 가운데 표현된 도덕적인 본성입니다. 생명의 면류관을 받기에 합당한 것은 오직 의(義)입니다. 그것은 오직 의로운 자의 머리 위에만 놓일 수 있을 뿐 다른 어디에도 놓일 수 없습니다. 만일 다른 곳에 놓인다면, 그것을 장식하고 있는 영원한 꽃들은 즉시 시들어 떨어질 것입니다. 그것은 의의 면류관으로서, 오직 의로운 자에게만 속합니다.

여기에서 우리가 꼭 기억해야만 하는 것이 하나 있습니다. 그것은 우리가 승리의 면류관을 쓸 자격을 갖도록 만들어 주는 의가 예수 그리스도를 믿는 믿음 위에서 우리 모두에게 값없이 주어지는 선물이라는 사실입니다. 우리가 "주 앞에 점도 없고 흠도 없이 평강 가운데 나타나고자" 한다면, 우리는 우리 자신의 의가 아니라 그리스도를 믿는 믿음으로 말미암아 우리의 것이 되는 의를 가지고 그 앞에 나아가야 합니다(벧후 3:14). 분투와 수고와 열심은 우리에게 매우 유익한 것입니다. 그러나 그러한 것들은 우리에게 생명의 면류관을 쓸 수 있는 권리를 부여하는 의를 가져다주지 못합니다. 우리는 우리에게 의를 가져다주는 예수 그리스도를 신뢰해야만 합니다. 그는 우리의 수고에 과분한 존귀로 관을 씌우십니다. 그러나 그가 관을 씌우는 것은 우리에게 대한 그 자신의 선물입니다. 그는 자신의 큰 사랑으로 우리에게 의와 함께 의의 면류관을 주십니다.

이러한 의의 면류관은 바울이 "그 날"이라고 부르는 때 주어집니다. 그것은 그의 임박한 순교의 날이 아니라, 그의 주님이 나타나시는 날입니다. 그는 그와 같은 풍성한 상을 그가 죽을 때 예비된 것이 아니라, "그를 위해 후에 하늘에 예비된" 것으로 말합니다. 이와 같이 그는 무덤 너머를 바라봅니다. 그에게 있어 죽음 이후의 가까운 미래도 실제로 축복의 때이지만,

아직 충만한 때는 아니었습니다. 그리스도 안에서 죽은 자들의 상태는 의식(意識)의 상태이며, 안식의 상태이며, 행복의 상태이면서 동시에 기대(期待)의 상태입니다. 그리스도 안에서 잠자는 자들은 현재적인 용량의 충분한 높이까지 복됩니다. 그들의 영은 그리스도의 품 안에서 평안히 안식합니다. 그러나 그들의 잠자는 상태는 어린아이가 아무것도 알지 못한 채 골아 떨어져 있는 것과 같은 상태가 아닙니다. 다만 그들은 모든 수고를 마치고 쉬는 것처럼, 그러면서도 자신이 주와 함께 있음을 계속 의식하면서 잠잡니다. 이와 같이 그들은 완전한 안식과, 모든 열망에 대한 완전한 성취와, 예수 그리스도와의 완전한 연합과, 모든 슬픔과 요동과 죄로부터의 완전한 면제를 소유합니다. 뿐만 아니라 그들은 소망의 기쁨을 알며, 그와 같은 보화를 가지고 다음 세상으로 왔습니다. 왜냐하면 그들은 "몸의 구속을 기다리기" 때문입니다. 그 날 그들의 삶은 한층 더 충만한 분량으로 채워질 것이며, 한층 더 찬란한 "영광"으로 빛날 것입니다. 지금 그들은 안식하며 기다립니다. 그리고 마침내 의의 면류관을 쓰게 될 것입니다.

우리는 이와 같은 미래에 대한 기대를 자아도취적인 개념들로 채워서는 안 됩니다. 바울이 바라보았던 것은 홀로 복된 상태에 있는 것이 아니었습니다. 그는 홀로 감옥에 갇혀 있었으며, 홀로 재판장 앞에 있었으며, 머지않아 홀로 순교하게 될 것이었습니다. 그럼에도 불구하고 그의 영(靈)은 그 날 자신과 함께 있게 될 수많은 무리들을 생각하며 기쁨으로 뛥니다. "내게만 아니라 주의 나타나심을 사모하는 모든 자에게도니라"(8절). 그들의 머리 위에는 동일한 의의 면류관이 씌어 있으며, 그들의 마음속에는 주님에 대한 동일한 사랑이 있습니다. 그리고 그들 모두에게 그의 생명이 있으며, 그것이 그들 모두를 하나로 만듭니다. 이와 같이 우리는 수많은 무리로 가득한 천국에 대한 소망을 품을 수 있습니다. 사람의 달려가는 길은 동산에서 시작하지만, 그러나 도시에서 끝납니다. 최종적인 상태는 인간 공동체의 완성일 것이며, 그리스도를 사랑하는 모든 사람들이 그곳으로 올 것입니다. 죽음으로 말미암아 옛 유대의 끈은 잠시 끊어졌지만, 그러나 그것은 더 거룩한 모양으로 다시 연결될 것입니다. 그리고 그것은 더 이상 끊어지지 않을 것입니다.

사랑하는 형제들이여, 우리 각자를 위한 가장 중요한 질문은 어떻게 우리가 우리 영혼의 서쪽 창문을 비춰는 강렬한 석양의 빛과 같은 소망을 가질 수 있느냐는 것입니다. 거기에는 오직 하나의 대답이 있을 뿐입니다. 그것은 예수 그리스도를 믿으라는 것입니다. 그것으로 충분합니다. 더 이상은 아무것도 필요하지 않습니다. 여러분의 삶은 예수 그리스도 위에 세워져 있습니까? 여러분은 자신의 구원을 위해 그에게 의지(依支)합니까? 여러분은 여러분의 사랑과 섬김을 그에게 주고 있습니까? 여러분의 삶은 죽음 앞에 준비되어 있습니까? 여러분의 삶은 그의 심판 앞에 준비되어 있습니까?

여러분이 겸손한 마음으로 "내게 사는 것이 그리스도니"라고 말할 수 있다면, 여러분은 참으로 복된 자입니다. 그로 말미암아 삶으로써, 우리는 싸워 이길 수 있으며 또한 승리의 면류관을 얻을 수 있습니다. 그로 말미암아 삶으로써, 우리는 그 때가 올 때 고요함 가운데 준비될 수 있으며 또한 큰 소망의 빛으로 충만한 미래를 소유할 수 있습니다. 그러한 평온한 소망은 우리의 의식(意識)이 꺼질 때까지 우리를 떠나지 않을 것입니다. 그리고 우리의 의식이 더 이상 우리를 인도하기를 그칠 때, 그리스도 자신이 우리를 인도할 것입니다. 그리고 그 때 우리가 처음으로 보게 되는 것은 그의 반갑게 맞이하는 웃음일 것입니다. 그리고 그는, 마치 의사가 수술을 마친 어린아이를 깨우며 말하는 것처럼, "다 끝났다!"라고 말할 것입니다. 그때 우리는 눈을 들어 면류관을 쓴 승리한 큰 무리가 우리를 둘러싸고 있는 것을 보게 될 것입니다. 그리고 그들 가운데 우리보다 앞서 떠난 사랑하는 자들이 우리를 향해 웃고 있는 것을 보게 될 것입니다.

13
데마, 누가, 마가

"[10]데마는 이 세상을 사랑하여 나를 버리고 데살로니가로 갔고 그레스게는 갈라디아로, 디도는 달마디아로 갔고 [11]누가만 나와 함께 있느니라 네가 올 때에 마가를 데리고 오라 그가 나의 일에 유익하니라"

딤후 4:10, 11

바울의 마지막 편지인 디모데후서가 기록된 것은 그가 두 번째로 감옥에 갇혀 순교를 기다리고 있었던 때였습니다. 여기에 묘사되는 바울의 그림은 첫 번째 감옥에 갇혔을 때의 그림과 비교할 때 여러 가지 측면에서 매우 두드러진 대조를 보입니다. 두 곳 모두에서 우리는 그가 많은 친구들에 의해 둘러싸여 있었던 사실과 그들 가운데 여기의 세 사람의 이름이 나타나는 사실을 발견합니다. 어쨌든 우리는 여기에서, 그러나 상당히 다른 상황 가운데, 그들의 이름이 다시 나타나는 것을 보게 됩니다. "데마는 나를 버렸으며 … 누가만 나와 함께 있느니라 … 네가 올 때에 마가를 데리고 오라." 지금 홀로 감옥에 갇혀 있는 바울 곁에는 신실한 누가 외에 아무도 없었습니다. 그리하여 바울은 죽기 전에 한 번 더 사랑하는 친구들의 얼굴을 보기를 간절히 바랍니다. 이러한 그의 인간적인 모습은 그를 우리에게 더 가까이 데려다줍니다.

내가 오늘의 본문을 선택한 것은 바울에 대한 그들의 태도가 너무나 대조적이기 때문입니다. 데마는 그를 버리고 떠났으며, 마가는 그를 떠났다가 다시 돌아왔으며, 누가는 항상 그와 함께 한 신실한 동료였습니다. 물론 예수 그리스도에 대한 이들 세 사람의 관계는 바울에 대한 그들의 관계와 동일하지 않았습니다. 그러나 동시에 바울에 대한 그들의 관계가 예수 그리스도에 대한 그들의 관계에 따라 오르내린 것은 의심의 여지없는 사실이었습니다. 데마가 예수 그리스도와 더불어 온전한 관계를 유지하고 있었다고 상상해 보십시오. 그랬다면 틀림없이 데마는 바울의 운명이 그토록 위험한순간에 그를 버릴 정도로 그렇게 야비한 행동은 하지 않았을 것이었습니다. 이것은 마가도 마찬가지입니다. 주님에 대한 사랑이 식지 않았다면, 그는 그토록 쉽게 바울 일행을 떠나지는 않았을 것이었습니다. "바울과 및 동행하는 사람들이 바보에서 배 타고 밤빌리아에 있는 버가에 이르니 요한은 그들에게서 떠나 예루살렘으로 돌아가고(행 13:13, 여기의 요한은 마가 요한을 의미하는 것임). 나는 오늘의 본문에 나타나는 세 사람을 서로 다른 세 가지 유형의 성격 혹은 서로 다른 세 가지 유형의 영적 경험을 대표하는 자들로서 취하고자 합니다. 이제 세 사람을 본문에 나타나는 순서와는 다소 다른 순서로 살펴보도록 합시다.

1. 바울을 버리고 떠난 데마.

데마에 대해 우리는 그의 이름이 바울의 몇몇 서신들 가운데 나타나는 것 외에는 거의 아무것도 알지 못합니다. 그는 빌레몬서에서 바울에 의해 동역자로 불립니다. "또한 나의 동역자 마가, 아리스다고, 데마, 누가가 문안하느니라"(1:24). 그는 바울의 측근 그룹 가운데 한 사람이었습니다. 그는 그 그룹에 속한 다른 형제들과 친밀하게 교제했으며, 그들로부터 신뢰받는 사람이었습니다. 그는 신앙에 있어 어느 정도 성숙과 진보를 이룬 사람이었지만, 마침내 바울을 버리고 떠나는 야비한 행동을 하고 말았습니다. 본문의 언어는 우리에게 바울의 민감한 마음이 얼마나 깊은 상처를 입었는지 잘 보여 줍니다. 모든 세상이 "그가 이 세상을 사랑하여 바울을 버리고 떠난" 사실을 아는 것은 그에게 있어 너무나 가혹한 운명이 아닐 수 없습니다. 그는 모든 세대를 통해 "바울을 버리고 떠난 자"라는 영원한 낙인이 찍히는 저주를 받았습니다. 그는 괴물이 아니었습니다. 다만 우리와 같은 사람일 뿐이었습니다. "데마는 이 세상을 사랑하여 나를 버리고 갔고." 그는 믿음의 울타리 안에 있었던 사람이었지만 그러나 이 세상의 지속적인 인력(引力)과 유혹을 대적할 수 있을 만한 충분한 믿음을 갖지 못한 사람이었습니다. 그는 바울의 주님보다 이 세상에 속한 것들을 — 부와 안일함과 편안함과 명성 따위를 — 더 사랑함으로 바울을 떠나 멀리 데살로니가로 가버리고 말았습니다. 그가 바울을 떠났을 때, 그는 그와 함께 형제들과의 교제와 존귀와 의무까지도 함께 떠난 것이었습니다. 우리 가운데 얼마나 많은 "데마들"이 있습니까? 또 우리는 얼마나 다양한 종류의 "데살로니가들"로 가버리고 맙니까? 우리 모두가 이와 동일한 위험에 노출되어 있습니다. 그러므로 우리는 계속적인 세상의 유혹에 대항하지 못하고 넘어진 이 사람을 바라보면서 주님께 이렇게 물을 필요가 있습니다. "주여 내니이까?"

사람의 죄 가운데 우리와 상관없는 것은 아무것도 없습니다. 이것은 타락과 배교의 경우에도 마찬가지입니다. 우리 모두에게 그러한 가능성이 있습니다. 이제 본문의 언어를 좀 더 상세하게 살펴보도록 합시다.

"이 세상"(this present world)은 무엇을 의미하는 것입니까? 앞에서 언급한 것처럼, 그것은 물론 세상으로부터 나오는 모든 형태의 유혹들을 의미합니다. 그러나 우리는 그것을 좀 더 일반적인 용어로 "보이는 일시적인 것들"의 총체라고 말할 수 있습니다. 그것은 우리의 연약함과 상대합니다. 그것은 어떤 사람들에게는 재물의 형태로 호소하며, 어떤 사람들에게는 세상에 대한 애착의 형태로 호소하며, 어떤 사람들에게는 물질적인 이익의 형태로 호소하며, 어떤 사람들에게는 헛된 영광의 허상(虛像)의 형태로 호소하며, 어떤 사람들에게는 과학이라는 보다 더 고상한 가면을 쓰고 호소합니다. 그리고 그것은 우리 모두에게 본질적으로 물질적이며, 일시적이며, 보이는 것들을 우리가 추구할 삶의 목표와 보화로 제시합니다.

우리는 "이 세상"의 호소가 우리 모두에게 얼마나 집요하며 강렬한지 기억할 필요가 있습니다. 그것은 우리에게 지속적으로 작용합니다. 그것은 여기에 있으며, 우리는 어쩔 수 없이 그것과 연결되어 있습니다. 우리는 필연적으로 그것과 더불어 살아가야만 합니다. 그 안에 위험의 요소가 있다고 하여 그것을 회피하는 것은 비겁한 일입니다. 여러분은 내일 아침 일터로 가야만 합니다. 나도 마찬가지입니다. 나 역시도 어떤 형태로든 일을 해야만 합니다. 우리의 마음은 하늘을 향하는 반면, 우리의 손은 우리 주위의 일을 위해 부지런히 사용되어야만 합니다. 기독교는 결코 수도원적인 삶을 명령하지 않습니다. 오늘날 이러한 주제로 설교할 필요는 거의 없습니다. 그러나 우리는 여전히 세상 속에서 살아가는 것이 우리의 의무라는 사실을 기억할 필요가 있습니다. 세상 속에서 살아가는 것은 죄가 아닙니다. 다만 치명적인 죄는 세상을 사랑하는 것입니다. 세상 속에서 살아가면서 세상을 사랑하지 않는 것은 매우 어려운 일입니다. 물질적인 것들을 매일같이 사용하면서 그러한 것들을 사랑하는 유혹에 빠지지 않는 것은 결코 쉬운 일이 아닙니다. 그러므로 우리는 "이 세상이나 세상에 있는 것들을 사랑하지 말라 누구든지 세상을 사랑하면 아버지의 사랑이 그 안에 있지 아니하니"라는 옛 말씀을 스스로에게 계속 되풀이할 필요가 있습니다(요일 2:15). "세상에 있는 것들" 위에 여러분의 흔적을 남기십시오. 마음을 다해 그러한 것들을 열심히 행하십시오. 그러나 그러한 것들을 여러분의 종으로 만드십시오. 그러한 것들을 여러분이 한 단계 더 위로 올라갈 수 있도록 만들어 주는 디딤돌로 삼으십시오. 그러나 여러분의 영혼이 그러한 것들 앞에 굴복하는 위험에 떨어지지 않도록 항상 경계하십시오. 그러한 것들을 신뢰하지 마십시오. 그러한 것들을 열망하지 마십시오. 그러한 것들을 잃었다고 하여 절망하지 마십시오. 왜냐하면 그러한 것들이 서로 연합하여 세상과 세상 정욕을 사랑하는 것을 만들기 때문입니다. 우리의 도성 밖에 적들이 포위하고 있습니다. 그런데 우리의 도성 안에 항상 성문을 열고자 기회를 엿보고 있는 원수가 있습니다. 왜냐하면 "보이는 일시적인" 것들은 항상 우리의 감각과 접촉하면서 우리의 감각을 자신의 동맹군으로 삼기 때문입니다. 우리 마음이 강력한 영적 충동의 지배를 받지 않는다면, 혹은 좀 더 기독교적인 용어를 사용할 때, "우리에게 주신 성령으로 말미암아 하나님의 사랑이 우리 마음에 부은 바 되지" 않는다면 — 우리는 결국 데마처럼 바울과 바울의 주님과 우리의 의무를 버리고 우리의 데살로니가로 가버리고 말 것입니다(롬 5:5).

사랑하는 형제들이여, 항상 우리를 유혹하고 있는 이와 같은 세상에 대한 사랑이 일단 우리 마음속에 자리를 잡으면, 우리의 마음이 그리스도에 대한 사랑의 지배를 받는 것은 더 이상 가능하지 않게 됩니다. 그것은 두 개의 몸이 동시에 한 장소에 있는 것만큼이나 불가능한 것이 됩니다. 사람은 두 주인을 섬길 수 없습니다. 이것은 지극히 상식적인 일입니다. 나의 머리가 일시적이며 덧없는 세상의 생각들로 가득 차 있다면, 거기에 예수 그리스도의 고요한 임재의 자리는 더 이상 없게 됩니다. 나의 손이 자갈들로 가득 차 있다면, 나는 나에게 주는 다이아몬드를 결코 움켜쥘 수 없습니다.

하늘을 향해 오르고자 하는 거대한 기구(氣球)를 생각해 보십시오. 여러분이 그것을 붙잡고 있는 모래주머니를 끊어버리지 않는다면, 그것은 언제까지나 땅에 붙어 있을 것입니다. 우리가 우리 마음에서 세상을 끌어내지 않는다면, 예수 그리스도를 향해 "주 예수여 오시옵소서!"라고 말하는 것은 쓸모없는 말이 될 것입니다. 그럴 때 우리 마음 가운데 그를 위한 자리는 없습니다. 우리가 어느 정도 세상과 세상을 사랑하는 것을 정복하지 않았다면, 그는 우리 영혼의 문을 통해 들어오지 못할 것입니다.

사랑하는 형제들이여, 세상을 사랑해서 그리스도를 버리든지 아니면 그리스도를 사랑해서 세상을 버리든지 우리가 둘 중의 하나를 선택해야만 한다는 사실을 명심하십시오. 전자를 선택하는 것은 곧 끊임없는 요동(搖動)과 만족되지 않는 열망과 모든 비참함을 선택하는 것입니다. 반면 후자를 선택하는 것은 곧 모든 축복을 선택하는 것입니다. 그것은 가장 가치 있는 것과 가장 좋은 것과 가장 사랑할 만한 것을 사랑하는 것입니다. 여러분은 둘 가운데 어느 것을 선택할 것입니까? 후자의 선택은 바울의 경우처럼 감옥과 순교를 의미할 수 있습니다. 반면 전자의 선택은 데마의 경우처럼 데살로니가나 다른 곳에서 안락과 안전을 누리는 것을 의미할 수 있습니다. 그러면 우리는 데마가 선택한 것을 선택할 것입니까? 그렇지 않으면 바울이 선택한 것을 선택할 것입니까? 세상을 사랑하고 그 대가로 잠깐 동안의 안락을 얻는 것이 더 낫습니까? 그렇지 않으면 바울처럼 선택하고 "주의 나타나심을 사모하는 모든 사람들"에게 약속된 "의의 면류관"을 받는 것이 더 낫습니까?

2. 떠났다가 다시 돌아온 마가.

여러분은 성경이 마가에 대해 말하는 것을 어느 정도 기억할 것입니다. 그는 바울과 바나바와 함께 첫 번째 전도여행에 동참했던 사람이었습니다. 그의 용기와 믿음은 두 선교사가 그의 고향인 구브로 섬에 있는 동안에는 계속 유지되었습니다. 그러나 두 선교사가 본토로 가자 그의 용기와 믿음은 급속히 허물어졌습니다. 그리하여 그는 그의 어머니의 집이 있는 예루살렘으로 가버리고 말았습니다(행 13:13). 나중에 바울은 바나바와 함께 교회들을 돌아볼 계획을 세웠습니다. 그때 바나바는 마가도 함께 데리고 가자고 주장했습니다. 그것은 삼촌으로서의 혈연적인 애정 때문이었습니다. 그러나 바울은 과거에 제멋대로 자기 길로 가버리고 만 사람과 함께 갈 수 없다며 반대했습니다. 이렇게 하여 바나바와 마가는 바울 일행과 나누어지지 되고, 그리하여 사도행전의 이야기에서 사라지게 됩니다. 그리고 우리는 그들에 대해 상당 기간 아무 이야기도 듣지 못하게 됩니다. 그렇지만 나중에 마가가 다시 나타날 때의 모습을 보면, 우리는 그가 그때의 일을 회개했으며 바울은 기꺼이 그때의 일을 용서했음을 알 수 있습니다.

여기에서 바울이 디모데에게 말하는 것을 다시 한 번 주목해 보십시오. "네가 올 때에 마가를 데리고 오라 그가 나의 일에 유익하니라"(11절). 마가는 과거에 제멋대로 일행을 떠남으로써 바울을 크게 실망시켰습니다. 그런데 여기에서 바울은 그가 "나의 일에 유익"하다고 말하면서 그를 데려올 것을 당부합니다. 우리는 사도행전에서 "그들이 요한(마가)을 수행원으로 두었더라"라는 말씀을 읽습니다(행 13:5). 그리고 여기에서 바울은 "네가 올 때에 마가를 데리고 오라 그가 나의 일에 유익하니라"라고 말합니다. 마가는 한때 자신의 직무를 버리고 떠났습니다. 그러나 바울은 여기에서 그의 직무를 다시금 회복시켜 주고 있습니다.

마가의 회복은 우리에게 무엇을 가르쳐 줍니까? 그것은 자신의 직무를 버리고 떠난 사람이라도 그리고 심지어 그리스도로부터 떠난 사람이라도 다시 돌아올 수 있다는 사실입니다. 우리는 세상을 사랑하는 것과 관련한 온갖 유혹들에 얼마나 자주 굴복하곤 합니까! 형제들이여, 우리가 그리스도에게서 아무리 멀리 떨어져 있다 하더라도, 그의 사랑의 눈이 우리를 찾을 수 없을 만큼 멀리 떨어져 있을 수는 없습니다. 우리가 할 수 있는 가장 지혜로운 일은 처음으로 돌아가서 우리의 잘못에 대해 용서를 받는 것입니다. 예수 그리스도는 우리에게 "일흔 번씩 일곱 번이라도" 용서하라고 말씀하셨습니다. 여기에 일곱이라는 완전수(完全數)가 두 번 반복되는 것을 보십시오. 그의 사랑과 그의 관용과 그의 긍휼이 그가 우리에게 명령한 것보다 못할 것이란 말입니까? 결코 그럴 수 없습니다. 그러므로 우리 모두는 돌아갈 수 있습니다. 우리가 아무리 멀리까지 방황하며 떨어져 있다 하더라도 말입니다. 그리고 우리가 바깥 어둠 가운데 영원히 휩쓸려 가지 않고자 한다면, 우리는 돌아가야만 합니다. 이와 같이 여기의 마가의 예(例)는 우리 모든 불완전한 그리스도인들에게 돌아갈 가능성, 다시 말해서 회개의 복된 의무를 가르칩니다.

여기의 회복된 이탈자 속에서 혹은 그에 대한 바울의 행동 속에서, 우리는 하나님의 하시는 일이 흐릿하게 나타나는 것을 주목할 수 있습니다. 여기의 신뢰할 수 없는 사람을 바울은 마침내 신뢰했습니다. 사도행전 15장에 기록된 것처럼, 바울은 "자기들을 떠나 함께 일하러 가지 아니한 자를 데리고 가는 것이 옳지 않다"고 말했습니다(38절). 마가의 잘못을 고침에 있어, 그의 엄격함은 바나바의 착하기는 하지만 분명하지 못한 성격보다 훨씬 더 효과적인 도구였습니다. 잘못된 일을 보고 어떤 사람은 어깨를 으쓱하며 "그래, 뭐 별 문제 아니야!"라고 말합니다. 반면 다른 사람은 분개하며 "아니야, 너는 함께 할 자격이 없어. 회개하지 않는 한 원래의 직무로 회복될 가능성은 없어!"라고 말합니다. 언뜻 볼 때 후자의 태도가 훨씬 더 잔인한 것처럼 보입니다. 그러나 실제로는 전자의 태도가 후자의 태도보다 더 잔인하며, 잘못한 사람을 고침에 있어 훨씬 덜 효과적입니다. 바로 이것이 하나님이 우리에게 행하시는 일입니다. 그렇게 행하시는 것은 우리를 덜 사랑하기 때문이 아니라 더 사랑하기 때문입니다. 그리고 우리 안에 있는 위험물질을 제거하기 위함입니다. 왜냐하면 그 위험물질을 제거하지 않는다면 그것이 우리와 하나님과의 연합을 영원히 가로막을 것이기 때문입니다. 하나님은 회개하지 않는 자에게는 가혹하며 엄격하게 대하십니다. 반면 회개하는 자를 향하여는 따뜻한 마음으로 용서해 주십니다. 그리고 그를 다시 신뢰하면서 그의 옛 직무를 회복시켜 주십니다. 이러한 사실로부터 우리 그리스도인들은 본래의 자리를 떠나 방황하는 형제들에게 어떤 태도를 가져야 할지를 배워야만 합니다.

나아가 여기의 마가의 예(例)로부터 우리는 또 하나의 교훈을 도출할 수 있는데, 그것은 처음의 잘못이 도리어 나중의 성공의 디딤돌이 될 수 있다는 사실입니다. 처음에 마가는 사역을 회피했지만, 나중에 바울의 일에 유익한 사람이 되었습니다. 모든 죄는 우리를 약하게 만듭니다. 그러나 회개하고 버린 죄는 도리어 우리를 강하게 만들 수 있으며, 우리가 하나님께 더 가까이 나아가도록 만들 수 있으며, 우리를 더 겸손하게 만들 수 있으며, 우리의 감사의 불꽃을 더 강렬하게 만들 수 있으며, 우리가 우리 자신의 자아를 더 똑바로 직시하도록 만들 수 있으며, 우리로 하여금 우리의 약한 곳에 더 강한 방어벽을 세울 수 있도록 만들 수 있습니다. 이와 같이 우리는 처음의 잘못을 나중의 성공의 디딤돌로 만들 수 있습니다. 우리에게 있어 죄의 숙명적이며 필연적인 결과는 없습니다. 죄에 의해 모든 것이 운명적으로 결정되는 것은 아닙니다. 이스라엘 백성들은 같은 장소에서 같은 적과 두 번 싸웠습니다. 그것은 블레셋 사람들과 아벡에서 싸운 것이었습니다. 먼저 그들은 수치스러운 패배를 당했습니다. 그러나 두 번째 싸움에서 그들은 같은 무기를 가지고 같은 적에 대항하여 큰 승리를 거두었습니다. 그들은 과거의 패배와 현재의 승리를 기념하여 그곳에다가 기념비를 세우고 "여호와께서 여기까지 우리를 도우셨다"라고 말하면서 그것을 "에벤에셀" 즉 "도움의 돌"이라고 불렀습니다(삼상 7:12).

3. 항상 함께 한 신실한 동역자 누가.

"누가만 나와 함께 있느니라." 누가는 오랫동안 바울과 함께 있었습니다. 그는 바울이 복음을 전파하기 위해 유럽으로 건너가기 직전 드로아에서 그와 합류했습니다. 바울이 헬라 전역을 돌아다니며 복음을 전파하는 동안 그는 빌립보에 남아 있었던 것으로 보입니다. 그러다가 바울이 돌아오는 길에 빌립보에서 그와 다시 합류한 것으로 보입니다. 그는 바울이 예루살렘에 올라갈 때도 함께 했으며, 가이사랴에 갈 때도 함께 했으며, 로마로 가는 도중 파선(破船)할 때도 그와 함께 있었습니다. 로마에서 바울이 첫 번째로 투옥되었을 때도 그와 함께 있었으며, 아마도 첫 번째 투옥과 두 번째 투옥 사이의 기간에도 그와 함께 있었던 것으로 보입니다. 그리고 여기의 두 번째 투옥에서도 우리는 또 다시 그가 바울 곁에 있는 것을 발견합니다. 그는 다른 길로 가지 아니하고 오로지 한 길로 나아가는 영혼의 모형입니다. 그는 바울의 주님과의 계속적인 교제로 "시온에서 하나님 앞에 나타날 때까지 힘을 얻고 더 얻어" 앞으로 나아갔습니다(시 84:7). 바울의 주님은 "내 안에 거하라"라고 말씀하십니다. 우리가 하나님을 사랑하는 가운데 스스로를 지킨다면 그리고 다른 길로 나아가도록 이끄는 모든 유혹을 대적하면서 흔들림 없이 주님을 따른다면, 세상은 우리를 주관하는 권세를 갖지 못할 것이며 우리는 다른 길로 나갔다가 다시 돌아오는 경험을 반복하지 않을 것입니다. 그리고 우리는 매일같이 은혜와 주님을 아는 지식 가운데 자랄 것이며, 우리에게 주어진 경주를 인내와 참음으로 달릴 것이며, 예수 그리스도 안에 변함없이 거하는 결과 계속 진보할 것입니다. 설령 이 땅의 경험 가운데 절대적이며 완전한 이상(理想)까지는 도달하지 못한다 하더라도, 우리는 그것에 무한히 다가갈 수 있을 것입니다. 그럴 때 그것을 가로막는 것들은 점점 더 적어지고, 작아지고, 짧아질 것이며, 우리는 우리 생애의 모든 날들을 주의 전(展)에서 거하게 될 것입니다.

사랑하는 형제들이여, 우리는 데마가 될 것입니까, 아니면 마가가 될 것입니까? 그렇지 않으면 누가가 될 것입니까? 우리는 셋 모두일 수 있습니다. 우리는 본래 하나님을 버리고 떠난 자들이었습니다. 또 부름 받았음에도 불구하고 어떤 일로 잠시 주님을 멀리 했을 수도 있습니다. 그리고 다시 돌이켜 그때부터 세상을 사랑하는 것이 아니라 "그의 나타나심"을 사모하면서 흔들림 없이 주님을 따랐을 수도 있습니다.

14 바울의 마지막 확신

" 주께서 나를 모든 악한 일에서 건져내시고 또 그의 천국에 들어가도록 구원하시리니 그에게 영광이 세세무궁토록 있을지어다 아멘"

딤후 4:18

뒷부분의 개인적인 인사말을 제외하고 생각한다면, 여기의 본문이 바울의 마지막 서신의 마지막 말이 됩니다. 결국 바울은 여기의 마지막 확신의 외침과 함께 역사(歷史)의 무대에서 사라지는 셈입니다. 사실 그의 삶의 상황 가운데는 이와 정반대로 외칠 만한 충분한 이유들이 있었습니다. 그는 네로로부터 거의 사형이 확정된 상태에 있었습니다. 그렇다면 온갖 종류의 불안과 두려움이 마치 두더지처럼 그의 용기의 뿌리를 갉아먹을 수 있었습니다. 그 자신이 바로 앞에서 이야기한 것처럼, 그는 자신의 죽음이 임박했음을 절대적으로 확신하고 있었습니다. "나는 선한 싸움을 싸우고 나의 달려갈 길을 마치고 믿음을 지켰으니 이제 후로는 나를 위하여 의의 면류관이 예비되었으므로 "(7, 8절). 또 그의 마음은 친구들의 떠남으로 인해 큰 아픔을 겪었습니다. 데마는 그를 버리고 멀리 데살로니가로 가버리고 말았습니다. 또 재판으로 말미암아 그의 머리가 이를테면 사자의 입 속에 있었을 때, 거의 모든 친구들이 그를 버리고 곁에 있어주지 않았습니다. 그러나 이 모든 것에도 불구하고 그의 마음속에서는 여전히 불굴의 용기와 소망의 밝은 불꽃이 힘차게 타오르고 있었습니다. 그리하여 그는 모든 역경에도 불구하고 "주께서 나를 모든 악한 일에서 건져내시고 또 그의 천국에 들어가도록 구원하시리니 "라고 외치면서 곧바로 "그에게 영광이 세세무궁토록 있을지어다 "라고 덧붙입니다.

1. 첫째로, 우리는 여기에서 그리스도 자신이 말씀하신 것들이 메아리치는 것을 주목할 수 있습니다.

우리는 본문 가운데 주기도문의 표현들이 다소 바뀐 형태로 나타나는 것을 주목할 수 있습니다. 주기도문은 "우리를 악으로부터 구하시옵소서"(Deliver us from evil)라고 말하는 반면, 여기에서 바울은 "주께서 나를 모든 악한 일에서 건져내시고"(The Lord shall deliver me from every evil work)라고 말합니다. 또 마태복음 판(Matthew's version)에 따를 때, 주기도문은 "나라와 권세와 영광이 아버지께 영원히 있사옵나이다 아멘"이라는 영광송과 함께 끝납니다. 반면 여기에서 바울은 "그에게 영광이 세세무궁토록 있을지어다 아멘"이라는 영광송과 함께 그의 모든 이야기를 끝마칩니다. 이렇게 볼 때, 우리는 여기에서 넓은 광경을 볼 수 있는 작은 창문을 갖는 셈입니다. 왜냐하면 복음서들은 바울의 서신들보다 나중에 기록되었기 때문입니다. 본문은 복음서들이 존재하기 이전에 이미 사람들에게 "주기도문"이 익숙해 있었음을 보여 줍니다. 이와 같이 여기에서 주기도문이 은연중 암시되는 사실은 또 다른 측면에서 매우 흥미롭습니다. 왜냐하면 이미 바울의 시대에 주기도문 뒤에 영광송이 덧붙여져 있었음을 본문이 증명하는 것처럼 보이기 때문입니다. 그러므로 나는 영광송이 포함된 형식의 주기도문이 그것이 없는 형식의 주기도문보다 더 원형(original)이라고 생각합니다.

여기에서 이러한 주제는 그냥 지나치기로 합시다. 다만 나는 여기의 바울의 달에서 그의 마음이 주님이 하신 말씀들로 얼마나 가득 차 있었는지를 주목하고자 합니다. 우리 역시도 그래야만 합니다. 그리스도께서 하신 말씀들이 우리의 마음과 생각의 본체 안으로 들어와야만 합니다. 어떤 상황 가운데서도 그것이 자유자재로 나올 수 있도록 말입니다. 그리고 그럴 때 그러한 말씀들의 달콤함이 마치 공기 중에 뿌려진 향수처럼 우리의 모든 말과 생각을 향기롭게 만들 것입니다. 여러분은 주님의 말씀과 함께 사시사철을 지냅니까? 그래서 그의 말씀인지 여부조차 제대로 알지 못한 채 익숙하며 자연스럽게 그의 말씀들을 인용하며 언급합니까? 정확한 인용이 아니라 개략적인 형태로 말입니다.

계속해서 여기에서 바울이 기도를 확신으로 바꾸는 것을 주목하십시오. 주기도문 가운데 그의 주님은 그에게 "우리를 악으로부터 구하옵소서"라고 기도하도록 가르치셨습니다. 그는 실제로 그렇게 간구했으며, 따라서 자신이 간구한 것을 받았음을 충분히 확신할 수 있었습니다. 그리하여 그는 "주께서 나를 모든 악한 일에서 건져 내실" 것을 완전히 확신합니다. 여러분은 자신이 기도한 것에 대해 이와 같이 확신합니까? 여러분의 기도는 이와 같이 확신할 만한 자격이 있습니까? 여러분의 기도는 반드시 응답될 것이라는 확신과 함께 드립니까? 여러분의 기도는 응답을 확신할 만큼 온전한 의탁과 함께 드립니까? 여러분은 여기의 바울처럼 응답을 확신하면서 고요하게 기다립니까? 여러분의 눈은 다른 사람들의 눈에는 응답이 아닌 것처럼 보이는 것에서 응답을 볼 수 있도록 기름부음을 받았습니까? 우리가 이와 같은 확신으로 기도하지 않는다면, 우리의 기도에는 뭔가 잘못된 것이 있는 것입니다. 우리가 "우리를 악에서 구하옵소서"라고 올바로 기도한다면, 분명 우리의 마음 가운데 "주께서 나를 모든 악한 일에서 건져 내실" 것이라는 고요한 확신이 솟아오를 것입니다.

2. 둘째로, 우리는 여기에서 과거의 경험을 올바로 사용하는 것의 한 실례(實例)를 발견합니다.

우리는 여기에서 바울이 두 개의 개념을 서로 연결하는 것을 보게 됩니다. 그는 위기의 순간이 왔을 때 친구들이 자신을 버리고 떠난 것을 언급하면서 이렇게 말합니다. "그들이 다 나를 버렸으나 … 주님은 내 곁에 서서 나에게 힘을 주셨으며 … 내가 사자의 입에서 건짐을 받았느니라"(16, 17절). 이러한 최근의 경험을 떠올리면서, 그는 그것을 현재의 어둠과 미래의 불확실함을 밝히는 빛으로 삼습니다. "내가 구원을 받았느니라 … 그러므로 주님은 나를 모든 악한 일로부터 건져 내실 것이라."

우리는 이와 비슷한 예(例)를 다른 곳에서도 발견할 수 있습니다. 그는 고린도후서에서 이렇게 말합니다. "그가 이같이 큰 사망에서 우리를 건지셨고 — 그렇기 때문에 — 또 건지시며"(1:10). 그는 주님이 과거에 자신을 큰 사망에서 건지셨으므로 현재에도 그렇게 하실 것이라고 굳게 확신합니다. 그는 동일한 능력이 과거와 마찬가지로 현재에도 똑같이 역사(役事)할 것이라고 확신합니다. 하나님은 과거에는 역사하셨지만 현재에는 역사하지 않는 분이 결코 아닙니다. 그리하여 계속해서 바울은 이렇게 덧붙입니다. "이 후에도 건지시기를 그에게 바라노라(고후 1:10)." 이것이야말로 모든 그리스도인들이 마땅히 가져야만 하는 참된 태도입니다. 과거의 경험은 단지 과거에만 빛을 비춰 주는 것이 아닙니다. 그것은 동시에 현재와 미래에도 빛을 비춰 줍니다. 마치 동쪽 하늘이 서쪽 하늘에 빛을 비춰 주는 것과 마찬가지로 말입니다. 그리스도인들에게 있어, 모든 어제는 내일이 어떻게 될 것인지를 알려 주는 예언입니다. 그리고 하나님의 과거는 항상 하나님의 미래를 위한 보증입니다.

우리가 예수 그리스도를 참으로 신뢰한다면, 우리는 오직 그의 자녀들에게만 속하는 특권 즉 "내일도 오늘 같이 크게 넘치는" 특권을 가집니다(사 56:12). 왜냐하면 오늘과 무관한 과거는 아무것도 없기 때문입니다. 하나님이 과거 세대에 행하신 기적들 가운데 오늘날 우리와 무관한 것은 아무것도 없습니다. 하나님이 과거 세대에 자기 백성들을 보호하기 위해 행하신 위대한 행동들 가운데 오늘날 우리와 무관한 것은 아무것도 없습니다. 하나님이 과거에 베푸신 모든 긍휼과 축복과 구원 가운데 오늘날 우리와 무관한 것은 아무것도 없습니다. 시편 기자는 이렇게 말합니다. "우리가 들은 대로 … 우리 하나님의 성에서 보았나니"(시 48:8). 과거의 행동들은 현재도 그대로 반복됩니다.

이것은 공동체의 삶과 마찬가지로 개인의 삶에 있어서도 동일합니다. 우리 모두는 하나님이 과거에 우리를 위해 행하셨던 일들을 돌아보면서,

그 모든 것이 그가 행하실 일에 대한 보증과 표본이라는 사실을 확신할 수 있습니다. 오직 그리스도인만이 "나는 이러저러한 좋은 것들을 가졌으니, 앞으로도 그러한 것들을 갖게 될 거야"라고 말할 수 있는 권리를 가집니다. 반면 하나님으로부터 어그러진 사람들은 "나는 이러저러한 좋은 것들을 가졌으니, 이제는 더 이상 그러한 것들을 갖지 못할 거야"라고 말할 수밖에 없습니다.

여러분은 자연법칙과 관련하여 우리 모두가 가지고 있는 믿음이 실상은 과학적인 기초를 갖지 못한다고 생각해 본 적이 있습니까? 모든 사람들은 내일 해가 뜰 것이라고 기대합니다. 그리고 오랜 세월 이러한 기대는 옳았습니다. 그러나 내일 해가 뜨지 않을 날이 올 것입니다. 세상의 모든 것에는 마지막 때가 있으며, 그것은 자연의 질서에도 마찬가지입니다. 그러므로 어떤 것이 영원할 것이라는 기대는 절대적으로 근거 없는 기대일 뿐입니다. 언젠가 자동계산기가 만들어진 적이 있었습니다. 사람들은 핸들을 돌려 1, 2, 3, 4, 5, 6, 7 등 일련의 숫자들을 만들어 냈습니다. 각 숫자는 앞 숫자에다가 1을 더한 숫자입니다. 그런데 어느 정도 숫자가 계속해서 나오더니, 갑자기 돌발 상황이 벌어졌습니다. 갑자기 예기치 않은 숫자가 나온 것이었습니다. 바로 이것이 하나님이 자연을 만든 방법입니다. 오랜 세월 모든 것은 정상적인 순서대로 진행됩니다. 그러나 갑자기 돌발 상황이 일어나고, 옛 질서는 바뀝니다. 언젠가 마지막 날이 올 것입니다. 해가 졌다가 다시 뜨지 않는 날이 올 것입니다. 세상과 그 안에 있는 모든 것이 더 이상 존재하기를 그치는 날이 올 것입니다.

이것은 자연뿐만 아니라 우리의 삶과 우리가 신뢰하는 사람들에 대하여도 마찬가지입니다. 우리가 어제와 오늘과 영원히 동일하신 주님을 갖고 있지 않다면, 우리는 "나는 예전에 건짐을 받았으니 앞으로도 건짐을 받게 될 거야"라고 말할 수 없을 것입니다. 왜냐하면 사람으로부터 생긴 것은 결국 떨어지고, 사람의 계획은 결국 바뀌기 때문입니다. 설령 내가 어떤 사람을 백 번 도와주었다 하더라도, 그것이 내가 그 사람을 백한 번 도와주게 될 것에 대한 필연적인 근거는 되지 않습니다. 내가 지칠 수도 있으며, 필요한 돈이 떨어질 수도 있으며, 상황이 바뀔 수도 있습니다. 계속 반복되었다고 해서 그것이 영원히 계속될 것을 보증하지는 않습니다. 최고의 오래 참음도 지칠 수 있으며, 가장 뜨거운 사랑도 식을 수 있습니다. 그렇다면 우리는 우리의 확신의 기초를 어디에다 세워야 합니까? 우리 자신이나 혹은 다른 사람들이나 혹은 우리를 둘러싸고 있는 것들은 우리의 확신의 기초가 되기에 불충분합니다. 그러한 것들은 제한적이며 가변적인 기초에 불과합니다. 우리는 그러한 것들로부터 돌이켜야만 합니다. 그리고 내일은 어떻게 될는지 알지 못한다는 사실을 기꺼이 인정해야만 합니다. 우리에게 많은 축복들이 있었다고 가정해 봅시다. 그렇다 하더라도 만일 우리가 바울처럼 "주께서 나를 건지셨으니 또한 건지실 것이라"라고 말할 수 없다면, 우리의 미래는 완전한 파산으로 귀결될 수도 있습니다. 주님의 과거는 주님의 현재의 예언입니다. 주님은 자신의 자원이 낭비되거나, 자신의 인내가 고갈되거나, 자신의 사랑이 배척되도록 허락하지 않으십니다. 욥기에서 우리는 "하나님이 여섯 가지 환난에서 너를 구원하시며 일곱 가지 환난이라도 그 재앙이 네게 미치지 않게 하시며"라고 기록된 말씀을 발견합니다(5:19). 하나님은 욥을 여섯 가지 환난에서 구원하셨습니다. 그러므로 일곱 번째 환난도 그에게 재앙을 끼치지 못할 것이었습니다. 이를테면 욥은 이렇게 말할 수 있었습니다. "주의 과거는 주의 어떠하심을 나타나는 계시(啓示)이나이다. 주는 이제까지 행하셨던 것처럼 앞으로도 그렇게 행하실 것이나이다." 말씀이 육신이 되신 예수 그리스도는 이를테면 과거와 현재와 미래의 시제(時制)를 초월한 영원한 영역에 거하십니다.

폐허가 된 채 버려진 옛 도시들에 가 보십시오. 그러면 거기에서 여러분은 절반쯤 만들어지다가 버려진 채 나뒹굴고 있는 조상(彫像)들을 발견하게 될 것입니다. 그것들은 어떤 잊혀진 왕의 신하들이 신전이나 혹은 왕궁을 건축하는 과정에서 완성하지 못하고 도중에 버려진 것들입니다. 그러나 하나님의 작업장에는 절반만 작업한 채 버려진 작품은 하나도 없습니다. 그리스도의 화실(畫室)에는 시작했다가 완성하지 못한 그림은 하나도 없습니다. 그러므로 우리는 다음과 같은 시편 기자의 옛 기도를 가지고 그에게 나아갈 수 있습니다. "여호와께서 나를 위하여 보상해 주시리이다 여호와여 주의 인자하심이 영원하오니 주의 손으로 지으신 것을 버리지 마옵소서"(시 138:8).

3. 마지막으로, 우리는 여기에서 죽음을 앞둔 사람이 죽음에 대해 어떻게 생각할 수 있는지에 대한 교훈을 발견할 수 있습니다.

"주께서 나를 모든 악한 일에서 건져 내시고 또 그의 천국에 들어가도록 구원하시리니." 바울에게 있어 이것은 착각이 아니었습니까? 그는 이 글을 쓴 직후 그리고 아마도 겨울이 오기도 전에 — 그가 겨울의 추위에 대비하여 디모데에게 드로아 가보의 집에 두고 온 겉옷을 가져오라고 말했던 바로 그 겨울이 오기도 전에(13절) — 다시금 황제 앞에 소환되고, 곧 바로 로마 성벽 밖으로 끌려가, 거기에서 참수형을 당한 것으로 보입니다. 그렇습니다. 바로 이것이 그가 기대했던 것이었습니다. 왜냐하면 앞에서 언급한 것처럼, 그는 바로 앞에서 "나의 달려갈 길을 마쳤다"고 말했기 때문입니다(7절). 그는 자신의 죽음을 확신하고 있었음에도 불구하고 이와 같은 승리의 노래를 소리 높여 부른 것이었습니다. "주께서 나를 모든 악한 일에서 건져 내시고 또 그의 천국에 들어가도록 구원하시리니." 그는 모든 악한 일에서 건짐을 받는 것과 천국에 들어가도록 구원을 받는 것이 정확하게 자신의 죽음의 사실로 말미암아 이루어지게 될 것으로 기대했습니다.

예수 그리스도의 손을 굳게 붙잡고 있는 사람은 모든 일을 그렇지 않은 사람과 전혀 다른 방식으로 바라봅니다. 만일 예수 그리스도가 우리 곁에 계시며 우리를 강하게 하신다면, 우리는 네로가 할 수 있는 가장 악한 일조차도 웃으면서 바라볼 수 있을 것입니다. 그리고 우리는 심지어 우리의 목을 베는 자에게조차 이렇게 말할 수 있을 것입니다. "당신은 당신이 하고 있는 일을 알지 못하도다. 당신은 당신이 하고 있는 일을 아는가? 당신은 나에게 악을 가하고 있노라고 생각할 것이다. 그러나 실제로 당신은 나를 모든 악으로부터 건져 내고 있는 것이다." 죽음은 우리를 모든 형태의 악으로부터 건져 내는 위대한 해방자입니다. 죽음이 하는 일을 이와 같이 올바르게 이해하는 사람은 아주 명백한 다음의 사실을 이해합니다. 그것이 자신의 모든 사슬을 쳐서 끊어내며 자신을 어떤 악도 행할 수 없는 영역으로 올라가게 만드는 것이라는 것을 말입니다.

우리는 죽음을 한쪽 측면으로만 보아서는 안 됩니다. 그것은 어느 면에서 사람을 이 세상으로부터 취하는 것이지만, 또 다른 측면에서 사람을 새로운 세상으로 데려가는 것입니다. "주께서 나를 모든 악한 일에서 건져 내시고." 이것은 매우 큰 일입니다. 그러나 그것은 사람의 의식(意識)을 지우며 그를 멸절시키는 것을 통해서도 이루어질 수 있습니다. 단순히 악으로부터 면제되고 벗어나는 것이 죽음이 가져다주는 최고의 선물의 전부가 아닙니다. 죽음의 왼손에는 모든 악으로부터 건짐을 받는 선물이 들려 있습니다. 반면 죽음의 오른손에는 모든 선(善)에 참여하는 보다 더 적극적인 선물이 들려 있습니다. "주께서 나를 모든 악한 일에서 건져 내시고 또 그의 천국에 들어가도록 구원하시리니." 이와 같이 죽음은 그리스도 안에서 하늘의 소망 가운데 죽은 자들을 그의 복된 임재 안으로 안내하는 안내자입니다.

여기에서 우리는 성경 가운데 "천국"(heavenly kingdom)이라는 표현이 유일하게 나타나는 사실을 주목할 수 있습니다. 여기에서 바울이 "heavenly kingdom"이라는 특이한 표현을 사용한 이유가 무엇일까요? 그것은 바울이 자신이 이미 "그 나라"(the kingdom) 안에 있음을 알고 있었기 때문입니다. 그랬기 때문에 그는 죽음을 통해 그리스도께서 자신을 "그 나라" 안으로 구원하실 것이라고 말할 수 없었습니다. 그는 이미 거기에 있었습니다. 그 나라의 지상적인 형태(earthly form)는 이미 그의 것이었습니다. 그리고 이제 죽음이 그를 그 나라의 천상적인 형태(heavenly form)로 데려갈 것이었습니다. 만일 여러분이 이 땅에서 "그 나라" 안에 있다면, 여러분은 고요한 마음으로 미래를 내다볼 수 있을 것입니다. 그리고 주님이 죽음이라는 이름의 사자(使者)를 보내는 것은 그로 하여금 두 가지 일 즉 "여러분을 모든 악한 일에서 건져 내는" 일과 또 "여러분을 그의 천국에 들어가도록 구원하는" 일을 위함이라는 사실을 확신 할 수 있을 것입니다.

디도서

1
복음을 아름답게 만드는 그리스도인들

"이는 범사에 우리 구주 하나님의 교훈을 빛나게 하려 함이라"

딛 2:10

사람이 하나님의 복음에 아름다움을 더할 수 있다는 사실은 우리에게 놀라운 소망을 가져다줍니다. 특별히 당시 이 말씀을 받은 자들이 소수의 노예들이었다는 사실은 그러한 소망을 더 놀랍게 만들기에 충분합니다. 그들은 가장 낮은 계급의 사람들이었으며, 가장 불결하고 누추한 곳에서 살았으며, 가장 비천한 일을 맡은 자들이었습니다. 그럼에도 불구하고 그들은 자신들의 비천한 삶의 자리에서 이미 충분히 아름다운 진리를 더 아름답게 만들 수 있었습니다.

1. 첫째로, 여기에서 그리스도인 앞에 열린 놀라운 가능성 즉 복음에 아름다움을 더할 수 있는 가능성을 생각해 보도록 합시다.

그리스도인은 이미 충분히 아름다운 백합을 더 아름답게 꾸미고, 이미 충분히 정결한 정금(精金)을 더 정결하게 만들 수 있습니다. 어떤 철학이나 정치 혹은 과학의 체계를 그것을 고백하는 사람들의 행동이나 성품으로 시험하는 것은 공정한 일이 아닐 것입니다. 그러나 실천적인 도덕체계를 그것을 고백하는 자들의 행동과 성품으로 시험하는 것은 아주 공정한 일입니다. 사람들의 행동에 영향을 끼치는 어떤 신조(信條)가 제시되었을 때, "그것이 실제로 어떤 영향을 끼치는지 어디 한번 보자!"라고 말하는 것은 지극히 정당한 일입니다. 그것은 어떤 사람이 새롭게 발명한 제분기(製粉機)의 설계도를 가지고 찾아왔을 때, 제분회사 사장이 "그 모형을 만들어 보았습니까? 그것을 실제로 시험해 보았습니까? 그러면 그 결과가 어떻게 나타났습니까?"라고 묻는 것이 지극히 정당한 것과 마찬가지입니다. 또 그것은 폐병을 치료하는 약을 만들었다고 주장하는 사람에게 "실제로 그 약을 사용해 보았습니까? 실제로 폐병을 고친 사례가 있습니까?"라고 묻는 것이 지극히 정당한 것과 마찬가지입니다. 이와 같이 우리 그리스도인들이 일어나 "우리가 사람들이 세상에 대하여 죽은 자가 되도록 만들 수 있으며, 자기중심적이지 않은 사람이 되도록 만들 수 있으며, 모든 근심과 슬픔을 초월하는 사람이 되도록 만들 수 있으며, 그들의 본성 전체를 변화시킬 수 있으며, 그들 안에 새로운 열망과 소망과 기쁨을 불어넣을 수 있는 믿음을 가졌노라"라고 말할 수 있습니더. 그때 "정말로 그런 믿음이 있단 말이야? 그렇다면 너희는 너희의 삶을 기독교가 작동하는 모델로서 만들 수 있겠어? 너희는 너희의 삶으로써 너희가 고백하는 복음의 치료하는 능력을 증명할 수 있겠어?"라고 세상 사람들이 묻는 것은 지극히 정당한 일입니다.

사랑하는 형제들이여, 모든 그리스도인들 앞에 이와 같은 가능성이 놓여 있습니다. 그리하여 그들은 자신들의 삶으로 각종 편견들을 무마시킬 수 있으며, 사람들이 하나님의 사랑의 메시지에 대해 마음을 열고 들을 수 있도록 준비시킬 수 있으며, 사람들을 복음에 대한 적대감으로부터 건져낼 수 있으며, 그들이 "그래, 어쨌든 기독교 안에 무엇인가 있는 게 틀림없어!"라고 말하도록 만들 수 있습니다.

그러나 제자들의 삶으로부터 그들이 전파하는 신조(信條)의 진실성 여부를 판단하는 것이 완전하며 무제한적으로 합당한 것은 아닙니다. 왜냐하면 사람은 결코 자신의 원리에 완전할 수 없기 때문입니다. 그리스도인의 선함이 그의 신조의 대변(貸邊)에 기입되어야만 한다면, 그리스도인의 악함이 그것의 차변(借邊)에 기입되어야만 합니다. 어쨌든 자신들이 고백하는 신조에 합당하게 살지 않는 그리스도인들을 볼 때, 세상은 매우 비논리적이게도 그들이 전파하는 신조까지도 참되지 않은 것으로 판단합니다. 그들은 "이들은 참으로 멋진 그리스도인들이야!"라고 말하기도 하고, 또 "이런 종류의 사람들을 만들어 내는 체계 속에는 별다른 것이 있을 리 없어!"라고 말하기도 합니다. 그들은 전자로만 말하든지 혹은 후자로만 말하든지 오직 한 가지로만 말해야 합니다. 그들은 "너희는 위선자야!"라고 말하든지, 아니면 "너희의 기독교는 별 거 아니야!"라고 말해야만 합니다. 그러나 너무나 비논리적이게도 그들은 통상 두 가지를 모두 말합니다. 그럼으로써 여러분은 여러분의 허물과 부족함으로 여러분 자신과 여러분이 고백하는 기독교를 손상시킵니다.

우리의 삶은 마치 반사망원경의 거울과 같습니다. 천문학자는 천체를 보고자 할 때 하늘을 직접 바라보지 않고 그것이 반사된 거울을 바라봅니다. 이와 같이 이 땅에서의 우리의 작은 삶은 우리 위에 있는 무한한 천체를 반사합니다. 사람들은 무한한 심연을 바라볼 수 없습니다. 다만 우리의 삶의 아름다움 안에서 반사된 심연을 바라볼 수 있을 뿐입니다. 단순히 언어로 표현된 기독교 교리들은 그것이 삶 가운데 구체화된 것보다 덜 아름답습니다. "너희가 나를 사랑하면 나의 계명을 지키리라"라고 말하는 것은 참으로 아름답습니다(요 14:15). 그러나 말의 아름다움은 그것이 삶 가운데 구체화되었을 때보다 훨씬 덜합니다. 우리의 삶은 수도원의 서기관들이 필사한 옛 성경과 같아야만 합니다. 어떤 글자는 아름답게 금박을 입히고 어떤 본문은 멋진 그림으로 설명하는 등 그들은 자신들의 성경을 얼마나 아름답게 꾸미며 기록했습니까! 성경에 대한 최고의 주해는 그것을 자신들의 삶의 기준과 법도로 정하노라고 고백하는 사람들의 행동입니다.

2. 둘째로, 우리 앞에 놓여 있는 엄숙한 양자택일에 대해 생각해 보도록 합시다.

여러분이 문맥을 유심히 살핀다면, 여러분은 여기에 나타나는 일련의 훈계들이 "하나님의 말씀이 비방을 받지 않기" 위함이라는 위대한 동기(動機)와 함께 끝나는 것을 발견하게 될 것입니다(5절). 이것은 우리 앞에 또 하나의 가능성을 제시합니다. 결국 우리 그리스도인들 앞에는 두 가지 가능성이 열려 있는 셈입니다. 공적으로 신앙을 고백하는 그리스도인들의 행동의 결과는 복음에 아름다움을 더하거나 아니면 하나님의 말씀이 비방을 당하게 하거나 둘 중 하나입니다. 여러분이 복음에 아름다움을 더하지 않는다면, 여러분은 하나님의 말씀이 비방을 당하게 할 것입니다. 나의 삶이 복음을 존귀케 하는 것이 되지 않는다면, 결국 그것은 복음을 비천한 것이 되도록 만들 것입니다. 여러분의 믿음을 지켜보는 사람들에게 끼치는 영향에 있어, 여러분의 삶은 결코 중립적이지 않습니다. 여러분의 삶은 그들에게 좋은 영향을 끼치든지 혹은 나쁜 영향을 끼치든지 둘 중 하나입니다. 그것은 자석의 양극(陽極)이든지 혹은 음극(陰極)이든지 둘 중 하나입니다. 여러분은 사람들이 하나님의 진리에 대해 더 좋게 생각하도록 만들든지 아니면 더 나쁘게 생각하도록 만들든지 둘 중의 하나입니다. 복음의 가장 큰 적은 복음과 합치되지 않게 사는 교인들입니다. 이것은 많은 이방인들 가운데 소수의 신자들이 사는 지역에서 특별히 사실입니다. 여기의 디도가 맡고 있는 교회들 같은 경우 말입니다. 인도의 선교사역을 훼방하는 사람들이 누구입니까? 영국인들입니다. 선교사들이 배를 타고 가서 복음을 전파할 때 그들을 조롱 섞인 눈초리로 바라보도록 만든 것이 누구입니까? 영국인 선원들입니다. 무역대표부 직원들의 부도덕하며 허랑방탕한 삶의 모습은 엄격한 인도인과 중국인들의 입에 조롱의 말을 담기에 충분합니다. 그들은 조롱 섞인 어투로 이렇게 말합니다. "이들이 너희들이 말하는 그리스도인들이란 말이지?" 화려한 일등칸에 선교사들을 태워 보내며 짐칸에 성경과 위스키를 함께 실은 영국은 옛 유대인들이 받았던 다음과 같은 책망을 받기에 합당합니다. "하나님의 이름이 너희 때문에 이방인 중에서 모독을 받는도다"(롬 2:24).

이것은 소위 기독교 국가 안에서도 마찬가지입니다. 공적으로 신앙을 고백하는 그리스도인들의 언행의 불일치, 자기중심적인 삶의 태도, 세속적인 삶의 모습, 그들과 불신자들 사이에 아무런 차이도 없는 사실 — 이러한 것들이야말로 분명 복음전파의 효과를 가로막는 가장 큰 장애물입니다. 내가 여기에서 소리를 높여 말씀을 전파하는 것이 도대체 무슨 유익이 있단 말입니까? 만일 여러분이 들은 말씀과 정반대로 살아간다면 말입니다. 한 사람이 25분 동안 한쪽 방향으로 끌어당기는 반면, 백 사람이 일주일 동안 다른 쪽 방향으로 끌어당깁니다. 그러면 어느 힘이 더 크겠습니까? 만일 기독교회와 그 지체인 우리들이 복음에 합당한 삶을 산다면, 이것은 모든 웅변적인 설교를 다 합친 것보다 훨씬 더 큰 결과를 가져올 것입니다. 나의 형제들이여, 나는 여러분 각자에게 다음과 같은 엄숙한 질문을 던지고자 합니다. 여러분은 사람들을 끌어당깁니까, 아니면 쫓아냅니까? 아마도 여러분에게는 자녀들이 있을 것입니다. 그들은 여러분의 경건한 삶을 보며 자라는 가운데 기독교에 대해 호의적인 마음을 가지고 있습니까? 그렇지 않으면 여러분의 합당치 못한 삶을 바라보면서 여러분의 신앙고백에 대해 그리고 나아가 기독교 자체에 대해 혐오하는 마음을 가지고 있습니까?

여러분 주위에는 여러분이 영향을 끼치는 친구들과 지인(知人)들이 있을 것입니다. 여러분은 그들에게 하나님의 말씀을 호의적으로 바라보도록 영향을 끼칩니까? 그렇지 않으면 도리어 그들을 하나님의 말씀으로부터 돌이키도록 만듭니까? 여러분은 자신의 행동으로 복음을 더 아름답게 만들든지 복음이 비방을 당하도록 만들든지 둘 중의 하나라는 사실을 항상 기억하십시오.

3. 마지막으로, 복음을 아름답게 만드는 삶은 어떤 종류의 삶인지 생각해 보도록 합시다.

무엇보다도 그것은 기독교적 원리들의 영향을 받아 한결같이 그리고 눈에 띄도록 살아가는 삶입니다. 여기에서 나는 "한결같이"와 "눈에 띄도록"이라는 두 단어를 특별히 강조하고 싶습니다. 만일 여러분의 기독교적 원리들이 여러분의 삶 가운데 묻혀 버린다면 다시 말해서 여러분의 자기중심적이며 세속적인 삶의 태도와 무관심의 거대한 바위 밑에 깔려 버린다면 그래서 현미경이라도 있어야 그것을 찾을 수 있을 정도가 되어 버린다면, 여러분은 결코 복음을 아름답게 만들 수 없습니다. 여러분의 삶의 극히 일부분만 기독교적 원리들의 영향을 받는다면, 여러분은 결코 복음을 아름답게 만들 수 없습니다. 여러분이 일분 동안 기독교적 원리들의 영향을 받고 십분 동안 다른 것의 영향을 받는다면, 여러분은 결코 복음을 아름답게 만들 수 없습니다. 전체 덩어리가 썩어가고 있는데 단지 여기에 조금 저기에 조금 소금을 뿌리는 정도라면, 여러분은 결코 복음을 아름답게 만들 수 없습니다. 기독교적 원리들은 우리 삶 가운데 "한결같이" 그리고 "눈에 띄도록" 작동하며 영향을 끼쳐야만 합니다. 그것들이 우리 주님을 증언하는 능력을 갖고자 한다면 말입니다.

나아가 문맥이 가르치는 것처럼, 복음을 아름답게 만드는 삶은 아주 사소하며 일상적인 일들에 기독교적 원리들이 나타나는 삶입니다. 여기의 노예들을 생각해 보십시오. 그들은 그들의 허름한 오두막에서, 그리고 그들이 맡은 보잘것없는 일들을 통해, 그리고 특별할 것이 없는 단순한 덕(德)들을 실천하는 가운데 "하나님의 교훈을 빛나게" 해야만 했습니다. 그들이 "하나님의 교훈을 빛나게" 하기 위해 해야만 했던 일이 무엇이었는지 주목해 보십시오. 그것은 "상전들에게 순종하며, 거슬러 말하지 않으며, 훔치지 않으며, 모든 참된 신실성을 나타내는" 것이었습니다(9, 10절). 이것은 얼마나 단순한 덕입니까! 여기에 지극히 고상하며 특별한 것은 아무것도 없습니다. 여기에 나타나는 것들은 단순히 순종하는 것과, 함부로 말하지 않는 것과, 도둑질하지 않는 것과, 맡은 일에 신실한 것 등입니다. 여러분은 "별로 대단한 것들도 아니군!"이라고 말할 것입니다. 그렇습니다. 여기에 대단한 것은 아무것도 없습니다. 그러나 이러한 사소한 것들을 통해 그들은 "그들의 구주 하나님의 교훈을 빛나게" 해야만 했습니다. 우리는 이와 같이 아주 사소하며 단순한 의무들이 어떤 의미에서 기독교의 위대한 원리들이 펼쳐지는 가장 넓은 무대라는 사실을 잊어서는 안 됩니다. 여러분은 작은 동전 위에다 주기도문이나 십계명을 새겨 넣을 수 있습니다. 여러분은 복음의 모든 아름다움과 거룩하게 하는 능력을 가장 낮은 계급의 사람들이 행하는 아주사소한 의무들에 두드러지며 명백하게 나타나도록 만들 수 있습니다. 길가에 마차 바퀴가 지나간 자국을 유심히 보십시오. 그러면 여러분은 거기에 동일한 기울기로 작은 둑 같은 것이 만들어져 있는 것을 발견할 것입니다. 그것은 아주 작고 사소한 것이지만, 그것은 거대한 히말라야 산맥을 솟아오르게 만든 힘과 동일한 힘으로 만들어진 것입니다. 겨울에 울타리 위에 쌓인 눈을 생각해 보십시오. 그것이 땅에 떨어지는 법칙은 알프스의 거대한 빙하를 만드는 법칙과 동일한 법칙입니다. 큰 원리를 나타내기 위해 반드시 큰 일이 필요한 것은 아닙니다. 예수 그리스도를 위해 행한 아주 사소한 의무들이 "하나님의 교훈을 빛나게" 만들 것입니다.

"이와 같이 종들도 자신의 사소한 일을
충분히 거룩하게 만들 수 있도다.
하나님의 법도를 따라 청소하는 자는
그 일을 거룩하고 멋진 것으로 만들도다."

"이는 범사에 우리 구주 하나님의 교훈을 빛나게 하려 함이라."

계속해서 복음을 아름답게 만드는 삶은 자신이 속한 계급의 도덕성의 수준을 현저하게 뛰어넘는다는 사실을 주목하십시오. 여기의 종들을 보십시오. 바울은 그들에게 그들 계층에 흔히 일어나는 악들에 떨어지지 말 것을 훈계합니다. 그렇게 함으로써 그들은 그들의 동료들과 다르게 되고, 그럼으로써 복음을 영화롭게 할 수 있었습니다. 여기에서 바울이 훈계하는 것들을 다시금 읽어 보십시오. 그것은 주인의 물건을 은근슬쩍 좀도둑질하는 것이라든지, 무뚝뚝한 말투로 퉁명스럽게 말대꾸하는 것이라든지, 주인의 이익을 고려하지 않고 함부로 행동하는 것이라든지, 주인이 명령하는 것을 슬그머니 회피하며 순종하는 않는 따위의 행동들입니다. 이러한 행동들은 보다 더 높은 동기(動機)와 숭고한 원리가 들어가지 않는 한 마귀적인 노예제도가 필연적으로 만드는 것들입니다.

이와 마찬가지로 우리 모두는 우리가 속한 계급에 특유한 악들을 가지고 있습니다. 여러분이 불신자들과 다르지 않다면, 여러분이 그들과 동일한 세속주의적인 영향을 받는다면, 여러분의 의가 그들의 의와 다르지 않다면, 여러분의 의가 그들의 의보다 낫지 않다면 — 여러분은 결단코 천국에 들어가지 못할 것입니다. 나의 형제들이여, 만일 여러분과 경건치 않은 사람들이 똑같은 원리를 따라 살아가며, 똑같은 것을 바라며, 똑같은 목표를 갖고 있으며, 거기에 도달하기 위해 같은 똑같은 방법을 사용한다면, 여러분이 그리스도인이라고 말하는 것이 도대체 무슨 소용이 있단 말입니까? 여러분과 그들 사이에 아무런 차이도 없다면, 부디 여러분 자신과 여러분이 고백하는 복음의 유익을 위해 더 이상 여러분이 예수 그리스도의 십자가로 말미암아 세상에 대하여 죽고 더 높은 동기를 위해 사노라고 말하지 마십시오.

여러분이 하나님의 교훈을 빛나게 하고자 한다면, 여러분은 큰 일에서든 작은 일에서든 "한결같이" 그리고 "눈에 띄도록" 믿지 않는 자들의 삶의 법칙과 다른 법칙에 따라 살아야만 합니다. 다른 사람들이 여러분에 대해 "그들이 따르는 삶의 법칙은 우리가 따르는 법칙과는 달라"라고 말할 수 없다면, 여러분은 결코 예수 그리스도의 복음을 아름답게 만들 수 없을 것입니다.

이제 마지막으로 한 가지만 더 이야기하고자 합니다. 그러면 그와 같은 삶은 어떻게 얻어집니까? 여기에는 오직 하나의 대답만이 있을 뿐입니다. 그것은 계속 예수 그리스도와 가까이 사는 것입니다. 우리가 그를 아름답게 하고자 한다면, 그가 먼저 우리를 아름답게 해야만 합니다. 우리가 하나님의 교훈을 빛나게 하고자 한다면, 하나님의 교훈이 먼저 우리를 빛나게 해야만 합니다. 다시 말해서 우리가 그를 가까이 하며 계속 그의 손을 굳게 붙잡고 그의 영과 더불어 교제할 때 비로소 그의 아름다움이 우리 얼굴에 비칠 것입니다. 그럴 때 우리는 주의 영광을 보면서 "그와 같은 형상으로 변화하여 영광에서 영광에 이르게" 될 것입니다"(고후 3:18). 모세가 하나님과 더불어 교제했던 것을 생각해 보십시오. 그와 마찬가지로 우리도 하나님과 교제하기 위해서는 산 위에 있어야만 합니다. 그럴 때 비로소 우리의 얼굴에서 광채가 흘러나올 것입니다. 그리고 우리의 얼굴을 바라보는 사람들은 그것을 마치 천사의 얼굴처럼 바라볼 것입니다. "너희는 나의 증인이라 여호와의 말씀이니라 … 이 백성은 내가 나를 위하여 지었나니 나를 찬송하게 하려 함이니라"(사 43:12, 21).

2
은혜의 학교

"모든 사람에게 구원을 가져다주는
하나님의 은혜가 나타나 우리를 양육하시되"
딛 2:11, 12

바울은 가장 기본적인 도덕과 관련한 훈계를 늙은 남자, 늙은 여자, 젊은 남자, 젊은 여자 등 모든 계층의 사람들에게 제시하고 있었습니다. 그리고 계속해서 그는 그리스도인 노예들에게 순종과 정직 등의 기본적인 의무를 제시하면서 자신의 훈계를 끝마칩니다(9절). 그리고 본문 가운데 그는 이 모든 것을, 그에게 있어 모든 종류의 의로운 삶을 위한 동기와 능력이었던, 그리스도의 위임의 사실 위에 놓습니다. 본문이 "for"라는 단어로 시작되는 것을 주목하십시오(흠정역 본문은 다음과 같음, For the grace of God that bringeth salvation hath appeared to all men, teaching …). 여기의 "for"는 기독교적 사상과 기독교적 행동 사이의 전체적인 관계를 함축하면서, 우리에게 가장 높은 진리들이 일상의 아주 사소한 의무들을 통해 아주 존귀케 되는 사실을 보여 줍니다. 노예들은 도둑질을 하거나 말다툼을 해서는 안 됩니다. "왜냐하면 모든 사람에게 구원을 가져다주는 하나님의 은혜가 나타나 양육하기" 때문입니다.

본문에 대한 올바른 이해에 도달하기 위해 우리는 두 가지를 주목할 필요가 있습니다. 하나는 "hath appeared to all men"(모든 사람에게 나타나)이라는 흠정역 구절의 배열이 본래 바울이 의도한 것이 아니라는 사실입니다. 도리어 여기의 "모든 사람에게"는 "구원을 주시는"이라는 구절과 연결되어야만 합니다. 하나님의 은혜가 모든 사람에게 나타났다는 것은 그때도 사실이 아니었고, 지금도 사실이 아닙니다. 바울은 결코 그런 의미로 말한 것이 아니었습니다. 다만 그가 지금 여기에서 선언하는 것은 하나님의 은혜가 모든 사람들에게 구원을 가져다준다는 것입니다(한글개역개정판은 이와 같이 되어 있음). 또 한 가지 주목해야만 하는 것은 "teaching"이라는 흠정역의 번역어가 여기에서의 바울의 생각을 충분히 나타내지 못한다는 사실입니다(한글개역개정판에는 "양육하시되"로 되어 있음). 왜냐하면 바울이 여기에서 사용한 단어는 물론 가르침을 전달하는 것도 포함되기는 하지만 그러나 그와 함께 잘못을 바로잡으며 징계를 하는 등의 다른 개념들과 불가분리적으로 연결되어 있기 때문입니다. 그것은 "주께서 그 사랑하시는 자를 징계하시고"라는 유명한 구절에서 사용된 단어와 같은 단어입니다(히 12:6). 그러므로 바울 사도가 여기에서 의도한 것은 "모든 사람에게 구원을 가져다주는 하나님의 은혜가 나타나 우리를 양육, 혹은 훈육, 혹은 훈련시킨다는" 것입니다.

1. 첫째로, 은혜의 나타남을 주목하십시오.

"은혜"라는 단어는 오늘날의 세대보다도 과거 세대에 훨씬 더 중요한 의미를 가졌습니다. 나는 오늘날의 세대의 보통 그리스도인들에게 있어 그와 같은 시대에 뒤떨어진 단어의 의미를 재발견하는 것보다 더 필요한 일은 아무것도 없다고 생각합니다. 그러면 "은혜"는 무엇을 의미합니까? 그것은 스스로로부터 기원한 사랑을 의미합니다. 은혜는 그 자체 외에 다른 어떤 동기도 가지고 있지 않은 사랑입니다. 이와 같이 은혜는 스스로 동기부여 된 사랑입니다. 또 은혜는 스스로 동기부여 된 가운데, 계속적으로 작동하며, 나누어 주기를 기뻐하는 사랑입니다. 또 은혜는 그것으로부터 멀리 떨어진 사람들에게 값없이 흘러넘치며 전달되는 가운데 스스로 동기부여 되며, 계속적으로 작동되며, 스스로를 낮추는 사랑입니다. 또 은혜는 스스로 동기부여 되며, 계속적으로 작동되며, 스스로를 낮추며, 그 손에 용서의 은혜를 들고 공로에 따라서가 아니라 그 자신의 심장의 고동(鼓動)을 따라 자격 없는 사람들에게 값없이 전달되는 사랑입니다. 이와 같이 은혜는 스스로 동기부여 되며, 계속적으로 작동되며, 스스로를 낮추며, 값없이 전달되는 용서의 긍휼입니다. 그 긍휼은 하나님 자신의 바로 그 집과 보좌를 지니고 있습니다. 본문 가운데 바울은 그러한 은혜가 "나타났다"고 말합니다. 여기에서 그는 가장 함축적이며 회화적(繪畫的)인 단어를 사용합니다. 왜냐하면 그것은 특별히 하늘의 거대한 빛들이 비취는 것을 묘사할 때 사용되는 단어이기 때문입니다. 성경에서 그 단어가 어떤 물질적인 실체에 적용된 유일한 실례(實例)는 오랜 시간 동안 빽빽한 구름에 가려져 있어 "나타나지도" 못하고 빛을 비출 수도 없었던 해와 별들에 대해 언급할 때입니다. 그것을 제외한 다른 모든 경우에, 그 단어가 지칭하는 것은 명확합니다. 그것은 항상 예수 그리스도의 오심을 지칭합니다. 성육신으로 오신 첫 번째 오심이든, 혹은 심판을 위한 두 번째 오심이든 말입니다. 그러한 나타남은 이를테면 오랜 세월 죄의 안개에 가려져 있던 태양이 비취는 것입니다. 태양은 우리 마음의 축축한 늪지로부터 솟아올라, 죄의 안개 위에 자신의 빛을 쏟아 붓습니다. 그렇게 하여 죄의 안개는 점점 더 열어지고, 마침내 그 빛은 안개가 걷힌 반짝이는 대지를 아름답게 비춥니다.

이와 같이 성육신하신 하나님의 아들인 예수 그리스도의 생애와 인격 안에서 스스로 동기부여 되고, 계속적으로 작동하며, 스스로를 낮추며, 값없이 전달되는 이 모든 사랑이 그 최고의 나타남을 발견한다고 선언할 때, 바울은 명확한 의미를 가지고 명확한 역사적 사실을 가리킵니다. 그것은 마치 태양의 찬란한 광채가 혼돈의 우주 가운데 퍼져 있던 안개를 거두어 내고 세상에 빛을 비추는 것과 같은 것이었습니다.

물론 이와 같은 하나님의 은혜의 나타남으로서의 예수 그리스도의 생애의 개념은 예수 그리스도가 하나님에 대해 특별하면서도 유일한 관계를 가지고 있다는 믿음 위에서도 똑같이 나타납니다. 그리스도인들은 성탄절과 관련하여 이러한 관점을 가질 필요가 있습니다. 만일 우리가 "말씀이 육신이 되어 우리 가운데 거하시매"라고 말할 수 없다면, 우리는 계속해서 "우리가 그 영광을 보니 아버지의 독생자의 영광이요 은혜와 진리가 충만하더라"라고 말할 수 없습니다. 성탄절은 단순히 한 사람의 탄생을 기념하는 것이 아니라, 하나님의 성육신을 기념하는 것입니다. 모든 사람에게 구원을 가져다주는 은혜가 이와 같이 나타났습니다. 아, 이것은 얼마나 놀라운 은혜입니까! 바로 여기에 기독교의 능력과 축복이 있습니다. 이제 우리는 더 이상 하나님을 더듬어 찾을 필요가 없습니다. 우리는 세상 역사(歷史)의 미로 속에서나 혹은 모호한 자연계시들 가운데서 그의 발자국의 흔적들을 고통스럽게 더듬을 필요가 없습니다. 그렇게 하는 대신 우리는 역사적(歷史的)인 사실들을 바라보면서 이렇게 말할 수 있습니다. "보라, 그가 바로 우리 하나님이라. 우리는 그를 기다려왔노라. 이제 그가 우리를 구원할 것이라." 이제 의심의 날은 지나갔습니다. 왜냐하면 그가 "진실로 진실로 너희에게 이르노니 … 나를 본 자는 아버지도 보았느니라"라고 말씀하시기 때문입니다(요 14:9).

"이와 같이 말씀이 육신이 되어
완전한 사랑의 행동들 가운데,
그리고 모든 낭만적인 생각을 뛰어넘어,
사람의 손과 함께 역사(役事)하도다."

이와 같이 하나님의 은혜가 나타났습니다.

2. 둘째로, 은혜의 선물을 주목하십시오.

그것은 "모든 사람에게 구원을 가져다주는" 은혜입니다. 나는 앞에서 흠정역의 배열에 잘못이 있음을 지적했습니다. 그것은 구원을 가져다주는 하나님의 은혜가 모든 사람들에게 나타났다는 것이 성경의 보편적인 가르침과 맞지 않기 때문입니다(흠정역은 "For the grace of God that bringeth salvation hath appeared to all men" 즉 "구원을 가져다주는 하나님의 은혜가 모든 사람들에게 나타나"로 되어 있음 — 譯註). 그렇지만 우리는 굳이 어순을 바꾸지 않고도 해석적인 차원에서 본문을 올바로 이해할 수 있습니다. 왜냐하면 이 은혜가 모든 사람에게 나타났다고 말했다고 해서 그것이 반드시 모든 사람이 구원받을 것을 의미하는 것은 아니기 때문입니다. 우리는 여기에서 바울이 말하는 것을 실제적인 사실로서가 아니라 잠재적인 가능성으로서 이해할 수 있습니다. 왜냐하면 흠정역에서 "that bringeth salvation"(구원을 가져다주는)이라는 세 개의 단어로 번역된 원어는 실제로 한 단어이기 때문입니다. 여기에 사용된 단어가 가리키는 것은 실현된 결과가 아니라 목표와 목적입니다.

구원은 그것이 가진 성격 상 필연적으로 조건이 따릅니다. 하나님이 모든 사람을 구원할 수 있었다면, 하나님은 분명 그렇게 하셨을 것입니다. 인간 역사 전체를 통해 흐르는 사랑은 보편적인 것이지만, 그 사랑이 가져다주는 구원의 선물은 그것의 성격상 필연적으로 조건적인 것이 됩니다. 구원은 모든 종류의 사람들에게 무차별적으로 던져질 수 없습니다. 그들이 하나님과 더불어 어떤 관계를 가지고 있는지 상관없이 말입니다. 그럴 수 있었다면, 분명 그렇게 되었을 것입니다. 그러나 구원은 깊고 내적인 것이며, 사람의 도덕적 종교적 상태에 의해 영향을 받습니다. 그렇기 때문에 그것은 모든 종류의 사람들에게 무차별적으로 주어질 수 없습니다. 도리어 그것은 적합한 장소에 심어야만 합니다. 필수불가결한 한 가지 조건은 구원을 가져다주는 자를 신뢰하는 것입니다. 그리고 그를 신뢰하면서 그의 손으로부터 구원을 취하는 것입니다. 선반 위에 약병이 놓여 있다고 상상해 보십시오. 병자가 그것을 먹지 않고 그대로 선반 위에 둔다면, 그의 병은 결코 치료되지 않을 것입니다. 그것은 약의 잘못이 아닙니다. 그것은 만병통치약입니다. 그러나 그것을 먹지 않을 때, 그로부터 어떤 치료효과도 나타나지 않을 것입니다. 하나님의 사랑의 거대한 파도가 계속해서 해안으로 밀려오고 있다고 상상해 보십시오. 그러나 어떤 사람의 마음은 마치 해안의 암벽과 같습니다. 파도가 끊임없이 암벽으로 밀려옵니다.

그러나 강팍한 암벽은 꿈쩍도 하지 않고 파도에 맞섭니다. 그러면 결국 무력한 물보라만 남긴 채 아무 일도 일어나지 않습니다. 대서양의 모든 파도들이 그 암벽으로 밀려온다 하더라도, 암벽은 조금도 꿈쩍하지 않습니다. 이와 같이 구원의 선물의 보편성 혹은 구원의 선물의 보편적인 효력은 그것을 받아들이지 않는 사람에게 아무런 결과도 나타내지 못한다는 사실에 추호도 영향을 받지 않습니다. 여러분은 구원의 선물 앞에 여러분의 마음을 활짝 열었습니까? 그렇지 않으면 굳게 닫아 버렸습니까?

바울은 이러한 은혜의 선물이 모든 사람들을 위해 의도된 것이었음을 인식했습니다. 그리고 그가 그렇게 인식한 것은 무엇보다도 그 자신이 그러한 은혜를 받았기 때문이었습니다. 그는 그 은혜가 자신을 구원할 수 있었다면 그것은 어떤 사람이든 능히 구원할 수 있다고 느꼈습니다. 그리고 그는 그 은혜가 그의 죄와 허물을 도말할 수 있다면 그것은 어떤 사람의 죄와 허물도 능히 도말할 수 있다고 느꼈습니다. "죄인 중에 내가 괴수라"는 말은 결코 과장이 아니었습니다. 그것은 자신의 내적 자아를 아는 정직한 양심의 판결이었습니다.

"나를 끌어안은 사랑의 팔은
능히 모든 인류를 끌어안을 것이라."

여러분은 그가 여러분을 완전하게 씻었음을 압니다. 그러한 사실을 알 때, 여러분은 그가 모든 사람을 씻을 것이라는 사실을 의심할 수 있습니까?

이와 같이 은혜의 보편성은 그것이 모든 사람에게 속하는 필요에 부응하는 사실 속에서 명확해집니다. 왜냐하면 모든 필요들 가운데 가장 근본적인 필요는 하나님과의 관계와 관련한 필요 즉 우리가 우리의 죄의 멍에와 폭정으로부터 건짐을 받아야만 하는 필요이기 때문입니다.

이와 같은 보편적인 가능성과 보편적인 목표는 예수 그리스도의 사역과 사명 위에 한층 더 선명한 글자로 새겨집니다. 특별히 그것이 모든 사람들이 충족시킬 수 있는 조건을 제시한다는 측면에서 말입니다. 은혜의 선물이 일부 사람들만을 위해 의도되었다면, 그것은 오직 특별한 계층의 사람들만 가질 수 있는 자격을 요구했을 것입니다. 우리의 이성과 지식이 진리를 받아들이는 도구였다면, 예수 그리스도의 복음은 오직 세상의 지혜로운 자들만을 위한 복음이었을 것입니다. 그리고 어리석은 자들과 비천한 자들은 그것으로부터 배제되었을 것입니다. 그러나 은혜의 선물에는 오직 한 가지 조건이 있을 뿐입니다. 그것은 그 은혜를 신뢰하는 것입니다. 모든 사람이 믿음의 손을 내밀 수 있습니다. 그렇게 하고자 하기만 한다면 말입니다. 이러한 사실은 우리 모두에게 은혜의 보편성을 분명하게 확증합니다.

우리는 세상의 모든 사람들을 찾아야만 합니다. 우리는 세상의 버림받은 자들과 빈민굴에 사는 자들과 야만인들을 찾아야만 합니다. 그리고 우리는 그들 모두가 하나님의 은혜로 그들이 빠져 있는 깊은 수렁으로부터 건짐을 받을 수 있음을 마음으로 확신해야 합니다. 그러나 많은 사람들은 그들을 그와 같은 방식으로 바라보지 않습니다. 우리 가운데 어떤 사람들은 야만인을 소나 말처럼 짐을 나르는 짐승으로 바라봅니다. 그리고 그들의 노동력을 이용하여 자신들의 부와 영광을 얻기를 추구합니다. 그러나 예수 그리스도는 그들을 그렇게 바라보지 않습니다. 그의 은혜로 그들이 빠져 있는 깊은 수렁으로부터 그들을 끌어올릴 수 있는 존재로 바라봅니다. 그의 사랑의 용광로 속에서 녹지 않을 쇠는 없습니다. 아무리 강한 쇠도, 일단 그의 사랑의 용광로 속에 들어가면, 물처럼 녹을 것입니다. 아무리 꺾이고 짓밟힌 갈대라 하더라도, 그의 은혜의 손은 능히 그것을 싸매고, 온전하게 하며, 그것으로부터 꽃이 피도록 만들 수 있습니다. 그가 하얗게 만들 수 없을 정도로 검은 얼룩은 없습니다. 하나님의 은혜에도 불구하고 거룩하게 될 수 없을 정도로 야만적인 사람은 전에도 없었고, 지금도 없습니다. 하나님의 은혜에도 불구하고 "신의 성품에 참여할" 수 없을 정도로 야수적인 사람은 결코 없습니다. 하나님의 은혜는 "모든 사람"에게 구원을 가져다줍니다.

3. 마지막으로, 은혜의 양육을 주목하십시오.

"하나님의 은혜가 나타나 우리를 양육하시되"(The grace of God hath appeared to all men, teaching). 앞에서도 이야기한 것처럼, 여기의 "teaching"은 단순히 가르침을 전달하는 것만을 함축하지 않습니다. 거기에는 또한 잘못을 바로잡는다든지 혹은 징계를 가하는 등의 훈련과정이 포함됩니다. 예수 그리스도는 성경 안에 있는 그의 생애의 기록들을 통해 우리에게 가르침을 전달합니다. 뿐만 아니라 그는 다른 선생들은 결코 할 수 없는 일을 행하십니다. 왜냐하면 그는 우리에게 우리의 영(spirits) 안에 거하면서 그것을 가르치며 "모든 진리" 가운데로 인도하는 그의 영(Spirit)을 전달하기 때문입니다.

그러나 그의 사역은 여기에서 멈추지 않습니다. 그는 계속해서 우리의 잘못을 고치며 책망하십니다.

예수 그리스도는 친히 "무릇 내가 사랑하는 자를 책망하여 징계하노니"라고 말씀하십니다(계 3:19). 그는 때로 "회초리"를 가지고 오십니다. 그러나 항상 "온유의 영"과 함께 그렇게 하십니다. 그는 내적인 징계뿐 아니라 외적인 징계까지도 사용하십니다. 칼은 포도나무의 여린 가지를 무자비하게 잘라냅니다. 그러면 잘린 상처로부터 수액이 흘러나오지만 생명은 그대로 남아 있습니다. 이와 같은 가지치기의 결과가 무엇입니까? 그것은 더 크고, 더 붉으며, 더 달콤한 과즙으로 가득 찬 포도송이입니다. 그러므로 사랑하는 친구들이여, 두 가지를 확신하십시오. 첫째로, 징계는 곧 은혜라는 사실입니다. 칼을 잡은 손은 사랑의 손입니다. 그리고 둘째로, 내적인 연단뿐 아니라 외적인 슬픔의 목적은 우리로 하여금 그의 거룩에 참여하도록 하기 위함이라는 사실입니다. 그와 같은 은혜는 어떤 서툰 의사와 같지 않습니다. 종기를 제거한답시고 칼을 댔다가 환자를 죽이고 마는 어리석은 의사 말입니다. 그는 얼마만큼 잘라내야 할지, 그리고 어디에서 멈추어야 할지 정확하게 아십니다.

"하나님의 은혜가 나타나 우리를 양육하시되." 우리는 여기의 "양육"을 "훈육"으로 바꾸어 읽을 수도 있습니다. 훈육은 무엇을 위한 것입니까? 여러분에게 있어 훈육은 70년 동안 성실하게 진행됩니까? 우리가 우리의 인생을 그리스도의 학교로 생각한다면, 우리는 우리의 인생을 훨씬 더 잘 이해하게 될 것입니다. 그리고 우리가 받고 또 우리가 펼치고 연습하는 모든 재능들이 훨씬 더 좋은 무대를 발견하게 될 것을 확신하게 될 것입니다. "은혜가 육신이 되신" 예수 그리스도께서 우리에게 나타나셨습니다. 그는 우리가 그의 선물을 받기를 간절히 바라십니다. 우리가 그의 학교에 등록하고 그의 가르침을 배우며 그의 훈육을 받으며 그의 사랑의 증표인 그의 징계에 순복한다면, 우리는 계속해서 상급반으로 올라가고 마침내 가장 높은 반에 이르게 될 것입니다. 그리고 그 학교에는 은혜뿐만 아니라 영광이라는 선생도 있을 것입니다. 그리고 영광으로부터 우리는 이 땅에서 은혜로부터 배운 것보다 훨씬 더 많은 것을 배우게 될 것입니다.

3
은혜의 목적

"우리를 양육하시되 경건하지 않은 것과 이 세상 정욕을 다 버리고 신중함과 의로움과 경건함으로 이 세상에 살고"

딛 2:12

이러한 말씀의 충분한 의미를 이해하기 위해서는 우리는 이것이 예수 그리스도 안에서의 하나님의 계시의 궁극적인 목적을 언급하는 것이라는 사실을 주목해야만 합니다. 본문 가운데 "모든 사람에게 구원을 가져다주는 하나님의 은혜가 나타난" 목적이 분명하게 규정됩니다(11절). 그것이 나타난 목적은 우리가 경건하지 않은 것과 이 세상 정욕을 부인하고 신중함과 의로움과 경건함으로 살도록 하기 위함입니다.

우리는 바울이 예수 그리스도의 생애와 죽음을 모든 기적들 가운데 가장 놀라운 기적으로 생각한 것을 기억할 필요가 있습니다. 그에게 있어 예수 그리스도의 생애는 신성(神性)이 사람의 형상으로 우리 삶의 한계 안으로 들어온 것이었으며, 그의 죽음은 신성이 우리 죽음의 어둠 가운데 참여한 것이었습니다. 그는 예수 그리스도의 오심을 장차 그를 믿는 사람들에게 실제 신적 생명이 선물로 주어질 것을 보증하는 것으로 믿었습니다. 이와 같은 사실들을 감안할 때 비로소 여러분은 본문의 장엄한 의미를 이해하게 될 것입니다. 그러면 이러한 신적 긍휼의 기적은 무엇을 위한 것이었습니까? 그것은 지금 여기에 있는 사람들이 선한 삶을 살도록 돕는 것 외에 아무것도 아니었습니다. 미래와 관련한 것들을 완전히 배제한다 하더라도, 신적 사랑의 효력은 충분히 입증되고 옹호됩니다. 해는 초라한 오두막의 텃밭에 심겨진 채소를 자라게 하기 위해 빛을 비추기를 조금도 부끄러워하지 않습니다. 마찬가지로 하나님의 사랑은 그리스도 안에 있는 풍성한 선물의 목적이 우리가 합당한 삶을 살도록 돕는 것이라는 사실을 결코 부끄러워하지 않습니다. 하나님에게 있어 우리는 너무나 소중한 자들입니다. 하나님이 보시기에 신적 영향력으로 산출되는 행동과 성품들은 무한한 가치를 갖습니다. 여기에서 첫째로 우리는 매일의 삶이 어떠해야 하는지 본문이 묘사하는 아름다운 그림을 주목할 수 있습니다. 그리고 다음으로 우리는 그렇게 살고자 하는 사람들에게 본문이 부과하는 어려운 조건들을 살펴보고자 합니다. 그러고 나서 마지막으로 우리는 그러한 삶이 가능하게 만들기 위해 하나님이 우리에게 주신 것을 살펴볼 것입니다. 이제 이러한 세 가지 주제를 차례대로 살펴보도록 합시다.

1. 첫째로, 우리의 삶이 어떠해야 하는지를 보여 주는 아름다운 그림을 주목하십시오.

여기에서 바울이 말하는 것들을 주목해 보십시오. "신중함과 의로움과 경건함으로 이 세상에 살고." 이것은 얼마나 상식적인 것들입니까! 그가 요구하는 것들에 대해 정직한 양심을 가진 사람들이라면 누구라도 기꺼이 "아멘!"으로 화답할 것입니다. "신중함과 의로움과 경건함" — 이것은 모든 사람이 추구하는 종류의 삶이 아닙니까! 이제 이러한 세 가지 덕(德)에 대해 간단히 생각해 보도록 합시다. 개략적으로 말해서, 그것들은 사람의 "자기 자신에 대한" 그리고 "이웃에 대한" 그리고 "하나님에 대한" 의무의 기초를 망라하는 것으로 간주될 수 있습니다.

"신중함" — 이것은 여러분이 여러분 자신의 본성에 대해 빚지고 있는 것입니다. "의로움" — 이것은 여러분이 여러분을 둘러싸고 있는 사람들에 대해 빚지고 있는 것입니다. "경건함" — 이것은 여러분이 하나님에게 빚지고 있는 것입니다. 여기의 "신중함"(soberly)은 좁은 의미로 술을 금하는 것이나 혹은 매우 제한적으로 마시는 것이라든지, 혹은 좀 더 넓은 의미로 감각이 바라는 것을 억제하는 것을 의미하지 않습니다("sober"는 "신중한" "맑은 정신의" "술 취하지 않은" 등의 의미를 갖는 단어임). 그것이 의미하는 바를 우리는 다른 어떤 단어보다도 절제(self-control)라는 단어로 가장 잘 표현할 수 있습니다. 세상에 나 외에 아무도 없으며, 나에게 하나님에 대한 아무런 지식도 없으며, 내가 따라야만 하는 다른 아무런 표준도 없다고 가정해 봅시다. 그런 상황이라 하더라도 내가 가져야만 하는 가장 본질적인 것은 바로 "절제" 즉 스스로를 다스리는 것입니다. 왜냐하면 인간의 본성은 대부분의 경우 그 지배력에 있어서 분명한 서열에 따라 움직이기 때문입니다. 배가 키에 의해 움직여지도록 만들어진 것처럼, 우리는 엄격한 자기통제 즉 스스로를 다스리는 것에 의해 움직여지도록 만들어졌습니다.

우리 모두에게는 소욕(所欲)과 성향(性向)과 기호(嗜好)가 있습니다. 그것들 가운데 어떤 것들은 우리의 육체와 직접적으로 관련되며 또 어떤 것들은 좀 더 세련되게 다듬어지기도 합니다, 어쨌든 그러한 것들은 그것이 만족되는 것을 향해 맹목적으로 이끌려지는 성향을 갖습니다. 그리고 그러한 것들은 그것을 만족시키는 것이 유익하며 옳은 것인지 여부와 전적으로 무관하게 자극되고 충동됩니다. 배고픈 사람에게 음식 냄새는 그것이 자기 것이든 아니든 상관없이 강하게 유혹합니다. 설령 그것이 남의 것이어서 훔쳐야만 한다 하더라도, 여전히 그것은 그를 유혹합니다. 왜냐하면 우리는 상당 부분 맹목적인 소욕들(desires)로 구성되었기 때문입니다. 그래서 그것이 정당하게 취할 수 있는 음식인지 여부를 고려하지 않고 본성의 가장 깊은 곳에서 그것을 취하고자 하는 욕구가 일어납니다. 이런 우리들에게 바울은 "신중함" 즉 절제하며 살 것을 요구합니다. "신중함으로 살고." 배가 암초를 향해 나아갈 때조차, 엔진은 똑같이 작동할 것입니다. 배를 출발시키고 계속해서 움직이도록 하는 일은 기관사의 몫입니다. 배의 스크루를 돌리는 일은 그의 몫입니다. 그러나 배를 올바른 길로 이끄는 것은 다른 사람의 몫입니다. 우리는 배를 우리의 통제 아래 두어야만 합니다. 만일 그렇게 하지 않는다면, 우리의 배는 결국 파선하고 말 것입니다. 그러므로 바울은 "신중함으로 살라"고 말합니다.

다음 요구는 "의로움으로 살라"는 것입니다. 앞에서 나는 이것이 주로 다른 사람들에 대한 우리의 의무와 관련되는 것이라고 이야기했습니다. 그러나 대체로 그렇다는 것이지, 꼭 그렇다는 것은 아닙니다. 왜냐하면 "의로움"은 다른 사람들과 관련된다기보다 우리가 따르는 어떤 확실한 표준과 관련되기 때문입니다. 나는 앞에서 설령 세상에 나 외에 아무도 없다 하더라도 스스로를 통제하는 의무는 불가불 여전히 남아 있을 것임을 이야기했습니다. 그러나 실제로 이런 일은 존재하지 않습니다. 우리는 사물들과 사람들의 전체 우주와의 관계 안에서 살아갑니다. 따라서 모든 사람 앞에 선과 악의 표준이 떠오릅니다. 여기에서 바울이 "의로움으로 살라"는 말의 의미는 "너희가 마땅히 행해야만 하는 것으로 아는 대로 살라"는 것입니다.

이와 같이 "의로움"이라는 단어가 주로 다른 사람들에 대한 우리의 의무를 함축한다는 관점으로부터, 우리는 이웃과 관련한 "의"가 긍휼(mercy)을 요구한다는 사실을 기억할 필요가 있습니다. 모든 사람에게 더도 덜도 말고 그들이 받기에 합당한 만큼만 주는 정의로운 사람과 사랑의 사람 사이를 서로 상반되는 것처럼 받아들이는 일반적인 태도는 잘못된 것입니다. 왜냐하면 모든 사람은 다른 모든 사람들에게 '관대한 판단'과 '받기에 합당한 이상(以上)의 도움'을 요구할 수 있는 권리를 갖기 때문입니다. 모든 사람은 도움을 받기에 합당하지 않을 수 있지만, 도움을 요청할 권리를 가집니다. 그러므로 긍휼을 베풀지 않는 사람은 정의로운 사람이 아닙니다. 만일 우리가 긍휼을 사랑하지 않는다면, 우리는 정의를 행할 수 없습니다. 왜냐하면 긍휼을 구하는 것은 모든 사람들의 권리이기 때문입니다. "여호와께서 네게 구하시는 것은 오직 정의를 행하며 긍휼을 사랑하는 것이 아니냐"(미 6:8, 한글개역개정판에는 "인자를 사랑하는"이라고 되어 있음).

온전한 삶과 관련하여 바울이 마지막으로 요구하는 것은 우리를 또 다른 영역으로 데려갑니다. "경건함으로 살고." 설령 세상에 나 외에 아무도 없다고 하더라도, 신중함으로 다시 말해서 스스로를 다스리며 사는 것은 여전히 나의 의무가 되어야만 합니다. 또 나는 다양한 피조물들과의 다양한 관계 속에서 그리고 모든 사물들의 전체적인 질서와의 다양한 관계 속에서 살기 때문에 표준에 따라 옳은 것을 행할 의무를 갖습니다. 이와 같이 모든 사람들에게 신중함과 의로움이 요구되는 것처럼, 또한 모든 사람들에게 경건함도 필요합니다. 왜냐하면 우리는 단지 다른 사람들과의 관계의 띠로 묶여 있는 것이 아니라, 나아가 모든 관계들 가운데 가장 실제적인 관계인 하나님과의 관계의 띠로도 묶여 있기 때문입니다.

"사람의 주된 목적이 하나님을 영화롭게 하며 그를 영원토록 즐거워하는" 것이라면, 그러한 목적은 그것의 달콤함을 다른 두 가지(즉 신중함과 의로움) 속으로 퍼뜨려야만 합니다. 왜냐하면 여러분은 삶의 통일체를 작은 부분들로 쪼개어 "이 행동은 신중함으로 행한 것이고, 이것은 의로움으로 행한 것이며, 이것은 경건함으로 행한 것이야"라고 말할 수 없기 때문입니다. 경건함이 삶 전체를 망라해야만 하며, 그것이 신중함과 의로움을 위한 능력이 되어야만 합니다. 세 가지 모두든 아니면 아무것도 아니든 둘 중 하나입니다. 처음 두 가지 의무는 열심히 지키면서 그러나 세 번째 의무는 잊어버리는 사람의 삶은 최고의 아름다움이 결여된 삶입니다. 우리 가운데 스스로를 다스리며 의롭게 살고자 노력하지만 항상 낮은 수준에서 그렇게 하면서 하늘에 속한 것을 보지 못하며 하늘의 음성을 듣지 못하는 사람들이 얼마나 많습니까! 나는 우리 가운데에도 그런 사람들이 적지 않게 있을 것이라고 생각합니다. 그런 사람들은 마치 꼭대기가 없는 피라미드와 같습니다. 그것은 견고한 땅 위에 넓게 기초를 세웁니다. 그리고 어느 정도 높이만큼 곧게 솟아오르다가 갑자기 멈추고 맙니다. 그것은 우리에게 무엇을 의미합니까? 결국 미완성을 의미하는 것이 아닙니까? 지면(地面)의 네 점에서 출발한 네 개의 직선은 하늘을 찌르는 하나의 꼭짓점으로 모아져야만 합니다. 그러나 그들은 하늘을 찌르는 하나의 꼭짓점으로 모아지지 못합니다. "신중함"은 너무나 중요하며, "의로움"은 한층 더 중요합니다. 그러나 가장 중요한 것은 "경건함"입니다.

2. 둘째로, 이와 같이 살고자 애쓰는 사람들에게 본문이 부과하는 어려운 조건들을 주목하십시오.

본문 가운데 바울은 먼저 부정적인 명령을 제시합니다. "경건하지 않은 것과 이 세상 정욕을 부인하고"(denying ungodliness and worldly lusts, 한글개역개정판에는 "다 버리고"라고 되어 있음). 여기에서 그가 우리에게 부인하라고 말하는 것은 그가 우리에게 목표로 삼으라고 말하는 것과 정반대의 특성을 갖는 것들입니다. "경건하지 않은 것"은 "경건함"과 정확하게 반대입니다. 또 "이 세상 정욕"은 분명 "신중함과 의로움"의 반대쪽 개념입니다. 여기의 "정욕"(lusts)이라는 단어는 단순히 "바라는 것들"(desires) 혹은 "열망하는 것들"(longings)을 함축합니다. 가장 저열한 육신주의뿐만 아니라 자랑과 야망과 보다 더 세련되고 보다 덜 육신적인 모든 바라는 것들까지도 여기에 포함됩니다. 이와 같이 "이 세상 정욕"은 그 모양이 어떤 것이든 세상의 일시적인 것들과 관련하여 바라는 것들을 의미합니다. "너는 나의 신(神)이라. 너를 가짐으로 나는 만족하노라"라고 말하면서 말입니다.

여기에서 특별히 분문이 두 부분으로 나뉘는 것을 주목하십시오. 바울은 앞부분에 부정문을 제시하고("경건하지 않은 것과 이 세상 정욕을 부인하고"), 뒷부분에 긍정문을 제시합니다("신중함과 의로움과 경건함으로 이 세상에 살고"). 설령 뒷부분의 긍정적인 덕들을 얻기 위해 애쓴다 하더라도 그와 함께 앞부분의 부정적인 것들을 버리기 위해 계속 노력하지 않는다면, 바울은 그것이 쓸모없는 일이라고 말합니다. 그 이유는 무엇입니까? 그것은 사람이 둘을 동시에 소유할 수 없기 때문입니다. 어떤 사람이 그의 본성에 들러붙어 있는 "경건하지 않은 것"을 버리지 않는다면, 그는 결코 "경건함"을 얻을 수 없습니다. 그가 그의 마음을 점령하고 있는 정욕들을 버리지 않는다면, 그는 결코 스스로를 다스리거나 "의로움"을 추구할 수 없습니다. 여러분이 착한 소작인을 데려오고자 한다면, 여러분은 악한 소작인을 쫓아내야만 합니다. 여러분이 물길을 올바른 방향으로 흐르게 하고자 한다면, 여러분은 그것의 잘못된 방향을 돌려야만 합니다. 이와 같이 사람에게 있어 본문 뒷부분이 말하는 긍정적인 덕들을 획득하는 것은 매우 어렵고 고통스러운 일입니다. 어떤 사람들은 우리에게 필요한 것은 단지 우리가 가지고 있는 것을 계발하는 것뿐이라고 말합니다. 아! 그러나 이것이 필요한 것의 전부일까요? 결코 그렇지 않습니다. 그것 외에 또 다른 것이 필요합니다. 여러분은 선한 것이 들어올 수 있는 공간을 만들기 위해 악한 것을 버려야만 합니다. 선한 것이 들어오지 않고는 악한 것을 쫓아낼 수 없습니다. 둘은 항상 함께 갑니다.

이와 같이 사람에게 있어 더 나은 방향으로 자라며 향상되는 것은 어려운 일입니다. 단순히 업무나 지식이나 정서적인 측면에서 향상되는 것이라면, 그것은 그렇게 어렵지 않을 것입니다. 그러나 여러분은 기계적으로 이루어지는 행동을 역전(逆轉)시켜야만 합니다. 그리고 그것은 결코 쉽게 이루어지지 않습니다. 같은 자아(自我)가 제사장인 동시에 희생제물이 되는 것은 어려운 일입니다. 사람에게 있어 자기 자신을 십자가에 매다는 것은 어려운 일입니다. 이와 같이 우리가 우리 안에 있는 악을 단호히 잘라내지 않는다면, 우리는 결코 선한 방향으로 향상되지 못할 것입니다. "신중함과 의로움과 경건함으로 살고자" 결심하고 노력합니다. 그러나 자기 안에 있는 악이 너무나 강해 번번이 실패하는 사람들이 여기에도 분명 많이 있을 것입니다.

3. 마지막으로, 이러한 삶을 가능하게 만들기 위해 하나님이 우리에게 주신 것을 주목하십시오.

"모든 사람에게 구원을 주시는 하나님의 은혜가 나타나 우리를 양육하시되." 바로 이 같은 사실로 인해, 사람에게 불가능한 것이 하나님에게 가능한 것이 될 수 있습니다. 그리스도와 그의 사랑, 그리스도와 그의 생명, 그리스도와 그의 죽음, 그리스도와 그의 영 — 바로 여기에 사람이 할 수 없는 일을 가능하게 만드는 새로운 소망과 동기와 능력이 있습니다. 어린

아이는 거대한 엔진의 동작을 역전시킬 수 없습니다. 그러나 그 엔진을 만든 자는 간단한 조작으로 그것을 반대쪽 방향으로 작동하도록 만들 수 있습니다. 이와 같이 하나님은 그리고 오직 하나님만이 우리가 "경건치 않은 것과 이 세상 정욕을 부인"하고 이 세상에서 "신중함과 의로움과 경건함"으로 살도록 만들 수 있습니다. 그리고 그 자신의 큰 사랑으로 우리의 마음을 새로운 사랑으로 빚기 위해 오신 예수 그리고 우리의 생명이 되도록 하기 위해 자신의 영을 우리에게 주신 예수는 이러한 선물들을 통해 우리에게 새로운 동기(動機)와, 새로운 능력과, 새로운 기호(嗜好)와, 새로운 열망을 주십니다. 그는 우리의 손에 고삐를 놓습니다. 그럼으로써 우리가 제멋대로 날뛰는 우리의 기질과 성향을 통제하는 것을 가능하게 만듭니다. 유리관 속에 어떤 이물질이 끼어 있다고 생각해 보십시오. 여러분이 그것을 제거하기를 원한다면, 어떻게 하면 될까요? 그 방법은 그 속에 작은 헝겊쪼가리 따위를 삽입하고 그것을 미는 것입니다. 이와 같이 우리 마음속에 들어온 그리스도의 사랑이 우리 안에 있는 악을 밀어냅니다. 마치 봄에 솟아나는 생명의 진액(津液)이 겨울 내내 말라붙은 채 매달려 있던 죽은 잎사귀들을 밀어내는 것처럼 말입니다. 마르틴 루터는 종종 이렇게 말하곤 했습니다. "여러분은 삽과 수레로 마구간을 깨끗하게 할 수 없습니다. 차라리 그곳으로 엘베 강이 흘러들어가게 하십시오." 거대한 생명의 강이 여러분의 마음속으로 흘러들어가게 하십시오. 그러면 "신중함으로" 즉 스스로를 통제하며 사는 것이 결코 어려운 일이 아닐 것입니다.

그는 우리가 "의로움으로" 살도록 돕기 위해 오십니다. 그는 우리에게 그 자신의 생명을 주시고, 그 생명이 우리 안에 거하도록 하십니다. 이것은 단순한 비유가 아니라 완전한 사실입니다. 예수 그리스도를 믿는 자들은 의를 얻는데, 그 의는 단순히 허구적인 의가 아니라 복된 실재로서의 의입니다.

또 그는 우리가 "경건함으로" 사는 것이 가능하도록 만들기 위해 오십니다. 왜냐하면 그는 그리고 오직 그만이 마음을 하나님께로 끌어당기는 비밀을 가지고 있기 때문입니다. 그것은 그가 그리고 오직 그만이 우리에게 하나님의 마음의 비밀을 열어주셨기 때문입니다. 우리가 명령하시고 요구하시는 하나님만을 생각한다면, 우리는 그를 사랑하지도 않고 그를 위해 일하지도 않고 "경건함으로" 살지도 못할 것입니다. "또 한 사람이 와서 이르되 주인이여 보소서 당신의 한 므나가 여기 있나이다 내가 수건으로 싸 두었었나이다 이는 당신이 엄한 사람인 것을 내가 무서워함이라 내가 수건으로 싸 두었었나이다"(눅 19:20, 21). 그러나 우리가 하나님이 사랑이심을 배운다면 그리고 그가 우리에게 순종할 수 있는 능력을 주시는 것을 안다면, 우리의 마음은 감사와 감격으로 충동되며 분기(奮起)될 것입니다.

사랑하는 친구들이여, 틀림없이 여러분은 스스로를 고치고자 여러 차례 노력하면서도 번번이 실패했을 것입니다. 이제 오늘의 복음을 들어 보십시오. 여러분은 산 밑에 앉아, 산꼭대기에 우뚝 솟아 있는 아름다운 성전을 바라보고 있습니다. 그리고 그곳에 도달하고자 몇 번 애써 보았으나 번번이 좌절하고 말았습니다. 그러나 그곳은 결코 올라갈 수 없는 곳이라고 생각하며 절망하지 마십시오. 여러분 자신을 그리스도께 맡기십시오. 그리고 그의 생명이 여러분의 영 안으로 들어오게 하십시오. 그러면 그가 "여러분의 발을 암사슴의 발과 같게 하시고 여러분을 높은 곳에 세우실" 것입니다(시 18:33). 그가 그 길을 보이실 것이며, 그 자신이 그 길일 것입니다. 그리고 그가 그의 천사들을 보내어 그들이 여러분의 손을 붙잡고 여러분을 마침내 그곳으로 데려가도록 할 것입니다. "네 마음에 누가 하늘에 올라가겠느냐 하지 말라 … 말씀이 네게 가까이 있느니라"(롬 10:6, 8). 여러분 자신을 하늘로부터 내려오신 인자(人子)에게 맡기십시오. 그는 하늘과 땅을 잇는 사다리가 되실 것이며, 여러분의 연약한 발조차도 그것을 딛고 하나님께 올라갈 수 있을 것입니다.

4
복스러운 소망

"복스러운 소망과 우리의 크신 하나님 구주 예수 그리스도의 영광이 나타나심을 기다리게 하셨으니"

딛 2:13

문맥 가운데 우리는 두 개의 "나타남"을 발견합니다. 하나는 "모든 사람에게 구원을 가져다주는 하나님의 은혜의 나타남"이며(11절), 다른 하나는 그것과 병행되면서 동시에 대조되는 여기의 "크신 하나님의 영광의 나타남"입니다(13절).

둘이 서로 병행되면서 동시에 대조되는 사실은 흠정역 성경보다 원문 성경에서 한층 더 두드러지게 나타납니다. 흠정역의 번역자들은 자신들이 선호하는 번역 방법을 채택하는 가운데 종종 원문의 충분한 의미를 명확하게 드러내지 못하곤 합니다. 원문에 따르면, 바울은 "복스러운 소망 곧 크신 하나님과 우리 구주의 영광의 나타남을 기다리게 하셨으니"라고 말한 것이었습니다(looking for that blessed hope, even the appearing of the glory of the great God and our Saviour, 한글개역개정판에는 "복스러운 소망과 우리의 크신 하나님 구주 예수 그리스도의 영광이 나타나심을 기다리게 하셨으니"라고 되어 있음). 흠정역에서보다 여기에서 우리는 그가 과거의 은혜의 나타남과 미래의 영광의 나타남 사이를 한층 더 날카롭게 대조시키는 것을 발견합니다.

바울에게 이러한 영광의 나타남은, 설령 그것이 신적 위엄의 두려운 아름다움과 찬란한 광채로 빛난다 하더라도, 무한히 바랄만 한 것이었습니다. 그리고 그렇기 때문에 그것은 그에게 복스러운 소망이 됩니다. 영광의 나타남이 임할 때, 그것은 그에게 순전한 기쁨이 될 것입니다. 그것의 다가오는 빛이 멀리서부터 그의 얼굴로 비춰며, 그의 마음을 소망과 기쁨으로 빛나게 합니다. 이와 같이 그것 즉 영광의 나타남에 대한 기독교적 태도는 즐거운 기대여야 합니다. 여명이 동터오는 동녘을 바라보며 해를 맞이할 준비를 하는 것처럼 말입니다.

나아가 이와 같이 영광의 나타남을 복스러운 소망으로 기대하는 태도는 은혜의 나타남으로 말미암아 얻어지는 주된 선물입니다. 하나님의 은혜가 나타난 것은 우리가 그와 같은 복스러운 소망을 바라보며 살도록 훈련시키기 위한 것입니다.

본 설교에서 우리는 다음과 같은 세 가지 주제를 다루고자 합니다. 첫째로, 과거의 하나님의 은혜의 나타남과 미래의 하나님의 영광의 나타남. 둘째로, 영광의 나타남은 복스러운 소망임. 셋째로, 은혜는 우리가 그러한 영광을 소망하도록 훈련시킴.

1. 과거의 은혜의 나타남과 미래의 영광의 나타남.

둘의 표현 형식이 동일한 사실은 둘 사이의 유사성과 연관성을 암시합니다. 둘 모두 안에 하나님의 '가견적(可見的)인 나타남'이 있습니다. 후자는 전자의 기초 위에 놓이며, 전자를 완성하며 유종의 미를 장식합니다.

그러나 우리는 둘 사이의 유사성 못지않게 차이점을 주목할 수 있습니다. 그리고 여기에서 바울이 의도한 차이를 명확하게 이해하는 것은 그리 어렵지 않습니다. 둘 모두 신적 속성의 나타남이기는 하지만, 그러나 각각의 국면은 다릅니다. 나타나는 신적 속성은 전자의 경우는 "은혜"인 반면, 후자의 경우는 "영광"입니다. 흰색의 순수한 빛이 다양한 색깔을 가진 유리를 통과하는 것을 생각해 보십시오. 한순간 빛은 영롱한 초록색으로 빛나다가, 다음 순간 위험을 경고하는 빨간색으로 불타오릅니다.

여기에서 제시된 두 단어 즉 은혜와 영광은 모두 매우 광범위한 의미를 갖습니다. 그러나 여기에서는 그것들의 서로 반대적인 의미가 강하게 부각됩니다. "은혜"는 받을 자격이 없는 비천한 자들을 향해 펼쳐지는 적극적인 사랑입니다. 그러므로 하나님의 은혜는 비천한 사람들 가운데 스스로를 낮추심으로써 베푸시는 그의 사랑의 적극적인 에너지입니다. 그것은 공의와 보응의 엄격한 기초를 떠나 우리를 우리의 죄에 따라 다루지 않습니다.

한편 그것과 대조되는 단어인 "영광"은 매우 광범위한 의미를 가질 뿐만 아니라 또한 특별한 의미로서 은혜와 상반되는 개념을 갖기도 합니다. "하나님의 영광"은 어떤 의미에서 그의 "은혜"입니다. 하나님의 최고의 영광은 용서하시며 오래 참으시는 사랑이 나타나는 것입니다. 이것보다 더 웅장한 것은 아무것도 없습니다. 이것보다 더 장엄한 것은 아무것도 없습니다. 이것보다 더 신적일 수 있는 것은 아무것도 없습니다. 이것보다 더 거룩할 수 있는 것은 아무것도 없습니다. 신성(神性)의 모든 빛 가운데 그의 긍휼과 그의 선하심을 고요하게 비추는 빛보다 더 찬란한 것은 아무것도 없습니다.

이것이 하나님의 영광에 대한 최고의 개념이라 하더라도, 그러나 이것과 함께 취하여져야만 하는 또 다른 진리가 있습니다. 하나님의 영광이라는 표현은 성경에서 매우 특별한 의미를 가집니다. 그리고 그것은 특별히 구약에서 두드러지게 나타납니다. 거기에서 그것은 일반적으로 전체적인 신적 속성이 계시됨으로 말미암아 사람들이 받는 위엄과 권능의 총체적인 인상(印象)을 의미한다기보다, 그룹들 사이에 비취는 '하나님의 임재의 가견적(可見的)인 빛'을 의미합니다. 나아가 그것은 좀 더 넓은 의미로 은혜의 보좌 위를 비추는 물리적인 빛을 의미합니다. 그 빛의 다가갈 수 없는 그리고 형언할 수 없는 찬란함을 표현함에 있어, 사람들은 "하나님의 영광"이라는 이름 외에 또 다른 이름을 발견할 수 없었습니다.

"원하건대 주의 영광을 내게 보이소서"라는 모세의 옛 간구 속에서 우리는 둘 사이의 대조가 나타나는 것을 발견할 수 있습니다(출 33:18). 그에 대한 응답은 이것이었습니다. "내가 내 모든 선함(goodness)을 네 앞으로 지나가게 하리라"(19절). 사람의 눈은 피조되지 않은 신적 빛의 광채를 볼 수 없지만, 그 선함의 일부를 어렴풋하게 보는 것은 가능합니다. 그러한 선함은 하나님의 영광이 나타나는 것과 관련하여 유일하게 가능한 것도 아니고, 유일하게 실제적인 것도 아닙니다. 모세의 간구는 바로 그때 이루어지지 않았습니다. 왜냐하면 그때 이루어지는 것은 하나님의 계시의 점진성과 어긋나기 때문입니다. 그러나 그러한 기도는 언젠가 이 땅에서 온전히 이루어질 것입니다. "각 사람의 눈이 그를 보겠고"(계 1:7).

신적 사랑이 우리 가운데 성육신했을 때, 그 은혜가 나타났습니다. 우리는 오래 참는 온유함을 보았습니다. 그리고 그 안에서 우리는 매우 실제적인 의미에서 그의 영광을 보았습니다. "우리가 그의 영광을 보니 은혜가 충만하더라"(요 1:14). 그러나 이와 함께 마지막 날의 영광이 계시됩니다. 그것은 명백한 신성(神性)의 영광이며, 찬란한 빛이며, 위엄의 광채이며, 타오르는 불입니다.

나아가 "은혜의 나타남"과 "영광의 나타남"이 서로 병행하면서 동시에 날카로운 대조를 이루는 사실은 두 나타남 사이의 차이점뿐만 아니라 또한 유사점도 암시합니다.

두 경우 모두 가장 엄격한 의미의 나타남 즉 사람의 감각에 지각(知覺)되는 "가견적(可見的)인 나타남"이 있습니다. 우리는 하나님의 은혜를 볼 수 있습니까? 그렇습니다. 우리는 사랑이 작동하는 것을 볼 수 있습니다. 그렇지 않습니까? 그러면 어떻게 볼 수 있습니까? "나를 본 자는 아버지를 보았거늘 어찌하여 아버지를 보이라 하느냐"(요 14:9). 예수 그리스도의 나타남은 하나님의 사랑을 사람의 형상으로 나타내는 것이었습니다.

나의 형제여, 영광의 나타남도 마찬가지일 것입니다. 보좌에 앉으신 주권자의 영광의 빛 역시도 사람의 형상 가운데 보이는 모습으로 나타날 것입니다. 그것은 첫 번째 성육신과 마찬가지로 또 하나의 성육신일 것입니다. 하나는 사람들의 감각에 명백하게 나타났으며, 다른 하나도 그럴 것입니다. 그 은혜가 나타났으며, 또 그 영광이 나타날 것입니다. "어찌하여 서서 하늘을 쳐다보느냐 너희 가운데서 하늘로 올려지신 이 예수는 하늘로 가심을 본 그대로 오시리라"(행 1:11). 예수 그리스도의 오심은 역사적(歷史的)인 사실이었으며, 보이는 육체로 나타난 것이었으며, 신적 본성과 성품이 사람의 형상으로 세상에 나타난 것이었으며, 사람들 가운데 사시고 활동하신 것이었습니다.

마찬가지로 많은 사람들의 죄를 담당하시고 드리신 바 된 그리스도는 때가 되면 자기를 바라는 자들에게 두 번째로 나타나실 것입니다. "이와 같이 그리스도도 많은 사람의 죄를 담당하시려고 단번에 드리신 바 되셨고 구원에 이르게 하기 위하여 죄와 상관 없이 자기를 바라는 자들에게 두 번째 나타나시리라"(히 9:28). 둘은 정확하게 함께 갑니다. 인자(人子)가 사람들 가운데 활동하심으로 말미암아 은혜가 눈에 보이게 나타났던 것처럼, 영광 역시 그럴 것입니다. 우리가 바라며 기다리는 것은 하나님의 영광이 세상 가운데 사람의 형상과 실제적인 육체로 나타나는 것입니다.

예수 그리스도의 살아 있는 인격 안에서 구체화되는 이와 같은 영광의 개념이 그의 신성(神性)을 얼마나 강력하게 선포하는지 주목하십시오. 본문의 "영광의 나타남" 앞에 어떤 말씀이 나오는지 주목해 보십시오. "크신 하나님과 우리 구주의 영광의 나타남"(한글개역개정판에는 "우리의 크신 하나님 구주 예수 그리스도의 영광의 나타남"이라고 되어 있음).

오늘 나는 이러한 구절을 해석하는 자리에까지는 들어가지 않고자 합니다. 다만 한 가지 지적하고 싶은 것은 상당수의 유능한 주석가들이 여기의 "크신 하나님"이라는 호칭을 직접적으로 예수 그리스도를 언급하는 것으로 받아들인다는 사실입니다. 나는 여기에서 문법이나 교리가 이와 같은 해석을 필연적으로 요구한다고는 생각하지 않습니다. 그렇지만 설령 여기의 구절을 각각 아버지와 아들을 언급하는 것으로 받아들인다 하더라도, 여전히 우리는 여기에서 그리스도의 참된 신성이 분명하게 나타나는 것을 확실하게 발견할 수 있습니다. 왜냐하면 그렇게 받아들인다 하더라도 여전히 여기에서 결코 분리될 수 없는 영광이 아버지 하나님과 우리 주 예수 그리스도에게 동일하게 돌려져기 때문입니다. 다시 말해서 그런 경우에도 여전히 본문은 아버지의 나타남과 아들의 나타남을 동일한 행동으로 언급하고 있는 것입니다. 만일 어떤 사람이 이와 같은 충만한 신적 영광을 취한다면, 그는 신성모독자거나 아니면 제 정신이 아닌 사람일 것입니다. 그러나 여기의 말씀은 예수 그리스도 자신이 하신 말씀과 완전하게 일치됩니다. "인자가 자기와 아버지의 영광으로 올 때에"(눅 9:26). 이러한 말씀은 우리에게 하나님의 영광이 예수 그리스도에게 충분하게 나누어질 수 있으며, 그에 의해 충분하게 소유될 수 있으며, 그를 통해 충분하게 계시될 수 있다는 놀라운 개념을 보여 줍니다. 하나님의 영광은 곧 그리스도의 영광이며, 그리스도의 영광은 곧 하나님의 영광입니다. 심오하며 신비하며 실제적이며 영원한 연합 안에서, 아버지와 아들, 빛과 빛줄기, 원천과 근원은 사랑 가운데 스스로를 세상에 쏟아 부으며 마지막 날 즉 인자가 "그의 영광과 아버지의 영광으로 나타날 때" 광채 가운데 스스로를 빛나게 할 것입니다.

계속해서 본문의 두 "나타남" 사이에 나타나는 또 하나의 대조를 살펴보도록 합시다. 둘은 나타나는 주체에 있어서만 다른 것이 아니라 또한 그 목적에 있어서도 다릅니다. 은혜가 나타나는 것은 우리를 오래 참음과 온유와 정성으로 양육하며 훈련하기 위함입니다. 반면 영광의 나타남과 관련한 말씀 속에는 훈련에 대한 말씀은 전혀 나타나지 않습니다. 그러면 영광이 나타나는 목적은 무엇입니까? 은혜는 마치 캄캄한 하늘 위로 천천히 그리고 조용하게 떠오르는 은빛의 달처럼 어두운 세상 위로 떠오릅니다. 반면 영광은 폭풍이 몰아치는 하늘 위로 "번개가 동편에서 나서 서편까지 번쩍임 같이" 비추면서, 자신의 엄숙한 메시지를 순간적으로 하늘의 모든 검은색 페이지 위에 기록합니다. "인자의 임함도 그러하리라"(마 24:27). 오래 참고 인내하는 어머니처럼, "하나님의 은혜"는 간절한 애원과 애정 어린 책망과 사랑의 징계와 함께 사람들 가운데 운행합니다. 그것은 조언자이며 위로자입니다. 그것은 어머니의 지혜와 사랑으로 양육하며 기릅니다. "그 길은 즐거운 길이요 그의 지름길은 다 평강이니라"(잠 3:17). 그러나 영광은 그것과는 다른 목적과 다른 모습으로 나타납니다. "붉은 옷을 입고 오는 이가 누구냐 … 그는 나이니 공의를 말하는 이요 구원하는 능력을 가진 이니라 … 어찌하여 네 의복이 붉으냐 … 내가 홀로 포도즙틀을 밟았노라 … 이는 내 원수 갚는 날이 내 마음에 있고 내가 구속할 해가 옴이니라"(사 63:1-4).

2. 영광의 나타남은 복스러운 소망임.

영광의 나타남은 우리에게 "복스러운" 소망입니다. 그리고 그 단어는 "유익한"으로도 대체될 수 있습니다. 왜냐하면 그것이 실제로 이루어지는 날은 축복으로 가득하고 그렇기 때문에 기쁨으로 가득할 것이기 때문입니다.

미래의 영광의 나타남과 관련한 이와 같은 특성들은 그의 오심이 모든 사람들에게 기쁨이 될 것임을 의미하지는 않습니다. 그것의 아름다움 안에 두려운 것이 있으며, 그것의 밝은 빛 안에 위협과 경고가 있습니다. 그러나 그 안에 담겨 있는 모든 공포와 그것을 둘러싸고 있는 모든 두려운 광채와 돌이킬 수 없는 과거에 대한 심판과 보응을 생각하게 되는 떨림이 있습니다. 그럼에도 불구하고 여전히 바울에게 그것은 미래와 관련한 다시 말해서 그리스도의 나타나심과 관련한 그의 모든 기대의 최고의 면류관이었으며 또한 그것을 위한 그의 모든 열망의 최상의 절정이었습니다.

초대교회는 죽음에 대해서보다 예수 그리스도의 오심에 대해 훨씬 더 많이 생각했으며, "하늘"에 대해서보다 그의 오심에 대해 훨씬 더 많이 생각했습니다. 그들에게 있어 미래는 그들을 위한 안식의 때라기보다, 그들의 주님이 나타나시는 때였습니다. 그들에게 있어 이생을 통과하는 방식은 몸이 죽어 썩음을 보는 것이라기보다, 공중으로 끌어올려지는 것이었습니다.

그 때가 언제일지에 대한 문제는 오로지 신적 섭리에만 남겨지는 문제였습니다. 그것은 심지어 성령의 감동을 받은 사도들조차 알지 못하는 문제였습니다. 그러므로 설령 바울 사도가 그리스도께서 자신이 살아 있는 동안 나타나실 것이라고 기대한 것이 확실하다 하더라도, 우리는 성경 저자로서의 그의 권위가 손상을 당할 것이라고 염려할 필요가 전혀 없습니다. 승천하기 직전 예수 그리스도 자신이 그것을 제자들에게 계시할 필요가 없음을 분명하게 선언하셨습니다. "이르시되 때와 시기는 아버지께서 자기의 권한에 두셨으니 너희가 알 바 아니요"(행 1:7). 또 주님은 성령께서 오셔서 하실 일이 자신이 계시한 모든 것을 그들에게 생각나게 하는 일이라고 분명하게 선언하셨습니다. "보혜사 곧 아버지께서 내 이름으로 보내실 성령 그가 너희에게 모든 것을 가르치고 내가 너희에게 말한 모든 것을 생각나게 하리라"(요 14:26). 만일 우리 주님이 계시의 범위로부터 이 문제를 분명하게 제외하셨다면, 바울 사도가 그것을 알지 못하는 것은 성령의 감동을 받은 성경 저자로서의 그의 완전한 권위에 아무런 손상도 입힐 수 없습니다.

이 문제와 관련한 바울의 모든 언급을 유심히 살펴보십시오. 그러면 여러분은 거기에 이중적인 기대가 있음을 보게 될 것입니다. 한편에는 하늘로부터 구주께서 오실 것을 바라보는 간절한 열망이 있습니다. 그런가 하면 다른 한편에는 세상을 떠나 그와 함께 있을 것을 바라는 또 하나의 간절한 열망이 있습니다. 바울 사도가 자신의 죽음에 대해 말하는 모든 장면들을 세심히 살핀다면, 틀림없이 여러분은 그것들이 그가 그리스도께서 자신이 살아 있는 동안 오실 것을 확신했다는 이론과 잘 합치되지 않는 것을 발견하게 될 것입니다. 교회의 미래의 행로(行路)라든지 혹은 세상에서의 복음의 전개 등과 관련하여 그가 나타내는 기대들 역시 마찬가지입니다. 우리와 마찬가지로 그 역시도 다양한 기대를 가지고 있었습니다. 그는 그 영광이 언제 세상 가운데 나타날는지 알지 못했습니다. 따라서 그는 항상 주를 기다리는 자처럼 서 있었습니다. 그는 자신이 언제 죽을는지 알지 못했습니다. 따라서 그는 "살든지 죽든지 그리스도를 존귀케 하고자" 힘썼습니다(빌 1:20).

그러나 오늘 내가 말하고자 하는 요점은 이것이 아닙니다. 다만 오늘 내가 말하고자 하는 요점은 그러한 영광의 나타남이 복스러운 소망이라는 사실입니다. 우리가 "그 은혜"를 안다면, 우리는 "그 영광"을 두려워하지 않을 것입니다. 우리가 그 은혜를 어느 정도 소유한다면, 우리는 그것의 온전함에 참여할 것을 확신할 수 있습니다. 가시 면류관을 쓴 채 십자가로부터 자신들을 내려다보고 계시는 그리스도의 얼굴을 본 자들은 하늘로부터 내려다보고 계시는 동일한 얼굴을 두려워할 필요가 없습니다. 은혜의 나타남을 믿고 또 사랑하는 자들은 분명 영광의 나타남을 믿고 또 소망할 수 있을 것입니다.

사랑하는 그리스도인들이여, 주의 오심이 이와 같이 우리에게 복스러운 소망이라면, 우리가 그와 같은 복된 기대를 간과하며 소홀히 여기는 것은 얼마나 부끄러운 일이겠습니까! 우리는 소망으로 삽니다. 하나님은 진실로 모든 소망 위에 계십니다. 그의 무한한 눈앞에 과거와 현재와 미래의 모든 것이 명백하게 드러납니다. 그는 살아 있는 과거이며, 영속하는 현재이며, 현존하는 미래입니다. 그에게는 과거와 현재와 미래가 모두 하나입니다. 그리고 동물에게는 어떤 소망도 없습니다. 그러나 하나님과 동물 사이에 위치해 있는 우리의 삶은 과거의 기억과 미래의 소망 사이에서 펼쳐집니다.

우리 모두는 미래와 관련하여 특별한 개념을 형성하는 놀라운 은사를 소유합니다. 우리 대부분이 그것을 악용하기는 하지만 말입니다. 그러면 그것으로 우리는 무엇을 합니까? 그것은 우리를 하나님과 연결시킬 수 있으며, 우리를 하늘의 심연의 영광들 가운데로 데려갈 수 있습니다. 그러나 대부분의 경우 우리는 그것을 가지고 현재적인 쾌락이나 세상적인 즐거움의 어리석은 낙원을 만드는데 사용합니다. 인간의 어리석음은 소망으로 사는데 있는 것이 아니라, 그러한 것들에 소망을 둔다는데 있습니다.

> "별 아래에 건축하는 것은
> 너무나 낮게 건축하는 것이다."

예수 그리스도의 복음은 우리 존재의 이와 같은 이상한 기능까지도 다루면서 그것을 성화(聖化)시킵니다. 사랑하는 형제들이여, 여러분의 마음 안에 그가 나타나실 때 그와 함께 기업(基業)에 참여할 강렬한 소망이 불타고 있습니까? 여러분은 구름을 넘어 하늘의 별들을 바라봅니까? 아, 안타깝게도 세상은 우리의 마음으로부터 그러한 소망을 쫓아냅니다. 주점과 선술집과 극장들이 줄지어 서 있는 소란한 유흥가에서 벌어지는 일이 우리 안에서도 똑같이 벌어집니다. 요란한 소음으로부터 한 걸음 떨어져 보십시오. 그러면 그것이 여러분을 밤의 고요함 속으로 데려갈 것입니다. 고약한 냄새를 풍기는 석유난로 위를 보십시오. 거기에 별들의 순수한 빛이 있지 않습니까?

우리는 현재 속에서 삽니다. 그렇지 않습니까? 그렇지만 현재 속에서조차 하늘을 향해 눈을 들어 보십시오. 하늘에 인자의 표적이 있지 않습니까? 나의 친구들이여, 예수 그리스도의 나타나심을 바라보며 "현재의 세상에서 신중함과 의로움과 경건함으로 사는" 것이 참된 그리스도인들의 기본적인 특징이면서 동시에 명백한 의무라는 사실을 잊지 마십시오!(12절).

3. 은혜는 우리로 하여금 그러한 영광을 소망하도록 훈련시킴.

훈련의 개념 속에는 그것이 준비 단계 즉 영원한 결과를 위한 일시적인 과정이라는 개념이 포함됩니다. 거기에는 이를테면 '도제(徒弟)의 미성숙'의 개념이 내포되어 있습니다. 그것이 훈련이라면, 그것은 아직 도달하지 못한 어떤 상태를 위한 훈련입니다. 그러므로 하나님의 은혜가 "훈련"을 위해 임한다면, 필연적으로 훈련을 위한 기간을 초월하는 어떤 것이 있어야만 합니다.

이러한 개념은 우리에게 두 가지를 일깨워 줍니다. 그것은 첫째로 은혜의 특성들을 취하라는 것이며, 둘째로 그러한 훈련에 순복하라는 것입니다.

첫째로, 은혜의 특성들을 취하십시오. 여기에 신적 희생의 놀라운 행동 위에 기초한 위대한 진리가 있습니다. 여기에 구주와 모든 죄인들의 신비한 동일시가 있으며, 세상 전체의 죄를 위한 속죄가 있으며, 하나님의 가장 놀라운 사랑이 구체화됩니다. 여기에 완전히 무죄한 생애가 있으며, 완전하게 흠 없는 생애가 있으며, 악의 극한까지 이끌려 갔음에도 불구하고 하나님의 계명에서 털끝만큼도 이탈하지 않은 생애가 있습니다. 그럼에도 불구하고 마침내 하나님으로부터 버림을 당했다는 의식(意識) 아래 죽은 생애가 있습니다. 여기에 십자가가 있으며, 부활이 있으며, 승천이 있으며, 전능의 영(靈)이 있으며, 진리의 말씀이 있으며, 열매 맺는 능력들이 있습니다. 여러분은 이러한 신적 에너지의 부요함이 마침내 아무런 효력도 발휘하지 못한 채 끝날 것이라고 상상할 수 있습니까?

여기에 사람을 완전하게 만드는 완전한 도구가 있습니다. 그것은 사람을 선하게 만들기도 하고, 악한 상태로 그대로 남겨 두기도 합니다. 사람이 선하게 만들어지지 않는다면, 영혼에 대한 하나님의 역사(役事)에 있어 그것은 실패면서 동시에 성공입니다. 그러므로 영혼에 있어서의 기독교의 성취와 실패는 똑같이 은혜가 영광을 요구한다고(왜냐하면 그것의 목적이 훈련이기 때문에, 그리고 그것의 목적은 이 땅에서 단지 부분적으로 밖에는 성취되지 않기 때문에) 말합니다. 이와 같이 은혜는 영광의 나타남이 실제로 이루어지는 마지막 날을 필연적으로 요구합니다. 왜냐하면 그때에야 비로소 모든 것이 완전하게 이루어지기 때문입니다.

둘째로, 그러한 훈련에 순복하십시오. 그러면 소망은 점점 더 커질 것입니다. 여러분이 이 세상에서 신중함과 의로움과 경건함으로 살지 않는다면, 여러분은 결코 여러분의 삶 가운데 그와 같은 영광의 나타남에 대한 기대를 품지 않을 것입니다.

거대한 망원경을 자신이 보고자 하는 별에 맞춘 어떤 천문학자를 생각해 보십시오. 이와 같이 우리의 예기(豫期)와 열망 그리고 우리가 가진 기대(期待)의 기능은 대체로 땅의 낮은 수준에 맞추어져 있습니다. 그러므로 만일 우리가 이 세상에서 신중함과 의로움과 경건함으로 살고자 한다면, 우리에게는 우리의 거대한 망원경을 자유자재로 움직일 수 있는 톱니바퀴와 레버가 필요합니다. 우리가 기꺼이 훈련에 순복할 때, 그러한 훈련은 우리에게 거대한 망원경을 자유자재로 움직이도록 만드는 톱니바퀴와 레버가 될 것입니다.

반사경과 대물렌즈는 "하늘의 형상"을 반사할 수 있기 전에 먼저 잘 깎여지고 다듬어져야만 합니다. 그리고 깨끗한 수건으로 잘 닦아야만 합니다. 이와 같이 은혜는 계속적인 깎음과 무수한 다듬음과 반복적인 문지름으로 천천히 우리를 훈련시킵니다. 그리고 그와 같은 고통스러운 훈련으로 우리가 이 세상에서 신중함과 의로움과 경건함으로 살도록 만듭니다. 이러한 훈련을 통해 깨끗해진 눈은 하늘을 보며 또 그것을 통해 정결해진 마음은 "그의 나타나심"을 영원한 소망으로 붙잡습니다.

사랑하는 형제들이여, 부디 여러분의 마음의 보화를 땅의 하찮은 것들에 던지지 마십시오. 부디 여러분의 소망을 세상의 덧없는 것들에 두지 마십시오. 우리는 확실한 소망을 가질 수 있습니다. 우리는 과거의 사실처럼 확실하며, 현재의 사실처럼 생생한 소망을 가질 수 있습니다. 우리를 우리의 죄로부터 구원하기 위해 나타나신 자, 그리고 그 안에서 우리가 하나님의 모든 은혜와 진리를 보는 자를 사랑하십시오. 그리고 그를 신뢰하십시오. 세상의 온갖 혼란한 것들 가운데 그를 보며 그를 사랑하는 법을 배우십시오. 그러면 그가 모든 사람들에게 행한 대로 갚기 위해 영광 가운데 오실 때, 우리는 분명 그를 분별하며 그 안에서 평안히 안식할 것입니다.

이러한 소망 가운데 우리는 미래에 대해 아무런 두려움도 가지지 않을 것입니다. 그러나 이러한 소망이 없다면, 우리의 마음은 어디에서도 참된 쉼터를 발견할 수 없을 것입니다. 그리고 폭풍이 다가올 때, 우리의 마음은 아무것도 붙잡지 못하게 될 것입니다. 우리 모두는 둘 중 하나를 선택해야만 합니다. 하나는 아무 소망도 갖지 않는 것이고, 다른 하나는 "복스러운 소망을 기다리는" 것입니다. 하나님이 그리스도께서 여러분을 위해 오셨음을 믿도록 여러분을 도우시기를 기원합니다. 그는 여러분을 자기에게로 영접하기 위해 다시 오실 것입니다. 그리고 나는 여러분이 그러한 사실을 생각하며 기뻐하기를 바랍니다.

5
그리스도께서 자신을 주심

"그가 우리를 대신하여 자신을 주심은
모든 불법에서 우리를 속량하시고
우리를 깨끗하게 하사 선한 일을 열심히 하는
자기 백성이 되게 하려 하심이라"
딛 2:14

앞의 설교들에서 우리는 하나님의 은혜가 나타난 목적이 거룩하며 경건한 성품과 행동을 산출하기 위함이라는 사실을 살펴보았습니다. 이제 한 단락을 마무리하는 본문에서 바울은 약간의 변이(變異)와 함께 다시금 같은 주제로 돌아옵니다. 마치 위대한 작곡가가 한 악곡을 마무리하는 마지막 장면에서 종종 그렇게 하는 것처럼 말입니다. 본문 가운데 변이된 부분은 대체로 두 가지입니다. "하나님의 은혜가 나타나"라는 다소 모호한 표현 대신, 여기에서 바울은 그 은혜가 나타난 정확한 행동을 분명하게 언급합니다. "그가 우리를 대신하여 자신을 주심은." 그리스도가 자신을 희생제물로 주신 것이 바로 하나님의 은혜가 나타난 것입니다. 흩어져 있는 불꽃들이 하나의 초점으로 모입니다. 그리고 그렇게 하나로 모아진 불이 인간의 마음을 녹이기 위해 나타났습니다. 두 번째 변이는 행동의 주제가 달라진 것입니다. 앞의 경우, 행동의 주체는 "우리"였습니다. "은혜의 나타남"에 의해 양육된 우리가 스스로를 부인하면서 "신중함과 의로움과 경건함으로" 살아야만 했습니다(12절). 반면 여기의 경우, 행동의 주체는 "그" 입니다. "그"가 자신을 우리에게 주심으로 말미암아 우리를 속량하시고 깨끗하게 하십니다. 그와 우리, 신과 인간이 함께 협력합니다. 만일 우리가 스스로를 부인하는 가운데 신중함과 의로움과 경건함으로 산다면, 그것은 "그가 우리를 속량하셨기" 때문입니다. 그가 우리를 깨끗하게 하셨다면, 그것은 우리가 스스로를 부인하며 그에게 순복한 분량만큼입니다. 이와 같이 두 개의 거울이 하나의 실재를 입체적으로 비춥니다.

오늘 우리는 본문 가운데 특별히 다음과 같은 세 가지 주제에 초점을 맞추고자 합니다. 첫째로 그리스도의 자신을 주는 위대한 행동과, 둘째로 그리스도의 위대한 해방과, 셋째로 그리스도가 얻은 위대한 전리품. "그가 우리를 위해 자신을 주심은" — 여기에서 우리는 자신을 주는 그의 위대한 행동을 발견합니다. "모든 불법에서 우리를 속량하시고" — 여기에서 우리는 그의 위대한 해방을 발견합니다. "우리를 깨끗하게 하사 자기 백성이 되게 하려 하심이라" — 여기에서 우리는 그가 얻은 위대한 전리품을 보게 됩니다.

1. 첫째로, 그리스도의 자신을 주신 위대한 행동을 주목하십시오.

"그가 자신을 주심은." 그가 자신을 주신 것은 사랑의 최고의 증표였습니다. 우리는 이와 같은 사랑이 부분적이며 낮은 수준으로 나타남으로써 세상의 소금이 되는 실례(實例)들을 압니다. 가장 자기중심적인 사람조차 그것의 숭고함을 인정하며 가장 냉혈적인 사람조차 그것을 보고 전율하는 그런 실례들 말입니다. 그들은 어떤 위대한 목적을 위해 기쁘게 스스로를 내어 줍니다. 가장 치열한 전쟁터에서 때로 우리는 용감한 자기희생으로 스스로의 목숨을 기쁘게 내던지는 사람들을 봅니다. 좁게는 가정에서도 남편이 아내를 위해 혹은 아내가 남편을 위해 혹은 부모가 자식을 위해 기쁘게 스스로를 내어 주는 것을 봅니다. 바울이 여기에서 말하는 그리스도께서 자신을 주시는 위대한 행동을 이해함에 있어, 이 모든 실례들은 다소 도움이 되기는 하지만 아주 작은 부분에서만 그러합니다. 이러한 실례들과 예수 그리스도의 위대한 행동 사이에는 여전히 무한한 거리가 있습니다. 왜냐하면 그러한 실례들은 땅으로부터 말미암은 것인 반면, 그리스도의 행동은 하늘로부터 말미암은 것이기 때문입니다. 그리스도께서 자신을 주신 것은 무엇과도 비교할 수 없는 유일하며 독특한 것입니다.

그것은 더 일찍 시작되었습니다. 그것의 첫 발걸음은 "말씀이 육신이 되셨을" 때였습니다. 기꺼이 사람이 되기로 뜻한 한 사람이 있었습니다. 그는 우리를 형제라 부르기를 부끄러워하지 않으셨습니다. 그는 자녀의 피와 살을 취하셨는데, 그것은 스스로를 버리며 내어 주는 최고의 행동이었습니다. 뿐만 아니라 그것은 더 깊은 곳으로 내려갑니다. 왜냐하면 그가 자신을 주신 행동 속에는 자기중심적인 요소가 털끝만큼도 없었기 때문입니다. 그것은 인간의 다른 모든 자기희생적인 행동들과 근본적으로 다른 것이었습니다. 물론 우리는 인간의 다른 모든 자기희생적인 행동들을 어느 정도 우리의 길을 인도하는 것으로 감사히 받아들일 수 있습니다. 그러나 우리는 그러한 행동들과 예수 그리스도의 위대한 행동 사이에는 근본적이며 본질적인 차이가 있다는 사실을 결코 잊어서는 안 됩니다.

여기에서 바울이 "우리를 위해"라고 말하는 것을 주목하십시오. "그가 우리를 위해 자신을 주심은"(Who gave himself for us, 한글개역개정판에는 "우리를 대신하여"라고 되어 있음), 바울은 여기에서 "대신하여"가 아니라 "위하여"를 의미하는 단어를 사용합니다. 여기에서 바울은 자신을 주신 그리스도의 위대한 행동이 유익을 가져다주는 방식에 대해 이야기하고 있지 않습니다. 그는 다만 그것이 유익을 가져다주는 사실을 이야기하고 있을 뿐입니다. 그리스도께서 "우리" 안에 포함될 수 있는 자들의 유익을 위해 자신을 주셨습니다. 그러면 "우리"는 누구입니까? 여기에서 바울은 디도에게 말하고 있었습니다. 그러므로 바울은 자신과 함께 예수를 한 번도 본 적이 없는 디도와 그레데의 그리스도인들을 포함시키고 있었습니다. 그러므로 우리는 여기의 "우리"를 보편적으로 모든 인류를 포함하는 것으로서 받아들일 수 있습니다. 그러나 우리는 숲을 보면서 나무는 보지 못하는 우(愚)를 범해서는 안 됩니다. 자칫 우리는 우리의 유익을 일반화하는 가운데 그에 의해 유익을 얻는 개인들을 보지 못하기 쉽습니다. 그러나 예수 그리스도는 사람들을 하나씩 하나씩 취합니다. 그는 "우리"를 위해 자신을 주십니다. 왜냐하면 나를 위해, 그리고 당신을 위해, 그리고 당신을 위해, 그리고 인류를 구성하는 모든 개개의 영혼들을 위해 자신을 주시기 때문입니다. 그는 각각의 사람들에게 자신을 주시며, 각각의 사람들이 그것을 받습니다.

형제들이여, 예수 그리스도는 온유함과 은혜로 충만한 자이며, 탁월함의 전형(典型)이며, 완전한 인간의 이상(理想)이 실현된 자일 뿐만 아니라 또한 모든 영혼을 위해 자신을 주시기 위해 오신 자입니다. 나는 이것이 기독교의 핵심일 뿐만 아니라 또한 우리의 의지(意志)와 영(靈)의 녹슨 문을 여는 열쇠라고 감히 주장합니다. 또 나는 이것이 성경의 교훈을 올바로 표현하는 개념이며, 가장 깊은 이성(理性)이 요구하는 개념이며, 죄에 억눌린 마음이 본능적으로 필요로 하는 개념이라고 굳게 믿습니다. "그가 우리를 위해 자심을 주심은" — 바로 여기에 세상을 들어올리는 지렛대가 있습니다.

2. 둘째로, 그리스도의 위대한 해방을 주목하십시오.

바울은 그리스도께서 자신을 주신 목적을 두 가지 방식으로 언급합니다. "모든 불법에서 우리를 속량하시고 우리를 깨끗하게 하사 선한 일을 열심히 하는 자기 백성이 되게 하려 하심이라." 여기에서 나는 두 가지 가운데 전자(前者)의 것에 대해 다루고자 합니다. 그리스도께서 자신을 주신 목적은 사람을 속량하기 위함입니다. 속량이 무엇입니까? 의심의 여지 없이 그것은 은유적인 표현입니다. 여기의 표현의 기저(基底)에 있는 것은 속전(贖錢)에 의해 자유로워진 노예의 이미지입니다. 바로 이것이 속량이라는 단어 안에 담겨 있는 개념입니다. 우리가 바울이 여기에서 "불법"이라고 부르는 것의 멍에 아래 있다는 개념을 이해하지 못한다면, 우리는 그리스도의 나타나심의 의미도 이해하지 못할 뿐만 아니라 그것으로부터 아무런 유익도 얻지 못할 것입니다.

이것은 단지 바울의 개념일 뿐 복음서의 그리스도는 결코 그렇게 말하지 않는다고 말하지 마십시오. 요한복음 8장에서 유대인들이 예수에게 다음과 같이 말한 것을 생각해 보십시오. "우리가 아브라함의 자손이라 남의 종이 된 적이 없거늘 어찌하여 우리가 자유롭게 되리라 하느냐"(33절). 이에 대해 예수 그리스도는 "죄를 범하는 자마다 죄의 종이라"라고 대답하셨습니다(34절). 여러분은 이러한 사실을 좋아할 수도 있고, 좋아하지 않을 수도 있습니다. 여러분은 이것이 인간의 본성에 대한 가장 깊은 관점이라고 믿을 수도 있고, 편협하며 비관주의적인 구닥다리 관점이라고 일축할 수도 있습니다. 심지어 이것은 단지 그리스도의 관점일 뿐이라고 생각할 수도 있습니다. 그렇지만 여러분은 그것을 단지 바울의 관점일 뿐이라고 말해서는 안 됩니다. 물은 그것은 바울의 관점입니다. 그러나 그는 그것을 예수로부터 얻었습니다. 아, 안타깝게도 오늘날 우리 가운데 얼마나 많은 사람들이 죄의 실재(實在)가 인류의 보편적인 경험이라는 사실을 인식하지 못합니까! 우리의 사지(四肢)에 차꼬가 채워져 있습니다. 나는 지난 세기 초의 한 영국인 작가의 이야기를 기억합니다. 그는 어떤 가상(假想)의 죄목으로 인해 감옥에 갇혔습니다. 그는 마치 어린아이처럼 감옥의 창살에 꽃을 꽂는 것으로 즐거워하면서 스스로를 자유인이라고 믿었습니다. 우리 가운데 너무나 많은 사람들이 실제로 이렇게 행동합니다. 우리는 우리의 차꼬를 비단 손수건으로 덮음으로써 그것을 가리려고 애를 씁니다. 우리 역시도 여기의 유대인들처럼 "우리는 남의 종이 된 적이 없거늘"이라고 말합니다. 물론 우리는 어떤 사람의 종이 된 적이 없습니다. 그러나 우리는 그것보다 훨씬 더 나쁜 것의 멍에 아래 있습니다. 여러분 안에 있는 갖가지 성향(性向)들을 생각해 보십시오. 여러분 안에 있는 욕망과 격정과 하나님을 대수롭지 않게 여기고, 유혹과 자아(自我)를 위해 살고, 유혹과 각종 죄로 이끄는 유혹들을 생각해 보십시오. 우리가 그러한 것들을 쫓아내려고 애씀에도 불구하고 여전히 그것들이 우리 안에 계속해서 웅크리고 있지 않습니까? 예수 그리스도와 그의 사역에 대한 거의 대부분의 부적절한 개념들의 근본적인 원인이 바로 여기 즉 사람들이 자신이 죄의 멍에 아래 있다는 사실을 인식하지 못하는 사실에 있습니다. 여러분이 그것을 분명하게 인식하지 못한다면, 여러분은 절름발이 예수와 무능력한 그리스도를 갖게 될 것입니다. 여러분이 어떤 사람에게 그가 하나님 앞에 죄인임을 느끼게 하지 못한다면, 그와 더불어 신학적 논쟁을 벌이는 것은 아무런 유익도 없을 것입니다. 죄가 의미하는 것과 죄책이 의미하는 것과 죄의 권능이 의미하는 것과 각성된 양심의 울부짖음이 의미하는 것을 깨달을 때 비로소 우리는 나사렛 예수에 대한 우리의 모든 피상적인 개념들을 내던져 버리고 "보라 세상 죄를 지고 가는 하나님의 어린 양이로다"라는 위대한 말씀을 우리의 유일한 소망으로 붙잡게 될 것입니다. "그가 우리를 위해 자신을 주심은 모든 불법에서 우리를 속량하기 위함이라."

이와 같이 그리스도께서 우리를 위해 자신을 주셨다는 개념은 그가 우리를 대신하여 자신을 주셨다는 개념 훨씬 이상(以上)입니다. 예수 그리스도께서 우리를 위해 자신을 주신 방식이 바로 그가 우리를 대신하여 자신을 주신 것이었습니다.

우리가 그의 말씀이나 혹은 그의 십자가의 의미를 올바로 이해하고자 한다면, 나는 우리가 이와 같은 관점을 취해야만 한다고 믿습니다. 우리가 우리의 마음 안으로 주님이 주시는 최고의 축복 즉 그의 위대한 희생제사로 말미암은 죄책으로부터의 해방과 우리 안에 그 자신의 생명과 영이 임재하심으로 말미암은 죄의 권능으로부터의 해방을 받고자 한다면, 나는 우리가 이와 같은 관점을 취해야만 한다고 믿습니다. 그리스도께서 세상에 오신 것은 "자기 목숨을 많은 사람의 대속물로 주기" 위함이었습니다. 그러므로 간절히 당부하노니 부디 본문과 같은 교훈에 대해 "이것은 단지 바울의 사상일 뿐이야"라고 생각하며 대수롭지 않게 여기지 마십시오.! 그것은 바울의 교훈이기 이전에 그리스도 자신의 교훈입니다. "인자가 온 것은 자기 목숨을 많은 사람의 대속물로 주려 함이니라"(마 20:28). 사랑하는 친구들이여, 바로 여기에 능력이 있습니다. 이러한 희생제물을 빼버린 기독교는 세상과 육체와 마귀가 결코 두려워하지도 않으며 또 두려워할 필요도 없는 기독교일 뿐입니다. 우리는 이러한 희생제물을 여러 가지 비유들로 설명할 수 있습니다. 그러나 어떤 비유도 그것을 온전히 설명할 수 없습니다. 왜냐하면 그것은 독특하며, 유일하며, 초월적이기 때문입니다. 사람은 스스로를 차꼬에 내어 주었습니다. 그것은 스스로 풀 수 없습니다. 오직 다른 사람이 풀어 주어야만 합니다. 사람은 스스로를 사망에 내어 주었습니다. 스스로는 결코 그곳으로부터 나올 수 없습니다. 다른 사람이 살려 주어야만 합니다. 어떤 스위스 병사의 이야기를 들은 적이 있습니다. 그는 적 앞에 스스로를 노출시켜 모든 화살들이 자신의 가슴을 향해 날아오도록 만들었습니다. 동료 병사들이 탈출할 수 있는 길을 열기 위해 말입니다. 베드로가 갇혀 있는 감옥에 들어온 천사를 생각해 보십시오. 천사가 베드로를 만지자, 그의 사지(四肢)로부터 차꼬가 떨어졌습니다. 예수 그리스도는 우리 인류의 어두운 감옥 안으로 들어오셨습니다. 그리고 그의 핏방울이 나의 사지에 채워져 있는 차꼬 위에 떨어졌습니다. 그러자 놀라운 일이 벌어졌습니다. 그의 핏방울이 나의 차꼬를 끊어 버렸으며, 나의 사지는 자유롭게 되었습니다. 그는 예전에 로마 병사들과 마주했던 것처럼 우리의 모든 압제자들과 마주하여 이렇게 말씀하십니다. “내가 그니라 나를 찾거든 이 사람들이 가는 것은 용납하라”(요 18:8). “그가 우리를 위해 자신을 주심은 모든 불법에서 우리를 속량하기 위함이라.”

3. 마지막으로, 그리스도가 얻은 위대한 전리품을 주목하십시오.

“우리를 깨끗하게 하사 선한 일을 열심히 하는 자기 백성이 되게 하려 하심이라.” 지금 바울은 신정국가(神政國家)로서의 이스라엘 나라의 헌장(憲章)이 된 옛 말씀을 인용하고 있습니다. 거기에서 하나님은 그들이 “땅 위의 모든 열방 가운데 그의 소유된 백성”이 될 것이라고 선포하셨습니다. 그리고 여기에서 바울은 이러한 위대한 말씀을 그리스도에게로 그리고 그에 대한 우리의 관계로 옮기고 있습니다. 그리스도 역시도 한 백성을 자신의 소유로 얻으셨습니다. 그리스도께서 우리를 자신의 소유로 얻으시는 것은 그가 자신을 우리의 소유로 주셨기 때문입니다. 본문의 상반절이 이러한 상호성을 얼마나 아름답게 나타내는지 주목하십시오. 우리를 위해 자신을 주심으로써, 그는 자신을 위해 우리를 그의 소유로서 얻으실 수 있게 되었습니다. 그렇습니다. 이것은 얼마나 아름다운 사랑의 거래입니까! 오직 마음만이 마음을 살 수 있습니다. 오직 마음만이 마음을 위한 대가를 지불할 수 있습니다. 예수께서 나에게 자신을 주심으로써, 나는 그에게 자신을 드릴 수 있게 됩니다. 바로 이것이 그를 만족시키는 유일한 선물입니다. 그가 자신의 영혼의 수고한 것의 열매로서 인식하는 유일한 결과는 자기중심과 죄로부터 해방된 우리가 스스로의 의지(意志)로 그에게 나아가 이렇게 말하는 것입니다. "주여, 주는 나의 것이며 나는 주의 것이나이다! 보잘것없는 나를 작은 예물로서 주께 드리나이다!"

우리는 우리가 "깨끗해진" 분량만큼 그의 소유가 될 것입니다. 그리고 우리를 깨끗하게 하는 것은 그의 사랑이며 그의 선물입니다. 왜냐하면 그 선물이 우리 안에 새로운 동기(動機)와 새로운 열망을 불어넣기 때문입니다. 뿐만 아니라 그가 자신을 주신 것은 우리의 죄를 제거하기 위함입니다. 그러나 과거의 주심(gift)뿐만 아니라 현재의 주심도 있습니다. 왜냐하면 여전히 그는 매순간 그리고 매시간 자신을 따르는 모든 사람들에게 자신을 주고 계시기 때문입니다. 이와 같이 그가 자신을 주는 것은, 마르틴 루터의 옛 비유에 따를 때, 마치 엘베 강의 물줄기가 마구간 안으로 돌려짐으로써 그곳의 모든 더러운 것들이 씻겨 깨끗하게 되는 것과 같습니다.

그러므로 사랑하는 친구들이여, 주님을 더욱 굳게 붙잡으십시오. 그가 자신을 주신 것을 깊이 헤아려 보십시오. 헤아릴 뿐만 아니라 그것을 받아들이십시오. 그는 자신의 죽음으로 죄책을 제거하셨습니다. 또 그는 우리 안에 있는 그의 생명으로 죄의 권능을 깨뜨리시며, 우리를 모든 형태의 "선한 일"을 열심히 하는 백성으로 만듭니다.

6
선한 일을 열심히 하는 백성

"선한 일을 열심히 하는 자기 백성이 되게 하려 하심이라"

딛 2:14

앞 설교들에서 우리는 복음의 목적이 그리스도를 닮은 성품을 만드는 것임을 바울이 얼마나 강조해서 반복하는지 살펴보았습니다. 바로 이 목적을 위해 우리 주님이 오셨습니다. 또 바로 이 목적을 위해 우리 주님 안에서 하나님의 은혜가 사람들을 덮고 있는 무지(無知)와 죄의 빽빽한 구름을 뚫고 나타났습니다. 또 바로 이 목적을 위해 그리스도께서 죽으셨으며, 그가 우리를 위해 자신을 주셨습니다. "모든 불법에서 우리를 속량하시고 우리를 깨끗하게 하사 자기 백성이 되게" 하시려고 말입니다(14절). 신학적인 교리가 실천적인 교훈으로 귀결되는 이러한 특징은 목회서신이라 불리는 바울의 마지막 세 서신의 특징입니다. 그리고 그것은 연로한 노인에게 있어 매우 자연스러운 특징입니다. 전승(傳承)에 따를 때 사도 요한은 걸음을 걸을 수도 없고 많은 말을 할 수도 없을 정도로 늙었을 때 주일마다 자신이 참석하는 교회에서 "자녀들아 서로 사랑하라!"는 말 외에는 아무 말도 하지 않았다고 합니다. 그와 마찬가지로 바울 역시도 젊은 시절에는 대체로 교리적인 서신들로 기초를 놓았습니다. 그리고 노인이 되고 나서는 교리보다 실천에 대해 더 많이 다루었습니다. 그러나 그에게 있어 실천은 교리의 줄기로부터 뻗어 나온 가지였으며, 그것과 불가분리적으로 연결된 것이었습니다. 그에게 있어 교리와 실천은 서로 경쟁적인 것이 결코 아니었습니다. 오늘날 어떤 사람들이 "나는 뿌리에 대해서는 관심이 없어. 내가 원하는 것은 오직 열매뿐이야"라든지 혹은 "사람이 무엇을 먹는지에 대해서는 나는 관심이 없어. 내가 관심을 기울이는 것은 단지 그의 근육과 힘뿐이야"라고 말하는 것과는 달리 말입니다. 뿌리가 없이 어떻게 열매가 있을 수 있단 말입니까? 먹는 것이 없이 어떻게 근육과 힘이 있을 수 있단 말입니까? 바울의 복음이 윤리적인 것은 그것이 복음이기 때문입니다.

본문은 복음이 만드는 사람이 어떤 종류의 사람인지를 묘사하는 앞의 말씀에 대한 일종의 부록(appendix)입니다. 바울은 그들이 속량을 받는다고 말합니다. 바울은 그들이 깨끗하게 된다고 말합니다. 바울은 그들이 그리스도의 소유가 된다고 말합니다. 바울은 그들이 그의 소유임을 의식(意識)한다고 말합니다. 그리고 계속해서 그는 본문의 주목할 만한 표현을 덧붙입니다. "선한 일을 열심히 하는 자기 백성이 되게 하려 하심이라." 이것은 그냥 지나치기에는 너무나 중요한 말씀입니다.

만일 우리가 이러한 말씀을 주의 깊게 살핀다면, 우리는 여기에서 오늘날의 교회를 위한 매우 중요한 교훈들을 발견하게 될 것입니다.

1. 온전한 그리스도인은 열심을 품은 그리스도인입니다.

여기에서 우리는 "열심"의 의미를 정의(定義)하느라 귀한 시간을 낭비할 필요가 없습니다. 왜냐하면 우리 모두가 그것을 알고 있기 때문입니다. 열심의 대상에 대해 찬동할 때, 우리는 그것을 칭송하며 그것을 "아름다운 헌신"(beautiful consecration)이라고 부릅니다. 그러나 그 대상과 공감하지 않을 때, 우리는 그것을 "우스꽝스러운 과장"(ridiculous exaggeration) 혹은 "광적인 열중"(fanaticism)이라고 부릅니다. 열심의 요소는 세 가지입니다. 첫째로, 우리가 열심을 품는 어떤 진리나 대의(大義)나 혹은 사람의 위대함에 대한 압도적인 인식. 둘째로, 그러한 인식으로부터 솟아오르는 감정의 작열(灼熱). 셋째로, 그러한 진리를 전파하거나 대의를 실현시키거나 혹은 사람을 존귀케 하기 위해 모든 힘을 기울여야만 한다는 책임감의 인식. 물론 사람이 자신을 압도하는 어떤 진리를 붙잡을 때, 거기에는 항상 균형감각을 잃을 위험이 있습니다. 눈가리개를 한 말이 자기가 달려가는 길 외에는 아무것도 보지 못하는 것처럼 그가 바라보는 한 가지에 집중한 나머지 그것 외에는 아무것도 보지 못하는 위험 말입니다. 또 열심은 항상 "광적인 열중"으로 변질될 위험이 있습니다. 그러나 어느 한 부분의 진리에 압도된 사람들을 계속해서 일으키는 것은 세상을 진보(進步)시키는 하나님의 방법입니다. 그 하나를 굳게 믿고 그 하나에 자신의 몸과 영혼을 쏟아 붓는 사람들 때문에 세상은 진보합니다. 반면 대부분의 사람들은 가만히 서서 이렇게 말합니다. "저것은 얼마나 우스꽝스러운 과장인가! 그는 반대쪽 측면에 대해서는 거의 생각하지 않는군. 그의 사고(思考)는 참으로 편협하기 짝이 없어." 그렇습니다. 만일 여러분이 10cm 정도 되는 두꺼운 송판에 구멍을 뚫고자 한다면, 여러분은 송곳 끝을 뾰족하게 만들어야만 합니다. 다시 말해서 여러분은 송곳 끝을 "편협하게"(narrow) 만들어야만 합니다. 어느 하나의 진리에 압도된 나머지 그것 외에는 아무것도 보지 못하는 사람이 나타날 때까지, 세상은 그 진리를 알지 못할 것입니다.

어떤 진리나 대의(大義) 혹은 사람의 위대함에 대한 이와 같은 압도적인 인식과 함께 감정의 작열(灼熱)이 따를 것입니다. 논증은 뜨겁게도 행해질 수 있고 차갑게도 행해질 수 있습니다. 그러나 사람의 마음을 녹이는 논증은 뜨거운 논증입니다. 송곳을 뾰족하게 만들 뿐만 아니라 또한 그 끝을 뜨겁게 달굴 때, 그것은 송판을 더 쉽고 빠르게 뚫을 것입니다. 열심은 불꽃처럼 타오릅니다. 사람들을 설득하는 것은 차가운 이성(異性)이라기보다 열정의 뜨거운 불입니다.

열심의 다른 특징들에 대해 나는 길게 설명할 필요를 느끼지 않습니다. 다만 여기에서 한 가지 꼭 이야기하고 싶은 것이 있습니다. 그것은 어떤 사람이 기독교를 실제적이며 충분하게 받아들인다면 그는 열심을 품지 않을 수 없게 될 것이라는 사실입니다. 우리가 믿노라고 말하는 진리들을 보십시오. 그것들은 너무나 장엄하며, 위대하며, 모든 현재적인 경험을 초월합니다. 그런데 그것들이 사람의 마음속에 들어옴에도 불구하고 사람이 냉랭하며 무관심한 상태로 남아 있는 것은 참으로 믿을 수 없는 일입니다. 우리는 죄와 심판과 영원에 대한 진리들을 믿습니다. 그것들은 사망의 갈비뼈 아래 있는 영혼을 불태울 수 있습니다. 그것들은 모든 무관심을 불태울 수 있습니다. 우리는 무한한 신적 본성이 한 사람 안에서 성육신했음을 믿는다고 말합니다. 우리는 그 사람이 사시고 죽으신 것은 모든 영혼을 사랑했기 때문임을 믿는다고 말합니다. 우리는 그의 죽음이 세상에 해방을 가져다주며 그의 삶이 세상에 생명을 가져다주는 것을 믿는다고 말합니다. 우리는 이러한 것들이 모든 사람들에게 사실임을 믿는다고 말합니다. 여기에서 내가 말하고자 하는 것은 어떤 사람이 이러한 것들을 실제적으로 믿음에도 불구하고 냉랭한 상태로 남아 있는 것은 불가능하다는 것입니다. 태양이 비췬다면, 온도계의 수은주는 필연적으로 올라갈 것입니다. 수은주가 올라가지 않는다면, 그것은 햇빛과 수은주 사이에 무엇인가가 들어왔기 때문입니다. 빙산이 열대의 따뜻한 바다로 떠내려 온다면, 그것은 계속해서 얼음으로 남아 있을 수 없습니다. 그것은 필연적으로 녹아 따뜻한 물이 될 것입니다. 그것이 계속해서 차가운 얼음으로 남아 있다면, 그것은 그 위를 비취는 햇볕이 열대의 뜨거운 햇볕이 아니라 거의 열기가 없는 북극의 가냘픈 햇볕이기 때문입니다. 죄와 구속과 성육신하신 그리스도와 십자가의 희생제사와 성령과 미래의 심판을 믿음에도 불구하고 계속해서 무관심한 상태로 남아 있는 것은 절대로 불가능합니다. 그런 사람이 있다면, 그는 살아 있는 괴물일 것입니다.

형제들이여, 나는 오늘날의 형식주의적인 기독교에 있어 "감정에 치우치지 않는 이성적(理性的)인 태도"가 복음의 정신과 반대되는 것임을 깨닫는 것보다 더 중요한 것은 아무것도 없다고 생각합니다. 여기에서 이성적인 태드라는 것은 신약이 가르치는 신중함을 의미하는 것이 아닙니다. 그것이 실제로 의미하는 것은 사실상 절대적인 무관심과 거의 다르지 않습니다. 성경은 계속해서 우리에게 열심을 품을 것을 명령합니다. 우리는 사방으로부터 "제발 부탁이니 지나치게 열심을 내지 마!"라는 냉소적인 충고를 듣습니다. 그러나 우리 주님은 하늘로부터 "네가 차든지 뜨겁든지 하기를 원하노라"라고 말씀하십니다(계 3:15). 열심의 의미를 알지 못하는 기독교는 나에게 있어 전혀 기독교처럼 보이지 않습니다.

우리 모두는 무감각과 무기력함으로부터 깨어날 필요가 있습니다. 오늘날의 교회들은 반쪽짜리 신자들로 가득합니다. 그런 사람들은 사실상 교회의 온도(溫度)를 떨어뜨리는 역할 외에는 아무것도 하지 않습니다. 우리에게 가장 필요한 것은 예수 그리스도의 사랑에 압도되어 열심을 품는 것입니다. 우리는 "열심을 품은" 그리스도인이 되어야만 합니다. 참된 그리스도인은 "열심을 품은" 그리스도인일 것입니다. 또 온전한 그리스도인 역시 마찬가지일 것입니다.

2. 열심은 자신의 최고의 활동무대를 우리의 개인적인 성품 안에서 발견합니다.

"열심"이라는 단어는 어떤 대의(大義)에 — 종교적인 것이든 사회적인 것이든 — 헌신한 사람들의 모습을 떠올리게 합니다. 그들은 세상에 나가 다른 사람들에게 그것을 믿을 것을 설득합니다. 그들은 기꺼이 그것을 전파하는 사도와 전도자가 됩니다. 그러나 바울은 여기에서 "열심"의 활동무대로서 또 하나의 영역을 제시합니다 — "선한 일을 열심히 하는."

여기의 "선한 일"(good works)을 우리는, 오늘날의 교회들 가운데 통상적으로 받아들여지는 것처럼, 외형적이며 좁은 의미로 해석할 필요가 없습니다. 바울의 마음속에서 "선한 일"은 기독교적 도덕의 전 영역을 망라하는 것이었습니다. 그럼에도 불구하고 그것을 선행을 행한다든지 얼마나 기부금을 낸다든지 구제품을 전달한다든지 혹은 가난한 사람들을 방문하는 등의 특별한 행동을 의미하는 것으로 그 의미를 축소시키는 것은 너무나 슬픈 일입니다. 그 단어로 바울은 훨씬 더 큰 것을 의미합니다. 바울에게 있어 그 단어는 사실상 앞에서 그가 복음의 목적으로 언급한 것 즉 우리가 "신중함과 의로움과 경건함으로 사는" 것이나 우리가 "모든 불법으로부터 속량되고 깨끗하게 되는" 것과 정확하게 동의어입니다. 여기의 "선한 일"의 범주 안에 "참되며, 경건하며, 옳으며, 정결하며, 사랑 받을 만하며, 칭찬 받을 만한" 모든 것과 "모든 덕과 모든 기림"이 포함됩니다(빌 4:8). 바로 이것이 바울이 여기에서 기독교적 열심의 대상으로서 제시하는 것입니다.

여기에서 바울이 사용한 단어는 문자적으로 "열심당"(Zealot)입니다. 유대 역사에서 열심당은 마카비 시대 이래로 유대교의 의식(儀式)과 율법에 광적으로 헌신한 사람들이었습니다. 그들은 그것으로부터 이탈한다든지 혹은 느슨해지는 모든 것을 격렬하게 반대했습니다. 그러나 그들의 종교적인 열심은 그들을 가장 악독한 죄들로부터 지켜 주지 못했습니다. 유대 나라가 종말을 고하는 마지막 고통의 때에 가장 광포하며 비도덕적인 사람들은 하나님을 위해 열심을 품은 이들 열심당이었습니다. 열두 사도 가운데 한 사람인 "셀롯이라 하는 시몬"(Simon Zelotes)은 아마도 이들 가운데 속했었던 것으로 보입니다(눅 6:15). 그러나 예수 그리스도에게로 돌이켜 그의 제자가 되었을 때, 그는 자신의 열심을 위한 더 나은 대상을 발견했습니다. 바울은 그 단어를 자기 자신과 관련하여 사용하기도 했습니다. "내가 내 동족 중 여러 연갑자보다 유대교를 지나치게 믿어 내 조상의 전통에 대하여 더욱 열심이 있었으나"(갈 1:14). 또 그 단어는 사도행전에서 많은 유대 그리스도인들과 관련하여 사용되기도 했습니다. "유대인 중에 믿는 자 수만 명이 있으니 다 율법에 열성을 가진 자라"(21:20). 이것이 열심의 한 유형입니다 — 외적인 것들을 강화하고자 애쓰는 열심, 의식(儀式)과 규례와 형식에 헌신한 열심. 바울은 여기에서 우리에게 또 한 가지 유형의 열심을 가리킵니다 — "선한 일을 위한 열심." 예후는 살육을 마친 후 레갑의 아들 여호나답에게 돌이켜 이렇게 말합니다. "여호와를 위한 나의 열심을 보라"(왕하 10:16). 그렇습니다. 그것의 작은 부분은 여호와를 위한 열심이었습니다. 그러나 그것의 대부분은 예후 자신을 위한 열심이었습니다. 바로 이것이 세상이 "열심"이라고 부르는 것입니다. 홍수 때 탁류가 쏟아져 내려가는 것을 생각해 보십시오. 그때 탁류는 수많은 오물들과 함께 뒤엉켜 내려갑니다. 마찬가지로 열심은 항상 과격한 분개로 변질

될 위험을 가지고 있습니다. 특별히 우리가 전파하는 것을 — 그것이 진리이기 때문이라기보다 우리가 그렇게 생각하기 때문에 — 믿지 않는 사람들에 대하여 말입니다. 세상을 고치고자 하는 우리의 열심 안에 많은 분량의 불순한 요소들이 섞입니다. 그렇게 하는 대신 우리가 우리 자신을 고치고자 하면서 우리의 열심을 그러한 방향으로 향하게 한다면, 우리는 우리의 "열심"이 활동할 수 있는 더 좋은 무대를 발견하게 될 것입니다.

사랑하는 형제들이여, 우리가 우리의 열심을 우리의 거룩함과 온전함을 이루는 일로 향하게 한다면, 우리의 삶은 얼마나 달라지겠습니까! "선한 일에 열심을 품는" 것은 아름다워지며, 정결해지며, 진실해지며, 고결해지며, 그리스도와 같아지기를 간절히 바라는 것입니다. 그것은 온전해지기를 갈망하는 가운데 모든 힘을 다해 스스로를 그리스도를 닮아 가는 일에 던지는 것입니다. 본문에서 바울은 우리 모두가 이와 같이 되기를 간절히 바랍니다. 우리의 모습이 이와 같은지 스스로에게 물어봅시다. 나의 기독교적 열심은 다른 사람들을 고치기 위해 밖으로 향합니까, 아니면 내 자신을 고치는 일로부터 시작합니까?

3. 온전함을 위한 이와 같은 열심은 복음이 우리 마음과 생각 속에서 영향을 끼치는 분량만큼 우리에게 임할 것입니다.

진리가 열심을 만들 것입니다. 그러나 만일 진리가 우리 마음과 생각 속에서 역사(役事)하지 않는다면, 열심은 만들어지지 않을 것입니다. 또 진리가 계시하는 그리스도가 열심을 만들 것입니다. 그러나 만일 우리가 마음과 생각과 의지의 정직한 노력으로 그리스도와의 친밀한 접촉을 유지하지 않는다면, 열심은 만들어지지 않을 것입니다. 내가 여기에서 말하고자 하는 전체적인 요지는 이것입니다. 즉 오늘날의 피상적인 반쪽짜리 기독교가 필요로 하는 한 가지는 바로 그것이 복음의 진리들과 밀접하게 접촉되어야만 한다는 것입니다. 나는 맹목적이며 비지성(非知性)적인 열심을 옹호하지 않습니다. 나는 인위적으로 일으키는 광적인 열정과 흥분을 옹호하지 않습니다. 나는 운전사 없는 엔진을 원하지 않습니다. 나는 맹목적적으로 블 속으로 뛰어드는 열심을 원하지 않습니다. 나는 그리스도인들이 지성적인 믿음을 갖기를 원합니다. 나는 그들이 복음의 진리들을 지적으로, 체계적으로, 전체적으로 깊이 생각하기를 원합니다. 나는 그들이 복음의 진리들이 계시하는 자와 계속적으로 접촉하며 교제하기를 원합니다. 나는 복음의 진리들을 깊이 생각하며 되새김질하는 것이야말로 오늘날의 기독교가 절실하게 필요로 하는 것이라고 생각합니다. 그와 같은 방식으로 복음의 진리들을 굳게 붙잡을 때, 필연적으로 "열심"이 따를 것입니다. 그러나 그렇지 않을 때, 열심은 결코 오지 않을 것입니다. 인위적인 방법으로 만들어진 가짜 열심은 유익보다 훨씬 더 많은 해악을 끼칠 것입니다. 그런 열심은 풍부함과 신선함을 가져다주는 고요한 강과 같지 않을 것입니다. 도리어 그것은 모든 것을 휩쓸어간 채 아무것도 남기지 않는 거센 탁류와 같을 것입니다.

여러분의 마음과 생각 가운데 다음과 같은 두 가지 사실을 선명하게 새기십시오. 하나는 여러분의 기독교 안에 온전함을 향한 강렬한 열정이 없다면, 여러분의 기독교는 매우 의심스러운 것이라는 것입니다. 다른 하나는 도덕적이며 영적인 종류의 모든 아름다움들을 여러분의 삶과 성품 안으로 흘러들어오게 만드는 가장 확실한 방법은 하나님이 바로 그와 같은 목적으로 우리에게 보내신 은혜와 특별히 우리를 위해 자신을 주신 자의 나타남을 믿음으로 바라보는 것입니다. 그렇게 하여 우리가 스스로를 그에게 드릴 수 있게 될 때 비로소 우리는 올바른 마음으로 사랑을 구하게 될 것이며, 마지못해서가 아니라 "열심"을 품고 "선한 일"을 행하게 될 것입니다.

7
선한 일을 힘씀

"너는 이 여러 것에 대하여 굳세게 말하라 이는 하나님을 믿는 자들로 하여금 조심하여 선한 일을 힘쓰게 하려 함이라"

딛 3:8

목회서신(디모데전후서와 여기의 디도서)에는 "선한 일"과 관련한 실천적인 교훈이 많이 나옵니다. 그리하여 날카로운 눈을 가진 비평가들은 그것이 바울의 저작(著作)이 아니라고 결론짓습니다. 그러나 나이가 들어감에 따라 점점 더 실천적인 교훈이 많아지는 것은 매우 자연스러운 일입니다. 바울이 디모데전후서와 디도서에서 바라보고 있는 교회들은 로마서에서와 같은 정교한 교리적 논증이나 혹은 갈라디아서에서와 같은 율법주의에 대한 강력한 반박이나 혹은 에베소서에서와 같은 교회에 대한 심오한 교훈이 필요하지 않았습니다. 기초는 이미 놓였으며, 바울은 그 위에 계속해서 건축을 진행해 나가고 있었습니다. 로마서나 갈라디아서나 에베소서 같은 보다 더 교리적인 서신들과 여기의 보다 더 실천적인 서신 사이의 문체의 차이로부터, 우리는 후자의 저작권을 의심할 이유를 추론할 필요가 없습니다. 도리어 나에게 그것은 양자가 동일한 인물의 저작임을 증명해 주는 것처럼 보입니다. 사실 모든 그리스도인 선생들에게 있어 나이가 들어감에 따라 문체가 바뀌는 것은 지극히 자연스러운 일입니다. 왜냐하면 사람은 나이가 들수록 모든 교리는 결국 실천을 위한 것이라는 사실을 더 깊이 느끼게 되기 때문입니다. 여기에서 우리는 이를테면 모든 교회들에게 남기는 바울의 마지막 유언을 보게 됩니다. 그것은 하나님을 믿는 자들이 "조심하여 선한 일을 힘쓰는" 것이었습니다.

본문에 따를 때, 어떤 사람이 참된 그리스도인임을 증명하는 품질보증서는 "행동" 즉 "선한 일을 힘쓰는" 것입니다.

그러나 우리는 이러한 표현의 의미를 축소시키지 않도록 조심해야 합니다. 예컨대 가난한 사람을 방문한다든지 혹은 전도지를 나누어 준다든지 혹은 주일학교에서 아이들을 가르치는 등의 특정한 형태의 외형적인 일들에 한정되는 것으로 말입니다. 물론 이런 일들은 "선한 일"의 한 가지 형태입니다. 그러나 이런 일들이 전부는 결코 아닙니다. 이러한 일들이 "선한 일"이라는 이름을 독점하는 것이 많은 그리스도인들로 하여금 그것과 관련한 신약의 가르침을 충분히 이해하지 못하도록 가로막는 한 가지 주된 이유입니다. 이러한 행동들은 거대한 전체의 한 작은 부분에 불과합니다. 바울은 빌립보교회의 형제들에게 "무엇에든지 참되며 무엇에든지 경건하며 무엇에든지 옳으며 무엇에든지 정결한" 것들을 생각하라고 말하는데, 우리는 이 모든 것들을 "선한 일"의 범주에 포함시킬 수 있습니다(빌 4:8).

나는 앞의 인용문에서 한 어구(語句)를 빠뜨렸습니다. 그것은 "무엇에든지 사랑받을 만하며"라는 구절입니다. 사랑스러운 것은 최고의 "선한 일"의 한 가지 본질적인 특질입니다. 우리는 지혜를 사랑했던 헬라인들이 선(善)과 아름다움을 같은 단어로 표현했던 것을 알고 있습니다. 본문 가운데 바울이 사용한 것은 바로 그 단어입니다. 그러므로 우리는 그 단어가 주는 교훈을 충분히 이해할 수 있습니다. 왜냐하면 그 단어는 그리스도인들에게 그들의 선(善)을 사랑스러운 것으로 만들도록 유의할 것을 가르치기 때문입니다. 하나님을 믿는 자들이 모든 사람들의 양심에 옳으며 정결한 행동을 나타내는 것만으로는 충분하지 않습니다. 그것은 또한 세상의 아름다움 이상으로 아름다우며, 세상의 광채 이상으로 빛나야만 합니다. 그리스도인들이 선한 행동을 했음에도 불구하고 아름다움이 최고의 선의 본질적인 일부임을 잊어버려 그 효과를 망쳐버리고 마는 경우가 얼마나 많습니까! 참 포도나무에 신 포도가 맺혀서는 안 됩니다.

그러면 좋은 포도를 맺기 위해 필요한 것은 무엇입니까? "너는 이 여러 것에 대하여 굳세게 말하라 이는 하나님을 믿는 자들로 하여금 조심하여 선한 일을 계속하게 하려 함이라." 여기의 "이 여러 것"은 무엇입니까? 그것은 우리가 "복음"이라고 부르는 것의 간략한 개요입니다. 그것은 "우리 구주 하나님의 자비와 사람 사랑하심이 나타났으며"(4절), 그가 우리를 "중생의 씻음과 성령의 새롭게 하심"으로 구원하셨으며(5절), 우리가 "영생의 소망을 따라 상속자가" 되었다는(7절) 복음의 가르침입니다. 본문 가운데 바울은 디도에게 "그런 것들을 계속적으로 역설하라"고 강력하게 당부합니다. "굳세게 말하라"(affirm constantly)로 번역된 단어는 매우 강한 단어입니다. 그것은 강력하게 그리고 계속적이며 반복적으로 말하는 것을 의미합니다. 여기에서 바울이 디도에게 명령하는 것을 오늘날의 표현으로 바꾸면 이렇게 될 것입니다. "계속해서 복음을 전파하라. 이것이 선한 일로 가득한 제자들을 만드는 가장 확실한 방법이니라." 사람들은 우리에게 "교리에 대해서는 신경 쓰지 마! 중요한 것은 실제적인 삶과 행동일 뿐이야!"라고 말합니다. 그러나 우리는 교리와 실천이 불가분리적으로 연결되어 있다는 사실을 결코 잊어서는 안 됩니다. "이 여러 것에 대하여 굳세게 말하는" 것을 잊어버린 채 복음 없이 도덕만을 전파하는 사람들은 마치 기초 없이 공중에다 집을 짓는 사람들과 같습니다. 그렇게 지은 집은 반드시 무너질 것입니다. 도덕적인 행동을 만드는 참된 방법은 사람을 먼저 복음 진리로 데려가는 것입니다.

계속해서 "이는 하나님을 믿는 자들로 하여금 조심하여 선한 일을 힘쓰게 하려 함이라"는 말씀을 다시 한 번 주목해 보십시오. 우리는 여기에서 믿음이 "선한 일" 즉 실천을 산출하는 원인이라는 사실을 발견합니다. 믿음이 원인이며, 실천은 그 결과입니다. 그러므로 앞에서 이야기한 것처럼, 어떤 사람의 믿음이 참된 믿음임을 증명하는 품질보증서는 다름 아닌 그의 행동입니다. 어떤 사람이 믿는다면, 그는 "선한 일"을 행할 것입니다. 이것의 역(逆) 또한 사실이어야만 합니다. 어떤 사람이 선한 일을 행하지 않는다면, 그러면 그의 믿음은 어떤 믿음이 됩니까? "행함이 없는 네 믿음을 내게 보이라"(약 2:18) — 이것은 불가능한 요구입니다. 믿음을 보이는 유일한 방법은 행함입니다. 그러므로 이론이든 실천이든 믿음과 행함을 나누려는 모든 시도는 마치 천의 안과 밖을 서로 나누려는 시도만큼이나 어리석은 일입니다. "믿음"은 안이며, "선한 일"은 밖입니다. "믿음"의 씨줄과 "선한 일"의 날줄로 짠 천은 하나입니다. 믿음이 실천의 내적 원리이며, 실천은 믿음이 밖으로 나타나는 것입니다.

여기에서 또 하나의 요점을 살펴보도록 합시다. 본문의 명령은 기독교인의 행동이 항상 다른 모든 종류의 선한 행동들보다 앞서야만 한다는 원리를 담고 있습니다. 왜냐하면 여기의 "힘쓰게"는 문자적으로 "앞자리에 서도록 하게"을 의미하는 단어이기 때문입니다. 나는 이 단어가 여기에서 문자적으로 받아들여서는 안 되는 아무런 이유를 알지 못합니다. 만일 그 단어가 그와 같은 의미로 받아들인다면, 우리는 여기에서 그리스도인은 마땅히 세상에서 선한 일을 행할 때 앞자리에 서야만 한다는 개념을 얻게 됩니다. 여러분은 선한 일을 행함할 때 그리스도인이 아닌 사람들보다 앞장서야지, 그들을 뒤따른다든지 혹은 그들과 발걸음을 나란히 해서는 안 됩니다. 교회의 도덕은 공동체든 개인이든 그 시대의 일반적인 도덕보다 앞서 나가야만 합니다. 우리가 그리스도인이라면, 우리는 앞에서 이끄는 자가 되어야 합니다. 이것은 우리가 많은 사람들로부터 수많은 중상과 비방을 견뎌야만 하게 될 것을 의미합니다. 대부분의 앞에서 이끄는 자들이 경험하는 것처럼 말입니다. 야고보가 말하는 것처럼, 기독교회는 "하나님의 피조물 중에 한 첫 열매가 되도록" 의도되었습니다(약 1:18). 다른 사람들보다 먼저 익고 또 더 잘 익은 첫 열매 말입니다. 오늘날의 영국교회는 오늘날의 영국의 양심을 앞에서 이끌고 있습니까? 오늘날의 영국교회는 그렇게 하고자 애쓰고 있습니까? 오늘날의 영국교회는 자신의 역할이 거리에서 울려 퍼지는 세상의 도덕을 재방송하는 것이 아니라, 예수 그리스도의 도덕을 선포하는 것임을 인식하고 있습니까? 그리스도인들이 그리스도인이 아닌 사람들만큼 선하고, 그들만큼 자선을 베풀고, 그들만큼 착한 일을 하고, 그들만큼 사회문제에 관심을 갖는 것으로 충분합니까? 아니면 그들보다 훨씬 더 나아야만 합니까? 전깃불이 촛불만큼 밝은 것으로 충분합니까? 우리는 앞서 가야만 합니다. 그러면 다른 사람들이 뒤따를 것입니다. "너는 이 여러 것에 대하여 굳세게 말하라 이는 하나님을 믿는 자들로 하여금 조심하여 선한 일에 있어 앞자리에 서도록 하게 하려 함이라."

이제 마지막 요점을 살펴보도록 합시다. 이와 같이 복음에 대한 믿음이 선한 일을 행하는 것의 원천이라 하더라도 우리가 앞자리에 서려는 주의(注意)를 기울이지 않는다면 그것은 우리의 것이 되지 않을 것이라는 사실입니다.

여기에서 "주의를 기울이는" 것은 무엇을 의미합니까? (한글개역개정판에는 "조심하여"라고 되어 있음). 그 단어는 두 가지를 의미합니다. 먼저 그것은 "'굳세게 말하여진' 진리들을 머리에 마음에 새기는" 것을 의미합니다. 복음의 위대한 진리들을 여러분의 머리와 마음에 새기십시오. 그것들이 여러분의 삶을 빚을 수 있도록 말입니다. 나는 기독교회의 도덕이 세상의 도덕보다 크게 앞서지 못하는 한 가지 주된 이유가 교회의 지체들이 복음의 위대한 진리들을 자신들의 마음과 생각 속에 담지 않기 때문이라고 믿습니다. 그리스도인들의 실천이 미약하고 보잘것없는 이유는 복음과 복음의 주님에 대한 그들의 묵상(默想)이 충분하지 않기 때문입니다. "굳세게 말하여진" 진리들은 불이 계속 타오르게 만드는 연료와 같습니다. 연료 공급이 중단된다면, 불은 곧 꺼질 것입니다. 이와 같이 거룩함을 산출하는 진리들을 머리와 마음에 새기라는 의미에서 "주의를 기울이는" 것이 필요합니다.

다음으로 또 한 가지가 필요합니다. 우리의 믿음을 증가시키기 위해서는 명확한 노력이 계속실행되어야만 합니다. 앞에서 나는 믿음이 선한 일을 행하는 실천의 기초라고 말했습니다. 그러므로 우리의 믿음이 강해지는 분량만큼 우리의 "선한 일" 역시 그에 비례하여 증가할 것입니다. 썰미어(Thirlmere) 호수로부터 맨체스터로 물을 끌어오는 송수관이 한 개가 아니라 두 개였다고 상상해 보십시오. 그랬다면, 지난 번 가뭄 때 물이 그토록 부족하지는 않았을 것입니다. 썰미어 호수에는 풍부한 물이 있습니다. 그러나 그 물이 맨체스터의 각 가정들에 충분하게 전달될 수 없었습니다. 왜냐하면 송수관이 충분하지 않았기 때문입니다. 우리의 하나님과 우리의 복음에는 우리가 "선한 일"을 풍성하게 할 수 있도록 만들어 주는 풍부한 능력이 있습니다. 문제는 하나님의 충만이 우리의 삶 속으로 흘러들어오는 파이프가 부족하다는 사실입니다. 여러분이 농작물을 경작(耕作)하기를 원한다면, 씨를 뿌리고 물을 주기만 하면 됩니다. 예수 그리스도께서 그의 복음에 씨를 뿌리셨습니다. 그러나 물을 주는 것은 우리의 몫입니다. 우리가 주의를 기울여 적절하게 물을 준다면, 농작물들은 스스로 자랄 것입니다. 이와 같이 주님과의 계속적인 접촉을 잘 유지하며 우리의 믿음을 증가시키는 것이 우리의 주된 노력이 되어야만 합니다. 그럴 때 우리는 그의 능력을 우리의 능력으로 만들게 될 것입니다.

빌레몬서

1
그리스도께 우리 자신을 빚짐

"나 바울이 친필로 쓰노니 내가 갚으려니와 네가 이 외에
네 자신이 내게 빚진 것은 내가 말하지 아니하노라"
몬 1:19

본 서신의 비할 데 없는 섬세함은 오랫동안 칭송의 대상이 되어 왔습니다. 나는 다른 어느 문학에서 이와 같은 보석을 발견할 수 있는지 알지 못합니다. 그러나 이러한 관점 외에도 우리는 또 다른 관점으로 본 서신을 바라볼 수 있습니다. 나는 여기에서 우리 주님이 우리에게 바라시는 행동방식에 대한 일종의 비유를 발견할 수 있다고 생각합니다. 실천적인 기독교의 모든 원리들은 결국 예수 그리스도를 본받는 것으로 바꿀 수 있습니다. 그러므로 우리가 여기의 바울의 행동과 태도에서 우리 주님의 모습이 빛나는 것을 보는 것은 결코 공허한 상상이 아닐 것입니다.

오늘 나는 본문을 바울보다 훨씬 더 크고 존귀한 자가 모든 그리스도인들에게 말한 것으로서 감히 취하고자 합니다. "내가 갚으려니와 네가 이 외에 네 자신이 내게 빚진 것은 내가 말하지 아니하노라."

1. 첫째로, 우리의 큰 빚을 주목하십시오.

그리스도인 선생이 자신의 수고로 말미암아 하나님께 돌아와 하나님과 더불어 화평을 이룬 어떤 사람에게 매우 실제적으로 "네 자신이 내게 빚진

것은"(thou owest thyself to me), 다시 말해서 "너는 내게 빚졌다"라고 말할 수 있을 것입니다. 사랑하는 형제들이여, 우리가 하나의 띠로 연결된 것은 말할 수 없는 은혜입니다. 왜냐하면 우리를 하나로 연결한 띠는 인간의 모든 띠들 가운데 가장 거룩한 띠이기 때문입니다.

그러나 이제 우리는 이러한 개념에서 보다 더 높은 개념으로 나아가야만 합니다. 그것은 우리가 실제로 그리스도인이라면 우리는 예수 그리스도에게 빚지고 있다는 개념입니다. 자녀는 자기 부모에게 빚지고 있습니까? 예수 그리스도가 초자연적이며 실제적인 전달로 여러분 안에 더 나은 생명과 더 나은 자아(self)를 불어넣지 않았습니까? 그리하여 여러분은 "그런즉 이제는 내가 사는 것이 아니요 오직 내 안에 그리스도께서 사시는 것이라"라고 말해야만 하지 않습니까(갈 2:20)? 정말로 그러하다면, 여러분의 영적 존재와 기독교적 자아는 전적으로 그의 선물이 아닙니까?

죽을병에 걸려 누워 있던 사람이 의사의 도움으로 일어났다면, 그는 그 의사에게 자신의 생명을 빚지고 있는 것이 아닙니까? 물에 빠져 죽게 된 사람을 어떤 구조자의 강한 손이 강에서 끌어냈다면, 그는 그 구조자에게 자신의 생명을 빚지고 있는 것이 아닙니까? 여러분과 내가 죽을병에 걸려 누워 있었던 것은 분명한 사실이 아닙니까? 하나님으로부터 분리된 모든 영혼이 죽은 것은 분명한 사실이 아닙니까? 여러분은 우리 주님으로 말미암아 그와 같은 죽음의 상태에서 끌어냄을 받지 않았습니까? 여러분이 멸망을 당하지 않았다면, 여러분은 그에게 빚지고 있는 것입니다.

어떤 미친 사람이 제정신으로 돌아왔다면, 그는 자신을 고쳐준 사람에게 빚지고 있는 것이 아닙니까? 모순처럼 들릴지 모르지만, 사람이 자기 자신을 위해 살면 살수록 자기 자신을 더 적게 소유하는 것은 분명한 사실이 아닙니까? 여러분이 그리스도인이라면, 여러분은 욕망과 격정의 폭정으로부터 건짐을 받은 것입니다. 또 여러분은 자신의 저급한 본성에 종노릇하는 것에서 건짐을 받은 것이며, 시간과 환경 가운데 여러분으로부터 여러분 자신을 도둑질하는 모든 폭군들에 종노릇하는 것에서 건짐을 받은 것입니다. 또 여러분은 예수 그리스도로 말미암아 자유롭게 되었으며, 제

정신을 가진 사람이 되었으며, 온전한 사람이 되었으며, 여러분 자신의 주인이 되었으며, 여러분 자신을 소유하는 자가 되었습니다. 여러분이 그리스도인이라면 말입니다. 자기 자신을 위해 사는 것은 자기 자신을 잃는 것입니다. 우리가 우리 자신에게 갈 때, 우리는 우리 자신으로부터 멀어집니다. 예수 그리스도는 우리가 우리 자신의 반역적인 본성을 다스릴 수 있도록 만들어 주셨습니다. 그는 우리가 욕망과 기호(嗜好)와 육체 위에 의지(意志)를 놓고, 의지 위에 양심을 놓고, 양심 위에 그리스도를 놓을 수 있도록 만들어 주셨습니다. 그는 우리에게 우리가 전에는 결코 가져 본 적이 없는 선물, 즉 우리 자신을 확실하게 소유할 수 있는 선물을 주셨습니다.

진실로 우리를 죽이는 사망에서 우리를 건지시고, 우리가 스스로를 다스리며 스스로의 주인이 되는 능력을 회복시켜 주시고, 우리가 새롭고 더 나은 생명을 주신 예수 그리스도는 우리에게 이러한 큰 선물을 주셨습니다. 그리고 그는 우리 한 사람 한 사람의 얼굴을 바라보며 "내가 너를 만들었노라"라고 말씀하십니다. 영원한 말씀은 창조주입니다. "내가 너를 구속하였노라. 내가 네 안에 거하노라. 내가 너의 더 나은 자아(better self)니라. 너는 나에게 네 자신의 자아를 빚졌노라."

2. 둘째로, 이러한 빚에 기초한 포괄적인 의무를 주목하십시오.

그리스도께서 자기 자신을 희생제물로 드리심으로 우리에게 우리 자신을 주신 것이 사실이라면, 그러한 선물에 대한 우리의 합당한 응답은 우리 자신을 그에게 온전히 되돌려드리는 것이 아니겠습니까? 그가 그 자신을 우리에게 온전히 주셨다면, 우리 역시도 우리 자신을 그에게 온전히 드려야 하지 않겠습니까? 그리스도께서 자기 자신을 주는 값으로 우리를 살 수 있지 않습니까? 이것은 얼마나 달콤한 사랑의 거래입니까? 바로 이것이 모든 축복의 기초입니다. 남편과 아내, 그리고 부모와 자녀 사이의 사랑의 관계를 생각해 보십시오. 그들 사이에서도 서로가 서로를 주고 또 받지 않습니까? 마찬가지로 그리스도께서 그 자신을 우리에게 주시는 것에 대한 올바른 감사와 합당한 응답은 오직 내가 내 자신을 그에게 드리는 것을 통해서만 나타날 수 있습니다.

“비록 보잘것없는 예물이지만,
내가 주께 모든 것을 드리나이다.”

바로 이것이 우리를 위해 자신을 십자가에 내어 주신 예수 그리스도의 무한한 사랑을 만족시킬 수 있는 유일한 언어이며, 그에 보답하기 위해 지불할 수 있는 유일한 값입니다.

사랑하는 형제들이여, 예수 그리스도께서 우리를 향해 “네가 내게 네 자신을 빚졌도다”라고 말씀하시는 것을 들어 보십시오. 그에 대한 합당한 응답은 “우리는 이제 우리를 위해 살지 않고 주를 위하여 사나이다”라는 응답이 아니겠습니까?

이와 같이 우리 자신을 예수 그리스도에게 드리는 것은 우리의 본성 전체를 그가 점령하시는 것으로 나타날 것입니다. 그는 진리로서 나의 정신의 양식이 되십니다. 그는 사랑으로서 나의 마음의 양식이 되십니다. 그는 최고의 명령자로서 나의 의지(意志)의 주인이 되십니다. 기호(嗜好), 성향, 기능, 소망, 기억, 바람, 열망 — 이런 것들은 모두 이를테면 그를 타고 올라가 그로부터 양분과 평안을 빨아들이는 덩굴손들이 됩니다. 그는 우리가 이러한 기능들의 사용을 그칠 것을 요구하지 않습니다. 다만 우리가 바라며 추구하며 애쓰는 모든 것 안에, 그의 생각이 섞여야만 합니다. 어두운 방 안으로 빛이 들어오는 것을 상상해 보십시오. 빛은 방 안에 있는 어떤 먼지도 분산시키지 않은 채 거기에 있는 먼지들을 그대로 드러낼 것입니다. 그와 마찬가지로 그리스도의 사랑이 우리의 본성 전체를 점유할 때, 그것은 우리의 기능들을 그대로 내버려둔 채 거기에 빛을 비출 것입니다. 우리가 그 안에서 서로 사랑한다면, 우리는 서로가 사랑을 받기에 합당하다는 사실을 발견하게 될 것입니다. 우리가 그 안에서 진리와 지식을 따른다면, 우리는 그 지식이 더 쉽고 더 복된 것이라는 사실을 발견하게 될 것입니다. 우리가 바라며 추구하며 애쓰는 모든 것들이 그와의 관계에 의해 조명(照明)된다면, 그것들은 모두 능력과 아름다움으로 빛날 것입니다.

또 예수 그리스도에게 우리 자신을 드리는 것은 우리의 의지(意志)를 그의 의지에 완전하면서도 절대적으로 순복시키는 것으로 나타날 것입니다. 노예에게는 어떤 의지도 없습니다. 다만 주인의 의지만 있을 뿐입니다. 어떤 사람에 대해 그렇게 하는 것은 참으로 비극적이며 불행한 일입니다. 그러나 그리스도에 대해 그렇게 하는 것은 존귀하며 영예로우며 축복된 일입니다. 순복하고 또 순복하십시오! 순종하고 또 순종하십시오! 그의 의지가 나타날 때까지 여러분의 의지는 미결정 상태로 남겨 두십시오. 그리고 그의 의지가 나타날 때, 기쁘게 그것을 취하십시오. 그의 손이 호된 꾸지람과 함께 임한다면, 기꺼이 그에게 순복하십시오. 그의 손이 무엇인가를 가리키면서 임한다면, 기꺼이 그것을 따르십시오. 자신을 드리는 것은 의지의 영역에서 완성되어야만 합니다. "나의 뜻대로 마옵시고 주의 뜻대로 되기를 원하나이다!"라고 말할 수 있을 때 비로소 우리는 "내가 그리스도와 함께 십자가에 못 박혔나니 그런즉 이제는 내가 사는 것이 아니요 오직 내 안에 그리스도께서 사시는 것이라"라고 말할 수 있을 것입니다(갈 2:20).

또 예수 그리스도에게 자신을 드리는 것은 우리의 전 존재를 그의 이름과 그의 영광을 위해 헌신하는 것이 될 것입니다. 말은 쉽습니다! 그러나 말이 실제적인 삶으로 바뀌기 위해서는 우리의 전체적인 본성과 행동에 혁명이 일어나야만 합니다. 그를 위해 일하는 것, 그를 우리의 삶의 목적으로 삼는 것, 우리의 최고의 목표로서 그의 이름을 전파하고자 노력하는 것, 그의 나라를 확장시키는 것 — 이론적으로 여러분은 여러분의 신앙고백을 통해 이러한 일들을 행하고 있다고 말합니다. 그러나 실제적으로 나는 과연 얼마나 많은 그리스도인들이 그의 이름을 존귀케 하며 영화롭게 하고자 하는 순수한 목적으로 그러한 일들을 행하고 있는지 의구심을 갖지 않을 수 없습니다.

나아가 이와 같이 자신을 드리는 것은 우리의 존재 및 행동과 관련해서뿐만 아니라 또한 우리의 소유와 관련해서도 나타나야만 합니다. 나는 이러한 주제에 대해 장황하게 설명하기를 원치 않습니다. 그러나 사랑하는 친구들이여, 노예는 어떤 소유도 갖지 않는다는 사실을 기억하십시오. 여러분과 나도 그래야만 합니다. 왜냐하면 우리는 그리스도의 노예이기 때문입니다. 예전의 비참한 노예제도 아래서, 노예의 초라한 오두막집과 보잘것없는 가재도구들과 손바닥만 한 텃밭과 그가 가진 동전까지도 모두 그의 주인에게 속했습니다. 왜냐하면 그 자신이 주인에게 속했기 때문입니다. 이것은 여러분과 나에게도 똑같이 사실입니다. 우리의 집과 우리의 모든 소유가 우리의 주인이신 예수 그리스도에게 속합니다. 우리는 그것을 믿는다고 말합니다. 그러면 우리는 우리의 소유를 우리가 믿는 대로 사용합니까? 우리 마음 가운데 그리스도에 대한 감사의 마음이 용솟음친다면, 그의 일을 위해 우리의 돈을 사용하는 것은 전혀 어려운 일이 아닐 것입니다. 예수 그리스도는 "능력과 부(riches)와 지혜와 힘과 존귀와 영광과 찬송을 받으시기에 합당한" 자입니다(계 5:12). 그가 우리에게 주신 것 가운데 일부를 우리가 뒤로 감추지 않는지 스스로를 살펴봅시다.

사랑하는 형제들이여, 이와 같이 자신을 온전히 희생제물로 드리는 것이 곧 실천적인 기독교이며, 예수 그리스도와 우리 사이의 관계에 기초한 합당한 삶이라는 사실을 잊지 마십시오. 그럼에도 불구하고 오늘날의 평균적인 그리스도인의 삶은 그것과 얼마나 날카로운 대조를 이룹니까! 나는 결코 여러분을 꾸짖기를 원하지 않습니다. 나는 이와 같은 의미로 자신을 드리는 것이 매우 고통스러운 일임을 압니다. 그러나 나는 여러분과 나 자신에게 간곡히 탄원하고자 합니다. 여기의 개념을 여러분의 마음과 양심 속으로 있는 그대로 받아들이십시오. 뒤로 감추는 것이 고통이 되고 기꺼이 드리는 것이 기쁨이 될 때까지 말입니다.

3. 마지막으로, 그러한 빚과 관련한 변제(辨濟)에 대해 주목하십시오.

예수 그리스도는 빚진 자에게 독촉하지 않습니다. 구약의 역사서 가운데 한 책에서 우리는 아마샤 왕이 은 백 달란트로 큰 용사 십만 명을 고용한 이야기를 듣습니다(대하 25:6). 그러나 하나님의 사람이 왕에게 나아와 그 군대를 데려가지 말라고 말합니다(7절). 이에 아마샤는 “내가 이미 백 달란트를 이스라엘 군대에게 주었으니 어찌할까”라고 되물으며 우물쭈물합니다. 그러자 하나님의 사람은 “여호와께서 능히 이보다 많은 것을 왕에게 주실 수 있나이다”라고 말합니다(9절). 이것은 예수 그리스도에게 드린 모든 것들에 대해서도 똑같습니다. 먼저 그가 우리에게 풍성한 급료를 주셨습니다. 우리가 그에게 드리는 것은 우리의 것이기 이전에 그의 것이었습니다. 또 우리의 것이라고 할 때에도, 그것은 여전히 그의 것으로 남아 있습니다. 우리는 단지 그의 소유를 그에게 돌려드리는 것뿐입니다. 실제로 우리가 갚는 것은 아무것도 없습니다. 그러나 그는 수많은 방식으로 갚습니다. 우리가 우리 자신을 그에게 드릴 때, 그는 우리에게 큰 기쁨을 주심으로써 갚습니다.

그러한 기쁨이 자신의 소유를 붙잡고 지키는 기쁨보다 오만 배나 더 크지 않습니까? 아니, 둘 사이의 차이는 양의 문제라기보다 질의 문제입니다. 그에게 드리는 것을 내가 소유합니다. 강에 던진 돌을 생각해 보십시오. 해가 비취고 물결이 반짝일 때, 그것은 훨씬 더 크게 보입니다. 또 돌의 색깔은 내 손에 있을 때보다 물 밑에서 훨씬 더 밝게 보입니다. 이와 같이 어떤 사람이 예수 그리스도에게 무엇인가를 드렸을 때, 그것은 그 자신에게 영광스러운 변화된 모습으로 되돌아 옵니다. 우리가 연약하며 죄로 얼룩진 우리 자신을 그에게 드릴 때, 그는 우리를 성도(聖徒)로 만들어 되돌려 줍니다. 예수 그리스도께 자신을 드리는 기쁨은 사람이 가질 수 있는 가장 큰 기쁨입니다. “주는 것이 받는 것보다 복되도다”(행 20:35). 그리스도께서 우리에게 우리 자신을 주시는 것은 우리로 하여금 그러한 기쁨을 맛보게 하시기 위함입니다.

그와 함께 또 다른 기쁨이 옵니다. 주께 드리는 기쁨과 드렸던 모든 것을 더 풍성하게 소유하는 기쁨뿐만 아니라 나아가 자신을 그에게 드리는 결과로서 항상 따르는 더 큰 소유가 있습니다. 우리가 그에게 순복할 때, 그는 우리 영혼 안으로 들어오십니다. 그러나 우리가 스스로에게 열중해 있을 때, 우리는 그를 우리 마음 밖에 있도록 만듭니다. 그러나 그에게 순복할 때, 우리 마음의 문은 활짝 열립니다. 그리고 우리가 우리 자신을 그에게 드릴 때, 그는 더 큰 분량으로 자기 자신을 우리에게 주실 수 있게 됩니다. 여러분이 복음을 확신하기를 원한다면, 그로 말미암아 사십시오. 여러분이 그의 약속을 더 큰 확신으로 소유하기를 원한다면, 스스로 그의 사랑에 순복하십시오. 여러분이 그리스도를 더 많이 원한다면, 여러분 자신을 그에게 더 많이 드리십시오.

미래와 관련해서는 굳이 긴 말이 필요치 않습니다. 미래에, 우리가 이 땅에서 드린 것과는 비교할 수 없을 정도로 엄청난 상급이 있을 것입니다. 그 엄청남으로 인해 우리는 놀랄 것입니다. 그리고 우리가 드린 것의 보잘것없음을 생각하며 부끄러워할 것입니다. 우리는 적게 뿌리고 많이 거둘 것입니다. 그럼으로써 추수의 기쁨은 더 큰 놀라움과 더 큰 환희가 될 것입니다. 먼저 예수 그리스도께 드리십시오. 그러면 그가 풍성한 상급으로 되돌려 주실 것입니다.

여러분의 구주가 여러분에게 부드러운 음성으로 호소하는 말씀을 들어보십시오. "내가 너에게 내 자신을 주었으며, 그럼으로써 너 자신까지도 주었도다. 자, 이제 너는 나에게 무엇을 주려느냐?"

히브리서

1
흘러 떠내려감

"그러므로 우리는 들은 것에 더욱 유념함으로
우리가 흘러 떠내려가지 않도록 함이 마땅하니라"
히 2:1

여기에서 "흘러 떠내려가다"라는 표현을 주목해 보십시오. 그것은 우리에게 보화를 대충 붙잡고 있다가 무심코 떨어뜨리고 마는 사람의 생생한 그림을 보여 줍니다. 이러한 그림도 매우 생생하며 인상적이기는 합니다. 그러나 원어(原語)가 나타내는 그림은 한층 더 생생하며 인상적입니다. 개역(Revised Version)은 흠정역(King James Version)처럼 "우리가 그런 것들을 흘러 떠내려 보내지 않도록"이라고 번역하는 대신 "우리가 그런 것들로부터 흘러 떠내려가지 않도록"이라고 올바르게 번역합니다(한글개역개정판은 개역처럼 되어 있음). 바로 이것이 본문의 참된 의미입니다. "떠내려가는" 것은 두려운 일입니다. 강변에 단단히 매어 놓지 않은 배는 필경 조용히 미끄러져 강으로 떠내려갈 것입니다. 그리하여 그 배에 타고 있는 사람들은 갑판 위로 올라올 때까지 자신들이 떠내려가고 있다는 사실을 깨닫지 못할 것입니다. 그러므로 우리는 "들은 것"을 단단히 붙잡아 매야만 합니다. 그렇지 않으면 우리는 그것을 흘러 떠내려 보내게 될 것이며, 그러면서도 자신이 떠내려가고 있다는 사실조차 느끼지 못할 것입니다. 갑자기 배가 흔들리는 소리에 놀라 깨어나 갑판 위로 올라와 낯선

풍경을 볼 때까지 말입니다. 그러므로 우리는 들은 것에 더욱 유념해야만 합니다. 그렇지 않으면 그것이 필연적으로 흘러 떠내려가게 될 것입니다.

1. 첫째로, 본문은 우리의 위험을 제시합니다.

우리에게는 우리 믿음의 기초로부터, 다시 말해서 우리가 들은 위대한 말씀들을 부지불식간에 흘러 떠내려 보낼 위험이 있습니다. 우리를 향해 밀려오는 조류(潮流)는 매우 강력한 힘을 가지고 있습니다. 그러므로 뱃사람들은 매우 조심하여 배를 운전할 필요가 있습니다. 그리고 그들의 배에는 그러한 조류에 맞서 나아갈 수 있는 강력한 엔진이 필요합니다. 이제 몇 가지 유형의 조류들을 생각해 보도록 합시다.

먼저 세월의 조류(潮流)가 있습니다. 시간은 우리 모두를 변화시킵니다. 공적으로 신앙을 고백하는 그리스도인들 가운데 부지불식간에 처음의 더 나은 상태로부터 지금의 훨씬 더 못한 상태로 미끄러져 내려간 사람들이 얼마나 많습니까! 처음에는 그리스도와 그의 복음의 영향력 아래 거하다가 나중에는 그렇지 못한 상태로 부지불식간에 흘러 떠내려간 사람들이 얼마나 많습니까! 그들은 그럴듯한 외양(外樣)은 그대로 지키고 있지만, 그것은 허상(虛像)일 뿐입니다. 세월이 그를 그의 처음 상태로부터 강 아래로 흘러 떠내려 보낸 것입니다.

또 진리에 대한 익숙함의 조류가 있습니다. 우리 모두는 익숙한 것을 대수롭지 않게 생각하는 경향이 있는데, 이것은 인간 본성의 연약함을 보여주는 한 가지 슬픈 실례(實例)입니다. 우리가 각별한 노력 없이 어떤 진리를 평생 신선한 마음으로 계속해서 붙잡고 있는 것은 거의 불가능합니다. 가장 확실한 진리들은 너무나 자주 우리 영혼의 가장 깊숙한 창고 속에 던져지곤 합니다. 우리가 가장 확실하게 붙잡고 있다고 생각하는 진리들은 부지불식간에 우리의 손에서 느슨해집니다. 우리가 그것들을 붙잡고 있다고 생각하는 동안 그것들은 우리에게서 사라집니다. 우리가 항상 그것들을 믿는다고 생각해 왔음에도 불구하고 말입니다. 능수능란한 손으로 연기(演技)하는 마술사들을 생각해 보십시오. 손바닥 위에 동전을 올려놓고,

엄지손가락으로 누르고는, 곧바로 주먹을 쥡니다. 우리는 틀림없이 동전이 그의 손 안에 있을 것으로 상상합니다. 그러나 어느 순간 동전은 사라지고, 그의 손에는 아무것도 남아 있지 않습니다. 이와 같이 우리 가운데 너무나 많은 사람들이 실제로 사라져 버렸음에도 불구하고 여전히 자기 손 안에 복음의 금화(金貨)를 가지고 있다고 생각합니다. 그들은 손을 펴고 손에 아무것도 남아 있지 않은 사실을 볼 때까지 그 사실을 알지 못합니다. 우리는 시간으로 말미암아 흘러 떠내려보내기도 하고, 익숙함으로 말미암아 흘러 떠내려 보내기도 합니다.

그런가 하면 매일같이 밀려오는 일상의 염려와 걱정과 의무와 기쁨의 조류도 있습니다. 이 모든 것들의 사소함과 다양함은 우리가 복음의 중심적인 진리들을 소유하는 것을 약화시키며, 또한 그것으로부터 멀어지도록 만드는 경향이 있습니다. 한 개의 눈송이는 매우 작고 가볍습니다. 그러나 그것들이 쌓일 때, 그것은 거대한 눈사태를 일으키기도 하고 수많은 생명을 죽이기도 합니다. 이와 같이 일상의 사소한 것들은 우리에게 매우 강력한 영향을 끼치는 가운데 우리의 관심과 흥미와 노력을 "우리가 들은 진리"로부터 흘러 떠내려가도록 만듭니다. 여러분은 구약에서 죄수를 맡은 어떤 사람의 이야기를 기억할 것입니다. 그에게 도망치지 못하도록 주의를 게을리 하지 말하는 명령과 함께 죄수 한 사람이 맡겨져 있었습니다. 그러나 그가 말하는 것을 들어보십시오. "종이 이리 저리 일을 볼 동안에 그가 없어졌나이다(왕하 20:40). 나에게는 이것저것 행할 일이 너무나 많았나이다. 그리하여 나는 계속 그를 지킬 수가 없었나이다. 그는 내 손가락 사이로 미끄러져 나갔나이다. 그는 어느 순간 도망쳐 버리고 말았습니다. 그것이 내가 아는 전부나이다. 바쁜 일에서 주의를 돌이켜 그의 차꼬가 풀어진 것을 볼 때까지, 나는 아무것도 알지 못했었나이다."

사랑하는 친구들이여, 바로 이것이 많은 그리스도인들의 믿음이 약화되며 허물어져가는 과정입니다. "종이 이리 저리 일을 볼 동안에 믿음이 없어졌나이다." 그러한 일들은 우리가 행해야만 하는 합법적인 일들입니다. 그러나 그러한 일들은 복음의 진리를 붙잡은 우리의 손을 느슨하게 만드는 기회가 되어서는 안 됩니다. 도리어 우리의 손을 더 강하게 만드는 기회가 되어야 합니다. 우리는 자칫 여러 가지 일로 분주한 나머지 우리가 맡은 것을 잃어버린 채, 그것을 잃어버렸다는 사실조차 깨닫지 못할 수 있습니다.

그렇게 할 수 있는 것은 단지 "세속적인" 일들뿐만이 아닙니다. 소위 기독교적인 일들을 통해서도 얼마든지 그렇게 될 수 있습니다. 교회에서 너무나 많은 일에 분주한 나머지 자칫 예수 그리스도와의 교제를 위해 홀로 골방에서 묵상할 시간이 없어질 위험이 있습니다. 종종 나는 주일학교 교사들이나 여러 분야에서 수고하는 일꾼들에게 "잠시 한적한 장소에 가서 좀 쉬십시오"라고 말하고 싶습니다. 그렇게 할 때, 여러분은 일을 더 잘 할 수 있도록 준비될 것입니다. 어쨌든 다른 사람들의 포도원에 물을 주느라 정작 자신의 포도원은 말라죽게 하는 일이 언제든지 가능합니다.

그런가 하면 사람들의 일반적인 생각이라든지 혹은 복음에 대한 다양한 개념들의 조류가 있습니다. 만일 우리가 우리 구주에 대한 단순한 믿음을 굳게 붙잡지 않는다면, 그것들은 흘러 떠내려가게 될 것입니다.

지금까지 나는 네 가지 유형의 조류를 이야기했습니다 — 시간의 조류, 익숙함의 조류, 일의 조류, 우리를 둘러싸고 있는 사람들의 일반적인 생각의 조류. 이 모든 힘들이 오늘날의 그리스도인들에게 작동하고 있습니다. 그리고 종종 그러한 힘들은 많은 사람들에게 치명적인 해악을 끼치기도 합니다.

2. 둘째로, 본문은 우리의 안전을 제시합니다.

"그러므로 우리는 더욱 유념함으로." 이러한 힘들이 작동하고 있기 때문에 우리는 아무런 조류도 없는 고요한 강에 있을 때보다 배를 강변에 더 안전하게 붙들어 매야 할 필요가 있습니다. 계속 밀려오는 강력한 조류의 힘을 생각하면서 우리는 더욱 유념하며 더욱 주의를 기울여야만 합니다. 우리가 위험이 있음을 안다면, 우리는 그러한 위험을 피하고자 애쓸 것입니다. 우리가 우리 주위에 도적들이 우리의 소유를 빼앗으려고 숨어 기다리고 있는 사실을 안다면, 우리는 우리의 소유를 지키기 위해 무엇인가를 할 것입니다. 씨 뿌리는 자의 비유를 생각해 보십시오. 농부가 씨를 뿌립니다. 그러나 그의 머리 위에는 그가 돌아가기를 기다리는 수많은 새들이 있습니다. 즉시로 달려들어 씨앗을 쪼아 먹으려고 말입니다. 우리가 이러한 사실을 깨닫는다면, 우리는 새를 쫓기 위해 허수아비를 세운다든지 혹은 새를 쫓는 일꾼들을 두는 등의 조치를 취할 것입니다. 우리가 세상이 도적들로 가득 차 있는 것을 분명히 안다면, 우리는 집이 뚫리지 않도록 우리의 문에 튼튼한 자물쇠를 채울 것이며 우리의 창문에 쇠창살을 댈 것이며 잠자지 않고 깨어 지킬 것입니다.

본문을 다시 한 번 주목해 보십시오. "그러므로 우리는 들은 것에 더욱 유념함으로." 여기의 "유념"(留念)이라는 단어는 그러한 조류들에 주의를 집중하면서 그것에 대항하고자 의지적(意志的)으로 노력해야만 하는 사실을 암시합니다. 만일 여러분이 어떤 것을 느슨하게 붙잡는다면, 그것은 곧 여러분의 손에서 미끄러져 나갈 것입니다. 여러분이 말뚝을 향해 밧줄을 대충 집어던진 채 잠에 떨어진다면, 여러분의 배는 조류에 아무런 저항도 하지 못한 채 흘러 떠내려갈 것입니다. 조류에 계속 저항해야만 합니다. 그렇지 않으면 마침내 조류가 모든 것을 쓸어갈 것입니다. 오늘날의 평균적인 그리스도인의 성품에 있어 꼭 필요한 것이 한 가지 있습니다. 그것은 마음과 생각을 복음의 진리들이 점령하도록 만드는 것입니다. 우리는 모든 종류의 신문과 책과 잡지를 읽습니다. 그러면서 우리는 우리 선조들만큼 성경을 읽지 않습니다. 우리는 매일같이 하나님의 말씀을 읽음으로써 그것을 익숙하게 만들어야만 합니다. 그럼에도 불구하고 그렇게 하지 않는 사람들이 얼마나 많습니까! 처음 어둠으로부터 빛으로 돌이켰을 때 깨달은 작은 진리 이상(以上)으로 나가지 못하는 사람들이 얼마나 많습니까! 예수 그리스도가 여러분의 구주라는 것은 어떤 의미에서 복음 전체입니다. 그러나 그것이 여러분이 그 위대한 진리 안에 내포된 그리고 그것으로부터 흘러나오는 또 다른 진리들을 깨닫기 위해 노력할 필요가 없음을 의미하는 것은 결코 아닙니다. 우리의 마음과 생각이 복음의 진리들로 더 많이 점령된다면 혹은 우리가 소처럼 하나님의 말씀을 계속적으로 반추하며 곱씹는다면, 우리는 모든 조류들에 능히 맞설 수 있을 것입니다.

우리가 스스로를 이러한 진리들에 더 튼튼하게 붙들어 맬 수 있는 또 다른 방법이 있습니다. 이것은 일상의 사소한 일들을 그러한 진리들의 통제 아래 그것들이 빚어지도록 만드는 것입니다. 가장 익숙하며 진부한 진리를 새롭게 만들 수 있는 한 가지 방법은 그것에 근거해서 행동하는 것입니다. 여러분이 그렇게 한다면, 여러분은 옛 진리들이 계속해서 생명력으로 충만하게 되는 것을 발견하게 될 것입니다. 사람들은 진부한 진리들은 이빨 빠진 호랑이에 불과하다고 말합니다. 그러나 진부한 진리들을 취하여, 그것들이 여러분의 삶을 빚어 나가도록 의식적으로 노력해 보십시오. 그러면 여러분은 그것이 결코 이빨 빠진 호랑이에 불과한 것이 아니라는 사실을 발견하게 될 것입니다. 그것은 강한 이빨과 날카로운 발톱이 있습니다. 어떤 사람이 자신의 신조(信條)를 확신하기를 원한다면, 그것에 근거해 행동하십시오. 우리가 진리를 깊이 묵상하며 그것에 근거해 살아간다면, 우리는 우리를 집어삼키려고 달려드는 모든 조류에 능히 대항할 수 있을 것입니다.

3. 마지막으로, 본문은 이러한 훈계의 이유들을 제시합니다.

본문이 "그러므로"로 시작하는 것을 주목하십시오. 이러한 "그러므로"는 앞 장에서 이야기한 모든 것을 요약합니다. 그리고 그것은 2절 초두의 "for"로 한층 더 확장됩니다(한글개역개정판에는 "for"의 의미가 명확하게 나타나지 않음). 그러면 여기에서 제시되는 이유들은 무엇입니까? 우리는 여기에서 세 가지 이유가 제시되는 것을 발견할 수 있습니다.

첫째 이유는 말하는 자(speaker)의 존귀함입니다. 히브리서 기자는 바로 앞에서 아들의 우월성을 논증하고 있었습니다. 그는 하나님이 "이 모든 날 마지막에 아들을 통하여" 말씀하셨다고 말함으로써 아들이 이전의 모든 사역자들보다 우월함을 논증합니다(1:2). 그리고 계속해서 그는 아들이 하나님의 보좌 앞에 있는 모든 천사들보다도 우월함을 논증합니다. 그러면서 그는 그와 같은 존귀한 입술이 말했으므로 "우리가 들은 것에 더욱 유념하자"고 말합니다. 만일 "천사들을 통해 하신 말씀"이 우리의 "유념"을 요구한다면, 하물며 "이 마지막 때에 만유의 상속자로 세우신 아들을 통해 하신 말씀"은 얼마나 더 그러하겠습니까? 바로 이것이 첫 번째 이유입니다.

두 번째 이유는 진리의 불변성입니다. 잠시 본문의 기저(基底)에 있는 은유를 다시 한 번 살펴보도록 합시다. 아무리 튼튼한 밧줄이라 한들 그것이 견고한 말뚝에 묶여 있지 않다면 무슨 소용이 있겠습니까? 부인할 수도 없고 반박할 수도 없는 중요한 진리가 아니라면, 내가 그 진리에 주의를 기울일 필요가 도대체 어디에 있단 말입니까? 이와 같이 히브리서 기자는 그것이 우리가 모든 주의를 기울일만 한 가치가 있는 것이라고 말합니다. 천사들을 통해 하신 말씀이 견고하다면, 하물며 처음에 주님이 말씀하시고 계속해서 그것을 들은 자들이 확증한 복음의 말씀이야 얼마나 더 그러하겠습니까? 주님이 말뚝을 박으셨으며, 그의 말씀을 들은 자들이 그 위에다가 망치질을 했습니다. 그리하여 말뚝은 견고하게 섰습니다. 여러분이 그것을 굳게 붙잡는다면, 어떤 조류도 여러분을 결코 그것으로부터 떠내려가게 만들지 못할 것입니다.

세 번째 이유는 우리가 조류에 의해 떠내려감으로 말미암아 잃는 것입니다. "천사들을 통하여 하신 말씀이 견고하게 되어 모든 범죄함과 순종하지 아니함이 공정한 보응을 받은" 것을 기억하십시오(2절). 그렇다면 우리가 "이같이 큰 구원을 등한히 여긴다면" 그리고 우리 스스로를 우리가 들은 것으로부터 흘러 떠내려가도록 그냥 내버려 둔다면, 도대체 우리가 어떻게 그 보응을 피할 수 있겠습니까?(3절).

2
예수 안에서 관을 쓴 인성(人性)

"지금 우리가 만물이 아직 그에게 복종하고 있는 것을 보지 못하고 오직 우리가 천사들보다 잠시 동안 못하게 하심을 입은 자 곧 죽음의 고난 받으심으로 말미암아 영광과 존귀로 관을 쓰신 예수를 보니"

히 2:8, 9

우리의 위대한 천문학자들 가운데 한 사람은 자신의 천문학의 기초를 어린 시절 풀밭에 누워 그의 아버지의 양 떼를 지킬 때 배웠다고 말합니다. 오늘 본문이 인용한 위대한 시편 — 즉 시편 8편 — 역시도 마찬가지였을 수 있습니다. 어쩌면 그 시편 역시도 다윗이 아버지의 양 떼를 지키던 어린 시절에 만들어졌을 수 있습니다. 그는 베들레헴의 들판에서 밤새도록 양 떼를 지키며 지내곤 했습니다. 동방의 아름다운 하늘과 그것을 수놓은 멋진 별자리들은 그의 영혼을 두 가지 서로 상반되는 개념으로 채웠습니다 — 인간의 작음과 인간의 위대함. 나는 하나님의 우주와 대자연의 위대한 형상들과 도덕적인 진리들에 대해 깊이 묵상하는 사람이라면 누구든지 그러한 두 가지 개념을 떠올리게 될 것이라고 생각합니다. 우리 머리 위에 펼쳐진 대자연은 우리로 하여금 그러한 개념을 떠올리지 않을 수 없도록 만듭니다. 그것은 우리 위에 너무나 멀리 떨어져 있는 것처럼 보입니다. 그것은 매일 밤 자신의 위용(偉容)을 펼칩니다. 그것은 매일 밤 변함없는 아름다움으로 이 땅에서 펼쳐지는 모든 슬픔과 다툼과 비명과 신음과 죽음을 고요히 내려다봅니다. 그것은 너무나 고요하며, 너무나 정결하며, 너무나 덜리 떨어져 있으며, 너무나 영원합니다. 이와 같이 다윗은 인간의 작음을 느꼈습니다. 그러나 큰 것이 꼭 위대한 것은 아닙니다. 그리고 오랜 시간 존속된 것이라고 해서 꼭 영원한 것은 아닙니다. 가장 높은 것은 하나님을 아는 피조물입니다. 이와 같이 인간이 멀리 떨어져 있는 하늘의 별들보다 더 우월하다는 의식(意識)이 인간의 작음이라는 개념 위로 강력하게 솟아오릅니다. 다윗의 시대에 지혜의 중심지로 여겨졌던 주변의 나라들에서는 아직까지 이와 같은 개념에까지는 이르지 못했던 것을 기억하십시오. 도리어 갈대아 같은 지역에서는 하늘의 일월성신(日月星辰)을 숭배했습니다. 이런 의미에서 시편 8편은 다윗의 시대에 가장 매혹적이며 가장 익숙한 형태의 우상숭배와 맞섭니다. 하늘의 해와 달과 별들은 통치자가 아니라 단지 종에 불과합니다. 우리가 그것들보다 우월합니다. 왜냐하면 우리는 우리를 하나님과 연결시키는 영(靈)을 가지고 있기 때문입니다.

이런 측면에서 시인(詩人)은 인간의 위대함의 환희를 폭발시킵니다. 사람은 하나님의 돌봄을 받으며, 그와 더불어 교제할 수 있습니다(4절). 사람은 신적 돌봄의 특별한 대상입니다. 사람은 천사보다 단지 조금 그리고 한 가지 특별한 측면에서 낮을 뿐입니다(5절). 왜냐하면 천사들은 우리와 달리 육체를 가지고 있지 않기 때문입니다. 사람은 천사를 제외한 하나님의 다른 모든 피조물들을 다스리는 왕입니다.

사람들은 이렇게 말할 수 있습니다. "정말 멋진 말이군요! 그렇지만 그것은 사실과 합치되는 말입니까? 당신은 지금 어떤 인성(人性)에 대해 말하고 있는 것입니까? 그토록 하나님과 가까우며 또 모든 피조물들을 확실하게 통치하는 그런 존재는 도대체 어디에 있습니까?" 바로 이것이 히브리서 기자가 본문 가운데 다루는 주제입니다. 그는 그리스도와 그 안에서 우리가 천사들 위로 높여졌다는 자신의 논제를 증명하는 예화(例話)로 시편 8편을 인용합니다. 계속해서 그는 실제로 사람들이 다윗이 묘사한 대로의 존재가 아님을 받아들입니다. 그러나 시편 8편은 과장도 아니고, 꿈도 아니고, 허구적인 이상(理想)도 아닙니다. 진실로 그리고 실제로, 사람들은 거기에 묘사된 모습이 아닙니다. 그러나 진실로 그리고 실제로, 예수 그리스도는 그러합니다. 예수 그리스도는 시편 8편이 묘사한 모든 것을 소유합니다. 그리고 그의 소유 안에서 우리의 소유가 시작되고 또 보증됩니다. 그것은 이상적(理想的)인 표상으로서, 예수 안에서 실현됩니다. 그리고 그것이 예수 안에서 실현되었으므로, 우리는 그것이 우리 안에서도 실현될 것이라고 믿을 수 있는 근거를 가집니다. 우리는 아직 만물이 사람에게 복종하는 것을 보지 못합니다. 그러나 우리는 예수께서 영광과 존귀로 관 쓰신 것을 봅니다. 모든 사람을 위해 죽음을 맛보신 것처럼, 또한 그는 자신의 승귀(昇貴) 안에서 그 위대한 옛 말씀이 언젠가 충분하게 성취될 것에 대한 예언과 보증이 됩니다.

이와 같이 본문은 우리 앞에 세 가지 관점(觀點)을 제시합니다. 본문은 먼저 우리에게 "주위를 둘러보라"고 명령합니다. 그것은 우리를 슬프게 할 것입니다. 그렇다면 본문은 계속해서 우리에게 "위를 올려다 보라"고 명령합니다. 그리고 계속해서 본문은 우리에게 그것으로부터 "앞을 바라보는" 확신을 끌어내라고 명령합니다. 여기에 현재의 사실들에 대한 평가가 있습니다. 여기에 믿음으로 말미암아 그리스도의 영광의 보이지 않는 사실을 인식하는 지각(知覺)이 있습니다. 그리고 그것으로부터 우리 자신과 우리 형제들의 미래를 위한 고요한 전망이 따릅니다. 이제 이러한 주제들을 차례대로 살펴보도록 합시다.

1. 주위를 둘러보라.

"지금 우리가 만물이 아직 사람에게 복종하고 있는 것을 보지 못하고." 시편 기자가 묘사하는 모습과 부합되는 사람들이 어디에 있습니까? 주위에 있는 사람들을 둘러보십시오. 이 사람들이 그가 말하는 사람들입니까? 이 사람들이 주님으로부터 돌봄을 받는 사람들입니까?(시 8:4) 이 사람들이 영광과 존귀로 관을 쓴 자들입니까?(5절). 이 사람들이 주의 손으로 만드신 것들을 다스리도록 위임 받은 자들입니까?(6절). 시편 8편의 묘사들은 사실입니까 아니면 빈정거리는 말입니까?

양심껏 말해 보십시오. 우리 자신을 보십시오. 시편 8편이 사람에 대한 하나님의 개념이라면 그리고 사람에 대해 이루고자 하는 하나님의 계획이라면, 나의 모습은 그것으로부터 얼마나 멀리 떨어져 있습니까? 이것이 나를 묘사하는 그림입니까? 하나님의 돌보심을 나는 얼마나 드물게 의식합니까? 나는 약함과 불완전함으로 얼마나 가득 차 있습니까? 나의 머리 위에 도대체 무슨 관이 씌어져 있단 말입니까? 나의 삶 가운데 단지 이따금씩 정결함의 광채가 그것도 불완전하며 부분적으로 비칠 뿐입니다. 피조물들을 다스리는 일에 있어서도 마찬가지입니다. 내가 그것들을 다스리는 것은 얼마나 피상적입니까? 도리어 실제로 그것들이 나를 다스리는 것이 아닙니까? 나는 동물들을 길들일 수도 있고, 죽일 수도 있습니다. 나는 나의 목적을 위해 자연의 힘들을 사용할 수 있습니다. 나는 기계를 만들 수 있습니다. 그러나 이 모든 것들은 하나님의 창조세계를 다스리는 것이 아닙니다. 창조세계를 다스리는 것은 모든 것을 하나님을 위해 그리고 선(善)과 지혜와 강함에 있어서 우리 자신의 성장을 위해 사용하는 데 있습니다. 하나님의 종인 자만이 만물의 주인입니다. "모든 것이 다 너희의 것이요 너희는 그리스도의 것이니라"(고전 3:22, 23). 정말로 그렇다면, 대부분의 사람들이 땅과 거기에 있는 것들의 주인이 아니라 종인 것은 도대체 무슨 연유입니까? 우리는 우리의 삶을 그것들에 동여맵니다. 우리는 그것들을 잃어버릴까 봐 두려워하며 전전긍긍합니다. 우리는 그것들을 얻기 위해 최선의 노력을 기울입니다. 우리는 황금을 바라보며 "너는 나의 힘이라. 내가 너를 의지하노라"라고 말합니다. 우리가 그것들을 소유하는 것이 아니라, 그것들이 우리를 소유합니다. 물질적으로, 우리는 땅을 정복했을 수 있습니다. 실제로 지금 우리는 그렇게 했노라고 자랑합니다. 그러나 영적으로 혹은 실제적으로, 땅이 우리를 정복했습니다.

또 우리가 소유하고 있는 인간의 삶의 모든 기록들을 보십시오. 그것은 인간의 불완전함을 그대로 보여 주지 않습니까? 도서관에 가 보십시오.

우리 모두가 존경하는 위인들과 성자(聖者)들과 현자(賢者)들의 전기와 자서전을 읽어 보십시오. 거기에 시편 8편이 묘사하는 모습과 온전히 부합하는 인물이 단 한 사람이라도 있습니까? 가장 고결한 사람 가운데 한 사람의 자서전에 "고백록"이라는 이름이 붙어 있지 않습니까? 그들의 전기(傳記)는 흠 있는 탁월함과, 더러운 것들이 묻어 있는 정결함과, 충분하지 못한 지혜의 이야기가 아닙니까? 그들 가운데 시편 8편이 묘사하는 모습과 온전히 일치하는 완전한 사람은 아무도 없습니다. 어떤 전기 작가가 자기가 흠모하는 인물을 아무런 흠도 없는 완전한 인물로 묘사했다면, 우리는 그것이 실제 모습이 아닐 것이라고 느낄 것입니다. 흠과 허물과 한계가 있을 때, 우리는 그 사람을 우리와 같은 사람으로 생각합니다.

좀 더 범위를 넓혀서, 과거 역사(歷史)의 슬픈 목소리를 들어 보십시오. 우리는 과거 역사의 모든 비극적인 이야기들 속에서 찬란한 소망이 마침내 물거품이 된 이야기들과 힘에 의해 세워진 권력이 교만과 이기심으로 말미암아 허물어진 이야기들과 전쟁의 이야기들과 거짓과 오류의 이야기들과 어렵게 이룬 선(善)을 너무나 쉽게 잃어버린 이야기들을 듣습니다. 과거 역사의 모든 페이지들은 땀과 눈물과 피로 얼룩져 있습니다. 그 안에서 우리는 시편 기자의 환희가 사실임을 증명해 주는 기록을 찾을 수 있습니까? 그 안에서 우리는 사람이 거기에 묘사된 모습과 같음을 보여 주는 기록을 찾을 수 있습니까?

또 모든 나라의 사회적 · 도덕적 · 영적 상태를 생각해 보십시오. 온 세상을 가득 채우고 있지만 스스로의 힘으로는 아무것도 할 수 없는 사람들, 희망 없는 사람들, 동물적인 죄와 정욕으로 가득 찬 사람들, 무지와 어리석음으로 가득 찬 사람들을 생각해 보십시오. 시편 8편을 취하여, 그것을 교도소나 혹은 정신병원이나 혹은 선술집이나 혹은 도시의 음산한 뒷골목에 가서 읽어 보십시오. 그리고 스스로에게 물어보십시오. "우울한 표정과 찌푸린 얼굴과 축 처진 볼과 불결한 손을 가진 이 사람들에게 정말로 이러한 환희에 찬 말씀이 성취된 것이란 말인가?" 또 아무런 옷도 걸치지 않은 채 벌거벗은 몸으로 살아가는 야만인들을 보십시오. 곰이나 사자 따위를 신으로 섬기는 사람들을 생각해 보십시오. 추위로 웅크린 채 살아가는 사람들과 더위로 무기력하게 살아가는 사람들을 생각해 보십시오. 이런 사람들이 하나님의 사람들이란 말입니까? 우리 가운데 어떤 사람들은 틀림없이 그들은 사람이 아니라고 생각하고 싶을 것입니다.

그러면 무엇입니까? 우리는 절망 가운데 사람에 대한 희망을 포기하고 시편 기자의 환희에 찬 노래를 공허한 헛소리로 무시해 버리고 말 것입니까? 우리가 우리의 시야(視野)를 땅에 한정한다면, 그렇습니다. 우리는 그렇게 해야만 합니다. 그러나 우리는 우리 주위의 그와 같은 슬픈 광경들 이상(以上)의 것들이 있다는 사실을 기억해야만 합니다. 이 모든 사람들, 이 모든 불완전하며 절반쯤 짐승처럼 변질된 사람들은 우리의 시편 안에 자신들의 몫을 가집니다. 그들은 변질된 삶 가운데 자신들의 본질을 허비했습니다. 그러나 돼지 여물통과 누더기로부터 그들은 최고의 옷을 입고 아버지의 집의 잔치자리로 나아올 수 있습니다. 거의 짐승 수준의 최소한의 이성(理性)과 양심밖에는 가지고 있지 않는 극도의 야만인에게조차 놀라운 속성들이 있을 수 있습니다. 그들 역시도 주님의 돌봄을 받으며, 영광과 존귀로 관을 쓸 수 있습니다. 그리고 그들 역시도 하늘의 일월성신보다 높으며, 만물을 다스리는 주인입니다.

이것은 극도의 모순처럼 들립니다. 나도 압니다. 해 아래서 행해지는 모든 비참한 일들에 짓눌리면서 그러한 비참한 일들을 치유하며 그들의 죄를 씻는 그리스도의 능력을 거의 인식하지 못하는 사람들이 자신들의 성경을 집어던지며 "하나님이 열방을 한 혈통으로 만드신" 것과 그리스도가 세상을 위한 메시지를 가지고 계심을 믿기를 거부하는 것을 나는 조금도 놀라지 않습니다. 나는 양쪽 모두를 믿습니다. 비록 사람들의 이러한 모습을 보면서 천사들이 눈물을 흘리며 우리가 수치를 당한다 할지라도, 나는 하나님은 진실하셔서 조상들에게 약속하신 은혜를 이루실 것을 믿습니다. "하나님의 약속은 얼마든지 그리스도 안에서 예가 되니"(고후 1:20). 그러므로 우리는 비관적인 학파(學派)의 모든 이론들과 우리 자신의 모든 절망적인 생각들에 맞서 시편 8편이 묘사하는 밝은 희망을 굳게 붙잡아야만 합니다. 주위를 둘러볼 때, 우리는 "지금 우리가 만물이 아직 그에게 복종하고 있는 것을 보지 못하고"라는 본문의 지적을 인정하지 않을 수 없습니다. 그러나 위를 바라볼 때, 우리는 인간에 대한 우리의 희망이 결코 허구가 아님을 확신할 수 있습니다. 그러므로 이제 우리는 눈을 돌려 하늘에 계신 예수를 바라보아야 합니다.

2. 위를 보라.

히브리서 기자에게 영광 가운데 계신 그리스도는 시편 기자의 이상(理想)을 충분하게 실현한 자로 보였습니다. 히브리서 본문은 오직 승천하신 주님의 승귀(昇貴)되신 존귀와 현재적인 위엄만을 다룰 뿐입니다. 그러나 그것을 다루기에 앞서, 먼저 우리는 잠깐 그리스도의 과거의 삶을 살펴볼 필요가 있습니다. 왜냐하면 그것 역시도 참된 인성(人性)에 대한 다윗의 환상(vision)을 성취하는 것이었기 때문입니다. 만일 우리가 인간에 대한 확실한 희망을 갖고자 한다면, 우리는 위를 바라볼 뿐만 아니라 또한 뒤도 바라보아야만 합니다. 보좌에 앉으신 승천하신 그리스도와 세상에 계셨던 역사적(歷史的)인 그리스도는 우리에게 전자는 존귀와 관련하여 그리고 후자는 선(善)과 관련하여 사람이 어떻게 될 수 있는지를 가르쳐 줍니다.

여기에 하나의 실재(實在)가 있습니다. 예수 그리스도의 삶은 실제로 세상에서 사셨던 삶이었습니다. 그것은 참된 인간의 삶이었습니다. 그 안에서 우리는 두 가지를 볼 수 있습니다. 첫째로, 우리는 그의 완전한 정결로부터 사람이 어떻게 될 수 있는지를 볼 수 있습니다. 그리고 둘째로, 우리는 "나를 보내신 이가 나와 함께 하시도다 나는 항상 그가 기뻐하시는 일을 행하므로 나를 혼자 두지 아니하셨느니라"라고 말씀하신 자의 경험으로부터 사람이 하나님 아버지와 더불어 얼마나 친밀한 교제를 가질 수 있는지를 볼 수 있습니다(요 8:29). 사람이신 예수 그리스도는 하나님의 돌봄을 받으셨습니다. 그렇습니다. 하나님은 그와 함께 영원히 거하셨습니다. 물론 그는 우리를 무한히 초월하시는 분이지만, 동시에 그는 우리의 의의 모범이며 교제의 모범이셨습니다.

그러므로 그의 삶이 우리의 표준이 되어야만 합니다. 나는 우리가 되어야 할 표본으로 다른 인물을 취하고 싶지 않습니다. 아무리 숭고한 인물이라 하더라도 말입니다. 나는 우리가 정죄를 당하는 실례(實例)로 다른 인물을 취하고 싶지 않습니다. 아무리 악한 인물이라 하더라도 말입니다. 여기 예수 그리스도에게 완전한 표본이 있습니다. 그는 인성(人性)에 있어 다른 모든 단편적이며, 비틀어지며, 불완전한 사람들보다 훨씬 더 참된 표본이십니다. 예수 그리스도는 우리가 될 수 있는 모범일 뿐만 아니라 또한 우리를 그 자신처럼 되게 만드는 능력이십니다. 오직 그만이 참된 모범이십니다. 하나님이 사람에게 의도하신 것은 위대한 정복자도 아니고, 위대한 정치가도 아니고, 위대한 사상가도 아닙니다. 하나님이 사람에게 의도하신 것은 완전히 선한 위대한 사랑의 사람(great Lover)입니다. "아리스토텔레스는 한 사람의 보잘것없는 아담에 불과했다"라는 말이 있습니다. 그와 마찬가지로 우리는 가장 고결하며 가장 아름다운 사람조차도 결국 하나의 완전한 보석에서 떨어져 나온 하찮은 쪼가리에 불과하다고 말할 수 있습니다. 그리스도는 우리를 형제라 부르기를 부끄러워하지 않습니다. 그러므로 우리가 사람이 무엇인지 그리고 무엇이 될 수 있는지를 안다면, 우리는 단지 우리 자신의 허물만을 바라보며 혹은 우리 주위만을 둘러보며 낙망할 필요가 없습니다. 그렇게 하는 대신 우리는 이 땅에서 사셨던 예수 그리스도를 되돌아볼 수 있습니다. 그럴 때 비로소 우리는 즐거운 소망으로 가득 차게 될 것입니다. 우리는 사람들의 죄와 어리석음과 미련함과 경건치 않음에 대해 수없이 보고 듣습니다. 그럼에도 불구하고 우리는 예수를 봅니다. 그리고 우리는 또 다시 소망을 갖습니다.

이제 본문이 직접적으로 이야기하는 것, 즉 인간의 참된 표상으로 "영광과 존귀로 관을 쓰신" 예수를 생각해 보도록 합시다. 성경은 우리에게 승귀(昇貴)하신 주님 안에서 무엇을 보라고 가르칩니까?

성경은 첫째로 우리 앞에 영원한 인성(人性)을 제시합니다. 본문의 전체적인 힘은 예수 그리스도가 모든 영광과 왕권 가운데 세상에 그대로 남아 계시다는 가정(假定) 위에 기초합니다. 많은 사람들이 예수 그리스도의 성육신과 인성을 일시적인 것으로 생각하는 경향이 있습니다. 물론 그들이 이러한 개념을 신앙의 한 명제로서 명확한 형태로 제시하는 것은 아닙니다. 그럼에도 불구하고 많은 사람들이 어렴풋하게 그런 개념을 가지고 있습니다. 그리고 그럼으로써 그들은 우리 주님의 현재적인 삶과 관련하여 성경이 말하는 것을 상당 부분 매우 막연하며 비실제적인 것처럼 느낍니다. 우리 주님의 신성(神性)과 영원한 존재를 믿는 사람들 가운데 많은 사람들이 그의 성육신을 마치 신들이 사람의 모양으로 내려왔다는 이교도들의 개념과 비슷한 것처럼 생각합니다. 마치 그리스도의 성육신이 잠깐 인간 본성의 옷을 입고 일시적으로 나타나는 것처럼 말입니다. 그러나 성경의 개념은 불가분리적인 연합으로 인성이 신성 안으로 영원히 취하여졌다는 것입니다. 그리하여 그는 "어제나 오늘이나 영원토록" 사람이신 그리스도 예수로 남아 계십니다(히 13:8). 우리는 이것을 별로 중요하지 않은 진리라든지 혹은 단지 신학적인 공교한 이야기에 불과하다든지 혹은 우리의 실천적인 삶과 무관한 것으로 생각해서는 안 됩니다. 도리어 이것은 우리의 최고의 소망의 견고한 기초입니다. 이것이 없다면, 그가 시험 당하는 사람들을 돕는다든지 혹은 그가 우리를 동정(同情)하는 등의 일은 전적으로 불가능한 일이 됩니다. 영원한 인성이 없다면, 그가 우리를 위해 하늘에 처소를 예비하는 일은 전적으로 불가능한 일이 됩니다. 영원한 인성이 없다면, 그는 그의 영광 가운데 인간의 왕권의 예언이 될 수 없습니다. 영원한 인성이 없었다면, 그는 우리를 위해 성소 안으로 들어가지 못하셨을 것입니다. 그러므로 예수 그리스도의 영원한 인성의 진리를 굳게 붙잡으십시오. 그리고 영광과 존귀로 관을 쓰신 예수를 바라보십시오. 그러면 여러분은 모든 사람이 종종 낙망 가운데 던지는 "주께서 모든 사람을 어찌 그리 허무하게 창조하셨는지요?"라는 질문에 대해 환희에 찬 대답을 할 수 있게 될 것입니다(시 89:47).

나아가 우리는 하늘로 승귀(昇貴)하신 예수 안에서 육체적인 인성(corporeal manhood)을 봅니다. 이러한 개념은 성경이 거의 다루지 않는 흐릿한 주제들을 건드립니다. 예수 그리스도의 부활과 승천은 사람이 완전한 상태 가운데 영뿐만 아니라 몸도 가진다는 믿음의 매우 중요한 근거가 됩니다. 그리고 그러한 믿음은 미래의 삶에 대한 우리의 기대에 명확성과 실제성을 부여하는 한 가지 주된 도구입니다. 육체적인 인성에 대한 믿음이 없다면, 보이지 않는 세상은 모호하며 무형(無形)적인 것이 됩니다. 그럼으로써 그것은 손으로 만질 수 있는 현재적인 실재가 아닌 것이 되고, 결국 무력한 것이 됩니다. 그러나 우리는 사람의 몸으로 승천하신 예수를 바라봅니다. 그러므로 그는 지금 어디엔가 계십니다. 하늘(heaven)은 "상태"일 뿐만 아니라 또한 "장소"이기도 합니다. 물론 지금 예수 안에서 잠자는 영혼들은 "양자 될 것 곧 몸의 속량을 기다려야만" 합니다(롬 8:23). 그리고 아직 벗은 가운데 그의 품안에서 안식해야만 합니다. 그럼에도 불구하고 언젠가 주 앞에 서게 될 완전한 사람들은 몸과 혼과 영을 가질 것입니다. 영원히 사람이시고 영원히 사람의 몸을 입으신 자처럼 말입니다.

나아가 우리는 예수 안에서 변화된 인성(transfigured manhood)을 봅니다. 그가 세상에 왔을 때, 감추어진 빛이 모든 휘장을 뚫고 들어왔으며 위대한 임마누엘의 영광이 그의 육체를 통해 흘러나왔습니다. "예수께서 그들 앞에서 변형되사"(막 9:2). 그것은 위로부터 반사된 빛으로 말미암아 나타난 것이 아니라, 내부로부터 터져 나오는 광채로 말미암아 나타난 것이었습니다. 변화산에서의 장엄한순간은 그리스도의 육체적인 몸 안에 감추어진 영광의 가능성의 전주곡이었습니다. 그리고 그러한 가능성은 죽음 이후에, 즉 그가 아름답게 변화된 모습으로 그리고 "영광의 몸"을 입고 하늘로 승천하셨을 때 실현되었습니다. 우리에게 있어서와 마찬가지로, 그에게 있어 여기의 육체는 약함과 비천함을 의미합니다. 그에게 있어서와 달리, 우리에게 육체는 썩음과 죽음을 의미합니다. 우리에게 있어서와 마찬가지로, 그에게 있어 자연적인 몸은 하나님 나라의 상태에 적합한 영적인 몸으로 변화되어야만 합니다. 우리의 비천한 몸은 그를 통해 그의 영광의 몸의 형상으로 변화될 것입니다. 이와 같이 우리는 예수 안에서 완전하게 변화된 인성을 봅니다.

마지막으로, 우리는 예수 안에서 통치자로서의 인성을 봅니다. 시편 기자는 사람을 영화와 존귀로 관을 쓴 존재이고 하나님의 손으로 만든 만물을 다스리는 존재로 생각했습니다. "그를 영화와 존귀로 관을 씌우셨나이다 주의 손으로 만드신 것을 다스리게 하시고 만물을 그의 발 아래 두셨으니"(시 8:5, 6). 계속해서 히브리서 본문에서 그의 생각은 훨씬 더 높은 차원으로 구체화됩니다. 여기에 절대적이며 우주적인 통치자로 승귀(昇貴)하신 한 사람이 있습니다. 그의 통치권은 은유도 아니고, 수사학적인 과장도 아닙니다. 그것은 문자적인 명백한 사실입니다. 우리가 신약 기자들의 기록을 믿는다면 말입니다. 그는 세상 역사를 이끌며, 열방을 주관합니다. 그는 땅의 모든 왕들을 다스리는 통치자입니다. 그는 자연의 힘들을 자신의 뜻대로 사용합니다. 그는 보이지 않는 세계의 주인이며, 사망과 음부의 열쇠를 가지고 계십니다. 그의 어깨 위에 통치권이 있으며, 아버지의 집의 모든 영광이 그에게 있습니다. 그가 곤고함 가운데 있을 때 천사들이 그에게 수종들었으며, 그가 고통 가운데 있을 때 천사들이 그를 강하게 했습니다. 천사들이 그의 무덤을 지켰으며, 그가 하늘로 승천했을 때 하늘의 천군천사들이 승리하신 주님의 병거가 되었습니다. 지금도 천사들은 그를 섬기며, 그에게 경배합니다. 그는 오른손에 별들을 붙잡고 계시며, 모든 피조물들이 그에게 순종하며 그의 보좌 앞에 모입니다. 그의 음성은 곧 법이며, 그의 뜻은 곧 능력입니다. 그가 이 사람에게 가라 하면 가고, 저 사람에게 오라 하면 옵니다. 그는 바람과 바다를 꾸짖으며, 병과 마귀들에게 명령합니다. 그러면 그것들은 모두 순종합니다. 그가 만물에게 "이것을 행하라"고 말하면, 만물은 그대로 행합니다. 그가 말씀하시면, 그대로 됩니다. 그의 머리 위에는 많은 면류관이 있습니다. 오 예수 그리스도여, 당신은 영광의 왕이나이다! 이와 같이 예수 안에서 우리는 영화와 존귀로 관을 쓴 사람을 봅니다.

3. 앞을 보라.

비록 여기의 환상(vision)이 너무나 오랫동안 지체되는 것처럼 보인다

할지라도, 비록 여러 세기가 지났음에도 불구하고 여기의 환상이 온전한 성취를 향해 거의 진전되지 않은 것처럼 보인다 할지라도, 비록 여기의 아름다운 약속이 점점 더 흐려져 가고 있는 것처럼 보인다 할지라도, 비록 시편 기자의 소망이 아직 성취되지 않았다 할지라도, 비록 옛날 베들레헴의 목자들이 들었던 이 땅에 평화를 선포하는 아름다운 노래가 사라져버렸다 할지라도, 비록 이 땅에서 전쟁과 고통과 아픔이 계속된다 할지라도 — 그럼에도 불구하고 우리는 승귀(昇貴)하신 예수를 바라봄으로 사람이 마침내 하나님이 계획하신 대로 될 확실한 미래를 대망(待望)할 수 있습니다. 먹구름이 우리 앞의 전망(前望)을 가리지만, 그 사이로 찬란한 도성의 성벽이 빛나는 것이 보입니다. 우리는 앞을 바라봅니다. 그리고 우리는 사람들이 그리스도의 보좌에 모여 그의 영광에 참여하는 것을 봅니다.

예수 그리스도는 인간의 모든 기능들의 척도입니다. 그는 인간의 본성의 참된 모범입니다. 그는 인간의 통치권의 예언이며 보증입니다. 그로부터 그 예언이 성취되는 능력이 임합니다. 그리고 그의 모범은 그를 사랑하는 모든 자들 안에서 재생됩니다. 그와 연합하는 자는 누구든지 그 안에 있는 생명의 영을 받습니다. 그리스도를 가리키며 "보라 사람이 어떤 존재이며 또 어떤 존재가 될 수 있는지를"이라고 말하는 것은 보잘것없는 위로입니다. 그와 함께 우리가 "실제적인 생명의 연합이 그와 그를 따르는 모든 자들 사이에 존재함으로써 그들의 성품이 변화되며, 그들의 본성이 정결하게 되며, 그들의 미래가 바뀌며, 그들의 아름다움이 영원하게 되도다"라고 말할 수 없다면 말입니다. 그는 단순한 모범 이상(以上)입니다. 그는 단순한 표본 이상입니다. 그는 단순한 본보기 이상입니다. 그는 능력입니다. 그는 원천입니다. 그는 구속자입니다. 그는 우리가 그의 영광의 몸의 형상이 되도록 하기 위해 스스로 범죄한 육신의 모양을 취하셨습니다. 그는 "우리를 위해 죄"가 되셨습니다. 우리가 그 안에서 하나님의 의가 되도록 하기 위해서 말입니다. 그러므로 그리스도의 영광으로 승귀된 사람을 볼 때, 우리는 거기에 필연적으로 그리스도의 영광이 연결되어 있다는 사실을 알 수 있습니다. 그 모든 것은 그가 모든 사람을 위해 죽음을 맛보심으로 말미암아 이루어진 것입니다. 그가 어둠 가운데 앉아 신음하는 나와 나의 모든 형제들을 위해 죽으셨음을 알 때, 나는 또한 우리가 그의 부활에 참여할 것임을 느낄 수 있습니다. 형제들이여, 오직 십자가만이 우리가 면류관에 참여할 것을 확증합니다. 예수 그리스도가 우리를 죄와 자아(自我)로부터 구원하고 새로운 생명으로 소생시키는 놀라운 능력을 가지고 계시지 않고 그러한 능력을 행사하지 않으신다면, 인간의 미래의 소망과 그의 통치권 사이에는 아무런 연관성도 없을 것입니다. 사람들에게 있어, 악과 더불어 씨름하며 몸부림치는 모든 것이 도대체 무슨 의미가 있단 말입니까? 개인이나 세상에, 그의 선하심을 아는 지식이나 혹은 그의 승천을 믿는 믿음이 도대체 무슨 소망이란 말입니까? 단지 그것이 전부일 뿐이라면, 그것이 도대체 무엇이란 말입니까? 오랜 기다림 가운데 점점 더 흐려진 눈은 그와 같은 무력한 복음으로 말미암아 마침내 아무런 소망의 빛도 보지 못하게 될 것입니다. 그러나 그러한 눈이 승천하신 자를 바라보도록 하십시오. 그를 믿는 자는 누구든지 멸망치 않을 것입니다. 만일 우리가 "긍휼이 풍성하신 하나님이 우리를 사랑하신 그 큰 사랑을 인하여 허물로 죽은 우리를 그리스도와 함께 살리셨고"라고 말할 수 있다면, 계속해서 우리는 "또 함께 일으키사 그리스도 예수 안에서 함께 하늘에 앉히시니"라고 덧붙일 수 있을 것입니다(엡 2:4-6).

이것은 얼마나 놀라운 소망입니까! 그것은 비록 흐릿하기는 하지만 견고한 기초 위에 세워진 소망입니다. 우리는 정당하게 그러한 소망을 가질 권리가 있습니다. 우리가 예수 안에서 보는 것을, 우리는 그의 형제들을 위해 예언할 수 있습니다. 우리는 지금까지 언급한 모든 부분에서 그와 같을 것입니다. 우리 역시도 영광스럽게 변화된 육체적인 인성을 갖게 될 것입니다. 우리 역시도 아버지와 더불어 완전한 연합과 완전한 교제를 갖게 될 것입니다. 우리 역시도 다음과 같은 그의 마지막 약속 안에 있는 헤아릴 수 없는 모든 특권들로 옷 입게 될 것입니다. "이기는 그에게는 내가 내 보좌에 함께 앉게 하여 주기를 내가 이기고 아버지 보좌에 함께 앉은 것과 같이 하리라"(계 3:21). 이렇게 하여 "주의 손으로 만드신 것을 다스리게 하시고 만물을 그의 발 아래 두셨으니"라는 옛 말씀은 우리의 상상을 초월하는 방법으로 성취될 것입니다(시 8:6). 이러한 말씀 안에 내포된 풍성한 의미를 누가 다 말할 수 있겠습니까? 우리는 흐릿하게 밖에는 보지 못합니다. 우리에게 있어 미래와 관련한 소망은 마치 캄캄한 밤중에 정원 가운데 어렴풋하게 보이는 아름다운 꽃들과 같습니다. 그것들의 꽃잎은 닫혀 있으며, 잎사귀들은 잠자고 있습니다. 그러나 여기저기에서 하얀 꽃들이 빛을 발하고 있습니다. 그리고 어디에선가 알지 못하는 곳에서 달콤하며 은은한 향기가 어둠을 통해 흘러나옵니다. 우리는 여기의 '통치자로서의 사람'과 관련한 장엄한 약속이 의미하는 것을 아주 조금밖에는 이해할 수 없습니다. 그러나 그 아름다운 꽃의 향기가 우리 주위에 감돕니다. 우리는 "정직한 자들이 아침에 다스릴" 것을 압니다(시 49:14). 우리는 그의 종들에게 열 고을 다스리는 권세가 주어질 것임을 압니다. 우리는 우리가 하나님에게 왕과 제사장이 될 것임을 압니다. 우리는 그 사실을 알며, 그 사실의 내용들이 증명될 것을 기다립니다. "우리가 장래에 어떻게 될지는 아직 나타나지 아니하였으나"(요일 3:2). 우리는 그와 함께 다스릴 것입니다. 하늘나라에서 다스리는 것은 곧 섬기는 것을 의미합니다. 그리고 가장 작은 자가 가장 큰 자가 될 것입니다.

그리스도와 마찬가지로, 우리 역시도 모든 피조물 위로 승귀(昇貴)될 것입니다. 그가 천사들의 주인인 것처럼, 우리 역시도 모든 정사와 권세와 능력보다 더 높아질 것입니다. 이것이 함축하는 모든 것을 우리는 단지 희미하게밖에는 추측할 수 없습니다. 우리는 하나님에게 가까이 다가갈 것이며, 그의 마음과 뜻을 알 것이며, 그리스도와 같아질 것이며, 천사들보다 뛰어날 것입니다. 성경은 우리에게 그리스도의 피로 죄에서 구속된 사람들이 하늘 보좌에 모여 영원한 비파를 연주하며 하나님을 찬미하게 될 것이라고 말합니다. 죄를 알며, 슬픔을 기억하며, 그리스도의 십자가로 말미암아 하나님을 배웠으며, 그의 죄 사함과 거룩케 하심의 은혜를 증명한 자들은 그와 더불어 그의 계명을 결코 어겨본 적이 없는 하늘의 천사들보다 더 친밀한 띠로 연합될 것입니다. 왕의 가장 어린 동생이 그 앞에 수종드는 가장 오랜 종보다 그에게 더 가까울 것입니다. 우리의 맏형은 만물의 주인입니다. 그리고 그의 통치권은 곧 우리의 통치권입니다.

그러나 이러한 주제와 관련하여 우리는 아주 조금밖에는 말할 수 없습니다. 어쨌든 종에게 있어 주인과 같아질 것이라는 것으로 충분합니다. 이러한 확신은 우리의 마음을 만족시키기에 충분합니다. 설령 세세한 것까지 모두 알지는 못한다 하더라도 말입니다. 많은 원수들이 우리에게 의심의 씨앗을 던집니다. 에덴 동산에서 마귀는 아담과 하와의 마음에 "너희가 필경 죽을 것이라고"라는 의심을 던져 넣음으로써 그들을 죄로 유혹했습니다. 오늘날 마귀는 "너희가 영원히 살 수 있을 것이라고?"라는 정반대의 의심을 던져 넣음으로써 사람들을 죄로 유혹합니다. 종종 우리에게 우리와 같은 보잘것없는 피조물이 영원한 생명을 갖는 것은 정말로 믿을 수 없는 일처럼 보입니다. 우리는 오늘날 시편 8편이 지구를 우주의 중심으로 보는 옛 세계관에 속하는 것으로 생각하도록 유혹을 종종 당합니다. 우리는 종종 과학이 창조세계에서의 인간의 위치와 관련하여 다윗이 품었던 개념과는 다른 개념을 제시한다는 이야기를 듣습니다. 육체적인 존재로서의 사람의 측면에서는 분명 그렇습니다. 그러나 영적이며 도덕적인 존재로서의 사람과 관련해서는 전혀 다릅니다. 십자가에 달린 그리스도를 생각해 보십시오. 거기에서 우리는 하나님 앞에서 인간의 가치가 어느 정도 되는지 그리고 창조에 있어서의 인간의 위치가 무엇인지를 알 수 있습니다. 또 보좌에 앉으신 그리스도를 생각해 보십시오. 그것은 곧 사람의 존귀와 사람의 가장 확실한 통치권에 대한 예언입니다.

세상을 뒤덮고 있는 광범위한 악과 슬픔과 무지(無知)와 오류와 야만과 불신앙을 생각할 때, 우리는 낙망하는 마음을 갖기 쉽습니다. 그러나 우리는 위에 계신 예수를 바라볼 수 있습니다. 그리고 우리는 지평선 너머 멀리 바라볼 수 있습니다. 비록 멀리 떨어져 있는 성운(星雲)처럼 흐릿하기는 하지만, 그것은 명백한 사실로서 찬란한 별빛처럼 깜빡거립니다.

우리 자신의 개인적인 불완전함과 많은 죄들을 생각해 보십시오. 그런 가운데 그리스도께서 우리를 하나님께 데려가기 위해 죽으셨고 또 우리를 영광으로 데려가기 위해 살아나셨다는 사실은 우리에게 얼마나 큰 소망과 평강을 가져다줍니까! 그러므로 사랑하는 형제들이여, "세상 죄를 지고 가는 하나님의 어린 양"을 바라보십시오. 우리를 위해 휘장 안으로 들어가신 예수를 바라보십시오. 여러분 주위에 있는 불완전한 사람들과 부분적인 선생들과 완전하지 못한 성도(聖徒)들과 능력 없는 사람들을 바라보지 말고, 의로우시며 지혜로우시며 강하신 자를 바라보십시오. 여러분 자신을 위한 소망으로서 그리고 여러분의 삶을 위한 모범으로서 더 이상 사람을 바라보지 마십시오. 오직 예수 그리스도만 바라보십시오. 그럴 때 여러분은 환희로 가득한 소망을 갖게 될 것이며, 그러한 소망은 계속적으로 이루어져 나갈 것입니다. 만일 여러분이 그리스도의 소유라면, 이 땅에서 여러분은 하나님의 돌봄을 받을 것입니다. 그리고 이 땅에서 여러분은 어느 정도 분량만큼 만물을 소유하게 될 것입니다. 이 땅에서 하늘을 향해 "만물보다 높이 되신" 자를 올려다보십시오. 그럴 때 우리는 장차 그리스도의 보좌의 가장 높은 곳에서 해와 달과 별들을 내려다보게 될 것입니다. 그것들은 지금은 우리 머리 위에서 빛나고 있지만, 그때는 우리 아래 있게 될 것입니다. 그의 은혜가 우리를 높은 곳으로 끌어올린 사실을 생각하십시오. 그의 은혜가 만물을 우리 발아래 복종하게 하신 것을 생각하십시오. 그럴 때 우리는 더 큰 감사와 더 놀라운 경이(驚異)로 이렇게 외치게 될 것입니다. "사람이 무엇이기에 주께서 그를 생각하시며 인자가 무엇이기에 주께서 그를 돌보시나이까"(시 8:4).

3
고난을 통하여 온전하게 하심

"그러므로 만물이 그를 위하고 또한 그로 말미암은 이가 많은 아들들을 이끌어 영광에 들어가게 하시는 일에 그들의 구원의 창시자를 고난을 통하여 온전하게 하심이 합당하도다"

히 2:10

우리는 하나님에게 "합당한" 것을 너무 성급하게 결정해서는 안 됩니다. 또 우리는 신적 본성을 좀 더 완전하게 그리고 그의 행동의 의미를 좀 더 포괄적으로 이해할 필요가 있습니다. 그럴 때 비로소 우리는 신적 본성에 적합하지 않다는 근거 위에서 어떤 것을 안전하게 배제할 수 있게 될 것입니다. 우리는 무한(無限)의 끝까지 도달할 수 없으며, 인간의 생각은 절대적인 표준을 구성할 수 없습니다. 어떤 것이 하나님에게 합당하지 않다고 말하는 것은 안전하지 않습니다. 차라리 어떤 것이 하나님에게 합당하다고 말하는 것이 훨씬 더 안전합니다.

여기에서 히브리서 기자는 신약이 아주 조금밖에는 다루지 않는 주제 즉 그리스도가 고난을 당하는 것이 신적 본성과 합치되는 것이라는 주제를 다룹니다. 특별히 이러한 개념은 본 서신의 첫 수신자(受信者)들에게 매우 적합한 주제였습니다. 바울은 "우리는 십자가에 못 박힌 그리스도를 전하니 유대인에게는 거리끼는 것이요"라고 말합니다(고전 1:23). '고난당하는 메시야'의 교리는 유대인들이 복음을 받아들이는데 있어 다른 어느 것보다도 가장 큰 걸림돌이 되는 교리였습니다. 그리하여 여기에서 히브리서 기자는 예수 그리스도의 고난당하심이 "만물이 그를 위하고 또한 그로 말미암은" 하나님의 절대적인 주권과 완전하게 조화될 뿐만 아니라 또한 완전하게 "합당한" 일임을 역설합니다.

여기에서 우리는 세 가지 요점을 주목할 수 있습니다. 첫째로, 여기에 그리스도를 주신 신적 행동의 위대한 목적이 있습니다. 둘째로, 여기에 그러한 신적 목적을 이루는 모순적인 방법이 있습니다. 그리고 마지막으로, 본문은 그러한 방법이 신적 목적과 완전하게 합치됨을 확증합니다.

1. 첫째로, 그리스도를 주신 신적 행동의 위대한 목적을 주목하십시오.

본문 가운데 "많은 아들들을 이끌어 영광에 들어가게 하시는 일에"라는 표현을 주목해 보십시오. 여기에서 우리는 무수한 수의 자녀들이 이 땅의 저급한 생명으로부터 "영광"을 소유하는 높은 수준의 생명으로 행진하는 은유를 발견합니다. 동일한 은유가 "우리 구원의 대장"이라는 본문의 또 다른 표현 속에 채색되어 있습니다(the Captain of our salvation, 한글 개역개정판에는 "구원의 창시자"로 되어 있음). 이러한 표현은 성경에서 단지 네 번 나타날 뿐인데, 그것은 문자적으로 어떤 일이나 행로(行路)를 이끄는 자 혹은 시작하는 자를 의미합니다. 그러므로 그 단어는 일차적으로 '명령을 내리는 자' 혹은 '통치자'를 의미합니다. 그리고 그 단어는 아주 쉽게 '이끄는' 개념으로부터 '시작하는' 개념으로 이행(移行)되면서, '원인'(原因) 혹은 '창시자'를 의미하게 됩니다. 이와 같이 여기의 주도적인 개념은 '창시자'의 개념입니다. 이러한 개념 또한 앞의 은유의 연장선 가운데 채색되어 있습니다. 무수한 수의 아들들이 영광을 향해 올라가는 거대한 행진은 — 바로 이것이 하나님이 행하시는 일의 목적이며 목표입니다 — 전적으로 그들의 구원의 대장이며, 선두에 선 자이며, 창시자이며, 원인(原因)인 자의 인도를 받고 있습니다.

여기의 개념은 하나님이 가져오시지만 그리스도께서 이끄신다는 개념,

다시 말해서 하나님의 가져오심은 그리스도의 이끄심을 통해 이루어진다는 개념입니다. 여기에서 우리는 이러한 개념 외에도 다른 몇 가지 개념들을 더 발견할 수 있습니다. 그러한 것들에 대해 간략하게나마 살펴보도록 합시다.

먼저 신적 행동의 큰 범위를 주목해 보십시오. "많은 아들들을 이끌어." 여기에서 "많은"은 "모든"과 대조되는 의미로 사용된 것이 아닙니다. 마치 그리스도의 사역이 제한적으로 적용되는 것을 나타내는 것처럼 말입니다. 다만 여기의 "많은"은 "적은"의 반대어로서, 혹은 어쩌면 "한 사람"의 반대어로서 사용된 것일 뿐입니다. 거기에 한 사람의 지도자가 있습니다. 그리고 거기에 무수한 수의 따르는 자들이 있습니다. 여기에서 "많은"이라는 단어가 함축하는 것은 '아무라도 능히 헤아릴 수 없는'의 개념입니다. 이러한 거대한 행진은 그 길고 끝없는 행렬과 함께 한 사람의 대장의 인도 아래 위를 향해 펼쳐집니다. 이와 같이 "많은 아들들", 다시 말해서 "아무라도 능히 헤아릴 수 없는" 많은 무리를 자신의 영광을 소유하는 자리로 데려가는 하나님의 목적의 범위는 매우 크고 우주적입니다.

계속해서 이와 같은 거대한 무리가 소유하는 관계를 주목하십시오. "많은" 사람들이 아들(the Son)의 인도 아래 "아들들"(sons)로 받아들여집니다. 우리는 여기에서 구속에 있어서의 하나님의 최고의 목적이 "많은" 사람들을 그 아들처럼 만드는 것이라는 사실, 다시 말해서 그들 모두를 그들의 지도자의 모든 특권과 존귀로 옷 입히는 것이라는 사실을 발견합니다.

계속해서 그와 같은 행진의 목적이 무엇인지 주목하십시오. 여기에 참여한 헤아릴 수 없이 많은 무리를 생각해 보십시오. 그들의 행렬은 그 끝이 눈에 보이지 않을 정도로 길게 뻗어 있습니다. 그들은 모두 아들의 존귀로 승귀(昇貴)되었습니다. 그리고 그들은 마침내 시편 8편에 나타난 사람에 대한 신적 이상(理想)을 성취합니다. 그 강렬한 환희로 인해 소망이라기보다 도리어 빈정거리는 말처럼 들리는 바로 그 이상(理想) 말입니다. "사람이 무엇이기에 주께서 그를 생각하시며 인자가 무엇이기에 주께서 그를 돌보시나이까 그를 하나님보다 조금 못하게 하시고 영화와 존귀로 관을 씌우셨나이다"(4-5절). 그들은 그와 같은 신적 이상을 실현시키기 위해서 뿐만 아니라 또한 "아버지의 인격의 명백한 형상"이면서 동시에 "그의 영광의 광채"인 대장(Captain)의 영광에 참여하기 위해 위를 향해 행진합니다. 여기의 기저(基底)에 있는 개념은 뒤따르는 무리와 그들의 지도자 사이의 운명의 동일성입니다. 그는 아들입니다. 그리고 하나님의 목적은 그 안에서 "많은" 사람들을 "아들들"로 만드는 것입니다. 그는 신적 이상(理想)의 실현입니다. 우리는 아직 만물이 사람의 발아래 복종하는 것을 보지 못합니다. 그러나 우리는 예수를 봅니다. 그러므로 시편 8편의 옛 소망은 아무렇게나 짜 맞춘 근거 없는 환상도 아니고, 깨고 나면 헛되이 사라지는 꿈도 아닙니다. 도리어 그것은 그 큰 군대의 가장 낮은 졸병에 이르기까지 모든 사람 안에서 실현될 것입니다. 그들 모두가 각자의 분량대로 주의 영광에 참여할 것입니다.

여기에서 아들(Son)의 형상을 가진 아들들(sons)의 큰 무리를 세상으로부터 영광으로 인도하는 신적 목적을 주목하십시오. 그것으로부터 우리는 그러한 목적을 이루기 위해 적용하는 수단들을 평가할 수 있게 됩니다. 우리는 어떤 일이 그 일을 행하는 자의 본성과 일치하는지 여부를 말할 수 없습니다. 그 일을 행하는 자가 그 일로 의도하는 것을 우리가 알 때까지는 말입니다. 그리스도 안에서의 하나님의 목적에 대한 부적절한 개념은 필연적으로 그것을 위해 채택된 수단들에 대한 부적절한 개념과 그러한 수단들이 신적 본성과 부합하는지에 대한 의문을 불러일으킬 것입니다. 그리스도의 사명이 단지 우리에게 하나님과 사람에 대한 좀 더 명확한 진리를 계시하고자 하고, 그가 우리 앞에 단지 행동의 이상(理想)과 우리가 본받아야 할 모범으로만 의도된 것일 뿐이라면 — 그렇다면 십자가는 전혀 필요치 않을 것입니다. 왜냐하면 십자가는 그러한 것들에 아무것도 더하지 않기 때문입니다. 그러나 그가 구속을 위해 오셨고, 그가 종들을 아들들로 변화시키기 위해 오셨고, 그가 사람들을 그들의 저급하며 육신적인 삶의 진흙탕으로부터 하나님의 영광에 참여하는 자리로 이끄는 길 위에 세우기 위해 오셨다면 — 그는 단순히 선생으로서의 사역과 본보기로서의 사역 이상(以上)의 무엇이 있으셔야만 합니다. 아무리 지혜로운 선생이며, 아무리 아름답고 훌륭한 본보기라고 하더라도 말입니다. 그리스도가 단지 선지자일 뿐이라면, 십자가는 불필요한 것이 될 것입니다. 그리스도가 단순히 이 땅에서 살았던 사람들 가운데 가장 정결하며 선한 사람일 뿐이라면, 십자가는 불필요한 것이 될 것입니다. 그러나 그리스도가 그의 아들됨으로 사람들을 하나님의 아들들로 만들기 위해 왔고, 사람들을 그의 빛나는 영광으로 희고 정결하게 만들기 위해 왔다면, 하나님이 "많은 아들들을 이끌어 영광에 들어가게 하기 위해 그들의 구원의 대장을 고난을 통하여 온전하게 하신" 것은 지극히 합당한 일이 될 것입니다.

2. 둘째로, 그러한 목적을 이루기 위해 채택된 모순적인 방법을 주목하십시오.

먼저 우리는 "고난을 통해 온전하게 하신" 것이 그의 도덕적인 본성에다가 무엇인가를 더하는 것이나 혹은 그것으로부터 무엇인가를 씻어내는 것을 의미하는 것이 아니라는 사실을 기억할 필요가 있습니다. 여러분과 나는 고난을 통해 정련(精練)됩니다. 만일 우리가 고난을 올바르게 취한다면, 그것은 우리의 불순물을 씻어냅니다. 여러분과 나는 고난을 통해 고결하게 됩니다. 우리가 고난을 올바르게 받아들인다면, 그것은 우리에게 그것이 없었다면 결코 소유하지 못했을 것을 더해 줍니다. 그러나 그리스도가 온전하게 되는 것은 그의 도덕적인 성품이 온전하게 되는 것이 아닙니다. 다만 구원의 대장으로서의 그의 사역을 위한 구비(具備)가 온전하게 되는 것입니다. 다시 말해서 어떤 고통이나 혹은 갈등의 그림자가 그의 정결한 영에 임하기 전에도, 그는 도덕적으로 온전했습니다. 비록 그가 고난을 통해 순종을 배웠다고 하더라도 말입니다. 그러나 그는 삶의 고난과 죽음의 고통을 지나갈 때까지 우리 구원의 지도자와 창시자의 역할을 위해 준비되지 못했습니다. 이와 같이 본문의 일반적인 표현 가운데 그리스도의 고난의 전체적인 범위 즉 십자가 이전의 고난과 특별히 십자가 자체의 고난이 포함됩니다. 그러한 고난들이 그가 그의 사역을 위해 구비(具備)되도록 만든 것입니다.

여기에서 우리는 다음과 같은 교훈을 배우게 됩니다. 즉 병사들을 자신처럼 만들기 위해 온 대장은 그러한 목적을 오직 스스로를 병사들처럼 만듦으로써만 이룰 수 있었다는 사실입니다. 우리 주님의 고난의 필연성은 주로 사람들을 구원하고자 하는 자는 반드시 사람이어야만 한다는 단순한 원리 위에 기초합니다. 지도자는 자신을 따르는 무리의 고난을 면제받아서는 안 됩니다. 그와 우리는 동일한 길을 따라 가야만 합니다. 그는 우리가 힘들게 걷는 모든 길을 똑같이 걸어야만 합니다. 그는 우리가 경험해야만 하는 모든 고통과 시련을 똑같이 경험해야만 합니다. 그가 스스로를 낮춤으로써 우리의 슬픔에 동참하지 않는다면, 그는 우리를 그의 영광에 참여하는 자리로 끌어올릴 수 없습니다. 높은 위치에 서 있는 사람은, 스스로 낮은 곳으로 내려오지 않는 한, 낮은 위치에 서 있는 사람을 끌어올려 줄 수 없습니다. 우리의 고난을 알고 또 우리의 죽음을 맛본 그리스도 외에는 어떤 그리스도도 아버지의 계획을 이룰 수 없습니다. 그는 "천사들을 붙들어 주려 하심이 아니요 오직 아브라함의 자손을 붙들어 주려" 하셨습니다(히 2:16). 그러므로 "그가 범사에 형제들과 같이 되신 것은 지극히 마땅한" 일이었습니다(17절). 고된 행군에 지친 병사들을 생각해 보십시오. 그럼에도 불구하고 그들은 "우리 대장이 우리 앞서 이 길을 걸어가셨도다" 라고 생각하며 힘을 낼 것입니다.

"그가 앞서 지나가신 것을 생각할 때,
우리도 능히 어두운 길을 지나갈 수 있도다."

그가 차가운 땅바닥 위에 자신을 깔고 야영할 때, 우리는 그 위에 눕기를 부끄러워하거나 혹은 두려워할 필요가 없습니다. 우리 구원의 대장은 우리의 모든 시련을 통과하셨으며, 피 흘리는 발로 우리가 걸어가는 모든 길을 먼저 걸어가셨습니다.

나아가 우리는 그가 우리를 동정(同情)할 수 있기 위해 고난이 필요했음을 배우게 됩니다. 그는 고난을 통해 사람들에 대한 동정(同情)을 배우셨습니다. 전투 중에 장군은, 병사들을 평지에서 싸우도록 그냥 내버려 둔 채, 산 위로 올라간 것처럼 보입니다. 그러나 우리의 장군은 우리의 고통을 함께 느끼며 우리를 동정하는 마음을 가지고 모세처럼 중보의 손을 들기 위해 산 위로 올라 가셨습니다. 아무리 큰 고난과 아픔을 겪은 그리스도라 하더라도 나에게 특별한 의미를 갖지 못합니다. 그가 그 자신의 아픔을 통해 우리의 모든 아픔을 아는 동정심으로 가득 찬 그리스도가 아니라면 말입니다.

나아가 우리는 우리를 악의 지배로부터 해방시키기 위해 장군이 필연적으로 고난을 당해야만 했음을 배우게 됩니다. 그가 스스로를 연약한 우리와 동일시했다는 어떤 교리나 혹은 그가 우리의 모든 아픔을 동정한다는 어떤 교리도 십자가에 못 박힌 장군의 모순적인 진리를 설명하기에 충분하지 못합니다. 우리는 또 다른 개념을 필요로 합니다. 그것은 "그가 친히 나무에 달려 그 몸으로 우리 죄를 담당하셨으니"라는 말씀 가운데 놓여 있습니다(벧전 2:24). 우리의 모든 상태를 알고 그것을 공유해야만 하는 필요성이 그리스도를 고난과 죽음으로 이끈 유일한 필요성이 아니었습니다. 그 위에 인간의 죄의 모든 덩어리가 지워졌습니다. 그는 우리의 모든 비참함을 담당하셨으며, 그가 채찍에 맞음으로 우리가 나음을 입었습니다. 십자가로 말미암아 나의 모든 죄를 도말한 그리스도 외에 어떤 그리스도도 나에게 충분하지 않습니다. 이와 같이 "구원의 대장을 고난을 통하여 온전하게 하신" 것은 지극히 합당한 일이었습니다. 만일 그렇게 하지 않았다면, 사람들을 자신의 아들들이 되게 하고 또 그들이 그의 영광을 소유하도록 만들고자 한 계획은 결코 이루어질 수 없었을 것입니다.

3. 마지막으로, 신적 성품과 본성의 가장 높은 개념과 예수의 고난 사이의 조화를 주목하십시오.

본문 가운데 히브리서 기자는 우주에 대한 하나님의 관계를 두 가지로 이야기합니다. "만물이 그를 위하고 또한 그로 말미암은 이가." 그러면서 히브리서 기자는 그런 하나님이 그리스도를 고난을 통해 온전하게 한 것이 합당하다고 말합니다. 다시 말해서 그 안에서 하나님이 육체로 나타나신 그리스도의 고난과 죽음은 만물이 기인(起因)한 자의 지고(至高)한 본성에 합당하다는 것입니다. 십자가는 신적 본성이 최고로 나타난 것이었습니다. 그러나 십자가가 하나님의 깊은 마음을 보다 더 합당하게 나타냈으며, 그렇기 때문에 신적 목적을 보다 더 완전하게 실현시켰다는 것은 모순적인 이야기처럼 들립니다. 창조세계가 그를 증언합니다. 섭리가 그를 증언합니다. 우리의 영(靈)이 그를 찬미합니다. 그러나 하나님의 깊은 마음은, 마치 잘 익은 과일처럼, 십자가에 의해 갈라져 열립니다. 그리고 그 안에 담긴 모든 보화들이 그대로 드러납니다. 그러므로 "만물이 그를 위하고 또한 그로 말미암은" 하나님의 목적은 예수 그리스도의 고난을 통해 그 종착지에 도달합니다. 그 안에서 그리고 그의 죽음 안에서 하나님은 영광을 받으십니다. "그러므로 만물이 그를 위하고 또한 그로 말미암은 이가 많은 아들들을 이끌어 영광에 들어가게 하시는 일에 그들의 구원의 창시자를 고난을 통하여 온전하게 하심이 합당하도다."

본문 가운데 이것과 밀접하게 연결된 또 하나의 측면이 있습니다. 그것은 그리스도의 고난과 죽음이 "그로 말미암아 만물이 기인하며 지탱되는" 전능자의 능력과 완전하게 조화된다는 사실입니다. 그의 능력이 최고로 나타나는 곳은 그의 창조의 행위에서가 아닙니다. 창조는 말씀으로 말미암아 이루어집니다. 천지를 창조하며 일월성신이 정해진 궤도를 따라 운행하도록 만드는 것은 신적 의지(意志)를 발설(發說)하는 것으로 충분했습니다. 그러나 여기에서는 신적 의지를 발설하는 것으로 충분하지 않습니다. 사람들이 하나님의 영광으로 옮겨지는 일을 생각해 보십시오. 그들을 그렇게 옮기고자 하는 단순한 바람이나 혹은 그러한 의지를 단순히 발설하는 것으로는 결코 그렇게 될 수 없습니다. 그 일을 위해서는 반드시 어떤 일이 행해져야만 합니다. 그 일을 위해서는 우리의 구원의 대장과 우리의 생명의 왕이 수치와 고난과 죽음을 당하시고 다시 부활하시고 승천하셔서 하나님 우편에 앉으셔야만 했습니다.

그 일의 빛 앞에 창조의 빛은 흐려집니다. 성경은 그러한 빛을 가리키며 이렇게 말합니다. "보라 여호와께서 열방의 목전에서 그의 거룩한 팔을 나타내셨도다"(사 52:10). 전능의 능력은 세상을 만들었으며, 십자가는 그것을 구속했습니다. 이러한 십자가로부터 "만물이 그를 위하는" 자의 최고의 개념들이 나옵니다. 만물은 그를 위합니다. 그러나 사람들은 그를 위하지 않습니다. 만일 십자가가 그들을 구속하지 않았다면 말입니다. 만물은 그로 말미암습니다. 그러나 사람들은 신적 능력의 더 놀라운 행사를 통해, 다시 말해서 창조의 명령으로 만들어졌을 때보다 보혈로 구속될 때, 그로 말미암습니다.

그러므로 형제들이여, "내가 그를 사람들에게 증인과 지도자와 명령자로서 세웠도다"라고 말씀하시는 하나님의 음성을 들으십시오. 그리고 여러분이 그의 군대에 편입되었다는 사실을 깨달으십시오. 그리고 그의 깃발을 따르며, 그의 십자가를 믿으십시오. 그는 여러분의 고통을 아시며, 그의 공로는 곧 여러분의 공로가 될 수 있습니다. 그리고 그의 아들되심(Sonship) 안에서 여러분 역시도 "아들들"이 될 수 있으며, 그의 영광으로 말미암아 여러분 역시도 영광에 이를 수 있습니다. 또 여러분은 그의 고난으로 말미암아 아들의 형상을 입고 완전하게 될 수 있으며, 그가 자기 병사들에게 나누어 주는 영광과 존귀로 관을 쓸 수 있습니다.

4
그리스도의 형제 되심

"[11]그러므로 형제라 부르시기를 부끄러워하지 아니하시고 [12]이르시되 내가 주의 이름을 내 형제들에게 선포하고 내가 주를 교회 중에서 찬송하리라 하셨으며 [13]또 다시 내가 그를 의지하리라 하시고 또 다시 볼지어다 나와 및 하나님께서 내게 주신 자녀라 하셨으니"

히 2:11-13

"그러므로 형제라 부르시기를 부끄러워하지 아니하시고"(11절). 보통사람들에게 있어 형제의 사실을 인정하는 것은 겸손도 아니고 스스로를 낮추는 것도 아닙니다. 그러나 사람이 되기 위해 스스로를 비워야만 했던 분이 있습니다. 그에게 있어 사람들을 형제라 부르는 것은 스스로를 상상할 수 없을 정도로 낮춘 것이었습니다. 일반적인 통치자들이 자신의 신하들을 친구라 부르며 함께 먹고 마시기를 부끄러워하지 않는 것은 충분히 가능한 일입니다. 그러나 예수 그리스도의 경우는 이와 전혀 다릅니다. 여기의 "부끄러워하다"라는 단어는, 만일 본 서신 첫째 장에 제시된 그리스도의 지고(至高)한 인격의 개념이 전제되어 있지 않다면, 무의미한 것이 될 것입니다. 그가 "하나님의 영광의 광채요 그 본체의 형상"이라면, 그가 우리의 형제가 된 것은 그에게 있어 얼마나 큰 낮춤이겠습니까(히 1:3)!

히브리서 기자는, 그가 생각하기에 메시야가 사람들의 형제임을 나타내는, 구약의 세 구절을 선택합니다. 만일 그가 사복음서에 대해 알았다면,

그는 한층 더 큰 중요성을 갖는 다른 말씀들을 발견할 수 있었을 것입니다. 예컨대 "내 어머니와 내 형제들을 보라"와 같은 말씀 말입니다(막 3:34). 그러나 어쩌면 그는 사복음서에 대해 알지 못했을 수 있습니다. 혹은 어쩌면 그는 유대인들에게 편지를 쓰는 가운데 그들의 설명 방식을 사용하는 것이 — 다시 말해서 구약의 구절들을 인용하는 것이 — 그들에게 다가가는 최선의 방법이라고 생각했을 수도 있습니다.

여기의 세 인용문의 적절성을 검토하는 것은 설교의 주제로서 그다지 적합하지 않은 것으로 생각됩니다. 나의 목적은 전혀 다른데 있습니다. 메시야가 스스로를 그의 형제들과 동일시하는 증거로 본문 가운데 제시된 구약의 세 인용문은 우리 주님의 인성(人性)의 세 가지 서로 다른 측면을 다룹니다. 우리가 그것들을 함께 취한다면, 그것들은 우리에게 어째서 하나님이 사람이 되셨느냐는 질문에 대한 매우 포괄적인 해답을 제공해 줄 것입니다. 오늘 나는 바로 이러한 관점으로부터 본문에 나타나는 구약의 세 인용문을 살피고자 합니다.

이런 관점에서 우리는 본문으로부터 다음과 같은 세 가지 요점을 발견합니다. (1) 그리스도께서 사람들에게 하나님을 나타내기 위해 인성을 취하심. (2) 그리스도께서 사람들에게 경건한 삶의 모범을 보이기 위해 인성을 취하심. (3) 그리스도께서 사람들을 가족으로 이끌기 위해 인성을 취하심.

1. 첫째로, 우리는 여기에서 그리스도가 사람들에게 하나님을 나타내기 위해 인성을 취하신 것을 발견합니다.

"이르시되 내가 주의 이름을 내 형제들에게 선포하고"(12절). 이 말씀은 어디에서 온 것입니까? 그것은, 그 첫 구절이 십자가 위에서 울려 퍼진 "나의 하나님 나의 하나님 어찌하여 나를 버리셨나이까?"로 시작되는, 시편 22편으로부터 온 것입니다. 그 시편은 다윗이 자신의 고통과 시련으로부터 직접적으로 솟아오른 감정을 의식적(意識的)으로 표현한 것이었습니다. 다윗의 슬픔을 묘사하는 그 시편은 그리스도의 수난과 죽음의 역사적

(歷史的) 사실들과 너무나 세세하게 일치합니다. 그러므로 우리는 고통과 시련을 통해 왕이 된 다윗의 말 속에서 이스라엘의 왕들이 예표했던 참된 왕의 모습이 깜빡거리는 것을 분명하게 볼 수 있습니다. 군주로서 다윗이 신하들의 형제가 되어야만 한다고 느꼈던 것처럼 그리고 자신의 통치와 자신의 구원의 의미가 형제들에게 하나님의 이름을 선포하는 것이라고 느꼈던 것처럼, 우리의 참된 왕 역시도 형제일 때 비로소 온전한 왕이 될 수 있었습니다. 그의 통치와 형제됨의 최고의 목적은 사람들에게 아버지의 이름을 나타내는 것이었습니다.

그러면 주의 "이름"은 무엇입니까? 사람들이 하나님을 부르는 음절들입니까? 물론 아닙니다. 주의 이름은 하나님의 명백한 특성입니다. 그러므로 그를 선포하는 유일한 방법은 말이 아니라 행동에 의한 것입니다. 인격은 오직 인격에 의해서만 계시될 수 있습니다. 하나님은 오직 삶에 의해 사람들에게 나타날 수 있습니다. 말은 결코 그렇게 할 수 없습니다. 말은 사람들의 생각을 표현할 수 있지만, 하나님의 사실을 증명할 수는 없습니다. 말은 결코 그렇게 할 수 없습니다. 말은 소망이나 두려움이나 의심을 나타낼 수 있습니다. 그러나 우리가 그 모든 행동이 하나님의 나타남인 살아 있는 인격을 가지고 있지 않다면, 그에 대한 우리의 생각들은 확실함과 함께 견고하지도 못할 것이며 위로와 함께 달콤하지도 않을 것입니다. 그것은 인간의 삶 이상(以上)인 인간의 삶이어야만 합니다. 사람들에게 하나님을 나타낼 수 있는 것은 철저히 그리고 전적으로 사람입니다. 신적 본성에 대한 우리의 최고의 개념들은 사람의 형상 안에 있어야만 합니다. 작은 이슬방울과 거대한 태양을 비교해 보십시오. 그 크기에 있어 얼마나 큰 차이가 납니까? 그러나 둘을 똑같이 동그란 모양으로 만드는 법칙은 절대적으로 동일합니다. 이와 같이 유한한 인성과 무한한 신성 사이에는 그와 동일한 유비관계(類比關係)가 있습니다. 인성의 거울 안에 신성의 형언할 수 없는 광채가 나타날 수 있습니다. 예수 그리스도의 삶은 사람들에게 보이지 않는 하나님의 영광을 나타냅니다.

그러면 여기의 "선포"의 내용은 무엇입니까? 사람들은 우리에게 그의 이적들과, 그의 완전한 지식과, 그의 능력과, 유한한 인성의 속성들과는 다른 그의 위엄의 다른 속성들을 가리킵니다. 그들은 이러한 것들이 하나님의 영광이라고 말합니다. 결코 그렇지 않습니다. 그것은 통속적인 개념입니다. 그 모든 것들 위에 예수 그리스도의 정결함 가운데 나타난 도덕적인 완전함이 있습니다. 그리고 그 위와 그 안에 나타난 하나님의 사랑이 있습니다. 이를테면 이적들 가운데 계시된 육체적인 속성들은 성전의 바깥마당에 해당될 것이며, 의와 정결의 도덕적인 속성들은 성소에 해당될 것입니다. 그리고 그곳으로부터 휘장을 통과하면 은혜의 보좌와 쉐키나(Shekinah)가 있는 지성소가 나오는데, 그것은 그리스도 안에 나타난 하나님의 사랑입니다. 이것을 오늘날의 언어로 옮기면 이렇게 될 것입니다 — "그리스도께서 아버지의 이름을 선포하는 것 안에 있는 새 것은 그 안에 나타난 하나님의 사랑이다." 하나님을 아는 다른 수단들은 고작 파편적이거나 부분적인 것들에 불과합니다. 사람들은 자연의 흐릿한 증언을 통해, 역사(歷史)의 모호한 증언을 통해, 우리 자신의 직관의 불명확한 증언을 통해 하나님을 압니다. 마치 고고학자들이 폐허 속에서 발견한 깨어진 석판(石板) 위에 새겨진 흐릿한 글자들을 가지고 그것의 의미를 알려고 애쓰는 것처럼 말입니다. 그러나 전체적인 이름은 그리스도 안에 있습니다. 다른 곳에서 "여러 부분과 여러 모양으로 말씀하셨던" 하나님은 자기 아들 안에서 자신의 모든 것을 완전하게 말씀하셨습니다(히 1:1). 바로 이것이 모든 것의 정점(頂點)입니다. 성경의 최후의 증언 즉 하나님이 자신을 나타내시는 모든 과정의 마지막 절정은 "하나님은 사랑이시라"입니다. 여러분은 오직 여러분의 형제인 하나님의 아들 예수 그리스도를 바라볼 때 비로소 그것을 알 수 있습니다.

사랑하는 형제들이여, 마침내 우리는 결정적인 분기점 앞에 서게 됩니다 — 그리스도든지 아무것도 아니든지! 하나님이 그리스도 안에서 나타나시든지 아니면 하나님이 전혀 나타나지 않으시든지! 유신론(Theism)이나 혹은 이신론(Deism)은 현대과학의 영(靈)의 공격에 대항할 만큼의 충분한 내용을 가지고 있지 않습니다. 아버지의 품에 있는 독생자가 아버지를 선포하지 않으셨다면, 아무도 하나님을 알 수 없었을 것입니다. 결국 그리스도든지 아니면 어둠이든지 둘 중 하나입니다. 결국 그리스도 안에서 계시된 아버지든지, 아니면 증명할 수 없는 불필요한 가설(假設)이거나 그렇지 않으면 불가지론(不可知論)적인 소문자 "g"로 발음되는 모호한 신(god)이든지 둘 중 하나입니다. 오늘날의 유식한 영국인들은 둘 가운데 하나를 선택해야만 합니다. 우리가 형제들에게 아버지의 이름을 선포하는 그리스도께로 돌아갈 때, 하늘을 가렸던 모든 흐릿한 것들은 사라질 것입니다. 그리고 우리는 다시금 찬란한 태양을 느낄 것이며, 하나님을 되찾을 것입니다. 우리는 하나님을 사랑할 수 있습니다. 왜냐하면 그는 귀와 마음과 손을 가지고 계시기 때문입니다. 또 우리는 하나님에 대해 확실하게 말할 수 있습니다. 우리는 하나님과 관련하여 "내가 생각건대"라든지, 혹은 "내가 바라건대"라든지, 혹은 "내가 우려하건대"라든지, 혹은 "아마도" 따위로 말할 필요가 없습니다. 하나님을 아는 것이 곧 영생인데, 우리는 분명하게 하나님을 알 수 있습니다.

2. 둘째로, 우리는 여기에서 그리스도가 사람들에게 경건한 삶의 모범을 보이기 위해 인성을 취하신 것을 발견합니다.

"또 다시 내가 그를 의지하리라 하시고"(13절). 이 말씀은 아마도 이사야 8장으로부터 온 것일 것입니다. 거기에서 이사야 선지자는 하나님에 대한 자신의 개인적인 의존을 표현합니다. "나는 여호와를 기다리며 그를 바라보리라"(사 8:17). 히브리서 기자는 이사야 안에서 예수의 희미한 그림자를 봅니다. 그것은 선지자직이 총체적으로 예수 그리스도의 예언과 모형이었기 때문입니다. 이사야는 신적 영감(靈感)을 의식했음에도 불구하고 하나님을 의지하며 의존할 필요성을 느끼지 않을 수 없었습니다. 그리고 본문 가운데 히브리서 기자는 뛰어난 선지자이신 그리스도 역시도 마찬가지라고 말합니다. 그리스도 역시도, 그의 인성에서 그리고 아버지의 이름을 선포하는 그의 직분에서, 하나님을 의지하는 동일한 믿음을 필요로 합니다.

바로 이것이 여기에서 우리가 붙잡아야만 하는 요점입니다. 예수 그리스도는 우리의 믿음의 대상입니다. 그렇습니다. 그러나 여수 그리스도는 또한 우리의 믿음의 모범이기도 합니다. 우리 주 예수 그리스도의 신성을 믿는 정통주의적인 여러분은 이와 같은 개념에 직면하기를 지나치게 두려워하는 경향이 있습니다. 왜냐하면 그러한 개념은 우리에게 그다지 익숙하지 않기 때문입니다. 우리 가운데 일부 사람들은 그의 철저한 인성도 믿지 않고, 그의 실제적인 신성도 믿지 않습니다. 다만 인성과 신성의 이상한 혼합물을 믿을 뿐입니다. 그러는 가운데 한쪽 측면에서 인성이 신성을 파괴하고, 다른 쪽 측면에서 신성이 인성을 파괴합니다.

완전한 인성은 필연적으로 의존적인 인성이어야만 합니다. 믿음으로 말미암아 살지 않는 이성적(理性的)인 존재는 하나님이거나 아니면 마귀입니다. 예수 그리스도의 무죄하며 흠 없는 완전한 인성은 그가 하나님을 계속 의지(依支)하는 삶을 면제시키지 않습니다. 도리어 그가 그렇게 하도록 강제합니다. 또 그의 신성은 사람으로서 그가 행사하는 믿음의 실재(實在)를 추호도 방해하지 않습니다.

그의 완전한 신성은 그의 믿음을 조정(調整)하며 완전하게 합니다. 우리와는 달리, 하나님에 대한 그의 의존(依存)은 죄를 의식(意識)하는 것과는 아무런 관련도 없었습니다. 다만 그는 아버지로부터 끊임없이 생명과 능력을 끌어낼 필요를 의식하셨습니다. 다시 말해서 그의 의존은 이와 같이 아버지로부터 끊임없이 생명과 능력을 끌어낼 필요를 의식하는 것과 관련된 것이었습니다. 완전한 인성의 믿음인 그의 믿음은 완전한 믿음이었습니다. 멀리 떨어져 있는 보이지 않는 것들을 바라볼 때 사용하는 망원경을 생각해 보십시오. 우리의 손은 그러한 망원경을 잡고 있을 때 떨립니다. 그러나 그의 손은 견고하며 흔들림이 없었습니다. 우리의 믿음은 자주 흔들리며, 간헐천처럼 종종 끊어지기도 합니다. 그러나 그의 믿음은 끊임없이 솟아오르는 샘물처럼 계속적으로 흘러넘칩니다. 그의 완전한 믿음은 그의 삶 가운데 완전한 결과를 가져다주었으며, 그는 완전한 순종과 완전한 교제 가운데 항상 하나님이 기뻐하시는 일을 행하셨습니다. 표면이 일정한 두 금속판을 가져다가 붙여 보십시오. 그러면 두 금속판은 완전하게 밀착될 것입니다. 그와 같이 예수 그리스도의 완전한 본성은 그의 완전한 믿음으로 말미암아 아버지와 더불어 완전한 교제로 밀착되었습니다. "나를 보내신 이가 나와 함께 하시도다 나는 항상 그가 기뻐하시는 일을 행하므로 나를 혼자 두지 아니하셨느니라"(요 8:29).

사랑하는 형제들이여, 우리의 형제는 단지 우리에게 하나님을 보여 주기 위해 우리 위에 서 계시지 않습니다. 그렇게 하기 위해 도리어 우리 가운데로 내려오십니다. 그의 믿음의 모범으로부터 우리는 부끄러움과 격려를 동시에 취할 수 있습니다. 우리의 흔들리는 믿음과 그의 견고한 믿음 사이의 불일치를 생각할 때, 우리는 부끄러워하지 않을 수 없습니다. 동시에 그 안에서 사람이 어떻게 될 수 있는지를 볼 때, 우리는 격려를 받습니다. 그는 자신이 기댔던 지팡이를 우리에게 유산으로 남겨 주셨습니다. 그는 자신이 광야에서 시험당할 때 들고 있었던 방패를 자신을 따르는 자들에게 유산으로 남겨 주셨습니다. "사람이 떡으로만 살 것이 아니요 하나님의 입으로부터 나오는 모든 말씀으로 살 것이라"라고 말씀하셨을 때 들고 있었던 바로 그 방패 말입니다(마 4:4). 우리의 왕이며 대장인 자는 한때 투기장(鬪技場)에 있었으며, 거기에서 싸우셨습니다. 우리의 믿음의 대장이며 신자들의 지도자인 그는 하나님을 의지함으로 승리를 거두셨습니다. "또 다시 내가 그를 의지하리라 하시고"(13절). 그는 우리 역시도 승리할 수 있도록 하기 위해 같은 무기를 남겨 주셨습니다. "세상을 이기는 승리는 이것이니 우리의 믿음이니라"(요일 5:4).

3. 마지막으로, 우리는 여기에서 그리스도가 사람들을 가족으로 이끌기 위해 인성을 취하신 것을 발견합니다.

"또 다시 볼지어다 나와 및 하나님께서 내게 주신 자녀라 하셨으니"(13절). 이것은 둘째 단락이 인용한 구절 바로 다음에 뒤따르는 구절로부터 취한 것입니다. "보라 나와 및 여호와께서 내게 주신 자녀들이"(사 8:18). 이사야 선지자는 자신의 가족들과 자신을 따르는 소수의 제자들을 자신의 선지자 직분 안에서 자신과 연합된 것으로 간주하는 가운데, 그들을 "징조와 예표" 그리고 이스라엘의 소금으로 제시합니다. 그들이 없다면 이스라엘이 썩어 망하게 될 그런 소금 말입니다. "보라 나와 및 여호와께서 내게 주신 자녀들이 이스라엘 중에 징조와 예표가 되었나니 이는 시온 산에 계신 만군의 여호와께로 말미암은 것이니라." 이와 관련하여 히브리서 기자는 이사야 선지자 안에서 그가 자연적인 생명을 준 자녀들과, 그를 통해 영적인 생명을 받은 소수의 제자들과, 우리의 형제가 되심으로 말미암아 우리를 하나님의 자녀들로 만드는 우리 구주의 희미한 그림자를 봅니다.

여기에서 우리는 세 번째 인용문의 "자녀들"이라는 단어로서 지칭되는 무리가 첫 번째 인용문의 "형제들"이라는 단어로서 지칭되는 무리와 동일한 무리가 아니라는 사실을 주목할 필요가 있습니다. 12절의 "형제들"은 인성을 공동으로 소유하는 사람들로 구성되는 무리를 지칭합니다. 반면, 13절의 "자녀들"은 영적인 생명을 공동으로 소유하는 사람들로 구성되는 무리를 지칭합니다. 이와 같이 본문의 세 번째 인용문에서 우리는 예수 그리스도의 성육신과 그것의 결과의 또 다른 측면을 발견하게 됩니다. 여기에서 우리가 발견하는 것은 그가 우리처럼 되는 것이라기보다, 우리가 그와 같이 되는 것입니다.

본문이 우리에게 제시하는 개념은 이것입니다. 즉 예수 그리스도께서 우리의 형제가 되심으로써, 그로부터 우리가 그 안에 담겨 있는 생명 즉 우리를 그의 형제들과 하나님의 자녀들로 만드는 생명을 끌어낼 수 있게 되었다는 것입니다. 복음의 중심적인 축복은 모든 신자들의 마음속에 그리스도로부터 오는 신적 생명을 전달해 주는 것입니다. 하나님이 그의 아들 안에서 우리에게 주시는 것과 관련하여 피상적인 개념으로 만족하지 마십시오. 하나님이 우리에게 주시는 것은 그 자신의 생명의 불꽃입니다. 하나님은 그리스도를 통해 우리 안으로 들어오셔서, 우리의 사망 위에 실제적이며 신비한 영적 생명을 주십니다.

이와 같은 생명의 선물을 위해서는 성육신 이상(以上)의 것이 필요합니다. 거기에 십자가가 필요합니다. 죽음으로 말미암아 사망이 죽임을 당합니다. 그럴 때 비로소 그는 죄와 허물로 죽은 우리에게 자신의 생명을 주십니다. 외피(外皮)가 찢어져야만 합니다. 그럴 때 비로소 그 안에 있는 영(靈)의 은은한 빛이 찢어진 외피를 통해 흘러나올 수 있을 것입니다. 몸이 깨어져야만 합니다. 그럴 때 비로소 집은 향유의 달콤한 향기로 가득 차게 될 것입니다. 그리스도께서 죽으신 것은 이를테면 생명이 그로부터 도망쳐 나와 세상 안으로 들어온 것입니다.

그 생명은 양자(養子)의 생명입니다. 그 생명을 받은 자들은 하나님의 자녀들이며, 그리스도의 형제들입니다. 그리고 그들은 하나의 새로운 연합체를 이룹니다. 사람들 가운데 참된 형제됨(brotherhood)의 유일한 기초는 한 분 아버지에 대한 공통의 관계를 공통적으로 소유하는 것입니다.

우리를 양자(養子)로 이끄는 그러한 생명은 또한 우리로 하여금 그러한 생명을 주시는 그리스도의 직분과 직무와 관계에 참여하도록 이끕니다. 이사야 선지자가 자신의 자녀들과 제자들을 한 가족으로 모았던 것처럼, 예수 그리스도는 우리를 그 자신과의 하나됨 안으로 모읍니다. 그는 우리와 같이 되심으로써 우리를 그와 같이 되도록 만드시고, 또한 우리를 아버지에 대한 동일한 관계로 옷 입힙니다. 그 자신이 아들로서, 그는 우리를 양자(養子)되게 만드십니다. 그리고 그렇게 하심으로써 그는 우리 어깨 위에 세상에 대한 동일한 관계의 책임과 존귀를 올려놓습니다. 또 그렇게 하심으로써 그는 우리를 세상의 빛으로 만드시고, 나아가 우리를 우리 각자의 분량대로 하나님의 아들들과 세상을 위한 메시야들이 되도록 만드십니다.

이러한 생명의 하나됨은 영원히 남습니다. 만일 우리가 그리스도를 사랑하며 신뢰한다면, 그는 우리가 "그의 영광 앞에 흠이 없이 기쁨으로 설" 때까지 결코 우리를 버려두지 않을 것입니다(유 1:24).

그러므로 사랑하는 친구들이여, 하나님을 아는 유일한 길은 이것입니다 — "나를 본 자는 아버지를 보았거늘"(요 14:9). 나머지 모든 것은 어둠입니다. 고결하며 정결한 유일한 삶이 있습니다. 그것은 그리스도를 믿는 믿음의 삶입니다. 그는 우리 믿음의 대상이면서 동시에 모범입니다. 그를 믿을 때, 우리는 동시에 아버지를 믿는 것입니다. 이 세상의 공동묘지 가운데 하나의 열린 생명의 샘이 있습니다. 그것은 아들 안에 있는 생명의 샘입니다. 그를 마실 때, 우리 안에 영원한 생명의 샘이 솟아오를 것입니다. 우리가 하나님의 아들들이 될 수 있는 유일한 길이 있습니다. 그것은 우리의 맏형을 통한 길입니다. 우리의 맏형은 동생에게 반지를 끼워 주는 것이나 동생을 위해 잔치를 베풀어 주는 것을 못마땅하게 여겼던 탕자의 형과 같지 않습니다. 도리어 그 자신이 우리에게 반지를 끼워 주며, 우리를 위해 잔치를 베풀어 주십니다. 그가 "내가 그를 의지하리라"라고 말씀하시는 것을 들어 보십시오. 그리스도를 믿을 때, 여러분은 하나님을 믿는 것입니다. 그가 여러분에게 그 자신의 생명을 주실 것을 확신하십시오. 그가 여러분을 양자(養子)의 영으로 옷 입힐 것을 확신하십시오. 그가 여러분을 굳게 붙잡은 채 결코 놓지 않을 것을 확신하십시오. "나를 보내신 이의 뜻은 내게 주신 자 중에 내가 하나도 잃어버리지 아니하고 마지막 날에 다시 살리는 이것이니라"(요 6:39). 그는 마침내 우리를 가리키며 "이와 같이 내가 하나도 잃어버리지 아니하였도다. 보라, 하늘의 가족이로다"라고 말씀하실 것입니다. "볼지어다 나와 및 하나님께서 내게 주신 자녀라"(13절).

5
그리스도에게 마땅한 것

"그러므로 그가 범사에 형제들과 같이 되심이 마땅하도다"

히 2:17

오늘의 본문은 앞의 10절과 매우 유사합니다. "그러므로 만물이 그를 위하고 또한 그로 말미암은 이가 많은 아들들을 이끌어 영광에 들어가게 하시는 일에 그들의 구원의 창시자를 고난을 통하여 온전하게 하심이 합당하도다."

거기에서 우리는 고난을 통해 그리스도의 메시야 사역이 온전하게 되었다는 말씀을 보게 되는데, 그것이 신적 본성과 일치될 뿐만 아니라 또한 하나님에게 합당하다는 것은 어떤 측면에서 다소 이상하게 들립니다. "만물이 그로 말미암은 이"에게 구속의 최고의 목적을 이룸에 있어 예수 그리스도의 고난을 통하는 것 외에 다른 방법은 전혀 없었습니다. "만물이 그를 위하는 이"는 오직 그리스도의 고난을 통해서만 사람들을 자신의 소유로 얻을 수 있었습니다. 그러므로 십자가의 역설은 하나님에게 합당한 일이었습니다.

반면 본문에 나타난 동일한 일련의 역사적 사실들 즉 전체로서의 예수 그리스도의 생애와 죽음은 하나님에게 합당한 것이 아니라 "그리스도에게 마땅한" 것으로서 간주됩니다. 본문의 "마땅하다"라는 표현은 10절의 "합당하다"라는 표현보다 훨씬 더 강한 표현입니다. "합당하다"는 것은 문제의 사실이 하나님의 성품과 본성에 부합한다는 것을 가리킵니다. 반면 "마땅하다"는 것은 문제의 사실 속에 도덕적인 필연성이나 혹은 의무가 포함되어 있음을 선언합니다. 그러므로 그리스도께서 그의 형제들과 같이 되신 것은 그의 구속의 목적이라는 관점에서 볼 때 그에게 있어 필연적으로 요구되는 것이었습니다.

본 문맥 가운데 우리는 다음과 같은 세 가지 개념을 끌어낼 수 있습니다. 첫째로, 특별히 고난과 관련하여 그리스도께서 온전히 우리와 같이 되심. 둘째로, 그리스도께서 자신의 목적을 성취하기 위해 필연적으로 고난을 당하심. 셋째로, 그리스도의 제사장직을 위해 필수불가결한 그의 고난. 이제 이러한 세 가지 개념을 간략하게 살펴보도록 합시다.

1. 첫째로, "그가 범사에 형제들과 같이 되심이 마땅하도다"라는 표현이 강조되어 나타나는 것을 주목하는 가운데 여기의 "범사"가 인간 본성의 일반적인 특질들이 아니라 특별히 인간의 슬픔들을 지칭하는 것이라는 사실을 주목하십시오.

이러한 사실을 우리는 주님의 성육신이 그를 따르는 자들을 돕기 위한 것임을 생각할 때 분명하게 알 수 있습니다. "이는 확실히 천사들을 붙들어 주려 하심이 아니요 오직 아브라함의 자손을 붙들어 주려 하심이라 그러므로 그가 범사에 형제들과 같이 되심이 마땅하도다"(16, 17절).

또 만일 여기의 "같이 되심"이 단순히 참된 인성을 소유하는 것일 뿐이라면, 본문은 단순한 동어반복(同語反覆)에 불과할 것입니다. 그렇다면 그것은 "그가 사람이 되었도다. 그러므로 그가 사람이 된 것이 마땅하도다"를 의미하는 것이 될 것입니다. 같은 결론을 우리는 본문 바로 다음에 이어지는 구절로부터도 끌어낼 수 있습니다. "이는 하나님의 일에 자비하고 신실한 대제사장이 되어 백성의 죄를 속량하려 하심이라 그가 시험을 받아 고난을 당하셨은즉 시험 받는 자들을 능히 도우실 수 있느니라"(17, 18절). 여기에서 그가 시험을 받아 고난을 당한 사실이 그가 능히 도울 준비가 되어 있는 것으로서, 그리고 자비하고 신실한 대제사장이 되는 자격으로서 언급됩니다. 다시 말해서 우리 주님이 형제들과 같이 되신 "범사"는 사람들을 피눈물 짓게 만드는 인간 슬픔의 총체 즉 온갖 종류의 압제와 고통과 쓰라림을 의미합니다. 예수 그리스도는 자신의 인성 안에서 모든 형태의 고통과 비참함과 곤고함과 무거운 짐을 자기에게로 모았습니다. 그리고 그 모든 것을 담은 고통스러운 잔을 한 방울도 남기지 않고 다 마셨습니다. "너희가 다 이것을 마시라"라고 말씀하시면서 그 잔을 우리에게 건네기 전에 말입니다(마 26:27).

여기어서 우리는 매우 중요한 교훈을 배우게 됩니다. 그것은 아무리 큰 고통과 슬픔과 외로움 속에서라도 우리는 "아, 나는 이것을 나 홀로 감당해야만 해. 왜냐하면 예수 그리스도는 결코 이런 것에 대해 알지 못하기 때문이야"라고 말할 수 없다는 사실입니다. 머리 둘 곳조차 없었던 자, 평생 동안 가난했던 자, 여인들로부터 돌봄을 받으셔야만 했던 자는 모든 고통과 슬픔을 아십니다. 그는 지나친 수고로 말미암는 육체의 모든 괴로움과 약함과 질병과 죽음의 고통을 아십니다. 그는 우리의 인간관계로부터 오는 모든 슬픔과 사랑하는 자를 잃었을 때 흘리는 우리의 모든 눈물과 배신과 외면당함으로 인한 우리의 모든 쓰라림을 아십니다. 그는 정결한 양심을 가진 자들이 세상의 온갖 더러운 것들을 바라보며 갖는 모든 슬픔을 아십니다. 정결함은 더러움을 바라볼 때 항상 슬퍼합니다. 사랑은 다른 사람들이 슬픔의 무거운 짐 아래 짓눌리는 것을 볼 때 항상 탄식합니다. 예수 그리스도는 정결한 사람들과 사랑의 사람들의 모든 슬픔과 탄식까지도 모두 짊어지십니다. 그의 마음은 모든 사람들의 모든 고통과 슬픔으로 가득 차 있습니다.

사랑하는 형제들이여, 여러분과 나의 잔에는 고작 한 방울만 들어 있을 뿐입니다. 그러나 예수 그리스도는 잔 전체를 마시셨습니다. 예수 그리스도의 슬픔과 비교할 때, 우리의 슬픔은 아무것도 아닙니다. 그는 "그들의 모든 환난에 동참"하셨습니다(사 63:9). 우리가 만나는 모든 슬픔 가운데 그리스도가 알지 못하는 것은 아무것도 없습니다. 또 우리가 직면하는 모든 고난 가운데 그가 우리를 위해 정복하지 않은 것은 아무것도 없습니다.

2. 둘째로, 그리스도께서 자신의 목적을 이루기 위해 필연적으로 고난을 당하셔야만 했던 것을 주목하십시오.

문맥은 이와 같은 개념을 분명한 언어로 제시합니다. 16절과 17절을 개역(Revised Version)은 다음과 같이 좀 더 정확하게 번역합니다. "이는 확실히 천사들을 붙들어 주려 하심이 아니요 오직 아브라함의 자손을 붙들어 주려 하심이라 그러므로 그가 범사에 형제들과 같이 되심이 마땅하도다"(한글개역개정판은 RV처럼 되어 있음. 반면 KJV는 "For verily he took not on [him the nature of] angels; but he took on [him] the seed of Abraham. Wherefore in all things it behoved him to be made like unto [his] brethren" 즉 "이는 확실히 천사들을 취하려 하심이 아니요 오직 아브라함의 자손을 취하려 하심이라 그러므로 그가 범사에 형제들과 같이 되심이 마땅하도다"로 되어 있음).

여기에서 "붙들어 주다"라고 번역된 단어는 베드로가 물에 빠졌을 때 예수 그리스도께서 "즉시 손을 내밀어 그를 붙잡으셨을" 때 사용된 단어와 정확하게 동일한 단어입니다(마 14:31). 이 이야기는 우리로 하여금 여기의 히브리서 기자의 의도를 이해할 수 있도록 돕는 좋은 예화가 될 수 있습니다. 세상에서 우리 모두는 거센 폭풍의 공격 앞에 노출되어 있으며 또한 물에 빠질 위기에 처해 있습니다. 예수 그리스도는 자신의 강한 손을 내밀어 우리의 두려워 떠는 손을 붙잡으시고 우리를 물 위로 끌어올려 주십니다.

또 본문은 만일 우리가 다른 사람과 같은 수준의 자리에 함께 나란히 서지 않는다면 우리가 결코 다른 사람을 도울 수 없다는 사실을 가르쳐 줍니다. "이는 확실히 천사들을 붙들어 주려 하심이 아니요 오직 아브라함의 자손을 붙들어 주려 하심이라." 그러므로 그는 아브라함의 자손들의 손과 같은 손을 가져야만 합니다. 그가 그들의 손을 붙잡고 또 그들이 그의 손을 붙잡을 수 있기 위해서는 말입니다. 만일 주님이 휘몰아치는 폭풍 위에서 계시지 않았다면, 그는 결코 물에 빠져 허우적거리는 베드로를 붙잡아 줄 수 없었을 것입니다.

이와 같이 우리 주님의 생애 전체를 통한 쓰라린 고난은 단순히 그의 인성의 필연적인 결과가 아니었습니다. 그것은 단순히 선생이기 때문에 짊어져야만 하는 것이 아니었습니다. 다만 그것은 그가 바라보고 있었던 목적, 즉 우리를 구속하기 위한 목적의 직접적인 결과였습니다. 그러므로 "그가 범사에 형제들과 같이 되심이 마땅하도다"라는 말은 그리스도의 고난이 육체적인 필연성의 문제가 아니라 도덕적인 책임의 문제였음을 선언하는 것입니다. 그는 진실로 고난을 당해야만 했습니다. 그러면 그는 왜 그래야만 했습니까? 그것은 "그가 범사에 형제들과 같이 되심이 마땅했기" 때문입니다. 그러면 어째서 그것이 그의 책임이었습니까? 어째서 그는 우리가 먹는 쓴 떡을 먹고, 우리가 마시는 눈물을 마셔야만 했습니까? 그것은 오직 한 가지 이유 때문입니다. 그것은 그가 우리를 사랑하시고 우리를 구원하고자 뜻하셨기 때문입니다.

그러므로 우리는 본문이 말하는 "마땅함"의 기저(基底)에 예수 그리스도가 그 모든 것을 자발적으로 담당하신 사실이 있음을 기억할 필요가 있습니다. 아! 안타깝게도 우리는 그의 생애 전체를 통해 자기순복의 위대한 행동이 — 이러한 위대한 행동의 첫 번째 결과가 바로 성육신입니다 — 계속적으로 반복될 필요가 있었음을 충분히 생각하지 않는 경향이 있습니다. 세상에 오실 때, 그는 우리를 사랑하심으로 말미암아 스스로를 비우셨습니다. 그리고 그의 생애의 모든 순간에 동일한 행동이 계속적으로 반복되었습니다. 그의 모든 고난들은 그 순간 자신이 세상에 온 목적을 이루기 위한 그의 뜻의 직접적인 결과였습니다. 모든 순간 그는 그것을 포기할 수 있었습니다. 그러나 그렇게 하지 않은 것은 전적으로 그의 영원한 사랑때문이었습니다. 이러한 희생제물을 제단의 뿔에 붙잡아맨 유일한 띠는 우리를 구원하고자 하는 그 자신의 결심이었습니다. 사람이신 그리스도는 그의 생애의 모든 순간에 자신을 주십니다. 그의 머리 위에 매 순간 슬픔의 파도가 몰아친 것은 그가 여전히 자신을 따르는 자들을 구원하고자 뜻하셨기 때문입니다.

우리 주님이 자신에게 떨어지는 모든 고난에 이와 같이 자발적으로 순복한 것은 우리로 하여금 그의 생애 전체가 무한하며 말할 수 없는 사랑의 순전한 발로였음을 느끼게 합니다. 우리는 그 안에서 신적 긍휼이 "된" 선물을 보아야만 합니다. 그리고 우리는 그 안에서 사람이신 예수가 우리의 모든 슬픔을 위로하며 우리의 모든 악을 제거하기 위한 목적으로 "행동하신" 것을 보아야만 합니다.

우리는 어떤 신비한 과정에 의해 아들이 고난으로 말미암아 순종을 배웠는지 알지 못합니다. 또 우리는 어떻게 대제사장이 인간의 슬픔을 경험함으로 말미암아 한층 더 자비로운 대제사장이 되었는지 깨달을 수 없습니다. 그렇지만 예수 그리스도의 동정(同情)과 긍휼이 그 자신의 고난의 삶으로 말미암아 심화(深化)되었음을 우리는 압니다. 우리는 그의 고난을 생각할 때 그의 동정심을 붙잡는 것이 훨씬 더 쉬움을 충분히 느낄 수 있습니다. 또 우리는 그가 범사에 우리와 같이 시험을 당하셨기 때문에 "시험당하는 자들을 또한 능히 도우실 수" 있음을 확신할 수 있습니다. 탄식과 신음이 없는 입술로부터는 고작해야 냉랭한 위로만이 나올 수 있을 뿐입니다. 우리와 같은 가련한 인생들에게 있어 하늘에 멀리 떨어져 계신 자비하신 하나님으로는 결코 충분하지 않습니다. "때를 따라 돕는 은혜를 얻기 위하여 은혜의 보좌 앞에 담대히 나아갈" 수 있기 전에, 먼저 우리에게 우리의 연약함을 함께 느끼는 그리스도가 필요합니다(히 4:16).

3. 마지막으로, 우리는 여기에서 우리 주님의 슬픔의 주된 목적을 발견합니다.

우리 주님이 형제들과 같이 되신 것은 "하나님의 일에 자비하고 신실한 대제사장이 되어 백성의 죄를 속량하기" 위함이었습니다(17 하반절). 이러한 말씀은 그가 아브라함의 자손들을 붙잡아 주기 위해 해야만 하는 일을 명확하게 규정합니다. 여기에서 우리가 주목해야만 하는 것은 두 가지입니다. 하나는 그리스도의 도움의 참된 성격이 무엇이냐 하는 것입니다. 그것은 세상으로부터 죄책을 제거하기 위해 희생제물을 가지고 나오는 제사장의 도움입니다.

예수 그리스도의 도움은 단순히 지혜로운 선생의 도움이 아닙니다. 사람들은 단순한 가르침을 필요로 하지 않습니다. 그들의 필요는 그것보다 훨씬 더 깊이 들어갑니다. 그리스도의 도움은 단순히 사람들에게 하나님이 어떤 분인지를 선포하는 자의 도움이 아닙니다. 사람들의 필요는 그것보다 훨씬 더 깊이 들어갑니다. 그리스도의 도움은 단순히 거룩함과 정결함을 아름다운 말로 설파하는 자의 도움이 아닙니다. 사람들의 필요는 그것보다 훨씬 더 깊이 들어갑니다. 우리가 필요로 하는 것은 단순히 하나님에 대해 아는 것이 아닙니다. 우리가 필요로 하는 것은 우리와 하나님 사이의 관계가 고쳐지는 것입니다. 우리가 필요로 하는 것은 단순히 우리가 어떻게 행해야만 하는지에 대해 듣는 것이 아닙니다. 우리가 필요로 하는 것은 과거가 도말되고 우리 안에 있는 치명적인 악의 성향(性向)이 제거되는 것입니다. 만일 그리스도가 왕과 선지자일 뿐만 아니라 또한 제사장이 아니었다면, 그의 도움은 사람들의 필요의 근본적인 뿌리까지 내려가지 못했을 것입니다. 그는 무엇인가를 가르치려고 왔을 뿐만 아니라, 또한 무슨 일인가를 행하려고 왔습니다. 그는 우리에게 하나님의 마음을 선포하기 위해 왔을 뿐만 아니라, 또한 우리와 하나님 사이의 관계를 고치려고 왔습니다. 한 마디로 우리는 심지어 그리스도에게조차 이렇게 말해야만 합니다. "당신이 당신의 고난으로 말미암아 백성들의 죄를 위한 화목제물을 가져오지 않는다면, 당신의 도움은 무익하며 당신의 붙잡음은 무력하나이다."

계속하서 여기에서 어떻게 그리스도의 제사장직이 그의 고난의 생애 전체로 확장되는지 주목하십시오. 오늘날 복음을 피상적으로 붙잡는 사람들은 그리스도의 생애와 그의 죽음 사이에 선명한 경계선을 긋는데 매우 익숙합니다. 그러면서 그들은 그의 사역의 속죄적 성격을 오로지 그의 죽음에 집중시킵니다. 그러나 오늘 본문은 다른 방향으로 나아갑니다. 본문은 예수 그리스도의 생애 전체를 통해 흐르는 그의 모든 슬픔이 세상의 죄를 위한 그의 희생제물이었다고 말합니다. 물론 그것이 정점(頂點)에 이르는 것은 그의 죽음에서였다고 하더라도 말입니다. 왜냐하면 성경의 가르침에 따를 때, 모든 슬픔이 죄의 열매이기 때문입니다. 무죄하신 그리스도는 모든 슬픔을 짊어지심으로써 그 모든 슬픔을 제거하셨습니다. 물론 슬픔의 껍데기와 외적인 모양은 그대로 남아있을 수 있습니다. 그러나 그것의 내적인 실재(實在)와 쓰라림은 사라집니다. 외적인 사실은 계속되지만, 그러나 내적인 성격은 바뀝니다. 왜냐하면 "나의 주 예수 그리스도께서 나를 위해 고난을 당하셨도다"라고 말할 수 있는 사람은 슬픔이 거룩한 기쁨이 되고 또 모든 것이 합력하여 선을 이루는 것을 발견하기 때문입니다.

물론 십자가가 그의 희생제사의 절정이지만, 그의 생애 전체가 속죄의 희생제사입니다. 왜냐하면 그의 생애 전체가 "질고를 아는 자"의 생애이기 때문입니다(사 53:3).

그러므로 우리는 그의 생애의 모든 온유한 순복과 그의 죽음의 모든 신비한 어둠 속에서 단순히 인내의 모범을 볼 뿐만 아니라 또한 "주께서 우리 모두의 죄악을 그에게 담당시키셨음을" 보아야만 합니다(사 53:6).

사랑하는 형제들이여, 그가 우리의 모든 슬픔 가운데 우리와 같이 되신 것은 우리로 하여금 그의 기쁨 안에서 그와 같이 되도록 하기 위함이었습니다. 그가 우리의 모든 슬픔을 담당한 채 자신의 영혼을 십자가의 수치에 순복시켰을 때, 우리 각자가 그의 마음 안에 그리고 그의 생각 안에 있었습니다. 그러므로 우리의 보잘것없는 손을 그에게 뻗읍시다. 왜냐하면 그가 휘몰아치는 파도 위로 우리를 향해 전능한 손을 내밀고 계시기 때문입니다. 그는 못에 찔린 흔적을 가진 손으로 우리의 손을 붙잡아 주십니다. 우리의 슬픔과 근심을 담당하신 자는 우리에게 그의 기쁨을 주시며, 창세전에 아버지와 함께 가지고 계셨던 축복의 영광으로 우리에게 관을 씌우십니다.

6
예수를 생각하라

"우리가 믿는 도리의 사도이시며 대제사장이신 예수를 깊이 생각하라"

히 3:1

"이같이 참으신 이를 생각하라"

히 12:3

위의 두 본문은 똑같이 "생각하라"고 명령하는데, 그러나 각각의 의미는 다소 다릅니다. 전자의 "생각하는" 것은 주의를 집중하여 철저하게 조사하는 것을 의미합니다. 예컨대 이것은 우리 주님이 공중의 새와 들의 백합화를 생각하라고 명령하셨을 때라든지 혹은 환상 가운데 하늘로부터 큰 보자기 같은 것이 내려왔을 때 베드로가 그 뜻이 무엇인지 생각했을 때 사용되었습니다. 히브리서 기자는 하늘의 부르심을 받은 모든 자들이 이와 같이 주의와 관심을 집중하여 예수를 생각해야 한다고 말합니다.

반면 후자의 "생각하는" 것은 특정한 종류의 생각을 지칭합니다. 그 단어는 "비교하다"와 거의 동의어입니다. 왜냐하면 그것은 어떤 것을 다른 것과의 관계 속에서 무게를 재는 것을 의미하기 때문입니다. 다시 말해서 그것은 거기에 담긴 의미를 비교하며 생각하는 것입니다. 그러면 둘째 본문은 무엇과 무엇을, 혹은 누구와 누구를 비교하는 것입니까? 그것은 신실한 큰 무리의 지도자인 예수와 우리 자신을 비교하는 것입니다. 비교의 주된 요점은 거룩한 삶의 어려움 가운데 발견됩니다. 그가 감당한 것과 여러분이 감당해야만 하는 것을 생각하십시오. 그가 어떻게 그것을 감당했는지 그리고 그것을 감당한 자가 지금 어디에 계시는지 생각하십시오. 우리의 대장이 공격의 예봉을 꺾었으며 또 승리를 거두었습니다. 그를 생각하며, 용기를 가지십시오. 그를 향해 손을 드십시오. 그리고 연약한 무릎을 강하게 하십시오.

오늘 우리는 오늘의 두 본문을 함께 연결하여 고찰하고자 합니다. 그렇게 할 때 오늘의 두 본문은 우리에게 우리의 마음과 생각에 꼭 필요한 필수적인 훈련을 일깨워 줍니다. 그것이 없다면 강력한 기독교적 삶이 가능할 수 없는 그런 훈련 말입니다. 아, 그렇지만 나는 이것이 오늘날의 평균적인 그리스도인들에 의해 너무나 쉽게 망각되고 있지 않은지 심히 우려합니다!

1. 첫째로, 우리에게 이와 같이 예수를 생각하는 것이 꼭 필요하다는 사실을 주목하십시오.

"우리가 믿는 도리의 사도이시며 대제사장이신 예수를 깊이 생각하라." 앞에서 나는 여기의 단어가 주의와 관심을 집중하여 그를 바라보며 생각하는 것을 함축함을 이야기했습니다. 바로 이것이 그리스도인의 삶의 거의 알파와 오메가입니다. 이와 같이 우리의 모범이며 구속자인 예수를 계속 묵상하며 살아가는 것이 모든 그리스도인들의 생명력과 활력의 비밀입니다. 눈꺼풀을 반쯤 감은 채 졸린 태도로 관심 없는 대상을 바라보는 사람들처럼, 무감동하며 무표정한 모습으로 바라보아서는 안 됩니다. 반대로 그 안에 아직 우리가 발견하지 못한 깊은 진리와 우리가 상상조차 하지 못한 엄청난 능력이 있음을 믿으면서, 기대와 관심을 가지고 예리한 마음으로 바라보아야만 합니다.

이와 같은 예리한 묵상의 바라봄뿐만 아니라 또한 상당한 시간의 응시(凝視)도 있어야만 합니다. 여러분이 잠깐 동안 그를 바라보고 곧바로 그로부터 시선을 돌린다면, 여러분은 결코 예수 그리스도를 보지 못할 것입니다. 밝은 곳에 있다가 갑자기 캄캄한 곳으로 나온 사람을 상상해 보십시오. 예컨대 환한 방 안에 있다가 갑자기 한밤중의 밤하늘을 바라보는 경우 말입니다. 그 사람에게 갑자기 밤하늘의 영광들이 보이겠습니까? 바라보고자 하는 대상을 온전히 볼 수 있게 되기 전에, 먼저 눈의 초점이 조절되어야만 합니다. 우리는 예수 그리스도 앞에 앉아 그를 생각하며 바라보는 일에 어느 정도의 시간을 보내야만 합니다. 그것으로부터 어느 정도의 유익을 얻고자 한다면 말입니다. 특급열차를 타고 급히 지나가는 사람은 결코 그 땅의 아름다움을 충분하게 볼 수 없습니다. 오늘날 너무나 많은 사람들이 예수를 생각하느라 보내는 시간을 지나치게 아까워하는 경향이 있습니다. 이런 식의 짧은 생각은 그를 아는데 별 유익이 되지 못합니다. 만일 여러분이 상당한 정도의 시간을 들여 몽블랑을 응시하며 그것의 아름다운 광경으로 하여금 여러분의 영혼 속으로 젖어들도록 하지 않는다면, 여러분은 결코 몽블랑의 아름다움을 제대로 느끼지 못할 것입니다. 만일 여러분이 예수 그리스도에 대해 그와 같이 한다면, 여러분은 결코 예수 그리스도를 이해할 수 없을 것입니다.

그러나 여러분이 일상의 모든 분주함 가운데 상당 시간 주의를 집중하여 주님을 생각한다면, 여러분은 갑자기 여러분 앞에 영광의 섬광들이 빛나는 것을 발견하게 될 것입니다. 그리고 여러분은 주님을 가리고 있던 구름들이 사라지는 것을 종종 경험하게 될 것입니다. 한적한 골방에 들어가 그와 더불어 교제하는 것이 무엇인지 아는 사람들은 그를 바라보며 생각하는 것이 무엇인지 알 것입니다.

보이지 않는 인격적 존재로 하여금 우리 삶에 실제적인 영향력을 끼치도록 만드는 방법은 우리의 생각을 그에게로 가져가는 것 외에 아무것도 없습니다. 그러므로 만일 스스로를 그리스도인이라 부르는 여러분이 여러분의 생각과 마음을 여러분의 주님이 아닌 다른 잡다한 것들로 가져간다면, 여러분의 기독교는 여러분에게 아주 적은 축복과 미미한 능력만을 가져다 줄 뿐일 것입니다. 그럴 때 여러분이 여러분의 기독교로부터 별다른 유익을 얻지 못하는 것은 조금도 놀랄 일이 아닙니다. 약함의 뿌리는 그와 같이 예수를 오랜 시간 동안 깊이 생각하는 필수불가결한 의무를 게을리

하는 것 안에 놓여 있습니다.

이와 같이 예수를 생각하는 것은 주일을 지키는 것과 같은 문제에 빛을 던져 줍니다. 나는 그리스도인이 아닌 사람에게 이 날을 경건한 목적을 위해 거룩하게 지킬 것을 격려하는데 관심을 기울이지 않습니다. 나는 지금 의무에 대해서가 아니라 특권에 대해 말하고자 합니다. 여러분이 물탱크를 가지고 있지 않다면, 여러분의 집의 물 공급은 끊어질 것입니다. 마찬가지로 그리스도인인 여러분이 일주일마다 돌아오는 복된 날을 갖지 않는다면, 여러분의 신앙은 항상 미미하며 보잘것없는 것이 될 것입니다.

물론 나는 우리가 일주일 가운데 오직 하루에만 경건의 삶을 집중한다는 조롱을 받을 수 있음을 압니다. 나머지 날들은 그리스도 없는 삶으로 남겨둔 채 말입니다. 또 우리는 매일의 삶을 통한 예배가 훨씬 더 낫다는 이야기를 많이 듣습니다. 그러나 나는 신앙을 잃어버리게 되는 가장 빠른 길이 바로 매일의 삶을 통한 분산된 예배의 개념을 갖는 것이라고 확신합니다. 분산된 예배의 개념을 갖기 위해서는, 우리는 먼저 집중된 예배의 개념을 가져야만 합니다. 지극히 높은 자의 은밀한 장소에서 고요함 가운데 주의와 관심을 집중하여 "예수를 깊이 생각하는" 것이 무엇인지 알지 못하는 사람은 결코 매일의 일상적인 삶 가운데 그리스도와 함께하는 것이 무엇인지 알 수 없을 것입니다.

이와 같이 예수를 바라보며 생각하는 것은 확고한 노력이 없이는 결코 얻어지지 않는다는 사실을 잊지 마십시오. 사람이 그림 속에 있는 색채의 풍부함을 보기를 원한다면, 그는 종이를 원통 모양으로 말아 눈에 대고 주변의 다른 모든 것들을 배제시킨 채 오직 그것에만 집중해야 합니다. 그와 같이 여러분은 주변의 다른 빛들을 배제해야만 합니다. 우리가 예수 그리스도를 바라보고자 한다면, 우리는 다른 많은 것들로부터 우리의 눈을 돌려야만 합니다. 우리가 멀리 떨어져 있는 것을 보고자 한다면, 우리는 우리의 눈을 현혹시키는 주변의 많은 것들에 주의를 기울여서는 안 됩니다. 영의 눈을 열기 위해서는 육체의 눈을 닫아야만 합니다. 우리가 존재하는 본질적인 것들을 보고자 한다면, 우리는 단지 겉으로 나타날 뿐인 헛된 영광들에 대해 단호히 눈을 감아야만 합니다. 왜냐하면 전자는 실제적이며 영원한 것인 반면, 후자는 일시적이며 소멸되는 것이기 때문입니다.

2. 둘째로, 이러한 바라봄의 대상을 주목하십시오.

이와 관련하여 우리는 두 본문의 술부(述部)를 살펴볼 필요가 있습니다. 첫째 본문의 올바른 독법에 따를 때, 우리는 예수를 생각해야만 합니다. 우리의 생각을 고정시켜야 할 첫 번째 것은 주님의 인성(人性)입니다. 예수라는 이름은, 그의 인성을 특별하게 강조하려는 의도 없이, 본 서신에서 결코 사용되지 않고 또 신약의 다른 곳에서도 거의 사용되지 않습니다. 조명(照明)과 영감(靈感)과 모범과 동기(動機)를 위해 우리가 생각하며 바라보아야 하는 것은 그의 아름다운 삶입니다. 우리의 형제이며, 우리의 삶을 사시고 우리의 죽음을 죽으신 사람인 "예수를 생각"하십시오.

계속해서 우리는 그의 직분을 생각해야 합니다 — "우리가 믿는 도리의 사도이시며 대제사장." 성경에서 우리 주님에게 "사도"라는 이름이 주어진 것은 여기가 유일한 용례(用例)입니다. 물론 여기에서 "사도"라는 이름이 사용된 것은 전문적인 의미에서가 아니라, 그것보다 더 넓은 어원적인 의미에서입니다. 그것은 "보냄을 받은 자"를 의미합니다. 지금 히브리서 기자의 마음 가운데 떠다니고 있는 대조는 두말할 것도 없이 예수와 모세 사이의 대조입니다. 두 사람은 공히 나라를 세우기 위해 — 물론 그 형태는 서로 다른 것이었다 하더라도 — 하나님으로부터 보냄을 받은 사자들이었습니다. 아마도 또 하나의 대조가 그의 마음 가운데 떠다니고 있었을 것입니다. 그것은 "그들로 말미암아 여러 부분과 여러 모양으로 조상들에게 말씀하셨던" 선지자들과 "그로 말미암아 이 모든 날 마지막에 말씀하셨던" 아들 사이의 대조 말입니다(히 1:1, 2). 또 거기에는 천사들의 주인인 예수 그리스도와 앞 문맥에서 이야기했던 "섬기는 영들" 사이의 대조도 있었을 것입니다. "모든 천사들은 섬기는 영으로서 구원 받을 상속자들을 위하여 섬기라고 보내심이 아니냐"(1:14). 이와 같이 "사도" 즉 "보냄을 받은 자"라는 이름은 예수를 모세와 선지자들과 천사들 위로 높이면서, 그를 세상에 하나님의 뜻을 나타내는 유일한 계시자로 높이 세웁니다. 아버지는 자신의 완전한 이름을 전달하는 유일한 전달자로 그를 세상에 보내셨습니다. 이와 같이 "사도"라는 이름에 아버지의 이름을 나타내는 우리 주님의 사역의 유일성과 완전성이 나타납니다.

하나님과 사람을 연결시키기 위해 필요한 또 한 가지가 "대제사장"이라는 두 번째 호칭에 나타납니다. 이와 같이 두 이름은 나란히 우리와 하나님 사이를 완전하게 연결시킵니다 — 하나님이 우리에게 자신을 나타내심과 우리가 하나님께 나아감. 예수 그리스도는 둘 모두를 위한 중보자입니다. 대제사장의 개념이 보다 더 충분하게 전개되는 뒷부분에 명백하게 나타나는 것처럼, 히브리서 기자의 마음속에서 그러한 이름과 연결된 주된 개념은 중보와 동정(同情)의 개념입니다. 이와 같이 그는 한편으로 사도로서 하나님을 우리에게 데려다 주고, 다른 한편으로 제사장으로서 우리를 하나님께 데려갑니다. 이렇게 하여 그는 하늘과 땅을 연결하는 황금사슬을 만들며, 그로 말미암아 하나님은 사람들 가운데 장막을 치십니다.

우리가 생각해야만 하는 그리스도는 바로 이런 그리스도입니다. 단순히 인성을 가지신 그리스도일 뿐만 아니라, 한편으로 모든 계시를 세상에 전달해 주는 매개자이면서 동시에 다른 한편으로 죄인들로 하여금 하나님께 나아갈 수 있도록 만들어주는 매개자로서의 그리스도입니다. 또 복음서에 기록된 것처럼 달콤하며 온유하며 거룩한 인성을 가진 그리스도일 뿐만 아니라, 또한 그로 말미암아 하나님이 사람들과 함께 거할 수 있으며 죄인들이 하나님과 함께 거할 수 있는 중보자로서의 그리스도입니다.

오늘날 우리는 "그리스도로서의 기독교, 그러나 교리는 아닌 기독교"에 대해 많이 듣습니다. 나 역시도 기독교는 곧 그리스도라고 말합니다. 그러나 나는 또한 그것은 이러한 위대한 진리들이 우리에게 반드시 붙잡아야만 한다고 선포하는 그리스도라고 말합니다. 단순히 박애주의적인 관점으로부터 예수를 생각하는 것은 충분하지 않습니다. 만일 사람들이 "믿는 도리의 사도시며 대제사장"으로서 그를 생각하지 않는다면, 그를 생각하는 것은 결코 그들에게 평강과 능력과 거룩함과 생명이 되지 않을 것입니다.

나아가 우리는 그의 인성과 직분뿐만 아니라 그의 모든 슬픔들을 생각해야만 합니다. 바로 이것이 두 번째 본문의 요지입니다. "너희가 피곤하여 낙심하지 않기 위하여 죄인들이 이같이 자기에게 거역한 일을 참으신 이를 생각하라"(히 12:3). 우리는 모든 충성된 자들의 지도자인 주님을 생각해야 합니다. 우리는 예수 그리스도가 무엇을 담당했는지, 그에게 어떤 짐이 지워졌는지, 그가 어떻게 그러한 짐을 감당했는지, 그가 어떻게 하나님 우편으로 승귀되셨는지 생각해야 합니다. 우리의 고난과 그의 고난을 비교해 보십시오. 그리고 그 모든 것이 우리를 위한 모범임을 생각하십시오. 또 그가 걸은 길을 우리가 걸어야만 한다는 사실을 생각하십시오. 또 그의 수고와 비교할 때 우리의 수고가 얼마나 보잘것없는 것인지 생각하십시오. 폭풍의 모든 광포가 그에게 임했습니다. 우리에게 임하는 것은 고작해야 폭풍의 끝자락일 뿐입니다. 그는 아무 주저함 없이 폭풍의 모든 광포를 감당했습니다. 우리에게 다가오는 칼은 그를 찌름으로 말미암아 무디어진 칼에 불과합니다.

> "우리는 안식처를 찾을 필요가 없도다.
> 그가 계신 곳이 곧 안식처이기 때문이라."

만일 우리가 "모든 것을 참으신 이를 생각"한다면, 우리의 기독교적 삶 안에 있는 모든 슬픔과 역경과 반대는 점점 더 작아져 아무것도 아닌 것이 될 것입니다. 그리고 그것은 종이 주인처럼 된 것의 한 증표가 될 것입니다.

3. 마지막으로, 이러한 바라봄의 축복을 주목하십시오.

첫째로, 소음과 혼란으로 가득한 세상 가운데 고요함을 위해 그를 바라보며 생각합시다. 우리는 지금 복잡한 시대에 복잡한 도시에서 살고 있습니다. 그리고 매일의 삶의 무게가 우리를 무겁게 짓누르고 있습니다. 매일같이 예수 그리스도를 생각하며 살아가지 않을 때, 우리의 삶은 사소한 일들과 관련한 계속적인 요동(搖動)과 우리 사회의 조급함과 부산함으로 가득 찰 것입니다. 사실 그러한 것들이 무엇입니까? 올바른 관점에서 바라보면 마치 개미들이 달려가는 것처럼 하찮은 일이 아닙니까! 아무것도 사람을 참된 고요함으로 이끌지 못합니다. 오직 그리스도의 음성만이 폭풍을 잠잠하게 만듭니다.

"주의 아름다운 얼굴이 나의 영혼을 바라보며,
나의 영혼을 고요하게 만드나이다."

내적인 고요함을 갖지 못할 때, 여러분의 삶은 분주한 노예의 삶일 것입니다. 그것을 갖기를 원합니까? 그렇다면 예수를 깊이 생각하십시오.

또 그러한 바라봄은 우리로 하여금 세상의 온갖 난무하는 생각들 속에서 견고한 확신을 갖도록 도울 것입니다. 우리는 불안한 시대에 살고 있습니다. 그러면서도 그것의 근본적인 원인이 무엇인지 알려고 하지 않습니다. 오늘날 생명나무는 거의 자라지 못합니다. 왜냐하면 사람들이 그 나무의 뿌리가 보일 정도로 그 밑을 파고 있기 때문입니다. 모든 것의 생명의 중심이 예수임을 기억하십시오. 믿음은 학문적인 비평과는 무관함을 기억하십시오. 우리의 삶 가운데 우리가 걸어야만 하는 길을 앞서 걸으신 자의 임재를 깨달을 때, 우리는 매우 고요한 마음으로 온갖 종류의 문제들을 바라볼 수 있을 것입니다. 그러한 문제들은 각자의 자리에서 중요하기는 하지만, 가장 본질적인 사실들을 건드리지는 못합니다. 예수를 생각하십시오. 그러면 여러분은 "요동할 수 있는 것들은 사라지고 요동할 수 없는 것들은 남는" 것을 발견하게 될 것입니다. 신조(信條)들과 교회들(churches)과 의식(儀式)들 속에는 인간적인 요소가 있으며, 그러한 것들은 사라질 것입니다. 반면 거룩하신 그리스도는 기독교 안에서 영구할 것입니다.

여기에서 본문 말씀을 잠깐 다른 방향으로 돌려보도록 합시다. 오늘날 얼마나 많은 불신앙적인 이론들이 난무하고 있습니까! 나는 그러한 이론을 옹호하는 자들에게 "그리스도를 생각하십시오. 그의 아름다운 모습을 바라보십시오"라고 말할 것입니다. 사복음서의 진리 외에 다른 모든 가설들로 그를 설명해 보십시오. 그의 신적 사명 외에 다른 모든 가설들로 세상에서의 그의 영향력을 설명해 보십시오. 여러분은 마지막 날까지 자신이 옹호하는 이론들을 떠벌릴 수 있지만, 언젠가 예수 그리스도와 더불어 결산해야만 할 것입니다. 불신앙의 근사한 배들이 부딪혀 좌초한 암초가 여러분이 옹호하는 근사한 이론들을 기다리고 있습니다. "예수를 깊이 생각하라." 이것은 초자연을 부인하는 모든 종교를 박살냅니다.

또 고난 가운데 인내하며 부지런히 봉사하기 위해 예수를 생각합시다. 예수를 생각할 때, 그것은 우리를 사랑으로 인도할 것입니다. 그리고 사랑은 우리가 그를 위해 봉사하는 일에 더욱 수고하도록 이끌 것입니다. 여러분이 감광판을 햇빛 아래 놓는다면, 그것은 해의 형상을 받아 그것을 그 위에 새길 것입니다. 이와 같이 만일 우리가 예수를 생각한다면, 우리는 그와 같아질 것입니다.

예수 그리스도를 생각할 때, 우리의 고난과 수고와 역경은 얼마나 대수롭지 않은 것이 되겠습니까! 그리고 그것을 인내하는 것은 얼마나 쉬운 일이 되겠습니까! 예수 그리스도의 십자가는 구레네 시몬이 도중에 대신 져야할 정도로 매우 무거운 것이었습니다. 그가 감당해야만 했던 십자가와 비교할 때, 우리의 십자가는 얼마나 작고 가벼운 것입니까! 우리의 고난을 그의 고난과 비교할 때, 우리는 입을 닫고 잠잠할 수밖에 없습니다. 우리는 우리가 마땅히 받아야만 하는 것과 그가 마땅히 받으셔야만 하는 것에 대해 생각해야만 합니다. 그럴 때 우리의 얼굴은 부끄러움으로 붉어지지 않을 수 없습니다. 우리는 그가 어떻게 감당했는지 그리고 우리가 어떻게 감당하는지 생각해야만 합니다. 그럴 때 우리는 우리 자신의 초조해 하며 조바심 내는 모습을 발견하며 부끄러워하게 될 것입니다. 우리는 하나님 우편에 앉아 계신 그를 생각해야 합니다. 이 세상의 원형경기장에서 싸우는 자들은 자줏빛 휘장 사이에 앉아 계신 하늘의 황제를 향해 눈을 들 수 있습니다. 거기에 보좌에 앉아 계신 자는 한때 이 땅에서 우리처럼 싸우셨습니다. 우리는 그를 바라보며 우리도 그와 함께 보좌에 앉게 될 것을 생각해야만 합니다. 그것을 생각할 때, 우리는 상대방의 모든 공격을 능히 감당하며 우리의 경주를 경주하며 사자(獅子)들과 맞설 수 있을 것입니다.

그러므로 사랑하는 형제들이여, 온갖 혼란 가운데 고요함에 이르는 확실한 수단이 예수 그리스도를 생각하는 바로 여기에 놓여 있습니다. 또 불안한 세대의 온갖 요동 가운데 확신에 이르는 확실한 수단 역시 바로 여기에 놓여 있습니다. 또 용맹한 싸움과 부지런한 섬김과 포기하지 않는 인내에 이르는 확실한 수단 역시 예수 그리스도를 생각하는 바로 여기에 놓여 있습니다. 우리가 항상 그를 바라보며 생각하고자 애쓴다면, 우리의 인생은 참으로 복될 것입니다. 세상에서의 기쁨과 평강의 비밀은 믿음으로 예수를 생각하는 것입니다. 그리고 그의 계신 그대로 그를 보는 것이 최고의 천국일 것입니다. 나아가 거룩함과 기쁨과 평강과 능력의 조건 역시 "예수를 생각하는" 것입니다. 또 하늘에서의 새로운 환희와 행복의 비밀 역시 "어린 양을 보는" 것일 것입니다. 우리가 예수 그리스도를 우리 오른편에 계시게 한다면, 우리는 결코 요동하지 않을 것이며 이 땅에서 그의 얼굴의 빛 안에서 행할 것입니다. 그러면 그는 우리를 하늘에서 자신의 오른편에 있게 하실 것이며, 거기에서 그의 종들은 그를 섬기며 그의 얼굴을 볼 것입니다. 그리고 그들의 이마 위에 그의 이름이 있을 것입니다.

7
소망의 확신과 기쁨

"그리스도는 하나님의 집을 맡은 아들로서 그와 같이 하셨으니
우리가 소망의 확신과 자랑을 끝까지 굳게 잡고 있으면 우리는 그의 집이라"
히 3:6

우리는 본문 가운데 본 서신의 두 가지 주된 개념이 포함되어 있는 것을 발견합니다. 신약의 저자들 가운데 본 서신의 저자보다 기독교 신앙으로부터 떨어져 나가는 위험에 대해 더 많이 경고한 사람은 아무도 없습니다. 마찬가지로 기독교적 덕(德)으로서 소망의 능력과 축복과 관련하여 히브리서 기자보다 더 강렬하게 제시한 사람은 아무도 없습니다. 본 서신에서 이러한 두 가지 개념이 크게 두드러지는 이유는 두말할 것도 없이 이 편지의 수신자(受信者)들이 당시 처해 있었던 상황 때문입니다. 그들은 히브리 그리스도인들이었습니다. 그들은 유대교의 유혹으로 말미암아 기독교 신앙으로부터 떨어져 나갈 지속적인 위험 가운데 있었습니다. 그들은 유대교로부터 빠져나오기는 했지만, 그것은 여전히 그들에게 상당한 영향력을 끼치고 있었습니다. 물론 오늘날 우리는 유대교의 영향력 아래 있지 않습니다. 그렇지만 여기에 담겨 있는 교훈들은 그때뿐만 아니라 오늘날에도 그리고 영원히 큰 가치를 갖습니다.

1. 첫째로, 여기에 제시된 기독교적 삶의 특징들을 주목하십시오.

그것은 두 가지입니다. 하나는 확신이고, 다른 하나는 기쁨입니다. "우리가 소망의 확신과 기쁨을 끝까지 굳게 잡고 있으면"(KJV, confidence and the rejoicing of the hope, 한글개역개정판에는 "소망의 확신과 자랑을"이라고 되어 있음). 여기에서 "확신"이라고 번역된 단어는 문자적으로 "정직하게 한 말"을 의미합니다. 그리고 나아가 그것은 이차적으로 그러한 말 가운데 표현된 담대함을 의미하기에 이릅니다. 그 단어는 여기에서 물론 일차적인 의미가 배제되지는 않지만, 그러나 본질적으로 이차적인 의미로서 사용됩니다. 겁을 내며 두려워 떠는 그리스도인은 정상적이 아닌 기형적인 그리스도인입니다. 그가 참된 그리스도인이라면, 그는 자신의 기독교 신앙으로 말미암아 모든 종류의 두려움을 뛰어넘을 것입니다. 그리고 어떤 근심이나 염려나 두려움 없이 당당하게 걸어갈 수 있을 것이며, 담대하게 입을 열고 자기 안에 있는 모든 것을 하나님과 사람에게 말할 수 있을 것입니다.

여기에서 "기쁨"으로 번역된 또 하나의 단어는 원어적(原語的)으로 볼 때 그것보다 훨씬 더 강한 의미를 갖습니다. 그것은 "자랑" 혹은 "득의양양함"을 의미합니다. 그것은 승리를 거두고 개선(凱旋)하는 군대의 자연적이며 억누를 수 없는 환희의 개념을 전달합니다. 승리를 거두고 개선하는 군대의 기쁨과 환희는 얼마나 크겠습니까!

이러한 두 가지 즉 확신과 기쁨은 그리스도인을 특징짓는 가장 기본적인 특징입니다. 자기 뒤에 하나님을 가지고 있으며 자기 앞에 천국을 가지고 있는 사람이 두려워할 것이 도대체 무엇이겠습니까? 환경이겠습니까? 자신의 약한 마음이겠습니까? 물론 우리에게 유익을 가져다주는 두려움도 있습니다. 그러한 두려움은 우리로 하여금 정신을 차리고 깨어 경계하도록 만듭니다. 이러한 두려움을 내던져 버리는 자는 어리석은 자일 것입니다. "높은 마음을 품지 말고 도리어 두려워하라"는 훈계는 "용기를 잃지 말라"는 훈계의 다른 면입니다(롬 11:20). 왜냐하면 위험을 인식하고 약함을 인정하는 두려움은 우리로 하여금 확신 가운데 담대하게 나아가도록 이끄는 안내인이기 때문입니다.

사랑하는 형제들이여, 여러분은 담대함과 용맹함이 우리의 의무라는 사실을 인식합니까? 담대함이 기독교적 성품의 일부라는 사실을 항상 기억하십시오. 그리고 여러분은 그러한 성품을 계속 계발시킬 필요가 있습니다.

그러나 동시에 우리는 그 단어에 담긴 일차적인 의미 즉 하나님에게 정직하게 말하는 것을 고려해야만 합니다. 우리 가운데 자신의 속마음을 하나님께 드리지 않는 사람들이 너무나 많습니다. 스스로를 그리스도인으로 부름에도 불구하고, 우리는 너무나 자주 우리의 실제적인 감정을 감춥니다. 우리는 스스로 생각하기에 기도하기에 적합하다고 여겨지는 것들에 대해 기도합니다. 또는 다른 사람들이 늘 기도하는 것을 들으면서 그와 똑같이 기도합니다. 그런 것들에 대해 큰 관심을 가지고 있든 혹은 가지고 있지 않든 상관없이 말입니다. 반면 우리 주위에서 모기들이 윙윙 거리는 것처럼 우리를 성가시게 하며 짜증나게 하는 작은 일들에 대해, 우리는 하나님께 한 마디도 말하지 않습니다. 그러므로 우리의 공허한 기도들이 응답되지 않는 것은 조금도 놀랄 일이 아닙니다. 본문이 말하는 것처럼 담대함을 갖는 것이 우리의 의무라면, 우리는 우리의 속마음을 하나님께 가져가야만 합니다. 그리고 이렇게 말해야만 합니다. "하나님이여 나를 살피사 내 마음을 아시며 나를 시험하사 내 뜻을 아옵소서 내게 무슨 악한 행위가 있나 보시고 나를 영원한 길로 인도하소서"(시 139:23, 24).

나아가 이와 같은 확신을 가질 때, 우리는 우리의 믿음에 대해 담대하게 말할 수 있을 것입니다. 너무나 많은 그리스도인들이 다른 사람들에게 자신이 어떤 존재인지에 대해 말하고자 하는 충동을 도무지 느끼지 못하는 것은 얼마나 이상한 일입니까! 마찬가지로 자신이 발견한 구주를 다른 사람들에게 말해야만 하는 의무가 자신들에게 있음을 느끼지 못하는 것은 얼마나 이상한 일입니까! 잔을 가득 채운 물은 필연적으로 흘러넘칠 것입니다. 빛은 필연적으로 비칠 것이며, 열은 필연적으로 자신의 열기를 내뿜을 것입니다. 심장이 살아있다면, 그것은 필연적으로 박동하며 피를 모든 핏줄로 펌프질하여 보낼 것입니다. 이와 같이 우리가 우리 믿음에 대해 확신을 가지고 있다면, 우리는 적절한 때 적절한 장소에서 그리고 적절한 사람들에게 우리 주님에 대해 담대하게 말할 것입니다. 확신과 기쁨은 어떤 사람이 참된 그리스도인임을 나타내는 확실한 표적과 증표입니다.

이러한 사실을 오늘날의 평균적인 그리스도인들의 모습과 비교해 보십시오. 많은 사람들이 "내가 믿는 자를 내가 아노라"라고 담대하게 말하지 못하는 것을 도리어 은혜의 표적으로 생각합니다(딤후 1:12). 항상 빛 가운데 행하며 확신과 담대함 가운데 거하는 사람은 너무나 적습니다. 이러한 확신과 담대함은 우리 모두가 붙잡을 수 있는 범주 안에 있습니다. 그리고 그것을 붙잡는 손은 주저함이 없는 믿음의 손입니다.

2. 둘째로, 이러한 기독교적 확신과 기쁨의 기초를 주목하십시오.

본문 가운데 우리는 확신과 기쁨 앞에 "소망의"라는 한정어를 발견합니다. 확신은 "소망의" 확신입니다. 기쁨 역시도 "소망의" 기쁨입니다. 다시 말해서 확신과 기쁨으로 가득한 기독교적 삶의 아름다운 집이 세워질 수 있는 기초는 그리스도께서 우리 앞에 놓으신 그리고 그 안에서 우리의 마음과 생각 속으로 들어오는 큰 소망입니다. 다시 말해서 확신과 기쁨으로 가득한 삶의 기초는 다름 아닌 복음의 소망입니다.

배가 바다에 가라앉았을 때, 그것을 다시 떠오르게 하는 방법은 무엇입니까? 사람들은 거대한 잠함(潛函)들을 침몰한 배의 선체에 고정시키고, 거기에다가 공기를 주입시킵니다. 그러면 가라앉은 배는 부력(浮力)에 의해 바다 위로 떠오르게 됩니다. 여러분의 가라앉은 마음을 큰 소망에다가 고정시키십시오. 그러면 그것이 여러분을 깊은 바다로부터 햇빛이 찬란하게 비취는 수면으로 떠오르게 할 것입니다. 여러분과 내가 가지고 있노라고 고백하는 소망을 생각해 보십시오. 그러한 견고한 기초 위에 도대체 어떻게 슬픔과 우울함과 침울함이 자리를 잡을 수 있겠습니까? 우리가 영속적인 소망의 빛을 경험했다면, 도대체 어떻게 근심과 염려와 슬픔과 고통과 비통함이 강력하게 우리를 사로잡을 수 있단 말입니까? 저 멀리 결승점에 놓여 있는 상을 바라보는 자가 도중에 만나는 울퉁불퉁한 길에 무슨 큰 관심을 기울이겠습니까? 우리가 영원한 면류관을 소유하고 있고, 우리가 "그의 계신 그대로 볼 것이므로 그와 같아질" 것이라는 복된 소망을 가지고 있고 그러한 소망이 우리 삶의 모든 현장 가운데 항상 불타고 있다면 — 우리는 분명 우리의 모든 인생길을 확신과 기쁨으로 달려갈 수 있을 것입니다. 사랑하는 친구들이여, 여러분이 그리스도인으로서 예수 그리스도와 더불어 교제하며 살아가는 사람들이라면, 여러분의 소망의 내용들을 생각하고 그것들을 실현시키십시오. 훈련과 연단을 위해 필요했던 모든 고난은 더 이상 필요치 않을 것입니다. 아이가 장성한 자로 자라면 회초리는 더 이상 필요치 않을 것입니다. 우리 모두 앞에 안식과 평안, 지혜와 능력, 주님에 대한 더 뜨거운 봉사와 더 친밀한 교제가 기다리고 있을 것입니다. 그럴 때, 여러분은 더 이상 길이 울퉁불퉁하다고 불평하지 않을 것입니다. 또 여러분은 길이 험한 것으로 인해 슬퍼하거나 낙망하지 않을 것입니다. 우리는 소망으로 말미암아 구원받습니다. 우리가 그리스도 위에 기초한 소망을 절대적으로 확실한 것으로서 붙잡을 수 있다면, 우리를 덮고 있는 모든 어둠은 참 빛 앞에서 한순간 사라질 것입니다.

3. 마지막으로, 소망을 붙잡기 위해 필요한 노력을 주목하십시오.

히브리서 기자는 매우 강조적인 표현을 사용합니다. 그는 소망을 "굳게" 잡을 뿐만 아니라 또한 그것을 "끝까지" 잡으라고 말합니다. 다시 말해서 그는 소망을 붙잡음에 있어서의 노력의 개념을 이중적으로 제시합니다. 그러한 소망은 그것이 최종적으로 결실될 때까지 계속되어야만 합니다. 나는 여러분에게 그러한 기독교적 소망에 대항하여 떠오르는 수많은 외적인 난관들과 방해들을 일깨워 줄 필요가 없습니다. 왜냐하면 우리 모두가 너무나 잘 알고 있기 때문입니다. 우리는 그런 것들을 우리의 소망을 더욱 강렬하게 만드는데 도움이 되는 것으로 받아들일 수 있습니다. 그러나 우리의 연약함으로 말미암아 그런 것들은 종종 우리를 그리스도로부터 끌어당기며 너무나 자주 도움 대신 방해가 됩니다. 이런 것들은 기독교적 소망을 약화시키기 위해 그리고 그것이 그리는 그림의 아름다운 색채를 흐리게 하기 위해 끊임없이 역사(役事)합니다. 우리 자신의 연약함과 세속적인 삶의 태도와 세상을 사랑하는 마음은 우리가 경건한 묵상 가운데 세상의 자욱한 안개를 아래로 남겨 두고 푸른 창공을 향해 날아오르는 것을 어렵게 만듭니다. 우리 모두는 영적인 것들에 대해 근시안적입니다. 그런 가운데 우리는 멀리 떨어진 것들을 볼 수 없습니다. 그리고 그것들이 멀리 떨어져 있다는 사실은 우리로 하여금 그것들이 비현실적인 것으로 느끼도록 만듭니다. 그러므로 만일 우리가 보이지 않는 것들을 생생하게 느끼고자 부단히 노력하지 않는다면, 현재의 저속하며 통속적인 빛들이 우리의 눈으로부터 그것들을 모두 가릴 것입니다.

이와 같이 우리는 계속 노력할 필요가 있습니다. 그러한 노력이 없다면, 우리는 필경 보이지 않는 것들에 대한 이해력을 잃어버리게 될 것입니다. 지금까지 내가 이야기한 은혜들을 계발하기 위한 노력은 매우 중요합니다. 왜냐하면 그것을 통해 많은 것들을 얻을 수 있기 때문입니다. 이와 같이 그리스도인들이 자신의 모든 인생길을 확신과 기쁨으로 걸어갈 것인지 아니면 슬픔과 탄식으로 걸어갈 것인지는 상당 부분 의지(意志)와 결심의 문제입니다. 여러분이 매일 아침 "나는 오늘도 스스로를 높은 수준으로 지키고자 노력할 거야. 나는 하늘의 철로를 달리며 그 길로 여행할 거야"라고 말한다면, 여러분은 그렇게 하는 것이 가능함을 발견하게 될 것입니다. 물론 사람은 "자, 나는 기뻐하기로 결심했어!"라고 말함으로써 스스로를 기쁘게 만들 수 없습니다. 그러나 변하지 않는 사실들 위에 기초한 우리의 기독교적 삶의 분위기와 감정을 변화시키는 것은 상당 부분 우리 자신의 통제 아래 있습니다. 그러므로 우리의 확신이 우리의 손가락 사이로 빠져나간다면 그리고 그 원인조차 잘 모르는 이런저런 슬픔들이 한 겨울의 싸늘한 냉기처럼 우리의 영혼을 감싼다면, 그것은 일반적으로 우리 자신의 잘못 때문입니다. 거짓 없는 단호한 결심은 십중팔구 우리를 둘러싸고 있는 안개를 흩어지게 만들 것입니다. 그리고 우리는 그것이 모두 우리 자신의 마음으로부터 나온 것이라는 사실을 발견하게 될 것입니다.

이와 같이 우리의 의지와 결심이 많은 일을 행할 수 있다면, 하물며 우리의 눈을 우리의 소망이 기초한 그리고 우리의 확신이 흘러나오는 원천인 자에게 고정시키는 방법을 통해서는 얼마나 더 큰 일이 행해질 수 있겠습니까? 예수 그리스도를 바라보십시오. 그리고 항상 그 곁에 거하십시오. 그 안에서 반짝이는 사랑을 볼 수 있을 때까지, 그의 눈을 응시하십시오. 또 그의 손가락으로부터 여러분의 연약함에 떨어지는 능력을 느낄 때까지, 그의 못 박힌 손을 만지십시오. 또 그가 약속한 보이지 않는 것들이 이 땅의 사소한 것들보다 훨씬 더 실제적인 것으로 느껴질 때까지, 그의 신실한 말씀을 확신하며 그 위에 안식하십시오. 여러분은 보이지 않는 것들을 응시함으로 말미암아 그리고 무엇보다도 "우리의 소망이신 자"를 응시함으로 말미암아 소망을 가장 효과적으로 계발할 수 있습니다. 우리가 믿음과 사랑과 열망과 그와의 친밀한 교제를 계속 유지한다면, 그는 우리 곁에 서서 예전에 제자들에게 종종 그렇게 하셨던 것처럼 "두려워하지 말라!"고 말씀하실 것이며 우리는 다시금 확신과 용기 가운데 거하게 될 것입니다. 그는 또 우리에게 "내가 이것을 너희에게 이름은 내 기쁨이 너희 안에 있어 너희 기쁨을 충만하게 하려 함이라"라고 말씀하실 것이며, 우리의 기쁨과 환희는 정결한 물이 흘러들어옴으로써 저수지가 가득 차는 것처럼 가득 찰 것입니다(요 15:11). 그는 또 우리에게 "나 있는 곳에 나를 섬기는 자도 거기 있으리라"라고 말씀하실 것이며, 그와의 연합으로부터 흘러나오는 살아 있는 소망이 우리로 하여금 우리의 기쁨을 가로막는 모든 것들을 능히 물리치도록 만들 것입니다(요 12:26).

이와 같이 사랑하는 형제들이여, 우리는 소망으로 말미암아 구원받습니다. 이러한 소망은 우리의 큰 대제사장과 함께 휘장을 지나갔으며, 우리는 거기에다가 우리의 영혼의 닻을 내릴 수 있습니다. 그리고 그럴 때 우리는 파선(破船)을 두려워하지 않고 담대하게 모든 폭풍을 헤쳐 나갈 수 있습니다.

8
그의 음성을 듣거든

"그러므로 성령이 이르신 바와 같이 오늘 너희가 그의 음성을 듣거든 광야에서 시험하던 날에 거역하던 것 같이 너희 마음을 완고하게 하지 말라"

히 3:7, 8

"그의 음성"은 누구의 음성입니까? 여기의 말씀은 시편의 한 구절을 인용한 것인데, 그 시편의 기자가 의미한 것은 하나님의 음성이었습니다. 반면 히브리서 기자가 그것을 인용하면서 의미하는 것은 그리스도의 음성입니다. 이와 같이 아무런 설명이나 변증 없이 그리고 아무런 주저함 없이 구약의 거룩한 말씀을 하나님으로부터 그리스도로 옮기는 것은 본 서신의 저자와 수신자 모두가 그리스도의 신성을 믿고 있었음을 분명하게 보여 줍니다. 그리스도의 음성은 곧 하나님의 음성이었습니다. 백성들은 그의 음성을 하나님의 음성과 동일한 경외심을 가지고 들어야만 합니다. 그리고 그의 음성은 하나님의 음성과 동일한 결과를 가져올 수 있습니다.

여기에서 특별히 "오늘"이라는 표현을 주목해 보십시오. 오늘은 언제입니까? 시편 기자는 그 자신의 시대를 의미했습니다. 반면 히브리서 기자는 자신의 시대를 의미합니다. 이러한 말씀을 아무런 주저함 없이 한 시대로부터 다른 시대로 옮기는 것은 하나님의 음성이 모든 세대를 통해 계속 울려 퍼진다는 원리 위에 기초합니다. 모든 세대는 하나님의 음성을 듣는 특권을 가지며, 동시에 그것으로부터 돌이켜서는 안 되는 의무도 갖습니다. 그러므로 우리 역시도 여기의 "오늘"을 아무 거리낌 없이 우리 자신의 시대로 옮길 수 있습니다. 아니, 우리는 마땅히 그렇게 해야만 합니다. 우리는 하나님의 음성이 그리스도 안에서 우리 각자에게 개별적으로 말씀하고 계심을 믿어야 합니다. 본격적으로 본론에 들어가기에 앞서 한 가지만 더 생각해 보도록 합시다. 우리는 "만일 너희가 그의 음성을 듣거든"(If ye will hear His voice)이라는 말씀 속에 의지(意志)의 개념이 포함되어 있는 사실을 주목할 필요가 있습니다. 이것은 "만일 너희가 하나님의 음성을 듣기를 원한다면, 너희 마음을 완고하게 하지 말라"는 의미가 아닙니다. 여기에 사용된 "만일"(if)은 의심을 표현하는 것이 아니라, 단지 문장을 가정법의 형태로 제시하는 것일 뿐입니다. 그것의 의미는 사실상 "~할 때마다"와 동의어입니다. 다시 말해서 본문의 의미는 "너희가 그의 음성을 들을 때마다 너희 마음을 완고하게 하지 말라"는 것입니다. 우리는 "will" 대신 "shall"을 사용하는 개역(Revised Version)으로부터 그것의 의미를 훨씬 더 잘 이해할 수 있습니다. "To-day, if ye shall hear His voice, harden not your hearts."

우리 앞에 있는 본문이 이와 같은 의미를 갖는 것이라면, 우리는 본문으로부터 다음과 같은 세 가지 사실을 끌어낼 수 있습니다. 첫째로, 예수 그리스도께서 여러분에게 말씀하고 계신다는 사실. 둘째로, 여러분의 마음을 그리스도로부터 빼앗길 위험성이 있다는 사실. 셋째로, 오늘 그의 음성을 듣는 것이 지혜로운 일이라는 사실.

1. 첫째로, 예수 그리스도께서 여러분에게 말씀하고 계신다는 사실을 기억하십시오.

본 서신의 수신자들은 틀림없이 — 그리고 본 서신의 기자는 아마도 — 예수 그리스도께서 이 땅에 계시는 동안 말씀하셨던 것을 직접 듣지 못했을 것입니다. 그러나 본 서신이 다른 곳에서 말하는 것처럼, 그는 지금 "하늘로부터" 말씀하고 계십니다(12:25). 히브리서 기자는 주님이 세상에 계실 때 말씀하셨던 것을 듣지 못했던 이 사람들에게 그의 무한히 달콤한 음성이 항상 임하고 있음을 확신했습니다. 앞에서도 이야기한 것처럼 그가 옛 말씀을 아무 주저함 없이 자신의 세대로 옮긴 사실은 우리로 하여금 똑같이 그리스도의 말씀을 아무 주저함 없이 사도들과 초창기 그리스도인들의 세대로부터 오늘날의 우리 자신의 세대로 옮기도록 격려합니다. 사랑하는 친구들이여, 예수 그리스도는 당시 사람들에게 말씀하셨던 것과 똑같이 우리 모두에게 직접적으로 말씀하고 계십니다.

무엇보다도 예수 그리스도는 우리에게 그의 기록된 말씀을 통해 말씀하십니다. 만일 우리가 사복음서를 단순히 당시의 사람들에게만 한정되는 것이 아님을 확신하면서 읽는다면, 그것은 우리에게 얼마나 달라지겠습니까! 그는 자신을 둘러싸고 있는 소수의 사람들에게 “내가 너희에게 말하는 것은 모두에게 말하는 것”이라고 말씀하셨습니다. 이러한 그의 선언은 그의 모든 말씀에 대해 사실입니다. 그는 당시의 사람들에게뿐만 아니라 모든 세대의 사람들에게도 말씀하고 계셨던 것입니다.

그는 나와 여러분에게 “수고하고 무거운 짐 진 자들아 다 내게로 오라 내가 너희를 쉬게 하리라”라고 말씀하십니다(마 11:28). 또 “누구든지 목마르거든 내게로 와서 마시라”라는 주님의 부르심은 마치 하늘로부터 쏜 화살처럼 여러분에게 바로 날아옵니다(요 7:37).

이와 같이 주의 말씀을 모든 사람들에게 직접적으로 해당되는 것으로 받아들이는 것은 그것을 그릇된 방법으로 다루는 것이 결코 아닙니다. 왜냐하면 나는 예수 그리스도의 사랑과 지식의 신적인 속성을 믿으며, 우리 각자가 그의 사랑의 마음에 대하여 개별적으로 분깃을 갖는다고 믿으며, 그가 모두에게 말씀하실 때 그것은 동시에 우리 각자에게 말씀하시는 것이라고 믿기 때문입니다. 그러므로 여러분이 사복음서에 기록된 그의 말씀을 올바르게 사용한다면, 여러분은 그 안에서 그리스도께서 여러분에게 말씀하시는 것을 듣게 될 것입니다.

그는 또 다른 방법으로 우리에게 말씀하십니다. 나는 사제(司祭)의 권위를 믿지 않으며, 사도적 계승도 믿지 않으며, 설교자의 직분에 신비하며 특별한 신성함이 있다고 믿지 않습니다. 반면 나는 가장 보잘것없는 사람이 다른 사람을 향해 "형제여 예수 그리스도는 당신의 구주입니다. 그가 당신을 구원하도록 허락하지 않으렵니까?"라고 말할 때, 그는 그리스도의 말씀을 말하고 있는 것이라고 굳게 믿습니다. "너희 말을 듣는 자는 곧 내 말을 듣는 것이요"(눅 10:16). 사도들에게든 성직자들에게든, 주님은 초인적이며 마술적인 권위를 주지 않았습니다. 그러나 우리 주 예수 그리스도 안에 있는 하나님의 사랑을 전파하는 모든 입술은 그것의 모든 능력과 그것의 모든 달콤함을 그리스도 자신의 영감(靈感)으로부터 끌어냅니다. 바이올린의 몸체는 단지 소리를 울리게 하기 위한 것일 뿐입니다. 현(絃)으로부터 소리를 끌어내는 것은 그의 손이며, 모든 기독교 선생들은 그가 만든 음악을 울리게 하는 울림판입니다. 그들은 마치 관악기와 같습니다. 관악기 속으로 들어간 숨은 그리스도 자신의 숨입니다. 아, 그러나 관악기가 너무나 자주 제 음을 내지 못하는 것은, 그리고 그리스도가 만든 음악의 무한한 달콤함을 아주 조금밖에 재생하지 못하는 것은 얼마나 안타까운 일입니까! 그러나 예수 그리스도는 심지어 우리와 같은 보잘것없는 악기를 통해서조차 말씀하십니다.

또 예수 그리스도는 여러분에게 여러분 자신의 깊은 곳으로부터 말씀하시기도 합니다. 그는 여러분의 깊은 속으로부터 여러분을 깨우기도 하고, 책망하기드 하고, 억제하기도 하고, 지시하기도 합니다. 기독교 도덕의 직접적인 영향으로 충만해진 양심으로부터 나오는 음성을 우리는 그리스도 자신의 음성으로 취할 수 있습니다.

그러므르 여러분에게 당부하노니, 그리스도의 말씀을 분별하십시오. 그것을 단순히 어떤 사람이 과거에 말했던 것에 대한 역사적(歷史的) 기록으로 다루지 마십시오. 오직 그리스도의 살아 있는 말씀으로 다루십시오. 그것을 그의 입술로부터 새롭게 샘솟아 오르는 그리고 여러분 자신을 위한 말씀으로 다루십시오. 그의 말씀을 들으십시오. 그것을 단순히 사람들이 옮기는 보잘것없는 말로 듣지 마십시오. 그의 음성을 여러분을 모든 악으로부터 억제하고 모든 선으로 이끄는 것으로서 들으십시오.

2. 둘째로, 여러분의 마음을 그리스도로부터 빼앗길 위험성이 있다는 사실을 기억하십시오.

우리는 사람이 하나님의 간절한 탄원을 배척할 가능성이 있다는 사실을 기억할 필요가 있습니다. 하나님이 그리스도 안에서 우리에게 최고의 선물들을 주시기를 간절히 바람에도 불구하고, 사람은 그러한 간절한 바람을 외면할 수 있습니다. 옛 전설들은 우리에게 신비한 음악이 어떻게 숲의 나무들과 돌들이 손뼉을 치며, 뛰며, 춤추도록 만드는지 말해 줍니다. 그러나 불행하게도 인간의 마음은 그러한 소리에 여전히 귀머거리인 채로 남아 있습니다. 인간의 마음은 항상 그래왔습니다. 옛적부터 지혜는 성읍의 높은 곳에서 부르짖었습니다. 그러나 그러한 간절한 소리는 들음을 얻지 못했습니다. 지혜의 마지막 말은 "내가 불렀으나 너희가 듣기 싫어하였고"였습니다(잠 1:24). 때가 차매 성육신하신 지혜가 세상에 오셨습니다. 그는 부르짖지도 않았으며, 거리에서 소리를 높이지도 않았습니다. 다만 그는 온유함으로 사람들에게 간절히 호소했습니다. 그러나 그는 자신의 성전으로부터 돌이키며 "너희를 땅에 메어치며 돌 하나도 돌 위에 남기지 아니하리니 이는 네가 보살핌 받는 날을 알지 못함을 인함이니라"라고 말해야만 했습니다(눅 19:44). 세상에 전파된 최고의 메시지들은 모두 이와 같았습니다. 어떤 사람이 차라리 포도주와 독주에 대하여 예언한다면 다시 말해서 사람들의 입맛과 감각을 만족시켜 주는 말을 한다면, 그는 백성의 선지자가 될 것이었습니다. "사람이 만일 허망하게 행하며 거짓말로 이르기를 내가 포도주와 독주에 대하여 네게 예언하리라 할 것 같으면 그 사람이 이 백성의 선지자가 되리로다"(미 2:11). 하나님의 사자(使者)들은 "순종하지 아니하고 거슬러 말하는 백성에게 내가 종일 내 손을 벌렸노라"라고 말해야만 했습니다(롬 10:21). 이러한 한결같은 결과 속에는 그것의 필연적인 원인이 깊이 뿌리 박혀 있습니다.

지금 나는 이러한 주제에 대해서는 다루지 않고자 합니다. 다만 이러한 이상한 사실의 "원인"에 대해서 보다 그것이 이루어지는 "방식"에 대해, 그리고 우리가 종종 그리스도의 음성에 귀를 막는 과정에 대해 여러분에게 경고하고자 합니다.

사람들이 행하는 단순한 일들이 그들로 하여금 매우 효과적으로 그리스도의 음성에 대해 귀를 막게 만듭니다. 어떤 일에 몰두하는 것에는 매우 큰 힘이 있습니다. 무관심의 힘은 놀랄 정도로 강합니다. 사람은 거의 모든 것에 — 아무리 급박하며 절박한 것이라 하더라도 — 참여하지 않기로 결심할 수 있습니다. 요한 웨슬리와 초창기 감리교도들이 전도하러 장터에 나왔을 때, 사람들은 그들의 말이 들리지 않도록 하기 위해 나팔을 불며 북을 치곤했습니다. 세상의 온갖 일로 분주한 가운데 그리스도의 음성을 질식시키는 것이 무엇인지 여러분과 나는 너무나 잘 압니다. 그렇지 않습니까? 방직공장 안으로 들어가 보십시오. 거기에서 여러분은 두 사람이 서로 대화하고 있는 것을 발견할 것입니다. 왜냐하면 그들의 입술이 움직이고 있기 때문입니다. 그러나 여러분은 방적기가 돌아가는 요란한 소리 때문에 그들의 말을 한 마디도 알아들을 수 없습니다. 이와 같은 방식으로 예수 그리스도를 침묵시키는 것들이 너무나 많이 있습니다. 우리는 그의 입술이 움직이는 것을 봅니다. 그러면 우리는 우리의 일에 더 요란한 소리를 냄으로써 우리의 마음을 더욱 완고하게 만듭니다. 부디 세상의 요란한 소음들이 여러분의 양심의 귀를 막아 주님의 간절한 탄원의 음성을 듣지 못하게 하지 마십시오.

또 여러분은 자신의 양심의 소리를 무시함으로써 스스로의 마음을 매우 효과적으로 완고하게 만들 수 있습니다. 어떤 식물에서 계속 새순을 따내 보십시오. 그와 같이 여러분은 그것으로 하여금 꽃이 피지 못하게 함으로써 그것을 죽일 수 있습니다. 여러분은 동일한 방식으로 여러분 자신의 양심을 죽일 수 있습니다. 주님의 메시지를 계속적으로 전달받음에 있어 이미 받은 말씀에 순종하는 것보다 더 효과적인 것은 아무것도 없습니다. "주의 종이 듣겠나이다"라고 말하는 자는 "주여 말씀하옵소서"라는 말을 결코 헛되이 하지 않을 것입니다. 그리고 이것의 역(逆) 또한 마찬가지입니다. 여러분이 원한다면, 여러분은 암초 경고벨을 제거할 수 있습니다. 그러면 여러분은 항해하는 도중 아무런 방해 없이 잠잘 수 있을 것입니다.

그리고 배가 암초에 걸려 파선할 때까지 어떤 요란한 벨소리도 여러분을 성가시게 하지 않을 것입니다. 이와 같이 여러분은 여러분 자신의 양심의 호소를 무시함으로써 자신의 마음을 완고하게 할 수 있습니다.

또 여러분은 고의적으로 양심의 호소와 싸워 이김으로써 그렇게 할 수 있습니다. 나는 여러분이 이 말의 의미를 잘 알 것이라고 확신합니다. 가공하지 않은 한 무더기의 솜에다가 충분한 압력을 가해 보십시오. 그러면 여러분은 그것을 총알 하나 정도의 부피로 압축시킬 수 있습니다. 이와 마찬가지로 여러분은 여러분의 마음에다가 강한 저항의 압력을 가할 수 있습니다. 그러면 여러분의 관대한 마음이라든지 혹은 더 나아지고자 하는 바람이라든지 혹은 고결한 생각 등은 호두알처럼 작고 딱딱하게 될 것입니다. 여러분은 그렇게 할 수 있습니다. 그러므로 그렇게 되지 않도록 항상 경계하십시오. 선한 마음을 떨어버리기 위해 고의적으로 악에 탐닉함으로써 스스로를 완고하게 하는 경우도 있습니다. "독을 푸는 독, 즉 이열치열"(Take a hair of the dog that bit you:미친 개에게 물린 상처의 해독제로 그 개의 털이 좋다는 미신에서 나온 말 — 역주)은 마귀의 처방입니다. 스스로를 자유롭게 하기 위해 그렇게 하는 사람들이 있습니다. 그러나 그것은 얼마나 어리석은 행동입니까? 그렇게 해 보십시오. 그러면 그것으로부터 말미암는 즐거움은 점점 더 감소하고, 그렇게 해야 할 필요성은 점점 더 증가될 것입니다. 그리하여 마침내 여러분의 마음은 얼음처럼 싸늘하며 딱딱하게 될 것입니다. 그러므로 경계하십시오. "너희가 그의 음성을 듣거든 너희 마음을 완고하게 하지 말라."

3. 마지막으로, 오늘 그의 음성을 듣는 것이 지혜로운 일이라는 사실을 기억하십시오.

앞에서 이야기한 것처럼, 본문의 "오늘"은 일차적으로 본 서신의 기자가 그것을 기록하고 있었던 시대를 의미하는 것이었습니다. 나아가 그것은 또한 가장 복된 의미로 우리가 이 땅에서 살아가는 모든 기간을 의미합니다. 그러므로 우리는 "잘못을 바로잡기에 너무 늦은 때는 결코 없다"고 말할 수 있습니다. 그렇습니다. 그것은 완전히 사실입니다. 그렇지만 그것의 역(逆) 즉 "잘못을 바로잡기에 너무 이른 때는 결코 없다" 역시 똑같이 사실이 아닙니까? 본문의 "오늘"이 우리가 살아 있는 한 계속되는 것이라면, 우리는 여기의 "오늘"을 가장 일반적이며 통상적인 의미 그대로 적용할 수 있을 것입니다. 성공적인 삶을 이룸에 있어 삶의 모든 영역 가운데 명백한 의무를 미루는 습관보다 더 해롭고 치명적인 것은 아무것도 없습니다. 일상의 일 가운데 여러분은 민첩함을 훈련할 필요가 있습니다. 일상의 일 가운데 자신의 발밑에서 잔디가 자라도록 내버려 두지 않는 사람은 이미 절반의 성공을 거둔 것이나 마찬가지입니다. 민첩함은 예수 그리스도의 음성을 듣고 그의 명령에 순종하는 일에 있어서도 매우 중요합니다. 그러므로 사랑하는 친구들이여, 예수 그리스도의 음성을 듣고 순종하는 일에도 민첩하십시오. 옳은 일이라면, 그 일을 속히 행하십시오. 잘못된 일이라면, 그 일을 속히 버리십시오. 이 길로 갈까 저 길로 갈까 머뭇거리며 우물쭈물하지 마십시오. 예전에 엘리야가 말했던 것처럼, 여러분은 도대체 언제까지 미루며 머뭇거릴 것입니까? "너희가 어느 때까지 둘 사이에서 머뭇머뭇 하려느냐 여호와가 만일 하나님이면 그를 따르고 바알이 만일 하나님이면 그를 따를지니라"(왕상 18:21).

민첩함이 그토록 중요한 것은 그리스도의 음성으로 말미암은 마음의 감동이나 깨달음이 속히 사라지는 경향이 있기 때문입니다. 그것은 매우 세미합니다. 그것은 신속한 결단을 요구합니다. 그렇지 않으면 그것은 속히 사라집니다. 그것은 마치 꿈의 형상과 유사합니다. 깨어 일어난 순간 그것은 매우 선명합니다. 그러나 불과 10분만 지나면 그것은 흐릿해져 버리고 맙니다. 그러므로 머뭇거리며 우물쭈물하지 마십시오.

뿐만 아니라 그것은 재생하기가 매우 어렵습니다. 여러분 가운데 한때 예수 그리스도를 자신의 구주로 거의 영접할 뻔 했다가 "좀 더 자자 좀 더 졸자" 하는 생각으로 그런 기회를 놓친 경험이 있는 사람들이 있을 것입니다. 벨릭스가 처음 바울을 만났을 때, 그는 바울의 말을 듣고 두려워했습니다(행 24:25). 그러나 그는 그 기회를 헛되이 흘려버리고 말았습니다.

그 후에도 몇 번 바울과 더불어 이야기했지만, 그는 더 이상 두려워하지 않았습니다. 도리어 그의 마음은 바울로부터 돈을 받을 수 있지 않을까 하는 생각으로만 가득 차 있었습니다. "바울에게서 돈을 받을까 바라는 고로 더 자주 불러 같이 이야기하더라"(26절).

민첩한 행동이 필요한 또 다른 이유들이 있습니다. 예컨대 시간이 지날수록 예수 그리스도를 자신의 구주로 영접하는 것이 더 어려워진다는 사실 같은 것 말입니다. 그러나 그러한 주제에 대해서는 더 이상 이야기하지 않겠습니다. 어쨌든 습관은 자기 자신을 묶는 사슬이 됩니다. 처음에는 거미줄처럼 가냘프지만, 나중에는 쇠사슬처럼 강해집니다. 사랑하는 형제여, 지금 구주께로 돌이키는 것이 어렵습니까? 한 가지 말해 줄 것이 있습니다. 그것은 그렇게 하는 것이 더 쉬워질 날은 결코 오지 않을 것이라는 사실입니다. 도리어 그렇게 하는 것은 시간이 갈수록 더 어려워질 것입니다.

사랑하는 친구들이여, "오늘"은 도대체 언제까지 계속될 것입니까? 물론 나는 여러분이 변화되지 못한 그리스도인으로 계속해서 남아 있는 근본적인 이유들을 압니다. 그러나 이 땅에서의 우리의 시간이 너무나 불확실하다는 사실을 잊지 마십시오. 도대체 언제까지 미룰 것입니까? 도대체 우리에게 미룰 시간이 어디에 있단 말입니까? 여러분과 나는 필연적으로 죽을 것입니다. 어쩌면 우리는 벨릭스가 말했던 "틈"을 내기 전에 죽을는지도 모릅니다. "바울이 의와 절제와 장차 오는 심판을 강론하니 벨릭스가 두려워하여 대답하되 지금은 가라 내가 틈이 있으면 너를 부르리라 하고"(행 24:25). 그러므로 가장 좁은 의미에서 "오늘" 여러분의 마음을 완고하게 하지 마십시오.

여기 있는 사람들 가운데 어떤 사람들, 특별히 젊은이들은 막연한 거부감과 갑작스런 변화에 대한 두려움으로 말미암아 예수 그리스도를 자신의 구주로 영접하는 것을 머뭇거릴 수 있습니다. 부디 여러분에게 당부하노니 그렇게 생각하지 마십시오. 만일 그것이 올바른 변화라면, 그것은 빠르면 빠를수록 좋습니다. 일단 시도하십시오. 그러면 모든 움츠림은 사라질 것입니다. 물에 들어가기를 움츠리는 사람을 생각해 보십시오. 그러나 일단 머리가 물에 닿는 순간 그는 더 이상 머뭇거리지 않고 물로 뛰어들 것입니다.

또 그리스도인이 됨으로써 자신의 죄가 드러날 것을 염려해 머뭇거리는 사람들도 있습니다. 그러나 염려하지 마십시오. 죄를 고백하는 것은 영혼에 유익하며 달콤합니다. 뿐만 아니라 거기에는 영혼을 치유하는 힘이 담겨 있습니다. 사람들에게 알려져야만 하는 죄는 그대로 알려지게 하십시오. 그것을 감추는 것은 큰 해악을 끼칩니다. 그러나 사람들에게 알려질 때, 그것은 더 이상 해악을 끼치기를 멈춥니다. 죄는 마치 스파르타 소년의 옷 속에 숨어 있는 여우와 같습니다. 소년의 옷 속에 숨어 있는 동안, 여우는 계속해서 소년을 물었습니다. 그러나 자신이 드러나는 순간, 여우는 더 이상 소년을 물기를 멈추었습니다.

그러므로 사랑하는 친구들이여, 여러분은 그의 말씀 안에서 그리고 그의 종들을 통해 그리고 여러분 자신의 깊은 마음 안에서 그리스도께서 여러분에게 말씀하시는 것을 듣습니다. 그는 여러분에게 구주의 죽으심에 대해, 그의 무한한 사랑에 대해, 그의 완전한 희생제사에 대해, 완전한 구원에 대해, 축복된 삶에 대해, 고요한 죽음에 대해, 그리고 열린 하늘에 대해 말씀하십니다. 부디 그렇게 말씀하시는 자를 배척하지 마십시오. 그리고 그의 음성을 들을 때 여러분의 마음을 완고하게 하지 마십시오.

9
유혹자의 거짓말

"오직 오늘이라 일컫는 동안에 매일 피차 권면하여
너희 중에 누구든지 죄의 유혹으로 완고하게 되지 않도록 하라"
히 3:13

여기에서 우리는 죄가 인격화되어 거짓말로 사람들을 속이는 것을 발견하는데, 나는 이것이 에덴 동산에서의 첫 번째 유혹 이야기와 연결될 수 있다고 생각합니다. 에덴 동산에서 유혹자의 무기는 거짓말이었습니다. 거기에 선악과를 따먹는 행동의 불법성에 대한 거짓말이 있었습니다. 유혹자는 노골적으로 말하는 대신 은밀하게 속삭입니다. "하나님이 참으로 너희에게 동산 모든 나무의 열매를 먹지 말라 하시더냐?"(창 3:1). 또 거기에 그것의 해악에 대한 거짓말이 있었습니다. "너희가 하나님과 같이 되어 선악을 알게 될 것이라"(5절). 그리고 거기에 그것의 궁극적인 결과에 대한 거짓말이 있었습니다. "너희가 결코 죽지 아니하리라"(4절). 이러한 세 가지 거짓말은 죄가 우리를 의의 길로부터 끌어내기 위해 사용하는 전형적인 방법들입니다.

여기에서 본 서신의 기자가 죄로써 의미하는 것은 명백합니다. 그는 그 안에 외적인 잘못된 행동들뿐만 아니라, "믿지 아니하는 악한 마음을 품고 살아 계신 하나님에게서 떨어지는" 모든 것을 포함시킵니다(12절). 일반적인 도덕법과 불일치하는 형태로 나타나든 혹은 좀 더 세련되고 덜 위험한 형태로 나타나든, 우리의 마음이 하나님으로부터 떨어지는 모든 것이 죄입니다. 그리고 그 모든 것들은 우리 눈앞에 일련의 거짓말들을 매달아 놓음으로써 우리를 주관하며 통제합니다.

오늘 설교의 목적은 이러한 거짓말들을 분석하면서, 그 안에 무엇이 있는지 보는 것입니다. 여기에서 우리는 죄의 속임과 관련하여 다음과 같은 네 가지를 살펴보고자 합니다. 첫째로, 미끼와 관련한 거짓말. 둘째로, 갈고리와 관련한 거짓말. 셋째로, 죄가 유혹하는 행동의 불법성과 관련한 거짓말. 넷째로, 이러한 것으로부터 건짐을 받는 것과 관련한 거짓말. 이제 이러한 것들을 차례대로 살펴보도록 합시다.

1. 첫째로, 미끼와 관련한 죄의 거짓말을 주목하십시오.

에덴 동산의 옛 이야기는 죄와 관련한 매우 전형적인 이야기입니다. 그것은 모든 형태의 악한 행동의 전형적인 표본입니다. "여자가 그 나무를 본즉 먹음직도 하고 보암직도 하고 지혜롭게 할 만큼 탐스럽기도 한 나무인지라"(창 3:6). 그러자 그녀에게 그것을 따먹고자 하는 열망이 불타올랐습니다. 바로 이것이 우리가 행하는 모든 악의 역사(歷史)입니다. 그것은 열망하는 대상을 얻기 위한 것일 수도 있고, 열망하지 않는 대상을 피하기 위한 것일 수도 있습니다. 열망하는 대상을 얻을 때 더 좋아질 것이라거나 더 행복해질 것이라는 망상(妄想) 아래 있지 않는 한, 우리는 결코 잘못된 일을 행하지도 않고 하나님으로부터 떨어지지도 않습니다.

많은 경우 악한 행동에는 즐거운 결과가 따릅니다. 사람이 자신의 감각을 만족시키기 위해 죄를 선택한다면, 그로부터 그는 감각적인 즐거움을 얻게 됩니다. 훔친 음식 역시도 정직하게 일해서 얻은 음식과 마찬가지로 달콤할 것입니다. 우리는 우리의 소욕(所欲)을 유혹하는 것을 취할 수 있습니다. 그럴 때 거기에는 분명 즐거움이 따를 것입니다. 그러나 우리는 또 하나의 질문을 던져야만 합니다. 당신은 자신이 원하는 것을 취했습니다. 그러면 어떻습니까? 당신은 그로 인해 훨씬 더 좋아졌습니까? 당신은 그로 말미암아 만족합니까? 그것이 당신의 것이 아니었을 때 좋아보였던 것처럼 지금도 그렇습니까? 당신은 지옥의 불을 가로질러 손을 뻗어 그것을 취했습니다. 그것이 저쪽에 있었을 때 좋아보였던 것처럼 지금도 좋습니까? 화폭 위에 그려진 거인은 실제보다 훨씬 더 크지 않습니까? 우리는 잘못된 일을 행하고 그 대가로 무엇을 얻습니까? 그리고 그 대가로 무엇을 지불합니까? 바라는 것을 얻고 난 후, 우리는 그것이 우리를 만족시키지 못한다는 사실을 발견하지 않습니까? 고작해야 우리의 일부만을 만족시킬 뿐이라는 사실을 발견하지 않습니까? 우리는 마치 옛 이야기에 등장하는 역겨운 벌레들을 삼킨 사람들과 같습니다. 역겨운 벌레들을 먹었음에도 불구하고, 우리는 여전히 배가 고픕니다. 우리는 빈 잔으로부터 우리의 갈증을 풀 수 없습니다. 설령 그것이 보석으로 치장한 값비싼 잔이라 하더라도 말입니다. 뿐만 아니라 죄의 즐거움은 거짓입니다. 왜냐하면 그와 함께 그것의 달콤함을 빼앗는 독한 맛이 뒤따르기 때문입니다. 그것은, 사도 요한이 받은 두루마리처럼, 입에는 꿀처럼 달지만 삼키면 쓸개처럼 씁니다. 죄가 여러분에게 내미는 잔 속에는 취하게 하는 강렬한 맛과 함께 독한 쓴 맛이 들어 있습니다. 죄의 잔을 마실 때, 여러분은 그 안에 담긴 독한 쓴 맛을 맛보지 않을 수 없습니다.

약속한 것보다 더 큰 것을 가져다주는 것은 오직 한 가지밖에 없습니다. 그것은 하나님을 붙잡는 것입니다. 그리고 그것은 사람의 영혼을 충분히 만족시켜 줄 수 있습니다. 그에게로 가십시오. 그 무엇도 여러분을 그로부터 떨어지게 만들지 못하게 하십시오. 그로 말미암아 사랑과 순종을 붙잡으십시오. 그러면 우리를 멸망으로 유혹하는 거짓말들은 우리에게 아무런 능력도 행사하지 못할 것입니다. 또 우리는 쇠하지도 않고 끝나지도 않는 기쁨을 소유하게 될 것입니다. 그리고 그 기쁨은 그 안에 쓴 맛을 가지고 있지 않는 온전한 기쁨일 것입니다. "웃을 때에도 마음에 슬픔이 있고 즐거움의 끝에도 근심이 있느니라"(잠 14:13). 그리스도께서 먼저 마시고 나서 우리에게 내미는 잔이 훨씬 더 좋지 않습니까? 그 맛이 처음에는 쓸 수 있지만, 그러나 거기에 남는 것은 그 자신의 영원하며 충만한 기쁨입니다.

2. 둘째로, 갈고리와 관련한 거짓말을 주목하십시오.

에덴 동산의 옛 이야기는 우리에게 죄의 모든 거짓말이 마침내 어디로 귀착되는지를 잘 보여 줍니다. “너희가 결코 죽지 아니하리라”(창 3:4). 어떤 사람이 유혹의 순간 그 결과를 분명하게 볼 수 있다면, 나는 그가 그 경계선에서 멈추며 감히 그 안으로 빠져 들어가지 않을 것이라고 생각합니다. 그러나 죄는 사실을 감춥니다. 그리고 거기에 죄가 감추는 몇 개의 갈고리들이 있습니다. 죄는 여러분에게 자신이 가져다주는 필연적인 결과들에 대해 말해 주지 않습니다. 나는 여러분 가운데 감각적인 욕정과 동물적인 탐닉에 사로잡힌 사람이 단 한 사람도 없기를 바랍니다. 그러나 많은 사람들이 모인 장소에는 반드시 그런 사람들이 있게 마련입니다. 그런 사람들에게 간곡히 당부합니다. 미끼뿐만 아니라 갈고리도 기억하십시오. 죄가 가져다주는 필연적인 결과들을 생각하십시오. 몸이 망가지며, 명예가 실추되며, 지위를 잃으며, 인생이 산산조각으로 깨어지는 따위의 결과들 말입니다. 이런 것들은 방탕한 길의 주위에 주렁주렁 매달려 있습니다. 매년 맨체스터에 판돈을 걸지 않고 도박할 수 있다고 상상하는 젊은이들이 들어옵니다. 그들은 나의 말을 들으며 “어쨌든 우리는 운명에 맡기고 부닥쳐 볼 거야. 그의 말은 지나치게 과장되어 있어”라고 말합니다. 그러나 결과가 무엇입니까? 매달 건강을 잃고, 명예가 실추되고, 인생이 산산조각으로 망가진 사람들이 깨어진 마음으로 스스로를 저주하면서 이 도시를 떠나지 않습니까? 만일 내가 악을 행하는 자가 모두 이와 같다고 말했다면, 그것은 과장일 수도 있습니다. 그러나 나의 말은 결코 과장이 아닙니다. 왜냐하면 이 도시에서 너무나 많은 젊은이들이 죄와 방탕 가운데 허물어져가고 있기 때문입니다. 쾌락이 여러분 눈앞에 매달아 놓은 미끼를 보십시오. 여러분은 그 뒤에 감추어진 갈고리를 볼 수 있습니까?

쾌락은 양심의 행동을 억압합니다. 죄를 행하기 이전 순간과 이후 순간 사이의 감정의 급변(急變)을 생각해 보십시오. 그것보다 더 두려운 것이 도대체 무엇이겠습니까? 아직 유혹으로부터 피하는 것이 가능할 동안, 그것은 참으로 매혹적이며 바랄만한 것으로 보입니다. 그러나 다음 순간 그 일이 행해지고 다시 돌이킬 수 없게 되었을 때, 그것은 너무나 가증스럽고 혐오스럽게 보입니다. 그때까지 욕망에 의해 억압되고 있었던 양심은 비로소 목소리를 높입니다. 그리고 엄숙한 목소리로 이렇게 묻습니다. "쾌락이 네 앞에 미끼를 매달아 놓았을 때, 너는 그 뒤에 감추어진 갈고리를 보지 못했느냐?"

쾌락은 또한 사람의 성품이 형성되는데 큰 영향을 끼칩니다. 우리는 우리의 모든 행동들이 어떻게 서로 원인과 결과의 그물망 안에서 실제적으로 연결되는지 그리고 그 모든 것들이 우리의 성품에 영향을 끼치는지 지각(知覺)하지 못합니다. 여러분은 자신의 전체적인 영적 도덕적 본성에 지워지지 않는 흔적을 남김이 없이 잘못된 일을 행할 수도 없고 하나님으로부터 떠날 수도 없습니다. 그러한 일들이 행해질 때, 여러분에게서 고결한 열망들은 사라집니다. 그리고 여러분은 더 나은 행동을 할 수 없게 됩니다.

반면 우리가 "습관"이라고 부르는 두렵고 신비스러운 것이 들어와 그러한 일들을 계속 반복하도록 만듭니다. 우리의 삶 가운데 사소한 행동들이 습관을 형성하여 마침내 우리를 지배하는 것보다 더 신비하며 놀라운 것은 아무것도 없습니다. 우리가 그렇게 하고자 의지했던 의지하지 않았던 상관없이 말입니다. 이와 같이 처음에 호리는 미소로 우리 앞에 서서 우리를 유혹한 죄는 다음번에는 찌푸린 얼굴로 우리 뒤로 옵니다. 그리고 그것은 회초리를 든 엄한 주인이 됩니다. 전에는 즐거움을 기대하며 죄에 빠졌지만, 이제는 습관의 폭군에 이끌려 죄에 빠집니다. 전에는 즐거움을 기대하며 죄를 범했지만, 이제는 괴로움을 피하기 위해 죄를 범합니다. 꽃으로 만들어졌던 족쇄는 이제 무거운 쇠 족쇄가 됩니다. 한 번 행해진 악은 이제 우리의 주인이 됩니다. 그리고 우리는 우리의 죄의 사슬에 결박됩니다. 뿐만 아니라 점점 더 무감각해지는 본성을 자극하기 위해 점점 더 크고, 더 강렬하며, 더 자극적인 악이 필요해집니다. 여러분은 호랑이새끼를 집안으로 데리고 들어온 것입니다. 작은 새끼일 때, 그것은 무늬도 예쁘고, 귀엽고, 사랑스럽습니다. 그러나 계속해서 자라 큰 호랑이가 되면, 그것은 여러분을 잡아먹든지 아니면 여러분의 주인이 됩니다. 여러분의 마음 안으로 작은 죄를 데려오지 마십시오. 그것은 자랄 것입니다. 더불어 그것의 날카로운 발톱과 사나움도 함께 자랄 것입니다.

이 모든 것은 미래의 보응을 확실한 것으로 만듭니다. 하나님과 내세(來世)에 대한 믿음으로부터 그와 같은 미래의 보응의 개념은 명백하며 필연적인 것이 됩니다. 그러나 죄는 그러한 미래의 심판에 대해 아무 말도 하지 않습니다. 설령 말한다 하더라도, "너희가 결코 죽지 아니하리라"라고 말할 뿐입니다(창 3:4). 그토록 똑똑하며 이성적(理性的)인 여러분이 그러한 사실을 분명하게 보지 못하는 것은 너무나 이상한 일이 아닙니까? 여러분은 자신이 타고 있는 배가 지금 암초지대를 항해하고 있음에도 불구하고 술 창고 안에 들어가 있는 어리석은 선원들과 같습니다. 일시적인 도락에 취허 있는 가운데 이제 곧 일어날 일에 대해 전혀 염려하지 않는 선원들 말입니다.

그러나 여러분은 미래의 심판을 피할 수 없습니다. "누구든지 헛된 말로 너희를 속이지 못하게 하라 이로 말미암아 하나님의 진노가 불순종의 아들들에게 임하나니"(엡 5:6). 그러므로 사랑하는 형제들이여, 나의 말을 새겨들으십시오. 여러분을 둘러치고 있는 장벽을 허물어뜨리기에 나의 말이 너무나 미약할 것입니다. 그렇지만 나의 말을 잘 들으십시오. 부디 자신의 바람과 취향과 세상적인 기호(嗜好)로 인해 근시안적인 사람이 되지 마십시오. 도리어 자신의 행동의 모든 결과들을 똑바로 직시하십시오. 그리고 그리스도 안에서 하나님을 사랑하며 섬기며 따르는 것보다 더 지혜로운 일이 무엇인지 말해 보십시오. 살아 계신 하나님으로부터 떨어지는 것은 악한 일일 뿐만 아니라 또한 쓰라린 일입니다.

3. 셋째로, 죄가 유혹하는 행동의 불법성과 관련한 거짓말을 주목하십시오.

에덴 동산의 옛 이야기를 다시 한 번 생각해 보십시오. "하나님이 참으로 너희에게 먹지 말라 하시더냐?"(창 3:1). 대부분의 사람들의 마음속에 이와 같은 의문이 은연 중 떠오릅니다. 나는 우리 가운데 어떤 일을 행하는 것이 잘못된 일인 줄 알면서도 기어이 행하고자 결심하는 사람들은 상대적으로 소수라고 생각합니다. 도리어 나는 그와 같은 상황에서 대부분의 사람들은 그러한 행동이 옳은가 그른가에 대해 묻기를 회피한다고 생각합니다. 그와 같은 상황에서 우리는 우리의 양심을 침묵시키는 놀라운 능력을 가지고 있습니다. 어떤 집을 털려고 계획하는 강도를 생각해 보십시오. 그는 먼저 그 집을 지키고 있는 개를 침묵시키기 위해 독극물이나 혹은 마취제가 들어 있는 고깃덩어리를 준비할 것입니다. 그와 같이 우리 모두는 우리 자신의 악에 대해 부드러운 말을 하는데 매우 능숙합니다. 반면 동일한 일을 다른 사람들이 행할 때, 우리는 크게 분개할 것입니다. 나단 선지자가 다윗에게 양 한 마리를 가진 사람의 이야기를 했을 때 다윗이 그렇게 했던 것처럼 말입니다. 그러므로 결론은 내적으로 끌리는 마음을 신뢰하지 말라는 것입니다. 스스로 자신의 양심을 매수할 수 있다는 사실을 기억하십시오. 그러므로 여러분은 양심보다 더 나은 인도자를 찾을 필요가 있습니다.

죄가 유혹하는 행동의 불법성과 관련한 일련의 거짓말들은 실제로 행동을 행한 이후에 한층 더 큰 효력이 있습니다. 나는 앞에서 실제로 행동이 행해지는 순간 갑자기 양심이 깨어나는 것에 대해 이야기했습니다. 그러나 그것보다 더 나쁜 것이 있는데, 그것은 양심이 깨어나지 않았을 때입니다. 나는 여기 앉아 있는 사람들 가운데 상당수 사람들의 상태가 바로 이와 같을 것이라고 생각합니다. "음녀의 자취도 그러하니라 그가 먹고 그의 입을 씻음 같이 말하기를 내가 악을 행하지 아니하였다 하느니라"(잠 30:20). 여러분은 경고벨이 안 울리게 할 수 있습니다. 그럴 때 아무런 경고음도 울리지 않을 것입니다. 여러분은 달군 쇠로 자신의 손을 누름으로써 그것을 무감각하게 만들 수 있습니다. 동일한 방법으로 여러분은 자신의 양심을 무감각하게 만들 수 있습니다. 그러므로 사랑하는 친구들이여, 그와 같이 여러분 안에 있는 빛을 어둡게 만들지 마십시오. 자신에 대해 알지 못하는 것이 모든 책임을 면제시켜 주는 것은 아닙니다. 죄를 의식(意識)하는 마음을 끝까지 지키는 것은 매우 어려운 일입니다. 나는 지금 여러분 안에서 지나가고 있는 생각들을 상상할 수 있습니다. 어떤 사람들은 지금 내가 말하고 있는 모든 것이 밖에 있는 다른 사람들에게나 해당된다고 생각할 것입니다. 또 어떤 사람들은 스스로에게 "그래, 일반적인 차원에서 나는 그 모든 것을 기꺼이 인정해!"라고 말하면서 그러나 그것을 자신의 악들에 대해 개별적으로 적용시키지는 않을 것입니다. 그런가 하면 또 어떤 사람들은 사람이 환경의 동물이라는 따위의 이론으로 나의 말을 논파(論破)하려고 할 것입니다. 또 어떤 사람들은 속으로 이렇게 말할 것입니다. '나는 나름대로 괜찮은 사람이야. 어느 누구도 나를 비난할 수 없어. 나는 훌륭한 아버지며, 좋은 남편이며, 정직한 사업가야. 나는 약속을 잘 지키는 사람이며, 교양을 갖춘 신사야. 뿐만 아니라 나는 죄를 싫어하는 사람이야. 그러므로 당신의 말은 나와 아무 상관이 없어.' "형제들아 너희는 삼가 혹 너희 중에 누가 믿지 아니하는 악한 마음을 품고 살아 계신 하나님에게서 떨어질까 조심할 것이요"(12절). 사랑하는 형제들이여, 살아 계신 하나님으로부터 떨어지는 것, 바로 이것이 내가 이야기하는 죄입니다. 술 취하지 않고, 도둑질하지 않고, 육욕의 돼지우리에서 뒹굴지 않고, 어떤 특별한 외적 행동을 하지 않았다고 하더라도 말입니다. 모든 죄의 핵심은 우리 자신을 위하여 사는 것입니다. 바로 이것이 내가 여러분 모두에게 이야기하고자 하는 바입니다.

4. 마지막으로, 이러한 것으로부터 건짐을 받는 것과 관련한 거짓말을 주목하십시오.

죄가 만들어 내는 거짓말들은 마치 거품처럼 결국 터집니다. 즐거움과 관련한 첫 번째 거짓말은 일반적으로 실제로 행동이 행해진 순간 터집니다. 고통과 불법성과 관련한 다른 거짓말들은 대체적으로 하나님에 대한 생각이나 혹은 하나님과의 접촉으로 말미암아 사라집니다. 그러나 속이는 자의 창고는 아직 비지 않았습니다. 그는 자신의 통치권을 유지하기 위해 또 다른 일련의 거짓말들을 만듭니다. 실제적인 행동이 행해지기 전에 "그것은 결코 해롭지 않아. 너는 그것을 또 다시 행할 필요가 없어. 한 번으로 모두 끝이야"라고 말했던 죄는 실제 행동을 행하고 난 후 여러분이 그것이 잘못된 일이었음을 느끼고 그 죄책을 떨어버리려고 할 때 다시금 여러분에게 이렇게 말합니다. "너는 이미 그것을 행했어. 너는 더 이상 그것으로부터 벗어날 수 없어. 이미 모든 것은 끝났어. 너는 그것의 결과와 그것의 권능으로부터 결코 도망칠 수 없어. 이미 모든 것은 결정되었어. 너는 내 것이야!" 이와 같이 죄는 자신의 쇠 발톱으로 그를 움켜잡습니다. 어떤 사람들은 나름대로 철학적인 원리를 제시하면서 이와 같은 원인과 결과의 엄격한 연결고리 안에서 죄 사함이라든지 혹은 새로운 삶의 시작 따위의 개념은 불가능하며 터무니없는 개념이라고 생각합니다. 그러면서 그들은 "아, 이제 나에게는 아무런 희망도 없어! 나는 악을 사랑했어! 이제 나는 끝이야!"라고 말합니다.

이와 같이 죄는 에덴 동산에서와 똑같이 우리에게 거짓말을 합니다. 이제 나는 여러분에게 새로운 메시지를 전해야만 합니다. 그것은 죄의 모든 거짓말 가운데 범죄한 사람이 자신의 죄로부터 돌이킬 수 없다는 말보다 더 거짓되고 치명적인 거짓말은 아무것도 없다는 메시지입니다. 자신의 모든 죄를 정복하십시오. 새롭게 정결한 삶을 시작하십시오. 하늘에 계신 아버지로부터의 죄 사함을 확신하십시오. "충성된 증인이신 예수 그리스도"가 죽으심으로 말미암아 우리가 영속적인 축복의 약속을 소유하는 것이 가능하게 되었습니다. 만일 우리가 그의 피의 능력을 믿기만 한다면, 우리는 우리의 죄의 법정적인 결과들로부터 피할 수 있게 되었습니다. 또 우리가 그의 영의 능력을 믿기만 한다면, 우리는 우리의 죄의 습관과 그것의 필연적인 결과들로부터 건짐을 받을 수 있게 되었습니다. 사랑하는 친구들이여, 여러분 앞에 두 사람이 서 있습니다. 한쪽에 입가에 미소를 띤 채 간사한 음녀가 서 있습니다. 그녀의 입에는 거짓말이 있으며, 그녀의 소맷자락에는 칼이 감추어져 있습니다. 그녀의 집 안으로 들어가지 마십시오. "오직 그 어리석은 자는 죽은 자들이 거기 있는 것과 그의 객들이 스올 깊은 곳에 있는 것을 알지 못하느니라"(잠 9:18). 그리고 다른 한쪽에 우리 영혼을 죄의 속임으로부터 구속하기 위해 죽으신 예수 그리스도께서 서 계십니다. 그를 믿을 때, 우리는 이렇게 소리칠 수 있습니다. "우리의 영혼이 사냥꾼의 올무에서 벗어난 새 같이 되었나니 올무가 끊어지므로 우리가 벗어났도다"(시 124:7).

10
우리의 확신의 시작

"우리가 시작할 때에 확신한 것을 끝까지 견고히 잡고 있으면
그리스도와 함께 참여한 자가 되리라"
히 3:14

히브리서의 주된 특징 가운데 하나는 배교에 대한 진지하면서도 반복적인 경고입니다. 우리는 그러한 경고가 계속적으로 반복되는 것을 발견합니다. 사실상 우리는 본 서신이 기록된 목적이 그와 같은 위험으로부터 지키고자 한 것이었다고 말할 수 있습니다. 실제로 본 서신의 수신자들은 예수 그리스도를 버릴 수 있는 위험한 환경 가운데 있었습니다. 왜냐하면 그들은 유대교의 유혹으로 말미암아 믿음의 불씨가 갑자기 꺼지는 위험에 끊임없이 직면해야만 했기 때문입니다. 그러므로 그들은 "시작할 때에 확신한 것을 끝까지 견고히 붙잡아야만" 했습니다. 왜냐하면 자칫 그들은 유대교의 유혹으로 말미암아 "뒤로 물러가 멸망에 이를" 수 있었기 때문입니다(히 10:39).

물론 오늘날 우리는 유대교의 유혹 아래 있지 않습니다. 그럼에도 불구하고 우리의 연약한 본성과 우리를 둘러싸고 있는 환경의 계속적인 압박을 감안할 때, 본문의 훈계는 오늘날의 우리에게도 똑같이 적합하며 중요합니다. "그러므로 너희 확신을 버리지 말라 이것이 큰 상을 얻게 하느니라"는 훈계는 항상 그리스도의 제자들의 귓가에 울려야만 합니다(히

10:35). 본문으로부터 우리는 몇 가지 매우 강력하며 아름다운 개념들을 끌어낼 수 있습니다.

1. 첫째로, 모든 신자들에게 꼭 필요한 것이 무엇인지 주목하십시오.

"우리의 확신의 시작을 끝까지 견고히 잡고 있으면"(hold fast the beginning of our confidence steadfast unto the end, 한글개역개정판에는 "우리가 시작할 때에 확신한 것"이라고 되어 있음). 여기에서 "우리의 확신의 시작"은 무엇을 의미하는 것입니까? 그것은 다음과 같은 두 가지 가운데 하나를 의미하는 것일 수 있습니다 — 나는 두 가지 모두를 의미한다고 생각하고 싶습니다. 한편으로 우리의 확신이 시작될 때 기초로 삼는 외적인 사실, 혹은 좀 더 학문적인 표현을 사용할 때 성육신하시고 죽으시고 부활하신 그리스도에 대해 말하는 복음 안에서 우리에게 나타난 객관적인 사실이 모든 참된 확신의 시작입니다. 오직 그것 위에 현재와 미래의 사실들에 직면할 수 있는 견고하며 합리적인 확신이 세워질 수 있습니다. 만일 우리가 본문을 이러한 관점에서 이해한다면, 여기의 훈계는 처음에 우리에게 확신을 가져다 준 진리를 굳게 붙잡으라는 것이 될 것입니다. 최초에 여러분을 주님께로 이끌었던 처음의 기본적인 진리들을 굳게 붙잡으십시오.

다른 한편으로 여기의 표현은 다음과 같은 의미를 가질 수 있습니다 — "너희의 확신의 시작 즉 너희 측면에서의 최초의 행동을 굳게 붙잡으라." 여러분의 무관심한 마음속으로 처음 스며들어온 소망의 숨결이 무엇이었습니까? 그러한 새로운 소망은 회개와 믿음이라는 두 가지 단순한 그러나 강력한 행동의 결과였습니다. 그러한 두 가지 내적 행동으로부터 소망의 무지개가 솟아올랐습니다. 확신은 회개와 믿음으로부터 탄생됩니다. 여러분의 확신의 시작을 굳게 붙잡으십시오. 확신이 흘러나온 두 가지 처음의 행동을 항상 되풀이하십시오. 그러한 두 가지 행동은 우리의 마음이 처음의 사실을 붙잡는 분량에 비례하여 되풀이될 것입니다.

본문의 훈계를 위에서 설명한 두 가지 모두를 포함하는 것으로서 이해할 때, 우리는 그와 같은 기초적인 복음 안에 사람이 필요로 하는 모든 것이 담겨 있으며 또한 기독교적 생명의 두 가지 기초적인 행동인 회개와 믿음 안에 모든 성장과 진보의 씨앗이 있음을 깨닫게 됩니다. 갈색의 표피 안에 싸인 너도밤나무의 새순들을 생각해 보십시오. 그것이 잎으로 펼쳐지기 위해서는 단지 햇빛과 이슬만이 필요할 뿐입니다. 그와 같이 여기의 히브리인들을 그리스도인으로 만든 처음 말씀 안에는 그들의 마음과 의지와 이해력이 필요로 하는 모든 것이 담겨 있습니다. 또 거기에는 그들의 소망이 그릴 수 있는 모든 것과 그들의 사랑이 열망할 수 있는 모든 것이 담겨 있습니다. 이러한 지식의 처음 요소들은 어떤 의미에서 그것의 마지막 결과입니다. 알파가 곧 오메가며, 알파 안에 모든 알파벳이 담겨 있습니다. 그리고 나아가 알파벳으로부터 만들어질 모든 단어들과 책들이 그 안에 담겨 있습니다. 왜냐하면 "하나님이 세상을 이처럼 사랑하사 독생자를 주셨으니 이는 그를 믿는 자마다 멸망하지 않고 영생을 얻게 하려 하심이라"(요 3:16)라는 진리 안에 도덕적이며 영적인 주제와 관련한 모든 지식의 원리들이 담겨 있기 때문입니다. "우리의 확신의 시작"으로부터 우리의 마음과 생각과 의지가 필요로 하는 모든 것을 끌어내기 위해서는 이제 단지 그것이 발전되며 펼쳐지는 것만이 필요할 뿐입니다.

물론 계속적인 발전과 전개는 우리가 처음에 깨달은 기독교 체계의 참된 법칙에 따라 펼쳐져야만 합니다. 나는 기독교 사상과 지식이 세기가 거듭함에 따라 계속해서 발전되어 왔다고 믿습니다. 그렇지만 나는 그러한 발전이 처음의 말씀 속에 담겨 있는 충만을 점점 더 풍성하게 이해하는데 있다고 믿습니다. 비록 어떤 사람들은 기독교의 진보를 성육신하시고, 죽으시고, 부활하시고, 통치하시고, 심판자로서 다시 오실 신성(神性)을 가지신 예수 그리스도의 진리들과 그가 나누어 주는 성령의 진리들을 내팽개쳐 버리는 것으로 여긴다 하더라도 말입니다. 나는 이런 식의 발전은 진보가 아니라 도리어 퇴보라고 믿습니다. "확신의 시작"은 계속되어야만 합니다. 그리고 그것은 우리가 처음에 붙잡은 것을 더 굳게 붙잡는 방식으로 이루어져야만 합니다.

그러나 사랑하는 형제들이여, 소위 그리스도인이라 불리는 사람들 가운데 너무나 많은 사람들이 안타깝게도 이러한 개념을 잃어버리고 맙니다. 그들은 계속적인 발전뿐만 아니라 처음의 사실과 처음의 행동을 굳게 붙잡는 것을 잃어버리고 맙니다. 처음 회심했다고 생각하는 지점으로부터 단 한 발자국도 전진하지 못한 사람들이 얼마나 많습니까? 예수 그리스도 안에 있는 하나님의 진리의 영향력 아래 삶에 있어, 20년 혹은 30년 혹은 40년 전보다 특별히 더 나아진 것이 없는 사람들이 얼마나 많습니까? 그들은 아무런 진보도 이루지 못했습니다. 그들은 자신들의 기초를 굳게 붙잡지 않았습니다. 그들의 확신의 시작은 마치 완전하게 피어나지 못하고 죽은 새순과 같습니다. 그렇게 볼 때, 본문의 메시지는 우리에게 얼마나 강력한 능력으로 임합니까! "너희의 확신의 시작을 끝까지 견고히 붙잡으라."

하늘 아래 본문의 훈계가 필요치 않은 사람은 단 한 사람도 없습니다. 아무리 뛰어난 헌신과 훌륭한 경력과 아름다운 경건을 소유한 사람이라 하더라도 말입니다. 본문은 "끝까지"라고 매우 강조적으로 말합니다. 긴 항해를 마치고 거의 항구에 도달한 마지막 순간 항구 입구에서 파선하고 마는 배들이 있습니다. 오래 전에 존 번연이 보았던 것처럼, 하늘의 도성 바로 입구까지 왔음에도 불구하고 갑자기 문이 닫혀 들어가지 못하는 사람들이 있습니다. 그러므로 우리는 우리가 가진 것을 굳게 붙잡기 위해 긴장을 늦추거나 혹은 노력을 게을리 해서는 결코 안 됩니다. 우리는 처음에 붙잡은 것을 마지막 순간까지 지키며, 계속적으로 발전시켜 나가야 합니다.

2. 둘째로, 이러한 훈계에 순종하는 길 위에 놓여 있는 장애물들을 주목하십시오.

이러한 특성과 관련하여, 기독교적 삶은 다른 모든 행동의 과정들과 다르지 않습니다. 기독교적 삶 역시도 그것의 본래의 기초로부터 너무나 쉽게 이탈하는 경향이 있습니다. 이 땅에서 펼쳐진 위대한 운동들을 생각해 보십시오. 처음에는 뜨거운 열정과 함께 시작하지만, 나중에는 처음의 열정을 잃어버린 채 습관적으로 행해지기 쉽습니다. 이와 같이 우리의 모든 삶 속으로 스며들어오는 습관의 질식시키는 힘은 영적인 삶에 있어서도 마찬가지입니다.

물론 습관의 버팀목을 갖는 것에는 좋은 측면들이 많이 있습니다. 그렇지만 습관적으로 행하는 것에는 좋은 것 못지않게 나쁜 것도 함께 따릅니다. 우리 모두는 옛 열정의 에너지가 여전히 계속되고 있다고 생각하는 착각 속에 빠지기 쉽습니다. 실제로는 그것이 바닥을 드러내고 있음에도 불구하고 말입니다. 전에는 신선한 열정으로 행했지만, 지금은 판에 박힌 일로 행하고 있는 것입니다. 이런 경향은 우리의 삶의 어떤 부분들에서 우리 모두에게 사실이지 않습니까? 심지어 영적인 삶에 있어서조차 종종 사실이지 않습니까? 우리는 이러한 무거운 습관을 깨뜨리고, 본래의 열정과 처음의 사실로 되돌아갈 필요가 있습니다.

뿐만 아니라 진리에 대한 태도에 있어서의 변화도 있습니다. 그리고 이러한 변화는 진리에 대해 익숙해지는 분량에 비례하여 이루어지는 경향이 있습니다. 놀람도 사라지고, 흥분도 지나갑니다. 그리고 뜨거운 감정은 식을 것입니다. 불은 처음 붙었을 때 탁탁 소리를 내며 타지만, 완전하게 붙고 난 후에는 조용히 타오릅니다. 그러므로 처음의 흥분이 가라앉고 예전의 조용함으로 되돌아가는 것은 결코 나쁜 일이 아닙니다. 감정은 마침내 본질적인 원리 속으로 스며들도록 의도된 것입니다. 그럴 때, 그것은 우리에게 온전한 유익이 됩니다. 그러나 이 모든 것에도 불구하고 거기에는 진리에 대해 익숙해짐으로 말미암아 우리가 진리에 대해 무관심하게 되는 위험이 있습니다. 회개나 혹은 믿음의 행동을 반복하면서도 거기에 별다른 감정이 따르지 않습니다. 그리고 그러한 행동들 자체도 덜 진지하며, 덜 실제적입니다. 그럴 때 습관은 우리에게 큰 해악과 손실이 됩니다.

이러한 필연적인 변화 외에도, 우리로 하여금 그리스도를 붙잡은 힘을 느슨하게 만들며 또 처음의 회개와 믿음의 행위를 계속적으로 약화시키는 우리 자신의 변덕스럽고 연약한 본성의 계속적인 작용이 있습니다. 뿐만 아니라 우리의 안과 밖에서 계속적으로 작용하는 원수들도 있습니다. 이와 관련하여 히브리서 기자는 다른 곳에서 이렇게 말합니다. "우리는 들은 것에 더욱 유념함으로 우리가 흘러 떠내려가지 않도록 함이 마땅하니라"(2:1). 그렇습니다. 인생의 조류(潮流), 합법적인 일들과 의무들, 우리의 일상의 직업, 우리의 일상의 기쁨들, 하나님이 우리에게 주신 선하며 즐거운 일들 — 이런 것들이 우리를 강으로 조용히 흘러 떠내려가도록 만듭니다. 우리가 배 안에서 잠들어 있다면, 깨어 일어나 눈을 떴을 때 우리는 매우 낯선 장소에 흘러 떠내려와 있는 것을 발견하게 될 것입니다. 그리고 우리가 잠들기 전에 보았던 것들은 더 이상 우리 눈에 보이지 않을 것입니다. 이와 같이 너무나 많은 그리스도인들이 부지불식간에 강둑에 있는 견고한 정박지로부터 흘러 떠내려갑니다. 그러므로 우리가 그곳에 굳게 붙어있고자 계속 노력하지 않는다면, 우리는 "우리의 확신의 시작"을 잃어버리게 될 것입니다.

3. 마지막으로, "우리의 확신의 시작"을 굳게 붙잡는 것의 복된 결과를 주목하십시오.

히브리서 기자는 그 결과와 관련하여 "그리스도와 함께 참여한 자가 되리라"라고 말합니다. 그는 매우 주목할 만한 언어를 사용하는데, 이에 대해 간략하게 살펴보도록 합시다. "그리스도와 함께 참여한 자가 되리라"(We are made partakers of Christ)라는 표현은 다음과 같은 두 가지 가운데 어느 하나를 의미할 것입니다 — 나에게 있어 둘 가운데 어느 것을 의미하는지 말하기는 매우 어렵습니다. 첫째로, 그것은 그리스도의 참여자(partakers of Christ)가 되는 것을 의미할 수 있습니다. 마치 우리 모두가 거룩한 식탁에 둘러앉아 그리스도께서 베푸시는 공동의 식사에 참여하는 것처럼 말입니다. 둘째로, 그것은 그리스도와 함께 참여자(partakers with Christ)가 되는 것을 의미할 수 있습니다. 마치 우리 각 사람이 그리스도와 함께 그의 모든 소유에 참여하는 것처럼 말입니다. 그러나 둘 사이의 차이는 단지 표현의 차이일 뿐, 그것이 제시하는 개념은 본질적으로 동일합니다. 그것이 제시하는 개념은 우리가 우리의 확신의 시작을 굳게 붙잡는 조건 위에서 예수 그리스도와, 그가 소유한 모든 것과, 그의 존재의 모든 것을 받는다는 개념입니다. 그렇다고 해서 마지막 때가 올 때까지 우리가 그를 소유하지 못한다는 의미는 아닙니다. 히브리서 기자는 그와 같이 우울하게 말하지 않습니다. 도리어 우리는 처음의 행동으로 말미암아 예수를 실제적으로 소유합니다. 본문의 언어를 주목해 보십시오. 하반절을 원어(原語)대로 정확하게 번역하면, 그것은 "우리가 참여한 자가 되었다"(We have become partakers)가 됩니다. 마치 참여한 것이 이미 이루어진 사실인 것처럼 말입니다. 그러면서 동시에 그것은 여전히 미래에 속한 것으로 말합니다. 일견 이것은 매우 모순적인 이야기처럼 들릴 수 있지만, 실제로는 전혀 그렇지 않습니다. 처음에 예수 그리스도를 구주와 친구로 가장 미약하며 초보적으로 붙잡을 때, 우리는 그 안에 참여하게 됩니다. 다시 말해서 우리는 그것을 붙잡는 깊이와 그에 대한 깨달음의 정도에 비례하여 그 안에 참여할 수 있습니다. 그러나 그러한 참여는 무한히 증가될 수 있습니다. 그리고 그리스도를 더 많이 소유하는 방법은 처음의 행동을 되풀이하며, 처음의 사실들을 더 굳게 붙잡는 것입니다. "무릇 있는 자는 받겠고 없는 자는 그 있는 것도 빼앗기리라"(눅 19:26).

11
믿음의 안식

"이미 믿는 우리들은 저 안식에 들어가는도다"

히 4:3

수많은 묘비석에 여러분은 "아무개는 몇 년 몇 월 며칠 안식에 들어갔다"라는 구절을 읽을 것입니다. 그것은 "그는 죽었다"와 동의어입니다. 히브리서 기자가 그러한 표현을 미래의 축복을 의미하는 것으로 사용하는 것은 참으로 특이한 일입니다. 여기의 말씀은 많은 사람들이 종종 오해했습니다. 그것은 "우리는 죽을 때 안식에 들어갈" 것이라고 말하지 않고, 다만 "믿는 우리는 안식에 들어간다"고 말하는 것입니다.

이것은 매우 담대한 표현입니다. 그러나 평균적인 그리스도인들의 경험은 이와는 상당 부분 상충되는 것처럼 보입니다. 그러나 믿음의 열매가 안식임에도 불구하고 믿음을 가졌노라고 말하는 우리가 불안으로 가득 차 있다면, 우리가 할 수 있는 최선의 일은 이러한 말씀을 의심하지 않고 좀 더 적극적인 시각으로 바라보는 것입니다. "이미 믿는 우리들은 저 안식에 들어가는도다"(We which have believed do enter into rest).

1. 첫째로, 믿음의 현재적인 안식(present rest of faith)을 주목하십시오.

첫째 대지의 제목으로 내가 흠정역 본문의 "belief" 대신 "faith"를 사용한 것은 기독교적인 믿음(faith)의 개념과 일반적인 믿음(belief)의 개념 사이의 구별을 강조하기 위함입니다. 후자는 단순히 어떤 명제를 사실로 받아들이는 것으로서, 어떤 사람의 영혼에 안식을 가져다주기에 충분하지 않습니다. 그의 지성(知性)에 안식을 가져다 줄 수는 있을는지 모르지만 말입니다. 신약에서 마땅히 "faith"로 번역되어야 할 단어가 우리의 역본(KJV)에서 너무나 자주 "belief"로 번역된 것은 참으로 안타까운 일이 아닐 수 없습니다.

그러나 여러분이 본 서신의 기자가 여기의 "belief"와 동일한 의미를 가진 다른 두 단어를 사용하는 것을 주목한다면, 여러분은 그 의미를 더 잘 이해하게 될 것입니다. 때로 그는 "확신"(confidence)이라는 단어를 사용하는데, 그러한 단어로서 그는 여기의 "믿음"과 정확하게 동일한 것을 의미합니다. 또 "belief"에는 자발적인 순복의 요소가 포함됩니다. 그러므로 "이미 믿는 우리들은 저 안식에 들어가는도다"라고 말할 때, 그가 의미하는 것은 "예수 그리스도가 하나님의 아들이요 세상의 구주임을 인정하면서 마음으로 그를 신뢰하며 의지(意志)로 그 앞에 순복하는 우리들은 저 안식에 들어가는도다"라는 것입니다. 믿음과 관련한 신약의 개념 가운데 "확신"과 "순종"의 두 개념은 결코 분리될 수 없는 근본적인 요소들이라는 사실을 잊지 마십시오. 그럴 때 여러분은 본문의 위대한 말씀을 충분하게 이해할 수 있게 될 것입니다.

믿음(trust)은 안식을 가져다줍니다. 왜냐하면 예수 그리스도를 지적(知的)으로뿐만 아니라 본성 전체로 의지(依支)하면서 붙잡는 믿음은 우리를 불안하게 만드는 모든 원인들을 몰아내기 때문입니다. 마치 북풍이 지평선 위에 있는 모든 구름들을 몰아내는 것처럼 말입니다. 그런 것들은 우리와 하나님 사이의 관계를 왜곡시키며, 우리의 마음을 그로부터 떨어지게 만듭니다. 형제들이여, 예수 그리스도의 희생제사를 붙잡는 믿음으로부터 흘러나오지 않는 삶에는 참된 안식이란 없습니다. 그의 희생제사로 말미암아 우리 영혼의 갈등과 요동(搖動)의 내적 근원이 처리됩니다. 대부분의 사람들은 피상적인 고요함으로 만족합니다. 마치 화산(火山)의 분화구 아래 있는 평온한 포도원처럼 말입니다. 화산 속에서 끓고 있는 유황불이 언제 터질지 모르는 가운데 말입니다. 우리의 삶 가운데 가장 명백한 사실을 무시하는 토대 위에 세워진 평온이 도대체 무슨 가치가 있단 말입니까? 이런 상태로 일시적인 안식을 누리는 것은 자신의 의식(意識)으로부터 하나님을 배제시키고, 자신의 죄와 도덕적 상태를 외면하며, 자신의 죄의 무게를 비합리적으로 가볍게 만듦을 통해 이루어집니다. 일단 휘장을 열어 젖히십시오. 그러면 여러분은 하늘의 실재(實在)들과 여러분 자신의 성품의 실재들을 대면하게 될 것입니다. 그럴 때, 여러분의 모든 피상적인 평안은 산산조각이 나고 말 것입니다. 그러나 믿음은 안식을 가져다줍니다. 양심을 쏘는 것으로부터의 안식, 무한한 신적 의(義)와 접촉하는 것으로부터 생기는 악한 결과들을 의식하는 것의 안식, 모든 죄책의 짐으로부터의 안식 말입니다. 그러한 안식은 일시적인 안식이 아니라 지속적인 안식일 것입니다. "이미 믿는 우리들은 저 안식에 들어가는도다." 왜냐하면 우리의 믿음이 하나님과의 올바른 관계를 회복시키기 때문입니다.

또 믿음이 안식을 가져다주는 것은 그것이 우리의 모든 짐을 다른 존재에게 전가(轉嫁)시키기 때문입니다. 모든 믿음의 행동은 염려로부터 우리를 건져냅니다. 이것은 믿음의 대상이 우리와 같은 보잘것없는 인생일 때조차도 사실입니다. 서로 믿고 의지하는 남편과 아내, 부모와 자녀, 보호자와 피보호자 — 이들 모두가 믿음이 평온을 가져다주는 사실을 증언하는 증인들입니다. 어린아이가 엄마가 바라보는 앞에서 잠드는 것을 생각해 보십시오. 아이가 평온하게 잠들 수 있는 것은 엄마를 믿고 의지하기 때문입니다. 우리가 은신처 안에 숨는다면, 돌풍이 우리에게 휘몰아치지 못할 것입니다. 믿음은 곧 안식입니다. 심지어 육체적인 힘을 믿고 의지할 때조차 우리는 안식을 가집니다. 종종 실망할 때가 있다 하더라도 말입니다. 그렇다면 견고한 줄 알고 기댔다가 부러진 갈대처럼 힘없는 것으로 드러난 것이 아니라 만세반석으로부터 오는 평온은 얼마나 깊은 평온이겠습니까? "이미 믿는 우리들은 저 안식에 들어가는도다."

또 믿음이 안식을 가져다주는 것은 그것이 순복으로 귀결되기 때문입니다. 우리가 세상에서 안식하지 못하는 진짜 이유는 우리가 변화와 슬픔의 무자비한 폭풍 속으로 내던져지기 때문이 아닙니다. 우리가 어떤 슬픔을 받아들인다면, 그것의 대부분의 위력은 사라집니다. 우리를 요동(搖動)하게 하는 것은 외적인 폭풍이 아니라 반항적인 의지(意志)입니다. 새장 안에 있는 새를 생각해 보십시오. 어떤 새는 새장에다가 자기 머리를 계속부딪침으로써 큰 상처를 입습니다. 새장 안에 조용히 앉아 즐겁게 노래를 부를 수 있음에도 불구하고 말입니다. 이와 같이 믿음으로 받아들일 때, 우리는 기꺼이 순복하게 됩니다. 그리고 순복은 평안을 낳습니다. 우리의 슬픔을 위로함에 있어 순복으로부터 오는 위로 외에 다른 참된 위로는 없습니다. 모든 것을 받아들일 때, 우리는 평온함을 누릴 것입니다.

또 믿음이 안식을 가져다주는 것은 그것이 우리의 바람(desires)을 만족시켜 주기 때문입니다. 우리가 안식을 누리지 못하는 것은 우리가 추구하는 각각의 대상들이 부분적으로밖에는 만족되지 못하기 때문입니다. 우리의 마음과 생각과 의지(意志)를 채우며 우리의 본성 전체를 만족시켜줄 수 있는 것은 오직 한 분밖에 없습니다. 아무리 값진 물건이나 최고의 지식조차도 사람의 마음을 항상 만족시켜 줄 수 없습니다. 유한한 사람은 무한한 만족을 필요로 하는 인간을 충분히 만족시켜 줄 수 없습니다. 우리 마음의 모든 빈 공간을 채움으로써 우리에게 안식을 주는 한 분이 계십니다. 나의 영혼은 하나님을 향해 목마릅니다. 그런데 나는 더러운 웅덩이에 고인 물로 갈증을 풀려고 합니다. 그러나 거기에는 만족이 없습니다. 우리는 오직 하나님 안에서만 참된 안식을 발견할 수 있을 뿐입니다.

여러분 가운데 최근에 작고한 한 저명한 생물학자의 다음과 같은 고백을 들은 사람들이 있을 것입니다. 그의 고백을 들어 보십시오. "경험으로부터 나는 과학적 연구와 철학적 사색과 예술적 즐거움의 지적 유희(遊戱)를 압니다. 그러나 그와 더불어 나는 그 모든 것이 굶주린 사람에게 가벼운 간식거리밖에 되지 않는다는 사실을 압니다. 나는 항상 우리 세대의 많은 유명인들에게 그러한 사실을 알리고자 애썼습니다. 그리고 그럴 때마다 나는 그것이 분명한 사실임을 항상 느꼈습니다." 우리는 그의 고백에 기꺼이 "아멘"으로 화답할 수 있습니다. "이미 믿는 우리들은 저 안식에 들어가는도다."

2. 둘째로, 믿음의 안식은 믿음의 일에 의해 더 심화(深化)됩니다.

우리는 본 문맥 가운데 하나님 안에서의 사람의 안식과 하나님 자신의 안식 사이의 유사성이 나타나는 것을 주목할 수 있습니다. 그것은 하나님과 사람 그리고 창조주의 경험과 피조물의 경험 사이에 어느 정도의 유사성이 있다는 매우 놀라운 개념을 우리에게 보여 줍니다. 태우는 불과 그로 말미암아 나타나는 빛 사이에 어떤 종류의 유사성이 있는 것이 가능합니까? 그 유사성이 우리에게 매우 흐릿할 수 있지만, 어쨌든 양자 사이에는 분명한 유사성이 있습니다. 이러한 개념은 우리에게 얼마나 큰 기쁨을 줍니까! "나의 평안을 너희에게 주노라"(요 14:27).

여기에서 내가 이러한 유사성을 언급하는 주된 요점은 여러분에게 하나님의 안식이 성경에서 일을 그치는 것으로서가 아니라 목적을 이루며 결과에 만족하는 것으로서 다루어지는 사실을 일깨워 주기 위함입니다. 예수 그리스도는 "내 아버지께서 이제까지 일하시니 나도 일한다"고 말씀하셨습니다(요 5:17). 오늘날의 어떤 사상가들은 "보존은 계속적인 창조다"라고 말함으로써 이와 동일한 개념을 좀 더 이교(異敎)적인 형태로 제시합니다. 하나님이 창조의 일로부터 쉬는 것처럼 — 휴식이 필요하다든지 혹은 계속적인 일로부터 손을 붙잡아 두는 것으로서가 아니라 결과에 대해 만족하는 것으로서 — 그리고 하나님이 일 안에서 쉬시고 또 쉼 안에서 일하시는 것처럼, 예수 그리스도는 세상에서의 자신의 일을 완수한 증표로 영원한 평온 가운데 하나님 우편에 앉아 계십니다. 그러나 동시에 그는 하나님 우편에 서 계신 것으로 표현됩니다. 그것은 자신의 종들을 도울 준비가 되어 있음을 나타내는 자세입니다. 그는 그들의 모든 수고에 그들과 더불어 항상 일하고 계십니다.

우리가 믿음의 안식이라는 개념 속에 열심히 수고하는 개념이 포함되어 있음을 깨닫지 못한다면, 우리는 믿음의 안식과 관련하여 잘못된 개념을 갖고 있는 것입니다. 믿음은 안식을 가져다줍니다. 그렇습니다. 그러나 기독교적 믿음의 주된 특징은 그것이 사람을 더 열심히 일하는 사람으로 만든다는 사실입니다. 다시 말해서 그것은 우리로 하여금 거룩한 삶의 모든 수레바퀴를 더 힘차게 돌리게 만듭니다. 믿음의 일은 믿음의 안식 못지않게 중요합니다. 믿음은 사랑으로 말미암아 역사(役事)합니다. 그리고 믿음이 가져다주는 안식은 우리로 하여금 한층 더 힘을 다해 수고하도록 만듭니다. 우리는 우리 자신에 대한 아무런 염려 없이, 우리의 내적 본성의 아무런 흐트러짐이 없이, 죄를 의식함으로 말미암는 아무런 힘의 약화 없이, 우리에게 맡겨진 일에 우리 자신을 던질 수 있습니다. 그리고 그 일을 모든 힘을 다해 행할 수 있습니다. 여러 개의 지류로 나누어졌다가 하나로 합친 강을 생각해 보십시오. 이제 그것은 강력하게 흐르면서 그 앞에 있는 모든 더러운 것들을 씻어낼 수 있을 것입니다. 이와 같이 평온이 없는 상태로부터 건짐을 받은 사람은 더 열심히 일하며 수고하게 됩니다. 그는 심지어 수고하는 가운데서도 안식을 누립니다. 이러한 두 가지 즉 안식과 일을 불가분리적으로 연결시키는 것은 가능합니다. 가장 열정적인 수고의 한 가운데 고요함이 있는 것은 가능합니다. 마치 태풍의 눈속에 완전한 고요함이 있는 것처럼 말입니다. 일상의 분주한 일과 의무들로 바쁜 가운데 지극히 높은 자의 은밀한 장소에 거하며 영혼의 고요함을 누리는 것은 가능합니다. 우리를 하나님의 고요한 임재 안으로 인도하는 믿음은 동시에 싸움이 벌어지는 최전선과 세상의 분주한 일터로 우리를 밀어냅니다.

이와 같이 기독교적 안식은 실천적인 안식입니다. 믿음 위에 기초한 일은 안식을 방해하기는커녕 도리어 심화(深化)시킬 것입니다. 예수 그리스도는 자신의 참된 제자들이 실현하는 쉼의 두 단계를 구별하셨습니다. "수고하고 무거운 짐 진 자들아 다 내게로 오라 내가 너희를 쉬게 하리라"(마 11:28). 이것은 믿음 안에서 그에게 나아옴으로 말미암아 오는 쉼이며, 또한 쉬지 못하도록 만드는 원인들을 제거함으로 말미암는 쉼입니다. 그런가 하면 제자들의 일로 말미암은 평안의 둘째 단계가 있습니다. "나의 멍에를 메고 … 그리하면 너희 마음이 쉼을 발견하리니"(29절). 여기에서는 스스로의 목에 멍에를 메는 행동 안에서 "내가 너희에게 주겠다"가 아니라

"너희가 발견할" 것이라는 것입니다. 믿음의 일은 믿음의 안식을 한층 더 심화시킵니다.

3. 마지막으로, 현재의 안식이 미래에 완전하게 되는 것을 생각하십시오.

뒤에서 히브리서 기자는 이러한 개념을 표현하기 위해 본문과는 다른 단어를 사용합니다. 흠정역(KJV)이 두 경우에 동일한 표현을 사용한 것은 이와 같은 발전의 개념을 이해함에 있어 매우 불행한 일이 아닐 수 없습니다. 흠정역은 9절에서 이렇게 말합니다. "그런즉 안식(rest)이 하나님의 백성에게 남아있도다"(한글개역개정판에는 "안식할 때"라고 되어 있음). 이것은 "그런즉 안식일을 지키는 것이 하나님의 백성에게 남아 있도다"라고 번역되었더라면 훨씬 더 좋았을 것입니다. 설령 히브리서 기자가 본문과 여기에서 근본적으로 동일한 사실을 가리키고 있었다고 하더라도, 그러나 그는 여기에서 수고의 한 주간에 이어지는 안식의 시대의 개념을 본문보다 한층 더 명확하게 전달하는 개념을 제시하고 있었던 것입니다.

안식을 누리지 못하게 만드는 원인들을 제거하며, 새로운 동맹군이 오며, 우리의 의지(意志)가 순복하며, 우리의 바라는 것들이 만족됨으로 말미암아 이 땅에서 경험하는 믿음의 안식은 단지 우리가 바라보는 영원한 안식일의 씨앗에 불과합니다. 여기에서 말하는 안식은 현재적인 것입니다. 그러나 모든 현재적인 것 안에는 그것이 완전하게 되는 것에 대한 예언이 담겨 있습니다. 일상의 분주한 일들 가운데서의 마음의 안식은 그에 대한 최고의 예표입니다. 왜냐하면 그것은 하늘의 안식의 시작이기 때문입니다.

미래는 현재와 본질적으로 동일합니다. 이 땅에서와 마찬가지로 하늘에서도, 우리는 믿음을 통해 안식에 참여하게 됩니다. 여기에서와 마찬가지로 저기에서, 안식을 가져다주는 것은 믿음입니다. 어떤 사람에게 예수 그리스도를 붙잡는 믿음이 없다면, 육체의 환경의 어떤 변화도, 몸과 영 사이의 관계의 어떤 변화도, 새로운 상태와 새로운 세상으로의 어떤 옮김도 그에게 안식을 가져다주지 못할 것입니다. 믿음은 영원합니다. 믿음은 영원히 안식을 가져다주는 사자(使者)입니다. 천국은 기독교적 경험의 최고의 그리고 가장 정결한순간들이 완전하게 되는 것입니다.

그러므로 사랑하는 그리스도인들이여, 믿음이 더 클수록 안식도 더 크다는 사실을 기억하십시오. 설령 여러분이 곤고한 세상을 지나가는 가운데 본문의 위대한 말씀의 진실성을 아주 조금밖에 경험하지 못한다 하더라도, 결코 그것을 틀린 말로 여기지 마십시오. 믿음의 눈으로 안식이 깊어지는 것을 보십시오.

사랑하는 친구들이여, 현재의 안식과 미래의 완전함을 가져다주는 것은 죽음이 아니라 믿음이라는 사실을 기억하십시오. 죽음은 천국의 문을 여는 문지기가 아닙니다. 그것은 다만 우리를 그 문으로 데려가는 안내인일 뿐입니다. 그 문은 "열면 아무라도 능히 닫을 자가 없고 닫으면 아무라도 능히 열 자가 없는" 자로 말미암아 열립니다. 그는 믿는 자들에게 그 문을 열어 주십니다. 그리고 그들은 안으로 들어가 구원받습니다. "그러므로 우리가 저 안식에 들어가기를 힘쓸지니 이는 누구든지 저 순종하지 아니하는 본에 빠지지 않게 하려 함이라"(히 4:11).

12
하나님의 안식에 들어감

"[9]그런즉 안식할 때가 하나님의 백성에게 남아 있도다 [10]이미 그의 안식에 들어간 자는 하나님이 자기의 일을 쉬심과 같이 그도 자기의 일을 쉬느니라"

히 4:9, 10

우리는 본문을 지나치게 성급하게 미래의 상태를 지칭하는 것으로 간주함으로써 그것의 의미를 많이 놓치고 마는 경향이 있습니다 오류의 기초는 "남아 있도다"라는 단어를 잘못 해석하는데 있습니다. 그 단어는 이생의 삶의 슬픔이 모두 끝난 후의 "안식"(rest)을 가리키는 것으로 취하여집니다. 물론 거기에는 그러한 안식이 있습니다. 그러나 문맥 전체를 통해 볼 때, 우리는 그것을 여기에서 가르치는 사실 곧 죽음이 아니라 믿음이 그리스도의 안식에 참여하는 문이며 그 안식은 모세와 유대교 이후에 남아 있다는 사실을 가리키는 것으로서 받아들이지 않을 수 없습니다.

본문 전체의 주된 요지는 그리스도가 모세보다 우월하며 기독교가 유대교보다 우월하다는 논점을 부연 설명하는 것입니다. 히브리서 기자는 유대교라는 옛 체계의 핵심에 안식의 약속이 있다고 말합니다. 그러나 그것은 단지 약속을 가지고 있었을 뿐, 자신이 제시하는 것을 줄 수 없었습니다. 그것은 본질적으로 그렇게 할 수 없었습니다. 그러한 사실은 약속의 땅을 소유한 오랜 후 그리고 그 약속이 처음 주어진 오랜 후 시편 기자가 안식에 들어가는 것을 아직 실현되지 않은 특권으로 묘사하는 사실로 분명하게 나타납니다. 히브리서 기자가 볼 때, "오늘 너희가 그의 음성을 듣거든 너희 마음을 완고하게 하지 말라"는 다윗의 말은 분명 가나안이 약속된 "안식"이 아니었음을 보여 주는 것이었습니다(7절). 다윗은 그것을 하나님의 말씀에 순종함으로 얻는 것으로, 그리고 백성들이 아직 소유하지 않은 것으로 다룹니다. 비록 그들이 약속된 땅을 가지고 있었음에도 불구하고 말입니다. 그는 그것들 당시 즉 그 자신의 "날"에 아직까지 단지 약속으로, 그리고 그의 백성들이 마음을 완고하게 한다면 그들에게 성취되지 않을 것으로서 다룹니다. 이 모든 사실은 여기의 기자로 하여금 유대교가 아직 자신이 약속한 "안식"을 주지 않았음을 추론하도록 만듭니다. 그리하여 그는 처음부터 약속되고 또 모든 세대의 유대인들 앞에서 흐릿하게 빛나고 있었던 "안식"이 그들에게 아직까지 소유되지 않은 채 남아 있다고 말합니다. 하나님의 말씀은 명백합니다. 하나님은 자신의 안식 안에 그의 백성들을 위한 분깃이 있을 것이라고 말씀하셨습니다. 그렇지만 옛 백성들은 그것을 얻지 못했습니다. 그러면 무엇입니까? 그로 인해 하나님의 말씀이 취소됩니까? "이로 보건대 그들이 믿지 아니하므로 능히 들어가지 못한 것이라"(3:19). 그러나 사람의 불신앙이 하나님의 신실하심을 폐하지는 못할 것입니다. 하나님의 약속이 주어졌지만, 그 약속은 그들에게 이루어지지 못했습니다. 그러나 하나님의 계획은 좌절되지 않을 것입니다. 그리하여 하나님의 약속은 이방인들에게로 향하게 됩니다. 이와 같이 "안식"은 먼저 유대인들에게 제시되었지만, 그들은 그것을 받지 못했습니다. 그리하여 그것은 모든 신자들이 거기에 참여하도록 남겨지게 됩니다.

계속해서 히브리서 기자는 유대인들에게 약속된 안식이 두 번째 기초 위에서 그리스도인들이 소유하도록 남아 있다는 원리를 세웁니다. 그는 10절에서 "왜냐하면 이미 그의 안식에 들어간 자는 하나님이 자기의 일을 쉬심과 같이 그도 자기의 일을 쉬기 때문이니라"라고 말합니다. 어떻게 이것이 증거가 됩니까? 만일 여러분이 이것을 사람들이 일반적으로 해석하는 것처럼 해석한다면, 이것은 우리를 위해 안식이 남아 있는 증거가 될 수 없습니다. 그러나 만일 여러분이 이것을 그리스도와 그의 천상의 상태를 가리키는 것으로 해석한다면, 그것은 충분한 증거가 됩니다. "이미 그의 안식에 들어간 자" 즉 예수 그리스도는 "하나님이 자기의 일을 — 즉 하나님의 완성된 창조사역을 — 쉬심과 같이" "그도 자기의 일을 — 즉 그의 완성된 구속사역을 — 쉬십니다." 우리를 위해 안식이 남아 있는 강력한 증거는 유대교가 안식을 가져다주지 못했기 때문만이 아니라 또한 예수 그리스도께서 하늘로 올라가셨기 때문입니다. 우리에게는 하늘로 올라가신 큰 대제사장이 계십니다. 우리 주 예수 그리스도는 창조 이후의 신적 평온과 동등한 자신의 안식으로 들어가셨습니다. 그가 안식을 소유하는 것을 볼 때, 우리 역시도 필경 그것을 소유할 것입니다. 우리가 그를 붙잡기만 한다면 말입니다. 안식이 아직 남아 있는 것은 그리스도가 그 안으로 들어가신 사실이 증명합니다. 따라서 우리는 그러한 안식에 들어가기를 더욱 힘써야만 합니다. "그러므로 우리가 저 안식에 들어가기를 힘쓸지니 이는 누구든지 저 순종하지 아니하는 본에 빠지지 않게 하려 함이라"(11절).

우리는 여기에서 세 가지 주된 요점을 발견합니다. 첫째로, 신적 안식 즉 하나님의 안식과 그리스도의 안식. 둘째로, 이러한 신적 안식이 이 땅에서의 우리의 삶을 위한 모범이 됨. 셋째로, 이러한 신적 안식이 하늘에서의 우리의 삶의 예언이 됨.

1. 첫째로, 여기에서 우리는 신적 안식을 발견합니다.

"하나님이 자기의 일을 쉬심과 같이 그도 자기의 일을 쉬느니라"(10절). 히브리서 기자는 하나님이 창조사역을 마치고 안식하신 것과 그리스도가 구속사역을 마치고 그의 영원한 평온의 안식하신 것을 서로 병행시킵니다.

나는 우리를 위해 남아 있는 하나님의 안식의 주제와 관련하여 굳이 길게 설명할 필요를 느끼지 않습니다. 그것은 "내 안식" 즉 하나님의 안식입니다(5절). 그 안식은 필연적으로 신적 본성에 속합니다. 그것은 그것의 무한한 아름다움 가운데 충족하며, 그것의 영원한 능력 가운데 고요하며,

그것의 기장 깊은 기쁨 가운데 잔잔하며, 그것의 가장 강한 에너지 가운데 조용한 특성을 가진 깊은 평온입니다. 그것은 사랑하되 격정(激情)이 없으며, 뜻하되 변함이 없으며, 행동하되 애씀이 없으며, 고요하며, 모든 것을 움직이며, 모든 것을 새롭게 만들며, 스스로 영원합니다. 그것은 창조하며, 행동으로 말미암아 감소되지 않으며, 영원히 소멸되지 않습니다. 하나님은 계십니다. 하나님은 모든 곳에 계십니다. 하나님은 모든 곳에서 동일하십니다. 하나님은 모든 곳에서 동일하게 무한하십니다. 하나님은 모든 곳에서 동일한 무한의 사랑이시며, 동일한 무한의 충족이십니다. 그러므로 그의 존재 자체가 안식입니다. 그럼에도 불구하고 그러한 평온 가운데 우리 앞에 떠오르는 이미지는 차갑거나 싸늘하지 않습니다. 그것은 싸늘한 대리석의 이미지와 같지 않습니다. 폭풍과 풍랑을 알지 못하는 신적 본성의 거대한 대양(大洋)은 물결조차 없는 죽은 바다가 결코 아닙니다. 하나님은 변함이 없으시고 영원히 고요하시지만, 그는 사랑하십니다. 하나님은 변함이 없으시고 영원히 고요하시지만, 그는 뜻하십니다. 하나님은 변함이 없으시고 영원히 고요하시지만, 그는 행동하십니다. 이것은 모든 이해를 초월하는 신비 중의 신비입니다. 그럼에도 불구하고 그는 "그들이 나의 안식에 들어올 것이라"라고 말씀하십니다. 나는 심지어 이와 같은 무한한 신적 본성과 관련해서조차 그리스도의 안식이 하나님의 안식과 같다고 믿으며, 여러분도 그렇게 믿기를 바랍니다. "하나님이 자기의 일을 쉬심과 같이 그도 자기의 일을 쉬느니라." 예수 그리스도는 어제나 오늘이나 영원토록 동일하십니다(13:8). 하나님의 이와 같이 완전하며, 변함이 없으며, 필연적이며, 본질적인 안식은 그 아들 우리 주 예수 그리스도의 경우에도 동일합니다.

본문 속에는 이러한 신적 본성에 속하는 깊은 평온 외에 또 다른 개념이 있습니다. 그것은 하나님이 자신의 일을 마치고 평온 가운데 거하는 안식의 개념입니다. 구약에서 우리는 하나님이 창조의 행동을 마치고 일곱째 날에 쉬셨으며, 그 날을 복되게 하셨다는 말씀을 읽습니다. 여기에 나타나는 개념은 두말할 것도 없이 하나님이 많은 수고 가운데 지쳐서 휴식을 필요로 한다는 것이 아니라, 자신의 이상(理想)과 목적이 자신의 일 가운데 충분하게 구체화된 것을 표현하는 것입니다. 하나님은 창조의 행동 가운데 자신의 이상을 구체화하셨습니다. 하나님은 이를테면 이렇게 선포하십니다. "나의 창조를 보라. 이것이 내가 계획하고 의도한 모든 것이니라. 이제 완전하게 이루어졌도다." 이것은 창조의 에너지가 소진(消盡)되었으므로 휴식을 통해 다시 에너지를 재충전해야만 한다는 의미가 전혀 아닙니다. 하나님의 안식은 완전한 창조의 행동 가운데 완전한 만족을 표현하는 것입니다.

창조의 행동 뒤에 안식일이 오고 하나님이 보실 때 모든 것이 좋았으며 별들이 함께 기쁨의 노래를 불렀던 것처럼, 구속의 새 창조의 행동 뒤에 예수 그리스도는 자신의 손을 내려놓았습니다. 베들레헴과 갈보리가 그를 피곤하게 만들었거나 혹은 고통 후에 휴식이 필요했거나 혹은 십자가로 말미암아 회복될 시간이 필요했기 때문이 아니라, 모든 것을 다 이루었기 때문에 말입니다. 하나님이 그의 일을 쉬신 안식일과 그리스도가 죽은 자 가운데 다시 살아나신 새 안식일은 서로 병행관계를 이룹니다. 두 경우 모두, 일이 완성되었습니다. 두 경우 모두, 각각의 일을 행한 자는 자신의 일을 마치고 난 후에 휴식을 필요로 하지 않았습니다. 모든 능력으로 충만하신 하나님이 창조의 행동 후 아무런 에너지도 소진되지 않았던 것처럼 그래서 회복을 위한 특별한 휴식을 필요로 하지 않았던 것처럼, 그리스도 역시도 죄와 사망과의 처절한 싸움 후 아무런 손상도 입지 않고 무덤에서 일어나 쉬셨습니다. 그리고 이것은 그의 일이 완수되었으며, 십자가가 인류를 위해 영원히 충분하며, 모든 것이 완성되었으며, 인류의 구원이 이루어졌음을 세상에 나타내는 증표였습니다. 하나님이 자신의 일로부터 쉬셨던 것처럼, 그리스도 역시도 그의 일로부터 쉬셨습니다.

나아가 이러한 신적 안식은 또한 일(work)로 가득 찬 안식입니다. 예수 그리스도는 유대인들에게 안식일의 원리와 관련하여 이렇게 말씀하셨습니다. "내 아버지께서 이제까지 일하시니 나도 일하노라"(요 5:17). 창조의 행동이 끝나고 하나님이 쉬십니다. 그러나 하나님은 쉬는 가운데 일하십니다. 하나님은 쉬는 가운데 일하시며, 일하시는 가운데 쉬십니다. 보존은 계속적인 창조입니다. 신적 능력의 에너지는 창조의 일을 행할 때와 똑같이 지금 이 땅에서 우리를 지탱하는 일에 강력하게 역사(役事)합니다. 하나님은 쉬십니다. 그리고 쉼 가운데 현재까지 그리고 영원히 하나님은 일하십니다. 마찬가지로 십자가 위에서 완성된 그리스도의 구속의 일 역시 영원히 계속됩니다. 그리스도의 영광스러운 안식은 그의 백성들을 위한 에너지로 가득 차 있습니다. 그는 하늘에서 중보하십니다. 그는 그의 백성들에 대해 일하시며, 그들을 통해 일하시며, 그들을 위해 일하십니다. 하나님의 안식 곧 신적 평온은 일로 가득 차 있습니다.

이와 같이 여기에 병행관계가 있습니다. 창조의 일을 마치고 보존의 일을 계속하고 계시는 아버지의 안식은 희생제사의 일을 마치고 중보의 일과 거룩하게 하는 일을 계속하고 계시는 아들의 안식과 병행됩니다. 둘은 하나입니다. "나의 안식"은 아들 안에서의 아버지의 안식이며, 아버지 안에서의 아들의 안식입니다. 이러한 고요한 교제와 영원한 안식은 우리의 삶을 위한 예언입니다. "안식할 때가 하나님의 백성에게 남아 있도다"라는 말씀은 처음 선포되었을 때와 똑같이 여전히 우리의 귀에 새롭게 울립니다(9절). 그들은 하나님의 평온의 비밀 안으로 들어갈 것입니다.

2. 둘째로, 이러한 하나님과 그리스도의 안식은 이 땅에서의 우리의 삶을 위한 모범이 됩니다.

아버지의 어떠하심과 같이 아들도 그러한 것이 가능합니까? 물론 가능합니다. 어떤 차이들과 함께 말입니다. 그러나 그러한 차이들은 유사한 것들과 비교할 때 지극히 미미하며 사소합니다. 어떤 사람이 절대적인 진리를 알 수 있든 혹은 그렇지 않든, 그는 절대적인 진리, 진리 중의 진리와 더불어 직접적이며 개인적인 접촉을 가질 수 있습니다. 이 땅에서 우리가 하나님을 계신 그대로 알 수 있든 혹은 그렇지 않든, 어쨌든 신약은 우리에게 다음과 같은 사실들 즉 우리가 우리 영혼의 본질 안에서 그와 같아질 수 있으며, 그의 완전하심을 닮을 수 있으며, 그의 속성들 가운데 일부를 가질 수 있다고 가르칩니다. 바로 여기에 우리가 "그의 안식에 들어갈 수 있는 믿음"을 위한 기초가 놓여 있습니다. 우리는 절대 불변의 완전한 고요함은 소유할 수 없지만, 확고한 본성의 안정된 고요함은 가질 수 있습니다. 우리는 영원히 신선하며 쇠하지 않는 에너지는 소유할 수 없습니다. 그러나 모든 수고에도 불구하고 요동하지 않는 그래서 어떤 일을 마친 후 더 큰 일을 위해 준비할 수 있는 평온함은 소유할 수 있습니다. 우리는 사랑 가운데 깜빡거림 없이 타오르는 신적 본성의 흔들림 없는 불은 소유할 수 없습니다. 그러나 깊고 평온하며 영속적으로 그 사랑에 다가갈 수 있으며, 아무런 의심이나 어둠 없이 견고한 확신 가운데 알 수 있으며, 목적의 변화나 열망의 흔들림 없이 강하고 견고하며 지혜롭게 의지(意志)하며 결심할 수 있습니다. 이와 같은 방식으로 우리는 심지어 하나님에게 속한 완전한 평온함조차 닮으며 본받을 수 있습니다.

나아가 안식에 들어가는 방편인 믿음은 여러분의 삶을 우리를 위해 일하시는 가운데 자신의 모든 수고로부터 안식하시는 하나님의 삶과 비슷해지도록 만들 것입니다. 예수 그리스도를 믿으십시오! 바로 이것이 여기의 교훈입니다. 예수 그리스도를 믿으십시오! 그러면 평온한 안식의 큰 축복이 여러분의 고요한 마음과 생각 위에 임할 것입니다. 예수 그리스도를 믿으십시오! 그러면 여러분의 영혼은 더 이상 "요동치는 바다"와 같지 않을 것이며, 더 이상 제발 만족시켜 달라고 소리치며 광분하는 소욕들(desires)과 바람들(wishes)로 가득 차지 않을 것입니다. 도리어 여러분의 마음은 산정(山頂)에 있는 어떤 호수처럼 투명하며 고요할 것입니다. 거기에는 어떤 폭풍도 몰아치지 않을 것이며, 거센 물결도 일어나지 않을 것입니다. 오직 그 수면 위에 청명한 하늘과 평온한 햇빛이 계속적으로 반사될 것입니다. 예수 그리스도를 믿으십시오! 그러면 여러분은 안식을 소유하게 될 것입니다. 두려움으로부터의 안식, 수고와 요동(搖動)으로부터의 안식, 슬픔으로부터의 안식, 여러분 자신의 영혼의 출렁임으로부터의 안식, 여러분 자신의 소욕(所欲)들의 요란한 부르짖음으로부터의 안식, 여러분 자신의 양심의 쏘는 것으로부터의 안식, 여러분 자신의 의(義)를 추구하는 것으로부터의 안식 말입니다. 예수 그리스도를 믿으십시오. "여러분 자신의 공로"로부터 멈추십시오. 여러분 자신의 행함을 버리십시오. 여러분 자신의 의를 포기하고 버리십시오. 그러면 그의 신적 고요함과 그의 영원하며 복된 안식이 여러분의 영(靈) 위에 임할 것입니다. "그런즉 안식할 때가 하나님의 백성에게 남아 있도다"(9절). 그러므로 나는 그를 믿고, 그 안에서 안식할 것입니다. 그러면 그는 완전한 평안 가운데 나를 지키실 것입니다. 왜냐하면 그가 나의 마음을 붙잡으시기 때문입니다.

3. 마지막으로, 이러한 신적 안식은 하늘에서의 우리의 삶의 예언이 됩니다.

서론에서 나는 본문의 언급이 본질적으로 미래와 관련되는 것이 아니라고 말했습니다. 그러나 그것은 미래와의 관련성을 배제하지 않습니다. 만일 우리가 이 땅에서의 그리스도인의 삶과 하늘에서의 그리스도인의 상태가 서로 완전히 다른 것으로 생각하지 않는다면 말입니다. 성경은 이와는 정반대의 개념을 제시합니다. 물론 성경은 두 상태를 특징짓는 모든 차이들을 충분히 중시(重視)합니다. 그럼에도 불구하고 성경은 이 땅에서의 그리스도인의 삶과 하늘에서의 그리스도인의 삶 사이에 본질적인 유사성이 있다고 말합니다. 설령 그 축복의 크기에 있어, 둘 사이에 큰 차이가 있다고 하더라도 말입니다. 이 땅에서의 축복은 이를테면 작고 연약한 새순과 같습니다. 그러나 그것이 하늘의 밭으로 옮겨지고 그 위에 하늘의 해가 비췰 때, 그것은 풍성한 아름다움으로 꽃 피고 영원한 생명의 열매들을 맺을 것입니다. 하늘은 이 땅에서의 신자의 삶이 영화로워지고 완전하게 된 것입니다. 이 땅에서 우리가 믿음으로 안식의 시작에 들어간다면, 하늘에서 우리는 안식의 완전에 들어갈 것입니다.

우리는 미래에 대해 지나치게 한정적(限定的)으로 이야기해서는 안 됩니다. 여기에서 내가 말하고 싶은 것은 우리에게 있어 하늘은 일하는 가운데 안식하는 것이며 또 안식으로 충만한 일일 것이라는 것입니다. 우리 주님의 하늘은 아무 일도 하지 않는 하늘이 아닙니다. 예수 그리스도께서 자신의 모든 일을 완수하고 하늘로 올라가신 것은 하늘에서 자신의 일을 계속하기 위함입니다. 그와 함께 하는 그의 자녀들의 영광과 안식도 그의 영광과 안식과 같을 것입니다. 그는 모든 일로부터 안식하지만, 동시에 계속해서 일합니다. 그는 "원수들이 자신의 발등상이 되기까지" 하나님 우편에 앉아 계십니다. 동시에 스데반은 순교하는 순간 서 계신 주님을 보았습니다. 그것은 그를 도울 준비가 되어 있는 자세였으며, 주님은 스스로를 굽혀 그를 맞이하고 계셨습니다. 주님은 승천하시면서 복음을 전파하는 일을 이 땅에 남겨 두셨습니다. 그러나 주님은 그의 보좌로부터 "우리와 함께" 일하십니다. 그는 결코 우리의 고난과 수고에 무관심하지 않으십니다. 신적 평온의 모든 안식은 왕성하며 영속적으로 일하는 것 안에서의 안식입니다. 그것은 물질세계에 있어서도 마찬가지입니다. 우리는 가만히 있는 물질 안에서 가장 빠른 움직임을 관찰할 수 있습니다. 수레바퀴가 빠른 속도로 회전할 때, 우리의 눈은 그것의 움직임을 식별할 수 없습니다. 요란한 거품을 내뿜으며 떨어지는 폭포를 생각해 보십시오. 그러나 멀찌감치 떨어져 바라볼 때, 그것은 마치 얼음기둥이 아무 움직임 없이 고요하게 서 있는 것처럼 보입니다. 하나님의 일은 곧 안식입니다. 그것은 무한한 에너지 가운데 평온함이며, 광대한 강렬함 가운데 고요함입니다. 그것은 너무나 강하기 때문에 너무나 고요합니다. 이것이 하나님의 하늘이며, 그리스도의 하늘입니다.

모든 영적인 본성들의 하늘은 아무 일도 하지 않고 가만히 있는 것이 아닙니다. 사람의 즐거움은 활동하는 것입니다. 사랑하는 마음의 즐거움은 순종하는 것입니다. 구원받은 마음의 즐거움은 감사하는 마음으로 열심히 봉사하는 것입니다. 하늘의 즐거움은 완전한 정적(靜寂) 가운데 수동적으로 가만히 있는 것이 아닙니다. 그것은 다음과 같이 묘사될 수 있습니다. "그들이 밤낮 쉬지 않고"(계 4:8). "그의 종들이 그를 섬기며 그의 얼굴을 볼 터이요"(계 422:3).

그렇습니다, 하늘은 완전한 "안식"입니다. 수고하고 무거운 짐을 진 모든 사람들에게 "안식"이라는 짤막한 단어는 얼마나 큰 달콤함으로 임합니까! 석양의 하늘을 드리운 고요한 구름들을 생각해 보십시오. 그것은 완전한 평온 가운데 너무나 사랑스럽게 펼쳐져 있지 않습니까! 그것은 분주한 삶을 살아가는 우리들에게 너무나 달콤하지 않습니까! 하늘 안에서 안식하십시오! 하나님 안에서 안식하십시오! 그러나 안식 안에서 일하십시오. 우리의 마음은 세상이 결코 알지 못하는 사랑의 에너지로 자랄 것입니다. 우리의 손은 열심히 수고함에도 불구하고 피곤함을 알지 못하는 손이 될 것입니다. 우리는 피곤함을 알지 못하며 휴식을 필요로 하지 않는 일로 말미암아 영원히 존귀케 될 것입니다. 영원한 평온 가운데 우리는 주를 위해 열심히 수고할 것입니다. 그것은 우리의 마음의 사랑을 표현하는 것이 될 것이며, 감사의 예물을 드리는 것이 될 것입니다. 그리고 그것은 우리에게 즐거움이 되고 하나님에게 받으심 직한 것이 될 것이며, 그로 인해 우리는 영원히 복될 것입니다. 바로 이것이 "하나님의 백성에게 남아 있는 안식"의 참된 개념입니다. 하늘이 우리를 기다리고 있습니다. 그것은 그것의 모든 일 가운데 고요함이며, 그것의 모든 고요함 가운데 일일 것입니다. 나의 형제여, 당신의 삶이 예수를 믿음으로 인해 고요한지 보십시오. 오직 그만이 당신에게 안식을 줄 수 있습니다. 그럴 때 당신의 죽음은 단지 한 상태의 평온함으로부터 다른 상태의 평온함으로 옮겨지는 것에 불과한 것이 될 것입니다. 그리고 시신(屍身)의 고요한 얼굴은 완전한 평온함의 한 상징이 될 것입니다. 믿음은 이 땅에서 하나님의 안식에 참여하는 문이며, 믿음으로 죽는 것은 하늘의 하나님의 안식으로 들어가는 문입니다.

13
사람이 하나님의 안식에 참여함

"그러므로 우리가 저 안식에 들어가기를 힘쓸지니
이는 누구든지 저 순종하지 아니하는 본에 빠지지 않게 하려 함이라"
히 4:11

여기의 짤막한 훈계의 말과 함께 히브리서 기자는 본 서신의 가장 심오하면서도 난해한 부분들 가운데 하나를 끝마칩니다. 앞에서 그는 구약의 두 구절을 인용했습니다. 하나는 하나님이 창조의 일을 마치고 쉬셨다는 창세기의 언급이며(4절), 다른 하나는 이스라엘이 자신의 안식에 들어오지 못할 것이라고 하나님이 진노 가운데 맹세하신 말씀입니다(3절). 여기의 저자는 이러한 두 구절을 결합합니다. 그리고 그로부터 하나님이 약속하신 안식이 있으며, 그 안식에 참여하는 것의 상징으로서 외적인 약속의 땅을 받은 세대가 광야에서 불신앙으로 넘어져 죽었습니다. 그리하여 그 약속이 이후의 세대들과 오늘날까지 계속된다는 추론을 끌어냅니다. 그 안식의 모든 영광, 그것으로부터 배제되는 두려움, 거기에 들어가는 조건을 가로막는 장벽, 거기에 들어가도록 힘써야만 하는 엄중한 동기(動機) — 이 모든 것이 모든 세대들에게 동일합니다. 표면적인 형태는 다를 수 있습니다. 그러나 영적인 생명의 본질과 사람이 그것을 얻거나 혹은 잃는 방식은 동일합니다.

그러므로 우리는 "오늘 너희가 그의 음성을 듣거든 너희 마음을 완고하게 하지 말라"는 간절한 호소에 항상 새로운 마음으로 귀를 기울여야 합니다(7절).

본문의 훈계와 관련하여, 오늘 우리는 다음과 같은 세 가지 주제를 살펴보고자 합니다. 첫째로, 하나님의 안식. 둘째로, 그것에 들어가는 것을 가로막는 장벽들과 그것에 들어가는 조건들. 셋째로, 그것에 들어가기를 힘써야 함.

1. 첫째로, 하나님의 안식을 주목하십시오.

본장 3절이 인용한 시편에서 시편 기자가 "내 안식"이라는 표현으로 약속의 땅에서의 안식을 의미할 수 있었던 것은 충분히 가능합니다(시 95:11, "그러므로 내가 노하여 맹세하기를 그들은 내 안식에 들어오지 못하리라 하였도다"). 그 안식은 하나님의 안식이었습니다. 왜냐하면 그것을 주신 자가 하나님이었기 때문입니다. 그렇지만 그의 마음 가운데 또 다른 생각 즉 약속의 땅을 외적으로 소유하는 것을 훨씬 초월하는 신적 본성의 안식이 있으며 사람이 실제적인 방식으로 그것에 참여하는 것이 가능하다는 생각이 떠다니고 있었습니다. 바로 그것을 여기의 히브리서 기자가 강력하게 언급하고 있었다고 보는 것은 한층 더 개연성이 높은 것으로 보입니다.

그러면 하나님의 안식은 무엇입니까? 창세기가 말하는 "안식"은 물론 소진(消盡)된 힘을 회복시키기 위한 휴식이 아니라, 일이 완성되고 자신의 이상(理想)이 성취되었으므로 만족하며 그 일을 그치는 것입니다.

나아가 하나님의 안식에 대한 이와 같은 개념 안에 그의 모든 목적이 완성되었으며 원인과 결과가 충분하게 일치되었다는 개념뿐만 아니라 또한 무한한 본성의 요동(搖動)함이 없는 내적 조화의 개념이 포함됩니다.

한 걸음 더 나아가 하나님의 안식은 끊임없는 활동과 완전하게 조화를 이룰 뿐만 아니라, 사실상 그것의 또 다른 형태입니다. 주님은 "내 아버지께서 이제까지 일하시니 나도 일한다"고 말씀하셨습니다(요 5:17). 어떤 의미에서 그 일은 세상의 기초가 놓였을 때 완성되었음에도 불구하고 말입니다.

그러면 그와 같은 장엄하며 신적이며 완전한 평온과 안식은 우리 안에서 재생될 수 있습니까? 그렇습니다. 이슬방울은 태양과 똑같이 구형(球形)입니다. 가장 작은 빗방울 속에 있는 무지개는 하늘 전체를 가로지르는 거대한 무지개와 똑같은 색깔을 가지고 있습니다. 사람이 하나님의 형상으로 만들어졌다면, 완전하게 된 사람은 심지어 안식에 있어서조차 하나님과 같은 모습일 것입니다. 그들은 하나님의 생명에 최종적으로 참여하는 데까지 승귀(昇貴)될 것이며, 평온한 안식 가운데 장차 그들의 기쁨의 요소가 될 일들을 되돌아보게 될 것입니다. "그들이 수고를 그치고 쉬리니 이는 그들의 행한 일이 따름이라"(계 14:13). 그들의 행한 일이 따르는 것은 참소를 위한 것도 아니고, 온전치 못함에 대한 쓰라린 기억을 되살리기 위함도 아닙니다. 다만 그것이 깊은 평온과 하늘의 안식을 더욱 심화시키기 때문입니다. 이와 같이 하나님의 안식은 이 땅에서 수고한 불완전한 인생들에 의해 실제적으로 소유될 수 있습니다.

이와 같이 하나님의 안식과 평온은 그를 믿고 사랑하는 모든 사람들 안에서 재생될 수 있을 뿐만 아니라, 장차 즉 전 존재가 그에게 초점이 맞추어짐으로써 더 이상 의지(意志)와 소욕(所欲)과 의무와 양심이 충돌과 갈등을 일으키지 않을 때 필연적으로 재생될 것입니다. 이와 관련하여 시편 기자는 "일심으로 주의 이름을 경외하게 하소서"라고 기도합니다(시 86:11). 이것은 일차적으로 땅에서 이루어지기를 구하는 기도였습니다. 그렇지만 그러한 기도는 하늘에서 충분하게 응답될 것입니다. 그리하여 모든 구성요소들이 하나로 연합된 영혼은 하나님 안에서 안식할 것이며, 하나님처럼 안식할 것입니다.

나아가 사람이 그러한 신적 안식에 참여할 때, 그의 안식은 활동과 아무런 부조화 없이 하나가 될 것입니다. 최고의 활동이 가장 강렬한 안식입니다. 빠른 속도도 회전하는 불빛이 고요한 원(圓)으로 보이는 것처럼, 빠른 속도로 회전하는 수레바퀴가 아무런 움직임도 없는 것 같이 보이는 것처럼, 그리고 지구와 우주가 빠른 속도로 회전하고 있음에도 불구하고 아무런 움직임도 없는 것 같이 보이는 것처럼 말입니다. 안식을 깨뜨리는 것은 움직임이 아니라 불화와 마찰입니다. 불화와 마찰이 없을 때, 안식과 활동 사이에는 아무런 불일치도 없을 것입니다. 도리어 우리는 아무런 불화와 마찰 없이 안식과 활동 모두의 즐거움을 동시에 향유하게 될 것입니다.

이와 같이 사람이 하나님의 안식에 참여하는 것은, 비록 그 절정은 미래에 이루어지는 것이라 하더라도, 현재 안에 그 배아(胚芽)를 가집니다. 완전하게 된 사람들에게 주어지는 더 높은 축복들을 생각해 보십시오. 나는 이 땅에서 그 축복이 시작되지 않은 사람들에게 그것은 결코 주어지지 않을 것이라고 생각합니다. 성경의 모든 위대한 약속들은 이 땅에서 성취되기 시작합니다. 그러므로 비록 우리가 이 땅에서 단순히 외적이며 일시적인 필요들을 위해 힘에 지나도록 수고해야만 한다 할지라도 그리고 온갖 종류의 슬픔과 염려 가운데 온전한 안식을 누리지 못하는 것이 이 땅에서의 우리 모두의 경험이라 하더라도, 그럼에도 불구하고 "이미 믿는 우리들은 저 안식에 들어갑니다"(3절). 유대인들의 가나안을 히브리서 기자가 더 깊은 안식을 가리키는 상징과 외적인 보증으로서 다룹니다. 마찬가지 방식으로 우리를 기다리고 있는 하늘은 하나님과의 연합과 그 안에서 만족하며 안식하는 것의 상징으로서 다루어집니다.

2. 둘째로, 하나님의 안식에 들어가는 것을 가로막는 장벽들과 그것에 들어가는 조건들을 주목하십시오.

본문은 "이는 누구든지 저 순종하지 아니하는 본에 빠지지 않게 하려 함이라"라고 말합니다. 우리는 여기에서 이 약속을 받은 세대가 그것을 전유(專有)하는데 실패한 두 가지 이유를 주목할 수 있습니다. 그러한 두 가지 이유는 불행하게도 우리의 흠정역 역본이 두 개의 서로 다른 단어를 똑같이 번역함으로써 상당 부분 흐려졌습니다(KJV, lest any man fall after the same example of unbelief). 여기의 본문에서와 마찬가지로 때때로 우리는 "불신앙"(unbelief)으로 번역된 단어가 실제로는 불순종을 의미하는 사실을 발견합니다(한글개역개정판에는 "순종하지 아니하는"이라고 되어 있음). 그런가 하면 또 때때로 우리는 그 단어가 앞의 용어 즉 "불신앙"으로 올바르게 번역되는 것도 보게 됩니다. 예컨대 3장 12절에서 우리는 "불신앙의 악한 마음"에 대해 경고하는 말씀을 발견합니다(한글개역개정판에는 "믿지 아니하는 악한 마음"이라고 되어 있음). 또 우리는 3장 11절에서 "내가 노하여 맹세한 바와 같이 믿지 않는 자들은 내 안식에 들어오지 못하리라 하였다 하였느니라"라는 말씀을 발견합니다(한글개역개정판에는 단순히 "그들은"이라고 되어 있음). 그리고 바로 다음 절에서 우리는 "불신앙"이 다시 언급되는 것을 발견합니다. 그러므로 히브리서 기자가 하나님의 안식에 들어가는 것을 가로막는 장벽으로서 이야기하고 있는 것은 한 가지가 아니라 두 가지입니다. 그것은 불신앙과, 그것의 뿌리면서 동시에 결과인 불순종입니다.

그렇다면 우리는 이것을 역(逆)으로 뒤집을 수 있습니다. 그 장벽이 불순종으로 도금(鍍金)한 불신앙의 닫힌 문이라면, 거기에 들어가는 조건은 믿음과 그것의 결과인 의지(意志)의 순복과 삶의 순종입니다.

믿음과 불신앙 그리고 순종과 불순종을 교차적으로 사용으로 주는 중요한 교훈들을 주목해 보십시오. 불순종이 불신앙의 뿌리이며, 불신앙은 또 다른 불순종을 낳습니다. 반면 믿음은 자발적인 순복(順服)입니다. 믿음이 행사되지 않는다면, 그것의 참된 이유는 단순히 지적(知的)인 차원보다 훨씬 더 깊은 곳에 놓여 있습니다. 그것은 의지(意志)의 도덕적 혐오와 "도대체 누가 우리를 주관하는 주인이란 말이냐?"라고 말하는 영적 교만 안에 놓여 있습니다. 마땅히 우리는 예수 그리스도에게 의존해야만 합니다. 믿음이 순종과 순복인 것과 마찬가지로, 또한 그것은 순종을 낳습니다. 반면 불신앙은 더 완고한 반역을 낳습니다. 불신앙이 어머니라면, 더 완고한 반역은 그녀가 낳은 아들입니다. 둘은 서로 맞물립니다. 부정(不淨)한 어머니와 더 부정한 아들. 여기에는 끔찍한 상호관계가 있습니다. 사람이 더 적게 믿을수록, 그는 더 많이 불순종합니다. 그리고 더 많이 불순종할수록, 그는 더 적게 믿습니다.

계속해서 하나님의 안식에 들어감에 있어 믿음과 불신앙 그리고 순종과 불순종의 각각의 영향력을 주목해 보십시오. 나는 이러한 이중적인 표현을 우리 주님의 다음과 같은 말씀과 연결시키고자 합니다. "수고하고 무거운 짐 진 자들아 다 내게로 오라 내가 너희를 쉬게 하리라 나의 멍에를 메고 내게 배우라 그리하면 너희 마음이 쉼을 얻으리니"(마 11:28, 29). 여기에서도 우리는 안식의 두 근원과 함께 암시적으로 불안의 두 근원을 발견합니다. 그리스도에게 나오는 사람에게 주어지는 안식과 그의 멍에를 메고 그에게 배우는 사람에게 주어지는 안식은 같지 않습니다. 전자는 믿음의 안식이고, 후자는 순종의 안식입니다.

믿음으로부터 말미암는 안식(rest)과 불신앙으로부터 말미암는 불안(unrest)을 생각해 보십시오. 어떤 사람이 그리스도께 나올 때, 그는 안식에 들어갑니다. 왜냐하면 그리스도께서 그에게 들어가시기 때문입니다. 그러면 그에게 하나님과의 화해와 양심의 고요함이 따릅니다. 그리고 그 안에서 전체적인 본성이 최고의 사랑과 헌신 안에서 조화되기 시작합니다. 이러한 것들은 그 안에서 폭풍을 잠잠하게 하며, 그로 하여금 비록 작은 분량이라 하더라도 참된 방식으로 하나님의 안식에 참여하도록 만듭니다.

어떤 사람들은 구원을 믿음과 연결시키는 것을 독단적이라고 말하면서, 교리에 의해 구원받기도 하고 혹은 정죄받기도 하는 것은 "부당"하다고 말합니다. 우리는 우리의 믿음 때문에 구원받지도 않고, 우리의 불신앙 때문에 정죄받지도 않습니다. 다만 우리는 우리의 믿음 안에서 구원받으며, 우리의 불신앙 안에서 정죄받습니다. 어떤 사람이 청산가리가 독약임을 믿지 않고 그것을 한 순갈 먹고 죽었다고 상상해 보십시오. 여러분은 그의 생각이 그를 죽였다고 말할 수 있을 것입니다. 그러나 그것은 정확한 말이 아닙니다. 사람이 어떤 약이 자신의 병을 고칠 것이라고 믿고 그것을 먹고 건강을 되찾았다고 상상해 보십시오. 그를 고친 것은 약입니까 아니면 그의 생각입니까? 두말할 것도 없이 약입니다. 그렇지만 여러분이 어떤 사람의 도움의 약속을 신뢰하지 않는다면, 결국 여러분은 그로부터 아무런 도움도 받지 못할 것입니다. 이와 같은 차원에서 믿음은 사람이 하나님의 안식에 들어갈 수 있는 필연적인 조건입니다. 우리가 그리스도로 하여금 우리의 상처를 치료하도록 허락하지 않는다면, 우리의 상처는 계속해서 피를 흘리는 상태로 남아 있을 것입니다. 우리가 그로 하여금 우리의 양심을 어루만지도록 허락하지 않는다면, 우리의 양심은 계속해서 찔림을 당할 것입니다. 우리가 우리 자신을 그에게 가까이 나아가도록 만들지 않는다면, 우리는 그로부터 계속해서 멀리 떨어져 있을 것입니다. 만일 우리가 그로 하여금 들어올 수 있도록 우리 마음의 문을 열지 않는다면, 그는 계속해서 밖에 서 계실 것입니다. 믿음은 하늘에 들어가는 조건입니다. 반면 불신앙은 우리로부터 하늘의 문을 걸어 잠급니다. 왜냐하면 불신앙은 하늘 그 자체인 그에 대하여 우리의 마음 문을 걸어 잠그기 때문입니다.

마찬가지로 순종은 우리로 하여금 안식을 가져다주는 능력과 접촉하도록 만들어 주는 조건이며, 불순종은 그러한 능력과 계속 단절된 상태로 남아 있도록 만드는 조건입니다. 순복은 곧 평온입니다. 이 세상에서 우리를 요동(搖動)하게 하는 것은 일도 아니고 걱정거리도 아닙니다. 다만 우리의 일과 일치되지 않는 의지(意志)와 우리의 운명에 순복하지 않는 태도입니다. "주의 뜻대로 되기를 원하나이다"라고 말할 수 있을 때 비로소 우리 영혼 위에 평안이 희미하게 임하기 시작하며 고요함의 새들이 둥지를 틀기 시작합니다. 가시채를 뒷발질하는 소는 단지 자신의 발만 피 흘리게 만들 뿐입니다. 기꺼이 멍에를 받아들이면서 자신에게 맡겨진 수레를 끄는 소는 평온한 삶을 누립니다. 새장을 향해 돌진하는 새는 자신의 날개를 상하게 할 뿐입니다. 기꺼이 새장을 받아들일 때, 새의 노래는 되돌아옵니다. 순종은 곧 평온이며, 불순중은 곧 요동입니다. 믿고 순복하는 자들은 안식에 들어갑니다.

3. 마지막으로, 우리는 그 안식에 들어가기를 힘써야만 합니다.

이것은 참으로 기묘한 역설입니다. 그렇지 않습니까? 우리가 그 안식에 들어가기를 힘써야만 한다고요? 원어(原語)에서 역설은 여기만큼 강하지는 않지만, 어쨌든 역설이 있는 것은 분명한 사실입니다. 왜냐하면 "힘쓰다"라고 번역된 단어에는 성실함과 부지런함의 두 개념이 담겨 있기 때문입니다. 그리고 그것은 우리가 하늘의 — 위에 있는 충만한 하늘이든 혹은 이 땅에 있는 초보적인 하늘이든 — 안식에 들어갈 수 있는 조건입니다.

우리는 여기에서 하늘의 안식에 들어가기 위해 요구되는 것이 어떤 종류의 힘씀인지 정확하게 이해할 필요가 있습니다. 그것이 부지런함의 성격을 결정지을 것입니다. 모든 기독교적 삶의 주된 노력은 믿음과 그것의 결과인 순종을 더욱 심화시키고 강화시키는 하나의 초점으로 모아져야만 합니다.

여러분은 여러분의 믿음을 계발할 수 있습니다. 그것은 여러분의 능력의 범위 안에 있습니다. 여러분은 여러분의 믿음을 강하게 만들 수도 있고, 약하게 만들 수도 있습니다. 여러분은 여러분의 믿음을 삶 전체를 통해 역사(役事)하도록 만들 수도 있고, 이따금씩 부분적으로 역사하도록 만들 수도 있습니다. 그리스도인들은 매일의 삶 가운데 자신의 경건을 계속적이며, 의식적(意識的)이며, 신중하게 계발해 나가야 합니다. 성실한 노력을 기울이면서 기독교적 삶을 부지런히 이루어나가는 사람들은 틀림없이 성공할 것입니다. 여러분은 꽃으로 단장한 슬리퍼를 신고 하늘에 갈 수 없습니다. 설령 하늘이 값없이 주어지는 선물이라 하더라도 그리고 하나님의 떡이 그의 아들에 의해 우리에게 값없이 주어진다 하더라도, "너는 네 평생에 수고하여야 그 소산을 먹으리라"는 옛 명령은 여전히 취소되지 않은 채 남아 있습니다(창 3:17). 그것은 외적인 삶뿐만 아니라 내적인 삶에 대해서도 직접적이면서도 엄격하게 관련됩니다. 그러면 우리는 어떻게 우리의 믿음을 계발할 것입니까? 그것은 그러한 위대한 목적을 계속 묵상함을 통해서입니다. 그러면 여러분은 그렇게 합니까? 확고하며 반복적인 결심으로 우리는 그렇게 할 수 있습니다. "나는 하나님을 의지(依支)하고 두려워하지 아니할 것이라." 여러분은 그렇게 합니까? 우리는 우리의 눈을 우리의 마음을 빼앗는 세상의 잡다한 것들로부터 돌림을 통해 그렇게 할 수 있습니다. 여러분은 그렇게 합니까? 부지런함 — 바로 이것이 비밀입니다. 우리의 능력을 하나로 모으는 부지런함, 우리의 산만한 의지(意志)들을 강하고 견고한 하나의 덩어리로 묶는 부지런함, 우리를 게으름과 무기력함으로부터 건져내는 부지런함 말입니다.

마찬가지로 순종 역시도 계발되어야만 합니다. 여러분은 어떻게 순종을 계발합니까? 우리는 순종을 통해 순종을 계발합니다. 또 의지(意志)를 기꺼이 순복시키는 위대한 동기(動機)들을 깊이 묵상함으로써 그렇게 합니다. 이 모든 것은 "너희는 너희 자신의 것이 아니라 값으로 산 것이 되었으니"라는 한 말씀으로 귀결됩니다(고전 6:19, 20). 여러분의 모든 원하는 것들과 바라는 것들을 하나님의 뜻의 울타리 안에 제한시키십시오. 그리고 모든 것을 그의 최고의 뜻에 맡기십시오. 우리가 그와 같이 한다면, 우리는 그 안식에 들어갈 것입니다.

사랑하는 친구들이여, 길은 충분히 명백합니다. 우리 모두가 그것을 압니다. 결승점은 충분히 뚜렷합니다. 나는 우리 모두가 그것을 믿는다고 생각합니다. 필요한 것은 우리 앞에 놓인 경주(競走)를 계속해서 달려갈 발입니다. 본문 가운데 "힘쓸지니"라고 번역된 단어는 본 서신의 또 다른 곳에서도 발견되는데, 거기에서 저자는 "각 사람이 동일한 부지런함을 나타내어 끝까지 소망의 풍성함에 이르기를" 간절히 바랍니다(6:11). 또 그 단어는 다른 사도에 의해 다음과 같이 사용됩니다. "그러므로 너희가 더욱 힘써 너희 믿음에 덕을 더하라"(벧후 1:5). 그러면서 그는 "이같이 하면 우리 주 곧 구주 예수 그리스도의 영원한 나라에 들어감을 넉넉히 너희에게 주시리라"라고 덧붙입니다(11절). 한 걸음 더 나아가 사도들보다 더 권위 있는 자가 이렇게 말씀하십니다. "썩을 양식을 위하여 일하지 말고 영생하도록 있는 양식을 위하여 하라 이 양식은 인자가 너희에게 주리니"(요 6:27). 이어 "우리가 어떻게 하여야 하나님의 일을 하오리이까?"라는 제자들의 질문에, 주님은 "하나님께서 보내신 이를 믿는 것이 하나님의 일이니라"라고 대답하십니다(28, 29절). 바로 이것이 모든 것을 하나로 모으는 초점입니다.

우리가 우리의 믿음과 그것의 열매인 순종을 증진(增進)시키기 위해 부지런함으로 힘쓴다면, 우리는 능히 약속의 땅에 들어갈 것입니다. 설령 한 주간의 수고와 슬픔과 근심과 변화무쌍함이 "우리 영혼의 표면"을 요동케 할 수 있다 하더라도, 우리는 내적 성소(inner sanctuary)를 갖게 될 것입니다. 그리고 거기에서 우리는 우리를 둘러싸고 있는 모든 문들을 닫고, 하나님의 안식의 고요함에 싸인 가운데 하늘의 안식일을 지키는 첫 맛을 향유할 수 있을 것입니다.

14
은혜의 보좌

"그러므로 우리는 긍휼하심을 받고 때를 따라 돕는 은혜를 얻기 위하여 은혜의 보좌 앞에 담대히 나아갈 것이니라"

히 4:16

문맥 가운데 다음과 같은 세 가지 위대한 훈계가 나타나는데, 그것들은 서로 매우 긴밀하게 연결됩니다. "우리가 저 안식에 들어가기를 힘쓸지니"(11절). "우리가 믿는 도리를 굳게 잡을지어다"(14절). "우리는 은혜의 보좌 앞에 담대히 나아갈 것이니라"(16절). 안식에 들어가기를 힘쓰는 것은 결코 쉬운 일이 아닙니다. 그 일은 어떻게 행하여집니까? 그에 대해 두 번째 훈계가 대답해 줍니다. "우리가 믿는 도리를 굳게 잡을지어다." 이것을 다른 말로 옮기면 이렇게 될 것입니다. "우리가 힘쓰는 참된 방법은 믿음 안에서 그를 꽉 붙잡는 것이니라. 그러나 우리는 우리의 마음이 얼마나 연약하며 변덕이 심한지 알아야 할 것이니라. 그러므로 그 모든 것의 기초는 '우리가 은혜의 보좌 앞에 담대히 나아가는' 것이 되어야만 할 것이니라." 이렇게 함으로써 우리는 강한 힘을 얻게 되고, 그럼으로써 우리가 쥐고 있는 것을 다시금 강하게 붙잡을 수 있게 될 것입니다. 그럼으로써 우리는 예수 그리스도를 다시금 새롭게 붙잡을 수 있게 될 것이며, 그것이 우리로 하여금 다시금 새롭게 안식에 들어가도록 힘쓰게 만들 것입니다. 이와 같은 관점에서 기독교적 의무와 능력의 전체적인 기초가 되는 본문을 좀 더 세밀하게 살펴보도록 합시다.

먼저 "은혜의 보좌"라는 표현을 생각해 보도록 합시다. 얼마나 아름답고도 주목할 만한 표현입니까! 길게 설명할 것도 없이 은혜는 자격 없는 사람들에게 베풀어지는 하나님의 사랑의 호의(好意)를 나타내는 신약의 단어입니다. 그것은 그 대상의 자격 여부와 상관없이 그 자체 안에 동기(動機)를 가지고 있는 사랑입니다. 은혜는 자기 자신 안에 실제적인 충동과 동기를 가집니다. 성경에서 은혜는 공로의 반대어로 제시됩니다. "그것은 공로로 말미암지 않고 은혜로 말미암느니라"라는 식으로 말입니다. 어쨌든 은혜는 죄와 불의와 모든 악의 반대 개념으로서, 아무 공로 없는 자에게 베풀어지는 하나님의 사랑의 호의를 표현하는 개념입니다. 하나님이 그것이 아니라 공의와 보응을 기초로 사람들을 다루신다면, 그들은 사랑의 호의와는 전혀 다른 것을 받게 될 것입니다.

어쨌든 은혜의 보좌는 곧 하나님의 보좌입니다. 우리가 여기의 은혜라는 단어를 하나님에 대한 일종의 동의어로서 받아들인다면, 지나치게 회화적(繪畫的)일까요? 지금 히브리서 기자의 마음속의 그림(繪畵)을 생각해 보십시오. 은혜가 당당한 군주의 모습으로 우주의 중심에 있는 보좌에 앉아 자신의 자비로운 손을 펼쳐 모든 피조물들에게 그들이 필요로 하는 모든 것을 베풀어 주고 있습니다. 반면 만일 우리가 회화적(繪畫的)인 표현 대신 좀 더 산문체(散文體)적인 표현을 취한다면 어떨까요? 마치 여기의 은혜가 당당한 군주가 아닌 단순히 보좌 위에 있는 어떤 것 즉 그것으로부터 자격 없는 자들에게 베풀어지는 사랑이 흘러나오는 어떤 것을 가리키는 것으로서 말입니다. 설령 우리가 여기의 은유를 이와 같은 방식으로 취한다 하더라도, 우리는 동일한 개념 즉 신성(神性) 안에 있는 왕적인 요소가 우리와 같은 가련하며 무지한 죄인들에게 아무 공로 없이 베풀어지는 사랑과 긍휼이라는 개념에 도달하게 됩니다. 하나님은 왕이십니다. 그리고 하나님 안에 있는 왕적인 요소는 그의 무한한 사랑입니다.

이와 같은 장엄한 개념을 구약의 몇몇 구절들과 연결시켜 보도록 합시다. 다음과 같은 말씀들을 읽어 보십시오. "의와 공의가 주의 보좌의 기초라"(시 89:14). "하나님이 그의 거룩한 보좌에 앉으셨도다"(시 47:8). "주의 영광의 보좌"(렘 14:21). 그렇습니다. 의와 공의의 보좌. 감히 다가갈 수 없는 싸늘한 흰 보좌. 바라보는 자들의 연약한 눈을 부시게 하며 소경 되게 만드는 휘황찬란한 영광의 보좌. 주의 거룩한 보좌. 그렇습니다. 그것은 그 정결한 완전함 안에서 우리 위에 높이 솟아 있으며, 우리로부터 멀리 떨어져 있습니다. 우리와 같은 가련한 피조물들은 너무나 눈이 부셔 그것에 가까이 다가갈 수 없습니다. 그러나 하늘의 모든 위엄 즉 공의와 심판과 거룩과 영광은 단지 그 중심에 있는 따뜻하며 정결한 빛을 싸고 있는 껍데기에 불과합니다. 진실로 그 보좌는 은혜의 보좌입니다. 그 "보좌"는 우리에게 존귀와 위엄과 통치권과 무한함과 위대함의 모든 개념들을 제시합니다. 그러나 그것이 "은혜의 보좌"라는 개념은 이 모든 것들을 값없이 베푸시는 자발적인 사랑의 가장 부드러우며 따뜻한 보자기로 쌉니다. 그것은 우리 안에 있는 어떤 선(善) 때문이 아니라, 단지 그가 하나님이시기 때문입니다.

우리는 신적 본성의 이러한 위대한 개념을 마음에 품고 "그러면 어떻게 우리가 그 보좌에 나아갈 것입니까?"라고 물어야 합니다. 우리는 정말로 그 보좌이 나아갈 수 있습니까? 우리가 그렇게 믿는 것은 참으로 정당한 일입니까? 본문 바로 앞에 나오는 구절을 읽어 보십시오. "우리에게 있는 대제사장은 우리의 연약함을 동정하지 못하실 이가 아니요 모든 일에 우리와 똑같이 시험을 받으신 이로되 죄는 없으시니라"(15절). 교리적인 언급을 원리에 대한 선언으로 바꾸어 보십시오. 그러면 "하나님의 보좌가 사랑과 은혜의 보좌라는 우리의 확신은 전적으로 우리의 믿는 도리의 대제사장이신 그리스도의 사역 위에 기초하며 근거한다"는 것이 될 것입니다. 다시 말해서 그리스도의 공로가 하나님의 보좌를 은혜의 보좌로 만든 것이 아니라 — 이것은 성경이 가르치는 바가 아닙니다 — 대제사장이시며 우리에게 하나님을 계신 그대로 나타내는 자이신 그가 그의 생애와 죽음에서, 그의 온유한 성품에서, 그의 따뜻한 동정(同情)에서, 순진무구한 어린아이들과 죄 많은 창녀들까지도 영접하시는 그의 깊은 사랑에서, 그리고 세상을 위해 십자가 위에서 죽으신 죽음에서 우리에게 하나님의 본질적인 마음을 나타내신 것입니다. 이를테면 그가 — 마치 칼로 과일을 자르는 것처럼 — 하나님의 심장을 둘로 잘라 그 안에 있는 것을 온전히 드러낸 것입니다. 예수 그리스도의 생애에서, 그의 십자가 죽음 안에서, 그리고 인류에 대한 그의 동정(同情)에서, 하나님은 스스로를 우리에게 온전히 나타나십니다. 또 우리의 대제사장은 그의 희생제사에서 그리고 그의 희생제사로 말미암아 속죄소 위에 있는 그룹들 사이에서 능력의 쉐키나가 사랑과 평강 가운데 깜빡거리는 것을 우리에게 나타냅니다. 그리고 또 다른 측면에서 그리스도의 제사장직이라는 위대한 개념이 또 다른 형태로 이와 같은 하나님의 보좌의 개념에 영향을 끼칩니다.

왜냐하면 우리가 이것 즉 우리를 위한 주 예수 그리스도의 위대한 희생제사가 하나님의 모든 사랑이 세상에 스스로를 나타내는 수단과 통로와 매개체라는 사실과 하나님이 자신의 모든 선하심과 긍휼하심과 은혜를 주 예수 그리스도를 통해 죄인들에게 전달해 주셨다는 사실을 마음으로 받아들이지 않는다면, 우리는 결코 그의 사역의 의미를 충분히 이해할 수 없기 때문입니다. 그리스도를 통해 바라볼 때, 그 보좌는 따뜻함과 부드러움으로 충만한 보좌가 됩니다. 그로 말미암아 그 보좌로부터 생명수의 강이 흘러내립니다. 이와 같이 은혜의 보좌는 예수 그리스도의 제사장직으로 말미암아 그러합니다.

다음으로 우리가 어떤 마음과 태도로 그 보좌로 나아가야 할지 생각해 보도록 합시다. "그러므로 우리는 은혜의 보좌 앞에 담대히 나아갈 것이니라." 여기의 "담대히"는 다소 어울리지 않는 단어입니다. 그것은 원어(原語)의 의미를 제대로 전달하지도 않고, 예법과도 잘 맞지 않습니다. 여기의 개념은, 다음과 같이 보다 더 문자적으로 번역할 때, 훨씬 더 아름답고 자연스러워집니다. "그러므로 우리는 은혜의 보좌 앞에 분명한 확신으로 나아갈 것이니라." 어원적(語源的)으로 접근할 때, 우리는 본문을 이와 같이 번역할 수 있습니다. 이것은 조금도 머뭇거리거나 억제됨이 없이 마음을 충분하게 쏟는 것을 표현합니다. 여러분은 자신이 존경하지 않는 사람에게 자신의 마음을 가장 충분한 확신으로 쏟을 수 없습니다. 그러나 완전하게 신뢰하는 사람 앞에서, 여러분은 자신의 모든 마음을 쏟으며 아무 거리낌 없이 말할 것입니다. 본 서신의 저자가 여기에서 사용한 단어가 의미하는 것이 바로 이것입니다. 하나님께 나아갈 때, 우리는 바로 이런 마음과 태도 즉 즐겁고 충분하며 머뭇거림이 없는 그리고 충만한 신뢰와 확신을 가지고 나아가야 합니다. 옛 시편 기자가 "백성들아 그의 앞에 마음을 쏟으라"고 말하는 것처럼 말입니다(시 62:8, 한글개역개정판에는 "마음을 토하라"라고 되어 있음). 그렇습니다. 여러분의 마음을 모두 쏟으십시오. 여러분이 자신의 모든 것을 다 말할 수 있는 남편이나 혹은 아내나 혹은 연인이나 혹은 친밀한 친구에게 그렇게 하는 것처럼 말입니다. 아, 그러나 그런 사람은 아무도 없습니다! 우리의 내밀한 것까지 다 듣고도 모든 것을 충분하게 감당할 수 있는 사람은 아무도 없습니다.

그러나 분문은 "나아갈 것이니라"라고 말합니다. 이것은 얼마나 온유한 사랑이며, 얼마나 강한 은혜입니까! 본문은 우리에게 그 보좌 앞에 우리의 모든 마음을 아무런 거리낌이나 머뭇거림 없이 쏟으라고 말합니다. 그러므로 확신을 가지고 나아갑시다! 저자가 그렇게 역설하는 것은 지금 그의 마음속에 우리의 대제사장이신 예수의 사역이 있기 때문입니다. 여러분은 요한계시록에 나타나는 한 환상 이야기를 기억할 것입니다. 환상 가운데 요한은 천사가 향로를 가지고 내려오는 것을 봅니다. 천사는 금향로로부터 향을 취하면서, 성도들의 기도와 함께 향로에 많은 향이 드려졌다고 말합니다. 이것은 여기와 동일한 개념을 마치 그림을 그리듯이 회화적(繪畫的)으로 표현한 것입니다. 우리의 가련한 부르짖음, 두려움과 연약한 믿음으로 드리는 우리의 모든 기도, 머뭇거리며 절뚝거리며 나아가는 우리의 모든 나아감 — 이 모든 것들은 우리의 큰 대제사장과 함께 나아가며 또한 그를 통해 드려집니다. "너희의 기도의 많은 향(香)이 나로 말미암아 올라가도다." 진실로 우리에게 우리를 사랑하는 대제사장이 계십니다.

그러므로 우리가 은혜의 보좌 앞에 담대히 나아갑시다. "그리스도로 말미암아"라는 위대한 표현을 공허하게 사용하지 맙시다. 그것이 하나님께 합당하게 나아갈 수 있는 모든 비밀을 담고 있음을 기억하십시오. "나로 말미암지 않고는 아버지께로 올 자가 없느니라"(요 14:6). 여러분과 나의 마음 안에 그리고 우리의 형식적이며 의례적이며 보잘것없는 기도 안에 거리낌과 망설임과 불신의 요소가 얼마나 많습니까! 그렇습니다. 우리는 우리가 행하는 모든 것과 우리의 존재의 모든 것과 우리가 느끼는 모든 것과 우리가 추구하는 모든 것의 불충분함과 무자격함을 충분히 바라보아야만 합니다. 그러나 우리는 우리의 시각을 우리 자신을 바라보는 것에서 그리스도에게로 돌려야 합니다. 우리 자신을 바라볼 때, 우리는 머뭇거림과 망설임과 절망 가운데 서 있을 수밖에 없습니다. 그러나 그를 바라볼 때, 우리는 확신과 담대함으로 우리의 큰 대제사장이시며 하늘에 오르사 "은혜의 보좌" 위에 앉아 계신 그의 발 앞에 나아갈 수 있게 됩니다.

마지막으로, 은혜의 보좌 앞에 이 같은 확신을 가지고 나아가는 것의 결과가 무엇인지 생각해 보도록 합시다. 본 서신의 기자는 "긍휼하심을 받고 때를 따라 돕는 은혜를 얻기 위하여"라고 말합니다. 우리는 여기에서 저자가 생각하고 있는 것이 우리 측면에서 빈손을 하늘로 뻗으며 그의 측면에서 풍성한 선물을 주는 의미에서의 하나님과의 교제라는 사실을 주목할 필요가 있습니다. 하나님과 더불어 소위 "아무것도 바라는 것이 없는 교제"는 결코 가능하지 않습니다. 결코 그렇지 않습니다. 우리는 항상 그로부터 무엇인가를 얻기 위해 그에게로 갑니다. 문제는 우리가 무엇을 얻을 것을 기대하느냐는 것입니다. 본문은 우리가 얻고자 기대해야 하는 것이 일시적인 축복들이라든지 혹은 어리석은 소원을 들어주는 것이라든지 혹은 육체의 가시를 제거해주는 것 따위가 아니라, 긍휼과 돕는 은혜 즉 내적이며 영적인 축복들이어야 한다고 말합니다. 그러면 그것은 무엇입니까? 여기에서 긍휼을 얻는 것과 은혜를 발견하는 것의 차이를 구별하는 것이 합당한 일인지 그렇지 않은지 나는 알지 못합니다. 나는 여기의 은혜가 이차적인 의미로 사용된 것으로 받아들입니다. 다시 말해서 자격 없는 자에게 주어지는 하나님의 사랑을 의미한다기보다, 우리에게 주어진 선물들 안에 나타난 그러한 사랑의 결과들로서 말입니다. 여러분은 그 단어가 신약에서 종종 이와 같은 의미로 사용된 것을 알 것입니다. 이런 경우 그것은 종종 복수형(graces)으로 사용됩니다. 그럴 때 그것은 그 사랑이 우리에게 가져다주는 다양한 선물들이라는 의미를 가집니다. 이와 같이 나는 여기에서 그 단어가 이차적인 의미로 사용된 것으로 받아들입니다. 이렇게 할 때 비로소 우리는 "긍휼을 얻는" 것과 "은혜를 발견하는" 것의 차이를 구별할 수 있게 될 것입니다.

우리는 비유를 통해 이것을 가장 잘 나타낼 수 있을 것입니다. 전자 즉 "긍휼을 얻는" 것은 하나님의 마음을 표현하며, 후자 즉 "은혜를 발견하는" 것은 하나님의 손을 표현합니다. 우리는 우리의 큰 대제사장을 믿는 믿음으로 담대함과 확신과 담담함으로 은혜의 보좌 앞에 나아갈 때 긍휼을 얻습니다. 거기에서 우리는 하나님의 충분한 마음을 받습니다. 나는 나의 부정함과 연약함 가운데 그리고 나의 많은 죄로 인한 양심의 가책과 함께 그 앞에 섭니다. 그러나 나의 모든 죄와 허물에도 불구하고, 나는 불쌍히 여기심과 함께 그의 긍휼을 발견합니다.

나아가 하나님의 충만한 마음을 얻는 것 안에서 그리고 그것의 모든 신적 풍성함과 함께, 나는 때를 따라 돕는 은혜를 발견합니다. 그가 우리에게 공급하는 것에는 어떤 실수도 없습니다. 그는 A에게 필요한 선물을 B에게 주시지 않습니다. 거기에는 어떤 실수나 오류도 없습니다. 그는 아프리카에서 싸우도록 훈련된 병사를 북극으로 보내지 않습니다. 어떤 사람에게든 그는 필요치 않는 축복을 주지 않습니다. 이로 인해 하나님을 송축합시다! 그는 결코 실수할 수 없습니다. 13절을 주목해 보십시오. "지으신 것이 하나도 그 앞에 나타나지 않음이 없고 우리의 결산을 받으실 이의 눈앞에 만물이 벌거벗은 것 같이 드러나느니라." 이러한 말씀은, 이어지는 15절과 함께 받지 않는다면, 너무나 두려운 말씀이 될 것입니다. "우리에게 있는 대제사장은 우리의 연약함을 동정하지 못하실 이가 아니요." 우리는 큰 대제사장의 공로를 통해 우리 위에 빛나고 있는 신적 전지(全知)를 봅니다. 그것은 빛과 소망으로 가득합니다. 왜냐하면 우리의 대제사장의 눈 앞에 만물이 벌거벗은 것 같이 드러나기 때문입니다. 그러므로 적절한 은혜가 꼭 필요한 때에 나를 돕기 위해 나에게 가장 확실하게 주어질 것입니다. 다시 말해서 우리는 우리의 시계가 아닌 하늘의 시계에 의해 결정되는 가장 정확한 시간, 가장 정확한 때에 시의적절(時宜適切)한 도움을 발견할 것입니다. 그것은 조급한 마음이 바로 지금이라고 생각하는 때 임하지 않을 것입니다. 그것은 기도의 고통을 덜어줄 목적으로 급히 임하지 않을 것입니다. 그것은 우리의 불평과 참을성 없음과 막연한 바람에 따라 임하지 않을 것입니다. 그것은 오직 필요한 모든 일을 행하기 위한 가장 적절한 때에 임할 것입니다.

그것은 베드로가 물속에 완전히 가라앉기 전에 임할 것입니다. "주여 보시옵소서 사랑하시는 자가 병들었나이다"라는 절박한 호소를 들었음에도 불구하고, 주님은 그 자리에서 이틀을 더 유하셨습니다(요 11:3). 마침내 그가 왔을 때, 마르다는 "주께서 여기 계셨더라면 내 오라버니가 죽지 아니하였겠나이다"라고 자신의 안타까운 마음을 토로했습니다(21절). 이에 주님이 대답한 것이 무엇이었습니까? "내 말이 네가 믿으면 하나님의 영광을 보리라 하지 아니하였느냐"라는 것이 아니었습니까(40절)? 하나님은 그녀와 함께 계셨으며, 그러므로 그녀는 요동할 필요가 없었습니다. 주님은 그녀를 가장 적절한 때에 도우실 것이었습니다. 여러분은 워털루 평원에서의 마지막 전투를 기억할 것입니다. 길고 지루한 날들이 계속되는 가운데 용맹한 병사들이 수없이 죽었습니다. 마지막 날 오후가 빠르게 지나가면서 해가 점점 더 기울어가고 있었습니다. 병사들이 더 이상 견딜 수 없게 되기 바로 직전, 마침내 총사령관이 와서 명령을 내렸습니다. 그러자 전 전선에서 총공격이 개시되었으며, 그와 함께 적진은 여지 없이 무너졌습니다. 아, 도움은 너무나 적합한 때에 왔으며, 그 결과는 완전한 승리였습니다. "그러므로 우리는 긍휼하심을 받고 때를 따라 돕는 은혜를 얻기 위하여 은혜의 보좌 앞에 담대히 나아갈 것이니라."

"그가 네 길 앞에서
구름과 폭풍과 파도를 잔잔케 하실 것이라.

그의 때를 기다리라.
네 어둠의 날은 밝은 날로 끝날 것이라."

15
겟세마네

"그는 육체에 계실 때에 자기를 죽음에서 능히 구원하실 이에게
심한 통곡과 눈물로 간구와 소원을 올렸고
그의 경건하심으로 말미암아 들으심을 얻었느니라"
히 5:7

우리는 본문을 복음서의 겟세마네 이야기에 대한 주석으로 취할 수 있습니다. 예수의 고뇌와 관련하여 복음서에서 발견되지 않는 상세한 이야기들이 여기에 담겨 있는 사실은 매우 주목할 만합니다. 복음서의 겟세마네 이야기 가운데 심한 통곡과 눈물에 대한 기록은 나타나지 않습니다. 그러므로 히브리서 기자가 예수의 생애에 대한 자신의 지식을 전적으로 복음서 기자들에게만 의존한 것은 아니었던 것으로 보입니다. 어쨌든 여기에서 우리는 그리스도의 수난 이야기에 대한 독립적인 증언을 보게 됩니다. 또 이를 통해 우리는 초창기 교회들 가운데 우리 주님의 고난 이야기와 관련한 매우 광범위한 지식이 있었음을 알게 됩니다. 왜냐하면 본 서신의 최초의 수신자들은 지금 저자가 말하고 있는 것을 분명하게 이해하고 있었기 때문입니다. 이러한 사실은 복음서에 보존되어 있는 겟세마네 이야기의 역사적(歷史的) 진실성을 다시 한 번 확증해 줍니다. 그러나 본문은 여기에서 멈추지 않고, 훨씬 더 중요한 의미를 갖습니다. 본문은 우리에게 우리의 슬픔과 간구의 동반자로서, 우리의 순복의 모범으로서, 그

리고 기도가 어떻게 참되게 응답되는지를 보여 주는 교훈으로 겟세마네의 그리스도를 가리킵니다.

먼저 우리의 슬픔과 간구의 동반자로서의 그리스도 개념을 살펴보도록 합시다. 그는 우리와 똑같이 슬픔 가운데 간구한 자였습니다. "그는 육체에 계실 때에 자기를 죽음에서 능히 구원하실 이에게 심한 통곡과 눈물로 간구와 소원을 올렸고." 나는 본문의 생생한 그림에다가 굳이 무엇인가를 덧붙이려고 하지 않습니다. 다만 우리에게 겟세마네 동산의 사건에 대해 이야기해 주는 세 명의 공관복음서 기자들이 그때 우리 주님의 영(靈)의 상태를 표현하기 위해 사용한 몇몇 특이한 단어들만을 잠깐 살펴보고자 합니다. 예컨대 마태는 흠정역(KJV)에서 "그는 매우 무거워지기 시작했다"라고 번역된 표현을 사용합니다(26:37, "He began to be very heavy" — 한글개역개정판에는 단순히 "슬퍼하사"라고 되어 있음), 이러한 표현은 성경에서 여기 외에 다른 한 곳에서 사용되었는데, 거기에서 그것은 "절망의 거의 경계 위에서"를 의미합니다. 또 마가는 "쓰라리게 놀라시며"라는 또 다른 특이한 표현을 사용합니다(14:33, "sore amazed" — 한글개역개정판에는 "심히 놀라시며"라고 되어 있음). 이것은 통상적으로 "소름이 끼치기 시작했다"든지 혹은 "얼이 빠지기 시작했다"는 등의 의미를 갖는 것으로 이해됩니다. 한편 누가는 우리가 영어로 "고뇌"(agony)라고 번역하는 단어를 사용합니다. 뿐만 아니라 복음서에는 우리 주님 자신이 직접 사용하셨던 특이한 단어들이 나옵니다. "내 마음이 심히 고민하여 죽게 되었으니"(막 14:34). 이것은 비유가 아닙니다. 나는 이것을 문자적인 사실로 받아들입니다. 나는 이러한 표현들을 단순히 호기심을 만족시키기 위해 꼬치꼬치 따지고 싶지 않습니다. 나는 지금 떨기나무 앞에서의 모세와 같은 마음을 느낍니다. "네가 선 곳은 거룩한 땅이니 네 발에서 신을 벗으라"(출 3:5). 그렇지만 나는 그리스도의 고난 이야기와 관련하여 오늘날 너무나 적게 다루는 경향이 있음을 느끼지 않을 수 없습니다. 나는 그것이 선한 동기(動機)로 말미암은 것임을 압니다. 분명 그것은 마지막 순간의 그리스도의 고난 이야기를 너무나 조잡한 방식으로 다루는 — 나는 그것의 절정이 가톨릭 설교자들이 종종 행하는 수난설교라고 생각합니다 — 앞 세대의 설교 경향에 대한 반작용입니다. 그럼에도 불구하고 우리는 반대쪽 극단으로 치닫는 가운데 그것을 충분하게 다루지 않음으로써 너무나 많은 것을 잃는 위험이 있다는 사실을 기억할 필요가 있습니다.

여기에서 우리는 한 가지 매우 중요한 주제를 다루어야만 합니다. 모든 격정(激情)과 고뇌와 두려움과 피로 물든 땀과 간절한 호소의 의미는 무엇입니까? 이것은 나무도 영웅적이지 못한 모습이 아닙니까? 이것은 기꺼이 순교의 길로 나아간 수많은 사람들의 모습과 너무나 다르지 않습니까? 여기의 경우에는 종이 주인을 능가하지 않습니까? 화형대에 묶여 죽은 래티머(Latimer)를 생각해 보십시오. 마치 자신의 침상으로 걸어가는 것처럼 담담하게 죽음을 향해 걸어갔던 수많은 무명의 순교자들을 생각해 보십시오. 그들의 모습은 여기의 그리스도의 움츠리는 모습과 너무나 다르지 않습니까? 어떤 사람들은 마지막 순간 예수 그리스도의 영혼을 휘감았던 거대한 어둠의 슬픔과 두려움과 공포를 심리학적인 원리들 위에서 설명하고자 시도합니다. 그들은 죽음으로부터 움츠리는 것이 지극히 순수하며 고결한 것이라고 말합니다. 그러나 그에 대한 유일한 설명은 바로 이것입니다. "여호와께서 우리 모두의 죄악을 그에게 담당시키셨도다"(사 53:6). 세상의 모든 죄와 슬픔의 무게가 그에게 너무나 무거웠던 것입니다.

이러한 주제를 또 다른 관점에서 살펴보도록 합시다. 우리는 여기에서 그리스도가 우리의 동료로서 우리와 똑같이 갈등과 슬픔과 눈물의 기도를 경험하셨음을 보게 됩니다. 그러므로 그는 우리가 그와 같은 상태에 있을 때 결코 우리를 그대로 버려두지 않을 것입니다. 이러한 사실은 우리가 걸어가는 인생길을 얼마나 다르게 만듭니까! 우리는 때로 큰 슬픔 앞에서 낙망과 좌절을 느낄 때가 있습니다. 또 때로 우리의 인생길을 홀로 걸어가야만 한다고 느낄 때가 있습니다. 이런 상황에서, 그 모든 것을 겪으신 그리스도 외에는 그 누구도 우리의 고독한 마음의 쓰라림을 치료하지 못합니다. 설령 주위의 사랑하는 사람들이 이런저런 도움을 베풀어준다고 하더라도 말입니다. 그는 육체의 날에 자기를 죽음에서 능히 구원하신 이에게 심한 통곡과 눈물로 간구와 소원을 올렸습니다. 여러분은 자살(自殺)로 폭군이 지배하는 세상의 괴로움으로부터 탈출하기로 결심한 어떤 남편과 아내의 옛 이야기를 기억할 것입니다. 먼저 아내가 칼로 자신의 가슴을 찔렀습니다. 그리고 자신의 피로 얼룩진 칼을 빼 남편에게 건네주면서 말합니다. "파에투스, 조금도 고통스럽지 않아요!" 형제들이여, 여러분의 가슴을 찌르는 날카로운 칼날은 먼저 그리스도의 가슴을 찔렀습니다. 그의 피로 얼룩진 그 칼날은 도리어 우리의 상처를 치료합니다. 그는 우리 앞서 우리의 모든 슬픔과 상실(喪失)의 길을 걸어가심으로써 우리의 제사장이 되셨습니다. 이제 우리가 그 길을 걸어갈 때, 그는 우리를 붙잡아 주실 모든 준비가 되어 있으십니다.

여기에 나타나는 또 하나의 주제를 살펴보도록 합시다. 그것은 여기의 장면이 우리에게 예수 그리스도를 우리의 순복과 경건의 모범으로서 나타낸다는 사실입니다. "그의 경건하심으로 말미암아 들으심을 얻었느니라." 이러한 말씀에는 통상적으로 다음과 같은 두 가지 서로 다른 해석이 따릅니다. 그것은 "그는 그가 두려워한 것으로부터 들으심 혹은 건짐을 받았다"라는 해석과 "그는 그의 경건과 순복 때문에 들으심을 받았다"라는 해석입니다. 나는 틀림없이 후자의 해석이 저자의 마음속에 있었던 것일 것이라고 생각합니다. 예수 그리스도의 첫 번째 기도는 "내 아버지여 만일 할 만하시거든 이 잔을 내게서 지나가게 하옵소서"라는 것이었습니다(마 26:39). 그리고 그의 두 번째 기도는 "만일 이 잔이 내게서 지나갈 수 없거든 아버지의 원대로 되기를 원하나이다"였습니다(42절). 그는 고난의 길로 들어감에 있어 육체의 저항을 느꼈습니다. 그것은 그 앞에 놓여 있는 모든 것으로부터의 지극히 자연스러운 움츠림이었습니다. 그러나 그러한 움츠림은 결코 그의 목적을 가로막을 수 없었으며, 또한 그로 하여금 아버지의 뜻에 대한 아들의 의존과 순복을 잃어버리도록 만들 수 없었습니다. 여기에서 우리는 몇 가지 중요한 교훈을 발견할 수 있습니다.

첫째는 인생이 가져다주는 모든 무거운 짐과 고통과 갈등과 슬픔에 순복하는 것이 필연적으로 육체의 자연적인 감정과 애착을 억누를 것을 요구하지는 않는다는 교훈입니다. 예수 그리스도는 자신 앞에 놓인 잔으로부터 움츠렸지만, 그의 순복은 완전했습니다. 우리 앞에 두 길이 있습니다. 우리의 성향(性向)과 의무는 종종 우리를 두 가지 서로 다른 길로 이끌 것입니다. 우리의 기호(嗜好)와 약함은 종종 한 길을 제시하고, 마땅히 나아가야 할 길을 알려 주는 보다 더 높은 의식(意識)은 다른 한 길을 제시할 것입니다. 그러나 성향은 결코 의지(意志)의 영역으로 올라감으로써 우리의 목적을 흔드는 것이 되어서는 안 됩니다. 어떤 일을 행해야만 한다고 의무가 요구하는 것으로부터 육체가 움츠리는 사실 안에는 죄의 요소가 없습니다. 완전한 순복의 모범인 예수 그리스도는 동시에 의지(意志)가 육체를 정복한 모범이기도 했습니다. 오늘날과 같은 갈등의 시대에 이것은 우리에게 얼마나 큰 격려가 됩니까!

여기에는 또한 동일한 개념의 또 다른 측면이 있습니다. 우리의 삶 가운데 종종 의무와 성향 사이의 갈등이 들어올 뿐만 아니라 때로 순복과 슬픔 사이의 또 다른 갈등도 들어옵니다. 의무가 요구하는 것으로부터의 움츠림과 마찬가지로, 눈물이나 심한 통곡 안에는 죄의 요소가 없습니다. 그의 손이 우리 마음을 무겁게 누를 때, 우리 마음이 압박을 느끼는 것은 당연한 일입니다. 그럴 때 우리가 고통을 의식(意識)하며 느끼는 것은 당연한 일입니다. 더 이상 아무것도 할 수 없을 때, 눈물을 흘리며 "나의 뜻대로 마옵시고 주의 뜻대로 되기를 원하나이다"라고 기도하는 것은 당연한 일입니다. 더 이상 아무것도 할 수 없을 때, "내가 잠잠하고 입을 열지 아니함은 주께서 이를 행하신 까닭이니이다"라고 기도하는 것은 당연한 일입니다(시 39:9).

우리가 여기에서 발견할 수 있는 또 하나의 교훈은 기도에 대한 참된 응답이 무엇인가 하는 것입니다. 본문은 "그는 자기를 죽음에서 능히 구원하실 이에게 기도했다"고 말하면서, 곧바로 "그가 들으심을 얻었느니라"라고 덧붙입니다. 그가 들으심을 얻었다고요? 어떻게 그는 들으심을 얻었습니까? 그는, 하늘로부터 천사가 나타나 그를 강하게 했다는 점에서, 들으심을 얻었습니다. 그가 그러한 점에서 들으심을 얻은 것은 그가 "이 잔이 그냥 지나가게 하옵소서"라고 기도하지 않고, "주의 뜻대로 되기를 원하나이다"라고 기도했기 때문입니다. 하나님의 뜻은 온전히 이루어졌습니다.

여기에서 우리는 참된 기도자의 합당한 태도를 발견하게 됩니다. "주의 뜻대로 되기를 원하나이다." 우리가 얻는 참된 응답은 짐이 제거되는 것이 아니라, 우리의 마음속에 그것을 감당할 수 있는 힘이 주어지는 것입니다. 그럴 때 그것은 더 이상 무거운 짐이 되지 않을 것입니다. 우리의 기도는 우리 자신의 방식으로 우리가 원하는 것을 구하는 것이 되어서는 안 됩니다. 도리어 하나님의 방식을 구하면서, 우리의 뜻이 그의 뜻과 합치되도록 만드는 것이 되어야만 합니다. 그럴 때 우리에게 우리의 필요에 적합한 평안과 힘과 능력이 임할 것입니다. 그럴 때 우리 앞에 놓인 잔은 쓴 잔이 아니라 단 잔이 될 것이며, 우리는 기꺼이 그 잔을 마실 것입니다. 예수 그리스도는 들으심을 받고 십자가에 못 박히셨습니다.

우리가 모든 일에 기도와 간구로 우리 구할 것을 감사함으로 하나님께 아뢴다면, 하나님은 우리에게 최고의 실제적인 응답 즉 "모든 지각에 뛰어난 그의 평강이 그리스도 예수 안에서 우리의 마음과 생각을 지키는" 응답을 주실 것입니다(빌 4:6, 7).

16
주님이 축복하신 밭

"[7]땅이 그 위에 자주 내리는 비를 흡수하여 밭 가는 자들이 쓰기에 합당한 채소를 내면 하나님께 복을 받고 [8]만일 가시와 엉겅퀴를 내면 버림을 당하고 저주함에 가까워 그 마지막은 불사름이 되리라"

히 6:7, 8

이것은 성경이 종종 사용하는 비유 혹은 풍유입니다. 성품이 만들어지는 과정을 식물이 자라는 것으로, 신적 감화력을 비로, 삶의 연단 과정을 농작물을 경작하는 것으로, 거룩한 행실을 열매로 비유하는 것은 모든 언어들 가운데 공통적으로 나타납니다. 또 이러한 것들은 우리 주님의 비유에서뿐만 아니라 모세와 선지자들의 글에서도 많이 나타납니다. 특별히 우리는 여기에서 씨 뿌리는 자의 비유와 알곡과 가라지의 비유가 은연 중 나타나는 것을 발견합니다. 그렇지만 그러한 옛 비유들은 여기에서 다소 새로운 형태로 나타납니다. 히브리서 기자는 자신의 시야(視野)를 식물이 자라고 열매를 맺는 것을 넘어 그것의 앞뒤에 오는 것에까지 확장시킵니다. 열매를 맺기 위해서는 하늘로부터 내리는 비를 흡수하는 것이 필요하며, 열매를 맺으면 하나님의 축복이 있을 것입니다.

본문은 두 종류의 땅이 있음을 상정합니다. 하나는 온전한 열매를 맺음으로써 하나님께 복을 받는 땅이고, 또 하나는 가시와 엉겅퀴를 냄으로써 저주를 받고 불사름을 당하는 땅입니다. 두 종류의 땅은 공적으로 신앙을 고백하는 그리스도인들을 상징합니다. 우리 각자는 둘 가운데 어느 하나에 포함될 것입니다.

1. 첫째로, 우리는 신적 감화력을 부지런히 흡수해야 합니다.

동방의 땅에서 광야를 낙원으로 바꾸기 위해 필요한 모든 것은 물을 주는 것입니다. 사람의 마음속에서 열매를 맺기 위해 필요한 것은 문화가 아니라 하나님의 선물과 도움을 받는 것입니다. 문화는 아무런 열매도 맺게 만들지 못합니다. 문화는 단지 공교하게 만들어진 헛된 것에 불과합니다. 물을 주지 않으면서 광야에서 열매를 자라게 하려고 애쓰는 것은 아무 소용없는 일입니다. 마치 수에즈 운하를 만든 사람들처럼, 여러분은 먼저 그곳으로 "달콤한 물"을 끌어와야만 합니다. 그러면 그곳은 풍성한 소산을 맺는 옥토가 될 것입니다. 열매를 맺는 것은 먼저 받는 것으로부터 시작됩니다. 하나님이 요구하는 것을 맺을 수 있게 되기 전에, 먼저 여러분은 하나님이 여러분에게 보내는 것을 받아야만 합니다. "비를 흡수하는" 땅은 "열매를 맺는" 땅입니다.

그러면 열매를 맺음에 있어서 필수불가결한 전제조건인 "자주 내리는 비"는 무엇을 상징하는 것입니까? 만일 이것이 이사야서의 "하늘로부터 내리는 비와 눈"을 반영(反影)하는 것이라면, 그것은 "하나님의 입으로부터 나오는 말씀"을 가리키는 것입니다. "이는 비와 눈이 하늘로부터 내려서 그리로 되돌아가지 아니하고 땅을 적셔서 소출이 나게 하며 싹이 나게 하여 파종하는 자에게는 종자를 주며 먹는 자에게는 양식을 줌과 같이 내 입에서 나가는 말도 이와 같이 헛되이 내게로 되돌아오지 아니하고 나의 기뻐하는 뜻을 이룰 것이라"(사 55:10, 11). 물론 우리는 그것이 이사야의 상징을 배타적으로 가리킨다고 단정할 수는 없습니다. 그렇지만 어쨌든 나는 여기에서 이와 같은 관점을 취하지 않을 수 없습니다. 이와 같은 관점으로부터 우리는 "그리스도인이 열매를 맺기를 원한다면 그는 먼저 하나님의 말씀의 진리를 받는 것으로부터 시작해야만 한다"는 결론을 도출할 수 있습니다. 오늘날의 기독교가 자꾸 힘을 잃어가는 한 가지 주된 이유는 평균적인 그리스도인들이 성경에 대해 거의 주의를 기울이지 않는 것입니다. 그들은 성경이 제시하는 위대한 진리들에 별다른 관심을 갖지도 않고, 그것을 굳게 붙잡지도 않습니다. 사람이 책이나 진리에 대해 별다른 관심이나 호기심을 가지고 있지 않을 때, 그는 그것으로부터 별다른 유익을 얻지 못할 것입니다. 여러분이 신문이나 소설 따위를 얼마나 큰 관심을 가지고 읽는지 생각해 보십시오. 그리고 그것을 여러분이 성경을 읽는 방식과 비교해 보십시오. 여러분은 하나님의 말씀을 흡수합니까? 여러분은 그것의 깊은 조화와 심오한 비밀을 더 많이 알기를 갈망합니까? 여러분은 "나는 감추어진 보화보다 주의 말씀을 더 사모하나이다"라고 말할 수 있습니까? 나의 형제들이여, 만일 우리가 생명수 강가에 심겨지지 않는다면 다시 말해서 시편 기자의 표현처럼 "주의 율법을 주야로 묵상"하지 않는다면, 우리는 고작해야 약간의 쭈글쭈글한 열매만을 맺게 될 것입니다.

그러나 여기의 상징은 더 넓게 적용될 수 있습니다. "자주 내리는" 비는 우리의 마음과 생각과 양심과 의지(意志)와 전인(全人)에 영향을 끼치는 신적 감화력의 총체를 상징합니다. 하나님으로부터 그의 세상과 특별히 그의 교회 위로 영적인 감화력이 계속해서 내려옵니다. 그것은 때로 소나기처럼 내리기도 하지만, 좀 더 정확한 표현으로는 마치 햇빛처럼 영속적이며 계속적으로 내립니다. 그러므로 열매를 맺음에 있어 첫째 되는 조건은 우리의 영(靈) 안으로 하나님의 모든 감화력을 열심히 받아들이는 것입니다.

이러한 주제와 관련하여 나는 여러분에게 네 가지 간단한 훈계를 제시하고자 합니다. 그것은 첫째로 그러한 감화력을 열망하라는 것과, 둘째로 그것을 기대하라는 것과, 셋째로 그것을 환영하라는 것과, 넷째로 그것을 사용하라는 것입니다. 이렇게 하는 것이 바로 그것을 흡수하는 것입니다.

첫째로, 그것을 열망하십시오. 만일 이러한 은혜로운 감화력이 빛을 비추며 강하게 하며 정결하게 하기 위해 하나님으로부터 계속 내려온다면, 그것을 열망하는 것이 곧 그것을 소유하는 것입니다. 그리고 그것을 열망하지 않는다면, 그것을 소유하는 것도 없습니다. 마음은 간절히 열망할 때 열립니다. 물은 그 본성 상 틈이 있으면 흐릅니다. 작은 틈이 있을 때, 적은 물이 흐를 것입니다. 그리고 그 틈이 넓어질수록 축복은 더 풍성할 것입니다. 열망은 우리에게 하나님을 가져다줍니다. 그 마음이 열린 사람들은 그 마음이 채워지는 사람들입니다. 여러분은 자주 내리는 비를 원합니까? 여러분은 지금보다 더 나아지기를 바랍니까? 여러분에게 신적 능력이 임함으로써 지금까지의 여러분의 모습을 부끄럽게 만든다면 그리고 여러분을 더 큰 거룩함으로 이끈다면, 그것은 여러분에게 불편한 일입니까? 사랑하는 형제들이여, 많은 그리스도인들이 스스로에게 정직하다면, 그들은 자신들이 하나님의 더 큰 감화력을 원하지 않는다는 사실을 더 자주 발견하게 될 것입니다. 그들은 자신들이 좋아하는 각종 죄로부터 자신들을 이끌어 내는 거룩케 하는 능력에 의해 사로잡히는 것을 매우 불편하게 느낍니다. 그렇게 하지 말고 진심으로 열망하십시오. 그러면 그것을 소유하게 될 것입니다.

둘째로, 그것을 기대하십시오. 그러면 여러분은 얻을 것입니다. 하나님은 필요를 의식(意識)하며 채워지기를 간절한 마음으로 기대하는 사람들을 실망시킬 수 없으며, 한 번도 실망시킨 적이 없습니다. 그러나 우리는 하나님의 선물에 대한 우리의 기대를 제한함으로써 그것을 제한합니다. 우리는 그의 무한한 선물에 대한 기대를 넓히는 대신 도리어 좁힙니다. 어떤 왕이 누구든지 자신의 보물창고에 들어와 원하는 대로 황금을 가져가도 좋다는 포고문을 발표했다고 상상해 보십시오. 그러면 그는 수레를 가져온 사람에게 더 큰 영광을 받겠습니까, 아니면 바구니를 가져온 사람에에게 더 큰 영광을 받겠습니까? 우리는 거대한 샘에 아주 작은 그릇을 가져옵니다. 우리는 큰 약속에 대해 아주 작은 기대만을 가짐으로써 그 약속을 부끄럽게 만듭니다. 선물을 기대하십시오. 그러면 여러분의 기대는 채워질 것입니다. 그것을 열망하고 기대하십시오.

셋째로, 그것을 환영하십시오. "비가 올 때 물통을 꺼내 놓으라"는 옛 속담이 있습니다. 영적 감화력의 선물이 내려올 때, 그것을 받기 위해 여러분의 마음을 넓게 여십시오. 그러나 결핍과 부족함을 의식(意識)하며 자신에게 그것이 꼭 필요하다는 생각이 없을 때, 그것을 환영하는 마음은 생기지 않을 것입니다. 또 그의 선물에 대한 확실한 기대와 믿음이 없을 때, 그것을 환영하는 마음은 생기지 않을 것입니다. 만일 우리가 그러한 축복이 임하기를 간절히 열망한다면, 그것이 임할 때 우리의 마음은 얼마나 기뻐 뛰겠습니까! 그것은 우리에게 잠언이 말하는 것처럼 생명나무와 같을 것입니다. "소망이 더디 이루어지면 그것이 마음을 상하게 하거니와 소원이 이루어지는 것은 곧 생명나무니라"(13:12). 아, 그러나 슬프게도 오늘날의 평균적인 그리스도인들 가운데 얼마나 많은 사람들이 비가 와도 더 이상 빗물을 흡수하지 못하는 한 여름의 진흙탕과 같습니까! 메마른 밭에 물을 주어 본 적이 있는 사람들은 물이 얼마나 빨리 흡수되는지 잘 알 것입니다. 마치 땅의 모든 입자들이 물을 삼키려고 입을 벌리는 것 같습니다. 그리고 그 물을 자신의 것으로 삼습니다. 나의 형제들이여, 여러분은 여러분에게 주어지는 하나님의 선물을 그와 같은 방식으로 환영합니까? 그렇지 않으면 한 여름의 진흙탕처럼 그것을 흡수하지 못한 채 그냥 흘려보내고 맙니까? 그것을 열망하십시오. 그것을 기대하십시오. 그것을 환영하십시오.

넷째로, 그것을 사용하십시오. 여러분은 그것을 사용함으로써 그것을 다 잘 사용할 수 있게 될 것입니다. 받은 자는 더 받을 것입니다. 그리고 작은 것을 충성스럽게 사용한 자에게 더 큰 것이 주어질 것입니다. 여러분이 아이에게 돈을 맡길 때도 그렇지 않습니까? 처음에는 적은 액수의 동전을 맡깁니다. 그런데 아이가 그 동전을 지혜롭게 사용한다면, 여러분은 그 아이에게 좀 더 큰 액수의 지폐를 맡길 것입니다.

그러므로 사랑하는 친구들이여, 바로 여기에 열매를 맺는 조건이 있습니다. 영적인 마음의 첫 번째 특징은 하나님의 감화력이 더 많이 주어지기를 간절히 갈망하는 것입니다. 아, 그러나 안타깝게도 공적으로 신앙을 고백하는 그리스도인들 가운데 "자주 내리는 비"에 대해 무감(無感)한 사람들이 얼마나 많습니까! 하나님의 선물은 계속해서 주어지며 역사(役事)합니다. 나무들이 무분별하게 벌목된 산지를 생각해 보십시오. 그곳에 비가 내린들 땅은 빗물을 흡수하지 못합니다. 빗물은 그냥 아래로 흘러내릴 뿐입니다. 그리고 아직까지 암반(巖盤) 위에 남아 있는 여분의 흙을 쓸고 내려갑니다. 결국 어떻게 됩니까? 마침내 황량한 암반만 남습니다. 아무리 햇빛이 비취고 비가 내려도 거기에는 어떤 식물도 자라지 못합니다. 이와 같이 우리는 우리 마음 안으로 하나님의 감화력을 맞아들임으로써 비를 열매로 바꾸어야 합니다. 그렇지 않으면 하나님의 감화력이 도리어 우리 마음의 흙을 쓸어내려감으로써 우리 마음을 더욱 황량하게 만들게 될 것입니다. "비를 흡수하는" 땅은 열매를 맺습니다. 반면 그렇게 하지 않는 땅은 그로 말미암아 더욱 황폐해지는 저주를 받습니다.

2. 둘째로, 경작(耕作)에 대해 생각해 보도록 합시다.

본문 가운데 "밭 가는 자들이 쓰기에 합당한"이라는 표현을 주목해 보십시오. 나는 여기에 밭의 열매를 받을 사람들과 계속해서 경작의 수고를 하는 사람들의 구별이 암시되어 있을 수 있다고 생각합니다. 만일 그렇다면, 여기의 본문은 하나님의 사자(使者)들과 사역자들을 그의 포도원의 일꾼으로 표현하는 구약과 신약의 많은 말씀들과 병행될 것입니다. 그러나 그것보다 좀 더 가능성이 높은 것은 본문 가운데 주인과 일꾼들의 구별이 소홀히 여겨지고 있다고 보는 것입니다. "밭을 가는" 것을 우리는 단순히 신적 작업의 또 다른 분야를 언급하는 것으로 생각해야 합니다. 하나님은 우리에게 하늘로부터 은혜로운 감화력을 내려주실 뿐만 아니라 또한 매일의 삶 가운데 영원한 섭리와 연단으로 우리를 인도하십니다. 이와 같이 본문은 우리에게 요한의 "내 아버지는 농부라"라는 말씀과 바울의 "너희는 하나님의 밭이요"라는 말씀을 일깨워 줍니다(요 15:1; 고전 3:9). 그리고 여기에서 말하는 경작은 우리의 삶의 외적인 상황들의 총체를 상징합니다. 그것은 우리 안에서 내적으로 영향을 끼치는 영적 감화력의 총체를 표현하는 비와 대조됩니다.

여기에 인생을 바라보는 참된 관점이 있습니다. 인생은 하나님의 경작

(耕作)입니다. 쟁기는 매우 날카로운 날을 가지고 있습니다. 우리는 그것을 직선으로 정확하게 밀면서 깊게 고랑을 팝니다. 그것은 굳은 흙을 뒤집어 엎습니다. 그러는 가운데 때로 흙 속에 감추어진 보화를 건드리기도 합니다. 아무도 자신의 휴경지(休耕地)가 뒤집혀지는 것을 좋아하지 않습니다. 아무도 슬픔의 쟁기가 자신의 따뜻한 보금자리를 관통하는 것을 좋아하지 않습니다. 아무도 연단과 훈련을 좋아하지 않습니다. 그러나 바로 그것이 하나님의 경작입니다. 만일 우리의 굳은 마음에 쟁기질도 하지 않고 써레질도 하지 않는다면, 추수는 결코 없을 것입니다. 우리의 슬픔의 의미를 오해하지 맙시다. 하나님은 그것으로 그의 밭을 갈아엎으십니다. 하나님은 우리의 밭을 비옥하게 만들기를 원하십니다. 하나님이 어떤 방법으로 그렇게 하시는지 생각해 보십시오. 그는 하늘로부터 내리는 은혜로운 비와 땅 위에서 행해지는 각종 훈련과 연단을 통해 그렇게 하십니다.

3. 셋째로, 풍성한 열매를 맺는 것을 생각해 보십시오.

사람의 본성으로부터 하나님이 열매라고 부르시는 것은 오직 한 가지뿐입니다. 나머지 모든 것은 가시와 엉겅퀴입니다. 바울 사도는 "열매 없는 어둠의 일"에 대해 말합니다(엡 5:11). 어둠은 많은 일을 가지고 있습니다. 그렇지 않습니까? 이와 같이 신적 감화력을 흡수하지 않는 사람들 가운데에도 다양한 방법으로 풍성한 결과들이 맺힙니다. 그것들 가운데 어떤 것은 매우 만족스러우며, 매우 아름다우며, 매우 바랄만 합니다. 그러면 우리는 그런 것들을 열매라고 부르지 말아야 할 것입니까? 온전한 경건과 겸손한 믿음의 삶 외에 다른 모든 삶은 열매를 맺지 못하는 삶입니까? 성경은 그렇다고 말합니다. 성경은 너무도 예리하게 우리를 책망합니다. 문화는 매우 좋은 것입니다. 세련됨, 교육, 경제적인 번영, 기호(嗜好), 취미 — 모든 것은 각자 자신의 자리에서 좋습니다. 이런 것들이 예수 그리스도를 믿는 믿음으로부터 오며 그 안에 뿌리를 박으며 그리하여 하나님의 뜻에 순종한다면, 그것들은 열매입니다. 그러나 그렇지 않다면, 그것들은 참된 열매가 아니라 가시와 엉겅퀴와 들포도입니다. 사람이 행하는 것 가운데 열매라는 이름으로 불릴 자격이 있는 유일한 것은 그가 자신을 위해 죽으신 사랑하는 주님을 위해 그리고 그의 능력으로 말미암아 행한 것입니다. 이것이 열매입니다. 나머지 모든 것은 가짜이며, 단지 무성한 잎일 뿐입니다.

이와 같이 비록 보잘것없는 것이라 하더라도 신적 감화력을 받은 자들의 행동이 주인이 열납하기에 합당한 열매요 추수라는 사실을 기억하십시오. 우리 주님은 자기 자녀들의 이와 같은 의로운 행동을 기뻐하시며 또 찾으십니다. 우리는 성경 곳곳에서 이러한 위대한 개념이 나타나는 것을 발견할 수 있습니다. 예수 그리스도는 시장하신 가운데 열매를 구하기 위해 한 무화과나무에 가셨습니다. 또 동일한 개념을 묘사하는 또 다른 은유로서 우리는 "받으실 만한 향기로운 제물"이라는 표현을 발견합니다(빌 4:18). 또 옛 의식(儀式) 가운데 "진설병"이라고 불리는 독특한 규례가 있었습니다. 그것의 원어적(原語的) 의미는 하나님 앞에 펼쳐진 떡을 의미하는데, 그것은 그의 자녀들의 의로운 행동을 상징합니다. 동일한 의미로 오늘 본문은 "밭 가는 자들이 쓰기에 합당한 열매"라는 표현을 사용합니다. 그것은 주인의 바람에 부응하는, 그리고 그가 밭에다가 쏟은 모든 관심과 수고에 부응하는 열매입니다.

어떤 농부의 밭의 소산이 왕궁의 식탁 위에 올려진다면, 그것은 그의 큰 자랑일 것입니다. 가장 비천한 그리스도인이 행한 작은 일이 "주인의 쓰심에 합당한" 사실보다 더 놀라운 일이 무엇이겠습니까? 하나님이 그것을 기뻐하신다는 사실은 얼마나 위대한 사실입니까? 예수 그리스도께서도 그와 똑같은 사실을 다른 표현으로 말씀하셨습니다. "볼지어다 내가 문 밖에 서서 두드리노니 누구든지 내 음성을 듣고 문을 열면 내가 그에게로 들어가 그와 더불어 먹고 그는 나와 더불어 먹으리라"(계 3:20). 그가 식사를 준비하실 것이며, 식탁을 배설(排設)하실 것입니다. 그리고 나는 그가 배설한 식탁에 참여할 것입니다. 그를 위해 어떤 일을 행함에 있어 바로 이것이 최고의 동기(動機)입니다. 뿐만 아니라 그것은 순수하며, 숭고하며, 고결한 동기입니다. 그럼으로써 그를 위해 행한 우리의 일들은 그의 무한하신 긍휼 가운데 그에게 합당하게 드릴 수 있을 뿐만 아니라 그의 마음을 기쁘시게 할 수 있는 것도 됩니다. 나아가 그것은 또한 우리가 그 일을 행할 것인지 말 것인지를 결정하는 기준이 됩니다. 왜냐하면 어떤 일이 그리스도께서 받으실 만한 것이 아니라면 그것은 우리가 행하기에 합당한 것도 아니기 때문입니다.

4. 마지막으로, 하나님의 복을 주목하십시오.

오늘 본문은 저자의 목적 즉 수신자(受信者)들을 기독교 진리의 초보로부터 완전한 데로 나아가게 하고자 하는 목적에 대한 언급과 직접적으로 연결해 말한 것입니다. 그는 앞에서 이야기한 원리를 본문의 은유 가운데 구체화시킵니다. 결국 본문의 은유의 의미는 열매를 맺는 것은 기독교적 삶의 진보에 따른 상급이라는 것입니다. 여기에서 하나님으로부터의 이러한 상급 혹은 복의 요소들을 길게 논의할 필요는 없습니다. 또 그럴 시간도 없습니다. 다만 간단하게 몇 가지만 이야기하고자 합니다.

신적 감화력을 받음으로 말미암아 열매를 맺을 때, 우리는 그것의 필연적인 결과로서 더 큰 신적 감화력을 받게 됩니다. 그럼으로써 우리는 더 많은 열매를 맺게 되고, 그 결과로 더 많은 일을 행하게 됩니다. 작은 것을 사용하여 열매를 맺을 때, 우리는 더 큰 것을 갖게 됩니다. 이것은 삶의 모든 영역에서도 그러하고, 영혼의 자람에 있어서도 마찬가지입니다. 풍성함의 상급은 더 큰 풍성함입니다. 바로 이것이 그로 인해 하나님이 우리에게 줄 수 있는 최고의 상급입니다. 그것은 천국을 만드는 상급입니다. 왜냐하면 그로 말미암아 우리는 더 나은 섬김과 더 나은 성품으로 자라게 되기 때문입니다. 이 땅의 흙에 심겼던 식물은 장차 하늘의 흙에 심겨질 것입니다. 그때 그것은 더 넓게 가지를 펼치고, 더 푸른 잎을 내며, 훨씬 더 풍성한 열매를 맺을 것입니다. 그리고 그 열매는 아무런 흠이나 점이나 그와 같은 것들이 없을 것입니다. 하나님의 복은 대부분의 경우 그 자신의 달콤하며 보배로운 감화력이 더 풍성하게 전달되는 것입니다. 그리고 그 결과로 우리는 더 풍성한 열매를 맺게 될 것이며, 그것은 그에게 더 큰 영광이 되고 우리에게 더 큰 기쁨이 될 것입니다. 일에 대한 상급은 더 많은 일입니다. 그 영역은 더 넓어지며, 그 수준은 더 높아집니다. 그리고 우리는 고요한 양심 가운데 하나님의 미소를 의식(意識)하게 되며, 온전한 순종과 거룩함으로부터 오는 평온을 소유하게 됩니다. 바로 이것이 우리에게 임하는 하나님의 복입니다.

사랑하는 친구들이여, 이것은 우리 모두에게 가능합니다. 우리 모두는 우리의 삶을 모세오경이 약속의 땅에 대해 묘사하는 것처럼 만들 수 있습니다. "너희가 건너가서 차지할 땅은 산과 골짜기가 있어서 하늘에서 내리는 비를 흡수하는 땅이요 네 하나님 여호와께서 돌보아 주시는 땅이라 연초부터 연말까지 네 하나님 여호와의 눈이 항상 그 위에 있느니라"(신 11:11, 12). 우리가 하나님의 감화력을 받는다면, 우리는 열매를 맺고 복을 얻을 것입니다.

17
여왕과 여왕을 따르는 시녀들

"사랑하는 자들아 우리가 이같이 말하나 너희에게는
이보다 더 좋은 것 곧 구원에 속한 것이 있음을 확신하노라"
히 6:9

히브리서 기자는 매우 엄한 어조로 배교자들의 운명에 대해 묘사했습니다. 그들은 마치 "가시와 엉겅퀴를 내는 땅"과 같습니다. 그러므로 그들은 "버림을 당하고 저주함에 가까워 그 마지막은 불사름이 될" 것입니다(8절). 이어 그는 자신의 어조를 부드럽게 바꿉니다. "그러나 사랑하는 자들아 우리가 이같이 말하나 너희에게는 이보다 더 좋은 것 곧 구원을 따르는 것들이 있음을 확신하노라"(9절, 한글개역개정판에는 "구원에 속한 것"이라고 되어 있음). 그들은 앞의 우레와 같은 경고의 말이 차가운 분노로 말미암은 것이 아니라, 따뜻한 사랑으로 말미암은 것이라는 사실을 알아야만 했습니다.

구원이 있는 곳에, 필연적으로 다른 것들이 따를 것입니다.

물론 여기에서 구원이라는 단어는 죄와 슬픔의 모든 악으로부터 완전하며 궁극적으로 건짐 받는, 그리고 기쁨과 거룩함의 모든 선으로 완전하며 궁극적으로 채워지는 것을 의미하기 위해 사용된 것이 아닙니다. 다만 그것은 회심자가 그리스도인이 되었을 때 받는 최초의 선물들, 즉 죄 사함과 하나님과 더불어 새로운 관계로 회복된 것에 대한 확신을 의미하는 것입니다. 다시 말해서 저자가 여기에서 말하는 구원은 이러한 최초의 그리고 불완전한 구원입니다. 그는 그것이 홀로 오지 않는다고 말합니다. 그것은 마치 자기 주위로 여러 개의 위성들이 돌고 있는 행성처럼 옵니다. 또 그것은 마치 자기 주위에 여러 개의 보석들이 박혀 있는 다이아몬드처럼 옵니다. 또 그것은 마치 여러 명의 시녀들을 거느린 여왕처럼 옵니다. 어떤 사람에게 최초의 구원이 임할 때, 그와 함께 그에게 다른 축복들이 따릅니다. 그것은 마치 여왕을 따르는 시녀들과 같습니다.

그러면 그러한 것들은 무엇입니까? 전체적인 문맥은 그러한 것들과 관련한 교훈으로 가득합니다. 우리는 그 모든 것을 "풍성한 열매"라는 하나의 은유로서 요약할 수 있습니다. 혹은 은유를 배제할 때, 우리는 그 모든 것을 "거룩한 삶"이라는 하나의 구절로 요약할 수 있습니다. 바로 이것이 "구원을 따르는 것들"입니다.

구원을 소유할 때 이러한 결과가 따르는 것은 지극히 명백합니다. 왜냐하면 그것은 재판관의 면죄(免罪) 이상의 무엇이기 때문입니다. 그것은 아버지의 용서입니다. 설령 그것이 용서 이상의 아무것도 아니라고 하더라도, 그것은 자녀의 마음과 의지(意志) 속에 새로운 감정과 목표를 불러일으킵니다. 하나님의 용서는 단순히 죄책만을 제거하는 것이 아닙니다. 그것은 죄의 능력도 깨뜨립니다. 구원의 희미한 여명(黎明)은 모든 형태의 의로움과 선함을 요소를 포함하는 새로운 생명을 가져다줍니다. 그리고 용서받은 사람을 "하나님의 긍휼"을 새롭게 경험함으로 말미암은 새로운 동기(動機)의 감화력 아래로 데려갑니다. 그리고 그를 거룩한 산 제물로서 스스로를 즐겁게 순복시키는 자리로 강력하게 몰고 갑니다. 그리고 그로부터 필연적으로 무엇이든지 사랑할만 하며 무엇이든지 칭찬할만 한 것들이 흘러나옵니다. 또 최초의 구원은 우리를 하나님과의 새로운 관계 위에 세웁니다. 그것은 우리 안에 새로운 생명을 부여합니다. 물론 그것은 어린아이처럼 연약한 생명이며 많은 돌봄을 필요로 하는 생명이지만, 계속해서 자라며 성장할 수 있는 생명입니다. 그것은 마치 방금 태어난 헤라클레

스와 같습니다. 비록 어린 아기라 하더라도, 그는 뱀을 목 졸라 죽일 수 있습니다. 또 최초의 구원은 우리를 새로운 방향으로 돌립니다. 그것은 우리가 어떤 일을 추구할지 혹은 기피할지와 관련하여 우리의 생각을 변화시킵니다. 그것은 우리에게 새로운 표준과, 새로운 목표와, 새로운 열망과, 새로운 능력을 줍니다. "그런즉 누구든지 그리스도 안에 있으면 — 설령 이제 막 태어나 겨우 한두 발자국 앞으로 나아간 어린아이라 하더라도 — 새로운 피조물이라 이전 것은 지나갔으니 보라 새 것이 되었도다"(고후 5:17). 하나님이 사랑하시고 용서하셨다는 새로운 확신으로 기뻐함과 함께, 새로운 거룩의 삶을 추구하는 마음과 그렇게 살 수 있는 가능성이 옵니다. 대부분의 경우 그것은 아직 충분하게 펼쳐지지 않는 가능성입니다. 또 예수의 본을 따르는 "장성한 사람"이 되기에 앞서, 유아기의 여러 질병들에 걸리지 않도록 하기 위한 많은 돌봄과 보호가 필요할 것입니다. 그럼에도 불구하고 거기에 생명이 있습니다. 그리고 그리스도의 충만이 각자의 분량에 따라 임할 것입니다. "구원"은 결코 혼자 오지 않습니다. 그것은 항상 아름다운 시녀들의 수종(隨從)을 받으며 옵니다.

지금까지 우리는 구원을 여왕으로 그리고 구원을 따르는 것들을 여왕의 시녀들로 비유했는데, 이러한 개념으로부터 우리는 매우 중요하면서도 실제적인 교훈들을 도출할 수 있습니다. 그러한 것들 가운데 한 가지는 우리 그리스도인들이 우리의 마음 가운데 구원을 따르는 것들을 더 풍성하게 소유하는 방법은 구원이라고 하는 중심적인 복을 더 풍성하게 소유하는 것임을 항상 되새겨야 한다는 사실입니다. 그러므로 우리에게 있어 거룩한 삶을 추구하는 참된 방법은 구원을 구성하는 최초의 경험들 즉 신적 호의(好意)와 죄 사함과 하나님과의 화해 등을 더 풍성하게 의식(意識)하면서 믿음을 증진시키고자 노력하는 것입니다. 그렇게 함으로써 구원의 더 풍성한 물결이 우리의 더 넓게 열린 마음 안으로 흘러들어올 것입니다. 하나님이 시작하시는 것으로 시작하십시오. 신적 구원을 더 많이 소유하기를 추구하십시오. 바로 이것이 "구원을 따르는 은혜들"을 더 많이 소유하는 최고의 방법입니다. 여왕이 들어오는 것을 환영하며 맞이하십시오. 그러면 여왕을 따라 여왕의 시녀들이 들어올 것입니다. "구원을 따르는 것들"을 확실하게 소유하는 방법은 그것들이 따르는 구원을 더 확실하게 소유하는 것입니다. 우리가 우리의 성품을 변화시키는 은혜들을 소유하는 것은 우리가 구원을 의식(意識)하며 향유하는 것의 결과입니다. 이와 같이 구원을 의식하며 향유하지 않고 성품을 변화시키는 은혜들을 소유하고자 하는 것은 마치 지붕으로부터 집을 짓기 시작하는 것과 똑같이 어리석은 일입니다. "구원" 없이, 그러한 은혜들은 결코 임할 수 있습니다. 구원 없이 어떤 은혜들이 임한다면, 그러한 은혜들은 생명도 없고 향기도 없는 조화(造花)와 같은 가짜 은혜들일 뿐입니다.

여기에서 우리가 도출할 수 있는 또 하나의 교훈은 우리의 구원에 대한 최고의 증거와 시금석(試金石)은 우리의 삶 가운데 이러한 "구원을 따르는 것들"이 실제적으로 나타나느냐 하는 것이라는 사실입니다. 우리에게서나 다른 사람들에게서든 그러한 것들이 나타나지 않을 때, 우리는 우리 자신이나 그들의 신앙고백을 의심해 보아야만 합니다. 왜냐하면 그러한 것들은 구원의 필연적인 결과이기 때문입니다. 정결한 마음, 깨끗한 손, 진리를 말하는 입술, 사랑스러운 성격, 사업에 있어서의 정직성, 자신의 감정과 기분과 기호(嗜好)에 대한 절제 — 거룩한 삶을 구성하는 이 모든 것들이 나의 구원의 실재(實在)를 세상에 나타내는 유일한 증표이며 또 그것을 시험하는 최고의 시금석입니다. 그것은 마치 거룩함이라는 하나의 흰 빛으로 모아지는 수많은 빛줄기들과 같습니다. 그러나 그러한 것들이 우리를 위한 유일한 시금석은 아닙니다. 그리스도인들은 자신의 외적인 삶으로 자신의 믿음과 사랑의 진정성을 결정하는 간접적인 방법만을 사용할 필요가 전혀 없습니다. 그들은 "내가 주를 사랑하는 것을 나도 알고 주님도 아시나이다. 나는 그것을 마음으로 느끼나이다!"라고 말할 수 있습니다. 우리는 우리의 감정을 직접적으로 의식(意識)할 수 있습니다. 그러나 우리의 내적 상태에 대하여, 우리는 스스로 속을 수도 있고 또 스스로를 속일 수도 있습니다. 또 자신을 살피는 것은 항상 어려운 일이며, 그 결과는 상당 부분 우리가 바라는 방향으로 왜곡되며 편향되기 쉽습니다. 그러므로 우리는 우리 자신의 판단을 면밀하게 검토하면서 그것을 항상 우리의 행실과 비교해 볼 필요가 있습니다. 특별히 우리의 믿음과 사랑과 관련해서는 더욱 그렇습니다. 그럴 때 우리는 스스로 속지 않게 될 것입니다. 이렇게 하는 것은 때로 우리에게 매우 불편하게 느껴질 것이지만, 그러나 실상 우리에게 매우 유익한 일입니다. 만일 우리가 일상의 삶 속에서 우리의 기독교적 감정을 우리의 행실과 습관적으로 비교한다면, 우리는 매우 지혜로운 자일 것입니다. 우리의 감정이 외적인 행함으로 연결되지 않는다면, 우리는 우리의 모든 감정의 진정성을 진지하게 의심해 볼 필요가 있습니다. 우리의 기독교적 경험이 참된 것이라면, 그것은 자기희생의 수레바퀴를 굴릴 것입니다. 그리고 자기희생적인 삶을 만들어내기 위해서는 구원과 그것을 따르는 것들을 풍성하게 소유하는 것이 필요합니다. 그러나 우리의 삶 가운데 "구원을 따르는 것들"이 없거나 혹은 아주 적다면, 우리는 우리 안에서 아무런 열매도 맺지 못하는 구원이 도대체 무슨 가치가 있는지 스스로에게 매우 심각하게 물어볼 필요가 있습니다.

그러나 본문은 우리에게 또 다른 개념을 제시합니다. 그것은 "최초의 구원"(initial salvation)을 따르는 것들이 나타나는 곳에 "더 나은 구원"(further salvation)이 따를 것이라는 것입니다. 본문을 포함하는 전체적인 문맥은 우리에게 거룩한 삶 혹은 다른 말로 "선한 행실"이 최초의 구원을 따르는 것이면서 동시에 더 풍성한 구원의 원인이 된다는 원리를 보여줍니다. 본문의 전후(前後)를 살펴보십시오. "땅이 그 위에 자주 내리는 비를 흡수하여"(7절). 이것이 첫째 단계입니다. 비를 흡수하는 것은 최초의 구원이 들어오기를 갈망하는 최초의 믿음의 행동입니다. 그리고 나서 "합당한 채소를 내면"이 따릅니다. 이것이 둘째 단계입니다. 이것은 내가 앞에서 말한 거룩한 삶과 대응됩니다. 그리고 마지막으로 "하나님께 복을 받고"가 따릅니다. 이것은 보다 더 충만한 구원과 대응됩니다. 또 본문 뒤에서 우리는 다음과 같은 말씀을 읽습니다. "하나님은 불의하지 아니하사 너희 믿음의 행위와 사랑의 수고를 잊어버리지 아니하시느니라"(10절). 이것은 풍성한 상급의 약속을 함축합니다.

다시 말해서 만일 우리가 "구원을 따르는 것들"을 소유하며 그것을 우리의 삶과 행실 가운데 온전히 나타내고자 최선을 다한다면, 우리는 더 충만한 구원을 받을 것입니다. 그것은 우리가 우리의 삶 가운데 우리 안에서 처음 시작된 부분적인 구원의 결과들을 전유(專有)하며 발전시키기를 진지하게 추구했기 때문입니다. 구원은 성경 안에서 다양한 측면으로 제시되는 매우 방대한 개념입니다. 때로 그것은 그리스도인의 과거적 경험으로서 언급됩니다. 또 때로 그것은 그의 생애를 통해 점진적으로 실현되어 가는 것으로서 언급됩니다. "주께서 구원받는 과정 중에 있는 사람들을 날마다 더하게 하시니라"(The Lord added to the Church daily such as were being saved, 한글개역개정판에는 "주께서 구원 받는 사람을 날마다 더하게 하시니라"라고 되어 있음). 또 때로 그것은 미래를 위해 유보된 경험으로 언급되기도 합니다. "믿음의 결국 곧 영혼의 구원을 받음이라"(벧전 1:9).

이와 같이 구원의 경험은 과거에 그 뿌리를 박으며, 인생 전체를 통해 점진적으로 발전되어 가며, 마침내 미래에 완전하게 되는 어떤 것입니다. 우리가 "밭 가는 자들이 쓰기에 합당한 채소를 내고자" 애쓴다면, 우리는 비를 흡수하여 비옥하게 된 땅과 같을 것입니다(히 6:7). 그러면 우리에게서 풍성한 열매가 맺힐 것이며, 하나님은 그것을 바라보며 미소를 지으시며 우리에게 복을 주실 것입니다. 그리고 우리는 더 충만한 구원을 소유하게 될 것입니다. 구원을 가져다주는 위대한 진리들과 그 결과로서 임하는 평안과 기쁨과 영적인 고요함과 그리스도와의 친밀한 교제와 성령의 선물을 굳게 붙잡을 때, 우리는 "여호와를 경외하는 가운데 온전한 거룩함"을 더 힘써 추구하게 될 것입니다. 그러면 우리는 "구원을 따르는 것들"을 더 많이 소유하고 또 더 풍성하게 나타낼 것입니다. 선한 삶은 더 풍성한 구원을 가져다줍니다.

그러나 가장 풍성한 열매를 맺는 그리스도인이라 하더라도 황폐하게 되며 배교하게 되는 가능성에 대해 경고를 받을 필요가 있습니다.

"사랑하는 자들아 우리가 너희에게는 이보다 더 좋은 것이 있음을 확신하노라”(9절). 그러나 그렇게 확신함에도 불구하고, 히브리서 기자는 “이 같이” 즉 8절의 경고를 말해야만 하는 필요성을 느꼈습니다. “만일 가시와 엉겅퀴를 내면 버림을 당하고 저주함에 가까워 그 마지막은 불사름이 되리라.” 왜냐하면 이 세상에 열매를 맺지 못하게 되는 위험으로부터 자유로운 사람은 아무도 없기 때문입니다. 우리는 항상 “가시와 엉겅퀴를 냄으로써 저주함에 가까워진” 밭을 바라볼 필요가 있습니다. 그럴 때 우리는 그것으로부터 우리도 그와 같이 되어서는 결코 안 된다는 경고를 받게 될 것입니다.

우리 모두는 경고를 필요로 합니다. 특별히 나와 같은 설교자들은 종종 경고의 말을 해야만 하는 상황에 처하곤 합니다. 그러나 그런 경우 설교자들은 반드시 거기에 사랑이 담겨야만 한다는 사실을 기억해야 합니다. 다시 말해서 경고는 항상 사랑의 경고여야만 합니다. 왜냐하면 사랑이 담기지 않은 경고는 그 힘을 잃어버리기 때문입니다. “사랑하는 자들아 우리가 너희에게는 이보다 더 좋은 것이 있음을 확신하노라.” 그럼에도 불구하고 경고를 발하는 것은 우리와 같은 설교자들의 엄숙한 의무입니다. 그럴 때 여러분은 열매를 맺지 못한 채 가시와 엉겅퀴를 내는 위험에 처하지 않게 될 것입니다. 우리는 우리 모두가 그렇게 될 수 있는 가능성이 있다는 사실을 기억할 필요가 있습니다. 그럴 때 우리에게 그렇게 될 가능성은 훨씬 줄어들 것입니다.

18
확실한 소망

"우리가 간절히 원하는 것은 너희 각 사람이 동일한 부지런함을 나타내어
끝까지 소망의 풍성함에 이르러"
히 6:11

여러분 가운데 많은 사람들은 한 유명한 화가가 "소망"을 묘사한 그림을 보았을 것입니다. 그는 소망을 창백하며, 연약하며, 앞을 보지 못하는 여자로 묘사합니다. 그녀는 한 줄밖에 남지 않은 망가진 수금을 연주하고 있습니다. 그것은 너무도 애수에 찬 모습입니다. 이와 같이 대부분의 사람들에게 소망은 슬프며, 무력하며, 맹목적이며, 애수에 찬 것입니다.

이러한 그림을 베네치아의 한 공작(公爵) 저택에 놓여 있는 미지(未知)의 조각가가 조각한 조각상과 비교해 보십시오. 거기에서 소망은 확신에 가득 찬 얼굴로 기도의 손을 높이 뻗어 올린 채 위를 바라보고 있습니다. 그리고 그녀에게 찬란한 햇살이 비취고 있습니다. 또 앞의 그림을 우리 시대의 영국의 위대한 시인이 묘사한 그림과 비교해 보십시오.

"그녀의 팔 위에 은으로 만든 닻이 있도다.
그녀는 그 위에 영원히 기대도다.
그녀는 하늘까지 올라가는 기도를 드리도다.
그녀의 눈은 흔들림 없이 오직 한 곳만을 바라보도다."

두 그림은 서로 얼마나 강렬하게 대조됩니까? 그러면 무엇이 그 차이를 만듭니까? 그것은 위를 바라보는 것입니다. 소망이 하늘을 향할 때, 그것은 기쁨으로 충만하며 강하며 확신에 가득 찬 것이 됩니다.

오늘 본문은 기독교적 소망의 확실성과 축복에 대해 그리고 그것이 계발되는 훈련에 대해 이야기합니다.

1. 첫째로, 기독교적 소망의 확실성을 주목하십시오.

보편적인 경험은 우리에게 소망은 확신보다 못한 기대를 의미한다고 말합니다. 일반적으로 소망과 두려움은 동일한 언어 안에 함께 포괄됩니다. 마치 항상 함께 붙어 있는, 그리고 하나는 밝게 빛나며 다른 하나는 흐릿한 쌍성(雙星)처럼 말입니다. 그러나 기독교가 제시하는 미래의 가능성과 관련해서는, 우리의 소망은 우리의 기억보다 결코 덜 확실하지 않고 도리어 더 확실합니다. 왜냐하면 그리스도인들이 자신의 미래를 무한히 밝고 복된 것으로 그리고 쇠하지 않는 기업을 소유할 것으로 기대할 수 있는 기초는 삼중의 강력하면서도 확실한 기초이기 때문입니다.

기독교적 소망은 단순히 우리가 바라는 것들을 가상적(假想的)이며 불확실한 미래에 투사하는 것 위에 세워지지 않습니다. 그것은 단순히 가능성이나 혹은 추측으로부터의 추론이 아닙니다. 그것은 단순히 바람(wish)으로부터 말미암은 것이 아닙니다. 도리어 그것은 다음과 같은 세 개의 움직일 수 없는 견고한 기둥 위에 세워집니다 — 모든 시간을 주관하시는 하나님, 과거의 사실, 그리고 현재의 경험.

첫째로, 기독교적 소망은 영원한 하나님 위에 세워집니다. 그 위에서 그리고 그의 신실하신 말씀 위에서, 미래는 확실한 것이 됩니다. 구약에서, 하나님이 "이스라엘의 소망"입니다. 그러므로 경건한 백성들은 "나 곧 내 영혼은 여호와를 기다리며 나는 주의 말씀을 소망하는도다"라고 고백합니다(시 130:5). 신약에서, 예수 그리스도가 우리의 소망입니다. 여기의 문맥이 이야기하는 것처럼, 두 가지 변하지 못할 사실 즉 하나님의 약속과 맹세가 우리를 위해 흔들리지 않는 확신의 기초를 놓습니다.

둘째로, 우리의 소망은 과거의 사실 위에 세워집니다. "그가 예수 그리스도를 죽은 자 가운데서 부활하게 하심으로 말미암아 우리를 거듭나게 하사 산 소망이 있게 하시며"(벧전 1:3). 하늘을 그릴 때 우리가 희미하며 모호하게 그리지 않는 한 가지 실제적인 증거는 예수 그리스도께서 죽은 자 가운데 부활하신 사실입니다. 그가 오기 전에 사람들은 두려움과 소망 가운데 "아마도 이러저러하지 않을까"라든지 혹은 "나는 이러저러할까 하여 두려워"라든지 혹은 "나는 이러저러하기를 소망해"라고 말했습니다. 그러나 "아마도 사람은 다시 살아날 수 있을 거야"라든지 혹은 "어쩌면 그는 다시 살 수 있을지 몰라"라든지 혹은 "나는 그가 다시 살아날 것이라고 믿어"라는 말과 "한 사람이 죽었다가 다시 살아났어"라는 말 사이에는 하늘과 땅 만큼의 차이가 있습니다. 콜럼버스가 "나는 신대륙에 갔다가 돌아왔습니다"라고 말하기 전에도 그곳에 대해 믿을 만한 많은 이유들이 있었습니다. 내세의 삶과 관련하여 낙관적인 사람들과 열렬히 열망하는 사람들과 심지어 죄로 얼룩진 사람들까지도 소망으로든 혹은 두려움으로든 그것을 예상할 만한 많은 이유들이 있습니다. 그러나 사람들이 "우리는 그곳이 분명하게 존재한다는 것을 확실하게 알아"라고 말할 수 있는 근거는 오직 한 가지입니다. 그것은 우리의 맏형이 어떤 사람도 돌아오지 못했던 그곳으로부터 돌아왔다는 사실입니다. 그럼으로써 그는 우리 모두에게 이론으로서가 아니라 역사적 사실(歷史的 事實)로서 죽음이 더 이상 존재하기를 그치는 것이 아님을 보여 주었습니다. 도리어 그는 우리 모두에게 죽음 이후에 육체의 부활이 따른다는 사실을 보여 주었습니다. 우리는 하늘을 향해 눈을 듭니다. 설령 "구름이 그를 가리어 보이지 않게" 한다 하더라도(행 1:9), 우리의 소망은 구름을 뚫고 그가 영광 가운데 앉아 계신 보좌에까지 올라갑니다. 그리고 그곳에서 그는 "내가 살았으니 너희도 살겠음이라"라고 말씀하십니다(요 14:13).

"우리의 영원한 소망이
영원한 하늘 위로 떠오르도다."

우리의 영원한 소망은 우리 자신의 허망한 꿈 위에 세워지지 않습니다. 그것은 우리의 보잘것없는 손으로 연주한 음악이 아닙니다. 도리어 그것은 그 안에서 과거와 현재와 미래는 하나인 영원하신 하나님의 확실한 말씀 위에 세워집니다. 또 그것은 예수 그리스도께서 죽은 자 가운데 부활하신 역사적인 사실 위에 세워집니다.

셋째로, 기독교적 소망은 현재의 경험 위에 세워집니다.

바울 사도는 로마서의 두 곳에서 기독교적 소망과 관련한 매우 흥미로우며 교훈적인 족보를 제시합니다. "족보"라는 표현이 조금 이상하게 들리기는 하지만 말입니다. 두 곳에서 그는 기독교적 소망을 두 가지 서로 상반되는 근원으로부터 추적합니다. 한 곳에서 그는 이렇게 말합니다. "그러므로 우리가 믿음으로 의롭다 하심을 받았으니 우리 주 예수 그리스도로 말미암아 하나님과 화평을 누리자 또한 그로 말미암아 우리가 믿음으로서 있는 이 은혜에 들어감을 얻었으며 하나님의 영광을 소망하며 즐거워하느니라"(롬 5:1, 2). 한편 다른 곳에서 그는 "소망의 하나님이 모든 기쁨과 평강을 믿음 안에서 너희에게 충만하게 하사 성령의 능력으로 소망이 넘치게 하시기를 원하노라"라고 말합니다(롬 15:13). 이와 같이 전자(前者)에서 바울은 기독교적 소망을 죄 사함과 믿음을 통해 현재적인 은혜로 나아가는 현재적인 경험으로부터 추적합니다. 그리고 후자(後者)에서 그는 그것을 믿음 안에서 누리는 기쁨과 평강의 현재적인 경험으로부터 추적합니다.

그러나 이러한 소망으로 나아가는 우리의 경험에는 또 다른 측면이 있습니다. "다만 이뿐 아니라 우리가 환난 중에도 즐거워하나니 이는 환난은 인내를 이루는 줄 앎이로다"(롬 5:3). 환난은 담대한 인내를 이룹니다. 우리의 담대한 인내는 — 그것이 우리의 능력의 범위를 초월하는 것일 때 — 우리 안에서 역사(役事)하는 신적 권능의 증거가 됩니다. 계속해서 "인내는 연단을 이루고 연단은 우리를 부끄럽게 하지 않는 소망을 이룹니다"(4, 5절). 다시 말해서 기독교적 경험의 밝은 면뿐만 아니라 어두운 면, 그것의 기쁨뿐만 아니라 슬픔, 우리가 감당해야만 하는 시련의 무거운 짐 —

이 모든 것들은 우리가 홀로 싸우도록 버려진 것이 아니라, 강한 손이 항상 우리 곁에 있으며 은혜로운 팔이 항상 우리를 붙잡고 있으므로 기독교적 삶의 이 모든 어둡고 슬픈 순간들은 결국 소망의 영을 불붙게 한다는 사실을 으리에게 보여 주며 증명합니다.

이와 같이 한쪽 측면에서 평강과 기쁨을 그리고 다른 쪽 측면에서 하나님의 능력 안에서 시련과 역경과 슬픔을 경험하는 이유 때문에, 우리는 다음과 같이 말할 수 있게 됩니다 — "우리는 안식이 남아 있음을 아노라. 거기에서 고난은 자기의 모든 기능을 다하고 이 땅의 모든 것은 완전하게 될 것이라. 그리고 기쁨과 평강의 신적인 요소들은 우리의 복된 경험 안에서 완전하게 될 것이라." 여러분은 장차 임할 것을 확실하게 알 수 있습니다. 여러분은 그것을 레바논의 백향목에게도 말할 수 있고, 어린 왕자에게도 말할 수 있습니다. 그리고 믿음의 기쁨과 평강은, 설령 그것이 우리의 현재적인 경험 안에서 지극이 미약하며 보잘것없는 것이라 하더라도, 우리의 현재적인 경험이 될 수 있습니다. 우리는 열대식물들을 전시해 놓은 온실(溫室)에서 몇몇 외래종 식물들이 천장까지 높이 자란 것을 볼 수 있습니다. 그것들이 온전하게 자랄 수 있도록 천장을 높여야만 할 정도로 말입니다. 이 땅에서의 기독교적 생명은 명백히 외래종입니다. 그것은 위를 향해 계속 자랍니다. 천장의 유리를 뚫을 기세로 말입니다. 그것은 열린 하늘과 하나님의 보좌로 올라가기를 열망합니다. 우리가 많이 사랑할 수 있지만 실제로 적게 사랑하기 때문에, 우리가 많이 의지(依支)하며 신뢰할 수 있지만 실제로 적게 그렇게 하기 때문에, 우리가 우리 안에 신적 생명의 불꽃들을 가지고 있지만 그것이 너무나 많이 왜소화되고 위축되기 때문에, 우리의 이러한 가장 깊은 본성과 상응하는 무엇인가 새로운 영역이 필연적으로 있어야만 합니다. 그리고 이 땅에서 희미하게밖에는 빛나지 못했던 의인들이 "아버지 나라에서 해와 같이 빛날" 때가 필연적으로 와야만 합니다(마 13:43).

기독교적 소망의 횃불이 이러한 두 근원으로부터 불 붙을 수 있는 것은 얼마나 복된 일입니까! 우리는 기쁨과 평강의 햇빛을 믿음의 볼록렌즈로 초점을 모아 소망의 횃불에 불을 붙일 수 있습니다. 또 우리는 슬픔의 밤에 딱딱한 쇠와 부싯돌을 강하게 부딪쳐 불을 붙일 수 있습니다. 이와 같이 신자의 모든 경험이 기독교적 소망의 확실성의 증거입니다.

형제들이여, 스스로를 확실하지 않은 막연한 소망에 맡기지 마십시오. "너는 내일 일을 자랑하지 말라 하루 동안에 무슨 일이 일어날는지 네가 알 수 없음이니라"(잠 27:1). 그렇게 하는 대신 여러분의 소망을 하늘로 향하게 하십시오. 그러면 여러분은 "내일도 오늘 같이 크게 넘칠" 것을 확신할 수 있게 될 것입니다(사 56:12).

2. 둘째로, 기독교적 소망의 확신에 대해 생각해 보도록 합시다.

확실성(certainty)과 확신(assurance)은 별개입니다. 사람들은 가장 빈약한 기초 위에서도 가장 굳센 확신을 가질 수 있습니다. 그들의 기대는 아무 근거 없는 것일 수 있습니다 그러나 그러한 기대에 대한 그들의 확신은 완전한 것일 수 있습니다. 사람들은 어떤 문제와 관련하여 확실성이 없음에도 불구하고 완전하게 확신할 수 있습니다. 확신은 주관적인 것인 반면 확실성은 객관적인 것입니다.

그리스도인은 절대적으로 확실한 것에 대하여 흔들림 없는 절대적인 확신으로 화답해야 합니다. 확실하며 견고한 닻을 쉽게 끊을 수 있는 가를 알려고 노끈으로 묶음으로써 그것을 부끄럽게 만들지 마십시오. 반석 위에 바람 한 번 불면 날아가 버릴 초라한 오두막을 세우지 마십시오. 여러분이 온 몸을 의지해도 구부러지거나 부러지지 않을 지팡이를 가지고 있다면, 여러분이 거기에 온전히 의지하고 있는지 보십시오. 우리가 절대적으로 확실한 소망에 대하여 망설임과 머뭇거림으로 절반 정도만 의지(依支)한다면, 우리는 그 소망을 부끄럽게 만드는 것입니다. 확신하지 않는다면, 확실한 것이 도대체 무슨 가치가 있겠습니까? 자신의 소망이 헛되지 않음을 아는 사람은 외적인 확실성과 내적인 확신을 하나로 일치시켜야만 합니다. 그러나 오늘날의 평균적인 그리스도인들의 모습은 이것과 얼마나 멀리 떨어져 있습니까! 도리어 오늘날 너무나 많은 사람들이 "내가 믿는 자를 내가 알고 또한 내가 의탁한 것을 그 날까지 그가 능히 지키실 줄을 확신함이라"라고 말하지 않는 것을 기독교적 겸손의 증표로 받아들입니다(딤후 1:12).

사랑하는 친구들이여, 세상의 의심과 무관심으로 얼룩진 이러한 어렴풋한 기대(期待)와 미적지근한 소망이 바로 오늘날의 기독교의 부끄러운 실상이 아닙니까?

소망의 확실함을 더 확신할수록 우리의 소망은 더 고요하며 온전해질 것이라는 사실을 기억하십시오. 불확실한 것일수록 더 요란하며 열광적인 법입니다. 다가오는 행복을 충분하게 확신하며 붙잡을 때, 우리의 맥박은 복된 소망으로 인해 결코 급하며 불규칙하게 뛰지 않을 것입니다. 우리가 다가오는 행복의 "온전한 확실함" 가운데 살기를 원한다면 그리고 우리의 소망의 광채로 말미암아 모든 수고와 고난을 위해 준비되기를 원한다면, 우리는 그것이 희미하거나 혹은 흔들리는 것이 아니라 추호의 흔들림도 없이 견고하며 확실한 것임을 알아야만 합니다. 그것은 확실합니다. 그러므로 그것을 확신하십시오.

이러한 확실한 소망은 영원한 것임을 기억하십시오. 본문은 "끝까지 소망의 풍성함에 이르러"라고 말합니다. "끝까지." 한때 우리가 나아갔던 등대들이 지금 얼마나 많이 우리 뒤에 있습니까! 나이가 들어감에 따라 얼마나 많은 목표들과 소망들이 수평선 아래로 가라앉았습니까! 그 동안 우리가 소망했던 것들은 노인이 된 지금 얼마나 적게 남았습니까! 그러나 사랑하는 형제들이여, 바다가 한쪽 해안을 계속해서 쓸어내리는 것이 도대체 무슨 문제란 말입니까? 거기에서 쓸어내린 기름진 흙을 다른 쪽 해안에 쌓고 있지 않습니까? 세상의 소망들이 점점 더 작아져 가며 쇠하여져 가는 것이 도대체 무슨 문제란 말입니까? 만일 하나의 큰 소망이 더 찬란하게 빛나고 있다면 말입니다. 따뜻한 여름보다 추운 겨울밤에 별빛은 더욱 영롱하게 빛납니다. 북쪽의 하늘을 드리우는 보랏빛 붉은빛 초록빛 오로라는 오직 연말이 가까워져야만 나타납니다. 설령 낙엽이 떨어진다 하더라도 우리가 더 넓은 하늘을 본다면, 그것은 우리에게 참으로 복되고 좋은 일입니다. 땅의 소망이 사라지고 하늘의 소망이 소생하는 것은 얼마나 좋은 일입니까!

3. 마지막으로, 이러한 소망의 확실성을 어떻게 계발할 것인지 주목하십시오.

본문은 모든 그리스도인들에게 "동일한 부지런함을 나타낼" 것을 훈계합니다. 무엇과 동일한 부지런함입니까? 그것은 그들이 "하나님의 이름을 위한 사랑의 수고 안에서 나타낸" 것과 동일한 부지런함입니다(10절). 다시 말해서 본 서신의 수신자들은 내가 실천적인 기독교라고 부르는 것에 매우 부지런하며 열정적이었습니다. 히브리서 기자는 그들이 기독교의 감정적이며 경험적인 측면과 관련하여 부지런하기를 바랍니다. 이것은 오늘날의 우리에게 얼마나 적합한 훈계입니까! 이 시대의 전형적인 그리스도인의 유형은 일꾼입니다. 오늘날 많은 경우 신학은 뒷마당으로 밀려난 것처럼 보입니다. 오늘날 우리 선조들이 "경험적인 신앙"이라고 불렀던 것들 이를테면 느낌이나 감정이나 내적인 경험 등에 대해서는 너무나 적게 말하고 있는 것처럼 보입니다. 오로지 사람들이 일하도록 몰아치는 것이 전부입니다. 이에 대해서는 더 이상 이야기하지 않고자 합니다. 다만 나는 여러분이 선교회나 주일학교나 구제사업 등에 힘쓸 때와 마찬가지로, 감정과 정서를 계발하며 교리적인 믿음을 확립하는 데에도 "동일한 부지런함"을 나타내기를 간절히 바랍니다. 그렇지 않으면 여러분은 균형을 잃은 그리스도인이 되고 말 것입니다.

여러분의 소망이 계발될 수 있는 것이라는 사실을 기억하십시오. 그리고 여러분이 그러한 목적을 위해 특별한 노력을 기울여야만 한다는 사실을 기억하십시오. 여러분은 항상 그렇게 하고 있습니까? 그렇다면 여러분은 어떤 방법으로 그렇게 하고 있습니까? 앞에서 내가 그것의 기초로서 이야기한 것이 이러한 질문에 대답해 줍니다. 여러분의 소망이 향하는 대상들에 대해 묵상하는 습관을 가지십시오. 그리고 그것이 세워지는 기초들에 대해 묵상하는 습관을 가지십시오. 여러분이 여러분의 눈을 그러한 목표를 향해 들지 않는다면, 여러분은 결코 그것에 이끌리지 않을 것입니다. 여러분이 하늘에 대해 전혀 생각하지 않는다면, 하늘은 여러분을 전혀 끌어당기지 않을 것입니다. 여러분이 여러분의 소망의 기초를 넘어서지 않는다면, 여러분의 소망은 점점 더 희미해질 것입니다. 그리고 거기에 그것을 실현시킬 힘은 거의 없을 것입니다. 나는 오늘날 영국의 수많은 명목적인 그리스도인들이 미래에 확실하게 일어날 일들을 거의 생각하지 않는다고 믿습니다. 하물며 자신들이 서 있는 기초가 정말로 튼튼한지와 관련해서는 더 더욱 생각하지 않는다고 믿습니다. 그러므로 소망이 아무런 빛도 발하지 못하며 그들의 길을 밝혀주지 못하는 것은 조금도 이상한 일이 아닙니다.

마지막으로, 여러분에게 실제적인 충고 하나를 제시하고자 합니다. 그것은 이와 같이 소망의 확실성을 계발하는 것은 대부분 땅을 향해 무성하게 뻗어가는 우리의 소망의 덩굴손들을 잘라주는 것을 통해 이루어진다는 사실입니다. 베드로는 이렇게 말합니다. "그러므로 너희 마음의 허리를 동이고 근신하여 끝까지 소망할지어다"(벧전 1:13). 다시 말해서 기독교적 기대와 확신의 완성은 오직 노력의 결과로서 그리고 세상의 많은 보화들로부터의 엄격한 절제로서만 가능하다는 것입니다. 만일 여러분이 어떤 나무를 높이 자라게 하고자 한다면, 여러분은 주변의 잔가지들을 쳐주어야만 합니다. 그럴 때 본줄기가 힘을 얻게 될 것입니다. 만일 여러분의 소망이 왕성해지기를 바란다면, 여러분은 세상의 것들로부터 스스로를 삼가며 절제해야만 합니다. 사랑이든 소망이든, 두 주인을 섬길 수 없습니다. 여러분이 항상 세상의 것들에 마음이 기울어져 있다면, 여러분에게 영원한 축복의 아름다운 집을 지을 힘은 거의 남지 않게 될 것입니다. 여러분이 여러분의 죄와 이기심으로 말미암아 여러분의 소망의 날개에서 깃털을 뽑는다면, 여러분의 소망은 즐거운 노래를 부르며 하늘로 훨훨 날아오르는 대신 농부의 헛간에서 땅에 떨어진 곡식이나 쪼아 먹는 날개 꺾인 새처럼 될 것입니다.

사랑하는 형제들이여, 하나님은 모든 사람들에게 이와 같이 미래를 기대하며 소망하는 위대하면서도 이상한 기능을 주셨습니다. 하나님이 우리에게 그런 능력을 주신 것은 분명 세상의 즐거움을 갑절로 맛보는 것 이상의, 그것보다 훨씬 더 나은 목적을 위한 것입니다. 여러분이 그것을 세상의 일시적이며 사라져가는 것들의 저급한 수준에 맞도록 격하시킨다면, 그것은 여러분을 잘못된 길로 이끌 것입니다. 그리고 여러분은 실현된 소망의 실망이 실현되지 않은 소망의 실망 못지않게 쓰다는 사실을 발견하게 될 것입니다.

부디 망가진 수금을 가진 그리고 앞을 보지 못하는 그 창백한 여자의 노예가 되지 마십시오. 여러분의 귀에 울리는 노랫소리를 듣고 그것을 하늘의 음악으로 오해하지 마십시오. 여러분의 소망이 확실성 가운데 거할 수 있는 영역은 오직 한 곳뿐입니다. 예수 그리스도를 붙잡으십시오. 그리고 여러분의 소망의 눈으로 하여금 하늘을 향하게 하십시오. 그러면 여러분은 찬란한 햇빛의 광채로부터 여러분에게 임하는 손을 보게 될 것입니다. 그리고 그 손에는 현재를 위한 축복들이 가득할 것입니다. 오직 그리스도인만이 자신이 기대하는 것을 확신할 수 있습니다. 그리고 오직 그만이 "이제 와서 친히 본즉 내게 말한 것은 절반도 못되도다"라고 말할 수 있습니다(왕상 10:7). 왜냐하면 다른 모든 사람들의 소망은 끊어지고 그들의 믿음은 거미줄처럼 될 것이기 때문입니다.

19
게으름과 그것을 고치는 치료제

"게으르지 아니하고 믿음과 오래 참음으로 말미암아
약속들을 기업으로 받는 자들을 본받는 자 되게 하려는 것이니라"
히 6:12

본문은 한 문장의 후반부로서, 전반부에서 언급한 것 즉 "우리가 간절히 원하는 것은 너희 각 사람이 동일한 부지런함을 나타내어 끝까지 소망의 풍성함에 이르러"의 결과입니다(11절). 부지런함은 게으름의 반대입니다. 전자가 계발되어야 하는 것은 후자가 우리를 덮치지 못하도록 하기 위함입니다. 그러나 그것은 "동일한 부지런함"입니다. 이러한 표현은 "무엇과 동일한 부지런함이란 말인가?"라는 의문을 불러일으킵니다. 히브리서 기자는 바로 앞에서 자신의 수신자(受信者)들을 칭찬했는데, 그것은 "성도를 섬기는 일 가운데 나타난 그들의 믿음의 역사(役事)와 사랑의 수고" 때문이었습니다(10절). 그러고 나서 그는 실제적으로 이렇게 말합니다. "나는 너희가 그와 같은 외적인 일들과 관련하여 다른 사람들을 도운 것처럼 너희 자신의 기독교적 은혜들을 계발하는 일에도 크게 힘쓰기를 원하노라. 왜냐하면 그럴 때 너희는 게으름에 빠질 위험이 없어지기 때문이라. 또 그럴 때 너희는 너희 앞서 걸어간 사람들과 지금 약속들을 기업으로 받는 자들의 발자취를 뒤따르게 될 것이라."

우리는 선한 그리스도인들 가운데 더 중심적인 것보다 덜 중심적인 것에 더 많은 수고와 노력을 기울이는 사람들이 많다는 사실을 주목할 필요가 있습니다. 그러므로 우리는 다음과 같은 교훈을 되새길 필요가 있습니다. "외적인 선행을 행하는 일에서와 마찬가지로 너희 자신의 기독교적 은혜들을 계발하는 일에도 부지런히 힘쓰라."

1. 첫째로, 모든 그리스도인들을 위협하는 위험을 주목하십시오.

우리의 흠정역 본문은 다소 적절하지 않게 번역되었습니다. 만일 앞부분의 "게으르지 아니하고"(ye be not slothful)가 "게을러지지 아니하고"(ye become not slothful)로 번역되었더라면 훨씬 더 좋은 번역이 되었을 것입니다. 여기에서 "게으르지"라고 번역된 것과 동일한 단어가 바로 앞 장에서 자신이 좀 더 심오한 진리를 설명하지 않는 이유를 설명하는 가운데 사용되었습니다. "멜기세덱에 관하여는 우리가 할 말이 많으나 너희가 듣는 것이 둔하여졌으므로 설명하기 어려우니라"(5:11, 한글개역개정판에는 "둔하므로"라고 되어 있음). 이것은 본문에서 사용된 단어와 동일한 단어입니다. 그러므로 우리는 그것의 의미를 다음과 같이 풀어 쓸 수 있습니다. "너희가 듣는 것이 둔하여졌으므로 완전한 귀머거리가 되지 않도록 조심하라. 너희의 귀가 둔하여지기 시작하였도다. 만일 너희가 조심하지 않는다면, 머지않아 너희의 눈과 손과 마음까지도 둔하여질 것이라." 그리스도인의 삶 속에서 무관심과 무감각함이 자라는 첫 번째 표적은 통상적으로 진리의 가르침을 받아들이기를 게을리 하는 것입니다. 귀가 둔하여지면, 머지않아 전인(全人)이 그에 맞추어 무감각해집니다. 이와 같이 본문의 "게을러지는" 것은 일하지 않는다는 의미라기보다, 둔해지고 무감각해지며 내적 생명 가운데 활력과 뜨거움이 없어진다는 의미입니다. 그것은 절반쯤 잠자며, 마비되는 것입니다. 이러한 위험은 우리 모두의 머리 위에 매달려 있는 위험입니다. 우리가 이러한 위험을 능히 물리칠 수 있는 방법은 오직 한 가지입니다. 본 서신의 저자가 바로 그것을 지적하고 있는데, 그것은 살금살금 기어들어오는 그러한 것들에 대하여 잠자지 않고, 부지런함으로, 그리고 계속 경계하는 것입니다. 계속적인 추진력이 가해지지 않는 한, 달리는 열차는 마찰력에 의해 결국 멈추게 될 것입니다. 또 계속적으로 태엽을 감아 주어 지속적인 힘이 가해지지 않는 한, 시계추의 진자운동(振子運動)은 결국 멈추게 될 것입니다. 마찬가지로 잠자지 않고 계속 힘쓰며 경계하지 않는 한, 그리스도인의 가장 왕성한 활력조차도 점점 더 무뎌지고 둔해져 마침내 죽음과 전혀 구별할 수 없는 상태가 될 것입니다. 우리 도두는 게을러지고, 무뎌져가는 경향이 있습니다. 오직 전심으로 그러한 경향에 맞설 때 비로소 우리는 그것을 극복할 수 있습니다. 여러분이 용광로에서 끓는 쇳물을 한 바가지 취하여 그것을 땅 위에 놓고 그대로 내버려 둔다면, 반 시간도 못되어 그것의 온도가 떨어지고 그 표면 위에 시커먼 찌끼가 끼게 될 것입니다. 그리고 머지않아 그것의 모든 뜨거움은 완전히 사라질 것입니다. 어떤 열기도, 어떤 뜨거운 감정도, 어떤 확고한 결심도, 어떤 믿음의 기쁨도 스스로 계속되지 않을 것입니다. 우리는 불꽃이 꺼지지 않도록 계속 보살펴야 합니다. "우리가 간절히 원하는 것은 너희 각 사람이 동일한 부지런함을 나타냄으로써 게으르며 무감각한 그리스도인이 되지 않는 것이니라." 만일 여러분이 동일한 부지런함을 나타내지 않는다면, 여러분은 필연적으로 게으르며 무감각한 그리스도인이 될 것입니다.

2. 둘째로, 그와 같은 경향을 올바로 직면하며 극복할 수 있는 방법을 주목하십시오.

"믿음과 오래 참음으로 말미암아." 모든 옛 사람들이 참된 약속의 땅에 도달하고 빛 가운데 성도들의 기업에 들어간 것은 "믿음과 오래 참음"으로 말미암은 것이었습니다. 앞에서 언급한 게을러지는 경향의 항상적(恒常的)인 압력을 극복할 수 있는 방법 역시 마찬가지입니다. 우리는 본 서신에서 "믿음"이 주로 보이지 않는 것들을 붙잡고 또 미래의 축복을 자신의 것으로 실현시키는 기능을 의미하는 사실을 기억할 필요가 있습니다. 그 단어는 믿음 장인 11장에서도 그와 같은 의미로 사용되었습니다. 거기에서 저자는 하나님과 그의 성도들을 하나로 묶는 것은 항상 믿음이었다는 자신의 논점을 증명하기 위해 이를테면 믿음의 영웅들의 명단을 읽습니다. 믿음의 이러한 측면의 의미는 신약에서 가장 자주 사용되는 그것의 또 다른 측면의 의미, 즉 예수 그리스도를 신뢰하며 의지(依支)하는 것으로부터 매우 자연스럽게 흘러나옵니다. 왜냐하면 예수 그리스도 자신이 우리에게 보이지 않는 것들을 계시하는 자이며 또한 미래의 소망을 확증하는 자이기 때문입니다. 그러나 본 서신에서 그 단어의 주된 의미는 우리가 보이지 않는 것들을 붙잡는 그리고 하나님이 우리에게 약속하신 미래의 축복들의 기대(期待)를 통해 우리 자신의 것으로 만드는 마음의 태도입니다. 여기의 저자는 흐릿한 안개 너머에 있는 확실한 것들을 붙잡기 위해 팔을 길게 뻗는 것이 바로 믿음이라고 말합니다. 그리고 그는 바로 그 믿음이 우리가 게을러지며 무감각해지는 경향을 가장 효과적으로 극복할 수 있는 방법이라고 말합니다.

또 여기에서 "오래 참음"이라고 번역된 단어는 믿음에 더하여지는 어떤 것으로 간주되어서는 안 됩니다. 그것은 믿음의 특징적인 결과입니다. 보이는 것이 아무것도 없어도, 믿음은 기다립니다. 오랜 시간이 지나도 그리고 우리가 소망하는 것이 전혀 실현되지 않는 것처럼 보여도, 믿음은 흔들리지 않습니다. 미래의 보이지 않는 것들에 대한 굳세며 영속적인 신뢰와 확신 — 바로 이것이 여기에서 저자가 최고의 치료제로서 우리에게 추천하는 것입니다. 그것으로서 우리는 게을러지며 무감각해지는 경향과 맞설 수 있습니다. 오래 참는 믿음으로 말미암아 우리는 게을러지며 무감각해져 점점 더 죽음으로 깊이 들어가는 경향을 극복할 수 있습니다.

이렇게 하여 마침내 우리는 매우 익숙한 개념 즉 그리스도인들은 보이지 않는 것들을 바라보는 습관을 체계적이며 의식적(意識的)으로 계발해야만 하며 또 항상 하늘의 실재들 앞에서 살아야만 한다는 개념에 도달하게 됩니다. 우리가 헛되며 일시적인 이 세상을 하늘의 보좌 위에 앉으신 자와 함께 걸어간다면, 여러분은 우리가 게을러지며 무감각해질 것이라고 생각합니까? 만일 우리가 우리 자신이 보이지 않는 것들의 질서에 속했으며 이 땅에서의 삶은 단지 나그네와 행인의 삶에 불과하다는 의식(意識)을 계발한다면, 여러분은 우리가 게으름 가운데 잠잘 수 있을 것이라고 생각합니까? 하룻밤 유숙하는 처소에서 밤에 잠자리에 들어가면서도 "나는 여전히 특급열차로 여행하고 있는 중이야"라고 말하는 사람은 결코 깊은 잠에 떨어지지 않을 것입니다. 우리가 우리 자신이 어느 나라의 시민이며 우리가 누구에게 속했으며 어디에 있는 것이 영원한 것인지 깊이 생각한다면, 우리는 결코 게을러지지 않을 것입니다. 그리고 하나님이 우리를 위해 표시해 놓은 길을 힘차게 달려가게 될 것입니다. 자신은 이 땅에서 단지 나그네와 행인에 불과하다는 의식(意識)을 계속적으로 계발하십시오. 그리고 영원한 나라를 찾노라고 분명하게 선포하십시오. 그것을 찾되 대충 그리고 무감각하게 찾지 마십시오. 자신의 잃은 물건을 찾다가 결국 찾지 못하고 만 사람처럼 말입니다. 그것을 찾되 부지런함으로 그리고 마음을 다해 찾으십시오.

보이지 않는 것들을 바라보는 습관뿐만 아니라, 그와 함께 하나님이 우리를 위해 약속하신 위대한 일들을 지금 의식적(意識的)으로 소유하는 습관을 계발하십시오. 사랑하는 친구들이여, 오래 참는 믿음의 손을 펼치십시오. 뱃머리에서 망을 보는 사람을 생각해 보십시오. 대양을 바라볼 때, 그의 눈에 출렁거리는 물결과 수평선 외에 아무것도 보이지 않습니다. 그럴 때 그는 졸음이 오고 게을러질 것입니다. 그러나 먼 수평선 위에 하얀 점 같은 것이 보입니다. 그러면 그의 모든 감각은 한순간 깨어날 것입니다. 만일 우리가 우리 자신이 가고 있는 곳과 장차 우리에게 임할 것을 계속 바라본다면, 우리는 결코 잠에 떨어지지 않을 것입니다. 그러므로 우리로 하여금 항상 깨어있도록 지키는 오래 참는 믿음을 부지런히 계발하십시오.

3. 마지막으로, 우리를 믿음의 노력으로 격려하는 것들을 주목하십시오.

"약속들을 기업으로 받는 자들을 본받는 자." 히브리서 기자는 여기의 "기업으로 받는 자들" 안에 이미 죽은 옛 언약의 성도들과 다른 세상으로 떠난 새 언약의 성도들을 포함시킵니다. 특별히 옛 언약의 성도들에 대해 그는 11장에서 자세하게 언급합니다. 그는 그들이 모두 "믿음을 따라 죽었으며 약속을 받지 못하였다"고 말합니다(13절). 계속해서 저자는 본문 가운데 강한 어조로 세상을 떠난 모든 성도들의 현재의 축복을 선언합니다. 그들은 지금 약속들을 기업으로 받습니다. 이러한 은유는 의식적으로든 무의식적으로든 이스라엘이 약속의 땅을 소유하는 옛 이야기로부터 도출된 것입니다. 그러므로 그것은 약속의 땅의 분깃을 갖는 모든 사람들의 안식과, 광야의 방랑이 끝나는 것과, 승리와, 평안과, 교제의 모든 개념을 암시합니다.

또 우리는 여기에서 우리 앞서 간 사랑하는 자들을 바라보라는 격려를 취할 수 있습니다. 그들은 하나님의 가나안에 자신들의 기업을 소유하고 있습니다. 이와 같은 그들의 현재적인 축복과 현재적인 기업의 개념으로부터 우리는 큰 격려를 취할 수 있습니다. 설령 우리가 지금 광야 길을 여행하느라 분투하고 있다 하더라도 말입니다.

또 우리는 그들의 방랑이 어디에서 어떻게 끝났는지 생각하는 것뿐만 아니라 그들이 걸어간 길을 기억하는 것에서도 격려를 취할 수 있습니다. 우리가 걸어가는 광야 길은 결코 낯선 길이 아닙니다. 그것은 우리 앞서 걸어간 성도들이 다진 길이며, 우리에게 뚜렷한 길입니다. 그들은 왕의 대로를 따라 자신들의 안식 안으로 들어갔습니다. 그들은 여전히 우리에게 그 길이 영원한 도성으로 가는 올바른 길임을 알려 주는 증인입니다.

그러나 우리는 그들보다 더 높은 것을 바라보아야만 합니다. 우리는 우리의 격려를 위해 우리 앞서 걸어간 모든 순례자들의 본만을 취해서는 안 됩니다. 그와 함께 우리는 우리 앞서 하늘로 올라가신 주님의 본을 취해야만 합니다. "믿음의 주요 또 온전하게 하시는 이인 예수를 바라보자"(히 12:3). 그는 우리 앞서 그 길을 걸으면서 피로 얼룩진 발자취를 남기셨습니다. 우리가 그 위에 우리의 보잘것없는 발자국을 찍을 수 있도록 말입니다. "너희에게 본을 끼쳐 그 자취를 따라오게 하려 하셨느니라"(벧전 2:21).

20
피난처를 찾은 자들

"앞에 있는 소망을 얻으려고 피난처를 찾은 우리에게
큰 안위를 받게 하려 하심이라"
히 6:18

그리스도인이라는 이름은 외인(外人)들이 만든 것이었습니다. 그 이름은 신약에서 매우 드물게 사용됩니다. 그것은 신약에서 그리스도를 따르는 자들 자신들이 사용한 호칭이 아니라, 명백히 외인들에게 알려진 호칭이었습니다. 그들은 서로를 제자, 신자, 성도, 혹은 형제 등으로 불렀습니다. 때로 그들은 좀 더 확장된 호칭을 사용했는데, 오늘 본문이 그에 대한 한 예(例)입니다. 여기의 표현은 세상이 "그리스도인"으로 아는 사람들의 특징 중 일부를 묘사합니다. 그것은 우리에게 그리스도인들의 본질적인 특징 하나를 가르쳐 줍니다. 그들은 "앞에 있는 소망을 얻으려고 피난처를 찾은" 자들입니다. 이러한 묘사는 많은 목록을 제거합니다. 그렇지 않습니까? 어떤 사람을 그리스도인으로 만드는 것은 출생도, 세례도, 신조를 받아들이는 것도, 공동체에 가입하는 것도 아닙니다. 다만 그것은 자신의 생명을 위해 피난처로 도망치며, 제단의 뿔을 붙잡는 개인적인 행동입니다.

나는 오늘의 주제를 복음적인 교훈에 한정시키고자 합니다. 나는 오늘의 나의 이야기가 여러분으로 하여금 스스로에게 "나는 내 앞에 있는 소망을 붙잡기 위해 피난처로 도망쳤나?"라는 질문을 던지도록 만들기를 바랍니다. 그리고 여러분이 그 질문에 대한 답을 얻을 때까지 결코 쉬지 않게 되기를 바랍니다. 어떤 옛 설교자는 "설교자들은 지혜를 다듬기 위해서가 아니라 영혼을 구원하기 위해 설교해야 한다"고 말했습니다. 바로 이것이 지금 내가 원하는 것입니다.

1. 첫째로, 여러분은 피난처를 필요로 합니다.

사람이 자기 자신의 상태와 관련한 명확한 사실들에 대해 눈을 감아버리는 것보다 더 슬픈 것은 아무것도 없습니다. 나는 모든 사람이 원수들 앞에 노출된 도피자의 위치에 서 있다는 명백한 사실을 간과하는 안이하며 피상적인 낙관론이나 안이하며 피상적인 무관심보다 더 비극적인 것은 아무것도 없다고 생각합니다. 이기심은 종종 사람을 매우 맹목적으로 만드는 것처럼 보입니다. 자기 자신과 자신의 필요와 자신의 상태와 관련한 가장 명백하며 중요한 사실들에 대해 눈을 감는 것은 얼마나 어리석은 일입니까! 사랑하는 친구들이여, 어쨌든 우리는 인생의 아름다움과 찬란함과 즐거움에 대해 이야기하며, 하나님의 은택(恩澤)에 대해 이야기하며, 우리가 매우 황량한 세상에서 살고 있다고 이야기합니다. 장차 올 수 있는 악들도 있고, 필연적으로 올 악들도 있습니다. 젊은이들이여, 여러분의 젊음으로 인해 하나님께 감사하되, 그러나 그것을 남용하지 마십시오. 젊은이들은 대체로 소망으로 부풀며, 짧은 관점을 취하며, 낙관적입니다. 노인들이 인생의 가능성들에 대해 매우 신중한 관점을 취하는 반면 말입니다. 슬픔, 실망, 깨어진 소망, 성취되었음에도 불구하고 실망스러운 소망, 상실, 잃음, 죽음 앞에서의 불가피한 이별, 질병, 사업의 실패, 수많은 종류의 근심들, 난폭한 운명의 화살, 그리고 육신으로 말미암는 모든 악들 — 이 모든 것들이 우리 모두의 인생 길 어디엔가 놓여 있습니다. 여러분은 어디에도 피할 곳이 없는 노출된 장소에 그냥 서 있을 것입니까? 여러분은 여러분 자신의 힘으로 이 모든 것들에 직면할 수 있다고 생각합니까? 머리 위에 드리워져 있는 어두운 먹구름을 바라보며, 여러분은 "얼마든지 퍼부으라지, 나는 충분히 감당할 수 있어!"라고 말할 수 있습니까? 절대로 그렇지 않습니다. 여러분에게는 피난처가 필요합니다.

여러분은 항상 온갖 종류의 위험들로 옷 입고 있습니다. 여러분의 마음과 감정과 소욕(所欲)들 가운데 언제 불붙을지 모르는 가연성(可燃性) 물질들이 항상 잠재해 있습니다. 그것들은 이를테면 화산처럼 언제든 폭발할 수 있습니다. 그것들은 언제든 큰 불을 일으킬 수 있습니다. 오직 지혜로운 사람들만이 그러한 사실을 올바로 바라보며 이렇게 말할 것입니다. "나에게는 나 자신보다 더 강한 무엇인가가 필요해. 나에게는 내 마음 안에 있는 가연성 물질들을 무력화시킬 수 있는 무엇인가가 필요해. 나에게는 나 자신으로부터 피할 피난처가 필요해."

또 여러분 안에 계속해서 외치는 양심의 소리가 있을 것입니다. 그것의 두려운 소리는 한밤중의 고요함 속에서 그리고 여러분 자신의 마음의 깊음 속에서 계속해서 외칩니다. 그것은 여러분에게 여러분의 과거에 악한 것들이 있다고 말합니다. 그것은 여러분에게 여러분의 일대기(一代記)에 지울 수도 없고 취소할 수도 없는 검은 페이지가 있다고 말합니다. "나의 쓸 것을 썼다"(요 19:22). 기억이 살아 있는 한 그리고 양심이 자기 자리를 지키고 있는 한, 행악자(行惡者)에게 형벌을 가하기 위한 또 다른 지옥은 필요하지 않습니다. 여러분에게는 여러분 자신의 양심의 쏘는 것으로부터 피할 피난처가 필요합니다.

여러분의 양심은 선지자입니다. 오늘날 심판의 날에 대해 설교하는 것은 사람들에게 별로 달갑게 받아들여지지 않습니다. 우리는 모두가 장차 하나님 앞에 우리 자신의 모든 것을 설명하게 될 것이라고 말합니다. 여러분은 이것이 의미하는 바를 실제로 믿습니까? 여러분은 이것을 여러분 자신에게 적용해 보았습니까? 우리의 모든 것이 하나님의 정결한 눈과 그의 완전한 심판 앞에 온전히 드러나게 될 것을 생각해 보십시오. 여러분이 "심판 날 그 앞에 담대함을 갖고자" 한다면, 여러분에게는 피난처가 필요합니다. 여러분은 외적인 악들과, 통제되지 않는 자아(自我)와, 하나님의 목소리인 양심의 고소 등으로부터 능히 피할 수 있습니까?

이와 같이 여러분에게는 피난처가 필요합니다. 여러분은 고요한 마음으로 자신에게 정말로 피난처가 필요하다고 생각해 본 적이 있습니까? 명백한 사실을 외면하지 마십시오. 더 이상 스스로를 속이지 마십시오. 어리석은 경솔함으로 여러분 자신의 실제적인 상태를 외면하지 마십시오. 프랑스 혁명기간 중에 있었던 9월의 대학살을 생각해 보십시오. 그때 감옥에 있던 사람들은 어릿광대와 같은 유희를 즐기며 마치 자신들이 자유로운 것처럼 가장함으로써 스스로를 즐겁게 했습니다. 함께 감옥에 있던 동료들이 매일 같이 단두대로 끌려가 목 베임을 당하고 있었음에도 불구하고 말입니다. 우리 가운데 많은 사람들이 그와 같지 않습니까? 가파른 벼랑길을 걸어가는 노새를 생각해 보십시오. 한 발자국만 잘못 디뎌도 천 길 낭떠러지로 떨어집니다. 그런데도 노새는 아무 일 없는 듯 태평하게 느릿느릿 걸어갑니다. 우리 가운데 많은 사람들이 그와 같이 인생길을 걸어가지 않습니까? 절벽 위에서 풀을 뜯는 양을 생각해 보십시오. 조금 더 맛있어 보이는 풀을 뜯기 위해 절벽 끝에 있는 풀을 향해 어리석은 목을 뻗습니다. 한 발자국만 잘못 디디면 절벽 아래 소용돌이치는 바다에 떨어지는데 말입니다. 그렇게 하지 마십시오. 여러분은 무지한 말이나 노새 같이 되지 마십시오. "너희는 무지한 말이나 노새 같이 되지 말지어다"(시 32:9). 명백한 사실을 회피하지 마십시오. 그것에 분명하게 직면하십시오.

2. 둘째로, 여러분은 여러분이 필요로 하는 피난처를 가지고 있습니다.

히브리서 기자는 본문 가운데 그것을 "앞에 있는 소망"으로 묘사합니다. "소망"이라는 표현으로서, 그는 감정이 아니라 그것이 향하는 대상을 의미합니다. 왜냐하면 그것은 자신 "앞에 있는" 어떤 것, 그리고 자신이 소망하는 외적인 어떤 것이기 때문입니다. 어떤 감정을 표현하는 것을 그러한 감정을 불러일으키는 대상으로 전이(轉移)시키는 것은 매우 통상적인 용법입니다. 예컨대 두려움의 감정을 표현하는 "dread"는 그 의미가 쉽게 "두려운 것" 혹은 "두렵게 만드는 것"으로 전이됩니다. 본문 가운데 있는 "앞에 있는 소망" 역시 이와 마찬가지입니다.

문맥 가운데 소망의 대상으로서 사람들 앞에 있는 것은 신실하신 하나님의 약속입니다. 그것은 오래 전 옛 족장들에게 하나님의 맹세로 보증된 신적 축복과 미래의 기업의 약속입니다. 계속해서 저자는 마지막 때에 우리가 예전에 아브라함이 가졌던 것과 동일한 실재를 갖는다고 말합니다. 왜냐하면 하나님이 그에게 "내가 반드시 너에게 복 주고 복 주리라"라고 말씀하셨고, 그것을 우리에게도 동일하게 말씀하시기 때문입니다. 바로 그것이 "피난처"입니다. 하나님은 아브라함에게 "너는 땅을 기업으로 받을 것이라"고 말씀하셨으며, 그것을 우리에게도 말씀하십니다. 바로 그것이 피난처입니다. 하나님의 임재와 복된 기업의 약속이 여기에서 저자가 말하는 소망의 두 요소입니다.

히브리서 기자는 본문의 두 가지 은유 즉 피난처와 강한 버팀줄의 은유로 만족하지 않고 다음 절에서 세 번째 은유를 덧붙입니다. 그는 이러한 소망을 그것을 붙잡는 자를 강하게 지탱해 주는 영혼의 닻으로 비유합니다(19절). 그것은 "튼튼하여" 결코 부러지지 않을 닻이며, "견고하여" 결코 끌려가지 않을 닻입니다. 계속해서 저자는 이러한 소망의 대상이 "휘장 안으로" 들어간다고 말합니다. 그러나 바로 다음 절에서 그가 휘장 안으로 들어간 또 다른 사람 즉 예수 그리스도에 대해 언급하는 것을 주목하십시오. "그리르 앞서 가신 예수께서 멜기세덱의 반차를 따라 영원히 대제사장이 되어 우리를 위하여 들어 가셨느니라"(20절). 먼저 우리는 여성으로 의인화된 소망의 형상을 보게 됩니다. 시인들이 통상적으로 묘사하는 것처럼, 그녀는 고요하며, 광채로 빛나며, 미소를 짓고 있습니다. 그러고 나서 그 형상은 사라져 버립니다. 그리고 거기에 추상적인 소망 대신 인격적인 예수 그리스도가 서 계십니다. 요약하면, 피난처는 곧 우리의 소망이신 예수라는 것입니다. 여기에서 저자가 우리 주님을 우리 앞서 가신 자와 제사장으로서 묘사하는 것을 주목하십시오.

문맥에 대한 이러한 설명은 우리에게 매우 중요한 사실을 일깨워 줍니다. 즉 예수 그리스도가 우리의 소망이며 피난처인 것은 그가 우리의 제사장이기 때문이라는 사실 말입니다. 사랑하는 형제들이여, 다른 모든 원수들과 악들은 견딜 수 있습니다. 사람은 그 모든 것을 하나님 없이도 그럭저럭 감당할 수 있습니다. 설령 매우 불완전하게 감당한다 하더라도 말입니다. 그러나 모든 것 가운데 가장 깊은 필요, 모든 원수들 가운데 가장 위협적인 원수는 오직 복음에 의해서만 다루어지며 극복될 수 있습니다. 죽음으로 사망을 허물어뜨린 제사장을 선포하는 복음, 그의 희생제사가 죄를 제거하는 복음, "우리의 질고를 지고 우리의 슬픔을 당하며 채찍에 맞으므로 우리가 나음을 받은" 자의 복음 말입니다(사 53:4, 5). 나는 여러분이 예수 그리스도가 모든 슬픔의 뿌리인 죄의 사실을 온전하게 다루심으로 말미암아 세상의 소망과 피난처가 되셨다는 사실을 깨닫기를 간절히 바랍니다. 우리가 양심의 고소를 두려워할 필요가 없는 것은 사랑의 주님이 우리 모두를 위해 죽으셨기 때문입니다. 그리고 그 안에서 우리가 그의 피로 말미암은 구속과 죄 사함을 받았기 때문입니다. 또 우리가 심판을 두려운 눈으로 바라볼 필요가 없는 것은 그가 죄로 얼룩진 세상 전체를 위한 피난처이기 때문입니다. 그는 정말로 당신의 피난처입니까? 당신은 정말로 그를 당신의 제사장으로 인식합니까? 그가 휘장 안으로 들어간 사실은 그의 희생제사가 온전히 받아들여졌음을 증언합니다. 또 그가 이와 같이 휘장 안으로 들어갔기 때문에, 그는 우리를 위한 유일한 소망이며 우리의 완전한 피난처가 됩니다.

우리가 예수 그리스도를 붙잡고 그 안에서 피난처를 발견할 때, 이생의 모든 불가피한 악들과 슬픔들의 의미는 완전히 달라집니다. 또 그럴 때 우리는 질병과 슬픔과 실망과 실패와 이별과 모든 근심을 능히 감당할 수 있습니다. 예수 그리스도를 우리의 피난처와 친구로 소유할 때, 뾰족한 화살촉은 무뎌지며 독은 제거됩니다.

나아가 예수 그리스도가 "우리를 위하여" 휘장 안으로 들어가셨기 때문에, 우리는 죽음과 우리 앞에 놓여 있는 것에 대한 두려움으로부터 해방됩니다(20절). 우리는 회개의 눈물에도 불구하고 담대하게 머리를 들 수 있습니다. 그리고 예수 그리스도 안에서 우리도 휘장을 지나 그 안으로 들어갈 것이라는 약속을 바라볼 수 있습니다. 그러므로 형제들이여, 육체로 말미암는 모든 악들과 죄가 야기하는 모든 것들과 우리 자신의 양심의 쏘는 것과 미래의 보응의 심판에도 불구하고, 우리는 고요한 확신으로 구주께 나아가 이렇게 말할 수 있습니다. "나는 주님을 나의 피난처로 삼았나이다. 그러므로 어떤 악도 나에게 떨어지지 않을 것이며, 어떤 재앙도 나의 처소에 임하지 않을 것이나이다."

3. 마지막으로, 그 피난처로 도망치십시오.

본문 가운데 히브리서 기자는 두 개의 생생한 은유를 혼합시킵니다. 하나는 은신할 곳이 없는 상태로 원수들에게 둘러싸인 피난자의 은유이며, 다른 하나는 강한 버팀줄을 붙잡고 있는 사람의 은유입니다. 두 그림을 보십시오.

본문 가운데 "피난을 위해 도망친"이란 구절을 주목해 보십시오(fled for refuge, 한글개역개정판에는 "피난처를 찾은"이라고 되어 있음). 어쩌면 여기에 도피성과 관련한 옛 이스라엘의 규례가 암시되어 있는지 모릅니다. 실제로 그렇든 그렇지 않든, 어쨌든 우리 앞에 제시된 장면은 자기 목숨을 보존하기 위해 도망치는 사람의 장면입니다. 그리고 그의 등 뒤에 창을 들고 쫓아오는 추격자가 있습니다. 이 사람의 발 아래에는 결코 풀이 자라지 않을 것입니다. 그는 길가에 피어 있는 꽃들을 보기 위해 멈추지 않을 것입니다. 남아프리카의 다이아몬드조차도 그의 도망치는 발걸음을 멈추게 하지 못할 것입니다. 그것은 목숨을 보존하기 위한 경주입니다. 그가 열린 성문에 도착한다면, 그는 안전합니다. 그러나 그가 그곳에 도착하기 전에 추격자에게 따라잡힌다면, 그는 죽습니다. 성문에 도착하는 순간, 그는 도피성의 율법의 보호를 받습니다. 그는 복수의 공의로부터 건짐을 받습니다. 여기의 은유 가운데 도피의 급박함과 머뭇거리며 지체하는 것의 어리석음이 생생하게 나타납니다. 머뭇거리며 우물쭈물해서는 안 됩니다. 오늘날 너무나 많은 사람들이 "내일! 내일!"을 외칩니다. 많은 사람들이 이렇게 말합니다. "젊을 때는 그냥 마음껏 살고 싶나이다. 지금은 나를 그냥 내버려 두소서. 나는 지금 너무나 바쁘나이다. 적당한 때가 되면 당신을 찾겠나이다." 사람을 죽인 자가 죽은 사람 곁에 쭈그리고 앉아 "나는 너무나 피곤해서 도망칠 수가 없어"라고 말한다면, 그는 어떻게 되겠습니까? 그는 다음 날 아침이 밝기 전에 죽을 것입니다.

유대 전승에 어떤 랍비의 제자가 자신의 스승과 대화하는 이야기가 나옵니다. 제자가 랍비에게 묻습니다. "선생님, 언제 회개해야 할까요?" 제자의 질문에 랍비는 "죽기 전 날"이라고 대답합니다. 이에 제자는 "나는 오늘 죽을 수도 있는 데요"라고 반문합니다. 그러자 랍비는 "그러면 오늘 회개해라"라고 대답합니다. "너희가 섬길 자를 오늘 택하라"(수 24:15). 무자비한 폭풍에 피할 곳이 없이 노출된 채 그대로 서 있을 것인지 아니면 피난처로 도망쳐 구원을 받을 것인지, 오늘 선택하십시오.

또 하나의 그림을 보도록 합시다. "소망을 붙잡으려고"(to lay hold of the hope, 한글개역개정판에는 "소망을 얻으려고"로 되어 있음). 어쩌면 여기에 제단 뿔을 붙잡는 옛 규례가 암시되어 있는지 모릅니다. 범죄한 사람이 제단의 뿔을 붙잡을 때, 그는 안전했습니다. 그렇다면, 두 은유는 실제적으로 하나로 혼합될 수 있습니다. 도피성으로 도망치며 제단의 뿔을 붙잡을 때, 도망자는 어떤 원수로부터도 안전했습니다. 특별히 두 번째 은유는 우리가 믿음으로 예수 그리스도를 굳게 붙잡을 것을 가르칩니다. 파선(破船)한 배에서 닻줄을 붙잡고 있는 선원을 생각해 보십시오. 배는 지금 사구(砂丘)에 걸려 있으며, 사방은 바다입니다. 그는 꽁꽁 언 손으로 죽을 힘을 다해 닻줄을 붙잡을 것입니다. 왜냐하면 그것을 놓치는 순간 다음 파도가 여지 없이 그를 바다로 내동댕이칠 것을 알기 때문입니다. 여러분은 이와 같이 절박한 위험을 인식하면서 예수 그리스도를 굳게 붙잡아야 합니다. 확실한 소망과 함께 필사적으로 그를 붙잡아야 합니다. 형제여, 당신은 그에게로 도망쳤습니까? 당신은 그를 붙잡고 있습니까?

인도에서 큰 홍수가 일어났을 때 있었던 이야기를 들은 적이 있습니다. 한밤중에 둑이 터졌습니다. 그러자 소식을 전하는 자들이 급히 주민들을 깨우기 위해 보냄을 받았습니다. 소식을 듣고 즉시 일어나 도망친 사람들은 물이 들어오기 전에 고지대에 도착했습니다. 거기에서 그들은 거대한 황갈색의 황톳물이 마을을 집어삼키는 것을 보았습니다. 부수어진 집들의 무수한 파편과 수많은 시체들과 함께 말입니다. 소식을 듣고도 머뭇거리며 꾸물대던 사람들을 모두 거대한 황톳물이 삼킨 것이었습니다. 사랑하는 친구들이여, 여러분에게 던지는 나의 메시지는 이것입니다. "여러분의 생명을 위해 도망치십시오. 뒤를 돌아보지 마십시오. 저지대에 머물러 있지 마십시오. 거대한 황톳물에 삼켜지지 않도록 고지대로 도망치십시오."

21
영혼의 닻

"우리가 이 소망을 가지고 있는 것은 영혼의 닻 같아서
튼튼하고 견고하여 휘장 안에 들어 가나니"
히 6:19

기독교는 완전한 성품의 한 요소로서 소망에다가 매우 큰 중요성을 부여합니다. 신약은 소망과 관련한 훈계로 가득 차 있습니다. 또 소망은 모든 기독교적 선(善)을 요약하는 세 가지 덕목 가운데 하나로 간주됩니다. 심지어 사도 바울은 우리의 구원 전체를 소망 위에 근거시키기까지 합니다. "우리가 소망으로 구원을 얻었으매"(롬 8:24).

소망에 부여되는 이러한 두드러진 중요성은 우리의 본성 안에 표현된 하나님의 뜻과 상합(相合)하는 것으로 보입니다. 왜냐하면 사람은 소망 안에서 강고(强固)한 피조물이기 때문입니다. 그러나 그것은 이상하게도 경험에 의해 증명되는 소망의 가치와는 불합(不合)하는 것으로 보입니다. 왜냐하면 대부분의 소망들은 오류(誤謬)이기 때문입니다. 좌절되거나 성취되는, 소망들은 배반하며 속입니다.

세상은 소망의 오류에 대한 불평으로 가득 차 있습니다. 시인(詩人)들과 도덕주의자들은 그것의 현(絃)을 건드릴 때 응답을 확신합니다. 그러나 우리의 본성 안에 우리를 속이며 유혹하는 무엇인가가 있는 것 같습니다. 그리하여 우리는 한줌의 안개를 잡으려고 애쓰다가 마침내 쓰라림 가운데

"모두 다 헛되어 바람을 잡으려는 것이로다"라고 탄식합니다(전 1:14).

그러나 하나님이 입을 보내실 때는 그것을 먹일 양식도 함께 보내십니다. 만일 사람 안에 이와 같은 강고한 기능(즉 소망)이 있다면, 어디엔가 그것이 붙잡을 수 있고 붙잡음으로써 그것의 모든 오류와 비참함으로부터 자유롭게 될 수 있는 실체가 있어야만 합니다.

본문은 우리에게 그것이 어디에 있는지 말해 줍니다. 그리고 나아가 소망이 어떻게 사람 안에서 위대하며 복된 모든 것들과 한 편이 될 수 있는지 말해 줍니다. 그것이 올바른 대상에 올바르게 향하여질 때 말입니다. 본문의 은유는 성경에서 오직 여기에서만 나타납니다. 오직 여기에서만 우리는 소망이 "영혼의 닻"이라는 개념을 발견합니다. 이러한 개념으로부터 오늘 나는 여러분이 닻에 대해, 닻이 내려지는 땅이나 토대에 대해, 닻줄에 대해, 닻을 내린 배의 견고함에 대해 생각해 보기를 바랍니다.

1. 첫째로, 닻의 은유의 강력함에 대해 생각해 보십시오.

먼저 우리는 여기의 소망이 하나의 감정이 아니라 그것이 향하는 대상을 의미하는 것이라는 사실을 기억할 필요가 있습니다. 문맥 역시도 이와 동일한 해석을 필연적으로 요구합니다. 왜냐하면 바로 앞 절에 "우리 앞에 있는 소망을 붙잡으려고"라는 표현이 나오기 때문입니다(to lay hold upon the hope set before us, 한글개역개정판에는 "앞에 있는 소망을 얻으려고"라고 되어 있음). 그러므로 여기의 소망은 우리 앞에 있음으로 해서 우리가 붙잡을 수 있는 우리 밖에 있는 어떤 것입니다.

닻은 배 밖에 있습니다. 우리를 견고하게 하는 것은 우리의 일부일 수 없습니다. 그것은 필연적으로 우리 밖에 있는 어떤 것이어야만 합니다. 그럴 때 비로소 그 위에서 우리의 요동(搖動)하며 변덕스러운 감정들은 고요해지며 잠잠해질 수 있습니다.

어떤 감정을 표현하는 단어가 그 감정이 향하는 대상을 가리키는 쪽으로 전이(轉移)되는 것은 성경에서나 일반 언어에서나 조금도 특이한 일이 아닙니다. 예컨대 사람들은 서로에게 "나의 사랑"(my love), "나의 위로"

(my comfort) 등으로 말합니다. 또 우리는 하나님에 대하여 "나의 경외함"(my fear), "나의 두려움"(my dread) 등으로 말합니다. 마찬가지로 성경은 예수 그리스도를 "우리의 소망"(our hope)으로 말합니다. 이 모든 구절들 속에서 우리는 감정을 일으키는 사람 혹은 대상이 그 감정을 표현하는 단어로 언급되는 것을 보게 됩니다.

본문의 경우도 이와 마찬가지입니다. 우리가 소유하는 소망 그리고 그것에 우리가 고정되는 소망은 우리를 견고하며 안전하게 만듭니다. 그리고 그것은 본질적으로 예수 그리스도 자신입니다. 본문은 이러한 소망이 "휘장 안으로 들어갔다"고 말합니다. 계속해서 다음 절을 읽어 보십시오. "그리로 앞서 가신 예수께서 … 우리를 위하여 들어 가셨느니라"(20절). 그가 휘장 안으로 들어갔을 때, 우리의 소망이 그와 함께 그 안으로 들어간 것입니다. 왜냐하면 그는 우리 소망의 기초일 뿐만 아니라 또한 실체이기 때문입니다. 그는 우리가 소망하는 대상입니다. 그리고 가장 깊은 의미에서 우리의 모든 미래는 인격적인 그리스도입니다. 사람의 마음을 기쁨으로 채울 수 있는 모든 복된 기대(期待)는 "나는 그 안에서 발견될 것이라"는 한 마디로 요약됩니다. 그를 소유하는 것이 곧 영원한 생명이며 열매를 맺는 것인데, 바로 그가 튼튼하며 견고한 영혼의 닻으로서 휘장 안으로 들어가셨습니다.

계속해서 이러한 닻과 소망의 특징을 주목해 보십시오. "튼튼하고 견고하여." 이러한 두 단어는 소망의 다양한 특성을 표현합니다. 튼튼한 닻은 조류(潮流)에 의해 끌리지 않는 닻입니다. 그것은 배를 정박(碇泊)시킬 수 있을 만큼 충분히 무겁습니다. 그것은 견고한 땅 위에 놓이며, 견고한 땅에 박혀 있습니다. 그것은 결코 속이지 않습니다. 그러므로 배의 선원들은 그것을 믿을 수 있습니다.

또 닻은 견고합니다. 견고한 닻은 결코 부러지지 않습니다. 그것은 강철로 만들어졌기 때문에 본질적으로 강합니다. 그러므로 돌 같은 것에 부딪힌다 하더라도 목이 부러질 염려가 없습니다. 그러므로 우리는 이와 같은 기독교적 소망의 대상이 모든 약함과 불완전함으로부터 완전히 자유롭다고 감히 말할 수 있습니다. 다른 소망의 대상들은 그렇지 못하지만 말입니다. 이에 대해 좀 더 상세히 생각해 보도록 합시다.

우리의 세상적인 소망들, 그것들은 도대체 무엇입니까? 그것들은 단지 우리 자신의 상상의 산물들이거나, 우리가 바라는 것들이 미래의 희미한 스크린 위에 투사(投射)된 것들일 뿐입니다. 거기에는 실체가 없습니다. 단지 스크린 위에 투사된 그림자일 뿐입니다. 설령 그것들이 합리적인 추측의 결과라 하더라도, 여전히 그것들은 아무런 실체도 가지고 있지 않습니다. 그러나 본문은 현재적인 실체를 가지고 있는 소망이 있다고 말합니다. 그것이 "휘장 안으로" 들어갔습니다. 마치 닻이 바다의 깊음 속으로 던져져 시야(視野)로부터 사라지는 것처럼 말입니다. 이를테면 본문은 이러한 닻이 높이 들려 하늘의 깊음 속으로 던져져 시야로부터 사라졌으며 그리하여 하나님의 보좌에 고정되었다고 말하고 있는 것입니다. 우주 전체가 성전이며, 얇은 휘장이 바깥마당에 있는 우리와 지성소 사이에 드리워져 있습니다. 그런데 우리의 소망이신 예수 그리스도께서 휘장 안으로 들어가셨으며, 진실로 그 안에 계십니다. 그는 우리로부터 분리되었지만, 그러나 여전히 우리 곁에 가까이 계십니다. 휘장은 가냘픈 칸막이에 불과합니다. 우리는 휘장 건너편의 소리를 들을 수 있으며, 휘장을 통과하는 빛줄기를 붙잡을 수 있습니다. 살짝 건드리기만 해도 휘장은 걷힐 것입니다. 그러므로 우리는, 우리에게 미래인, 보이지 않는 장엄한 현재 가운데 떠다닙니다. 그리스도인이 기대하는 가장 크고 밝은 대상들은 현재적인 실체를 가집니다. 그것들은 실제적입니다. 우리는 그것들로부터 단지 얇은 휘장에 의해 나누어져 있을 뿐입니다. 살짝 건드리기만 해도 그것은 걷힙니다. 이러한 소망은 단순한 상상도 아니며, 우리가 바라는 것들을 단순히 미래의 희미한 스크린 위에 투사한 것도 아닙니다. 그것은 단순한 추측의 산물이 아니라, 우리 모두의 손이 닿을 수 있는 거리에 있는 현재적인 실체입니다.

또 세상의 소망들은 확실한 소망이 아닙니다. 그러나 여기의 소망은 확실한 소망입니다. 우리는 미래를 과거와 똑같이 확실한 것으로 만들 수 있습니다. 미래에 대한 소망은 과거의 기억과 똑같이 참된 것이 될 수 있습니다. 우리가 통상적으로 기대하는 것들은 그렇지 않습니다. 소망에 대해 말할 때, 우리는 우리의 기대 안으로 소망뿐만 아니라 두려움의 요소까지도 받아들입니다. 소망이 환한 미소를 지을 때조차 거기에는 항상 두려움의 그림자가 있습니다. 우리의 위대한 시인 가운데 한 사람이 그녀(소망)에 대해 묘사한 것을 주목해 보십시오. 그녀는 보석으로 치장한 아름다운 포도주 잔을 들고 있지만, 그 잔 밑에는 뱀이 똬리를 틀고 있습니다. 소망은 다른 측면에서 가능성입니다. 그러한 가능성은 세상의 모든 불확실한 소망들의 필수적인 일부입니다. 그것은 소망을 고통스러운 것으로 만들며 또 소망의 광채를 흐리게 만듭니다.

그러나 기독교적 소망의 특징은 확실성입니다. 본문이 언급하는 것처럼, 그것은 튼튼합니다. 그러므로 우리는 "나는 그렇게 될 수 있다고 믿어!"가 아니라, "나는 그렇게 될 것을 알아!"라고 말할 수 있습니다. 그것은 미지(未知)의 희미한 것을 바라보는 것이 아닙니다. 그것을 훨씬 높은 이상(以上)입니다. 미래에 있는 가장 좋은 것은 과거의 역사(歷史)처럼 명백하며 확실합니다. 그리스도인들에게 있어 그리스도 위에 안식하는 것은 결코 가정(假定)이 아닙니다. 그들은 "내일도 — 다음 날도 또 다음 날도 그리고 영원까지 — 어제 같이 크게 넘치리라"라고 담대하게 말할 수 있습니다(사 56:12).

또 세상의 소망들은 이루어지든 좌절되든 결국 우리를 배반하며 속입니다. 다시 말해서 세상의 소망들은 심지어 이루어질 때조차 우리를 실망시킵니다. 우리는 미래를 단지 우리가 소망하는 것만을 포함하는 것으로서 그립니다. 그러면서 여전히 인생 속에 그것 외에도 다른 많은 것들이 있다는 사실을 생각하지 않습니다. 그리고 여전히 거기에 온갖 평범한 일들과 골치 아픈 일들과 불완전한 일들이 그대로 남아 있을 것이라는 사실을 간과합니다. 설령 무엇인가를 얻었다 하더라도, 우리에게는 여전히 추구하는 것이 훨씬 더 많습니다. 그것은 마치 바다 속에서 춤추는 해초(海草)와 같습니다. 물결을 따라 흔들릴 때, 그것은 얼마나 사랑스럽습니까! 그렇지만 그것을 한 움큼 붙잡아 뽑아 보십시오. 그것은 여러분의 손 안에 있는 한줌의 끈적거리는 물체 외에 아무것도 아닐 것입니다. 이와 같이 무엇인가를 손에 쥐었다고 해서 소망의 꿈이 이루어지는 것은 결코 아닙니다.

그러나 여기에서 이야기한 것은 절반도 채 되지 않습니다. 하나님이 자기 백성들을 위해 예비하신 것들은 얼마나 놀랍게 실현됩니까! "기록된 바 하나님이 자기를 사랑하는 자들을 위하여 예비하신 모든 것은 눈으로 보지 못하고 귀로 듣지 못하고 사람의 마음으로 생각하지도 못하였다 함과 같으니라"(고전 2:9).

2. 둘째로, 닻이 내려지는 땅 혹은 토대에 대해 생각해 보십시오.

내가 영원히 예수 그리스도와 같이 될 것이라고 기대하지 않는다면, 도대체 어떻게 내가 모든 것을 확실하게 소망할 수 있겠습니까? 바로 여기에 닻이 내려지는 토대가 있습니다. "하나님은 약속을 기업으로 받는 자들에게 그 뜻이 변하지 아니함을 충분히 나타내시려고 그 일을 맹세로 보증하셨나니 이는 하나님이 거짓말을 하실 수 없는 이 두 가지 변하지 못할 사실로 말미암아 앞에 있는 소망을 얻으려고 피난처를 찾은 우리에게 큰 안위를 받게 하려 하심이라"(17, 18절). 다시 말해서 하나님이 자신의 존재의 모든 위엄을 자신의 약속에 대한 담보물로 주는 것으로 우리에게 보증된 하나님의 의지(意志)의 엄숙한 선언이 우리가 그 위에 안식하는 토대입니다. 바로 여기에 닻이 내려지는 토대가 있습니다. 아무것도 그것을 건드릴 수 없습니다. 우리가 예수 그리스도를 붙잡는다면, 우리는 신적 본성의 견고함 위에 닻을 내린 것입니다. 다시 말해서 우리는 우리 소망의 뿌리를 하나님의 존재 안에 깊이 박은 것입니다. 그럼으로써 하나님 안에 있는 전능한 모든 것과 따뜻한 모든 것과 변할 수 없는 모든 것이 나의 보잘것없는 마음속에 임합니다. 또 그럼으로써 그리스도의 어떠하심 같이 나도 그와 같이 될 것이며 그리스도께서 계신 곳에 그의 종들도 있을 것이라는 놀라운 기대가 나의 마음 가운데 확증됩니다. 우리가 붙잡는 이러한 토대는 사람들이 헛된 소망으로 붙잡는 다른 토대들과 얼마나 다릅니까! 우리에게 그런 토대들은 얼마나 가련하며 일시적인 것으로 보입니까! "무릇 사람을 믿으며 육신으로 그의 힘을 삼고 마음이 여호와에게서 떠난 그 사람은 저주를 받을 것이라"(렘 17:5). 반면 그 소망이 자기 하나님 여호와께 있는 사람 그리고 그를 믿고 의지하는 사람은 얼마나 복됩니까! 이러한 토대는 비바람과 풍랑에도 결코 요동하지 않습니다. 그리고 그 위에 닻을 내린 배는 결코 파선하지 않습니다.

3. 셋째로, 닻줄에 대해 생각해 보십시오.

만일 닻이 강한 닻줄과 연결되어 있지 않다면, 그 닻은 아무 쓸모없습니다. 신적 본성의 모든 신실함과 그리스도의 약속의 모든 장대함은, 우리가 소망으로 말미암아 우리 자신을 그것에다가 고정시키지 않는다면, 우리에게 아무것도 아닙니다. 나는 여러분에게 이 세상 소망의 헛됨과 허무함에 대해 이야기했습니다. 이것은 그 모든 것에도 불구하고 계속적으로 집착하는 강고(强固)한 기능이 — 즉 무엇인가를 계속적으로 소망하는 우리의 강고한 기능이 — 예수 그리스도에게 고정되도록 의도된 것임을 보여 줍니다. 마치 갑판 위에 놓여 있는 쇠줄이 닻줄로 의도된 것인 것처럼 말입니다. 여러분은 미래를 바라며 기대할 수 있습니다. 왜냐하면 하나님이 여러분에게 그런 능력을 주셨기 때문입니다. 하나님이 여러분에게 그런 능력을 주신 것은 여러분으로 하여금 스스로를 여러분의 주님에게 고정시키도록 하기 위함입니다. 오직 그분으로 말미암아 여러분은 미래의 주인이 될 것이며, 여러분의 미래는 평안으로 가득 차게 될 것입니다. 그렇게 하는 것 즉 이 같은 강고한 소망으로 스스로를 예수 그리스도에게 고정시키는 것은 결코 쉬운 일이 아닙니다.

그것은 먼저 "떨어짐"을 의미합니다. 만일 여러분이 훨씬 더 앞에 있는 원대한 미래를 선명하게 바라보고자 한다면, 먼저 여러분은 이 땅의 하찮은 미래에 대한 세상적이며 저급한 기대로부터 떨어져야만 합니다. 우리는 기독교적 소망을 부지런히 계발할 필요가 있습니다. 훨씬 더 앞에 있는 원대한 미래의 가장 영광스러우며 복된 실재를 바라볼 수 있는 놀라운 기능을 내일의 하찮은 기대를 바라보는 것으로 낭비하는 것보다 더 어리석은 일은 아무것도 없습니다. 우리에게 소망의 날개가 주어진 것은 우리가 땅 위에서 퍼덕거리도록 하기 위한 것이 아닙니다. 그것은 우리가 하나님께 날아오르도록 하기 위한 것입니다. 우리에게 앞을 바라보는 맑은 눈이 주어진 것은 우리로 하여금 시야를 가까운 곳으로 제한하게 하기 위함이 아닙니다. 그것은 우리로 하여금 가장 먼 곳까지 바라보도록 하기 위함입니다. 내일 무엇을 할 것이며 또 어디에 있을 것인가 하는 생각에 매몰된 가운데 영원 전체를 통해 무엇을 할 것이며 또 어디에 있을 것인가를 생각할 여유조차 갖지 못하는 어리석음에 빠지지 마십시오. 우리의 눈은 땅의 저지대(低地帶)를 따라 달립니다. 그러는 가운데 우리는 우리가 달리고 있는 작은 평원을 둘러싸고 있는 거대한 산지를 거의 바라보지 못합니다. 사랑하는 그리스도인들이여, 여러분은 소망으로 말미암아 구원받습니다. 여러분에게 약속된 복된 미래와 그것을 만드는 자를 계속 생각하십시오. 여러분의 마음과 여러분의 소망을 높이 들어올리십시오. 그리고 그것을 휘장 안으로 들어간 여러분의 영혼의 닻에 고정시키십시오.

4. 마지막으로, 닻을 내린 배의 견고함에 대해 생각해 보십시오.

이러한 닻으로 말미암아 배는 어떤 폭풍 속에서도 견고할 것입니다. 통상적으로 소망은 강함이라든지 혹은 당당함 등의 남성적인 속성과는 거리가 먼 것으로 생각합니다. 물론 의심의 여지 없이 그것은 행동으로 나아가도록 재촉합니다. 소망하기를 그친 사람은 노력하기를 그칩니다. 그러나 동시에 그것은 너무나 자주 견고하게 하기보다 도리어 요동하게 하며 안달하게 합니다. 그러나 기독교적 소망은 모든 견고함과 고요함과 오래 참음과 같은 편입니다.

소망은 우리로 하여금 당면한 모든 일들을 새로운 시각으로 바라보도록 만들 것입니다. 어떤 사람의 눈이 새벽하늘의 붉은 여명에 고정되어 있다면, 그와 하늘 사이에 있는 모든 것들은 점점 더 그 거무스름함이 옅어질 것입니다. 이와 같이 우리가 저 멀리 수평선 너머 비취는 거대한 빛을 소유할 때, 그 빛과 우리 사이에 있는 모든 것들의 요란한 색깔들은 점점 덜 화려해질 것입니다. 그것들은 점점 더 대수롭지 않은 것으로 작아지고 축소될 것입니다. 큰 소망의 빛이 비칠 때, 슬픔을 견디는 것은 그다지 힘든 일이 아닐 것입니다. 왜냐하면 일시적인 슬픔을 견디는 것보다 영원한 영광의 무게가 훨씬 더 크기 때문입니다. 큰 소망의 빛이 비칠 때, 마땅히 행할 의무를 행하는 것은 그다지 어려운 일이 아닐 것입니다. 왜냐하면 큰 소망이 그러한 어려움을 작게 만들 것이기 때문입니다. 큰 소망의 빛이 비칠 때, 유혹에 저항하는 것은 그다지 어려운 일이 아닐 것입니다. 왜냐하면 유혹의 현란한 빛들은 큰 소망의 거대한 광채로 말미암아 힘을 잃을 것이기 때문입니다.

그리스도 위에 닻을 내린 자는 슬픔 가운데에도 고요할 것이며, 유혹을 이기고 승리할 것입니다. 어떤 풍랑이 몰아쳐도, 그는 거기에서 안전하게 정박할 수 있을 것입니다. 그리고 자신의 배는 결코 파선(破船)할 수 없음을 확신하면서 고요한 마음으로 기다릴 수 있을 것입니다. 여러분의 소망은 모든 위엄과 참음과 승리와 한 편일 것이며, 여러분의 영혼은 흔들림 없이 견고할 것입니다.

선원들은 때로 자신들의 배를 끌어당길 수 있는 고정점(固定點)을 얻기 위해 닻을 앞으로 던집니다. 이와 같이 우리의 닻이 승천하신 그리스도라면, 그는 합당한 때에 우리를 자신이 있는 곳으로 끌어당길 것입니다. 우리 앞서 가신 자이며 우리의 모범이신 예수 그리스도 위에 고정된 고요한 소망은 우리의 모든 슬픔과 무거운 짐과 변화와 유혹들 가운데 우리를 견고하게 하며 승리하게 할 것입니다. 그것이 없는 인생은 정말로 헛되며 아무것도 아닙니다. 인생의 모든 문제들과 고통들에 대한 우리의 유일한 응답의 소망은 "휘장 뒤에" 있습니다. 그러한 소망은 우리를 우리 영혼의 참된 닻줄과 연결시킵니다. 그리고 그것은 쉽게 끊어지지 않는 튼튼한 밧줄입니다. 그러나 세상에 고정된 소망은 거미줄처럼 가늘고 약하며 끊어지기 쉽습니다. 그것은 새벽에 풀잎 위에서 반짝이다가 해가 뜨면 사라지는 이슬과 같습니다.

나의 형제여, 당신은 이러한 놀라운 기능을 가지고 있습니다. 당신은 그것을 가지고 무엇을 합니까? 또 당신은 그것을 어디에다 고정시킵니까? 당신은 미래에 대해 개인적인 관심을 가지고 있습니다. 당신이 그것에 대해 생각하든 생각하지 않든, 그리고 그것을 좋아하든 좋아하지 않든 말입니다. 그러한 미래를 위한 당신의 소망은 무엇입니까? 또 당신의 소망의 토대는 무엇입니까? 당신에게 간절히 탄원하노니, 당신의 인생의 작은 배를 당신을 위해 죽으시고 다시 사신 그리스도의 큰 닻에 고정시키십시오. 설령 당신과 그를 연결하는 줄이 가늘고 약하다 하더라도, 그러나 그것은 죽은 줄이 아니라 산 줄일 것입니다. 그 줄을 따라 그의 견고한 생명이 흘러들어올 것이며, 당신을 그 자신처럼 견고하게 만들 것입니다. 그리고 마침내 당신의 최고의 소망들은 그 자신의 축복의 영원한 결실로 온전히 성취될 것입니다.

22
먼저는 의,
그 다음은 평강

"아브라함이 모든 것의 십분의 일을 그에게 나누어 주니라
그 이름을 해석하면 먼저는 의의 왕이요
그 다음은 살렘 왕이니 곧 평강의 왕이요"
히 7:2

제사장이며 왕인 멜기세덱이라는 신비하면서도 흐릿한 인물은 최근의 발견으로 새롭게 조명(照明)되고 있습니다. 여러분은 베를린과 런던에서 주전 14세기에 스스로를 구약과 신약이 멜기세덱에게 부여하는 것과 거의 비슷한 표현으로 묘사하는 예루살렘의 왕이 기록한 편지들을 볼 수 있습니다. 그는 스스로를 왕적인 제사장(royal priest) 혹은 제사장적인 왕(priestly king)이라고 부릅니다. 그는 자신의 왕권이 아버지나, 어머니나, 혹은 가계(家系)의 혈통으로부터 나오지 않았다고 말합니다. 그는 그것이 "큰 왕"(great King)으로부터 말미암았다고 말합니다. 어쩌면 이러한 표현은 성경에서 멜기세덱이 사용한 "지극히 높으신 하나님"이란 표현과 동의어일는지 모릅니다. 편지를 기록한 자의 이름은 멜기세덱이 아닙니다. 그러나 그의 왕권이 애굽의 바로처럼 부모로부터 물려받은 것이 아니었다는 사실은 어떻게 각각의 왕들이 한 왕조에 공통적으로 부여되는 호칭이 아니라 자기 자신의 개인적인 호칭을 가질 수 있었는지를 설명해

주는 것으로 보입니다.

본문 가운데 왕의 이름과 그가 통치하는 도시의 이름이 나란히 나오는 것을 주목하십시오 — "의의 왕, 평강의 왕." 이러한 이름은 전쟁과 압제의 어두운 시대에 칼보다 더 나은 어떤 것에 기초한 왕권을 열망하는 것처럼 들리지 않습니까? 그 같은 어두운 시대에 갑자기 나타나는 이 같은 이상(理想)은 마치 아직 싸늘한 냉기가 흐르는 초봄에 갑자기 따뜻하며 쾌청한 여름의 하루가 온 것 같지 않습니까?

그러나 히브리서 기자는 단순히 그의 호칭 자체뿐만 아니라 그것의 순서에 특별한 의미를 부여합니다. 물론 그렇게 하는 과정에서 그는 거룩한 상상력을 발휘하여 거기에다가 그 안에 담겨 있지 않은 의미까지 부여합니다. 그럼에도 불구하고 "먼저는 의의 왕이요 그 다음은 평강의 왕"이라는 강조적인 표현 속에서, 그는 그리스도의 통치와 사역의 핵심을 깊이 꿰뚫습니다. 나아가 거기에서 우리는 성경 전체를 관통해 흐르는 매우 중요한 개념이 메아리치는 것을 보게 됩니다. 다음과 같은 시편의 한 구절을 들어 보십시오. "의로 말미암아 산들이 백성에게 평강을 주며 작은 산들도 그리하리로다"(72:3). 또 다른 시편 구절을 들어 보십시오. "의와 평강이 서로 입맞추었으며"(85:10). 또 다음과 같은 선지서의 한 구절을 들어 보십시오. "의의 열매는 평강이요 의의 결과는 영원한 평안과 안전이라"(사 32:17). 또 신약에서 가장 히브리적인 서신의 한 구절을 들어 보십시오. "의의 열매는 평강 안에서 심겨지는 것이니라"(약 3:18, The fruit of righteousness is sown in peace — 한글개역개정판에는 "화평으로 심어 의의 열매를 거두느니라"라고 되어 있음). 또 신약에서 가장 복음적인 서신의 한 구절을 들어 보십시오. "그러므로 우리가 믿음으로 의롭다하심을 얻었으니 우리 주 예수 그리스도로 말미암아 하나님과 평강을 누리자"(롬 5:1). 이 모든 구절들 속에서 우리는 그리스도의 사역 가운데 "먼저는"과 "그 다음은"이 분명한 순서를 이루고 있는 것을 발견할 수 있습니다. 나는 오늘 설교를 통해 이러한 순서에 여러분의 관심을 집중시키고자 합니다.

"먼저는 의의 왕이요 그 다음은 평강의 왕"이라는 순서를 오늘 나는 두 가지 방식으로 설명하고자 합니다. 첫째로, 개인의 영혼에 대한 그리스도의 사역과 관련하여. 둘째로, 사회와 공동체들에 대한 그리스도의 사역과 관련하여.

1. 첫째로, 그리스도께서 자신을 따르는 각각의 영혼들에 대하여 역사(役事)하는 순서를 주목하십시오.

"먼저는 의 그 다음은 평강." 그리스도께서 각각의 영혼들에게 평안을 주는 일과 관련하여 본문이 우리에게 가르치는 바는 의가 없이는 어떤 사람도 하나님에 대해서나 혹은 자기 자신에 대해 평강을 소유할 수 없다는 사실입니다. 무엇보다도 그는 하나님에 대하여 평강을 소유할 수 없습니다. 설령 우리의 피상적인 경험이 죄인과 의인을 똑같이 사랑하시고 받으시는 모든 긍휼의 하나님에 대해 말하는 것처럼 보인다 하더라도 말입니다. 결코 그럴 수 없습니다. 의(義)가 없이도 하나님을 기쁘시게 할 수 있다는 말은 우리에게 매우 솔깃하며 즐거운 말처럼 들립니다. 그러나 실상 그것은 여러분이 할 수 있는 가장 잔인한 말입니다. 안개가 끼든 혹은 청명한 가을 하늘이든, 해는 항상 위에 있습니다. 그러나 가을의 청명한 공기를 통과해서 내려오는 햇빛은 따뜻하고 부드럽지만, 안개에 의해 차단될 때는 그렇지 않습니다. 하나님에게 사람이 죄인이든 의인이든 동일할 수는 결코 없습니다.

마찬가지로 자기 자신에 대하여서도 평강의 기저(基底)에 반드시 의가 있어야만 합니다. 다음과 같은 선지자의 경고는 그때와 마찬가지로 오늘날에도 동일합니다. "악인은 평온함을 얻지 못하고 그 물이 진흙과 더러운 것을 늘 솟구쳐 내는 요동하는 바다와 같으니라"(사 57:20). 똑같은 이유로 다음과 같은 약속 역시 그때와 마찬가지로 지금도 그리고 영원히 동일합니다. "네가 나의 명령에 주의하면 네 평강이 강과 같을 것이라"(사 48:18). 그 이유가 무엇입니까? 그것은 "네 의가 바다 물결 같을" 것이기 때문입니다. 하나님과의 평강을 위해서든 혹은 고요한 마음을 위해서든 반드시 의가 필요하다는 사실은 영원히 변치 않습니다.

이와 같이 예수 그리스도는 사람들에게 의를 가져다주기 위해 오셨습니다. 왜냐하면 그것이 없이는 그들의 삶 가운데 어떤 평강도 있을 수 없기 때문입니다. 바로 이것이 너무나 자주 단순한 신학적 교리로 화석화(化石化)되곤 하는 "믿음으로 의를 얻는" 진리의 의미입니다. 이것은 프로테스탄트 교회의 표어이며, 올바른 교회를 판별하는 시금석 즉 "십볼렛"입니다. 그러면 그것의 의미는 무엇입니까? 나는 의인으로 간주될 것입니까? 나는 죄 사함을 받고 모든 죄책을 면제받을 것입니까? 그렇습니다. 그러면 이것이 그것이 의미하는 모든 것이거나 혹은 그것이 의미하는 가장 주된 것입니까? 결코 그렇지 않습니다. 왜냐하면 의와 관련한 기독교 교리의 핵심은 다음과 같은 사실, 즉 어떤 사람이 예수 그리스도를 자신의 구주로 믿을 때 그에게 단순히 죄 사함과 의가 주어질 뿐만 아니라 또한 새로운 생명이 전달된다는 사실이기 때문입니다. 새로운 생명이 무엇입니까? 그것은 그리스도의 생명의 거대한 불로부터 떨어져 나온 하나의 작은 불씨입니다. 또 그것은 "하나님을 따라 의와 진리의 거룩함으로 지으심을 받은 새 사람"입니다(엡 4:24). 복음의 위대한 메시지를 단순히 죄 사함으로 한정시키지 마십시오. 복음의 복된 선물을 단순히 사람이 그리스도의 죽으심으로 말미암아 모든 죄책을 면제받는 것으로 한정시키지 마십시오. 그 모든 것들은 사실입니다. 그러나 거기에는 그 모든 것들의 기초가 되는 그 이상(以上)의 무엇이 있습니다. 그것은 예수 그리스도를 믿는 믿음으로 말미암아 내가 그와 하나로 연합되고 그럼으로써 그의 생명을 따라 창조된 생명이 내 안으로 흘러들어온다는 사실입니다. "주와 합하는 자는 한 영이니라"(고전 6:17).

의심의 여지 없이 그 생명은 단순한 씨앗의 형태로 주어집니다. 그러므로 그것은 계속해서 경작되고 자랄 필요가 있습니다. 그리고 그것은 서리와 각종 해충들로부터 주의 깊게 보호될 필요가 있습니다. 그렇게 심겨진 씨앗 안에는 "자람"(growth)의 약속과 잠재력이 내재해 있습니다. 처음에는 모든 씨앗들 가운데 가장 작은 씨앗일는지 모르지만, 나중에는 숲의 모든 나무들보다 크게 자랍니다. 여기에 기독교적 도덕의 큰 축복과 주된 특징이 있습니다. 그것은 사람들에게 "먼저 선한 행동을 하고자 결심하고 계속해서 선한 사람으로 자라가라"라고 말하지 않습니다. 그것은 먼저 의의 선물을 주는 것으로부터 시작하면서, 이렇게 말합니다. "그것을 가지고 그리고 그것의 능력으로 말미암아 행하라." 예수 그리스도는 먼저 나무를 좋게 만듭니다. 그러고 나서 그것으로부터 좋은 열매를 구하십니다. 먼저 사람들에게 씨앗이 주어집니다. 그러면 사람들은 그 씨앗을 경작하며 자라게 해야만 합니다. 이와 같이 사람들의 마음속에 먼저 의가 전달되어야만 합니다. 그러고 난 연후에 비로소 하나님과의 평강의 달콤한 확신과 고요한 바다와 같은 평온한 양심이 임할 것입니다. "먼저는 의의 왕이요 그 다음은 평강의 왕."

우리가 이러한 순서를 굳게 붙잡는다면, 복음을 단순히 죄 사함과 화해를 위한 수단으로만 여기는 것으로 생기는 많은 사람들의 반감은 크게 줄어들 것이며 그리스도인들이 행하는 수많은 오류들 역시도 사라질 것입니다. 왜냐하면 선한 그리스도인들 가운데 "하나님이 그리스도 안에 계시사 세상을 자기와 화목하게 하시며 그들의 죄를 그들에게 돌리지 아니하시고"라는 위대한 진리를 기쁨으로 붙잡는 가운데 다른 쪽 진리 즉 그리스도인이 받은 새로운 본성을 계속 계발시켜 나가지 않는다면 결코 그의 삶 가운데 계속적인 평강은 없다는 진리를 망각하는 사람들이 너무나 많기 때문입니다(고후 5:19).

이와 같이 본문이 제시하는 의와 평강의 순서는 각각의 영혼들 위에 역사(役事)하는 그리스도의 사역을 조명해 줄 뿐만 아니라 또한 그리스도인들에게 실천적인 삶과 관련한 매우 중요한 교훈도 제공해 줍니다. 여러분은 위로를 찾고 있습니까? 여러분이 원하는 것은 단지 지옥에 가지 않을 것이라는 확신뿐입니까? 그리스도께서 여러분에게 가져다주는 축복은 단지 죄 사함과 형벌을 면제받는 축복일 뿐입니까? 그렇게 생각한다면, 여러분은 오류 가운데 있는 것입니다. "먼저는 의의 왕이요." 항상 "의"가 먼저라는 사실을 잊지 마십시오. 위로를 찾기 전에, 먼저 자신의 의무를 알고 행할 수 있는 은혜와 "열매 없는 어둠의 일을 버리고 빛의 갑옷을 입을" 수 있는 능력을 찾으십시오. 본문이 제시하는 순서는 다음과 같이 우리 주님 자신에 의해 또 다른 모습으로 적용됩니다. "너희는 먼저 그의 나라와 그의 의를 구하라 그리하면 이 모든 것 즉 물질적인 필요들뿐만 아니라 위로와 하나님과 화해되었다는 복된 의식(意識)과 죄 사함의 확신과 즐거운 소망과 기타 필요한 모든 것들을 너희에게 더하시리라"(참조. 마 6:33). 그러므로 이것은 모든 그리스도인들을 위한 표어가 되어야만 합니다.

2. 둘째로, 그리스도께서 세상과 자신을 따르는 종들의 사역 가운데 역사(役事)하는 순서를 주목하십시오.

물론 세상에서의 우리 주님의 일하심은 각각의 영혼들에 대한 그의 일하심의 총합(總合)입니다. 그러나 명확한 설명을 위해, 여기에서 우리는 그와 같은 두 가지 측면을 어느 정도 분리되는 것으로 간주하고자 합니다. 오늘의 둘째 대지(大旨)와 관련하여, 나는 첫째 대지에서와 마찬가지로 여러분에게 공동체 안에서의 사람들의 조화로운 관계가 세워질 수 있는 유일한 기초가 바로 가장 좁은 의미에서의 의(義) 즉 사람들 사이에 편파성이나 불공정함이 없이 똑같이 다루는 정의(justice)라는 사실을 일깨워줌으로부터 시작하고자 합니다. 사람들 사이에서 공정함이 없을 때, 필연적으로 다툼과 싸움이 일어나게 될 것입니다. 부정의(injustice) 위에 세워진 사회적 질서는, 그것의 정도에 비례하여, 유사(流砂) 위에 세워진 집입니다. 그것은 곧 모래 속으로 빨려 들어가든지, 아니면 화산 폭발에 의해 가루가 되어 날아갈 것입니다. 부정의는 기계 안에 낀 왕모래와 같습니다. 여러분은 덕을 행한다든지 혹은 은택을 베풂으로써 기계에다가 기름칠을 할 수 있습니다. 그러나 왕모래를 제거하지 않는다면, 기계는 부드럽게 돌아가지 않을 것입니다. 공동체가 의(義) 위에 기초하지 않을 때, 사람들 사이의 조화는 결코 이루어지지 않을 것입니다.

예수 그리스도는 땅끝까지 평강을 가져다주기 위해 오셨습니다. 그러나 그렇게 하기 위해서는 먼저 의가 이루어져야만 했습니다. 그렇지 않으면 다툼과 분쟁이 있을 것입니다. 예수께서 베들레헴에서 탄생하실 때, 천사들이 "땅 위에 평강"을 노래했습니다. 그들은 그리스도의 사역의 가장 깊고 궁극적인 결과들을 바라보고 있었습니다. 그러나 자신의 사역의 즉각적인 결과를 생각할 때, 그리스도는 다음과 같이 말할 수밖에 없었습니다. "내가 세상에 평강을 주려고 온 줄로 아느냐 내가 너희에게 이르노니 아니라 도리어 분쟁하게 하려 함이로라"(눅 12:51). 그는 "구원을 가져다주는 온유한 왕"으로서 평강을 상징하는 나귀를 타고 예루살렘에 입성하셨습니다. 그러나 최후의 싸움을 위해 오실 때, 그는 온유함과 의와 진리 대신 허리에 칼을 차고 백마를 타고 오실 것입니다.

그리스도와 참된 기독교는 항상 소동을 일으킵니다. 어떤 사회에 그리스도의 교훈과 원리들이 충분하면서도 정직하게 적용될 때, 그 사회에는 필연적으로 소동과 다툼이 일어날 것입니다. 그것을 막을 수 있는 것은 어디에도 없습니다. 더러운 웅덩이에 깨끗한 물을 한 양동이를 붓는다고 생각해 보십시오. 그럴 때 거기에는 필연적으로 흙탕물이 일어날 것입니다. 기존의 질서에 그리스도의 원리들이 적용될 때, 필연적으로 소동과 다툼이 따를 것입니다. 그리스도인들은 주님에게 진실한 분량만큼 세상을 뒤집어엎습니다. 물론 의가 있는 곳에 평온이 따를 것입니다. 그러나 그에 앞서 많은 소동과 다툼이 있을 것입니다. 이 세상 나라가 우리 주와 그의 그리스도의 나라가 되기 전에 항상 분쟁과 다툼이 있을 것입니다.

만일 이것이 사실이라면, 우리는 그리스도의 종들이 성령의 기사(騎士)와 의의 전사(戰士)가 되는 싸움에 마땅히 동참해야 하는 의무와 관련한 매우 중요한 교훈을 발견할 수 있습니다. 교회는 마땅히 정치적 사회적 삶 가운데 존재하는 온갖 종류의 불의에 대항하는 모든 공격의 선두에 서야만 합니다. 만일 교회가 이러한 싸움을 회피하면서 그것을 그리스도인이 아닌 사람들에게만 남겨 둔다면, 그것은 교회의 수치입니다.

그러나 불행하게도 보다 더 높은 영성(靈性)과 순수한 복음을 위한다는 명목으로 기독교회가 이러한 싸움에 참여하는 것에 반대하는 사조(思潮)도 있습니다. 나는 예수 그리스도를 전파하는 것이 세상의 모든 문제들과 모든 불의들을 고치는 치료제라는 사실을 온 마음으로 믿습니다. 그러면 예수 그리스도의 생애와 죽음에 담긴 그의 인격과 원리들을 현존하는 질서들과 악들에 적용시키고자 노력하는 것은 그를 전파하는 것이 아니란 말입니까? 나는 그것 역시 그를 전파하는 것이라고 믿습니다. 나는 오늘날 교회에 결핍되어 있는 것은 십자가와 그의 희생제사를 붙잡는 것이라기보다, 그것을 세상의 모든 악을 고치는 치료제로서 그리고 모든 의를 위한 참된 모범으로서 제시하는 것이라고 생각합니다.

그렇게 행동하는 것은 우리가 "시온에서 안일한 자"가 되고자 하는 바람으로 말미암아 어려워집니다. 또 그것은 불경건한 세상이 실천적인 교회를 대하는 방식으로 말미암아 어려워집니다. 강도들은 짖을 수도 없고 물 수도 없는 재갈 물린 개를 좋아합니다. 스스로를 신학적 이론의 틀에 한정시키면서 세상은 마귀에게 가도록 내버려 둔 교회는 오직 세상과 마귀에게만 합당한 교회일 뿐입니다. 예전에 주일 날 예배를 마치고 나오면서 목사가 행함에 대해 설교한 것에 대해 분개했던 영국 수상이 있었습니다. 바로 이것이 세상이 실천적인 교회에 대해 생각하는 정확한 방식입니다.

형제들이여, 여러분은 "이스라엘을 괴롭힌 자"라는 이름을 받을 만합니까?(대상 2:7). 예전에 사람들로부터 다음과 같은 분개의 말을 들었던 한 선지자가 있었습니다. "오호라 여호와의 칼이여 네가 언제까지 쉬지 않겠느냐 네 칼집에 들어가서 가만히 쉴지어다"(렘 47:6). 이러한 말에 대한 대답은 오직 한 가지뿐입니다. "여호와께서 이를 명령하셨은즉 어떻게 잠잠하며 쉬겠느냐"(7절). 만일 여러분과 내가 그리스도의 종이라면, 우리는 그가 일하시는 순서를 따를 것입니다. 그리하여 우리는 먼저 의를 세우고, 그 다음에 평강을 찾을 것입니다.

참된 살렘은 위에 있습니다.

"나의 영혼아, 하늘의 별들을 넘어
거기에 한 나라가 있도다."

거기에 달콤한 평강이 웃음의 면류관을 쓰고 앉아 있습니다. 그때 칼들은 월계수로 장식될 것이며, 사람들은 더 이상 전쟁을 연습하지 않을 것입니다. 왜냐하면 만왕의 왕이 큰 싸움을 싸우셨고, 그럼으로써 "그 정사와 평강의 더함이 무궁하며 … 지금 이후로 영원히 정의와 공의로 그것을 보존하실" 것이기 때문입니다(사 9:7). 그를 "우리의 의의 주님"으로 영접합시다. 그러면 우리는 "이 사람이 우리의 평강"이라는 복된 사실을 발견하게 될 것입니다. 무기를 들고 거룩한 전쟁에 동참합시다. 그러면 우리는 가장 격렬하게 싸우는 동안에도 마음의 평강을 누릴 것입니다. "믿음으로 하나님께로부터 난 의를 가지고 그 안에서 발견되고자" 힘씁시다(빌 3:9). 그러면 우리는 "주 앞에서 점도 없고 흠도 없이 평강 가운데서 나타나게 될" 것입니다(벧후 3:14).

23
우리가 필요로 하는 제사장

"이러한 대제사장은 우리에게 합당하니 거룩하고 악이 없고 더러움이 없고 죄인에게서 떠나 계시고 하늘보다 높이 되신 이라"
히 7:26

"그들의 구원의 창시자를 고난을 통하여 온전하게 하심이 합당하도다"(히 2:10). "그러므로 그가 범사에 형제들과 같이 되심이 마땅하도다"(히 2:17). "이러한 대제사장은 우리에게 합당하니"(히 7:26). 본 서신에 나타나는 이러한 말씀들 속에서 복음의 역사적(歷史的) 사실들은 "신적인 본성"과 "그리스도의 성품과 목적"과 "인간의 필요"에 부응하며, 부합하며, 일치되는 것으로 간주됩니다. 나는 앞의 두 말씀에 대해서는 예전의 설교들에서 다루었습니다.

그러므로 오늘은 마지막 말씀에 대해서만 다루고자 합니다. 그것은 대제사장으로 간주되는 예수 그리스도가 모든 사람의 가장 깊은 필요에 온전히 부응함을 확언합니다. 다시 말해서 그것은 마치 장갑이 손에 꼭 맞는 것처럼 예수 그리스도가 인간의 필요에 꼭 맞음을 확증합니다. 그는 우리의 모든 문제에 대한 응답이며, 우리의 모든 필요에 대한 만족이며, 우리의 굶주림에 대한 떡이며, 우리의 어둠에 대한 빛이며, 우리의 약함에 대한 강함이며, 우리의 병에 대한 약이며, 우리의 죽음에 대한 생명입니다.

"이러한 대제사장은 우리에게 합당하니."

그러나 반대쪽 측면 역시 똑같이 사실입니다. 기독교는 인간의 필요에 충분하게 부합하지만, 동시에 그것은 사람들이 필요하다고 생각하는 것과는 매우 날카로운 대조를 이룹니다. 사람들의 바람, 열망, 자신들의 필요에 대한 인식, 신적 본성과 합치되는 것과 관련한 그들의 개념 등은 대부분의 경우 하나님의 계시로부터의 원리들과 일치되지 않습니다. 이와 같은 두 가지 특징 즉 일치되는 특징과 상반되는 특징은 모두 하나님으로부터 오는 것으로 간주되어야만 합니다. "십자가의 거치는 것"이 있습니다. 예수 그리스도의 십자가는, 인간 본성의 가장 깊은 필요들과 완전하게 부합함에도 불구하고, "유대인에게는 거리끼는 것이요 이방인에게는 미련한 것"입니다(고전 1:23).

만일 하나님으로부터 말미암았다고 공언(公言)하는 어떤 메시지가 사람들이 기대하는 것과 전혀 불일치되는 것이 없다면, 그것은 그것이 사람으로부터 말미암은 것임을 보여 주는 분명한 증거입니다. 만일 하나님으로부터 말미암았다고 공언하는 어떤 메시지가 인간의 가장 깊은 필요들에 부응하지 않는다면, 그것은 그것이 하나님으로부터 말미암은 것이 아님을 보여 주는 분명한 증거입니다.

오늘 우리는 "이러한 대제사장은 우리에게 합당하니"라는 말씀을 중심으로 살펴보고자 합니다. 그러한 말씀으로부터 우리는 몇 가지 중요한 개념들을 끌어낼 수 있습니다.

1. 첫째로, 우리 모두는 제사장을 필요로 하며, 예수 그리스도 안에서 우리가 필요로 하는 제사장을 갖습니다.

인간 본성과 관련한 가장 두드러진 사실은 그것이 죄로 얼룩진 본성이라는 것입니다. 우리 모두는 올바른 길로부터 이탈했으며, 그릇된 소욕(所欲)과 기호(嗜好)와 목적을 가지며, 우리와 하나님 사이에 큰 장벽이 가로놓여 있습니다. 우리의 양심은 제사장을 필요로 합니다. 그러므로 우리와 하나님 사이에 "큰 대제사장"이 계셔야만 합니다. 나는 이러한 주제를 굳이 장황하게 설명할 필요가 없다고 생각합니다. 그리스도의 제사장직의 필요성은 너무나 명백합니다. 우리는 다만 사람들의 양심에 호소하면서, 그들에게 죄의 사실을 일깨워 주기만 하면 됩니다. 어떤 사람이 자신에 관한 진실 즉 자신이 하나님 앞에 죄인이라는 사실을 느끼기에 이른다면, 그가 일차적으로 죄의 사실을 다루면서 그것을 위해 희생제물을 드리는 제사장을 선포하는 복음이 그가 필요로 하는 복음이라는 사실을 깨닫도록 논증하는 것은 더 이상 필요치 않은 일이 될 것입니다.

바람 한 점 없는 쾌청한 바다에서 선실(船室) 안에 있는 안전띠는 불필요한 것으로 생각할 수 있습니다. 그러나 배가 암초에 부딪혀 절망과 아우성의 도가니에 빠질 때, 그것의 의미는 명확해집니다. 배를 집어삼키는 거센 파도 가운데 있을 때, 여러분은 구명정을 필요로 할 것입니다. 주위에서 불길이 타오르고 있을 때, 여러분은 비상구의 용도와 가치를 깨닫게 될 것입니다. 자신이 어떤 사람인지 그리고 하나님과 어떤 관계 가운데 있는지 배울 때, 여러분은 예수 그리스도의 대제사장직과 그의 희생제사의 개념을 둘러싸고 있는 비밀을 깨닫게 될 것입니다. 그리고 그것을 자신을 위한 유일한 소망으로 굳게 붙잡게 될 것입니다.

나는 여러분이 예수 그리스도의 사역과 사명에 대해 다소 불완전하게 이해하더라도 크게 개의치 않습니다. 그러나 사랑하는 친구들이여, 나는 여러분에게 다음과 같은 한 가지 개념만은 분명하게 전달하고 싶습니다. 그것은 여러분이 자신의 불결함을 하늘의 완전한 정결함과 비교하면서 죄로 얼룩진 영혼이 죄책의 무거운 짐과 양심의 쏘는 것으로부터 자유로워질 수 있는 방법이 무엇인지 둘러볼 때까지, 여러분은 복음을 판단할 수 있는 올바른 관점을 가지고 있지 않다는 사실입니다. 우리에게 제사장이 필요한 것은 우리가 죄인이기 때문입니다. 죄는 하나님으로부터의 분리와 영(靈)의 단절을 의미합니다. 그리고 거기에는 두려운 결과가 필연적으로 따릅니다. 사람들이 다시금 하나님의 가족으로 받아들여질 것이라면, 그것은 필연적으로 세상 전체의 죄를 위해 희생제물을 드리는 참된 제사장을 통해서 이루어져야만 합니다. 바로 이것이 죄의 의미입니다.

오늘날 비교종교학을 열렬하게 신봉하는 사람들 가운데 일부 사람들은 기독교가 주장하는 것들을 매우 호의적이지 않는 눈으로 바라봅니다. 그러나 비교종교학을 정직하게 연구할 때, 우리는 어디서든지 희생제물이 드려질 때 반드시 도덕적 정결함을 상징하는 깨끗한 손으로 드려져야만 했던 것을 발견하게 됩니다.

그리고 그 모든 것은 우리에게 인류가 정결한 제사장이 필요함을 인식한 사실을 증언해 줍니다. 어떤 사람들은 이렇게 말할 것입니다. "그래! 그리스도가 제사장이면서 동시에 희생제물이라는 당신들의 교리는 결국 다른 종교들에서 드려지는 희생제물과 동일한 기원을 가진 것이야!" 그러나 나는 이 문제와 관련한 세상의 종교들과 복음 사이의 관계를 다음과 같이 표현하고 싶습니다. 즉 세상의 종교들은 결핍을 선언하는 반면, 복음은 그 결핍을 예수 그리스도로 말미암아 충족시켜 준다고 선포합니다. 세상의 종교들은 한 목소리로 이렇게 부르짖습니다. "아, 내가 그를 어디에서 발견할 수 있는지 알기만 한다면! 아, 도대체 어떻게 사람이 하나님과 더불어 올바른 관계를 가질 것이란 말인가!" 이러한 부르짖음에 복음은 하나님께 가까이 나아갈 수 있는 방법을 제시합니다. "이러한 대제사장은 우리에게 합당하니."

2. 둘째로, 우리는 제사장으로서 완전한 사람을 필요로 하며, 예수 그리스도 안에서 우리가 필요로 하는 완전한 제사장을 갖습니다.

히브리서 기자는 계속해서 우리가 필요로 하는 제사장으로서 우리 주님의 일련의 자질들을 열거합니다. "거룩하고 악이 없고 더러움이 없고 죄인에게서 떠나 계시고 하늘보다 높이 되신 이라." 이러한 다섯 가지 자질들 가운데 여기에서 나는 앞의 세 가지만을 언급하고자 합니다. "거룩하고 악이 없고 더러움이 없고."

나는 굳이 이러한 단어들의 정확한 의미를 설명하느라 시간을 소비할 필요가 없다고 생각합니다. 다만 간략하게 다루는 것으로 충분하다고 생각합니다. 일반적으로 말해서 이러한 세 가지 특징은 하나님에 대한, 다른 사람들에 대한, 그리고 정결의 율법에 대한 제사장의 관계를 언급합니다.

"거룩하고" — 그는 거룩합니다. 이것은 도덕적으로 죄책으로부터 자유롭다는 의미라기보다, 하나님에 대하여 확실한 관계 가운데 서 있다는 의미입니다. 여기에 사용된 "거룩"이라는 단어는 특별한 의미를 가집니다. 그것은 "사랑 가운데 하나님에게 드려진"을 의미합니다. 또 그것은 단순히 성별(聖別)의 사실뿐만 아니라 그러한 성별의 동기(動機)와 수단까지 표현합니다. 바로 이것이 제사장의 첫 번째 자격입니다. 그는 사랑으로 드려짐으로 말미암아 하나님에게 연결된 자여야만 합니다. 또 그는 모든 긍휼과 정결함에 있어 하나님과 같은 마음을 가진 자여야만 합니다.

다음으로 우리가 필요로 하는 제사장은 사람들과의 관계에서 "악이 없는" 자여야만 합니다. 그는 악의(惡意)가 없고, 속임이 없고, 무정함이 없는 자여야만 합니다. 하나님의 어린 양으로서 그는 들이받는 뿔도 없고, 물어뜯는 이빨도 없고, 할퀴는 발톱도 없습니다. 그는 온유하며, 은혜가 풍성하며, 따뜻하며, 동정심이 많습니다. 그는 "하나님의 일에 자비한 대제사장"입니다(히 2:17).

나아가 죄인인 우리와 하나님 사이에 다리를 놓기 위해 필요한 제사장은 "더러움이 없는" 자여야만 합니다. 그의 흰 옷 위에는 어떤 얼룩이나 더러운 것도 없습니다. 그의 정결한 본성 위에는 어떤 점도 없습니다. 비록 우리 가운데 한 사람임에도 불구하고, 그는 우리 위에 우뚝 섭니다. 그는 "범사에 형제들과 같이" 되셨지만, 그에게는 어떤 흠이나 점도 없습니다.

"그가 범사에 형제들과 같이 되심이 마땅하도다"(히 2:17). 세상을 위한 제사장은 세상과 같아야만 합니다. 반면 본문은 "진실로 그는 세상과 절대적으로 다르도다!"라고 말합니다. 사복음서 가운데 우리가 한 인물 안에서 이와 같이 두 가지 상반되는 모습 즉 절대적인 같음과 절대적인 다름이 완전하게 조화되는 하나의 그림을 보게 되는 것은 참으로 이상한 일이 아닙니까? 이러한 두 가지 상반되는 특징이 완전하게 조화를 이루는 한 인물을 만들어 내는 일이 얼마나 어려운 일일는지 생각해 보십시오. 그들이 자신들이 본 것을 있는 그대로 정직하게 증언하는 것이 아니라면, 그들은 얼마나 기발하며 천재적인 인물들이겠습니까? 성경에 기록된 예수 그리스도의 생애와 죽음이 가장 완전한 조화와 아름다움으로 두 가지 상반되는 특징을 특이하게 결합시키는 사실은 내가 볼 때 그것의 역사적(歷史的) 진실성을 입증하는 매우 강력한 증거입니다. 왜냐하면 그리스도가 실제로 그러한 삶을 살지 않았음에도 불구하고 그의 제자들이 그와 같은 이야기들을 창안(創案)해 내는 것은 결코 불가능하기 때문입니다.

그러나 이러한 주제는 오늘의 주제와는 별 상관이 없습니다. 어쨌든 본문이 제시하는 자질들은 완전한 사람의 이상(理想)을 구성합니다. 그리고 그것을 우리는 예수 그리스도 안에서 완전하게 발견합니다. 그러면 이러한 정결함과 거룩함과 온전함의 목적은 무엇입니까? 너무나 달콤하며, 정결하며, 온유하며, 더러움이 없으며, 동정심이 많으며, 하나님과의 완전한 교제를 의식(意識)하는 생애의 목적은 무엇입니까? 그것은 "영원하신 성령으로 말미암아 흠 없는 자신을 하나님께 드림으로" 말미암아 자신을 믿는 자들을 "한 번의 제사로 영원히 온전하게 하기" 위함입니다(히 9:14, 10:14).

사랑하는 형제들이여, 만일 여러분이 그리스도의 정결함 안에서 그의 희생제사의 효력을 위한 조건을 보지 못한다면, 여러분은 그것의 의미를 이해하지 못한 것입니다. 그가 이와 같이 희고 깨끗한 세마포 옷 즉 완전한 의의 옷을 입으신 것은 곧 세상을 위한 제사장이 되기 위함입니다.

여러분에게 간절히 당부하노니, 부디 이러한 명백한 사실을 간과하지 마십시오. 우리 모두는 그의 정결함을 인정합니다. 우리 모두는 그의 완전한 인성을 흠모합니다. 만일 흠 없고 점 없는 한 사람이 사복음서에 언급된 것과 같은 생애를 살고 또 그와 같은 죽음을 죽었다면, 한 가지 가정(假定)을 배제하고는 그것들은 결코 복음서일 수 없습니다. 한 가지 가정을 배제할 때, 그것들은 의인이 세상에서 고난을 당하는 비극적인 사실을 가장 절망적으로 제시하는 책 외에 아무것도 아닙니다. 예수 그리스도가 완전하게 정결한 사람이기는 하지만 세상의 죄를 위해 정결한 희생제물을 드리는 완전한 제사장은 아니라면, 그의 생애는 세상을 그릇되게 통치하는 신적 섭리의 오류를 고발하는 가장 저주스러운 참소문이 될 것입니다.

"그는 죄를 범하지 아니하시고 그 입에 거짓도 없으시며"(벧전 2:22). 그러므로 우리가 그의 생애와 죽음 가운데 나타난 그의 고난을 바라볼 때, 우리는 오직 다음과 같이 말할 때에만 비로소 그것의 의미를 올바로 이해한 것이 됩니다. "여호와께서 그에게 상함을 받게 하시기를 원하사 질고를 당하게 하셨은즉 … 그가 채찍에 맞으므로 우리는 나음을 받았도다"(사 53:5, 10). "거룩하고 악이 없고 더러움이 없으며 흠 없고 점 없는 어린 양이신 이러한 제사장은 우리에게 합당하니."

3. 마지막으로, 우리는 하늘에 계신 제사장을 필요로 하며, 예수 그리스도 안에서 우리가 필요로 하는 하늘에 계신 제사장을 갖습니다.

본문이 제시하는 제사장직을 위한 마지막 두 가지 자격은 "죄인에게서 떠나 계신" 것과 "하늘보다 높이 되신" 것입니다. 여기의 "죄인에게서 떠나 계신"(separate from sinners) 즉 "죄인들로부터 분리되신"은 그가 행악자들로부터 도덕적으로 멀리 떨어져 있음을 의미하는 것이 아닙니다. 도리어 그것은 일종의 '절반쯤 공간적인'(half-local) 의미를 가지는데, 그것은 이어지는 구절에 의해 설명됩니다. 그가 "죄인들로부터 분리된" 것은 그는 정결한 반면 그들은 더럽기 때문이 아니라, 그가 자신을 희생제물로 드린 후 하늘로 승천하셨기 때문입니다.

또 그는 "하늘보다 높이" 되셨습니다. 성경은 어떤 때는 살아 계신 그리스도가 하늘에 계신다고 말하는가 하면, 또 어떤 때는 "모든 하늘 위로 높이" 되셨다고 말합니다. 전자의 표현이 단순히 좀 더 일반적인 승귀(昇貴)의 개념을 제시하는 반면, 후자의 표현은 그가 우리의 제사장으로서 물질적이며 가시적인 창조세계의 영역을 넘어 "높은 곳에 계신 지극히 크신 이의 우편에 앉으신" 개념을 제시합니다(히 1:3).

우리는 이러한 제사장을 필요로 합니다. 그가 우리로부터 올려지고 분리된 사실은 우리가 중보(中保)라고 부르는 그의 계속적인 사역에 있어 본질적인 요소입니다. 이러한 대제사장은 하늘에서 영원히 자신의 희생제물을 드립니다. 이와 같은 차원에서 세상 전체의 죄를 위한 십자가 죽음의 과거의 사실은 항상 현재적인 것이 됩니다. 그러한 희생제사는 십자가 위에서 오직 한 번 드려진 것이 아닙니다. 그것은 하늘에서 그에 의해 항상 새롭게 드려집니다. 시간은 결코 그의 피의 효력을 약화시키거나 소멸시키지 못합니다. 그는 죄를 위한 한 희생제사를 영원히 드렸습니다. 오늘도 우리는 그러한 제사장을 필요로 합니다. 오늘도 그는 우리의 죄와 허물 안에서 우리가 필요로 하는 희생제사를 드리십니다.

또 우리는 하늘에서 자신의 심장 안에 우리를 품는 제사장을 필요로 합니다. 구약시대에 그의 모형이 가슴에 열두 지파의 이름이 새겨진 흉패를 착용하고 피를 가지고 휘장 안으로 들어가 쉐키나의 빛 앞에 섰던 것처럼, 우리의 제사장은 휘장 안에서 자신의 심장 안에 여러분과 나의 이름을 품고 계십니다. "이러한 제사장은 우리에게 합당하니."

또 우리는 세상으로부터 분리된 그리고 시간과 공간의 한계 위로 높이 올려진 그리고 그 손으로 신성(神性)의 능력을 휘두르는 제사장을 필요로 합니다. 그리고 우리는 그러한 제사장을 가지고 있습니다. 우리는 하늘에 계신 제사장을 필요로 합니다. 그가 계심으로써 그곳이 우리의 집이 되고, 그의 발이 그 성문을 통과하심으로써 그 성문이 우리에게 열리고, 그의 발이 그곳의 황금 길을 밟으심으로써 우리의 보잘것없는 발조차 그곳을 밟을 수 있는 그런 제사장 말입니다. 우리는 휘장 안으로 들어가신 제사장을 가지고 있습니다. 그럼으로 말미암아 오늘은 기도와 소망 가운데 그리고 내일은 실제적으로, 그가 계신 곳에 우리도 있을 것입니다. "이러한 제사장은 우리에게 합당하니."

우리는 또 다른 제사장을 필요로 하지 않습니다. 우리는 오직 그만을 필요로 합니다. 친구여, 당신은 그 희생제물 위에 안식하고 있습니까? 당신은 당신의 문제를 그의 손에 맡겼습니까? 그러면 우리의 큰 대제사장은 당신 역시도 그의 제사장이 되게 하실 것입니다. 당신이 기쁨으로 감사의 제물을 드리도록 말입니다. 그리고 그는 당신의 죄를 제거하며 당신을 하나님께로 데려가는 희생제물을 영원히 드릴 것입니다. "누가 정죄하리요 죽으실 뿐 아니라 다시 살아나신 이는 그리스도 예수시니 그는 하나님 우편에 계신 자요 우리를 위하여 간구하시는 자시니라"(롬 8:34).

24
보좌에서 섬기는 자

"[1]지금 우리가 하는 말의 요점은 이러한 대제사장이 우리에게 있다는 것이라 그는 하늘에서 지극히 크신 이의 보좌 우편에 앉으셨으니 [2]성소와 참 장막에서 섬기는 이시라"

히 8:1, 2

본문 가운데 우리는 하늘에서의 우리 주님의 상태와 관련한 두 가지 상반된 표현을 보게 됩니다. 한 곳에서 그는 "지극히 크신 이의 보좌 우편에 앉으신 이"로 언급됩니다. 반면 다른 곳에서 그는 그럼에도 불구하고 "성소에서 섬기는 이"로 언급됩니다. 거기에서 제사장의 역할을 수행하는 자로서 말입니다. 본문 가운데 이러한 두 가지 상반된 개념이 매우 강조적으로 그리고 두드러지게 나타납니다. 히브리서 기자는 우리에게 보좌에 앉아 안식하고 계시면서 동시에 우리를 위해 활발하게 일하고 계시는 예수를 제시합니다. 그는 안식하는 가운데 일하며, 일하는 가운데 안식합니다. 그는 통치하는 가운데 섬기며, 섬기는 가운데 통치합니다. 오늘의 우리의 목적은 이러한 두 가지 표현을 다루면서, 그것으로부터 그것이 가르치는 교훈들을 끌어내는 것입니다.

1. 첫째로, 위엄의 보좌 우편에 앉으신 그리스도를 주목하십시오.

우리의 대제사장은 "하늘의 위엄의 보좌 우편에 — 좀 더 직접적으로 번역할 때 — 자신의 자리를 취하신" 자입니다(take His seat on the right hand of the throne of the Majesty in the heavens). 여기의 "위엄"은 하나님을 완곡하게 표현하는 독특한 어법입니다. 그러한 어법은 본 서신에서 또 한 번 사용되는데, 아마도 그것은 그 시대 랍비들의 통상적인 습관에 따른 것이었을 것입니다. 우리가 잘 아는 것처럼 당시 랍비들은 경건한 두려움으로든 미신적인 두려움으로든 전능자의 이름을 부르기를 꺼리면서, 그것을 다른 완곡한 표현으로 바꾸어 부르곤 했습니다.

이와 같이 히브리서 기자는 여기에서 히브리인들에게 글을 쓰는 가운데 랍비들의 통상적인 습관에 따라 하나님을 "하늘의 위엄"으로 완곡하게 표현합니다. 그리고 그러한 표현을 사용하는 가운데, 그는 하나님의 주권과 능력과 한량없는 엄위하심의 개념을 강조합니다. 사람이신 예수 그리스도는 이와 같이 위엄의 "우편에" 앉으셨습니다.

우리 주님의 승귀(昇貴)와 관련한 히브리서와 신약 전체의 가르침은 그의 인성이 이와 같이 최고의 존귀로 높여졌다는 것입니다. 태초에 아버지와 함께 계셨던 영원한 말씀은 "그가 아버지와 함께 가졌던 영광"으로 되돌아 가셨습니다. 그러나 거기에는 또한 새로운 요소가 더하여졌는데, 그것은 예수 그리스도의 인성이 그의 영원한 신성과 불가분리적으로 연합되었다는 것입니다. 옛적에 한 선지자가 메시야 시대에 이스라엘 왕가(王家)의 잘려진 그루터기로부터 젖먹이가 나서 열방의 깃발이 될 것이라고 예언했습니다. 그렇게 예언하면서, 그는 "그가 쉬고 있는 곳이 영화로울 것"이라고 덧붙입니다. "그 날에 이새의 뿌리에서 한 싹이 나서 만민의 기치로 설 것이요 열방이 그에게로 돌아오리니 그가 거한 곳이 영화로우리라"(사 11:10). 나는 여기에 선지자 자신이 알았던 것보다 훨씬 더 큰 의미가 담겨 있다고 생각합니다. 왜냐하면 우리는 여기에서 다음과 같은 위대한 개념 즉 잘려진 왕가(王家)의 보잘것없는 그루터기로부터 솟아난 고운 모양도 없고 풍채도 없는 초라한 사람이 최고의 존귀로 높여져 신적 영광의 찬란한 광채 가운데 자신의 거처를 발견한다는 개념을 발견하기 때문입니다. 우리 주님은 자신의 인성 안에서 하늘의 위엄의 보좌 우편에 자신의 자리를 취한 대제사장입니다.

우리는 예수 그리스도가 하나님 우편에 앉았다는 표현이 그의 육체적인 인성이 특정한 장소에 위치하고 있다는 개념과 그의 임재의 편재성의 개념을 동시에 선언하는 것이라는 사실을 기억할 필요가 있습니다. "하나님 우편"이 어디입니까? 그곳이 그의 에너지가 나타나며 그의 능력이 펼쳐지는 곳이 아니면 어디이겠습니까? 그곳이 그가 스스로를 나타내는 모든 것이 아니면 어디이겠습니까? 신적 행동이 나타나는 모든 곳에 예수 그리스도가 계십니다. 우리는 '그리스도가 지금 실제적인 몸을 입고 계시다는 사실'과 '그의 가견적(可見的)이며 육체적인 승천과 마지막 날 동일하게 가견적이며 육체적으로 다시 오실 것에 대한 약속'이 그의 영화로워진 몸이 지금 특정한 장소에 거할 것을 필연적으로 요구하는 것처럼 보인다는 사실을 잊어서는 안 됩니다. 이와 같이 본문은 영화로워진 그리스도의 편재성과 그가 지금 특정한 장소에 위치하고 계신다는 두 가지 개념 모두를 제시합니다.

그러면 이 모든 것의 가장 깊은 의미는 무엇입니까? "보좌 우편에" 앉으심은 무엇을 의미합니까? 그 보좌 앞에서, 천사들은 자신들의 얼굴을 가립니다. 행동할 때, 그들은 섭니다. 반면 예배할 때, 그들은 그 앞에 엎드립니다. 피조물들은 그 앞에 엎드려 절합니다. 그러면 그토록 엄위한 임재 앞에서 자신의 자리를 취하는 자는 도대체 누구란 말입니까? 그가 단순한 피조물일 뿐이라면, 그것은 얼마나 신성모독적인 행동이 되겠습니까? 우리는 성경에서 이와 동일한 개념을 나타내는 또 다른 표현들을 발견합니다. 예컨대 "하나님과 어린 양의 보좌"와 같은 표현 말입니다(계 22:1). 또 예수 그리스도는 스스로를 "아버지의 보좌에 함께 앉아 있는" 자로서 말합니다. "이기는 그에게는 내가 내 보좌에 함께 앉게 하여 주기를 내가 이기고 아버지 보좌에 함께 앉은 것과 같이 하리라"(계 3:21).

이러한 상징을 실제적인 언어로 옮긴다면 이렇게 될 것입니다. 천지창조 이후의 하나님의 안식처럼 소진(消盡)된 힘을 회복시키기 위함이 아니라 자신의 계획과 목적이 이루어졌음을 나타내는 표적인 깊은 평온과 하늘의 주권에 참여하는 것과 신성의 능력을 휘두르는 것이 지금 하나님의 보좌 우편에 앉으신 사람에게 속한다고 말입니다.

2. 둘째로, 종이신 그리스도를 주목하십시오.

2절은 그를 "성소에서 섬기는 자"라고 부릅니다. 여기에서 "섬기는 자"(minister)로 번역되고 내가 "종"(servant)이라고 바꾸어 부르는 단어는 하나님이나 사람들에게 어떤 공적인 섬김의 일을 행하는 자를 의미합니다. 그리고 그것은 특별히 — 배타적으로까지는 아니라 하더라도 — 섬기는 제사장의 사역과 관련하여 사용됩니다.

본문 둘째 부분의 언급은 명백히 대제사장이 일 년에 한 번 성소 안으로 들어갔던 대속죄일의 의식(儀式)과 직접적으로 연결됩니다. 그곳에서 그룹 사이에 거하시는 하나님의 임재 앞에 희생제물의 피가 드려짐으로 말미암아 백성들의 죄를 위한 속죄가 이루어졌습니다. 이와 같이 하나님의 보좌 우편에 앉은 자는 동시에 휘장 안에서 계속해서 섬기면서 자신의 희생제물을 드리고 계십니다.

여기에서 우리는 예수 그리스도께서 십자가 위에서 이루신 사역이 그의 사역의 전부가 아니라는 사실을 발견하게 됩니다. 과거는, 물론 그 자체로 지극히 영광스러운 것이지만, 그 못지않게 놀랍고 영광스러운 현재에 의해 보충될 필요가 있습니다. 지금 예수 그리스는 휘장 안에서 우리가 알지 못하는 다양한 방법으로 자신의 희생제사의 능력으로 사람들에게 다양한 축복을 주고 계십니다. 희생제물이 드려진 것만으로는 충분하지 않습니다. 그리스도의 고난에 이어 그리스도의 중보가 따라야만 합니다. 사랑하는 형제들이여, 우리의 구원은 단지 십자가 위에서의 죽음에 의해 확보되지 않습니다. 죽으신 예수는 "다시 살아나셔서 하나님 우편에 계시며 우리를 위하여 간구하시는" 그리스도입니다(롬 8:34).

뿐만 아니라 본문은 우리에게 그리스도의 안식이 아무 일도 하지 않고 가만히 있는 것이 아니라 활동으로 가득 차 있음을 은연중 암시합니다. 그는 세상에 계실 때 "나는 섬기는 자로 너희 중에 있노라"라고 말씀하셨습니다. 이것은 이 땅에서의 그의 겸비한 삶에 있어서와 마찬가지로 승귀(昇貴)하신 주님의 하늘의 영광에 있어서도 똑같이 사실입니다(눅 22:27). 수건을 허리에 두르고 몸을 굽혀 제자들의 발을 씻어 주실 때와 똑같이, 그는 지금 하늘의 영광 가운데 계시는 가운데에도 그렇게 하십니다. 그는 안식 안으로 들어온 자신의 종들과 지금도 여전히 수고하는 종들을 섬기기 위해 오십니다. 영화로워진 그리스도는 섬기는 그리스도입니다. 우리 안에서 우리에 대하여 그리고 우리를 위해, 그는 하늘의 안식 가운데서도 계속해서 일하십니다. 이 땅에 계실 때 약한 자들을 돕고 병자들을 고치며 슬픔에 빠진 자들을 위로하고 궁핍한 자들의 필요를 채우며 제자들의 발을 씻기셨던 것과 똑같이 말입니다.

그는 하늘로 올라가셨지만, 안식 가운데 여전히 일하고 계십니다. 그는 보좌 위에 앉아 계시지만, 자신의 왕권 가운데 여전히 섬기고 계십니다. 그는 우리와 함께 계시지 않지만, 그의 능력이 우리와 함께 있습니다. 세상의 구원은 그가 "다 이루었다!"라고 외쳤을 때 이루어졌습니다. 그러나 하나님이 지금까지 일하시므로 그도 일하십니다. "예수께서 그들에게 이르시되 내 아버지께서 이제까지 일하시니 나도 일한다 하시매"(요 5:17). 또 그가 승천하는 것을 바라보던 제자들을 생각해 보십시오. 주님이 더 이상 보이지 않게 되었을 때, 그들은 더 이상 그곳에 머무르지 않고 사람들에게 가서 두루 말씀을 전파했습니다. 그러자 무슨 일이 벌어졌습니까? "제자들이 나가 두루 전파할새 주께서 함께 역사하사 그 따르는 표적으로 말씀을 확실히 증언하시니라"(막 16:20).

이와 같이 영화로워진 인자(人子)의 안식과 활동, 왕으로서의 통치와 종으로서의 섬김은 함께 갑니다. 그것은 불가분리적인 것입니다.

3. 마지막으로, 이제 이러한 개념들이 제시하는 몇 가지 교훈을 살펴보도록 합시다.

오늘의 주제는 과거적인 의미와 현재적인 의미와 미래적인 의미를 가집니다. 다시 말해서 그것은 과거를 위해서는 인(印)으로서, 현재를 위해서는 능력으로서, 그리고 미래를 위해서는 예언으로서의 의미를 가집니다.

오늘의 주제는 과거를 위한 인(印)이 됩니다. 예수 그리스도가 실제로 하늘로 올라가셔서 그곳에 거하고 계시는 것이 정말로 사실이라면, 그것은 "이는 내 사랑하는 아들이요 내 기뻐하는 자라"에 대한 하나님의 최종적이며 가장 강조적인 선언이 될 것입니다(마 3:17). 그가 남긴 빛의 궤적(軌跡)은 십자가 위에 떨어지면서 우리에게 그것이 세상 역사(歷史)의 중심이라고 말합니다. 우리 죄인들에게 있어 그 상급이 죽은 자 가운데 일어나 우주의 보좌에 앉는 것인 죽음보다 더 크고 더 확실한 안식의 기초가 도대체 무엇이겠습니까?

형제들이여, 승천하신 그리스도는 우리에게 속죄의 그리스도를 믿을 것을 강요합니다. 희생제물이 곧바로 하늘로 승귀(昇貴)된 것은 얼마나 놀라운 일입니까! 보좌의 빛으로 십자가의 의미를 비추어 보십시오. 감람산의 빛으로 갈보리의 의미를 생각해 보십시오. 그럴 때 여러분은 갈보리가 의미하는 것을 올바로 깨닫게 될 것입니다.

나아가 오늘의 주제는 현재를 위한 능력이 됩니다. 사람이 두려운 미래로부터 소강을 발견함에 있어, 나는 그리스도께서 거기에 계시다는 사실보다 더 강력한 것을 도무지 알지 못합니다. 나는 죽음을 넘어서는 불멸의 생명의 개념이 너무나 장엄하면서도 동시에 모호하며 만질 수 없는 것임을 깊이 깨달은 사람들은 그러한 개념이 쓸쓸하며 황량하며 막연한 두려움으로 가득 차 있음을 충분히 받아들을 수 있을 것이라고 생각합니다. 그러한 황량한 장엄함의 두려움을 아늑하며 달콤하며 매혹적인 것으로 바꾸는 것은 오직 한 가지뿐입니다. 그것은 그리스도께서 거기에서 하나님 우편에 앉아 계시다는 사실입니다. 낯선 땅이라도 거기에 형제들과 자매들이 있을 때 그곳은 우리에게 고향처럼 느껴집니다. 우리의 맏형이 가신 곳을 우리는 고향처럼 느낄 수 있습니다. 왜냐하면 거기에 그가 계시기 때문입니다. 우리가 이 땅에서 살아가는 것을 영원히 계속되는 것으로 생각한다면, 그것은 너무도 피곤하며 지루한 것으로 느껴질 것입니다. 그러나 그리스도로 달미암아 하늘은 우리 마음의 영원한 고향이 됩니다.

우리가 예수 그리스도의 현재적인 영광과 우리를 위한 그의 현재적인 활동을 마음으로 굳게 붙잡는다면, 우리의 삶은 지금의 모습과는 매우 다른 것이 될 것입니다. 우리를 슬프게 하는 것들은 그 독성(毒性)과 가시를 잃을 것이며, 우리를 근심하게 하는 것들은 하찮은 것이 될 것이며, 우리를 걱정하게 하는 것들은 덜 쏘는 것이 될 것이며, 우리의 의무와 고난의 무게는 훨씬 덜 무거운 것이 될 것입니다. 모든 것은 새로운 모습과 새로운 의미를 가질 것입니다. 사랑하는 친구들이여, 여러분과 내가 열린 하늘과 보좌 위에 앉으신 예수를 볼 수 있다면, 이 땅에 있는 모든 것들은 우리에게 얼마나 사소하며 대수롭지 않은 것으로 보이겠습니까! 그럴 때 우리는 참된 표준을 가질 것입니다. 본래 작은 것이었음에도 불구하고 스스로 부풀어 크게 된 것들은 그 본래의 작은 것으로 되돌아갈 것입니다. 안개가 히말라야를 가립니다. 그러나 안개가 사라지면, 히말라야가 찬란하게 빛납니다. 저 멀리 거대한 히말라야의 흰 산들이 보이지 않는 동안, 가까이 있는 작은 언덕들은 얼마나 크게 보입니까! 그리스도를 바라보십시오. 그러면 세상과 삶에 대한 여러분의 관점은 달라질 것입니다.

마지막으로, 오늘의 주제는 미래를 위한 예언이 됩니다. 바로 여기에 인간의 가능성의 분량이 있습니다. 다소 오만하게 우리는 "어떤 사람이 어떤 일을 행했다면, 나도 그것을 할 수 있다"라고 말할 수 있습니다. 마찬가지로 우리는 "어떤 사람이 어떻게 되었다면, 나도 그렇게 될 수 있다"라고 말할 수 있습니다. "그 사람"(that Man, 즉 예수 그리스도)이 된 것처럼, 나도 그렇게 될 수 있습니다. 인성(人性)이 신성(神性)과 가장 긴밀하게 하나로 연합되는 것은 가능합니다. 만일 우리가 단순한 믿음과 겸비한 사랑으로 스스로를 예수 그리스도에게 연결시킨다면, 그는 자신의 어떠하심을 우리에게 그대로 나누어 주실 것입니다. "이기는 그에게는 내가 내 보좌에 함께 앉게 하여 주기를 내가 이기고 아버지 보좌에 함께 앉은 것과 같이 하리라"(계 3:21). 바로 이것이 그가 자신을 믿고 순종하는 자들에게 행하실 그 자신의 분량입니다.

나는 예수 그리스도의 부활과 승천의 사실 외에 불멸(不滅)에 대한 다른 증거는 결코 없다고 말하지 않습니다. 그렇게 말하는 것이 지나치게 잘못된 말인지 나는 알지 못합니다. 그러나 나는 죄로 얼룩진 가련한 영혼이 예수 그리스도를 믿는 믿음 외에 자신에게 열린 가능성에 도달할 다른 방편은 결코 없다고 말합니다. 머리는 영화로워지는 반면 지체들은 썩음을 보도록 그대로 남겨지는 것보다 더 불합리하며 불가능한 것이 무엇이겠습니까? 여러분과 내가 믿음으로 말미암아 예수 그리스도와 하나가 된다면, 하나님은 하나가 된 그와 우리를 자신의 임재의 영광 속으로 데려가실 것입니다. 그리고 거기에서 우리는 영원히 그리스도와 함께 그리고 그리스도 안에 거할 것입니다.

본문은 우리의 모든 의문과 두려움에 대해 대답해 줍니다. 그것은 우리에게 완전한 하늘과 완전한 안식과 완전한 섬김의 참된 개념이 무엇인지 보여 줍니다. 그리스도의 하늘이 안식과 활동으로 가득 차 있는 것처럼, 그의 종들의 하늘 역시 마찬가지일 것입니다. 요한계시록 22장 3절과 4절을 보십시오. "그의 종들이 그를 섬기며 그의 얼굴을 볼 터이요 그의 이름이 그들의 이마에 있으리라." "그의 종들이 그를 섬기며" — 여기에 활동이 있습니다. "그의 얼굴을 볼 터이요" — 여기에 안식이 있습니다. "그의 이름이 그들의 이마에 있으리라" — 여기에 그의 성품과 영광에 충분하게 참여하는 것이 있습니다.

그러므로 사랑하는 형제들이여, 세상과 우리 자신들에게 있어 소망은 의무이며 절망은 죄입니다. 여기에 "내가 그 복된 땅에 들어갈 수 있습니까?"라는 질문에 대한 대답이 있습니다. 또 여기에 "사람이 완전하게 되는 꿈은 단지 꿈일 뿐입니까?"라는 질문에 대한 대답이 있습니다. "지금 우리가 만물이 아직 그에게 복종하고 있는 것을 보지 못하나 … 그러나 우리는 예수를 보노라"(히 2:8, 9). 그를 바라봄에도 불구하고 소망을 갖지 못하는 것은 불합리한 일입니다. 소망은 그를 바라보는 자들의 특권입니다. 그러므로 사랑하는 친구들이여, "앞에 있는 기쁨을 위하여 십자가를 참으시고 부끄러움을 개의치 아니하시다가 마침내 하나님 보좌 우편에 앉으신" 자를 바라봅시다!(히 12:2).

25
참된 이상(理想)

"이르시되 삼가 모든 것을 산에서 네게 보이던 본을 따라 지으라 하셨느니라"

히 8:5

나는 오늘 이러한 말씀의 본래적인 의미라든지 혹은 히브리서 기자가 그것을 사용하는 방법 등에 대해서는 다루지 않을 것입니다. 일차적으로 그것은 성막과 각종 성물들의 제작(製作)과 관련한 지침들을 언급합니다. 그러한 지침들은 모세가 시내 산에서 받은 것으로서, 레위기에서 상세하게 다루어집니다. 본 서신의 저자는 그러한 지침들에다가 한층 더 높은 의미를 부여합니다. 그는 그것들을 성막과 그곳의 성물들뿐만 아니라 전체적인 예배의식이 하늘의 실체와 하늘의 성소를 본뜬 것이라는 자신의 논점을 뒷받침하는 것으로서 사용합니다. 오늘 나는 본문의 명령에 대해 좀 더 가벼운 관점을 취하면서, 그것을 우리의 삶과 행동을 위한 위대한 규범으로서 적용하고자 합니다. 너희의 일터와 삶의 모든 장소에서 "모든 것을 산에서 네게 보인 본(本)을 따라 만들" 것이니라. 이러한 명령은 훨씬 더 멀리까지 미치며, 훨씬 더 높이까지 솟아오르는 명령입니다. 그것은 큰 노력 없이는 결코 순종할 수 없는 명령입니다. 그리고 그것은 우리의 삶에 혁명을 일으킬 수 있는 명령입니다. 본문의 명령 속에서 우리는 다음과 같은 세 가지 요점을 발견할 수 있습니다. 첫째로 본(本), 둘째로 그것의 보편적인 적용성, 셋째로 우리가 그것을 보는 장소.

1. 본

숭고한 삶과 그렇지 못한 삶 사이의 차이는 대체적으로 전자에는 이상(理想)이 있는 반면 후자에는 그것이 없다는 것입니다. 어떤 사람은 자신의 삶을 그때그때의 이끌림과 감각적 충동에 따라 만들어 갑니다. 반면 다른 사람은 자기 앞에 자신이 얻고자 항상 애 쓰는 큰 빛이 있습니다. 한 사람은 자신이 다가갈 수 있는 목표를 가지고 있지만, 다른 사람은 그때그때의 상황과 감각과 물질적인 필요가 요구하는 대로 살아갑니다. 그럼으로써 한 사람은 보잘것없는 인생이 되는 반면, 다른 사람은 하나님의 도우심 가운데 성자(聖者)가 됩니다. 당신은 어느 쪽입니까? 당신은 당신 앞에 보인 본(本)을 따릅니까? 좀 더 현대적인 언어를 사용할 때, 당신은 이상(理想)을 따릅니까?

고산지대(高山地帶)를 생각해 보십시오. 정상 부근의 고지대는 종종 상당 기간 등안 안개에 의해 가려지곤 합니다. 그리하여 여러 날 동안 평지에 거하는 사람들은 정상을 보지 못한 채 낮은 곳만을 바라보며 살아야만 합니다. 이것은 우리의 최고의 이상(理想)과 관련해서도 마찬가지입니다. 우리 마음의 습지(濕地)로부터 솟아오른 안개가 너무나 자주 그것을 우리의 눈으로부터 가립니다. 많은 경우 우리는 머리 위에 있는 장엄한 산꼭대기를 향해 눈을 들지 않고 오로지 들판과 그 위에 있는 가축들만 바라보는 산지 사람들과 너무나 비슷합니다. 그러므로 우리 위에 높이 있는 본(本)을 분명하게 붙잡기 위해서는 노력이 필요합니다. 멀리 있는 본의 손짓이 헛되지 않게 하십시오. "계속해서 앞으로 전진하라!"가 항상 우리의 표어가 되어야만 합니다. "삼가 모든 것을 본을 따라 만들라."

아직 도달하지 못한 목표를 향해 계속해서 전진하는 것이 영속적인 젊음의 비밀입니다. 목표를 열망하는 동안 사람은 늙지 않습니다. 그리고 그것이 또한 영속적인 성장의 비밀이기도 합니다. 흐릿한 안개 속에서조차 가능성을 볼 때, 사람은 정체되지 않습니다. 바로 그것이 영속적인 축복의 비밀입니다. 아직 도달하지 못한 더 나은 자아(自我)를 자신의 동반자로 가진 사람은 결코 타락할 수 없습니다. 위대한 예술가들과 시인들과 화가들을 생각해 보십시오. 그들이 다른 사람들보다 더 위대한 삶을 사는 것은 항상 높은 이상(理想)을 붙잡기 때문입니다. 도덕적으로 위대한 사람이 되는 것이나 특별히 위대한 그리스도인의 삶을 사는 것 역시 마찬가지입니다.

그러나 우리는 여기의 본(本)이 우리 자신의 생각이나 상상력으로부터 말미암은 것이 아니라는 사실을 잊어서는 안 됩니다. 시인이나 예술가들의 이상(理想)은 그들의 재능에 따라 변합니다. 그러나 우리의 이상은 사람의 형상을 취하는 가운데 우리 앞에 서서 이렇게 말합니다. "사람이 나를 섬기려면 나를 따르라"(요 12:26). "삼가 모든 것을 본을 따라" 만드십시오. 그리고 우리의 본이나 우리의 삶의 틀을 위해 우리가 우리 자신의 생각이나 우리의 형제들의 가르침이나 혹은 진선미(眞善美)와 관련한 추상적인 개념들에 남겨지지 않은 것으로 인해 감사하십시오. 왜냐하면 우리는 한 인격 안에서 구체화된 본을 가지고 있기 때문입니다. 이상(理想)은 우리의 맏형이며 구주이신 예수 그리스도 안에서 실제가 되었습니다. 기독교적 완전을 추구하는 기독교적 목표는 참으로 복되고 즐거운 것입니다. 어디에서도 구체화되지 않은 이상(理想)에는 흐릿함과 어렴풋함과 막연함이 있습니다. 그것은 마치 유령 같습니다. 따라서 그것은 사람을 움직이거나 끌어당기는 힘을 거의 갖지 못합니다. 그러나 그리스도인들에게 있어 본(本)은 모두 예수 그리스도 안으로 모아집니다. 예수 그리스도와 같이 되는 것을 우리의 최고의 목표로 삼을 때, 모든 것이 변합니다. 우리의 목표는 멀리 떨어져 있는 싸늘한 산봉우리와 같지 않습니다. 그것은 우리 맏형의 완전함과 따뜻한 사랑의 마음과 부드러운 성결입니다. 우리는, 비록 부분적이라 하더라도, 그러한 달콤한 안식처에 도달할 수 있습니다. 그럴 때 우리는 그의 사랑의 따뜻함에 싸일 것입니다. 우리는, 그의 계신 그대로 그를 바라볼 때, 그와 같이 될 것입니다. 우리는 이 땅에서, 우리가 그를 보는 분량만큼, 그와 같이 자랄 것입니다. 우리는 그를 사랑함으로 말미암아 가장 확실하게 그에게 다가갑니다. 또 우리는 그를 사랑함으로 말미암아 가장 확실하게 그와 같이 됩니다. 왜냐하면 사랑은 비슷함이나 닮음을 낳기 때문입니다. 빛을 가까이 하며 살아가는 사람들은 빛으로 흠뻑 젖으며, 결국 다른 사람들에게 빛이 됩니다.

2. 본의 보편적인 적용성

"삼가 모든 것을 본을 따라 만들라." 레위기로 돌아가 봅시다. 거기에서 여러분은 많은 페이지들이 마치 설계도처럼 되어 있는 것을 발견하게 될 것입니다. 오늘 내가 본문으로 취한 말씀은 일곱 개의 가지로 된 촛대를 만드는 지침과 관련하여 주어진 것입니다. 그러한 지침은 오늘날의 주물주조공(鑄物鑄造工)조차도 거기에 기록된 본(本)을 따라 똑같이 만들 수 있을 정도로 매우 상세합니다. 거기에는 접시들과 장식들과 가지들에 대한 상세한 지침이 나옵니다. 그리고 각각의 사이의 거리도 상세하고 세밀하게 묘사됩니다. 마찬가지로 우리는 거기에서 수많은 종류의 실들과 술 장식들과 대제사장의 예복에 달린 방울들에 대한 상세한 묘사를 발견합니다. 매 절마다 이러한 상세한 묘사로 가득 차 있습니다. 그리고 그 모든 상세한 묘사에 이어 "삼가 모든 것을 본을 따라 만들라"는 말씀이 따릅니다. 우리는 이것을 일종의 비유로 취하면서 다음과 같이 적용할 수 있습니다. "일상의 삶의 가장 사소하며 단순한 것들까지 우리의 위대한 본(本)이신 예수 그리스도의 삶을 따라 빚어 나가라."

바로 이것이 계시의 놀라운 점들 가운데 하나입니다. 사복음서에 기록된 예수 그리스도의 삶은 — 비록 몇 년 동안의 기록에 불과하다 하더라도, 그리고 매우 불완전하게 기록되었다 하더라도, 그리고 외적인 모양은 오늘날의 우리의 문화와 매우 다르다 하더라도 — 우리의 일상의 삶의 모든 필요들에 꼭 맞습니다. 마치 장갑이 손에 꼭 맞는 것처럼 말입니다. 장성한 남자들과 여자들, 청년 남자들과 여자들, 노인들과 어린아이들, 전문가들과 수습생들, 집에 있는 여자들과 사업하는 남자들, 바다에서 항해하는 사람들과 광산에서 일하는 사람들 — 그들 모두는 예수 그리스도의 삶 속에서 그들이 관여하는 모든 일을 위한 지침을 발견할 수 있습니다.

"한 알의 밀이 땅에 떨어져 죽지 아니하면 한 알 그대로 있고 죽으면 많은 열매를 맺느니라"(요 12:24). 바로 여기에 그의 삶의 중심과 비밀이 있습니다. 그러므로 예수를 위한 법칙은 곧 우리를 위한 법칙입니다. 그리고 다음 절은 이렇게 이어집니다. "자기의 생명을 사랑하는 자는 잃어버릴 것이요 이 세상에서 자기의 생명을 미워하는 자는 영생하도록 보전하리라"(25절). 그리고 또 다음 절은 이렇게 못을 박습니다. "사람이 나를 섬기려면 나를 따르라"(26절). 이러한 명령을 취하여, 그것을 일상의 삶의 모든 세세한 것들에 적용시키십시오. 그러면 여러분은 그의 본(本)을 따르는 길 위에 서 있는 자신을 발견하게 될 것입니다.

본문 가운데 특별히 "모든 것"이라는 표현을 주목하십시오. 우리는 가장 큰 원리들을 가져다가 그것을 가장 작은 의무들과 연결시켜야만 합니다. "작은 의무들"이라고요? "큰" 혹은 "작은" 등의 형용사는 결코 "의무"를 꾸미기 위해 사용해서는 안 됩니다. 왜냐하면 모든 의무들이 같은 크기를 갖기 때문입니다. 우리는 통속적으로 어떤 것은 "크다"고 말하고 또 어떤 것은 "작다"고 말합니다. 그러나 실제로 어느 누구도 어떤 것이 크고 어떤 것이 작다고 말할 수 없습니다. 왜냐하면 사람의 삶에 있어 가장 중요한 위기(危機)들은 가장 작은 일로부터 튀어 오르는 이상한 재주를 갖고 있기 때문입니다. 작은 바람이 눈사태를 일으킬 수 있는 법입니다. 그러므로 누구도 무엇이 큰 것이고 무엇이 작은 것인지 말할 수 없습니다. 작은 핀이 거대한 기계장치를 멈추게 합니다. 삶은 대부분의 경우 작은 일들로 구성됩니다. 이와 같이 여러분은 예수 그리스도의 본(本)을 여러분의 삶의 가장 작은 일들에 적용시킬 수 있습니다. 여러분이 그것을 작은 일들에 적용시키지 않는다면, 여러분에게 있어 그것을 큰 일들에 적용시킬 기회는 거의 없을 것입니다. 왜냐하면 작은 일에 충성되지 않은 자는 큰 일에도 충성되지 않기 때문입니다.

그러므로 핵심은 "철저하게"입니다. 여러분의 삶 전체를 예수 그리스도의 본을 따라 "철저하게" 빚으십시오. "삼가 모든 것을 본을 따라 만들라."

예전에 밀라노 대성당의 옥상에 올라갔던 적이 있었습니다. 그때 나는 거기에서 한 조각상이 서 있는 것을 발견했습니다. 그것은 완벽하게 깎여지고, 다듬어지고, 광채가 났습니다. 그리고 광장에 있는 모든 사람들이 볼 수 있도록 건물 정면에 세워져 있었습니다. 바로 이것이 그리스도인들이 자신의 삶을 깎고 다듬어야 할 방식입니다. 보이지 않는 세부적인 부분까지 완전하게 깎고 다듬으십시오. 작은 것들로부터 시작해서 "삼가 모든 것을 본을 따라" 만드십시오.

3. 우리가 본(本)을 보는 장소

"산에서 네게 보인 본을 따라." 만일 우리가 본을 보고자 한다면, 우리는 산으로 가야만 합니다. 그리스도인들이 자신의 의무를 자각(自覺)하는 분량은 대체로 그들이 산으로 올라가는 분량에 비례합니다. 더 높이 올라갈수록, 여러분은 지형(地形)을 더 잘 보게 될 것입니다. 또 더 높이 올라갈수록, 공기는 더 깨끗하고 상쾌할 것입니다. 어떤 그리스도인이 낮은 수준에서 "본"과 완전하게 일치한다고 생각하는 것들이 많이 있습니다. 그러나 좀 더 높이 올라갈 때, 그는 어쩔 수 없이 자신의 생각을 바꾸지 않을 수 없게 됩니다. 실제로는 그것들이 "본"과 전혀 일치하지 않음을 발견하게 되는 것입니다. 기독교적 "본"과 관련하여 관료적인 세세한 규례들을 제시하는 것은 쓸모없는 일입니다. 산으로 올라가십시오. 그러면 여러분은 그것을 보게 될 것입니다.

우리가 얼마만큼 올라왔느냐 하는 것이 우리의 시야(視野)의 범위를 결정합니다. 그리스도 안에서의 하나님과의 교제가 더 친밀해지고 더 가까워지고 더 깊어질수록, 우리가 어떠해야 하며 또 어떻게 행해야 하는지에 대한 우리의 개념은 더 높아질 것입니다. 변덕스러운 삶의 이유가 무엇입니까? 그것은 불완전한 교제 때문입니다. 산으로 더 높이 올라갈수록, 우리의 시야는 더 선명해질 것입니다.

한 걸음 더 나아가 만일 우리가 산에서 "본"을 보았다면, 이제 우리는 아래로 내려와 그것을 만들어야 합니다. 산은 위에 있는 반면 각종 재료들과 기구들은 아래에 있습니다. 여러분은 "본"을 적은 책을 가지고 아래로 내려와야 합니다. 그리고 그것을 펼쳐놓고 일해야 합니다. 이와 같이 본을 보기 위한 길은 올라가는 길이지만, 그것을 만들기 위한 길은 내려오는 길입니다. 여러분이 산에서 본 것을 아래로 내려와 똑같이 만들었다면, 여러분은 다음번에 더 잘 보게 될 것입니다. 왜냐하면 "받은 자에게 더 많이 주어질" 것이기 때문입니다.

26
새 언약의 항목들

I. 마음에 기록하심

"내 법을 그들의 생각에 두고 그들의 마음에 이것을 기록하리라"

히 8:10

유대교가 무너지는 것을 지켜보는 초창기 히브리 그리스도인들을 생각해 보십시오. 우리는 그들이 얼마나 큰 충격을 받았을지 거의 상상할 수 없습니다. 그들에게 그것은 모든 것을 무너뜨리는 지진과 같이 보였을 것입니다. 본 서신의 중요한 목적 가운데 하나는 옛 체계가 사라지는 것이 도리어 그들에게 더 큰 부요함이 되는 것을 보임으로써 그들을 요동치 않도록 붙잡아 주는 것이었습니다. 옛 체계 안에 있었던 모든 것은 그리스도의 복음 안에서 더 완전해지고 온전하게 될 것이었습니다. 이에 따라 저자는 기독교가 유대교를 완성하는 것이라는 사실을 보여 주기 위해 최선을 다합니다. 유대교 안에 있었던 제사장직과 각종 의식(儀式)들과 안식일 등은 기독교 안에서 완성되는 것이었습니다. 그리고 본문 가운데 저자는 하나님과 사람 사이의 언약의 중심적인 개념을 제시하면서, 옛 선지자 가운데 한 사람의 특이한 말씀으로 되돌아갑니다. 예레미야는 옛 언약이 새 언약 안으로 녹아 흡수될 것을 매우 강조적인 언어로 선포합니다. 세상의 많은 종교들 가운데 어떤 종교가 한편으로 영원할 것을 선포하면서 — 주의 말씀은 영원할 것이라 — 동시에 다른 한편으로 낡아지고 소멸되어 사라질 것이라고 선포하는 다른 예(例)가 있습니까? 본 서신의 저자는 예레미야보다 더 거룩한 자로부터 같은 가르침을 배웠습니다. 왜냐하면 주님께서 그의 공생애의 가장 엄숙한순간에 이렇게 말씀하셨기 때문입니다. "이것은 죄 사함을 얻게 하려고 많은 사람을 위하여 흘리는 바 나의 피 곧 새 언약의 피니라"(흠정역 마 26:28, 한글개역개정판에는 그냥 "언약의 피"라고 되어 있음).

새 언약의 이러한 항목들은 기독교의 핵심 속으로 매우 깊이 들어갑니다. 우리가 예수 그리스도 안에서의 궁극적인 계시와 다른 모든 체계들 사이의 독특한 차이를 알기를 원한다면, 우리는 그러한 항목들에 대해 깊이 묵상할 필요가 있습니다. 오늘 우리가 읽은 본문은 그러한 항목들 가운데 첫 번째 항목입니다.

1. 첫째로, 이러한 위대한 약속의 정확한 의미가 무엇인지 생각해 봅시다.

오늘의 본문으로서 우리가 읽은 두 절(節)은 정확하게 병행을 이루고 있는 것이 아니라, 어느 정도의 차이와 함께 병행을 이루고 있습니다. 나는 앞 절의 "생각"(mind)을, 우리의 통상적인 어법이 의미하는 대로, 인간 본성의 지적인 부분 혹은 이해하는 부분을 의미하는 것으로 받아들입니다. 반면 뒷 절의 "마음"(heart)은 우리의 통상적인 어법이 의미하는 것보다 좀 더 넓은 것을 의미하는 것으로서, 그것은 감정과 의지(意志)를 아우르는 인격의 중심을 가리킵니다. 그러므로 앞 절은 하나님의 의지(意志)에 대한 명확한 인식을 의미하며, 뒷 절은 우리의 성향(性向)과 소욕(所欲)이 하나님의 의지와 일치되는 것을 의미합니다. 우리 안에는 우리의 생각 위에 기록된 법이 있습니다. 그러나 안타깝게도 우리 모두는 인식(認識)과 성향(性向) 사이에 무시무시한 틈이 있음을 압니다. 그러므로 '의무를 아는' 것과 '그것을 실천하기를 바라는' 것은 전혀 별개입니다. 그러므로 본문의 위대한 약속의 핵심은 이러한 두 가지가 그리스도인 안에서 일치될 것이라는 것입니다. 이와 같이 본문의 위대한 약속은 지식(知識) 즉 아는 것과 의지(意志) 즉 뜻하는 것이 정확하게 일치하는 것이 가능하다고 말합니다. 성향과 의무가 하나가 될 것이며, 의무는 우리의 마음을 끌어당기는 즐거운 것이 될 것입니다. 본문은 우리에게 이러한 개념을 분명하게 제시합니다.

그러면 사람들에게 이러한 놀라운 변화는 어떻게 이루어질 것입니까? "내 법을 그들의 생각에 두고 그들의 마음에 이것을 기록하리라." 오직 그만이 그 일을 할 수 있습니다. 우리 모두는 경험으로 의무와 실천 사이의 거대한 틈을 압니다. 의무에 대해 아는 것은 많지만, 그것을 실천하는 것은 적습니다. 우리 가운데 가장 악한 자도 자신의 악을 책망하는 표준을 가지고 있으며, 우리 가운데 가장 선한 자도 자신의 선을 초월하는 표준을 가지고 있습니다. 그러나 우리 주 예수 그리스도의 복음은 우리 모두를 위해 이러한 기적을 실제화(實際化)시키는 충분한 능력을 가지고 우리에게 임합니다.

그러한 능력이 임할 때, 순종을 위한 다른 모든 동기(動機)들은 오직 하나의 동기 즉 사랑의 동기로 대체됩니다. 상급과 형벌을 제시하며, 율법의 채찍을 휘두르며, 지옥의 연기를 피우면서 사람들을 선(善)으로 이끌려고 애쓰는 사람들은 복음을 절반밖에 이해하지 못한 것입니다. 마찬가지로 기독교적 순종을 위한 주된 동기(動機)를 오로지 하늘의 영광에서 찾는 사람들 역시 복음을 충분하게 이해하지 못한 것입니다. 이러한 것들은 단지 이차적이며 하위적인 동기들일 뿐입니다. 복음은 사람들에게 단지 자기 이익(self-interest)의 기초 위에서 호소하지 않습니다. 복음은 사람들에게 "너희가 나를 사랑하면 나의 계명을 지키리라"라는 호소와 함께 임합니다(요 14:15). 바로 이것이 "하나님의 법이 마음에 기록된" 것입니다. 사랑이 있을 때, 사랑하는 자가 바라며 뜻하는 것을 인식하고 그것을 만족시키는 것이 최고의 즐거움이 될 것입니다. 그의 말씀은 그를 사랑하는 자들에게 즐거운 율법이 되며, 그의 표정은 그들을 끌어당기는 마력(魔力)이 될 것입니다. 우리의 불완전하며 보잘것없는 사랑이 그러하다면, 하물며 예수 그리스도의 무한하신 사랑은 얼마나 더 그렇겠습니까? 기독교적 도덕의 비밀은 의무가 즐거운 선택으로 바뀐다는 사실입니다. 왜냐하면 순종의 동기가 사랑이기 때문입니다.

나아가 그리스도인의 삶 가운데 본문의 위대한 약속이 성취되는 것은 우리의 율법이신 그리스도가 우리 마음 가운데 계시는 것이 기독교의 핵심이기 때문입니다. 이와 같이 앞에서 이야기한 것과 또 다른 의미에서, 하나님의 법이 믿음과 자기순복으로 말미암아 그리스도의 이름이 새겨진 마음 위에 기록됩니다. 그리스도와 같아지는 것이 우리의 전체적인 의무가 될 때, 우리 마음의 보좌 위에 그가 앉으십니다. 그리고 그를 사랑하는 자에게 그는 "율법(law)과 충동"이 됩니다. 여러분의 마음 위에 그의 이름을 기록하십시오. 그러면 여러분의 삶의 법칙(law)이 거기에 기록될 것입니다.

또 본문의 위대한 약속이 성취되는 것은 사람들에 대한 기독교의 특유한 선물이 바로 "의와 진리의 거룩함으로 지으심을 받은" 새로운 본성의 선물이기 때문입니다(엡 4:24). 신적 의지(意志)를 지각(知覺)하며 그것에 순복하는 신적 생명을 전달해 주는 것이 바로 기독교가 혹은 그리스도가 우리 모두에게 가져다주는 선물입니다. 이와 같이 새 언약의 이러한 위대한 항목이 바로 기독교적 삶의 핵심적인 기초입니다. 그리고 모든 기독교적 도덕과 명령과 책임 위에 그것이 드리워져 있습니다.

그러나 우리는 이러한 위대한 진리를 조심스럽게 붙잡아야만 합니다. 왜냐하면 본 서신의 증거 자체가 다음과 같은 사실 즉 사람의 의지(意志)가 하나님의 법에 대한 즐거움으로 인쳐지는 것을 복음의 독특한 특징으로 간주함에도 불구하고 저자는 여전히 그러한 의지를 불안정하며 흔들리며 배교와 이탈의 가능성을 가진 것으로서 간주하는 사실을 보여 주기 때문입니다.

그러므로 우리는 여기의 위대한 약속에 노력과 분투의 필요성이 함축되어 있는 사실을 기억해야 합니다. 여전히 육체의 소욕은 성령을 거스릅니다(갈 5:17). 여전히 본성 가운데 율법이 기록되지 않은 부분이 있습니다. 전인(全人) 즉 영과 혼과 몸이 주의 계명에 완전하게 흡수되고 그것에 완전히 즐겁게 순종하게 되는 것은 마지막 승리의 때입니다. 그러므로 계속적인 진보(進步)를 위해 노력과 분투가 필요할 뿐만 아니라 또한 우리 자신의 의지(意志)를 신적 음성과 혼동하지 않기 위해 주의와 조심이 필요합니다. 옛 스승 가운데 한 사람은 "사랑하라, 그리고 네가 뜻하는 대로 행하라"라고 말했습니다. 이것은 매우 경박스러운 말처럼 들리지만, 그 안에 깊은 진리가 담겨 있습니다. 특별히 자기 안에 하나님의 법이 기록된 마음을 가진 사람들에게 이것은 정말로 확실한 사실입니다.

오직 하나님만이 우리를 위해 이 일을 행하실 수 있습니다. 옛 이스라엘 백성들은 "오늘 내가 네게 명하는 이 말씀을 너는 마음에 새기고"라는 명령을 받았습니다(신 6:6). 또 그들은 자신들의 손목과 미간(眉間)과 문기둥에 그 말씀을 기록해야 했습니다. 그들은 이러한 명령에 순종했지만, 그것은 매우 형식적이었습니다. 성구함(聖句函)을 만들어 손목에 매며, 문기둥에 말씀을 기록하는 것은 참으로 보잘것없는 순종이었습니다. 그러나 마음에 완전하게 기록하는 것은 그들 자신의 능력을 벗어나는 일이었습니다. 시편 기자는 이렇게 말합니다. "내가 주의 뜻 행하기를 즐기오니 주의 법이 나의 심중에 있나이다"(시 40:8). 그러나 바로 뒤에서 그는 이렇게 애통하며 부르짖습니다. "나의 죄악이 나를 덮치므로 우러러볼 수도 없으며 죄가 나의 머리털보다 많으므로 내가 낙심하였음이니이다"(12절). 그러나 한 사람(one Man)이 있습니다. 오직 그만이 일점일획도 틀리거나 빠뜨림이 없이 신적 의지(意志)를 자신의 의지 위에 옮겨 적었습니다. 오직 그만이 가장 격렬한 시험 앞에서 "나의 뜻대로 마옵시고 아버지의 뜻대로 되기를 원하나이다"라고 말할 수 있었습니다. 그는 아버지의 법을 완전하게 기록하고, 이해하며, 순종했습니다. 그리하여 자신의 모든 생애를 되돌아볼 때, 그는 행동으로든 동기(動機)로든 어떤 결함이나 이탈을 인식하지 못했습니다. 그리하여 그는 십자가 위에서 "다 이루었다!"라고 말할 수 있었습니다. 이와 같이 하나님의 법을 완전하게 지킨 그는, 우리가 그에게 구한다면, 우리에게 그의 영을 주실 것입니다. 그 법을 우리 마음 위에 기록할 수 있도록 말입니다. 그러면 "그리스도 예수 안에 있는 생명의 성령의 법이 죄와 사망의 법으로부터 우리를 해방할" 것입니다(롬 8:2).

2. 둘째로, 이러한 약속이 기독교와 다른 모든 체계들 사이에 만드는 건널 수 없는 간격을 주목하십시오.

그것은 새 언약입니다. 그것은 세상에서 전적으로 새로운 것입니다. 사람들 가운데 선포된 다른 모든 법들은 의지(意志)에 대하여 한 손에 회초리와 다른 손에 사탕봉지를 가지고 섭니다. 그리고 소욕과 욕망에 대하여 먼저 의무를 제시하고, 다음에 위협을 가하고, 그러고 나서 순종에 대한 약속을 제시하는 것으로 영향을 끼치고자 합니다. 단순한 법 속에는 본원적이며 내재적인 약점이 있습니다. 여러분은 무엇이 선(善)인지 말해줌으로써나 혹은 그것에 반하는 행동에 따른 쓰라린 결과를 제시함으로써 사람들을 선하게 만들 수 없습니다. 고작해야 피상적으로만 그렇게 이끌 수 있을 뿐입니다. 그러나 안으로부터 역사(役事)하며, 작동하며, 빚으며, 혁명을 일으키는 힘이 있습니다. 사람들은 "입법(立法)으로 사람을 온전하게 만들 수 없다"고 말합니다. 그렇습니다. 나는 그러한 말로부터 통상적으로 끌어내는 결론은 믿지 않지만, 그 말 자체는 완전히 사실입니다. 어떤 사람에게 그가 해야만 하는 일을 말해 주는 것은 그가 그 일을 행함에 있어 아주 작은 도움밖에 되지 않습니다. 나는 자신의 의무를 분명하게 인식하는 것의 가치를 결코 과소평가하지 않습니다. 그러나 거의 대부분의 경우 의무를 분명하게 인식하는 것은 마치 어떤 사람과 안전한 장소 사이에 벌어진 거대한 틈과 같습니다. 그것은 단지 그를 절망 가운데 "아, 도대체 어떻게 내가 이 거대한 틈을 뛰어넘을 수 있단 말인가?"라고 말하며 뒤로 움츠리게 만들 뿐입니다. 그러나 복음의 독특한 점은 그것이 우리로 하여금 우리가 마땅히 되어야 할 바를 알게 하는 동시에 우리에게 그렇게 될 수 있는 능력도 부여해 준다는 사실입니다.

다른 모든 체계들은 — 국가의 법이든 혹은 도덕적인 원리들이든 혹우리 마음 속에서 하나님의 율법을 선포하는 양심의 내적 음성이든 — 상대적으로 무력(無力)합니다. 그것들은 마치 반군(叛軍)들이 점령한 지역에서 왕의 포고문을 붙이는 사람들과 같습니다. 그들 뒤에 강력한 군대가 있지 않는 한, 그들의 포고문은 문자 그대로 종이쪽지에 불과합니다. 그러나 기독교는 그것이 우리에게 요구하는 것을 줍니다. 다음과 같은 성 어거스틴의 기도는 이러한 주제와 관련하여 핵심을 찌르는 기도입니다. "주께서 명하시는 것을 주소서, 그리고 주께서 뜻하시는 것을 명하소서!"

3. 셋째로, 이러한 약속의 자유함과 복됨을 주목하십시오.

악을 행하지 않는 것은 두려움으로부터 말미암은 노예적인 순종의 표적일 수 있습니다. 반면 악을 행하기를 원하지 않는 것은 아들의 자유로우며 복된 섬김의 헌장(憲章)입니다. 그러나 아직도 하늘을 위해 유보된 더 높은 가능성이 남아 있는데, 그것은 악을 행할 수 없는 것입니다. 자유는 내가 좋아하는 것을 행하는 것에 있지 않습니다. 결국 이것은 가장 가혹한 폭군 아래서의 가장 비참한 노예상태가 됩니다. 다만 자유는 내가 해야만 하는 것을 행하기를 좋아하는 것에 있습니다. 나의 바람(wish)과 하나님의 의지(意志)가 절대적으로 일치할 때, 그때 나는 참으로 자유롭습니다. 그것은 결코 감옥이 아닙니다. 우리는 결코 그것으로부터 나가기를 원하지 않습니다. 우리 자신의 의지(意志)에 매이지 않고 자발적으로 하나님의 거룩한 의지 안에서 움직이고자 선택하는 것은 하나님의 아들의 자유로운 섬김입니다.

그러나 안타깝게도 스스로 그리스도인이라 칭하는 사람들 가운데 이러한 축복을 거의 알지 못하는 사람들이 너무나 많습니다. 많은 사람들에게 기독교는 무거운 짐입니다. 그들에게 기독교는 달갑지 않은 수많은 금령(禁令)들과 제한들과 계명들로 구성됩니다. 나는 어떤 일을 하고 싶은데, 기독교는 "그것을 하지 말라"고 말합니다. 나는 어떤 일을 하고 싶지 않은데, 기독교는 "그것을 하라"고 말합니다. "기도하라. 왜냐하면 그것이 너의 의무이기 때문이니라. 교회에 가라. 왜냐하면 그것이 하나님의 뜻이기 때문이니라. 헌금을 내라, 그러면 네 주머니가 더 풍성하게 채워질 것이라. 네가 하고 싶어 하는 이런저런 일들을 하지 말라. 네가 하고 싶어 하지 않은 이런저런 일들을 하라." 바로 이것이 많은 사람들의 종교입니다. 그들은 자신들의 종교가 그리스도의 종교인지 스스로에게 진지하게 물어볼 필요가 있습니다. 사랑하는 형제들이여, "내 멍에는 쉽고 내 짐은 가벼움이라"는 주님의 말씀을 생각해 보십시오(마 11:30). 그의 멍에가 가벼운 것은 그가 명령하며 금하는 것들이 세상의 도덕이 요구하는 것보다 더 가볍기 때문이 아닙니다. 그것은 이를테면 그의 멍에가 사랑의 우단(羽緞)으로 덧대어짐으로써 우리의 바라는 것이 우리 믿음의 분량에 비례하여 하나님의 의지(意志)와 일치되기 때문입니다.

4. 마지막으로, 이러한 약속이 우리에게 이루어지는 조건을 주목하십시오.

공적으로 믿음을 고백하는 그리스도인들 가운데 그 마음에 하나님의 법이 아주 조금밖에 기록되지 않은 — 그나마도 아주 흐리고 희미하게 — 사람들이 얼마나 많습니까! 앞에서도 이야기한 것처럼, 슬프게도 이것이 소위 그리스도인이라 불리는 많은 사람들의 경험입니다. 어쨌든 본문을 포함한 전체적인 문맥은 우리에게 언약이 양 당사자를 포함하며, 각각의 당사자는 각각의 의무와 책임을 갖는다는 개념을 보여 줍니다. 하나님이 여러분과 더불어 언약 안에 있다면, 여러분은 하나님과 더불어 언약 안에 있는 것입니다. 하나님이 여러분에게 어떤 약속을 주신다면, 필연적으로 그 약속이 여러분에게 이루어질 수 있도록 만드는 무엇인가가 있는 것입니다.

그러면 그렇게 만드는 것이 무엇입니까? 그것은 다름 아닌 예수 그리스도를 가까이 하는 것입니다. 항상 그를 가까이 하십시오. 그와 더불어 지속적인 교제를 나누는 분량만큼, 그의 법이 우리의 마음 위에 기록될 것입니다. 만일 우리가 계속적으로 종이를 움직이며 그 위에 얼룩이나 지저분한 것들을 뿌린다면, 도대체 어떻게 우리가 거기에 기록된 글이 깨끗하고 명확할 것이라고 기대할 수 있겠습니까? 하나님이 쓰실 수 있도록 우리는 잠잠히 있어야만 합니다. 우리는 그의 임재 안에서 고요히 기다려야만 합니다. 멀리 떨어져 있어 육안(肉眼)으로 볼 수 없는 어떤 별의 이미지를 얻고자 애쓰는 천문학자를 생각해 보십시오. 그렇게 하기 위해 그는 자신의 감광판의 움직임을 조심스럽게 조절합니다. 그러면 그 별은 감광판 위에 자신의 궤적(軌跡)을 남길 것입니다. 이와 같이 우리는 우리 마음을 잠잠하게 해야 합니다. 그리고 우리 마음의 감광판을 하늘에 계속적으로 노출시켜야 합니다. 그러면 하나님의 모양이 그 위에 찍힐 것입니다.

지금 기록되어 있는 것에 충실하십시오. "가까이 있는 의무를 행하라, 그러면 다음에 행할 의무가 보다 더 분명해질 것이다"라는 말이 있습니다. 마찬가지로 지금 기록되어 있는 것에 충실하십시오. 그러면 내일은 더 풍성한 것들이 기록될 것입니다.

자, 이것은 우리 모두를 위한 약속입니다. 아무리 흘려 쓰고 갈겨 쓰고 얼룩이 묻고 번지고 지저분하다 하더라도, 우리는 그것을 보며 "내가 쓸 것을 썼다"라고 절망적으로 말할 필요가 없습니다(요 19:22). 왜냐하면 그리스도가 그 모든 것을 지울 수 있기 때문입니다. 그는 우리를 참소하는 글을 자신의 십자가에 못 박을 수 있습니다. 그리고 우리의 가장 내적인 영 안에 그의 거룩한 의지(意志)에 대한 더 나은 지식과 그것에 기쁘게 순종하고자 하는 즐거운 마음을 주실 수 있습니다. 그리하여 우리 모두는 가장 겸비한 마음으로 이렇게 말할 수 있습니다. "주여 보시옵소서 두루마리 책에 나를 가리켜 기록된 것과 같이 내가 주의 뜻을 행하러 왔나이다 내가 주의 뜻 행하기를 즐기오니 주의 법이 나의 심중에 있나이다"(히 10:7).

27
새 언약의 항목들

Ⅱ. 그들의 하나님, 나의 백성

"나는 그들에게 하나님이 되고 그들은 내게 백성이 되리라"

히 8:10

서로 마주 보는 두 개의 거울을 생각해 보십시오. 두 거울은 서로를 비취며 반사할 것입니다. 마찬가지로 서로 사랑하는 두 마음은 서로의 사랑의 마음을 비취며 반사할 것입니다. "나는 네 것이요, 너는 내 것이라"는 사랑의 모어(母語)이며, 모든 축복의 근원입니다. 사랑하는 사람들은 모두 그것을 압니다. "나는 그들의 하나님이 될 것이요 그들은 나의 백성이 될 것이라." 우리는 본문 안에서 이러한 상호 내어줌과 그 안에서의 상호 소유가 최고의 아름다움으로 울려 퍼지는 것을 보게 됩니다. "너희는 나의 소유된 백성이 될 것이라" — 바로 이것이 시내 산에서의 모세 언약의 근본적인 약속입니다. 우리는 이것이 구약 전체를 통해 반복적으로 메아리치는 것을 발견합니다. 그럼에도 불구하고 옛 언약 시대에 하나님과 사람 사이의 상호 소유는 외적이며 불완전했습니다.

본문 가운데 히브리서 기자는 예레미야 선지자의 옛 예언으로 되돌아가, 그것을 기독교 특유의 특징 가운데 하나로 제시합니다. 다시 말해서 그는 이스라엘이 하나님을 소유하고 하나님이 이스라엘을 소유하는 것 안에서 예표되었던 것이 하나님과 그리스도인 그리고 그리스도인과 하나님 사이의 관계 안에서 영원히 실현되고 구체화 되었다고 생각합니다.

본문은 두 개의 절(節)로 이루어져 있는데, 그러한 두 절 속에서 이와 같은 상호 소유가 온전하게 표현됩니다. 그리고 그러한 상호 소유는 상호 간의 관계 속에서 구체화됩니다. 왜냐하면 하나님이 우리에게 자신을 주시는 것은, 우리가 하나님을 우리의 소유로 취함이 없이는, 우리에게 아무것도 아니기 때문입니다. 마찬가지로 우리가 하나님께 우리 자신을 드리는 것 역시, 그가 이스라엘의 찬송 가운데 스스로를 굽혀 우리가 드리는 보잘것없는 선물을 받지 않으신다면, 전적으로 무의미한 것이 될 것이기 때문입니다.

본문의 이와 같은 상호성으로부터 우리는 다음과 같은 이중적인 이원론(double dualism)을 발견하게 됩니다. 하나님은 우리에게 자신을 주시며, 그러한 선물은 우리가 그를 우리의 소유로 받음으로 말미암아 실현됩니다. 또 우리는 우리 자신을 하나님께 드리며, 그러한 선물은 그가 우리를 그의 소유로 받으시는 것 안에서 실현되고 확증됩니다. 오늘 우리는 이러한 네 가지 요점을 간략하게 살펴보고자 합니다.

1. "나는 그들에게 하나님이 되고" — 이것은 하나님이 우리에게 자신을 주시는 것입니다.

이러한 말씀은 자신의 모든 피조물들에 대한 필연적인 신적 관계보다 훨씬 더 깊이 들어갑니다. 그는 하늘에서 빛나는 모든 별들에게, 땅에서 기어 다니는 모든 벌레들에게, 잠깐 동안 춤추는 모든 하루살이들에게 하나님입니다. 그러나 이것보다 더 복되고 더 친밀한 관계가 있습니다. 그는 이 땅에 살고 있는 모든 사람들에게 하나님입니다. 그는 그들에게 자신의 신성(神性)을 아낌없이 나타내며, 그들의 삶을 지탱합니다. 그러나 창조의 사실로부터 말미암는 이러한 보편적인 관계보다 더 참되며 더 친밀한 마음과 마음의 그리고 영과 영의 관계가 있습니다. 바로 그것이 여기에서 예수 그리스도를 믿는 사람들의 특권으로 제시됩니다. 특수성은 보편성과 모순되지 않으며, 또 그것을 부인하지도 않습니다. 마찬가지로 보편성은 특수성을 배제하지 않습니다. "나는 그들에게 하나님이 될 것이라" — 이것은 다른 모든 관계들보다 훨씬 더 깊고, 복되며, 영혼을 만족시키는 의미를 갖습니다.

여기의 위대한 약속에 놓여 있는 것은 사람의 지혜와 천사의 언어를 초월합니다. 여러분과 내가 하나님을 자신의 소유로 삼는다면, 생명과 빛과 모든 완전함을 함축하는 하나님이라는 단어 안에 담겨 있는 모든 것이 우리의 것이 될 것입니다. "나는 그들에게 하나님이 될 것이라" — 그럴 때 그들 주위에 영원한 팔과 영원한 목적의 방벽(防壁)이 세워질 것입니다. "나는 그들에게 하나님이 될 것이라" — 그럴 때 모든 어둠 가운데 빛이 있을 것이며, 모든 혼돈 가운데 길이 있을 것이며, 모든 근심 가운데 고요함이 있을 것이며, 모든 걱정거리 가운데 은밀한 기쁨의 빛이 있을 것이며, 모든 삶의 상황 가운데 전능자의 임재가 있을 것입니다. 그리고 그럼으로써 험한 산지는 평지가 되고, 굽은 것은 곧게 펴질 것입니다. "나는 그들에게 하나님이 될 것이라" — 그럴 때 그들의 바라는 것과 복을 구하는 것과 선을 추구하는 것은 더 이상 자신을 만족시켜줄 만한 꼴이 너무나 부족한 황량한 세상 가운데 게걸스럽게 방랑할 필요가 없을 것입니다. 다만 그들이 바라며 열망하는 것들은 오직 하나님 안에서 온전히 만족될 것입니다. 또 하나님 안에 안식이 있을 것입니다. 그리고 그들은 더 높은 선(善)을 추구하는 열망을 품을 것입니다. 그리고 그들은 아직까지 남아 있는 저급한 열망들과 더불어 싸울 수 있게 될 것이며, 하나님의 임재의 능력이 그들이 더 높은 것을 열망하며, 낙망하지 않으며, 열심히 분투하며, 승리를 거두도록 이끌 것입니다. "나는 그들에게 하나님이 될 것이라"라는 말은 "나의 전체적인 본성이 요구할 수 있는 모든 것을 나는 그에게서 발견할 것이라"라는 말과 같은 말입니다.

또 그것은 신적 속성의 모든 불가해한 것들이 나를 둘러싸는 것을 의미합니다. 빛의 스펙트럼 안에 육안으로 볼 수 없는 광선들이 있다고 합니다. 그럼에도 그러한 광선들은 보이는 광선 즉 가시광선(可視光線)보다 더 강한 화학적 힘을 갖는다고 합니다. 하나님의 빛의 스펙트럼 안에는 보이지 않는 것들이 많이 있습니다. 우리가 인식할 수 있는 한계 너머에 우리를 위한 축복과 능력으로 가득 찬 미지(未知)의 에너지들이 있습니다. "나는 그들에게 하나님이 될 것이라." 우리는 "하나님"이라는 이름이 의미하는 것들 가운데 어떤 것들은 이해할 수 있습니다. 그러나 그 이름이 의미하는 것들 가운데 우리가 이해하지 못하는 것들 역시 많이 있습니다. 그럼에도 불구하고 그 모든 것들은 우리 곁에서 역사(役事)하고 있습니다.

이제 우리는 이와 같이 하나님이 우리에게 자신을 주시는 것이 모두 하나의 역사적(歷史的) 행동 안으로 모아진다는 사실을 기억할 필요가 있습니다. 자신의 독생자를 아끼지 않으셨을 때, 하나님은 우리에게 자신을 주셨습니다. 본문은 새 언약의 항목들 가운데 하나인데, 무엇이 그러한 언약의 항목들을 인치며 확증했습니까? 그것은 예수 그리스도의 피였습니다. 그것은 하나님이 자기 아들을 아끼지 않으셨을 때였습니다. 그것은 아들이 갈보리 십자가 위에서 자신을 아끼지 않으셨을 때였습니다. 그때 "나는 그들에게 하나님이 될 것이라"는 옛 약속이 확증되고, 완성되었습니다. 그때 인류에게 하나님이 자신을 주시는 측량할 수 없는 선물이 주어졌습니다.

2. 이제 우리는 그를 우리 하나님으로 삼아야만 합니다.

이러한 개념에 대해서는 길게 설명할 필요가 없습니다. 왜냐하면 그것은 우리 모두에게 충분히 익숙한 개념이기 때문입니다. 여기에 길 위에 놓인 보화가 있습니다. 그것을 집는 자는 누구든지 그것을 가질 수 있습니다. 그러나 거기에 보화가 놓여 있음에도 불구하고 그것을 집지 않는 사람은 그것을 가질 수 없습니다. 여기에 여러분의 집 앞을 지나 흐르는 강이 있습니다. 여러분은 파이프를 연결하여 그 강의 풍성한 물을 여러분의 집 안으로 끌어올 수 있습니다. 그리고 그 물을 마실 수도 있고, 그것으로 목욕도 하고 요리도 하고 정원에 물을 줄 수도 있습니다. 또 여기에 우리 앞에 솟아오르는 하나님의 모든 충만이 있습니다. 그러나 자기 집 앞에 나이아가라 폭포가 있다 하더라도 사람은 목마름으로 죽을 수 있습니다. "나는 그들에게 하나님이 될 것이라." 그러나 만일 내가 돌이켜 "오 주여, 주는 나의 하나님이시나이다!"라고 말하지 않는다면, 그러한 말씀이 도대체 나에게 무슨 의미가 있단 말입니까? 아무 의미도 없습니다. 구걸하는 거지들이 여러분 집 앞에 왔다고 생각해 보십시오. 여러분은 그들에게 얼마만큼의 빵을 주며, 그들은 그것을 가지고 갑니다. 그런데 여러분은 집 모퉁이에서 그것이 땅바닥에 내팽개쳐져 있는 것을 발견합니다. 하나님이 우리에게 자신을 주십니다. 그러나 우리 가운데 너무나 많은 사람들이 그것을 땅바닥에 내팽개쳐 버린 채 가버립니다. 우리는 그것이 없어 죽어가고 있으면서도 자신이 무슨 일을 했는지 알지 못합니다.

형제들이여, 여러분은 드넓은 초원에서 어느 정도의 땅을 여러분 자신의 것으로 취해야만 합니다. 그리고 그 둘레에 울타리를 치고 그 땅을 경작해야 합니다. 그럴 때 비로소 여러분은 그곳으로부터 풍성한 소산을 얻을 것입니다. 여러분은 믿음의 손을 뻗어 하나님을 여러분 자신의 소유로 삼아야만 합니다. 그럴 때 비로소 하나님이 여러분에게 자신을 주시는 것이 완성될 것입니다.

3. 우리는 하나님께 우리 자신을 드려야만 합니다.

본문에 나타나는 것처럼, 하나님의 행동이 우리의 행동에 선행(先行)합니다. 먼저 하나님이 나와의 사랑의 관계 속으로 들어오십니다. 나의 마음속에 사랑의 응답이 임하는 것은 오직 내가 이러한 관계를 인식하고 받아들임으로써 나의 마음이 녹을 때입니다. 우리의 영(靈) 안에 있는 거울은 그 위에 반사되는 또 다른 거울을 가지고 있습니다. 그리하여 그것은 자신의 반사된 모습을 모(母) 거울로 다시 투사합니다. 먼저 하나님이 우리와 같은 보잘것없는 피조물에게 부으신 사랑을 가지고 오십니다. "하나님이 우리를 사랑하시는 사랑을 우리가 알고 믿었을" 때, 오직 그럴 때 비로소 우리는 그 사랑을 다시금 하나님께 반사할 수 있습니다(요일 4:16). 왜냐하면 하나님의 사랑과 나의 사랑은 동종(同種)의 것이기 때문입니다. 사랑 외에 사람과 하나님을 하나로 묶는 많은 띠들이 있습니다. 그러한 띠들 가운데, 사람의 것은 하나님의 것과 상응(相應)합니다. 나의 믿음은 하나님의 신실하심과 상응하며 또 그것의 응답입니다. 나의 의지(依支)는 그의 충족함과 상응하며 또 그것의 응답입니다. 나의 미약한 의존(依存)은 그의 강한 붙잡음과 상응하며 또 그것의 응답입니다. 나의 순종은 그의 명령과 상응하며 또 그것의 응답입니다. 그러나 나의 사랑은 창조주의 사랑과 마치 요면(凹面)이 철면(凸面)과 상응하는 것처럼 상응할 뿐만 아니라, 또한 그것과 동류(同類)의 것입니다. 그러므로 "나는 그들에게 하나님이 되고"라고 말하는 주는 사랑과 "우리는 그에게 백성이 될 것이라"라고 응답하는 받는 사랑 사이에는 놀라우면서도 복된 병행관계(parallel)가 있습니다.

나아가 여기에 이러한 일반적인 유사성뿐만 아니라 또한 우리의 사랑이 스스로를 하나님에게 나타내는 사실도 있음을 기억하십시오. 마치 하나님의 사랑이 스스로를 우리에게 나타내는 것처럼 말입니다. 우리는 이것을 좀 더 강조적인 어조로 "그가 우리에게 자신을 내어주셨다"고 말할 수 있습니다. 진실로 우리는 이러한 말의 높이와 깊이를 충분히 측량할 수 없습니다. 하나님이 우리에게 자기 아들을 아끼지 아니하시고 주셨을 때, 그것은 하나님이 우리 모두를 위해 자신을 내어 주신 것이었습니다.

형제들이여, 하나님의 사랑을 받은 자가 다시금 자신을 하나님께 드리는 것이 도대체 무슨 큰 일이란 말입니까? 우리는 우리의 의지(意志) 가운데 스스로를 드려야 합니다. 그럴 때 그것은 가장 복된 것이 될 것입니다. 의지(意志)가 곧 사람이며, 사람의 존재의 중심점이 바로 의지입니다. 그러므로 우리가 주의 모든 의지와 명령에 기꺼이 순복하면서 "주여 나의 뜻대로 마옵시고 당신의 뜻대로 되기를 원하나이다"라고 말하지 않는다면, 하나님이 우리에게 자신을 주신 것에 대한 응답으로 우리가 스스로를 하나님께 드렸다고 말하는 것은 아무 쓸모없는 말이 될 것입니다. 형제들이여, 하나님이 우리에게 자신을 주신 것에 대한 감사의 응답으로 우리의 사랑을 그에게 드릴 때, 우리는 우리 자신을 하나님께 드리는 것입니다. 사랑하는 자에게 자신의 의지(意志)를 순복시키지 않을 때, 거기에 사랑은 없는 것입니다. 진실로 그는 나에게 아무것도 요구하지 않고 주십니다. 그러나 보다 더 깊은 의미에서 그는 나에게 모든 것을 요구하면서 주십니다. 그리고 그 모든 것은 바로 나 자신입니다. 나는 그에게 사랑과 감사의 분량만큼 자신을 드리며, 그의 종으로서 모든 마음과 영혼과 생각과 힘을 다해 자신을 그에게 굴복시킵니다.

4. 마지막으로, 하나님은 우리를 자신의 것으로 취하십니다.

"그들은 내게 백성이 되리라." 이것은 얼마나 놀라운 말씀입니까! 우리가 하나님처럼 자신을 줄 수 있는 것은 참으로 이상한 일입니다. 그러나 하나님이 그러한 선물을 받으시면서 우리를 소유하는 것을 자신의 보화로 여기시는 것은 한층 더 이상한 일입니다. 시편 기자는 다음과 같이 말하면서 하나님의 낮추심과 관련한 자신의 깊은 통찰력을 나타냅니다. "내가 나의 혀로 그를 높이 찬송하였도다"(시 66:17). 가장 높은 존재가 사람의 보잘것없는 혀로 더 높아질 수 있는 것은 참으로 이상한 일입니다. 하나님은 불완전함과 미약한 믿음과 초라한 사랑으로 가득 찬 우리와 같은 보잘것없는 피조물들을 자신의 소유로 취하십니다. 그는 우리를 "내 백성"이라고 부르십니다. "그들은 내 것이 될 것이라." 또 그는 "내가 정한 날에 그들을 나의 특별한 소유로 삼을" 것이라고 말씀하십니다(말 3:17). 사랑하는 형제들이여, 하나님이 자신을 우리의 소유로서 주시는 것보다 그가 우리를 자신의 소유로 삼는 것이 훨씬 더 놀랄 일이 아닙니까!

여러분은 그에게 자신을 드렸습니까? 여러분은 그가 시작하는 곳에서 시작했습니까? 여러분은 먼저 값없이 주시는 하나님의 선물인 예수 그리스도를 받았습니까? 여러분은 그를 여러분 자신의 소유로 삼았습니까? 여러분은 "여러분을 사랑하사 여러분을 위해 자신을 주신" 주님을 믿는 믿음으로 말미암아 하나님을 여러분 자신의 소유로 취했습니까? 여러분의 자아(自我)의 족쇄는 그의 큰 사랑의 불에 녹아 끊어졌습니까? 그리하여 그 앞에 나아와 "보소서 진실로 나는 당신의 종이나이다. 당신이 나의 족쇄를 끊으셨나이다"라고 말했습니까? 사랑하는 형제들이여, 자신을 포기하며 내어드릴 때까지, 결코 여러분은 자신을 참으로 소유할 수 없습니다. 또 하나님이 예수 그리스도 안에서 자신을 자기 하나님으로 취하는 모든 사람들에게 자신을 주셨다는 진리를 전심으로 붙잡을 때까지, 여러분은 결코 자신을 하나님께 드리지 않을 것입니다.

28
새 언약의 항목들

Ⅲ. 모두가 나를 알리라

"또 각각 자기 나라 사람과 각각 자기 형제를 가르쳐 이르기를
주를 알라 하지 아니할 것은
그들이 작은 자로부터 큰 자까지 다 나를 앎이라"
히 8:11

앞의 설교들 가운데 나는 "새 언약"의 두 항목에 대해 다루었습니다. 그러한 두 항목은 외적인 계명의 엄격한 멍에를 내적인 성향(性向)과 충동으로 바꾸는 것과, 이스라엘과 여호와 사이에 존재했던 외적인 관계를 하나님과 그의 백성 사이의 실제적이며 영적인 상호 소유로 바꾸는 것이었습니다. 오늘 본문은 새 언약의 세 번째 항목을 다룹니다. 이것 역시 앞의 두 항목과 마찬가지로 옛 시대를 특징짓는 어떤 것을 붙잡아, 그것의 불완전함과 예언적인 측면을 인식하는 가운데, 예전에 예언되고 그림자처럼 예표되었던 모든 것이 예수 그리스도 안에서 성취되었음을 선언합니다.

옛 시대에는 하나님과 선택된 소수의 사람들 사이에 직접적인 교통(交通)이 있었습니다. 그들은 이를테면 하나님 나라의 영적 귀족들이었습니다. 그들은 자신들이 하나님으로부터 들은 것을 그러한 교통을 갖지 못한

대중들에게 전파했습니다. 오늘 본문은 이러한 모든 것이 사라질 것이라고 말합니다. 그러면서 모든 그리스도인이 하나님 자신에게 직접적으로 나아가며, 그 자신과 직접적으로 교통하며, 그 자신으로부터 직접적으로 가르침을 받는 특권을 갖게 될 것이라고 말합니다. 본문 속에는 두 가지가 들어있습니다. 하나는 본문의 핵심인 약속이며, 다른 하나는 그러한 약속으로부터 귀결되는 결과입니다. "그들이 작은 자로부터 큰 자까지 다 나를 앎이라" — 이것은 실제적인 약속입니다. "각각 자기 나라 사람과 각각 자기 형제를 가르쳐 이르기를 주를 알라 하지 아니할 것은" — 이것은 그로 말미암은 결과입니다.

1. 첫째로, 이러한 위대한 약속이 의미하는 것을 생각해 보십시오.

"그들이 나를 알 것이라." 이러한 말씀의 의미를 이해하기 위해 한두 가지 비유를 들어 설명하는 것이 좋으리라 생각합니다. 우리 모두는 이야기로 듣는 것과 직접 보는 것 사이의 차이를 압니다. 우리는 여행서적이라든지 혹은 위대한 자연의 아름다움이나 어떤 역사적 사실들에 대해 이야기하는 책을 읽고는 그에 대해 모두 이해했다고 생각할 수 있습니다. 그러나 알프스 정상의 설경(雪景)이나 혹은 파르테논 신전의 위용에 대해 듣는 것과 그것을 직접 보는 것에는 하늘과 땅의 차이가 있습니다. 또 우리 모두는 이야기로 듣는 것과 직접 경험하는 것의 차이를 압니다. 우리는 우리의 변화무쌍한 삶을 구성하는 사랑이나 슬픔 혹은 다른 감정들에 대해 묘사하는 시인들의 책을 읽습니다. 그러나 우리는 고통의 아픔을 이해하기 전에 먼저 우리 자신이 그러한 고통의 터널을 통과해 볼 필요가 있습니다. 또 우리는 사랑의 달콤함을 이해하기 전에 먼저 우리 자신이 그 속에 빠져볼 필요가 있습니다. 사람들이 우리에게 그에 대해 말해 줄 수 있습니다. 그러나 우리는 그에 대해 알기 전에 먼저 우리 자신이 그것을 느껴야만 합니다.

마찬가지로 우리 모두는 어떤 사람에 대해 듣는 것과 그를 실제로 아는 것의 차이를 압니다. 우리는 어떤 사람에 대해 많이 듣고 그에 대해 알게 될 수 있습니다. 그러나 그와 직접적으로 면대(面對)하여 만날 때, 그때 우리는 예전에 그에 대해 듣고 알았던 우리의 지식이 매우 피상적이며 부분적인 것이었음을 깨닫게 됩니다. "내가 주께 대하여 귀로 듣기만 하였사오나 이제는 눈으로 주를 뵈옵나이다"(욥 42:5). 여러분도 이렇게 말할 수 있습니까? 그렇다면 여러분은 본문을 깨달은 것입니다. "각각 자기 나라 사람과 각각 자기 형제를 가르쳐 이르기를 주를 알라 하지 아니할 것은 그들이 작은 자로부터 큰 자까지 다 나를 앎이라."

하나님에 대해 아는 것과 하나님을 아는 것에는 하늘과 땅의 차이가 있습니다. 그것은 교리와 생명의 차이와 같으며, 신학과 신앙의 차이와 같습니다. 우리가 기독교 신조(信條)의 모든 항목들을 완전하게 이해하며 다른 사람들로부터 배우며 심지어 어떤 의미에서 그것들을 믿을 수 있음에도 불구하고, 여전히 그것들은 완전하게 우리의 삶 바깥에 있을 수 있습니다. 오직 그것들이 우리 존재의 본질 속으로 들어와 우리 행동에 영향을 끼칠 때, 비로소 우리는 하나님을 아는 것입니다.

본문이 의미하는 것은 바로 이와 같은 의미에서 하나님을 아는 것입니다. 그것은 하나님과 관련한 어떤 지적인 명제들을 포함하지 않을 수도 있습니다. 그것은 교리의 문제가 아니라 사실(事實)의 문제입니다. 그것은 이야기로 듣는 것으로부터 마음으로 하나님을 붙잡는 것으로 바뀐 것입니다. 그것은 전통적인 종교로부터 중심으로 하나님을 붙잡는 것으로 바뀐 것입니다. 바로 이것이 하나님을 아는 것입니다. 예컨대 어떤 과학이나 학문적인 명제 같은 것은 우리의 이해력을 적절한 방법으로 사용함으로써 알 수 있습니다. 그러나 사람을 아는 것은 그런 방법으로 되지 않습니다. 하나님은 인격(人格)이십니다. 따라서 하나님을 아는 것은 그에 대해 이해하는 것을 의미하지 않습니다. 도리어 그것은 그와 더불어 친밀하며 익숙한 관계를 갖는 것입니다. 그와 더불어 여름과 겨울을 함께 보내는 가운데 전에는 교리였던 것들이 실제적인 사실임을 경험으로 확인하는 것입니다. 여러분 가운데 거의 대부분의 사람들은 스스로를 기독교 신자라고 부를 것입니다. 나는 여러분과 나 자신에게 우리의 신앙이 하나님에 대해 아는 것인지 아니면 하나님을 아는 것인지 깊이 숙고해 보라고 권면하고 싶습니다. 여러분이 여러분의 신앙을 구성하는 일련의 진리들에 동의(同意)하는 것은 그러한 진리들이 여러분의 삶의 실질적인 요체가 되었기 때문입니까? 나는 교리 없는 종교(religion without dogma)를 믿지 않습니다. 하물며 종교 없는 교리(dogma without religion)는 더더욱 믿지 않습니다. 그러나 바로 이것 즉 "종교 없는 교리"가 스스로를 그리스도인이라 칭하는 수많은 사람들의 기독교입니다. 그것은 말라비틀어진 호두 알맹이만큼이나 아무 짝에도 쓸모없는 것입니다.

사랑하는 형제들이여, 이와 같이 하나님을 아는 것은 그와 친밀한 관계가 되는 것이라는 사실을 기억하십시오. 그리고 그와 같은 하나님과의 친밀한 관계 위에서라야만 비로소 사람이 하나님에 대한 진리들이 확증되는 것을 발견할 수 있다는 사실을 기억하십시오. "우리는 아노라" — 이것은 경험으로부터 말미암는 확증입니다. 그리고 그것이야말로 스스로를 "지식"(knowledge)이라고 부르기에 합당한 것입니다. 마치 물질적인 우주의 물리적인 사실들에 대해 확실하게 알게 되는 것처럼 말입니다. 여기에서 한 걸음 더 나아가 나는 정직하게 진리를 찾고자 추구하는 사람들이라면 마땅히 모든 세대를 통해 수많은 증인들이 "우리는 하나님의 선하심을 맛보아 알았노라"라고 말할 수 있었던 사실을 진지하게 고려해야만 한다고 말합니다. 만일 사람들이 자신들의 신조(信條)를 인류의 모든 사실들과 일치시키기를 원한다면, 그들은 기독교의 주장들을 고찰함에 있어 다음과 같은 사실 즉 모든 세대를 통해 수많은 사람들이 "우리는 우리가 믿는 자를 알며, 그가 우리를 지킬 수 있음을 아노라. 우리는 우리가 하나님께 속함을 아노라"라고 말한 사실을 빠뜨려서는 안 됩니다. 사랑하는 형제들이여, 기독교는 결코 밖으로부터 판단되며 평가될 수 없습니다. "너희는 맛보아 알지어다." 본문은 우리에게 더 참된 길을 보여 줍니다. 우리가 그 언약을 받아들인다면, 우리는 마음으로 하나님을 알게 될 것입니다.

2. 둘째로, 이러한 약속이 얼마나 멀리까지 확장되는지 주목하십시오.

"그들이 작은 자로부터 큰 자까지 다 나를 앎이라." 여기에는 계급이나, 나이나, 재능을 막론하고 아무런 차별이 없습니다.

히브리서 기자는 앞에서 표현한 것처럼 이스라엘의 영적인 귀족들이 하나님으로부터 직접적으로 말씀을 받았던 옛 시대와 그리스도 안에서 펼쳐진 새 시대 사이를 대조하고 있습니다. 아침 해가 뜰 때, 가장 높은 봉우리들이 제일 먼저 그 빛을 받습니다. 그러나 완전히 솟아오르고 나면, 해는 낮은 지대에 빛의 홍수를 쏟아 붓습니다. 그리고 한낮에는 바위틈 깊은 곳까지 빛을 비춥니다. 이와 같이 지금 세상은 그리스도의 빛의 홍수로 넘칩니다. 그리고 모든 그리스도인들이 성령의 기름부음을 받습니다. 그 안에 생명과 경건을 위해 필요한 모든 것을 아는 지식의 약속과 능력이 담겨 있는 그런 기름부음 말입니다. 성령을 통한 그리스도의 생명의 보편적인 소유 — 바로 이것이 복음의 참된 민주주의입니다.

이것이 사실이라면, 이것은 단순히 성직체계(聖職體系)를 수호하기 위한 목적으로 지켜야만 하는 진리가 결코 아닙니다. 도리어 그것은 우리 각자에 의해 주의 촛불로서 취하여져야 합니다. 그리고 그 빛 안에서 우리는 우리의 기독교의 성격과 경험들을 면밀하게 살펴야만 합니다. 사랑하는 형제들이여, 여러분은 하나님을 아는 내적인 지식에 관해 압니까? 그와의 친교로부터 오는, 그리고 그것을 받은 자의 마음속에서 반박할 수 없는 확실함으로 말하는 그런 지식 말입니다. "누구든지 그리스도의 영이 없으면 그리스도의 사람이 아니라"(롬 8:9). 복음에 대한 여러분의 모든 지식과 그에 대한 믿음이 오로지 다른 사람들의 가르침으로부터 말미암은 것일 뿐이라면, 여러분이 그러한 것들을 여러분 자신의 경험으로 입증할 수 없다면, 여러분이 "내가 많은 것을 알지 못하나 그러나 한 가지 아는 것은 내가 맹인으로 있다가 지금 보는 그것이니이다"라고 말할 수 없다면 — 간절한 마음으로 당부하노니 부디 여러분의 기독교가 단순한 모양(form)에 불과한 것이 아닌지 그리고 과연 그 안에 참된 생명이 있는지 깊이 생각해 보십시오.

본문의 위대한 약속은 그것의 충만함과 복됨 안에서 우리에게 자신을 살필 것을 충고하는 동시에 또 다른 방향을 가리킵니다. 그것은 또 다른 측면에서 어느 누구를 막론하고 기독교적 양심과 이성(理性)을 넘어서는 권위를 취하는 것을 명백히 배제합니다. 다시 말해서 그것은 다른 사람들과 직무적으로 구별되는 그리고 다른 사람들보다 하나님에게 더 가까이 나아갈 수 있는 특별한 계층의 사람들이 있다는 모든 주장을 단번에 배제합니다. 본문 말씀을 올바로 이해할 때 다시 말해서 모든 그리스도인들 가운데 하나님을 아는 지식의 보편성을 인식할 때, 이것은 기독교 세계의 근간을 뒤흔드는 혁명적인 힘을 가질 것입니다. 나는 이러한 원리를 충분히 깨달은 사람이 얼마나 될지 알지 못합니다. 사제직(司祭職)과 교황무오설(教皇無誤說)을 가지고 있는 교회나 혹은 사람이 만든 신조(信條)에 의해 속박된 교회들에서뿐만 아니라 우리와 같이 이러한 두 가지 오류를 공식적으로 인식하지 못하는 교회들에서까지, 새 언약의 이러한 항목은 실제적으로 부인됩니다. 이른바 평신도들이 기꺼이 이차적인 위치를 받아들이는 것에 대한 더 큰 책임은 종종 사제나 목사보다도 그들 자신에게 있습니다. 나는 바울 사도와 함께 "나는 너희 믿음을 주관하려는 것이 아니요 오직 너희 기쁨을 돕는 자가 되려" 함이라고 말해야만 합니다(고후 1:24). 마찬가지로 여러분 역시도 나나 다른 어떤 사람의 말로부터 아무것도 취할 필요가 없습니다. 여러분은 어느 누구를 막론하고 본문의 위대한 원리와 모순되는 자리로 높여서는 안 됩니다. 오직 여러분은 스스로 하나님에게 나아가, 오직 그만이 줄 수 있는 가르침을 그로부터 직접적으로 받을 수 있습니다. 본문은 사람을 주관하거나 혹은 사람에게 종속되는 것을 엄격하게 배제합니다.

그러나 형제간의 도움 자체가 배제되는 것은 결코 아닙니다. 한 무리의 사람들이 산에 올라간다고 생각해 보십시오. 한 사람이 선두에 서서 다른 사람들을 이끕니다. 그가 정상에 도착했을 때, 그는 아래를 내려다보며 밑에 있는 사람들에게 경치가 얼마나 아름답고 웅장한지 말해 줄 수 있습니다. 그러면서 그들에게 빨리 올라오라고 손짓하며 손을 뻗어 그들을 붙잡아줄 수 있습니다. 이와 같이 그리스도인들 사이에 하나님을 아는 지식의 선물을 소유하는 분량과 활용하는 분량이 다를 수 있습니다. 그들 가운데 어떤 사람은 다른 사람들보다 앞설 수 있습니다. 앞선 사람이 다른 형제들에게 도움의 손길을 베풀어야 한다는 것은 본문의 원리와 완전하게 합치됩니다. 어떤 형제의 말이 나에게 하나님을 아는 내적인 지식을 줄 수는 없습니다. 그러나 그것은 나 스스로 그러한 지식을 얻는데 도움이 됩니다. 우리는 단지 신랑의 친구가 하는 일을 할 수 있을 뿐입니다. 그는 신부를 신랑에게 데려갑니다. 그러고 나서 그는 신랑과 신부만 남겨둔 채 문을 닫습니다. 바로 이것이 우리가 할 수 있는 모든 것입니다. 여러분 자신이 구원의 샘으로부터 물을 길어야만 합니다. 우리는 단지 "저기에 샘이 있어. 그 물은 너무나 달콤해!"라고만 말해 줄 수 있을 뿐입니다.

3. 마지막으로, 이러한 약속이 성취되는 방편들을 주목하십시오.

앞의 설교들에서 나는 이미 새 언약으로서의 복음의 개념이 예수 그리스도 자신에 의해 즉 주의 만찬이 제정될 때 본 문맥 가운데 제시된 모든 축복들이 어떻게 사람들에게 확보되고 전달되는지 말씀하는 가운데 확증되었음을 지적했습니다. 그는 "내 피로 세운 새 언약"이라고 말씀하셨습니다. 그러므로 나는 무엇보다도 여기의 위대한 진리 즉 모든 그리스도인의 특권인 하나님을 아는 내적인 지식이 오직 우리 주 예수 그리스도의 사역 특별히 죽음으로 말미암아 우리에게 가능해지고 실제화 되는 진리를 첫 번째 방편으로 제시합니다. 그는 무엇보다도 십자가 위에서의 최고의 고난과 최고의 자기순복을 통해 하나님을 나타냈습니다. 우리는 그가 하나님을 나타낸 대로 하나님을 압니다. 그가 우리를 위해 고난을 당하고 죽은 것을 바라보면서 동시에 우리는 "나를 본 자는 아버지도 보았느니라"라는 그의 말씀을 기억합니다.

언약의 인(印)인 예수 그리스도의 피는 본문의 약속이 성취되는 큰 방편입니다. 왜냐하면 자신의 죽음 안에서 그가 하나님을 아는 것으로부터 우리를 가로막는 모든 장애물들을 제거하셨기 때문입니다. 죄의 거대한 장벽이 나와 아버지 사이에 서 있습니다. 그러나 그리스도의 피가 그 모든 장벽을 허물어뜨립니다. 그럼으로써 우리와 같은 죄인들이 하나님의 보좌로 나아갈 수 있는 길이 열립니다. 그의 피로 말미암아 휘장이 찢어짐으로써, 우리는 담대한 마음으로 지성소 안으로 들어갈 수 있습니다.

예수 그리스도는 이와 같이 하나님을 아는 지식의 근원입니다. 그의 사역과 특별히 죽음으로 말미암아, 그의 이름을 믿는 모든 사람들에게 우리의 가장 깊은 내적 영에 자기 아들을 아는 참된 지식을 가르치는 하나님의 영의 선물이 주어집니다.

그러므로 사랑하는 형제들이여, 이와 같이 하나님을 아는 모든 지식이 사람들에게 전달되는 것과 사람과 하나님 사이의 친교와 교제가 가능해지는 것과 우리를 하나님의 깊은 진리로 인도하는 성령이 우리 각자에게 주어지는 것이 모두 성육신하시고 죽으신 그리스도 안에서 이루어지는 것이기 때문에, 이로 말미암아 다음과 같은 명백한 결론 즉 "가장 작은 자로부터 가장 큰 자까지" 세상의 모든 사람들이 자신을 발견할 수 있는 유일한 길은 오직 예수 그리스도를 믿는 믿음이라는 결론이 필연적으로 따릅니다. 그 안에서 그리고 그의 생애 안에서 그리고 그의 죽음 안에서, 하나님이 우리 모두에게 알려졌으며, 우리와 하나님 사이의 장벽이 허물어졌으며, 모든 것을 가르치는 하나님의 영이 우리에게 주어집니다.

여기에서 본문이 새 언약의 앞의 항목들과 밀접하게 연결된다는 사실을 기억하십시오. 그러므로 하나님의 법을 즐거워하는 것이 그를 더 잘 알게 되는 확실한 방법입니다. 마음으로부터 순종하는 한 행동이 우리를 하나님에 대해 모든 현자(賢者)들이 가르칠 수 있는 것보다 더 많이 가르칠 것입니다. 책을 읽고, 생각하고, 묵상하며, 연구하는 것보다 그의 뜻대로 단순하게 행하는 것이 우리의 길을 훨씬 더 밝게 비출 것입니다. "사람이 하나님의 뜻을 행하려 하면 이 교훈이 하나님께로부터 왔는지 내가 스스로 말함인지 알리라"(요 7:17). 또 우리가 하나님을 소유하고 하나님이 우리를 소유하는 상호 소유는 우리를 하나님을 아는 보다 더 풍성한 지식으로 이끌 것입니다. 하나님을 소유하는 것은 곧 그를 사랑하는 것입니다. 사랑하는 자는 하나님을 알며, 하나님에게 알려집니다.

그러므로 사랑하는 형제들이여, 전통적인 종교나 혹은 이야기로 듣는 기독교로 만족하지 마십시오. 실제적으로 그를 아십시오. 그리고 그 안에서 평안을 누리십시오. 그리스도와 그의 구원을 전파하는 참된 설교자에게 있어 자신의 설교를 듣는 회중들이 자신 없이 행할 수 있는 것보다 더 큰 즐거움은 아무것도 없습니다. 여러분은 나를 바라볼 필요가 없습니다. 나의 일은 여러분의 시선(視線)을 나로부터 멀리 떨어진 곳을 향하도록 만드는 것입니다. 그리고 여러분이 오직 예수 그리스도를 믿는 믿음으로 유일하신 참 하나님을 아는 지식을 얻도록 만드는 것입니다. 그럴 때 여러분은 다음과 같이 말할 수 있게 될 것입니다. "이제 우리가 믿는 것은 당신의 말로 인함이 아니니 이는 우리가 친히 듣고 그가 참으로 세상의 구주신 줄 앎이라"(요 4:42).

29
새 언약의 항목들

IV. 근본적인 축복인 용서

"내가 그들의 불의를 긍휼히 여기고
그들의 죄를 다시 기억하지 아니하리라"
히 8:12

우리는 앞의 설교들 가운데 새 언약의 몇 가지 항목들을 살펴보았습니다. 이제 우리는 마지막 항목에 도달했습니다. 이것은 열거되는 순서로서는 마지막이지만, 성취되는 순서로는 첫 번째입니다. 본문의 첫 머리에 나오는 "for"는 앞의 모든 위대한 약속들이 성취되는 것이 여기의 마지막 가장 큰 항목 위에 의존하는 사실을 보여 줍니다(For I will be merciful to their unrighteousness, and their sins and their iniquities will I remember no more, KJV). 용서는 건물 전체의 기초석입니다. 그것을 빼 보십시오. 그러면 건물 전체가 무너질 것입니다. 용서는 복음이 사람들에게 가져다주는 축복의 큰 선물꾸러미로부터 받는 첫 번째 선물입니다. 본 서신의 저자는 지금 강을 거슬러 올라가고 있습니다. 마침내 그는 하나님의 마음으로부터 처음 분출한 것에 최종적으로 도달한 것입니다. 앞의 모든 약속들 즉 하나님의 법을 즐거워하는 것과, 하나님과 그의 백성들 사이의 상호 소유와, 하나님을 아는 것은 여기의 마지막 항목의 결과들입니다. "내가 그들의 불의를 긍휼히 여기고 그들의 죄를 다시 기억하지 아니하리라."

1. 첫째로, 용서가 사람의 가장 깊은 필요를 다루는 사실을 주목하십시오.

용서는 가장 근본적인 축복입니다. 왜냐하면 그것은 인류의 진정한 악(惡)을 붙잡기 때문입니다. 인류의 진정한 악은 슬픔이 아니라 죄입니다. 모든 사람이 "하나님의 영광에 이르지" 못했는데(롬 3:23), 이러한 보편적인 죄의 사실이 인간의 상태와 관련한 가장 엄중한 사실입니다. 왜냐하면 바로 그것이 인간의 전체적인 본성에 영향을 끼치는 가운데 하나님과의 모든 관계를 어그러뜨리며 왜곡시키기 때문입니다. 그러므로 만일 사람들이 인간의 죄를 올바르게 진단하고자 한다면, 그들은 외적인 증상들보다 훨씬 더 깊은 어떤 것을 인식해야만 합니다. 그리고 인간의 모든 슬픔과 불행의 근원인 죄를 발견해야만 합니다. 인간을 다루면서 세상의 모든 불행의 진정한 근원 즉 "모든 사람이 죄를 범하여 하나님의 영광에 이르지 못한" 사실을 잊거나 혹은 무시하는 것은 참으로 터무니없는 일이 아닐 수 없습니다. "이런 말은 내가 많이 들었나니 너희는 다 재난을 주는 위로자들이로구나"(욥 16:2). 여러분이 암으로 죽어가는 사람에게 고약을 발라준다면, 여러분은 "재난을 주는 위로자"일 것입니다. 물론 나는 인간의 비참한 상황을 개선하기 위해 많은 일들이 행해질 수 있고 또 오늘날 많은 일들이 행해지고 있음을 압니다. 또 나는 사회적 · 경제적 · 정치적인 많은 문제들을 개선하기 위해 다양한 노력들을 평가절하하지 않습니다. 그럼에도 불구하고 나는, 만일 그것들이 인간의 죄의 사실을 붙잡지 않는다면, 그것은 고작해야 알맹이는 그대로 내버려 둔 채 껍데기만 만지작거리는 일일 뿐임을 굳게 믿습니다. 죄는 단순히 무지(無知)로부터 오지 않습니다. 그러므로 그것은 지식에 의해 제거될 수 없습니다. 죄는 단순히 환경으로부터 오지 않습니다. 그러므로 그것은 환경을 개선하는 것으로 인간 역사(歷史)로부터 제거될 수 없습니다. 죄는 단순히 가난으로부터 오지 않습니다. 그러므로 경제적인 변화가 그것을 없애버리지 못할 것입니다. 죄의 뿌리는 이 모든 것들보다 훨씬 더 깊이 박혀 있습니다. 사회가 완전하게 치유될 수 있기 전에, 먼저 인간을 복되고 만드는 능력이 인간의 마음 깊은 곳으로 들어가 그곳에 뿌리 박혀 있는 죄를 뽑아버려야만 합니다.

그러면 기독교는 인간 경험의 이러한 중심 부분과 무슨 상관이 있습니까? 본문은 이렇게 말합니다. "내가 그들의 불의를 긍휼히 여기고 그들의 죄를 다시 기억하지 아니하리라 하셨느니라." 물론 하나님의 망각(忘却)은 사람의 죄를 존재하지 않는 것으로 간주하겠다는 것에 대한 강력한 은유입니다. 그것은 다음과 같은 위대한 약속 가운데 나타나는 것과 동일한 상징입니다. "내가 그들의 죄를 나의 등 뒤로 던지고 깊은 바다 속으로 던지리라." 그것은 또한 다음과 같은 말씀 가운데 암시되는 것과 동일한 은유입니다. "자신의 죄가 가려진 자는 복이 있도다"(시 32:1). 다시 기억하지 않겠다는, 혹은 깊은 바다 속에 던져버리겠다는, 혹은 더 이상 보이지 않도록 덮어버리겠다는 은유의 기저(基底)에 있는 사실은 하나님의 사랑이 죄의 사실에도 불구하고 죄인에게 흘러넘칠 것이라는 것입니다.

그리스도인들과 기독교 진리를 의심하는 모든 사람들은 용서라고 하는 기독교적 개념의 깊이와 높이를 보다 충분하게 이해할 필요가 있습니다. 왜냐하면 용서는 단지 잘못된 행동의 결과를 제거하는 것에 불과한 것이 아니기 때문입니다. 국가의 사법체계 속에서는 그럴 것입니다. 그러나 가정에서는 그렇지 않습니다. 아버지가 아들을 용서하는 것을 생각해 보십시오. 그것은 하나님에게도 마찬가지입니다. 성경이 제시하는 용서의 참된 개념은 단순히 잘못된 일을 행한 자녀에게 그 결과를 제거하는 것이 아니라, 그들에게 아버지의 마음이 흐르는 것입니다.

죄는 강의 흐름을 막는 거대한 둑입니다. 그러나 하나님의 마음으로부터 흐르는 사랑의 물은 그 둑을 넘어 흘러넘칩니다. 그리고 그것을 "하나님의 강"의 충만한 물로 묻어버립니다. 여기에 안개로 덮인 세상이 있습니다. 그러나 그 위에 하나님의 사랑의 태양이 빛나고 있으며, 그것이 안개의 윗부분을 비춥니다. 그럼으로써 안개는 완전히 사라질 때까지 계속해서 열어져 갑니다. 그리하여 충만한 햇빛의 홍수가 세상에 부어지고, 안개는 마침내 청명한 하늘 속으로 완전히 사라져버립니다. "내가 네 허물을 빽빽한 구름 같이, 네 죄를 안개 같이 없이하였으니"(사 44:22). 용서된 죄의 외적인 결과들은 그대로 남아 있을 수 있습니다. 어떤 사람이 술 취함 가운데 육신적인 삶을 살았다면, 설령 회개하고 용서받았다 하더라도 그의 손이 떨리는 것과 그의 간(肝)이 굳어진 것은 그대로 남아 있을 것입니다. 어떤 사람이 죄를 범했다면, 설령 하나님이 용서하셨다 하더라도 자신의 범죄에 대한 그의 기억과 그것이 그의 성품에 끼친 영향은 그대로 남아 있을 것입니다. 그러나 하나님의 용서는 과거의 죄가 찌르는 괴로움의 원천이 되는 대신 도리어 미래에 그와 같은 죄를 또 다시 범하지 않도록 막아 주는 역할을 합니다. 그리고 용서된 죄는 그가 겸비한 마음으로 스스로를 신뢰하지 않도록 만드는 원천이 될 것이며, 그럼으로써 그를 더 큰 선함과 의로움으로 이끌 것입니다. 벌들이 자신들의 집에서 부패한 것을 제거할 수 없을 때, 그들은 그것을 밀랍(蜜蠟)으로 덮어버립니다. 그러면 그것은 무해(無害)한 것이 되며, 그럼으로써 그들은 그 위에다가 계속해서 봉방(蜂房)을 지어나갈 수 있게 됩니다. 이와 같이 용서로 말미암아 죄의 결과들은 도리어 선을 위한 기회로 바뀔 수 있습니다.

그러나 무엇보다도 하나님의 용서의 행동은 나의 죄의 가장 깊고 가장 심각한 결과들을 제거합니다. 왜냐하면 하나님의 용서의 행동으로 말미암아 그로부터의 분리와 그와의 불화를 의식(意識)하는 지옥이 제거되기 때문입니다.

이와 같이 여기에 인간의 가장 깊은 필요에 부응하는 근본적인 축복이 있습니다. 이러한 가장 깊은 필요를 해결할 수 없는 체계는 어떤 것이든 죄로 얼룩진 세상의 필요들을 채우는데 별 쓸모가 없을 것입니다. 만일 어떤 새로운 전도자들이 본문이 말하는 것과 같은 분명한 메시지를 가지고 우리에게 올 수 없다면, 그들의 메시지는 결국 아무 짝에도 쓸모없는 것이 될 것입니다. 그리고 그들의 수고에도 불구하고 세상은 여전히 슬프고 비참한 옛 세상이 될 것입니다.

2. 둘째로, 이러한 용서는 오직 예수 그리스도를 통해서만 주어진다는 사실을 주목하십시오.

앞의 설교들에서 나는 히브리서 기자가 "새 언약"이라고 부르는 전체적인 약속들이 우리 주님 자신이 말씀하신 것처럼 "그의 피"로 인쳐진 것임을 보이고자 애썼습니다. 그리고 그것은 여기의 용서의 약속과 관련하여 특별히 사실입니다. 오늘의 본문이 이야기하는 용서가 사람들에게 주어지는 것은 오직 예수 그리스도 안에서입니다.

나는 이런 취지의 성경구절들을 굳이 장황하게 늘어놓을 필요는 없으리라 생각합니다. 그렇지만 나는 용서와 관련한 기독교적 가르침이 그리스도의 사역과 특별히 세상 죄를 위한 속죄로서의 그의 죽음의 개념 위에 기초하고 있다는 사실을 다시 한 번 강조하지 않을 수 없습니다. 하나님이 사람의 죄를 더 이상 기억하지 않는다고 복음이 선언할 수 있는 것은 오직 "예수 그리스도께서 십자가 위에서 자신의 몸으로 우리의 죄를 담당하셨기" 때문입니다. 그러한 기초가 그리스도의 죽음의 의미와 관련한 신약의 개념 위에 굳건하게 세워지지 않는다면, 나는 도대체 우리가 어디에서 사람들에게 하나님의 용서를 선언하기 위한 기초를 발견할 수 있는지 도무지 알지 못합니다.

본문은 이 문제와 관련하여 신약이 가르치는 것에 대한 통상적인 오해가 단지 오해일 뿐이라는 사실을 분명하게 보여 줍니다. 어떤 사람들은 그리스도의 희생제사가 하나님의 마음에 변화를 일으켰다고 주장합니다. 그의 희생제사가 하나님이 전에는 사랑하지 않았던 사람들을 사랑하도록 만들었다는 것입니다. 그러나 본문의 초두의 강한 "I will"은 그리스도의 죽음을 특별히 지칭하지 않습니다(For I will be merciful to their unrighteousness, and their sins and their iniquities will I remember no more). 도리어 그것은 하나님의 사랑과 예수 그리스도의 죽음 사이의 참된 관계가 무엇인지 암시적으로 보여 줍니다. 다시 말해서 그것은 하나님의 사랑이 원인이고, 그리스도의 죽음은 그에 따른 결과임을 함축합니다. "하나님이 세상을 이처럼 사랑하사 독생자를 주셨으니 이는 그를 믿는 자마다 멸망하지 않고 영생을 얻게 하려 하심이라"(요 3:16). 지혜로운 전도자라면 누구든지 예수 그리스도의 사역이 죄인들에 대한 아버지의 사랑의 원인이 아니라 그것의 결과임을 분명하게 선포할 것입니다.

나는 세상 죄를 위한 그리스도의 희생제사의 붉은 줄이 어떻게 신약 전체를 관통해 흐르는지 굳이 여러분에게 장황하게 설명할 필요를 느끼지 않습니다. 오늘날 그리스도의 사역의 은택(恩澤)을 받음에 있어 어떤 속죄 이론도 필요치 않다고 말하는 것이 유행입니다. 그것은, 어떤 인간적 개념도 그의 위대한 사역의 충만을 소진(消盡)시키지 못할 것이라는 점에서, 부분적으로 사실입니다. 그러나 그것은, 어떤 사람이 예수 그리스도를 통해 오는 용서를 받고자 한다면 그는 "그리스도께서 성경대로 우리 죄를 위해 죽으셨다"는 이론을 가져야만 한다는 점에서, 사실이 아닙니다. 우리는 바로 이것이 신약 전체가 가르치는 바라는 사실을 잊어서는 안 됩니다.

우리는 바울의 글 전체가 그러한 개념으로 가득 차 있는 사실을 잘 압니다. 바울은 심지어 자신과 자신의 교훈에 대해 살쾡이 같이 날카로운 눈을 가진 비판자들에게조차 그리스도께서 성경대로 우리 죄를 위하여 죽으셨다는 교훈과 관련하여 이렇게 말합니다. "그러므로 나나 그들이나 이같이 전파하매 너희도 이같이 믿었느니라"(고전 15:11). 이 문제와 관련하여 모든 사도들이 일치된 의견을 가졌던 것은 지금까지 남아 있는 문서들에 의해 충분하게 증명됩니다. 우리는 신약에 여러 유형의 교훈이 있다는 말을 듣습니다. 거기에는 너무나 아름다운 다양성이 있으며, 그러면서도 그것들은 너무나 조화롭게 섞입니다. 그러나 이 문제와 관련해서는 거기에 어떤 다양성도 없습니다. 바울이 "우리가 그리스도 안에서 그의 피로 말미암아 속량 곧 죄 사함을 받았느니라"라고 말했다면(엡 1:7), 베드로는 "그가 친히 나무에 달려 그 몸으로 우리 죄를 담당하셨으니"라고 말합니다(벧전 2:24). 그런가 하면 요한은 "그는 우리 죄를 위한 화목 제물이니 우리만 위할 뿐 아니요 온 세상의 죄를 위하심이라"라고 말합니다(요일 2:2). 또 그가 하늘에서 본 환상은 "죽임을 당한 어린 양"의 환상이었으며, 그가 천사들로부터 들은 노래는 "그의 피로 우리를 우리의 죄로부터 해방하신" 자를 찬미하는 노래였습니다(계 1:5).

하나님은 이것이 우리 모두에게 사실이 되도록 이끄십니다. "나나 그들이나 이같이 전파하매 너희도 이같이 믿었느니라"(고전 15:11). 왜냐하면 이와 같이 예수 그리스도를 통한 용서의 복음을 확실하게 선포하는 것이 계시 전체의 특징적인 영광이기 때문입니다. 만일 그것이 없다면, 도대체 어떻게 우리가 용서의 소망을 가질 수 있겠습니까? 예수 그리스도의 십자가 없이, 나는 도대체 어떻게 자기 안에 악의 성향(性向)이 뿌리 박혀 있어서 그로 인한 괴로움과 죄책을 느껴 본 사람이 용서의 확신을 위한 견고한 기초를 발견할 수 있는지 도무지 알지 못합니다. 그것이 없을 때, 하나님의 용서는 막연한 바람이나 환영(幻影) 외에 아무것도 아닐 것입니다. 기독교를 배척하는 사람들은 대부분의 경우 절망의 복음을 전파합니다. "스스로 속이지 말라 하나님은 업신여김을 받지 아니하시나니 사람이 무엇으로 심든지 그대로 거두리라"(갈 6:7). 이것은 용서의 가능성을 배제하는 경우에도 똑같이 적용됩니다. 그러나 그리스도 안에서 우리는 용서의 열매를 거둘 수 있음을 깨닫습니다. "여호와 우리 하나님이여 주께서는 그들에게 응답하셨고 그들의 행한 대로 갚기는 하셨으나 그들을 용서하신 하나님이시니이다"(시 99:8). 그리스도와 무관한 용서는 나에게 있어 하나님과 무관한 것으로 보입니다. 그리스도와 무관한 용서는 결국 악을 눈감아 주는 것 외에 아무것도 아닙니다. 그리고 그것은 하나님을 사람들이 어떻게 행하든 상관하지 않는 무관심한 군주로 만듭니다.

그러나 "예수 그리스도께서 나의 죄를 위해 죽으셨도다"라고 말할 수 있을 때, 비로소 우리는 하나님의 의와 하나님의 사랑이 마치 동전의 양면과 같은 것이라는 사실과 용서가 우리를 더 높은 성결(聖潔)의 영역으로 끌어올리는 사실을 알 수 있습니다. 오직 기독교만이 인간의 의(義)의 최고의 이상(理想)과, 하나님의 성품의 최고의 개념과, 하나님의 율법의 절대적인 불변성과, 그럼에도 불구하고 값없이 베풀어지는 풍성한 용서를 가르칩니다. 기독교는 인간의 본성을 비관적으로 보면서 동시에 그 안에서 무한한 가능성을 발견한다는 측면에서 유일무이합니다. 기독교는 용서가 더 높은 성결(聖潔)의 방편이라는 측면에서 유일무이합니다. 기독교는 용서를 선언하면서 동시에 "가서 더 악한 것이 생기지 않도록 더 이상 죄를 짓지 말라"고 속삭인다는 측면에서 유일무이합니다. 그러므로 그것은 복음이며, 그의 피로 맺은 새 언약입니다.

3. 마지막으로, 용서가 다른 모든 기독교적 축복들의 기초라는 사실을 주목하십시오.

앞에서 이야기한 것처럼, 본문의 구조 자체가 바로 이것이 저자가 가진 개념이었음을 보여 줍니다. 새 언약의 첫 번째 항목인 "하나님의 법을 즐거워하는 것"은 하나님의 법에 대한 반감을 심화시키는 죄가 제거되고 용서를 통해 하나님을 사랑하게 됨이 없이는 결코 가능하지 않습니다. 하나님을 사랑하게 될 때, 비로소 우리는 그의 법을 즐거워하게 될 것입니다. 주님은 명령의 말씀을 하기 전에 먼저 "나도 너를 정죄하지 아니하리니"라고 선언하십니다.

마찬가지로 용서는 새 언약의 두 번째 항목 즉 하나님과 그의 백성들 사이의 상호 소유에 선행합니다. 사람의 마음 가운데 용서되지 않은 죄가 남아 있을 때, 그것은 마치 두 금속판 사이에 끼어 있는 얇은 막과 같습니다. 그것은 두 금속판이 하나로 붙는 것을 막을 것입니다. 그것이 제거될 때, 비로소 두 금속판은 하나로 붙을 것입니다.

마찬가지로 용서는 새 언약의 세 번째 항목인 하나님을 아는 모든 지식의 기초가 되며, 또 그것에 선행합니다. "두 사람이 뜻이 같지 않은데 어찌 동행하겠느냐?"(암 3:3). 나의 죄가 나로부터 제거될 때까지, 나의 영혼의 눈은 어두울 것입니다. 그럴 때, 나는 하나님과의 깊은 상호 소유와 계속적인 사랑을 알지 못할 것입니다. 새 언약으로 말미암아 그리스도인들에게 주어지는 다른 모든 축복들과 소망들 역시 마찬가지입니다.

나는 이에 대해 더 이상 길게 설명할 필요가 없다고 생각합니다. 다만 이러한 개념들은 이제 여러분에게 남겨 놓고자 합니다. 어쨌든 용서를 선언하는 것으로 시작하지 않는 기독교는 무력합니다. 다시 말해서 예수 그리스도의 희생제사 위에서 주어지는 용서를 그 기초로 삼지 않는 기독교는 무력합니다. 교회의 역사(歷史)는 가련한 영혼이 나아와 "내가 무엇을 하여야 구원을 얻으리이까?"라고 물을 때 어떻게 대답하여야 할지를 알지 못하는 설교자들과 선생들과 교회들은 아무짝에도 쓸모없다는 사실을 잘 보여 줍니다. 악귀 들린 사람이 스게와의 일곱 아들들에게 "내가 예수도 알고 바울도 알거니와 너희는 누구냐?"라고 물으며 그들에게 뛰어올라 눌러 이긴 사실을 생각해 보십시오(행 19:15). 과거의 전체적인 경험이 그것을 증명합니다. 오늘날 이러한 진리를 전파하기를 머뭇거리는 풍조가 만연한 것은 얼마나 슬픈 일입니까! 형제들이여, 나는 사람들의 마음을 정복할 수 있는 유일한 형태의 기독교는 신약의 가르침을 그대로 따르는 다시 말해서 죄의 사실로부터 시작하는 기독교라고 굳게 믿습니다. 기독교는 죄를 다루는 것으로부터 출발해야만 합니다. 그러고 난 연후에야 비로소 다른 모든 축복들을 나누어 줄 수 있을 것입니다.

그러나 우리는 또 다른 사실 즉 용서 위에다가 거룩함과, 하나님의 법을 즐거워하는 것과, 하나님을 소유하며 하나님에 의해 소유되는 것과, 그를 아는 것을 세우지 않는 기독교는 전적으로 불완전한 기독교라는 사실을 잊어서는 안 됩니다. 그러나 바로 이것이 우리 가운데 너무나 많은 사람들의 기독교입니다. "내가 그들의 죄를 다시 기억하지 아니하리라" — 여기에 사다리의 첫째 계단이 있습니다. 여러분의 발을 그 위에 올려놓고 오르기 시작하십시오. 그리고 꼭대기 곧 주께서 내려다보고 계시는 곳에 도달할 때까지 멈추지 마십시오. 용서와 함께 시작하십시오. 그러면 여러분에게 다른 모든 축복들이 더하여질 것입니다. 만일 여러분이 여러분의 하나님의 언약을 지킨다면 말입니다.

30
성소로 들어가신 대제사장

"11그리스도께서는 장래 좋은 일의 대제사장으로 오사 손으로 짓지 아니한 것 곧
이 창조에 속하지 아니한 더 크고 온전한 장막으로 말미암아 12염소와 송아지의 피
로 하지 아니하고 오직 자기의 피로 영원한 속죄를 이루사 단번에 성소에 들어가
셨느니라 13염소와 황소의 피와 및 암송아지의 재를 부정한 자에게 뿌려 그 육체를
정결하게 하여 거룩하게 하거든 14하물며 영원하신 성령으로 말미암아 흠 없는 자
기를 하나님께 드린 그리스도의 피가 어찌 너희 양심을 죽은 행실에서 깨끗하게
하고 살아 계신 하나님을 섬기게 하지 못하겠느냐 … 24그리스도께서는 참 것의 그
림자인 손으로 만든 성소에 들어가지 아니하시고 바로 그 하늘에 들어가사 이제
우리를 위하여 하나님 앞에 나타나시고 25대제사장이 해마다 다른 것의 피로써 성
소에 들어가는 것 같이 자주 자기를 드리려고 아니하실지니 26그리하면 그가 세상
을 창조한 때부터 자주 고난을 받았어야 할 것이로되 이제 자기를 단번에 제물로
드려 죄를 없이 하시려고 세상 끝에 나타나셨느니라 27한번 죽는 것은 사람에게 정
해진 것이요 그 후에는 심판이 있으리니 28이와 같이 그리스도도 많은 사람의 죄를
담당하시려고 단번에 드리신 바 되셨고 구원에 이르게 하기 위하여 죄와 상관 없
이 자기를 바라는 자들에게 두 번째 나타나시리라"

히 9:11-14, 24-28

공간적인 제한으로 우리는 본문의 풍성한 의미를 충분히 다룰 수 없습니다. 우리는 다만 예수의 제사장직과 관련하여 그것이 가르치는 바를 개략적으로 요약할 수 있을 뿐입니다.

1. 그리스도께서 세상의 대제사장으로서 자신을 드림.

14절은 명백히 그리스도의 희생제사적 죽음을 언급합니다. 또 26절은 그가 자신을 제물로 드린 것을 그가 고난을 당한 것과 같은 것으로 언급합니다. 예수의 제사장직이 그가 하나님의 임재 안으로 들어가는 것과 함께 시작된다는 주장은 26절의 명백한 가르침에 의해 배격됩니다. 왜냐하면 26절은 그의 오심을 그의 제사장 사역의 시작으로 간주하기 때문입니다. 그러면 본 서신의 저자에 따를 때 희생제물의 특징은 무엇입니까? 여기에서 가장 크게 강조되는 요점은 그가 제사장이면서 동시에 제물이라는 것입니다. 이러한 위대한 개념은 사랑과 감사를 위한 깊은 숙고(熟考)의 장(場)을 엽니다. 그것은 그의 죽음의 자발성을 함축합니다. 어떤 필연성도 그를 십자가에 묶지 않았습니다. 그를 십자가에 고정시킨 것은 못이 아니라 사랑이었습니다. 그는 스스로를 구원하고자 하지 않았는데, 그것은 다른 사람들을 구원하고자 했기 때문입니다. 그 제물은 "영원한 영(靈)으로 말미암은" 것이었습니다. 이를테면 그 안에 있는 신적 인격(divine personality)이 칼을 취하여 인적 생명(human life)을 죽인 것이었습니다. 그 제물은 "흠 없는" 제물이었습니다. 그는 완전한 도덕적 정결함 가운데 의식법(儀式法)의 모든 규례들을 성취했습니다. 자신을 제물로 드리는 이러한 놀라운 희생제사로 말미암아 우리에게 전달되는 축복들은 무엇입니까? 그것은 26절에서 "죄를 없이 하는" 것으로서 총체적으로 언급되며, 다시 28절에서 "많은 사람의 죄를 담당하는" 것으로서 언급되며, 다시 14절에서 "양심을 죽은 행실로부터 깨끗하게 하고 살아 계신 하나님을 섬기게 하는" 것으로서 언급됩니다. 이러한 세 가지 가운데 첫 번째 것 즉 "죄를 없이 하는" 것 안에 다른 두 가지가 포함됩니다. 그리고 그것은 예수 그리스도가 자신의 죽음으로 말미암아 죄를 종식(終熄)시켰다는 복된 진리를 표현합니다. 그것이 죄책의 무거운 짐으로 간주되든, 오염과 성향(性向)과 무력함으로 간주되든 말입니다. 죄는 죄책입니다. 그리고 그리스도의 죽음은 우리의 과거를 다루며, 정죄의 짐을 제거합니다. 이와 같이 28절은 그를 많은 사람의 죄를 담당한 자로서 제시합니다. 마치 아사셀의 염소가 회중의 죄를 담당하고 광야로 보내졌던 것처럼, 그리고 여호와가 자기 종의 머리 위에 "우리 모두의 죄악을 담당시켰던" 것처럼 말입니다(사 53:6). 여기의 말씀에 대한 최고의 주석(註釋)은 "그가 친히 나무에 달려 그 몸으로 우리 죄를 담당하셨으니"라는 말씀입니다(벧전 2:24). 그러나 죄는 과거와 마찬가지로 미래에도 영향을 끼치며, 그리스도의 죽음은 그것을 다룹니다. 그리하여 14절은 그의 죽음을 하나님께 나아가는 것을 가능하게 만드는 희생제사로 비유할 뿐만 아니라 또한 시체를 만짐으로 말미암아 부정하게 된 것을 제거하는 붉은 암송아지 의식(儀式)으로도 비유합니다. "죽은 행실"과 접촉한 양심은 하나님을 섬기기에 합당하지 않습니다. 그리고 그것을 두려움으로부터 자유롭게 하는 유일한 길은 그것을 "그 피"와 접촉시키는 것입니다. 그러면 그 양심은 생명으로 깨어 일어나 즐겁게 하나님을 섬기게 될 것입니다. 생명인 "그 피"가 죄책을 제거하기 위해 죽음으로 말미암아 뿌려집니다. 그럼으로써 "그 피"는 우리의 핏줄 속으로 주입(注入)될 수 있게 됩니다. 그럴 때 "그 피"는 우리를 모든 죄로부터 깨끗하게 할 것입니다. 이와 같이 과거와 미래 모두와 관련하여 죄가 그 자신의 희생제물로 말미암아 제거됩니다. 그의 제사장 사역의 완전함은 그것이 한 번으로 영원히 이루어짐으로써 세상이 계속되는 동안 반복이 필요치 않으며 반복될 수도 없다는 사실에 의해 또 다시 입증됩니다.

2. 그리스도께서 세상의 대제사장으로서 우리를 위해 하늘에 들어가심.

옛 제사장의 직무는 희생제물의 피를 가지고 지성소로 들어가는 것에서 절정에 이르렀습니다. 그리스도의 제사장직은 그의 승천과 하늘에서의 중보(中保)로 완성됩니다. 우리는 여기에서 필연적으로 장소적인 개념과 만나게 되지만, 그러나 실제로는 장소적인 개념을 훨씬 초월합니다. 본문은 예수 그리스도가 "성소 안으로 들어가셨다"고 말하면서, 또 다시 "우리를 위해 하늘에 들어가셨다"고 말합니다(12, 24절). 또 본문은 그가 "더 크고 온전한 장막으로 말미암아" 들어가셨다고 말합니다(11절). 이러한 구절의 의미는 "말미암아"(through)라는 표현이 가진 의미에 의존합니다. 만일 우리가 그것을 장소적인 의미로 취한다면, 그것의 의미는 4장 14절처럼 그가 [낮은] 하늘을 지나 하늘 자체로 들어가셨다는 것이 될 것입니다. "우리에게 큰 대제사장이 계시니 하늘들 안으로 통과하신 이 곧 하나님의 아들 예수시라"(we have a great high priest that is passed into the heavens, 한글개역개정판에는 "승천하신 이"라고 되어 있음). 반면 우리가 그것을 수단적인 의미로 취한다면, 그것의 의미는 예수가 자신의 제사장직을 행하는 과정에서 "더 크고 온전한 장막"을 사용하셨다는 것이 될 것입니다. "승천"과 본문이 말하는 "나타나심"의 기저(基底)에 있는 위대한 사실은 24절에 제시하는 것처럼 그가 하나님 앞에 나타나셔서 거기에서 우리를 위해 처소를 예비하는 일을 계속하고 계신다는 것입니다.

계속해서 우리는 예수가, 인성(人性)을 가지고 계시며 사람 자체이신 제사장으로서, 자신의 희생제사의 공로로 하나님 앞에 설 수 있었던 것을 주목할 수 있습니다. 그의 무죄한 인성은 아무런 희생제물도 필요로 하지 않지만, 그러나 그는 우리의 대표로서 자신을 희생제물로 드렸습니다. 그는 희생제물의 피 없이는 거기에 나타날 수 없었습니다. 땅에 흘려진 그 피는 "죄를 제거하는" 효력을 가집니다. 또 그 피는 하늘에 드려짐으로써 "우리를 위해" 효력을 가집니다. 이러한 "들어가심"은 그가 우리를 위해 "영원한 속죄"를 얻으신 과정의 절정입니다(12절). 최초의 속죄는 그의 죽음으로 말미암아 얻어집니다. 그러나 모든 죄와 악으로부터의 충분하며 완전하며 영원한 구원은 진실로 그가 하늘의 성소로 들어가심으로 말미암아 얻어집니다. 그리고 그것은 우리가 거기에서 그를 따를 때 실제로 우리에 의해 소유될 수 있습니다. 우리는 용서와 씻음을 위해 "죽으신" 그를 필요로 합니다. 또 우리는 그의 생명에 현재적으로 참여함을 위해 그리고 그와 함께 하늘의 처소에 현재적으로 앉음을 위해 "영원히 사신" 그를 필요로 합니다. 그리고 우리는 그곳에 궁극적이며 영원한 들어감을 위해 더 이상 그곳으로부터 나와서는 안 됩니다.

3. 그리스도께서 세상의 제사장으로서 성소로부터 다시 오심.

승천에 의해 그와 세상과의 관계가 종결될 수 없습니다. 그리고 승천 자체 안에 다시 오심에 대한 예언이 담겨 있습니다. "내가 가면 … 다시 올 것이라." 대제사장이 그를 기다리는 사람들에게 온 것처럼, 우리의 영원한 대제사장 역시 오실 것입니다. 사람은 반드시 죽습니다. 그리고 죽음 이후에 필연적으로 심판이 따릅니다. 그때 각 사람들이 행한 일이 아무런 오류 없이 완전하게 평가되고 나타날 것입니다. 예수는 "많은 사람의 죄를 담당하고" 죽었습니다. 그렇다면 그가 행한 일에 대한 완전한 평가와 나타남이 필연적으로 따라야만 합니다. 다른 사람들에게 "심판"이 어떤 의미를 갖든 간에, 그에게 있어 심판은 그의 무죄함과 구원의 능력이 온전하게 나타나는 것입니다. 그는 더 이상 세상의 죄의 무게 아래 짓눌린 모습으로 나타나지 않을 것입니다. 오직 그는 "죄와 상관없는" 모습으로 나타날 것입니다(28절). 그는 등과 기름을 가지고 허리를 동인 채 자신의 오심을 바라는 모든 자들에게 이와 같은 모습으로 나타나실 것입니다.

31
하나님 우편에 앉으신 그리스도

"오직 그리스도는 죄를 위하여
한 영원한 제사를 드리시고 하나님 우편에 앉으사"
히 10:12

이러한 어마어마한 선언은 신약 전체를 관통하여 나타납니다. 베드로, 바울, 요한, 히브리서 기자 — 이들 모두가 갈보리에서 죽으신 예수가 지금 하나님 오른편에 앉아 계심을 가르칩니다. 이것은 단순히 어떤 인물에 대해 상당 정도의 시간이 지난 후 그를 신격화하는 경우가 아닙니다. 왜냐하면 갈보리로부터 불과 여섯 주밖에 지나지 않은 오순절에 베드로가 "하나님 오른편으로 높여지신" 예수가 "이것" 즉 하나님의 영의 선물을 부어 주셨다고 선포했기 때문입니다. "하나님이 오른손으로 예수를 높이시매 그가 약속하신 성령을 아버지께 받아서 너희가 보고 듣는 이것을 부어 주셨느니라"(행 2:33). 이것은 또한 광적인 열심을 품은 제자들이 자신들의 지도자의 가르침을 뛰어넘어 새로운 것을 가르친 경우도 아닙니다. 왜냐하면 산헤드린 앞에서의 우리 주님의 재판을 기록한 모든 복음서 기자들은 그가 정죄를 당하게 된 결정적인 전환점이 "인자가 권능의 우편에 앉아 있는 것을 너희가 보리라"는 선언이었다고 말하는 점에서 모두 일치하기 때문입니다(마 26:64). 유대 관원들은 그러한 선언을 사실상 신성(神

性)을 선언하는 것으로 해석하고 그가 사형에 합당하다고 판결했습니다. 그때 그리스도는 아무 말도 하지 않았습니다. 이러한 그의 침묵은 그들이 그의 의도를 올바르게 해석했음을 증언합니다. 그러므로 본문의 어마어마한 선언은 이미 예수 자신이 말씀하신 것이며, 제자들은 단지 그것을 반복한 것이었을 뿐입니다. 이제 본문 말씀을 살피면서 그것의 풍성한 의미를 찾아보도록 합시다. 여기의 위대한 상징 안에 깊은 친교와, 고요한 안식과, 신적 능력과 통치에 참여하는 것과, 그 외에 많은 것들이 함축되어 있습니다. 이제 잠깐 그것의 다양한 측면들을 살펴보도록 합시다.

1. 첫째로, 여기에서 우리는 그리스도의 희생제사의 완전성과 충족성과 영속성이 확증되는 것을 발견합니다.

여기에서 "하나님 우편에 앉으사"라는 어마어마한 선언 바로 앞의 강력한 말씀을 주목해 보십시오. "오직 그리스도는 죄를 위하여 한 영원한 제사를 드리시고." 히브리서 기자는 바로 앞에서 유대의 모든 희생제사가 불충분한 것이었음을 논증했습니다. 그것이 중요했던 것은 그것이 예수 그리스도의 완전한 희생제사의 예언적 그림자였기 때문이었습니다. 그는 자신의 논증의 증거로서 무엇보다도 "황소와 염소의 피"와 "죄를 없이하는 것" 사이의 전적인 불일치를 제시합니다. "그러나 이 제사들에는 해마다 죄를 기억하게 하는 것이 있나니 이는 황소와 염소의 피가 능히 죄를 없이하지 못함이라"(3, 4절). 그리고 계속해서 그는 보충적인 고찰을 덧붙입니다. 그는 이를테면 이렇게 말합니다. "희생제사가 매일 같이 반복된 사실 자체가 그것이 양심을 고요하게 만드는 능력을 전혀 가지고 있지 못했음을 분명히 보여 주노라." 왜냐하면 만일 양심이 고요해졌다면, 희생제사는 더 이상 드려질 필요가 없었을 것이기 때문입니다. 그리하여 그는 "매일 서서 섬기며 자주 같은 제사를 드린" 제사장들과 "한 영원한 제사를 드린" 예수 사이를 날카롭게 대조시킵니다. "제사장마다 매일 서서 섬기며 자주 같은 제사를 드리되 이 제사는 언제나 죄를 없게 하지 못하거니와 오직 그리스도는 죄를 위하여 한 영원한 제사를 드리시고"(11, 12절). 이들 제사장들은 계속적으로 반복해서 무력(無力)한 제사를 드린 반면, 오직 그리스도는 "한 영원한" 제사를 드렸습니다. 그것은 영원히 충분했습니다. 그것이 합당한 제사며, 죄를 실제적으로 제거할 수 있는 제사며, 세상 역사(歷史)가 계속되는 동안 결코 효력을 잃지 않을 제사인 증거가 바로 여기에 놓여 있습니다 — 하나님 우편에 앉으사. 형제들이여, 그가 하나님 우편에 앉으신 것은 "다 이루었다!"는 십자가 위에서의 승리의 외침에 대한 하나님의 응답이며 확증입니다. 그리고 그것은 온 세상 모든 세대에 대한 하나님의 최종적인 선언입니다 — "이는 내 사랑하는 아들이요 내 기뻐하는 자라"(마 3:17).

여러분은 그리스도의 사역과 그의 임무를 본 서신의 저자가 생각하는 것처럼 그렇게 생각합니까? 여러분은 그의 희생제사의 효력 안에서 결정적인 핵심을 발견합니까? 여러분은 그의 희생제사가 한 번 드려짐으로 말미암아 모든 세대의 모든 죄를 위한 완전한 속죄가 이루어졌음을 믿습니까? '그리스도의 희생제사의 본질적인 효력'과 '그가 하나님 보좌 우편에 현재적으로 앉으심' — 이러한 두 개념은 서로 불가분리적으로 연결됩니다. 여러분이 예수 그리스도를 단지 선생이나 혹은 복된 모범이나 혹은 정결한 인성(人性)의 면류관으로 생각한다면 또 여러분이 그의 말씀을 듣고 그의 성품의 아름다움으로 인해 즐거워합니다. 그러나 그가 행한 일이 인간의 죄의 죄책과 권능을 제거하는 것임을 보지 못한다면, 그가 하나님 우편에 앉으셨다는 개념은 불필요한 미신(迷信)이 될 것입니다. 그러나 우리가 그가 오신 것이 "섬김을 받으려함이 아니라 섬기기 위해" 오신 것임을 안다면 그리고 한 걸음 더 나아가 그것이 "자기 목숨을 많은 사람의 대속물로 주기 위한" 것임을 안다면(막 10:15), 나의 양심이 괴로움 가운데 "아, 도대체 어디에서 나의 죄를 벗어 버릴 수 있단 말인가?"라고 부르짖을 때 그리고 나의 연약한 의지(意志)가 떨림과 우물쭈물함 가운데 "아, 도대체 어떻게 내가 나의 성품과 습관 속에 뿌리 박혀 있는 이러한 악의 권능의 폭정을 떨쳐 버릴 수 있단 말인가?"라고 부르짖을 때, 그때 나는 권능의 우편에 앉으신 그리스도를 바라보며 "이 사람이 죄를 위해 한 영원한 희생제사를 드리셨도다"라고 말할 수 있을 것입니다. 그가 하나님 우편에 평온하게 앉으신 사실은 그의 희생제사가 영원하며 충분하게 완성되었음을 증명합니다.

2. 둘째로, 우리는 여기에서 우리 주님의 고요한 안식이 나타나는 것을 발견합니다.

두말할 것도 없이 이러한 개념은 "앉으심"이라는 그의 자세에 의해 표현됩니다. 이집트의 사막에 거대한 두 형상이 고요한 모습으로 앉아 있습니다. 그들은 두 손을 자신들의 무릎 위에 올려놓은 채, 큰 눈으로 세상을 바라보고 있습니다. 그들은 장엄한 안식을 나타내면서, 그 자리에 수천 년 동안 앉아 있었습니다. 이와 같이 그리스도는 영원한 고요의 충만 가운데 "하나님 우편에 앉아" 계십니다. 그러나 그러한 평온은 창조 이후의 하나님의 안식과 유사합니다. 그것은 그의 에너지가 모두 소진(消盡)되었다거나 그가 지금 아무 일도 하지 않음을 나타내지 않습니다. 도리어 그것은 그의 사역이 완성되었음과, 그것이 창조주의 마음속에 있었던 이상(理想)과 완전하게 일치함을 나타냅니다.

마찬가지로 그리스도의 안식은 그의 사역이 완성되었음을 의미합니다. 그리고 창조 이후의 하나님의 안식과 마찬가지로, 그의 안식 안에 계속적인 활동의 개념이 담겨 있습니다. 모든 자연현상 뒤에 항상 일하고 계시는 하나님의 내재적인 활동이 있는 것처럼 그리고 자연의 모든 변화들이 그러한 하나님의 의지(意志)의 결과인 것처럼, 죽음의 순간 "다 이루었다!"고 말씀하신 그리스도의 과거의 일은 모든 세대를 통해 영원히 일하시는 그리스도의 계속적인 활동으로 연장됩니다. "오직 그리스도는 하나님 우편에 앉으사." 어느 안식일 날 그는 "내 아버지께서 이제까지 일하시니 나도 일한다"라고 말씀하신 적이 있었습니다(요 5:17). 그의 이러한 말씀은 하나님 우편에 앉으신 이후에도 충분한 사실로서 동일하게 적용될 수 있습니다.

한편 스데반은 열린 하늘을 통해 "인자가 하나님 우편에 서신" 것을 보았습니다. "스데반이 성령 충만하여 하늘을 우러러 주목하여 하나님의 영광과 및 예수께서 하나님 우편에 서신 것을 보고"(행 7:55). "선" 자세 역시 "앉은" 자세 못지않게 풍부한 상징성을 갖습니다. 여기에서의 "선" 자세와 관련하여, 우리는 보좌에 앉아 계셨던 그리스도께서 스데반의 믿음과 기도에 대한 응답으로 자리에서 벌떡 일어나 그에게 가장 적극적인 도움을 베풀고자 하는 의지를 나타내신 것으로서 이해할 수 있습니다.

마찬가지로 마가복음의 부록은 이와 같은 평온한 쉼과 적극적인 활동의 두 개념을 하나로 결합시킵니다. "주 예수께서 말씀을 마치신 후에 하늘로 올려지사 하나님 우편에 앉으시니라 제자들이 나가 두루 전파할새 주께서 함께 역사하사 그 따르는 표적으로 말씀을 확실히 증언하시니라"(막 16:19, 20). 장군이 병사들을 전쟁터에 보내놓고 자신은 안전한 요새로 물러나 가만히 있을 것입니까? 결코 그럴 수 없습니다. 매우 어울리지 않는 것처럼 보이는 두 그림 즉 '하늘 보좌에 앉아 계시는 주님의 그림'과 '이 땅에서 수고하며 방랑하는 그의 종들의 그림'은 마침내 하나의 실재(實在)로 온전하게 결합됩니다. "제자들이 나가 두루 전파할새 … 주께서 함께 역사하사." 이와 같이 계속적인 활동은 보좌에 앉으신 그리스도의 평온한 쉼의 핵심적인 본질이며, 그것에 필연적으로 수반(隨伴)되는 것입니다. 이러한 두 가지 개념이 하나로 결합되는 것을 우리는 성경의 다른 곳에서도 발견할 수 있습니다. 예컨대 "죽으실 뿐 아니라 다시 살아나신 이는 그리스도 예수시니 그는 하나님 우편에 계신 자요 우리를 위하여 간구하시는 자시니라"와 같은 바울의 말 속에서 말입니다(롬 8:34). 뿐만 아니라 오순절에 다음과 같이 말한 베드로의 말 속에서도 우리는 동일한 개념을 발견할 수 있습니다. "하나님이 오른손으로 예수를 높이시매 … 그가 너희가 보고 듣는 이것을 부어 주셨느니라"(행 2:33). 이와 같이 예수 그리스도는 하나님 우편에 앉아계신 동안에도 여전히 우리와 함께 일하시며, 우리 안에서 일하시며, 우리를 위해 일하십니다. 그는 여전히 우리의 모든 수고와, 모든 역경과, 모든 싸움에 동참하십니다.

3. 마지막으로, 우리는 여기에서 그리스도가 신적 권능과 통치에 참여하는 것이 나타나는 것을 발견합니다.

이러한 개념은 신약 전체에 걸쳐 매우 다양하게 나타납니다. 무엇보다도 우리는 그리스도 자신이 "이후에 인자가 권능의 우편에 앉아 있는 것을 너희가 보리라"라고 말씀하신 것을 읽습니다(마 26:64). 또 우리는 통상적으로 "하나님 우편"이라는 표현을 읽습니다. 또 우리는 본 서신에서 "높은 곳에 계신 지극히 크신 이의 우편"이라는 표현과 "하늘에서 지극히 크신 이의 보좌 우편"이라는 표현을 읽습니다(히 1:3, 8:1). 이와 같이 여러분은 자신이 신적 권능에 참여한다는 우리 주님 자신의 주장을 봅니다. 또 앞에서 인용한 나머지 구절들은 대체적으로 왕의 권세와 통치권에 참여하는 개념을 다룹니다. 이러한 두 개념은 함께 갑니다.

여기에서 우리는 또 한 가지 사실을 주목할 필요가 있습니다. 그것은 하나님 우편에 앉아 계신다는 것은 순전히 상징적인 의미로 해석되어야만 한다는 사실입니다. 왜냐하면 우리는 "하나님 우편"을 어떤 특정한 장소에 국한시킬 수 없기 때문입니다. "하나님 우편"은 모든 곳입니다. 신적 권능이 역사(役事)하는 곳이라면 어디든지 "하나님 우편"입니다. 물론 나는 예수 그리스도의 육체적 인성을 믿습니다. 또 나는 그가 하늘로 올라가심으로써 장소적으로 거하고 계심을 믿습니다. 그럼에도 불구하고 본문의 위대한 상징이 의미하는 것은 이와 같은 장소적 개념이 아닙니다. 그것은 하나님에게 속하는 권능에 장소적으로 참여하는 것이거나 혹은 어떤 주어진 위치에 착석(着席)하는 것이라기보다, 도리어 어떤 "상태"를 선언하는 것입니다.

우리가 주목해야 하는 것이 또 한 가지 있습니다. 예수 그리스도의 성육신 이전의 상태와 이 땅에 계셨을 때의 그의 상태 사이에는 큰 차이가 있었습니다. 그러나 그는 이 땅에서의 모든 사역을 마친 연후에 영화(榮華)된 인성을 가지고 하늘로 올라가셨습니다. 그러므로 창세 전에 아버지와 함께 가졌던 영광과 지금 보좌 위에 앉으신 영광 사이에는 아무런 차이가 없습니다. 인성(人性)은 이와 같이 신성(神性) 안으로 모아집니다.

형제들이여, 나는 이러한 개념에 대해 여기에서 멈추고자 합니다. 왜냐하면 그것은 나의 능력의 범위를 넘어서는 주제이기 때문입니다. 그러나 나는 여기에서 우리가 그 자신의 분명한 언급 위에 기초한 가장 명백한 가르침을 보게 된다는 사실을 다시 한 번 되풀이하지 않을 수 없습니다. 그것은 그가 아버지와 더불어 가장 친밀한 신적 교제에 — 자신이 아버지의 품에 거한다든지 혹은 하나님 우편에 앉는다는 표현에 의해 온전히 표현되는 — 참여한다는 가르침입니다. 뿐만 아니라 그는 "하늘과 땅의 모든 권세"를 받은 우주의 통치자입니다. 못으로 찔린 손에 이제 우주 전체를 통치하는 왕의 홀(笏)이 들려 있습니다. 그는 "만왕의 왕이요 만주의 주"입니다. "그는 하늘에서 지극히 크신 이의 보좌 우편에 앉으셨으니"(히 8:1).

이 모든 것은 우리에게 매우 강력하면서도 실제적인 영향을 끼칩니다. "그러므로 너희가 그리스도와 함께 다시 살리심을 받았으면 위의 것을 찾으라 거기는 그리스도께서 하나님 우편에 앉아 계시느니라"(골 3:1). 사랑하는 형제들이며, 만일 우리가 우리의 모든 역경들 가운데 그리고 우리의 마음을 끌어당기는 이 땅의 모든 유혹들 가운데 이러한 위대한 개념을 굳게 붙잡는다면, 그럴 때 우리의 모든 역경들은 얼마나 작아지며 세상의 모든 유혹들은 얼마나 대수롭지 않은 것이 되겠습니까! 그럴 때 우리 눈앞에 보이는 그리스도는 세상 유혹의 모든 불꽃들을 끌 것이며, 세상 빛의 찬란한 광채를 흐리게 만들 것입니다. 만일 우리가 이러한 믿음을 우리의 삶 속으로 결합시킨다면, 모든 것은 얼마나 다르게 보이겠습니까! 다른 사람들에게는 어떨는지 모르지만, 나에게 영원의 개념은 두렵고 으스스합니다. 나에게 영원히 사는 것은 결코 축복이 아닌 것으로 보입니다. 그러나 우리가 우리를 위해 승귀(昇貴)되신 살아 계신 그리스도와 함께 황량한 세상을 살아간다면, 모든 것은 완전히 달라질 것입니다. 흰 눈으로 덮인 산정(山頂)에서의 일출처럼, 사람의 발이 닿지 않은 높은 산정은 붉은 색의 아름다움으로 빛나는 가운데 우리의 마음을 끌어당길 것입니다. "내가 너희를 위하여 거처를 예비하러 가노니"(요 14:2). 그는 자신이 그곳에 계심으로 말미암아 그곳을 예비하십니다. 그리고 그럼으로써 그곳은 우리의 집과 본향이 됩니다. “가서 너희를 위하여 거처를 예비하면 내가 다시 와서 너희를 내게로 영접하여 나 있는 곳에 너희도 있게 하리라”(3절). “이기는 그에게는 내가 내 보좌에 함께 앉게 하여 주기를 내가 이기고 아버지 보좌에 함께 앉은 것과 같이 하리라”(계 3:21).

32
거룩하게 된 자들을 영원히 온전하게 하심

"그가 거룩하게 된 자들을 한 번의 제사로
영원히(for ever)온전하게 하셨느니라"
히 10:14

우리는 본문 바로 앞에 또 하나의 "영원히"(for ever)가 있는 것을 발견합니다. "오직 그리스도는 죄를 위하여 한 영원한 제사를 드리시고 하나님 우편에 앉으사"(12절). 그것은 그리스도의 희생제사를 수식하면서 동시에 그것의 영속적인 효력을 선언합니다. 세상에 죄는 수없이 많이 있지만, 그러나 그리스도의 희생제사는 한 번입니다. 그러나 그 "한 번의 희생제사"는 그 모든 것 이상(以上)입니다. 그것은 과거의 행동이지만, 그것의 결과는 영원하며 모든 세대를 통해 흘러내립니다. 본문은 어디로부터 그리스도의 희생제사의 영속적인 효력이 만들어지는지, 그리고 어째서 세상이 계속되는 동안 그것이 반복될 필요가 없는지에 대해 설명합니다. 그것은 영원히 지속되는 것은 그것이 거룩하게 된 자들을 영원히 온전하게 하기 때문입니다.

본문 가운데 우리는 두 가지를 주목할 필요가 있습니다. 하나는 그리스도의 희생제사의 효력을 받은 사람들을 부르는 두 가지 호칭입니다. 그들은 "온전하게 된 자들"이며 또한 "거룩하게 된 자들"입니다. 또 하나는 시간과 관련한 우리 주님의 사역의 두 가지 측면입니다. 상반절에서 주님의 사역은 "과거의 행동이면서 그 결과가 계속되는" 것으로서 언급됩니다 — "그가 온전하게 하셨느니라"(He hath perfected). 반면 하반절에서 그의 사역은 "계속적이며 점진적인" 것으로, 다시 말해서 "아직 완성되지 않은 것으로서 완성을 향해 계속적으로 나아가는" 것으로 나타납니다. 왜냐하면 본문을 정확하게 읽을 때, 그것은 "그가 거룩하여져 가는 자들을 영원히 온전하게 하셨느니라"가 되기 때문입니다(He hath perfected for ever them that are being sanctified). 그러므로 우리는 본문으로부터 두 가지 사실을 발견하게 됩니다. 첫째는 그리스도께서 행하시는 일에 대한 이중적인 관점입니다 — "온전하게 하심"과 "거룩하게 하심." 둘째는 그의 사역에 대한 이중적인 관점입니다. 한 쪽 측면에서 그것은 이미 완성된 과거의 일이면서 동시에 다른 쪽 측면에서 그것은 아직 완성되지 않은 가운데 계속적으로 진행되는 일입니다.

1. 첫째로, 그리스도의 희생제사의 효력의 이중적인 측면을 주목하십시오.

그리스도의 희생제사로 말미암아 우리는 온전하게(perfected) 되며 거룩하게(sanctified) 됩니다. 여기의 두 단어는 동일한 사실을 망라하지만, 그러나 그것을 두 가지 서로 다른 관점으로 바라봅니다. 전자는 온전하게 된 기독교적 성품을 사람의 관점으로부터 바라보는 반면 후자는 그것을 하나님의 관점으로부터 바라봅니다. 신약에서 "온전하게 되는" 것은 무엇을 의미합니까? 그것은 "그리스도 안에서 어린 아이"에 반대되는 개념으로서, "성숙한" 혹은 "충분하게 자란" 등을 의미합니다. 본 서신 역시도 그 단어를 그와 같은 의미로 사용하지만, 그것은 문자적으로 자기의 목적지에 도달하거나 자기가 의도한 것을 얻은 것을 의미합니다. 신약에 따를 때, 사람은 자신의 진보(進步)와 선(善)과 하나님과의 교제의 모든 가능성을 자신의 삶 가운데 실제로 이룰 때 온전해집니다. 봉오리가 꽃으로 피고 꽃이 피어 열매를 맺을 때, 바로 이것이 온전하게 되는 것입니다. 재능이 계발되고, 특권이 향유되며, 의무가 행해지며, 관계가 이루어지고 유지될 때 — 사람은 온전하여집니다. 우리는 그 단어가 인간 본성 외부의 어떤 기준과 특별히 연결되지 않는 사실을 주목할 필요가 있습니다. 어떤 사람이 자신의 모든 가능성대로 되었다면, 그는 충분한 의미에서 온전하게 된 것입니다. 그러나 앞에서 이미 이야기한 것처럼, 성경은 또한 기독교적 성품의 성숙함으로 이루어지는 상대적인 개념으로서의 온전함을 인식합니다. 그것은 "그리스도 안에서 어린 아이"의 상태와 반대되는 상태입니다. 바울은 "온전히 이룬 자들"에게 "이렇게" 즉 이를테면 스스로 다 이룬 것처럼 생각하지 말고 앞에 있는 푯대를 향해 계속적으로 달려가라고 훈계합니다. "그러므로 누구든지 우리 온전히 이룬 자들은 이렇게 생각할지니 만일 어떤 일에 너희가 달리 생각하면 하나님이 이것도 너희에게 나타내시리라"(빌 3:15).

이제 그리스도인들을 묘사하는 또 하나의 단어를 살펴보도록 합시다 — "거룩하게 된 자들."

나는 너무나 많은 그리스도인들이 "성도"(saint)나 혹은 "거룩함"과 관련한 성경의 개념을 올바로 이해하지 못하고 있다고 생각합니다. "거룩함"은 일차적으로 성품으로부터 시작하지 않습니다. 도리어 그것은 관계로부터 시작합니다. 다시 말해서 그것은 일차적으로 "의로움"을 의미하는 것이 아니라 "하나님에게 속함"을 의미합니다. "거룩함"의 개념을 그와 같이 보는 점에서, 구약과 신약은 완전히 일치합니다. "거룩함"과 "하나님에게 속함"은 같은 것입니다. 이를테면 같은 것을 하나는 라틴어로 부르고, 다른 하나는 게르만어로 부르는 것입니다. 다시 말해서 그것은 하나님께 드려지고 성별(聖別)되는 것으로부터 출발합니다. 그리고 그러한 성별로부터 모든 사람들이 "무엇에든지 사랑 받을 만하며 무엇에든지 칭찬 받을 만하다고" 인정하는 모든 형태의 의(義)와 덕(德)과 아름다운 성품과 성향(性向)과 행동이 올 것입니다(빌 4:8). 거룩한 사람은 일차적으로 자신이 하나님에게 속함을 알고 그것을 기뻐하는 사람입니다. 그리고 난 연후에 그는 의롭고, 정결하며, 빛을 발하게 됩니다. 그러나 그 모든 것은 전적으로 스스로를 하나님에게 순복시키는 것으로부터 시작됩니다.

이와 같이 "온전함"은 "거룩함"과 직접적으로 연결되면서 동시에 그것의 결과로서 간주됩니다. 다시 말해서 온전함은 우리가 스스로를 하나님에게 순복시키는 것의 결과로서 간주됩니다. 어떤 사람이 스스로를 하나님에게 순복시키지 않는다면, 그는 결코 자신이 창조된 목적에 도달하지 못할 것입니다. 여러분이 "거룩해지지" 않는다면, 여러분은 결코 "온전해지지" 못할 것입니다. 여러분은 거룩하게 구별되는 것으로부터 시작해야만 합니다. 그러고 난 연후에 비로소 성품의 거룩함과 행동의 아름다움과 마음의 정결함이 따를 것입니다. 수레를 말 앞에 매는 것은 무익한 일입니다. 마찬가지로 하나님과의 관계를 올바르게 세우기 전에 먼저 자신의 성품을 고치려고 애쓰는 것은 무익한 일입니다. "거룩함"과 함께 시작하십시오. 그러면 여러분은 "온전함"에 도달하게 될 것입니다. 바로 이것이 신약이 가르치는 바입니다. 뒤에서 보게 될 것처럼, 그 "한 번의 희생제사" 외에 온전함에 도달할 수 있는 다른 길은 없습니다.

2. 둘째로, 여기에서 완성된 일을 주목하십시오.

그는 "한 번의 제사"로 이 세대의 그리스도인인 우리와, 아직 태어나지 않은 그리스도인들과, 자신들이 하나님에게 속함을 아직까지 배우지 못했지만 언젠가 배우게 될 사람들을 "온전하게" 하셨습니다. 그들은 모두 열여덟 세기 전에 "온전하게" 되었습니까? 어떤 의미에서 온전하게 된 것이 과거의 행동으로 말하여질 수 있습니까? 어떤 정결하게 하는 물질을 취하여 그것을 강의 수원지(水源池)에 던져 보십시오. 그러면 그것은 수원지 밑으로 점점 더 깊이 들어가 마침내 강 전체를 깨끗하게 만들 것입니다. 장광설(長廣舌)로 말한다면, 여러분은 정결하게 하는 물질을 강의 수원지에 던졌을 때, 설령 아직까지 더러운 것들이 많이 남아 있다 하더라도, 강이 "잠재적으로" 깨끗하게 되었다고 말할 수 있습니다. 좀 더 명확한 언어로 말한다면, 여러분은 인류의 모든 영혼을 "온전하게" 하며 "거룩하게" 하기에 적합한 어떤 것이 인간 역사(歷史)의 중심에 떨어진 과거의 행동이 영속적인 결과를 가진다고 말할 수 있습니다. 바로 이것이 히브리서 기자가 "그가 온전하게 하셨느니라"라고 말할 때 의미한 것이었습니다. 왜냐하면 그 희생제물이, 마치 앞에서 언급한 정결하게 하는 물질처럼, 세상 역사의 강의 중심에 던져졌기 때문입니다. 그것은 시커멓게 오염되어 냄새 나는 모든 강을 마치 이슬방울이나 빙하가 녹은 물처럼 정결하게 만드는 능력을 가지고 있습니다.

"한 번의 제사로"(by one offering). 저자가 여기에서 그와 같은 단어를 사용한 것은 성경에서 매우 특이한 경우입니다. 그는 바로 앞에서도 그것을 사용했습니다. "예수 그리스도의 몸을 드리심으로 말미암아"(10절, through the offering of the body of Jesus Christ). 여러분은 "몸의 제사"(the offering of the body) 혹은 "몸을 드리심"이라는 특이한 표현을 주목해 본 적이 있습니까? 우리가 통상적으로 읽는 대로 "피의 제사" 혹은 "피를 드리심"이라는 표현 대신 말입니다. 그것은 무엇을 의미합니까? 나는 여기에서 저자가 갈보리의 절정의 희생제사뿐만 아니라 그의 지상생애 전체에 걸쳐 그가 자신을 희생제사로 드린 것에 대해 깊이 숙고하고 있었다고 생각합니다. 또 나는 저자가 그리스도의 사역의 총체 즉 그의 생애와 죽음 전체를 하나로 묶어 그것으로 말미암아 "그가 거룩하게 된 자들을 영원히 온전하게" 하셨다고 말하고 있었다고 생각합니다. 그가 9절에서 예수 그리스도의 희생제사의 전체적인 의미를 표현하는 시편의 한 구절을 인용하는 사실이 이것을 더욱 확실하게 만듭니다. "보시옵소서 내가 하나님의 뜻을 행하러 왔나이다"(9절). 왜냐하면 시편 기자의 이러한 말은 십자가 위에서 뿐만 아니라 그의 모든 삶 속에서 성취되었기 때문입니다.

이와 같이 예수 그리스도는 죽음에서 뿐만 아니라 생애 전체를 통해 스스로를 "흠 없고 점 없는 어린 양"으로서 하나님에게 희생제사로 드렸습니다. 물론 그러한 희생제사는 십자가 위에서의 죽음에서 절정에 이르지만, 거기에 한정되지는 않습니다. 그리고 그 안에 세상의 죄의 모든 더러운 것들을 처리하는 능력과, 그것과 접촉한 사람들을 영원히 "온전하게" 하는 능력이 담겨 있습니다. 오직 그것만이 우리의 죄책을 다룰 수 있으며, 우리의 양심에 말할 수 있습니다. 그리고 그것은 모든 고뇌와 고통과 화인(火印) 맞은 양심의 모든 무감각함을 제거합니다. 뿐만 아니라 그것은 성품을 다룹니다. 그의 죽음뿐만 아니라 그의 생애까지 포함하는 그리고 그의 생애뿐만 아니라 그의 죽음까지 포함하는 그 큰 희생제사에서, 여러분은 모든 의로운 성품을 위한 능력과 동기(動機)와 모범을 발견할 수 있습니다. 자신의 죄를 전가하기 위해서 뿐만 아니라 그의 의를 자신 안으로 받아들이기 위해 자신의 손을 그 희생제물의 머리 위에 얹는 사람은 하나님이 그를 창조하신 목적에 도달합니다. 죄책과 악의 폭정을 다루며 그것들로부터 우리를 해방시키며 우리에게 그의 형상을 따라 의로 지으심을 받은 새 생명을 전달하는 "그 한 번의 제사"로 말미암아, 우리는 우리의 모든 죄짐으로부터 건짐을 받으며 그 능력을 붙잡음으로 말미암아 온전하여집니다.

우리에게 있어 온전하여지는 다른 방법은 없습니다. 여러분이 믿음으로 말미암아 스스로를 예수 그리스도에게 연합시키지 않는다면 그리고 여러분의 생명에 구속과 정결을 위한 그의 능력을 받아들이지 않는다면, 여러분은 결코 하나님이 여러분을 창조하신 목적을 이루지 못할 것이며 여러분에게 주어진 가능성에 결코 도달하지 못할 것입니다.

3. 마지막으로, 우리는 여기에서 그리스도의 계속적이며 점진적인 사역과 그리스도인들의 계속적인 성장의 경험을 보게 됩니다.

앞에서 언급한 것처럼, 본문의 "거룩하게 된 자들"이라는 표현은 "거룩하여져 가고 있는 자들"이라고 번역될 때 보다 더 완전한 번역이 됩니다(them that are being sanctified). 바울 역시도 복음의 이중적인 결과를 언급하는 가운데 이와 동일한 개념을 제시합니다. "십자가의 도가 멸망을 당하고 있는(that are perishing) 자들에게는 미련한 것이요 구원을 받고 있는(that are being saved) 우리에게는 하나님의 능력이라"(고전 1:18). 두 경우 모두에서 우리는 "점진적인 진행"을 발견합니다. 이와 동일한 개념을 우리는 사도행전에서도 발견할 수 있습니다. "하나님을 찬미하며 또 온 백성에게 칭송을 받으니 주께서 구원 받고 있는(that were being saved) 사람을 날마다 더하게 하시니라"(2:47). 우리가 예수 그리스도에게 가서 스스로를 그에게 던질 때, 우리는 구원을 과거형으로 말할 수 있습니다. 믿음으로 말미암아 예수 그리스도에게 연결되는 최초의 행동에 모든 것이 포함되는 것으로서 말입니다. 또 우리는 구원을 이 땅의 죄와 슬픔의 눈물 골짜기 너머 있는 것으로서 미래형으로 말할 수 있습니다. 그러나 우리는 좀 더 정확하게 그것을 어느 한쪽에 속하는 것으로서보다 현재로부터 미래에 이르기까지 마치 점이 선으로 연장되는 것처럼 그렇게 연장되는 것으로 말할 수 있습니다. 왜냐하면 구원은 매일 매일 진행되는 과정이기 때문입니다. 온전하게 되는 것은 충분히 자란 것을 의미합니다. 우리 가운데 "그리스도 안에서 어린 아이"인 자들이 얼마나 많습니까! "형제들아 내가 신령한 자들을 대함과 같이 너희에게 말할 수 없어서 육신에 속한 자 곧 그리스도 안에서 어린 아이들을 대함과 같이 하노라"(고전 3:1). 또 우리 가운데 "때가 오래 되었음에도 불구하고 선생이 되지 못한 채 젖이나 먹는" 상태에 있는 자들이 얼마나 많습니까! "때가 오래 되었으므로 너희가 마땅히 선생이 되었을 터인데 너희가 다시 하나님의 말씀의 초보에 대하여 누구에게서 가르침을 받아야 할 처지이니 단단한 음식은 못 먹고 젖이나 먹어야 할 자가 되었도다"(히 5:12). 구원은 점진적인 과정입니다. 다시 말해서 우리가 참으로 예수 그리스도와 연합되었다면, 우리는 그의 십자가의 능력과 그의 영의 선물에 의해 점진적으로 영향을 받아갑니다. 그러한 성장에는 한계가 없습니다. 그것은 계속적으로 올라가는 나선형(螺旋形) 계단과 같습니다. 각각의 계단은 계속적으로 정점(頂點)에 가까워집니다. 우리의 마음과 영은 놀랄 정도로 탄력적입니다. 그것들은 우리가 상상하는 훨씬 이상으로 하나님을 담을 수 있습니다. 우리는 우리가 뜻하는 만큼 우리의 유한한 영(靈) 안에 그의 무한한 생명을 받을 수 있습니다. 그러므로 우리는 우리 안에 예수 그리스도를 더 많이 담도록 계속적으로 노력해야 합니다. 그럴 때 우리는 "그리스도와 그 부활의 권능과 그 고난에 참여함을" 보다 더 깊고 충분하게 알게 될 것입니다(빌

3:10).

사랑하는 형제들이여, 만일 우리가 예수 그리스도 자신인 하늘에 닿는 사다리를 올라가고 있지 않다면, 우리는 내려가고 있는 것입니다. 만일 우리가 자라고 있지 않다면, 우리는 쇠하고 있는 것입니다. 만일 우리가 계속적으로 거룩하여지고 있노라고 말할 수 없다면, 우리는 점점 더 세속화되고 있는 것입니다.

이 땅에서 절대적인 온전함이나 절대적인 거룩함에 도달할 수 있는가에 대해서는 다루지 않을 것입니다. 여러분과 내가 훨씬 더 많이 전진했다면, 우리가 목적지에 도달할 수 있는지 여부를 논의하는 것은 가치 있는 일이 될 것입니다. 그러므로 완전한 거룩함의 가능성에 대해서는 신경 쓰지 마십시오. 왜냐하면 우리에게는 앞으로도 계속해서 가야할 길이 너무나 멀기 때문입니다. 마지막 계단에 대해서는 신경 쓰지 마십시오. 다만 다음 번 계단을 잘 보고 발을 내디디십시오. 사람이 "그리스도 안에 있는 믿음"으로 말미암아 거룩하여지지 않는다면, 그는 결코 거룩하여지지 않을 것이라는 사실을 기억하십시오. 설령 그리스도의 과거의 사역 안에 사람을 온전하게 하는 영속적이며 절대적인 능력이 있다고 하더라도 말입니다. 또 언젠가 절대적으로 "온전하게" 될 것을 확신할 수 있는 자들은 오직 "계속적으로 거룩하여져 가고 있는" 자들뿐이라는 사실을 기억하십시오.

33
더 낫고 영구한 소유

"너희가 갇힌 자를 동정하고 너희 소유를 빼앗기는 것도 기쁘게 당한 것은 더 낫고 영구한 소유가 있는 줄 앎이라"
히 10:34

"하늘에"(in heaven)라는 구절은 원문에는 없는 구절입니다(한글 개역개정판 본문에는 없지만, KJV에는 "하늘에 더 낫고 영구한 소유가 있는 줄 앎이라"라고 되어 있음, ye have in heaven a better and an enduring substance). 그것은 이 말씀이 성도의 장래의 기업을 언급하는 것으로 생각한 어떤 사본 필사자가 그 의미를 분명하게 하기 위한 목적으로 끼워 넣은 것입니다. 그러나 그러한 구절은 저자의 의도를 이해하는 데 도움을 주기보다 도리어 방해가 됩니다. 저자는 장래의 소유에 대해서가 아니라 현재의 소유에 대해 말하고 있습니다. 그는 "너희가 하늘에 더 낫고 영구한 소유를 가지게 될(ye shall have) 것을 앎이라"라고 말하고 있는 것이 아니라, "너희가 지금 여기에서 더 낫고 영구한 소유를 가지고 있는(ye have) 것을 앎이라"라고 말하고 있는 것입니다.

설령 그러한 구절이 저자의 의도를 혼란케 하는 것으로서 마땅히 본문으로부터 배제되어야만 한다 하더라도, 여전히 그러한 독법(讀法)에는 어느 정도의 중요성이 남아 있습니다. 사실 그것은 매우 사소한 차이입니다. 정작 우리는 다음과 같은 두 가지 해석 중 어느 하나를 선택해야만 합니다. 첫째로 "너희가 너희 자신을 더 낫고 영구한 소유로서 가지고 있는 것을 앎이라"와, 둘째로 "너희가 너희 자신을 위해 더 낫고 영구한 소유를 가지고 있는 것을 앎이라." 이러한 두 가지 해석 가운데 어느 하나를 선택하는 것은 매우 어렵습니다. 왜냐하면 둘 모두 외적인 근거와 내적인 적합성을 가지고 있기 때문입니다. 그렇지만 어쨌든 나는 둘 가운데 전자(前者)를 더 선호합니다. 만일 우리가 본문의 의미로서 전자의 해석을 취한다면, 우리는 본문으로부터 매우 중요한 교훈들을 얻을 수 있게 될 것입니다.

1. 첫째로, 참된 소유가 무엇인지 주목하십시오.

만일 우리가 후자(後者)의 해석을 취한다면 다시 말해서 본문을 우리가 우리 자신을 위해 모든 외적인 소유보다 더 나은 소유를 가지는 것을 의미하는 것으로서 해석한다면, 본문은 하나님이 사람의 영혼의 참된 기쁨과 보화라는 옛 개념을 가리키는 것이 될 것입니다. 반면 우리가 전자의 해석을 취한다면, 우리는 여기에서 심오한 깊음과 아름다움을 가진 놀라운 개념을 발견하게 됩니다. 즉 그리스도인들이 보화로서 자기 자신을 소유한다는 개념 말입니다. 어떤 사람들에게 이러한 개념은 다소 낯설게 느껴질 수 있습니다. 그렇지만 조금만 더 깊이 생각해 보면 우리는 그러한 개념이 하나님이 모든 영혼의 보배라는 개념과 완전하게 조화된다는 사실을 발견할 수 있습니다. 잠언은 "선한 사람은 자기 자신으로부터 만족할 것이라"라고 말합니다(14:14, "A good man shall be satisfied from himself" — 한글개역개정판에는 "선한 사람도 자기의 행위로 그러하리라"라고 되어 있음). 이러한 말씀은 오만함 가운데 하나님의 필요성을 부인하는 것이 결코 아닙니다. 그것은 "나의 모든 것은 오직 주로 말미암나이다"라는 경건한 고백과 완전하게 조화됩니다. 또 본문이 포함되어 있는 장(章) 속에서 우리는 다음과 같은 말씀을 읽습니다. "우리는 뒤로 물러가 멸망할 자가 아니요 오직 영혼을 구원함에 이르는 믿음을 가진 자니라"(39절). 여기에서 "영혼을 구원함에 이르는"이라는 구절을 좀 더 정확하게 번역하면, 그것은 "자신의 영혼을 자신의 소유로서 얻는"이 됩니다. 우리 주님 역시도 같은 의미로 이렇게 말씀하셨습니다. "너희의 인내로 너희가 너희 영혼을 얻으리라"(눅 21:19). 만일 우리가 이러한 말씀들을 깊이 숙고한다면, 우리는 본문을 내가 선호하는 해석처럼 읽는 것을 조금도 머뭇거릴 필요가 없게 될 것입니다.

그렇다면 우리는 여기에서 사람은 자기 자신을 포기할 때까지 결코 자기 자신을 소유하지 못한다는 개념을 얻게 됩니다. 우리는 오직 우리 자신과 떨어질 때 비로소 우리 자신을 소유합니다. 의지(依支)하는 믿음과 즐거워하는 사랑과 유순한 순종으로 스스로를 하나님께 드리기 전까지, 우리는 결코 우리 자신을 실제적으로 소유하지 못합니다. "내가 나 자신을 주께 드리나이다"라고 말하는 자만이 다시금 거룩하여지고, 존귀하여지고, 기쁨으로 채워진 자기 자신을 돌려받습니다. 그리고 그러한 드림과 하나님의 받으심으로 말미암아 그는 온전하여집니다.

이와 같이 우리는 오직 그리스도인이 되는 조건 위에서 우리 자신을 소유합니다. 왜냐하면 삶의 다른 모든 상황과 형태 아래서, 참 자아(true self)는 정욕과 혈기와 성향(性向)과 야심과 감각의 폭풍에 의해 휘둘려지기 때문입니다. 그의 육신과 그의 교만과 그의 왜곡된 본성이 그의 주인이며, 그 자신은 압제당하는 노예일 뿐입니다. 자기 자신의 통치권을 되찾고 스스로를 온전히 소유할 수 있는 유일한 길은 하나님께 가서 이렇게 말하는 것입니다. "오 주여, 나는 나 자신을 다스릴 수 없나이다. 주께서 나 자신을 취하소서. 여기에 고삐가 있나이다. 주의 뜻대로 내게 행하소서." 그럴 때 비로소 여러분은 여러분 자신의 주인이 될 것입니다. 그러나 그렇게 하기 전까지는 결코 그렇지 못할 것입니다. 그렇게 할 때 비로소 여러분은 여러분 자신을 소유하게 될 것입니다. 그렇게 할 때까지, 마귀와 세상과 육신과 여러분의 본성 안에 있는 허식(虛飾)과 교만과 욕망과 정욕과 게으름이 여러분을 소유할 것입니다. 그러나 우리가 스스로를 하나님께 온전히 의탁한다면, 그로 말미암아 우리는 하나님과 우리 자신을 함께 얻게 될 것입니다. 바로 이것이 "영혼을 구원함에 이르는"이 의미하는 것 가운데 하나입니다(히 10:39).

또 우리는 여기에서 보화와 소유로 불릴 만한 가치가 있는 유일한 것은 우리가 하나님으로부터 배운 참된 지식들과, 그에게로 향하는 정결한 감정들과, 그 안에 그 결실의 예언과 어느 정도의 미리 맛봄이 담겨 있는 그를 향한 사모하는 열망이라는 개념을 얻을 수 있습니다.

바로 이러한 것들이 사람의 보화를 구성하는 것들입니다. 사랑과 순종과 신뢰의 내적 삶, 청결해진 양심, 유순하게 된 의지(意志), 정결하며 경건한 감정들로 채워진 마음, 자아를 넘어 우리를 영원한 사랑의 고요한 빛으로 데려가는 열망 — 이러한 것들이 진정으로 소유할 가치가 있는 참된 소유들입니다. 오직 죄로 얼룩진 자아를 그리스도께 겸비하게 순복시킨 자만이 그러한 것들을 소유합니다.

형제들이여, 이와 같이 자기 자신을 소유하는 것이 실현되는 것은 오직 우리의 믿음에 의존합니다. 모든 세대의 스토아 철학자들과 도덕주의자들은 "자아를 버리는 것으로 말미암아 오는 자기 자신의 참된 소유"에 대해 이야기했습니다. 그러나 그 꿈을 참으로 실현시키는 것은 기독교 신앙입니다. 오직 예수 그리스도를 믿는 믿음의 문을 통과하는 자들만이 그것을 실제로 발견합니다. 그럴 때 비로소 옛 영국 시인이 묘사한 다음과 같은 사랑스러운 그림이 성취될 것입니다.

"사람의 영혼이 멍에로부터 자유롭게 되도다.
소망은 솟아오르고, 두려움은 떨어지도다.
그는 비로소 자기 자신의 주인이 되도다.
그는 아무것도 없으나 모든 것을 가진 자로다."

2. 둘째로, 이러한 소유의 우월성을 주목하십시오.

그것은 본질적으로 "더 나은" 소유입니다. 이것은 굳이 길게 설명할 필요조차 없습니다. 이와 같이 하나님으로 말미암아 채워지는 마음과 생각과 의지(意志)와 열망을 소유하는 것은 어떤 외적 소유보다도 사람의 본성과 필요에 더 잘 부응합니다. "하늘에서는 주 외에 누가 내게 있으리요 땅에서는 주밖에 내가 사모할 이 없나이다"라고 말하는 것은 과장된 종교적 광신이 결코 아닙니다(시 73:25). 사람들은 그것을 신비주의라고 부르지만, 그것은 모든 참된 종교의 근본적인 기초입니다. 영혼을 만족시키는 유일한 것은 다름 아닌 하나님과의 연합을 깨닫는 것입니다. 또 바로 그것이야말로 우리가 진정으로 필요로 하는 유일한 것입니다. 그것을 소유할 때, 우리는 완전히 낙망할 수 없습니다. 우리의 길이 아무리 어둡다 하더라도 말입니다. 또 그것을 소유할 때, 우리는 완전히 외로울 수 없습니다. 우리의 분깃이 아무리 황량하다 하더라도 말입니다. 또 그것을 소유할 때, 우리는 완전히 절망할 수 없습니다. 온갖 복들이 우리의 손으로부터 떠나간다 하더라도 말입니다. 또 그것이 없을 때, 우리는 결코 평안할 수 없습니다. 아무리 우리 주위를 버팀목들과 친구들과 재물들과 돕는 자들이 둘러싼다 하더라도 말입니다. 또 그것이 없을 때, 우리는 부요할 수 없습니다. 아무리 우리가 세상의 모든 재물을 다 소유하며 향유한다 하더라도 말입니다.

우리가 가진 소유는 우리가 이 땅에서 거둘 수 있는 어떤 것보다도 더 낫습니다. "진실로 각 사람은 헛된 일로 소란하며 재물을 쌓으나 누가 거둘는지 알지 못하나이다"(시 39:6). 이러한 말씀은 온갖 소란함 가운데 갈퀴로 재물을 긁어모으는 것이 얼마나 헛된 일인지 잘 보여 줍니다. "그가 무엇을 가졌는가?"가 아니라 "그가 어떤 존재인가?"가 그의 참된 재물입니다.

그것은 또한 "영구한" 소유입니다. 바로 이것이 그것의 탁월함의 두 번째 요소입니다. 마음과 생각과 의지(意志) 가운데 하나님과의 고요한 교제를 통해 우리는 순수한 기쁨들과 평온한 즐거움들 — 이러한 것들에는 어떤 썩음의 씨앗도 없습니다. 이러한 것들을 소유하는 자는 그 어떤 것에 의해서도 결코 그것들을 잃지 않습니다. 그것들이 사라지는 순간은 결코 오지 않을 것입니다. 또 그것들은 자주 사용하여도 결코 닳지 않습니다. 도리어 더 강해지고 더 많아집니다. "사용함으로써 없어지는" 것들은 저급한 범주에 속하는 것들입니다. 최고의 것들은 모두 사용함으로써 더 커집니다. 여기의 보화도 마찬가지입니다. 그것은 사용함으로써 더 풍성해집니다. 우리의 참된 보화를 구성하는 사랑과 교제와 순종 등을 생각해 보십시오. 그것들은 사용하면 사용할수록 더 풍성해지지 않습니까! 다른 모든 보화들은 결국 늙어 허약해진 손으로부터 떨어질 것입니다. "그가 죽으매 가져가는 것이 없고 그의 영광이 그를 따라 내려가지 못함이로다"(시 49:17). 그러나 여기의 보화들은 우리가 어디를 가든 함께 가져갈 것입니다. 그리고 우리는 그것들이 불멸(不滅)의 보증임을 발견하게 될 것입니다.

3. 마지막으로, 이러한 보화를 소유할 때 우리가 어떤 상실(喪失)도 기꺼이 감내할 수 있음을 주목하십시오.

히브리서 기자는 지금 고난 가운데 있는 그리스도인들에게 말하고 있습니다. 그는 그들에게 이렇게 말합니다. "너희가 너희의 소유를 빼앗기는 것도 기쁘게 받아들이는 것은 너희가 더 낫고 영구한 소유를 가진 것을 알기 때문이라." 그렇습니다. 그들은 어떤 상실도 "기쁘게" 받아들일 수 있었습니다. 가짜 버팀목들이 제거될 때, 진짜 버팀목의 힘은 더욱 두드러질 것입니다. 하나님에 대해 더 부요해지는 가장 확실한 방법은 세상의 버팀목들과 지지대들을 잃어버리는 것입니다. 중심부에 앉아 있는 사람은 주변부에서 아무리 폭풍이 거세게 몰아친다 하더라도 염려할 필요가 없습니다. 하나님의 깊음 안에 난공불락의 요새를 가진 사람은 골짜기 아래서의 모든 소란과 혼란에 대해 두려워할 필요가 없습니다. 우리가 이러한 참된 보화를 소유한다면, 우리는 마치 튼튼한 성벽과 풍부한 양식과 마르지 않는 샘이 있는 강력한 요새 안에 있는 사람들과 같을 것입니다. 그럴 때 우리는 성벽을 포위하고 있는 적군들을 비웃을 수 있습니다. "그는 높은 곳에 거하리니 견고한 바위가 그의 요새가 되며 그의 양식은 공급되고 그의 물은 끊어지지 아니하리라"(사 33:16). 우리가 하나님이 우리 영혼 안으로 가져다주는 영구한 부요를 굳게 붙잡는다면, 우리는 변화무쌍한 세상 가운데 두려워하지 않고 항상 평온하며 고요할 것입니다.

여러분 가운데 어둠의 날들에 의해 계속적으로 위협을 당하고 있는 사람들도 있을 것이며, 형통함으로 인해 눈이 부신 가운데 참된 부요를 볼 수 있는 시각(視覺)을 잃어버린 사람들도 있을 것입니다. 후자의 사람들에게 성경은 이렇게 경고합니다. "너는 정함이 없는 재물에 소망을 두지 말고 오직 우리에게 모든 것을 후히 주사 누리게 하시는 하나님께 두라"(딤전 6:17). 또 전자의 사람들에게 성경은 이렇게 위로하며 격려합니다. "내가 두려워하는 날에는 내가 주를 의지하리이다 … 내가 하나님을 의지하였은즉 두려워하지 아니하리니 혈육을 가진 사람이 내게 어찌하리이까"(시 56:3, 4). "주는 내 마음의 힘이시오 나의 영원한 기업이시나이다."

34
자기 자신을 소유하는 방법

"오직 영혼을 구원함에 이르는 믿음을 가진 자니라"

히 10:39

본 구절에서 저자는 다소 특이한 단어를 사용합니다. 그것은 여기에서 "구원함에 이르는"(saving)이라고 번역되었는데, 나에게 그러한 번역은 그다지 적절한 번역이라고 느껴지지 않습니다. 우리는 그 단어가 신약에서 나타나는 몇 가지 용례를 살펴봄으로써 그것이 갖는 의미를 올바로 이해할 수 있을 것입니다. 예컨대 그 단어는 데살로니가인들에게 보낸 편지에서 두 번 사용됩니다. 한 번은 데살로니가 전서 5장 9절입니다. "하나님이 우리를 세우심은 노하심에 이르게 하심이 아니요 오직 우리 주 예수 그리스도로 말미암아 구원을 받게 하심이라." 그리고 다른 한 번은 데살로니가후서 2장 14절입니다. "이를 위하여 우리의 복음으로 너희를 부르사 우리 주 예수 그리스도의 영광을 얻게 하려 하심이니라." 그리고 그것은 성경의 다른 곳에서 두 번 더 사용되는데, 두 곳 모두에서 그것은 "소유"를 의미합니다. 설령 이것이 구원의 개념과 사실상 동일한 것이라 하더라도, 여기에는 우리가 주목할 만한 매우 중요한 차이가 있습니다.

본문이 함축하는 개념은 본질적으로 믿는 자는 영혼을 얻는다는 것입니다. 다시 말해서 그들은 영혼을 자신의 소유로서 얻는다는 것입니다. 우리는 종종 "자신의 영혼을 자신의 소유로 부를 수 없는 사람들"에 대해 이야기합니다. 이러한 표현은 예수 그리스도를 믿는 믿음으로 말미암아 스스로 자신의 주인이 되지 못한 모든 사람들을 적절하게 묘사하는 표현입니다. 그러므로 본 서신의 저자가 여기에서 의미하는 것은 "자신의 영혼을 얻는 믿음을 가진 자"입니다.

이러한 특이한 표현 속에서 우리는 "너희의 인내로 너희 영혼을 얻으리라"라는 우리 주님의 말씀이 은연중 빛나고 있는 것을 발견할 수 있습니다(눅 21:19). 우리 주님은 여기의 히브리서 기자와 마찬가지로 환난과 핍박 가운데 있게 될 자신의 제자들을 격려하고 계셨던 것입니다. 이제 본문의 특이한 표현의 기저(基底)에 있는 몇 가지 중요한 개념들을 살펴보도록 합시다.

1. 첫째로, 우리는 우리 자신을 잃음으로써 비로소 우리 자신을 얻습니다.

모든 사람은 이론적으로 자기중심적인 삶이 잘못임을 받아들입니다. "자기의 생명을 사랑하는 자는 잃어버릴 것이요 이 세상에서 자기의 생명을 미워하는 자는 영생하도록 보전하리라"라고 말씀하실 때, 예수 그리스도는 모든 도덕주의자들과 같은 편이었습니다(요 12:25). 어떤 위대한 대의(大義)나 위대한 사랑이나 위대한 열정을 위해 자신을 잊는 것만큼 영혼을 축복과 새로운 능력과 새로운 재능으로 채울 수 있는 다른 방법은 없습니다. 많은 여자들은 스스로를 잊은 가운데 자녀를 품에 안고 있을 때 자신이 보다 더 새롭고 숭고한 삶으로 도약하는 것을 발견하곤 합니다. 또 많은 남편들과 아내들의 자신을 잊는 사랑 역시도 동일한 사실을 증명합니다. 반대로 자기중심적인 자아몰입(self-absorbtion)은 정반대의 사실을 증명합니다. 스스로를 어떤 위대한 대의(大義) 속으로 던지는 즐거움을 맛보고 그것이 너무나 충만한 삶이라는 사실을 발견한 사람들은 진정한 축복과 존귀와 능력의 비밀을 압니다. 그것은 한 마디로 "자신을 잊는" 것입니다.

오늘 본문은 사실상 우리에게 이렇게 명령합니다. "너희가 자신을 잊기를 원한다면, 스스로를 그리스도의 품에 던져라. 그리고 믿음으로 말미암아 자신의 전 존재를 그에게 순복시켜라." 여러분은 "우리는 우리의 것이 아니라"라고 말할 수 있을 때 비로소 여러분 자신에게 속하며 여러분 자신의 영혼을 얻게 될 것입니다.

우리로 하여금 우리 자신을 참으로 소유하도록 만드는 것은 우리 자신의 보잘것없는 능력을 신뢰하는 것과 우리 자신을 우리의 삶의 중심과 목표로 삼는 것으로부터 절대적으로 떠나는 것 외에 아무것도 없습니다. 예수 그리스도를 믿는 믿음의 불가사의한 능력과 비견할 수 있는 것은 아무것도 없습니다. 그 안에서 우리 자신을 잃을 때, 비로소 우리는 우리 자신을 발견합니다. 그리고 우리 자신 안에서 그를 발견합니다.

나는 본질적으로 생명은 거대한 태양의 신비한 인력(引力)에 끌려 그 주위를 도는 행성처럼 되어야만 한다고 믿습니다. 그렇지 않을 때 생명은 스스로 도는 그 자신의 축(軸)을 중심으로 돌 수밖에 없습니다. 오직 태양을 중심으로 도는 행성 같을 때에만 비로소 생명은 아름다움 가운데 움직이며 쇠하지 않은 빛의 광채를 반사할 것입니다. 모든 인간의 삶의 중심은 "자기 자신"이든지 "하나님"이든지 둘 중 하나입니다.

고결한 열정으로 감동되는 것은 좋은 일입니다. 어떤 위대한 사상이나 혹은 큰 연구 주제에 몰입함으로써 자신을 잊는 것은 좋은 일입니다. 가족 간의 달콤한 사랑 안에서 자신을 잊는 것은 좋은 일입니다. 그러나 이 모든 것들조차 자기중심적으로 이루어질 수 있습니다. 애착(愛着)은 자기 자신의 미묘한 연장(延長) 외에 아무것도 아닌 것일 수 있습니다. 사상이나 연구 역시도 그와 같이 자아에 의해 오염될 수 있습니다. 심지어 위대한 대의(大義)를 위한 열정조차 교묘한 자기중심주의가 섞일 수 있습니다. 이와 같이 하나님에게 자기 자신을 순복시키는 것 외에 자기중심주의의 일곱 귀신을 쫓아낼 수 있는 것은 아무것도 없습니다. 여러분은 하나님의 긍휼의 인도하심 가운데 "나는 나의 것이 아니요 값으로 산 바 되었나이다"라고 말해야만 합니다. 그럴 때 비로소 여러분은 여러분 자신에게 속할 것입니다.

2. 둘째로, 예수 그리스도를 우리의 주인으로 취할 때, 비로소 우리는 우리 자신의 영혼의 주인이 될 것입니다.

지금까지 나는 자신을 포기하는 것이 자신을 소유하는 것이라고 말했습니다. 나아가 자신을 통제하는 것이 자신을 소유하는 것이라는 것 또한 똑같이 사실입니다. 계속해서 우리는 기독교가 도덕주의자들이 말하는 것을 한층 더 강조적으로 말하는 가운데 그들 모두가 선(善)으로 인정하는 목표를 성취하는 보다 더 효과적인 수단을 제공해 준다고 말할 수 있습니다. 왜냐하면 자기 자신의 욕망과 탐심과 정욕의 노예인 사람이 그 자신의 주인이 아닌 것은 너무나 자명한 사실이기 때문입니다. 마찬가지로 자신을 향한 모든 유혹에 굴복하는 사람이나 유행과 관습과 관례와 주위 사람들의 영향력 따위에 끌려다니는 사람 역시 그 자신의 주인이 아닙니다. 그런 사람은 자신의 영혼을 자신의 것이라고 불러서는 안 됩니다. "자기 자신에게 사로잡힌 사람들"이란 말은 바로 그런 사람들을 두고 하는 말입니다. 모든 반대에 직면하여 옳은 것을 행할 수 있는 사람이야말로 진정으로 자기 자신을 소유하는 사람입니다. 유혹 앞에서 잘못된 길로 나아가지 않는 사람이야말로 진정으로 자기 자신을 소유하는 사람입니다. 비록 한두 사람밖에 되지 않는 소수라 하더라도 옳은 자들의 편에 서는 사람이야말로 진정으로 자기 자신을 소유하는 사람입니다. 환경에 지배되지 않는 사람이야말로 진정으로 자기 자신을 소유하는 사람입니다. 설령 환경이 그에게 영향을 끼칠 수 있다 하더라도 망치를 들고 그것에 맞설 수 있는 사람이 진정으로 자기 자신을 소유하는 사람입니다. 어떤 환경에 직면하여 분명하게 말할 수 있는 독립적인 능력, 주위의 수많은 목소리들과 의견들의 압제로부터의 자유 — 이러한 것들을 우리는 본문이 제시하는 길로 말미암아 가장 확실하게 얻을 수 있습니다.

예수 그리스도를 믿으십시오. 그로 하여금 여러분의 최고사령관이 되게 하십시오. 그러면 여러분은 여러분의 영혼을 얻을 것입니다. 그가 여러분의 영혼을 다스리게 하십시오. 그러면 여러분은 여러분의 영혼을 다스릴 수 있게 될 것입니다. 여러분이 여러분의 의지(意志)를 그의 손에 드린다면, 그는 그것을 여러분에게 다시 되돌려줄 것입니다. 그리고 여러분이 여러분의 소욕과 정욕을 능히 정복할 수 있도록 만들어 줄 것입니다. 고삐를 그리스도의 손에 맡기면서 이렇게 말하십시오. "주여, 고삐가 여기에 있나이다! 주께서 친히 말과 수레를 모소서. 나는 그것을 통제할 수 없으나 주께서는 능히 할 수 있나이다." 그러면 그는 새로운 동맹군과 함께 오실 것입니다. 그러면 여러분은 더 이상 여러분의 저급한 본성의 노예가 되지 않을 것이며, 환경에 지배되는 사람이 되지 않을 것이며, 다른 사람들의 의견에 휘둘리는 사람이 되지 않을 것입니다. 도리어 여러분은 여러분 자신의 목소리와 여러분 자신의 의지(意志)와 여러분 자신의 영혼을 갖게 될 것입니다. 왜냐하면 여러분이 그것들을 그리스도에게 드림으로써 그가 여러분이 그것들을 통제하도록 도울 것이기 때문입니다. 나는 오직 그런 사람들만이 가장 충분한 의미에서

"노예의 굴레로부터 자유로우며,
참된 소망을 소유하며,
자기 자신의 참된 주인이며,
아무것도 없으나 모든 것을 가진 자"

라고 진정으로 믿습니다.

인도의 제후(諸侯)들을 생각해 보십시오. 반역자들을 진압할 수 없을 때 그들은 어떻게 합니까? 그들은 캘커타의 왕궁에 가서 왕 앞에 엎드려 기꺼이 왕의 봉신(封臣)임을 인정합니다. 그러면 왕은 즉시로 군대를 보내 제후들이 진압할 수 없었던 반역자들을 즉시로 제압합니다. 이와 같이 여러분이 예수 그리스도에게 가서 "사랑하는 주여, 나의 면류관을 벗어 당신의 발 앞에 놓나이다. 부디 내가 내 영혼의 혼란한 왕국을 온전히 통치할 수 있도록 도우소서"라고 말한다면, 여러분은 여러분 자신을 얻을 것입니다.

3. 셋째로, 그리스도를 믿는 믿음을 소유할 때, 비로소 우리는 더 나은 자신을 얻습니다.

대부분의 사려 깊은 사람들은 자신을 소유하는 것보다 자신을 벗어버리는 것을 더 많이 원하는 경향이 있습니다. 특별히 자신들의 삶의 모든 잘못들과 부끄러운 것들과 실망스러운 것들과 쓸모없는 것들과 관련해서 말입니다. 그러한 바람은 이루어질 수 있습니다. 우리는 어떤 종류의 노력으로 말미암아 스스로를 벗어버릴 수 없습니다. 쓰라린 과거는 계속해서 진행되고 있습니다. 그리고 그것은 우리에게 비극적인 방식으로 미래의 가능성을 제한하는 기억들과 약함의 씨앗들을 남깁니다. 사랑하는 형제들이여, 그러나 우리는 스스로를 벗어버릴 수 있습니다. 죄의 무거운 짐에 눌린 가련한 피조물로 계속해서 남아 있는 대신, 우리는 우리의 영혼 안으로 부어지는 새로운 생명과 새로운 능력의 가장 실제적인 선물을 소유할 수 있습니다. 예전의 나는 그대로 남아 있을 것입니다. 그러나 새로운 기호(嗜好)와 새로운 열망과 새로운 소망과 새로운 능력이 모두 나의 것이 될 수 있습니다. "누구든지 그리스도 안에 있으면 새로운 피조물이라 이전 것은 지나갔으니 보라 새 것이 되었도다"(고후 5:17). 그는 예전의 옷을 벗어버리고 의의 예복을 받습니다. 여러분이 예수 그리스도를 믿는 믿음 안에서 새로운 생명이 흘러들어 올 수 있도록 마음의 문을 연다면, 여러분은 매우 깊은 의미에서 스스로를 잃을 수 있습니다. 다시 말해서 우리는 믿음으로 말미암아 더 나은 자아를 얻습니다. 그리고 우리 각자는 다음과 같이 말했을 때의 바울 사도의 역설을 충분하게 경험할 수 있습니다. "내가 그리스도와 함께 십자가에 못 박혔나니 그런즉 이제는 내가 사는 것이 아니요 오직 내 안에 그리스도께서 사시는 것이라"(갈 2:20). 내 안에 계시는 그리스도와 함께, 나는 먼저 나 자신을 발견합니다.

4. 마지막으로, 우리가 믿음으로 말미암아 이 땅에서 우리의 영혼을 얻는다면, 우리는 장차 하늘에서 멸망으로부터 그것을 구원할 것입니다.

나는 앞에서 본문의 특이한 단어가 "구원"이라는 일반적인 표현과 본질적으로 동일하다는 사실을 이야기했습니다. 본문이 "우리는 뒤로 물러가 멸망할 자가 아니요"라는 말씀과 대조적인 쌍을 이루는 사실을 주목할 때, 이러한 본질적인 동일성은 한층 더 분명해질 것입니다.

이와 같이 히브리서 기자는 두 가지 개념을 서로 대비시킵니다. 다시 말해서 그는 한 편에다가 멸망의 개념을 놓고, 반대 편에다가 영혼을 얻는 개념을 놓습니다. 그러므로 우리가 여기에다가 미래의 개념까지 포함시키지 않는다면, 우리는 저자가 의도하는 것 전체를 충분하게 이해하지 못할 것입니다. 어쨌든 영혼을 얻는 개념과 구원의 개념이 본질적으로 동일한 개념이라는 사실은 앞에서도 이야기한 것처럼 우리 주님 자신의 말씀 가운데서도 나타납니다. "너희의 인내로 너희 영혼을 얻으리라"(눅 21:19). 같은 이야기를 마태는 이렇게 표현합니다. "끝까지 견디는 — 즉 인내하는 — 자는 구원을 얻으리라"(마 24:13).

그러므로 형제들이여, 여러분이 여러분의 영혼을 단지 멸망을 위해 지킬 뿐이라면, 여러분은 결코 자신의 영혼을 얻은 자로 말할 수 없습니다. "멸망"이라는 단어 안에는 필연적으로 공포와 두려움의 개념이 포함됩니다. 여러분이 그 단어를 어떻게 해석하든 그것이 말하는 것은 완전한 멸망입니다. 오늘날의 세대는 형벌의 기간이라든지 혹은 회개하지 않고 죽은 사람들의 최후 상태에 대해 논의하느라 분주합니다. 많은 사람들이 그러한 주제들을 깊이 숙고해야 할 엄중한 사실로서가 아니라 하나의 토론 주제로서 다룹니다. 그러나 아무리 열렬한 토론을 벌인다 하더라도, 그 단어 안에는 여전히 우리 모두가 스스로에 대해 되돌아보도록 만드는 충분한 두려움이 있습니다.

사랑하는 친구들이여, 이에 대해 많은 이야기를 하는 것은 나의 일이 아닙니다. 다만 나는 그것을 여러분과 나 자신의 마음 위에 놓고자 합니다. 그리고 나는 여러분이 그에 대해 깊이 숙고하기를 간절히 바랍니다. 그것을 전적으로 다른 문제들과 혼합시키지 마십시오. 예컨대 예수 그리스도에 대해 전혀 듣지 못한 사람들은 어떻게 될 것인가 하는 따위의 문제들 말입니다. "세상을 심판하시는 이가 정의를 행하실 것이 아니니이까?"(창

18:25). 이러한 구절이 말하는 것은 여러분과 나처럼 그에 대해 들은 사람들과, 우리 가운데 어떤 사람들처럼 그에 대해 들었음에도 불구하고 받아들이지 않은 사람들에게 적용됩니다. 그리고 그런 사람들에 대해 본문은 "뒤로 물러가 멸망할" 자들이라고 말합니다.

우리 각자가 양자택일 앞에 서 있음을 기억하십시오. 우리 모두는 둘 가운데 하나를 택해야만 합니다. 우리가 예수 그리스도를 우리의 구주로 받아들였다면 다시 말해서 앞에서 이야기한 것처럼 그의 손에 고삐를 맡기면서 사랑과 신뢰와 순복으로 우리 자신을 그에게 드렸다면, 우리는 우리의 영혼을 소유합니다. 왜냐하면 우리는 그 모든 것을 그에게 드렸기 때문입니다. 그리고 그는 자신에게 맡겨진 것을 "그 날까지 능히 지킬" 수 있기 때문입니다(딤후 1:12).

그러나 여러분이 이와 같이 스스로를 예수 그리스도와 그의 희생제사와 그의 중보와 그의 살리는 영에게 순복시키지 않았다면, 나는 여러분이 "멸망"이라는 두려운 단어 안에 내포된 두려운 운명이 자신에게 떨어지지 않을 것이라고 바랄 수 있는 근거를 도대체 어디에서 발견할 수 있을는지 도무지 알지 못합니다.

형제들이여, 우리 모두 다음과 같은 질문을 깊이 생각해 보도록 합시다. "사람이 만일 온 천하를 얻고도 제 목숨을 잃으면 무엇이 유익하리요?"(마 16:26).

35
하나님을 찾는 자들

"하나님께 나아가는 자는 반드시 그가 자기를 찾는 자들에게
상 주시는 이심을 믿어야 할지니라"
히 11:6

히브리서 기자는 옛 언약에서의 믿음의 위대한 영웅들 가운데 두 번째 본보기로서 족장 에녹을 가리키고 있었습니다. 에녹의 믿음과 관련하여 창세기에는 아무런 언급도 나타나지 않습니다. 그리하여 저자는 에녹이 하나님과 동행하며 그를 기쁘시게 한 것을 근거로 그가 믿음을 가지고 있었음이 분명함을 보이고자 애씁니다. 사람이 하나님께 나오지 않았다면, 그는 결코 하나님과 동행하며 그를 기쁘시게 할 수 없었을 것입니다. 사람이 하나님을 믿지 않았다면, 그는 결코 하나님에게 나올 수 없었을 것입니다. 사람이 하나님이 도우심과 복 주심을 위해 기다리고 계심을 믿지 않았다면, 그는 결코 하나님에게 나올 수 없었을 것입니다. 이와 같이 에녹의 생애의 사실들은 그 안에 믿음이 있었음을 분명하게 보여 줍니다. 이것이 본문의 문맥과 관련하여 내가 말할 수 있는 것의 전부입니다. 그러나 오늘 나는 저자가 펼치는 논증에 대해서는 다루지 않을 것입니다. 다만 여기에서 제시되는 신적 속성의 한 가지 측면 즉 하나님은 "자기를 찾는 자들에게 상 주시는" 이시라는 사실만을 이야기하고자 합니다.

1. 첫째로, 여기의 "찾음"의 의미에 대해 생각해 보도록 합시다.

"찾는"다고요? 우리는 "찾을" 필요가 있습니까? 이것은 자신이 잃어버린 것을 찾는 것과는 전혀 다른 것입니다. 우리는 찾을 필요가 없습니다. 우리의 모든 "찾음"의 시작은 하나님이 예수 그리스도 안에서 우리를 찾으신 것입니다. 그러므로 이것은 우리에게 영원히 해결된 것입니다. "내가 어디에서 그를 발견할 수 있을지 알았도다"(욥 23:3, Oh I that I knew where I might find Him : 한글개역개정판에는 "내가 어찌하면 하나님 발견할 곳을 알꼬"라고 되어 있음). 우리가 올바른 방식으로 하나님을 더듬어 찾고자 한다면, 우리는 그를 느낄 수 있습니다. "이는 사람으로 하나님을 혹 더듬어 찾아 발견케 하려 하심이로되 그는 우리 각 사람에게서 멀리 떠나 계시지 아니하도다"(행 17:27). 이와 같이 우리는 우리가 그를 찾기 전에 먼저 그에 의해 발견되어야만 한다는 사실을 결코 잊어서는 안 됩니다. 다시 말해서 우리의 마음에 그를 소유하고자 하는 열망이 불붙을 수 있기 전에 먼저 그가 그의 존재와 성품의 충만 가운데 자신을 우리에게 나타내셔야만 합니다. 또 우리의 눈이 그를 볼 수 있게 되기 전에 먼저 그가 자신의 빛을 우리 눈앞에 비추어야만 합니다. 또 우리가 그를 붙잡고자 하는 충동이 생겨나기 전에 먼저 그가 우리에게 자신을 나타내심으로써 그러한 충동을 불러일으켜야만 합니다. 그러므로 우리의 "찾음"은 흐릿하며 불확실한 "찾음"이 되어서는 안 됩니다. 그것은 반드시 확실한 찾음이 되어야만 합니다. 그것은 보화가 있는 장소로 직행하는 찾음이어야만 합니다. 마치 철새들이 얼음으로 가득한 북쪽 해변으로부터 출발하여 대륙과 바다를 횡단하여 한 번도 가본 적이 없는 곳으로 직행하는 것처럼 말입니다. 그것들은 깊은 본능에 의해 인도되며, 결코 오류가 없습니다. 그것들은 쉬지 않고 날아가 마침내 자신들의 안식처를 발견합니다. 바로 이것이 우리가 "찾는" 방법입니다. 우리는 마치 꽃들이 해를 향하는 것처럼 그렇게 찾아야 합니다. 우리는 마치 나무의 뿌리들이 물가를 향해 뻗어나가는 것처럼 그렇게 찾아야 합니다. 이와 같이 우리는 우리가 아는 곳과 우리가 아는 것을 찾아야 합니다. 우리의 찾음은 불확실한 것을 막연히 추구하는 그런 찾음이 아닙니다. 그것은 확실하며 견고한 축복을 위한 진지한 열망입니다. 바로 이것이 찾음입니다.

이와 관련하여 좀 더 이야기해 보도록 합시다. 하나님을 찾음에 있어서의 첫 번째 필수 조건은 저자가 말하는 것처럼 믿음입니다. 이에 대해서는 길게 설명할 필요조차 없습니다. "그가 계신 것을 믿어야 할지니라." 그렇습니다. 우리는 가설이나 반론을 찾지 않습니다. 우리는 살아 계신 자를 찾습니다. "그가 자기를 찾는 자들에게 상 주시는 이심을 믿어야 할지니라." 그렇습니다. 만일 우리가 원하는 것을 찾을 것을 확신하지 못한다면, 우리는 결코 그것을 찾으러 가지 않을 것입니다. 여기에서 나는 기독교적 찾음의 필수적인 세 가지를 제시하고자 합니다. 그것은 열망과 노력과 기도입니다. 우리는 자신이 열망하는 것을 찾습니다. 그러나 우리 가운데 너무나 많은 사람들이 하나님을 원하지 않습니다. 또 설령 하나님을 소유한다 하더라도, 그와 더불어 무엇을 해야 할지 알려고 하지 않습니다. 그리고 하나님의 풍성한 축복이 가능해질 때, 도리어 크게 당황합니다. 형제들이여, 우리는 스스로를 그리스도인이라 부릅니다. 우리 자신에 대해 정직해집시다. 그리고 우리 마음의 생각을 냉철하게 살핍시다. 우리 마음 가운데 하나님을 향한 열망이 있습니까? 우리 마음 가운데 그의 부재(不在)로 인한 쓰라림이 있습니까? 우리는 우리 마음에 세상의 온갖 잡동사니를 집어넣지 않습니까? 그럼으로써 오직 그로 말미암아서만 만족될 수 있는 열망을 무디게 하지 않습니까? 이러한 것들은 사람들 사이에서도 상대방의 응답을 기대할 만한 찾음이 아닙니다. 하물며 하나님에 대해서야 얼마나 더 그렇겠습니까? 우리의 찾음의 분량은 우리의 열망의 분량이 실제로 결정합니다.

계속해서 노력이 열망을 따릅니다. 그것은 마치 그림자가 실물을 따르는 것과 같습니다. 왜냐하면 우리의 열망의 유일한 목적은 노력을 추동(推動)하는 힘을 공급하는 것이기 때문입니다. 열망은 마치 엔진을 돌리기 위한 보일러의 증기(蒸氣)와 같습니다. 사람에게 있어 자신이 할 수 없는 것을 열망하는 것은 불행과 어리석음입니다. 그러나 사람에게 있어 어떤 것을 열망하면서도 그것을 이루기 위해 노력하지 않는 것은 더 큰 불행과 더 큰 어리석음입니다. 기도하는 사람을 상상해 보십시오. 열심히 기도하고 나서는 자리에서 일어나 무릎에 묻은 먼지를 털어냅니다. 그리고 자신이 기도한 것을 이루기 위해 아무 일도 하지 않습니다. 그렇다면 도대체 어떻게 우리가 그의 열망의 진정성을 믿을 수 있겠습니까? 공적으로 신앙을 고백하는 그리스도인들 가운데 이와 같은 종류의 열망이 얼마나 많습니까? 그들의 형식적인 기도는 그에 상응하는 행동에 의해 뒷받침되지 않습니다. 우리가 하나님을 찾고 있다면, 우리는 먼저 우리의 열망 안에 있는 거품부터 걷어낼 필요가 있습니다. 열망은 그에 상응하는 행동과 결합되어야만 합니다. 그럴 때 그것은 삶의 모든 부분들 속에서 하나님을 향한 생각과 사랑을 계속해서 유지시키는 쪽으로 작동할 것입니다. 우리가 진실로 하나님을 찾고 있다면, 필연적으로 그를 우리의 모든 일과 연결시키고자 하는 노력과 일상의 일들을 수행하며 살아가는 가운데 계속해서 그 곁에 있고자 하는 노력이 따를 것입니다.

계속해서 열망과 노력에 이어 정직한 기도, 참된 기도가 따를 것입니다. 이사야 선지자는 "너희는 여호와를 만날 만한 때에 찾으라"라고 말하면서, 곧바로 "그가 가까이 계실 때에 그를 부르라"라고 덧붙입니다(사 55:6). 마치 그를 부르는 것이 그를 찾는 유일한 방법인 것처럼 말입니다. 그는 항상 가까이 계십니다. 그는 우리의 친구들과 사랑하는 자들보다 우리에게 더 가까이 계십니다. 그는 우리의 눈과 우리의 손보다 우리에게 더 가까이 계십니다. 그는 자기 아들과 성령 안에서 항상 가까이 계십니다. 그는 우리의 기도를 들으시고 우리를 축복하시기 위해 항상 가까이 계십니다. 그는 항상 가까이 계시며, 더 가까이 계시기를 바라십니다. 그렇습니다. 그는 우리 안에 거하시며, 우리는 그 안에 거합니다. 우리는 그의 선물을 열망하고 그것을 이루기 위해 노력해야만 할 뿐만 아니라, 또한 그것을 위해 간구해야 합니다. 우리가 열망과 노력과 간구 세 가지를 실행한다면, 우리는 진실로 이렇게 말할 수 있습니다. "너희는 내 얼굴을 찾으라 하실 때에 내가 마음으로 주께 말하되 여호와여 내가 주의 얼굴을 찾으리이다 하였나이다"(시 27:8). 그리고 계속해서 우리는 시편 기자처럼 그를 찾을 수 있다는 충만한 확신 가운데 이어지는 기도를 드릴 수 있습니다. "주의 얼굴을 내게서 숨기지 마소서"(9절).

2. 둘째로, "부지런한" 찾음에 대해 생각해 보도록 합시다.

본문 가운데 저자는 매우 강한 표현을 사용합니다. "자기를 부지런히 찾는 자들에게"(한글개역개정판에는 "부지런히"가 없음). 절반쯤 마음을 기울여 찾는 사람은 아무것도 찾지 못합니다. 여러분이 자녀들에게 어떤 것을 찾아오라고 말했을 때를 생각해 보십시오. 그런데 아이들이 돌아와 아무것도 찾을 수 없었노라고 말합니다. 그러면 여러분은 종종 "너희는 도무지 찾는 방법을 모르는구나!"라고 말하지 않습니까? 이것은 우리 대부분의 사람들에게도 사실입니다. 절반 정도의 열망을 가진 채 한쪽 눈으로는 아래를 바라보고 다른 쪽 눈으로는 위쪽을 두리번거릴 때, 우리는 아주 작은 축복밖에는 찾지 못할 것입니다. 그런 태도로 도대체 어떻게 충만한 축복을 발견할 수 있겠습니까? 그런 축복은 오직 전심으로, 꾸준히, 샅샅이 찾을 때 비로소 발견할 수 있을 것입니다. 물을 채우기 위해 컵을 수도꼭지 밑에 갖다 댈 때를 생각해 보십시오. 만일 여러분이 무심한 마음으로 아무렇게나 갖다 댄다면, 그 컵에 물은 제대로 채워지지 않을 것입니다. 그리고 컵에 채우지 못하고 흘리는 물이 매우 많을 것입니다. 하나님이 우리에게 자기 자신을 부어주십니다. 그런데 우리는 무심한 마음으로 아무렇게나 우리의 그릇을 갖다 댑니다. 그러면 어떻게 되겠습니까? 수많은 축복들이 땅에 떨어지지 않겠습니까? 결국 우리의 그릇은 비고, 우리의 입술은 목마름으로 마를 것입니다. 계속 찾지 않고 이따금씩 찾을 때, 아주 조금밖에 찾지 못할 것입니다. 내키지 않는 마음으로 마지못해 찾을 때, 아주 조금밖에 찾지 못할 것입니다. 형식적인 신앙은 아주 적은 축복밖에 가져다주지 않을 것입니다. 의례적인 신앙은 하나님 임재의 의식(意識)을 아주 조금밖에 가져다주지 않을 것입니다. 바로 이것이 그토록 많은 사람들이 스스로를 그리스도인이라 칭함에도 불구하고 하나님에 의해 발견되는 기쁨을 아주 조금밖에 알지 못하는 가장 큰 이유입니다. 그것은 그들이 찾기는 했지만 그러나 "부지런히" 찾지 않았기 때문입니다.

우리는 각자 자신을 돌아보며 스스로를 질책할 필요가 있습니다. "부지런히" 하나님을 찾으라는 훈계는 매우 진부한 훈계입니다. 그럼에도 불구하고 그것은 진부하기 때문에 더욱 필요한 훈계입니다. 실제로 그것은 전혀 진부한 훈계가 아닙니다. 왜냐하면 우리에게 너무나 필요한 훈계이기 때문입니다. "나를 간절히 찾는 자가 나를 만날 것이니라"(잠 8:17). 여기에서 "간절히"(early) 찾는 것은 곧 "부지런히"(diligently) 찾는 것을 의미합니다.

3. 마지막으로, 상과 상 주시는 자를 주목하십시오,

하나님은 "자기를 부지런히 찾는 자들에게 상 주시는" 분이십니다. 최고의 상은 여러분이 찾고 있는 것을 발견하는 것입니다. 그러므로 하나님이 주시는 최고의 상은 하나님 자신입니다. 부지런히 찾을 때 따르는 다른 좋은 것들이 많이 있지만, 최고의 것은 하나님과 가까워지는 것입니다. 에녹은 하나님을 찾았으며, 하나님에게 나아왔습니다. 그리하여 그는 하나님과 동행했습니다. 그가 하나님에게 나아온 것에 대한 상은 지속적이며 고요한 교제였습니다. 그에게는 항상 그 곁에서 함께 동행하는 동반자가 있었습니다. 평탄하며 즐거운 때뿐만 아니라 어둡고 험할 때에도 말입니다.

사랑하는 형제들이여, 고요한 마음으로 하나님의 임재를 느끼는 것과 비교할 수 있는 상은 아무것도 없습니다. 하나님은 지금 여기에서 부지런한 찾음의 상이 되십니다. 그리고 오늘의 상에는 미래의 완전한 상에 대한 보증이 담겨 있습니다. "에녹이 하나님과 동행하더니 하나님이 그를 데려가시므로"(창 5:24). 이것은 우리 모두에게도 사실일 것입니다. 우리가 찾는 것들 가운데 마침내 확실하게 찾게 되는 것은 오직 한 가지뿐입니다. 다른 모든 것들은 무익하며 보람 없는 것들일 뿐입니다. 그러나 그 결과가 확실하며 견고한 것이 한 가지, 오직 한 가지만 있습니다. "나는 야곱 자손에게 너희가 나를 혼돈 중에서 찾으라고 이르지 아니하였노라"(사 45:19).

우리가 찾는다면, 그는 우리에게 발견될 것입니다. 이와 같이 그는 우리의 상이면서 동시에 상 주시는 분이십니다.

36
노아의 믿음과 우리의 믿음

"믿음으로 노아는 아직 보이지 않는 일에 경고하심을 받아
경외함으로 방주를 준비하여 그 집을 구원하였으니"
히 11:7

본 장에 등장하는 구약 성도들의 신조(信條)는 매우 짤막하며 우리의 것과는 많이 달랐음에도 불구하고 그들의 믿음은 우리와 똑같은 믿음이었습니다. 믿음의 영웅들의 장엄한 목록을 기록한 히브리서 기자의 중요한 목적은 처음부터 오직 한 종류의 믿음만이 있을 뿐이라는, 다시 말해서 하나님에게 나아가는 오직 하나의 길만이 있을 뿐이라는 원리를 확립하는 것이었습니다. 여기와 같은 초창기 시대의 믿음의 신조들이 아무리 간단하고 초보적이었다 하더라도, 그것을 붙잡는 믿음과 그 결과는 옛 시대의 그들에게나 오늘날의 우리에게나 동일합니다. 우리는 여기에서 신조의 분량과 믿음의 본질은 전혀 무관하다는 사실을 발견할 수 있습니다.

그러므로 우리는 여기의 노아의 예(例)에서 모든 피상적인 차이들의 기저(基底)에 있는 동질성들을 분별할 수 있습니다. 그리고 우리는 여기의 노아라는 흐릿한 인물을 우리에게 믿음의 참된 대상이 무엇인지를 매우 생생한 방식으로 보여 주는 모범으로 취할 수 있습니다.

1. 첫째로, 노아의 믿음의 대상을 주목하십시오.

만일 우리가 본문을 깊이 숙고한다면, 우리는 노아가 오직 하나님의 말씀에 근거하여 희미한 미래를 확신 있게 붙잡은 것이 우리가 믿음이라고 부르는 영혼의 위대한 작용과 본질적으로 동일한 것이라는 사실을 발견하게 될 것입니다.

의심의 여지 없이 히브리서 기자가 생각하고 있었던 믿음은 일차적으로 보이지 않는 것과 희미한 미래를 붙잡는 측면의 믿음이었습니다. 물론 노아가 손을 뻗어 붙잡은 일차적인 믿음의 대상은 다가올 홍수의 재앙과 그로 인한 멸망과 구원의 확실함이었습니다. 그러나 그가 그것을 믿은 유일한 이유는 그렇게 말씀하신 자를 믿었기 때문입니다. 그러므로 그의 믿음의 근본적인 대상은 바로 그에게 보이지 않는 미래를 계시하신 하나님 자신이었습니다. 그는 하나님을 믿었으며, 그랬기 때문에 그분이 말씀하신 것을 믿었습니다. 그러므로 그는 아직까지 보이지 않음에도 불구하고 그것이 확실하게 이루어질 것을 믿었습니다. 보통사람들의 눈에 너무나 흐릿하며 불확실한 미래가 그에게는 마치 지나간 과거처럼 확실했습니다. 그가 믿음으로 장차 올 보이지 않는 일을 붙잡았던 것은 오직 그가 예전에도 계셨고 지금도 계시며 장차 오실 보이지 않는 자를 붙잡았기 때문입니다. 그분은 그를 위해 휘장을 열고, 그에게 반드시 될 일을 보여주셨습니다. 우리의 믿음도 이와 마찬가지입니다. 우리의 믿음이 갈보리에서의 과거의 희생제사를 붙잡는 것이든 혹은 우리 마음 가운데 내주하시는 현재적인 그리스도를 붙잡는 것이든 혹은 먼 미래의 보이지 않는 것을 붙잡는 것이든 간에, 그것의 모든 다양한 측면들은 하나의 사실에 대한 여러 측면들에 불과합니다. 그리고 그 하나의 사실은 우리에게 말씀하시는 인격적인 그리스도에 대한 개인적인 신뢰입니다. 이런 측면에서 그가 말씀하는 혹은 계시하는 내용은 이차적인 중요성을 가진 문제입니다. 하나님의 계시의 내용은 바뀝니다. 그러나 사람이 계시를 받는 행동은 항상 동일합니다.

그러므로 우리 모두를 위한 가장 중요한 질문은 “우리는 하나님을 신뢰하는가?" 하는 것입니다. 우리는 하나님을 신뢰함으로 말미암아 지적인 동의(同意)와 함께 그의 말씀을 받아들입니까? 우리는 계시하시며, 명령하시며, 약속하시며, 경고하시는 하나님을 우리 마음 전체의 신뢰와 함께 믿습니까? 그렇다면 우리는 희미한 미래를 고요한 확신과 함께 바라볼 수 있습니다. 그러나 그러한 믿음이 없을 때, 미래는 마치 먹구름이 가득한 하늘과 같을 것입니다. 반면 믿음을 굳게 붙잡을 때, 우리는 미래에 직면하면서 이렇게 말할 수 있습니다. "나는 거기에 있는 것을 단순히 예상하지 않노라. 나는 분명히 아노라." 나의 형제여, 우리의 믿음이 정말로 믿음이라고 불릴 만한 가치가 있는 믿음이라면, 그것은 절대적으로 하나님 위에 근거합니다. 그리고 그럴 때 그의 말씀은 우리에게 확실함의 정확무오(正確無誤)한 근원이 됩니다.

그러면 여기의 노아 앞에 희미하게 나타난 미래는 무엇이었습니까? 그것은 하나님처럼 확실한 멸망과 그의 사랑처럼 완전한 구원이 다가오고 있는 것이었습니다. 노아는 한순간의 대재앙과 관련되었던 반면 우리는 영원한 상태와 관련되는 것에 대해서는 신경 쓰지 마십시오. 그것은 별로 중요하지 않은 차이입니다. 중요한 것은 장차 올 것에 대한 모든 지식의 근원으로서 우리 역시도 노아처럼 분명한 신적 말씀을 가지고 있다는 사실입니다. 우리와 노아 모두 두 가지 측면을 가지고 있는 점에서 동일합니다. 하나는 확실한 멸망과 관련한 어두운 측면이고, 다른 하나는 확실한 구원과 관련한 밝은 측면입니다. 이와 관련하여 우리 모두를 위한 핵심적인 질문은 이것입니다 — "나는 하나님을 믿는가? 나에게 있어 미래는 여기의 노아에게 그랬던 만큼 확실한 것인가? 나에게 그것은 세상의 모든 환영(幻影)들보다 더 실제적인 것인가?"

당시 사람들이 팔고 사고, 심고 거두고, 시집가고 장가가느라 분주한 것을 바라보고 있는 노아를 상상해 보십시오. 그들 뒤에 멸망의 환상이 불타고 있는 것을 바라볼 때, 그에게 그 모든 일은 얼마나 이상하며 비현실적인 일로 보였겠습니까! 만일 우리에게 이 땅의 사소한 일들은 매우 실제적인 것처럼 보이는 반면 미래는 안개 속에 가려진 흐릿하며 실제적이지 않은 것처럼 보인다면, 우리는 우리의 믿음을 의심해 보아야만 합니다. 하나님의 말씀과 그것이 이루어지는 때 사이의 기간은 이 사람에게 아무것도 아니었습니다. 그에게 있어 실제적인 것은 보이지 않는 것이었으며, 보이는 것은 그림자와 같고 환영(幻影)과 같은 것이었습니다. 바로 이런 믿음이 정말로 믿음이라는 이름으로 불릴만한 가치가 있는 믿음입니다. 여러분의 미래에 대한 인식이 — 멸망과 관련한 것이든 구원과 관련한 것이든 — 여기의 노아처럼 생생하며 확실한지 스스로에게 물어 보십시오. 옛 영국 작가 가운데 한 사람은 이렇게 말했습니다. "만일 내생의 행복이 이생의 즐거움만큼 생생하게 느껴진다면, 차라리 사는 것이 순교하는 것과 같을 것이다." 여기에 약간의 과장이 있을는지 모릅니다. 그러나 하나님과 그의 말씀을 믿노라고 말하면서 오로지 보이는 일시적인 것들만 중요하게 생각하는 사람들에는 분명히 잘못된 것이 있습니다.

2. 둘째로, 노아의 믿음의 실제적인 결과를 주목하십시오.

만일 우리 안에 있는 믿음이 실제적인 믿음이라면, 그것은 필연적으로 역사(役事)할 것입니다. 그러나 그것이 아무런 결과도 맺지 못한다면, 그것은 실제적이지 않은 혹은 실재(實在)하지 않는 믿음일 것입니다. 저자는 하나님의 말씀이 그대로 이루어질 것이라는 믿음이 맺은 두 가지 결과를 제시합니다. 첫째는 노아의 "경외함"이었습니다. 믿음은 그에 합당한 감정을 만들어냅니다. 그리고 둘째로, 믿음은 그러한 감정을 통해 행동에 영향을 끼칩니다. 그는 "방주를 준비"했습니다. 바로 이것이 언제든지 믿음이 역사(役事)하는 순서입니다.

어떤 사람의 믿음이 실제적이며 강한 믿음이라면, 그것은 먼저 감정에 영향을 끼칠 것입니다. 여기의 "경외함"(fear)을 우리는 단순히 개인적인 결과와 관련한 두려움으로 이해해서는 안 됩니다. 설령 그런 측면이 다소간 포함될 수 있었다 하더라도 말입니다. 도리어 그것은 그것보다 훨씬 더 달콤하며 높은 감정을 표현하는 것입니다. 그것은 "경건함과 두려움으로 하나님을 기쁘시게 섬길지니"라고 말할 때와 같은 "경건한 두려움"(godly fear)을 가리킵니다(히 12:28). 그것은 단순히 자신에게 다가오는 어떤 재앙을 생각하며 두려워 떠는 것이 아닙니다. 그것은 사랑과 불가분리적으로 연결된 종교적인 경건한 감정의 두려움입니다. 노아는 자기중심적인 "두려움"을 가질 필요가 없었습니다. 왜냐하면 자신은 절대적으로 안전할 것을 알고 있었기 때문입니다. 다만 본문이 말하는 "경외함"은 경건함과, 아버지의 뜻을 거스르는 것에 대한 두려움과, 겸비한 순복 등을 표현합니다.

이 같은 거룩하며 복된 감정은 실제적인 믿음의 확실한 결과입니다. 어떤 사람의 믿음이 그의 마음을 녹일 수 있을 만큼 충분히 뜨겁지 않다면, 그것은 별 가치 없는 믿음입니다. 감정이 따르지 않는 믿음은 감정으로 모두 낭비되고 마는 믿음보다 더 나쁩니다. 증기가 모두 배출구로 빠져나가는 것은 나쁜 일입니다. 그러나 보일러 안에 배출구로 빠져나갈 수 있는 증기가 하나도 없는 것은 더 나쁜 일입니다. 어떤 사람들은 신앙적으로 뜨거운 감정을 분출하는 사람들을 향해 광적인 감정과잉이라고 조롱합니다. 그러나 나는 아무런 감정도 없는 죽은 정통을 갖기보다, 차라리 극단적인 감정을 가질 것입니다. 후자에게는 약간의 희망이라도 있지만, 전자에게는 아무런 희망도 없습니다. 믿음의 결과인 감정을 두려워하지 마십시오. 도리어 아무런 감정의 고동(鼓動)도 없는 믿음을 훨씬 더 두려워하십시오. 나는 어떤 사람의 믿음과 그의 실천 사이에는 그의 마음을 통하는 것 외에 다른 아무 길도 없다고 확신합니다. 이와 똑같은 개념을 바울 사도는 "사랑으로써 역사하는 믿음"이라는 다소 다른 표현으로 표현합니다(갈 5:6). 내적인 신조(信條)가 외적인 실천으로 이어지는 길은 사랑입니다.

이제 우리는 믿음의 두 번째 결과에 도달했습니다. 믿음이 감정을 일으킨다면, 계속해서 감정은 행동으로 이어질 것입니다. "노아는 경외함으로 방주를 준비하여." 만일 믿음의 결과가 감정이라면, 감정의 결과는 행동입니다. 이와 같이 노아의 믿음은 그를 주변사람들로부터 분리된 행동노선으로 이끌었습니다. 다시 말해서 그의 믿음은 그를 장차 다가올 일을 준비하기 위한 많은 수고로 이끌었습니다. 그 일이 올 것에 대한 보증은 그가 그것을 하나님의 말씀이라고 믿은 것 외에 아무것도 없었습니다. 주석가들은 그가 하나님의 말씀을 받은 때와 홍수 사이에 120년의 기간이 있었다고 계산합니다. 이 사람이 얼마나 오랜 기간 수고를 감당했는지 생각해 보십시오. 또 주위에 얼마나 많은 사람들이 그로 하여금 어리석은 일을 중단하도록 설득하려고 애썼겠는지 생각해 보십시오. 또 얼마나 많은 비웃음과 조롱이 마치 우박처럼 그의 머리 위에 쏟아졌겠는지 생각해 보십시오. 그러나 그는 120년 동안 그를 별난 사람으로 만든 행동노선을 계속 견지(堅持)했습니다.

여러분과 나도 그와 같이 행동합니까? 우리의 믿음 역시 우리의 삶을 그와 같이 이끕니까? 우리의 믿음은 계속 먼 미래를 바라봅니까? 먼 나라로부터 도착할 것으로 예상되는 친구를 맞이하기 위해 분주한 어떤 사람을 상상해 보십시오. 그러면 여러분은 그를 붙들고 그가 지나치게 조급하다고 이야기할 것입니다. 그러면서 친구가 오는지 보기 위해 먼 곳을 바라보지 말고, 주위에 중요한 일들이 많으니 가까운 곳을 바라보라고 충고할 것입니다. 바로 이것이 우리가 이 땅에서 행하는 일입니다. 우리는 우리의 일에 매몰된 가운데 "그 큰 미래"(the great future)를 향해 눈을 들지 않습니다. 그 큰 미래는 이미 시작되었고, 계속해서 우리를 향해 다가오고 있는데 말입니다. 사랑하는 형제들이여, 눈을 크게 뜨고 그 큰 미래를 바라보십시오. 그리고 그것이 여러분의 현재의 삶 전체를 이끌게 하십시오. 우리가 지혜로운 자라면, 우리는 우리의 모든 삶을 그것과 연결시킬 것입니다. 우리의 미래는 우리가 현재를 만들어나가는 대로 될 것입니다. 작은 목적들을 큰 목적을 위한 수단으로 간주한다고 해서 그것들의 가치가 떨어지지 않습니다. 우리는 일상의 시간들을 영원을 위해 준비하는 기회로 바라보아야만 합니다. 그럴 때 비로소 우리는 시간을 되살(redeem) 수 있습니다. 이 땅은, 우리가 그것을 하늘의 관문으로 인식하며 활용할 때, 가장 선하고 아름다워집니다. 별난 사람이 되는 것을 두려워하지 마십시오. 시야(視野)가 먼 미래까지 펼쳐지는 사람이 진정 지혜로운 사람입니다. 또 이 땅에서의 모든 수고의 목적이 그리스도를 기쁘시게 하며 그 안에서 발견디기 위한 것인 사람이 진정 지혜로운 사람입니다.

3. 마지막으로, 노아의 믿음이 어떻게 증명되었는지 주목하십시오.

"세상을 정죄하고." "세상"은 그가 인생을 어리석게 허비하고 있다고 생각했습니다. 의심의 여지 없이 노아와 관련하여 수많은 지혜로운 말들이 말하여졌을 것입니다. "총명하며 실용적인" 사람들은 이렇게 말했을 것입니다. "그는 너무나 광신적인 자로다! 그는 자신의 힘과 기회를 너무나 잘못 사용하고 있도다!" 그러다가 어느 날 아침 비가 오기 시작했으며, 그 비는 40일 동안 그치지 않고 계속되었습니다. 그들은 그의 별난 행동에 그들이 알지 못하는 무엇인가가 있을는지 모른다고 생각하기 시작했을 것입니다. 노아는 방주 안으로 들어갔으며, 비는 여전히 계속되고 있었습니다. 나는 노아의 모든 행동을 어리석고 쓸데없는 짓이라고 생각했던 "실용적인" 사람들이 물이 그들의 무릎까지 차올랐을 때 무슨 생각을 했을는지 참으로 궁금합니다. 그리고 마침내 물이 그들의 입까지 차올랐을 때, 그들의 모든 조롱과 비웃음은 완전히 사라졌습니다.

이와 같이 초라한 헛간에서 예수 그리스도를 섬기며 영원한 면류관을 얻기 위해 사는 가난한 과부의 믿음은 언젠가 증명될 것입니다. 그리고 그 큰 미래의 빛이 비칠 때, "실용적이며 총명한" 자들의 모든 지혜로운 말은 결국 어리석은 말에 불과했음이 온전히 드러날 것입니다. 현재의 일시적인 것들을 위해 사는 "총명한" 사람들은 결국 모든 것을 버려두고 떠나야만 하는 반면, 미래를 위해 산 "어리석은" 사람들은 마침내 그 날이 임할 때 진정으로 지혜로운 자들이었음이 증명되며 궁창의 빛과 같이 영원히 빛날 것입니다. "지혜 있는 자는 궁창의 빛과 같이 빛날 것이요 많은 사람을 옳은 데로 돌아오게 한 자는 별과 같이 영원토록 빛나리라"(단 12:3).

37
성(城)과 장막

"장막에 거하였으니 … 성을 바랐음이라"

히 11:9, 10

본 장에서 히브리서 기자가 옛 믿음의 영웅들의 목록을 기록한 주된 목적은 하나님에게 나아가는 유일한 길이 있을 뿐이라는 사실을 분명히 하는 것이었습니다. 지식의 정도나 외적인 것들은 다양할 수 있지만, 믿음의 본질은 항상 동일했습니다. 그리하여 본 서신의 저자는 유대인들이 자랑하는 모든 위인들이 사실상 그리스도 이전의 그리스도인들이었다고 분명하게 확언합니다. 그는 여기에서 세 명의 족장들에 대해 이야기하고 있습니다. 그가 세 명의 족장들이 동시에 살았다고 생각했는지 혹은 그렇지 않았는지 여부는 중요한 문제가 아닙니다. 다만 그는 "믿음으로 아브라함은 이방의 땅에 있는 것 같이 약속의 땅에 거류하여 동일한 약속을 유업으로 함께 받은 이삭 및 야곱과 더불어 장막에 거하였으니"라고 말할 뿐입니다. 그러면서 그것은 "그가 하나님이 계획하시고 지으실 터가 있는 성을 바랐기" 때문이라고 덧붙입니다.

여기에서 저자는 "믿음"이라는 단어의 의미를 현저하게 확장시킵니다. 여기에서 그가 제시하는 믿음의 한 가지 측면이 크게 부각되는데, 그것은 인격적인 그리스도를 붙잡는 것으로서의 믿음의 측면이라기보다 보이지 않는 미래를 바라보는 것으로서의 믿음의 측면입니다. 그러나 이것은 신약의 통상적인 용례(用例)와 큰 차이가 아닙니다. 그것은 단지 관점과 강조점의 차이일 뿐입니다. 그가 여기에서 말하는 것은 본질적으로 이들 족장들의 삶 속에서 우리가 참된 그리스도인의 삶의 근본적인 실체에 대한 생생한 그림을 보게 된다는 것입니다. 그것은 두 가지로 축약됩니다. 한 가지는 우리가 바라보는 믿음의 위대한 대상(對象)이 우리의 마음과 생각을 채워야 한다는 것입니다, 다른 한 가지는 우리의 마음과 생각이 일시적인 것들로부터 분리되어야 한다는 것입니다. 그들은 성(城, city)을 바라보았기 때문에 유랑하는 장막에 거하는 것으로 만족했습니다. 이것은 참된 그리스도인으로서의 우리의 삶의 본질이 어떠해야 하는지를 보여 주는 중요한 상징입니다. 이제 믿음의 삶의 두 가지 필수적인 특징들을 살펴보도록 합시다.

1. 첫째로, 믿음은 우리로 하여금 계속적으로 보이지 않는 성(城)을 바라보도록 만듭니다.

앞에서도 이야기한 것처럼, 본 서신이 제시하는 믿음의 개념은 신약의 다른 부분에서 발견되는 믿음의 개념과 다소 다릅니다. 그러나 그것은 단지 사소한 차이일 뿐입니다. 왜냐하면 믿음의 대상을 그리스도로 말하든 혹은 하늘의 전체적인 질서로 말하든, 그것은 실제로 아주 작은 차이에 불과하기 때문입니다. 어떤 경우든 우리는 마침내 그를 인격적으로 신뢰하는 개념에 도달합니다. 오직 그의 말씀과 그의 부활과 승천으로 말미암아서만 우리가 보이지 않는 미래를 깨달으며, 오직 그의 은혜와 사랑과 능력으로 말미암아서만 우리가 그러한 미래를 소유할 수 있는 바로 그분 말입니다. 그러므로 우리는, 살아 계신 그리스도 자신이 믿음의 참된 대상인 것이 사실임에도 불구하고, 믿음의 대상의 개념 속에는 히브리서 기자의 관점도 포함된다고 분명하게 말할 수 있습니다. 다시 말해서 "터가 있는 성" 역시 우리의 마음과 생각을 채우는 믿음의 대상이 되어야만 한다는 것입니다. 왜냐하면 그것이 모두 그리스도를 둘러싸고 있기 때문입니다.

나는 여기에서 아브라함의 삶의 원리와 목표에 대해서는 상세하게 논의

하지 않을 것입니다. 아브라함이 이생에서 보이지 않는 이상적(理想的)인 성(城)이 실현되는 것을 바라보았는지 그렇지 않았는지 하는 것은 중요하지 않습니다. 왜냐하면 그에게 있어 그 결과는 둘 중 어느 쪽 입장을 취하든 정확하게 동일하기 때문입니다. 아브라함이 만물의 완전한 질서가 자신이 방랑하던 땅에서 실현될 것으로 믿었든 아니면 죽음 이후의 먼 미래를 위해 유보된 것으로서 어렴풋이 붙잡았든, 그것은 중요하지 않습니다. 어느 쪽 경우든, 그는 보이지 않는 것과 만물의 미래의 상태를 위해 살았고 또 그것으로 말미암아 살았습니다. 저자가 어떻게 여기에서 단순하면서도 생생한 말로 그러한 미래와 관련한 복된 개념들을 제시하는지를 주목하는 것은 매우 멋진 일입니다.

"그 성"(the City) — 그러므로 오직 하나의 성이 있을 뿐입니다. "그 성"(the City) — 그러므로 우리의 소망의 대상은 하나의 완전한 공동체(a perfect society)가 되어야만 합니다. 세상을 외로이 방랑했던 아브라함과 그의 권속들과 같은 모든 나그네들과 행인들이 마침내 함께 모이게 될 그런 공동체 말입니다. 외로운 방랑과 스스로를 보호할 수 없는 허름한 장막 대신, 헤아릴 수 없이 많은 무리가 함께 합쳐진 기쁨과 안전이 있을 것입니다. "그 성"은 완전한 공동체입니다. 세상에서 서로 분리되고 단절된 채 살아가는 우리 모두는 장차 거기에서 "함께"라는 단어가 의미하는 것을 충분하게 이해할 수 있게 될 것입니다. "이는 그가 그 성을 바랐음이라"(10절).

"터가 있는 성" — 그러므로 믿음의 대상은 견고합니다. 그것은 요동(搖動)함을 알지 못하며, 변함도 없으며, 어떤 공격도 두려워하지 않습니다. 그것은 폭력에 예속될 수 없으며, 가루가 되어 날아갈 수도 없습니다. "터가 있는 성" — 지금 여기에서 우리는 우리 주님의 비유에 나오는 어리석은 자처럼 많든 적든 모래 위에 집을 짓습니다. 바로 이것이 이 땅에서의 우리의 삶의 상태입니다. 우리는 그것을 받아들이고, 그것을 최선으로 만들어야 합니다. 그러나 변함의 고통과 불확실함의 괴로움을 가장 많이 배운 사람들이야말로 "그 터가 있는 성"이라는 표현에 담겨 있는 큰 위로와 격려를 붙잡도록 가장 잘 훈련된 사람들입니다.

또 그 성은 "하나님이 계획하신" 성입니다. 그 성은, 오늘날의 언어로 그의 이상(理想)의 실현으로 불리는, 그의 계획의 성취입니다. 나아가 하나님은 그 성을 "계획하신" 자일 뿐만 아니라 또한 그것을 실제로 "지으신" 자입니다. 설계자들은 통상적으로 자신의 설계도를 어설픈 기술자들의 손에 맡깁니다. 그러나 사람의 모든 작업은 하늘의 설계자의 마음속에 있었던 완전한 이상(理想)에 결코 부응하지 못합니다.

우리는 시작할 때 위대한 건축물을 계획합니다. 그러나 삶을 마치면서 우리가 지은 것을 돌아볼 때, 기껏해야 그것은 불완전하며 보잘것없는 건축물에 불과합니다. 그러나 하나님이 계획하신 것은 그대로 이루어집니다. 그가 계획하신 것들은 모두 적합한 재료로 만들어집니다. 그리고 그의 마음에 있었던 모든 것은 완전한 미래 안에서 외적인 사실로서 펼쳐집니다.

그 성이 완전하면서도 영구적인 공동체이며 하나님에 의해 계획되었으며 마침내 그에 의해 이루어지는 것이라면, 우리는 그것을 그와의 교제의 조건 위에서 소유합니다. 아브라함이 자신이 바라보았던 것이 가나안 땅에 세워질 것으로 생각했는지 그렇지 않은지 여부는 전혀 중요한 문제가 아닙니다. 중요한 것은 그가 그러한 환상을 가졌다는 사실입니다. 그것이 어디에서 이루어지느냐 하는 것은 별로 중요한 것이 아니었습니다. 우리는 그 환상이 어디에서 이루어지는지 알지 못합니다. 우리는 그것이 이 땅에서 어떤 우주적인 변화에 의해 이루어지게 될 것인지 아니면 완전하게 된 영들이 거할 하늘에서 그렇게 될 것인지 알지 못합니다. 그리고 그것은 중요한 문제가 아닙니다. 중요한 것은 우리가 그러한 환상을 가져야만 한다는 것입니다. 그것이 언제, 어디에서, 어떻게 성취될 것인가 하는 것은 중요하지 않습니다. 그러한 문제들로 분주한 가운데 그런 것으로 자신들의 영이 계발된다고 생각하는 사람들은 큰 오류를 범하고 있는 것입니다.

사랑하는 형제들이여, 나는 오늘날의 평균적인 기독교적 삶과 경험이 안타깝게도 미래에 대한 그와 같은 분명한 환상을 결여하고 있다고 생각합니다. 우리는 사회적 체계로서의 기독교에 대해 많이 듣습니다. 기독교가 이 세상에서 무엇을 해야 할 것인가 하는 주제가 지나치게 강조되는 나머지 미래의 삶에 대해 설교하는 것은 너무나 생소하게 들립니다. 너무나 많은 사람들이 그런 주제를 실제적인 삶과 매우 동떨어져 있을 뿐만 아니라 거의 상관없는 것으로 여깁니다. 그러나 사랑하는 형제들이여, 나는 이 세대의 기독교가 상당 부분 힘을 상실한 주된 이유들 가운데 하나가 바로 이것, 즉 오늘날 너무나 많은 그리스도인들의 생각 속에 장차 우리가 살게 될 성에 대한 복된 환상이 점점 더 흐려져 가고 있는 사실에 기인한다고 믿습니다. 오늘날 여러분은 미래의 복된 삶과 관련한 설교를 너무나 드물게 듣습니다. 오늘날 여러분이 주로 듣는 설교는 대체로 그리스도인이 되는 것이 이생에서 얼마나 좋은 일인가 하는 것입니다.

물론 경건에는 "이생의 약속"이 포함되어 있습니다. 그리고 복음의 그러한 측면은 아무리 강조해도 결코 지나치지 않습니다. 그러나 자칫 그것은 균형에 맞지 않게 제시될 수 있으며, 나는 이 세대가 바로 그러하다고 감히 생각합니다. 그러므로 우리는 현재의 삶의 영역을 넘어 장차 우리가 살게 될 성(城)을 바라보는 습관을 계발하고자 의식적(意識的)으로 노력할 필요가 있습니다. 우리의 망원경의 렌즈를 윤이 나도록 닦읍시다. 그리고 그것으로 단순히 땅의 먼 곳만 바라보지 말고, 하늘의 별들을 바라보도록 합시다. 그럴 때 우리는 현재적인 선(善)과 믿음의 능력을 훨씬 더 많이 실현시키게 될 것입니다.

2. 둘째로, 믿음은 우리로 하여금 현재적인 질서로부터 기꺼이 떨어지도록 만듭니다.

"믿음으로 그가 … 장막에 거하였으니" — 다시 말해서 아브라함은 장막을 치고 방랑하는 삶을 살았습니다. 그와 그의 아들 이삭과 그의 손자 야곱은 그 땅에 정착하기를 끊임없이 부인함으로 그 성의 약속에 대한 그들의 믿음의 깊음과 견고함과 실제적인 능력을 증명했습니다. 최근의 고고학적 발견은 우리에게 여기의 방랑자들이 낙타털로 만든 장막과 함께 동방으로부터 왔을 때 가나안의 문명이 얼마나 고도로 발전되고 조직화되어 있었는지를 잘 보여 줍니다. 가나안에서의 그들의 모습은, 마치 오늘날 영국에서 살고 있는 집시들의 모습처럼, 매우 특이하며 어울리지 않는 모습이었습니다. 그들이 헤브론이나 여타의 다른 성읍들(cities)로 가지 않은 이유는 그들이 "그 성"(the City)을 바라보았기 때문이었습니다. 그들은 고정된 집에서 사는 것보다 장막에 거하는 것을 더 좋아했습니다.

"그 큰 미래"(the great future)에 대한 분명한 환상은 우리로 하여금 현재를 일시적이며 덧없는 것으로 바라보도록 이끌 것입니다. 우리는 우리가 살고 있는 곳이 조만간 허물어질 장막과 같은 것일 뿐이라는 사실을 알게 될 것입니다. 설령 우리 가운데 어떤 사람들은 그것이 언제까지나 계속될 영속적인 집으로 생각한다 하더라도 말입니다.

우리는 일시적인 세상을 영원한 것으로 생각하는 풍조와 맞서 싸워야만 합니다. 비록 가만히 있는 것처럼 보인다 할지라도, 세상은 그 안에 있는 어떤 것보다 더 빠르게 움직이고 있습니다. 우리는 만물이 참여하는 운동(movement)의 보편성에 속습니다. 우리에게 그것들은 가만히 있는 것처럼 보입니다. 그러나 충돌과 마찰이 올 때, 우리는 우리가 얼마나 빨리 달려가고 있는지 발견합니다. 그럴 때 짧은 인생과 두려운 변화에 대한 슬픔과 우울함과 탄식이 옵니다. 이 모든 것들은 삼류 시인의 상투적인 시구(詩句)들처럼 들립니다. 우리가 그것을 경험할 때 그것은 우리 마음을 소스라치는 놀람과 번뇌로 찌릅니다.

그러나 형제들이여, 영원한 하늘에 대한 분명한 환상으로 말미암아 인생의 덧없음을 깨닫는 것은 불행한 일이 아니라 축복된 일이라는 사실을 기억하십시오. 오직 그것을 깨달을 때 비로소 사람은 스스로에게 다음과 같이 말할 수 있게 됩니다. "주께서 나의 날을 한 뼘 길이만큼 되게 하시매 나의 일생이 주 앞에는 없는 것 같사오니 사람은 그가 든든히 서 있는 때에도 진실로 모두가 허사뿐이니이다"(시 39:5). 영구한 것이 아무것도 없음을 깨달을 때, 사람은 가장 큰 번뇌를 느끼게 됩니다. 그러나 "주의 나라는 영원한 나라이며 주의 통치는 대대에 이를" 것을 깨달을 때, 우리는 그 모든 일시적인 것들이 사라지는 것을 편안한 마음으로 바라볼 수 있습니다(시 145:13). 아브라함은 성(城)을 바라보았습니다. 그랬기 때문에 그는 기꺼이 장막에 거하였습니다.

이러한 개념에는 또 하나의 측면이 있습니다. 그것은 영구적인 미래를 분명하게 바라보는 것은 필연적으로 우리가 썩어져가는 현재로부터 떨어지도록 만들 것이라는 사실입니다.

"그리스도인들이 현재적인 삶의 질서로부터 얼마나 멀리 떨어져 있어야 하느냐"라든지 혹은 "이러한 원리를 세세하게 적용하는 것은 어느 정도 범위까지 각 개인들에게 남겨져야 하느냐" 등과 같은 매우 난해한 질문들이 제기될 수 있습니다. 그러나 나는 이 세대의 평균적인 그리스도인들이 현재의 세상으로부터 분리되는 것보다 그것과 혼합되는 것에 대해 더 많은 경고를 받아야 한다고 굳게 확신합니다. 아브라함은 우리 앞에 매우 포괄적인 모범을 제시합니다. 그는 주위 사람들과 더불어 호의적인 관계를 유지했습니다. 주위 사람들은 그를 방백으로 여기며 그에게 경의를 표했습니다. 그들은 그를 하나님의 종으로 인식했으며, 그의 용맹함을 알았습니다. 그는 자신의 친족뿐만 아니라 이교도 이웃들을 위해 칼을 뽑아들기를 주저하지 않았습니다. 그러나 아무것도 그를 마므레 상수리나무 아래 있는 그의 장막으로부터 나오도록 만들지 못했습니다. 그의 이름은 '다른 지역에서 온 히브리 사람 아브라함'이었으며, 모든 사람이 그 이름을 알았습니다. 그는 그의 생애 내내 그러한 이름을 가지고 살았습니다.

나는 여기에서 세세한 규칙들을 제시하고자 하지 않습니다. 형식적인 규칙들은 도리어 원리를 파괴합니다. 그렇지만 스스로에게 이렇게 물어보십시오. "사람들이 나를 '다른 지역에서 온 사람' 혹은 '자신들과는 전혀 다른 삶의 질서에 속한 사람'으로 부르는가?" 우리는 이 세상에서 심고 거두며, 사고 팔아야 합니다. 우리는 세상에 영향을 끼치고자 애써야 합니다. 우리는 세상 사람들과 함께 세상으로부터 많은 즐거움들을 끌어내야 합니다. 두말할 것 없이 믿음을 좇는 사람과 감각을 좇는 사람에게 공통적인 큰 영역이 있습니다. 나는 어떤 직업이나 관심사나 의무나 혹은 즐거움의 영역에서 무작정 떨어져 있으라고 말하지 않습니다. 다만 내가 말하고자 하는 것은 만일 우리가 성(城)에 대한 분명한 환상을 갖는다면 우리가 헤브론이나 혹은 소돔에 우리의 집을 만들 필요가 전혀 없다는 사실입니다.

아브라함으로부터 선택을 요구받았을 때, 롯은 소돔을 선택하고 그곳으로 내려갔습니다. 그는 자신이 원했던 것 즉 가축을 위한 목초지를 얻었습니다. 그러나 그는 동시에 자신이 원하지 않았던 것 즉 멸망을 얻었습니다. 그리고 마침내 그 성에 참여하는 것까지도 잃어버리고 말았습니다. 아브라함은 산지에 거하며, 거기에서 하나님과 선한 양심을 지켰습니다. 아마도 아브라함은 롯만큼 많은 돈을 벌지는 못했을 것입니다. 틀림없이 롯의 가축이 아브라함의 가축보다 더 많았을 것입니다. 그러나 한 사람은 높은 산지에서 멀리 떨어져 있는 반짝이는 성(城)을 볼 수 있었지만, 다른 사람은 소돔의 낮은 평지에서 그 성읍 외에는 아무것도 볼 수 없었습니다. 아브라함과 함께 높은 산지에 거하는 것이 롯과 함께 낮은 평지에 거하는 것보다 훨씬 더 낫지 않습니까! 왜냐하면 롯이 거하는 땅은 재물과 함께 언제든 유황 불비가 쏟아질 준비가 되어 있었기 때문입니다. "믿음으로 그가 장막에 거하였으니 … 이는 그가 성을 바랐음이라."

38
믿음이 우리의 삶에 가져다주는 실제적인 결과들

"이 사람들은 다 믿음을 따라 죽었으며 약속을 받지 못하였으되
그것들을 멀리서 보고 환영하며
또 땅에서는 외국인과 나그네임을 증언하였으니"
히 11:13

본 장에 나타나는 믿음의 영웅들의 위대한 목록은 우리에게 믿음의 산 영(靈)이 구약시대와 신약시대에 동일했음을 보여 줍니다. 본 서신에서의 믿음이라는 단어의 의미는 신약의 다른 부분들에서의 그것의 의미와 다르다는 주장이 종종 제기되어 왔습니다. 그러한 주장은 대체로 사실입니다. 믿음의 대상과 관련한 한, 양자 사이에는 큰 차이가 있습니다. 그러나 믿음의 대상이 되는 인격적 존재와 믿음의 행동과 관련한 한, 그것은 사실이 아닙니다. 왜냐하면 그것들은 모두 동일한 것이었기 때문입니다. 여기의 족장들의 믿음은 단순히 일시적이며 세상적인 약속 위에 세워진 것이 아니었습니다. 그들은 실제로 그 땅을 바라보았습니다. 그러나 그 땅을 바라보는 가운데, 그들은 "터가 있는 성(城)"을 바라보았습니다. 미래에 대한 그들의 소망 속에는 우리의 경우와 똑같은 알지 못하는 흐릿함과 풀리지 않는 문제들이 있었습니다. 그들의 믿음은 자신들의 영혼을 하나님께 던지는 것이었으며, 그것은 하나님의 아들을 믿는 우리의 믿음과 본질

적으로 동일한 것이었습니다. 그러므로 구약 성도들의 믿음과 우리의 믿음은 피상적인 차이에도 불구하고 그것들의 본질적인 성격에 있어서나, 그것들이 붙잡는 대상에 있어서나, 그것들이 삶에 끼치는 실제적인 결과에 있어 하나입니다.

그러므로 믿음이 위대한 족장들에게 끼친 영향을 묘사하는 본문은 오늘날을 살아가는 우리에게도 직접적으로 적용됩니다. 나아가 본문으로부터 우리는 기독교 신앙이 우리의 일상의 삶에 가져다주는 실제적인 결과들과 관련한 몇 가지 중요한 개념들을 끌어낼 수 있습니다.

1. 첫째로, 어떻게 믿음이 우리의 눈과 마음을 미래로 채우는지 주목하십시오.

여러분은 내가 본문을 흠정역과는 다소 다르게 읽은 것을 눈치 챘을 것입니다. 흠정역의 "그것들을 확신하면서"(and were persuaded of them)라는 구절은 원문에는 없는 것으로서, 필사자가 덧붙인 것입니다(KJV : These all died in faith, not having received the promises, but having seen them afar off, and were persuaded of them, and embraced them, and confessed that they were strangers and pilgrims on the earth — 한글개역개정판에는 그 부분이 없음). 또 "멀리서"(afar off)라는 부사가 "보고"(having seen them)와 "포옹하며"(embraced them, 한글개역개정판에는 "환영하며"로 되어 있음)의 두 구절에 공히 적용되도록 의도된 것임을 주목하십시오. 그러므로 "포옹하며"라는 번역어는 저자의 의도를 올바르게 나타내지 못하는 부적절한 표현입니다. 왜냐하면 여러분은 멀리 떨어져 있는 것을 포옹할 수 없기 때문입니다. 여기의 족장들은 결코 "약속을 포옹하지" 않았습니다. 그러므로 그 단어의 의미는 포옹하는 것이 아니라, 환영하며 맞이하는 것입니다. 이렇게 볼 때, 이러한 표현 안에 담겨 있는 상징은 너무나 아름다운 것이 됩니다. 먼 곳을 여행하고 돌아오는 여행자를 생각해 보십시오. 그는 지금 자신의 집이 바라다 보이는 높은 고개 정상에 서 있습니다. 그는 멀리 있는 자신의 집을 보면서 손을 흔들어 환영합니다. 그와 그의 집 사이는 아직 멀지만, 그의 마음은 그 모든 거리를 뛰어 넘어 날아갑니다. 또 오랜 항해를 마치고 집으로 돌아오는 선원을 생각해 보십시오. 그는 수평선 너머 까마득하게 보이는 고향 땅을 바라보면서 환호성을 지르며 그것을 환영합니다. 설령 자신이 지금 타고 있는 배와 자신의 집 사이에 까마득한 거리가 있다고 하더라도 말입니다. 그리고 계속해서 사나운 파도가 자신의 배를 때리고 부서진다 하더라도 말입니다. 이와 같이 여기의 족장들은 황량한 광야 너머를 바라봅니다. 그렇게 바라볼 때, 그들의 마음은 하나님이 약속하신 것들을 향해 날아갑니다. 왜냐하면 그들이 "약속하신 이를 미쁘신 줄 알았기" 때문입니다(11절). 바로 이것이 하나님을 신뢰하는 모든 참된 믿음의 합당한 태도입니다.

여기에서 우리가 생각해야 할 것이 두 가지 있습니다. 하나는 믿음으로 바라보는 것이며, 다른 하나는 믿음으로 환영하는 것입니다.

사람들은 "보는 것이 믿는 것"이라고 말합니다. 그러나 나는 이러한 격언을 거꾸로 뒤집고 싶습니다. "믿는 것이 보는 것"이라고 말입니다. 왜냐하면 보잘것없는 육체의 시각(視覺)으로 바라보는 것보다 믿음으로 바라볼 때, 바라보는 대상을 더 선명하며 확실하게 보며 또 그것과 더 직접적으로 접촉할 수 있기 때문입니다. 육체의 시각으로 바라보는 모든 것은 환영(幻影)들로 가득합니다. 그럴 때 우리는 바라보는 대상을 실제적으로 소유하지 못합니다. 반면 믿음으로 바라보는 시각은 확실하며, 실제적이며, 선명하며, 견고합니다. 믿음으로 바라보는 것은 마치 미래의 흐릿한 실재들을 입체경으로 바라보는 것과 같습니다. 하나님의 위대한 약속의 말씀을 겸손한 마음으로 받아들이면서 하나님이 보는 것처럼 그렇게 하나님의 눈으로 바라보는 사람은 육체의 시각으로는 결코 가질 수 없는 선명하며, 확실하며, 직접적인 지식의 근원을 갖습니다. 믿음으로 바라보는 것은 육체의 시각으로 바라보는 것보다 훨씬 더 깊고, 훨씬 더 실제적이며, 실재(實在)와 훨씬 더 일치되며, 바라보는 눈을 훨씬 더 충분하게 만족시켜 줍니다. 허탄한 말에 속지 마십시오. 오직 하나님의 말씀에 근거하여 "나는 아노라! 보라, 나의 기업을!"이라고 말할 때, 여러분은 고요한 이성(理性)

과 상식이 가르치는 것보다 훨씬 더 많은 것을 말하고 있는 것입니다. 말씀 가운데 무엇인가를 보여 주시는 하나님을 믿을 때, 우리는 그것을 보고 또 그것을 소유합니다.

나아가 이와 같이 믿음으로 바라보는 것은 약속된 것들을 직접적으로 지각(知覺)하는 것이 아니라 단지 약속 가운데 그것들을 바라보는 것일 뿐이라는 사실을 기억하십시오. 그러면 이러한 사실은 그것을 덜 복된 것으로 만듭니까? 자신의 연구실에 앉아 하늘을 주의 깊게 관찰하고 있는 천문학자를 생각해 보십시오. 자신이 사용하는 반사망원경의 렌즈를 내려다보면서 그는 육안으로 직접 하늘을 바라보는 것보다 자신이 별들의 빛을 덜 분명하고 덜 실제적으로 보고 있다고 느낍니까? 육안으로 직접 하늘을 바라보는 것보다 반사망원경의 렌즈를 통해 바라보는 것이 그에게 있어 훨씬 더 정확한 지식의 근원이 아닙니까? 이와 같이 보이지 않는 하늘의 거대한 빛을 약속을 통해 바라볼 때, 우리는 우리의 현재적인 감각과 수용 능력에 적합한 참된 상(像)을 보게 될 것입니다. 믿음이 약속을 바라보는 것으로 인해 하나님께 감사하십시오. 그렇지 않다면 그것은 더 이상 믿음이 아닐 것이며, 그럴 때 그것의 복됨은 상당 부분 사라질 것입니다.

계속해서 이와 같이 믿음으로 바라보는 것은 우리의 믿음의 분량에 따라 달라진다는 사실을 기억하십시오. 그것은 항상 동일하지 않습니다. 빛의 굴절 작용은 때로 바다 수면 위에 맞은편 해변의 괴이한 모양을 나타내기도 합니다. 남해안에 서 있는 사람은 때로 특별한 기후 조건 위에서 프랑스 해안의 사구(砂丘)나 혹은 벨기에 해안의 모습을 보게 됩니다. 마치 그것이 바로 옆에 있는 것처럼 말입니다. 이와 같이 믿음은 하나님의 보좌로부터 나오는 빛을 굴절시킴으로써 그것의 상(像)을 나타냅니다. 믿음이 강할수록 그 상은 더 선명합니다. 반면 믿음이 약할 때, 그 상은 한낮의 빛 속으로 흡수되어 사라져 버립니다.

나의 형제들이여, 여러분은 마땅히 이와 같이 믿음으로 바라보는 것을 계속해서 계발시켜 나가야 합니다. 그렇게 하는 것은 결코 쉬운 일이 아닙니다. 왜냐하면 현재의 무게와 압력이 너무나 강하기 때문입니다. 우리를 묶는 감각의 사슬은 무서울 정도로 견고하며 튼튼합니다. 그럼에도 불구하고 마치 망원경을 통해 바라보는 것처럼 믿음으로 멀리 떨어진 세상을 바라보면서 영원한 영광을 가까이 끌어당기는 능력을 계발하는 것은 여전히 우리에게 가능합니다. 한쪽 눈으로 가까운 곳을 보고 다른 쪽 눈으로 먼 곳을 보는 것은 불가능합니다. 마찬가지로 우리의 눈이 이 땅의 모든 헛된 것들에 향하여 있을 때, 우리의 영혼은 결코 보이지 않는 영광을 바라볼 수 없습니다. 여러분은 자신의 눈을 여러분의 발 앞에 떨어져 있는 쓰레기와 지푸라기를 바라보도록 고정시킬 수도 있고, 여러분의 머리 위에 반짝이는 면류관을 바라보도록 고정시킬 수도 있습니다. 여기의 족장들은 모두 믿음으로 하나님으로부터 받은 약속을 바라보았습니다.

그렇습니다. 그들은 약속을 바라보며, 그것을 환영했습니다. 장차 있을 놀라운 일들을 바라보았을 때, 그들의 마음은 뛰었으며 그들의 입술은 즐거운 외침을 터뜨렸습니다. 이와 같이 믿음에는 영혼의 즐거운 외침이 있습니다. 장차 있을 놀라운 일들을 바라볼 때, 그것은 우리를 끌어당깁니다.

17세기 작가들 가운데 한 사람은 이렇게 말했습니다. "다음 세상의 행복이 이 세상의 행복만큼 실제적으로 느껴진다면, 이 땅에서 사는 것은 순교하는 것과 같을 것이다." 이것은 사실입니다. 우리가 믿음으로 장차 있을 것을 바라본다면, 우리는 사랑 외에 다른 아무것도 선택할 수 없을 것입니다. 우리가 그것을 바라볼 때, 필연적으로 우리는 그것을 열망하게 될 것입니다. 사랑하는 그리스도인들이여, 여러분의 영혼은 진실로 보이지 않는 영원한 것들을 열망합니까? 이것은 우리의 신앙고백의 진정성을 시험하는 강력한 시금석입니다. 이러한 질문을 스스로에게 적용하기를 주저하지 마십시오.

2. 둘째로, 어떻게 믿음이 우리를 현재로부터 떼어 놓는지 주목하십시오.

"이 사람들은 … 땅에서는 외국인과 나그네임을 증언하였으니." 두말할 것도 없이 저자는 지금 아브라함의 말을 언급하고 있는 것입니다. 그가 헷 사람들 앞에서 사라를 장사할 땅을 요청했을 때 말입니다. 그때 그는 스스로를 "나그네와 거류하는 자"로 불렀습니다. "나는 당신들 중에 나그네요 거류하는 자이니 당신들 중에서 내게 매장할 소유지를 주어 내가 나의 죽은 자를 내 앞에서 내어다가 장사하게 하시오"(창 23:4). 또 저자는 지금 바로 앞에서의 야곱의 말을 언급하고 있습니다. "내 나그네 길의 세월이 백삼십 년이니이다 내 나이가 얼마 못 되니 우리 조상의 나그네 길의 연조에 미치지 못하나 험악한 세월을 보내었나이다"(창 47:9). 이러한 말들은 이 땅을 살아가는 가운데 그들이 무엇을 바라보았는지를 우리에게 잘 보여 줍니다. 그들은 자신들이 이 세상의 질서에 속하지 않고 다른 세상의 질서에 속한다고 느꼈습니다.

우리가 이 땅에서 외인(外人)과 거류하는 자라는 의식(意識)에는 두 가지 종류가 있습니다. 한 가지는 단순히 이 땅의 모든 것들의 자연적인 무상함과 인생의 짧음을 인식하는 것으로부터 오는 것입니다. 그것 외에 또 한 가지가 있는데, 그것은 우리가 다른 나라와 다른 질서에 속한다는 의식으로부터 오는 것입니다. "외인"(stranger)은 어떤 통치 체제 안에 있지만 다른 왕과 다른 통치 체제에 속하는 사람입니다. "나그네"(pilgrim) 혹은 "거류하는 자"(sojourner)는 지금 있는 곳이 잠깐 동안만 있을 곳인 사람입니다. 그러므로 전자는 자신이 다른 질서에 속함의 개념을 표현하며, 후자는 지금 상태의 일시성의 개념을 표현합니다.

이와 같이 "외인과 거류하는 자"로서의 그리스도인의 의식(意識)은 인생이 덧없이 금방 지나간다는 생각으로부터가 아니라 약속된 것들을 바라보는 믿음의 보다 더 복된 작용으로부터 옵니다. 그리고 그러한 의식을 가질 때, 우리는 우리를 둘러싸고 있는 것들로부터 분리됨을 느낄 수밖에 없습니다. 스위스나 북부 스코틀랜드와 같이 산악 지역에 사는 사람들은 낮은 평지로 내려올 때 강렬한 향수병으로 인해 종종 무기력함에 빠지곤 한다고 합니다. 우리가 그리스도인으로서 다른 질서에 속한다면, 우리는 이 땅이 우리의 본향이 아님을 느낄 것입니다. 롯이 소돔으로 갔음에도 불구하고, 아브라함은 그곳으로 갈 수 없었습니다. 아브라함과 이삭과 야곱은 그들을 둘러싸고 있는 사회 체계 밖에 있었는데, 그것은 자신들이 다른 사회 체계에 속함을 확신했기 때문이었습니다. 다시 말해서 그들은 장막에 거했는데, 그것은 그들이 성(城)을 바라보았기 때문입니다. 어떤 사람에게 있어 "인생 칠십 년이 마치 한 뼘과 같도다. 나는 외인이요 거류하는 자로다"라고 말하는 것은 그의 마음을 낙망케 하며 슬프게 만드는 것일 따름입니다. 그러나 어떤 사람이 "나의 집은 하나님과 함께 있도다. 나는 이 땅에서 외인이요 거류하는 자로다"라고 말하는 것은 그의 삶이 고결하며 복된 삶임을 나타내는 확실한 증표입니다. 전자와 같은 생각은 현재의 것들에 절망적으로 매몰되는 것과 완전하게 일치합니다. "내일 죽을 것이니 먹고 마시자"라는 말은 "내일 죽을 것이니 하늘을 위해 살자"라는 말과 마찬가지로 인생의 덧없음을 의식(意識)하는 것으로부터 나오는 필연적인 결론입니다. 모든 것은 그러한 의식의 근원이 무엇이냐에 달려 있습니다. 그 근원이 무엇이냐에 따라 우리 마음을 쓰라리게 만들면서 더욱 더 사라질 것들에 집착하도록 만들 수도 있고, 우리를 세상의 일시적인 것들 위로 끌어 올리면서 우리 마음을 다음과 같은 즐거운 확신으로 채울 수도 있습니다. "나는 하늘의 시민권을 가진 자라. 그러므로 이 땅에서는 외인일 뿐이라."

나의 형제여, 당신의 믿음은 당신을 땅에다가 묶는 끈을 느슨하게 만듭니까? 당신의 믿음은 당신을 보이는 일시적인 것들로부터 떨어지게 만듭니까? 그렇지 않으면 당신의 삶은 오로지 세상적인 삶의 원리들에 따라 움직입니까? 당신은 세상의 일시적이며 덧없는 성공으로 인해 즐거워하며, 세상의 일시적인 고난으로 인해 괴로워합니까? 그렇다면, 당신은 도대체 무슨 근거로 스스로를 그리스도인으로 부릅니까? 그렇다면, 당신이 도대체 어떻게 믿음으로 사노라고 말할 수 있단 말입니까? 당신이 세상의 사소한 것들로 인해 소경이 되어 멀리 있는 것들을 바라볼 수 없게 되었는데 말입니다. 마치 4페니짜리 동전에 눈이 가려 하늘의 해를 볼 수 없게 된 사람처럼 말입니다. 참된 믿음은 사람을 이 땅의 현재로부터 떼어 놓습니다. 여러분의 믿음이 그렇게 하지 않는다면, 도대체 어디에 문제가 있는지 곰곰이 생각해 보십시오.

3. 마지막으로, 믿음이 어떻게 죽음 안에서 승리를 거두는지 주목하십시오.

"이 사람들은 다 믿음을 따라 죽었으며." 여기의 옛 족장들을 생각해 보십시오. 그들의 생애 동안 하나님이 약속하신 것들은 아무것도 이루어지지 않았습니다. 그러므로 그들은 하나님이 그것을 이루실 것을 믿으면서 죽었습니다. 그들의 모든 실망은 도리어 그들의 믿음을 자라게 하는 자양분이 되었습니다. 그들이 평생 동안 의지(依支)했던 말씀들은 성취되지 않았기 때문에 그러한 말씀들은 참이어야만 합니다. 이것은 이상한 역설입니다. 그렇지만 그것은 족장들의 마음을 평안으로 가득 채운 역설입니다. 그러한 역설은 죽음 앞에서의 야곱으로 하여금 "여호와여 나는 주의 구원을 기다리나이다"라는 마지막 예언의 노래를 하도록 만들었습니다(창 49:18). 그들은 모두 믿음 안에서 죽었는데, 그것은 그들이 약속을 받지 못했기 때문이었습니다. "이 사람들은 다 믿음을 따라 죽었으며 약속을 받지 못하였으되."

그러므로 사랑하는 형제들이여, 우리에게 있어 인생의 목적은 실망으로부터 자양분을 얻으면서 자라는 믿음을 갖는 것입니다. 우리는 아무것도 없음으로 해서 모든 것을 더욱 확신할 수 있습니다. 우리는 하나님이 지금의 세상과 균형을 맞추기 위해 또 다른 세상을 만드실 것을 확신할 수 있는데, 그것은 지금의 세상이 온갖 종류의 쓰라림과 곤고함과 괴로움으로 가득하기 때문입니다. 그리고 우리의 마지막 역시 그들의 마지막과 마찬가지로 "아무도 본 적이 없고 볼 수도 없는" 것들을 밝히 봄으로 아름다워질 수 있습니다. 그리고 우리를 위해 어둠 속으로 열린 하늘과 하나님의 영광의 빛이 임할 것입니다. 그 빛이 우리 얼굴에 비췸으로 우리 얼굴이 천사의 얼굴로 바뀔 것입니다. 그러므로 우리는 죽음의 행동 안에서 우리의 인생을 고요한 마음으로 즐겁게 내려놓을 수 있게 될 것입니다. 어떤 사람들은 사라져가는 인생의 치맛자락을 붙잡고 늘어지며 "나는 절대로 너를 놓지 않을 거야!"라고 부르짖습니다. 반면 다른 사람들은 "주여 나는 주의 구원을 기다리나이다!"라고 말할 수 있습니다. "주재여 이제는 말씀하신 대로 종을 평안히 놓아 주시는도다"(눅 2:29).

"이 사람들은 다 믿음을 따라 죽었으며." 지난날의 슬픔과 실망은 그들이 약속의 땅으로 들어가는 바탕이 되었습니다. 그들은 모두 죽음의 쓸쓸함조차 벅찬 희열로 만드는 하늘의 환상을 보면서 믿음 안에서 죽었습니다. 그들은 모두 "그리스도와 함께 있기 위해 기꺼이 떠날" 수 있었으며, 그것이 그들에게 "훨씬 더 좋은" 일이었습니다. "차라리 세상을 떠나서 그리스도와 함께 있는 것이 훨씬 더 좋은 일이라"(빌 1:23).

감각을 따라 살다가 슬픔 가운데 죽을 것인지 아니면 하나님의 아들을 믿는 믿음을 따라 살다가 "터가 있는 성"에 들어가기 위해 죽을 것인지, 여러분은 둘 중 하나를 선택해야만 합니다. 심지어 지금 이 순간에조차 우리는 그 성(城)이 저 멀리서 반짝이고 있는 것을 볼 수 있습니다.

39
본향을 찾는 자들

" 그들이 이같이 말하는 것은 자기들이 본향 찾는 자임을 나타냄이라"

히 11:14

그들이 "이같이" 말했다는 것은 무슨 말을 했다는 것입니까? 두말 할 것도 없이 그것은 바로 앞 절에서 언급된 것처럼 그들이 "땅에서는 외국인과 나그네임을 증언"한 것을 가리키는 것입니다. 틀림없이 저자는 창세기의 몇몇 아름다운 사건들을 떠올리고 있었을 것입니다. 예컨대 아브라함이 헷 사람들 앞에서 사라를 장사하기 위한 약간의 땅을 팔라고 간청하는 감동적인 사건 같은 것 말입니다. 그는 그들에게 자신이 그들 가운데 "나그네와 거류하는 자"라고 말합니다. 그러면서 그들에게 자신의 죽은 자를 장사하기 위한 땅을 달라고 요청합니다. 또 저자는 야곱이 바로 앞에서 자신의 나그네 길이 조상들의 연수에 미치지 못하나 험악한 세월을 보냈노라고 말하는 또 다른 감동적인 사건을 떠올리고 있었을 것입니다.

저자는 옛 족장들의 이러한 고백들을 가리키면서, 그 안에서 단순히 그들의 외적인 사실 이상의 무엇인가를 읽습니다. 그는 그러한 고백들에서 그들이 마음에 품고 있던 반짝이는 소망을 봅니다. 설령 그것이 이 땅의 기업이라는 보다 더 가까운 소망 안에 잠재되어 있었다 하더라도 말입니다.

설령 저자가 여기의 족장들을 우리를 위한 모범으로서가 아니라 단순히 그들이 미래의 축복을 바라보는 믿음으로 살았다는 자신의 위대한 논제를 입증하는 실례(實例)로서 제시하고 있었다 하더라도, 여전히 우리는 여기의 본문을 스스로를 그리스도인으로 부르는 우리 모두에게 충분히 적용될 수 있는 것으로 취할 수 있습니다. "그들이 이같이 말하는 것은 자기들이 본향 찾는 자임을 나타냄이라." 다시 말해서 자신들이 "외국인과 나그네"라고 말하는 그들의 말은 그들이 본향을 찾는 자들이라는 사실을 분명하게 나타내는 것이었습니다.

1. 첫째로, 여기에서 그리스도인들이 바라보는 미래가 본향이라는 놀라운 표현으로 나타나는 것을 주목하십시오.

단순히 "나라"(country)로 번역한 흠정역의 번역은 매우 부적절한 번역입니다(KJV, For they that say such things declare plainly that they seek a country). 어원학적으로 그것은 "조상의 땅"(fatherland)으로 보다 더 충분하게 번역되어야만 합니다. 어쨌든 본문이 전달하는 개념은 메소포타미아로부터 와서 가나안의 성읍들 가운데 장막을 치고 방랑하는 옛 족장들은 그들의 본향 혹은 그들의 집 혹은 그들이 진정으로 속한 처소인 땅을 찾고 있었다는 것입니다. 바로 이것이 참된 그리스도인의 삶에 꼭 필요한 것으로서 오늘 내가 강조하고자 하는 개념입니다. 우리가 속하는 우리의 참된 집과 우리의 참된 나라와 우리의 참된 질서는 여기의 땅이 아니라 저 멀리 있는 땅입니다.

우리는 지금 우리가 서 있는 이 땅의 현재적인 질서에 속하지 않습니다. 이 땅의 현재적인 질서는 아브라함이 자기 발로부터 티끌을 떨어버린 아람 나하라임(Aram Naharaim)이나, 그가 그토록 완강하게 속하기를 거절했던 가나안의 부패한 문명과 같습니다. 우리의 집은 예수 그리스도께서 계신 곳입니다. 우리가 여기가 아니라 거기가 우리의 본향이며 우리가 속한 처소라는 사실을 느끼지 못한다면, 우리에게 무엇인가 심각한 잘못이 있는 것입니다.

예컨대 오스트레일리아와 같이 지구 반대편으로 이주하여 살고 있는 영국인 이주자들과 그들의 자손들을 생각해 보십시오. 그들 가운데에는 영국을 한 번도 보지 못한 사람들도 있을 것입니다. 그럼에도 불구하고 그들은 영국을 자기들의 본향으로 생각하며, 늘 가보고 싶어 할 것입니다. 그와 같이 우리는 저 너머에 있는 밝은 나라를 바라보아야만 합니다. 그리고 그곳이 우리의 실제적인 본향이라는 사실을 항상 느껴야만 합니다. "그들이 이같이 말하는 것은 자기들이 본향 찾는 자임을 — 혹은, 이 땅에 속한 자가 아니라 하늘에 속한 자임을 — 나타냄이라."

2. 둘째로, 그들의 행적(行蹟) 전체가 참된 조상의 땅(true Fatherland)을 찾기 위한 것이었음을 주목하십시오.

본문 가운데 "찾는"(seek)이라고 번역된 단어를 주목해 보십시오. 이 또한 그다지 적절하지 않은 번역어입니다. 왜냐하면 그것이 본래 가지고 있는 강력한 힘을 충분히 나타내지 못하기 때문입니다. 그것은 족장들의 입장에서 보이지 않는 어떤 것을 찾는다는 의미에서, 혹은 미지(未知)의 어떤 것을 발견하기 위해 탐색한다는 의미에서 찾는 것이 아니었습니다. 그 모든 일은 하나님에 의해 이미 이루어졌습니다. 그들은 그와 같은 불충분한 의미에서 찾을 필요가 없었습니다. 다만 그들은 그들의 열망을 하나님이 자신들을 위해 쥐고 계시는 축복을 향해 던진다는 의미에서, 그리고 믿음으로 약속을 붙잡는다는 의미에서 찾아야만 했습니다. 원문(原文)에서 "찾는"에 해당되는 단어는 매우 강한 의미를 갖습니다. 그것은 간절한 열망과 바람으로 무엇인가를 붙잡기 위해 나가는 것을 함축합니다. 우리가 본향을 찾을 필요가 없는 것으로 인해 하나님께 감사합시다. 우리는 무엇인가를 찾고자 집을 떠났다가 결국 찾지 못하고 죽은 방랑자들과 같지 않습니다. 그것은 하나님의 참되심에 의해 우리에게 보증됩니다. 그것은 하나님의 신실하심에 의해 우리에게 인쳐집니다. 그것은 하나님의 능력에 의해 우리에게 유보(留保)됩니다. 그것은 하나님의 긍휼에 의해 우리에게 가능한 것이 됩니다. 그럼에도 불구하고 여전히 우리는 찾아야만 합니다. 우리의 마음은 그 아름다운 땅을 향해 나아가야 합니다. 우리의 생각은 그 땅 주위를 맴돌며, 그 땅과 친밀해져야 합니다. 우리의 열망은 그것을 향해 뻗어나가야 합니다. 그리고 우리의 머리는 일상의 삶 가운데 주변의 잡다한 것들 너머 저 푸른 하늘을 바라보아야 합니다. 그곳에서 우리는 확실한 미래의 환상을 볼 수 있을 것입니다.

나아가 이러한 "찾음" 속에는 우리의 생각을 관리하며 훈련시키는 것이 포함됩니다. 슬프게도 나는 이것이 오늘날의 평균적인 그리스도인들에게 심각하게 간과되고 있다고 생각합니다. 미래와 현재의 상대적인 크기를 비교해 보십시오. 우리는 일상의 모든 분주함과 번잡함 가운데 "멀리 있는 땅"을 늘 생각하며 묵상합니까? 우리는 소망의 망원경의 렌즈를 항상 깨끗하게 닦아 놓습니까? 우리가 소망의 망원경의 렌즈를 깨끗하게 닦아 놓았다면, 우리는 그것을 가지고 하늘의 별들을 바라보는데 사용합니까 아니면 세상과 세상의 아름다운 것들을 바라보는데 사용합니까? 미래에 대한 우리의 기대(期待)는 어느 쪽 방향으로 향합니까? 우리의 소망은 가까운 곳을 바라봅니까, 아니면 먼 곳을 바라봅니까? 우리의 소망은 단지 강 이쪽 편만을 바라볼 수 있을 뿐입니까, 아니면 강 저쪽 편에 있는 찬란한 영광을 바라봅니까? 우리의 잘못은 미래 가운데 충분하게 살고 있지 않은데 있는 것이 아니라, 그것이 어떤 종류의 미래인가 하는데 있습니다. 소망을 올바르게 사용할 때, 우리는 소망으로 말미암아 구원받습니다. 반면 소망이 보잘것없는 현재에 제한되고 가두어질 때, 우리는 소망으로 말미암아 멸망당합니다. 형제여, 당신은 본향을 묵상하는 일을 계속 계발합니까? 당신은 없는 것을 있는 것처럼 부르시는 하나님을 모방합니까?

우리가 이러한 큰 소망의 빛 가운데 행한다면, 우리의 삶은 얼마나 달라지겠습니까! 우리가 이 땅에 있는 모든 것을 그 큰 소망의 빛에 부수되는 것으로 바라본다면, 모든 것은 얼마나 달라지겠습니까!

무엇보다도 우리가 본향을 찾는 것이 정말로 사실이라면, 죽음에 대한 우리의 생각은 얼마나 달라지겠습니까! 우리가 죽음을 그토록 추한 형상으로 묘사할 것입니까? 우리가 죽음을 두려움과 원수와 재앙으로 여기며 그것으로부터 움츠릴 것입니까? 물론 그것으로부터의 자연적인 움츠림이 있고 또 항상 있을 것입니다. 그러나 죽는 것은 그리스도와 함께 있는 것이라고 말할 수 있는 사람 그리고 항상 그와 같은 생각을 가지고 살아가는 사람은 결코 죽음으로부터 움츠리지 않을 것이며, 사망의 음침한 골짜기에서도 담대함을 잃지 않을 것입니다.

이런 생각이 현실적이며 실제적이지 않다고 생각할는지 모르지만, 참된 그리스도인이라면 마땅히 이러한 높이에까지 올라가야만 합니다. 그리고 우리가 하늘의 감추어진 소망의 확실함과 축복됨과 거대함을 깨달았다면, 우리가 그와 같은 높이에까지 올라가는 것은 지극히 자연스러운 일이 될 것입니다. 사랑하는 친구들이여, 우리가 단지 우리 자신의 목적을 추구하며 살아갈 뿐이라면, 죽음 앞에서의 우리의 행동은 결국 그것으로부터 몸서리치며 움츠리는 것 외에 아무것도 아닐 것입니다. 죽음에 대한 우리의 느낌이 그리스도가 우리의 생명이라는 그리고 그가 계신 곳이 우리의 하늘이며 우리의 소망이라는 우리의 신앙고백과 일치하는지 스스로에게 물어 보십시오.

3. 마지막으로, 우리가 하는 말과 살아가는 삶이 무엇을 증언하는지 주목하십시오.

"그들이 이같이 말하는 것은 … 나타냄이라." 히브리서 기자는 그들이 한 말이 그들이 본향을 찾는 자들이라는 사실을 절대적으로 증언한다고 말합니다. 아브라함은 헷 사람들 앞에 일어나 "나는 당신들 가운데 나그네와 거류하는 자입니다"라고 말할 필요가 없었습니다. 그들 모두가 그것을 알았습니다. 성벽 밖에는 그의 장막이 있었으며, 그와 그의 권속들은 매우 특이한 삶을 살았습니다. 그들은 그 땅에 정착하기를 거절하고 계속해서 이곳저곳을 방랑했습니다. 그들은 자신들과는 매우 다른 삶을 살았습니다. 우리 모두가 아는 것처럼 당시 사람들은 성벽으로 둘러싸인 성읍 안에서 살았으며, 그 안에서 높은 문명을 가지고 있었습니다. 반면 여기의 족장들은 그 땅에서 집시처럼 살았습니다. 그들은 어디에도 정착하지 않고, 모든 곳을 방랑했습니다. 그렇게 산 이유는 "터가 있는 성"을 바라보았기 때문이었습니다.

그렇습니다. 예수 그리스도와의 복된 연합의 영속적인 상태를 바라보는 사람의 눈에 보이는 것들은 모두 일시적인 것으로 보일 것입니다. 그는 결코 일시적인 것들을 영원한 것으로 착각하는 오류에 떨어지지 않을 것입니다. 만일 우리가 "터가 있는 성"을 바라본다면, 우리는 장막에 거할 것입니다. 우리의 믿음이 영구적인 것들을 더 많이 붙잡을수록, 우리의 경험은 이 땅에 있는 것들의 일시성을 더 많이 깨닫게 될 것입니다.

사람들이 스스로를 그리스도인이라고 부르는 바로 그 사실이 그들이 터가 있는 성을 찾는 자들임을 증언합니다. 여러분은 스스로의 고택에 합당하게 행동합니까? 여러분의 기독교는 입술의 기독교입니까, 아니면 삶의 기독교입니까? 여러분은 자신이 이 땅에 속하지 않는다는 고택을 증명하기 위해 성 밖에다가 여러분의 장막을 쳤습니까? 여러분은 이 땅에 속한 자처럼 살아갑니까, 아니면 이 땅에 속하지 않은 자처럼 살아갑니까?

우리의 외적인 삶은 우리가 하늘의 시민임을 가장 분명하게 보여 주는 것이 되어야만 합니다. 그리고 그러한 사실은 우리가 많은 것을 삼감으로써 분명하게 드러날 것입니다. 그 자체로는 잘못된 것이 아님에도 불구하고 사람을 이 땅에 고정시키는 것들이 많이 있습니다. 그렇다면 그리스도인은 결코 그러한 일들을 행해서는 안 됩니다. 여러분은 그러한 것들로부터 스스로를 삼가며 단절시켜야만 합니다. 설령 그것 자체로는 허용될 수 있는 일이라고 하더라도 말입니다. 또 무슨 일을 행하든, 우리는 다른 사람들과는 다른 정신과 마음 상태로 행해야 합니다. 두 사람이 똑같은 일을 행할 수 있습니다. 예컨대 은행 창구에 앉아 현금출납업무를 맡고 있는 두 사람을 생각해 보십시오. 그들은 정확하게 동일한 일을 하고 있습니다. 그럼에도 불구하고 그들 가운데 한 사람은 그러한 일을 통해 자신이 본향을 찾는 자임을 나타내는 방식으로 일을 할 수 있습니다. 그렇다면 그는 세상의 재물에 대한 사랑에 온전히 삼켜지는 방식으로 일하지 않을 것입니다. 우리가 일상의 일을 행하는 동기(動機)와, 그것을 행하는 목적과, 무엇을 생각하며 그 일을 행하느냐 하는 것이 그 일을 거룩한 일로 만들 수도 있고, 세속적인 일로 만들 수도 있습니다. 그리고 그 모든 것은 우리의 마음이 하늘을 향하고 있는지 아니면 땅을 향하고 있는지를 그대로 보여 줍니다.

이와 같이 이 땅에서의 우리의 일상적인 말과 행동은 우리가 어떤 사람이며 또 무엇을 찾는 사람인지를 그대로 증언합니다. 옛 족장들의 행동이 그것을 잘 보여 줍니다. 앞에서 나는 그들이 주변의 문명으로부터 스스로를 계속적으로 단절시켰다고 말했습니다. 그러나 좀 더 충분한 설명을 위해서는 그러한 말은 약간의 수정을 필요로 합니다. 그들은 필요할 때 힘을 다해 스스로를 주변의 문명 안으로 던졌습니다. 롯은 소돔으로 내려갔습니다. 그것은 소돔이 그에게 좋은 목초지를 제공했기 때문이었습니다. 오늘날 많은 그리스도인들이 그와 같이 행동하지 않습니까? 그들은 약간의 돈을 벌기 위해 기꺼이 역청구덩이 속으로 내려갑니다. 그러나 아브라함은 자유와 안전과 거룩함과 함께 산지(山地)의 빈약한 목초지에 머물렀습니다. 롯이 마땅히 받을 것을 받았을 때 다시 말해서 자신의 집으로 삼은 소돔의 멸망에 함께 매몰되었을 때, 아브라함은 "그것은 너무나 슬픈 일이기는 하지만 그는 마땅히 받을 것을 받아야만 해"라고 말하지 않았습니다. 그는 즉시로 칼을 차고, 자신의 수하들을 무장시켰습니다. 그리고 신속하게 약탈자들을 뒤쫓아, 마침내 그들을 물리치고, 그들의 포로가 된 롯을 되찾아 왔습니다. 롯은 동방의 약탈자들의 포로이기도 했지만, 그것보다 훨씬 더 그 자신의 탐욕과 정욕의 포로였습니다.

이와 같이 그리스도인은 현재로부터 스스로를 떼어 놓아야만 하는 동시에 자신과 주변 사람들에 대한 의무를 최선을 다해 이행해야만 합니다. 특별히 세상의 올무에 포로가 된 자들을 위해 우리는 부지런히 일해야만 합니다. 그럴 때 우리는 본향을 찾는 자임을 가장 잘 그리고 가장 분명하게 나타내게 될 것입니다. 체스 놀이를 좋아하는 어떤 선한 사람에게 던져진 질문과 관련한 옛 이야기가 있습니다. "당신이 체스에 열중하고 있을 때 예수 그리스도께서 오신다는 소식을 들으면 어떻게 할 것입니까?" 이에 대한 그의 지혜로운 대답은 "체스 놀이를 끝내지요!"였습니다. 초창기 아메리카 대표부에서 있었던 또 다른 이야기가 있습니다. 회의 도중 갑자기 주위가 캄캄해졌습니다. 그러자 어떤 사람들이 마지막 날이 임박했다고 생각하기 시작했습니다. 그러자 의장이 이렇게 말했습니다. "촛불을 가져오시오. 그리고 회의를 계속합시다." 주님이 오신다면, 우리는 우리의 일을 하는 가운데 그분을 맞이할 것입니다. 여러분의 일에 최선을 다하십시오. 그것이 주의 일이라면 말입니다. 그리고 우리의 모든 일은 주의 일이 될 수 있습니다. 그것이 그를 위해, 그리고 그의 능력으로 행해진다면 말입니다.

사랑하는 그리스도인들이여, 이와 같이 여러분의 삶 속에서 여러분이 어떤 사람들인지 그리고 어느 나라에 속한 자들인지가 아무 오류 없이 그대로 나타난다는 사실을 기억하십시오. "그들이 이같이 말하는 것은 자기들이 본향 찾는 자임을 나타냄이라."

40
하나님을 옹호하는 미래

"그들이 이제는 더 나은 본향을 사모하니 곧 하늘에 있는 것이라 이러므로 하나님이 그들의 하나님이라 일컬음 받으심을 부끄러워하지 아니하시고 그들을 위하여 한 성을 예비하셨느니라"

히 11:16

이것은 정말로 대담한 말씀이 아닐 수 없습니다. 본문은 만일 하나님이 자기 백성들을 위해 미래의 복된 공동체를 예비하지 않으셨다면 이 땅에서의 그들의 삶의 경험은 하나님의 성품과 섭리에 대한 오점(汚點)이 될 것이라고 말합니다. 하나님이 옹호되기 위해서는 필연적으로 하늘 혹은 하늘나라가 필요합니다. 그가 그들의 하나님이라 일컬음 받는 것을 부끄러워할 필요가 없는 것은 "그들을 위해 한 성(城)을 예비하셨기" 때문입니다. 성을 예비하지 않았다면, 그는 마땅히 부끄러워해야만 하셨을 것입니다. 본문 중간에 있는 "이러므로"는 우리의 관심을 바로 앞에서 언급된 것 즉 "그들이 이제는 더 나은 본향을 사모하니 곧 하늘에 있는 것이라"라는 구절로 이끕니다. 그러므로 하나님은 "그들의 하나님이라 일컬음 받으심을 부끄러워하지" 않으셨습니다. 다시 말해서 일시적인 것을 통해 항상 보이지 않는 영원한 것을 바라보는 사람들의 태도는 하나님과의 관계에 참으로 합당한 것이라는 것입니다. 하나님이 자기 하나님이며 자기는 하나님의 백성이라고 고백하는 사람들이 그와 같이 살지 않는다면, 그들은 하나님에게 부끄러움이 될 것입니다. 그리고 하나님은 그들을 자기 백성으로 시인하기를 부끄러워하실 것입니다.

본문 가운데 나타나는 "그들의 하나님" 즉 "아브라함과 이삭과 야곱의 하나님"이라는 장엄한 이름에는 두 종류의 책임이 암시됩니다. 하나는 하나님에게 돌려지는 책임이며 다른 하나는 우리에게 돌려지는 책임입니다. 이와 관련하여 우리는 다음과 같은 세 가지 주제를 고찰할 필요가 있습니다 — 그러한 이름 자체, 그 이름이 하나님의 행하심과 관련하여 보증하는 것, 그 이름이 사람들로 하여금 찾도록 속박하는 것. 이제 이러한 세 가지 주제를 차례대로 살펴보도록 합시다.

1. 첫째로, "아브라함과 이삭과 야곱의 하나님"이라는 이름의 의미를 주목하십시오.

히브리서 기자는 여기에서 세상 전체의 하나님이 스스로를 여기의 세 사람에 대한 연합과 상호 소유의 특별한 관계로 결합시키는 놀라운 이름을 제시합니다. 그는 우리로 하여금 여기의 세 사람은 그를 숭배하는 자며 그는 그들의 하나님이라는 사실 훨씬 이상을 의미하는 것으로 그러한 이름이 생각하도록 만듭니다. 여기에는 몰록이 블레셋 사람들의 신이며, 유피테르가 로마인들의 신이며, 제우스가 그리스인들의 신이라는 의미보다 훨씬 더 깊고 훨씬 더 거룩한 관계가 내포되어 있습니다. "아브라함과 이삭과 야곱의 하나님"이라는 이름은 그의 이름이 족장들의 외적인 예배에 의해 어느 정도 존귀케 되었음을 의미할 뿐만 아니라, 또한 그것이 그와 관련하여 그리고 그들과 관련하여 많은 것을 함축함을 의미합니다. 그것은 사람들이 하나님에게 부여한 이름이 아니라, 하나님 자신이 스스로를 위해 취하신 이름입니다. 그러므로 그것은 하나님이 여기의 사람들에게 스스로를 나타내신 바를 표현합니다. 다시 말해서 그 이름은 하나님 편에서의 자기계시의 직접적인 행동을 함축합니다. 그것은 하나님이 스스로를 굽혀 그들에게 다가오셔서 그들과 더불어 교제하는 것을 함축합니다. 그것은 영과 영 사이의 모든 소유가 그런 것처럼 상호적인 소유를 함축합니다. 그것은 놀랍게도 하나님이 사람들을 소유하며 사람들이 하나님을 소유함을 함축합니다. 그리고 그것이 가능한 것은 양편에 동일한 사랑이 있기 때문입니다. 사람들과 하나님 사이의 다른 형태의 관계들은 이것과 다릅니다. 우리가 하나님을 신뢰의 대상으로 생각한다면, 그의 편에는 신실하심이 있고 우리의 편에는 믿음이 있습니다. 우리가 그를 경배의 대상으로 생각한다면, 그의 편에는 높으심이 있고 우리의 편에는 낮음이 있습니다. 우리가 그를 최고의 통치자로 생각한다면, 그의 편에는 명령이 있고 우리의 편에는 순종이 있습니다. 그러나 우리가 그를 우리의 소유로 그리고 우리를 그의 소유로 생각한다면, 양편을 하나로 묶는 띠는 동일합니다. 물론 양편 사이에는 무한한 차이가 있습니다. 우리의 사랑이 이슬방울 같다면, 그의 사랑은 광대무변의 바다와 같습니다. 그럼에도 불구하고 나의 사랑은 하나님의 사랑과 같으며, 하나님의 사랑은 나의 사랑과 같습니다. 바로 이것이 "아브라함과 이삭과 야곱의 하나님"이라는 이름의 가장 깊은 의미입니다. 거기에는 공동의 동일한 사랑 위에 기초한 상호 소유가 있습니다.

이와 같이 그러한 이름에는 경건한 삶의 최고의 깊음과 축복이 담겨 있습니다. 친밀함의 모든 거룩함 안에서, 교제의 모든 달콤함 안에서, 의존(依存)의 모든 완전함 안에서, 자아에 대한 모든 승리 안에서, 보편적인 선(善)의 모든 전유(專有) 안에서 말입니다. 우리는 "우리 하나님은 우리를 도우시는 자라!"라고 말할 수 있습니다. 한 걸음 더 나아가 우리는 "나의 하나님은 나의 주인이시라!"라고 더 잘 말할 수 있습니다. 하나님에 대한 이러한 전유(專有)는 하나님에 대한 다른 사람들의 소유를 빼앗지 않습니다. 햇빛이 나의 얼굴을 온전히 비췬다고 해서 내가 여러분의 햇빛을 빼앗는 것은 아닙니다. 우리는 우리에게 속한 공동의 땅을 취합니다. 그렇다고 해서 어느 누구도 더 궁핍해지지 않으며, 자신의 분깃을 덜 소유하지 않습니다. 나의 하나님은 여러분의 하나님입니다. 우리 각자가 하나님에 대한 개별적인 관계를 깨달을 때, 우리는 친밀한 연합 안에서 "우리 하나님은 우리 모두의 아버지이신 하나님이시라!"라고 말할 수 있습니다.

2. 둘째로, 이러한 이름이 하나님의 행하심과 관련하여 보증하는 것을 주목하십시오.

하나님이 그러한 이름을 부끄러워하지 않으신 것은 "그들을 위해 한 성을 예비하셨기" 때문입니다. 나는 여기의 세 족장이 미래의 삶과 관련하여 특별한 관념을 가지고 있었는지 여부에 대해서는 그다지 다룰 필요를 느끼지 않습니다. 그들이 그러한 장래의 축복이 어떻게 실현될 것으로 생각했는지 하는 것은 별로 중요하지 않습니다. 다만 본문의 요점은 그들이 하나님이 약속하신 미래를 믿음으로 바라보았다는 것과 그러한 미래가 그들의 삶 전체를 만들어 갔다는 것입니다.

그들의 삶이 어떠했는지 생각해 보십시오. 아브라함이 갈대아 우르를 떠난 순간부터 죽음을 눈앞에 둔 야곱이 "여호와여 나는 주의 구원을 기다리나이다"라고 말한순간까지 어떻게 그러한 미래가 그들의 삶 전체를 만들어 갔는지 주목해 보십시오(창 49:18). 만일 그들이 평생 동안 환영(幻影)을 좇다가 죽어 한줌 흙으로 돌아간 것일 뿐이라면, 그렇게 행한 하나님은 도대체 누구며 그에 대한 그들의 관계는 도대체 무엇이란 말입니까? 그런 하나님이 경배를 받을 자격이 있습니까? 단지 그것이 전부일 뿐이라면, 그는 "그들의 하나님으로 일컬음 받는" 것을 부끄러워해야 하지 않겠습니까? 하나님은 자기 자신을 옹호하기 위해 성(城)을 필요로 합니다.

이것은 또한 우리에게 이 땅에서의 믿음의 삶 속에는 필연적으로 장래의 하늘의 축복이 포함되어야만 한다는 사실을 분명하게 보여 줍니다.

우리는 통상적으로 "하늘" 혹은 "하늘나라"라고 부르는 장래의 복된 삶만이 하나님의 신실하심과 그의 약속의 진실성을 굳게 확증한다는 사실을 기억할 필요가 있습니다. 우리가 우주의 장엄한 침묵이 신적 음성에 의해 항상 깨어져 왔음을 믿는다면 또 우리가 하나님이 사람들에게 무엇인가를 말씀하여 오셨음을 믿는다면, 우리는 그가 장차 임할 미래의 삶을 약속하셨음을 믿어야만 합니다. 그러한 삶이 허물과 불완전함에도 불구하고 그를 자신의 하나님으로 붙잡는 사람들을 기다리지 않는다면,

"궁창은 썩은 것이 되고
땅의 기초는 지푸라기가 될"

것입니다.

"사람은 다 거짓되되 오직 하나님은 참되시다 할지어다"(롬 3:4). 하늘나라가 없다면, 하나님은 우리 앞에 수많은 여행자들을 멸망의 수렁으로 유혹한 신기루의 환영(幻影)을 둔 셈입니다. 그는 실체가 없는 허망한 신기루로 우리를 우롱한 것입니다. 마치 우리 앞에 아름다운 호수와 야자수가 있는 것처럼 말입니다. 그런데 실제로 가보니 거기에 있는 것은 오직 뜨거운 모래뿐입니다. 그리고 우리 앞서 우롱당한 수많은 사람들의 해골만이 여기저기 흩어져 있을 뿐입니다. "하나님이 부끄러워하지 아니하시고 … 왜냐하면 그들을 위하여 한 성을 예비하셨기 때문이라."

나아가 여기에는, 앞의 개념과 밀접하게 연결된 그러나 별도로 다루어져야만 하는, 또 하나의 개념이 있습니다. 그것은 만일 하나님 자신이 심은 열망들이 실체가 없는 허구일 뿐이라면 필연적으로 그의 성품 안에 지울 수 없는 오점이 남을 수밖에 없다는 개념입니다. 이러한 개념은 동물적인 본성이 소유하는 모든 육체적인 필요들과 열망들과 관련하여 사실입니다. 육체적 필요의 영역에서, 하나님이 입을 보내신다면 그는 반드시 그것을 채울 음식도 함께 보내셔야만 합니다. 필요는 공급의 전조(前兆)이며 또한 예언입니다. 나아가 이러한 개념은 모든 창조와 관련해서도 사실입니다. "여우도 굴이 있고 공중의 새도 거처가 있으되"(마 8:20). 존재하는 모든 것들은 각자의 용량(capacity)에 절대적으로 부응하는 환경 속에 거하며, 자신의 필요를 만족시키기에 적합합니다. 이와 관련하여 인간의 경우를 생각해 보십시오. 인간은 세상이 결코 만족시켜 줄 수 없는 열망을 소유하는 축복과 불완전하며 일시적인 것들 가운데서는 결코 실현될 수 없는 이상(理想)을 소유하는 축복을 받았습니다. 그러면 그것이 전부입니까? 그렇다면, 하나님은 신(神)이 아니라 폭군일 것입니다. 그리고 그런 폭군 안에 사랑이라고는 거의 없을 것입니다. 만일 하나님이 사람들에게 영원히 이루어질 수 없는 허구를 상상하는 능력을 주신 것일 뿐이라면, 그런 하나님은 마땅히 부끄러워하실만 할 것입니다.

이것이 인생의 많은 열망들과 관련하여 사실이라면, 그것은 기독교적 경험과 경건한 감정들과 관련하여 한층 더 명백한 사실이 됩니다. 모든 기독교적 경험과 경건한 감정들이 실체가 없는 허구라고 상상해 보십시오. 그렇다면 우리는 차라리 그 이름을 알지 못하는 것이 더 나았을 것이며, 차라리 맹목적인 삶을 사는 것이 더 나았을 것이며, 차라리 태어나지 않는 것이 더 나았을 것입니다. 그러나 하나님은 우리를 위해 한 성(城)을 예비하셨습니다. 우리의 바라는 것들이 구체화되고, 이상(理想)이 현실이 되며, 열망하는 것들이 이루어지는 그런 곳 말입니다. "우리는 밤이나 어둠에 속하지 아니하고 낮의 아들이라"(살전 5:5). 우리의 꿈은 언젠가 분명한 현실이 될 것입니다.

그러나 여기에는 여전히 우리가 다루어야만 하는 또 하나의 개념이 있습니다. 그것은 만일 인생의 모든 연단이 그것의 결과가 분명하게 드러날 미래의 터전을 가지고 있지 않다면 필연적으로 그의 성품 안에 지울 수 없는 오점이 남을 수밖에 없다는 개념입니다. 여기의 가련한 세 족장들은 많은 슬픔을 겪으며 연단을 받았습니다. 그 모든 것은 무엇을 위한 것이었습니까? 그것은 그 성(城)을 위한 것이었습니다. 마찬가지로 이 땅의 사소한 것들 너머 영원의 장엄한 세계가 없다면, 이 땅에서의 우리의 삶과 기독교적 경험의 사실들은 혼란으로 뒤죽박죽된 것 외에 아무것도 아닐 것입니다.

여기에서 내가 말하고자 하는 바는 인생이 너무나 슬프고 괴로우므로 우리가 균형을 맞추기 위해 또 다른 세상을 불러들일 필요가 있다는 것이 아닙니다. 나는 이러한 개념이 매우 부분적으로만 사실이라고 생각합니다. 왜냐하면 그렇게 생각할 때 우리는 항상 이 땅의 삶과 관련하여 즐거운 일은 최소화하고 고통스러운 일은 과장하는 경향이 있기 때문입니다. 다만 내가 말하고자 하는 바는 우리가 이 땅에서 겪는 모든 것에 대한 참되면서도 유일한 관점은 그것이 연단이라는 것입니다. 그리고 그러한 연단은 그것이 적용되는 목적과 그것의 결과가 나타나는 영역을 함축합니다. 만일 하나님이 우리의 성품을 그의 뜻에 합당한 모습으로 자라게 하고자 70년 인생 동안 세심하게 훈련시키며 우리를 삶의 다양한 상황들로 이끄심에도 불구하고 장차 그것이 완전하게 실현될 터전이 존재하지 않는다면, 우리는 결국 지적 혼란에 빠지지 않을 수 없게 될 것이며 인생은 영원히 풀 수 없는 고약한 수수께끼 외에 아무것도 아닌 것이 될 것입니다.

여러분이 신석기 시대의 어떤 무기고(武器庫)에 들어간다고 상상해 보십시오. 거기에서 여러분은 세심하게 깎여지고 다듬어진 수많은 돌 무기들을 발견하게 될 것입니다. 그런데 그것들은 무더기를 이룬 채 단 한 번도 사용되지 않은 것처럼 보입니다. 세상은 그와 같이 준비되었다가 한 번도 사용되지 못한 채 아무렇게나 내팽개쳐진 거대한 무기고입니까? 우리에게는 충성된 종들이 주의 기쁨으로 채워질 하늘나라가 필요합니다. 여기에서 작은 일에 충성했던 자들은 거기에서 여러 고을을 다스리는 자들이 될 것입니다.

3. 마지막으로, 이러한 이름이 그리스도인들로 하여금 무엇을 찾도록 속박하는지 주목하십시오.

본문은 다시 한 번 주의 깊게 읽어 보십시오. "그들이 이제는 더 나은 본향을 사모하니 곧 하늘에 있는 것이라 이러므로 하나님이 그들의 하나님이라 일컬음 받으심을 부끄러워하지 아니하시고." 만일 아브라함이 마므레 상수리나무 아래 머물러 있는 대신 롯과 함께 소돔에 내려가 거기에서 자신의 거처를 취했다면 혹은 만일 그가 헤브론에 귀화(歸化)하여 그곳의 시민이 되었거나 혹은 헷 사람들과 연합했다면, 그로 인해 소돔 사람들이나 헤브론 사람들이나 헷 사람들이 그에 대해 더 좋게 생각했을까요? 오직 그들과 떨어져 있을 때에만 비로소 아브라함은 하나님의 사람으로서의 온전한 모습을 나타낼 수 있었습니다. 그러나 그가 "터가 있는 성"을 바라보노라고 고백함에도 불구하고 장막에 거하는 것으로 만족하지 않았다면, 하나님은 그의 하나님이라 일컬음 받는 것을 부끄러워하셨을 것입니다.

이것을 오늘날의 언어로 옮기면 이렇게 될 것입니다 — "오직 나그네와 외국인처럼 살 때에만 비로소 그리스도인들은 하나님의 백성이라 일컬음을 받을 자격이 있으며 하나님은 그들의 하나님이라 일컬음 받는 것을 기뻐하실 것이다." 또 그들이 그렇게 살 때에만 비로소 세상은 그들이 하나님의 사람임을 인식하고 그들에게 경의를 표할 것입니다. 그러나 스스로 그리스도인이라고 말하면서 세상과 똑같은 가치관을 가지며, 세상과 똑같은 원리를 따라 살아가며, 세상과 똑같은 목표를 추구하며, 눈을 들어 "터가 있는 성"을 바라보지 않는 세속화된 교회와 개인들은 하나님에게도 부끄러운 존재가 되며, 그들 자신들에게도 부끄러운 존재가 되며, 그들이 고백하는 복음에도 부끄러운 존재가 될 것입니다.

오늘날의 평균적인 그리스도인들에게 있어 "터가 있는 성"을 바라보는 소망과 환상은 안타깝게도 점점 더 흐려져 가는 것 같습니다. 또 "하나님의 백성에게 남아 있는 안식"의 개념 역시도 스스로 그리스도인이라 고백하는 수많은 사람들의 마음속에서 점점 더 희미해져 가는 것 같습니다.

사랑하는 친구들이여, 우리가 하나님이 우리의 것이며 우리가 하나님의 것이라는 사실이 던지는 달콤하면서도 강력한 호소에 기꺼이 순복한다면 그리고 우리의 마음과 생각을 그 복된 소망을 향해 돌린다면, 예수 그리스도는 우리를 형제라 부르기를 부끄러워하지 않을 것이며 하나님은 우리 하나님이라 일컬음 받으심을 부끄러워하지 않을 것입니다. 마지막으로 우리가 그의 백성이라 일컬음 받거나 혹은 본향을 찾는 자라고 말하는 것이 부끄러운 일이 되지 않도록 깨어 경성(警省)합시다.

41
모세의 믿음

"[24]믿음으로 모세는 장성하여 바로의 공주의 아들이라 칭함 받기를 거절하고 [25]도리어 하나님의 백성과 함께 고난 받기를 잠시 죄악의 낙을 누리는 것보다 더 좋아하고 [26]그리스도를 위하여 받는 수모를 애굽의 모든 보화보다 더 큰 재물로 여겼으니 이는 상 주심을 바라봄이라 [27]믿음으로 애굽을 떠나 왕의 노함을 무서워하지 아니하고 곧 보이지 아니하는 자를 보는 것 같이 하여 참았으며"

히 11:24-27

내가 여기의 말씀을 감히 오늘의 본문으로 선택한 것은 그것을 상세하게 설명하려 함도 아니고, 그것이 제기하는 큰 질문들을 다루고자 함도 아닙니다. 다만 그것의 전체적인 흐름을 파악하여 그것을 여러분 앞에 제시하고자 함입니다. 본문은 모세의 생애 가운데 나타난 믿음의 능력의 두 가지 중요한 실례(實例)를 히브리서 기자가 설명한 것입니다. 그는 두 실례를 동일한 방식으로 다룹니다. 그는 먼저 행동을 이야기하고, 다음에 그러한 행동을 산출한 마음 상태를 분석합니다. 그러고 나서 그러한 마음 상태를 그의 믿음과 관련하여 나타난 외적인 사실들로부터 추적합니다. 바로의 공주의 아들이라 칭함 받기를 거절하고 스스로를 그의 백성과 동일시한 것이 그 하나이고, 애굽으로부터 호렙의 황량한 땅으로 피신한 것이 다른 하나입니다. 이러한 두 가지 행동은 모세의 마음 상태를 추적하는 근거가 됩니다. 전자의 행동은 선택과 평가로부터 왔습니다. 그는 "하나님의 백성과 함께 고난 받기를" 선택했으며(25절), "그리스도를 위하여 받는 수모를 애굽의 모든 보화보다 더 큰 재물로" 평가했습니다(26절). 후자 역시도 마찬가지 방식으로 마음 상태로부터 왔습니다. 그는 "왕의 노함을 무서워하지 아니하고 애굽을 떠났"습니다(27절). 그러한 선택과 평가와 용기의 바탕에 무엇이 있었습니까? 그것은 그가 "상 주심"과 "보이지 않는 자"를 보았기 때문이었습니다(26, 27절). 그러므로 그에게 있어 모든 것의 기초는 다름 아닌 미래의 상 주심과 현존하시는 하나님을 본 것이었습니다. 이와 같이 두 가지를 본 것으로부터 애굽의 모든 보화와 영광을 외면하고 기꺼이 고난의 길을 선택하는 것이 자연스럽게 그리고 어렵지 않게 따랐습니다.

우리는 여기에서 두 가지 중요한 주제를 끌어낼 수 있습니다. 첫째는 "모세가 본 것"이며, 둘째는 "그것이 그의 삶에 끼친 영향"입니다. 오늘 나는 여러분과 함께 이러한 두 가지 주제를 살피고자 합니다. 우리도 모세가 본 것을 똑같이 볼 수 있습니다. 그리고 그렇게 한다면, 틀림없이 우리에게도 동일한 행동이 따를 것입니다.

1. 첫째로, 모세가 본 것을 주목하십시오.

저자는 두 가지를 이야기하는데, 그것은 "상 주심"과 "보이지 않는 하나님"입니다(26, 27절). 우리는 이러한 두 가지가 저자가 본장 첫 머리에서 언급한 믿음의 두 요소와 완전하게 대응되는 사실을 주목할 필요가 있습니다. 거기에서 저자는 믿음을 "바라는 것들의 실상"과 "보이지 않는 것들의 증거"로서 말하는데, 전자는 "상 주심"과 대응되고 후자는 "보이지 않는 자"와 대응됩니다.

피상적으로 볼 때 "미래의 상 주심"과 "보이지 않는 것"과 연결되는 이러한 믿음의 개념은 신약의 다른 부분들에 나타나는 믿음의 통상적인 개념 즉 예수 그리스도를 신뢰하는 것으로서의 믿음의 개념과 다소 다른 것처럼 보입니다. 그러나 여기의 차이점은 단지 피상적인 것으로서 강조점의 차이로부터 말미암은 것입니다. 예수 그리스도를 신뢰하는 믿음은 "보이지 않는 것"으로 향하며, 그것 자체 안에 "미래의 상 주심"이 포함됩니다. 또 보이지 않는 세상과 장차 임할 보응을 생생하게 의식(意識)하는 믿음은 "지금은 보지 못하나 믿고 말할 수 없는 영광스러운 즐거움으로 기뻐하는" 주님 안에서 가장 분명하며 확실하게 발견됩니다(벧전 1:8).

이와 같이 본문은 모세가 믿음으로 본 것 두 가지를 제시하는데, 그것은 우리에게 우리의 믿음이 어떠해야 하는지를 잘 보여 줍니다.

첫째로, 여기에 미래의 보응이 분명하게 이루어질 것이 나타납니다. 26절의 "상 주심"(the recompense of the reward)이라는 표현을 주목해 보십시오. 이와 똑같은 표현이 본 서신에서 여기와는 정반대 의미로 다시 발견됩니다. 본 서신 2장에서 우리는 "모든 범죄함과 순종하지 아니함이 공정한 보응(just recompense of reward)을 받았거든"이라는 표현을 읽습니다. 이러한 표현 안에는 축복의 보응과 형벌의 보응이 모두 포함됩니다. 그러므로 그것이 의미하는 바는 주권적인 심판자에 의한 선과 악의 정확한 보응의 개념입니다.

우리의 나태한 마음 가운데 다음과 같은 사실들에 대한 확신의 불을 지피는 것이 바로 믿음의 주된 기능 가운데 하나입니다. 우리 주위에서 일어나는 모든 일은 어떤 것의 원인이면서 동시에 또 어떤 것의 결과가 된다는 사실, 인생은 과거 행동들의 결과와 미래 행동들의 씨앗의 그물망이라는 사실, 사람이 행하는 모든 일은 하나도 사라지지 않는다는 사실, 그 모든 일은

> "영혼 안에서 계속적으로 메아리치며
> 영구히 자라간다는"

사실, "사람이 무엇으로 심든지 그대로 거둘" 것이라는 사실들 말입니다. 어떤 사람의 성품은 그의 지금까지의 모든 행동의 결과입니다. 그리고 그의 현재의 상태는 대체적으로 그의 행동과 성품에 의존합니다. 해안가의 거대한 사암(砂巖) 절벽을 생각해 보십시오. 그것은 바다의 모래 알갱이들

이 계속 쌓여 이루어진 것이 아닙니까? 그것은 물이 모두 사라져도 그 자리에 영구히 서 있습니다. 이와 같이 여러분과 나는 우리의 삶 가운데 계속적인 행동들로 성품의 영구한 사암 절벽을 만들고 있습니다. 시간의 모든 파도가 사라져도 그것은 영구히 남아 있을 것입니다.

이러한 과정은 우리의 삶 전체를 통해 계속 진행됩니다. 그것은 죽는 순간까지 계속됩니다. 사람이 자기가 뿌린 씨앗을 마지막으로 거두는 것은 그의 시신(屍身)이 관 속에 들어갈 때입니다. 그러면 그것은 거기에서 멈춥니까? 세상은 "우리는 알지 못하노라"라고 말할는지 모릅니다. 그러나 기독교 신앙은 모든 간격을 뛰어넘어 내생에서 한층 더 강렬하게 진행되는 과정을 봅니다. 우리는 마치 멀리 떨어진 초소 안에 있는 철도신호원(鐵道信號員)과 같습니다. 그가 레버를 당깁니다. 그러면 400미터 정도 앞에 있는 철로가 움직입니다. 그는 자신이 한 일의 결과를 보지 못하지만, 계속 그 일을 합니다. 마침내 떠날 때가 올 때, 그는 자신이 기차들의 경로를 결정했음을 발견하게 될 것입니다.

형제들이여, 단순히 이기적으로 행복한 하늘나라를 바라보는 것이 아니라 모든 행동이 그 결과를 가지고 있다는 전율하는 의식(意識)으로서의 이러한 확신 — 바로 이것이 "상 주심을 바라봄이라"는 말씀이 의미하는 바입니다.

형제들이여, 이와 같은 분명하며, 명확하며, 실제적이며, 지속적인 바라봄은 오직 매우 특별하며 계속적인 노력의 결과로서만 실현될 수 있다는 사실을 기억하십시오. 본 서신의 저자는 여기에서 매우 독특하면서도 강한 단어를 사용합니다. 나는 그것을 차라리 현대 영어로 "보응을 바라보기 위해 다른 것들로부터 눈을 뗌이라"(looking off unto the recompense)로 번역하고 싶습니다. 그는 단호한 결심과 노력으로 자신의 시선을 멀리 있는 것에 고정시키기 위해 다른 것들로부터 눈을 뗍니다. 망원경의 몸통의 한 가지 용도는 멀리 떨어져 있는 대상에 초점을 맞추기 위해 잡광(雜光)들을 차단하는 것입니다. 아무런 방해 없이 그것만을 바라볼 수 있도록 말입니다. 우리가 이와 같이 우리 주위에서 춤추고 있는 현란한 빛들을 차단하지 않는다면, 우리는 결코 그 장엄한 미래와 그것의 무한한 가능성들을 보지 못할 것입니다. 이 땅에 있는 것들을 바라보도록 초점이 맞추어진 눈은 결코 하늘의 별들을 볼 수 없을 것입니다. 뱃머리에서 망을 보는 선원을 생각해 보십시오. 지금 그의 눈에 수평선 너머 하얗게 반짝이는 것이 보입니다. 그것이 햇빛에 빛나는 다른 배의 돛인지 아니면 어떤 해안에 부딪혀 부서지는 파도인지 분별하고자 할 때, 그는 손을 이마 위에 올린 채 눈을 찌푸리면서 그것이 무엇인지 확인될 때까지 집중해서 응시할 것입니다. 여러분과 나도 그와 같이 바라보아야 합니다. 그렇게 하지 않으면 저 멀리 있는 가장 실제적인 것들은 우리에게 언제까지나 불확실하며 정체를 알 수 없는 것이 될 것입니다. 사랑하는 형제들이여, 우리가 굳은 결심으로 마음을 집중시켜 "상 주심"을 응시한다면, 우리의 삶은 완전히 달라질 것입니다.

둘째로, 본문은 모세가 본 것이 "보이지 않는 자"였다고 말합니다. "곧 보이지 아니하는 자를 보는 것 같이 하여 참았으며"(27절). 나는 이것이 모세에게 주어진 신적 현현의 기적적인 나타남들을 언급하는 것이라고 생각하지 않습니다. 왜냐하면 그러한 나타남들은 본문이 지금 다루고 있는 사건들 훨씬 이후에 임했기 때문입니다. 실제로 그는 시내 산에서 하나님을 대면하여 보았습니다. 그러나 저자가 지금 여기에서 생각하고 있는 것은 그것이 아닙니다. 여기에서 모세가 "보이지 않는 자"를 보았다는 것은 우리가 그를 보는 것과 완전히 동일한 의미에서입니다. 그것은 내적인 눈으로 하나님을 보는 것입니다. 다시 말해서 여기에서 모세가 하나님을 보았다는 것은 마음과 생각과 의지(意志)를 포함하는 속사람 전체로 하나님의 임재를 의식(意識)했다는 것을 의미합니다. 그의 임재를 계속적으로 의식하는 것에는 자연에서 그를 보는 것이 포함됩니다. 그럴 때 모든 숲은 가견적(可見的)인 신성(神性)으로 불타며, 모든 구름은 그가 인도하는 기둥이 됩니다. 또 거기에는 역사(歷史)와 사회에서 이루어지는 모든 변화들에서 그를 보는 것이 포함됩니다. 바로 이것이 참된 믿음의 최고의 결과입니다.

그것은 보는 것이라고 불릴 만한 충분한 자격을 가집니다. 왜냐하면 최고의 확실함의 근원은 눈으로 보는 것이 아니라 내적인 영으로 보는 것이기 때문입니다. 하나님에 대해 사람은 눈으로 보고 손으로 만지는 물질적인 우주에 대해 확신하는 것보다 더 확실하게 확신할 수 있습니다. 믿음의 마음으로 하나님을 보는 것은 감각을 통해 전달되는 지식만큼 실제적이며 직접적입니다. 그리고 나는 전자가 후자보다 더 확실한 것이라고 감히 말합니다.

이와 같이 보는 것은 우리를 혼동에 빠뜨리지 않고, 도리어 우리에게 기쁨과 힘을 가져다줍니다. 감방에 홀로 앉아 있는 죄수는 벽의 어딘가에 간수가 아무 때든지 자신을 감시하기 위해 들여다볼 수 있는 구멍이 있음을 앎으로 인해 때로 미쳐버린다고 합니다. 그러나 하나님을 사모하는 자들은 그가 항상 자신을 보고 계시다는 사실로 인해 도리어 기뻐합니다. "주께서 내가 앉고 일어섬을 아시고 멀리서도 나의 생각을 밝히 아시오며 나의 모든 길과 내가 눕는 것을 살펴 보셨으므로 나의 모든 행위를 익히 아시오니 … 내가 새벽 날개를 치며 바다 끝에 가서 거주할지라도 거기서도 주의 손이 나를 인도하시며 주의 오른손이 나를 붙드시리이다"(시 139:2-10절). 사랑하는 형제들이여, 하나님이 나를 보고 계신다는 사실은 나에게 가장 큰 기쁨이 되든지 그렇지 않으면 가장 소름끼치는 두려움이 될 것입니다.

2. 둘째로, 이와 같이 "상 주심"과 "보이지 않는 자"를 본 것이 그에게 어떤 영향을 끼쳤는지 주목하십시오.

나는 여기에 내포된 여러 가지 요점들을 다만 간략하게만 다루고자 합니다. 먼저 여기에서 히브리서 기자가 고결한 삶을 가로막는 원수들을 세 가지 범주로 묶는 것을 주목하십시오. 그것은 낙(樂)과 재물과 위험입니다. 모세의 믿음은 그를 세상의 저급한 낙들에 탐닉하는 것으로부터 벗어나게 했으며, 일시적인 재물을 탐하는 것으로부터 구원했으며, 단순한 육체의 위험에 맞서 무장시켰습니다. 이러한 세 가지 즉 세상의 낙과 재물과 위험은 우리의 길을 가로막는 머리가 셋 달린 케르베로스와 같습니다(Cerberus : 그리스 신화에 등장하는 지옥을 지키는 머리 셋 달린 개). 우리가 모세처럼 "상 주심"과 "보이지 않는 자"들 볼 때, 그것은 우리로 하여금 이 모든 것들을 능히 이기도록 도울 것입니다.

그것은 우리를 세상의 저급하며 일시적인 낙들에 탐닉하는 것으로부터 건져낼 것입니다. 모세는 어쩌면 바로(Pharaoh)가 될 수도 있었습니다. 유대 전승은 그의 머리 위에 면류관이 준비되어 있었다고 말합니다. 사실이 무엇이든 간에, 어쨌든 그는 사치와 일락의 삶을 누릴 수 있었습니다. 그러나 그는 그 모든 것으로부터 돌이켰습니다. 그는 고통과 슬픔의 삶이 따를 것을 알았음에도 불구하고 기꺼이 스스로를 하나님의 백성들과 동일시하기로 선택했습니다. 세상 역사(歷史) 가운데 모세가 바로의 궁전을 나와 노예들이 살던 오두막에 거처를 정한 것보다 더 숭고한 행동은 아무것도 없습니다.

만일 우리가 상 주심과 보이지 않는 하나님을 보았다면, 우리 역시도 모세와 똑같은 정신을 가져야만 하며 또 필연적으로 가질 것입니다. 상 주심과 보이지 않는 하나님을 바라보는 빛과 견줄 때, 세상의 낙들은 얼마나 하찮으며 대수롭지 않은 것으로 보이겠습니까? 여러분은 극장의 무대를 한낮에 본 적이 있습니까? 거기에 그려진 그림들은 얼마나 서투르며 아무렇게나 덧칠해져 있습니까? 그림이 그려진 천은 여기저기 해어지고 꿰메어져 있지 않습니까? 그것은 얼마나 조잡스러운 그림입니까? 상 주심과 보이지 않는 하나님의 빛으로 하여금 세상의 낙들 안으로 들어오게 하십시오. 그러면 그것들은 모두 시시한 것으로 여겨지고 마침내 사라지게 될 것입니다. 사랑하는 형제들이여, 우리가 세상의 낙들을 이러한 두 가지 시금석 즉 상 주심과 보이지 않는 하나님의 빛의 시금석 위에 놓기만 한다면, 우리는 그동안 우리를 붙잡고 있던 많은 것들이 그 힘을 잃고 사라지는 것을 발견하게 될 것입니다. 그리고 꽃으로 가득한 섬에서 비파와 달콤한 노래로 우리를 유혹하던 아름다운 형상들은 우리에게 그 본래의 모습 즉 지옥으로부터 온 게걸스러운 괴물들로 보일 것입니다. "이는 상 주심을 바라봄이라." 상 주심을 바라볼 때, 여러분은 세상의 저급한 낙들을 대수롭지 않게 여기며 발로 차 버리게 될 것입니다. 그리고 보이지 않는 것들을 바라볼 때, 여러분은 보이는 것들에 의해 유혹을 당하지 않게 될 것입니다.

나아가 모세가 본 것을 볼 때, 그것은 우리로 하여금 세상의 재물을 그 본래의 가치대로 올바르게 평가할 수 있도록 도울 것입니다. 나는 여기에서 저자가 "그리스도의 수모"라는 표현으로서 정확하게 의미한 것이 무엇인지에 대해서는 논의하지 않을 것입니다(the reproach of Christ, 한글 개역개정판에는 "그리스도를 위하여 받는 수모"라고 되어 있음). 그것이 그리스도를 위해 감당하는 수모를 의미하는지, 혹은 그리스도의 수모와 같은 수모를 의미하는지, 혹은 그리스도로 말미암은 수모를 의미하는지 말입니다. 이 모든 해석이 가능하지만, 어쨌든 그것을 상세히 논의하는 것은 지금의 나의 관심이 아닙니다. 다만 여기의 요점은 모세가 보았던 두 가지 즉 상 주심과 보이지 않는 자를 보는 것이 세상의 재물 속으로 들어올 때 세상의 재물은 참된 보화와 비교할 때 헛되며 찌끼에 불과한 것이라는 사실이 온전히 드러난다는 것입니다.

밤중에 어떤 동굴에서 요정으로부터 황금을 선물로 받은 사람과 관련한 옛 이야기가 있습니다. 그러나 다음 날 해가 밝았을 때 자세히 보니, 전날 밤 황금과 보석으로 보였던 것들은 한 무더기의 마른 잎과 썩은 과일들이었습니다. 요정의 황금처럼 세상이 값진 것으로 평가하는 것들이 많이 있습니다. 그러나 사람으로부터 취할 수 있는 것 가운데 실제로 자신에게 속하는 것은 아무것도 없습니다. 자신의 필요에 온전히 부응하는 참된 보화는 오직 자기 자신과 영원히 분리될 수 없는 것들뿐입니다. 예컨대 내주하시는 하나님의 보화라든지 혹은 그의 형상으로 변화된 본성의 보화 같은 것들 말입니다.

보이지 않는 미래를 바라볼 때, 우리는 애굽과 세상의 모든 보화를 그 본래의 가치대로 평가하게 될 것입니다. 오늘날 우리가 배워야할 교훈으로서 이것보다 더 필요한 교훈은 아무것도 없습니다. 왜냐하면 오늘날 대부분의 사람들의 삶의 행태는 많은 재물을 얻는 것이 곧 성공을 의미하며 가난한 것은 곧 실패를 의미하는 산업사회 속에서 형성되기 때문입니다. 이런 가운데 가난한 사람들은 재물을 얻는 것을 마땅히 추구해야 할 유일한 가치로 생각하도록 유혹을 당하며, 부유한 자들은 그것을 가장 큰 즐거움으로 바라보도록 유혹을 당합니다. 상 주심과 보이지 않는 하나님의 빛으로 하여금 세상의 재물에 대한 여러분의 평가 위에 항상 비취게 하십시오.

또 모세가 본 것을 볼 때, 그것은 우리를 모든 위험에 맞서도록 무장시킬 것입니다. 나는 27절의 "애굽을 떠나"라는 구절을 모세가 호렙으로 피신한 사건을 가리키는 것으로 취합니다. 출애굽기에서 그의 피신은 그의 두려움과 관련되는 것으로 다루어지는 반면, 본문에서는 그의 용기와 관련되는 것으로 다루어집니다. 이와 같이 한 사람의 마음 안에 두려움과 두려움이 아닌 것이 동시에 거할 수 있습니다. 사람의 마음 안에 여기의 모세의 경우처럼 두려움이 있을 수 있습니다. 그것이 그를 피신하도록 만들기에는 충분할 수 있습니다. 그러나 그로 하여금 그의 피신을 필연적인 것으로 만든 목적을 포기하도록 만들기에는 충분할 수 없습니다. 모세는 도망칠 만큼 충분히 두려웠습니다. 그러나 그는 위험과 어려움으로 인해 자신의 사명을 내던져 버릴 만큼 충분히 두렵지는 않았습니다.

다시 말해서 상 주심과 보이지 않는 자를 바라본다고 해서 우리의 자연적인 두려움이 없어지지도 않을 것이며, 실제적인 두려움과 어려움들에 대해 맹목적이 되지도 않을 것입니다. 그러나 그것은 우리의 마음을 더욱 굳건하게 만들며, 우리의 결심을 더욱 강고(强固)하게 만들 것입니다. 우리는 갑작스런 돌풍 앞에서 잠깐 굽힐 수 있을 것입니다. 그러나 우리는 우리의 확신을 추호도 버리지 않을 것이며, 우리의 신념을 결코 내팽개쳐 버리지 않을 것입니다. 우리는 필요하다면 호렙으로 피신할 것이지만, 이스라엘의 구속을 위해 수고하기를 그치지는 않을 것입니다. 우리가 하나님을 신뢰하는 가운데 계속적으로 미래의 상 주심을 바라보며 산다면, 때로 우리가 위험을 피하며 평탄한 길을 찾기 위해 우리의 경로를 다소 수정한다 하더라도 하나님에 대한 우리의 신뢰와 하나님이 맡긴 사명에 대한 우리의 확신은 결코 흔들리지 않을 것입니다.

지금까지 이야기한 것을 한 마디로 요약한다면 "고결한 인생을 만드는 참된 길은 믿음의 길이라는 옛 길이다"가 될 것입니다. 보이지 않는 하나님과 미래의 보응을 바라볼 때, 그것은 이 땅의 낙들을 하찮은 것으로 만들며, 세상의 보화들을 찌기로 만들며, 이 땅의 위험들을 대단치 않은 것으로 만들 것입니다. 하나님과 미래의 보응을 계속적으로 바라보도록 만들어주는 유일한 길은 예수 그리스도를 항상 가까이 하며 우리의 마음을 그에게 고정시키는 것입니다. 그와 온전히 교제할 때, 세상의 일시적인 낙들은 우리의 마음을 끌어당기는 강력한 힘을 갖지 못할 것입니다. 그리고 세상의 재물은 그 가치를 잃을 것이며, 위험은 우리를 두렵게 하기를 그칠 것입니다. 그리고 믿음을 통해 우리는 "우리를 사랑하시는 이로 말미암아 넉넉히 이기는" 자가 될 것입니다(롬 8:37).

42 구름 같은 증인들과 그들의 지도자

"이러므로 우리에게 구름 같이 둘러싼 허다한 증인들이 있으니 …
믿음의 주요 또 온전하게 하시는 이인 예수를 바라보자"
히 12:1, 2

원형경기장에서 수많은 관중들을 올려다보고 있는 검투사를 상상해 보십시오. 그들의 무자비한 얼굴과 눈이 자신에게로 향하여진 것을 볼 때, 그것은 그에게 얼마나 소름끼치는 광경이었겠습니까! 얼마나 많은 가련한 검투사들이 절망 가운데 그들로부터 그의 뜻에 자신의 목숨이 달려 있는 황제에게로 눈길을 돌렸겠습니까!

바로 이것이 그리스도인의 삶과 관련하여 본문이 우리 앞에 제시하는 그림입니다. 우리는 원형경기장 안에 있습니다. 우리는 우리의 경주를 경주해야 하며, 우리의 싸움을 싸워야 합니다. 수많은 관중들이 우리를 내려다보고 있으며, 보좌 위에 모든 경주의 재판장인 생명의 주님이 앉아 계십니다. 그의 웃음은 모든 면류관보다 낫습니다. 반면 그의 엄지손가락이 아래로 향하는 것은 우리의 멸망을 확증하는 것입니다. 우리는 구름 같은 허다한 증인들에 의해 둘러싸여 있으며, 그 가운데서 우리는 믿음의 주요 온전케 하시는 이인 예수를 볼 수 있습니다. 이러한 사실들이 여기에서 언급되는 것은 우리로 하여금 기독교적 삶 가운데 인내로써 참고 견디면서 용감하게 싸울 것을 격려하기 위함입니다. 여기에서 우리는 두 가지 주제를 주목할 수 있습니다. 첫째는 먼저 떠난 성도들과 우리 사이의 관계와 그로부터 말미암는 격려입니다. 둘째는 예수 그리스도와 우리 사이의 관계와 그로부터 말미암는 격려입니다.

1. 첫째로, 먼저 떠난 성도들과 우리 사이의 관계와 그로부터 말미암는 격려를 주목하십시오.

먼저 본문의 "증인들의 구름"이란 은유를 주목해 보십시오(cloud of witnesses, 한글개역개정판에는 "구름 같은 증인들"이라고 되어 있음). 이러한 은유는 아마도 그들의 숫자가 많은 것과 그들이 높이 승귀(昇貴)된 것을 표현하기 위한 것일 것입니다. 이러한 개념은 11장에 열거된 구약의 성도들이 하늘까지 높이 올려진 개념으로부터 자연스럽게 이어집니다. 라파엘로가 그린 성모 마리아의 배경에는 그녀를 바라보고 있는 천사와 같은 수많은 얼굴들이 있습니다. 저자의 마음속에는 또한 우리가 앞에서 살핀 것처럼 원형경기장과의 관련성이 섞여 있을 수 있습니다. 그러나 우리는, 비록 성급한 독자들은 본문으로부터 모든 싸움을 마친 성도들이 이 땅에서의 우리의 싸움을 내려다보고 있다는 개념을 끌어내고자 하는 유혹을 받을 수 있다 하더라도, 어쨌든 "증인"이라는 단어에 그러한 개념을 뒷받침하는 것은 없다는 사실을 기억할 필요가 있습니다. 그것은 "구경꾼"과 동의어로 사용되지 않습니다. 도리어 그것이 여기에서 정확하게 의미하는 것은 앞장에서와 마찬가지로 "증언하는 자" 혹은 "증거하는 자"입니다. 그들은 우리에 대하여 증언하는 자가 아니라, 우리에게 증언하는 자입니다. 그러면서도 또 다른 측면에서 본문 가운데 우리의 기독교적 경주를 지켜보는 하늘의 구경꾼들의 개념이 함축되어 있다고 보는 것 역시 실제적으로 가능합니다. 특별히 원형경기장으로부터 빌려온 이미지를 감안할 때 말입니다.

만일 우리가 본문으로부터 땅과 하늘 사이의 실제적인 교통(交通)의 교리를 끌어낸다면, 나는 이것이 지나치게 나가는 것이라고 생각합니다. "어린 양의 피와 그를 증언하는 말씀으로 이긴" 자들이 이 땅의 원형경기장에 있는 우리들의 싸움에 대해 알며 또 그것을 지켜보고 있다는 종류의 그런 교통 말입니다(계 12:11). 그럼에도 불구하고 나는 본문이 갖고 있는 힘을 충분하게 나타나기 위해 여전히 그러한 개념이 필요할 수 있다고 느낍니다. 왜냐하면 그러한 개념을 완전히 배제하고 나면 본문의 의미는 상당 부분 약화되기 때문입니다. 증인들의 무리에 둘러싸인 경주자를 생각해 보십시오. 그에게 그들이 실제로 보는지 여부는 생각하지 말고 오로지 달리라고만 말하는 것은 다소 어설프게 들립니다. 그럴 때 여기의 이미지와 그것이 던지는 훈계의 힘은 크게 약화될 것입니다. 그러므로 우리는 "아마도"라는 겸손한 표현 이상으로는 나아가지 않는 것이 좋을 것입니다.

원형경기장에서 경주자들을 내려다보는 그리스의 수많은 관중들을 상상해 보십시오. 각 지방의 여러 방언들이 뒤섞여 떠들썩한 가운데 승리한 선수에게 요란한 박수갈채가 쏟아집니다. 그와 같이 시온 산에 모인 장자들의 총회는 중앙의 보좌를 중심으로 각자의 자리에 앉아 경기장에서 달리는 경주자들을 내려다보는 자들로서 간주될 수 있습니다.

여기의 개념을 생각해 보십시오. 나는 여기의 개념이 우리 앞서 떠난 성도들 앞에 우리의 모든 싸움이 드러나는 것일 수 있다고 생각합니다. 분명 하늘에 사랑이 있습니다. 마찬가지로 거기에 우리에 대한 앎과 우리를 위한 돌봄이 있을 수 있습니다. 우리 앞서 간 성도들이 주님 곁에 조용히 서서 폭풍 가운데 어쩔 줄 모르며 허둥대는 우리들을 바라보고 있을 수 있습니다.

이와 관련한 정확한 사실 여부는 차치하고, 어쨌든 승리 가운데 있는 그들과 수고 가운데 있는 우리가 실제적인 연합의 띠로 묶여 있다는 개념은 우리에게 큰 위로와 격려를 줄 수 있습니다. 그들이 우리의 수고를 안다는 개념은 우리를 격려하며 강화시키는 큰 힘이 될 수 있습니다. 그들이 주님과 함께 있는 하늘의 복된 처소를 생각해 보십시오. 그러한 생각은 그곳으로부터 멀리 떨어져 있는 우리에게 얼마나 큰 격려가 될 수 있습니까! 설령 우리가 그곳의 찬란한 빛과 달콤한 향기를 이따금씩밖에는 경험할 수 없다고 하더라도 말입니다.

심지어 우리가 구름 같은 증인들이 구름 같은 관중들을 의미하는 것이라고 확언하기를 주저할 때조차, 그러한 개념은 싸움 가운데 있는 우리들에게 큰 격려를 줄 수 있습니다. 그러면 11장의 목록에 등장하는 위대한 믿음의 영웅들이 "증인"이라는 것은 무엇을 의미하는 것입니까? 이에 대한 대답을 우리는 그 단어와 그것과 동일한 어근(語根)을 가진 단어들이 앞장에서 자주 사용된 사실로부터 발견할 수 있습니다. 예컨대 앞장에서 우리는 "선진들이 증거를 얻었느니라"(2절), "아벨은 가인보다 더 나은 제사를 드림으로 의로운 자라 하시는 증거를 얻었으니 하나님이 그 예물에 대하여 증언하심이라"(4절), "에녹은 하나님을 기쁘시게 하는 자라 하는 증거를 받았느니라"(5절), "이 사람들은 다 믿음으로 말미암아 증거를 받았으나"(39절) 등의 표현을 발견합니다. 그들에게 대한 하나님의 증언은 두말할 것도 없이 하나님이 그들에게 참된 믿음에 속하는 축복들을 주시는 것입니다. 하나님이 받으셨음을 의식(意識)하는 축복이든, 혹은 내적인 평안과 능력의 축복이든, 혹은 고난이나 원수들에 대한 외적인 승리의 축복이든 말입니다. 동시에 그들은 하나님이 그들의 믿음의 증인이 되는 것과 정확하게 동일한 사실로 말미암아 우리에게 하나님을 위한 증인이 됩니다. 왜냐하면 바로 그 점에서 그들은 참된 신앙의 축복의 증거가 되고, 그들의 역사(歷史)는 시간을 뛰어 넘어 우리의 수고가 결코 헛되지 않으며 주님을 신뢰하는 것이 얼마나 좋은 일인가 하는 것을 확증하는 것이 되기 때문입니다. 하늘의 고요한 별들은 하나님의 영광을 선포하며 세세무궁토록 그의 능력을 증언합니다. 왜냐하면 그의 능력이 그 모든 별들을 땅에 떨어지지 않도록 지키기 때문입니다. 마찬가지로 하늘에서 빛나는 여기의 찬란한 이름들은 그들처럼 선한 싸움을 싸우는 모든 사람들에게 하나님의 따뜻한 긍휼과 상(賞)을 베푸시는 사랑을 선포합니다. 은하수를 구성하는 무수한 항성(恒星)들처럼, 그들은 우리의 머리 위에 영원히 고요하게 떠 있는 그리고 우리의 외로운 싸움에 광채를 비추어 주는 하나의 밝은 구름 안으로 녹아 들어갑니다. 이와 같이 우리는 여기의 성도들의 믿음과 축복으로부터 우리의 기독교적 경주를 위한 큰 격려를 끌어낼 수 있습니다.

우리 앞에 그들의 역사(歷史)가 있습니다. 우리는 그들이 어떻게 살았음을 압니다. 우리는 다음 장이 말하는 것처럼 "그들의 삶의 마지막" 즉 그들의 삶의 방식의 결과를 압니다. 그것은 힘든 싸움이었지만, 승리로 끝났습니다. 그들은 많은 고난과 슬픔을 겪었지만, 그것은 영광스러운 삶이었습니다. 하늘의 보좌로부터 그들은 승리의 환호와 함께 우리를 부릅니다. 그들은 우리에게 그들의 눈물이 영롱한 다이아몬드로 바뀌었으며, 그들의 싸움이 평온한 안식으로 바뀌었으며, 상처로 얼룩진 그들의 머리가 영광과 빛의 면류관을 쓴 머리로 바뀌었음을 보여 줍니다.

그들은 우리에게 믿음으로 사는 것이 얼마나 거룩하며 강한 삶인지 증언합니다. 그들의 인간적인 약함은 하나님의 능력으로 채워졌습니다. 그들 안에 두려워 떠는 것과 육체의 약함이 거하고 있었습니다. 우울한 의심과 쓰라린 갈등이 그들의 분깃이었습니다. 우리와 마찬가지로 그들 역시 의를 행하며 사는 것이 힘든 일임을 알았습니다. 그러나 그들은 계속 싸웠습니다. 왜냐하면 강한 손이 그들 위에 있었고, 하나님의 은혜가 그들의 약함에 부어졌기 때문입니다. 그리하여 그들은 승리 가운데 누구든지 주님을 신뢰하는 자는 필요할 때마다 강한 능력을 공급받을 것이라고, 그리고 모든 환난 가운데 인자(人子)가 함께 할 것이라고 우리에게 증언합니다. 그들은 우리에게 고난 가운데 함께 하는 자들이 있음을 증언합니다. 그러므로 우리는 고난 가운데 어찌할 바를 알지 못할 때 그들을 생각하며 위로를 받을 수 있을 뿐만 아니라 또한 역경의 깊은 물 가운데에도 우리가 건너갈 수 있는 얕은 여울이 있음을 확신할 수 있습니다. 고난 가운데 있는 자에게 있어 형제들도 동일한 고난을 겪었음을 생각하며 위로를 받는 것은 결코 이기적인 생각이 아닙니다. 우리 앞서 수많은 사람들이 큰 환난을 통과한 후 보좌 앞에 섰음을 기억하는 것은 우리에게 큰 도움이 됩니다. 구름 같은 증인들은 우리에게 슬픔이 우리를 해하기에 얼마나 무력한지 증언합니다. 그리고 하나님을 신뢰하는 자들은 마침내 하나님의 큰 축복 안으로 들어가게 됨을 증언합니다.

그들은 또한 우리에게 모든 싸움 가운데 그들을 인도하시고 붙잡아 주시고 그리고 마침내 그들을 자기 곁으로 데려가신 하나님의 신실하심을 증언합니다. 하나님의 놀라운 능력은 예전의 그들에게 유용했던 것처럼 오늘날의 우리에게도 똑같이 유용합니다. 하나님은 우리에게 그들의 경험을 참조할 것을 가르치시며, 그들을 자신의 증인으로 부르십니다. 왜냐하면 그들은 그의 이름을 찬미하며 "너희 모든 성도들아 주님을 사랑하라. 내가 고통 가운데 곤비할 때에 그가 나를 도우셨도다"라고 말할 것이기 때문입니다. 그러므로 우리는 그들의 모범을 마음에 새기면서 "이 하나님은 영원무궁토록 우리 하나님이시로다"라는 굳은 확신으로 우리의 싸움을 싸울 수 있게 됩니다.

여기에서 "증인"으로 번역된 단어는 이후의 용례(用例)들 가운데 보다 더 좁은 의미로 피로써 자신들의 증언을 인친 자들 즉 "순교자들"을 지칭하기에 이릅니다. 이러한 사실에 초창기 교회 역사(歷史)의 감동적인 그림이 담겨 있는 것을 주목해 보십시오. 초창기 고백자들은 자신들의 증언으로 말미암아 너무나 쉽게 죽임을 당해야만 했습니다. 그의 이름은 피로 얼룩진 죽음과 불가분리적으로 뒤엉켜 있었습니다. 우리가 잠시 그것의 의미를 생각한다면 그리고 스데반으로부터 최근의 마다가스카르 선교사에게까지 이르는 순교자의 긴 행렬을 되돌아본다면, 우리의 영혼 안에 우리의 인생 자체와 그것의 즐거움들에 대해 대수롭지 않게 여기는 마음이 얼마나 강렬하게 불붙겠습니까! 오늘날 우리의 길은 얼마나 쉬운 길입니까! 우리는 "피 흘리기까지 싸우지" 않았습니다. 우리의 쉬운 길을 인내로써 달려갑시다. 가시밭과 같은 길을 달려간 자들을 생각하면서 말입니다. 그들은 그러한 길을 달려가는 가운데 하늘이 열리고 인자가 서 계시는 것을 보았습니다. 그럼으로써 그들은 기꺼이 죽음을 향해 달려갈 수 있었습니다.

나아가 우리는 여기의 모든 증인들이 불완전한 사람이었다는 사실을 잊어서는 안 됩니다. 그러나 그들의 불완전함은 도리어 우리에게 큰 격려가 됩니다. 앞장의 목록 안에 나타나는 이름들을 보십시오. 거기에 포도주에 취한 노아가 있으며, 잔꾀가 많은 야곱이 있으며, 정욕으로 말미암아 넘어진 삼손이 있으며, 야만적인 맹세를 하고 그것을 그대로 지킨 입다가 있으며, 우리가 잘 아는 죄를 범한 다윗이 있습니다. 거기에 등장하는 사람들 가운데 죄와 무관한 사람은 아무도 없습니다.

그들 가운데 우리의 완전한 모범이 될 사람은 아무도 없습니다. 설령 우리가 그들의 삶으로부터 격려를 받고 또 어떤 의미에서 그들의 믿음을 따른다고 하더라도 말입니다. 성경에 그들의 부끄러운 이야기들이 기록된 사실로 인해 하나님께 감사합시다! 그들은 우리와 똑같이 흙으로 만들어진 사람들이었습니다. 그렇지만 우리와 같은 사람들의 머리 위에 성자(聖者)의 후광(後光)이 둘러 비칠 수 있습니다. 우리는 우리의 죄와 결함들을 보면서 너무나 쉽게 절망합니다. 그러나 우리는 구름 같은 증인들을 바라보면서, 그들의 지상생애에서 우리의 모든 악들이 똑같이 나타나는 것을 발견할 수 있습니다. 우리 자신의 악을 생각할 때, 우리는 그들을 바라보면서 소망 가운데 이렇게 말할 수 있습니다. "당신들 역시도 우리와 같은 사람들이었도다. 그러나 당신들은 씻음을 받았고 거룩함을 얻었도다. 그러므로 나는 그가 심지어 나 같은 사람조차 능히 지키시고 그의 영광의 임재 앞에 흠 없이 나타나도록 하실 수 있음을 결코 의심하지 않을 것이라."

2. 둘째로, 예수 그리스도와 우리 사이의 관계와 그로부터 말미암는 격려를 주목하십시오.

그러나 우리는 단지 우리와 같은 사람들로부터만 격려를 끌어올 필요가 없습니다. 오늘 본문의 두 번째 부분은 우리의 생각을 예수 그리스도와 우리 사이의 관계로 향하게 만들면서, 그것으로부터 격려를 받도록 만듭니다. "믿음의 주요 또 온전하게 하시는 이인 예수를 바라보자."

우리 주님은 여기에서 구름 같은 다른 모든 증인들로부터 스스로를 매우 강조적으로 분리시킵니다. 한쪽에 여기의 모든 위대한 이름들이 있습니다. 그들은 모두 한 부류에 속합니다. 그리고 다른 한쪽에 그가 그들 모두 위에 홀로 서 계십니다. 거기에서 우리는 예수 외에 아무도 보지 못합니다. 이러한 사실로부터 어떤 의미를 끌어내든 간에, 그 사실 자체는 명백합니다. 그는 이 땅에서 믿음의 싸움을 싸우는 모든 사람들에게 특별한 존재입니다. 우리가 여기의 위대한 이름들을 생각하며 그들의 경험을 참조하는 것은 매우 유익한 일입니다. 그러나 우리는 단지 그들만을 바라보아서는 안 됩니다. 우리는 그들의 작은 보좌들을 넘어 그의 보좌를 바라보아야만 합니다. 그와 우리 사이의 관계는 그들과 우리 사이의 관계와 전혀 다릅니다.

여기에서 그에게 주어지는 호칭들을 주목해 보십시오 — "믿음의 주요 온전케 하시는 이." 먼저 "믿음의 주"(the author of faith)라는 호칭을 주목해 보십시오. 여기에서 "주"(author)는 사도행전 3장 15절의 생명의 주(prince of life)에서의 "prince"와 본 서신 2장 10절의 구원의 창시자(captain of salvation)에서의 "captain"과 동일한 단어입니다. 그것의 의미는 아마도 "leader" 즉 "지도자"로서 가장 잘 제시될 수 있을 것입니다. 여기의 다른 모든 위대한 이름들은 거대한 군대의 긴 행렬이지만, 예수 그리스도는 전체 행렬의 대장입니다. 여호수아가 여리고 성벽 밖에서 자신의 임무에 대해 곰곰이 생각하고 있을 때, 어떤 사람이 칼을 뽑아들고 그 앞에 서서 이렇게 말했습니다. "나는 여호와의 군대 대장으로 지금 왔느니라"(수 5:14). 그는 때가 차매 우리의 인성을 취하신 바로 그분입니다. 그는 많은 아들들을 영광의 땅으로 인도할 수 있습니다. 그는 선재(先在)하신 자로서 믿음으로 사는 모든 자들의 지도자시며 주님이십니다.

계속해서 "믿음의 온전케 하시는 이"(the finisher of faith)라는 호칭을 주목해 보십시오. 그에게 이러한 호칭이 주어지는 것은 그가 자신의 생애 속에서 믿음의 완전한 모습과 완전한 능력을 보여 주었기 때문입니다. 뿐만 아니라 그는 우리 각자에게 우리의 삶 속에서 믿음을 완전하게 하기 위해 은혜를 주십니다. 그리고 그는 마침내 믿음에게 상(賞)을 주시고 또한 면류관을 씌워 주십니다.

여기에서 우리가 주목할 만한 것이 또 한 가지 있습니다. 여기에서 "바라보자"(looking)라고 번역된 단어는 매우 강조적인 의미를 가진 복합어입니다. 그것을 구성하는 단어들의 의미를 충분히 고려할 때, 우리는 그것을 "looking away" 즉 우리의 눈을 다른 모든 것들로부터 돌이켜 오직 예수에게만 고정시키자는 의미로 읽을 수 있습니다.

지금까지 설명한 모든 사실들은 우리에게 우리 주님의 유일한 위치와 우리가 그에 대해 가져야만 하는 합당한 태도를 가르쳐 줍니다.

예수 그리스도는 믿음의 완전한 모범으로서 유일한 자입니다. 그러나 우리는 그를 완전한 믿음의 삶을 산 자로서 충분하게 묵상하지 않습니다. 많은 정통적인 신자들은 그리스도의 신성을 믿는 가운데 그의 인성의 실재를 약화시킵니다. 어떤 사람들이 그의 인성을 생생하게 붙잡는 가운데 그의 신성의 빛을 상당 부분 흐리게 하는 것과 정반대로 말입니다. 우리가 예수 그리스도에게 있어 하나님을 의지(依支)하며 믿음으로 산 것이 그의 평강의 비밀이며 그의 모든 능력의 원천이었다는 사실을 충분히 고려하지 않는다면, 우리는 필연적으로 많은 것을 잃을 수밖에 없습니다. 본 서신은 다른 곳에서 그리스도의 생애의 가장 내적인 표현으로서 다음과 같은 시편 구절을 인용합니다. "내가 그를 의지(依支)하리라"(2:13). 이러한 말씀은 또한 그가 우리의 형제라는 사실을 잘 보여 줍니다. 그는 하나님을 의지하는 것이 무엇인지 잘 알고 계셨습니다. 그는 그의 신적 본성 가운데 우리의 믿음의 대상이면서 동시에 그의 참된 인성 가운데 우리의 믿음의 모범입니다.

그의 모범은 완전한 모범입니다. 다른 모든 사람들은 물론이고, 심지어 최고의 성자(聖者)와 가장 영웅적인 순교자에게도, 흠과 티가 있습니다. 다시 말해서 그의 보석은 아무런 흠도 없는 완전무결한 보석인 반면, 다른 사람들의 보석은 곳곳에 흠과 티가 박혀있는 저급한 보석입니다. 그의 믿음은 결코 비틀거리지 않으며, 스스로를 기쁘게 하는 것으로 변질되지 않습니다. 바라는 것을 붙잡은 그의 손은 결코 느슨해지지 않으며, 그의 온유한 순복의 태도는 결코 변하지 않습니다. 또 그는 자신의 시선(視線)을 보이지 않는 것으로부터 결코 떼지 않습니다. 우리는 다른 사람들의 모범도 바라볼 수 있습니다. 그러나 그들 모두는 우리를 위한 모범과 함께 때로 경고도 됩니다. 우리는 오직 예수 그리스도 안에서 완전한 믿음과 완전한 정결을 발견할 수 있습니다.

나아가 그는 모범 이상(以上)입니다. 왜냐하면 그는 우리로 하여금 자신의 아름다운 모범을 본받을 수 있도록 우리에게 능력을 주시기 때문입니다. 위대한 믿음의 영웅들의 삶의 영향력은 우리를 격려하기도 하지만 종종 낙망하게도 만듭니다. 왜냐하면 그들은 단지 모범일 뿐이기 때문입니다. 우리에게 필요한 것은 모범이 아닙니다. 왜냐하면 우리 모두는 마땅히 어떠해야 하는지 잘 알기 때문입니다. 도덕이나 혹은 신앙에 있어서의 최고의 모범들은 도리어 해로울 수 있습니다. 마치 셰익스피어나 라파엘로의 범접할 수 없는 탁월성이 젊은 초보자들을 절망시킬 수 있는 것처럼 말입니다. 세상을 구원하는 것은 완전한 모범이 아닙니다. 완전한 모범을 바라본다고 해서 저절로 그렇게 되는 것은 아닙니다. 우리가 필요로 하는 것은 우리가 마땅히 어떠해야 하는지를 아는 것이 아닙니다. 오직 그렇게 되고자 하는 의지(意志)와 그렇게 될 수 있는 능력입니다. 우리는 그것을 오직 그리스도로부터만 얻을 수 있습니다. 그는 가련한 싸움 가운데 버둥거리는 우리를 붙잡아 주기 위해 우리에게 자신의 손을 뻗습니다. 그럼으로써 그의 은혜와 그의 평안이 우리 마음 안으로 임하며, 그를 바라볼 때 그의 영이 우리의 영 안으로 들어옵니다. 그럴 때, 사는 것은 우리가 아니요 우리 안에서 그리스도가 사는 것이 됩니다. 우리에게 모범이 되는 많은 사람들을 생각해 보십시오. 그러나 모범은 우리에게 큰 도움이 되지 못할 것입니다. 그들은 마치 대리석 조각상처럼 저기 서 있습니다. 그들은 참으로 아름다운 대리석이지만, 그러나 여전히 차가운 대리석일 뿐입니다. 그러나 그 대리석은 그리스도 안에서 피와 살이 됩니다. 그리고 그 안에서 완전함은 긍휼히 여기는 마음과 도움을 베푸는 손을 갖습니다. 그러므로 우리에게 단지 모범일 뿐인 다른 모든 사람들로부터 돌이켜 우리에게 힘과 능력을 줄 수 있는 자를 바라봅시다. 주변의 작은 보좌들로부터 돌이켜 중앙에 있는 왕의 보좌를 바라봅시다. 우리는 주변의 보좌에 앉아 있는 자들보다 중앙의 보좌에 앉아계신 자와 더 가깝게 결속되어야 합니다. 구름 같은 증인들로부터 돌이켜 우리 영혼의 태양을 바라봅시다. 그를 바라봄으로써 우리는 따뜻함과 빛과 생명을 받습니다. 구름 같은 증인들은 우리에게 싸우는 방법을 가르칠 수 있지만, 그는 우리 안에서 싸우십니다. 그들은 믿음의 모범입니다. 이 점에서 예수 그리스도도 마찬가지입니다. 그러나 그는 동시에 믿음의 대상이면서 우리에게 믿음을 주는 자입니다.

그리스도는 또한 믿음에 대해 상(賞)을 주시는 자입니다. 마침내 그는 믿음으로 바라본 모든 것을 충분하게 소유하게 해 주실 것입니다. 심지어 하늘에서조차 우리는 믿음으로 말미암아 살 것입니다. 그리고 모든 싸움이 그치는 그곳에서 우리는 그를 계신 그대로 볼 것입니다. 그리고 그곳에 의식적(意識的)인 의존과 복된 신뢰와 마찬가지로 믿음도 여전히 남아 있을 것입니다. 믿음은 그 방식과 분량과 상급에 있어 완전해질 것입니다. 믿음을 완전하게 하는 모든 것을 주시는 자는 그리스도입니다.

그러므로 모든 주변적인 것들로부터 돌이켜 예수 그리스도를 바라봅시다. 그는 우리 믿음에 대해 상(賞)을 주시는 자일 뿐만 아니라 또한 상 그 자체입니다. 그를 바라볼 때, 우리는 싸움과 승리와 면류관을 위한 능력을 얻을 것입니다. 왜냐하면 우리 주님은 우리가 싸우는 모든 싸움을 친히 싸우셨기 때문입니다. 그러므로 우리는 그로부터 우리의 싸움을 위한 모든 능력을 얻을 수 있습니다. 그리고 싸움이 막바지에 이르고 모든 것들이 우리 눈 앞에서 사라지며 모든 소리가 희미해질 때, 우리는 평안 가운데 눈을 감을 것입니다. 그리고 다시 눈을 뜰 때, 보십시오! 피로 물든 전쟁터와 부러진 칼들과 찌그러진 투구들은 모두 사라졌습니다. 그리고 우리는 면류관을 쓰고 종려나무 가지를 든 채 승리의 환호를 외치며 가장 달콤한 안식에 싸여 그의 곁에 앉아 있을 것입니다.

43
경주로서의 그리스도인의 삶

"인내로써 우리 앞에 당한 경주를 하며"

히 12:1

히브리서 12장 1절 상반절은 우리 앞에 "구름 같은 증인들에 의해 둘러싸여" 있는 경주자의 위치와 "모든 무거운 것과 얽매이기 쉬운 죄를 벗어버려야" 하는 그의 마음의 태도를 제시합니다. 그리고 계속해서 본문은 우리에게 긴장된 모습으로 출발선에 서 있는 한 무리의 경주자들과 그들 앞에 펼쳐져 있는 긴 경주로를 보여 줍니다.

"경주"(競走)로서의 그리스도인의 삶의 은유는 다소 진부한 것이기는 하지만 그러나 여전히 우리의 삶에 매우 유용하면서도 실제적으로 적용될 수 있습니다. 그것은 우리를 격려하기도 하고 또 부끄럽게 만들기도 합니다.

그러면 경주로서의 그리스도인의 삶의 은유에서 특별히 주목할 점은 무엇입니까? 그것을 그것과 비슷한 여행이나 순례의 은유와 비교해 보십시오. 두 은유는 많은 부분에서 공통점을 갖습니다. 둘은 모두 인생을 변화무쌍하며, 계속적이며, 점진적이며, 종착지를 향해 나아가는 것으로서 제시합니다. 그러나 경주의 은유는 노력과 분투의 개념을 강조합니다. 여행자는 힘들이지 않고 여유롭게 자신의 길을 걸어갈 수 있습니다. 그는 나무 아래 앉아 편안하게 쉴 수도 있으며, 길을 벗어나 다른 곳으로 갈 수도 있습니다. 그러나 경주자는 다른 곳을 바라보아서는 안 됩니다. 그는 먼지나 땀 따위를 두려워해서는 안 되며, 자신의 근육과 폐를 극단까지 혹사시켜야만 합니다. 결승점에 도착할 때 상(賞)을 받고자 한다면 말입니다. 본문 가운데 저자는 경주에 있어서의 한 가지 주된 특징을 매우 강조적으로 제시합니다. 그것은 "인내로써 달리는" 것입니다. 이것은 단순히 소극적인 참음을 의미하는 것이 아니라 모든 반대를 무릅쓰고 결승점을 향해 흔들림 없이 달려가는 적극적인 노력을 의미합니다.

경주의 은유에서 이와 같은 "인내"가 가장 주된 특징이라는 것은 두말할 필요조차 없는 사실입니다. 그렇지만 나는 오늘 설교 가운데 경주의 상징을 좀 더 넓게 취하는 가운데 여러분 앞에 그 안에 담긴 여러 요소들을 제시하고자 합니다. 오늘 나는 그 안에서 네 가지 요소들을 제시하고자 합니다 — 명확한 목표, 하나님이 지정한 길, 계속적인 전진, 그리고 분투와 노력. 이제 우리 스스로에게 물어보도록 합시다. 우리의 기독교적 삶 속에 정말로 이와 같은 것들이 있습니까?

1. 명확한 목표.

대부분의 사람들은 저급한 일들과 관련하여 명확한 목표를 가지고 있습니다. 여러분이 평균적인 사람들에게 무엇을 위해 사느냐고 묻는다면, 그들은 일반적으로 간단명료하게 대답할 수 있을 것입니다. 설령 분명한 말로 대답하지는 못한다 하더라도, 어쨌든 그의 삶이 그것을 보여 줄 것입니다. 그러나 "나는 큰 사업을 일으키기 위해 살고 있습니다," "나는 가족을 부양하기 위해 살고 있습니다," "나는 학문이나 혹은 기술이나 혹은 전문지식을 배우기 위해 살고 있습니다," "나는 인생을 즐기기 위해 살고 있습니다" 등등과 같은 것들은 목적이라기보다 수단입니다. 그와 같이 말하는 사람들에게 우리는 다음과 같은 매우 불편한 질문을 던질 수 있습니다. "좋습니다. 그러면 그 다음에는요?" 결국 그러한 모든 인생의 목표들은 멸망을 향해 돌진하며, 마침내 사람이 추구하기에 적합하지 않은 것이었음이 명백하게 드러납니다. 그러한 저급하며 보잘것없는 "목표"들은 그와 같은 이름으로 불릴만한 가치가 없습니다.

반면 본문은 그러한 것들을 훨씬 초월하는 그리고 정말로 추구하기에 합당한 하나의 목표를 제시합니다. 그러면 그것은 무엇입니까? 여러분은 그것을 다양한 방식으로 제시할 수 있습니다. 복음적인 그리스도인들은 통상적으로 구원이라고 말합니다. 그러나 상당수의 복음적인 그리스도인들은 "구원"이라는 단어의 의미와 관련하여 매우 저급하며, 부적절하며, 이기적인 개념을 가지고 있습니다. 그것을 다른 형태로 제시해 봅시다. 사람이 추구하기에 합당한 최고의 유일한 목표는 그의 성품과 기질과 본성과 마음과 의지(意志)가 하나님의 형상인 예수 그리스도의 모양으로 완전하게 빚어지는 것입니다. 다시 말해서 그가 무의식(無意識)의 니르바나(Nirvana, 열반의 상태)가 아니라 신적 본성과의 복된 연합 안으로 들어가는 것입니다. 그것은 그가 그 안으로 흡수되거나 혹은 그의 개별성이 약화되는 것이 아닙니다. 도리어 그것은 그를 갑절이나 더 그 자신이 되게 만듭니다. 왜냐하면 그는 하나님 안에서 살기 때문입니다. 마치 주위를 타게 하면서도 정작 자신은 타지 않는 산소(酸素) 호롱병 안에 있는 심지처럼 말입니다. 이와 같이 사람의 성품이 신적 형상으로 완전하게 변화되는 것 그리고 사람이 하나님과 더불어 완전하게 연합하는 것이 기독교가 우리 앞에 제시하는 인생의 목표입니다.

모든 그리스도인들은 이러한 목표를 분명하게 인식할 필요가 있습니다. 그리고 그것을 단지 추구하는 대상으로서가 아니라 분투하며 노력하는 대상으로서 항상 바라보아야만 합니다. 우리가 우리의 인생이 저열(低劣)하며 위선적인 것이 되게 하지 않고자 한다면, 우리는 인생의 목표와 관련한 이러한 개념을 분명하게 인식하고 굳게 붙잡아야만 합니다. 그러나 우리는 이러한 목표가 앞에서 언급한 모든 저급한 목표들을 통해 추구될 수 있음을 기억할 필요가 있습니다. 우리가 가장 필요로 하는 기독교는 그와 같은 최고의 목표를 인식하는 가운데 모든 저급한 목표들을 통해 그러한 최고의 목표를 끊임없이 추구하는 기독교입니다. 우리는 인생의 모든 부분들 속으로 관통하는, 그리고 거기에 씻음과 치유와 생명력을 가져다주는 기독교 원리를 필요로 합니다. 만일 우리가 최고의 목표와 저급한 목표들이 서로 상충된다고 생각한다면 — 죄와 관련된 것은 예외로 하고 — 우리는 최고의 축복과 우리 앞에 놓인 가까운 대상들의 유익을 모두 오해한 것입니다. 그리고 한층 더 치명적으로 기독교의 탁월함과 그것의 참된 목적을 오해한 것입니다. 왜냐하면 기독교의 참된 목적은 세상을 떠나는 것이 아니라, 세상과 세상의 모든 것들을 이러한 최고의 목적에 도움이 되도록 만드는 것이기 때문입니다.

이제 이러한 위대한 목표와 철저하게 연결된 삶의 숭고함과 복됨과 관련하여 한 마디만 더 하고자 합니다. 세상의 모든 것들에 복된 숨결을 불어넣는 그 유일한 목표를 생각해 보십시오. 달이 폭풍 따위의 모든 반대되는 힘들을 비웃으며 바닷물을 하나의 거대한 조수(潮水)로 모으는 것처럼, 세상의 모든 잡동사니 위에 비춰는 최고의 목표의 정결한 광채는 그 모든 것을 자기에게로 이끌 것입니다. 또 이러한 유일한 목표로부터 삶 속으로 들어오는 능력을 생각해 보십시오. 하나의 목표를 가진 사람은 항상 놀랄 만한 힘을 갖습니다. 그리고 다른 모든 목표들 위에 그 한 가지 목표를 굳게 지키는 그리스도인이야말로 정말로 그리스도인이라는 이름에 합당한 사람입니다. 그러한 한 가지 목표는 우리 본성의 전체적인 능력을 하나로 모을 것입니다. 그리고 그 모든 능력을 하나의 점으로 집중시킬 것입니다. 그러면 어떻게 됩니까? 마침내 거기에서 열이 나고 불이 붙을 것입니다. 여러분이 무딘 쇠붙이를 취하여 그것으로 25cm 정도 되는 두꺼운 송판에 구멍을 뚫으려고 한다면, 그 일은 거의 진행되지 않을 것입니다. 그러나 여러분이 그 끝을 뾰족하게 갈고 그곳을 불로 달군다면, 송판은 곧 뚫릴 것입니다. 이와 같이 우리의 삶도 하나의 초점으로 모아지고 뜨겁게 달구어질 때 모든 장애물을 뚫을 것입니다. 우리는, "나는 오직 이 한 가지를 행하노라"라고 말하는 분량만큼 그리고 다른 모든 일들을 통해 그 일을 행하는 분량만큼, 강할 것입니다.

모든 저급한 목표들을 시험하는 것으로서 이러한 유일한 목표를 분명하게 인식하고 굳게 붙잡는 유익은 아무리 강조해도 지나치지 않습니다. 하나의 큰 목표를 분명하게 인식하고 굳게 붙잡을 때, 다른 모든 저급한 목표들은 그 하나의 목표 속으로 흡수될 것입니다. 나아가 이러한 최고의 목표가 최고로 복된 것은 그것이 우리 앞에 항상 빛날 것이기 때문입니다. 우리가 결코 도달하지 못하는 목표를 갖는 것은 복된 일입니다. 옛 선원들처럼 해안을 따라 항해하는 것보다 북극성을 향해 계속해서 나아가는 것이 훨씬 더 낫습니다. 그럴 때 우리 앞에 새로운 목적과 새로운 소망과 새로운 목표가 계속해서 나타날 것입니다. 우리 앞에 계속해서 북극성이 빛나는 것은 얼마나 좋은 일입니까! 설령 우리가 거기에 도달하지는 못 한다 하더라도 말입니다.

2. 하나님이 지정한 길.

그 경주는 "우리 앞에 놓인" 경주입니다(한글개역개정판에는 "우리 앞에 당한 경주"라고 되어 있음). 그러면 누가 우리 앞에 놓았습니까? 경주로는 경주를 주관하는 심판장에 의해 지정되고 결정되었습니다. 이러한 사실은 우리는 두 가지 방향으로 적용할 수 있습니다. 첫째로, 나의 의무들은 하나님이 지정합니다. 우리가 이러한 사실을 깨닫고 하나님의 뜻을 우리의 일상의 행동들과 계속 연결시킨다면, 우리의 모든 일상의 행동들은 얼마나 달라지겠습니까! "어디에 있든 나는 이러저러한 일을 행해야만 해"라든지, 혹은 "옳든 그르든 나는 이러저러한 일을 행해야만 해"라든지, 혹은 "어떤 사람이 나에게 이러저러한 일을 행하라고 명령했어"라고 말하는 것과 "주께서 나의 길을 준비하시고 나로 하여금 그 길로 행하도록 정하셨어"라고 말하는 것은 얼마나 다릅니까! 그렇게 말하는 것은 우리를 존귀하게 하며, 달콤하게 하며, 고요하게 합니다. 그리고 그것은 우리의 길을 순조롭게 하며, 험한 길을 평탄하게 하며, 굽은 것을 곧게 합니다. 이와 같이 우리는 분명한 목표를 바라봄과 동시에 하나님이 그 길을 지정하셨음을 확신해야 합니다. 어떤 현대 사상가는 종교는 감정에 의해 감동된 도덕이라고 말했습니다. 그렇지 않습니다. 종교는 하나님의 율법에 대한 순종으로 변화된 도덕입니다. 여러분의 의무들을 하나님의 명령과 연결시키십시오. 그러면 그것들은 모두 쉬워질 것입니다. 여러분 앞에 길이 우울하게 뻗어있을 때 그리고 여러분이 어려운 일을 행하도록 부름받은 것처럼 보일 때, 이렇게 말하십시오. "우리는 그가 만드신 바라 그리스도 예수 안에서 선한 일을 위하여 지으심을 받은 자니 이 일은 하나님이 전에 예비하사 우리로 그 가운데서 행하게 하려 하심이니라"(엡 2:10).

둘째로, 나의 의무들이 하나님에 의해 지정되는 것처럼 나의 환경들 역시도 마찬가지입니다. 여러분은 소위 장애물경주라고 불리는 경주를 잘 알 것입니다. 그것은 경주로 위에 가능한 많은 장애물들을 세우고 그것들을 뛰어 넘어가는 경주입니다. 나는 그것이 하나님이 우리에게 주신 경주와 매우 비슷하다고 생각합니다. 우리 앞에는 통과해야 할 많은 장애물들이 있습니다. 뛰어 넘어가야 할 장벽도 있으며, 밑으로 기어 지나가야만 할 울타리도 있으며, 물을 튀기며 건너가야 할 웅덩이도 있습니다. 우리는 스스로에게 묻습니다. "이 모든 것이 의미하는 것은 무엇이지?" 그 대답은 이것입니다. "그가 우리에게 경주를 지정하신 것은 우리를 유익하게 하고 우리로 하여금 그의 거룩하심에 참여하게 하려 하심이라."

3. 계속적인 전진.

계속적인 전진은 그리스도인의 삶에 있어 소금과 같은 것입니다. 그러한 전진이 없다면, 기독교에는 치명적인 오류가 있는 것입니다. 계속적인 전진이 없는 기독교는 죽은 기독교입니다. 그것은 내가 앞에서 이야기한 목표가 그 본질상 비록 도달할 수 없는 것이라 하더라도 무한히 가까워질 수 있는 것이기 때문입니다. 우리는 계속해서 정상을 향해 올라갈 수 있습니다. 하나님의 깊은 것들을 지적으로나 혹은 영적으로 이해하는 일에 있어서나 혹은 그의 형상을 자신의 본성 안에 결합시키는 일에 있어, 사람은 결코 "보라, 나는 그 땅을 지나왔으며 그 모든 것을 아노라"라고 말할 수 없습니다. 그러나 영원히 도달할 수 없는 지점에 무한히 가까워지는 것은 기하학적 도형을 묘사하는 것이기도 하지만, 그것은 그리스도인의 삶을 묘사하는 것이기도 합니다. 그러므로 우리는 어떤 지점에서도 멈추어서는 안 됩니다. 어떤 지점에서도 우리는 "드디어 나는 목표에 도달했도다"라고 말해서는 안 됩니다. 신적 본성을 목표로 나아가는 한, 우리의 본성은 계속적인 전진을 요구합니다. 왜냐하면 사람의 영은 무한히 확장될 수 있기 때문입니다. 신자의 영혼에 있는 하나님의 생명의 씨앗은 처음에는 모든 것 가운데 가장 작은 것이라 하더라도 큰 나무로 자라가야만 합니다.

사랑하는 형제들이여, 이러한 사실은 우리의 실제적인 모습과 얼마나 슬픈 대조를 보입니까! 그리스도인들 가운데 이러한 개념을 거의 알지 못하는 사람들이 얼마나 많습니까! 하나님의 형상을 닮아가는 일에 있어서나 그분과의 교제에 있어서나, 계속적인 진보를 이루어 나가지 못하는 그리스도인들이 얼마나 많습니까! 스스로에게 "오늘의 나는 작년의 나보다, 10전 전의 나보다, 20년 전의 나보다 더 나아졌나?"라는 질문을 던져 보십시오. 일본인 정원사들은 분재(盆栽)라는 형태로 큰 나무를 작게 만드는 기술을 자랑합니다. 그들은 심지어 떡갈나무를 화분 안에 넣기도 합니다. 그 나무는 화분 안에서 일 년에 겨우 몇 센티미터 자랄 뿐입니다. 이것이 오늘날의 그리스도인들 가운데 너무나 많은 사람들의 모습이 아닙니까? 하늘을 향해 거목으로 자라야 할 나무들이 마치 난쟁이처럼 화분 안에 쪼그라들어 있지 않습니까?

4. 분투와 노력

앞에서 나는 본문의 은유의 특별한 특징에 대해 이야기했습니다. 여기에서 "경주"(race)로 번역된 단어는 문자적으로 "경쟁"(contest)을 의미합니다. "우리 앞에 당한 경쟁을 하며." 이것은 무엇을 말하는 것입니까? 그것은 앞을 향해 달리는 모든 사람들의 발이 서로 다투어야 한다는 것입니다. 그것은 단순히 "달리는" 것일 뿐만 아니라 또한 "다투며 경쟁하는" 것입니다. 본문이 경주자에게 필수적으로 요구되는 것으로서 직접적으로 언급하는 "인내" 역시도 "다투며 경쟁하는" 것을 암시합니다. 반대(opposition)를 생각해 보십시오. 반대는 어디로부터 옵니까? 바울 사도는 갈라디아인들에게 다음과 같이 물은 적이 있습니다. "너희가 달음질을 잘 하더니 누가 너희를 막더냐?"(갈 5:7). 이에 대한 대답은 다양합니다. 길가에 핀 꽃들이 막기도 하고, 길 위에 던져진 금 사과들이 막기도 하고, 우리를 유혹하는 요정의 노랫소리가 막기도 하고, 중력이 우리를 끌어당기기도 하고, 얼굴에 부딪히는 맞바람의 압력이 막기도 합니다. 그렇습니다. 그러나 무엇보다도 나 자신이 막습니다. 바로 이것이 막습니다. 바로 이것이 우리가 맞서 싸워야만 하는 대상입니다. 노력하고, 노력하고, 또 노력하십시오. 바로 이것이 모든 고결한 삶의 비밀이며, 바로 이것이 계속적으로 전진하는 그리스도인의 삶의 비밀입니다.

여기에서 우리는 신약이 계속 강조하는 믿음과 여기의 은유가 강조하는 노력 사이의 관계를 올바로 이해할 필요가 있습니다. 그리스도인들 가운데 믿음이 노력을 불필요한 것으로 만든다고 생각하는 사람들이 너무나 많습니다. 결코 그렇지 않습니다! 도리어 믿음은 노력을 격려하며, 강화(强化)합니다. 만일 내가 믿는다면, 나는 달려갈 수 있는 힘을 받습니다. 그러나 너가 실제로 달려갈 것인가 말 것인가 하는 것은 나 자신에게 달려 있습니다. 하나님은 예수 그리스도 안에서 능력을 주십니다. 그러면 우리는 그 능력을 사용하고, 그럼으로써 가능성을 실재(實在)로 바꾸어야만 합니다. 여러분은 파리 만국박람회에서 움직이는 길이 설치되었다는 이야기를 들었을 것입니다. 그래서 사람들은 걷거나 근육을 사용하지 않고서도 자동적으로 목적지에 갈 수 있게 되었습니다. 어떤 사람들은 기독교가 마치 이와 같은 종류의 "움직이는 길"과 같다고 생각하는 것 같습니다. 일단 그 길 위에 발을 올려놓기만 하면 가만히 있어도 저절로 목적지에 도달할 수 있는 것처럼 말입니다. 결코 그렇지 않습니다! 절대로 그렇지 않습니다! 믿음으로 말미암아 우리는 경주 안으로 들어옵니다. 믿음을 통해 우리는 뛰어가도 지치지 않고 걸어가도 피곤하지 않도록 만들어 주는 능력을 받습니다. 그러나 우리가 달리지 않는다면, 우리는 앞으로 전진하지 못할 것입니다. 그리고 우리가 전진하지 않는다면, 우리는 얻지 못할 것입니다. 그러므로 믿음은 노력의 기초이며 노력은 믿음의 면류관이라는 사실을 깨달으십시오. 우리가 이와 같이 우리 자신을 주님께 맡기며 그로부터 그가 주기를 기뻐하는 능력을 끌어온다면, 이사야 선지자의 다음과 같은 위대한 환상은 우리에게 온전히 이루어질 것입니다. "거기에 대로가 있어 그 길을 거룩한 길이라 일컫는 바 되리니 깨끗하지 못한 자는 지나가지 못하겠고 오직 구속함을 입은 자들을 위하여 있게 될 것이라 우매한 행인은 그 길로 다니지 못할 것이며 거기에는 사자가 없고 사나운 짐승이 그리로 올라가지 아니하므로 그것을 만나지 못하겠고 오직 구속함을 받은 자만 그리로 행할 것이며 여호와의 속량함을 받은 자들이 돌아오되 노래하며 시온에 이르러 그들의 머리 위에 영영한 희락을 띠고 기쁨과 즐거움을 얻으리니 슬픔과 탄식이 사라지리로다"(사 35:8-10),

44
무거운 것과 죄

"모든 무거운 것과 얽매이기 쉬운 죄를 벗어 버리고"

히 12:1

여기에서 우리는 일련의 개념들이 연쇄적으로 이어지는 것을 발견합니다. "모든 무거운 것과 얽매이기 쉬운 죄를 벗어 버리고 … 인내로써 우리 앞에 당한 경주를 하며 … 믿음의 주요 또 온전하게 하시는 이인 예수를 바라보자." 다시 말해서 우리가 잘 달리고자 한다면, 우리는 가벼운 차림으로 달려야만 한다는 것입니다. 또 우리가 가벼운 차림으로 달리고자 한다면, 우리는 예수를 바라보아야만 한다는 것입니다. 중심적인 말씀은 "인내로써 우리 앞에 당한 경주를 하자"는 것입니다. 그렇게 하는 유일한 방법은 "모든 무거운 것과 얽매이기 쉬운 죄를 벗어버리는" 것입니다. 또 모든 무거운 것과 얽매이기 쉬운 죄를 벗어버리는 유일한 방법은 "예수를 바라보는" 것입니다.

물론 "얽매이기 쉬운 죄"라고 말함에 있어, 저자는 어떤 한 가지 특별한 종류의 죄를 의미하지 않습니다. 그는 죄에 대해 포괄적으로 즉 모든 종류의 죄에 대해 말하고 있는 것입니다. 그것은, 흔히 오해되는 것처럼, "가장 쉽게 우리를 얽어매는 죄"(that sin which doth most easily beset us)가 아닙니다. 여기의 말씀에 따를 때, 모든 죄가 얽어매는 죄입니다. 얽어매는 것은 모든 종류의 죄의 특징입니다. 죄는 항상 우리를 둘러싸며, 숨어 웅크린 가운데 우리를 기다립니다. 그러므로 만일 우리가 우리의 경주를 인내로써 달리고자 한다면, 우리는 모든 종류의 죄 전체를 벗어버려야만 합니다. 그러나 죄 외에도 벗어버려야만 하는 것이 또 있습니다. 우리가 벗어버려야만 하는 것은 모든 죄뿐만 아니라 "모든 무거운 것"입니다. 이것은 서로 별개의 것으로서, 명확하게 구별될 필요가 있습니다. 경주를 위해서는 둘 다 벗어버리는 것이 똑같이 필요합니다. 여기의 상징은 너무나 명확합니다. 경주자로서 우리는 우리를 싸고 있는 거추장스러운 옷, 즉 "얽매이기 쉬운 죄"를 벗어버려야 합니다. 그리고 그것 외에도 우리는 경주를 위해 우리를 무겁게 만드는 모든 것, 즉 우리 안에 있는 특별한 습관이나 기질 같은 것들을 벗어버려야 합니다.

오늘 우리는 여기에서 세 가지 요점을 주목하고자 합니다. 첫째로, 죄가 아닌 장애물들이 있다는 사실입니다. 둘째로, 만일 우리가 잘 달리고자 한다면, 우리는 그러한 것들을 벗어버려야만 한다는 사실입니다. 그리고 마지막으로, 우리가 그러한 것들을 벗어버리고자 한다면, 우리는 예수를 바라보아야만 한다는 사실입니다.

1. 첫째로, 죄가 아닌 장애물들이 있다는 사실을 주목하십시오.

여기에서 저자가 죄와 무거운 것을 구별하고 있는 사실은 매우 주목할 만합니다. 죄는 그 본질상 그리고 그 결과와 상관없이 하나님의 율법을 범하는 것입니다. 반면 "무거운 것"은 그 자체로는 허용될 수 있는 합법적인 것이지만 어떤 이유로 말미암아 우리가 하늘의 경주를 달림에 있어 장애물이 되는 것입니다. 죄는 어떤 행동이나 습관을 그것의 가장 내적인 본질로서 묘사하는 것이며, 무거운 것은 그것을 그것의 우연적인 결과로서 묘사하는 것입니다. 죄는, 그것을 누가 행하든, 죄입니다. 그러나 무거운 것은 나에게는 무거운 것이 될 수 있는 반면 여러분에게는 무거운 것이 되지 않을 수 있습니다. 죄는, 그것이 어떤 정도로 행하여졌든, 죄입니다. 그러나 무거운 것은 과도할 때는 무거운 것이 될 수 있는 반면 적당할 때는 도리어 도움이 될 수도 있습니다. 무거운 것은 합법적인 것을 잘못 사용하는 것이며, 죄는 언제 어디에서 누가 행했든 하나님의 율법을 범하는 것입니다.

그러면 "무거운 것들"은 무엇입니까? 이러한 질문에 대한 대답을 우리는 우리가 지니고 있으면서 그러나 벗어버려야만 하는 것들이 무엇인지를 생각하는 것으로부터 찾을 수 있습니다. "무거운 것들"은 악으로 바뀔 수 있는 외적인 환경들이라기보다, 우리가 하나님의 은사와 긍휼을 잘못 사용하는 가운데 생명을 위해 주어진 것을 사망으로 바꾸는 마음의 감정과 습관들입니다. 또 여기에서 벗어버리는 것은 우리 주변에 있으면서 우리를 유혹할 수 있는 어떤 것들을 우리로부터 버리는 것이라기보다, 우리 안에 있는 어떤 성향(性向)들 즉 그러한 것들을 유혹으로 만드는 성향들을 버리는 것입니다. 우리가 이것이 가르치는 자기부인과 자기희생의 깊은 의미를 깨닫기를 원한다면, 우리는 죄와 무거운 것들이 함께 우리 자신의 마음속에 있다는 사실을 기억할 필요가 있습니다. 그것들은 하나님의 선물이 아니라 우리의 감정입니다. 그리고 우리에게 주어진 하나님의 은택들이 아니라 우리가 그러한 은택들을 잘못 사용하는 것입니다. 여기에서 우리는 하나님이 주신 모든 외적인 축복들을 죄의 기회로 바꾸는 능력이 우리에게 있다는 사실을 인식할 필요가 있습니다. 다시 말해서 하나님의 가장 보배로운 선물들이 우리에게 무거운 것들이 될 수 있는 것입니다. 이제 본문이 우리에게 벗어버리라고 명령하는 "무거운 것들"을 좀 더 구체적으로 생각해 보도록 합시다. 그것은 우리 밖에 있는 것이 아니라, 우리 안에 있으면서 우리를 끌어당기는 것입니다.

우리가 벗어버려야만 하는 무거운 것들이 본질적으로 합법적이기는 하지만 잘못 사용되는 감정과 생각들이라면, 그와 같이 무거운 것이 될 수 있는 것들은 구체적으로 어떤 것들입니까? 이러한 질문에 대해 우리는 한 단어로 짤막하게 대답할 수 있습니다. 그것은 "모든 것"(everything)입니다. 그것은 우리 모두가 가지고 있는 신비하면서도 두려운 능력입니다. 그것은 하나님이 주신 최고의 선물까지도 죄의 기회로 비틀고 왜곡시키는 능력입니다. 하나님이 만든 가장 아름다운 꽃으로부터 치명적인 독을 뽑아내는 사람들을 생각해 보십시오. 그와 같이 우리는 우리가 가진 모든 것으로, 우리 본성의 모든 부요한 보화들로, 하나님이 우리로 하여금 당신을 사랑하도록 주신 마음으로, 하나님이 우리로 하여금 당신의 신적 진리와 놀라운 지혜를 이해하도록 주신 지적 능력으로, 하나님이 우리가 세상에서 일함으로써 하나님을 위한 예배와 합당한 예물을 드릴 수 있도록 주신 힘으로, 하나님이 당신에게 감사를 드리도록 우리 주위에 두르신 모든 기쁨과 은혜로 그렇게 할 수 있습니다. 뿐만 아니라 우리가 그 모든 것들을 지나치거나 잘못된 방식으로 붙잡음으로 말미암아, 우리는 그 모든 것들을 장애물로 만들 수 있습니다. "사람의 원수가 자기 집안 식구리라"라는 주님의 말씀을 생각해 보십시오(마 10:36). 이러한 말씀은 가장 두려운 의미로 우리에게 그대로 이루어질 수 있습니다. 남편이나 아내나 자녀나 부모나 친구 등 가장 사랑하는 사람들을 — 그들을 너무나 사랑하기 때문이 아니라 하나님과 떨어져서 사랑하기 때문에 — 우상으로 만들 때 그리고 그들로부터 하나님의 무한한 선하심의 교훈을 끌어내는 대신 그들과 함께 살면서 하나님을 멀리 하며 그의 사랑이 최고의 사랑이며 그의 마음이 최고의 깊음이며 그의 충족함이 최고의 안식처라는 사실을 잊을 때, 그 말씀은 우리에게 그대로 이루어질 수 있습니다. 이것은 단지 한 가지 예(例)일 뿐입니다. 그것은 또한 다른 모든 영역에서도 똑같이 적용될 수 있습니다. 모든 축복들, 모든 기쁨들, 모든 외적인 소유들, 우리 안에 있는 모든 재능들과 속성들 — 우리는 이 모든 것들을 우리를 끌어당기는 "무거운 것"으로 만들 수 있습니다. 우리는 이 모든 것들을 날카로운 칼로 만들고는, 그것으로 우리가 하늘로 날아오르도록 만들어 주는 날개를 자릅니다. 그럼으로써 우리는 땅에 떨어져 흙먼지 가운데 뒹굽니다.

2. 둘째로, 잘 달리기 위해서는 이러한 것들을 벗어버려야만 한다는 사실을 주목하십시오.

이것 즉 "하나님께로 나아가는 우리의 발걸음을 가로막는 합법적인 것들"이 본문의 "무거운 것"이 의미하는 바라면, 불가불 "그렇다면 잘 달리기 위해서는 반드시 그러한 것들을 벗어버려야만 한다"는 결론이 따를 것입니다. 어째서 우리는 그러한 것들을 벗어버려야만 합니까? 그것은 그리스도인의 경주 전체가 곧 싸움이기 때문입니다. 우리는 우리 안에 이중적인 본성이 있음을 압니다. 육체는 영을 거스르고, 영은 육체를 거스릅니다. 이러한 싸움으로 그리스도인의 경주에 앞으로 나아가는 진보(進步)가 있고자 한다면 필연적으로 그것을 가로막는 것들을 벗어버리는 과정이 수반되어야만 합니다. 그렇습니다. 그리스도인의 경주는 우리 안에 있는 것이 자연적으로 펼쳐지는 것이 아닙니다. 그리스도 안에서 온전한 사람의 장성한 분량에 이르는 것은 우리의 몸이 어린아이의 몸으로부터 어른의 몸으로 자라는 것과는 다릅니다. 우리의 몸은 영양만 공급되면 자연적으로 자랍니다. "땅이 스스로 열매를 맺되 처음에는 싹이요 다음에는 이삭이요 그 다음에는 이삭에 충실한 곡식이라"(막 4:28). 곡식은 계속적인 성장과정을 따라 자연적으로 자랍니다. 우리 주님은 사람의 마음 안에서 그리스도의 나라가 자라는 방식을 묘사하기 위해 이러한 자람의 법칙을 사용하셨습니다. 그러나 그것은 단지 부분적인 묘사일 뿐이었습니다. 거기에는 자람의 법칙뿐만 아니라 또 다른 것이 있습니다. 그리스도의 나라는 자람에 의해서 뿐만 아니라 싸움에서도 진보합니다. 그리스도의 나라가 진보하는 것이 단지 점진적으로 자라는 것일 뿐이라면 그것은 쉬운 일일 것입니다. 그러나 그것이 전부가 아닙니다. 한 걸음씩 내디딜 때마다 여러분은 경쟁자들과 경쟁하며 싸워야 합니다. 여러분이 내딛는 모든 발자국은 상처 난 발로부터 흘러나온 피로 얼룩져야 합니다. 여러분은 오직 분투와 투쟁으로 한 발자국씩 앞으로 전진할 수 있습니다. 죽는 것이 없이는 영적으로 사는 것도 없습니다. 옛 사람의 정욕을 버림이 없이는 영적인 성장도 없습니다. 손을 묶은 끈을 풀 때까지, 여러분의 손은 자유롭게 움직이지 못할 것입니다. 우리 안에 있는 새 생명은, 우리 안에 있는 옛 생명이 억제되고 정복될 때까지, 자기 앞에 놓인 경주를 인내로써 달릴 수 없습니다. 우리가 고통스러운 자기희생과 죽음 없이 점진적인 자람의 과정을 통해 하늘에 도달할 수 있다고 생각한다면, 우리는 아무것도 알지 못하는 것입니다. 결코 그렇지 않습니다. 그리스도인의 경주에서 새롭게 내딛는 모든 발걸음에는 필연적으로 무엇인가를 버리는 것이 수반됩니다. 예컨대 지식에 있어서의 모든 진보를 생각해 보십시오. 거기에는 필연적으로 우리 자신의 게으름과, 우리 자신의 교만과, 우리 자신의 소경 된 마음과, 우리 자신의 왜곡된 의지(意志)를 희생시키는 것이 수반됩니다. 또 경건한 감정에 있어서의 모든 진보를 생각해 보십시오. 거기에는 필연적으로 세상의 달콤한 것들로 말미암아 흔들리는 우리의 마음과 우리의 세상적인 감정을 십자가에 못 박아 죽이는 것이 수반됩니다. 또 하나님을 위한 사역에 있어서의 모든 진보를 생각해 보십시오. 거기에는 필연적으로 우리로 하여금 오로지 우리 자신만을 위해 일하도록 강요하는 자기중심주의를 죽이는 것이 수반됩니다. 그리스도인이 달려가는 길 위에는 자신을 하나님께 희생제물로 바치는 제단이 세워져야만 합니다. 그렇지 않으면 여러분은 단 한 발걸음도 앞으로 전진하지 못할 것입니다. 정복 전쟁을 위해 항구에 모인 한 무리의 그리스 병사들과 관련한 옛 전설이 있습니다. 그러나 그들은 항구에 발이 묶인 채 출항할 수 없었습니다. 왜냐하면 그들의 돛을 채워줄 바람이 전혀 불지 않았기 때문입니다. 그들은 언제까지나 바람이 불기만을 하염없이 기다릴 수밖에 없었습니다. 결국 그들은 출항을 위해 사람을 희생제물로 바쳐야만 했습니다. 나는 이러한 옛 전설을 참된 기독교적 삶을 설명하는 좋은 예화로 취할 수 있다고 생각합니다. 이 이야기 속에서 우리는 몇 가지 교훈을 발견할 수 있습니다. 순조롭지 못한 항해라든지 혹은 자기부인의 희생제물을 드리고서야 비로소 정복 전쟁에 나설 수 있다는 등의 교훈 말입니다. 이와 같이 여러분이 여러분 앞에 놓인 경주를 인내로써 달려가고자 한다면, 여러분은 "얽매이기 쉬운 죄"뿐만 아니라 "모든 무거운 것"을 벗어버려야만 합니다.

무거운 것을 벗어버려야만 하는 이유를 알았다면, 이제 우리는 그 일이 어떻게 이루어질 수 있는지 알 필요가 있습니다. 분문의 명령에 순종할 수 있는 두 가지 방법이 있습니다. 첫 번째 방법은 우리가 강해짐으로써 그것들이 무겁지 않게 되는 것이며, 두 번째 방법은 우리 자신의 연약함을 인식하면서 신중하게 그런 것들을 피하는 것입니다. 결국 기독교적 삶의 최고의 형태는 세상을 올바로 사용하는 것입니다. 다시 말해서 바울 사도가 말한 것처럼 "있는 자들은 없는 자 같이 하며 우는 자들은 울지 않는 자 같이 하며 기쁜 자들은 기쁘지 않은 자 같이" 하는 것입니다(고전 7:30-31). 이런 의미에서 최고의 그리스도인은 하나님이 주신 모든 재능을 사용하며 하나님이 허락하신 모든 축복을 즐기는 가운데, 자신의 길을 마치 무거운 갑옷을 아무렇지도 않은 듯 걸친 옛 기사(騎士)들처럼 걸어가는 사람입니다. 그는 그것을 "무거운 것"으로 느끼지 않는 가운데 큰 흉갑을 입고 무거운 칼을 휘두릅니다. 아마도 언젠가 우리가 이와 같은 상태에 도달하는 것은 가능할 것입니다. "무거운 것"을 만드는 것은 우리 외부의 대상이 아니라 우리 자신이 느끼는 느낌입니다. 그러므로 우리는 우리가 소유한 축복들과 기쁨들을 지키며 향유하면서도 그것들이 하늘을 향한 우리의 여행길을 훼방하거나 가로막지 못하도록 해야 합니다. 나는 우리가 하늘에서 이러한 상태에 온전하게 도달하게 될 것이라고 생각합니다. 거기에서는 "생명으로 들어가기" 위해 손을 자른다든지 혹은 눈을 뽑는 등의 일은 더 이상 필요치 않을 것입니다. 그리고 생명으로 들어가기 위해 이 땅에서 희생한 모든 것들은 온전히 회복되고 보상(報償)될 것입니다. 그리고 각 영혼은 완전한 상태로 설 것이며, 아무것도 결핍하지 않을 것입니다.

물론 으리 자신의 죄성(罪性)이나 연약함으로 말미암아 우리가 스스로 "무거운 것"으로 만드는 것들이 많이 있습니다. 우리 각자는 특정한 환경 속에서 태어납니다. 또 우리에게는 각자에게 맡겨진 일이 있습니다. 그러나 그러한 일들은 어떤 사람들에게 무거운 것이 될 수 있습니다. 그들의 약함으로 인해 말입니다. 그러나 본문이 가르치는 정신은 "쟁기를 내려놓고 산으르 올라가 기도하라"는 것이 아닙니다. 또 친구들과 집안일에 둘러싸여 있는 사람을 생각해 보십시오. 그는 그러한 것들로부터 스스로를 자유롭게 하려고 하지도 않으며, 해서도 안 되며, 할 수도 없습니다. 또 우리의 거룩한 삶을 방해하는 환경으로부터 벗어나기 위해 무거운 것이 된 일을 벗어버리는 것이 죄가 되는 경우도 있습니다. 우리는 하나님이 두신 자리에 서 있어야만 합니다. 우리는 하나님이 우리에게 하라고 주신 일을 해야만 합니다. 다시 말해서 우리는 우리의 연약함으로 인해 무거운 짐이 된 의무들을 벗어버려서는 안 됩니다.

그러나 우리는 우리에게 올무가 된 것을, 그것이 나의 명백한 의무의 한 과정이거나 혹은 내가 벗어버릴 수 없는 삶의 관계들 가운데 하나가 아니라면, 벗어버려야만 합니다. 그것은 달콤할 수 있습니다. 그것은 매우 사랑스러울 수 있습니다. 그것은 여러분의 마음 가까이 있을 수 있습니다. 그것은 여러분의 존재의 일부일 수 있습니다. 그러나 여러분은 그것을 벗어버려야만 합니다. 하나님이 여러분에게 "내 아들아, 거기 서 있으라!"라고 말씀하셨다면, 거기에 그냥 서 있으십시오. 설령 거기에 수많은 유혹들이 있다고 하더라도 말입니다. 거기에 남자답게 굳게 서 있으십시오. 그리고 여기의 말씀을 마치 그것이 "나는 너무나 연약하며 감당할 수 없으니 이 장소를 떠나야만 해"라고 말하는 것처럼 취하지 마십시오. 그러나 삶의 다른 모든 영역들에서 약함을 느낄 때, 우리는 지혜롭게 그곳을 떠나야만 합니다. 예수께서 "만일 네 손이 너를 범죄하게 하거든 찍어버리라 장애인으로 영생에 들어가는 것이 두 손을 가지고 지옥 곧 꺼지지 않는 불에 들어가는 것보다 나으니"라고 말씀하신 것을 기억하십시오(막 9:43). 불구자로 영생에 들어가는 것이 자연적인 모든 재능들과 능력들을 가지고 있지만 마침내 완전히 잃어버리는 것보다 더 낫지 않습니까? 아마도 우리 가운데 어떤 사람들은 이러한 엄숙한 말씀이 단순히 감정과 외적인 일에만 적용되지 않음을 느낄 수 있을 것입니다. 여러분 가운데 공부하는 것이나 일하는 것이 올무인 젊은이들이 있을 것입니다. 나는 지금 내가 매우 심각한 이야기를 하고 있음을 압니다. 그러나 나는 말해야만 합니다. 그러한 영역에서도 여기의 원리는 그대로 적용됩니다. 무식하고 구원받는 것이 지혜로워지고 구원을 받지 못하는것보다 더 낫지 않습니까? 그리스도의 울타리 안에 있는 불구자가 그 울타리 밖에 있는 온전한 사람보다 — 만일 이것이 가능하다면 — 더 낫지 않습니까?

다음과 같은 실제적인 질문을 생각해 보십시오. "나의 무거운 짐 가운데 어떤 것은 내가 바꾸려고 해서는 안 되는 환경으로부터 생기며, 또 어떤 것은 바꾸지 않고 그대로 내버려 두어서는 안 되는 환경으로부터 생기는 것인가?" 이러한 질문에 대답하는 것은 결코 쉬운 일이 아닙니다. 일반적인 원리를 개별적인 삶의 다양한 부분들에 적용시키는 데는 상당한 정도의 융통성이 필요합니다. 이런 곤란한 문제로부터 우리를 건져주는 특별한 법칙은 없습니다. 이런 문제와 관련하여 어느 누구도 다른 사람을 대신해서 판단해 줄 수 없습니다. 무엇이 우리의 영적 생명을 해치는지를 판단하는 것은 다른 사람들의 개념이 아니라 결국 우리 자신의 개념이어야만 합니다. 경험으로 내가 발견한 것이 나에게 해를 끼친다면, 나는 그것을 버려야만 합니다. 어느 누구도 나에게 와서 "그것은 합법적이며 대수롭지 않은 일이야. 그것은 죄가 아니야. 그 안에는 죄의 본질적인 요소가 없어. 그렇지만 당신은 그것을 버려야만 해. 왜냐하면 그것은 다른 사람들에게 '무거운 것'이기 때문이야"라고 말할 수 있는 권리를 가지고 있지 않습니다. 내 자신의 주인 앞에, 나는 서기도 하고 엎드리기도 합니다. 그는 나에게 "무거운 것을 벗어버려라"라고 명령합니다. 그러나 그러한 명령을 성취하는 것은 — 그것을 완전히 버리든 혹은 그것이 더 이상 무거운 것이 되지 않게 하든 — 전적으로 자기 자신의 양심에 달려 있습니다. 왜냐하면 그것을 결정하는 것은 하나님의 영에 의해 인도된 그 자신의 판단력과 분별력이기 때문입니다. 그러한 명령에 순종하는 것은 전적으로 그리스도에 대한 충성의 문제입니다. 그러나 순종의 방법은 기독교적 지혜에 의해 결정되어야 합니다. 선택 가능한 양편 모두에 위험이 있음을 기억하십시오. 한편으로 "나는 강해, 다른 사람은 할 수 없을지라도 나는 이 일을 행할 수 있어. 나는 그것을 행할 거야!"라고 말하는 지나치게 큰 자유 속에 위험이 있습니다. 다른 한편으로 "우리는 모두 약해, 우리는 이 모든 일들을 버릴 거야!"라고 말하는 것에도 위험이 있습니다. 첫 번째 부류의 사람들은 "그들 자신의 성별(聖別)되지 못한 성향을 기독교적 자유와 혼동하는" 경향이 있으며, 두 번째 부류의 사람들은 그들 자신의 편협함을 하나님의 계명과 혼동하는 경향이 있습니다. 첫 번째 부류의 사람들은 자신들의 자유를 방종으로 바꾸는 경향이 있으며, 두 번째 부류의 사람들은 자신들의 책임을 자기들과 자기들의 제자들이 감당할 수 없는 멍에로 바꾸는 경향이 있습니다. 바울은 "먹는 자는 먹지 않는 자를 업신여기지 말고 먹지 않는 자는 먹는 자를 비판하지 말라"고 말하는 가운데 본질적이지 않은 일을 다루는 두 가지 방식이 야기할 수 있는 악을 지적합니다(롬 14:3). 다시 말해서 한편으로 강하며 자유로운 양심을 가진 사람들은 약한 양심을 가진 형제들에 대해 편협하다고 비난하면서 자신들이 더 우월하다고 착각하지 않도록 조심하라는 것입니다. 여러분이 "편협하다"고 말하는 대상은 여러분보다 더 진지한 기독교적 원리의 결과일 수 있습니다. 또 여러분이 스스로 여러분 안에 있는 자유라고 부르는 것은 더 온전한 기독교가 아니라 단순히 덜 민감한 양심의 결과일 수 있습니다. 다른 한편으로 "먹지 않는 자는 먹는 자를 비판하지" 말아야 합니다. 여러분의 더 우월한 자기부인의 높이로부터 여러분이 피하는 것을 허용하는 여러분의 형제들을 판단하지 마십시오. 여러분의 "얽매는 죄"는 어쩌면 여러분보다 더 지혜로울는지 모르는 사람들을 자신의 의로써 정죄하는 것입니다. 그들은 여러분이 위험하다고 생각하며 회피하는 길을 강한 양심으로 하나님을 향해 담대하게 나아가는 사람들일는지 모릅니다. 그러므로 우리는 우리에게는 "무거운 것'이 아니라 하더라도 우리보다 약하거나 우리보다 더 양심적인 형제들을 위해 기꺼이 버릴 수 있는 혹은 기꺼이 버려야만 하는 경우가 있을 수 있다는 사실을 기억해야 합니다. "믿음이 연약한 자를 너희가 받되 "(롬 14:1). 믿음이 연약한 자들을 받으십시오. 그리고 그들을 도우십시오. 어떤 사람에게는 무거운 것인 반면 다른 사람에게는 무거운 것이 아닌 본질적이지 않은 문제들과 관련하여, 먼저 우리 자신을 위해 우리는 그러한 것들을 계속해서 견지하는 것은 죄라는 사실을 기억할 필요가 있습니다. 그리고 다음으로 다른 사람들을 위해, 우리는 그들이 우리의 경험에 의해서가 아니라 그들 자신의 경험에 의해 선다는 사실을 기억할 필요가 있습니다. 우리는 그들의 약함을 업신여겨서도 안 되며, 그들의 강함을 판단해서도 안 됩니다.

3. 마지막으로, 모든 무거운 것을 벗어버리는 것은 오직 예수 그리스도를 바라보는 것에 의해서만 가능하다는 사실을 주목하십시오.

지금까지 이야기한 자기부인에는 아무런 공로나 자격도 없습니다. 그것을 행하는 사람은 그것을 행하지 않는 사람보다 조금도 더 낫지 않습니다. 그것이 더 큰 영적 생명을 받는 일을 위한 준비가 아닌 한 말입니다. 무거운 것을 벗어버렸거나 혹은 장애물을 제거했거나 혹은 나쁜 습관을 버렸을 때, 어떤 사람들은 자신들이 큰 공로를 행했다고 생각합니다. 물론 우리는 그러한 행동에 의해 분명히 강해집니다. 그러나 그것은, 그것이 우리를 그 다음에 올 적극적인 진보(進步)를 위해 더 적합하게 만들지 않는 한, 아무 소용없습니다. 모든 무거운 것을 벗어버리고 나서 그 자리에 가만히 서 있는 경주자를 생각해 보십시오. 그렇다면 그것이 도대체 무슨 소용이 있겠습니까? 그가 거추장스러운 옷을 벗어버리는 것은 잘 달리기 위함입니다. 우리의 마음을 비워놓고 가만히 있는다고 상상해 보십시오. 그러면 우리의 빈 마음은 무기력하며, 어두우며, 냉랭할 것입니다. 우리가 우리의 마음을 비우는 것은 그것을 그리스도로 채우기 위함입니다.

이것이 전부가 아닙니다. 우리가 우리 마음을 비울 수 있기 전에 먼저 그리스도께서 그것을 채우기 시작하셔야만 합니다. 절대적인 자기부인과 철저한 경주를 위한 유일한 수단은 "예수를 바라보는" 것입니다. 그에 대한 사랑과 그를 믿는 믿음 위에 기초하여 그를 바라보는 것 이외의 다른 모든 순복은 단지 껍데기를 건드리는 것에 불과합니다. 자신의 나쁜 습관을 고치면서 스스로를 완전한 사람의 형상으로 다듬고자 노력하는 사람은 단지 그 일을 외적으로만 할 수 있을 뿐입니다. 그는 기껏해야 부분적으로만 그렇게 할 수 있을 뿐입니다. 그는 결국 자신을 어떻게 만들겠습니까? 그는 결국 자신을 회칠한 무덤처럼 겉은 아름답게 꾸미지만 그 속은 썩은 것과 죽은 사람의 뼈로 가득한 모습으로 만들 것입니다. 외적인 삶의 전쟁터에서 얻어맞은 자아(自我)는 패배를 당하고 후퇴한 군대처럼 곧 회복될 것입니다. 그리고 곧 전열을 재정비하고 반격을 준비할 것입니다.

나의 형제들이여, 여러분이 "여러분 앞에 놓인 경주를 인내로써 달리고

자" 한다면, 여러분은 "모든 무거운 것을 벗어버려야" 합니다. 또 여러분이 모든 무거운 것을 벗어버리고자 한다면, 여러분은 예수 그리스도를 바라보고 그의 사랑으로 하여금 여러분의 영혼 안으로 흘러들어오게 해야 합니다. 그럴 때 자기부인은 단순한 자기부인이 아니라, 축복과 즐거움과 달콤함과 쉬운 일이 될 것입니다. 봄에 새순이 돋아날 때 자연적으로 마른 잎이 떨어지는 것처럼, 여러분의 마음에 새로운 감정이 흘러들어와 거하게 하십시오. 그러면 옛 것들은 자연적으로 쫓겨나게 될 것입니다. "모든 무거운 것을 벗어버리고 … 예수를 바라보자." 그러면 여러분은 옛 사람을 희생시키며 잘라내는 일이 여러분을 완전하게 만들어가는 일이었음을 발견하게 될 것입니다. 또 여러분은 여러분이 그리스도를 위해 버린 것은 무엇이든지 그로부터 더 낫고, 더 아름다우며, 더 복되며, 더 거룩하여진 영구한 소유로 되돌려 받는 사실을 발견하게 될 것입니다. 우리가 그의 제단 위에 드린 예물을, 그는 반드시 다시 우리에게 돌려주십니다. 그의 곁에 그를 섬기다가 불구자가 된 사람은 결코 없을 것입니다. 잘린 손과 뽑힌 눈과 그에게 드려진 재물과 그를 위해 버린 우상들 — 이 모든 것들을 그는 다시 우리에게 주십니다. 우리가 완전한 사람으로서 그리스도의 형상으로 변화되어 하나님의 빛 가운데 변화된 모든 소유와 함께 영광 가운데 설 때 말입니다. "하나님의 나라를 위하여 집이나 아내나 형제나 부모나 자녀를 버린 자는 현세에 여러 배를 받고 내세에 영생을 받지 못할 자가 없느니라"(눅 18:29, 30).

45
믿음을 온전하게 하는 자

"하나님 보좌 우편에 앉으셨느니라"

히 12:2

성 누가는 우리에게 승천과 관련한 두 가지 이야기를 제시합니다. 하나는 그의 복음서 끝 부분에서 그렇게 하며, 다른 하나는 사도행전의 첫 머리에서 그렇게 합니다. 이와 같은 위치의 차이는 두 이야기의 색깔에 미묘한 차이가 있음을 암시합니다. 한 이야기는 이 땅에서의 달콤한 교제의 종결을 묘사하며, 다른 한 이야기는 새로운 시대와 새로운 형태의 교제의 시작을 묘사합니다. 누가복음 끝 부분에서는 제자들과의 이별로서의 승천이 강조됩니다. 거기에서 우리가 듣는 모든 것은 마지막 작별과 관련되는 것들입니다. 그러나 사도행전의 첫 페이지를 펼칠 때, 우리는 사건 자체는 동일하지만 전체적인 분위기는 상당히 다른 것을 발견하게 됩니다. 이제 우리는 새로운 시대가 시작되는 것을 보게 되며, 그렇기 때문에 이별에 대한 것은 아무것도 읽지 못합니다. 또 우리는 그가 그들을 축복하는 막연한 표현 대신 그들이 새로운 능력으로 옷 입게 될 것과 그들에게 새로운 사명이 맡겨지는 것에 대한 이야기를 듣게 됩니다. "오직 성령이 너희에게 임하시면 너희가 권능을 받고 예루살렘과 온 유대와 사마리아와 땅 끝까지 이르러 내 증인이 되리라 하시니라"(행 1:8). 또 우리는 두 사람이 그들 주위에 서서 지금 떠나시는 그리스도께서 다시 돌아오실 것을 선언하는 이야기를 듣습니다. "흰 옷 입은 두 사람이 그들 곁에 서서 이르되 갈릴리 사람들아 어찌하여 서서 하늘을 쳐다보느냐 너희 가운데서 하늘로 올려지신 이 예수는 하늘로 가심을 본 그대로 오시리라 하였느니라"(10, 11절). 이와 같이 우리는 사도행전의 승천 이야기 속에서 주로 그것의 이후의 측면에 대해 보게 됩니다. 그의 승천과 함께 시작되는 새로운 시대는 새로운 능력과 함께, 새로운 사명으로 무장하고 새로운 소망을 바라보며 시작됩니다. 이와 같이 구비(具備)된 열한 명의 제자들은 주님이 그들을 떠났으며 자신들은 고아처럼 버려졌다고 더 이상 느끼지 않습니다. 도리어 그들은 기꺼이 새로운 환경을 받아들이면서, 기쁨으로 자신들의 새로운 사명을 취합니다. 이와 같이 사도행전에서 승천은 그의 생애가 지상의 삶에서 하늘의 삶으로 옮겨진 것으로, 그리고 그와의 교제의 형태가 새롭게 바뀐 것으로, 그리고 본문이 매우 상징적인 언어로 묘사하는 것처럼 그가 하나님 보좌 우편에 앉는 위대한 사실을 위한 준비로서 표현됩니다. 승천은 결코 일시적인 사실이 아닙니다. 그것은 교회의 새로운 상태의 시작이면서, 동시에 하나님과 교회와 세상에 대한 예수 그리스도의 현재적이며 영원한 관계의 시작입니다. 오늘 나는 여러분과 함께 하나님과 교회와 세상에 대한 예수 그리스도의 현재적이며 영원한 관계의 다양한 특징들을 살펴보고자 합니다.

1. 첫째로, 여기에서 "보좌에 앉으신 그리스도"라는 개념을 주목하십시오.

여기에서 앉은 자세는 휴식을 나타냅니다. 또 하나님 보좌 우편이라는 위치는 그가 신적 능력에 참여하는 것과 신적 섭리를 행하는 일에 참여하는 것을 나타냅니다. 그러나 우리가 여기에서 주목해야만 하는 요점은 승천이 사람인 예수 그리스도에게 주어진 특전(特典)으로 선언되는 사실입니다. 이와 관련하여 우리는 여기에 나타나는 이름이 "예수"인 것에 주목할 필요가 있습니다(2절). 그것은 당시 유대인들 가운데 흔한 이름이었습니다. 우리는 그 이름이 여기에서 신적 위엄의 확증과 결합되는 것을 발견합니다. "예수를 바라보자 … 하나님 보좌 우편에 앉으셨느니라." 우리는 이러한 두 개념이 매우 의도적이며 강조적으로 결합되는 것을 본 서신뿐만 아니라 성경의 다른 부분들에서도 자주 발견할 수 있습니다. 설령 어떤 천박한 학자들은 인성과 신성을 결코 하나로 결합될 수 없는 것으로서 생각한다고 하더라도 말입니다.

예컨대 본장 10절의 "이 예수는 하늘로 가심을 본 그대로 오시리라"라는 말씀을 생각해 보십시오. 또 "보라 하늘이 열리고 인자가 하나님 우편에 서신 것을 보노라"라고 외치는 스데반의 환희에 찬 외침을 생각해 보십시오(행 7:56). 이와 같이 그의 승귀(昇貴)와 승천은 사람이 "성육신하신 말씀이 창세 전에 아버지와 함께 가졌던" 영광으로 올려지는 것입니다. 성육신하신 말씀의 지상 생애가 이 땅에서의 사람의 삶이 얼마나 신적인 것이 될 수 있는지를 보여 줍니다. 그처럼, 또한 성육신하신 말씀의 하늘의 생애는 우리에게 우리가 하나님의 나라에서 정결하게 씻어지고 완전하여질 때 우리가 신적 본성에 얼마나 가깝게 접근하며 또 그것과 하나로 연합될 수 있는지를 보여 줍니다.

인자(人子)가 하나님 우편에 앉으셨다는 개념으로부터 나오는 또 하나의 중요한 개념이 있는데, 그것은 중보의 개념입니다. 중보(intercession)라는 단어의 의미에 대해서는 여기에서 다루지 않을 것입니다. 다만 여기에서 한 가지 강조하고 싶은 것은 그것에 대한 통상적인 개념과 신약의 개념 사이에는 큰 차이가 있다는 사실입니다. 우리는 그것을 다른 사람을 위한 기도로 제한하는 경향이 있습니다. 그러나 신약은 그 단어를 그러한 개념으로 사용하지 않습니다. 그것은 말로써 동정(sympathy)과 바람(desire)을 표현하는 것 훨씬 이상입니다. 그것은 말이 아니라 실재(實在)를 다룹니다. 그것은 예컨대 어떤 사람에게 복이 임하게 해달라고 간구하는 것과 등의어가 아닙니다. 도리어 우리를 위해 지성소 안으로 들어가신 큰 대제사장의 중보는 그의 모든 행동의 전 영역을 포괄합니다. 그는 자기 자녀들에게 모든 축복과 능력과 자신이 아버지로부터 받은 말할 수 없는 사랑의 달콤한 증표를 전달해 주십니다. 그는 아버지로부터 받은 모든 것을 우리에게 나누어 주십니다. 그가 지금 휘장 안에서 행하고 계시는 일은 단순히 말로써 죄 사함을 간구하는 것이 아니라, 실제적인 축복들을 실제적으로 전달해 주는 일입니다. "그러므로 자기를 힘입어 하나님께 나아가는 자들을 온전히 구원하실 수 있으니 이는 그가 항상 살아 계셔서 그들을 위하여 중보하심이라"(히 7:25, 한글개역개정판에는 "그들을 위하여 간구하심이라"라고 되어 있음).

나아가 "보좌에 앉으신 그리스도"라는 본문의 위대한 상징 안에는 그가 친히 말씀하신 "내가 너희를 위해 처소를 예비하러 가노라"라는 놀라운 개념이 담겨 있습니다. 우리는 우리의 옷과 우리의 발이 그의 씻음을 받기 전에는 결코 그곳의 정결한 길을 밟을 수 없음을 압니다. 그러나 그것은 그의 세상에서의 일의 결과이지, 하늘에서의 그의 현재적인 일의 결과가 아닙니다. 우리는 휘장 뒤에 있는 모든 것에 대해 잘 알지 못합니다. 그러므로 우리는 그의 임재의 사실 자체가 처소를 준비하는 것임을 아는 이상으로는 거의 나아가지 못합니다. 왜냐하면 만일 우리가 그를 보며 그와 함께 있을 것이라고 말할 수 없다면, 영원한 생명의 개념은 결코 즐거운 것이 되지 않을 것이기 때문입니다. 다음 세상이 우리에게 그리스도께서 거기 계시다는 사실로 말미암아 친숙하며 복된 곳으로 느껴지지 않는다면, 죽음이 가까워질수록 우리에게 영원한 생명의 개념은 점점 더 낯설게 느껴질 것입니다. 한적한 시골 마을에서 자란 무뚝뚝한 촌뜨기를 상상해 보십시오. 그리고 그가 잠시 휘황찬란한 왕궁에 있다고 상상해 보십시오. 그에게 그곳은 얼마나 어색하게 느껴지겠습니까? 그에게 그곳은 얼마나 자기 집 같지 않게 보이겠습니까? 그에게 그곳은 얼마나 불편하게 느껴지겠습니까? 그런데 그곳의 모든 휘황찬란함 가운데 오래 전부터 알고 있던 사람이 그곳의 보좌에 앉아 있는 것을 발견할 때, 그의 마음의 부담은 얼마나 가벼워지겠습니까! 예수께서 "내가 너희를 위해 처소를 예비하러 가노라"라고 말씀하신 것을 기억하십시오. 내가 눈을 들어 하늘의 휘황찬란한 것들을 바라보고 어리둥절해질 때, 나는 그곳의 광채로 말미암아 어쩔 줄 몰라 하지 않을 것이며 그곳의 영원함으로 말미암아 압도되지 않을 것이며 그곳의 익숙하지 않은 모든 것들로 말미암아 혼미해지지 않을 것입니다. 왜냐하면 그가 거기에서 나와 함께 계실 것이기 때문입니다.

> "그리스도께서 모든 것을 아는 것으로 충분하도다.
> 나는 다만 그와 함께 있을 것이라."

이와 같이 보좌에 앉으신 그리스도는 우리를 위해 처소를 예비하고 계십니다. 사랑하는 형제들이여, 그는 단지 우리가 죽을 때 우리를 위해 처소를 예비하시지 않습니다. 그는 우리가 살아 있는 동안 우리를 위해 그곳을 예비하고 계십니다. 왜냐하면 우리가 담대한 확신으로 나아갈 수 있는 것은 오직 그를 믿는 믿음으로 말미암기 때문입니다. 이 땅에 있는 그리스도인들을 위해서든 하늘에서 완전하게 된 의인의 영들을 위해서든, 오직 그의 손이 문빗장을 젖히고 그의 능력으로 말미암아 지성소로 나아가는 길이 환하게 드러나지 않는 한 하늘의 영원한 황금 문은 결코 열리지 않을 것입니다.

2. 둘째로, 우리는 여기에서 현재적인 그리스도를 보게 됩니다.

마태는 그의 복음서에서 그리스도의 승천에 대해서는 이야기하지 않지만, "볼지어다 내가 세상 끝날까지 너희와 항상 함께 있으리라"는 약속은 기록으로 남깁니다(28:20). 그러한 약속은 그리스도의 승천의 사실과 모순되는 것이 아니라, 도리어 그것에 의해 실현됩니다. 예수 그리스도는 부활의 날 새벽에 마리아에게 매우 주목할만 한 말씀을 하십니다. "나를 붙들지 말라 내가 아직 아버지께로 올라가지 아니하였노라"(요 20:17). 이 말이 명백하게 함축하는 바는 "내가 승천하면 네가 붙들(touch) 수 있을" 것이라는 것입니다. 그녀가 그의 발을 만진(touch) 피부적인 접촉조차도 그의 승천으로 말미암아 이루어지게 될 접촉이나 교제보다 못합니다. 복음서를 종결하는 개념은 "그가 그들로부터 떠나시니라"입니다. 반면 사도행전과 교회 역사(歷史)가 시작되는 개념은 "그가 떠난 것은 너희로 하여금 영원히 그와 교제하게 하려 하심이라"입니다. 이것은 그와 우리 사이의 관계에 대하여서도 사실입니다. 그리고 그것이 그와 우리 사이의 관계에 대하여서도 사실이기 때문에, 그것은 또한 예수 안에서 잠자는 모든 자들에 대하여서도 사실입니다. 그들은 세상을 떠났으며, 세상에서의 그들의 자리는 비었습니다.

그러나 세상에서의 존재 방식보다 더 풍성하며, 더 강하며, 더 거룩하며, 더 실제적인 존재 방식이 있습니다. 손을 맞잡는 것은 복됩니다. 끌어안는 것은 복됩니다. 입술을 맞추는 것은 복됩니다. 그러나 그러한 것들보다 더 높은 접촉이 있습니다. 눈으로 보는 것은 믿음으로 보는 것보다 덜 선명합니다. 땅과 하늘 사이에 가로놓여 있는 거대한 시간과 공간의 심연을 건너 믿음의 손으로 그리스도의 손을 붙잡을 수 있는 사람들은 휘장 즉 그의 육체를 통과하고 그의 실제적인 임재를 붙잡은 것입니다. 그렇습니다. 현상을 단순히 있는 그대로만 보는 것은 물질주의이며 이교주의(異教主義)입니다. 우리가 믿음으로 말미암아 우리 마음 안에 그리스도를 소유한다면, 우리는 그의 실제적인 임재를 소유하는 것입니다. 그는 하늘 보좌에 앉으신 채 우리와 함께 거하십니다. 그는 여전히 겸손한 자들과 함께 거하며, 외로운 자들의 친구이며, 그를 의지(依支)하는 모든 사람들의 위로입니다. 그는 우리 가운데 아무도 홀로 살거나 홀로 죽을 필요가 없도록 하기 위해 홀로 포도주틀을 밟습니다.

이러한 임재에는 또 다른 측면이 있습니다. 지금까지 이야기한 것처럼, 그는 여기에서 우리와 함께 거하십니다. 그렇지만 그것이 전부가 아닙니다. 그가 여기에서 우리와 함께 있을 수 있는 것처럼, 여러분과 나는 하늘에서 그와 함께 있을 수 있습니다. 왜냐하면 "긍휼이 풍성하신 하나님이 … 허물로 죽은 우리를 그리스도와 함께 살리셨고 … 또 함께 일으키사 그리스도 예수 안에서 함께 하늘에 앉히셨기" 때문입니다(엡 2:4-6). 사랑하는 그리스도인들이여, 여러분의 생명이 "그리스도와 함께 하나님 안에 감추어졌다는" 사실을 기억하십시오. "이는 너희가 죽었고 너희 생명이 그리스도와 함께 하나님 안에 감추어졌음이라"(골 3:3). 여러분의 생명은 바로 여기에 뿌리박고 있으며, 마땅히 여기로부터 흘러나와야 합니다. 여러분은 주님이 여러분과 함께 계심을 실현시키고자 추구해서는 안 됩니다. 다만 그에게로 올라가 그와 함께 있기를 추구하십시오.

3. 셋째로, 본문의 위대한 상징은 우리 앞에 일하고 계시는 그리스도를 제시합니다.

하나님 우편에 앉은 자세는 휴식을 나타냅니다. 그러나 그것은 계속적인 일하심을 수반하는 휴식입니다. 여러분은 마가복음의 마지막 구절을 기억할 것입니다. "주 예수께서 말씀을 마치신 후에 하늘로 올려지사 하나님 우편에 앉으시니라 제자들이 나가 두루 전파할새"(16:19). 주님은 떠나시고, 종들은 남았습니다. 주님은 휴식하시고, 종들은 두루 다니며 수고합니다. 그것은 마치 두 부분으로 이루어진 라파엘로의 변화산 그림과 같습니다. 위쪽에 주님과 세 제자가 빛 가운데 있습니다. 그리고 아래쪽에 귀신 들린 가운데 경련하는 아이와 어쩔 줄 모른 채 서 있는 제자들이 있습니다. 틀 사이의 틈은 너무나 큽니다. 그렇습니다. 그러나 마가복음은 그렇게 끝나지 않습니다. 그 다음이 무엇입니까? "제자들이 나가 두루 전파할새 주께서 함께 역사하사 그 따르는 표적으로 말씀을 확실히 증언하시니라"(20절). 바로 여기에 하나님 우편에 앉으신 그리스도의 참된 휴식 개념이 있습니다. 그는 지면에 흩어져 수고하는 그의 종들과 함께 일하면서 휴식하십니다. 이러한 개념은 사도행전에서도 똑같이 나타납니다. 사도행전의 요지는 성 누가의 다음과 같은 말 가운데 나타납니다. "내가 먼저 쓴 글에는 무릇 예수께서 행하시며 가르치시기를 시작하심부터 그가 택하신 사도들에게 성령으로 명하시고 승천하신 날까지의 일을 기록하였노라"(1:1, 2). 그는 이를테면 계속해서 이렇게 말하고 있는 셈입니다. "데오빌로여 이 책은 하나의 이야기의 둘째 권(券)으로서, 승천하신 날 이후로 그가 계속해서 행하시고 가르치신 모든 역사(歷史)를 기록한 것이니라." 그러므로 그 책의 정확한 이름은 "사도들의 행전"(Acts of the Apostles)이 아닙니다. 그것의 정확한 이름은 "승천하신 그리스도의 행전"(Acts of the Ascended Christ)입니다. 사도들에 대해서는 신경 쓰지 마십시오. 물론 그들이 전면(前面)에 등장하지만, 저자는 그들에 대해 별로 관심을 기울이지 않습니다. 그들을 통해 실제로 일하고 계시는 분은 그리스도입니다. 그러므로 우리는 사도행전 전체를 통해 "주께서 이러저러하게 행하시니라"는 말씀이 반복적으로 나타나는 것을 발견합니다. 사도들은 단지 체스판의 말에 불과합니다. 또 여러분은 스데반이 마지막 순간 인자가 하나님 우편에 서 계신 것을 본 것을 기억할 것입니다. 그때 주님은 자신을 위해 죽을 준비가 되어 있는 사람에게 도움의 손길을 베풀기 위해 보좌로부터 일어나셨습니다. 바로 이것이 교회의 전(全) 역사(歷史)의 모형입니다. 나는 앞에서 그리스도의 승천이 그의 낮은 존재 방식으로부터 높은 존재 방식으로 바뀌는 것이라고 이야기했습니다. 뿐만 아니라 그것은 또한 그의 사역이 좁은 형태로부터 넓은 형태로 바뀌는 것이기도 합니다. 그는 우리를 위해 일하시며, 우리에 대해 일하시며, 우리 안에서 일하시며, 우리와 함께 일하십니다. 베드로는 오순절의 의미를 설명하면서 이렇게 말합니다. "하나님이 오른손으로 예수를 높이시매 그가 약속하신 성령을 아버지께 받아서 너희가 보고 듣는 이것을 부어 주셨느니라"(행 2:33). 그와 같이 그리스도는 결코 지치지 않고 계속해서 우리 안에서, 우리와 함께, 그리고 우리를 위해 일하고 계십니다.

4. 마지막으로, 본문의 은유는 우리 앞에 다시 오실 그리스도를 제시합니다.

그의 떠남과 승천이 끝이 아니라는 것은 단순히 천사의 메시지일 뿐만이 아니었습니다. 승천 사건 자체가 필연적으로 우리에게 동일한 메시지를 말해 줍니다. 성육신은 필연적으로 십자가를 포함합니다. 그리고 십자가는 필연적으로 부활을 포함합니다. 왜냐하면 그가 사망에 묶여 있는 것은 가능하지 않았기 때문입니다. 부활과 승천은 이를테면 그가 하늘 보좌에 앉는 과정의 시작점에 불과합니다. 왕의 길은 그와 같은 막다른 골목으로 끝나지 않습니다. 그가 오고 계시다는 것은 그 주위에 과거의 모든 예언과 약속이 매달려 있는 위대한 개념이었습니다. 그가 오실 것이라는 것은 그 주위에 교회와 세상을 위한 미래의 모든 소망이 쌓아 올려지는 위대한 소망입니다. "너희 가운데서 하늘로 올려지신 이 예수는 하늘로 가심을 본 그대로 — 그의 인성과 신성 가운데 육체적이며 가시적이며 공간적으로 — 오시리라"(행 1:11). "이와 같이 그리스도도 많은 사람의 죄를 담당하시려고 단번에 드리신 바 되셨고 구원에 이르게 하기 위하여 죄와 상관없이 자기를 바라는 자들에게 두 번째 나타나시리라"(히 9:28). 형제들이여, 바로 이것이 교회의 소망입니다. 그럼에도 불구하고 그것은 그것을 믿는 사람들의 허물과 어리석음으로 인해 많은 사람들에게 불신과 조롱의 대상이 됩니다. 그러나 우리는 그가 다시 오실 것이라는 기대를 항상 굳게 붙잡아야 합니다. 여러분이 보좌를 믿지 않는다면, 여러분은 십자가를 올바로 이해하지 못한 것입니다. 또 여러분이 심판을 믿지 않는다면, 여러분은 보좌를 올바로 이해하지 못한 것입니다. 다시 오실 그리스도는 세상을 심판하실 것입니다. 형제들이여, 예수 그리스도는 보좌에 앉아 계십니다. 여러분은 그의 명령에 순복합니까? 여러분은 그의 능력을 의지(依支)합니까? 여러분은 그 안에서 여러분이 어떻게 될 수 있는지에 대한 모범을 봅니까? 여러분은 그 안에서 여러분이 그를 믿을 때 어떻게 될 것인지에 대한 약속과 보증을 봅니까? 보좌에 앉아 계신 그리스도는 현재적으로 임재하십니다. 여러분은 그와의 계속적이며 복된 교제 가운데 행합니까? 보좌에 앉아 계시며 임재하시는 그리스도는 일하고 계십니다. 여러분은 그가 여러분을 위해, 교회를 위해, 세상을 위해 일하시는 것을 믿습니까? 여러분은 그가 그의 교회에 채우는 풍성한 에너지를 위해 여러분의 마음을 엽니까? 보좌에 앉아 계시며, 임재하시며, 일하고 계시는 그리스도는 다시 오실 것입니다. 그러므로 여러분과 나는 둘 중의 하나를 선택해야만 합니다. 허리를 묶고 등을 켠 채 그의 명령에 순종하며 그를 기다릴 것인지, 아니면 그의 심판대 앞에서 부끄러움 가운데 슬피 울 것인지 말입니다.

46
피 흘리기까지 대항함

" 너희가 죄와 싸우되 아직 피흘리기까지는 대항하지 아니하고"

히 12:4

저자는 "너희가 아직 … 대항하지 아니하고"라고 말합니다. 그렇다면 다른 사람들은 그렇게 했다는 말일 것입니다. 저자는 자신의 독자(讀者)들에게 그들 자신의 상대적으로 가벼운 핍박을 다른 사람들이 감당해야만 했던 무거운 핍박과 비교해 보라고 말합니다. 그들에게 맡겨진 쉬운 일을 보다 더 즐겁게 행할 수 있도록 말입니다. 그러면 다른 사람들은 누구입니까?

만일 히브리서가 예루살렘 교회에 전달된 것이라는 많은 사람들의 추측이 맞다면, 저자의 마음속에 첫 번째 순교자 스데반과 요한의 형제 야고보의 운명이 있었을 수 있습니다. 또 히브리서의 연대(年代)와 관련한 어떤 사람들의 추측이 받아들여진다면, 많은 신자들을 유피테르 신전 마당에서 불태워 죽였던 네로 시대의 박해는 이미 일어났을 것입니다. 그렇다면 저자는 예루살렘 교회의 형제들에게 그들의 형편이 로마의 형제들보다 얼마나 더 나은지 생각하기를 바랐을 수 있습니다. 그렇지만 이러한 추측들이 받아들여지든 받아들여지지 않든, 저자의 마음속에는 명백히 또 하나의 대조가 있습니다. 그는 앞장에서 일련의 믿음의 영웅들에 대해 이야기했습니다. 그들 가운데 어떤 사람들은 "돌로 치는 것과 톱으로 켜는 것"을 당했습니다(37절). 그는 자신의 독자들이 그들의 형편을 옛 순교자들과 비교해 보기를 바랐을 것입니다. 한 걸음 더 나아가 그의 마음속에 또 하나의 더 강력한 대조가 있었습니다. 왜냐하면 본문은 "십자가를 참으시고 부끄러움을 개의치 아니하신" 예수 그리스도에 대한 언급에 뒤이어 나오기 때문입니다(2절). 예수 그리스도 자신이 피 흘리기까지 대항하셨습니다. 이와 같이 저자는 자신의 독자들에게 예루살렘의 어머니 교회의 순교자들에 대해, 로마교회의 형제들이 흘린 피에 대해, 지난 세대에 순교의 길을 걸은 많은 성도들에 대해, 그리고 무엇보다도 그들의 구원의 창시자에 대해 생각하라고 말하면서, 그로 말미암아 힘을 얻어 그들 위에 놓인 싸움을 남자답게 감당하며 대항하라고 말하고 있는 것입니다. "너희가 죄와 싸우되 아직 피흘리기까지는 대항하지 아니하고."

1. 첫째로, 그리스도인의 삶은 항상 싸우며 대항하는 것이라는 사실을 주목하십시오.

전체 문맥의 상징은 원형경기장으로부터 끌어온 것입니다. 바로 앞에서 저자는 경주(race)에 대해 말하고 있었습니다. "인내로써 우리 앞에 당한 경주를 하며"(1절). 이제 그는 자신의 관점을 살짝 바꾸면서, 거기에서 행해진 레슬링이나 검투(劍鬪)에 대해 이야기합니다. 그의 요점은 기독교적 삶에 항상 노력과 인내와 대항의 요소가 필수적으로 따른다는 것입니다. 이것은 우리가 꼭 기억해야 할 중요한 요소입니다. 푸른 초장과 쉴만한 물가를 노래하는 것은 매우 좋은 일입니다. 기독교적 경험의 환희와 축복과 위로와 평온을 즐거워하는 것은 매우 좋은 일입니다. 믿음으로 말미암아 임하는 육체와 영혼의 긍휼을 생각하며 기뻐하는 것은 매우 좋은 일입니다. 그것은 모두 사실이며 너무나 복된 일이지만, 그러나 진리의 한쪽 측면일 뿐입니다. 우리가 기독교적 삶의 다른 쪽 측면 즉 우리의 기독교적 삶에 필연적으로 수고와 고통이 따른다는 사실을 이해하지 못한다면, 나는 우리가 그것의 밝은 쪽 측면을 가질 권리를 갖지 못한다고 감히 말합니다. 그럴 때, 나는 우리가 정말로 기독교에 대해 알고 있는지 스스로에게 물어볼 필요가 있다고 생각합니다. 그것이 우리에게 주는 것이 단순히 우리가 그것이 주는 밝은 쪽 축복들만을 누리도록 하기 위함이 아닙니다. 도리어 그것이 우리에게 주는 것은 우리가 그러한 축복들을 소유함으로 말미암아 부요해지고 강해짐으로써 싸움을 위해 더 잘 구비(具備)되도록 하기 위함입니다. 마치 지혜로운 장군이 자신의 병사들을 잘 먹이고 나서 전투에 투입시키는 것처럼 말입니다.

그러나 지금 나는 이러한 주제에 대해 길게 이야기하지 않고자 합니다. 다만 지금 여러분에게 일깨워 주고자 하는 것은 우리의 적이 무엇인가 하는 것입니다 — "죄와 싸우되."

어떤 사람들은 본문을 오로지 우리가 우리 자신의 악들, 예컨대 우리 자신의 연약함이라든지 혹은 우리 자신의 저급한 것들과 더불어 싸우는 싸움을 의미하는 것으로 생각할 것입니다. 또 어떤 사람들은 문맥에 의거하여 본문을 오로지 우리 주변에 있는 악들과의 싸움과 관련되는 것으로만 생각할 것입니다. 그러나 나는 둘 가운데 어느 하나만 배타적으로 취할 필요가 없다고 생각합니다. 왜냐하면 죄는, 우리 자신 안에서 구체화되든 혹은 다른 사람들이나 제도들 안에서 구체화되든, 하나이기 때문입니다. 육체와 영혼의 모든 더러운 것들로부터 우리 자신을 정결하게 하고자 할 때 그리고 모든 사람들로 하여금 그리스도의 사랑의 능력을 깨닫고 그를 순종하는 가운데 정결하게 살게 하고자 할 때, 우리가 대항하여 싸워야 할 적은 항상 동일합니다.

먼저 모든 그리스도인들이 자신의 용감함을 증명하며 공적을 세우며 능력을 발휘할 첫 번째 전쟁터는 내부의 전쟁터입니다. 그곳은 매우 좁은 전쟁터로서, 거기에서 자아(自我)는 매일 같이 자아와 더불어 전쟁을 벌입니다. 우리 모두는 자기 자신 안에 가장 나쁜 적을 가지고 있습니다. 우리 모두는 정욕과 혈기와 성향(性向)과 소욕(所欲)과 허물과 악함과 저급함과 자기중심성과 게으름을 가지고 있습니다. 그 모든 악들은 우리 안에 마치 독사들처럼 똬리를 틀고 있습니다. 그러므로 우리의 첫 번째 작업은 — 그리고 우리의 평생의 작업은 — 그러한 것들로부터 독(毒)을 뽑아내며, 그러한 것들의 목을 조르며, 그러한 것들을 내던져 버리는 것입니다.

그러고 난 연후에 다음 것이 오는데, 그것은 그리스도인들이 항상 대항해야만 하는 것으로서 그들의 관점에 공감하지 않으며 그들의 삶의 법칙과 다른 법칙을 따르며 그들이 따르는 왕을 따르지 않는 세상의 적의(敵意)입니다. 이러한 적의는 다양한 형태로 펼쳐집니다.

첫째로, 자신을 둘러싸고 있는 불경건한 세상 풍조로부터 스스로를 보호하기 위해 싸우는 것은 모든 그리스도인들의 엄중한 의무입니다. 우리는 우리를 둘러싸고 있는 세상의 해로부터 스스로를 지키기 위해 싸워야만 합니다. 자신의 나침반이 배 안에 있는 어떤 쇳덩어리로부터도 영향을 받지 않고 제대로 작동하는지 관심을 기울이지 않는 선장(船長)은 결국 어떻게 되겠습니까? 여러분은 마치 병원 안에서 걸어 다니는 사람들과 같습니다. 주의하지 않는다면, 여러분은 공기 중에 떠다니는 세균들에 병이 걸리게 될 것입니다. 주위의 악들에 대해 주의를 기울이지 않는 그리스도인들은 결국 그러한 악들에 의해 감염될 것입니다. 그것은 마치 미국에 가서 사는 영국인들이 무의식중에 미국식 억양을 갖게 되는 것과 마찬가지입니다. 그러므로 그리스도인들의 첫 번째 의무는 자신들이 주님의 원리를 따르지 않는 세상 질서 가운데 살고 있음을 깨닫고 그것에 감염되지 않도록 주의하는 것입니다.

그러므로 우리는 우리를 둘러싸고 있는 주변 사람들이 우리를 어떻게 판단하는지에 대해 지나치게 관심을 기울일 필요가 없습니다. "너희에게나 다른 사람에게나 판단 받는 것이 내게는 매우 작은 일이라"(고전 4:3).

그러나 그리스도인들이 죄에 대항하여 싸우는 것은 주변의 악들에 함몰되는 것으로부터 스스로를 지키는 것이나 그러한 적의(敵意)가 그들의 길을 가로막지 못하도록 하는 것으로만 완성되지 않습니다. 그 이상(以上)의 무엇이 필요합니다. 그것은 모든 그리스도인들이 그리스도의 병사가 되어 세상 속에서 그의 명령을 인식하고 그의 말씀의 원리들에 순종하는 것입니다.

사회는 그리스도의 원리 위에 조직되지 않습니다. 그것을 보기 위해서는 주변을 둘러보는 것으로 충분합니다. 나는 성경의 명백한 가르침과 모든 사회와 모든 나라와 모든 개인들 사이의 다양한 불일치에 대해 굳이 장황하게 설명할 필요를 느끼지 않습니다. 다만 나는 여러분에게 산상수훈이 개인과 사회를 위한 법칙이 될 때까지 모든 그리스도인들이 의의 나라인 그리스도의 나라를 세우고자 하는 열심 가운데 "죄와 싸워야" 한다는 사실을 일깨워 주고자 합니다. 산상수훈은 모든 기독교 진리를 포함하지 않습니다. 다만 그것은 기독교의 대헌장으로서 왕 자신의 입술로부터 나온 그의 나라의 법칙들입니다.

그러므로 형제들이여, 내가 지금 여러분에게 전달하고자 하는 메시지는 이것입니다. 즉 어떤 그리스도인이 그리스도의 법칙을 세상 가운데 굳게 세우고자 최선을 다해 추구할 때까지 그는 그리스도의 병사로서 "죄와 싸우는" 일을 행하고 있지 않다는 것입니다.

기독교는 강력한 폭발력을 가진 다이너마이트와 같습니다. 기독교 안에는 현대 사회 가운데 광범위하게 퍼진 썩은 것들을 산산조각으로 만들 수 있는 폭발력이 있습니다. 그러나 안타깝게도 기독교회는 너무나 오랫동안 화약에 불을 붙이는 대신 그것을 축축한 상태로 내버려 두었습니다. 그리고 그러는 가운데 우리 주님의 계명들을 적극적으로 적용시켜 나가고자 애쓰는 대신 오로지 그것을 설명하는 데만 모든 힘을 기울였습니다.

오늘날 우리 가운데 새로운 정신이 움트고 있는 것은 참으로 감사한 일입니다. 그러나 우리는 거기에 — 모든 새로운 운동들이 그런 것처럼 — 한쪽 측면으로 쏠리며 과장되는 경향이 있음을 잊어서는 안 됩니다. 상황에 대한 분명한 이해 없이 그리스도의 원리를 사회의 악의 다양한 국면들에 적용시켜 나가고자 할 때, 불가불 많은 해악이 생기게 됩니다. 그러나 이러한 사실을 충분히 받아들이면서도 여전히 나는 오늘날 많은 그리스도인들이 교회에 부여된 거룩한 책임에 대해 깨어나고 있음을 생각하며 기뻐합니다. 그리스도인들이 아무 일도 하지 않음으로 인한 무기력함 가운데 떨어지지 않고자 한다면, 그들은 개인과 사회를 위한 그리스도의 법칙들을 계속해서 전파하며 적용시켜 나가고자 애써야 합니다.

여러분은 항상 내가 이미 언급한 한계와 전제 조건들을 마음에 새길 필요가 있습니다. 스스로를 깨끗하게 할 때까지, 우리는 결코 다른 사람들 가운데 십자군 노릇을 하려고 해서는 안 됩니다. 기독교 개혁가의 첫 번째 작업은 먼저 자신의 마음을 개혁하는 것입니다. 먼저 사람들을 개혁하지 않으면서 그들이 살고 있는 제도나 기관 등을 개혁하려고 하는 것은 쓸모없는 일입니다. 기독교회의 주된 사역은 항상 개인과 관련되어야만 합니다. 사회의 개선은 그것을 구성하는 개인들이 개선(改善)되는 것을 통해 가장 확실하게 이루어질 것입니다. 그러나 오늘날 많은 사람들의 오류는 환경이 올바르게 바뀌면 사람들이 올바르게 바뀔 것이라고 생각하는 것입니다. 그것은 오류입니다. 술주정뱅이가 살고 있는 빈민가의 더러운 집으로부터 그의 짐을 취하여 그것을 그럴듯한 집에 놓아 보십시오. 틀림없이 한 달도 못 되어 그 집은 돼지우리처럼 더러워질 것입니다. 먼저 사람들을 고치십시오. 그럴 때 비로소 여러분은 환경이 새로워질 것을 바랄 수 있게 될 것입니다. 먼저 사람들을 고치십시오. 그러면 사회가 고쳐질 것입니다. 그리고 먼저 여러분 자신을 고치십시오. 그러면 여러분은 사회를 고칠 수 있게 될 것입니다. 여러분 자신의 죄와 싸우십시오. 그러고 난 연후에 다른 사람들의 죄와 싸우기 위해 나가십시오.

2. 둘째로, 다른 사람들이 감당한 고난을 주목하십시오.

앞에서 이야기한 것처럼 여기의 문맥은 핍박과 관련하여 본 서신의 독자들의 형편과 다른 사람들 사이의 대조를 암시합니다. 그리고 그러한 대조는 대체적으로 다음과 같은 두 가지를 포함한다고 생각할 수 있습니다.

첫 번째 대조는 본장 바로 앞에 나타나는 믿음의 영웅들과 순교자들의 모든 영광스러운 이름들이 암시하는 대조입니다. 그들은 자신들의 형편을 그들의 형편과 비교해 볼 필요가 있었습니다. 이와 관련하여 우리는 오늘날 우리가 누리는 편안함이 우리 조상들이 감당하고 겪은 것들로 인한 것이라는 사실을 결코 잊어서는 안 됩니다.

나는 로마의 한 언덕 위에 있는 오래된 교회를 기억합니다. 그 교회 내부의 벽은 모두 순교자들의 섬뜩한 그림으로 가득 채워져 있습니다. 어쩌면 거기에 순교에 대한 건전하지 못한 열망이 있을는지 모릅니다. 그럼에도 불구하고 나는, 오늘날의 교회가 이따금씩이라도 수많은 선진들이 "피 흘리기까지 대항해야만" 했던 때를 회상한다면, 이 시대의 교회가 훨씬 더 나아졌을 것이라고 생각합니다.

오늘날 편안한 시대를 살아가고 있는 우리 비국교도들은 우리가 어떻게 이러한 편안함을 얻게 되었는지 기억할 필요가 있습니다. "조지 폭스와 친구들"(George Fox and the Friends)을 생각하십시오. 초창기 비국교도들의 고난과 박해를 생각하십시오. 코가 베이고 귀가 잘렸던 그들의 고통을 생각하십시오. 그들이 칼을 쓰고 유배를 당했던 것을 생각하십시오. 그들이 당한 고통과 비교할 때, 여러분이 만나는 어려움은 얼마나 하찮은 것입니까! "너희가 아직 피흘리기까지는 대항하지 아니하고."

저자의 마음속에 있었던 또 하나의 그리고 더 강력한 대조는 고난과 관련하여 그의 독자들과 그들의 주님 사이의 대조입니다. 본문 바로 앞에서 저자는 이렇게 말합니다. "죄인들이 이같이 자기에게 거역한 일을 참으신 이를 생각하라"(3절). 여기에서 "생각하라"라고 번역된 단어는 "균형이 맞는지 무게를 달아보고 비교하라"라는 의미를 갖습니다. 다시 말해서 그리스도의 고난과 너희의 고난을 비교해 보라는 것입니다. 그는 십자가의 무거운 짐을 담당함으로써 우리의 짐을 가볍게 했습니다. 물론 그의 죽음의 보다 더 신비하며 심오한 측면에 있어, 그는 우리의 모범이 아닙니다. 여기의 비교에 우리 죄를 위한 속죄는 포함되지 않습니다. 이에 대해서는 히브리서 뒷부분에서 보다 더 충분하게 다루어집니다. 다만 여기에서 저자가 말하는 것은 의를 위해 그리스도께서 당하셔야만 했던 고난의 양(量)입니다. 물론 예수 그리스도의 고난은 단순한 양의 문제가 아닙니다. 그의 고난은 훨씬 그 이상(以上)이었습니다. 그는 하시고자 했다면 얼마든지 십자가를 피할 수도 있었습니다. 그의 고난과 죽음의 독특성은 단순히 그의 고난의 양(量)을 생각하는 것으로 깨달아지지 않습니다. 그럼에도 불구하고 우리는 그의 고난이 의를 위한 모든 고난 가운데 최고의 정점(頂點)에 있다는 사실을 잊어서는 안 됩니다. 그는 세상 죄를 위한 희생제물임과 동시에 순교자들의 왕입니다. 그러므로 우리는 그에게로 돌이켜 그 안에 내재해 있는 그의 영웅적인 성품을 주목해야만 합니다. 우리는 그의 십자가가 어떻게 우리 모두의 소망의 기초면서 동시에 우리의 본보기가 되는지 이해할 필요가 있습니다. "너희가 아직 피흘리기까지는 대항하지 아니하고 … 죄인들이 이같이 자기에게 거역한 일을 참으신 이를 생각하라."

3. 마지막으로, 우리에게 지워진 가벼운 싸움을 주목하십시오.

"대항"의 형태는 바뀌지만, 그것은 본질적으로 계속됩니다. 옛 시대의 싸움은 사람들이 서로 막대기를 휘두르거나 혹은 서로 손을 맞잡고 겨루는 것으로 이루어졌습니다. 반면 오늘날의 싸움은 서로 대포를 쏘는 포격전으로 이루어집니다. 이것은 훨씬 더 과학적이며, 훨씬 덜 조잡합니다. 그러나 싸움이라는 본질에서 그것들은 모두 같습니다. 세상은 그리스도인들을 불태워 죽이기도 하고, 목을 매달기도 하고, 돌을 던지기도 했습니다. 오늘날 세상은 그렇게 하지 않지만, 여전히 싸움은 계속됩니다. 세상은 부분적으로 기독교화 되었으며, 기독교의 원리들은 불완전한 방식으로나마 대중들 속으로 스며들었습니다. 그럼으로 말미암아 세상의 반대는 과거처럼 뜨겁지 않습니다. 한편 교회의 증언은 약화되었으며, 교회는 상당 부분 세상의 원리들을 채택했습니다. 이런 상황에서 도대체 무엇 때문에 세상이 자신의 일부가 된 교회를 핍박해야만 한단 말입니까? 어떤 사람으로 하여금 그리스도의 원리를 따라 살도록 해 보십시오. 그로 하여금 그 주변에 있는 악들과 더불어 싸우게 해 보십시오. 그러면 그는 거기에 예전과 같은 폭력적인 반대는 더 이상 없다는 사실을 발견하게 될 것입니다. 그 대신 그에게 "고집불통" "광신자" "편협한 자" "하나밖에 모르는 자" "까다로운 자" "바리새인" "위선자" 등과 같은 비난의 합창이 쏟아질 것입니다. 그러나 이러한 비난들은 그의 머리 위에 쓰일 화관(花冠)의 아름다운 꽃들이 될 것입니다. 기독교의 원리를 따라 살고자 애쓰며 그것을 자기 주변에 적용시키고자 노력하는 그리스도인에게 불가불 싸움은 불가피할 것입니다.

그러나 이 모든 것은 우리 선진들이 지나가야만 했던 길과 비교하면 아무것도 아닙니다. 그들은 시궁창에 내던져졌으며, 그 위로 흙이 덮였습니다. 그리고 바로 그 위로 우리가 편안하게 걸어갈 수 있게 되었습니다. 우리가 핀에 찔리는 것을 감당해야만 한다면, 그들은 칼에 찔리는 것을 감당했습니다. 또 우리가 두려워하는 것이 한줌의 흙이라면, 그들은 수많은 돌들을 감당하는 것이었습니다. 성벽 밖의 스데반의 경우처럼 말입니다.

그러므로 형제들이여, 오늘날의 형태의 싸움을 우리가 감사함으로 받아들여야 마땅하지 않겠습니까? 여러분에게 지워진 가벼운 싸움을 불평하지 말고 즐겁게 감당하십시오. 그리고 다소간 불편한 것이나 불쾌한 것들에 대해 지나치게 신경 쓰지 마십시오. 우리가 기독교적 희생에 대해 말하는 것은 마치 나룻배 사공이 북극 탐험가 앞에서 자신의 항해의 위험을 떠벌리는 것과 마찬가지입니다. 또 그것은 마치 특급열차를 타고 런던으로 여행하는 사람이 아프리카를 여행하는 사람 앞에서 "길의 위험"을 떠벌리는 것과 마찬가지입니다. "너희가 아직 피흘리기까지는 대항하지 아니하고 … 죄인들이 이같이 자기에게 거역한 일을 참으신 이를 생각하라." 다만 자신의 십자가를 지고 잠잠히 그를 따르십시오.

47
아버지의 징계

"그들은 잠시 자기의 뜻대로 우리를 징계하였거니와
오직 하나님은 우리의 유익을 위하여
그의 거룩하심에 참여하게 하시느니라"
히 12:10

상처 난 마음을 치료하는 향유(香油)로서 이 말씀보다 더 자주 인용되는 말씀은 아무것도 없을 것입니다. 마치 등대처럼 본문은 햇빛이 찬란한 한낮에는 사람들의 눈에 잘 띄지 않을 수 있습니다. 그러나 곧이어 폭풍이 몰아치는 밤이 올 때, 본문은 찬란한 빛을 발하면서 사람들의 마음에 큰 위로를 줍니다. 본문은 우리에게 인생이 곧 훈련이며, 하나님의 징계가 가장 지혜로운 부모의 그것보다 훨씬 더 나으며, 그렇기 때문에 우리가 하나님에게 더 온전히 그리고 더 즐겁게 복종하는 것이 지극히 마땅함을 가르쳐 줍니다.

본문의 충분한 의미를 이해하기 위해, 우리는 이 땅의 징계와 하늘의 징계가 네 개의 절(節) 가운데 서로 대조적으로 묘사되고 있는 것을 주목할 필요가 있습니다. 그러한 네 개의 절은 소위 "역(逆) 대구법"으로 배열되어 있습니다. 다시 말해서 첫 번째 절은 네 번째 절과 대응하며, 두 번째 절은 세 번째 절과 대응합니다. "잠시"(for a few days)는 "그의 거룩하심에 참여하게 하시느니라"와 짝을 이룹니다. 언뜻 볼 때, 이것은 대조처럼 보이지 않습니다. 그러나 우리는 앞 절의 "for"가 기간(期間)의 "for"가 아니라 방향의 "for"라는 사실을 주목할 필요가 있습니다. 그것은 징계가 지속되는 기간을 가리키지 않습니다. 도리어 그것이 가리키는 것은 징계가 향하는 목표점입니다. 이 땅의 부모들은 징계 혹은 연단을 통해 자녀들에게 일과 직업과 전문 기술 등을 훈련시킵니다. 그것들은 모두 한 뼘밖에 안 되는 짧은 인생과 함께 끝나는 것들입니다. 반면 하나님의 징계는 영원한 날을 위한 것입니다. 이것을 육신의 아버지의 징계가 지속되는 기간과 연결시키는 것은 매우 부적절한 이해입니다. 다만 여기에서 저자의 마음속에 있었던 것은 전자의 제한된 범위와 후자의 영원한 목적 사이의 대조입니다.

또 하나의 대조는 "그들의 기쁨을 위해"(for their own pleasure) 혹은 개정역의 번역처럼 "그들에게 유익해 보이는 대로"(as seemed good to them)와 "우리의 유익을 위해" 사이의 대조입니다(한글개역개정판에는 "자기의 뜻대로"라고 되어 있음). 심지어 가장 지혜로운 부모의 징계라 하더라도 그 안에는 개인적인 특성, 기분, 혈기, 옳은 일에 대한 그릇된 개념 등의 요소들이 들어옵니다. 우리는 선한 일을 행하고 있다고 생각할 때조차 종종 잘못을 행하고 해를 끼칩니다. 그러나 하나님의 징계는 그의 자녀들의 유익과 관련하여 어떤 오류도 없습니다. 이와 같이 두 번째 절과 세 번째 절 사이에서 대조를 이루고 있는 것은 두 징계를 이끄는 주도적인 원리의 차이입니다.

이러한 것들은 매우 진부한 개념들입니다. 그렇지만 오늘 나는 여러분과 함께 좀 더 새로운 시각으로 몇 가지 개념들을 주목하고자 합니다.

1. 첫째로, 여기에서 인생을 훈련으로 이해할 때 그것을 제대로 이해할 수 있게 된다는 개념을 주목하십시오.

하나님은 고치시며, 징벌하시며, 훈련하시며, 교육하십니다. 본문은 우리에게 일어나는 모든 일들에 대한 가장 심오한 설명입니다. 여기에 몇 가지 매우 명백한 개념들이 포함되어 있습니다. 그러한 것들이 매일 같이 우리에게 생생하게 나타난다면, 그것들은 우리 모두를 좀 더 고요하며 고결하며 강하게 만들 것입니다.

첫 번째 개념은 우리에게 일어나는 모든 일들 뒤에 어떤 의지(意志)가 있으며 그 모든 일들은 하나의 궁극적인 목적에 협력한다는 개념입니다. 인생은 마치 땅바닥에 던져진 여러 개의 고리들처럼 서로 연결되지 않은 사건들의 무더기가 아닙니다. 도리어 인생은 그러한 고리들이 서로 연결된 사슬과 같습니다. 사람들의 삶을 모양 짓는 것은 "입법자 없는 법"(law without a law-giver)이 아닙니다. 사람들의 삶을 주관하는 것은 맹목적이며 비인격적인 우연이 아닙니다. 가을밤에 무질서하게 하늘을 가로질러 떨어지는 것처럼 보이는 유성(流星)들조차도 모두 법칙에 순종합니다. 그와 마찬가지로 우리의 삶 역시도 하나님의 생각이 구체화된 것입니다. 우리는 그와 같은 신적 목적을 손상시킬 수도 있고, 그것과 더불어 싸울 수도 있으며, 그것과 반대되는 방향으로 행동할 수도 있습니다. 그럼에도 불구하고 그와 같은 일시적인 빛들의 광란적인 춤 뒤에 비인격적인 힘이 아니라 살아 있는 의지(意志)가 있습니다. 그것이 아니라 그가, 그들이 아니라 그가 사람들이 '이차적인 원인'(second causes)이라고 부르는 사건들을 주관하십니다. 그리고 그가 그 모든 것을 하나의 위대한 목적에 협력하도록 이끄십니다.

우리가 이러한 사실을 살아 있는 확신으로 굳게 믿는다면, 여러분은 우리의 삶이 깊은 평온과 고결함으로 우뚝 선 삶이 될 것이라고 생각하지 않습니까?

그러나 우리는 여기에 함축된 또 하나의 개념을 이해할 필요가 있습니다. 그것은 우리가 이 땅에서 순례자의 상태에 있다는 개념입니다. 세상은 하나님의 훈련장입니다. 이 땅은 하나님이 자기 백성들을 지키는 — 하늘에 있는 그들의 집에 도착할 때까지 — 장소입니다. 바로 이것이 우리에게 일어나는 모든 일의 참된 의미입니다. 우리에게 일어나는 모든 일은 우리를 교육하기 위한 것입니다. 일(work)로부터 교육의 요소를 빼버린다면, 그것은 아무런 가치도 갖지 못합니다. 삶이 우리에게 주어지는 것은 우리가 어떻게 살아야 하는지 어떻게 우리의 힘을 행사해야 하는지 그리고 우리가 어떻게 일해야 하는지를 가르치기 위함입니다. 우리는 마치 훈련선(訓練船) 안에 있는 소년들과 같습니다. 그 배는 대부분의 시간 동안 항구에 정박해 있습니다. 그리고 이따금씩 짧은 거리를 가볍게 운항(運航)합니다. 특별히 어떤 장소에 가기 위함이 아니라, 단순히 소년들로 하여금 항해술을 연습하도록 하기 위해서 말입니다. 이와 같이 우리의 삶을 훈련으로 바라보지 않는다면, 그것은 우리에게 — 하나님에게 대하여는 말할 것도 없고 — 아무런 의미도 갖지 못합니다. 우리 모두는 이러한 사실을 믿는다고 말합니다. 그러나 나는 우리 가운데 너무나 많은 사람들이 이러한 사실을 너무나 쉽게 잊어버리는 것을 두려운 마음으로 바라보지 않을 수 없습니다.

이와 같이 우리에게 일어나는 모든 사건들은 결국 우리를 교육하며 훈련시키기 위함입니다. 나는 도대체 어떻게 사람이 이 땅에서 살면서 자신의 모든 고통스러운 일들을 감당할 수 있는지 이해하지 못합니다. 그로 말미암아 다음 생애를 준비한다고 생각하지 않는다면 말입니다. 철광석은

"소망과 두려움으로 뜨겁게 달궈지고
'쉿' 소리를 내며 찬 물에 던져지며
운명의 쇠망치로 두드려 맞음을 통해"

철로 바뀝니다. 그러면 어떻게 됩니까? 그렇게 해서 만들어진 쟁기는 마침내 부수어져 쓰레기처럼 헛되이 버려집니까? 그렇지 않습니다. 만일 이 땅의 인생이 교육이라면, 필연적으로 우리가 이 땅에서 얻은 기술을 사용할 장소가 있어야만 합니다.

사랑하는 형제들이여, 우리가 항상 이러한 생각을 마음에 품고 살아간다면, 그것은 우리에게 일어나는 모든 일들을 얼마나 다르게 만들겠습니까! 여러분은 종종 사람들이 이 세상의 고통과 슬픔의 신비에 대해 불평하는 것을 듣습니다. 그 뒤에 있는 신적 의지(意志)에 대해 의아해 하면서 말

입니다. 그러나 그러한 불평은 인생이 주로 즐거움이나 혹은 물질적인 유익을 위한 것이라는 전제 위에 세워진 것입니다. 우리가 인생이 훈련이라는 명백한 진리를 이해한다면, 우리는 사람들이 '섭리의 신비'라고 부르는 것을 이해하는데 그다지 큰 어려움을 느끼지 않을 것입니다. 나는 그것이 모든 것을 설명해 준다고 말하지 않습니다. 그렇지만 그것은 매우 많은 것을 설명해 줍니다. 그것은 우리가 어떤 사건이 임할 때 그것의 특별한 의미와 목적을 찾는데 열심을 품도록 만들 것입니다. 그것은 사소한 일들을 매우 중요한 것으로 만들기도 하고, 통상적으로 중요하게 여겨지는 일들을 사소한 것으로 만들기도 합니다. 또 그것은 우리를 우리 자신의 주인과 환경의 주인으로 만듭니다. 그리고 그것은 우리로 하여금 우리에게 일어나는 각각의 일들로부터 가능한 유익을 마지막 방울까지 짜내도록 준비시킵니다. 요컨대 인생은 아버지의 훈련입니다.

2. 둘째로, 이러한 훈련을 이끄는 원리를 주목하십시오.

"저희는 자기의 뜻대로 징계하였거니와." 나는 이미 앞에서 이 땅의 부모들의 가장 지혜로운 징계조차 그것의 가치를 떨어뜨리는 주관적인 요소들과, 관점과 생각의 차이와, 혈기와, 즉흥적인 기분 등의 성분들이 혼합됨을 언급했습니다. 이 땅의 부모들의 징계 원리는 자녀의 유익과 관련한 그들 자신의 생각입니다. 그러나 항상 그런 것만도 아닙니다. 왜냐하면 그들의 징계는 종종 그것보다 저급한 다른 동기(動機)들로 발생하기도 하기 때문입니다. 그리하여 본문은 이 모든 불완전한 것들로부터 우리를 돌이키면서 이렇게 말합니다. "오직 하나님은 우리의 유익을 위하여." 하나님은 우리에게 유익한 것이 무엇인지 완전하게 아십니다. 그러므로 하나님의 징계는 항상 우리의 유익으로 귀결될 것입니다. 모든 그리스도인들은 자신에게 일어나는 모든 일을 이와 같은 관점으로 바라보아야만 합니다.

그러면 이러한 사실로부터 필연적으로 무엇이 따릅니까? 그것은 죄의 악 외에는 본질적으로 악한 것이 없다는 사실입니다. 모든 일에는 다양한 종류와 다양한 모양의 선(good, 혹은 유익)이 따릅니다. 강물이 들판으로 범람하고, 사람들은 절망합니다. 그렇지만 그 결과 어떻게 됩니까? 나일강이 범람했을 때처럼 땅을 비옥하게 만드는 더 좋은 흙이 들판을 덮습니다. 폭풍은 바다와 공기를 썩음과 오염으로부터 막아 줍니다. 물질세계에서 사람들이 악한 것으로 부를 수 있는 모든 것에는 선이나 유익의 요소가 있습니다.

이것은 매우 진부한 이야기지만, 우리는 이러한 사실을 좀 더 충분하게 이해할 필요가 있습니다. 나의 모든 인생이 결코 오류가 없는 하나님의 훈련 과정이라면, 나는 나에게 일어나는 모든 일들을 기꺼이 받아들이면서 그 모든 것들이 결국에는 나의 유익으로 귀결될 것을 확신할 수 있습니다.

아! 형제들이여, 만사가 평온한 한낮에 그렇게 말하는 것은 쉽습니다. 그러나 캄캄한 밤에 그렇게 말하는 것은 쉽지 않습니다. 그러나 밤은 별들이 빛나는 때입니다. "오직 하나님은 우리의 유익을 위하여" — 이 말씀이 오늘 고통과 시련 가운데 있는 사람들 위에서 빛나지 않습니까?

이러한 위대한 개념은 고통과 슬픔과 이른바 나쁜 일들이 매우 실제적이라는 사실을 추호도 부인하지 않습니다. 기독교는 금욕주의가 아닙니다. 우리를 요동하게 하는 것들을 생각해 보십시오. 그러한 것들이 우리를 요동하게 하지 못했다면, 그러한 것들은 자신의 사명을 이루지 못한 것입니다. 우리가 슬픔으로부터 얻는 유익은, 우리가 실제로 슬퍼하지 않는다면, 실현되지 않을 것입니다. 주님은 이렇게 말씀하셨습니다. "예루살렘의 딸들아 너희와 너희 자녀를 위하여 울라"(눅 23:28). 우리가 고통 가운데 몸부림치는 것은 잘못된 일이 아닙니다. 어떤 재앙으로 인해 공포에 질리는 것은 잘못된 일이 아닙니다. 그러나 그것이 "우리의 유익을 위한" 것이라는 사실을 알아차리지 못할 정도로 그러한 것들에 과도하게 짓눌리며 압도되는 것은 잘못된 일입니다. 하나님은 우리에게 여러 가지 사랑의 증표들을 보내십니다. 그리고 그러한 것들 가운데 우리의 삶을 포위하는 크고 작은 고통과 슬픔들이 있습니다. 그러나 우리는 그러한 것들 안에 그가 친히 "너희의 유익을 위하여"라고 쓰신 것을 읽어야만 합니다. 이러한 달콤하면서도 강력한 메시지를 읽을 수 없을 정도로 우리의 눈이 지나치게 눈물로 가득 채우지 맙시다. 그리고 그러한 메시지를 기꺼이 받아들일 수 없을 정도로 우리의 마음을 지나치게 탄식으로 가득 채우지 맙시다.

우리에게 일어나는 모든 일들을 이끄는 원리는 무엇이 우리에게 진정으로 유익할 것인지에 대한 하나님의 완전한 지식입니다. 그것이 화살을 막아 주지는 않을 것입니다. 그러나 그것은 화살로부터 독(毒)을 빼내며, 고통을 경감시키며, 눈물을 감소시켜 줍니다.

3. 마지막으로, 여기에서 우리는 모든 징계의 궁극적인 목적을 보게 됩니다.

"그의 거룩하심에 참여하게 하시느니라." 이 땅의 부모들은 잠깐 지속될 뿐인 세상의 일이나 직업 등을 위해 자신의 자녀들을 훈련시킵니다. 반면 하나님은 영원한 목적 즉 우리로 하여금 "그의 거룩하심에 참여하게" 하기 위해 우리를 훈련시키십니다. 사람의 본성과 부합하는 유일한 목적은 그가 하나님처럼 되는 것입니다. "거룩함"은 하나님을 피조물로부터 분리시키는 신적 본성의 모든 것을 표현하는 성경의 속기록적인 표현입니다. 거룩함의 그와 같은 측면에서, 그와 우리 사이의 간격은 결코 좁아질 수도 없고 그 사이에 다리가 놓일 수도 없습니다. 그러나 그것은 또한 신적 본성의 도덕적인 정결함과 완전함을 표현하는 것이기도 합니다. 그것은 다른 모든 피조물들로부터 그를 그의 무한하심과 영원하심에 속하는 형이상학적인 속성들보다 훨씬 더 실제적으로 분리시킵니다. 그리고 이러한 측면에서 우리에게 주어지는 큰 소망은 우리가 그러한 완전한 정결함에 계속 더 가까이 다가갈 수 있다는 것입니다. 설령 그의 본질적이며 불변적인 존재에는 참여할 수는 없다 하더라도, 우리는 우리의 제한된 본성에 적합한 만큼 빛 가운데 행할 수 있습니다. 그가 그의 무한하며 영원한 존재에 적합한 만큼 빛 가운데 행하는 것처럼 말입니다. 바로 이것이 사람이 이 땅에서 경험하는 것의 결과로서 진정으로 가치 있는 유일한 목적입니다. 만일 내가 이 부분에서 실패한다면, 설령 다른 모든 부분들에서는 성공한다 하더라도, 나는 모든 것에서 실패하는 것입니다. 나는 부자가 될 수도 있고, 교양 있는 사람이 될 수도 있고, 학식이 많은 사람이 될 수도 있고, 유명한 사람이 될 수도 있고, 세련된 사람이 될 수도 있고, 성공한 사람이 될 수도 있습니다. 그러나 내가 정결함이나 혹은 의지(意志)나 마음에 있어 하나님처럼 되는 일을 최소한 만큼도 시작하지 않았다면, 나의 인생 전체는 그 본래의 목적을 잃어버리고 만 것입니다. 여기에서 실패한다면, 설령 다른 모든 것에서 성공한다 하더라도, 여러분은 실패자입니다. 반대로 여기에서 성공한다면, 설령 다른 모든 것에서 실패한다 하더라도, 여러분은 성공자입니다.

이러한 위대한 목적은 하나님의 훈련과 연단과 징계에 의해 도달될 수 있습니다. 그렇지만 오직 이러한 것들만으로 우리가 그의 거룩하심에 참여하게 되는 것은 아닙니다. 모든 신자들에게 주어지는 거룩한 영이 있으며, 그 영이 그들 안에 썩지 않는 불멸의 생명의 거룩한 숨을 불어넣습니다. 요컨대 그 영이 앞에서 언급한 것들과 함께 역사(役事)함으로써 결국 우리로 하여금 그의 거룩하심에 참여하도록 만드는 것입니다. 이와 같은 의미에서 하나님의 훈련이나 연단이나 징계와 같은 것들은 우리를 하나님께 더 가까이 다가가고 그와 더 비슷해지도록 만들 수 있습니다.

바로 이것이 우리가 겪는 슬픔들의 목적입니다. 그것들은 우리를 젖을 떼게 만들 것입니다. 그것들은 우리를 깎고 다듬을 것입니다. 그것들은 우리를 그의 품으로 날아가게 만들 것입니다. 마치 강한 바람이 사람을 피난처로 날아가게 만드는 것처럼 말입니다. 나는 여러분 가운데 오랜 기간의 형통에 의해서보다 짧은 시간 동안의 쓰라린 슬픔에 의해 하나님에게 더 가까이 나아가게 되었노라고 기꺼이 고백할 수 있는 사람들이 많을 것이라고 확신합니다. 압살롬이 요압에게 행한 일을 생각해 보십시오. 요압이 오려고 하지 않았을 때, 압살롬은 그의 곡식단에 불을 질렀습니다. 그러자 요압이 압살롬에게 왔습니다. 나는 하나님이 때로 자기 자녀들에게 이와 같이 행하신다고 생각합니다. 하나님은 우리로 하여금 그에게 나아오도록 하기 위해 때로 우리 곡식단에 불을 지릅니다.

그러나 우리가 하나님에게 가까이 나아오도록 의도된 슬픔들은 때로 헛되이 끝날 수도 있습니다. 동일한 상황이 때로 정반대의 결과를 산출할 수 있습니다. 나는 지금 나의 설교를 듣고 있는 사람들 가운데 도리어 마음이 강퍅해지며 찌무룩해지는 사람들이 있을 것이라고 생각합니다. 사랑하는 형제들이여, 우리는 종종 파선한 배의 선원들과 같습니다. 동일한 위험 앞에서 어떤 선원들은 극도의 두려움에 빠져 무릎을 덜덜 떨며 꼼짝도 하지 못하는 반면 또 어떤 선원들은 정신을 차리고 용감하게 상황에 대처합니다. 여러분의 슬픔을 낭비하지 않도록 주의하십시오. 여러분의 일상의 삶 속으로 들어오는 고통과 상실과 실망과 외로움과 질병 등과 같은 값진 선물들이 여러분을 망가지게 하지 마십시오. 도리어 그것들이 여러분을 더 낫게 개선시키도록 만드십시오. 그리고 그런 것들이 여러분을 하나님에게 더 가까이 나아가게 만드는지 아니면 하나님으로부터 더 멀어지게 만드는지 보십시오. 또 그런 것들이 여러분을 아무도 빼앗아갈 수 없는 영구한 보화와 의를 더 사모하도록 만드는지 아니면 일시적인 세상의 즐거움에 더 집착하도록 만드는지 보십시오.

그러므로 형제들이여, 인생이 곧 훈련이라는 사실을 항상 확신하십시오. 결코 오류가 없는 아버지의 완전한 사랑의 의지(意志)에 스스로를 순복시키십시오. 여러분에게 일어나는 모든 일들로부터 유익을 얻고자 애쓰십시오. 그리고 그것들로부터 그의 거룩하심에 참여하는 영원한 열매를 거두는지 보십시오. 하나님이 다음과 같이 한탄하지 않도록 여러분에게 일어나는 모든 긍휼들을 헛되이 낭비하지 마십시오. “내가 너희 자녀들을 때린 것이 무익함은 그들이 징계를 받아들이지 아니함이라”(렘 2:30).

48
에서의 헛된 눈물

"너희가 아는 바와 같이 그가 그 후에 축복을 이어받으려고
눈물을 흘리며 구하되 버린 바가 되어 회개할 기회를 얻지 못하였느니라"
히 12:17

본문은 종종 사람이 눈물을 흘리며 진심으로 회개하기를 바라도 그렇게 될 수 없는 경우가 있다는 매우 두려운 교리를 가르치는 것으로 이해되어 왔습니다. 그런 가르침은 하나님께 돌아오는 많은 사람들의 마음을 무겁게 짓누르면서, 그들의 연약한 발 앞에 장애물을 갖다 놓았습니다. 그러나 그런 가르침은 나에게 있어 성경의 전체적인 가르침과 너무나 모순되는 것으로 보입니다.

개정역(Revised Version)은 약간의 변이(變異)에 의해 그와 같은 두려운 악몽을 일거에 날려버립니다. 그것은 "회개할 장소를 발견하지 못하였느니라"(for he found no place of repentance)라는 절(節)을 괄호로 처리합니다(한글개역개정판에는 "회개할 기회를 얻지 못하였느니라"라고 되어 있음). 이러한 변이는 본문의 첫 번째 절과 마지막 절을 직접적으로 연결시킵니다. 그리고 그렇게 할 때 에서가 눈물을 흘리며 헛되이 찾은 것은 회개가 아니라 아버지의 축복이었음이 분명하게 드러납니다(KJV 본문은 다음과 같음 : For ye know how that afterward, when he would have inherited the blessing, he was rejected: for he found no place of repentance, though he sought it carefully with tears).

문제의 절(節)을 그와 같이 괄호로 처리하는 것은 문장 구조학적으로 정당하지 않은 것일 수 있습니다. 왜냐하면 그 절은 다음 절과 "sought"와 "found"의 대조어(對照語)에 의해 매우 밀접하게 연결되어 있기 때문입니다. 그렇지만 설령 그렇다 하더라도 나는 개정역의 괄호 처리에 의해 전달되는 진리가 여기의 말씀의 참된 해석이라는 사실을 조금도 의심하지 않습니다. 요컨대 에서는 "축복을 이어받고자 … 눈물을 흘리며 구하였으나 … 결국 그것을 얻지 못한" 것입니다.

이와 같이 이해할 때, 본문은 우리에게 많은 사람들이 그것으로부터 도출하는 끔찍한 그리고 내가 보기에 잘못된 교훈 대신 매우 엄중하면서도 유용한 교훈들을 가르쳐 줍니다. 이제 그러한 교훈들을 살펴보도록 합시다.

1. 먼저 여기에 나타난 엄중한 경고를 주목해 보십시오.

에서는 매우 단순한 성격을 가진 사람이었습니다. 여러 측면에서 그는 자신의 아우 야곱보다 훨씬 더 매력적이고 훌륭했습니다. 그는 솔직하고, 관대하며, 직설적이었습니다. 뿐만 아니라 그는 성경의 이야기가 보여 주는 것처럼 금방 용서하며, 마음의 응어리를 쉽게 풀며, 상대방의 간청을 잘 들어 주는 사람이었습니다. 또 그는 관용과 용맹을 두루 갖춘 기사도적인 사람이었습니다. 그렇지만 그에게는 이런 성격의 사람이 갖기 쉬운 부정적인 측면이 있었는데, 그것은 현재적이며 물질적이며 감각적인 것 이상(以上)의 것을 바라보는 능력이 거의 없었다는 점입니다.

들에서 사냥을 마친 에서는 배고프고 탈진한 상태로 집으로 돌아옵니다. 그런데 집에서 맛있는 냄새가 진동합니다. 그에게 장자권은 멀리 떨어진 것이며, 매우 추상적이며 관념적인 것입니다. 지극히 보잘것없는 것임에도 불구하고 그에게 가까이 있는 것이 그로 하여금 멀리 떨어진 훨씬 더 중요한 것을 보지 못하도록 가로막습니다. 그리하여 그는 더 높고 더 영적인 성격의 미래의 만족 대신 현재의 물질적인 혹은 육신적인 만족을 선택합니다.

여러분은 이로 인해 에서에게 돌을 던질 것입니까? 장자권은 어찌되든 당장 눈앞에 있는 팥죽 한 그릇을 선택하는 사람들을 발견하는 일이 그토록 희귀한 일입니까? 여기에 정결함보다 재물을 더 선호하는 사람들이 아무도 없습니까? 여기에 자신의 본성을 더 아름답게 계발하는 것보다 더 많은 돈을 벌기 위해 사는 젊은이들이 아무도 없습니까? 여러분 가운데 세상의 모든 가치를 초월하는 하늘의 고귀한 것들을 대수롭지 않게 여기는 사람들이 아무도 없습니까? 우리 가운데 오늘의 팥죽 한 그릇이 미래의 천국보다 더 실제적이며 값진 것처럼 보이는 사람들이 아무도 없습니까?

에서는 스스로에게 이렇게 말합니다. "나는 지금 배고파 죽을 지경이야. 이런 상황에서 장자권이 나를 위해 도대체 무엇을 해 줄 것이란 말인가?" 차라리 배고파 죽는 것이 참된 생명의 값으로 목숨을 부지하는 것보다 천 배나 더 낫지 않습니까? 여기의 에서는 우리 가운데 많은 사람들과 참으로 비슷합니다. 그의 잘못은 조금도 특별할 것이 없습니다. 도리어 그것은 우리가 너무나 흔하게 볼 수 있는 형태의 잘못입니다. 사람들은 항상 현재와 미래 사이에서 그리고 물질적인 것과 영적인 것 사이에서 선택을 합니다.

계속해서 본문은 "그 후에" 에서가 자신의 어리석음을 깨달았음을 알려줍니다. "그 후"가 언제일까요? 창세기의 이야기를 보십시오. "에서가 그의 아버지의 말을 듣고 소리 내어 울며 아버지에게 이르되 내 아버지여 내게 축복하소서 내게도 그리하소서"(창 29:34). 또 "내 아버지여 아버지가 빌 복이 이 하나 뿐이리이까 내 아버지여 내게 축복하소서 내게도 그리하소서 하고 소리를 높여 우니"(38절). 이것은 히브리서 기자가 자신의 유대인 수신자(受信者)들에게 일깨워 주는 역사(歷史)의 일부입니다. 여기에 에서가 헛되이 회개할 기회를 얻으려고 찾은 것은 아무것도 없습니다. 다만 여기에는 그의 격렬한 울음과 아버지로부터 복을 얻고자 하는 간절한 애원이 있을 뿐입니다. 이 이야기 속에 그가 회개할 기회를 얻고자 찾은 것에 대해서는 단 한 마디도 나오지 않습니다. 그러나 여기에, "회개"라는 단어가 그와 같은 사건과 관련해서 사용될 수 있는 의미에서 즉 그 안에 그가 대수롭지 않게 여긴 장자권의 가치와 관련하여 결정적이며 근본적인 관점과 마음의 변화가 있다는 의미에서, 실제적인 회개가 있습니다. 그런 의미에서 이것은 회개입니다. 여기에 지나간 것에 대한 쓰라린 슬픔이 있습니다. 여기에 그 일이 되돌려지기를 바라는 간절한 바람이 있습니다. 이것은 회개의 표적입니다. 그러나 여기에 죄로 인한 슬픔의 표적은 없습니다. 그러므로 우리가 그 단어를 종교적인 의미가 아니라 통상적으로 사용되는 의미로 취한다면, 우리는 창세기에 기록된 에서의 이야기 속에서 마음과 목적의 결정적인 변화와 과거에 대한 회개와 슬픔의 요소를 모두 발견할 수 있습니다.

바로 이것이 에서의 이야기의 사실들이며, 본문이 호소하는 사실들입니다. 왜냐하면 본문은 이 이야기를 잘 아는 자들과 관련하여 "너희가 아는 바와 같이"라는 말과 함께 시작하기 때문입니다. 그러므로 우리는 본문의 모든 이야기를 창세기에 기록된 이야기와 연결시켜 이해해야만 합니다.

2. 계속해서 이 이야기가 우리에게 가르치는 교훈을 살펴보도록 합시다.

앞에서 내가 이야기한 것들의 요점을 다시 한 번 생각해 보십시오. 그때 에서가 눈물을 흘리며 찾은 것은 아버지의 복이었으며, 그가 회개하고자 했다는 것은 종교적인 의미에서가 아니라 통상적인 낮은 의미에서였습니다. 그러므로 본문의 "그가 회개할 장소를 발견하지 못하였느니라"(he found no place of repentance)라는 표현은 그가 "회개할 수 있는 장소를 찾지 못했다는" 의미가 아닙니다. 도리어 그것은 그가 지나간 일을 되돌리기 위해 행할 수 있었던 회개의 기초를 발견하지 못했다는 것을 의미합니다. 그의 회개는 이미 결정된 복의 방향을 바꿀 수 없었습니다. 장자권을 대수롭지 않게 여긴 자신의 행동에 대한 그의 회개, 그의 마음의 변화는 이미 벌어진 일을 되돌리지 못했습니다. 그의 눈물은 이미 벌어진 일을 지울 수 없었습니다. 그는 이미 벌어진 일이 되돌려지기를 바랐지만,

그의 바람은 헛된 것이었습니다.

나의 형제들이여, 바로 이것이 본문이 우리에게 가르치는 교훈입니다. 여기에서 장자권의 복이 사라졌을 때 자신의 머리를 쥐어뜯으며 슬피 우는 에서의 비극적인 모습을 상상해 보십시오. 그것이 우리에게 가르치는 교훈은 다음과 같은 엄숙한 교훈입니다. 그것은 곧 여러분의 삶 가운데 여러분의 눈으로부터 비늘 같은 것이 떨어지면서 장자권을 팔면서까지 얻고자 했던 현재의 만족이 얼마나 하찮은 것인지 보게 되며 그러한 거래를 되돌리기를 바라도 되돌릴 수 없음을 알게 되는 때가 올 수 있다는 것입니다. 여러분은 쓰라린 기억을 지울 수 없습니다. 여러분은 단순히 바란다고 해서 습관을 없앨 수 없습니다. 눈물이 되돌릴 수 없는 것을 바꾸지 못할 것입니다. 여러분은 눈물을 흘린다든지 혹은 머리를 쥐어뜯는다든지 혹은 간절히 바란다고 해서 여러분의 생애의 결과를 바꿀 수 없습니다. 빌라도는 "내가 쓸 것을 썼다"고 말했습니다. 이것은 매우 비극적인 의미에서 많은 사람들에게 사실입니다. 많은 사람들이 마지막 순간 자신의 생애를 되돌아보며 자신의 인생 책에 기록된 많은 글들이 지워지기를 바랄 것입니다. 그러나 그 글은 단 한 줄도 지워지지 않을 것입니다.

나의 형제들이여, 이것이 가르치는 교훈을 배우십시오. 젊은이들이여, 여러분의 생애 가운데 어느 날 문득 정신을 차렸을 때 완전히 미친 짓이었음을 보게 될 행동을 하지 마십시오. 소돔 골짜기처럼 근사하게 보였던 자신의 지난 생애가 어느 날 "연기가 옹기 가마의 연기같이 치솟는" 것을 보게 되는 것은 얼마나 두려운 일입니까(창 19:28)! 육체의 정욕에 탐닉하는 것은 마치 역청 구덩이가 끓는 것과 같지 않습니까? 그곳에 피어오르는 시커먼 연기는 마치 들판을 사르는 지옥의 불과 같지 않습니까? 많은 사람들이 자신의 생애를 되돌아보며 죄의 시커먼 기억들이 마치 지옥 불에서 솟아오르는 연기처럼 피어오르는 것을 보게 되지 않을 것입니까? 그들은 할 수만 있다면 그러한 기억들을 지우기를 얼마나 간절히 바라겠습니까! 그들은 지난 역사(歷史)를 되돌리기를 얼마나 간절히 바라겠습니까! 그들은 어린 시절의 순진무구한 모습으로 되돌아가기를 얼마나 간절히 바라겠습니까! 헛되이! 헛되이! 말입니다.

과거는 결코 사라지지 않습니다. "사람이 무엇으로 심든지 그대로 거두리라"(갈 6:7). 나는 사람이 어느 순간 구원을 가져다주는 주님의 긍휼을 발견할 수 있음을 압니다. 그러나 동시에 나는 또한 세상에서 오로지 땅에 속한 것간을 추구한 사람에게 임하는 구원이 많은 측면에서 하나님을 사모하며 악에 물들지 않으며 예수 그리스도의 피 안에서 화평을 발견한 사람만큼 충분하지도 않고 복되지도 않을 것을 압니다. 그의 구원은 여러 가지 측면에서 훼손되고 망가져 있으며, 그의 기억 속에는 찌르는 것과 쏘는 것이 있습니다. 그의 손목에는 그것을 묶은 결박의 흔적이 있으며, 그의 눈은 한낮의 밝음에 익숙하지 않습니다. 마치 평생 동안 바스티유 감옥에 수감되어 있다가 나오는데 새롭게 얻은 자유와 햇빛을 감당할 수 없어 다시 감옥으로 돌아가기를 바라는 죄수처럼 말입니다. 이와 같이 인생 막바지에 불 가운데 구원받는 것처럼 하나님에게 나온 많은 사람들은 평생 동안 성전을 가까이 하며 산 생애와 방탕과 도락을 따라 산 생애가 결코 같지 않음을 느낄 수밖에 없습니다.

우리는 항상 우리가 붙잡을 수 있는 만큼 하나님을 소유할 것입니다. 또 우리는 항상 우리가 바라는 만큼 구원을 소유할 것입니다. 그러나 비극적인 사실은 에서처럼 세상과 현재를 위해 사느라고 보낸 생애가 우리의 바람(desires)을 꺾고 우리의 용량(capacities)을 제한한다는 사실입니다. 그것으로 그가 나중에 그리스도인이 된다 하더라도 하나님이 그에게 풍성한 긍휼과 은혜를 주는 일이 불가능하게 될 수 있다는 사실입니다.

물론 우리는 "세리들과 창녀들이 너희 즉 바리새인들과 사두개인들보다 먼저 하나님의 나라에 들어갈" 것이라는 주님의 말씀을 잊어서는 안 됩니다(마 21:31). 육신의 죄로 완전하게 더럽혀진 영혼이 통회하는 마음으로 주님을 붙잡는 것과 같은 종류의 깊은 회개와 강렬한 믿음이 있습니다. 이것은 지금까지 내가 말한 모든 것을 뛰어넘을 수 있습니다. 그러나 설사 마지막에 에서가 복을 얻는다 하더라도 그것은 그가 본래 받을 수 있었던 복보다 훨씬 작은 것이라는 사실은 여전히 사실로 남습니다.

3. 마지막으로, 이제 본문이 가르치지 않는 잘못된 오해들을 살펴보도록 합시다.

본문은 사람이 눈물을 흘리며 회개하기를 바람에도 불구하고 그렇게 할 수 없는 경우가 있음을 가르치지 않습니다. 나에게 이것은 명백한 모순으로 보입니다. 왜냐하면 어떤 사람이 회개하기를 바란다면, 그는 자신이 회개하기를 바라는 행동과 관련한 자신의 관점을 바꾸었음에 틀림없기 때문입니다. 그리고 그러한 관점의 변화가 바로 그가 바라는 회개이기 때문입니다. 또 어떤 사람이 회개하기를 바란다면, 그 안에 그가 회개하기를 바라는 행동에 대한 어느 정도의 후회와 슬픔이 있음에 틀림없습니다. 그가 그것을 하나님에 대한 죄로 여기며 후회하며 슬퍼할 때, 바로 그것이 회개입니다.

또 본문은 앞의 것과 비슷한 개념으로서 어떤 사람이 하나님으로부터 영혼을 구원받기를 바람에도 불구하고 그렇게 되지 못할 수 있음을 가르치지 않습니다. 바라는 것은 곧 소유하는 것입니다. 바라는 사람은 실제로 바라는 분량만큼 소유합니다. 영적인 영역에서 실제로 바람에도 불구하고 채워지지 않는 경우는 없습니다. "원하는 자는 값없이 생명수를 받으라" (계 22:17). 회개할 수 없음으로 인해 그리고 천부께 복을 탄원함에도 불구하고 받지 못함으로 인해 슬피 우는 사람의 끔찍한 그림은 하나님을 비방하는 것이며, 그의 복음을 오해하는 것입니다. 복음은 구하는 자는 누구든지 받을 것이라고 선포합니다. 아니, 하나님이 구하기 전에 먼저 그들에게 주신다고 선포합니다. 어떤 사람이 하나님의 구원의 충만을 받지 못하도록 가로막는 것은 오직 갖지 않겠다고 결심하는 그 자신의 강퍅한 마음밖에 없습니다.

사랑하는 형제들이여, 사람은 절반의 마음과 의지(意志)로 바랄 수 있습니다. 그는 찌뿌둥한 마음으로 바랍니다. 그는 자신이 바라는 것이 만족되는 것을 가로막는 것을 버릴 준비가 되어 있지 않은 상태로 바랍니다. 그러나 이런 종류의 바람으로는 결코 구원을 받지 못할 것입니다. 실제로 구원이라는 단어의 의미를 충분히 이해할 준비가 되어 있지 않은 상태로 막연히 구원받기를 바라는 사람들이 많이 있습니다. 여기에서 내가 말하는 바람은 그런 종류의 바람이 아닙니다. 바라는 자는 누구든지 천국을 소유할 수 있습니다. 그러나 그것은 정직한 바람이어야만 합니다. 그것은 순전하면서도 철저한 바람이어야만 합니다. 그것은 삶을 움직이는 바람이어야만 합니다. 그것은 여러분을 예수 그리스도의 십자가로 끌고 가는 바람이어야만 합니다. 그리고 바라는 분량만큼 받을 것입니다. 바라며 구하는 것이 많을수록 받는 복도 많을 것입니다.

우리 모두는 우리의 장자권을 팔아 버렸습니다. 그러나 우리에게 한 형제가 있는데, 우리는 그 안에서 그것을 되돌려 받을 수 있습니다. 그는 우리 탕자들의 맏형입니다. 그는 살진 송아지와 잔치로 인해 분노하는 대신 그것을 우리에게 주기 위해 자신의 목숨을 내어 주셨습니다. 그로 말미암아 우리의 회개는 효력 있는 것이 되고, 우리의 바람은 반드시 열매를 맺는 것이 됩니다.

우리가 어떤 사람이든, 우리의 과거가 어떠하든, 우리의 육신적인 악과 허물이 얼마나 크든, 우리는 다만 우리 자신을 우리의 맏형에게로 돌이키기만 하면 됩니다. 그러면 그 안에서 아버지는 하늘의 모든 복으로 우리를 복주시며, 우리는 그의 장자권에 참여하여 "하나님의 상속자요 그리스도와 함께 한 상속자"가 됩니다(롬 8:17).

49
너희가 이른 곳

"[22]그러나 너희가 이른 곳은 시온 산과
살아 계신 하나님의 도성인 하늘의 예루살렘과
천만 천사와 [23]하늘에 기록된 장자들의 모임과 교회와"
히 12:22, 23

본문을 포함하는 전체 문맥은 본 서신 전체의 주된 주제 가운데 하나인 유대교와 기독교 사이의 대조를 다룹니다. 저자는 시내 산의 장면을 그 중심에 죄 의식을 불러일으키는 율법이 있는 이전 계시(former revelation)의 특징을 표현하는 것으로서 취합니다. 그리고 그것은 감각적이며 물질적인 상징들로 구체화됩니다. 계속해서 저자는 새롭고 더 나은 나중 계시(latter revelation)의 특징들을 열거합니다. 그것은 두려움을 불러일으키지 않으며, 침침함과 흑암과 폭풍과 나팔소리와 함께 불붙은 산으로부터 주어지지 않습니다. 또 그것은 우리를 단순히 물질적인 그러므로 사라지는 상징들이 아니라, 외적인 감각을 뛰어넘는 실제적인 실재(實在)들과 접촉하도록 이끕니다.

본문은 "너희가 이를 곳은"이라고 말하지 않고 "너희가 이른 곳은"이라고 말합니다. 가장 비천한 인생조차도 우주에서 가장 장엄한 실재들과 접촉할 수 있습니다. 그리고 우리는 하늘의 예루살렘에서 하나님과 함께 있기 위해 죽음의 휘장을 통과할 필요가 없습니다.

그러면 그러한 것들은 어떻게 우리에게 옵니까? 그것은 그리스도 안에서 하나님의 계시로 말미암습니다. 또 우리는 어떻게 그러한 것들에게 갑니까? 그것은 그러한 계시를 믿음으로 말미암습니다. 설령 이 땅에서 육체와 감각에 둘러싸여 있다 하더라도, 모든 신자들은 이를테면 휘장 안으로 손을 집어넣고 그 너머에 있는 실재들을 붙잡을 수 있습니다. 본문의 전반부에 묘사된 무대는 진실로 우리가 살아가는 삶의 무대가 될 수 있습니다. 또 본문의 후반부가 계시하는 동반자들은 진실로 우리의 동반자들이 될 수 있습니다. 설령 우리가 "구름처럼 외롭게 떠돈다" 하더라도, 그리고 훨씬 저급한 동반자들에 의해 둘러싸여 있는 것처럼 보인다 하더라도 말입니다. 믿음으로 말미암아 우리는 보이지 않는 실재들에 이르며, 그러한 것들은 그리스도 안에서 하나님의 계시로 말미암아 우리에게 옵니다. "너희가 이른 곳은 시온 산과."

전체적으로 본문은 우리에게 다음과 같은 두 가지를 제시합니다 — 그리스도인의 삶의 무대와 동반자들. 오늘 우리는 첫째로 "믿음"이 사는 무대와, 둘째로 "믿음"이 누구와 더불어 사는지 살펴보고자 합니다.

1. 첫째로, "믿음"이 사는 곳을 주목하십시오.

"너희가 이른 곳은 시온 산과 살아 계신 하나님의 도성인 하늘의 예루살렘과"(22절). 문자적인 예루살렘에서, 시온은 그 중심에 왕의 궁전이 있고 그 주위에 주거지들이 모여 있는 높은 성채(城砦)였습니다.

이와 같이 22절의 두 상징은 서로 밀접하게 연결되는 가운데 본질적으로 동일한 개념을 제시합니다. 나는 여기에서 다양한 의미를 찾으려고 시도하는 것은 상징을 과도하게 몰아붙이는 것이라고 생각합니다. 그러면서도 나는 또한 둘 사이에 본질적인 차이가 있다고 생각합니다.

여기에서 내가 여러분에게 제시하고자 하는 첫 번째 개념은 진실로 예수 그리스도를 붙잡음으로써 믿음으로 살아가는 사람의 삶은 그 내적 측면에서 즉 가장 깊은 실재 안에서 하늘의 왕의 처소 안으로 나아간 삶이라는 것입니다. 히브리서 전체를 통해 저자는 아무런 방해 없이 하나님에게 나아가는 개념을 예수 그리스도가 우리에게 가져다 준 큰 선물로서 반복적으로 언급합니다. 여기에서도 그는 그러한 개념을 매우 심오한 상징으로 제시합니다. 저기에 하나님 자신이 거하는 큰 궁전의 황금 첨탑들이 반짝입니다. 이 땅에서 수고하며, 고생하며, 지저분한 환경에 둘러싸여 있으며, 수많은 걱정거리들로 인해 근심하며, 여러 가지 슬픔들과 싸우며, 집 없이 광야를 방랑하는 것 같은 우리는 그럼에도 불구하고 항상 "여호와의 집에 살면서 여호와의 아름다움을 바라보며 그의 성전에서 사모할" 수 있습니다(시 27:4).

특권의 다른 쪽 측면은 의무이며, 특권의 기초 위에 의무가 세워집니다. 모든 신자들의 실제적인 삶이 항상 하나님의 집에 거하는 것이며 또 그것의 가장 깊은 비밀이 하나님과의 교제인 것이 사실이라면, 우리는 우리 가운데 대부분의 사람들이 사는 종류의 삶에 대해 어떻게 말할 것입니까? 이와 같은 고상한 은유가 우리와 관련하여 사실입니까? 일상의 사소한 일들로 분주하며 세상의 일시적인 일들에 매몰되어 살아가는 사람들과 관련하여 그들이 시온 산에 이르렀으며 하나님의 임재 가운데 살고 있다고 말하는 것은 사실이라기보다 훨씬 더 모순적이며 앞뒤가 맞지 않는 이야기처럼 들리지 않습니까? 여러분의 생명은 그리스도와 함께 하나님 안에 감추어졌습니까? 여러분이 이 땅에 머무는 동안 믿음이 여러분을 하나님의 집으로 인도하지 않았다면, 죽음이 여러분을 그곳으로 인도할 안내인이 될 가능성은 전혀 없습니다. "주의 궁정에서의 한 날이 다른 곳에서의 천 날보다 나은즉 악인의 장막에 사는 것보다 내 하나님의 성전 문지기로 있는 것이 좋사오니"(시 84:10).

나의 형제들이여, 우리는 하나님의 사랑의 임재의 복된 소식을 마음으로 받아들임으로 우리 자신을 그에게 연결시킵니까? 우리는 산꼭대기에 있는 아버지의 집을 바라보면서 산 밑에다가 세상의 모든 근심과 죄를 내려놓습니까? "주의 집에 사는" 자들은 복이 있습니다(시 84:4). 그리고 그에 못지않게 그 마음에 그 집으로 가는 "시온의 대로"가 있는 자들은 복이 있습니다(5절).

어떻게 시온 산이 시내 산과 대조되는지 생각해 보십시오. 참된 믿음의 삶 속에는 두려움으로 인해 캄캄해지는 것이나, 사함 받지 못한 죄를 의식(意識)함으로 인해 요동하는 것이 결코 없습니다. 우리는 시내 산에서 하나님이 현현하실 때의 두려움을 기억합니다. 그때 시내 산은 연기로 가득했으며, 화염과 흑암이 두르고 있었습니다. 그리고 거기에 왕의 오심을 선포하는 긴 나팔소리가 울려 퍼졌으며, 백성들의 골수를 얼어붙게 만드는 두려운 음성이 들렸습니다. 그 음성은 그들이 그것을 더 이상 듣지 않게 해 달라고 애걸할 정도로 그들에게 너무나 두려운 음성이었습니다.

이것이 하나의 그림입니다. 또 하나의 그림은 우리에게 그 왕이 거하는 고요하며 평온한 산을 보여 줍니다. 여기에서 구름은 지평선 아래 멀리 있으며, 불꽃은 은은한 빛으로 바뀝니다. 나팔소리는 더 이상 울려 퍼지지 않으며, 두려운 음성은 광야의 황량한 산에서 들렸던 것보다 "더 나은 것을 말하는" 사랑의 음성으로 바뀝니다(24절).

이와 같이 저자는 매우 생생하며 회화적(繪畵的)인 방식으로 이전 계시와 나중 계시 사이의 대조를 요약합니다. 전자의 메시지는 율법이었으며, 그 최고의 결과는 죄를 의식(意識)함으로 말미암아 움츠리는 것이었습니다. 반면 후자의 핵심은 사랑이며, 그 결과는 그것의 은혜의 자력(磁力)으로 사람들의 마음을 끌어당기는 것입니다. 바다에 있는 배를 자신에게로 잡아당기는 자석(磁石) 산의 옛 우화는 여기의 시온 산과 관련하여 사실입니다. 시온 산은 모든 산 위에 뛰어납니다. 그 산은 광풍이 몰아지는 인생의 바다에서 끊임없이 요동(搖動)하는 사람들의 마음을 하늘의 "고요한 항구"로 끌어당깁니다. 예수 그리스도를 통해 나오는 사람들에게 경외함은 있어도 두려움은 없습니다. 그들은 하나님 아버지와 화해하고 웃음 가운데 삽니다. 여러분이 이른 곳은 살아 계신 하나님의 처소인 시온 산입니다. 그를 가까이 하는 자들의 귀에 들리는 음성은 더 이상 두려운 음성이 아닙니다. 그것은 은혜로운 위로의 말씀이며, 우리를 감격하게 하는 말씀이며, 우리에게 빛을 비추는 말씀이며, 우리를 격려하는 말씀입니다. 그 음성을 듣는 자들은 "또 다시 말씀하옵소서. 그 말씀을 듣는 것이 복되나이다"라고 말할 것입니다.

"믿음"이 사는 또 하나의 무대가 있습니다. "너희가 이른 곳은 살아 계신 하나님의 도성인 하늘의 예루살렘과." 나는 굳이 여러분에게 본 서신에서 우리가 예루살렘에 관하여 얼마나 많이 듣는지 일깨워 줄 필요가 없습니다. 일반적으로 예루살렘은 아직 이르지 못한 곳으로, 그리고 이미 소유하고 있는 대상이라기보다 찾고 있는 대상으로 제시됩니다. 그러나 예루살렘에는 두 가지 측면이 있습니다. 하나는 미래적인 측면이며, 다른 하나는 현재적인 측면입니다. 예루살렘에 붙여지는 일반적인 개념은 단순히 하나님을 사랑하며 섬기는 사람들의 사회적 질서(order)와 상태(state)의 개념입니다. 어쨌든 여기에서 우리가 보게 되는 개념은 이것입니다. 즉 이 땅의 일시적인 것들과 뒤엉킨 보잘것없는 삶이라 하더라도, 그것이 예수 그리스도를 믿는 믿음의 삶이라면, 그것은 이 땅이 아니라 하늘의 것과 참된 관계를 갖는다는 것입니다. 이와 관련하여 바울 사도는 이렇게 말합니다. "그러나 우리의 시민권은 하늘에 있는지라 거기로부터 구원하는 자 곧 주 예수 그리스도를 기다리노니"(빌 3:20).

여러분이 믿음으로 말미암아 살고 있다면, 여러분은 이 세상의 질서에 속하지 않습니다. 여러분이 이러한 사실을 생생하게 의식(意識)하고 있는지 스스로를 살펴보십시오. 여러분이 현재로부터 분리되어 있다는 의식(意識)을 계발하십시오. 여러분이 일시적인 모든 것들로부터 분리되어 있다는 의식을 계발하십시오. 여러분이 여기와는 다른 질서에 속한다는 의식을 계발하십시오. 여러분의 참된 집은 바다 너머에 있다는 의식을 계발하십시오. 먼 나라로 이주한 이주민들이 본국을 바라보는 것처럼 그곳을 바라보십시오. 여러분이 잠시 머무는 곳의 법을 따라 살지 말고, 여러분 자신의 도성의 법을 따라 사십시오. 여러분은 여기와는 다른 통치체제 아래 있습니다. 여러분이 따를 법은 이 땅의 원리와 도덕과 모범이 아닙니다. 여러분이 따를 법은 여러분을 둘러싸고 있는 사람들이 따르는 법이 아닙니다. "내가 가이사께 상소하노라"(행 25:11). 나는 하늘의 가이사로부터 내가 따를 명령을 취합니다. 나는 나의 사정을 나의 본국에 알립니다. 나는 나의 모든 공문서를 본국에 보고하며, 그곳으로 보냅니다. 본국이 나를 시인하며 인정해 준다면, 나를 둘러싸고 있는 사람들이 나에 대해 어떻게 생각하느냐 하는 것은 아무런 문제도 아닙니다. 본국에 투자하십시오. 유대인들은 위급할 때 자신들의 부(富)를 한 나라로부터 다른 나라로 보다 더 쉽게 이동시키기 위해 금융업과 신용장을 창안(創案)했습니다. 우리는 이 땅에서 외인(外人)들입니다. 여러분의 부(富)를 여러분이 외인으로 살고 있는 나라에 두지 마십시오. 그것을 할 수 있는 대로 여러분이 장차 가게 될 그리고 여러분이 참으로 속한 나라로 보내십시오. 여러분이 이른 곳은 살아 계신 하나님의 도성입니다. "너희를 위하여 보물을 땅에 쌓아 두지 말라"(마 6:19).

2. 둘째로, "믿음"이 누구와 더불어 사는지 주목하십시오.

나는 본문 후반부에 등장하는 동반자들에 대해 장황하게 설명할 필요를 느끼지 않습니다. 다만 믿음의 삶의 무대가 서로 밀접하게 연결된 두 가지 즉 시온 산과 하늘의 예루살렘으로 표현된 것처럼, 믿음의 삶의 동반자 역시 서로 밀접하게 연결된 두 가지로 표현된다고 말하는 것으로 충분할 것입니다. 여기에 나타나는 단어들의 구두법(句讀法)과 순서 안에 있는 가벼운 변이(變異)를 주목해 보십시오. 내가 볼 때 그것은 은연중 저자의 생각을 드러내는 것처럼 보입니다, (흠정역 본문 후반부는 다음과 같음 : and to an innumerable company of angels, to the general assembly and church of the firstborn, which are written in heaven). 여러분이 "셀 수 없는 무리의"(innumerable company, 한글개역개정판에는 "천만"이라고 되어 있음) 다음에 쉼표를 찍고, 그 구절을 헬라어 원어로 대체하면서 "수만"(the myriads)으로 읽고, 거기에서 쉰다고 생각해 보십시오. 이것이 일반적인 형식이며, 그렇게 할 때 "수만"(數萬)이 두 부분으로 나누어지는 것이 따르게 됩니다. 하나는 "천사들의 총회"('the general assembly of angels)이고, 다른 하나는 "하늘에 기록된 장자의 교회"(Church of the firstborn which are written in heaven)입니다. 이렇게 할 때, 우리는 이 땅에서 외롭게 살아가는 우리에게 두 종류의 동반자들이 있음을 보게 됩니다. 그리고 두 종류의 동반자들 모두와 관련하여 그들과의 교제를 인식하고 향유하는 조건은 동일합니다. 그것은 믿음을 행사하는 것입니다.

여기에서 "총회"(general assembly, 한글개역개정판에는 "모임"으로 되어 있음)라고 번역된 단어 속에는 그것보다 더 웅장한 개념이 들어 있습니다. 그것은 고전 헬라어에서 예컨대 운동경기와 같은 국가적인 축제 모임을 표현하기 위해 사용하는 전문적인 단어입니다. 그리고 거기에는 항상 교제뿐만 아니라 기쁨의 개념도 담겨 있습니다. 이와 같이 여기에서 저자는 이 땅에 있는 우리가 하늘의 예루살렘에서 불멸의 생명을 가지고 살아가는 천사들과 어느 정도 관계를 가진다고 말합니다. 본 서신의 앞부분에서 우리는 "모든 천사들은 섬기는 영으로서 구원 받을 상속자들을 위하여 섬기라고 보내심이 아니냐"라는 말씀을 읽습니다(1:14). 그러나 여기에서 섬기는 것은 언급되지 않습니다. 다만 연합과 교제의 사실만 언급될 뿐입니다.

나는 이러한 주제 속으로는 더 이상 들어가지 않고자 합니다. 왜냐하면 그에 대해 우리가 아는 것은 너무나 적기 때문입니다. 그럼에도 불구하고 나는 우리가 그와 같은 초자연적인 존재들의 실재와 관련한 신약의 많은 가르침들에 주의를 기울이지 않음으로 인해 많은 것을 잃는다고 생각합니다. 왕의 모든 종들은 서로 친구입니다. 그들의 숫자가 아무리 많고, 그들이 현재 상태가 우리보다 아무리 높고, 우리에게 있어 그들의 은빛 찬란한 날개를 보고 그 소리를 듣는 것이 아무리 불가능하다 하더라도, 그들이 주의 음성을 듣고 즐거워하는 것처럼 참된 신앙 안에는 그와 동일한 즐거움이 있습니다. 그들은 우리와 같이 한 왕의 종들입니다. "나는 너와 네 형제들과 같이 된 종이니 오직 하나님께 경배하라"(계 19:10).

그러나 형제들이여, 우리는 어떤 천사의 얼굴보다도 더 밝게 빛나고 더 나은 보이지 않는 얼굴을 가지고 있습니다. 그것은 예수 그리스도의 얼굴입니다. 그는 천사들의 주인인 것과 마찬가지로 사람들의 주인이기도 합니다. 그러므로 우리의 마음의 눈이 열린다면, 우리 역시도 신자들의 영혼을 "불 병거와 불 말들이 둘러싸고 있는" 것을 보게 될 것입니다. 그리고 우리 역시도 천사들의 즐거운 모임에 나올 수 있습니다. 탕자들이 돌아오는 것을 볼 때, 그들의 기쁨은 한층 더 커집니다.

그렇지만 우리에게 있어 아마도 더 중요한 동반자는 두 번째 부류의 동반자일 것입니다. 본문은 "너희가 이른 곳은" 그의 보좌 주위에 모여 있는 천만 천사들뿐만 아니라 또한 "하늘에 기록된 장자들의 교회"(to the Church of the firstborn, which are written in heaven)라고 말합니다. 그들의 이름이 하늘에 기록되었다는 것은 명백히 그들 자신은 이 땅에 있다는 사실을 의미합니다.

지금 우리에게는 "하늘에 기록된 장자들의 교회"라는 놀라운 표현 안에 포함되어 있는 위대한 개념들을 상세히 논의할 시간이 없습니다. 다만 나는 여기의 "교회"라는 단어는 아마도 조직화된 교회의 의미로서가 아니라 시내 산 아래 있는 이스라엘 백성들의 모임을 지칭하기 위해 사용되었을 것이라고 생각합니다. 그러므로 그것은 단순히 장자들의 모임을 의미합니다. 한 가정을 생각해 보십시오. 거기에 장자(firstborn) 외에 다른 사람들이 있을 수 있습니까? 그렇습니다. 여기의 가정에서도 마찬가지입니다. 왜냐하면 여기의 이름은 단순히 시간적인 순서를 가리키는 것이 아니라, 존귀와 특권을 가리키는 것이기 때문입니다. 장자는 상속권을 가졌으며, 하나님에게 거룩하게 구별되었습니다. 구약시대에 장자는 그의 장자권으로 말미암아 제사장과 왕이었습니다. 나아가 이스라엘 전체가 집합적으로 여호와의 장자로 간주되었습니다. 우리의 마음이 최고의 장자와 연결되어 있다면, 그러한 연합으로 말미암아 우리는 하나님의 가정의 장자들의 권리와 특권과 의무와 책임을 받습니다. 우리는 상속자가 되며, 거룩하게 구별됩니다. 우리는 "하나님의 피조물 가운데 첫 열매"로서 다른 사람들을 그에게로 이끌어야 합니다. 교회를 통해 세상은 그 본래의 목표에 도달할 수 있으며, 창조세계는 하나님이 본래 의도하신 대로 될 수 있습니다.

이러한 장자들의 이름은 하늘에 기록되며, 그들의 이름은 하늘의 예루살렘의 호적부에 새겨집니다. 한 주님을 믿는 믿음으로 말미암아 서로 연결된 모든 사람들은 그 큰 공동체에 속합니다.

그러므로 사랑하는 친구들이여, 우리는 홀로 있는 가운데서도 우리를 예수 그리스도를 신뢰하는 모든 존재들과 연결시키는 띠를 인식해야만 합니다. 우리가 소수파의 자리에 서 있는 것처럼 보일 때, 우리가 적대적인 환경에 둘러싸여 고통을 당할 때, 우리가 불경건한 세상에 의해 유혹을 당할 때, 우리가 "아, 내가 기댈 수 있는 사람은 아무도 없구나"라고 탄식하는 상황에 처할 때 — 그럴 때 우리는 하늘에 있는 천사들뿐만 아니라 온 세상에 흩어져 있는 형제들도 생각할 필요가 있습니다. 설령 우리가 그들의 손을 직접 잡아보지는 못했다 하더라도, 그들의 존재는 우리에게 큰 위로가 됩니다.

바로 이것이 우리 모두가 거할 무대이며, 우리 모두가 거할 공동체입니다. 사랑하는 그리스도인들이여, 여러분은 믿음과 묵상으로 말미암아 이 모든 것을 깨닫고자 계속 의식(意識)합니까? 여러분은 휘장 너머에 있는 보이지 않는 실재들을 보고자 의식적으로 노력합니까? 이러한 것들을 여러분의 삶의 무대와 동반자들로 만드는 분량에 비례하여, 여러분의 축복은 커질 것입니다.

가장 비천한 인생조차 가장 고귀한 인생이 될 수 있습니다. 해변에 아무렇게나 굴러다니는 투박한 조개껍질들을 생각해 보십시오. 여러 가지 지저분한 것들이 붙어 울퉁불퉁하며, 색깔도 칙칙하기 짝이 없습니다. 그러나 그 껍데기를 열어 보십시오. 그러면 여러분은 거기에서 무지개 색깔로 영롱하게 빛나는 내부와 그 안에 있는 값비싼 진주를 발견하게 될 것입니다. 이와 같이 겉으로 보이는 우리의 외적인 생명은 울퉁불퉁하며, 칙칙하며, 슬프며, 외로울 수 있습니다. 그러나 그것의 내적 실재는 어떠합니까? 그 생명이 이른 곳은 시온 산과, 살아 계신 하나님의 도성입니다. 그리고 그 생명은 천만 천사들을 자신의 호위자로 삼고, 모든 장자들을 자신의 형제와 동반자로 삼습니다.

50 만민의 심판자와 그 옆에 있는 자들

"너희가 이른 곳은 … 만민의 심판자이신 하나님과 및 온전하게 된 의인의 영들과"
히 12:23

여기의 단락의 여러 항목들이 배열되는 원리는 명확하지 않습니다. 언뜻 볼 때 우리는 본문의 두 항목이 서로 뒤바뀐 것이 아닌가 생각할 수 있습니다. 그렇게 하면 "살아 계신 하나님의 도성"을 구성하는 모든 항목들이 서로 밀접하게 연결될 것입니다. 즉 천만 천사들과 이 땅에 있는 전투하는 교회의 지체들과 하늘에 있는 승리한 교회의 지체들 — 이런 순서로 말입니다. 그러고 나서 "만민의 심판자이신 하나님"과 "새 언약의 중보자이신 예수"가 따르는 것이 자연스러울 것입니다. 그러나 오늘 본문의 배열은 우리가 지난주에 살핀 앞 절의 배열과 비교될 수 있습니다. 여기에서와 마찬가지로 거기에서도 하나님의 직접적인 임재에 대한 언급이 나온 직후 곧바로 하늘의 예루살렘의 시민들에 대한 언급이 이어집니다. 그리고 거기에서 시온이 곧바로 살아 계신 하나님의 도성과 연결된 것처럼, 여기에서 저자는 이를테면 자신의 본래의 출발점으로 되돌아가면서 "만민의 심판자이신 하나님"을 언급하고 곧바로 우리 앞에 "온전하게 된 의인의 영들"을 제시합니다. 앞 절의 언급은 왕궁과 그것을 둘러싸고 있는 도성과 관련한 보다 일반적인 언급이었습니다. 이제 우리는 여기에서 이를테면 왕궁 안으로 들어갑니다. 그리고 저자는 우리에게 왕궁 안에서 우리가 보게 되는 것을 말해 줍니다. 중앙에 "만민의 심판자이신 하나님"이 계시고 그 곁에 "온전하게 된 의인의 영들"이 있는 사실은 우리 하나님이 고립된 보좌 가운데 거하시는 것이 아니라 축복받은 공동체 가운데 거하신다는 위대한 진리를 증언합니다. 뿐만 아니라 그것은 또한 하나님의 임재 안에서 자신의 길을 찾는 외로운 영혼들이 하나님 자신으로부터 뿐만 아니라 또한 하나님의 가정의 모든 형제들로부터 환영을 받는다는 것을 증언합니다.

이렇게 볼 때, 본문의 배열 원리는 처음에 우리가 받은 인상(印象)과는 달리 어느 정도 설명될 수 있는 것이 됩니다. 특별히 하나님 자신과 하늘과 땅을 포함한 모든 곳에서 그의 이름을 부르는 모든 존재들 사이의 밀접하면서도 나눌 수 없는 관계를 생각할 때 말입니다. 이러한 점을 염두에 두면서, 오늘 우리는 다음과 같은 두 가지 개념을 살펴보고자 합니다.

1. 첫째로, 믿음은 우리를 하나님의 심판대 앞으로 데려갑니다.

"너희가 이른 곳은 … 만민의 심판자이신 하나님과"(Ye are come to God the Judge of all). 이러한 말씀은 다음과 같이 좀 더 정확하게 번역될 수 있습니다. "너희가 이른 곳은 … 심판자이신 만민의 하나님과"(Ye are come to the God of all as Judge). 왜냐하면 여기에서 저자가 전달하고자 하는 요점은 신적 임재의 일반적인 개념이라기보다 그러한 임재의 한 가지 특별한 측면 즉 심판의 행동이기 때문입니다. 우리는 여기에서 언급하는 심판이 미래적인 것이 아니라 현재적인 것이라는 사실을 주목할 필요가 있습니다. "너희가 이른 곳은(ye are come) … 만민의 심판자이신 하나님과." 구약은 미래의 최종적인 심판에 대해서보다 하나님이 모든 세대를 통해 계속적으로 행하시는 현재적인 심판에 대해 훨씬 더 많이 말합니다. 본문의 언어뿐만 아니라 구약 전체의 논조와 일치하게, 우리가 여기에서 인식해야만 하는 것은 모든 인류가 서야만 하는 최종적인 심판대에 대한 언급이라기보다 만민의 하나님에 의해 지금 계속적으로 행해지고 있는 현재적인 심판에 대한 언급입니다.

그러므로 이러한 사실로부터 내가 첫 번째로 제시하고자 하는 개념은 이것입니다. 즉 여기에 우리가 매일의 삶 가운데 계속적으로 인식해야만 하는 개념이 있는데, 그것은 우리가 아무 두려움 없이 하나님의 심판대 앞에 담대하게 나아갈 수 있다는 개념입니다. 물론 우리가 하나님의 심판대 앞에 두려움 없이 나아갈 수 있다 하더라도, 그러나 거기에는 마땅히 건전한 경외심이 있어야만 합니다. 그러한 경외심은 두려움 가운데 움츠리는 것과 반대되는 것으로서 우리 영의 영구적인 태도이어야만 합니다. 심판대 앞에서 그리고 심판자의 얼굴 앞에서 죄를 범하는 사람은 참으로 철면피한 범죄자입니다. 그리고 온 땅의 심판자 앞에 항상 서 있다는 사실을 망각한 믿음은 매우 불완전하며 결함투성이인 믿음입니다. 우리가 휘장을 젖히고 그 너머에 있는 것을 볼 수 있다면, 우리가 온갖 근심과 염려 가운데 사로잡힌 가운데 저급하며 천박하며 이기적이며 세속적이며 죄로 얼룩진 삶을 사는 것이 도대체 가능한 일이겠습니까? "너희가 이른 곳은 … 만민의 심판자이신 하나님과." "외모로 보시지 않고 각 사람의 행위대로 심판하시는 이를 너희가 아버지라 부른즉 너희가 나그네로 있을 때를 두려움으로 지내라"(벧전 1:17).

계속해서 이러한 하나님의 심판이 마땅히 그리스도인들이 즐겁게 받아들여야 할 심판이라는 사실을 주목하십시오. 시편의 한 구절은 "여호와께서 자기 백성을 심판하실 것"이라고 말합니다(시 135:14). 또 선지자 가운데 한 사람은 이렇게 말합니다. "내가 땅의 모든 족속 가운데 너희만을 알았나니 그러므로 내가 너희 모든 죄악을 너희에게 보응하리라 하셨나니" (암 3:2). 이러한 말씀들은 이와 같은 현재적인 심판을 필연적인 것으로 표현합니다. 그것은 참된 믿음이 사람을 하늘 아버지와 친밀한 관계로 묶기 때문입니다. 그것은 필연적인 심판이면서 동시에 가장 복되며 바랄만한 심판입니다. 왜냐하면 그러한 개념 안에 하나님이 당신의 진리와 영을 통해 우리의 감추어진 허물들을 드러내는 모든 방법들이 포함되기 때문입니다.

그러므로 우리는 하나님이 우리를 사랑하기 때문에 행하는 이러한 계속적인 심판 앞에 항상 우리의 마음을 열어야만 합니다. 그러한 심판은 단순히 하나님이 당신의 전지(全知)하심으로 우리의 허물을 안다는 것이 아닙니다. 이러한 식의 신적 지식(知識)의 개념은 이방인들도 가지고 있습니다. 자신의 장미나무에게 가서 그것을 정성껏 다듬는 정원사를 생각해 보십시오. 그 나무가 귀할수록, 그는 그것을 더 정성껏 다듬을 것입니다. 그리고 그 나무로부터 진액을 빨아먹고 마침내 죽게 만드는 벌레들을 세심하게 잡아낼 것입니다. 그와 같이 하나님은 우리의 마음을 그 안에 잠복해 있는 악들을 뽑아내기 위해 세심하게 살피실 것입니다. 왜냐하면 그러한 악들은 비록 작고 눈에 잘 보이지 않을지라도 계속해서 우리의 영혼을 빨아먹고 마침내 그것을 죽일 것이기 때문입니다.

이와 같이 "하나님이 자기 백성을 심판하실 것"이라는 사실은 우리에게 복음입니다. 그러므로 시편 곳곳에서 우리는 그 기자(記者)들이 하나님이 오셔서 자신들을 살피시고, 시험하시고, 체질해 달라고 간청하는 것을 읽게 됩니다. 혹시 자신 안에 어떤 악이 있으면 치료해 주시고, 어떤 죄가 있으면 깨닫게 해 달라고 말입니다.

결국 우리를 온전하게 하며 거룩하게 하는 방향으로 작동하는 이러한 은혜로운 심판의 목적은 우리가 그것을 우리 양심에 새기는 분량만큼 이루어집니다. 하나님은 우리에 대한 자신의 마음을 우리의 양심 위에 기록하십니다. 그러므로 양심이 우리에게 말할 때, 그것은 단지 하나님의 심판대로부터 선언된 것을 그대로 반복할 뿐입니다. 그러므로 스스로 그리스도인이라고 고백하면서 양심이 책망하는 일을 서슴없이 행하는 사람은 결국 하나님의 심판을 대수롭지 않게 여기며, 스스로 정죄를 자초하는 것입니다. "우리가 우리를 심판하면 심판을 받지 아니하려니와"(고전 11:31, 한글개역개정판에는 "우리가 우리를 살폈으면 판단을 받지 아니하려니와"라고 되어 있음). 여러분의 양심을 존중하십시오. 그것은 심판자의 음성의 메아리입니다. 거기에 기록된 것을 숙독(熟讀)하십시오. 그것은 심판자의 판결을 기록한 것입니다. 양심의 내적 음성이 말할 때마다, 그 앞에 머리를 숙이며 이렇게 말하십시오. "주여, 종이 듣겠나이다!"

계속해서 우리는 이러한 하나님의 심판이 시행하는 징계를 감사함으로 받아야만 합니다. 만일 우리가 스스로를 제대로 안다면, 우리는 우리가 겪는 슬픔들로 인해 하나님을 송축할 것입니다. 왜냐하면 그러한 것들은 하나님이 그의 자녀들을 악으로부터 끌어내는 방편들이기 때문입니다. "우리가 판단을 받는 것은 주께 징계를 받는 것이니 이는 우리로 세상과 함께 정죄함을 받지 않게 하려 하심이라"(고전 11:32). 우리가 아버지의 하시는 모든 일에서 그의 심판을 보는 가운데 우상들로부터 떨어지는 것이 그것들과 함께 하다가 그것들과 함께 멸망을 당하는 것보다 훨씬 더 낫다는 사실을 정말로 믿는다고 가정해 봅시다. 그렇다면 우리는 고통이 올 때 훨씬 덜 괴로워하며 덜 당황하며 덜 놀랄 것이며, 이런저런 축복들이 사라질 때 훨씬 덜 아쉬워하며 덜 안타까워할 것입니다. "주께서 그 사랑하시는 자를 징계하시고 그가 받아들이시는 아들마다 채찍질하심이라 하였으니"(히 12:6). 이러한 심판은 결국 우리를 위한 심판입니다.

옛 사사들(judges)의 임무는 단순히 재판하는 일만이 아니었습니다. 그들의 임무는 실제로 그것보다 훨씬 더 넓었습니다. 이것은 하나님의 심판(judgment)과 관련한 구약 전체의 가르침과 관련해서도 마찬가지입니다. 왜냐하면 구약 전체가 하나님의 심판을 매우 넓은 의미로 사용하기 때문입니다. 다시 말해서 구약에서 심판은 각각의 사안(事案)에 대해 가(可) 또는 부(否)를 결정하는 것뿐만 아니라, 사람들의 정당성을 탄원하며, 그들의 권리를 옹호하며, 그들을 위해 중재하는 것까지 의미하기에 이릅니다. 그러므로 시편 곳곳에서 여러분은 다음과 같은 탄원을 발견하게 됩니다. "나는 가난하고 궁핍하오니 하나님이여 속히 내게 임하소서 주는 나의 도움이시요 나를 건지시는 이시오니 여호와여 지체하지 마소서"(시 70:5). 재판장의 임무와 관련한 이러한 넓은 개념은 우리 주님의 불의한 재판장의 비유 가운데서도 나타납니다. 거기에서 우리는 다음과 같은 말씀을 듣습니다. "하물며 하나님께서 그 밤낮 부르짖는 택하신 자들을 심판하여 주지 아니하시겠느냐 그들에게 오래 참으시겠느냐"(눅 18:7, 한글개역개정판에는 "택하신 자들의 원한을 풀어 주지 아니하시겠느냐"라고 되어 있음).

"너희가 이른 곳은 … 만민의 심판자이신 하나님과"라는 개념으로부터 나오는 또 하나의 복된 개념은 우리가 확신 가운데 우리의 모든 사정을 그에게 맡길 수 있다는 것입니다. 그러므로 우리가 우리의 믿음의 대상을 올바로 이해하고 우주의 보좌 위에 앉아 계시면서 우리의 무거운 짐을 담당하시는 자를 분명하게 볼 수 있다면, 우리는 스스로 자신을 정당화하려고 한다든지 혹은 복수와 보응을 하고자 애쓸 필요가 없을 것입니다. 오직 인내와 용기와 위로와 강함 — 이 모든 것들이 우리의 것이 될 것입니다.

2. 둘째로, 믿음은 우리를 죽었지만 살아 있는 자들의 공동체로 데려갑니다.

"너희가 이른 곳은 … 온전하게 된 의인의 영들과." 저자의 마음속에 하나님에 대한 생각에 이어 곧바로 그가 그 가운데 거하시며 통치하시는 복된 무리에 대한 생각이 떠오릅니다. 우리는 이러한 주제에 대해 많은 말을 할 수가 없습니다. 아마도 그에 대해 적게 말할수록, 우리는 그에 대해 더 잘 이해하고 더 풍성하게 느끼게 될 것입니다. 우리는 그에 대해 분명하게 보지 못합니다. 다만 언뜻 볼 뿐입니다. 마치 새들이 빠르게 날아갈 때 햇빛에 그들의 날개가 잠깐 반짝이고는 다음 순간 푸른 창공으로 멀리 사라져버리는 것처럼 말입니다. 그와 같이 우리는 그것의 영광을 잠깐 볼 수 있을 뿐이지만, 적어도 우리는 여기에 나타난 영광을 놀라움으로 주목할 수 있습니다.

여기에서 "온전하게 된 영들"이라는 표현을 주목해 보십시오. 다시 말해서 이들은 육체의 한계와 몸의 각 기관들의 활동으로부터 해방된 상태로 거합니다. 우리는 이러한 상태를 충분하게 이해할 수 없습니다. 우리에게 그것은 거의 무의식 상태나 혹은 비활동 상태로 보일 수 있습니다. 그러나 우리는 바울 사도가 말한 것처럼 몸으로부터 떠나는 것이 곧 그리스도와 함께 있게 되는 것이라는 사실을 압니다. 우리는 이에 대해 충분하게 알지 못합니다. 그러나 우리는 그 안식이 무의식이나 혹은 비활동이 아닌 깊은 평온의 세계를 어렴풋하게 바라볼 수 있습니다. 사람이 몸이 없는 상태로 상대적인 의미에서 온전하게 된 상태로 존재하는 것은 가능합니다.

이러한 영들이 "온전하게" 되는 것을 주목하십시오. 저자는 앞장 마지막 절에서 옛 성도들과 관련하여 "우리가 아니면 그들로 온전함을 이루지 못하게 하려 하심이라"라고 말했습니다(11:40). 계속해서 그는 여기에서 같은 단어를 앞의 선언과는 상당히 다른 의미로 사용합니다. 이러한 사실로부터 우리는 예수 그리스도가 모든 것을 화해시키는 그의 능력의 빛을 그의 십자가로부터 어둠의 영역으로 발사(發射)하고 그로부터 오랜 세대 동안 그의 오심을 기다려 온 사람들을 그곳으로부터 끌어냈다고 하는 옛 개념이 사실임을 알 수 있습니다. 한 화가는 피렌체 수도원의 한 벽에다 승리하신 그리스도의 그림을 남겼습니다. 거기에서 그리스도는 흰 옷을 입고 깃발을 든 채 어두운 동굴 안에 잠겨 있는 쇠문을 부숩니다. 그리고 자기에게 나오는 사람들을 팔을 벌린 채 기쁨으로 영접하며, 그들은 그의 빛 가운데 기뻐하며 그의 구속에 참여합니다.

이와 같이 옛 교회는 그리스도 안에서 "온전하게" 되었습니다. 그러나 여기의 말씀은 옛 족장들과 성도들뿐만 아니라 히브리서 기자가 편지를 기록할 대 "예수 안에서 잠자던" 모든 사람들까지 지칭합니다. 그들은 예수 안에서 자신들의 목적지에 도달했으며, 그들이 창조된 목적은 성취되었습니다. 우리는 이 땅에 있는 동안 그리스도 안에서 어린아이에 불과할 따름이지만, 그들은 충분히 자라 완전히 장성한 자들이 되었습니다.

그러나 그와 같이 "온전하게" 되는 것은 모든 세대를 통해 계속해서 진보(進步)하는 것을 배제하지 않습니다. 그리고 특별히 그것은 몸의 부활이 주어질 때 이루어지게 될 하나의 큰 진보의 발걸음을 배제하지 않습니다. 온전하게 된 인성은 형체를 가지며, 몸과 혼과 영이 합하여 온전한 사람을 만듭니다. 그러므로 제단 아래 있는 영혼은 흰옷을 입고 말할 수 없는 행복 가운데 있지만 여전히 "양자 될 몸의 속량"을 기다립니다(롬 8:23).

계속해서 이와 같이 온전하게 된 영들이 만일 이 땅에서 의롭다함을 받지 못했다면 하늘에서 온전하여지지 못했을 것이라는 사실을 주목하십시오. 이 땅에서 의롭다함을 받는 것이 첫 번째 단계입니다. 이것이 없이 죽음으로 이루어지는 것은 아무것도 없습니다. 우리가 하늘에서 온전하게 되고자 한다면, 우리는 이 땅에서 의롭다함을 받는 것으로부터 시작해야만 합니다.

계속해서 이와 같이 온전하게 된 영들이 있는 위치와 관련하여 생각해 보도록 합시다. 본문 가운데 그들이 "만민의 심판자이신 하나님" 바로 옆에 나타나는 사실은 매우 주목할 만합니다. 이러한 사실 속에 불의한 자로서 구속을 받아 의롭게 됨으로 말미암아 회복을 경험한 자들이 마침내 전혀 타락한 적이 없는 천사들보다 하나님의 보좌에 더 가까이 서 있게 될 것에 대한 어떤 암시가 있는 것일까요? 여기에서 "만민의 재판장이신 하나님" 바로 옆에 나타나는 자들은 "천만 천사들"이 아니라 "온전하게 된 의인들"입니다. 여기에 온전하게 된 영들이 하나님의 큰 심판의 날 그 곁에서 그를 보좌하게 될 것에 대한 어떤 암시가 있는 것일까요? "너희가 열두 보좌에 앉아 이스라엘 열두 지파를 심판하리라"라는 말씀은 그것을 뒷받침하는 것처럼 보입니다(마 19:28). 그러나 그것의 근거는 미약하며 충분하지 못합니다. 그러므로 나는 "아마도"라는 표현으로 단지 가능성으로만 남겨 두고자 합니다.

그러나 훨씬 더 중요한 사실은 예수 그리스도와 연합된 이 땅의 가련한 영혼들과 심판대 옆에 서 있는 온전하게 된 의인들 사이의 실제적인 연합의 사실입니다.

아! 형제들이여, 영적인 실재들에 대해 말할 때, 우리는 "함께 있다"(present)는 단어와 "떨어져 있다"(absent)는 단어의 의미를 바꾸어야만 합니다. 물질적인 공간과 일시적인 시간에 적합한 장소적인 개념들은 영적인 영역에는 적용되지 않습니다. 우리의 보물이 있는 곳에 우리의 마음이 있으며, 우리의 마음이 있는 곳에 우리가 있다는 말은 단순한 수사(修辭)가 아닙니다.

사랑은 장소성(場所性)을 가지지 않습니다. 사랑은 대양(大洋)을 사이에 두고 서로 떨어져 있는 두 사람을 하나로 연합시킵니다. 사랑은 이 땅에 있는 성도들과 하늘에 있는 성도들을 하나로 연합시킵니다. 이러한 연합에 대해 장소성을 논하는 것은 적절하지 않습니다. 왜냐하면 사랑과 목표와 소망이 같을 때, 우리는 하나로 연합하기 때문입니다. 하늘에 있는 그들과 땅에 있는 우리가 같은 하나님의 손을 붙잡을 때, 우리는 그 안에서 하나입니다. 그럴 때 이 땅에 있는 우리의 생명의 현(絃)과 하늘에 있는 그들의 생명의 현은 동일한 음정으로 울릴 것입니다. 그는 거대한 수레바퀴의 중심축입니다. 그 중심축과 연결된 수많은 바퀴살들은 중심축에 대한 그들의 공통의 관계로 말미암아 서로 연합합니다.

우리가 서로 떨어져 있는 동안에도 여전히 함께 연합함을 참으로 믿는다면, 우리의 슬픔은 훨씬 덜 슬픈 것이 될 것이며 우리의 상실(喪失)은 훨씬 덜 애통한 것이 될 것입니다. 우리가 한때 우리와 함께 하다가 안식에 들어간 형제들과 계속적으로 연합하며 함께 할 수 있음을 안다면, 우리의 용기와 소망은 훨씬 더 커질 것입니다. 우리가 천국에 "만민의 심판자이신 하나님"이 계시며 또 거기에 "온전하게 된 의인의 영들"이 있음을 좀 더 분명하게 보며 좀 더 강렬하게 느낀다면, 그곳은 우리에게 훨씬 더 매력적이며 가고 싶은 곳이 될 것입니다.

그러나 그들로부터 오는 위로와 격려와 평안이 아무리 크다 하더라도, 우리는 우리의 시선을 그들로부터 중앙의 보좌에 앉아 계신 자에게로 돌려야만 합니다. 항상 큰 심판장의 눈앞에 있기를 힘씁시다. 우리의 마음을 그 앞에 펼쳐 놓고 그의 판단을 기다립시다. 우리의 모든 사정을 그에게 맡깁시다. 그럴 때 우리는 왜 옛 시편 기자들이 땅더러 기뻐하며 산더러 즐거워하라고 말했는지 이해할 수 있게 될 것입니다. 그것은 그가 땅과 세계를 의로써 심판하실 것이기 때문이었습니다. "하늘은 기뻐하고 땅은 즐거워하며 바다와 거기에 충만한 것이 외치고 밭과 그 가운데에 있는 모든 것은 즐거워할지로다 … 이는 그가 임하시되 땅을 심판하러 임하실 것임이라 그가 의로 세계를 심판하시며 그의 진실하심으로 백성을 심판하시리로다"(시 96:11-13).

51
새 언약의 중보자와 뿌린 피

"새 언약의 중보자이신 예수와 및
아벨의 피보다 더 나은 것을 말하는 뿌린 피니라"
히 12:24

앞 설교들 가운데 우리는 시내 산과 시온 산 사이의 병행과 대조를 살펴보았습니다. 그것은 유대교와 기독교 사이의 차이를 표현하는 것으로서, 본 단락의 전체적인 주제를 구성합니다. 그리고 그러한 병행과 대조는 본 단락의 첫 부분과 그것의 끝 부분인 본문에서 가장 명백하게 나타납니다.

처음에 우리에게 율법의 산이 있었습니다. 그 산은 불타며, 흑암에 싸여 있습니다. 그 산은 햇빛으로 찬란한 그리고 왕의 면류관을 쓴 시온 산과 대조를 이룹니다. 또 시내 산이 있는 황량한 광야는 시온 산이 위치한 평강의 도성과 대조됩니다. 그리고 마침내 여기에서 우리는 옛 계시의 핵심적인 용어들이 새 계시에 적용되는 것을 보게 됩니다. 유대교는 율법의 형태로 주어진 언약이었습니다. 그 언약의 조건은 "행하라, 그러면 살리라!" 였습니다. 반면 복음은 약속의 형태로 주어지는 언약입니다. 그것의 주된 음조(音調)는 "믿으면 생명을 얻을 것이요, 생명을 얻으면 행하게 될 것이라!"입니다. 또 옛 언약의 중보자는 모세였습니다. 그는 산에 계신 하나님과 평지에 있는 이스라엘 백성들 사이에 있었습니다. 반면 복음은 하나님과 사람을 하나로 연합시키는 더 낫고 더 참된 연결고리를 갖습니다. 또 옛 체계 속에 뿌린 피가 있었습니다. 피가 뿌려진 사람들은 그 피로 말미암아 언약 안으로 들어갔으며, 의식(儀式)적으로 거룩하게 되었습니다. 마찬가지로 새 언약 안에도 피가 있습니다. 또 시내 산 정상으로부터 두려운 음성이 울려 퍼졌습니다. 마찬가지로 "뿌린 피" 역시도 말합니다. 또 저자는 그 피가 첫 순교자인 아벨의 피보다 더 나은 것을 말한다고 말합니다. 아벨의 모든 핏방울들은 하나님께 보응을 부르짖습니다. 반면 "더 무죄한 아벨"의 모든 핏방울들은 아버지에게 용서를 탄원합니다.

어떤 사람들은 기독교 진리를 이와 같이 옛 체계의 상징들로 제시하는 것을 퇴행(退行)하는 것으로 생각합니다. 스스로를 매우 지혜롭게 생각하는 어떤 사람들은 기독교를 그와 같은 관점으로부터 바라보는 때는 지났다고 이야기합니다. 심지어 어떤 사람들은 그것을 "히브리인들의 옛 의복"이라고 조롱하는 투로 말하기까지 합니다. 그러나 나는 그들이 말하는 "옛 의복"이 히브리인들이 광야에서 40년 동안 입었음에도 불구하고 해어지지 않았던 옷과 같은 것이라고 감히 말합니다. 우리는 옛 언약의 상징들을 그것들이 우리에게 중요한 의미를 가질 때까지 더 깊이 묵상할 필요가 있습니다. 그럴 때 우리는 그것들이 낡은 것이 되기는커녕 생명으로 고동치며 오늘날의 필요에 너무나 적합한 것임을 깨닫게 될 것입니다. 의심의 여지 없이 그러한 옛 상징들은 본 서신이 처음 전달된 그리고 율법에 매우 익숙한 히브리 수신자들에게 특별한 메시지와 함께 임했을 것입니다. 그러나 그것들의 메시지는 오늘날의 여러분과 나에게도 똑같이 큰 의미를 갖습니다. 오늘 나는 그러한 옛 상징들의 기저(基底)에 놓여 있는 크고 영구적인 의미들을 여러분 앞에 제시하고자 합니다.

1. 첫째로, 하나님이 언약의 형태로 자신을 우리에게 나타내신다는 사실을 주목하십시오.

두 사람 사이의 언약 혹은 계약에 대해 말할 때, 그것은 물론 양 당사자가 협상과 타협을 통해 서로 합의하는 조건 위에 세워지는 거래 형태를 의미합니다. 그러나 인간적인 개념들을 신적인 관계들에 적용하는 데에는 필연적으로 한계가 있습니다. 그와 같은 한계들 가운데 하나가 "언약"(covenant)이라는 단어 자체 안에 그대로 나타납니다. "언약"으로 번역된 단어가 함축하는 본질적인 개념은 합의의 개념이라기보다 약속의 개념입니다. 그러므로 그 단어로써 우리는 하나님이 사람과 더불어 맺으시는 언약은 하나님 자신이 정하신 것이지 양 당사자가 서로 주고받는 것의 결과가 아니라는 사실을 배워야만 합니다. 다시 말해서 언약의 조건들을 결정함에 있어 사람은 아무런 역할도 맡지 않습니다. 오직 하나님 자신만이 그것을 결정하십니다. 하나님이 언약의 조건들에 속박되는 것은 우리가 하나님과 더불어 그러한 조건들에 합의했기 때문이 아니라 하나님이 그것들을 우리에게 선언하셨기 때문입니다. 우리는 이러한 한계와 함께 언약의 개념을 취하여, 그것을 하나님과 우리 사이의 관계에 적용시켜야만 합니다.

그러면 "언약"이라는 어떤 사람들에게 옛 시대의 폐물이 된 단어의 기저(基底)에 있는 개념을 생각해 보도록 합시다. 그 단어는 여러분과 나에게 영향을 끼치는 하나님의 목적을 명확하게 나타냅니다. 그리고 그것은 계시하는 자를 어떤 특정한 행동 과정에 속박시키는 계시입니다. 혹은 덜 신학적인 용어를 사용할 때, 그것은 하나의 약속의 체계 즉 그 안에서 하나님이 긍휼 가운데 우리가 생명을 얻도록 뜻하시는 그러한 약속의 체계입니다. 포고문을 선포하는 왕을 생각해 보십시오. 그 왕은 그것을 선포한 사실로 말미암아 속박을 당합니다. 그와 같이 하나님은 스스로를 낮추시면서 우리에게 자신의 목적을 말씀하시고, 스스로 그것에 속박을 당하십니다.

그러면 이러한 언약의 조건들은 무엇입니까? 우리는 먼저 그러한 조건들을 예레미야의 말로부터 끌어낼 수 있습니다. 그는 스스로 그 체계 안에 살고 있었음에도 불구하고 그것이 최종적인 체계일 수는 없다는 사실을 깨달았습니다. 그리고 다음으로 우리는 예레미야를 인용한 본 서신의 저자로부터 그것을 끌어낼 수 있습니다. 그는 옛 체계가 사라지는 한 가운데서 그것보다 훨씬 더 나은 새 체계가 마치 물거품으로부터 나온 비너스 여신처럼 솟아오르는 것을 보았습니다. 그러므로 언약의 약속들은 풍성한 용서를 모든 것의 원천으로 삼으며, 내적으로 빛을 비추는 하나님의 지식 위에 세워집니다. 그리고 이러한 약속들의 기초 위에 하나님이 나의 소유가 되고 내가 하나님의 소유가 되는 상호 소유가 세워집니다. 언약의 약속의 기초 의에서 나는 감히 하나님을 나의 것이라고 말할 수 있을 뿐만 아니라 한 걸음 더 나아가 하나님이 하늘로부터 나를 내려다보시며 "너는 내 것이라"라고 말씀하시는 것을 감히 믿을 수 있습니다. 그리고 모든 것의 결과로서 그의 율법이 그것을 즐거워하는 자들의 마음 위에 기록될 것입니다. 그리고 그럴 때 그의 의지(意志)가 나의 의지가 될 것입니다. 이러한 것들이 언약의 요소들입니다. 여러분은 그 모든 것들을 하나의 약속, 즉 죄 사함 위에 기초하며 하나님의 지식을 통해 작동하는 영원한 생명의 약속으로 도을 수 있습니다.

이러한 것들이 언약의 요소들이라면, 잠깐 동안 이러한 하나님의 언약 개념 안어 놓여 있는 축복을 생각해 보십시오. 무엇보다도 그것은 지식을 위한 기초를 제공해 줍니다. 하나님이 자신의 의지(意志)와 생각을 알아들을 수 있도록 분명하게 말씀하지 않는다면, 나는 사람들이 어디에 가서 그것을 얻을는지 알지 못합니다. 우리의 마음 판 위에 새겨진 계시보다 더 확실하며 실제적인 계시가 없다면, 우리는 너무나 자주 혼동 가운데 빠질 수밖에 없을 것입니다. "보라, 나는 하나님이 나를 사랑하심을 알며, 그러므로 그를 신뢰할 수 있노라"라고 말할 수 있기 전에, 먼저 우리에게 더 낫고, 더 확실하며, 더 포괄적이며, 더 권위가 있는 계시가 필요합니다. 형제들이여, 나는 초자연적인 계시의 개념을 부끄러워하는 모든 형태의 소위 기독교들은 필연적으로 일그러진 생명밖에는 갖지 못할 것이라고 감히 믿습니다. 결국 남는 것은 다음과 같은 두 가지 논리적 귀결뿐입니다. 첫째는 하나님이 결코 말씀하지 않으시며 우리는 그에 대해 아무것도 알지 못한다는 논리적 귀결입니다. 둘째는 "옛적에 선지자들을 통하여 여러 부분과 여러 모양으로 우리 조상들에게 말씀하신 하나님이 이 모든 날 마지막에 아들을 통하여 우리에게 말씀하셨다는" 논리적 귀결입니다(히 1:1, 2). 만일 하나님이라 일컬어지는 존재가 계시며 그 안에 어떤 사랑이나 혹은 어떤 의(義) 같은 것이 있다면, 그가 사람들에게 자신의 마음과 생각을 말씀하셨으며 그들에게 언약을 주셨다고 생각하는 것이 그가 벙어리처럼 처음부터 사람들에게 아무 말도 하지 않았다고 생각하는 것보다 무한히 더 합리적일 것입니다. 사람들이 무슨 말을 하든, 나는 초자연적인 계시의 여지가 없는 소위 순수한 유신론은 결코 믿을 수 없습니다.

나는 바로 여기에 우리 믿음의 유일한 발판이 있다고 생각합니다. 하나님이 아무 말씀도 하지 않으셨다면, 우리가 도대체 무슨 근거 위에서 그에 관한 어떤 것을 믿을 수 있단 말입니까? 단지 가능성과 개연성만 있을 뿐, 그 이상(以上)은 아무것도 없을 것입니다. 그러한 허약한 우연성 위에 도대체 무슨 믿음을 세울 수 있단 말입니까? 반드시 믿음이 세워질 수 있는 견고한 기초가 있어야만 합니다. 그리고 여기에 견고한 기초가 있습니다 — "내가 너희와 언약을 세우리라." "하나님은 사람이 아니시니 거짓말을 하지 않으시고 인생이 아니시니 후회가 없으시도다 어찌 그 말씀하신 바를 행하지 않으시며 하신 말씀을 실행하지 않으시랴"(민 23:19). 하나님은 진실로 어둠의 휘장을 찢으시고 우리에게 말씀하셨습니다. 그러므로 우리는 그에게 나아가, 그와 더불어 그가 자신의 입술로 하신 말씀을 변개(變改)시킬 수 없음을 감히 변론할 수 있습니다. 하나님은 신실하신 하나님입니다. 그는 언약을 세우시고 언약을 지키시는 하나님입니다.

2. 둘째로, 예수 그리스도가 이러한 언약을 실행하는 자라는 사실을 주목하십시오.

모세는 물론 전적으로 외적인 의미에서 중보자였습니다. 그는 산에 계신 하나님과 평지에 있는 이스라엘 백성들 사이를 중보했습니다. 그는 산에서 하나님의 뜻을 담은 메시지를 사람들에게 가져왔으며, 백성들의 응답을 가지고 산으로 올라갔습니다. 그러나 만일 우리가 그리스도와 새 언약 사이의 관계를 이해하고자 한다면, 우리는 모세와 같은 단순한 외적인 사자(使者)의 개념보다 훨씬 더 깊이 들어가야만 합니다. 여기에서 우리 주님의 인성에 강조점이 놓이는 사실을 주목하십시오. "새 언약의 중보자 이신 예수와"(24절). "새 언약의 중보자"는 예수입니다. 또 이러한 개념이 하나님과 사람을 하나로 연합시키는 연결고리로서의 그의 위치라는 보다 더 넓은 개념으로 나아가는 것을 주목하십시오. 이러한 개념의 깊이는 오직 우리가 그의 신성과 인성을 인식할 때 비로소 도달될 수 있습니다. 그는 한쪽 끝이 땅에 닿고 다른 쪽 끝이 하늘에 닿은 사다리입니다.

하나님이 그 안에 거하시기 때문에 그리고 말씀이 육신이 되었기 때문에, 그는 하나님과 사람을 동시에 붙잡을 수 있습니다. 그는 하나님을 사람에게 데려올 수 있고, 사람을 하나님께 데려갈 수 있습니다.

예수 그리스도는 하나님을 사람에게 데려옵니다. 앞에서 내가 말한 대로 견고한 믿음을 위해 우리에게 하나님의 마음과 생각을 분명하게 나타내는 계시가 반드시 필요하다면, 나는 또한 우리에게 그러한 계시를 위해 반드시 인간적인 매개체(human vehicle)가 필요하다고 생각합니다. 하나님은 사람들을 통해 말씀하십니다. 이것이 자신을 사람들에게 알게 하는 하나님의 최고의 방법입니다. 그리고 예수 그리스도는 그의 인성 안에서 우리에게 하나님을 나타내십니다. 그는 단순히 말뿐만 아니라 그의 생애와 긍휼과 온유함과 인내로써 그리고 그가 행한 모든 것과 그가 감당한 모든 것을 통해 우리에게 하나님에 대해 말씀하십니다.

형제들이여, 가련한 영혼이 예수 그리스도 안에서의 하나님의 계시의 직접적이거나 혹은 간접적인 영향력 외에 도대체 어디에서 안식을 찾을 것입니까? 오늘날 기독교 안에서 발견할 수 있는 것보다 더 훌륭한 하나님 개념을 배웠다는 미명으로 하나님을 배척하는 사람들을 생각해 보십시오. 그럼에도 불구하고 그들의 하나님 개념은 그들이 배척하는 복음에 빚진 것입니다. 죄와 슬픔의 압박에 맞서기에 충분한 견고함이 예수 그리스도 외에 도대체 어디에 있단 말입니까? 시련과 역경 가운데서도 믿음을 지키기에 충분한 확신이 예수 그리스도 외에 도대체 어디에 있단 말입니까? 우리가 어떤 상황에서도 항상 기뻐하도록 만들기에 충분한 에너지가 예수 그리스도 외에 도대체 어디에 있단 말입니까? 나는 그 외에 다른 어디에도 없다고 감히 말합니다. 생수의 강이 흐르는 곳을 떠나서는 어디에도 없습니다. 아버지의 마음을 믿는 믿음을 떠나서는 어디에도 없습니다. 예수 그리스도는 인성 안에서 성육신한 자신의 본성을 선포하심으로 말미암아 하나님을 사람들에게 데려옵니다.

다음으로 예수 그리스도는 사람들을 하나님에게 데려갑니다. 왜냐하면 그는 우리 각자에게 우리의 참된 형제로서 서기 때문입니다. 뿐만 아니라 그는 친밀하며 참된 띠로 우리와 연합됩니다. 믿음으로 우리 자신을 그에게 연결시킬 때 그의 모든 것과 그가 행한 모든 것이 우리의 것이 될 수 있는 그런 참된 띠 말입니다. 또 그가 우리를 하나님에게 데려가는 것은 오직 그 안에서 우리가 우리의 강퍅한 마음을 아버지에게로 끌어당기는 힘을 발견하기 때문입니다. 그는 그 자신의 인격과 사역 안에서 우리를 위해 그 큰 언약을 인칩니다. 인성 안에서 그가 행한 것이 그러한 약속돌이 우리에게 주어지는 것을 가능하게 만듭니다. 뿐만 아니라 그는 그 언약의 중보자입니다. 그가 자신의 인성 안에서 소유한 모든 축복들을 우리는 아버지로부터 끌어올 수 있습니다. 그가 그 모든 것을 소유하는 것은 그것을 우리에게 주기 위함입니다. 그 안에 모든 사람들의 갈증을 채울 수 있는 거대한 저수지가 있습니다.

사람들은 자신들과 하나님 사이에 중보자가 필요 없다고 말합니다. 아! 형제들이여, 여러분 자신의 마음 깊은 곳으로 내려가 보십시오. 그리고 죄가 무엇인지 이해하고자 노력해 보십시오. 그리고 눈부신 흰빛으로 가능한 가까이 가 보십시오. 그리고 부분적으로나마 하나님의 거룩하심을 느껴 보십시오. 여러분은 그 빛 가운데 행하면서도 사름을 당하지 않을 수 있다고 생각합니까? 대답해 보십시오. 나는 자신의 마음을 어느 정도 깊이 아는 사람이라면 그리고 신적 본성에 대해 어느 정도의 개념을 가지고 있는 사람이라면 감히 "우리에게 우리와 하나님 사이를 연결하는 중보자 따위는 필요하지 않아!"라고 말할 수 없을 것이라고 생각합니다.

예수 그리스도는 "내가 곧 길이니 … 나로 말미암지 않고는 아버지께로 올 자가 없느니라"라고 말씀하셨습니다(요 14:6). 그는 우리를 아버지에게로 인도하는 유일한 길입니다.

3. 마지막으로, 언약을 인치는 피 뿌림을 주목하십시오.

앞에서도 이야기한 것처럼 여기에 이스라엘 백성들이 언약 안으로 들어가는 증표로서 희생제물의 피가 그들에게 뿌려졌던 시내 산에서의 의식(儀式)이 암시되어 있습니다. 또 여기에 "땅으로부터 하나님께 부르짖는" 아벨의 무죄한 피의 소리가 암시되어 있습니다. 저자는 본 서신의 앞부분에서 이미 이에 대해 언급했습니다. 그리고 여기에서 둘을 다시 한 번 엮는 것은 두 이미지의 의미가 본질적으로 동일하기 때문입니다. 뿌린 피로 말미암아 언약이 세워지며, 뿌린 피가 우리를 언약으로 데려갑니다.

예수께서 죽으시지 않으셨다면, 죄 사람으로부터 시작해서 우리가 하나님의 법을 즐거워하는 데에 이르기까지 우리를 위한 어떤 약속도 없었을 것입니다. 그것은 "그의 피로 맺은 새 언약"입니다. 예수 그리스도의 죽음은 항상 하나님의 마음에 현존하며, 항상 그의 행동을 결정합니다.

황량한 시내 산에서 울려 퍼졌던 두려운 소리와 보응을 호소하는 아벨의 무죄한 피의 소리와 대조되는 또 하나의 소리가 있습니다. 그것은 그리스도의 피가 부르짖는 강력한 소리입니다. 그 소리는 강력한 능력으로 용서를 부르짖습니다.

여기에서 "피 뿌림"이 무엇을 의미하는지 생각해 보십시오. 그것은 우리가 하나님의 모든 약속들을 우리 자신의 것으로 삼고 모든 죄로부터 씻음을 받음으로 그의 죽음과 그의 생애의 능력을 우리 자신에게 개인적으로 적용하는 것을 의미합니다. 바로 이것이 "피가 뿌려지는" 것입니다. 피는 작은 부분들로 나누어져 개인들에게 뿌려질 수 있습니다. 이것은 예수 그리스도께서 우리 각자를 위해 죽으심으로 말미암아 우리 각자가 씻음과 양자됨과 모든 약속의 기업을 발견할 수 있음을 이야기하는 고도의 은유적인 방식입니다.

여기에서 우리는 본문이 "그러나 너희가 이른 곳은"으로 시작되는 긴 문장의 끝이라는 사실을 기억할 필요가 있습니다(22절).

"너희가 이른 곳은"(ye are come) 혹은 "너희가 온 곳은"이라고 했는데, 그러면 온다는 것은 무엇을 의미합니까? 온다는 것은 곧 믿음을 의미합니다. 그리스도께서 어떻게 말씀하셨습니까? "나는 생명의 떡이니 내게 오는 자는 결코 주리지 아니할 터이요 나를 믿는 자는 영원히 목마르지 아니하리라"(요 6:35). 여기에 "온다"는 은유에 대한 그 자신의 해석이 있습니다. 누구든지 그를 믿는 자는 곧 그에게 오는 것입니다. 내가 주님을 믿는다면, 그는 하늘에 계시고 나는 그의 창조세계의 한 모퉁이에 있음에도 불구하고 나는 그가 계신 곳에 그와 함께 있는 것입니다. 아무리 큰 공간도 그와 나 사이를 나눌 수 없습니다. 우리가 그를 믿는다면, 우리는 그에게 올 것입니다. 우리가 그를 우리의 보혜사와 소망으로 의지(依支)한다면, 우리의 죄가 참소하는 소리는 용서를 탄원하는 그의 피의 소리에 묻혀 잠잠해질 것입니다.

나아가 그리스도에게 오는 자들은 그로 말미암아 우주 안에 있는 다른 모든 영광스럽고 보배로운 자들과 다른 모든 영광스럽고 보배로운 것들에게 오는 것입니다. 앞에서 이야기한 것처럼, 본문이 하나의 긴 문장의 끝이라는 사실을 기억하십시오. 본문은 앞의 모든 항목들의 기초로서, 그리고 저자가 말하고 있는 다른 모든 영광들과 함께 우리가 우리 자신을 발견하는 조건으로서 제일 마지막에 언급됩니다. 예수 그리스도에게 오는 자는 그 도성 안에 — "있을" 것이 아니라 — "있습"니다. 그에게 오는 자는 왕궁 안에 있습니다. 그리스도에게 오는 자는 만민의 심판자 앞에 있습니다. 그리스도에게 오는 자는 천만 천사들과 온전하게 된 의인의 영들과 접촉합니다. 그리고 그는 같은 주님과 연결된 모든 사람들과 연결됩니다. 그리스도에게 오는 자는 씻음으로 오며, 약속의 충만 안으로 들어갑니다. 그리고 그는 떠나계시면서 동시에 함께 계시는 주님의 임재와 교제 안에서 삽니다. 우리가 믿음으로 예수에게 온다면, 예수는 마침내 우리에게 오실 것이며 우리를 자기에게로 영접할 것입니다. 그리고 그는 우리를 "어린 양의 피에 그 옷을 씻어 희게 한" 온전하게 된 의인의 영들의 합창에 동참시킬 것입니다(계 7:14).

52
하나님의 음성을 거역함

"너희는 삼가 말씀하신 이를 거역하지 말라
땅에서 경고하신 이를 거역한 그들이 피하지 못하였거든
하물며 하늘로부터 경고하신 이를 배반하는 우리일까보냐"
히 12:25

히브리서 기자는 시내 산과 시온 산으로 상징되는 유대교와 기독교 사이의 위대한 대조를 마쳤습니다. 그러나 그의 생각 속에 여전히 앞의 장면이 떠돌고 있으며, 바로 이런 맥락 속에서 본문의 엄중한 경고가 주어집니다. 시내 산에 모인 이스라엘 백성들은 하나님의 음성을 듣고 움츠렸습니다. 그리고 "그 음성이 더 이상 들리지 않게" 해 달라고 간청했습니다. 이것은 더 나은 계시의 더 나은 산에 서 있는 우리도 마찬가지일 수 있습니다. 우리가 본문 가운데 "거역하다"(refuse)로 번역된 단어가 이스라엘 백성들의 행동을 묘사하는 "간청하다"로 번역된 단어와 동일한 단어라는 사실을 주목한다면, 두 산 앞에 서 있는 두 무리 사이의 병행(竝行) 관계는 한층 더 명백해집니다. 믿음으로 우리가 이른 영광스러운 것들에 대한 언급(22절-24절)에 뒤이어 옛 율법의 두려움으로 되돌아가는 것처럼 보이는 엄중한 경고가 이어지는 것은 참으로 이상하게 보일 수 있습니다. 그러나 믿음으로 우리가 이르게 되는 영광과 축복들은 결코 그것이 쇠하지 않을 것을 보장하지는 않습니다. "시온 산과 살아 계신 하나님의 도성에 이른" 자들은 다시금 모든 영광의 광채로부터 돌이켜 황량한 광야에서 방랑할 수 있습니다.

1. 첫째로, 이 땅에서 우리가 거역할 가능성을 가지고 있다는 사실을 주목하십시오.

본문의 경고의 엄중성을 충분히 이해하기 위해서는 그것이 참된 믿음으로 "시온 산과 살아 계신 하나님의 도성에 이른" 그리스도인들에게 주어진 것이라는 사실을 기억하는 것이 아주 필요합니다. 우리는 이러한 사실을 분명하게 붙잡아야만 합니다. 그렇지 않으면 우리는 본문의 엄중한 경고의 의미를 충분히 이해하지 못하게 될 것입니다. 그것은 분명하며, 강조적이며, 배타적으로 그리스도인들에게 주어진 것입니다. "너희는 삼가 말씀하신 이를 거역하지 말라."

계속해서 우리는 본문이 경고하는 "거역"(refuse)이 꼭 복음의 메시지를 지적(知的)으로 배척하는 것은 아니라는 사실을 주목할 필요가 있습니다. 왜냐하면 여기에서 우리가 경고 받고 있는 것을 먼저 "거역"했던 이스라엘 백성들은 더 이상 듣지 않게 해달라고 간청했던 음성이 하나님의 음성이라는 사실을 분명하게 인식했기 때문입니다. 그들은 그것이 하나님의 음성임을 알았음에도 불구하고 더 이상 듣지 않기를 바랐습니다. 설령 우리가 본문의 경고를 그것이 본래 의미하는 것 이상으로 더 넓게 확장시킬 수 있다 하더라도, 그럼에도 불구하고 그것을 '하나님의 말씀임을 인식하면서도 더 이상 듣기를 원하지 않는' 사람들의 행동에다가 적용하는 것은 분명 합당한 적용이 될 것입니다. 다시 말해서 본문의 경고가 우리 그리스도인들에게 던지는 교훈은 우리에게 있어 어떤 것이 하나님의 명백한 뜻임을 분명하게 알면서도 "주여, 말씀하지 마옵소서. 부디 나로 하여금 더 이상 주의 말씀을 듣지 않게 하옵소서"라고 말하는 것은 얼마든지 가능하다는 것입니다. 오직 하나님의 음성을 분별할 줄 아는 사람들만이 행할 수 있는 이러한 "거역"의 이유는 단순히 "그들이 그 말씀을 감당할 수 없기" 때문입니다. 그러므로 전체적인 요지는 이것입니다. 그리스도인들에게 있어 하나님의 의지(意志)와 분명하게 상치(相馳)되는 어떤 의지를 품으면서 강팍한 마음으로 할 수만 있다면 하나님의 음성과 다투면서 계속해서 자신들이 바라는 것을 고수(固守)하기를 더 좋아하는 것은 충분히 가능하다는 것입니다.

계속해서 이러한 "거역"이 종종 입술의 존경과 의식하지 못하는 사이에 외식(外飾)적으로 드리는 예배와 함께 갈 수 있다는 사실을 기억하십시오. 광야의 이스라엘 백성들은 "부디 하나님이 직접 말씀하지 말게 하소서. 우리는 기꺼이 그의 모든 명령에 순종할 것이나이다. 다만 그것이 사람의 입술을 통해 임하게 하소서. 우리의 영혼을 떨게 만드는 두려운 음성으로 임하지 않게 하소서"라고 말했습니다. 그들은 자신들이 하나님의 모든 명령을 지킬 준비가 완전하게 되어 있다고 생각했습니다. 다만 그들이 원했던 모든 것은 그러한 명령이 전달되는 매개체를 선택하는 것이었습니다. 그렇게 한다면 그들은 인간적인 연약함을 어느 정도 보완할 수 있을 것이라고 생각했습니다. 이와 같이 우리는 실제로는 하나님의 명령에 순종하기를 꺼려하는 사실을 의식(意識)하지 못한 채 스스로를 하나님의 음성으로부터 피할 수 있습니다. 의식하지 못한 채 행하는 "거역"은 너무나 두렵고 치명적인 것입니다.

이와 같이 "거역"은 근본적으로 하나님의 명령을 거스르는 우리 자신의 바람과 결심으로부터 솟아오릅니다. 그러나 이것 외에도 또 다른 원인들이 있습니다. 여러분이 여러분 자신의 욕망의 부르짖는 소리를 그대로 내버려 둔다면, 도대체 어떻게 여러분이 하나님의 음성을 들을 수 있단 말입니까? 세속적인 소욕들과 욕신의 정욕들이 자신을 만족시켜 달라고 아우성치는 마음속에서 과연 하나님의 음성이 들릴 수 있을 것입니까? 육신적인 소욕과 정욕들이 요란하게 떠드는 마음속에서 과연 하나님의 음성이 들릴 수 있을 것입니까? 사람들의 목소리와 세상의 모든 소음들로 향한 마음속에 과연 하나님의 음성이 들릴 수 있을 것입니까? 하나님의 음성은 우리 마음의 떠들썩한 장소 바벨 속에서가 아니라 고요한 침묵 속에서 들립니다. 사람들의 온갖 떠드는 소리를 듣고자 귀를 넓게 여는 자는 실제로 하나님의 음성을 듣기를 거역하고 있는 것입니다.

이와 같이 본문은 본질적으로 그리스도인들에게 적용되는 것입니다. 그리고 그의 음성을 듣기를 거역하는 것은 우리가 하나님의 의지(意志)의 통치 아래 살아가는 것으로부터 움츠리며 그의 말씀 묵상을 기피하는 것입니다. 그렇지만 우리는 여기의 경고가 처음 전달된 사람들을 위협했던 하나님의 음성을 거역하는 또 다른 형태가 있다는 사실을 잊어서는 안 됩니다. 히브리서 전체를 통해 우리는 저자가 자신의 수신자들이 기독교를 버리지 않을까 우려한 사실을 발견할 수 있습니다. 그 이유는 옛 언약의 거룩한 체계가 허물어진 것이 그들을 하나님으로부터의 모든 계시를 불신하도록 이끌 수 있었기 때문입니다. 이런 차원에서 그들이 복음의 메시지까지 내팽개칠는지 몰랐습니다. 이렇게 볼 때 본문의 경고는 그들과 마찬가지로 혁명적인 시대를 살아가는 오늘날의 우리들에게 특별하게 적용될 수 있습니다. 그들이 하나님에 의해 제정된 견고하며 영구한 규례라고 생각했던 것들은 사라져가고 있었습니다. 이런 상황에서 그들은 이렇게 생각할 수 있었습니다. "우리가 의지(依支)할 수 있는 영원히 사라지지 않는 영구한 것이 있을까?" 이것은 오늘날의 우리에게도 마찬가지입니다. 우리에게도 많은 규례들이 있습니다. 그리고 우리 역시도 종교적인 측면에서든 사회적인 측면에서든 우리 조상들이 영구적인 것이라고 생각했던 많은 것들이 사라질 준비를 하고 있는 것을 볼 수밖에 없습니다. 우리는 스스로에게 이렇게 물을 수 있습니다. "우리가 붙잡을 수 있는 영구한 어떤 것이 있나?" 그렇습니다! 우리는 예수 그리스도 안에서 "하늘로부터 말씀하시는 음성"을 붙잡을 수 있습니다. 그 음성이 우리의 귀에 들리는 한 우리는 일시적인 것들이 사라지는 것을 고요한 마음으로 바라볼 수 있으며, 영구적인 것들의 영구성을 확신을 가지고 의지(依支)할 수 있습니다. 형제들이여, 기독교에 있어 외적인 것들 예컨대 정치 체제라든지 형식 같은 것들은 사라질 수 있습니다. 그러나 내적인 핵심은 계속해서 남아 있는 사실을 확신하십시오. 그리고 본 서신의 첫 구절에 바로 그 핵심이 놓여 있습니다. "옛적에 선지자들을 통하여 여러 부분과 여러 모양으로 우리 조상들에게 말씀하신 하나님이 이 모든 날 마지막에는 아들을 통하여 우리에게 말씀하셨으니"(히 1:1, 2). 어떤 변화의 경험도 하나님의 음성에 대한 여러분의 확신을 흔들지 못할 것입니다. 혹시 여러분이 "말씀하신 이를 거역하지" 않는지 스스로를 살펴보십시오.

2. 둘째로, 이와 같이 거역할 가능성으로 인해 우리가 항상 깨어 경계할 필요가 있다는 사실을 주목하십시오.

"너희는 삼가 말씀하신 이를 거역하지 말라." 이를테면 경고등이 켜지고, 경고벨이 울립니다. 여러분 자신 안에 있는 성향(性向)들과 여러분 주위에 있는 유혹들을 주의하며 경계하십시오. 위험의 가능성을 인식하는 것이 곧 싸움의 절반입니다. 시편은 "항상 두려워하는 자는 복이 있도다"라고 말합니다. 참된 믿음이 아닌 어설픈 맹신보다 더 위험한 것은 아무것도 없습니다. 자신의 위험을 인식하며 두려워하는 마음으로 하나님을 붙잡는 자는 안전합니다. 우리가 벼랑 가에 서 있다고 생각한다면, 우리는 신경을 곤두세운 채 주의를 게을리 하지 않을 것입니다. 거역할 가능성을 항상 마음에 새기는 것이야말로 그것이 실제화 되는 것을 막는 가장 효과적인 수단입니다. "나는 이미 이르렀기 때문에 다시 돌아갈 수 없어"라고 말하는 사람은 그의 마음이 얼마나 연약한지 그리고 그를 끌어당기는 세상의 힘이 얼마나 강한지 배울 필요가 있습니다. 우리가 계속해서 자신을 신뢰하지 않는 것 외에는 어디에도 안전은 없습니다. 자신은 결코 신뢰할 만한 대상이 아닙니다. 자신을 신뢰할 때, 우리는 결국 넘어질 수밖에 없습니다. 나는 아무도 염려와 걱정 가운데 살기를 바라지 않습니다. 그렇지만 내가 패배하지 않을 가장 확실한 길은

"나 스스로는 아무것도 할 수 없으며
곧 넘어질 수밖에 없지만,
그러나 하나님 자신이 세우신 자가
나를 위해 싸우시는"

사실을 분명하게 계속 의식(意識)하는 것입니다. 하늘을 바라보며 그 빛을 받는 양지(陽地)의 맞은편에 "우리는 말씀하시는 이를 거역하지 않도록 항상 주의를 기울여야만 해"라고 말하면서 자신을 신뢰하지 않는 음지(陰地)가 있습니다.

만일 이러한 계속적인 경계와 자기불신이 우리의 안전을 지키는 가장 확실한 길이라면, 이 모든 조건들에 반대되는 것들은 필경 우리를 "거역"으로 이끌 것입니다. 여러분 자신의 혈기와 소욕들을 잠잠케 하십시오. 여러분 자신의 의지와 기호(嗜好)와 성향과 계획의 목소리들을 잠잠케 하십시오. 이 모든 것들을 하나님과의 교제 안으로 데려가십시오. 하나님의 의지(意志)를 알 때까지, 여러분의 마음속에 아무런 목소리도 들리지 않게 하십시오. 그리고 여러분의 마음으로 하여금 기꺼이 하나님의 의지를 행하게 하십시오. 세상의 온갖 시끄러운 소리들로부터 여러분 자신을 지키십시오. 그리고 하나님에게 나아가 그가 말씀하게 하십시오. 어떤 일에 집중하고 있는 여행자를 생각해 보십시오. 그에게 기차 엔진의 요란한 소음과 기차 바퀴의 시끄러운 소리는 들리지 않을 것입니다. 조용히 묵상할 수 있는 고요한 장소로 가십시오. 그리고 하나님께 가까이 나가십시오. 그러면 여러분은 그의 음성을 듣게 될 것입니다. 그러나 여러분이 자신의 심장이 뛰는 소리를 잠잠케 하지 않는다면, 여러분은 그의 음성을 듣지 못할 것입니다. 대부분의 사람들이 살아야만 하는 바쁜 삶의 현장에서조차 그와 같은 고요한 교제와 묵상을 위한 약간의 공간을 확보하는 것은 충분히 가능합니다. 우리에게 그것이 절실히 필요함을 진지하게 느끼며, 불필요한 것들을 과감하게 끊어낼 준비만 되어 있다면 말입니다. 이와 같이 홀로 하나님에게 나아가는 습관을 가진 사람은 세상의 온갖 잡다한 소리들을 관통하는 그의 음성을 들을 수 있게 될 것입니다. 그가 말씀하신 모든 것을 즉시, 정확하게, 그리고 완전하게 행하십시오. 그럴 때 여러분의 귀는 더욱 예민해지고, 그럼으로써 그의 음성의 억양을 더 잘 분별하게 될 것입니다. 그러나 여러분이 그렇게 하지 않는다면, 그 음성은 곧 잠잠해질 것입니다. 이와 같이 여러분의 삶을 습관적으로 하나님의 말씀과 접촉시키십시오. 그리고 항상 여러분의 삶을 그의 말씀으로 시험해 보십시오. 그러면 여러분은 "말씀하시는 이를 거역하는" 위험에 빠지지 않을 것입니다.

3. 마지막으로, 이와 같이 깨어 경계하는 것을 강화시키는 동기(動機)들을 주목하십시오.

"땅에서 경고하신 이를 거역한 그들이 피하지 못하였거든 — 혹은 '경고하신 이를 땅에서 거역한 그들이 피하지 못하였거든' — 하물며 하늘로부터 경고하신 이를 배반하는 우리일까보냐." 그 음성이 분명할수록, 그것을 거역한 것에 대한 형벌은 더 커집니다. 땅에서 말씀하신 음성을 거역한 것의 결과는 땅의 형벌이었습니다. 그렇다면 하늘로부터 말씀하시는 음성을 배반한 것의 결과는 필연적으로 더 엄하고 치명적인 것이 될 것입니다.

그 엄중함에 있어, 앞부분보다 뒷부분이 더 크고 더 어두운 것을 주목하십시오. "땅에서 경고하신 이를 거역한 그들이 피하지 못하였거든 하물며 하늘로부터 경고하신 이를 배반하는 우리일까보냐." 앞부분은 단지 듣기를 바라지 않음을 의미하는 "거역"(refusal)으로 표현되었을 뿐이지만, 반면 뒷부분은 "그로부터의 돌이킴"을 의미하는 "배반"으로 더 강하게 표현됩니다. 처음에 우리는 하나님의 음성을 우리의 삶을 귀찮게 하는 것으로 여기며 듣기를 싫어하는 것으로 시작합니다. 그러고 나면 이제 우리는 이를테면 가파른 경사면 위에 서게 됩니다. 그리고 우리는 "그로부터 돌이키는" 더 어두운 상태로 나아가게 됩니다. 귀를 막고 듣지 않으려는 사람은 머지않아 그 음성으로부터 등을 돌리고 도망치게 될 것입니다. 하나님의 말씀 앞에 귀를 막지 마십시오. 만일 여러분이 그렇게 한다면, 여러분은 그 종착지가 그를 떠나는 여행을 시작한 것입니다.

땅에서 말씀하시는 자를 배반한 백성들 위에 떨어진 재앙이 무엇이었는지 생각해 보십시오. 그것은 그들이 광야에서 오랜 세월 방랑하며 마침내 약속의 땅에 들어가지 못하고 광야에서 죽는 것이었습니다. 사랑하는 친구들이여, 여러분과 내가 아버지의 음성에 계속 귀를 막고 그로부터 돌이킨다면, 우리가 믿음으로 이른 22절로 24절에 열거된 모든 영광스러운 것들은 결국 녹아 없어지고 말 것입니다. 그러면 우리는 마치 꿈속에서 왕궁의 모든 아름다운 보화들 가운데 있다가 갑자기 깨어 일어나 광야에 홀로 서 있는 자신을 발견한 사람들과 같을 것입니다. 만일 그 꼭대기에 왕궁이 있는 아름다운 성(城)과 천만 천사들과 장자들의 교회와 온전하게 된 의인들의 영과 뿌린 피 등 이 모든 것들이 우리의 시야로부터 사라지고 그 대신 여기의 찰나와 같은 일시적인 세상만 남는다면, 그것은 우리에게 얼마나 큰 손실이겠습니까! 여러분이 하나님의 말씀에 귀를 막는다면, 그것들은 모두 지나갈 것입니다. 바로 이것이 여러분 가운데 너무나 많은 사람들이 보이지 않는 영광스러운 실재(實在)들과 접촉하는 것을 거의 의식(意識)하지 못하는 이유입니다.

그러나 이것이 전부가 아닙니다. 우리는 또한 다음 세상에 올 실제적이며 두려운 형벌을 잊어서는 안 됩니다. 그러나 본문의 엄중한 경고를 함부로 확장시키는 것은 나의 몫이 아닙니다. 영감(靈感)을 받은 사람이라면 그렇게 할 수 있을 것입니다. 그렇지만 나는 그렇게 하는 것을 합당한 일로 생각하지 않습니다. 그럼에도 불구하고 나는 여러분에게 두려움이 합당한 무기임을 일깨워 주고자 합니다. 오늘날 두려움에 호소하는 것이 그다지 환영받는 일이 아니기는 합니다. 그러나 그것이 하나님의 말씀을 전파하는 참된 설교자의 무기고에 있는 무기들 가운데 하나인 것은 분명한 사실입니다. 우리 기독교 사역자들이 "하나님의 두려움"에 대해 더 많이 말한다면, 나는 우리가 훨씬 더 많은 열매를 거두게 될 것이라고 굳게 믿습니다. 내가 하나님의 두려움을 선언하는 것이 지극히 합당한 일이며 그러한 두려움이 신적 계시의 일부라는 사실을 선포하지 않는다면, 나는 진리를 배반하는 자가 될 것입니다.

그러므로 사랑하는 친구들이여, 설령 오늘 내가 이러한 주제를 다루지 않는다 하더라도, 어쨌든 우리는 함부로 이러한 주제를 배제해서는 안 됩니다. 나는 여러분에게 본 서신 전체를 통해 흐르는 논조(論調)를 다시 한 번 일깨워 주고자 합니다. "천사들을 통하여 하신 말씀이 견고하게 되어 모든 범죄함과 순종하지 아니함이 공정한 보응을 받았거든 우리가 이같이 큰 구원을 등한히 여기면 어찌 그 보응을 피하리요"(2:2, 3). 또 "모세의 법을 폐한 자도 두세 증인으로 말미암아 불쌍히 여김을 받지 못하고 죽었거든 하물며 하나님의 아들을 짓밟고 자기를 거룩하게 한 언약의 피를 부정한 것으로 여기고 은혜의 성령을 욕되게 하는 자가 당연히 받을 형벌은 얼마나 더 무겁겠느냐 너희는 생각하라"(10:28, 29). 그리고 "너희는 삼가 말씀하신 이를 거역하지 말라 땅에서 경고하신 이를 거역한 그들이 피하지 못하였거든 하물며 하늘로부터 경고하신 이를 배반하는 우리일까보냐"(12:25). 우리가 그리스도의 더 애틋한 사랑과 더 엄중한 경고의 음성에 귀를 막는다면, 그 결과는 얼마나 더 두려운 것이겠습니까? 경고하며, 탄원하며, 위로하며, 거룩하게 하며, 생명을 줄 때 그 음성을 듣는 것이 무덤을 파하고 땅을 흔들어 모든 사람을 심판으로 부를 때 그것을 듣는 것보다 훨씬 더 낫지 않습니까?

53
하나님의 목소리와 사람의 메아리

"[5]돈을 사랑하지 말고 있는 바를 족한 줄로 알라 그가 친히 말씀하시기를 내가 결코 너희를 버리지 아니하고 너희를 떠나지 아니하리라 하셨느니라 [6]그러므로 우리가 담대히 말하되 주는 나를 돕는 이시니 내가 무서워하지 아니하겠노라 사람이 내게 어찌하리요 하노라"

히 13:5, 6

"그가 친히 말씀하시기를 … 그러므로 우리가 담대히 말하되." 이와 같이 여기에 두 개의 목소리가 있습니다. 아니, 두 개의 목소리라기보다 하나의 목소리와 하나의 메아리가 있습니다. 하나는 하나님의 약속의 목소리이며, 다른 하나는 그에 대해 사람이 믿음으로 응답하는 목소리입니다. 하나님은 우리에게 말씀하시며, 우리는 그에게 응답할 수 있습니다. 하나님이 어떤 약속을 말씀하실 때, 그에 합당한 유일한 응답은 그것을 진실한 것으로 받아들이면서 그 위에 확고한 믿음을 세우는 것입니다.

저자는 구약으로부터 두 구절을 인용합니다. 첫 번째 인용문은 구약 어디에서도 축어적으로 발견되지 않습니다. 가장 비슷한 것은 모세가 후계자인 여호수아에게 그의 백성을 맡길 때 나타납니다. 그때 모세는 먼저 백성들에게 말한 후, 계속해서 여호수아에게 말합니다. "너는 강하고 담대하라 … 그가 너를 떠나지 아니하시며 버리지 아니하시리니"(신 31:7, 8). 히브리서 기자는 이 말씀을 떠올리면서 거기에 약간의 변이(變異)를 가합니다. 그는 "그가"를 "내가"로 바꿉니다. 그것은 모세가 말할 때 하나님이 그를 통해 말씀하고 계셨던 것을 그가 인식하고 있었기 때문입니다. 하나님은 자기 종이 자신의 이름으로 한 약속에 인장(印章)을 찍음으로써 그것을 확증하고 계셨습니다. 또 하나의 인용문은 시편 118편으로부터 온 것입니다. "여호와는 내 편이시라 내가 두려워하지 아니하리니 사람이 내게 어찌할까"(6절). 이제 하나님의 목소리와 그에 대한 사람의 응답을 들어 보도록 합시다.

1. 하나님의 약속의 목소리.

"그가 친히 말씀하시기를 내가 결코 너희를 버리지 아니하고 너희를 떠나지 아니하리라 하셨느니라." 여기에서 본 서신이 전달된 히브리 그리스도인들의 위치와 원래의 약속이 주어진 광야의 이스라엘 백성들의 위치가 서로 뚜렷하게 병행(竝行)되는 것을 주목하십시오. 광야의 이스라엘 백성들은 큰 변화의 끝자락에 서 있었습니다. 그때 그들을 이끄는 리더십은 위대한 모세로부터 아직 검증되지 않은 여호수아로 바뀌고 있었습니다. 여기에서 여호수아와 예수가 동일한 이름이라는 사실과 가나안 입구에 서 있던 이스라엘이 직면해야만 했던 어려움과 여기의 히브리 그리스도인들이 직면하고 있는 어려움이 유사(類似)함을 상상하는 것은 쓸데없는 공상일까요? 다시 말해서 두 경우 공히 리더십이 바뀌는, 즉 이제부터 모세를 바라보기를 그치고 다른 사람의 명령을 듣기 시작해야만 하는 어려움이 있었다고 말입니다. 이와 같은 위기의 때에 큰 권위가 사라지는 것은 모든 것이 흔들리는 것처럼 보일 수 있었습니다. 이런 상황에서 주어지는 격려는 매우 적절하며 강력한 것이었습니다. 이와 같이 모세와 히브리서 기자는 각각 자신들의 세대에 "리더십은 바뀔 수 있지만 그 뒤에 계시는 분은 오직 한 분이니라"라고 말하고 있었던 것입니다.

본 서신은 각종 규례와 제도와 약속 등 이스라엘에게 속했던 모든 것이 기독교회로 넘겨졌다는 원리를 제시합니다. 이를테면 그리스도인인 우리가 그 모든 것들의 상속자인 셈입니다. 그러므로 여기의 메시지 즉 "내가 결코 너희를 버리지 아니하고 너희를 떠나지 아니하리라"는 약속 역시 우리 모두에게 개별적으로 임합니다, "버리는" 것과 "떠나는" 것은 동의어입니다. 그러므로 여기의 약속은 같은 개념을 반복하는 것입니다. 그렇지만 설령 두 절(節)이 본질적으로 같은 의미를 갖는 것이라 하더라도, 그러나 거기에는 확증이 주어지는 형식에 있어 약간의 차이가 있습니다. 첫째 절("내가 결코 너희를 버리지 아니하고")과 관련하여 히브리어와 헬라어 모두에서 "버리지"(leave)로 번역된 단어는 붙잡고 있는 손을 거두는 것을 의미합니다. 개정역(Revised Version)은 지혜롭게도 "너희를 버리지 아니하고"를 "너희를 저버리지 아니하고"(never fail thee)로 대체합니다. 또 우리는 그것을 원문의 표현과 좀 더 가깝게 그리고 좀 더 구어적(口語的)인 표현으로 "너희를 떨어뜨리지 아니하고"(never drop thee)로 대체할 수 있습니다. 그는 결코 그들을 붙잡고 있는 힘을 거두지 않을 것이며, 그의 손은 결코 느슨해지지 않을 것입니다. 도리어 그는 그들에게 매일 같이 힘을 전달해 줄 것이며, 그것으로 그들이 그들을 붙잡고 있는 크고 강하며 부드러운 손을 느낌으로 말미암아 오는 안전감을 의식(意識)하도록 만들어 줄 것입니다. 아무도 아버지의 손으로부터 그들을 빼앗지 못할 것입니다. 시편 가운데 한 구절은 "여호와께서는 모든 넘어지는 자들을 붙드시는도다"라고 말합니다(145:14). 또 다른 시편은 그것을 한층 더 회화적(繪畫的)인 표현으로 이렇게 말합니다. "여호와여 나의 발이 미끄러진다고 말할 때에 주의 인자하심이 나를 붙드셨나이다"(94:18). "나의 발이 미끄러진다"고 말하는 것이 "주의 인자하심이 나를 붙드셨나이다"라고 말할 수 있게 되는 가장 확실한 방법입니다. "그가 세움을 받으리니 이는 그를 세우시는 권능이 주께 있음이라"(롬 14:4). 미끄러운 얼음판 위에 서 있는 어떤 사람을 상상해 보십시오. 그는 얼음판에 전혀 익숙하지 않습니다. 자신의 발이 미끄러지는 것을 느낄 때, 그는 극도로 예민해질 것입니다. 예민해지는 것은 넘어지는 것을 의미하며, 넘어지는 것은 재앙과 때로 죽음을 의미합니다. 그가 인도자의 손을 붙잡는다면, 그는 걸을 수 있습니다. 바다 위를 걸었던 베드로를 생각해 보십시오. 차가운 물이 자신의 발목에 닿는 것을 느꼈을 때 그리고 파도가 점점 더 높이 솟아오르는 것을 보았을 때, 그는 두려워하기 시작하며 그의 두려움은 그를 더 무겁게 만듭니다. 그러자 그는 곧바로 물에 빠지게 되고, 두려움 가운데 "주여 나를 구원하소서"라고 부르짖습니다. 그러한 부르짖음 속에는 두려움과 믿음이 이상하게 섞여 있었습니다. 그러한 부르짖음에 그리스도께서 손을 내미셨으며, 그 손은 베드로를 다시 일어나도록 만들었습니다. 그가 일어서자 물은 다시 그의 발밑에 깔린 것처럼 보였으며, 그는 달빛에 다시 물 위를 걸어 배로 돌아왔습니다. 하나님은 우리에게도 그와 같이 행하실 것입니다. 우리가 그와 같이 하고자 한다면 말입니다. 왜냐하면 그는 "내가 결코 너를 붙잡은 나의 손을 느슨하게 하지 않을 것이라 내 손과 네 손 사이에 아무것도 들어오지 않을 것이라"라고 말씀하셨기 때문입니다. 다시 새로운 힘을 가하며 손을 꽉 쥐지 않는 한, 아이를 붙잡고 있는 엄마의 손의 힘은 점점 더 약해질 것입니다. 이와 같이 사람의 도움은 점점 더 약해지는 경향이 있으며, 사람의 모든 사랑에는 한계가 있습니다. 그러나 하나님의 손은 결코 느슨해지지 않습니다. 그러므로 우리는 그가 "우리의 의탁한 모든 것을 능히 지키실" 것을 확신할 수 있습니다(딤후 1:12).

한편 좀 더 구어적인 표현인 "내가 결코 너희를 떨어뜨리지 아니하고 너희를 떠나지 아니하리라"(I will never drop thee nor forsake thee)라는 표현을 주목해 보십시오. 여기에서 "너희를 떨어뜨리지 아니하고"라는 표현은 우리에게 필요할 때마다 지탱하는 힘을 전달해 줄 것을 약속하는 표현입니다. 그리고 "너희를 떠나지 아니하리라"라는 표현은 동일한 약속을 다른 형식으로 표현한 것입니다. 힘없이 흐느적거리는 손과 발은 붙잡음과 지탱을 받을 필요가 있으며, 인생길을 걸어가는 외로운 마음은 신적 동반자를 가질 수 있습니다. 여기에 고독한 자를 위한 위로의 말씀이 있습니다. 그리고 우리 모두가 고독한 자입니다. 우리 가운데 어떤 사람들은 다른 사람들보다 더 큰 어둠 가운데 고독한 길을 걷도록 부름 받습니다. 그러면서도 다른 사람들로부터 아무런 동정도 받지 못합니다. 모세가 죽자, 여호수아가 그의 자리에 섰습니다. 그러나 죽어가는 모세와 살아 있는 여호수아 뒤에, 영원히 살아 계시는 하나님이 계셨습니다. "내가 결코 너희를 버리지 아니하고 너희를 떠나지 아니하리라." 사랑하는 사람들이 떠나고, 그로 인해 우리의 마음이 무너집니다. 사람들이 우리를 오해합니다. 우리는 아무에게도 우리의 마음을 털어놓을 수 없다고 느낍니다. 과학자들이 두 개의 원자(原字)가 동시에 한 장소에 있을 수 없으며 두 개의 원자 사이에는 항상 공기의 막이 있다고 말하는 것처럼, 아무리 가까운 사이라 하더라도 거기에는 항상 막이 있습니다. 그러나 그 막은 우리와 하나님 사이를 분리시키지 못합니다. "내가 결코 너희를 떨어뜨리지 아니하고" — 여기에 우리의 필요에 따른 힘이 있습니다. "너희를 떠나지 아니하리라" — 여기에 우리의 모든 외로움 가운데 함께 하시는 자가 있습니다.

그러나 우리는 하나님의 모든 약속에는 조건이 있다는 사실을 잊어서는 안 됩니다. 그것은 여기의 약속에도 마찬가지입니다. 이스라엘의 실제 역사(歷史)는 그들이 요단을 건너기 전 주어진 여기의 강력한 약속과 상충되지 않습니까? 오늘날의 유대인들을 생각해 보십시오. 그들이 하나님이 결코 버리지도 않고 떠나지도 않는 나라에 속한 것처럼 보입니까? 분명 그렇지 않습니다. 그러면 그 이유는 무엇입니까? 그것은 우리를 버리지도 않고 떠나지도 않겠다는 하나님의 약속은 우리가 그를 버리지도 않고 떠나지도 않는 조건 위에 세워지는 것이기 때문입니다. "아무도 그들을 아버지 손에서 빼앗을 수 없느니라"(요 10:29). 그렇습니다. 그러나 그들은 아버지의 손으로부터 스스로 몸을 비틀며 빠져나올 수 있습니다. 그들은 교제를 깨뜨릴 수 있습니다. 그들은 스스로를 아버지로부터 분리시킬 수 있습니다. 그들은 자신들과 하나님 사이를 깨끗한 공기 막이 아니라 더러운 유독가스 막으로 채울 수 있습니다.

2. 하나님의 목소리에 대한 인간의 응답 혹은 메아리.

하나님이 나에게 말씀하신다면, 이제 하나님은 나의 응답을 기다리십니다. 나의 응답은 즉각적이어야 합니다. 나의 응답은 그가 말씀하신 모든 것을 사실로써 붙잡는 것이어야만 합니다. 나의 응답은 그의 신실한 약속 위에 승리의 큰 확신을 세우는 것이어야만 합니다. 우리는 하나님이 우리에게 말씀하시는 음정(音程)으로 하나님에게 말합니까? 하나님이 "내가 … 할 것이라"(I will)라고 말씀하시면, 우리의 마음은 기쁨의 확신으로 뛰며 "주께서 … 하시나이다"(Thou dost)라고 응답합니까? 우리는 그의 모든 약속들을 견고한 믿음으로 취합니까, 그렇지 않으면 비틀거리는 미약한 믿음으로 취합니까? 우리는 너무나 자주 하나님의 "진실로"를 "아마도"로 바꿉니다. 그가 우리에게 "내가 … 할 것이라"(I will)고 말할 때, 우리는 의심하는 마음으로 "아마도 그가 … 할 거야"(perhaps He may)라고 말합니다. 바로 이것이 너무나 많은 사람들이 여기의 위대한 약속에 대해 취하는 믿음의 태도입니다. 그것은 마치 만세반석 위에 금방 무너질 것 같은 헛간을 세우는 것과 같습니다. 그것은 우리의 신실치 않음으로 하나님의 신실하심을 부끄럽게 만드는 것입니다. 하나님은 말씀하시고 난 다음 잠시 멈추시고 우리의 응답을 듣기 위해 귀를 기울이십니다. 하나님이 "내가 결코 너희를 버리지 아니하고 너희를 떠나지 아니하리라"라고 약속하실 때, 우리는 담대한 마음으로 "주는 나를 돕는 이시니 내가 무서워하지 아니하겠노라 사람이 내게 어찌하리요"라고 말해야만 합니다.

여기의 세 절(節) 속에 나타나는 아름다운 순서를 주목해 보십시오. "주는 나를 돕는 이시니 … 내가 무서워하지 아니하겠노라 … 사람이 내게 어찌하리요." "주는 나를 돕는 이시니"라는 말씀 속에는 일종의 경이(驚異)와 흥분이 있습니다. 그것은 하나님의 약속에 대한 믿음의 응답입니다. 그것은 하나님의 약속을 붙잡고, 주저 없이 그것을 마음에 담는 것입니다. 그러면 다음에 무엇이 옵니까? 그것은 "내가 무서워하지 아니하겠노라"라는 고백입니다. 우리에게는 위험을 인식하는 것을 통제하는 능력이 있습니다. 그러나 마치 모래 속에 머리를 묻는 타조처럼 위험으로부터 자신의 머리를 감추며 "나는 무섭지 않아"라고 말하는 것은 아무 소용없습니다. 만일 우리가 "주는 나를 돕는 이시니"라고 말할 수 없다면, "내가 무서워하지 아니하겠노라"라고 말하는 것은 어리석은 말이 될 것입니다. 용기를 내는 것은 좋은 일입니다. 그러나 우리가 용기를 위한 올바른 기초를 세우지 않았다면, 그것은 올바른 용기가 아닙니다. 귀를 정결하게 하면서 하나님의 큰 약속을 듣기 위해 열 때, 우리는 우리의 두려움을 통제할 수 있게 됩니다. 그럴 때 비로소 우리는 무엇이 오든 하나님이 우리와 함께 하심을 확신하면서 마음으로부터 모든 두려움을 쫓아낼 수 있게 됩니다. "주는 나를 돕는 이시니" — 이것이 기초입니다. 그리고 이러한 기초 위에 "내가 무서워하지 아니하겠노라"라고 말하는 용기가 세워집니다. 시편의 한 구절은 "내가 하나님을 의지하였은즉 두려워하지 아니하리니"라고 말합니다(56:11). 이와 같이 두려움의 반대는 믿음입니다. 그것은 믿음이 하나님의 약속의 사실을 붙잡기 때문입니다.

여기의 문맥 가운데 또 하나의 개념이 암시되는데, 그것은 하나님이 항상 우리와 함께 계시며 우리를 지탱하시는 것을 알 때 세상의 모든 조건들은 참을 만한 것이 된다는 개념입니다. 본문 전체는 "돈을 사랑하지 말고 있는 바를 족한 줄로 알라"는 훈계의 기초로서 주어진 것입니다. 하나님이 나를 버리지 않는다면, 지금 나에게 주어진 조건들을 나는 충분히 감당할 수 있습니다. 반면 하나님이 나를 버린다면, 내가 소유한 어떤 것도 나에게 참된 유익이 되지 못합니다.

그러고 나서 하나님이 말씀하시는 것에 대한 우리의 응답의 마지막 단계가 옵니다. 그것은 "사람이 내게 어찌하리요?"라는 되물음입니다. 주가 나를 돕는 자임을 알고 두려워하지 않을 때, 우리는 어떤 사람이든 혹은 어떤 일이든 능히 직면할 수 있습니다. 우리가 마지막 자리에 와야 할 것을 첫 번째 자리에 놓는다면 다시 말해서 "사람이 우리에게 할 수 있는" 일을 먼저 바라본다면, 필연적으로 우리는 두려움에 사로잡힐 수밖에 없을 것입니다. 그러나 우리가 여기의 순서를 따른다면 다시 말해서 먼저 하나님의 약속을 붙잡는 것으로 시작하여 그 토대 위에서 모든 두려움을 제압한다면, 우리는 우리를 위협하는 것처럼 보이는 모든 것들을 평온한 마음으로 바라보면서 이렇게 말할 수 있게 될 것입니다. "얼마든지 오라. 만세 반석이 내 발 아래 그리고 내 등 뒤에 있도다. 아무도 나를 건드릴 수 없도다." 그러므로 우리는 담대한 마음으로 "사람이 내게 어찌하리요?"라고 되물을 수 있습니다.

54
영원히 동일하신 그리스도

"예수 그리스도는 어제나 오늘이나 영원토록 동일하시니라"

히 13:8

여기의 "어제"는 얼마나 멀리까지 펼쳐집니까? 우리는 여기에 언급된 자가 "예수 그리스도" 즉 성육신하신 구주라는 사실을 생각할 때 그 끝이 어디까지 펼쳐지는지 이해할 수 있습니다. 다시 말해서 여기의 "어제"는 영원한 과거까지 펼쳐지는 것입니다. 물론 여기에서 언급되는 동일함은 모든 영원으로부터의 성자(聖子)의 동일함도 아니며, 구약과 신약시대에 있어서의 계시의 매개체의 동일함도 아닙니다. 다만 그것은 모든 세대의 신자(信者)들에 대한 사람이신 그리스도의 동일함입니다. 나아가 "어제"라는 단어로서 표현되는 시대는 우리가 "하나님의 말씀을 그들에게 일러 준" 선생들과 관련하여 언급하는 앞 문맥을 주목할 때 보다 더 명확하게 나타납니다(7절). 요컨대 "어제"는 세상을 떠난 그러한 선생들의 시대이며, "오늘"은 본 서신의 저자와 그의 독자들의 시대입니다.

설령 본문의 단어들을 이와 같이 좁게 이해한다 하더라도, 그러한 단어들 안에 함축된 그리스도의 속성은 단순히 인성에 속하는 것 훨씬 이상(以上)입니다. 그것은 그 기초로서 그의 신성을 전제할 것을 요구합니다. 그가 영원히 동일하신 예수인 것은 그가 성자(聖子)이기 때문입니다. 요컨대 본문은 서신 말미에 아들에 대하여 시편 기자가 선언하는 "주는 여전하여 연대가 다함이 없으리라"는 첫 장의 장엄한 말씀을 되풀이하고 있는 것입니다(1:12). 신적 불변성으로 말미암아 영원히 동일하신 아들은 성육신하신 구주이신 예수 그리스도입니다.

오늘 말씀은 새해 벽두에 서 있는 우리 모두를 위한 좋은 표어로서 취하여질 수 있습니다. 올 한 해 무슨 일이 일어나든 "예수 그리스도는 어제나 오늘이나 영원토록 동일하시니라"는 확신을 굳게 붙잡읍시다.

1. 첫째로, 우리는 본문의 개념을 변치 않는 그리스도와 우리의 변화무쌍한 삶 사이의 관계에 적용할 수 있습니다.

하나의 버팀줄로 영원히 지탱되는 것은 아무것도 없습니다. "지금 있는 것이 예전에도 있었던" 것이라든지 "해 아래 새 것이 없다는" 것은 분명한 사실입니다. 그러나 물질세계에서 무한히 다양한 생명체들과 사물들이 모두 몇 가지 매우 단순한 원소들로부터 만들어지는 것처럼, 우리의 삶 가운데 무한히 다양한 사건들이 모두 몇 가지 매우 단순한 요소들로부터 만들어집니다. 그러므로 우리 모두는 미래에 일어날 사건들에 대해 어둠 가운데 있습니다. 설령 그에 대해 흐릿한 윤곽은 가질 수 있다 하더라도 말입니다. 우리는 다만 끊임없는 변화가 미래를 특징지을 것이라는 사실만을 알 뿐입니다. 그러므로 미래를 내다볼 때, 거기에는 필연적으로 어느 정도의 두려움의 요소가 있게 마련입니다. 우리가 미래의 불확실성에 직면할 수 있도록 해 주는 유일한 것이 있는데, 그것은 "예수 그리스도는 어제나 오늘이나 영원토록 동일하시니라"는 본문의 개념을 되새기는 것입니다.

우리의 변화무쌍한 삶의 한 가지 교훈은 우리 각자를 위해 변하지 않는 것이 존재해야만 한다는 것입니다. 대조의 법칙으로 말미암아 그리고 변화를 위한 충분한 이유를 발견할 필요로 말미암아, 우리는 일시적인 것들을 생각하는 것으로부터 영원한 것을 바라보는 것으로 나아가야만 합니다. 폭풍이 몰아치는 인생 바다의 물결들은 우리를 안전한 해변의 마른 땅으로 데려갑니다. 그와 같이 일시적이며 변화무쌍한 현상 세계에서 평온의 고요한 중심을 통찰하는 사람들은 복됩니다. 흔들리며 요동하는 모든 것들을 넘어 예수 그리스도를 바라보며 "만물을 움직이는 주님은 결코 움직이지 아니하시나이다. 만물을 변화시키는 주님은 결코 변하지 아니하시나이다"라고 말할 수 있는 사람들은 복됩니다. 요동치는 바다 위로 은빛을 발산하며 천천히 떠오르는 달을 생각해 보십시오. 그와 같이 우리 영혼의 변함없는 친구인 한 찬란한 인물이 인생의 요동치는 바다로부터 떠올라 바다를 건너 우리에게 옵니다. 형제들이여, 일시적인 것들이 여러분에게 영원한 것을 선포하게 하십시오. 또 변화무쌍한 세상으로 하여금 여러분을 영원히 동일하신 자에게로 이끌게 하십시오. 오직 이것만이 여러분이 영원한 평온과 고요함에 도달하는 유일한 방법입니다.

나아가 본문의 어제는 지나간 세대들에게 적용될 수 있을 뿐만 아니라 또한 우리 자신의 어제에도 적용될 수 있습니다. 두 가지 적용은 모두 소망과 기쁨으로 가득 차 있습니다. 전자와 같이 적용할 때, 본문은 우리에게 쓸모없이 허비되는 시간은 아무것도 없다는 사실과 어떤 시간의 경과도 신성을 가지신 그리스도의 완전한 충족성을 감소시킬 수 없음을 가르쳐 줍니다. "그들이 주를 앙망하고 광채를 내었으니 그들의 얼굴은 부끄럽지 아니하리로다"(시 34:5). 지나간 세대들에 대한 그의 은혜의 "어제"는 현재를 위한 법칙이면서 동시에 미래에 대한 예언입니다. 지나간 세대들은 그로부터 용기와 확신, 소망과 지혜, 능력과 인도하심, 사랑과 위로, 의와 정결함, 믿음과 인내를 끌어냈습니다. 그는 그 모든 것을 오늘의 우리에게도 똑같이 주십니다. "우리가 들은 대로 만군의 여호와의 성, 우리 하나님의 성에서 보았나니"(시 48:8). 천 년 전의 옛 그리스도는 오늘의 그리스도입니다. 그는 우리를 도우사 우리를 자신과 같이 만들 준비가 되어 있으십니다.

또 "어제"를 우리 자신의 경험으로 좁게 적용할 때, 본문은 우리에게 위로와 소망으로 가득 찬 것이 됩니다. 예수 그리스도가 우리에게 어떤 존재인지를 떠올릴 때, 우리는 다음과 같은 기도를 배우게 됩니다. "주는 나의 도움이 되셨나이다 나를 버리지 마시고 떠나지 마소서"(시 27:9). 그의 달콤함의 상한수위(上限水位) 표시는 과거의 어떤 순간에 놓여 있지 않습니다. 우리는 그 안에서 향후 더 이상 발견하지 못할 충족함을 발견했다고 말해서는 안 됩니다. 여러분의 경험 가운데 예수 그리스도가 가장 따뜻하며, 가장 가까우며, 가장 달콤하며, 가장 신비로우며, 가장 충족했던 때를 회상해 보십시오. 그리고 그는 항상 여러분 곁에 서 계시면서 옛 축복을 새롭게 하고 나아가 그것을 더 풍성하게 할 준비가 되어 있는 사실을 확신하십시오. 사람의 사랑은 종종 시들지만, 그리스도의 사랑은 결코 시들지 않습니다. 사람의 광주리를 비워질 수 있지만, 그리스도의 광주리는 나누어 준 다음에 전보다 더 가득 찹니다. 그의 샘은 결코 마르지 않습니다. 우리 주님의 무궁무진한 긍휼의 한계는 일곱 번뿐 아니라 일흔 번씩 일곱 번입니다. 여기에서 완전수(完全數)가 계속해서 반복되는 것을 주목하십시오. 그것은 완전에 완전을 곱하고 거기에 또 다시 완전을 곱하는 분량입니다. 과거의 모든 부요가 현재에도 계속됩니다.

나아가 우리가 불가피한 변화들에 직면할 수 있도록 격려하는 이러한 개념은 또한 일상의 평범한 현재에다가 존귀와 아름다움과 시적 운율을 부여해 줍니다. "예수 그리스도는 오늘도 동일하시니라." 우리는 항상 현재 순간은 평범하며 중요하지 않은 것으로 생각하는 유혹을 당합니다. 어제는 기억 속에서 거룩하게 구별되며, 내일은 소망 가운데 빛납니다. 그러나 오늘은 궁핍에 시달리며, 무미건조합니다. 하늘은 우리 머리 위로 멀리 떨어져 있으며, 그 가장자리는 저 멀리에서 땅과 접촉하고 있는 것처럼 보입니다. 그러나 우리가 예수 그리스도가 어떤 과거에 비춘 모든 광채들이 진실로 평범한 오늘의 단조로운 일상사 가운데 이루어진 것임을 깨닫기만 한다면, 우리는 하늘과 땅이 만나는 먼 지평선만을 하염없이 바라볼 필요가 없습니다. 도리어 우리는 지금 바로 여기에서 예수 그리스도가 완전히 충족하며 변치 않는 친구라는 사실을 느낄 것입니다. 그는 신실하셔서, 자신을 부인할 수 없으십니다.

2. 둘째로, 우리는 본문의 개념을 변치 않는 그리스도와 일시적인 돕는 자들 사이의 관계에 적용할 수 있습니다.

본문이 주어진 것은 바로 이와 같은 맥락 속에서입니다. 히브리서 기자는 교회에서 "하나님의 말씀을 일러 준" 이차적인 지도자들과 선생들에 대해 말하고 있었습니다(7절). 그들은 뒷사람들이 따를 믿음을 남기고 세상을 떠났습니다. 저자는 우리에게 그 모든 일시적인 동반자들과 돕는 자들과 인도자들로부터 돌이켜 영원히 살아 계신 선생이며 동반자이며 우리 마음의 본향이며 우리 사랑의 목표인 자를 생각하라고 말합니다. 달콤하며 사랑스러우며 보배로운 다른 모든 띠들은 마침내 끊어졌고 또 끊어질 것입니다. 우리 모두는 그 띠들이 끊어지는 것을 볼 수밖에 없습니다. 그러나 죽음조차도 끊을 수 없는 하나의 띠가 있습니다. 죽음은 우리를 다른 모든 것들로부터 분리시키지만, 그러나 그리스도로부터 분리시키지는 못합니다. 이런 사실로 인해 하나님을 송축합시다. "나는 죽을지라도 주를 잃지 않을 것이나이다."

우리 모두의 삶 안으로 하나님의 변화무쌍한 섭리들이 들어옵니다. 하나님의 섭리는 때로 우리로부터 사랑하는 사람들을 분리시킵니다. 그럼으로써 그들의 자리가 비게 되지만, 예수 그리스도께서 그 빈 자리를 채우십니다. 또 하나님의 섭리는 우리로부터 다른 버팀목들을 잘라내기도 합니다. 그럼으로써 그러한 버팀목들을 타고 땅으로 뻗어가던 덩굴손들은 큰 낭패를 당하지만, 덩굴손들은 십자가를 타고 마침내 보좌 위에 계신 그리스도께 뻗어 올라갑니다. "웃시야 왕이 죽던 해에 내가 본즉 주께서 높이 들린 보좌에 앉으셨는데"(사 6:1). 땅의 그림자 왕이 사라질 때, 하늘의 참된 왕이 분명하게 나타납니다. 나무들이 많은 절벽을 생각해 보십시오. 나뭇잎들이 떨어지면 영원한 암벽의 장엄한 모습이 온전히 드러나지 않습니까? 그와 같이 우리의 사랑하는 자들이 떨어질 때, "어제나 오늘이나 영원토록 동일하신" 예수 그리스도가 나타납니다. "그들의 수효가 많은 것은 죽음으로 말미암아 항상 있지 못함이로되 예수는 영원히 계시므로"(히 7:23, 24). 그는 영원히 살아 계십니다. 그리고 그 안에서 사랑의 교제는 영원히 변하지 않습니다.

3. 셋째로, 우리는 본문의 개념을 변치 않는 그리스도와 변하는 제도들 사이의 관계에 적용할 수 있습니다.

본 서신이 기록된 시대는 우리가 거의 상상할 수 없을 정도로 엄청난 변혁의 시대였습니다. 외적인 제도로서의 유대교의 옛 체계는 완전히 허물어지고 있었습니다. 성전은 거의 무너질 정도로 흔들리고 있었으며, 이스라엘은 흩어질 준비를 하고 있었습니다. 저자는 하나님의 진리들이 허물어지는 것처럼 보였던 히브리인들에게 편지하는 가운데 그들에게 눈을 들어 모든 혼돈 너머에 있는 참되며 영원하시며 영원히 살아 계시는 그리스도를 바라보라고 말합니다. 저자는 다음 절에서 그들에게 "여러 가지 다른 교훈에 끌리지 말고" 변치 않는 그리스도를 굳게 붙잡으라고 훈계합니다(9절). 이런 말씀은 사회적으로나 신학적으로나 교회적으로 변화무쌍한 시대를 살아가는 오늘날의 우리에게도 좋은 격려와 훈계가 됩니다. 예수 그리스도는 영원한 산 자체이며, 사람이 만든 제도들은 산 중턱에 있는 그림자와 같습니다. 기독교의 다양한 표현들과 개념들은 영원하지 않습니다. 영원하지 않은 것들은 그냥 지나가도록 내버려 두십시오. 예수 그리스도는 어제나 오늘이나 영원토록 동일하십니다. 우리는 교회에서나 세상에서 일어나는 변화들을 두려워할 필요가 없습니다. 왜냐하면 변화는 곧 진보(進步)를 의미하기 때문입니다. 기독교 진리와 관련하여 사람이 만들고 제도화시킨 것들이 더 많이 무너지고 부서질수록, 영원히 동일하신 예수 그리스도의 장엄한 형상이 우리 앞에 더 분명하게 드러날 것입니다. 세상 역사(歷史) 속에 예수 그리스도의 영원한 새로움과 비교될 수 있는 것은 아무것도 없습니다. 다른 모든 사람들의 불은, 자기 시대에 아무리 큰 빛을 비추었다 하더라도, 시간이 지나면 깜빡거리다가 마침내 꺼지고 맙니다. 세상은 그들의 빛으로 인해 잠시 동안 즐거워할 수 있습니다. 그러나 예수 그리스도는 모든 세대를 초월하여 항상 새롭습니다. 어떤 사람들은 우리에게 오늘날 예수는 그의 능력을 잃고 있다고 말합니다. 그들은 우리에게 오늘날 망각의 안개가 그를 덮고 있다고 말합니다. 그 역시도 다른 모든 위대한 인물들이 걸어갔던 운명 속으로 천천히 걸어가고 있다는 것입니다. 바람(wish)이 생각을 낳습니다. 예수 그리스도는 아직 끝나지 않았으며, 세상과 그와의 관계 역시 마찬가지입니다. 오늘날의 세대가 그를 필요로 하는 분량은 과거 세대가 그를 필요로 하는 분량보다 결코 적지 않습니다. 그는 어제나 오늘이나 영원토록 동일하십니다. 그의 동일하심은 새로운 능력과 새로운 보배로움이 무한히 펼쳐지는 것으로 나타납니다. "내가 새 계명을 너희에게 쓰는 것이 아니라 — 내가 새 그리스도를 너희에게 전파하는 것이 아니라 — 내가 너희에게 새 계명을 쓰노니"(요일 2:78절), 그러므로 모든 세대는 우리의 죄를 위해 십자가에 못 박히시고 우리를 의롭다하시기 위해 다시 살아나신 옛 그리스도 안에서 개인적이며 사회적이며 교회적이며 신학적인 모든 영역에서 새로운 동력(動力)과 새로운 교훈과 새로운 에너지를 발견할 것입니다. 그리고 예수 그리스도는 "어제나 오늘이나 영원토록 동일하신" 채로 남아 있을 것입니다.

4. 마지막으로, 우리는 본문의 개념을 변치 않는 그리스도와 하늘의 영원한 삶 사이의 관계에 적용할 수 있습니다.

우리는 본문의 "영원토록"을 이 땅에서의 현재적인 삶에 제한시켜서는 안 됩니다. 도리어 그것은 가장 먼 미래까지 펼쳐집니다. 포근한 마음과 달콤한 웃음과 따뜻한 도움의 손길에 있어, 그의 지상 생애의 "오늘"과 승천 이후의 "영원" 사이에는 아무런 변화도 없습니다. 밧모 섬에서 승천하신 그리스도를 보았을 때, 사도 요한은 마치 죽은 자처럼 그의 발 앞에 엎드러졌습니다. "내가 볼 때에 그의 발 앞에 엎드러져 죽은 자 같이 되매"(계 1:17). 그것은 그의 본성의 속성들이 너무나 영광스럽게 변화되었기 때문이었습니다. 그러나 옛 손이 그 위에 얹어지고 옛 음성이 그에게 "두려워하지 말라 나는 처음이요 마지막이니 곧 살아 있는 자라 내가 전에 죽었었노라 볼지어다 이제 세세토록 살아 있어"라고 말했을 때, 요한은 십자가로부터 보좌로의 변화가 단지 주변적인 변화에 불과한 것임을 배웠습니다(18절). 주님과 관련하여 본질적이며 중심적인 모든 것은 아무런 영향도 받지 않고 그대로 남아 있었던 것입니다.

이것은 우리에게도 마찬가지입니다. 우리가 이 땅에서 교제하는 그리스도와 하늘에서 완전하게 교제하게 될 그리스도 사이에는 아무런 변화도 없습니다. 그것은 마치 어떤 사람이 태양계를 여행하는 것과 같습니다. 그는 어둠과 추움으로 가득 차 있는 태양계의 바깥 쪽 경계로부터 출발하여, 안쪽에 있는 중심의 빛을 향하여 계속적으로 여행합니다. 그러면 어떻게 됩니까? 중심의 빛에 더 가까워질수록 따뜻한 열기가 점점 더 강렬해질 것이며 광채가 점점 더 찬란하게 비칠 것입니다. 이것은 하늘에 계신 중보자이시며 계시자이신 영원히 동일하신 그리스도에게도 마찬가지일 것입니다. 이 땅에서 우리는 그를 우리 영혼의 태양으로서 땅의 안개와 구름을 통해 희미하게 보고 알았을 뿐입니다. 하늘에서 그의 영광의 광채가 무한히 빛날지라도, 그는 여전히 우리가 이 땅에서 알았던 동일한 예수일 것입니다. 그는 여전히 우리 영혼의 친구이며, 우리의 사랑일 것입니다.

그러므로 사랑하는 친구들이여, 여러분과 내가 예수 그리스도를 우리 자신의 소유로서 가진다면, 우리는 변화를 두려워할 필요가 없습니다. 왜냐하면 변화는 퇴보가 아니라 진보일 것이기 때문입니다. 또 우리는 잃는 것을 두려워할 필요가 없습니다. 왜냐하면 잃는 것은 곧 얻는 것일 것이기 때문입니다. 또 우리는 인생의 폭풍을 두려워할 필요가 없습니다. 왜냐하면 그것은 우리를 그의 품으로 데려갈 것이기 때문입니다. 또 우리는 죽음의 황량함을 두려워할 필요가 없습니다. 왜냐하면 우리의 목자가 거기에서 우리와 함께 계실 것이기 때문입니다. 그는 "영원히 동일하실" 것이며, 우리 역시도 영원히 동일할 것입니다. 설령 우리가 "영광에서 영광으로 변화된다" 하더라도 그리고 그를 더 깊이 알게 될지라도 말입니다. 또 우리가 그를 소유한다면, 우리는 이 땅에서 "내일도 오늘 같을 것이며 훨씬 더 풍성할" 것을 확신할 수 있습니다. "내일도 오늘 같이 크게 넘칠 것이라" (사 56:12). 또 우리가 그를 소유한다면, 우리는 이 땅에서 "어제나 오늘이나 영원토록 동일하신" 옛 그리스도로부터 항상 새로운 영광으로 가득 채워질 하늘을 확신할 수 있습니다.

55
마음을 굳게 함

"마음은 은혜로써 굳게 함이 아름답고"

히 13:9

본문은 "여러 가지 다른 교훈에 끌리지 말라"는 훈계에 뒤이어 나온 것입니다. "끌리지"(carried away)라는 단어에 암시된 요동하며 흔들리는 개념은 본문의 주된 단어인 "굳게 함"에 함축된 개념과 완전한 대조를 이룹니다. 튼튼한 기초 위에 뿌리를 박아 굳게 된 자들은 "여러 가지 다른 교훈들"의 물결에 떠내려가지 않을 것입니다. 그러나 여기에는 이것 외에 또 하나의 대조가 있는데, 그것은 "여러 가지 다른 교훈들"과 "은혜"의 대조입니다. 그리고 본문에 이어지는 구절에 또 하나의 대조가 나타납니다. "마음은 은혜로써 굳게 함이 아름답고 음식으로써 할 것이 아니니."

나는 여기의 "교훈들"과 "음식"이 본래 무엇을 가리키는 것인가 하는 문제로 여러분을 번거롭게 하고 싶지 않습니다. 다만 나는 여기의 연속되는 세 절(節)에 나타나는 세 개의 주된 단어에서 우리가 세 가지 종류의 신앙적인 삶을 발견하게 된다는 사실을 강조하고 싶습니다 — "교훈들"(doctrines)과 "은혜"(grace)와 "음식"(meats). 이 가운데 둘은 오류투성이며 부분적인 것인 반면, 하나는 충분하며 완전한 것입니다. 현대적인 언어로 말할 때, 저자가 의미하는 것은 이것입니다. 즉 항상 "어제나 오늘이나 영원토록 동일하신" 예수 그리스도 대신 이런저런 명제들을 붙잡는 단순한 지적인 신앙과 항상 음식이라든지 혹은 외적인 종류의 규례들과 관련한 문제에 골몰하는 의식적(儀式的)인 신앙은 무가치하다는 것입니다. 이러한 두 가지 방향에는 어떤 견고함도 없으며, 어떤 영혼의 안식도 없습니다. 마음을 안정시키며 충만하게 채우며 평온하게 하는 유일한 것은 여기에서 저자가 "은혜"라고 부르는 것, 다시 말해서 우리의 마음에 내주하는 하나님의 사랑에 대한 개인적인 산 경험입니다. 여러분은 여러 가지 교훈들과 외적인 규례들을 가지고 있으면서도 여전히 신앙의 핵심에 가까이 나아가지 못할 수 있습니다. 신앙의 핵심은 여기에서 "은혜"로 불리는 바로 그것입니다. 오직 은혜만이 사람의 마음을 굳게 하는 능력을 가지고 있습니다.

여기에서 우리는 요동치는 인생 가운데 견고함의 가능성, 견고함을 얻는 수단들, 견고함을 얻은 성품의 아름다움 등의 주제를 끌어낼 수 있습니다. 이제 그러한 주제들을 하나씩 살펴보도록 합시다.

1. 첫째로, 여기에서 저자가 생각하는 견고함의 유일한 근원을 주목하십시오.

"마음은 은혜로써 굳게 함이 아름답고." 나는 허다하게 많은 교훈들(혹은 교리들, doctrines)이 과연 그것을 듣는 청중들의 마음을 참으로 변화시켰는지에 대해 강한 의심을 가지고 있습니다. 설교자들은 종종 청중들의 무지(無知)를 잘 고려하지 않는 경향이 있습니다. 사람들은 기독교 계시의 주된 단어들에 대해 매우 익숙하기는 하지만, 그렇다고 해서 그러한 단어들의 명확한 의미를 분명하게 이해하고 있는 것은 아닙니다. 그러므로 나는 여기의 "은혜"라는 신약의 친숙한 단어가 의미하는 바를 가능한 명확하게 하기 위해 약간의 시간을 사용하는 것을 결코 시간 낭비라고 생각하지 않습니다.

신약 전체를 통해 흐르는 "은혜"의 본질적인 의미는 단순히 호의, 자비, 인자하심, 그리고 특별히 이 모든 것을 포함하는 하나님의 적극적인 사랑입니다. 우리가 은혜라는 표현이 사용되는 다양한 용례(用例)들을 살펴본다면, 우리는 그것이 여러 가지 다른 표현들과 대조되는 것을 발견하게 될 것입니다. 때로 그것은 죄와 반대되는 것으로서 제시됩니다. 죄는 의(義)를 부르지만, 은혜는 생명을 부릅니다. 때로 그것은 "빛"과 대조되며, 또 때로 그것은 "행위"와 대조됩니다. 예컨대 바울 사도가 "만일 은혜로 된 것이면 행위로 말미암지 않음이니"라고 말하는 경우처럼 말입니다(롬 11:6). 그런가 하면 또 때로 그것은 같은 사도가 "너희는 율법 아래 있지 않고 은혜 아래 있다"고 말하는 경우처럼 "율법"과 대조되기도 합니다. 우리가 이러한 다양한 용례들과 대조들을 주의 깊게 살핀다면, 우리는 그와 같은 하나님의 적극적인 사랑은 우리 편에서의 어떤 공로로 말미암는 것이 아니라 하나님 자신의 무한한 마음의 깊음으로부터 오는 것이라는 개념에 이르게 됩니다. 그것은 우리의 어떠함 때문이 아니라 하나님의 어떠하심 때문입니다. 그것은 율법의 모든 엄격한 보응을 초월하며, 어떤 죄로 말미암아 돌이켜지지 않습니다. 도리어 그것은 계속 세상을 가득 채우는것은 그것이 하나님의 마음 안에 있는 무한한 사랑의 샘으로부터 솟아오르기 때문입니다.

우리의 자격 여부와 상관없이 나타나는 하나님의 적극적인 사랑의 이러한 중심적인 의미로부터 그 단어의 두 번째 큰 측면이 드러납니다. 그것은 원인과 결과의 틀 위에서가 아니라 여기의 위대한 단어 즉 "은혜"의 틀 위에서 그와 같은 하나님의 사랑으로부터 흘러나오는 축복들과 선물들이 사람들에게 주어진다는 사실입니다. 우리의 언어 가운데 이와 같은 방식으로 사용되는 단어들이 있습니다. "친절"(kindness)은 특정한 기질입니다. "하나의 친절"(a kindness)은 그러한 기질로부터 흘러나오는 하나의 행동입니다. "호의"(favour)는 우리가 어떤 사람을 바라보는 방식입니다. "하나의 호의"(a favour)는 그러한 방식으로 바라보는 것으로부터 흘러나오는 하나의 행동 혹은 선물입니다. 주전자에 있는 물은 샘에 있는 물과 같은 물입니다. 그와 같이 예수 그리스도가 우리에게 가져다주는 축복들과 선물들의 총체는 때로 '그것이 우리를 위해 행하는 관점에서' 구원이나 영생 등으로 명명되기도 하지만 동시에 '그것이 궁극적으로 하나님으로부터 온다는 관점에서' 집합적으로 하나님의 "은혜"로 명명되기도 합니다.

우리는 그리스도가 가져다주는 모든 선물들을 하나님의 사랑이 우리에게 가시화(可視化)된 것으로서 말할 수 있습니다. 천체를 가로지르는 유성은 그것이 우리의 대기(大氣)를 통과할 때 불꽃처럼 타오릅니다. 그와 같이 하나님의 사랑은 그것이 우리의 필요 안으로 들어올 때 그것이 가져다주는 큰 선물들로 가시화됩니다.

두 번째 적용으로부터 마지막 세 번째 적용이 도출되는데, 그것은 그러한 선물들이 전달됨으로 말미암은 개인적인 성품이나 행동의 탁월함입니다. 지금까지 이야기한 세 가지를 다시 한 번 주목해 보십시오. 첫째는 샘으로서 변하거나 요동하지 않는 사랑입니다. 둘째는 강으로서 그리스도를 통해 우리에게 흐르는 다양한 축복들과 선물들입니다. 그리고 셋째는 우리 각자가 소유하고 있는 한 잔의 물로서, 하나님의 사랑의 햇빛 아래 자란 성품의 다양한 아름다움들과 탁월함들입니다. 이러한 세 가지 모두가 여기의 "은혜"라는 단어에 포함됩니다.

신약에서 "은혜"라는 단어가 사용되는 또 다른 측면들이 있는데, 이에 대해서는 오늘 다루지 않고자 합니다. 어쨌든 지금까지의 논의로부터 우리는 본성과 성품의 모든 견고함과 고요한 평온이 세워질 수 있는 유일한 기초는 우리가 하나님과 접촉하는 가운데 그의 사랑을 의식(意識)하며 우리의 마음 안으로 그가 주시는 능력을 받아들이는 것이라는 사실을 확실히 알게 됩니다. 사람은 의존적인 피조물입니다. 그러므로 사람의 모든 고요함과 강함이 그 자신으로부터 말미암는 것은 불가능합니다. 그러한 것들은 밖으로부터 와야만 합니다. 매일의 삶 가운데 우리가 조류(潮流)에 떠내려가지 않고 폭풍에 날아가지 않을 수 있는 유일한 방법은 우리가 스스로를 하나님 위에 고정시키는 것입니다. 오직 그의 은혜와 그의 사랑만이 우리가 흔들리지 않고 견고하게 설 수 있는 유일한 조건입니다.

2. 둘째로, 은혜가 삶을 평온하며 고요하게 만드는 몇 가지 방법들을 주목하십시오.

우리 인간들은 마치 열대 지방의 섬들과 같습니다. 그곳은 비옥하며 울

창하지만, 태풍에 휩쓸리고 지진에 흔들리며 화산에 황폐화됩니다. 우리 주위에 우리의 견고함을 공격하는 외적인 적들이 있습니다. 또 우리 내부에 우리의 평안을 허물어뜨리는 더 무서운 적들이 있습니다. 우리는 마치 불 가운데 화약을 나르는 사람들과 같습니다. 우리 안에 언제든 불똥이 떨어지면 점화될 수 있는 가연성(可燃性) 물질들로 가득 찬 창고가 있습니다. 이런 인생들이 도대체 어떻게 요동하지 않고 견고할 수 있단 말입니까? 본문은 오직 하나님의 사랑을 의식(意識)하며 그 사랑을 우리 안으로 끌어들일 때 비로소 우리가 폭풍이 몰아치는 가운데서도 평온을 누릴 수 있는 비밀을 발견할 수 있다고 말합니다.

하나님의 사랑을 의식하는 것에서 오는 견고함과 평온함의 여러 측면들 가운데 하나는 그것이 우리를 "여러 가지 다른 교훈들에 끌리는" 위험으로부터 건져낸다는 사실입니다. 하나님의 사랑을 개인적으로 체험하는데 별 도움을 주지 못함으로써 우리를 생명력 넘치도록 만들어주지 못하는 어떤 정통에 대해, 나는 그다지 중요하게 생각하지 않습니다. 나는 어떤 사람과 관련하여 그가 무엇을 믿고 또 믿지 않는지 그리고 그가 기독교 계시의 어떤 철학적 교리적 측면에 몰두하고 있는지 등에 대해서는 큰 관심을 기울이지 않습니다. 문제는 그것이 얼마만큼 그의 머리로부터 그의 가슴으로 내려와, 그 자신의 일부가 되어, 그의 삶으로 나타났느냐 하는 것입니다. 여러분이 가진 기독교 신조(信條)의 역할의 분량은 딱 그만큼입니다. 그 이상(以上)은 털끝만큼도 아닙니다. 여러분이 그것을 믿고 확신하는 분량은 곧 그것이 여러분의 삶으로 펼쳐진 분량입니다. 이런 측면의 믿음에는 흔들리거나 요동하는 것이 결코 없습니다. 우리가 어떤 종교적인 진리를 참되며 영원하게 붙잡고 있는 것이 증명되는 것은 오직 그것이 우리의 개인적인 삶으로 펼쳐질 때뿐입니다. 복음서에 등장하는 맹인을 생각해 보십시오. "이 사람이 죄인인지 내가 알지 못하나 한 가지 아는 것은 내가 맹인으로 있다가 지금 보는 그것이니이다"라고 말했을 때, 그는 기독교 변증론의 가장 참된 원리를 붙잡은 것입니다(요 9:25). 순전히 외적인 형태로 그에게 임한 "은혜"는 그로 하여금 자신을 위해 그와 같은 일을 행한 자는 분명 하나님으로부터 보냄 받은 자가 틀림없다고 생각하도록 만들었습니다. 여러분은 기독교 진리를 이와 같은 방식으로 붙잡아야만 합니다. 여러분이 기독교 진리를 그와 같이 붙잡지 않는다면, 그것은 여러분에게 별다른 영향력을 끼치지 않을 것입니다. 여러분이 그것을 믿든 그것을 부인하든 말입니다.

또 여러분에게 이런 축복들을 가져다주는 하나님의 사랑을 참으로 소유했다고 하는 살아 있는 의식(意識)이 있다면, 여러분은 사람들을 종종 격노로 몰아넣는 소위 "불꽃 튀는" 논쟁들을 큰 평온과 고요함으로 바라볼 수 있게 됩니다. 내가 예수 그리스도가 나를 위해 죽으셨으며 그로 말미암아 나의 영혼이 구원받았음을 안다면, 누가 오경(五經)을 기록했는지 요나서가 비유인지 아니면 역사(歷史)인지 따위의 논쟁은 나에게 큰 의미가 없을 것입니다. 나는 그런 문제들을 그냥 전문가들에게 맡길 수 있을 것입니다. 그리고 그로 인해 요동하지 않으면서, "나는 그런 문제들에 끌리지 않을 거야. 나의 마음은 은혜 안에서 견고해"라고 말할 수 있을 것입니다.

나아가 이와 같이 하나님의 은혜를 의식적(意識的)으로 소유할 때, 우리는 흔들리며 요동할 수 있는 모든 상황 속에서 고요함을 지킬 수 있을 것입니다. 모든 사람들의 삶 가운데 이런 것들이 있습니다. 천둥과 지진과 폭풍이 우리 모두에게 임합니다. 이런 가운데 우리가 흔들리지 않고 견고하게 서 있는 것이 가능합니까? 그렇습니다. 피난처가 한 곳 있습니다. 우리가 사나운 광풍과 우리 사이에 하나님을 둘 때, 우리는 그곳에 있는 것입니다. 만일 우리가 하나님이 우리를 축복하시며 지키시며 함께 하시며 필요한 것들을 주신다는 사실을 항상 우리 마음속에 담는다면, 도대체 왜 우리가 흔들리며 요동해야만 한단 말입니까? "그는 흉한 소문을 두려워하지 아니함이여 여호와를 의뢰하고 그의 마음을 굳게 정하였도다"(시 112:7). 이 세상은 흉한 소문으로 가득 차 있습니다. 그러나 여호와를 의지하며 굳은 마음을 가진 자는 결코 흉한 소문을 두려워하지 않을 것입니다. 비어 있는 마음은 쉽게 흔들리며 요동할 것입니다. 그러나 가득 차 있는 마음은 마치 가득 찬 자루처럼 똑바로 설 것입니다. 비어 있는 자루는 바람에 쉽게 요동하지만, 가득 차 있는 자루는 쉽게 요동하지 않습니다. 물가에 뿌리를 박은 나무는 튼튼한 줄기를 갖게 될 것입니다. 마찬가지로 하나님 안에 뿌리를 박은 사람들은 튼튼한 줄기를 가진 나무처럼 강할 것입니다. 그리고 그런 사람들은 어떤 폭풍 앞에서도 결코 요동하지 않을 것입니다. 설령 가지와 잎사귀들은 흔들리며 펄럭거릴 수 있다 하더라도 말입니다. 이와 같이 "은혜"를 붙잡지 않은 사람은 마치 타작마당에서 바람에 날리는 쭉정이와 같습니다. 여러분의 마음이 "은혜로써 굳게" 되지 않았다면, 인생의 바람들이 여러분을 날려버릴 것입니다.

하나님의 사랑으로 말미암아 주어지는 견고함의 또 한 가지 형태는 내적인 요동의 상황들과 관련되는 것입니다. 혈기, 정욕, 소욕, 쓰라린 후회, 세상의 일시적인 재물을 좇는 마음 — 하나님의 사랑이 우리 마음속에 살아 있다면, 이 모든 것들은 힘을 잃을 것입니다. 형제들이여, 우리를 요동하게 만드는 것은 세상이 아니라 바로 우리 자신입니다. "고요함이 없으면 기쁨도 없다"는 속담이 있습니다. 마찬가지로 "은혜"가 없으면 고요함도 없습니다.

3. 마지막으로, 은혜 안에서 견고하게 된 사람의 성품이 얼마나 아름다운지 주목하십시오.

"마음은 은혜로써 굳게 함이 아름답고." 여기에서 "아름답고"라고 번역된 단어는 "온당하고"라든지 혹은 "사랑스럽고"라든지 혹은 "훌륭하고" 등으로도 번역될 수 있습니다. 격정(激情)의 폭풍에 흔들리지 않으며, 재앙의 돌풍에 영향을 받지 않으며, 욕망의 용암에 황폐화되지 않는 강하고 견고하며 고요하며 평온한 성품보다 더 아름다운 것이 있습니까? 사람들에게 견고함을 가져다주는 복음은 또한 그들에게 아름다운 성품의 최고의 이상(理想)도 가져다줍니다.

여러분은 아름다운 성품을 만드는 것과 관련한 자신의 개념을 바로잡을 필요가 있습니다. 초라한 오두막에 사는 늙은 여자라 하더라도 대부분의 사람들이 가지고 있는 세속적인 이상(理想)보다 훨씬 더 아름다운 성품을 소유할 수 있습니다. 온유한 인내와 부단한 노력과 고요하며 흔들림 없는 믿음의 아름다움은 그 번지르르함으로 인해 세상이 열망하는 모든 자줏빛 화려한 옷들보다 훨씬 더 아름답습니다. 그러한 옷들에 대해 예수를 바라보는 사람들은 혐오감과 함께 눈을 돌립니다. 또 여러분은 참된 기독교적 탁월함을 계발할 필요가 있습니다. 다른 종류의 탁월함들은 계발하기가 훨씬 더 쉽습니다. 항상 고요함을 유지하는 것이나, 자신의 격정적인 본성을 다스리는 것이나, 요란하게 불어오는 바람 앞에서 흔들리지 않고 서 있는 것은 어렵습니다. 그러나 그것은 한 가지 조건 위에서 가능합니다. 그것은 우리의 뿌리를 "보이는 일시적인 것들"의 지표면에 있는 모든 표토(表土)를 통과하여 그 모든 것 아래 있는 영원한 하층토(下層土) 안에 박는 것입니다.

나의 형제들이여, 우리가 항상 예수 그리스도를 가까이 따르며 그의 은혜가 우리의 마음 안으로 흘러들어오게 한다면, 우리 역시도 "그가 나의 오른쪽에 계시므로 내가 흔들리지 아니하리로다"라고 말할 수 있게 될 것입니다(시 16:8). 그리고 우리는 그의 은혜로 말미암아 심지어 인생의 폭풍과 우리 자신의 격정과 소욕의 모든 요동함 가운데서도 흔들리지 않는 빛을 소유할 수 있게 될 것입니다. 그 빛은 외부의 바람에 의해서도 흔들리지 않을 것이며, 내부의 연약함에 의해서도 흐려지지 않을 것입니다. 도리어 새벽별의 찬란한 광채로 빛날 것입니다. "믿는 자는 다급하게 되지 아니하리로다"(사 28:16).

56
우리의 제단

"[10]우리에게 제단이 있는데 장막에서 섬기는 자들은
그 제단에서 먹을 권한이 없나니 …
[15]그러므로 우리는 예수로 말미암아
항상 찬송의 제사를 하나님께 드리자"
히 13:10, 15

"우리에게 제단이 있는데"(we have an alter). 원문(原文)에는 여기의 말씀에 매우 강한 강세가 놓여 있습니다. 마치 어떤 사람들이 계속 부인하던 어떤 사실에 대해 결코 그렇지 않노라고 강하게 확증하기라도 하는 것처럼 말입니다. 부인하는 자들의 정체는 명백합니다. 그들은 유대교를 추종하는 자들이었습니다. 그들은 자연스럽게 기독교가 제단과 희생제사를 기본으로 하는 자신들의 예배와 상반되는 것이라고 생각했습니다.

이교도들에게 유대교의 각종 의식(儀式)들과 그들의 빈 성소(聖所)와 하나님 없는 성전이 웃음거리였던 것과 마찬가지로, 성전도 없고 제사장도 없고 희생제사도 없고 제단도 없는 기독교회의 예배 역시 이상하고 기괴한 것이었습니다.

이런 배경 아래 히브리서 기자는 서신 전체의 중심적인 주제와 일치하게 기독교가 하나님 없는 이방종교나 혹은 제단과 희생제사를 가진 유대교보다 더 참된 것임을 역설합니다. 그는 단순히 기독교가 제단을 실제적

으로 소유하고 있음을 언급하는 것으로 만족하지 않고, 한 걸음 더 나아가 기독교의 우월성을 강력하게 역설합니다.

그는 유대교의 의식(儀式) 가운데 속죄제를 드리는 자들에게는 그 제물을 먹을 권한이 없었을 뿐만 아니라 그 제물을 영문 밖에서 불살라야만 했던 사실을 가리킵니다. "장막에서 섬기는 자들은 그 제단에서 먹을 권한이 없나니 … 그 육체는 영문 밖에서 불사름이라"(10, 11절). 그러면서 그는 본문 앞부분에서 바로 이 점에서 기독교의 제사가 유대교와 다를 뿐만 아니라 또한 그것보다 우월함을 은연중 암시합니다. 왜냐하면 기독교에서는 예배자들이 제단에 참여하여 먹고 마시기 때문입니다.

계속해서 본문 뒷부분에서 저자는 또 다른 측면에서의 기독교의 우월성을 다룹니다. 그것은 모든 그리스도인들이 이러한 제단의 제사장으로서 그 위에서 감사의 제사를 드려야만 한다는 사실입니다.

이와 같이 본 서신의 기자는 기독교의 영적 예배를 화려한 옛 의식(儀式)들이 나타내는 모든 것을 소유한 것뿐만 아니라 나아가 그 모든 것을 훨씬 더 뛰어넘는 것으로서 높입니다. 이러한 차원에서 우리는 본문으로부터 다음과 같은 세 가지 주제들을 발견할 수 있습니다 — 우리의 기독교적 제단, 우리가 희생제물에 참여함, 그리고 제단 위에서의 우리의 기독교적 희생제사. 이제 이러한 주제들을 차례대로 살펴보도록 합시다.

1. 우리의 기독교적 제단.

"우리에게 제단이 있는데"(we have an altar). 앞에서도 이야기한 것처럼, 저자는 이러한 말씀에 매우 강한 강세를 부여합니다. 설령 우리의 외적 예배에 눈에 보이는 것이 아무것도 없고, 또 우리가 예전에 익숙했던 감각적인 표현들을 잃어버렸고, 또 많은 사람들이 그러한 사실로 인해 고개를 갸우뚱하며 우리를 조롱한다 하더라도 — 우리는 제단을 "가지고"(have) 있습니다.

우리는 희생제사적 종교의 중심에 제단이 있음에도 불구하고 제단 자체에는 특별한 중요성이 없고 단지 희생제사가 드려지는 곳으로서의 의미만을 가질 뿐이라는 사실을 기억할 필요가 있습니다. "우리에게 제단이 있고"라고 말할 때, 나는 저자의 마음속에 희생제사적 종교에서의 제단과 상응하는 어떤 특별한 물건이 있었다고 생각하지 않습니다. 그는 단지 제단 위에 놓인 희생제물과 단지 그것과 연결하여 제단에 대해 생각하고 있었을 뿐입니다. 그러나 여기의 말씀에 대해 우리가 이러한 설명으로 만족하지 못한다면, 우리에게 두 가지 해석의 가능성이 열려 있습니다.

하나는 십자가가 제단이라는 해석입니다. 그러나 나에게 있어 이러한 해석은 지나치게 조잡하며 물질적인 해석으로 보입니다. 특별히 이러한 해석은 본 서신의 전체적인 교훈과 잘 맞지 않는 것처럼 보입니다. 왜냐하면 본 서신은 영적인 것은 영원한 반면 물질적인 것은 일시적이라고 계속해서 가르치기 때문입니다. 또 하나의 해석은 좀 더 선호될 만한 것으로서 제단이 예수 그리스도의 신인(神人) 인격성(divine-human personality)을 의미한다는 해석입니다.

그러나 우리가 붙잡아야 할 주된 요점은 기독교의 중심적인 사실이 그 위에 희생제물이 놓이는 제단이라는 것입니다. 만일 우리가 본문의 상징과 관련하여 앞에서 내가 "좀 더 선호될 만한"이라고 표현한 해석을 받아들인다면, 제단은 성육신의 위대한 신비와 복음을 그리고 희생제물은 수난의 위대한 신비와 복음을 표현하는 것이 될 것입니다.

그러나 이와 같이 해석하는 것을 나는 지나치게 포괄적인 해석이라고 생각합니다. 그러므로 나는 오늘의 논의를 복음의 살아 있는 핵심이 제단과 희생제사라는 일반적인 개념에만 제한시키고자 합니다. 이러한 개념은 "보라 세상 죄를 지고 가는 하나님의 어린 양이로다"라는 세례 요한의 외침으로부터 밧모 섬에서 죽임 당한 어린 양이 만유의 통치자로서 보좌에 앉아 계신 것을 본 사도 요한의 환상에 이르기까지 신약 전체에 두루 퍼져 있습니다.

나는 어떤 사람이 신약이 이와 같은 예수 그리스도의 희생제사의 진리를 가르치지 않는다고 합리적으로 논증할 수 있는 시대는 지났다고 생각합니다. 도리어 우리는 과거 그런 개념을 부인하던 자들이 다음과 같이 말하는 것을 종종 듣습니다. "그래요. 신약 전체에 걸쳐 그와 같은 희생제사적 개념이 나타나는 것은 사실입니다. 그렇지만 그것은 유대교의 옛 조개껍질의 한 조각에 불과합니다. 우리는 그와 같은 낮은 수준의 종교적인 개념을 훨씬 뛰어넘어야만 합니다."

오늘 나는 이러한 주제는 다루지 않고자 합니다. 왜냐하면 지금은 그러한 주제를 다룰 만한 적당한 시간이 아니기 때문입니다. 다만 나는 본 서신 속에 희생제사와 제단과 제사장과 성전 등을 포함하는 옛 계시체계와 기독교라는 이름의 새 계시 체계 사이의 관계가 그림자와 실체 혹은 예언과 성취의 관계로서 다양하게 제시되고 있는 사실을 지적하고 넘어가고자 합니다.

유대교의 역할은 그리스도의 오심을 미리 준비하는 것이었습니다. 또 옛 의식(儀式)들은 하나님이 예비하신 거울로서, 그 위에 장차 이루어질 사건들의 상(像)이 비취었습니다. 또 성전과 제사장과 제단과 희생제사는 장차 오실 그리스도가 어떤 존재이며 무슨 일을 행할 것인지를 미리 보여주는 그림자들이었습니다. 예수 그리스도의 사역과 유대교의 옛 의식(儀式) 사이의 관계가 그림자와 실체 또는 예언과 성취의 관계인 것처럼, '신약의 제단과 희생제사'와 '나름대로 제단과 희생제사를 가지고 있는 모든 이교(異教) 체계들' 사이의 관계는 후자는 필요를 선포하는 것인 반면 전자는 그것에 대한 참된 충족을 제공해 주는 것이라는 사실입니다. 나름대로 제단과 희생제사를 가지고 있는 모든 이교 체계들은 죄와 분리와 소외(疏外)와 희생제사의 필요성을 의식(意識)하는 인성을 보여 줍니다. 모든 이교 체계가 슬피 울며 절망적으로 발견하고자 소망한 것은 다름 아닌 그리스도였습니다.

제각각 다른 기초 위에서 희생제사의 보편성을 설명하고자 하는 많은 시도들이 있었습니다. 그러나 나는 그 모든 시도들이 피상적인 것일 뿐이라고 감히 단언합니다. 또 비교종교학이 이교(異教) 세계 전체에서 궁극적으로 예수 그리스도와 그의 사역으로 충족되는 열망을 인식하지 못한다면, 나는 그것의 모든 연구가 결국 그릇된 길로 가는 것이 불과하다고 감히 단언합니다.

그러면 여기의 위대한 개념에 놓여 있는 것은 무엇입니까? 나는 속죄를 이론화하고자 시도하지 않을 것입니다. 왜냐하면 그렇게 하는 것은 결코 가능하지 않은 일이라고 믿기 때문입니다. 그러나 우리는 "우리에게 제단이 있는데"라는 본문의 개념에서 최소한 그리스도께서 인류를 대표하여 인간의 죄의 결과를 담당하셨다는 사실을 분명하게 발견할 수 있습니다. 그가 그렇게 하신 것은 단지 그의 대표성의 독특성 때문만이 아니라 아버지로부터의 두려운 분리에 대한 그의 자발적인 순복 때문입니다. "나의 하나님 나의 하나님 어찌하여 나를 버리셨나이까?"라는 부르짖음은 그에 대한 측량할 수 없는 증거입니다. 이와 같이 그는 우리의 죄를 짊어지고 모든 죄책을 담당하셨습니다. "우리에게 제단이 있는데."

이러한 위대한 진리가 외적인 의식(儀式)에 집착하는 자들에게 분명한 교훈을 제시해 주는 사실을 주목하십시오. 본 서신의 저자는 기독교회가 참된 희생제사를 소유하고 있기 때문에 외적이며 물질적인 형태의 제사장과 성전과 제단과 희생제사는 더 이상 필요치 않음을 분명하게 선언합니다. 그러한 것들은 복음의 중심적인 개념과 모순되며 시대착오적인 것에 불과할 뿐입니다. 로마 가톨릭을 비롯한 상당 부분의 기독교세계가 본문의 의미를 이해하지 못한 채 본문이 가르치는 교훈을 놓침으로써 본문이 반대하는 오류 가운데 떨어진 것은 참으로 이상한 일로 보입니다. 본문이 제단과 희생제사의 개념을 물질화시키는 것을 반대함에도 불구하고, 그들은 제단이 주의 식탁을 의미하고 희생제사는 그의 몸과 피에 참여하는 것을 의미하는 것으로 비틀었습니다.

우리의 연약한 인성(人性) 안에 진리를 우리의 감각으로 지각할 수 있는 외적인 모양으로 형태화시키고자 하는 매우 강한 경향이 있습니다. 그럼으로써 기독교회는 본문의 높은 의미를 충분히 이해하지 못한 채 오직 예수 그리스도의 영적인 희생제사에만 붙일 수 있는 효력을 외적이며 물질적인 것들에다가 붙이곤 하였습니다. 그렇게 하여 우리는 본문의 영(spirit)과 의문(儀文, letter)을 혼동하는 오류에 떨어지고 말았습니다. 그리하여 상당 부분의 기독교세계 속으로 물질적인 제단 위에서 참된 희생제사를 드리는 이상한 개념이 슬그머니 들어왔습니다. 이와 같은 개념은 "우리에게 제단이 있다"는 말씀이 가르치는 교훈과 분명하게 상충됩니다. 본 서신의 저자는 당시의 초창기 히브리 그리스도인들에게 이를테면 이렇게 말하고 있는 셈입니다. "너희의 다락방으로 올라가 거기에서 예배를 드려라. 거기에 감각으로 지각할 수 있는 것은 아무것도 없을는지 모르지만, 그런 것은 신경 쓸 필요가 없느니라. 사람들이 너희의 예배에 감각으로 붙잡을 수 있는 것이 아무것도 없다고 조롱하는 것에 대해 신경 쓸 필요 없느니라.

그런 종류의 조롱하는 말은 많이 들을수록 좋을 것이니라. 너희가 눈에 보이는 제단과 제사장과 희생제물과 함께 눈에 보이는 의식(儀式)을 행할 수 없는 것으로 인해 걱정할 필요 없느니라. 그 모든 것들은 영원히 사라졌느니라. 왜냐하면 예수 그리스도께서 자신을 희생제물로 드림으로써 단번에 죄를 제거하셨기 때문이니라. 우리의 성전은 그의 몸이며, 우리의 제사장은 하늘 보좌 위에 앉아 계시도다. 우리가 제단을 세우지 않는 것은 그가 죽으셨기 때문이라. 우리의 영원한 희생제사가 갈보리에서 드려졌도다. 그러므로 이제부터 우리의 예배는 모든 물질적인 것을 벗어버리고 더 높은 영역으로 올라가노라. 우리는 영(靈)으로 예배하며, 육체를 신뢰하지 않노라."

한 걸음 더 나아가 이러한 진리는 반대쪽 극단에 속한 사람들 즉 기꺼이 제단 없는 기독교를 갖기를 바라는 사람들에게도 분명한 메시지를 던집니다. 나는 이러한 교리가 없이 예수 그리스도의 참된 제자도가 가능한지에 대해서는 다루지 않고자 합니다. 그것을 결정하는 것은 나의 일이 아닙니다. 그러나 제단 없는 기독교는 능력 없는 기독교에 불과하다고 나는 감히 단언합니다. 그런 기독교는 세상을 움직이는 힘도 갖지 못할 뿐만 아니라 개인의 마음을 통치하는 일에도 무력합니다. 또 그것은 사람의 필요와 열망에 부응하지도 못합니다. 퇴락하는 그리스도인들이 어디에 있습니까? 세상의 죄를 위해 성육신한 희생제물의 중심적인 사실을 놓친 그리스도인들이 어디에 있습니까? 위의 두 질문에 대한 대답은 같습니다. 그러한 중심적인 진리를 굳게 붙잡지 않을 때 혹은 설교자들이 그에 대해 분명하게 말하지 않을 때, 거기에 남는 것은 생명력을 상실한 형식주의 외에 아무것도 없습니다.

예수 그리스도와 그의 종들은 동일한 법칙을 따릅니다. 그것은 "십자가 없이는 면류관도 없다"(no cross no crown)는 법칙입니다. 그리스도가 죽지 않았다면 다시 말해서 그가 세상을 위한 속죄제물이 되지 않았다면, 그는 결코 세상을 통치하는 왕이 되지 못했을 것입니다. 그의 십자가가 제단이 될 때, 그것은 동시에 보좌가 됩니다. 그러나 그것이 제단이 되지 않는다면, 그것은 단순히 처형 도구에 불과한 것이 될 뿐입니다. 그 위에서 한 사람의 종교적인 광신자가 오래 전에 죽은 것일 뿐입니다. 그렇다면 십자가는 나에게 그것 외에 아무것도 아닌 것이 될 것입니다. 우리에게 제단이 있습니다. 우리에게 제단이 없다면, 우리의 기독교는 아무 짝에도 쓸모없는 무력한 것이 되고 말 것입니다.

2. 우리가 희생제물에 참여함.

저자는 옛 체계를 따르는 자들이 제단에 참여할 권한 즉 제단에서 먹을 권한이 없었다고 말합니다. "장막에서 섬기는 자들은 그 제단에서 먹을 권한이 없나니"(10절). 이러한 말은 옛 체계를 벗어난 자들은 그 제단에 참여할 권한이 있음을 함축합니다. 여기에서 저자는 속죄일의 희생제사와 십자가 위에서의 그리스도의 희생제사 사이의 대조를 끌어내고 있습니다. 속죄일에 제사장들과 예배자들은 희생제물에 참여할 수 없었습니다. 다만 그 피는 성소에 뿌리고, 나머지 고기는 영문 밖에서 불살랐습니다. 그러나 우리는 우리의 희생제물에 참여할 수 있습니다. 다시 말해서 우리 죄를 위해 죽으신 그리스도 즉 그의 희생제물은 우리의 영적 생명의 양식이 된다는 사실입니다. 우리는 우리를 위해 죽으신 그리스도에 근거하여 생명을 얻습니다. 이것은 단순한 은유가 아닙니다. 이것은 영적 생명의 근본적인 기초로서, 성경의 많은 구절들이 충분하게 입증합니다. 그리스도인의 생명은 곧 그 안에 내주(內住)하시는 그리스도입니다. 내주하시는 그리스도를 갖지 못한 사람은 살았으나 죽었으며, 참된 생명 곧 하나님과 연합한 생명을 소유하지 못합니다. 우리 안에 있는 그리스도는 우리를 위한 그리스도의 결과입니다. 십자가의 희생제사의 개념과 그 희생제물에 참여하는 다시 말해서 그것을 먹는 개념을 함께 붙잡지 않는 기독교는 전적으로 불완전한 기독교입니다.

그러면 희생제물을 먹는 것은 어떻게 이루어집니까? "나를 먹는 그 사람도 나로 말미암아 살리라"(요 6:57). 그를 먹는 것은 다름 아닌 그를 믿는 것입니다. 겸손한 믿음으로 그리스도를 자신의 소유로 삼고 그의 삶과 죽음의 사실을 자신의 영적 생명의 양식으로 전유(專有)하는 자는 진실로 그로 말미암아 삽니다. 그를 믿는 것이 곧 그를 먹는 것이며, 그럴 때 우리는 생명을 얻습니다.

설령 본문 가운데 제단에 참여하는 것이 주의 몸과 피에 참여하는 외적인 의식(儀式)과 직접적으로 연결되지는 않는다 하더라도, 어쨌든 양자(兩者) 사이에는 분명한 연관성이 있습니다. 왜냐하면 전자는 언어로 선언하는 것인 반면, 후자는 상징으로 나타내는 것이기 때문입니다. 희생제물에 참여하는 것은 다음과 같은 위대한 말씀들 가운데 온전히 나타납니다. "이것은 너희를 위하여 주는 내 몸이라"(눅 22:19). "이 잔은 내 피로 세우는 새 언약이니 곧 너희를 위하여 붓는 것이라"(20절). 이와 같이 우리에게 제단이 있습니다 — "우리에게 제단이 있는데." 설령 여기의 제단이 우리 주님의 희생제사적 죽음의 상징이 펼쳐지는 식탁은 아니라 하더라도, 어쨌든 여기의 상징과 본문의 언어는 동일한 사실 즉 믿음으로 그리스도에게 영적으로 참여하는 것이 바로 "그를 먹는" 것의 실체이며 그것이 영원한 생명의 조건이라는 사실을 가리킵니다.

3. 제단 위에서의 우리의 기독교적 희생제사.

"그러므로 우리는 예수로 말미암아 항상 찬송의 제사를 하나님께 드리자"(15절). 여기의 제사는 무엇입니까? 그리스도의 죽음은 홀로 섭니다.

그것은 반복될 수 없으며, 반복되어서도 안 됩니다. 그것은 영원하며, 유일하며, 온 세상의 죄책을 충분하게 만족시킵니다. 그러나 또 다른 종류의 희생제사도 있습니다. 속죄를 위한 희생제사뿐만 아니라 감사의 희생제사도 있습니다. 우리는 예수 그리스도의 큰 희생제사 위에다가 아무것도 더할 수 없습니다. 우리는 오직 그것 위에서만 안식할 수 있을 뿐입니다. 그러나 우리는 그것 위에서 우리의 감사의 마음을 제사로 드릴 수 있습니다. 저자는 이러한 제사에 두 가지 종류가 있다고 말합니다. 찬송의 말이 있으며, 선을 행하는 행위가 있습니다. "찬송의 제사를 하나님께 드리자 … 오직 선을 행함을 잊지 말라 하나님은 이 같은 제사를 기뻐하시느니라"(15, 16절). 사람의 섬김과 봉사는 하나님께 드리는 희생제사입니다. 이것은 광범위하게 적용될 수 있는 매우 심오한 말씀입니다. 이러한 찬송과 이러한 선행은 오직 그리스도의 희생제사의 기초 위에서만 가능합니다. 왜냐하면 오직 그러한 기초 위에서만 우리의 찬송이 받으심 직한 것이 되기 때문입니다. 오직 하나님의 무한한 긍휼과 사랑에 의해 감동될 때에만 비로소 우리는 스스로를 그분께 감사의 제물로 드리게 될 것입니다.

우리가 예수 그리스도의 희생제물에 참여하는 것과 그에 기초하여 우리 자신을 희생제물로 드리는 것 — 이러한 두 가지 개념이 내적 원천으로부터 외적 표현에 이르기까지 기독교적 삶의 전 영역을 망라하는 사실을 주목하십시오. 이와 같이 우리가 하나님의 긍휼에 감동되어 스스로를 산 제물로 드린다면, 우리의 삶 자체가 하나의 긴 감사의 제물이 될 뿐만 아니라 또한 바울 사도의 "전제와 같이 내가 벌써 부어지고 나의 떠날 시각이 가까웠도다"라는 고백처럼 죽음 자체도 그에게 대한 감사의 순복이 될 것입니다(딤후 4:6). 또 예수 그리스도의 희생제사적 생애와 죽음 위에 세워진 감사의 마음이 모든 삶을 감사로 만드는 것처럼, 죽음 역시도 하나님의 무한한 긍휼을 인치며 우리의 희생제사를 완성시킬 것입니다. 이와 같이 우리의 삶과 죽음을 거룩하며 받으심 직한 것으로 만들 수 있는 오직 한 분의 그리스도가 계십니다. 그는 우리를 위해 죽으시고, 자기 안에서 우리가 하나님께 제사장이 되도록 하기 위해 우리 안에 살고 계시는 그리스도입니다. 바로 이것이 우리의 필요를 능히 채울 수 있는 유일한 기독교입니다. 그 중심에 제단이 있으며, 그 제단 위에서 우리의 유월절 양이신 하나님의 아들이 우리를 위해 죽임을 당하셨습니다.

57
영문 밖으로 나아가자

"[13]그런즉 우리도 그의 치욕을 짊어지고 영문 밖으로 그에게 나아가자
[14]우리가 여기에는 영구한 도성이 없으므로 장차 올 것을 찾나니"
히 13:13, 14

갈보리는 예루살렘 밖에 있었습니다. 문맥은 본 서신의 주된 논점과 목적을 다시금 강하게 부각시키기 위해 매우 우연적이며 사소한 상황을 붙잡습니다. 유대교의 의식(儀式) 가운데 대속죄일이 있었습니다. 그 날 이스라엘의 죄를 짊어진 희생제물은 대부분의 다른 희생제물들처럼 제사장들이 먹는 대신 영문 밖으로 끌려가 그곳에서 불사름을 당했습니다. 저자는 갈보리와 대속죄일의 두 사건 속에서 위대한 진리를 보여 주는 일종의 예화(例話)를 발견합니다. 물론 그는 대속죄일의 독특한 규례가 갈보리의 죽음을 가리킨다고 직접적으로 말하지는 않습니다. 그렇지만 어쨌든 그는 두 사건의 우연한 일치가 우리로 하여금 다음과 같은 두 가지 큰 진리를 이해하도록 돕는다고 분명하게 암시합니다. 하나는 예수 그리스도가 옛 희생제물이 표현했던 것을 실제적으로 행했다는 것이며, 다른 하나는 그의 갈보리 죽음에서 이스라엘이 그를 비유적으로 말해서 "포도원으로부터 내쫓았다는" 것입니다. 문맥 가운데 그는 두 사건 사이의 이러한 유비관계(類比關係)를 강력하게 제시합니다.

그러나 예수 그리스도는 영문 밖에서 그의 제자들을 자기 곁으로 부르

십니다. 어떤 사람이 그리스도를 섬긴다면, 그는 그리스도를 따라야만 합니다. 주인이 있는 그 곳에 종도 있어야만 합니다. 그곳이 하늘이든 땅이든 말입니다. 그리고 그곳에 종의 의무뿐만 아니라 축복도 있을 것입니다. 이와 같이 저자는 여기에서 자신의 서신의 위대한 교훈 즉 유대인으로서 기독교를 따르는 자들은 반드시 유대교와 결별해야만 한다는 교훈을 강화시키기 위한 회화적(繪畫的)인 방법을 발견합니다. 초창기 단계에서는 그리스도를 믿는 믿음과 성전과 그곳에서의 의식(儀式)에 참여하는 것을 결합시키는 것이 가능했습니다. 그러나 어느 정도의 시간이 지난 지금 교회는 그리스도가 누구며 어떤 존재인지에 대해, 그리고 계속해서 보존해야 할 것과 버려야 할 것에 대해 보다 더 충분하게 배웠습니다. 이제 기독교회는 유대 회당과 별도로 서야만 했습니다.

우리는 먼저 저자의 생각 속에서 본문의 명령이 모든 사람들에게 해당되는 보편적인 명령이 아니었다는 사실을 분명하게 이해할 필요가 있습니다. 도리어 그것은 특별한 상황 아래 있는 특별한 사람들에게 주는 특별한 명령이었습니다. 만일 우리가 본문의 명령을 더 넓은 목적을 위해 사용하고자 한다면, 우리는 그러한 더 넓은 목적이 본래 저자의 생각 속에 있지 않았다는 사실을 먼저 기억할 필요가 있습니다. 그가 생각하고 있었던 것은 단순히 유대인 그리스도인들과 유대 공동체 사이의 관계였습니다. 그렇지만 우리가 저자의 본래 의도에서 다소간 이탈하고 있음을 의식하면서 본문의 명령을 우리를 위한 보다 더 보편적인 교훈으로 취한다면, 우리는 본문으로부터 신실한 제자도 속에는 필연적으로 세상으로부터 분리되는 것이 포함된다는 교훈을 끌어낼 수 있을 것입니다. 이제 이와 같은 분리와 관련하여 몇 가지 생각해 보도록 합시다.

1. 첫째로, 여기의 분리가 의미하는 것이 아닌 것을 주목하십시오.

유대인으로서 그리스도인이 된 자들은 유대교에 대한 자신들의 관계를 끊어야만 했습니다. 그렇게 하지 않는다면, 그들은 역사적(歷史的)으로 결국 기독교를 버리고 만 어떤 유대 종파들의 경우처럼 유대교와 함께 멸망을 당할 위험 가운데 있었습니다. 그것은 괴로운 필연성이었습니다. 히브리인 제자들이 침몰하는 배로부터 뛰쳐나와 안전한 배로 옮겨 타도록 강권하기 위해 이와 같은 긴 서신이 필요했던 것은 조금도 놀랄 일이 아니었습니다. 이것은 우리의 경우와는 다른 것이었습니다. 세상으로부터 분리되는 것 즉, 본문이 훈계하는 대로 "영문 밖으로 나오는" 것은 성경이 "세상"(world)이라고 부르고 "사회"(society)라고 부르는 것에 대한 우리의 모든 관계를 단절시키는 것이 아닙니다. 누룩으로서의 기독교회의 기능은 국가적이며, 사회적이며, 정치적이며, 경제적이며, 학문적인 모든 영역의 삶과 밀접하게 연결되어야 할 필요성을 포함합니다. 본문은 이것과 정반대의 교훈을 가르칩니까? "그런즉 우리도 영문 밖으로 그에게 나아가자" — 이것은 우리에게 영문은 마귀에게 남겨둔 채 우리만 별도의 분리된 무리 가운데로 나아갈 것을 요구합니까? 결코 그렇지 않습니다. 왜냐하면 사회나 세상 자체는 하나님이 만드신 것으로서 선한 것이기 때문입니다. 개인들을 불러 가정을 이루게 하신 자는 하나님입니다. 개인들을 모아 사회적이며 국가적인 공동체를 이루게 하신 자는 하나님입니다. 개인들의 정치적이며 경제적이며 학문적인 영역의 삶을 증진시키는 능력을 주신 분은 하나님입니다. 하나님은 한 손으로 쌓고, 다른 손으로 허물지 않습니다. 하나님은 자신의 섭리로 사람들을 어떤 환경 속에 두었다가, 또 자신의 은혜로 그들을 그곳으로부터 끌어내지 않습니다. 결코 그럴 수 없습니다. 하나님이 세상에 교회를 두신 목적은 결코 사람들을 서로 분리시키기 위함이 아닙니다. 병자를 치료하기 위해서는 반드시 병자와 접촉해야만 합니다. 바리새인과 교제하기를 더 좋아하는 사람은 "세리와 죄인들의 친구"인 우리 주님의 부끄러운 제자입니다. "둘 다 추수 때까지 함께 자라게 두라"(마 13:30). 그들의 뿌리가 서로 뒤엉키도록 만드신 분은 하나님입니다.

나는 우리가 이러한 원리를 오늘날의 보통 기독교도에게 굳이 강요할 필요가 없음을 잘 압니다. 왜냐하면 오늘날의 보통 기독교도는 세상과 더불어 뒤섞일 준비가 지나칠 정도로 잘 되어 있기 때문입니다. 도리어 나는 오늘날의 보통 기독교도는 세상으로부터 분리될 것을 강요할 필요가 있다고 생각합니다. 우리가 "그런즉 우리도 영문 밖으로 그에게 나아가자"라는 명령의 말씀을 여전히 기억하고 순종한다면, 우리가 스스로를 다양한 형태의 삶 속으로 활기차게 던지는 것은 결코 기독교적 삶의 표준을 낮추는 것이 아니라는 사실을 우리는 기억할 필요가 있습니다. 반면 본문의 명령을 오해할 때, 그것은 그것을 지키지 못하는 많은 사람들에게 큰 올무가 됩니다. 왜냐하면 그것을 지키지 못해서 항상 스스로를 비난할 수밖에 없기 때문입니다.

2. 둘째로, 여기의 분리가 실제로 의미하는 것을 주목하십시오.

여기에서 나는 여러분에게 두세 가지 매우 명백하면서도 실제적인 교훈을 제시하고자 합니다.

먼저 우리는 예수 그리스도와의 연합의 내적 생명을 계속 보양(保養)해야만 합니다. 본문 말씀이 배열된 순서를 주목해 보십시오. "그런즉 우리가 그에게 나아가자" — 이것이 주된 내용입니다. 계속해서 앞의 것의 결과로서 "영문 밖으로"가 이어집니다. 이와 같이 "그에게"가 먼저입니다. 기독교적 생명의 가장 높고 가장 넓으며 가장 포괄적인 개념은 그것이 예수 그리스도와의 연합이라는 개념입니다. 나머지 모든 것은 이것으로부터 따릅니다. 영혼은 항상 일시적인 현재의 모든 그림자와 외양(外樣)과 변화와 환경을 통해 그를 바라보며, 그와 더 긴밀하게 연합되기를 추구합니다. 그와의 연합이 생명이며, 그로부터 분리되는 것이 죽음입니다. 그리고 그와 연합되는 것이 곧 그리스도인이 되는 것입니다. 영문이나 혹은 다른 것들에 대해서는 신경 쓰지 마십시오. 만일 마음이 예수와 연합된다면, 나머지 모든 것들은 자연적으로 따를 것입니다. 그러나 그렇지 않다면, 여러분은 많은 율법들을 만들 것이며 그러한 율법들은 여러분의 발을 얽어매는 족쇄와 같이 될 것입니다. "그런즉 우리가 그에게 나아가자." 이것이 가장 중요한 명령입니다. 그러면 그에게 나아가는 것은 어떻게 이루어집니까? 그것은 오직 그와의 연합과 그 안에 있는 생명을 계속 의식하고, 그리고 우리의 모든 행동을 그에게 계속 맡김으로써 이루어집니다. 이와 같이 소위 "하나님 임재의 연습"이 모든 실제적이며 생명력 넘치는 기독교의 핵심입니다. 형제들이여, 우리에게 있어 예수 그리스도와의 이와 같은 계속적인 교제는 가능합니다. 물론 많은 장애물이 있기는 하지만 그것이 실제적이며 계속적으로 이루어지는 것은 완전히 가능합니다.

이와 같이 우리가 예수 그리스도와의 교제의 내적 생명을 계속 보양(保養)할 때, 우리는 "우리의 생명이 그리스도와 함께 하나님 안에 감취었느라"라고 감히 말할 수 있습니다. 그리고 그럴 때, 보이는 일시적인 세상 가운데 행함에도 불구하고 그와의 교제는 약화되지 않고 도리어 더 강화될 것입니다. 사람들을 일상의 삶의 명백한 의무들로부터 끌어내는 것은 불건전한 신비주의입니다. 반면 건전한 기독교적 신비주의는 사람들이 일상의 모든 삶을 더욱 힘차고 효과적으로 살아가도록 만듭니다. 가장 위대한 신비주의자들은 가장 열심히 일하는 자들이었습니다. "그런즉 이제는 내가 사는 것이 아니요 오직 내 안에 그리스도께서 사시는 것이라"라고 말한 사람이 누구였는지 생각해 보십시오(갈 2:20). 그는 그리스도의 임재를 계속 의식(意識)했습니다. 그러면서도 그는 동시에 "아직도 날마다 내 속에 눌리는 일이 있으니 곧 모든 교회를 위하여 염려하는 것이라"라고 말했습니다(고후 11:28). 중세 시대의 가장 위대한 신비주의자 가운데 한 사람을 생각해 보십시오. 그는 하루 종일 호숫가에서 말을 탄 채 묵상에 빠져 있다가 한밤중에 갑자기 "호수가 어디에 있지?"라고 물은 사람이었습니다. 그런 그가 유럽의 모든 정치를 자신의 손에 붙잡고 있었던 바로 그 사람이었습니다. 또 존 웨슬리를 생각해 보십시오. 그는 교회 역사상 가장 열심히 일한 사람 가운데 한 사람이었을 뿐만 아니라 또한 계속적으로 영문 밖에서 살았던 사람 가운데 한 사람이었습니다. 우리의 삶이 그리스도 안에 더 많이 싸여 있을수록, 우리의 삶은 세상에서 더 열심히 일하게 될 것이라는 사실을 확신하십시오. 하늘을 향해 힘차게 가지를 뻗는 나무를 생각해 보십시오. 사람들은 그 나무가 땅속으로 뿌리를 뻗은 분량만큼 하늘을 향해 가지를 뻗는다고 말합니다. 이것은 우리에게도 마찬가지입니다. 우리가 그리스도 안에 뿌리를 뻗은 분량만큼, 우리는 세상을 향해 가지를 뻗을 것입니다. "그런즉 우리가 영문 밖으로 그에게 나아가자."

같은 일을 한다 하더라도, 그러나 그 일을 하는 사람에 따라 차이가 있을 것입니다. 문명이 더 많이 진보할수록 우리의 일은 개인적인 특성으로부터 벗어나 더 기계적이 될 것입니다. 어떤 그리스도인 직공(織工)을 생각해 보십시오. 그는 그리스도인이 아닌 직공과 똑같은 방식으로 자신의 방직기를 사용할 것입니다. 그리스도인 사무원은 세속적인 사무원이 하는 방식과 똑같은 방식으로 글을 쓰며 계산을 할 것입니다. 그리스도인 의사는 그리스도인이 아닌 의사가 하는 방식과 똑같은 방식으로 환자들을 방문하며 처방전을 쓸 것입니다. 그러나 거기에는 항상 개인적인 차이의 여지가 있을 것입니다. 두 삶은 피상적으로 볼 때는 같은 것처럼 보일 수 있지만, 거기에는 부인할 수 없는 차이가 있을 것입니다. 그 차이는 미세하여 잘 안 보일 수 있지만, 그것은 너무도 명백하며 실제적이며 강력한 차이일 것입니다. 그리스도인의 동기(動機)는 예수 그리스도에 대한 사랑과 그와의 교제입니다. 그러한 동기는 일상의 단조로운 일을 거룩한 일로 만듭니다.

어떤 사람이 그리스도를 위해 일상의 일을 행할 때, 그는 그 일을 거룩하며 위대하며 아름다운 일로 만듭니다. 우리는 일상적인 일들을 일상적이지 않은 동기(動機)로부터 행할 필요가 있습니다. 세속적인 일을 우리 마음에 계신 예수 그리스도를 사랑하기 때문에 행할 때, 그것은 거룩한 일이 됩니다. 제비꽃으로 가득한 보이지 않는 동산으로부터 봄꽃의 향기가 흘러나오는 것처럼, 예수 그리스도를 사랑하는 은밀한 동기로부터 우리의 가장 평범한 행동들에서 모든 사람들이 느낄 수 있는 아름다운 향기가 흘러나올 것입니다. 호수로부터 흘러내려오는 맑은 강물을 생각해 보십시오. 그것이 투명한 청색을 띠는 것은 본래 상류의 물속에 뒤섞여 있는 흙들이 잔잔한 호수 아래 침전되고 오로지 맑은 물만 흘러내려오기 때문입니다. 우리의 삶의 강물이 우리 마음 안에 있는 예수 그리스도에 대한 사랑의 깊은 호수로부터 흘러내려온다면, 그것은 마치 제네바 아래로 흐르는 론 강과 같을 것입니다. 어떤 일을 동업(同業)하는 두 사람을 상상해 보십시오. 똑같은 일을 하고 있음에도 불구하고 만일 그들이 서로 다른 동기로 일하고 있다면, 그들의 일은 완전히 다를 수 있습니다.

여기의 주제와 관련하여 마지막으로 한 가지만 더 말하고자 합니다. 그것은 때로 우리가 실제로 영문 밖으로 나가야만 할 것이라는 사실입니다. 하나님이 만든 세상과 사회는 선한 것입니다. 또 사람들이 행하는 일들은 대부분의 경우 하나님이 만드신 것입니다. 그러나 선한 것 안으로 모든 종류의 부패한 것들과 가증한 것들이 슬그머니 기어들어왔습니다. 그러므로 어쩔 수 없이 부패한 것과의 모든 외적인 관계로부터 분리되어 나오는 것은 종종 그리스도인들의 의무가 됩니다. 주로 금지(禁止)로써 구성되는 도덕은 저급하며 초라한 것이라는 사실을 나는 잘 압니다. 본문과 같은 명령을 어떤 특정한 형태의 삶이나 일이나 오락을 금하는 것을 의미하는 것으로 해석하는 기독교는 저급한 형태의 기독교라는 사실을 나는 잘 압니다. 그러나 "말지니라"(thou shalt not)는 매우 자주 "할지니라"(thou shalt)를 뒷받침하는 것으로서 절대적으로 필요합니다. 여러분이 동방의 도시에 간다면, 여러분은 그 대문이 거리에 면한 집들을 보게 될 것입니다. 대문은 매우 위압적이며, 창문들은 외인들이 함부로 들어올 수 없도록 모두 쇠창살로 차단되어 있습니다. 그러나 안으로 들어가 보십시오. 그 안에는 꽃들로 만발한 정원과 분수가 있습니다. 거기에 위압적인 대문이 있는 것은 안에 있는 정원과 분수를 적들의 공격으로부터 보호하기 위한 것입니다. 그것은 그 사회의 불안한 상태를 그대로 보여 줍니다. 강한 방벽(防壁)으로 보호되지 않는다면, 그 안에서 어떤 꽃도 자라지 못하고 어떤 분수도 시원한 물줄기를 뿜어내지 못할 것입니다. 이와 같이 이 세상 속에서 "말지니라"는 "할지니라"가 올바른 역할을 할 수 있게 되기 위해 필요합니다. 어떤 율법도 다른 사람들을 위해 제시될 수 없습니다. 모든 사람은 금지나 삼감의 문제를 스스로 결정해야 합니다. 여러분이 할 수 있는 일을 나는 할 수 없을 수 있습니다. 여러분이 할 수 없는 일을 나는 할 수 있을 수 있습니다. 세상이 말하는 "자유주의 기독교"(liberal Christianity)는 대부분의 경우 매우 천박한 기독교입니다. 느슨한 태도로 사는 사람들이 말하는 "까다로운 청교도적 엄격함"은 대부분의 경우 명확한 기독교적 도덕입니다. 일관되지 못한 그리스도인은 앞에서 "좋은 친구"로 칭찬을 받고, 뒤에서 조롱을 당할 수 있습니다. 삼손은 맹인이 되었을 때 블레셋 사람들을 즐겁게 하기 위해 그들 앞에서 재주를 부렸습니다. 할례받지 못한 사람들은 종종 그리스도인들에게 자신들과 같이 되어 보라고 말하곤 합니다. "이 히브리 사람들이 무엇을 하려느냐"(삼상 29:3). 하나님은 그와 같은 사람들에게 항상 말씀하십니다. "엘리야야 네가 어찌하여 여기 있느냐"(왕상 19:9).

3. 마지막으로, 이러한 분리가 요구되는 이유를 주목하십시오.

"우리가 여기에는 영구한 도성이 없으므로 장차 올 것을 찾나니"(14절). 이러한 번역은 원문의 충분한 의미를 전달해 주지 못합니다. 왜냐하면 그것은 찾음에 있어서의 막연한 불확실성을 암시하기 때문입니다. 반면 저자가 의미하는 것은 "장차 올 것"이 아니라 "오고 있는 것"입니다. 기독교적 찾음의 대상은 명확합니다. 그것은 단순히 미래가 아니라 현재입니다. 그것은 지금 여기에서 실현되는 과정 중에 있는 것으로서 완성을 향해 나아가고 있는 것입니다. 바울은 자신의 한 서신에서 여기의 도성(city)과 동일한 은유를 사용합니다. "우리의 시민권(citizenship)은 하늘에 있는지라"(빌 3:20). 이것은 바울이 빌립보인들에게 한 말입니다. 당시 빌립보는 식민지였습니다. 다시 말해서 외국 땅에 있는 로마의 일부였습니다. 그곳의 시민들은 그 지역의 통치권 아래 있지 않고, 로마 시민으로서 로마의 통치권 아래 있었습니다. 우리 그리스도인들이 바로 그러합니다. 우리가 그것을 알든 알지 못하든 상관없이 말입니다. 이 땅에서 우리는 우리가 외적으로 속하는 질서 안에 있습니다. 그러나 우리 존재의 깊음 안에서 우리는 전적으로 다른 질서에 속합니다. 그러므로 그리스도인의 삶의 본질은 도성을 바라보며 우리가 여기에 속하는 것이 아니라 거기에 속하는 사실을 인식하는 것으로서 말할 수 있습니다. 사랑하는 형제들이여, 우리가 진정으로 속하는 공동체를 인식하는 분량만큼, 이 땅에 있는 것들은 우리에게 일시적이며 지나가는 것으로 보일 것입니다. 우리에게 이 땅에 영구한 도성이 없는 것은 단지 이 땅에서의 우리의 삶의 짧음과 일시적인 것들의 덧없음의 결과가 아니라, 그것보다 훨씬 더 우리가 다른 질서에 속하는 사실의 결과입니다.

아브라함이 장막에 거한 것은 그가 "성(城)을 바라보았기" 때문이었습니다. "믿음으로 그가 … 장막에 거하였으니 이는 그가 하나님이 계획하시고 지으실 터가 있는 성을 바랐음이라"(히 11:9, 10). 그는 롯과 함께 소돔 골짜기로 내려가는 것보다 — 비록 그곳이 여호와의 동산처럼 보였다 하더라도 — 산지에 거하는 것을 — 비록 그곳에 목초지가 별로 없었다 하더라도 — 더 좋아했습니다. 마찬가지로 우리가 하늘의 도성에 속하는 것을 더 강렬하게 깨달을수록, 우리는 기꺼이 "영문 밖으로 나아가기를" 더 많이 사모할 것입니다. 우리가 예수 그리스도와 연합되어 있다는 사실과 우리의 시민권이 하늘의 예루살렘에 있다는 사실 — 우리는 우리의 모든 삶 가운데 이러한 두 가지 사실을 항상 마음에 새겨야 합니다. 그리고 우리의 모든 삶을 그러한 두 가지 개념의 기초 위에 빚어나가야 합니다. 우리가 이러한 두 가지 개념을 마음에 강렬하게 새길 때, 우리에게 있어 세상의 일시적인 영문으로부터 나오는 것은 결코 희생이 아닐 것입니다. 왜냐하면 그로 말미암아 우리는 우리 주님에게로 가게 되고 또한 살아 계신 하나님의 도성 곧 "터가 있는" 하늘의 예루살렘에 이르게 될 것이기 때문입니다.

58
기독교적 제사

"[15]그러므로 우리는 예수로 말미암아 항상 찬송의 제사를 하나님께 드리자 이는 그 이름을 증언하는 입술의 열매니라 [16]오직 선을 행함과 서로 나누어 주기를 잊지 말라 하나님은 이같은 제사를 기뻐하시느니라"

히 13:15, 16

오늘날 많은 사람들이 비교종교학의 연구에 큰 관심을 기울입니다. 그들은 미개한 종족의 신앙과 규례의 기저(基底)에 있는 개념을 발견하기 위해 그것을 면밀히 조사합니다. 언뜻 볼 때 유치하며, 비합리적이며 피비린내 나는 것처럼 보이는 많은 규례들의 기저에 매우 고상하며 심원(深遠)한 개념이 담겨 있는 것이 종종 발견되곤 합니다.

그런데 미개인들의 종교적인 의식(儀式)에 큰 관심을 갖는 사람들은 이상하게도 어떤 사람들이 그와 동일한 과정을 유대인들의 각종 의식(儀式)들에 적용할 때 그것으로부터 고개를 돌립니다. 그것은 여기의 히브리서의 경우에도 마찬가지입니다. 히브리서는 제단과 절기와 제사장을 새로운 개념들로 바꾸면서, 예수 그리스도를 이러한 개념들이 영원히 체현(體現)된 자로서 선포합니다. 설령 우리가 기독교 계시의 내용을 옛 시대의 의식(儀式) 체계로부터 빌려온 언어로 표현한다 하더라도, 그것은 결코 기독교 진리에다가 이방풍의 어색한 옷을 입히는 것이 아닙니다. 그렇게 하는 것은 도리어 오늘날 세상이 필요로 하는 진리를 보다 더 실제적으로 나타내는 것입니다.

여기에서 히브리서 기자는 예수 그리스도가 모든 제사장직과 모든 희생 제사들이 예표했던 자라는 놀라운 개념 위에 본문의 위대한 훈계를 세웁니다. "그러므로 우리가 예수로 말미암아 항상 제사를 드리자 … 하나님은 이 같은 제사를 기뻐하시느니라." 이것은 그리스도인의 삶이 마땅히 어떠해야 하는지에 대한 높은 개념이면서, 동시에 어떻게 그렇게 될 수 있는지를 알려 주는 해답입니다.

우리는 여기에서 다음과 같은 세 가지 주제를 끌어낼 수 있습니다. 첫째로 기독교적 제사의 기초. 둘째로 기독교적 제사의 내용. 그리고 마지막으로 기독교적 제사에 대한 하나님의 기쁨. 이제 이러한 세 가지 주제들을 차례대로 살펴보도록 합시다.

1. 첫째로, 기독교적 제사가 세워지는 유일한 기초를 주목하십시오.

원문(原文)을 읽을 수 있는 사람은 "예수로 말미암아"라는 구절에 큰 강세가 놓이는 사실을 발견할 수 있을 것입니다. 여기에 내포된 개념은 두 가지입니다. 하나는 예수가 — 우리가 그의 중보로 말미암아 하나님께 나아가는 — 제사장이라는 개념이며, 다른 하나는 그가 — 우리가 그것의 기초 위에서 우리의 희생제물을 드릴 수 있는 — 완전한 희생제물이라는 개념입니다. 그러나 내가 볼 때 여기에서 저자의 생각 속에 있었던 것은 주로 후자의 개념이었던 것으로 보입니다. 이제 이와 관련하여 몇 가지 생각해 보도록 합시다.

옛 유대 의식(儀式) 가운데 그리고 나아가 세상 전체의 종교 의식 가운데, 그 목적과 드리는 제물에 있어 분명하게 구별되는 두 종류의 제사가 있었습니다. 그것은 속죄를 위한 제사와 감사를 위한 제사입니다. 우리는 이와 같은 두 종류의 제사 속에서 두 가지 의식(意識)이 표현되는 것을 발견할 수 있습니다. 하나는 예배자와 예배의 대상인 신적 존재 사이에 두꺼운 장벽이 있다는 의식이며, 다른 하나는 그러한 장벽이 제거되었을 때 기쁨과 감사가 흘러넘칠 수 있게 되었다는 의식입니다. 그리하여 한 제단 위에는 피 흘리는 제물이 놓였으며, 다른 제단 위에는 예배자들의 감사를 표현하는 들의 아름다운 꽃들과 땅의 열매들과 온갖 종류의 달콤한 것들의 제물이 놓였습니다. 한 종류의 제물은 죄를 기억하는 쓰라린 의식(意識)을 표현했으며, 다른 종류의 제물은 죄가 제거되었다는 즐거운 의식(意識)을 표현했습니다.

내가 볼 때 세상 전체에 퍼져 있는 이러한 의식(意識)은 우리 인류가 지나온 발전 과정의 한 단계 외에 아무것도 아닙니다. 나는 가장 미개한 야만인과 가장 문명화된 19세기의 영국인 사이에 큰 차이가 있다고 믿지 않습니다. 사람들은 여전히 자신과 엄위한 신적 존재 사이에 어두운 구름이 드리워져 있음을 의식(意識)하며, 희생제사로 그러한 구름을 제거하기를 추구합니다. 우리 모두는 그러한 필요성을 어렴풋이나마 느낍니다. 그리고 그와 관련하여 사람들이 생각한 해결책과 하나님이 계시한 해결책 사이에는 어느 정도의 유사성이 있습니다.

나는 예수 그리스도의 생애와 죽음이 우리와 하나님 사이의 장벽을 제거한 방식이라든지 혹은 사람의 마음속에 마치 뱀처럼 똬리를 틀고 가만히 숨죽이고 있지만 언제든 깨어 일어나 물 준비가 되어 있는 죄 의식(意識)을 다루는 방식을 이론화하고자 시도하지 않을 것입니다. 다만 나는 각 사람들의 의식(意識)에 호소하면서 묻고자 합니다. 우리 안에 하나님과 사람 사이를 막고 있는 죄가 제거될 필요성을 인식하는 무엇인가가 있고, 우리 안에 "예수 그리스도의 피가 모든 죄를 씻었다"는 메시지의 복됨을 인식하는 무엇인가가 있지 않느냐고 말입니다. 형제들이여, 이것이 단지 신학적인 속죄 교리에 불과하다고 생각하지 마십시오. 지금 내가 여러분에게 말하고자 하는 것은 예수 그리스도를 통해 가능하게 된 것으로서 사랑으로 하나님께 나아가는 가능성입니다, "예수로 말미암아 … 제사를 드리자."

2. 둘째로, 기독교적 제사의 내용을 주목하십시오.

나는 본문의 훈계를 굳이 장황하게 설명할 필요를 느끼지 않습니다. 왜냐하면 그 자체로 충분히 명확하기 때문입니다. 여기에서 저자는 찬송의 제사를 입술의 찬송과 삶의 찬송으로 나눕니다.

이것을 다루기에 앞서, 먼저 나는 여기에 표현된 주된 개념을 분명히 하고자 합니다. 그것은 기독교적 삶의 최고의 개념은 그것이 하나의 긴 제사(long sacrifice)라는 것입니다. 우리는 이러한 개념의 높이에까지 올라왔습니까? 나는 우리가 거기에까지 온전히 도달했느냐고 묻지 않습니다. 왜냐하면 그에 대한 대답은 우리 모두가 너무나 잘 알기 때문입니다. 그러나 우리는 기독교적 삶의 참된 이상(理想)이 제사라는 사실만큼은 단 한순간도 잊어서는 안 됩니다.

기독교적 삶의 참된 이상이 제사라는 개념 안에는 두 가지가 포함됩니다. 하나는 자기 자신을 계속 순복시키는 것입니다. 이것은 우리 자신의 의지(意志)를 억제하며, 우리 자신의 성향과 기질을 굴레 씌우며, 선(善)에 대한 우리 자신의 개념과 목적을 고수하기를 그치며, 우리 자신의 의지(意志)보다 더 높은 의지가 있음을 인식하면서 기꺼이 그것에 순복하는 것을 의미합니다. 제사가 순복을 의미하지 않는다면, 그것은 아무것도 의미하지 않습니다. 순복이 의지(意志)의 순복이 아니라면, 그것은 아무것도 아닙니다. 우리가 성령의 검을 취하여 우리 자신의 의지(意志)를 찌르는 것은 아브라함이 칼을 취하여 아들의 심장을 찌르는 것보다 더 어려운 일입니다. 그럼에도 불구하고 우리가 그렇게 하지 않는다면, 나는 우리가 스스로를 그리스도인이라고 부를 권리가 거의 없다고 생각합니다.

그러나 제사의 개념에 있어 순복은 단지 절반의 개념에 불과합니다. 또 다른 절반이 있는데, 그것은 나의 존재와 행동의 모든 것을 하나님과 직접적으로 연결시키는 것입니다. 하나님의 의지(意志)는 나에게 명령할 뿐만 아니라, 또한 나의 삶의 목표와 목적도 되어야만 합니다. 우리는 그의 명령을 따라 일해야 합니다. 우리는 가정과 직장과 학교 등 삶의 모든 영역에서 모든 것을 하나님과 연결시켜야 합니다. 모든 것을 그의 의지(意志)와 그리고 그의 생각과 연결시켜야 합니다. 이런 빛 안에서 어떤 악(惡)이 살 수 있겠습니까? 우리가 항상 이러한 빛 가운데 거한다면, 우리의 삶은 틀림없이 달라질 것입니다. 우리의 모든 일이 하나님과 연결된다면, 게으름과 무기력함은 뜨거운 열정으로 바뀌지 않겠습니까? 우리의 삶이 이와 같이 하나님께 의식적(意識的)으로 순복하는 충분한 의미의 제사가 되지 않는다면, 우리는 여전히 예수 그리스도의 속죄의 희생제사의 의미와 목적을 올바로 이해하지 못하고 있는 것입니다.

우리는 '예수 그리스도께서 드리신 근본적인 제사'와 '그에 근거하여 우리가 드리는 우리의 제사' 사이의 본질적인 차이를 기억할 필요가 있습니다. 전자는 하나님과 우리 사이를 가로막고 있는 장벽을 허무는 것인 반면, 후자는 허물어진 장벽 위로 감사의 물이 흐르는 것입니다. 전자는 해를 가린 구름을 제거하는 것인 반면, 후자는 구름이 제거됨으로써 해가 비췰 때 나의 마음의 거울이 빛나는 것입니다. 우리의 제물은 감사입니다. 이와 같이 감사가 우리의 제물이 될 때, 거기에 우리의 의무가 지나치게 무겁다고 생각하며 마지못해 억지로 드리는 것은 없을 것입니다. 또 지나치게 많은 것을 요구한다고 생각하며 아까운 마음으로 인색하게 드리는 것도 없을 것이며, 기독교적 삶의 책임을 기피하는 것도 없을 것입니다. 만일 감사로 제물을 드린다면, 그것을 기쁨으로 드릴 것입니다.

"드릴 수 있는 모든 것을 드리라.
하늘은 인색함으로 드리는 것을 받지 않을 것이라."

이와 같이 감사의 표현으로 제사를 드리는 사람은 향로 위에 향을 잔득 올려놓고 꽃으로 제단을 치장할 것입니다. 형제들이여, 의무가 종종 요구하는 모든 종류의 금지와 억제와 제한 등의 모든 가혹함이 우리의 생명과 소망의 근거가 되는 예수 그리스도의 큰 희생제사로 말미암아 무한한 감사의 즐거운 표현으로 바뀐다면, 우리의 삶은 얼마나 복된 삶이 되겠습니까!

나는 본문 가운데 저자가 구분하는 두 종류의 제사에 대해서는 길게 다루지 않을 것입니다. 다만 한 가지 지적하고 싶은 것은 여기에서 찬송의 말이 먼저 나오고 이어 행함이 따른다는 사실입니다. 우리에게 이런 순서는 다소 이상하게 느껴질 수 있습니다. 왜냐하면 대체로 우리는 말보다 행동이 더 중요하다고 생각하는 경향이 있기 때문입니다. 그러나 성경은 사람의 입술로부터 나오는 말을 매우 중요하게 여깁니다. 성경은 곳곳에서 말의 은사를 함부로 사용하지 말 것을 경고합니다. 본문은 우리 안에 예수 그리스도의 선물에 대한 실제적인 감사가 있다면 우리의 혀가 입천장에 붙은 채 가만히 있는 것은 결코 가능하지 않음을 상정(想定)합니다. 사랑으로 뜨거워진 마음은 무엇인가를 말할 것입니다. 아내에게 사랑한다는 말을 하고자 하는 충동을 전혀 느끼지 못하는 남편에 대해 여러분은 무엇이라고 말할 것입니까? 어린 자녀에게 자신의 따뜻한 마음을 열어 보일 필요성을 전혀 느끼지 못하는 어머니에 대해 여러분은 무엇이라고 말할 것입니까? 그리스도의 제사에 대해 감사하면서 그러나 그것을 입으로 말할 필요성을 전혀 느끼지 못하는 벙어리 그리스도인은 앞의 두 사람만큼이나 이상한 사람입니다.

형제들이여, 개인적인 체험에 대해서는 말하지 않는 것을 교양 있는 태도로 받아들이는 오늘날의 일반적인 관습은 입술로부터 나오는 말의 복음전도적 측면을 상당 부분 제한합니다. 그러나 감사의 말을 하는데 그와 같은 제한이 필요합니까? 결코 그렇지 않습니다. 24시간 내내 반드시 최소한 한 사람 이상 제단 앞에서 무릎을 꿇고 시편을 낭송하며 기도와 찬송을 드리도록 규정한 수도원과 수녀원이 있었습니다. 그것은 정말로 아름다운 이상(理想)이었습니다. 그러나 대부분의 다른 이상들처럼, 그러한 이상 역시 통속화되고 때로 우스꽝스러운 것이 되었습니다. 그러나 그것은 우리가 마땅히 되어야만 하는 모습을 보여 주는 상징입니다. 우리의 마음은 항상 우리를 사랑하시고 우리를 위해 자신을 주신 자로 가득 채워져야 하며, 우리의 입술은 항상 그를 향해 마음으로부터 끊임없이 흘러나오는 찬송의 목소리로 가득 채워져야 합니다.

본문이 제시하는 제사의 개념의 또 하나의 측면은 사람들 가운데 선을 행하는 것입니다. "오직 선을 행함과 서로 나누어 주기를 잊지 말라 하나님은 이같은 제사를 기뻐하시느니라"(16절). 우리는 본문 속에서 말과 행동의 두 측면이 완전하게 결합되는 것을 보게 되는데, 이러한 사실은 우리 그리스도인들에게 매우 분명한 교훈을 전달해 줍니다. 열심히 기도와 찬송을 하지만 불쌍한 사람을 돌아보지 않을 때 그 기도와 찬송은 쓸데없는 일이라는 세상의 모든 개념은 성경 안에서 한층 더 강화됩니다. 행함 없이 기도하는 것은 쓸데없는 일이라는 것은 불경건한 사람들의 코웃음 치는 소리일 뿐만 아니라 또한 하나님 자신의 말씀이기도 합니다. 다른 사람들과의 관계는 무시한 채 오로지 자신만을 위해 행하는 것은 죄입니다. 그러나 여기에는 그리스도인이 아닌 사람들에게도 던지는 강력한 메시지가 있습니다. 그것은 하나님에 대한 깊은 헌신 외에는 그 어디에도 참된 박애주의를 위한 실제적인 기초가 없다는 것입니다. 사람을 섬기는 것은, 그것이 하나님을 섬기는 것의 이차적인 형태이며 그 결과일 때, 비로소 올바르게 세워질 수 있습니다.

3. 마지막으로, 이러한 제사에 대한 하나님의 기쁨을 주목하십시오.

"하나님은 이같은 제사를 기뻐하시느니라"(16절). 나는 여기의 "이같은"(such)을 내가 지금까지 말한 요지들을 모두 망라하는 것으로 취합니다. 그러므로 하나님을 기쁘시게 하는 제사는 첫째로 그리스도의 제사의 기초 위에서 드려진 제사이며, 둘째로 말과 행동이 온전하게 결합되어 이루어지는 제사입니다. "하나님은 이같은 제사를 기뻐하시느니라."

때로 우리는 하나님의 마음 안에 우리가 어떤 선물(gifts)로 인해 기뻐하는 것과 상응하는 어떤 것이 있음을 믿기를 지나치게 두려워하는 경향이 있습니다. 그것은 우리가 행하며 드릴 수 있는 것의 불완전함에 우리가 지나치게 착념하기 때문이기도 하고, 때로 하나님의 본성에 대한 어떤 철학적인 개념들에 우리가 지나치게 많은 영향을 받음으로써 하나님 안에 우리의 기쁨과 상응하는 어떤 것이 있음을 상정하는 것을 마치 하나님을 격하(格下)시키는 것처럼 생각하기 때문이기도 합니다. 그러나 성경은 결코 그렇게 가르치지 않습니다. 성경은 우리에게 아무리 우리의 예물

(gifts)이 불완전하며 흠이 있다 하더라도 또 아무리 사람들이 우리의 불완전한 예물에 대해 코웃음을 칠 수 있다 하더라도 하나님이 그것을 받으실 것이라고 말합니다. 만일 그것이 "이같은" 예물 즉 예수 그리스도를 통해 드려진 예물이라면 말입니다. 자녀가 어린 시절에 선물로 준 쓸모없는 물건을 자신의 보석함에 고이 간직한 부모들이 많이 있을 것입니다. 그렇습니다. 그것은 아무짝에도 쓸모없는 물건입니다. 그러나 부모에게 그것은 사랑을 의미하는 것이었습니다. 염려하지 마십시오! "너희가 악할지라도 자녀로부터 좋은 예물을 취할 줄 알거든 — 설령 그것이 쓸모없는 것일지라도 — 하물며 하늘에 계신 너희 아버지께서 너희가 드리는 불완전한 예물을 — 만일 그것이 그리스도를 통해 드려지는 것이라면 — 얼마나 더 기쁨으로 받으시겠느냐?"

사랑하는 형제들이여, 본문은 우리에게 기독교회 안에서 참된 제사장직으로부터 말미암는 참된 제사가 무엇인지 가르쳐 줍니다. 오직 한 분의 제사장(cne Priest)이 계십니다. 그는 홀로 섭니다. 그는 다른 어떤 것과도 비교될 수 없는 유일한 제사를 드렸습니다. 그의 속죄와 중보의 제사장직은 유일무이하며, 어느 누구와도 공유될 수 없습니다. 그러나 그로부터 말미암는 제사장들(priests)이 있습니다. 그들은 그리스도인들의 전체적인 무리로서, 그리스도를 통해 받으심 직한 제사를 드릴 수 있게 되었습니다. 이들 외에 또 다른 제사장이나 또 다른 제사는 없습니다. 아직까지도 교회 안에서 특별한 직분으로서의 제사장직을 고수(固守)하는 사람들은 본문의 교훈을 다시금 배울 필요가 있습니다. "그러나 너희는 — 너희 가운데 소수의 특별한 사람들이 아니라 너희 모두가 — 왕 같은 제사장들이요"(벧전 2:9). 기독교회 안에는 오직 두 개의 제사만이 있을 뿐입니다. 하나는 우리의 영원한 대제사장 자신이 갈보리에서 단번에 드리신 제사이며, 다른 하나는 우리 자신들에이 감사로 드리는 우리 자신들의 제사입니다.

59
큰 소망 큰 의무

"양들의 큰 목자이신 우리 주 예수를
영원한 언약의 피로 죽은 자 가운데서
이끌어 내신 평강의 하나님이"
히 13:20

큰 건물은 깊은 기초를 필요로 합니다. 또 용솟음치는 샘은 풍부한 수량을 가진 원천(源泉)을 필요로 합니다. 본문에 이어 매우 장엄한 기도가 따릅니다. 그런 의미에서 본문은 그와 같은 기도가 세워지는 기초이며 또 그와 같은 기도가 하늘로 용솟음쳐 오르는 풍부한 원천입니다. 저자는 자신의 서신을 읽는 독자들이 모든 선한 일에 온전하게 되어 하나님의 뜻을 행할 수 있게 되기를 간절히 기원합니다. "모든 선한 일에 너희를 온전하게 하사 자기 뜻을 행하게 하시고 그 앞에 즐거운 것을 예수 그리스도로 말미암아 우리 가운데서 이루시기를 원하노라"(21절). 우리 안에서 하나님의 형상이 온전하게 나타나는 것이 바로 우리의 가장 깊은 열망과 우리의 의식적(意識的)인 목표가 되어야만 합니다. 그러나 우리 자신의 실제적인 삶의 모습을 바라볼 때, 그러한 꿈은 너무 먼 것처럼 느껴지지 않습니까? 우리는 그것보다 훨씬 더 낮은 수준의 소망으로 만족해야만 하지 않습니까? 만일 우리가 우리 자신만을 바라본다면, 정말로 그렇습니다. 그러나 우리 자신만을 바라보는 것은 기도하는 태도나, 소망하는 태도나, 담대하게 나아가는 태도가 아닙니다. 기독교적 간구와 기독교적 기대(期待)의 논리는 그 전제로서 하나님과 함께 출발하는 것입니다. 그럴 때 비로소 불가능한 것이 가능하게 되기 시작합니다. "모든 선한 일에 너희를 온전케 하사 자기 뜻을 행하게 하시고 그 앞에 즐거운 것을 예수 그리스도로 말미암아 우리 속에 이루시기를 원하노라"(21절). 저자가 당시 믿음이 파선(破船)될 위험 가운데 있었던 자신의 독자들을 위해 이토록 큰 것을 간구할 수 있었던 것은 20절 본문 속에 담겨 있는 모든 위대한 진리들 때문이었습니다. 오늘 우리는 저자의 위대한 간구의 근거들을 살펴보고자 합니다. 그럴 때 우리 역시도 그가 간구한 것처럼 "모든 선한 일에 온전하게 되어 하나님의 뜻을 행할 수 있게 될" 것을 기대하며 바랄 수 있게 될 것입니다. 본문 속에서 우리는 저자가 그토록 위대한 간구를 드릴 수 있었던 세 가지 근거를 발견하게 됩니다. 그것은 첫째로 평강의 하나님과, 둘째로 부활하신 목자와, 셋째로 영원한 언약입니다.

1. 평강의 하나님.

"평강의 하나님" — 이러한 호칭은 우리의 복잡한 삶 속으로 마치 축도(祝禱)처럼 임하는 가운데, 우리를 이 땅의 삶의 모든 복잡다단한 환경들을 넘어 높은 영역으로 데려갑니다. 두말할 것도 없이 이러한 호칭은 본 서신의 수신자들의 특별한 상황과 관련된 것입니다. 그들 즉 당시의 히브리 그리스도인들은 지금 자신들이 오랫동안 살아왔던 옛 체계가 허물어지려고 하는 것을 바라보면서 요동하고 있었습니다. 그런 그들에게 가장 절실하게 필요했던 것은 다름 아닌 하나님의 평강이었습니다. 뿐만 아니라 그들 사이에 서로 의견이 나뉘어져 있었으며, 그런 그들에게 평강의 하나님을 부르는 것은 특별한 의미를 가질 수밖에 없었습니다. 그러나 그러한 호칭은 본 서신의 수신자들이 처한 상황보다도 이어지는 위대한 기도의 내용과 훨씬 더 직접적으로 관련됩니다. 그가 "모든 선한 일에 우리를 온전케 하사 자기 뜻을 행하게 하시고 그 앞에 즐거운 것을 예수 그리스도로 말미암아 우리 속에 이루실" 것을 우리가 확신할 수 있는 것은 우리가 그를 "평강의 하나님"으로 알기 때문입니다.

그러면 저자는 평강의 하나님이라는 위대한 이름으로부터 어떻게 그와 같은 기도를 끌어냅니까? 그것은 무엇보다도 그 이름이 하나님의 본성의 내재적 특성을 말해 주기 때문입니다. 그는 모든 가변적이며 요동하는 것들을 초월하여 거하시는 평강의 하나님입니다. 거대한 대양(大洋)을 생각해 보십시오. 그것은 가만히 정체되어 있지 않습니다. 도리어 그 모든 깊음 안에 거대한 사랑의 조류(潮流)가 흐르며, 그 모든 평온 안에 가장 강력한 에너지가 있습니다. 최고의 움직임과 최고의 평온이 완전한 조화를 이룹니다. 바퀴는 빠른 속도로 회전함에도 불구하고 아무 움직임 없이 가만히 있는 것처럼 보입니다.

하나님의 이러한 깊은 평온 때문에, 우리는 그가 그의 본성으로 말미암아 그 자신의 평강을 그를 찾는 자들의 영혼에 나누어 주실 것을 기대할 수 있습니다. 물론 그것은 무한한 신적 평온의 극히 일부일 뿐일 것입니다. 그러나 그럼에도 불구하고 평온한 마음의 고요함 가운데, 하나의 목적에 완전하게 집중된 영의 조화 가운데, 하나님을 붙잡음으로 말미암아 외적인 것들로부터 완전히 독립된 가운데, 그리고 변화무쌍한 모든 삶으로부터의 승리 가운데, 그를 찾는 자들의 영혼에 "나의 평강을 너희에게 주노라"라는 놀라운 약속을 부끄럽게 하지 않을 마음의 고요함이 있을 것입니다. 믿는 자들이 안식에 들어가는 것은 충분히 가능합니다. "이미 믿는 우리들은 저 안식에 들어가는도다"(히 4:3).

만일 자신의 큰 평온의 일부를 나누어 주는 것이 하나님의 기쁨이라면, 그것은 어떻게 이루어질 수 있습니까? 사람이 평온을 얻을 수 있는 유일한 방법이 있는데, 그것은 그가 선(善)해지는 것입니다. 사람의 영이 하나님의 의지(意志)와 일치되지 않을 때, 거기에 참된 평온은 없습니다. 우리가 안식에 들어가는 길은 우리의 자아(自我)를 포기하고 기꺼이 하나님의 의지(意志)와 명령에 순복하는 것입니다. 사람이 평강을 위해 필요로 하는 모든 것은 하나님과의 관계가 올바르게 세워지는 것입니다. 그럴 때 사람의 본성은 그 자신과 하나가 되어 온전하게 조화를 이룰 것이며, 다른 사람들과의 관계 역시 올바르게 될 것입니다.

그 이유가 무엇입니까? 그것은 무엇보다도 우리와 하나님 사이의 불화와 단절을 허물어뜨리는 자가 "우리를 위해 죽으신 예수 그리스도"라는 사실을 우리가 알게 되기 때문입니다. 그리고 둘째로 우리의 혼란하며 무정부적인 내적 왕국이 조화롭고 질서 있는 왕국으로 바뀌는 유일한 방법이 우리의 전인(全人)이 하나님의 의지(意志)에 순복하는 것임을 우리가 알게 되기 때문입니다. 사람의 마음은 마치 폭풍이 몰아치는 바다와 같습니다. 폭풍으로 인해 산 같은 파도가 쉬지 않고 출렁거립니다. 그러나 바다를 잔잔하게 만드는 하나의 음성이 있습니다 — "잠잠하라 고요하라"(막 4:39). 그것은 그리스도 안에서의 하나님의 음성입니다. 밤하늘에 은빛으로 빛나는 달처럼 온 세상의 물을 자기에게로 끌어당길 수 있는 유일한 힘이 있습니다. 그것은 그의 십자가와 성령 안에서의 그리스도의 힘입니다. 그것은 불순종하는 마음을 순종하는 마음으로 바꾸며, 사방으로 분열되고 나누어진 힘들을 하나로 연합시킵니다. 그러므로 형제들이여, 우리가 항상 고요한 마음을 가지고 있어야만 한다면, 우리는 그러한 마음이 좋은 환경으로부터나 혹은 어떤 외적인 것으로부터가 아니라 오직 "내가 주의 진리에 행하오리니 일심으로 주의 이름을 경외하게 하소서"라는 기도에 대한 응답으로부터 오는 것임을 기억할 필요가 있습니다(시 86:11). 그럴 때 우리의 내적 생명은 더 이상 서로 다투는 격정(激情)들에 의해 찢어지고 분열되지 않을 것입니다. 이를테면 양심은 오른쪽을 가리키는 반면 소욕(所欲)은 왼쪽을 향한다든지, 혹은 내적 음성은 "이렇게 할지니라"라고 말하는 반면 또 다른 고집스런 음성은 "나는 그렇게 하지 않을 거야"라고 말하는 등으로 말입니다. 그렇게 하는 대신 내적인 모든 것이 하나가 될 것이며, 그럴 때 거기에 평강이 있을 것입니다. 바울은 "평강의 하나님이 친히 너희를 온전히 거룩하게 하시고"라는 표현으로 여기와 동일한 개념을 제시합니다(살전 5:23). 하나님 자신이 최고의 평온이며, 하나님은 그의 자녀인 우리가 그의 평온을 공유하기를 무한히 바라십니다. 그렇기 때문에 그는 우리를 "온전히 거룩하게 하실" 것입니다. 왜냐하면 그것이 우리가 평온을 얻을 수 있는 유일한 방법이기 때문입니다. 그와 같이 거룩하게 될 때, 비로소 우리는 평온해질 것입니다.

또 다른 측면에서 우리는 하나님의 사랑으로 말미암아 우리 마음 안으로 흘러들어오는 신적 평강이 우리 영혼의 거룩함을 온전하게 하는데 크게 기여할 것이라는 사실을 잊어서는 안 됩니다. 우리는 "평강의 하나님이 속히 사탄을 너희 발 아래에서 상하게 하실" 것이라든지(롬 16:20), 혹은 "하나님의 평강이 그리스도 예수 안에서 너희 마음과 생각을 지킬" 것이라는(빌 4:7) 등의 말씀을 읽습니다. 뿐만 아니라 하나님의 평강은 우리 마음 가운데 마치 재판장처럼 앉아 악한 것을 찾으며, 행실을 판단하며, 선행에 대해 상을 베푸십니다. 진실로 하나님의 평강이 우리의 고요한 마음 위에 마치 한여름의 아침 햇빛처럼 비췰 때, 거기에 우리를 요동케 하는 악은 거의 발붙이지 못할 것입니다. 하나님의 평강 안에 거하는 자들은 금지된 땅으로 들어감으로 그 영혼이 요동(搖動)과 양심의 가책과 후회 가운데 떨어지는 일이 거의 없을 것입니다. 그러므로 형제들이여, 평강의 하나님이라는 위대한 이름은 그 자체로 약속입니다. 그러한 이름은 우리가 우리 성품이 온전하게 될 것을 기대할 수 있도록 만들어 줍니다. 왜냐하면 오직 그러한 온전함만이 우리에게 평강을 가져다주기 때문입니다.

2. 부활하신 목자.

"양들의 큰 목자이신 우리 주 예수를 죽은 자 가운데서 이끌어 내신 평강의 하나님이." 히브리서에서 예수 그리스도의 부활이 직접적으로 언급되는 것은 여기가 유일하다는 사실은 매우 주목할 만합니다. 히브리서는, 예컨대 휘장 안으로 들어가신 큰 대제사장으로서의 예수의 하늘의 생애와 같이, 부활을 전제하는 개념들로 가득합니다. 본문이 히브리서에서 부활의 행동이 직접적으로 언급되는 유일한 경우라는 사실은 승천은 단지 부활의 연장일 뿐이며 부활은 단지 승천의 시작일 뿐이라는 신약의 개념과 완전하게 조화됩니다.

나아가 우리는 "양들의 큰 목자"라는 표현 가운데 이사야 63장 11절이 인용되는 것을 주목할 수 있습니다. "백성이 옛적 모세의 때를 기억하여 이르되 백성과 양 떼의 목자를 바다에서 올라오게 하신 이가 이제 어디 계시냐"(사 63:11). 본 서신의 저자는 이사야의 구절에다가 한 단어(great)를 덧붙이면서 "양들의 큰 목자"라고 말함으로써, 우리에게 그가 앞에서 다루었던 비교 즉 이스라엘을 이끈 모세와 그리스도 사이의 비교를 다시금 일깨워 줍니다.

이와 같이 우리는 여기에서 양들의 큰 목자로서 부활하시고 승천하신 예수를 만나게 됩니다. 그를 바라볼 때, 우리는 그를 의지(依支)하는 자들 각자를 위한 신적 목적을 발견할 수 있게 되지 않습니까? 죽은 자 가운데서 부활하신 주님을 바라보십시오. 그의 마음속에 있었던 예전의 사랑과 그의 입술로부터 나왔던 예전의 인사말을 생각해 보십시오. 우리는 거기에서 인간의 생명의 영속성이 나타나는 것을 볼 수 있지 않습니까? 마치 산꼭대기로부터 흘러나온 물줄기가 잠시 땅속으로 흐르다가 다시금 맑은 샘으로 솟아오르는 것처럼 말입니다. 그러나 우리는 그것 이상(以上)을 봅니다. 우리는 바울 사도의 표현처럼 "예수 그리스도를 죽은 자들 가운데서 다시 살리신 자의 힘의 위력으로 역사(役事)하심을 따라" 우리 안에서 역사하는 능력의 분량을 봅니다(엡 1:19, 20). 이것은 부활 생명의 가능성을 나타내는 하나의 모형일 수 있지만, 실제로는 모형 훨씬 이상(以上)입니다. 그 생명은 심지어 지금 여기에서 그를 믿고 의지(依支)하는 가난하며 겸손한 영혼들에 의해 누려질 수 있는 생명입니다. 예수의 부활은 우리에게 우리 안에서 역사하는 능력의 분량을 제공해 줍니다.

그러나 그것보다 훨씬 더, 부활하신 목자는 그를 의지(依支)하는 모든 영혼들에게 그 자신의 생명을 나누어 주기 위해 목자로서 부활하셨습니다. 우리가 이러한 진리를 굳게 붙잡지 않는다면, 우리는 기독교 체계 안에서 부활의 차지하는 위치를 올바로 이해하지 못할 뿐만 아니라 가난한 영혼들의 최고의 기대(期待)가 허망한 것이 되지 않을 수 있는 유일한 기초도 깨닫지 못할 것입니다. 향유 병이 깨어짐으로써 향유가 흘러나오고, 집은 향유의 그윽한 냄새로 가득 찼습니다. 이와 같이 부활하신 그리스도는 자신의 생명을 자신의 백성들에게 나누어 주십니다. 그의 위대한 죽음과, 그의 영광스러운 부활과, 그로 말미암아 그가 사망 아래 있는 세상에 불어넣은 새 생명의 강력한 능력의 결과를 생각해 보십시오. 그것은 인간의 아름다움과 고결함과 정결함을 온전케 하는데 조금도 부족하지 않습니다. 그의 십자가와 무덤과 보좌로부터, 그는 그를 믿고 의지(依支)하는 모든 영혼이 완전한 아름다움과 완전한 거룩함과 자아와 죄로부터의 완전한 승리를 얻을 때까지 결코 도달할 수도 없고 중단할 수도 없는 과정을 시작한 것입니다. 여기에 미치지 못하는 모든 기대(期待)와 노력은 그리스도에 대한 모독이며, "자신을 거룩하게 한 언약의 피를" 발로 짓밟는 것입니다(히 10:29).

그러므로 형제들이여, 여러분의 입을 넓게 여십시오. 그러면 하나님이 채우실 것입니다. 큰 것을 기대하십시오. 예수 그리스도께서 무엇을 위해 세상에 오셨으며 또 죽으셨는지 생각해 보십시오. 예수 그리스도께서 무엇을 위해 세상을 떠나시고 또 지금 살고 계시는지 생각해 보십시오. 그 모든 것이 여러분 안에서 이루어질 것입니다. 그리고 여러분 역시도 그 안에서 완전하게 될 것입니다. 왜냐하면 목자가 앞서 가고, 양들이 뒤따르기 때문입니다. 이 땅에서 우리는 종종 길을 잃고 방황하기도 하고, 가시에 찔리기도 하고, 이리들로 인해 근심하기도 합니다. 그러나 예수 그리스도는 인도하시며, 양들은 따릅니다. "이 사람들은 어린 양이 어디로 인도하든지 따라가는 자들이며"(계 14:4). 우리는 아직 "만물이 그에게 복종하는 것을 보지" 못합니다(히 2:8). 그러나 우리는 예수를 보며, 그것으로 충분합니다.

3. 영원한 언약.

본문 전체의 큰 목적과 여기의 마지막 주제 사이의 관계는 충분히 명백합니다. 오늘날 언약에 대해 이야기하는 것은 매우 유행에 뒤떨어진 일이 되었습니다. 사람들은 그것을 매우 고전적인 개념으로, 혹은 지나치게 학문적이며 신학적인 개념으로, 혹은 일상의 삶과는 동떨어진 개념으로 생각합니다. 그러나 나는 우리 그리스도인들이 언약의 위대한 개념에 대해 좀 더 큰 관심과 주의를 기울인다면, 우리의 믿음이 훨씬 더 강해질 것이라고 믿습니다. 그것이 가리키는 개념은 하나님이 자기 스스로에게 부과한 의무 아래 있다는 개념입니다. 다시 말해서 하나님은 자신을 의지(依支)하는 가난한 영혼들에게 주신 큰 약속을 지켜야만 하는 의무 아래 있다는 것입니다. 요컨대 하나님은 그의 백성들에게 대헌장을 주신 것입니다. 그는 우리가 그의 생각과 계획을 더듬어 찾도록 내버려 두지 않으셨습니다. 개연성의 무한한 대양(大洋)의 지도 위에, 하나님은 이를테면 그의 길을 표시해 놓으셨습니다. 우리는 그의 말씀을 가지고 있으며, 그의 말씀은 이것입니다. "여호와의 말씀이니라 보라 날이 이르리니 내가 이스라엘 집과 유다 집에 새 언약을 맺으리라 … 내가 나의 법을 그들의 속에 두며 그들의 마음에 기록하여 나는 그들의 하나님이 되고 그들은 내 백성이 될 것이라"(렘 31:31, 33). 모든 사람들에게 분명한 기록으로 주신 확실한 약속은 "나를 믿음으로 말미암아 언약 안으로 들어오라. 그러면 너희는 내가 약속한 모든 것을 얻을 것이라"는 약속입니다.

그 언약은 본문에 나타난 것처럼 "피"로 인친 언약입니다. 이것을 덜 은유적인 표현으로 바꾸면 이렇게 될 것입니다. 즉 우리 각자에게 은택을 베풀기를 원하시는 하나님의 무한한 호의와 우리를 빛나는 정결함으로 옷 입히기를 원하시는 하나님의 간절한 열망은 그를 믿는 모든 영혼에게 펼쳐지는 것으로서 그리스도의 죽음으로 말미암아 보증된다는 것입니다. 그리스도의 죽음이 이것을 의미하지 않는다면, 그것은 도대체 무엇을 의미하는 것이겠습니까? 그의 십자가 죽음이 죄를 제거하기 위한 것이 아니었다면, 그는 도대체 무엇 때문에 그곳에서 죽으셔야만 했단 말입니까?

그러나 언약의 피는 단지 언약이 확증되는 죽음만을 의미하지 않습니다. 우리가 그렇게 생각한다면, 우리는 신약의 가르침을 매우 좁게 이해하는 꼴이 될 것입니다. 피는 곧 생명입니다. 그러한 표현 가운데 양들의 목자이신 그리스도를 죽은 자 가운데 다시 살린 생명의 에너지가 하나님이 우리를 "모든 선한 일에 온전하게 하셔서 그의 뜻을 행하게 하시고 그 앞에 즐거운 것을 우리 가운데서 이루시는" 바로 그 힘이라는 사실이 암시됩니다(21절).

이제 두 가지 실제적인 조언과 함께 오늘 설교를 마치고자 합니다. 첫째 조언은 여러분과 관련한 하나님의 충분한 목적을 열망하는 가운데 여러분의 성품과 삶 가운데 21절의 위대한 기도가 단지 부분적으로만 이루어지는 것으로 만족하지 말라는 것입니다. 그리고 또 하나의 조언은 십자가와 부활과 승천으로 말미암아 그러한 놀라운 가능성을 실재(實在)로 만드는 힘을 실제적으로 사용하라는 것입니다. 여러분이 누구든 그리고 지금까지 어떻게 살아왔든, 그가 여러분을 흙탕물로부터 끌어올려 모든 더러운 것들을 씻어내고 하늘에서 그의 오른편에 앉힐 수 있다는 사실을 확신하십시오. 평강의 하나님이라는 이름과 죽은 자 가운데 부활하신 양들의 큰 목자와 영원한 언약의 피 — 세 가지가 합하여 삼겹줄을 만듭니다. 이 줄은 쉽게 끊어지지 않으며, 우리의 최고의 소망과 최고의 확신의 모든 무게를 능히 견딜 수 있습니다. 그러므로 우리는 최고의 소망과 최고의 확신을 가지고 그 줄에 매달릴 수 있습니다.

60
위대한 사실에 기초한 위대한 기도

"모든 선한 일에 너희를 온전하게 하사 자기 뜻을 행하게 하시고
그 앞에 즐거운 것을 예수 그리스도로 말미암아
우리 가운데서 이루시기를 원하노라"
히 13:21

기초를 깊이 파는 것은 그곳에 큰 건물이 세워질 것을 나타내는 전조(前兆)입니다. 작은 오두막을 세우기 위해 기초를 깊이 파는 사람은 아무도 없습니다. 앞 설교에서 우리는 신적 성품과 사역의 위대한 특징들을 살펴보았습니다. 이제 우리는 그러한 사실들에 기초한 위대한 기도를 살펴보고자 합니다. 본문은 기도일 뿐만 아니라 또한 예언이기도 합니다. 왜냐하면 하나님이 어떤 분이시며 또 어떤 일을 행하셨는가와 관련한 그와 같은 깊은 묵상은 그러한 묵상이 불러일으키는 열망을 필연적으로 성취시키기 때문입니다. 큰 하나님에게 작은 것을 구하는 것은 하나님에 대한 모독입니다. 그는 "평강의 하나님"입니다. 그러므로 우리는 그에게 "우리를 온전하게 만들어 달라고" 간구할 수 있으며, 또 그가 그렇게 하실 것을 확신할 수 있습니다. 그는 "양들의 큰 목자를 죽은 자 가운데서 이끌어 내신" 하나님입니다. 그러므로 우리는 그에게 간구할 수 있으며, 우리가 간구한 것을 받을 것을 확신할 수 있습니다. 그는 우리와 맺은 "영원한 언약"을 목

자의 피로 확증했습니다. 그러므로 우리는 그에게 간구할 수 있으며, 우리가 간구한 것을 받을 것을 확신할 수 있습니다.

본문의 기도는 형제들에 대한 저자의 최고의 바람(wish)을 담은 것입니다. 자기 자신과 형제들에 대한 우리의 바람 역시 이와 같은 종류의 것입니까? 20절이 제시하는 하나님을 믿는 그리스도인이 자기 자신과 형제들을 위해 이와 같은 종류의 확신을 별로 품지 못하는 것은 얼마나 이상한 일입니까? 이제 본문의 위대한 기도를 그것이 기초하는 위대한 이름의 빛 안에서 살펴보도록 합시다.

1. 첫째로, 20절에 나타나는 위대한 이름이 고무(鼓舞)하는 기도를 주목하십시오.

"모든 선한 일에 너희를 온전하게 하사." 먼저 우리는 여기의 기도의 언어와 관련하여 "온전하게 하사"라고 번역된 단어가 그러한 개념을 위해 사용되는 통상적인 단어가 아니라 매우 다양한 의미를 가진 다소 특이한 단어라는 사실을 주목할 필요가 있습니다. 예컨대 그 단어는 어부들이 그물을 수리(修理)하는 행동을 묘사하기 위해 사용됩니다. 또 그 단어는 "믿음으로 모든 세계가 하나님의 말씀으로 지어진 줄을 우리가 아나니"라는 말씀 가운데 "모든 세계를 지으신" 하나님의 행동을 묘사하기 위해 사용됩니다(히 11:3). 또 그 단어는 바울 사도가 갈라디아 교회에 "신령한 너희는 온유한 심령으로 그러한 자를 바로잡고"라고 명령할 때 그들이 마땅히 취해야만 하는 행동 즉 "바로잡는" 행동을 묘사하기 위해 사용됩니다(갈 6:1). 또 그 단어는 그가 고린도교회에 "같은 마음과 같은 뜻으로 온전히 합하라"라고 말할 때 그들이 마땅히 되어야만 하는 상태 즉 "합하는" 상태를 묘사하기 위해 사용됩니다(고전 1:10). 또 그 단어는 바울 사도가 데살로니가교회에 "너희 믿음이 부족한 것을 보충하게 하려 함이라"라고 말할 때 사용됩니다(살전 3:10). 지금까지 이야기한 모든 개념들을 합칠 때, 우리는 그 단어의 전체적인 개념을 이해할 수 있게 됩니다. 다시 말해서 그 단어의 전체적인 개념은 수리하고, 바로잡고, 부족한 것을 보충함으로 말미암아 온전하며, 적합하며, 완전하게 만드는 것입니다. 바로 이것이 모든 그리스도인들이 하나님의 뜻으로 마땅히 기대하며 소망해야만 하는 것입니다. 특별히 여기에서 "모든 선한 일에 너희를 온전하게 하사"라고 말할 때, 저자는 이러한 개념을 한층 더 심화시킵니다. 왜냐하면 그 단어는 여기에서 일보다도 성품에 적용되기 때문입니다. "모든 선한 일에 너희를 온전하게 하사"는 어떤 외적인 표현보다 내적인 과정과 관련됩니다. 이와 같이 수리되고, 바로잡혀지고, 부족한 것이 보충된 성품은 본문 하반절에 표현된 것처럼 "하나님 앞에 즐거운" 것이 됩니다.

우리는 여기에서 우리가 마땅히 품어야만 하는 소망과 확신의 넓이를 보게 됩니다. 우리는 우리 본성의 모든 불화와 알력들이 하나의 큰 목적을 위해 조화롭게 협동하는 모습으로 변화될 것을 기대해야 합니다. 우리 안에 무정부적인 혼란과 혼돈이 있지 않습니까? 우리 안에 굳은 것과 무른 것, 따뜻한 것과 찬 것, 빛과 어둠, 고요한 것과 시끄러운 것이 서로 다투지 않습니까? 우리에게 이와 같이 분열된 본성을 조화시킬 수 있는 힘이 있습니까? 우리 안에서 두 종류의 서로 다른 힘이 서로 반대쪽으로 우리를 잡아당기지 않습니까? 한쪽에서 모든 종류의 욕망과 정욕과 혈기가 잡아당기고, 다른 쪽에서 의무가 잡아당기지 않습니까? 마치 두 마리의 야생마에 의해 사람이 찢겨지는 것처럼 말입니다. 그러나 우리의 본성은 마침내 하나가 될 것입니다. 모든 것은 마침내 온전히 합하여져 하나가 될 것이며, 혼돈은 질서와 아름다움으로 바뀔 것입니다. 평강의 하나님이 오셔서 우리를 위해 그 일을 행하실 것입니다. 우리가 그로 하여금 그렇게 행하시도록 허락하기만 한다면 말입니다. 그럼으로써 우리로 하여금 때로 "내 지체 속에서 한 다른 법이 내 마음의 법과 싸워 내 지체 속에 있는 죄의 법으로 나를 사로잡는 것을 보는도다!"라고 탄식하도록 만드는 오랜 분열은 마침내 온전히 수리(修理)될 것입니다(롬 7:23). 그럼으로써 "오호라 나는 곤고한 사람이로다 이 사망의 몸에서 누가 나를 건져내랴!"라는 탄식의 외침은 완전한 조화로 바뀔 것입니다(24절). 그리하여 "암소와 곰이 함께 먹으며 사자가 소처럼 풀을 먹으며 젖 먹는 아이가 독사의 구멍에서 장난할" 것입니다(사 11:7, 8). 온유함과 오래 참는 사랑이 모든 광포한 욕정들을 굴레 씌울 것입니다. 이와 같이 우리 마음이 하나로 연합하여 그의 이름을 경외하게 되는 것은 충분히 가능합니다. 우리는 분열되지 않은 온전한 마음으로 그에게 순복할 수 있게 될 것입니다.

나아가 우리는 잘못된 모든 것이 고쳐지고 그물이 수리되며 황폐된 것이 회복될 것을 기대할 뿐만 아니라 또한 그것을 위해 노력해야 합니다. 우리는 부족한 모든 것이 채워질 것을 소망하며 확신하는 가운데 그것을 위해 노력할 수 있습니다. "모든 선한 일에" — 그리스도인은 모든 면에 있어서의 온전함과 탁월함을 소망하며, 목표로 하며, 그것을 위해 기도해야 합니다. 물론 온전함의 분량은 다양할 것입니다. 별마다 그 영광이 다른 것처럼 말입니다. 새 사람은 많은 부분에서 여전히 옛 사람의 길을 따르며, 새 사람이 되었어도 그의 기질(氣質)은 그대로 계속됩니다. 그러나 이 모든 것이 사실임에도 불구하고 그리고 각 사람마다 신적 빛과 광채를 각각 다른 각도로 반사함으로 말미암아 각각 다른 색깔을 나타냅니다. 또 다른 측면에서 복음이 우리에게 주어지는 것은 결국 우리의 기질과 성품을 고치며 수리(修理)하기 위함입니다. 이것은 사람들이 "가시나무로부터 포도를 따고 엉겅퀴로부터 무화과를 따는" 것이 가능함을 의미합니다(마 7:16). 우리의 본성과 성향 속에 있는 잘못된 것들과 흠 있는 것들을 수리하며 그 안에 있는 부족한 것들을 보충하는 것은 가능합니다. 그럼으로써 혈기 많은 사람이 온유한 사람이 될 수 있으며, 우유부단한 사람이 확신에 찬 사람이 될 수 있으며, 육적인 사람이 영적인 사람이 될 수 있습니다. 우리 모두는 어느 한쪽으로 치우치는 경향이 있으며, 우리의 믿음 가운데 부족한 것을 하나님의 은혜로 말미암아 보충하고자 노력하는 것은 우리 자신의 몫입니다. 숲에 가보면 한쪽으로만 가지가 난 나무들을 볼 수 있습니다. 그런 나무들은 한쪽으로 난 가지들의 무게로 인해 구부러져 있습니다. 부디 그런 나무들처럼 자라지 마십시오. 도리어 튼튼한 줄기를 가지고 사방으로 가지를 뻗어 완전한 조화를 이루면서 하늘을 향해 곧게 자라는 나무처럼 자라십시오. 하나님은 우리를 "모든 선한 일에 온전하게" 되도록 만들기를 원하십니다. 그럼으로써 우리가 수리되고, 회복되며, 조화롭게 되며, 온전하게 되어, 모든 선한 일 가운데 하나님의 영광을 풍성하게 드러내기를 원하십니다.

바로 이것이 하나님의 목적입니다. 형제들이여, 우리는 이런 하나님의 목적을 항상 마음에 새기고 있습니까? 이런 하나님의 목적이 항상 우리의 생각 속에 살아 있습니까? 우리는 본문의 기도에 합당하게 살고 있습니까? 우리의 목표를 세우며 우리의 용기를 불태우며 우리의 소망을 일깨우기에 앞서, 먼저 우리 모두는 우리가 거룩하게 되는 바로 이것이 하나님의 뜻이라는 사실을 기억해야만 합니다. 노력이 미약해지고 믿음이 희미해질 때, 우리는 우리의 목표와 우리의 용기와 우리의 소망을 내려놓고 "양들의 큰 목자이신 우리 주 예수를 영원한 언약의 피로 죽은 자 가운데서 이끌어 내신 평강의 하나님"을 생각하면서 더 높은 기대와 소망을 향해 우리의 입을 크게 벌려야 합니다(20절).

2. 둘째로, 이러한 기도를 이루시는 하나님의 일을 주목하십시오.

"그 앞에 즐거운 것을 예수 그리스도로 말미암아 우리 가운데서 이루시기를 원하노라." 창조와 섭리를 포함한 하나님의 모든 일들은 예수 그리스도로 말미암아 이루어집니다. 그러나 여기에서 언급되는 일은 창조하며 보존하는 등의 하나님의 일반적인 일들보다 훨씬 더 크고 더 놀라운 것입니다. 여기의 말씀은 하나님이 모든 신자들의 가장 깊은 내적 영(靈) 안에서 실제적으로 활동하고 계시다고 말합니다.

나는 하나님이 그의 피조물들과 어떤 형태로든 실제적인 관계를 가지고 있다고 믿는 사람이라면 누구든지 이러한 사실을 믿을 수밖에 없을 것이라고 생각합니다. 실제로 하나님은 자신이 창조한 영(靈)과 아무런 관계도 가질 수 없을 정도로 자신의 위엄 안에 감금되어 계시거나 혹은 자신의 창조 세계로부터 차단되어 계시지 않습니다. 또 실제로 우리는 하나님이 우리 안에 들어와 우리와 함께 거하시도록 문을 열 수 없을 정도로 우리 자신의 개별성(individuality) 안에 차단되어 있지 않습니다. 하나님은 실제로 그리스도 안에서 그리고 자신의 영으로 말미암아 우리 안에 거하시며 우리 안에서 활동하실 수 있습니다.

우리는 십자가에 대해 적게 생각해서는 안 됩니다. 하나님은 우리가 그렇게 하는 것을 금하십니다. 그러나 나는 오늘날의 기독교가 이러한 또 다른 측면의 그리스도의 일을 상당 부분 놓치고 있다고 느낍니다. 그가 행한 일을 적게 생각하지 마십시오. 그러나 그가 행하고 있는 일을 더 많이 생각하십시오. 우리의 기독교 신앙의 원근법(遠近法)이 틀린 것은 우리가 십자가를 지나치게 크게 그린 것이 아니라 우리가 비둘기를 지나치게 작게 그린 것입니다. 사랑하는 형제들이여, 우리는 하나님이 그리스도 안에서 성령으로 말미암아 모든 믿는 자들의 마음 안에 현재적으로 거하시며 일하시는 것이 "그 앞에 즐거운" 일이라는 사실을 우리 마음 안에 깊이 새길 필요가 있습니다.

그것이 사실이라면, 우리에게 그의 활동을 기대하는 의무가 필연적으로 따를 것입니다. 그의 활동을 기대하십시오. 여러분은 그의 활동을 기대합니까? 사랑하는 그리스도인들이여, 여러분은 하나님이 여러분의 마음 안에서 일하실 것을 믿습니까? 여러분 가운데 어떤 사람들은 마치 그것을 믿지 않는 것처럼 삽니다. 그리고 그것을 간절히 열망하십시오. 여러분은 그것을 간절히 열망합니까? 여러분은 하나님이 여러분 안에 들어오셔서 거기에 있는 더러운 것들을 깨끗하게 청소하기를 바랍니까? 여러분은 하나님이 여러분 안에 들어오셔서 체질하시며, 찾으시며, 컴컴한 구석들마다 그의 촛불을 비추시기를 바랍니까? 여러분은 "그 앞에 즐거운" 것이 아닌 것은 기꺼이 버리기를 바랍니까? 여러분은 하나님이 여러분 안에 들어오셔서 여러분을 살피시며 여러분 안에 무슨 악한 것이 있나 보시고 여러분을 영원한 길로 인도하시기를 바랍니까? "하나님이여 나를 살피사 내 마음을 아시며 나를 시험하사 내 뜻을 아옵소서 내게 무슨 악한 행위가 있나 보시고 나를 영원한 길로 인도하소서"(시 139:23, 24). 그것을 기대하십시오! 그것을 열망하십시오! 그것을 위해 기도하십시오! 그리고 그것이 여러분에게 얼마나 큰 유익을 가져다주는지 보십시오!

하나님은 마술(魔術)로 일하지 않습니다. 사람들의 마음을 깨끗하게 하는 하나님의 영은 첫째로 그들의 믿음의 조건 위에서, 둘째로 그들의 순복의 조건 위에서, 셋째로 그들이 그의 은사를 사용하는 조건 위에서 그들의 마음을 씻습니다. 여러분이 스스로를 세속적인 삶의 으르렁거리는 표호 속으로 던진다면, 거리의 시끄러운 소음과 방직기의 요란한 굉음과 아이들의 떠드는 소리와 온갖 유혹의 윙윙거리는 소리와 먹을 것을 달라고 소리치는 여러분 자신의 정욕의 부르짖음들이 여러분의 귀를 막고 여러분으로 하여금 현재적으로 말씀하시는 하나님의 세미한 음성을 듣지 못하게 할 것입니다. 하나님이 우리 안에 거하시며 우리 안에서 일하신다면, 우리가 그의 일하심에 스스로를 순복시키며 마음을 열고 "주여, 나의 마음의 구석구석까지 임하셔서, 회복시키시고, 온전하게 하소서"라고 말하는 것이 지극히 마땅하지 않겠습니까?

3. 마지막으로, 이러한 내적 일하심의 가견적(可見的)인 표현을 주목하십시오.

본문의 두 곳에서 저자는 일에 있어서의 사람과 하나님 사이의 상응(相應)관계를 나타내기 위해 동일한 단어를 사용합니다. "자기 뜻을 행하게 하시고(to work His will) … 그 앞에 즐거운 것을 너희 가운데서 이루시기를(working in you) 원하노라." 하나님은 여러분과 내가 일할 수 있도록 하기 위해 일하십니다. 그러므로 그의 일하심에 이어 우리의 일하는 것이 따라야만 합니다. 우리 안에 하나님의 일하심이 있을 때, 그 결과 필연적으로 우리의 실제적인 순종이 따릅니다. 그리고 우리의 실제적인 순종은 정말로 우리 안에 하나님의 일하심이 있는지 여부를 시험하는 시금석입니다. 신령한 은사를 가졌노라고 자랑하며 떠벌리는 사람들이 많이 있습니다. 그러나 그들은 "당신은 매일의 삶 가운데 그리고 일상의 사소한 일들 가운데 하나님의 뜻을 행하고 있는가?"라는 질문 앞에 서야만 합니다. 매일같이 반복되는 일상의 단조로운 일들 가운데 여러분은 하나님의 뜻을 행하고 있습니까? 그렇다면, 여러분은 하나님이 여러분 안에서 일하고 계심을 믿을 수 있습니다. 그러나 그렇지 않다면, 신령한 은사에 대해 떠벌리는 것은 쓸모없는 일입니다. 우리 안에 신적 활동의 충만을 시험하는 시금석은 우리의 행동이 하나님의 뜻과 일치하느냐 여부입니다. "무릇 하나님의 영으로 인도함을 받는 사람은 곧 하나님의 아들이라"(롬 8:14). 바로 이것이 거품을 터뜨리는 핀(pin)입니다. 이것이 거품처럼 부풀어 오른 많은 사람들을 본래의 빈약한 실체로 되돌아가게 만듭니다.

결국 모든 것의 궁극적인 종착지는 행함입니다. 우리가 진리를 얻으며, 영혼을 구원받으며, 하나님의 계시를 풍부하게 소유하며, 예수 그리스도의 십자가를 소유하며, 성령의 은사를 소유하며, 모든 종류의 이적과 기사를 행하는 유일한 목적은 우리로 하여금 하나님 앞에서 옳은 것을 즉, 하나님의 뜻을 행할 수 있도록 만들기 위함입니다.

하나님의 뜻에 대한 이러한 실제적인 순종이 바로 인간 행동의 완전함입니다. 반면 하나님의 뜻과 무관하게 선한 일을 행하는 사람은 단지 자신의 행동을 금박으로 도금하는 것에 불과합니다. 그의 그럴듯한 행실의 꽃으로부터는 아무런 향기도 나지 않습니다. 하나님과 무관하게 선한 일을 행할 수 있습니다. 도덕적 관점에서 선한 일, 예컨대 도덕 안에서 구체화되는 자기희생적이며 관대한 행동 같은 것 말입니다. 그러나 어떤 선한 일도, 그것이 하나님의 뜻에 순종한다는 의식(意識) 없이 행해진다면, 최고의 선에 도달하지 못합니다.

또 이와 같이 하나님의 뜻을 행하는 것이 바로 완전한 축복입니다. 우리가 하늘 아버지의 뜻에 순복한다면, 모든 것이 우리에게 옳은 것이 됩니다. 그럴 때 어떤 폭풍도 우리의 나아가는 길을 가로막을 수 없습니다. "너는 멸망과 기근을 비웃으며 들짐승을 두려워하지 말라 들에 있는 돌이 너와 언약을 맺겠고 들짐승이 너와 화목하게 살 것이니라"(욥 5:22, 23). 왜냐하면 하나님의 종인 모든 피조물이 하나님의 뜻을 행하는 자와 더불어 언약을 맺기 때문입니다.

형제들이여, 그러면 우리는 어떻게 하나님의 뜻을 행합니까? 세상은 "그대 자신의 본성을 계발하라. 그대의 허물을 고치라. 그대의 부족한 것을 스스로 보충하도록 노력하라"라고 말합니다. 반면 예수 그리스도는 "자신을 버리고 나를 믿으라. 그러면 내가 너희에게 새 생명과 새 영을 줄 것이라. 그것을 계발하라"라고 말씀하십니다. 우리가 하나님의 뜻을 행하고자 한다면, 우리는 "내가 주의 뜻을 행하러 왔으며, 내 안에 주의 법이 있나이다!"라고 말한 자의 영(靈)을 소유해야만 합니다. 우리의 마음을 그에게 엽시다. 그를 찾고, 그로 하여금 우리 마음 안으로 들어오게 합시다. 그러면 "양들의 큰 목자이신 우리 주 예수를 영원한 언약의 피로 죽은 자 가운데서 이끌어 내신 평강의 하나님이 모든 선한 일에 우리를 온전하게 하사 그의 뜻을 행하게 하시고 그 앞에 즐거운 것을 예수 그리스도로 말미암아 우리 가운데서 이루실" 것입니다.

야고보서

1
인내와 그것이 하는 일

"인내를 온전히 이루라 이는 너희로 온전하고 구비하여 조금도 부족함이 없게 하려 함이라"

약 1:4

야고보서 전체를 통해 볼 때 본 서신의 수신자(受信者)들이 어떤 특별한 고난이나 환난 아래 있었던 것으로는 보이지 않습니다. 수신자들이 "흩어져 있는 열두 지파"였던 사실은 그들 모두가 공통의 경험을 겪고 있었다고 보는 것을 거의 가능하지 않은 일로 만듭니다(1:1). 그렇게 볼 때 야고보가 서신 초두에 인내와 관련한 훈계를 제시하는 사실은 더욱 주목할만 합니다. 본문의 훈계는 오직 슬픔 가운데 있는 사람들만을 위한 조언이나 혹은 특정한 부류의 사람들만을 위한 훈계가 아닙니다. 도리어 그것은 삶의 모든 조건들 가운데 있는 모든 부류의 사람들에게 적용될 수 있는 보편적인 훈계입니다.

이와 같이 "인내를 온전히 이루라"는 훈계는 단지 슬픔 가운데 있는 사람들이나 혹은 특별한 고통 가운데 짓눌려 있는 사람들만을 위한 조언이 아니라 우리 모두를 위한 조언입니다. 그리고 그것은 어떤 그리스도인이 "온전하고 구비하여 조금도 부족함이 없게" 될 수 있는 조건입니다. 그러한 조건이 있을 때 사람은 정말로 그와 같이 될 수 있습니다. 그러나 그러한 조건이 없을 때 사람이 그렇게 되는 것은 불가능합니다. 오늘 우리는 첫째로 여기의 훈계의 의미에 대해, 둘째로 어떻게 그것을 얻을 수 있는지에 대해, 그리고 셋째로 어째서 그것이 그토록 중요한지에 대해 살펴보고자 합니다.

1. 첫째로, "인내를 온전히 이루라"는 훈계의 의미가 무엇인지 주목하십시오.

본문의 어법(語法) 자체가 인내를 수동적인 덕목으로 생각하는 통상적인 개념을 배제하는 사실을 주목하십시오. 본문의 인내는 "일"을 합니다(KJV에는 "let patience have its perfect work" 즉 "인내로 하여금 온전히 일하게 하라"라고 되어 있음). 그 "일"의 성격이 무엇이든 간에, 그것은 적극적이며 능동적인 것입니다. 이와 같이 야고보가 우리 모두에게 계발하라고 훈계하는 인내는 단순히 수동적으로 참는 것이 아니라 매우 능동적인 에너지입니다. 물론 수동적으로 참는 데에도 상당한 양의 능동적인 에너지가 소요되는 사실을 나는 압니다. 수술대 위에서 움츠리거나 소리 지름이 없이 가만히 누워있는 데에는 상당한 양의 에너지가 소요됩니다. 바람이 불 때 움직이지 않고 가만히 서 있기 위해서는 많은 양의 힘이 필요합니다. 그러나 이 모든 것에도 불구하고 본문의 훈계는 단순히 참는 것만을 의미하지 않습니다. 왜냐하면 신약에서 "인내"는 어떤 고통이나 슬픔이나 상실이나 괴로움이나 실망 등에 대해 아무런 저항이나 불평 없이 그리고 순복하는 의지(意志)의 충분한 동의(同意)로써 견디는 것을 의미할 뿐만 아니라, 나아가 그 이상(以上)을 의미하기 때문입니다. 야고보가 여기에서 훈계하는 것은 우리의 길을 가로막을 수 있는 모든 장애물과 반대에도 불구하고 "조금도 낙심하거나 낙망하지 않고 고요히 견디며 계속해서 앞으로 나아가는" 확고한 결심입니다. 또 그것은 단순히 거센 바람 앞에서 자신의 자리를 지키는 것이 아니라, 그것에 맞서 대항하는 것입니다. 항구에 튼튼한 줄로 묶여 있는 배를 생각해 보십시오. 그 배는 어떤 폭풍 앞에서도 요동하지 않고 자기 자리를 지킬 것입니다. 바로 이것이 인내의 한 가지 형태를 나타냅니다. 한편 힘차게 돛을 휘날리며, 키를 굳게 부여잡고, 날카로운 눈으로 나침판을 바라보며, 목적지를 향해 항로를 이탈하지 않고 앞으로 나아가는 또 다른 배를 생각해 보십시오. 바로 이것이 인내의 또 다른 그리고 더 높은 형태를 나타냅니다. 그리고 바로 이것이 야고보가 여기에서 우리에게 훈계하는 종류의 "인내"입니다. 그것은 단순히 수동적으로 참는 것이 아니라, 모든 반대에도 불구하고 하나님에 의해 조명(照明)된 양심이 가리키는 방향으로 용감하며 능동적으로 나아가는 것입니다.

여러분이 이에 대한 실례(實例)를 원한다면, 나는 여러분에게 두 가지 실례를 제시할 수 있습니다. 먼저는 예수 그리스도의 실례입니다. "예수께서 예루살렘을 향하여 올라가기로 굳게 결심하시고"(눅 9:51). 그의 생애 전체를 통해 항상 십자가의 그림자가 그의 눈앞에 있었습니다. 그는 어떤 흔들림이나 비틀거림이나 머뭇거림이나 주저함도 없이 계속적으로 십자가를 향해 나아갔습니다. 왜냐하면 그는 "이 때를 위해 세상에 왔기" 때문입니다. 그가 십자가의 길을 회피할 수 없었던 것은 바로 그것을 위해 세상에 왔기 때문입니다.

또 하나의 실례는 바울 사도의 실례입니다. 그의 경우는 그리스도의 경우보다 낮은 수준의 것이기는 하지만, 동일한 종류의 것입니다. "내가 달려갈 길과 주 예수께 받은 사명 곧 하나님의 은혜의 복음을 증언하는 일을 마치려 함에는 나의 생명조차 조금도 귀한 것으로 여기지 아니하노라"(행 20:24). 바울은 선지자들의 경고와 친구들의 간절한 만류에도 불구하고 자신의 나아갈 길을 분명하게 인식하고 있었습니다. 그는 어떤 일이 일어나든 그 길을 걸을 것을 굳게 결심했습니다. 바로 이것이 본문이 우리 모두에게 계발하라고 훈계하는 "인내"입니다.

슬픔을 참는 것은 매우 아름다울 뿐만 아니라 어려운 일일 수도 있지만, 그것은 단지 본문이 명령하는 은혜의 작은 일부에 불과합니다.

사랑하는 친구들이여, 이 문제와 관련하여 좀 더 이야기하고자 합니다. 그것은 여러분에게 명령을 하기 위해서가 아니라, 요점을 보다 더 분명하게 하기 위해서입니다. 나는 모든 사람들에게 각 사람이 감당해야만 하는 슬픔과 무거운 짐을 불평하지 말고 감당하라고 말하고자 합니다. 의심의 여지 없이 우리 가운데 특별한 슬픔을 갖고 있는 사람들이 있습니다. 평생 동안 결코 치유될 수 없는 상처를 안고 살아가는 것이나, 결코 줄어들 수 없는 무게를 지고 살아가는 것이나, 결코 밝아질 수 없는 어둠 가운데 살아가는 것이 어떤 것인지 우리는 압니다. 그러나 "인내로 하여금 온전히 일하게" 하십시오. 그리고 그러한 최고의 의지(意志)에 온전히 순복하십시오.

그렇지만 여러분의 모든 노력과 에너지가 그러한 것들을 감당하는 것 안에 삼켜지지 않게 하십시오. 어떤 슬픔이나 상실이나 실망스러운 일을 자신의 명백한 의무를 회피하는 핑겟거리로 삼는 사람들이 많이 있습니다. 슬픔보다 더 이기적이며, 더 강력하게 사람들을 빨아들이는 것은 아무것도 없습니다. 일하십시오! 하나님을 위해 그리고 다른 사람들을 위해 일하는 것은 우리에게 성령의 임재 다음으로 큰 위로가 됩니다. 슬픔의 무게를 가볍게 함에 있어 그것을 헌신으로 바꾸는 것보다 더 강력한 것은 아무것도 없습니다. 우리의 인내가 실제로 온전히 일한다면, 그것은 우리로 하여금 아무 일도 하지 않고 하루 종일 울면서 가만히 앉아 있도록 만들지 않을 것입니다. 그렇게 하는 대신 그것은 우리를 영웅적이며 원기왕성하게 일하게 할 것입니다.

계속해서 어떤 종류의 반대나 방해도 우리와 우리의 명백한 기독교적 의무 사이에 끼어들어서는 안 됩니다. 본문의 "인내"는 하나님과 우리 자신의 양심이 명하는 길을 역경과 슬픔과 상실에도 불구하고 흔들림 없이 달려가는 일과 관련하여 적용되어야 할 뿐만 아니라, 또한 세상의 어둠과 슬픔뿐 아니라 즐거움과 쾌락과 유혹 앞에서 흔들림 없이 달려가는 일과 관련해서도 적용되어야 합니다. "자신의 인내로 하여금 온전히 일하도록" 하는 사람은 세상의 슬픔을 억제할 뿐만 아니라 또한 세상의 즐거움도 경멸합니다. 구름은 우리를 어둡게 하는 것으로 방해하는 반면 태양은 우리를 눈부시게 하는 것으로 방해합니다. 오디세우스 일행을 위협하는 것은 암초뿐만이 아니었습니다. 요정들이 황금 하프를 켜며 부르는 아름다운 노래는 암초보다 훨씬 더 큰 위협이었습니다. 슬픔 앞에서 뿐만 아니라 즐거움 앞에서도 "인내"해야만 함을 배우지 못한 그리스도인은 참된 기독교적 인내가 무엇인지 알지 못합니다. 참된 기독교적 인내는 우리의 인생길 가운데 슬픔뿐만 아니라 즐거움도 참고 견뎌야만 함을 의미합니다.

이와 같은 인내의 위대한 덕목을 우리는 다음과 같은 말씀들로 요약할 수 있습니다. "내가 모든 것을 배설물로 여김은 그리스도를 얻기 위함이라"(빌 3:8). "뒤에 있는 것은 잊어버리고 앞에 있는 것을 잡으려고 푯대를 향하여 달려가노라"(빌 3:13, 14). "인내가 온전히 일하게 하라."

2. 둘째로, 우리가 이러한 훈계를 어떻게 가장 잘 이룰 수 있는지 주목하십시오.

이것은 일종의 명령입니다. 기독교적 인내를 이루는 것은 노력 없이 저절로 되는 것이 아닙니다. 따라서 저자는 그것을 훈계나 명령의 형태로 제시합니다. 그는 방법을 구체적으로 적시(摘示)하지 않지만, 그러나 나는 여러분 앞에 그것을 몇 가지로 제시해 보고자 합니다.

기독교적 탁월함의 모든 영역에서 사람으로 하여금 주님과 비슷해지도록 만드는 첫 번째 — 그리고 가장 중요한 — 것은 그를 가까이 따르는 것입니다. 히브리서 기자는 "너희가 피곤하여 낙심하지 않기 위하여 죄인들이 이같이 자기에게 거역한 일을 참으신 이를 생각하라 너희가 죄와 싸우되 아직 피흘리기까지는 대항하지 아니하고"라고 말합니다(12:3, 4). 여기에서 "생각하라"는 것은 그를 닮을 목적으로 그를 깊이 묵상하는 것을 의미합니다.

형제들이여, 세상의 즐거운 것들이 우리의 길을 가로막고자 위협하며 우리의 눈을 현란하게 만들 때 그것을 극복하는 가장 좋은 방법은 우리의 관심을 그리스도에게 돌리며 그를 바라보는 것입니다. 세상의 슬픔으로부터 독(毒)과 쏘는 것과 쓰라린 것을 뽑아내는 가장 좋은 방법은 "간고를 많이 겪은 슬픔의 사람(Man of sorrows)"을 기억하는 것입니다(사 53:3, 한글개역개정판에는 "질고를 아는 자"로 되어 있음). 그를 생각할 때, 내가 불평할 것입니까? 그의 슬픔을 생각할 때, 내가 나의 슬픔으로 인해 신음할 것입니까? 내가 "주여, 주님은 감당할 수 없는 고난을 주지 않는다고 말씀하셨나이다. 그러나 나는 아무 것도 할 수 없나이다. 왜냐하면 나의 고난이 내가 감당할 수 있는 한계를 넘어서기 때문이나이다"라고 말할 것입니까? 그가 자신의 생명조차 귀하게 여기지 아니하시고 모든 것을 감당하며 아버지의 뜻에 순종한 것을 생각할 때, 우리가 무엇이라고 말할 것입니까? 여러분의 슬픔을 과장하지 마십시오. 도리어 그것을 그리스도의 슬픔의 분량과 비교하여 측량하십시오. 인내할 줄 모르는 조급함에 스스로를 굴복시키지 말고 그를 생각하십시오. 그를 깊이 묵상할 때, 여러분은 인내를 온전히 이루게 될 것입니다.

우리가 모든 역경에도 불구하고 확고한 결심으로 우리의 기독교적 경주를 계속 달려가기 위해 필요한 이러한 필수불가결한 은혜를 소유하고자 한다면, 우리는 인생의 모든 변화무쌍함을 깊이 생각하는 습관을 계발해야만 합니다. 바로 이것이 야고보가 문맥 가운데 말하고 있는 것입니다. 그는 "형제들아 너희가 여러 가지 시험을 당하거든 온전히 기쁘게 여기라"고 말합니다(2절). 이것은 역설입니다. 그것은 사람에게 고난과 슬픔이 있을 때 기뻐하라고 명령합니다. 그것은 우스꽝스러운 말처럼 들립니다. 그러나 다음 절에 그 수수께끼에 대한 답이 있습니다. "이는 너희 믿음의 시련이 인내를 만들어 내는 줄 너희가 앎이라"(3절). 만일 내가 이 세상의 의미와 나의 생애 전체의 목적을 올바르게 이해한다면, 나는 어떤 일을 그것이 가져다주는 즐거움의 크기에 의해 평가하지 않고 오직 그것이 나를 그의 형상으로 빚는 능력의 크기에 의해 평가할 것입니다. 내가 슬픔과 기쁨의 의미가 하나라는 사실과 하나님이 주실 때와 거두실 때의 목적이 동일하다는 사실과 8월의 작열하는 태양과 11월의 차가운 바람이 똑같이 추수를 위한 것이라는 사실과 낮과 밤이 같은 원인으로부터 오는 것이라는 사실과 또 내가 인생은 단지 성품을 만들어 가는 무대에 불과하다는 사실과 역경과 즐거움 모두에 의해 영혼이 풍성해지는 사실을 이해한다면, 나는 그와 같은 것들이 올 때 그것들 모두를 기꺼이 맞이할 것이며 어느 것도 나로 하여금 나의 달려갈 길로부터 이탈하도록 만들지 못할 것입니다.

이러한 주제와 관련하여 마지막으로 한 가지만 더 말하고자 합니다. 미래를 현재와 더불어 직접적으로 연결시키십시오. 그러면 그것은 어두운 곳을 비출 것이며, 슬픔을 최소화할 것이며, 굽은 것을 펴고 울퉁불퉁한 것을 평탄하게 만들 것이며, 기쁨에 함몰되는 것과 근심으로 마음이 상하는 것과 슬픔에 압도당하는 것을 막아 줄 것입니다. 그리고 그것은 여기에 있는 모든 것이 단지 미래를 위한 준비 훈련에 불과한 것이라는 사실을 깨달을 수 있도록 만들어 줄 것입니다. 그럴 때 우리가 이 땅에서 잠시 동안 고통을 감당하는 것은 그다지 어려운 일이 아닐 것입니다. 그리고 그것의 결과로서 예수 그리스도와 같아지고자 우리가 계속 노력을 경주하는 것은 그다지 힘든 일이 아닐 것입니다. 그럴 때 우리는 "인내를 온전히 이루게" 될 것입니다. 그리고 우리의 인내는 예수 그리스도의 고난을 묵상하며, 인생의 목적을 깊이 생각하며, 이 땅의 삶은 단지 미래로 들어가는 현관에 불과함을 기억함으로 더욱 더 온전해지며 풍성해질 것입니다.

3. 마지막으로, 어째서 이러한 인내가 그토록 중요한지 주목하십시오.

야고보는 같은 단어를 반복하는 방식으로 "인내를 온전히 이루라 이는 너희로 온전하게 하려 함이라"라고 말합니다. 이와 같이 인내는 기독교적 성품이 자라는데 필수불가결한 은혜입니다.

여기에서 나는 "온전함"(perfect)과 "구비함"(entire) 사이의 차이를 장황하게 설명할 필요를 느끼지 않습니다. 다만 전자는 사람에게 속하는 개별적인 은혜들의 분량을 표현하는 것이며, 후자는 그러한 은혜들의 전체적인 완전함을 표현하는 것입니다. 각각의 은혜 안에서 그는 "온전"하며(perfect), 완전한 인성에 속하는 모든 것을 소유할 때 그는 "구비"합니다(entire). 바로 이것이 우리가 붙잡아야만 하는 이상(理想)입니다.

나아가 이것은 우리가 무한히 다가갈 수 있는 이상(理想)입니다. 기독교적 온전함으로 나아가기 위한 노력을 단순히 감정과 수동적인 태도로 대체하는 사람들이 있습니다. 여기에서 야고보가 가르치는 것에 주의를 기울여 보십시오. 여러분의 인내로 하여금 온전히 일하게 하십시오. 계속적인 수고와 노력 모든 유혹에 맞섬에 의해 그리고 슬픔을 통제하며 그것에 재갈을 물림에 의해, 여러분은 목적지에 도달할 것입니다. 하나님은 믿음에 기초한 계속적인 투쟁과 수고 없이 어떤 사람도 온전하게 만들지 않습니다.

나는 본문의 인내가 — 좁은 의미에서든 넓은 의미에서든 — 기독교적 성품에 필수불가결하다는 사실을 또 다시 재론할 필요를 느끼지 않습니다.

고난이 여러분에게 유익을 끼치지 않는다면, 그것은 여러분에게 해를 끼칩니다. 슬픔으로 말미암아 전보다 더 마음이 강퍅해지며 세상에 집착하게 되는 경우가 있습니다. 그런가 하면 슬픔을 올바르게 감당함으로써 삶이 더욱 강해지며 죄를 더욱 멀리하게 되는 경우도 있습니다. 램프 안에 있는 석고(石膏) 종이를 생각해 보십시오. 석고 종이가 얇을수록 빛은 더 밝게 비칩니다. 이와 같이 하나님은 우리 안에 내주하시는 자신의 빛이 더 밝게 비취도록 하기 위해 우리의 삶의 석고 종이를 얇게 만듭니다.

기독교적 성품을 온전하게 함에 있어 막연한 감정으로 얻어지는 것은 아무것도 없다는 사실을 기억하십시오. 그리고 단순한 바람(wish)이나 혹은 단순한 감정으로는 여러분이 그리스도와 같은 모습으로 자라지 못할 것이라는 사실을 확신하십시오. 여러분이 그리스도와 같은 모습으로 자라는 것은 오직 계속적인 믿음과 엄격한 자기 통제와 지속적인 투쟁에 의해서뿐입니다. 여러분이 "뒤에 있는 것은 잊어버리고 앞에 있는 것을 잡으려고" 하는 가운데 "인내가 온전히 일하게" 한다면 그리고 우리의 믿음의 주요 온전케 하시는 자를 굳게 붙잡는다면, 여러분은 결코 푯대를 잃어버리지 않을 것입니다(빌 3:13).

2
신적 지혜를 얻는 방법

"너희 중에 누구든지 지혜가 부족하거든
모든 사람에게 후히 주시고 꾸짖지 아니하시는 하나님께 구하라
그리하면 주시리라"
약 1:5

"너희 중에 누구든지 지혜가 부족하거든." 야고보는 바로 앞 절에서 같은 단어를 사용하면서, 형제들에게 그들의 목표가 "온전하고 구비하여 조금도 부족함이 없게 되는" 것이어야만 한다고 말합니다(4절). 이러한 사실은 자연스럽게 그러한 온전함과 일반적인 그리스도인들의 실제적인 상태 사이의 큰 괴리라고 하는 또 하나의 개념을 제시합니다. 그리하여 야고보는 확실한 사실임에도 불구하고 "너희 모두가 부족하기 때문에"라고 말하지 않고, 온유한 마음으로 가정법을 사용하여 "너희 중에 누구든지 지혜가 부족하거든 하나님께 구하라"라고 말합니다.

이러한 가정법 형태의 훈계에 우리가 주목해야만 하는 세 가지 요점이 있습니다. 하나는 평균적인 그리스도인의 성품에 부족한 것이 있다는 것입니다 — 지혜. 또 하나는 그것을 공급받는 위대한 수단입니다 — 구하라. 그리고 마지막은 그것을 공급해 주실 것에 대한 위대한 보증입니다 — 모든 사람에게 후히 주시고 꾸짖지 아니하시는 하나님.

1. 평균적인 그리스도인의 성품 안에 부족한 것 — 지혜.

평균적인 그리스도인에게 일차적으로 부족한 것으로서 아마도 우리는 지혜를 예상하지 않을 것입니다. 만일 누군가 우리에게 일차적으로 부족한 것을 말해 보라고 한다면, 아마도 우리는 지혜 외에 다른 무엇인가를 생각할 것입니다. 그러나 우리가 지금 이 말을 하고 있는 사람이 누구인지 기억한다면, 우리는 이러한 말로써 그가 의미하는 바를 더 잘 이해하게 될 것입니다. 야고보는 구약에 철저하게 젖은 유대인이었습니다. 잠언이 "지혜"에 대해 어떻게 이야기하고 있는지 생각해 보십시오. 지혜와 관련하여, 잠언은 지식이나 지적인 강함이나 실제적인 총명함보다 훨씬 더 깊고 생명적인 것을 의미합니다. "여호와를 경외하는 것" 위에 기초하며, 단순히 지적인 것에 불과한 것이 아니라 도덕적이며 영적인 것으로서 간주되는 지혜의 개념은 신약 전체에 퍼져 있습니다. 이것은 야고보서에서도 마찬가지입니다. 우리는 야고보가 지혜라는 단어를 구약의 용례와 연결하여 사용하고 있음을 확신할 수 있습니다. 이러한 사실은 "지혜"와 관련하여 그가 뒤에 묘사하는 것들에 의해 분명해집니다. 그는 그것이 "위로부터" 난다고 말하면서, 계속해서 모든 형태의 도덕적이며 영적인 선(善)을 그것이 사람에게 임하여 역사(役事)하는 것에 돌립니다. 그것은 "성결하고, 화평하며, 관용하며, 양순하며, 긍휼과 선한 열매가 가득"합니다. "오직 위로부터 난 지혜는 첫째 성결하고 다음에 화평하고 관용하고 양순하며 긍휼과 선한 열매가 가득하고 편견과 거짓이 없나니"(3:17). 지혜가 단순히 지적(知的)인 것에 불과하다면, 그것은 결코 이와 같은 열매들을 맺을 수 없을 것입니다. 그렇지 않습니까? 이러한 속성들은 단순히 지적인 것 이상의 그것보다 훨씬 더 강력한 어떤 것에 의해 형성되어야만 합니다.

그러면 야고보는 "지혜"로써 무엇을 의미합니까? 그가 의미하는 것은 요컨대 실천적인 경건의 총체입니다. 그에게 있어 죄와 어리석음은 같은 것을 일컫는 두 개의 이름입니다. 그것은 경건과 지혜의 경우도 마찬가지입니다. 오직 참된 마음으로 하나님을 아는 자만이 지혜를 소유합니다. 이와 같이 하나님을 아는 것은 그에게 인생의 사실들과 옳고 그름의 경계를 분별하는 올바른 통찰력을 부여해 줍니다. 또 그것은 강력한 능력으로 행동을 통제하며, 전인(全人)을 형성합니다. "지식"은 이러한 지혜와 비교할 때 초라하며 피상적입니다. 요컨대 지혜는 실천적인 경건과 거의 동의어입니다.

평균적인 그리스도인들에게 지혜가 부족하다는 사실은 다음과 같은 개념 즉 우리가 사물을 올바르게 분별할 수 있는 분명하며 확실한 통찰력을 가지고 있다면 우리에게 지혜가 별로 부족하지 않은 것이라는 개념을 암시합니다. 어떤 사람이 항상 하나님을 생각하는 가운데 의와 순종이 얼마나 복된 것이며 죄가 얼마나 더럽고 치명적인 것인지를 올바로 깨닫는다면, 그가 보이지 않는 영원한 것들을 분명한 시각으로 계속적으로 바라본다면, 그가 인생을 전체적으로 바라본다면, 그가 세상에 속한 것들이 얼마나 부패하고 피상적인 것인지를 본다면, 그가 하나님을 기쁘시게 하는 모든 행동의 복된 결과를 본다면 — 분명 그의 행동은 온전해질 것입니다.

그와 같은 사람이 즐겁고 고요한 마음으로 의의 길을 행하지 않는 것은 전적으로 불가능한 일이 될 것입니다. 나는 모든 죄가 무지(無知)의 결과라고 믿지 않습니다. 그러나 나는 우리 각자가 항상 하나님의 말씀의 강력한 영향력 아래 행한다면 우리의 평균적인 기독교적 삶은 혁명적으로 바뀌게 될 것이라고 분명히 믿습니다.

사랑하는 형제들이여, 우리는 여기에서 매우 중요한 실천적인 지침을 발견할 수 있습니다. 그것은 우리에게 가장 부족한 것이 다름 아닌 기독교적 계시의 실재들과 인간의 삶의 사실들에 대한 보다 더 분명하며 생생한 개념들이라는 사실입니다. 바로 이것이 우리에게 가장 부족한 것입니다. 그러므로 우리는 어떤 특별한 허물을 고치거나 혹은 어떤 특별한 덕을 얻으려고 노력하는 대신, 본질 속으로 더 깊이 들어가 우리의 전체적인 본성이 하나님의 진리의 능력에 더 많이 순복할수록 우리가 아무것도 부족함이 없이 더 "온전하고 구비하게" 될 것이라는 사실을 분명하게 깨달을 필요가 있습니다.

2. 지혜를 공급받는 위대한 수단 — 구하라.

부족한 지혜를 공급받는 수단으로서 본문이 가르치는 지침은 언뜻 볼 때 우리의 예상을 빗나가는 것처럼 보입니다. 야고보는 "너희 중에 누구든지 지혜가 부족하거든 가만히 앉아서 깊이 생각하라"라고 말합니까? 아닙니다. 그는 "너희 중에 누구든지 지혜가 부족하거든 책을 읽고 공부를 하라"라고 말합니까? 아닙니다. 그는 "너희 중에 누구든지 지혜가 부족하거든 전문가나 랍비를 찾아가 그로부터 배워라"라고 말합니까? 아닙니다. 다만 그는 "너희 중에 누구든지 지혜가 부족하거든 … 구하라"라고 말합니다. 여기에서 지혜가 부족한 사실과 그것이 공급되는 수단은 서로 잘 연결되지 않는 것처럼 보입니다. 지혜가 단지 머리 안에 있는 것일 뿐이라면, 이것은 얼마나 이상한 수단입니까! 그러나 지혜가 사람의 영의 깊은 곳에 위치하고 있다면, 그것은 별로 이상할 것이 없을 것입니다. 여러분이 신학을 배우기를 원한다면, 여러분은 공부해야만 합니다. 여러분이 어떤 분야에 정통하기를 원한다면, 여러분은 그에 합당한 훈련을 거쳐야만 합니다. 여러분이 하나님에게 지질학자나 혹은 법률가나 혹은 의사가 되게 해 달라고 기도하는 것은 쓸데없는 일입니다. 만일 여러분이 그렇게 되기 위해 필요한 과정을 취하지 않는다면 말입니다. 그러나 어떤 사람이 신적 지혜를 원한다면, 그는 무릎을 꿇고 구해야만 합니다. 바로 이것이 그것을 얻는 최선의 방법입니다. 누구든지 지혜가 부족하다면, 하나님께 구하십시오. 왜냐하면 삶을 규제하는 통찰력은 하나님으로부터 오기 때문입니다. 그것은 사람의 마음에 내주하는 하나님의 영으로부터 옵니다.

나는 오늘날의 기독교 풍조 가운데 하나님의 영이 실제로 사람들의 마음에 내주하고 계신다는 진리보다 더 흐릿해진 것은 아무것도 없다고 생각합니다. 또 나는 바로 이것이 오늘날 기독교가 사람들에게 큰 영향력을 끼치지 못하는 주된 이유라고 생각합니다. 그리스도의 십자가 죽음의 사실과 함께 시작하고 끝나는 기독교를 붙잡는 것은 별로 소용이 없습니다. 의심의 여지 없이 그의 십자가 죽음으로 시작하지 않는 기독교를 붙잡는 것은 더 소용이 없습니다. 그러나 기독교가 거기에서 끝난다면, 그것은 불완전한 기독교일 수밖에 없습니다. 왜냐하면 구하는 자에게 지혜를 주시는 그리스도는 "죽으실 뿐 아니라 다시 살아나사 하나님 우편에 계시면서 우리를 위하여 간구하시는" 그리고 우리에게 자신의 영을 보내시는 그리스도이기 때문입니다(롬 8:34).

그와 같은 지혜의 영을 받음에 있어 필요한 한 가지는 우리가 그것을 원하는 것입니다. 그것이 전부입니다. 그 이상도 없고, 그 이하도 없습니다. 나는 이 세대의 평균적인 그리스도인들이 정말로 지혜의 영을 받기를 원하는지 큰 의문을 갖습니다. 여러분은 정말로 미혹으로부터 정결해진 마음의 선물과, 우리와 함께하시는 하나님을 항상 바라볼 수 있도록 맑아진 눈의 선물과, 우리 주위에 있는 것들의 실제적인 중요성을 볼 줄 아는 통찰력의 선물을 간절한 마음으로 구합니까? "너희 중에 누구든지 지혜가 부족하거든 … 구하라." 그것은 선물입니다. 그것은 모든 신자들 안에 거하시며 일하시는 성령으로부터 얻어지는 것입니다. 그리고 그들이 바라는 분량이 곧 그들이 소유하게 되는 분량입니다. 신적 지혜는 교만 가운데 자신을 의지(依支)하는 노력으로 얻는 것이 아니라, 구함으로 얻는 것입니다.

그러나 우리는 어떤 종류의 구함이든지 그러한 선물을 받기에 충분하다고 생각해서는 안 됩니다. 그것을 받기에 합당한 구함은 진지하며, 강렬하며, 계속적이며, 그에 상응한 행동이 수반되는 구함이어야만 합니다.

아침에 출근하기 전에 급하게 2분 정도 형식적으로 기도한다든지 혹은 침대에 누워 비몽사몽간에 기도한다고 해서 그것이 자동적으로 여러분 앞에 떨어지는 것은 아닙니다. 그것은 구하는 것이 아닙니다. 그런 태도는 응답을 받기에 충분할 만큼 오랫동안 기다리지 않습니다. 구하는 것은 희미하며 미약하게 바라는 것이 아닙니다. 그것은 인내와 참음으로 계속 구하는 것입니다. 거기에는 기도의 능력에 대한 믿음과 하나님이 기꺼이 주기를 원하신다는 분명한 확신이 있어야만 합니다.

우리 집 문 앞에 강이 흐르는데 정작 우리가 목말라 죽을 지경이라면 어떻겠습니까? 난로 위에서 불이 뜨겁게 타고 있는데 정작 우리가 다 타고 남은 깜부기 불 곁에서 덜덜 떨고 있다면 어떻겠습니까? 이와 같이 우리는 '우리가 마땅히 되어야 하는 모습'과 '우리의 실제 모습' 사이의 비극적인 차이를 인식할 필요가 있습니다. 야고보의 또 다른 말을 들어 보십시오. "너희가 얻지 못함은 구하지 아니하기 때문이요"(4:2). 본문의 훈계를 깊이 마음에 새기십시오. "너희 중에 누구든지 지혜가 부족하거든 … 구하라."

3. 그러한 간구가 응답될 것에 대한 위대한 보증 — 모든 사람에게 후히 주시고 꾸짖지 아니하시는 하나님.

원문을 영어로 번역함에 있어 똑같은 어순(語順)으로 번역하는 것은 거의 불가능합니다. 그렇지만 어쨌든 본문은 대략적으로 다음과 같이 표현될 수 있습니다. "그로 하여금 주시는 하나님께 구하게 하라"(Let him ask of the giving God). 이러한 표현은 신적 주심의 행동이라기보다, 신적 습관을 나타냅니다. 그것은 기도서(祈禱書)의 "주의 본성과 속성은 긍휼을 베푸시는 것이나이다"라는 표현과 동일한 것입니다. 그가 "주시는 하나님"(giving God)인 것은 그가 사랑의 하나님이기 때문입니다. 왜냐하면 사랑은 본질적으로 사랑하는 대상에게 자신을 주고자 하는 충동이기 때문입니다. 그것이 바로 사랑의 생기(生氣)이며, 그것이 하나님의 사랑입니다. 심지어 신적 본성 안에도 필연적인 것이 있습니다. 하나님은 주셔야만(must) 합니다. 이와 같이 하나님은 "주시는 하나님"입니다. 그가 복된 하나님인 것은 그가 사랑으로 주시는 하나님이기 때문입니다. 하늘의 태양을 생각해 보십시오. 태양은 그 빛을 쏟아 붓지 않을 수 없습니다. 그와 마찬가지로 신적 본성의 행동은 은택을 베풀며 자신을 나누어 주는 것입니다. 그의 기쁨은 그의 피조물에게 자신을 주는 것입니다. 하나님은 자신의 모든 것을 주기 위해 그의 피조물 안에 오직 그에 의해서만 채워질 수 있는 빈 공간을 만드셨습니다.

구하는 자에게 지혜가 공급될 것이라는 보증이 본문 가운데 구체적으로 어떻게 나타나는지 주목해 보십시오 — "모든 사람에게 후히 주시고 꾸짖지 아니하시는 하나님." 야고보는 먼저 "모든" 사람에게 주신다고 말합니다. 나는 여기의 "모든"에다가 "구하는"이라는 한정어를 덧붙여야만 한다고 생각합니다. 다시 말해서 하나님은 "구하는 모든" 자에게 주십니다.

또 하나님은 "후히" 주십니다. 이것은 얼마나 아름다운 개념입니까! 여기에서 "후히"(liberally)로 번역된 단어는 문자적으로 "어떤 사심도 없이 단순하게" 혹은 "돌려받을 것에 대한 어떤 속마음도 없이"를 의미합니다. 바로 이것이 하나님이 주시는 방식입니다. 사람들은 종종 하나님 자신이 동기(動機)라는 교리 즉 하나님의 모든 행동의 이유가 다름 아닌 그 자신의 영광이라는 교리에 대해 이의를 제기합니다. 사람들은 종종 그것이 일종의 신적 이기주의가 아니냐고 묻습니다. 그러나 그것은 본문의 개념 즉 하나님은 자신에 대해서는 전혀 생각하지 않고 오직 받는 자의 유익을 위해 주신다는 개념과 완전하게 조화됩니다. 하나님은 세상에서 당신의 영광이 증진(增進)되기를 바라십니까? 그렇습니다. 또 하나님은 사람들이 당신의 사랑을 깨닫는 것을 기뻐하십니다. 그러나 그 이상(以上)은 아무것도 없습니다. 사람들이 당신의 영광을 깨닫고 그것을 찬미하기를 바라시는 이유는 그것이 그들에게 생명과 축복이 되기 때문입니다. 모든 사람이 당신을 알기를 바라시는 것은 그럼으로써 그들이 마땅히 되어야 하는 모습으로 변화되어 그를 영원토록 즐거워할 수 있게 되기 때문입니다. 이와 같이 하나님은 보잘것없는 인생들을 위해 자신을 "후히" 주십니다.

뿐만 아니라 하나님은 "꾸짖지 아니하시고" 주십니다. 그렇지 않다면 도대체 누가 감히 구할 것이란 말입니까? 우리가 하나님께 나아갈 때, 그는 "지난번에 준 선물 가지고 도대체 무엇을 했단 말이냐? 네가 가지고 있는 다른 은택들로 충분히 감사해야 마땅하지 않느냐? 나에게 다시금 무엇인가 구하기 위해 오기 전에 먼저 네가 가지고 있는 것을 더 잘 사용하도록 애써보아라"라고 말씀하시지 않습니다. 우리는 자주 다른 사람들에게 그와 같이 말하곤 하며, 그것은 종종 정당합니다. 그러나 하나님은 우리에게 그와 같은 방식으로 말씀하시지 않습니다. 아이가 선물을 받은 후에도 그를 꾸짖기 위한 시간은 충분합니다. 예수께서 베드로를 구해 주셨을 때를 생각해 보십시오. 그는 먼저 베드로를 물에서 건져내신 후에 "믿음이 적은 자여 왜 의심하였느냐"라고 꾸짖으셨습니다. 그의 은택을 잘못 사용한 것이라든지 혹은 그에 대한 우리의 믿음이 적은 것이라든지 혹은 우리가 빈약하게밖에 구하지 않는 것에 대한 가장 참된 꾸짖음은 그의 선물을 크게 하는 것입니다. 그는 기꺼이 우리에게 선물을 주시며, 가서 그것을 사용하여 유익을 얻으라고 명하십니다. 그러고 나서 그는 우리가 그의 선물을 잘못 사용한 것이라든지 혹은 우리가 빈약하게 밖에 구하지 않은 것 등에 대해 꾸짖으십니다.

사랑하는 형제들이여, 우리가 하나님이 "두지 않은 것을 취하고 심지 않은 것을 거두는 엄한 사람"이 아니라 "주시는 하나님"이라는 사실을 믿는다면(눅 19:21), 우리가 단지 하나님이 우리를 사랑하기 때문에 주신다는 사실을 믿는다면, 우리가 우리의 연약함조차 하나님의 선물을 제한하지 못할 것이라는 사실을 믿는다면 — 신적 본성에 대한 우리의 그릇된 개념들은 우리 마음으로부터 영원히 사라져 버리고 말지 않겠습니까? 우리와 태양 사이를 가리고 있는 빽빽한 구름들은 모두 사라져 버리고 말 것입니다. 우리는 그가 "주시는 하나님"(giving God)이라는 사실을 아주 조금밖에 이해하지 못하는 것 같습니다. 우리의 기도가 그토록 빈약하며, 우리의 구함이 그토록 미미하며, 우리의 예물이 그토록 초라하며, 우리의 지혜가 그토록 부족한 것은 바로 그것 때문이 아니겠습니까?

3
면류관

"시험을 참는 자는 복이 있나니 이는 시련을 견디어 낸 자가
주께서 자기를 사랑하는 자들에게 약속하신
생명의 면류관을 얻을 것이기 때문이라"
약 1:12

오늘 설교의 목적은 미래의 상(賞)을 "면류관"의 은유로 표현하는 신약의 구절들을 개괄적으로 살핌으로써 이 땅에서의 복된 삶의 요소들을 제시하고, 그럼으로써 미래의 완전한 복과 관련한 포괄적인 관점을 얻는 것입니다.

이러한 구절들은 매우 많습니다. 바울은 승리한 경주자를 위해 준비된 "썩지 않는 면류관"과 자신이 마지막 순간 기대하며 바라보았던 "의의 면류관"에 대해 말합니다. 베드로는 충성된 장로들을 위한 상(賞)으로서 "영광의 면류관"에 대해 말합니다. 또 야고보는 여기의 본문에서 시련을 견딘 자가 얻는 "생명의 면류관"에 대해 말합니다. 한편 서머나 교회의 순교자는 생명의 주님의 손으로부터 오는 "생명의 면류관"의 약속으로 말미암아 "죽기까지" 충성할 것을 격려 받습니다(계 2:10). 또 빌라델비아 교회의 사자는 "네가 가진 것을 굳게 잡아 아무도 네 면류관을 빼앗지 못하게 하라"고 격려 받습니다(계 3:11). 또 계시록의 이십사 장로들은 자신들의 면류관을 보좌 앞에 던집니다(계 4:10). 우리가 이 모든 구절들을 함께 묶어 살

핀다면, 그로부터 우리는 몇 가지 큰 격려가 되는 개념들을 얻게 될 것입니다.

1. 첫째로, 면류관의 상징이 전달하는 일반적인 개념들을 살펴보도록 합시다.

위에 인용한 구절들에서 사용된 단어는 왕관(王冠)을 나타내는 통상적인 단어가 아닙니다. 도리어 그것은 운동경기 같은 제전(祭典)에서 승리자에게 씌워 주는 화관(花冠)이나 혹은 월계관 같은 것을 나타내는 단어입니다. 화관은 머틀(myrtle)이나 파슬리(parsley)나 소나무 등을 엮어 열심히 싸워 승리한 경주자의 머리 위에 씌어진 것입니다. 또 "위대한 승리자의 상(賞)"인 월계관은 장미나 제비꽃이나 담쟁이덩굴 등을 엮어 승리자의 머리 위에 씌어졌습니다. 이와 같이 신약의 저자들의 생각 속에 있었던 것은 왕관의 개념이 아니라 이러한 화관이나 월계관의 개념이었습니다. 물론 우리가 뒤에 보게 될 것처럼 왕관의 개념도 어느 정도 포함되어 있었다 하더라도 말입니다.

이렇게 볼 때 우리는 면류관의 상징으로부터 세 가지 일반적인 개념을 얻게 됩니다. 이제 그러한 것들을 간단히 살펴보도록 합시다.

첫째는 공적으로 인정되고 칭송되는 승리의 개념입니다. 바울은 위에 인용한 두 번의 용례(用例)에서 면류관을 이와 같은 의미로 사용합니다. 그것은 열심히 달려 승리를 거둔 경주자의 상이었습니다. 그리고 "의의 면류관"은 "선한 싸움을 싸우고 달려갈 길을 마친" 자들을 위해 예비된 것이었습니다(딤후 4:8). 이것은 현재가 경기장이라는 사실과, 현재의 결과가 현재를 넘어 펼쳐진다는 사실을 함축합니다. 우리는 경기장의 다져진 땅 위에서 꽃을 찾지 않습니다. 투쟁의 때는 즐거움을 찾는 때가 아닙니다. 만일 면류관이 "저기"에 있다면, "여기"는 필연적으로 투쟁의 장(場)이 되어야만 합니다. 그리고 우리가 여기에서 그와 같은 복된 결과와 생명의 상을 발견하고자 한다면, 우리는 즐거움을 대수롭지 않게 여기면서 수고로운 날들을 살아야만 합니다. 이와 같이 우리는 여기에서 관중들의 떠들썩함에 의해 공적으로 인정되고 칭송되는 승리의 개념을 보게 됩니다. "내가 그 이름을 내 아버지 앞과 그의 천사들 앞에서 시인하리라"(계 3:5).

둘째는 제전(祭典)의 기쁨의 개념입니다. 나는 바로 이것이 베드로가 "시들지 아니하는 영광의 면류관"이라고 말할 때 그의 마음속에 특별하게 있었던 개념이라고 생각합니다(벧전 5:4). 나는 그와 같은 베드로의 표현이 구약의 한 특이한 구절과 관련되었을 수 있다고 생각합니다. 거기에서 선지자는 사마리아의 한 제전에서 어떤 술 취한 자의 머리 위에 있는 마른 꽃을 보면서 그것을 그들의 즐거움이 곧 시들고 그들의 나라가 곧 멸망할 것에 대한 상징으로 취합니다. 그러나 베드로는 이 면류관은 결코 시들지 않는다고 말합니다. 하늘의 꽃들은 결코 마르지 않습니다. 그것은 하늘을 향해 계속 달려가는 자들에게 임하는 고요하며 영구적인 기쁨을 상징합니다. 시들지 않는 영원한 꽃으로 장식한 화관을 쓰는 것은 제전의 기쁨과 모든 것이 만족되는 참된 공동체를 의미합니다.

셋째는 왕권의 개념입니다. 면류관과 관련한 요한계시록의 용례(用例)는 다소 다른 기초 위에 섭니다. "네가 죽도록 충성하라 그리하면 내가 생명의 면류관을 네게 주리라"(2:10). 여기에 이방적인 이미지는 나타나지 않습니다. 계시록에서 우리는 헬라의 운동경기라든지 혹은 이방의 레슬링에 대해서는 아무것도 듣지 못합니다. 모든 것은 유대적인 개념의 범주 안에서 움직입니다. 여기에서 "면류관"(crown, 한글개역개정판에는 단순히 "관"으로 되어 있음)으로 번역된 단어는 물론 통상적으로 제전에서 승리한 자에게 씌워지는 화관을 의미하기는 하지만 동시에 때로 통치자의 왕관을 의미하기도 합니다. 이러한 사실은 성경의 다른 용례들에서도 분명하게 나타납니다. 예컨대 "가시 면류관"(crown of thorns)은 왕을 조롱하는 것이었습니다. 또 요한의 환상 속에서 이십사 장로들이 쓰고 있었던 "금 면류관"은 그들이 앉아 있는 보좌와 연결된 것입니다. 그것은 제전의 기쁨이라든지 혹은 경주에서 승리한 것에 대한 상징이 아니라 왕권과 통치권의 상징이었습니다. "네가 죽도록 충성하라 그리하면 내가 생명의 면류관을 네게 주리라"는 약속의 두드러진 특징은 그리스도의 종들이 그들의 주님의 왕권에 참여하게 될 것이라는 것입니다. 이와 같이 내가 면류관의 상징으로부터 끌어낸 앞의 두 가지 개념에다가 우리는 여기의 세 번째 개념을 덧붙여야만 합니다. 그리고 그럴 때 비로소 그것의 상징은 완전해집니다. 그리스도의 형제들은 왕의 자녀들과 같을 것이며, 그러므로 그들은 그와 온전히 연합하여 만물을 다스리는 그의 통치권에 참여할 것입니다. 이러한 상징에 자신에 대한 통치권, 우주에 대한 통치권, 말로 형언할 수 없는 신비한 통치권, 섬김의 통치권, 영원히 계속되는 즐거운 통치권의 개념이 담겨 있습니다.

이와 같이 여기의 면류관의 상징은 우리에게 승리의 개념과, 제전의 풍성한 기쁨의 개념과, 왕권과 통치권의 개념을 가르칩니다.

2. 둘째로, 이러한 화관(花冠)을 구성하는 재료들을 좀 더 구체적으로 살펴보도록 합시다.

앞에 인용한 구절들 속에서 우리는 화관을 구성하는 두 개의 재료들을 발견할 수 있습니다. 야고보서와 요한계시록은 "생명의 면류관"에 대해 말하며, 베드로는 "영광의 면류관"에 대해 말합니다. 다시 말해서 여기의 화관을 구성하는 재료는 금방 시들고 마는 소나무나 머틀이 아닙니다. 도리어 그것은 이를테면 한쪽은 "생명"으로 그리고 다른 한쪽은 "영광"으로 엮어져 있습니다. 우리가 이와 같은 과격한 은유를 사용하기를 원하지 않는다면, 최소한 우리는 그 면류관이 생명과 영광이라고 말할 수 있습니다.

먼저 면류관을 구성하는 첫 번째 재료인 "생명"에 대해 생각해 보도록 합시다. 여기에 얼마나 위대한 개념이 담겨 있습니까! 신약에서 "생명"은 단순히 존재하는 것을 의미하지 않습니다. 도리어 그것의 최고의 의미는 하나님과 연합되어 정결하며 복된 상태로 존재하는 것입니다. 이와 같이 충만하며, 완전하며, 계속적인 생명은 이 땅에서의 신실한 기독교적 삶의 상급과 면류관으로 간주됩니다. 우리의 경험 속에서 삶은 종종 무거운 짐이며, 피곤함과 걱정거리로 가득 차 있습니다. 만일 그것이 면류관이라면, 그것은 분명 가시 면류관일 것입니다. 그러나 하늘에서의 삶은 축복일 것이며, 참된 삶일 것입니다. 하늘의 상급은 단순히 하나님 안에서 사는 것일 것입니다. 이 땅에서 생명은 마치 바위틈으로부터 물이 한 방울씩 고통스럽게 떨어지는 것처럼 그렇게 옵니다. 그러나 하늘에서 생명은 햇빛이 찬란하게 빛나는 넓은 호수처럼 펼쳐질 것입니다. 이 땅에서 식물은 마치 약간의 햇빛만을 받으며 바위틈으로부터 겨우 올라오는 것처럼 그렇게 자랍니다. 그것의 잎은 작으며, 줄기는 가느다라며, 꽃은 생기가 없습니다. 그러나 하늘에서 그것은 비옥한 토양에 뿌리박으며, 구름 없는 찬란한 태양의 비췸을 받을 것입니다. 그리고 우리가 이 땅에서 단 한 번도 본 적이 없는 아름다운 형상으로 꽃필 것입니다. 이와 같이 그 면류관은 생명으로 엮여 있습니다.

또 그것은 영광으로 엮여 있습니다. 영광이 무엇입니까? 그것은 그의 피조물에게 나타난 하나님의 성품의 광채입니다. 바로 이것이 구약과 신약에서의 영광의 충분한 의미입니다. 그러한 영광은 이 땅에서 하나님을 굳게 붙잡고 하늘에서 온전하여지는 사람들에게 옮겨집니다. 거기에서 본성의 완전한 완성이 있을 것입니다. "우리가 그와 같을 줄을 아는 것은 그의 참모습 그대로 볼 것이기 때문이니"(요일 3:2). 구속받아 온전하게 된 영혼의 가장 깊은 아름다움은 그때 충분하게 나타나게 될 것입니다. 이 땅에서 그것은 부분적으로만 겨우 나타날 뿐입니다. 그리고 이 땅에서 우리가 나타나는 모습은 종종 실제의 우리의 모습보다 훨씬 못합니다. 그러나 하늘에서 우리는 우리의 온전한 모습을 충분하게 나타내게 될 것입니다. 왜냐하면 최고의 성전(聖殿)에서 제사장의 예복을 입고 제사장의 직무를 행하는 종들의 이마에 그의 이름이 새겨져 있고, 그들은 아버지의 나라에서 해처럼 빛날 것이기 때문입니다. 모든 피조물들이 주의 형상으로 변화되어 찬란한 광채로 빛나는 구속받은 영혼들을 경이(驚異)의 눈으로 바라볼 것입니다. "우리가 그와 함께 고난을 받는다면 우리는 또한 그와 함께 영광을 받게 될 것이라"(롬 8:17, 한글개역개정판에는 "우리가 그와 함께 영광을 받기 위하여 고난도 함께 받아야 할 것이니라"라고 되어 있음).

우리가 아는 것은 마치 아직 태어나지 않은 아이가 세상에 대해 아는 것처럼, 혹은 나비의 유충이 장차 하늘을 훨훨 날게 될 자신의 미래의 생명에 대해 하는 것처럼 아주 적습니다. 우리는 우리가 충분히 알지 못한다는 사실을 기꺼이 받아들여야만 합니다. 그러나 우리는 휘장 뒤에 있는 어마어마한 실재에 대한 예언과 보증을 가지고 있습니다. "제자가 그 선생 같고 종이 그 상전 같으면 족하도다"(마 10:25).

3. 셋째로, 면류관의 조건을 주목하십시오.

위에 인용된 구절들은 면류관의 조건을 매우 다양하게 제시합니다. 바울의 "의의 면류관"이라는 표현은 그것이 부정한 머리 위에 씌워질 수 없음을 함축합니다. 오직 의로운 자만이 그것을 쓸 수 있습니다. 바로 이것이 첫 번째 가장 중요하면서도 필수불가결한 조건입니다. 또 경기하는 자가 승리자의 면류관을 얻고자 하면, 그는 반드시 "법대로" 경기해야만 합니다. "경기하는 자가 법대로 경기하지 아니하면 승리자의 관을 얻지 못할 것이며"(딤후 2:5). 시련 가운데 있는 자는 "시험을 참아야만" 합니다. 그럼으로써 그는 불로 연단한 순금처럼 나오게 될 것입니다. "시험을 참는 자는 복이 있나니 이는 시련을 견디어 낸 자가 주께서 자기를 사랑하는 자들에게 약속하신 생명의 면류관을 얻을 것이기 때문이라"(약 1:12). 서머나 교회의 순교자는 주님에 대한 충성심으로 인해 필요하다면 기꺼이 죽을 준비가 되어 있어야만 했습니다. "네가 죽도록 충성하라 그리하면 내가 생명의 면류관을 네게 주리라"(계 3:10) 면류관을 빼앗기지 않기 위해 우리는 "우리가 가진 것을 굳게 붙잡아야만" 합니다. "네가 가진 것을 굳게 잡아 아무도 네 면류관을 빼앗지 못하게 하라"(계 3:11).

계속해서 우리는 또 다른 종류의 조건들을 발견할 수 있습니다. 바울은 "내게만 아니라 주의 나타나심을 사모하는 모든 자에게도니라"라고 말합니다(딤후 4:8). 다시 말해서 "주의 나타나심을 사모하는" 것이 면류관을 얻는 또 하나의 조건이 됩니다. 또 본문 가운데 야고보는 시험을 참는 자가 "주께서 자기를 사랑하는 자들에게 약속하신" 면류관을 얻을 것이라고 말합니다. 즉 "주님을 사랑하는" 것이 면류관을 얻는 조건이라는 것입니다. 이러한 모든 조건들을 하나로 연결하는 것은 그리 어렵지 않습니다.

근본적인 조건은 예수 그리스도를 사랑하는 것입니다. 이것이 모든 것의 출발점입니다. 그리고 그 위에 시험과 더불어 남자답게 씨름하는 것과, 앞에 있는 푯대를 향해 계속적으로 달려가는 것과, 죽기까지 충성하는 것과, 이미 받은 진리와 축복을 굳게 붙잡는 것이 놓여야 합니다. 이러한 것들이 필요합니다. 그리고 그리스도를 굳게 붙잡는 사랑의 결과이며, 그러한 사랑으로부터 흘러나오는 노력과 분투와 연단의 결과이며, 그의 내주하시는 영(靈)의 선물인 '그의 형상으로 변화된 의(義)'가 있어야만 합니다. 이러한 것들이 면류관이 우리의 것이 될 수 있는 조건들입니다.

이러한 의는 이 땅에 있는 동안 불완전할 수 있습니다. 그리고 스스로를 바라볼 때, 우리는 우리 안에 면류관을 쓸 만한 근거가 아무것도 없다고 느낄 수 있습니다. 그러나 이 땅에서 사랑과 은혜와 분투로 말미암아 그러한 과정이 시작되었다면, 그 과정은 죽음으로 말미암아 완성될 것입니다. 그러나 살아 있는 동안 그러한 과정이 시작되지 않았다면, 죽음으로 인해 이루어지는 것은 아무것도 없을 것입니다. 우리가 우리의 얼굴을 주님을 향해 고정시키며 우리의 보잘것없는 발걸음을 그를 향해 나아가게 한다면, 우리의 달려갈 길은 놀랍도록 곧게 뻗은 길이 될 것입니다. 그러나 살아 있는 동안 그리스도인이 아니었던 사람에게 죽음은 거룩하게 하는 아무런 능력도 갖지 못합니다. 면류관은 오직 그 의(義)가 회개와 함께 시작되고 사망의 음침한 골짜기를 지나가는 동안 완전하게 된 자들에게만 임할 것입니다.

4. 마지막으로, 면류관을 주는 자를 주목하십시오.

"주께서 자기를 사랑하는 자들에게 약속하신." "주 곧 의로우신 재판장이 그 날에 내게 주실 것이며"(딤후 4:8). "내가 생명의 면류관을 네게 주리라"(계 2:10). 이와 같이 예수 그리스도는 심판주로서, 형제로서, 영원한 생명을 나누어 주는 자로서, 그리고 우리 안에 내주하시고 우리를 그의 기업에 참여하게 하시는 자로서 그의 종들에게 면류관을 주십니다. 그러나 우리는 그가 그것을 단번에 주시는 것이 아니라는 사실을 기억할 필요가 있습니다. 그것은 영원한 세대를 통해 계속 주어져야만 합니다. 어떤 사람의 머리 위에서 면류관이 계속 빛나기 위해서는 그리스도의 임재의 에너지가 계속 공급되어야만 합니다. 폭포 위에 영원히 펼쳐지는 무지개를 생각해 보십시오. 그것은 매 순간 폭포의 물보라에 의해 에너지가 계속 공급되기 때문입니다. 그와 같이 우리 머리 위에 있는 면류관은 구속받은 영혼 속으로 그리스도 자신의 생명이 계속 흘러들어오는 것의 결과입니다.

사랑하는 형제들이여, 모든 것은 시작한 것과 동일하게 종결됩니다. 그것은 그리스도를 굳게 붙잡는 것으로부터 시작하고, 그것으로 종결됩니다. 그것은 그의 충만으로부터 은혜와 영광을 끌어내는 것으로부터 시작하고, 그것으로 종결됩니다. 분투를 위한 에너지와 승리의 상(賞)이 모두 동일한 손으로부터 옵니다. 그리고 그것은 모두 같은 조건 위에서 우리의 것이 됩니다. 전쟁의 날에 우리의 머리를 가려 주는 자와, 승리자의 머리 위에 화관을 씌어주는 자와, 화관을 장식한 꽃들이 영원히 시들지 않도록 지켜 주는 자는 모두 동일한 그리스도입니다. 그의 머리 위에는 많은 면류관이 있으며, 그는 그것을 자신을 따르는 자들에게 주십니다. 그리고 그의 종들의 모든 하늘은 그의 하늘에 참여하는 것입니다. 그러므로 우리가 그를 사랑하며, 그를 위해 남자답게 분투하며, 모든 시련을 기꺼이 받아들이며, 스스로를 연단하며, 믿음과 노력으로 우리가 가진 것을 굳게 붙잡으며, 이 땅에서 그의 의를 받는다면 — 우리에게 죽음은 고작해야 흙으로 만든 옷을 흰 옷으로 갈아입는 것 외에 아무것도 아닐 것입니다. 그리고 그때 우리는 흰 옷을 입은 상태로 "잘하였도다 착하고 충성된 종아 네가 적은 일에 충성하였으매 내가 많은 것을 네게 맡기리니 네 주인의 즐거움에 참여할지어다"라고 말씀하시는 주님의 음성을 듣게 될 것입니다. (마 25:21).

4
피조물 중에 첫 열매

"그가 그 피조물 중에 우리로 한 첫 열매가 되게 하시려고"

약 1:18

레위기의 의식(儀式)에 따를 때, 새로 추수한 곡식의 첫 단은 희생 제물과 함께 유월절 안식일 다음 날 성전에 드렸습니다. 이와 같이 모든 것이 하나님께로부터 왔으며 또 그분께 속한다는 믿음을 나타낼 때까지, 그들은 결코 새 곡식을 양식으로 사용할 수 없었습니다. 같은 율법이 사람과 가축의 장자에게도 똑같이 적용되었습니다. 그럴 때 사람과 가축 모두 특별한 의미에서 하나님께 성별(聖別)되며 그분께 속하는 것으로 간주되었습니다.

신약에서 이러한 "장자"와 "첫 열매"의 개념은 예수 그리스도에게로 옮겨집니다. 그는 "잠자는 자들의 첫 열매"가 되셨습니다. 그가 율법에 따를 때 성전에 첫 단이 드려지는 날 부활한 것은 결코 단순한 우연의 일치가 아니었습니다. 그의 경우는 단순히 거룩하게 구별되는 것뿐만 아니라 또한 일련의 과정의 시작이었습니다. 그는 많은 사람들을 "형제"로 만들며, 그가 그들 가운데 "장자"입니다. 그는 자신의 생명의 능력으로 말미암아 자신이 첫 열매인 추수를 죽은 자 가운데 다시 일으킵니다.

첫 열매는 일차적으로는 예수 그리스도이고, 이차적으로는 그를 사랑하며 의지(依支)하는 모든 사람들입니다. 그들은 그의 백성들입니다. 그들은

"하나님과 어린 양에게 첫 열매" 혹은 본문의 표현처럼 "한 종류의 첫 열매"입니다(a kind of first-fruits, 한글개역개정판에는 "한 첫 열매"로 되어 있음). 이러한 표현은 은유와 기원(起源)을 동시에 표현합니다. 그들은 "그 이름이 하늘에 기록된 장자들의 교회"입니다.

이와 같이 본문 속에는 우리를 자기에게로 이끄는 하나님의 목적과 관련한 위대한 개념들이 포함되어 있습니다. 이제 그러한 것들을 살펴보도록 합시다.

1. 첫째로, 그리스도인들에 대한 하나님의 목적은 그들이 하나님께 성별(聖別)되는 것입니다.

추수한 곡식의 첫 단을 하나님께 드리는 것은 그것과 전체 곡식에 대한 하나님의 소유권을 인정하는 것을 상징하는 의식(儀式)이었습니다. 그럼으로써 첫 단은 특별한 의미에서 하나님의 소유가 되었습니다. 마찬가지로 우리에게 거듭남과 새 생명의 놀라운 선물을 주시는 하나님의 목적은 우리가 그의 소유가 되어 그가 주신 생명과 우리의 모든 것을 기쁨과 감사로 그에게 드리는 것입니다.

오늘날 우리는 성별(聖別) 즉 거룩하게 구별되는 것에 대해 많이 듣습니다. 성별은 무엇을 의미하는 것입니까? 거기에는 내적인 측면과 외적인 측면이 있습니다. 내적인 측면에서 그것은 나 자신을 나의 존재의 뿌리에 이르기까지 나의 주인에게 완전하게 드리는 것입니다.

사람의 자연적인 성향은 스스로를 자신의 중심으로 만들고, 자신을 위해 그리고 자신으로 말미암아 사는 것입니다. 반면 복음의 전체적인 목적은 사람이 그와 같은 자기중심적인 성향을 버리고, 자신에게 새로운 중심을 부여하면서 하나님을 위해, 하나님으로 말미암아, 하나님과 함께, 하나님 안에서 살도록 만드는 것입니다.

그러면 이와 같이 자기 자신을 내적으로 성별하여 드리는 것은 어떻게 가능합니까? 그것은 오직 하나의 길로 말미암아 가능한데, 그것은 사랑의 길로 말미암는 것입니다. 우리가 하나님을 사랑할 때, 우리는 자신을 하나님께 드리기를 기뻐할 것입니다. 자신의 영(靈)을 하나님께 순복시키는 것은 오직 사랑의 매개체를 통해 성취됩니다. 자신을 순복시키는 것은 사랑의 지시에 따라 스스로를 하나님께 드리는 것입니다.

이와 같이 자신을 내적으로 성별하여 드릴 때, 의지(意志)는 스스로를 순복시킬 것입니다. 의지는 가혹한 섭리로 인해 불평하지 않을 것이며, 인생이 어두운 것으로 인해 슬퍼하지 않을 것입니다. 의지는 순복과 순종 가운데 스스로를 내어 줄 것입니다. 이와 같이 하나님께 스스로를 순복시킬 때, 우리는 하나님의 손에 들린 지팡이처럼 그가 원하는 대로 사용되는 것을 기뻐할 것입니다.

이와 같이 성별은 스스로를 순복시키는 것을 의미합니다. 자아(自我)의 요새는 의지(意志) 안에 있으며, 자아를 순복시키는 길은 꽃으로 만발한 사랑의 길입니다.

성경의 다른 은유를 사용할 때, 성별은 제사장이 희생제물을 드리는 것과 같습니다. 그리고 그때의 희생제물은 바로 우리 자신입니다.

내적인 측면의 성별이 이러한 것이라면, 그러면 외적인 측면의 성별은 무엇입니까? 우리는, 그리스도께서 자신을 우리에게 온전히 주신 것처럼, 우리의 모든 재능과 기회와 소유를 그분께 온전히 드려야만 합니다. 우리는 그를 위해 살아야 하며, 그를 위해 일해야 합니다. 우리는 우리의 최고의 목적을 분명히 해야 하며, 일상의 모든 사소한 일들을 통해 그것을 이루어나가야 합니다. 그것은 다름 아닌 하나님을 영화롭게 하며 그분을 기쁘시게 하는 것입니다. 성별은 나 자신을 영(靈)의 가장 깊은 성소(聖所) 안으로 완전하게 던지는 것을 의미합니다. 다시 말해서 그것은 내가 가진 모든 것과 나의 존재의 모든 것을 그를 섬기며 찬미하는 일에 완전하게 드리는 것을 의미합니다.

바로 이것이 하나님이 여러분과 나를 그리스도인으로 만든 목적입니다. 그리고 바로 이것이 그가 자기 아들을 보낼 때 계획하셨던 것이었습니다. 우리가 스스로를 우리 자신의 중심으로 만드는 분량만큼 그리고 우리의 의지(意志)를 우리 자신의 율법으로 만들며 우리의 행복을 우리 자신의 목적으로 만드는 분량만큼, 우리는 그의 계획을 거스르며 대적하는 것입니다.

이러한 성별이 바로 구원이라는 사실을 기억하십시오. 왜냐하면 반대의 것 즉 자기를 위하여 사는 것이 곧 저주와 지옥과 멸망이기 때문입니다. 이와 같이 하나님께 성별된 자는 구원받는 과정 속에 있습니다. 두 개념 즉 성별과 구원 사이의 관계는 여러분이 구원받음으로써 성별될 수 있게 되는 것이 아니라, 여러분이 구원받아 가면서 동시에 성별되어 가는 것입니다. 우리가 자신에 대하여 사는 것을 그치고 스스로를 그리스도께 드리는 분량이 곧 우리가 참된 구원을 받고 그 안에 거하는 분량입니다.

성별은 곧 축복입니다. 우리의 영(靈)을 우리를 위해 자신을 주신 자에게 드리는 기쁨만큼 고결하며, 고귀하며, 달콤하며, 영속적인 기쁨은 결코 없습니다. 나아가 성별은 우리가 드리는 것을 참으로 소유하는 것입니다. 우리가 하나님께 무엇인가를 드릴 때, 우리는 그것을 참으로 소유합니다. 바로 이것이 우리가 우리 자신과 우리의 재물과 우리의 시간과 우리의 모든 것을 실제적으로 소유하는 유일한 방법입니다. "자기 생명을 사랑하는 자는 잃어버릴" 것입니다(요 12:25). 그러나 자신을 하나님께 드리는 자는 그로부터 다시 자신을 돌려받습니다. 그런 사람이 진정한 영웅이며, 참된 성도입니다.

이와 같이 성별은 모든 축복의 뿌리이며, 모든 것을 진정으로 소유하는 참된 방법입니다. 이러한 성별을 우리는 스스로를 그리스도의 강한 영향력에 순복시키는 분량만큼 소유할 수 있습니다. 우리가 스스로를 그에게 순복시키는 것은 오직 그가 스스로를 우리에게 주셨음을 우리가 확신할 때 가능합니다. 우리의 사랑은 우리의 마음을 녹여 그에게 기꺼이 순복하도록 만듭니다. 그러한 우리의 사랑은 그의 사랑의 메아리 외에 아무것도 아닙니다. 그리스도 안에서 우리에게 모범이 제시되었으며, 우리는 그것을 모방할 수 있습니다. 그리고 우리가 그것을 모방하는 분량은 우리가 그것의 강력한 영향력에 노출되는 분량입니다. 그가 우리를 위해 자신을 주신 것은 자신을 위해 우리를 그의 소유로 삼기 위함입니다. 나의 내어줌은 그의 내어줌이 울리는 천둥의 메아리에 불과합니다. 나의 내어줌은 태양의 광채가 거울에 반사된 하나의 빛줄기에 불과합니다. 우리가 스스로를 그에게 내어드리는 것은 그가 우리를 위해 자신을 내어 주셨음을 깨달을 때입니다.

사랑하는 그리스도인들이여, 여러분에 대한 하나님이 목적이 무엇인지 생각해 보십시오! 여러분에 대한 하나님의 목적은 여러분이 값으로 산 바 되었으므로 더 이상 여러분 자신의 것이 되지 않도록 하는 것입니다. 오늘날의 평균적인 그리스도인의 삶을 구성하는 우물쭈물하는 순종과, 머뭇거리는 의지(意志)와, 반쪽짜리 순복을 생각해 보십시오. 이것은 우리에 대한 하나님의 목적과 얼마나 먼 것입니까! 우리의 모습이 이와 같다면, 과연 하나님의 목적이 우리 안에서 이루어졌노라고 말할 수 있겠습니까?

2. 둘째로, 본문은 그리스도인들을 위한 하나님의 목적이 그들이 큰 추수의 시작이 되는 것임을 암시합니다.

성전에 드려진 단은 해와 비와 하늘의 모든 힘들이 땅으로 하여금 풍성한 소산을 맺게 한 것을 나타내면서, 동시에 곳간에 알곡들이 가득 찰 것에 대한 예언이기도 합니다. 이와 같이 오늘날의 그리스도인들은 — 본 서신이 기록된 당시의 그리스도인들은 더 말할 것도 없고 — 미래의 큰 추수의 첫 본보기가 되도록 의도됩니다. 우리를 그리스도인으로 만듦에 있어서의 하나님의 계획은 우리가 이 땅에서 그가 의도하신 것의 본보기가 되는 것입니다. 다시 말해서 그가 복음으로 사람들을 어떻게 만들 수 있는지를 증언하는 증인이 되는 것입니다.

이것을 직설적으로 말하면 이렇게 될 것입니다. 기독교가 어떤 사람을 감각과 자아의 시궁창으로부터 취하여 그를 점진적으로 하나님의 종으로 성별시킬 수 있었다면, 그것은 기독교가 어떤 사람이든 그렇게 할 수 있음을 나타내는 것이라고 말입니다.

한줌의 단은 밭에 곡식이 가득할 것을 보여 주는 분명한 보증입니다. 설령 아직 경작되지 않고 씨가 뿌려지지 않은 밭이라 하더라도 언젠가는 그

밭에 풍성한 열매가 맺힐 것이며, 그리하여 하나님께 영광과 찬미가 될 것입니다.

우리 모두는 동일한 인간의 마음을 가지고 있습니다. 물론 사람들 사이에 문화나 성격이나 환경이나 기후나 역사(歷史) 등에 있어 큰 다양성이 있는 것은 분명한 사실입니다. 그럼에도 불구하고 모든 사람은 동일한 근본적인 필요들을 가지고 있습니다. 그리고 그러한 필요들 가운데 가장 깊고 심오한 것은 하나님과의 조화와 교제입니다. 그러면 거기에 이르는 길은 무엇입니까? 그것은 그의 사랑하는 아들 곧 우리를 위해 자신을 주신 자를 믿는 믿음입니다. 그러한 믿음이 어떤 사람에게 참된 영혼의 만족을 주었다고 생각해 보십시오. 만일 그 사람에게 그러한 일을 행할 수 있는 복음이라면, 그것은 그 복음이 누구에게든 그렇게 할 수 있음을 증명하는 증거가 됩니다. 이와 같이 첫 열매는 추수에 대한 보증과 예언입니다.

우리는 본문 가운데 매우 광범위한 추수가 암시되는 것을 주목할 수 있습니다. "그가 그 피조물 중에 우리로 한 첫 열매가 되게 하시려고." 그것은 인류보다 더 넓고 광범위하게 펼쳐집니다. 이에 대해 우리는 충분히 알지 못합니다. 그러나 최소한 그것은 로마서 8장의 가르침처럼 우리에게 마침내 모든 창조세계가 구속의 능력에 참여하게 될 것을 암시하는 것처럼 보입니다. "그 바라는 것은 피조물도 썩어짐의 종노릇 한 데서 해방되어 하나님의 자녀들의 영광의 자유에 이르는 것이니라 피조물이 다 이제까지 함께 탄식하며 함께 고통을 겪고 있는 것을 우리가 아느니라"(21, 22절). 지금까지 고통 가운데 탄식하며 신음하는 창조 세계는 언젠가 썩어짐의 종노릇 한 데서 해방되어 하나님의 자녀의 영광과 자유에 이르게 될 것입니다. 어쨌든 본문 가운데 구속된 인류와, 새로워진 땅과, 무죄하게 된 우주의 위대한 전망(展望)이 희미하게 빛나고 있는 것처럼 보입니다.

이러한 주제의 가능성과 확실성은 한줌의 보잘것없는 사람들이 예수 그리스도 안에서 세상의 소망과 세상을 고치는 만병통치약을 발견했다는 사실에 놓여 있습니다.

이와 같이 하나님이 여러분을 부르신 목적은 여러분이 하나님이 인류를 위해 계획하신 것의 본보기가 되도록 하기 위한 것입니다. 다시 말해서 하나님은 복음이 세상을 위해 무슨 일을 할 수 있는지 여러분을 통해 보여주기를 원하신 것입니다. 사랑하는 그리스도인들이여, 여러분은 여러분을 바라보는 사람들이 인간 본성의 가능성과 예수 그리스도의 복음의 잠재력과 관련하여 보다 더 높은 개념을 갖게 될 것이라고 생각합니까? 그렇지 않다면, 여러분은 아들을 보낸 아버지의 계획을 좌절시킨 것입니다.

3. 마지막으로, 본문은 그리스도인들에 대한 하나님의 목적이 그들이 추수를 돕는 것임을 암시합니다.

물론 이러한 개념은 첫 곡식단과 관련한 레위기의 의식(儀式)에는 나타나지 않습니다. 설령 거기에 미래의 자람의 가능성과 추수의 약속이 담겨 있다 하더라도 말입니다. 첫 열매가 단순히 일련의 과정의 첫 걸음이 아니라 그러한 과정을 시발(始發)시킨다는 개념은 첫 열매의 개념이 예수 그리스도에게 옮겨질 때 비로소 나타나는 것입니다. 왜냐하면 서론에서 언급한 것처럼 그가 "잠자는 자들의 첫 열매"로 불릴 때 거기에 그가 그의 능력으로 말미암아 잠자는 자들의 전체 무리를 깨울 것이라는 사실과, 그가 "많은 형제들 가운데 첫 열매"로 불릴 때 거기에 그가 그의 생명의 전달로 말미암아 그를 따르는 많은 형제들에게 생명을 줄 것이라는 사실이 함축되기 때문입니다.

마찬가지로 우리를 "그의 피조물 중에 한 첫 열매"로 만든 하나님의 목적은 단지 우리를 성별(聖別)시키며, 그의 능력을 나타내는 본보기로 삼으며, 미래의 추수의 보증과 예언이 되도록 하기 위함만이 아닙니다. 그것은 또한 우리로부터 우리 자신의 기독교가 보증이며 예언인 추수를 실현시킬 영향력이 흘러나오도록 하기 위함입니다. 다시 말해서 모든 그리스도인들은 더 많은 그리스도인들을 만들기 위한 그리스도인들입니다.

만일 우리가 예수 그리스도를 영접한다면, 그와 함께 우리에게 그를 전파할 자격과 책임과 충동 모두가 주어집니다. 우리가 그를 소유한다면, 우리는 그를 전파할 수 있습니다. 우리가 그를 소유한다면, 우리는 그를 전파해야만 합니다. 우리가 어느 정도 깊고 실제적으로 그를 소유한다면, 우리는 그를 전파하지 않을 수 없습니다. 우리가 그의 말씀을 전파하지 않는다면, 그의 말씀은 우리의 뼈를 태우는 불과 같을 것입니다. 그러므로 우리는 결코 입을 닫은 채 가만히 앉아 있을 수 없을 것입니다.

"천국은 마치 횃불과 같도다.
횃불은 결코 스스로를 위해 비추지 않도다."

여러분은 무엇을 위해 그리스도를 소유합니까? 그로부터 양식을 얻기 위함입니까? 그렇습니다. 그러나 그것이 전부가 아닙니다. 여러분은 또한 그 양식을 굶주린 모든 사람들에게 전달해 주어야만 합니다.

할 수 없다고 말하지 마십시오. 여러분은 여러분과 관련된 것에 대해 말할 수 있으며, 여러분이 아는 것에 대해 말할 수 있습니다. 여러분의 입술은 여러분을 위해 자신을 주신 자에 대해 항상 닫혀 있을 것입니까? 그 일을 위해서는 특별한 은사가 필요하다고 말하지 마십시오. 설교를 대중적으로 좀 더 잘하기 위해서는 특별한 은사가 필요합니다. 그러나 그 마음에 그리스도를 소유한 사람은 누구든지 다른 사람에게 가서 "우리는 메시야를 만났노라"고 말할 수 있습니다. 바로 이것이 그를 전파하는 가장 좋은 말입니다.

여러분은 그를 전파해야만 합니다. 자격은 책임을 포함합니다. 하나의 가족으로 연결된 이 세상에서 무엇인가를 가진다는 것은 그것을 다른 사람들과 나누는 것을 함축합니다. 이것이 기독교의 참된 공산주의입니다. 이것은 단지 물질에만 적용되는 것이 아니라, 우리의 모든 소유와 우리의 모든 지식과 우리의 모든 영향력을 포함하는 모든 것에 적용됩니다. 우리가 무엇인가를 얻는다면, 그것은 우리를 통해 모든 사람들에게 결실을 맺을 수 있습니다. 만일 우리가 그것을 붙잡고만 있다면, 우리는 불가불 그것을 망치고 있는 것입니다. 곳간에 쌓여 있는 곡식은 쥐와 쌀벌레들에 의해 망쳐지게 될 것입니다. 여러분이 그것이 온전하기를 바란다면 그리고 여러분의 소유가 늘기를 바란다면, 그것을 망태기에 담고 밭에 가서 뿌리십시오. "너는 아침에 씨를 뿌리고 저녁에도 손을 놓지 말라"(전 11:6). 그러면 그것은 다시 여러분에게 풍성한 소산으로 돌아올 것입니다.

이것은 개인적인 책임의 문제입니다. 여러분은 그것을 벗어버릴 수 없습니다. 모든 그리스도인은 자신에게 부과된 책임을 가지고 있으며, 반드시 이행해야 할 사명을 가지고 있습니다. 어떤 사람이 그러한 사명을 이행하지 않는다면, 그는 누워 잠자기만 좋아하는 벙어리 개입니다. 주님을 위해 아무 말도 하지 않는 겁쟁이 그리스도인들에게 말합니다. 여러분이 하나님의 목적을 좌절시키고 있는 사실을 기억하십시오. 그리고 여러분이 아무 말도 하지 않음으로 인해 여러분의 문 앞에 죄인들의 피가 뿌려지고 있는 사실을 기억하십시오.

여러분이 이러한 사실을 믿는다면, 여러분에게 필연적으로 행동이 따를 것입니다. 우리가 씨를 뿌릴 밭이 어디입니까? 바로 세상입니다. 전도 방법이 어떠니 하는 따위의 비판으로 자신의 무관심과 미지근함을 위한 핑곗거리로 삼지 마십시오. 그것은 사람들 앞에서는 그럴듯한 핑곗거리가 될 수 있을는지 모르지만, 하나님 앞에서는 아무런 핑곗거리도 되지 못합니다.

우리는 모든 물가에 씨를 뿌려야 합니다. 이 시대 열방의 모든 민족에게 빚진 자가 있다면, 오늘날 그것은 틀림없이 영국인일 것입니다. "열국의 재물을 얻은 것이 새의 보금자리를 얻은 것 같으나 날개를 치거나 입을 벌리거나 지저귀는 자가 아무도 없도다"(사 10:14). 우리가 이교도 세계에 빚진 자인 것은 오늘날 우리가 모든 이교도 나라들과 접촉하고 있기 때문입니다. 오늘날 영국은 세계 각처로 럼주와 화약을 수출하며, 많은 사람들을 다귀에게로 이끌고 있습니다. 그러므로 우리는 그들에게 빚진 자입니다. 우리가 그들에게 빚진 자인 것은 우리가 그들에게 많은 해를 끼쳤기 때문입니다. 또 우리는 받은 은택(恩澤)으로 말미암아 빚진 자입니다. 무엇보다도 예수 그리스도가 그들과 우리를 위해 똑같이 죽으셨기 때문에 우리는 빚진 자입니다.

그러므로 간절히 당부하노니 우리를 도우십시오. “하나님이 그 피조물 중에 우리로 한 첫 열매가 되게 하시려고 자기의 뜻을 따라 진리의 말씀으로 우리를 낳으신” 것을 항상 기억하십시오(18절).

5
온전한 율법을 실천하는 자

"자유롭게 하는 온전한 율법을 들여다보고 있는 자는
듣고 잊어버리는 자가 아니요 실천하는 자니
이 사람은 그 행하는 일에 복을 받으리라"
약 1:25

옛 전승(傳承)은 본 서신의 저자인 야고보가 평생 동안 유대적 경건의 삶을 실천했다고 말합니다. 그는 나실인의 삶을 살았으며, 그런 그에게 "의인"이라는 별명이 붙여졌습니다. 그는 성전의 성소 안으로 들어가 그곳에서 백성들의 죄를 위해 많은 시간 기도하기도 했습니다. 옛 저술가 가운데 한 사람은 매우 생생한 언어로 "그의 무릎이 낙타무릎처럼 굳어졌다"고 말합니다. 그런 사람에게 복음은 자연스럽게 "하나의 율법"으로 나타났을 것입니다. 그리고 그에게 그리스도의 메시지의 영광은 옛 말씀들이 완성되는 것으로 이해되었을 것입니다.

이것은 물론 복음과 율법의 관계와 관련하여 바울이 바라본 관점과 어느 정도 차이가 납니다. 바울에게 복음과 율법은 상당 부분 상반되는 것이었습니다. 그는 율법을 대체로 외적인 규례 체계로서 생각했습니다. 그리고 그것은 사람들에게 죄를 생각나게 하는 것으로서 가치가 있는 것이었습니다.

그러나 전체적으로 볼 때 두 사람 사이에는 관점의 차이에도 불구하고 어떤 모순도 없습니다. 두 사람은 서로 연합하여 하나의 견고한 실재를 나타냅니다. 두 사람은 단지 동일한 주제를 약간 다른 각도로 바라보고 있었을 뿐입니다. 바울은 복음을 율법의 완성으로 말하면서, 우리가 믿음으로 말미암아 율법을 폐하는 것이 아니라 도리어 굳게 세운다고 말합니다. 또 야고보는 바울적인 의미에서 율법을 얽매는 멍에로 말하면서, 본문 가운데 복음을 자유롭게 하는 율법으로 표현합니다.

이와 같이 두 사람은 서로 모순되는 것이 아니라 서로 보완됩니다. 마찬가지로 본 서신의 주된 주제 가운데 하나인 행함에 대한 진지한 강조 역시 바울의 개념과 모순되지 않습니다. 다만 두 사람 사이에 약간의 관점의 차이만 있을 뿐입니다. 바울은 믿음을 전파합니다. 그러나 그것은 사랑으로 역사(役事)하는 믿음입니다. 반면 야고보는 행함을 전파합니다. 그러나 그것은 믿음의 열매로서의 행함입니다.

오늘 나는 여러분과 함께 다음과 같은 세 가지 주제를 살피고자 합니다. 첫째는 온전한 율법이며, 둘째는 온전한 율법을 실천하는 자들이며, 셋째는 온전한 율법을 실천하는 자들의 축복입니다.

1. 온전한 율법.

나는 야고보의 율법으로서의 복음의 개념, 즉 사람의 행동을 규제하는 권위 있는 표준과 규범으로서의 복음의 개념에 대해서는 더 이상 설명할 필요가 없습니다. 다만 나는 여러분에게 복음에 포함된 신적 계시의 모든 부분에 도덕적이며 실천적인 의미가 함축되어 있는 사실을 일깨워 주고자 합니다. 신약 가운데 단지 우리로 하여금 진리를 알도록 하기 위해서만 주어진 말씀은 단 한 말씀도 없습니다. 도리어 모든 말씀은 우리로 하여금 그것을 행하도록 하기 위해 주어진 것입니다. 모든 말씀들은 삶으로 연결되며, 행동을 규제할 목적으로 주어집니다. 말씀의 진리들 가운데 그것들이 행함으로 연결되지 않을 때 사람들이 그것을 믿거나 혹은 믿지 않는 것이 전혀 문제가 되지 않는 그러한 진리들이 매우 많습니다. 수학이나 과학의 진리들은 행함에 별다른 영향을 끼치지 않습니다. 그러나 신약이 제시하는 윤리들을 믿음에도 불구하고 그것이 사람의 행동에 아무런 영향을 끼치지 않는 것은 전적으로 불가능합니다.

또 나는 여러분에게 복음의 가장 중심적인 사실 안에 삶의 가장 엄중한 규범이 놓여 있는 사실을 일깨워 주고자 합니다. 예수 그리스도는 우리의 영원한 모범입니다. "너희가 나를 사랑하면 나의 계명을 지키리라"라고 말한 온유한 입술로부터, 율법은 시내 산의 모든 우레와 나팔소리보다 더 큰 소리로 울립니다(요 14:15).

또 나는 여러분에게 신약 계시의 중심적인 사실인 구속의 위대한 행동 안에 행함을 위한 율법이 놓여 있는 사실을 일깨워 주고자 합니다. 우리를 구속하신 하나님의 사랑은 동시에 우리가 어떻게 살아야만 하는지를 보여 주는 계시이기도 합니다. 또 우리가 죄와 정죄로부터 우리를 안전하게 지켜 주는 피난처로서 바라보는 십자가는 동시에 모든 신자들의 삶을 위한 모범이기도 합니다. "그러므로 사랑을 받는 자녀 같이 너희는 하나님을 본받는 자가 되고 그리스도께서 너희를 사랑하신 것 같이 너희도 사랑 가운데서 행하라"(엡 5:1, 2). 이와 같이 모든 진리 안에 실천적인 의미가 포함되어 있는 계시 그리고 마침내 삶으로 초점이 모아지는 계시는 율법이면서 동시에 복음입니다.

이러한 개념은 우리로 하여금 어느 한쪽으로 치우치지 않고 전체적으로 균형을 잡도록 하기 위해 반드시 필요합니다. 하나님은 화해와 용서의 메시지로서의 예수 그리스도의 복음의 개념 즉 죄의 두려운 결과로부터 피하는 수단으로서의 복음의 개념이 뒷마당에 놓이는 것을 금하십니다. 그러나 복음을 단지 그런 쪽으로만 바라볼 때, 자칫 우리는 복음의 또 다른 측면들을 모두 뒷마당에 놓는 어리석음을 범하기 쉽습니다. 예컨대 행함과 실천적인 의에 대해 설교하는 설교자를 상상해 보십시오. 그럴 때 아마도 상당수의 사람들은 그가 복음에 대해 설교하고 있지 않다고 생각할 것입니다. 그가 이러한 실천적인 의를 믿음의 열매로 제시하지 않는다든지 혹은 그것을 구원을 얻는 수단으로 제시한다면, 여러분은 그렇게 말할 수 있습니다. 그러나 여러분이 여러분의 기독교를 여러분의 삶을 위한 엄중한 규칙으로 붙잡지 않았다면, 여러분은 야고보에게 가서 배울 필요가 있습니다. 그리고 여러분은 아직까지 그의 형제인 바울의 메시지를 제대로 이해하지 못한 것입니다. 복음은 구속(救贖)입니다. 그렇습니다. 그로 인해 하나님께 감사드립시다. 그러나 구속이기 때문에, 그것은 또한 율법입니다.

이와 같이 이러한 개념은 기독교 진리를 단순히 지적으로 이해하는 것으로부터 실천적인 측면까지 균형 있게 이해하도록 돕는 균형추를 제공해 줍니다. 정통적인 그리스도인들 가운데 마지막 때 염소들 가운데 있는 자신을 발견하며 크게 놀랄 사람들이 많이 있을 것입니다. 우리의 기독교는 우리가 무엇을 믿느냐 하는 것이 아니라 우리가 어떻게 행하느냐 하는 것입니다. 다만 그러한 행함은 믿음 안에 뿌리를 박은 것이어야만 합니다.

이와 같이 율법으로서의 복음의 개념을 굳게 붙잡으십시오. 다시 말해서 기독교를 단순히 감정과 느낌으로 이해하는 경향에 대한 균형추로서의 복음의 개념을 굳게 붙잡으십시오. 불은 매우 좋은 것입니다. 그러나 그것의 최고의 목적은 엔진을 돌릴 증기를 만드는 것입니다. 우리 가운데 거룩하며 경건한 감정의 가면 아래 위장한 자기중심주의가 얼마나 많습니까! 다시 말하거니와 우리의 기독교는 우리가 어떻게 느끼느냐가 아니라 우리가 어떻게 행하느냐 하는 것입니다.

계속해서 이 율법이 "온전한"(perfect) 율법이라는 사실을 주목하십시오. 나는 야고보의 생각 속에서 "온전한"이 율법의 완전함이나 혹은 복음 안에 제시되는 이상(理想)의 절대성이라기보다, 율법과 그것을 실천하는 자들 사이의 관계를 의미한다고 생각합니다. 그는 "하나님의 율법이 완전한 것은 그것이 영혼을 회심시키기" 때문이라고 말한 옛 시편 기자와 같은 말을 하고 있는 것입니다. "여호와의 율법은 완전하여 영혼을 소성시키며"(시 19:7). 다시 말해서 모든 법적인 규범의 약점(弱點)은 — 그것은 국가의 법이든 혹은 도덕 교과서의 법이든 혹은 양심의 법이든 혹은 대중적인 평가의 법이든 — 그것이 자기 자리에 가만히 서서 무감각한 손가락으로

“이렇게 할지니라” 혹은 “이렇게 하지 말지니라”라고 말하는 돌판을 가리키면서 정작 그러한 규범을 지킬 수 있도록 도움의 손길을 뻗지 않는다는 사실입니다. 그것은 단지 명령할 뿐이며, 그것이 전부입니다. 그러므로 그것은 약하며 무력합니다. 그것은 마치 아무런 힘도 가지고 있지 못한 폐위된 왕의 포고문과 같습니다. 왕의 포고문이 담벼락 위에서 펄럭이지만, 그러나 거기에는 아무런 힘도 없습니다. 그러나 야고보는 이러한 율법은 온전하다고 말합니다. 왜냐하면 그것은 율법 이상(以上)이기 때문입니다. 그것은 단순한 규범의 기능을 훨씬 초월합니다. 그것은 우리에게 어떻게 행할 것을 말할 뿐만 아니라, 또한 우리에게 그렇게 행할 수 있는 힘도 부여해 줍니다. 사람들에게 정말로 필요한 것은 바로 이것입니다. 세상은 사람이 어떻게 행해야만 하는지 너무나 잘 압니다. 무엇이 옳고 무엇이 그른지를 말해 주기 위해 굳이 하늘의 음성까지 동원될 필요는 없습니다. 이미 사람들의 마음 안에 절대적으로 충분한 인도자가 있습니다. 그렇지만 사람들에게는 규범 이상의 무엇인가가 필요합니다. 사람들에게는 율법과 함께 그것을 행할 수 있는 능력이 필요합니다. 사람들에게는 그들의 의무가 무엇인지 나타내는 규범과 함께 그것을 행할 수 있는 능력의 선물이 필요합니다.

복음이 능력을 가져다주는 것은 그것이 생명을 가져다주기 때문입니다. “만일 능히 살게 하는 율법을 주셨더라면 의가 반드시 율법으로 말미암았으리라”(갈 3:21). 복음 안에서 그와 같이 꼭 필요한 것이 채워집니다. 여기에 생명과 능력을 주는 율법이 있습니다. 복음이 가져다주는 생명은 그 자체의 본성대로 펼쳐질 것이며, 그럼으로써 복음의 율법이 요구하는 순종을 산출할 것입니다.

계속해서 야고보는 그러한 율법이 “자유롭게 하는” 율법이라고 말합니다. “자유롭게 하는 온전한 율법을 들여다보고 있는 자는.” 두말할 것도 없이 자유는 규범으로부터의 면제가 아니라, 나의 의지(意志)가 규범과 더불어 조화를 이루는 것입니다. 진정으로 자유롭게 된 사람은 자신의 의무가 곧 자신의 즐거움임을 발견한 사람입니다. 우리가 이와 같은 복음의 울타리 안에서 행할 때, 우리는 자유롭습니다. 그리고 율법을 행하기를 즐거워하는 자들은 순종 안에서 자유롭습니다. 그들은 그들 자신의 정욕과 욕망과 성향으로부터 자유로우며, 사람들과 사람들의 평판으로부터 자유로우며, 사회적인 관습과 개인적인 습관으로부터 자유롭습니다. 그 모든 멍에들은 그들이 지나가는 사랑의 풀무불 속에서 불타버립니다. 그들은 그러한 율법을 지키기 때문에 어디로 행하든 자유롭습니다. 자유는 우리의 마음 안으로 생명을 받아들일 때 임합니다. 그럴 때 우리는 복음의 규범과 일치되게 행하게 됩니다. 그럴 때 내가 지고 가는 짐이 도리어 나를 지고 갑니다. 그리고 나를 둘러싸고 있는 각종 제한들은 도리어 나를 지켜 주는 은혜로운 울타리가 됩니다.

2. 온전한 율법을 실천하는 자들.

야고보는 행함과 관련한 이야기를 하기에 앞서 긴 전주곡을 연주합니다. 준비적인 것으로서 몇 가지가 요구되는데, 첫 번째 단계는 율법을 "들여다보는"(looketh into) 것입니다.

여기에 사용된 단어는 매우 생생하며 회화적(繪畵的)인 단어입니다. 만일 우리가 그것이 신약에서 사용된 다른 용례들을 살핀다면, 우리는 그것이 가진 강력한 힘을 더 생생하게 느끼게 될 것입니다. 그것은 부활 이야기 가운데 베드로와 요한과 막달라 마리아가 취한 자세를 묘사할 때 사용되었습니다. "구부려 세마포 놓인 것을 보았으나"(요 20:5). "울면서 구부려 무덤 안을 들여다보니"(11절). 또 그 단어는 베드로가 천사들이 구속의 신비를 "살펴보기를" 원한다고 말할 때 사용되었습니다. "이것은 하늘로부터 보내신 성령을 힘입어 복음을 전하는 자들로 이제 너희에게 알린 것이요 천사들도 살펴보기를 원하는 것이니라"(벧전 1:12). 어쩌면 이러한 표현 속에 속죄소 위에 있는 두 천사가 속죄의 사랑의 신비를 고요히 응시(凝視)하며 내려다보는 모습이 암시되어 있는지 모릅니다. 우리가 자유롭게 하는 온전한 율법을 실천하는 자가 되고자 한다면, 우리는 그와 같은 응시의 시선으로 그러한 율법을 깊이 묵상해야만 합니다.

두 번째 요구는 "계속적으로"입니다(whoso looketh into the perfect law of liberty and continueth therein, 한글개역개정판에는 "and continueth"에 해당되는 부분이 명확하게 나타나지 않음). 그러한 응시는 집중적인 것일 뿐만 아니라 또한 계속적인 것이어야만 합니다. 옛 전설은 마법의 수정 구슬을 바라보는 자가 그것을 처음 바라볼 때는 그 안에서 아무것도 보지 못한다고 말합니다. 그러나 계속해서 응시할 때 처음에는 어렴풋한 형상이 나타나고, 그것이 조금씩 모양을 갖추어 가다가, 마침내 분명한 형상이 나타납니다. 무두질을 위해 타닌 통에 담갔다가 곧바로 다시 꺼낸 생가죽을 생각해 보십시오. 그렇게 하면 생가죽은 여전히 별 쓸모없는 생가죽으로 그대로 남아 있을 것입니다. 많은 사람들이 복음을 접하면서도 그것으로부터 별다른 영향을 받지 못하는 것은 그것을 단지 간헐적으로 그리고 잠깐만 응시하기 때문입니다. 여러분이 자유롭게 하는 온전한 율법을 실천하는 자가 되고자 한다면, 여러분은 그것을 집중적이며 계속적으로 응시해야만 합니다.

여기에서 나는 여러분에게 몇 가지 실천적인 교훈을 제시하고자 합니다. 무엇보다도 복음의 중심적인 진리들을 깊이 묵상하는 습관을 계발하십시오. 만일 여러분의 삶이 하나님의 명령에 순종하는 충만하며 활력 있는 삶이 되고자 한다면 말입니다. 사람들에게 새 생명이 주어지는 방식과 관련하여 신비적인 것은 아무것도 없습니다. 야고보는 문맥 가운데 그것이 어떻게 주어지는지 이야기합니다. 그는 "하나님이 자기의 뜻을 따라 진리의 말씀으로 우리를 낳으셨다"고 말하면서(18절), 곧이어 "너희의 마음에 심어진 말씀이 능히 너희의 영혼을 구원할" 수 있노라고 덧붙입니다(21절). 집중적이며 계속적인 묵상으로 그러한 말씀 즉 예수 그리스도 안에서 온전하게 나타난 복음의 원리들과 계시의 진리들을 여러분의 마음과 생각 안으로 받아들이십시오. 그러면 그로부터 필연적으로 새 생명 즉 온전한 율법을 실천하는 생명이 솟아오를 것입니다. 그러나 여러분이 구원의 복음을 어쩌다 한 번 관심을 갖는 식으로 바라본다면, 여러분이 여러분 자신의 할례받지 못한 기질(氣質)들과 살아 계신 하나님의 명령 사이에 너무나 큰 불일치를 발견하는 것은 조금도 놀랄 일이 아닙니다.

또 행함의 참된 모범으로서 복음의 진리들을 깊이 묵상하는 습관을 계발하십시오. 위기와 시련이 올 때 참조하기 위해 스무 권짜리 대법전을 지니고 다니는 것은 쓸데없는 일입니다. 우리는 그것보다 훨씬 더 간단하며 쉽게 참조할 수 있는 무엇인가를 가져야만 합니다. 배에는 일인용 선실(船室)이 있습니다. 그러한 선실은 한 가족이 거주하는 집만큼 커서는 안 됩니다. 바다를 여행하는 동안 여행자의 물건은 작은 공간 안에 있어야만 합니다. 우리는 예수 그리스도 안에서 "대법전"을 가지고 있습니다. 그러나 그것은 우리 가운데 가장 비천하며 가장 바쁜 사람들까지도 일상의 삶의 갑작스런 상황들 속에서 곧바로 참조할 수 있는 형태로 구체화되어야 합니다. 그럴 때 그것은 우리가 그것을 기대하지 않을 때 그리고 즉각적인 결정이 요구될 때 우리에게 곧바로 솟아오를 것입니다. 우리는 그리스도 안에서 모든 행동의 모범을 소유합니다. 그러나 오직 그와 그의 생애와 죽음으로부터 흘러나오는 진리들을 깊이 묵상하는 일에 익숙한 사람들만이 필요할 때 검이 준비되어 있음을 발견할 것입니다.

또 행함의 동기(動機)를 강화하기 위해 복음의 진리들을 깊이 묵상하는 습관을 계발하십시오. 지극히 높은 자의 은밀한 곳에 계속 거하면서 우리에 대한 그의 무한한 사랑을 마음에 깊이 새길 때 비로소 우리는 그의 사랑에 대하여 기쁨과 감사와 순종으로 응답할 수 있게 될 것입니다. 그럴 때 비로소 우리는 그와 같은 친구를 섬기는 즐거움이 다른 어떤 즐거움과도 비교할 수 없는 가장 큰 즐거움이라는 사실을 발견하게 될 것입니다.

이러한 요구들이 만족된 연후에 비로소 행함이 따를 것입니다. 율법을 참되게 실천하기에 앞서 이와 같이 그것을 집중적이며 계속적으로 응시하는 것이 선행되어야만 합니다. 우리는 먼저 구원을 받은 연후에야 비로소 계명에 순종하게 될 것입니다. 먼저 믿음이 있은 연후에 순종이 따릅니다. 오직 기쁨으로 복음을 받은 자만이 복음이 자신의 행동을 규제하는 율법이라는 사실을 발견할 것입니다. 행함 없는 믿음은 죽은 것입니다. 마찬가지로 믿음 없는 행함은 마치 뿌리 없는 꽃이나 시멘트 없이 아무렇게나 쌓아올린 벽돌과 같습니다.

이와 같이 믿음은 결국 순종으로 귀결되어야만 한다는 사실을 기억하십시오. 여러분의 모든 신조(信條)를 행동으로 바꾸십시오. 여러분이 믿는 모든 것이 여러분의 행동의 원리가 되게 하십시오. 반면 여러분의 모든 행동이 여러분의 신조에 의해 통제되게 하십시오. 그럴 때 여러분이 믿는 것과 여러분의 실제적인 모습 사이에 큰 괴리(乖離)는 결코 존재하지 않을 것입니다.

3. 마지막으로, 온전한 율법을 실천하는 자들의 축복을 주목하십시오.

"이 사람은 그 행하는 일에 복을 받으리라." 이러한 말씀 가운데 우리는 팔복의 말씀이 메아리치는 것을 발견할 수 있습니다. 왜냐하면 거기와 여기 모두에서 똑같이 "복이 있나니"(blessed)라는 단어가 사용되기 때문입니다.

여기에서 "그 행하는 일 가운데"라는 표현을 주목해 보십시오(in his deed, 한글개역개정판에는 "그 행하는 일에"라고 되어 있음). 야고보는 "그 행하는 일 후에 복을 받으리라"라고 말하지 않고, "그 행하는 일 가운데 복을 받으리라"라고 말합니다. 우리는 이러한 말씀 가운데 "주의 명령을 지키는 것 안에 큰 상이 있나이다"라고 말하는 시편의 한 구절이 메아리치는 것을 발견할 수 있습니다(19:11, 한글개역개정판에는 "주의 명령을 지킴으로 상이 크니이다"라고 되어 있음). 이러한 율법의 상(賞)은 순종의 행동과 무관하게 심판자의 뜻에 따라 아무렇게나 주어지는 것이 아닙니다. 다만 순종의 행동이 자동적으로 축복을 가져다줍니다. 이 세상은 내적인 선함에 대해 필연적으로 외적인 상이 따르도록 구성되어 있지 않습니다. 성자(聖者)들에게 떨어지는 분깃을 생각해 보십시오. 그들이 받아야할 마땅한 분깃에 비해 그들에게 실제적으로 떨어지는 분깃은 지극히 작지 않습니까? 그럼에도 불구하고 순종에는 필연적으로 그에 합당한 상이 따릅니다. 우리를 사랑하는 자의 뜻을 행하는 즐거움만큼 깊은 참된 즐거움은 결코 없습니다. 또 하나님과 더불어 계속적으로 더 깊은 교제를 나누는 것이라든지 그의 마음과 생각을 더 분명하게 깨닫게 되는 것과 같은 축복은 결코 없습니다. 또 그리스도께서 우리를 인정해 주심으로 말미암아 우리의 양심이 평안을 얻는 것과 같은 축복은 결코 없습니다.

모든 선(善)의 근원과 더불어 친밀하게 교제하는 마음을 소유하는 것, 하늘의 의지(意志)와 조화되는 의지(意志)를 소유하는 것, "여기가 길이니 그 안에서 행하라"라고 말하는 사랑하는 자의 음성을 듣는 것, 그 길로 우리를 이끄는 강력한 영(靈)의 능력을 느끼는 것, 나의 모든 보잘것없는 행동이 위대한 행동이 되며 나의 흠투성이의 제물이 제단으로 말미암아 거룩하게 되는 것을 아는 것, 순종으로 말미암아 주님과의 교제가 점점 더 깊어지는 것을 의식(意識)하는 것 — 이 모든 것은 인생의 최고의 기쁨과 선(善)을 맛보는 것입니다. 그리고 "그 행하는 일 안에서 복을 받는" 자는 그러한 복이 사라지거나 혹은 빼앗길 것을 전혀 두려워할 필요가 없습니다.

그러나 먼저 믿음이 오고 다음에 행함이 온다는 사실을 잊지 마십시오. 우리는 바울이 빌립보 감옥의 간수에게 말한 것으로부터 시작해야만 합니다. "주 예수를 믿으라 그리하면 너와 네 집이 구원을 받으리라"(행 16:31). 집을 짓는 일을 지붕을 만드는 것으로부터 시작하지 마십시오. 먼저 회개와 믿음으로 기초를 깊이 파십시오. 그리고 그 위에 집을 지으십시오.

6
참된 예배

"하나님 아버지 앞에서 정결하고 더러움이 없는 경건은
곧 고아와 과부를 그 환난 중에 돌보고
또 자기를 지켜 세속에 물들지 아니하는 그것이니라"
약 1:27

이것은 충분하게 이해되지 못한 채 자주 인용되는 본문입니다. 오늘날 "종교"(religion, 한글개역개정판에는 "경건"이라고 번역되어 있음)라는 단어의 의미는 그것이 여기에서 처음 번역되었을 때 가지고 있었던 의미와 상당 부분 달라졌습니다. 오늘날 우리는 통상적으로 그것을 다음과 같은 몇 가지 의미로서 이해합니다. 예를 들어 마호메트 종교(religion) 혹은 브라만 종교(religion)라고 말할 때, 우리는 그것을 어떤 전체적인 실재를 구성하는 신조(信條)들과 원리들과 의식(儀式)들의 체계를 의미하는 것으로서 이해합니다. 또 어떤 사람의 종교(religion)라고 말할 때, 일반적으로 우리는 그것을 그가 의식적(意識的)으로 의지(依支)하는 행동과 경외하며 사모하며 사랑하는 태도와 그 결과를 의미합니다. 그러나 여기에서 처음 번역되었을 당시 그 단어는 종교(religion)보다 예배(worship)를 의미했습니다. 혹은 최근에 영어화된 표현을 사용한다면, 그것은 각종 의식(儀式)과 찬미와 간구 등으로 이루어지는 하나님에 대한 "제의"(祭儀, cult)를 의미했습니다. 그 단어는 본문에서 바로 이와 같은 의미로 사용된 것이 명백합니다. 왜냐하면 그렇게 이해하지 않을 때, 본문은 매우 이상하며 우스꽝스러운 말이 되기 때문입니다. 야고보가 여기의 "religion"으로 오늘날 우리가 통상적으로 이해하는 개념을 의미했다면, 다른 사람들에게 은택을 베풀며 개인적인 정결을 지키는 것이 종교(religion)라고 말하는 것은 마치 어머니의 사랑이 자녀를 먹이고 씻기는 것이라고 말하거나 혹은 분노가 붉어진 얼굴과 큰 목소리라고 말하는 것과 마찬가지로 우스꽝스러운 말이 될 것입니다. 감정과 그것에 대한 표현은 서로 별개입니다. 감정이 종교(religion)라면, 그것에 대한 표현은 예배(worship)입니다. 그러므로 만일 여러분이 "religion"으로 번역된 단어를 오늘날의 의미로서가 아니라 17세기 초의 의미로서 취한다면, 여러분은 본문이 가르치는 교훈을 훨씬 더 잘 이해하게 될 것입니다.

이와 같이 저자는 본문에서 종교에 대해 말하고 있는 것이 아니라, 그것의 표현인 "예배"에 대해 말하고 있는 것입니다. 그는 "정결하고 더러움이 없는 참된 예배는 곧 고아와 과부를 그 환난 중에 돌보고 또 자기를 지켜 세속에 물들지 아니하는" 것이라고 말합니다. 그는 앞에서 다양한 형태의 '스스로 속이는 것들'을 제시하며, 그것들이 터무니없는 것임을 역설했습니다. 예컨대 단순히 율법을 듣는 것으로 스스로 의롭다고 생각하는 것 같은 것 말입니다. 그러나 만일 그가 율법을 듣고 돌아가 곧 잊어버린다면 그는 스스로를 속이고 있는 것입니다. 또 어떤 사람이 스스로를 참된 예배자로 생각하면서 자신의 혀를 재갈 물리지 않는다면, 그 역시도 스스로를 속이고 있는 것입니다. 그리고 계속해서 저자는 본문의 일반적인 원리 즉 예배에 대한 최고의 형태와 최상의 표현이 다른 사람들에게 은택을 베푸는 것과 스스로를 정결하게 하는 두 가지임을 이야기합니다.

1. 첫째로, 여기에 나타난 삶의 고결한 이상(理想)을 주목하십시오.

우리는 여기에서 모든 형태의 개인적인 의무를 구성하는 두 부분을 주목할 수 있습니다. 하나는 다른 사람들에 대한 의무의 총체로서 이웃에게 은택을 베푸는 것이며, 다른 하나는 자기 자신에 대한 의무의 총체로서 스스스로를 정결하게 지키는 것입니다. 여기에서 우리는 다른 사람들에 대한 의무가 먼저 놓이고, 우리 자신에 대한 의무가 나중에 놓이는 사실을 주목할 필요가 있습니다. 나는 우리의 삶 가운데 '우리 자신과 우리 자신의 문화와 우리 자신의 개선(改善)과 우리 자신의 성장을 위한 관심'과 '다른 사람들에 대한 책임' 사이의 상대적인 비중(比重)보다 더 어려운 문제는 별로 없을 것이라고 생각합니다. 우리에게 있어 어느 정도 만큼 스스로를 더 낫게 만들고자 노력하면서 동시에 어느 정도 만큼 스스로를 잊고 다른 사람들의 유익을 구해야 하는지를 결정하는 것은 매우 어려운 문제입니다. 그러나 야고보는 우리가 관심을 가져야 할 첫 번째 대상이 다른 사람들이라고 생각하는 것처럼 보입니다. 그리고 그와 같이 다른 사람들을 돌보는 가운데 우리가 가장 효과적으로 스스로를 지켜 세속에 물들지 않게 될 것이라고 생각하는 것처럼 보입니다. 이것은 분명한 사실입니다. 왜냐하면 우리가 우리 주변에 다른 사람들의 유익을 위한 진지한 노력과 이타적인 관심과 동정심의 분위기를 흩뿌린다면, 그것은 마치 어떤 물체를 둘러싸고 있는 얇은 막이나 혹은 공기와 같아서 불이 그곳에 도달하는 것을 잠시 동안 막아 줄 것이기 때문입니다. 우리는 우리를 세상의 더러운 것들로부터 깨끗하게 씻어 주는 가장 강력한 세척제가 다름 아닌 우리 자신을 다른 사람들의 필요와 슬픔 안으로 온전히 던지는 것이라는 사실을 깊이 깨달을 필요가 있습니다.

그러나 나는 여기에서 여러분에게 한 가지 주의를 환기시켜 주고 싶습니다. 그것은 오늘날 수많은 기독교적 사역으로 인해 너무나 바쁜 나머지 자신의 기독교적 성품을 발전시키기 위한 시간을 거의 갖지 못하는 선한 그리스도인들이 너무나 많다는 사실입니다. 교회에 많은 구제기관들이 있는 것은 결코 나쁜 일이 아닙니다. 그런 것들은 많으면 많을수록 좋을 것입니다. 그러나 그것을 운영해 나가는 교회의 능력과 비교할 때, 그러한 기관들은 상대적으로 지나치게 많습니다. 보일러에 비해 엔진이 지나치게 큰 것입니다. 오늘날 과도한 기독교적 사역으로 인해 말씀을 깊이 연구하며 묵상하는 등의 일이 지나치게 약화되어 버리고 말았습니다. 나는 오늘날 더 크게 강조될 필요가 있는 것은 "다른 사람들을 돌보라"는 것이라기보다, "너희 자신을 돌보라"는 것이라고 생각합니다. 바울은 사랑하는 아들 디모데에게 "네가 네 자신과 네 가르침을 살펴 이 일을 계속하라"고 충고합니다(딤전 4:16). 이것은 디모데를 위한 좋은 충고였을 뿐만 아니라 또한 우리 모두를 위해서도 좋은 충고입니다. 하나님이 하나 되게 하신 것을 사람이 나누지 못할 것입니다. 최선을 다해 고아와 과부를 그 환난 중에 돌보십시오. 그리고 세속에 물들지 않도록 스스로를 지키십시오.

고아와 과부를 돌보는 것이 다른 사람들에 대한 우리의 의무 전체를 표현하는 것은 물론 아닙니다. 야고보는 다만 사랑을 표현하는 한 가지 전형적인 실례를 예시하고 있었을 뿐입니다. 여기의 "돌보는"(visiting) 것은 단순히 방문하는 것 이상(以上)입니다. 그것은 관심을 기울이며 보살피는 것입니다. 이와 같이 야고보는 다른 사람들에 대한 기독교적 의무의 총체를 동정(同情)을 베푸는 사랑으로, 그리고 자기 자신에 대한 그것의 총체를 "자신을 지켜 세상에 물들지 않는" 것으로 요약합니다. 그는 그릇된 수도원주의적인 개념으로 "스스로를 세상으로부터 지키라고" 말하지 않습니다. 도리어 그는 "스스로를 세상 안으로 던져라. 그리고 너희가 진흙투성이의 길에 있을 때, 흙탕물이나 더러운 것들이 너희의 흰 옷에 묻지 않도록 하라"라고 말합니다. 이것은 우리가 마음을 다해 조심하지 않는다면 불가불 우리는 외적인 세상과의 접촉으로 말미암아 악에 빠지게 될 것이라는 사실을 함축합니다. 심지어 우리가 다른 사람들에게 은택을 베푸는 행동을 하고 있을 때조차도 말입니다. 나는 우리 모두가 이러한 사실을 잘 알 것이라고 생각합니다.

여기에서 우리는 기독교적 의무의 총체와 관련한 매우 소극적인 관점을 발견하게 됩니다. 어떤 사람들은 "문화"를 전파합니다. 반면 야고보는 "너희 스스로를 정결하게 지키도록 노력하라"고 말합니다. 그는 우리 각자가 행해야 할 일로서 우리 안에 있는 것들을 계발하며 발전시키는 일 이상의 무엇이 있음을 인식합니다. 그것은 또 다른 과정을 필요로 하는데, 그것은 우리 안에 있는 많은 것들을 제거하는 것입니다. 우리는 우리가 마땅히 되어야만 하는 모습이 될 수 있기 전에 먼저 현재의 우리의 모습 가운데 많은 부분을 제거해야만 합니다. 먼저 자신을 죽이십시오. 그러면 여러분은 살 것입니다. 무엇인가를 계발한다고요? 좋습니다! 그러나 여러분은 어떤 것을 계발함과 동시에 또 어떤 것을 십자가에 못 박아야 합니다.

야고보는 자아(自我)를 그다지 고결한 것으로 생각하지 않습니다. 왜냐하면 고결한 성품은 대체로 자아를 부인하는 것으로부터 만들어지기 때문입니다. 물론 나는 이것이 단지 한쪽 측면일 뿐이라는 사실을 압니다. 그러나 우리는 우리 주위를 둘러싸고 있는 무수한 악들과 우리 자신의 마음 안에 있는 수많은 악들로 인해 생명의 율법이 거의 대부분 "하지 말지니라"의 형태로 주어질 필요가 있었음을 알지 않습니까? 하나님이 인정하시는 길로 정직하게 나아가기를 힘쓰는 사람이라면 누구든지 스스로를 세상에 던짐에도 불구하고 그로부터 어떤 악한 영향도 받지 않는 것은 마치 병원에 있음에도 불구하고 아무런 세균에도 감염되지 않는 것이나 퇴비더미 위에 서 있음에도 불구하고 옷에 아무런 더러운 것도 묻지 않는 것만큼이나 어려운 일이라는 사실을 알 것입니다.

그럼에도 불구하고 야고보는 우리가 스스로를 세상 안으로 던져야만 한다고 말합니다. 그는 기독교적 의무를 소극적인 형태로 요약하는데, 그것은 매우 주목할 만합니다. 그는 그것의 모든 무게를 사람 자신 위에 던지는데, 그것은 한층 더 주목할만 합니다. 물론 야고보는 우리가 스스로를 지킴에 있어 반드시 하나님의 지키심이 있어야만 한다는 사실을 잊지 않습니다. 우리가 "내가 네 발을 지켜 실족지 않게 하리라"라고 말씀하신 자를 의지(依支)하지 않는다면, 우리는 결코 스스로를 정결하게 지키지 못할 것입니다. 그러므로 우리는 이와 같은 성품을 형성함에 있어 사람의 측면에 강조점이 놓이는 것에 대해 의아하게 생각할 필요가 없습니다. 여기에서 나는 여러분에게 매우 중요한 사실을 제시하고자 합니다. 그것은 우리가 단지 믿음으로 말미암아 정결함과 거룩함을 얻지 못한다는 것입니다. 다만 믿음의 역할은 '우리가 우리 자신의 노력을 사용할 때 우리를 거룩하게 하는 능력'을 우리 안으로 데려갈 뿐입니다. "그런즉 사랑하는 자들아

이 약속을 가진 우리는 하나님을 두려워하는 가운데서 거룩함을 온전히 이루어 육과 영의 온갖 더러운 것에서 자신을 깨끗하게 하자"(고후 7:1). 우리는 단지 믿음에 의해서만 정결하게 되는 것이 아닙니다.

2. 둘째로, 우리는 그와 같은 삶 가운데 참되며 정결한 예배를 보게 됩니다.

나는 본문이 제시하는 원리의 참된 의미와 관련하여 앞에서 이야기한 것을 다시금 반복할 필요를 느끼지 않습니다. 다만 나는 여러분에게 여기에서 저자가 통상적으로 예배로 불리는 다른 형식의 행동들을 조롱하거나 뒷마당으로 내던져 버리고 있는 것이 아니라는 사실을 일깨워 주고자 합니다. 야고보에 따를 때, 참된 경건은 고아와 과부를 돌보며 스스로를 세상으로부터 흠 없이 지킬 뿐만 아니라 또한 사람들이 자신의 가장 깊은 내적 자아를 표현하기 위해 사용하는 다른 모든 수단들 예컨대 말로써 드리는 예배라든지 혹은 여러 가지 상징적인 행동들에 의해 표현되어야만 합니다. 다만 야고보가 여기에서 역설하는 것은 이러한 두 가지 방식 가운데 보다 더 높고 고결한 것은 다른 사람들에게 은택을 베풀며 스스로를 정결하게 하는 삶의 무언(無言)의 예배라는 것입니다. 비국교도인 우리는 종종 이러한 종류의 본문이 정교하게 다듬어진 감각적이며 의식적(儀式的)인 형태의 예배를 옹호하는 자들을 공격하는 것이라고 생각하는 경향이 있습니다. 그리고 그러는 가운데 본문이 또한 우리까지도 공격하는 것이라는 사실을 너무나 쉽게 잊는 경향이 있습니다. 영국 국교도들이나 로마 가톨릭교도들과 마찬가지로, 비국교도들도 실제적인 의식주의자(儀式主義者)들이 많이 있습니다. 나는 이것은 퀘이커 교도들도 마찬가지라고 생각합니다. 왜냐하면 사람들로 하여금 형식에 과도하게 의지(依支)하도록 만드는 것은 형식을 정교하게 다듬는 것이 아니라 형식 자체의 존재이기 때문입니다. 가장 철저한 비국교도 예배조차 로마 가톨릭교회의 예배처럼 아주 정교하게 다듬어진 감각적이며 의식적(儀式的)인 예배와 똑같이 형식에 의존할 수 있습니다. 사랑하는 형제들이여, 우리 역시도 다른 사람들과 마찬가지로 경고를 받을 필요가 있습니다. 예배당에 나와 앉아 있음에도 불구하고 예배로부터 단절된 사람들이 있음을 나는 압니다. 단순히 예배당에 나와 찬송가를 부르는 것을 예배로 생각하는 사람들이 많이 있습니다. 거기에 불성실함과 무의식적인 외식(外飾)이 슬그머니 들어옵니다. 거기에 기계적이며 형식적으로 찬송가를 따라 부르며 목사의 설교를 듣는 것이 슬그머니 들어옵니다. 여러분이 부르는 찬송은 여러분 자신의 뜨거운 감정을 표현하는 것입니까? 여러분은 예배당에 가서 목사의 설교를 듣는 것으로 주일을 올바로 보냈다고 생각합니까? 집에 돌아와서는 들은 설교와 정반대로 살면서 말입니다. 형제들이여, 실제적인 예배를 드리십시오! 예배가 단순히 외적인 행동이 아니라, 영(靈)으로 하나님 앞에 절하는 것이라는 사실을 기억하십시오. 화석화된 죽은 형식주의의 많은 유혹들 가운데 오늘날 우리는 “여호와께서 네게 구하시는 것이 오직 정의를 행하며 인자를 사랑하며 겸손하게 네 하나님과 함께 행하는 것이 아니냐”라고 말씀하시는 자의 음성을 들을 필요가 있습니다(미 6:8). “그 날에 많은 사람이 나더러 이르되 주여 주여 우리가 주의 이름으로 선지자 노릇 하며 주의 이름으로 귀신을 쫓아 내며 주의 이름으로 많은 권능을 행하지 아니하였나이까 하리니 그 때에 내가 그들에게 밝히 말하되 내가 너희를 도무지 알지 못하니 불법을 행하는 자들아 내게서 떠나가라 하리라”(마 7:22, 23).

3. 마지막으로 이러한 삶을 가능하게 하는 유일한 기초를 주목하십시오.

그것은 경건의 표현인 예배입니다. 그리고 예배가 경건의 표현일 때, 여러분은 은택을 베푸는 삶과 정결한 삶의 최고의 형태를 발견하게 될 것입니다. “나는 시편을 이해하지 못해요. 그것은 나에게 있어 너무나 감정적이며 환희에 차 있어요. 나는 바울과 그의 형이상학적인 신학에 대해 별 관심이 없어요. 나는 요한과 그의 신비주의를 중요하게 받아들일 수 없어요. 나에게 야고보서를 주세요. 그것은 분명한 상식이에요. 그것은 정말로 훌륭한 실천적인 도덕이에요. 거기에는 어두운 먹구름도 없고, 복잡한 이론도 없어요”라고 말하는 사람들이 있습니다. 그렇습니다. 그러나 야고보에게도 근본적인 원리가 있습니다. 그것은 여러분이 도덕을 원한다면 여러분은 경건과 함께 시작해야만 한다는 것입니다. 그는 경건이 영혼이라면, 도덕 곧 고아와 과부를 돌보며 스스로를 세상으로부터 흠 없이 지키는 것은 몸이라고 믿습니다.

나는 여기에서 '경건 없는 도덕'의 가능성과 관련한 복잡한 문제에 대해 다루지 않을 것입니다. 다만 내가 말하고자 하는 요지는 이것입니다. 즉 여러분은 도대체 어디에서 단순한 이론을 이론의 영역으로부터 매일의 실제적인 삶의 영역으로 이동시키는 실천적인 능력을 얻을 것이냐 하는 것입니다. 나는 이것이 극도로 편협하며, 극도로 구식이며, 극도로 비자유주의적인 것임을 압니다. 그러나 동시에 나는 이것이 분명한 진리임을 믿습니다. 예수 그리스도와 함께 시작하십시오. 그리고 그를 기쁘시게 하기를 바라십시오. 바로 그러한 뿌리로부터 본문에 나타난 것과 같은 최고의 은혜와 아름다운 것들이 가장 확실하게 솟아오를 것입니다. 여러분은 기독교와 무관하게 삶의 모범을 만들 수 있을 것입니다. 그러나 여러분이 그것을 얻은 후에, 어떤 사람이 와서 이렇게 말합니다. "아, 그것은 매우 아름다운 모범입니다. 그런데 당신은 그것이 일할(work) 것이라고 생각합니까?" 만일 여러분이 그것이 일하기를 바란다면, 증기(蒸氣)를 일으키는 성령의 불을 얻으십시오. 그러면 그것은 일할 것입니다. 만일 여러분이 강력한 도덕적 삶을 살기를 바란다면, 여러분은 경건과 함께 시작해야만 합니다. 그리고 세상에서의 여러분의 일이 본문에 나타난 두 가지 형태의 아름다운 삶 즉 고아와 과부를 돌보며 스스로를 세상으로부터 흠 없이 지키는 삶의 높이에까지 올라간다면, 여러분의 일(work)은 곧 예배가 될 것입니다.

본문을 곡해하면서 "나는 교회에 다니지 않아요. 그것은 예배가 아니에요. 하나님이 원하시는 것은 일상의 삶의 예배에요"라고 말하지 마십시오. 물론 그렇습니다. 바로 그것이 하나님이 원하시는 것입니다. 그러나 여러분은 여러분의 삶 가운데 주일 예배나 혹은 개인적인 기도와 경건의 시간이 흘러나오는 저수지를 가지고 있을 때 비로소 일상의 삶의 예배를 가장 잘 드리게 될 것입니다. "일이 곧 예배"라는 말은 오늘날 너무나 자주 인용되는 표어입니다. 그렇습니다. 그러나 거기에는 조건이 있습니다. 그것이 하나님과 연결되어 있을 때, 일은 곧 예배입니다. 그러나 그렇지 않을 때, 그것은 예배가 아닙니다. 형제들이여, 신약이 시작하는 곳에서 시작하십시오. 예수 그리스도를 믿는 믿음과 함께 시작하십시오. 그러면 여러분은 입술의 예배와 삶의 예배를 온전히 조화시키게 될 것입니다. 그러나 여러분이 그렇게 시작하지 않는다면, 여러분은 교회가 함께 모여 기도하며 예배하는 것을 별 가치 없는 일로 여기며 깔보게 될 것입니다. 그럴 때 나는 여러분이 다른 사람들에게 은택을 베푸는 일이나 스스로를 세상으로부터 흠 없이 지키는 일에 항상 성공할 것이라고 결코 생각할 수 없습니다.

7
그 이름에 대한 믿음

"영광의 주 곧 우리 주 예수 그리스도에 대한 믿음을 너희가 가졌으니"

약 2:1

본 서신에서 예수에 대한 언급이 드문 사실은 매우 주목할 만합니다. 뿐만 아니라 그러한 언급들의 성격 역시 똑같이 주목할만 합니다. 예수에 대한 언급이 드문 사실이 꼭 그에 대해 상대적으로 낮은 개념이나 그에 대해 덜 공경하는 태도를 의미하는 것은 결코 아닙니다. 야고보는 그리스도를 세 번 언급합니다. 첫 번째로 언급하는 곳은 서두의 인사말인데, 거기에서 그는 스스로를 "하나님과 주 예수 그리스도의 종"으로 표현합니다. 여기에서 하나님과 예수를 나란히 적시(摘示)함으로써, 그는 그의 주인인 그리스도에 대한 무제한의 순종을 나타냅니다. 두 번째로 사용된 곳은 오늘 우리가 읽은 본문인데, 여기에서 우리 주님은 "영광의 주 곧 우리 주 예수 그리스도"라는 장엄한 호칭으로 제시됩니다. 그리고 여기에서 그는 믿음의 대상으로 선포됩니다. 그리고 마지막 용례(用例)는 우리의 심판주이신 주님이 강림하실 때를 바라보며 길이 참을 것을 훈계하는 말씀 가운데 나타납니다. "그러므로 형제들아 주께서 강림하시기까지 길이 참으라"(5:7),

이와 같이 야고보는 베드로나 바울이나 요한과 마찬가지로 예수를 "주"로서 바라봅니다. 그를 하나님에게 붙여지는 호칭과 동일한 호칭으로 부르는 것은 결코 신성모독도, 우상숭배도 아니었습니다. 그에게 하나님에게 드려지는 것과 동일한 절대적인 순종을 드려야 했습니다. 그는 사람들의 무제한적인 의지(依支)의 대상이 되어야만 했으며, 우리의 심판주로서 다시 오실 것이었습니다.

본문 가운데 우리는 구주에 대한 네 개의 독특한 호칭들을 보게 됩니다. 그것은 마치 네 개의 별이 한데 모여 아름다운 별자리를 이루는 것과 같습니다. 오늘 나는 각각의 별들을 서로 분리시켜 바라보고자 합니다. "영광의 주" 곧 우리 "주" "예수" "그리스도"에 대한 믿음.

1. 기독교적 믿음은 예수에 대한 믿음입니다.

우리는 예수라는 이름이 당시 유대인들 가운데 매우 흔한 이름이었다는 사실을 종종 잊는 경향이 있습니다. 그 이름은 우리가 여호수아로 아는 이스라엘의 위대한 전사(戰士)가 가지고 있었던 이름이었습니다. 그 이름은 또한 우리 주님의 제자들 가운데 최소한 한 사람의 이름이기도 했습니다. 그 이름이 유대인들과 그리스도인들 사이에 그리스도 이후로 더 이상 사용되지 않게 된 것을 우리는 쉽게 이해할 수 있습니다. 그 이름이 그의 백성을 그들의 죄로부터 구원하는 그의 사역과 특별하게 연결되어 있었음에도 불구하고, 그는 그 이름을 다른 많은 사람들과 더불어 공유했습니다. 예수라는 이름은 복음서에서 그를 부르는 통상적인 이름이었습니다. 그러나 서신서로 갈 때, 우리는 그 이름이 상대적으로 적게 사용되는 것을 발견하게 됩니다. 그리고 그 이름이 사용되는 거의 대부분의 경우, 우리는 거기에 우리 주 예수의 인성이 강하게 부각되는 것을 발견하게 됩니다. 이러한 사실을 분명하게 나타내는 몇 가지 용례를 살펴보도록 합시다.

예컨대 "인내로써 우리 앞에 당한 경주를 하며 믿음의 주요 또 온전하게 하시는 이인 예수를 바라보자"라는 말씀을 생각해 보십시오(히 12:1, 2). 여기에서 우리는 우리의 형제인 한 사람(our brother Man)이 우리와 동일한 길을 걸음으로써 우리의 인내의 모범이 된 사실을 느낄 수 있습니다. 또 "우리에게 큰 대제사장이 계시니 승천하신 이 곧 하나님의 아들 예수시라 … 우리에게 있는 대제사장은 우리의 연약함을 동정하지 못하실 이가 아니요"라는 말씀을 생각해 보십시오(히 4:14, 15). 이런 말씀 속에서 우리는 그의 인성이 강하게 부각되는 것을 느끼지 않을 수 없습니다. 우리에게는 긍휼의 하나님뿐 아니라, 우리의 슬픔의 쓰라림을 경험으로 알고 우리를 동정(同情)하는 한 사람(a Man)이 계십니다.

마찬가지 방식으로 우리는 때로 "예수께서 우리를 위해 죽으셨다"는 말씀을 읽으며, 또 때로 "그리스도께서 우리를 위해 죽으셨다"는 말씀을 읽습니다. 설령 두 언급 모두 본질적으로 동일한 사실을 나타내는 것이라 하더라도, 그것들은 그것을 서로 다른 각도에서 제시하며 따라서 우리에게 서로 다른 개념을 암시합니다. 예를 들어 바울이 "우리가 예수께서 죽으시고 다시 살아나신 것을 믿는다면"이라고 말할 때, 우리는 그가 구주의 참된 인성의 개념을 강조하고 있는 것을 느끼게 됩니다. 그는 그의 죽음과 부활 안에서 그를 믿는 자들의 선구자(先驅者)가 되었으며, 그로 말미암아 그들의 죽음은 훨씬 더 평안한 것이 되고 그들의 부활은 훨씬 더 확실한 것이 될 것입니다. 왜냐하면 "자녀들이 혈과 육에 속하였으므로 같은 모양으로 혈과 육을 함께 지니신" 자가 그로 말미암아 죽음을 멸하시고 그들을 죽음의 멍에로부터 해방시켰기 때문입니다(히 2:14). 또 우리는 우리의 본성을 취하시고 육과 영 안에서 우리의 친족이 되신 동일한 예수가 죽은 자 가운데 살아나셔서 우리 앞서 하늘로 들어가셨음을 읽습니다. 또 우리는 "오직 우리가 천사들보다 잠시 동안 못하게 하심을 입은 자 곧 죽음의 고난 받으심으로 말미암아 영광과 존귀로 관을 쓰신 예수를 보니"라는 말씀을 읽을 때 그 안에 담긴 심오한 의미를 충분히 이해할 수 있습니다(히 2:9).

이와 같이 기독교 신앙은 먼저 예수의 인성을 붙잡으며, 그의 고난과 죽음을 인식하며, 그가 자신의 본성 가운데 육체의 모든 질고를 짊어졌음을 인식합니다. 그러므로 그의 인성의 생애는 우리를 위한 형제의 모범이 됩니다. 그가 죽으심으로써, 죽음은 더 이상 우리에게 두려움이 아니며 우리를 지배하는 것도 되지 못합니다. 그리고 사람이신 예수가 하늘로 들어가심으로써, 우리는 죄인임에도 불구하고 그곳에 들어가는 것을 두려워할 필요도 없고 그곳에 들어갈 것을 의심할 필요도 없습니다.

우리의 믿음이 사람이신 예수를 붙잡는다면, 우리는 세상의 가변적이며 보잘것없으며 필연적으로 사라질 것들에 대한 애착으로부터 건짐받을 것입니다. 우리의 믿음이 사람이신 예수를 붙잡는다면, 인간적인 사랑과 신뢰와 순종의 모든 보화들은 그 안에서 확실하며 견고한 대상을 발견할 것입니다. 사람의 사랑은 거짓되고, 변덕스러우며, 연약하며, 영원하지 못합니다. 또 사람의 지혜에는 항상 한계가 있으며, 사람의 완전함에는 항상 결함이 있습니다. 그러나 사람이신 예수는 완전하며, 충분합니다. 그는 사람들의 모든 사랑과 신뢰와 순종의 영원한 대상입니다.

2. 기독교적 믿음은 예수 그리스도에 대한 믿음입니다.

최초의 기독교 신앙고백은 예수가 그리스도라는 가장 단순하면서도 충분한 신조(信條)였습니다. 그러면 그러한 신조로써 우리는 무엇을 의미합니까? 먼저 우리는 그가 부분적인 계시의 안개를 통해 수수께끼처럼 솟아오른 희미한 인물의 실현임을 의미합니다. 또 그 단어가 어원적으로 의미하는 것처럼, 우리는 그가 성령으로 "기름부음 받은" 자임을 의미합니다. 왜냐하면 옛 시대에 왕과 선지자와 제사장의 직분은 외적으로 기름부음을 받은 사람들에 의해 채워졌기 때문입니다. 또 우리는 그가 옛 의식(儀式)들이 예표한 것들의 실체임을 의미합니다. 또 우리는 그가 예전에 하나님의 뜻과 생각이 부분적으로 나타냈던 모든 것들이 계속적으로 가리켰던 대상임을 의미합니다. 바로 이것이 예수가 그리스도라는 선언의 의미입니다. 그리고 바로 이러한 믿음이 히브리서 기자가 기독교적 믿음이라고 선언하는 믿음의 특징적인 표지입니다.

진지한 마음으로 예수를 사모하며 순종하면서도 자신들이 그리스도와 관련한 이러한 옛 히브리적 개념들과 아무런 상관도 없다고 생각하는 사람들이 많이 있습니다. 누가 그를 따르는 자이고 누가 그를 따르지 않는 자인지를 결정하는 것은 나의 몫이 아닙니다. 그러나 나는 다음과 같은 사실을 분명하게 말하고자 합니다. 즉 최초의 기독교 신앙고백은 정확히 예수가 그리스도라는 것이었으며, 나는 이러한 신조가 바뀌어야만 할 아무런 이유도 알지 못한다는 사실 말입니다. 이러한 옛 유대적 개념들은 어떤 사람들이 표현한 것처럼 "옛 히브리 의복"이 결코 아닙니다. 나는 이러한 개념들이 결코 폐기되어서는 안 된다고 감히 단언합니다. 왜냐하면 그렇게 할 때 기독교 신앙의 온전함은 심각하게 훼손될 것이기 때문입니다.

예수에 대한 믿음은 반드시 그리스도에 대한 믿음으로 나아가야만 합니다. 예수라는 이름이 특별히 그의 인성을 암시하는 것과 관련하여 내가 앞에서 인용한 구절들을 다시 한 번 생각해 보십시오. 그리고 그 모든 구절들이 그리스도의 기름부음이라는 여기의 또 다른 개념과 어떻게 연결되는지 주목해 보십시오.

예를 들어 "예수께서 죽으셨다"는 말씀을 생각해 보십시오. 그렇습니다. 그것은 역사적(歷史的) 사실입니다. 그 사람은 십자가에 못 박혀 죽었습니다. 그러나 만일 그것이 그 의미를 십자가 위에서 죽은 자가 누구인지에 대한 분명한 이해로부터 끌어오지 않는다면, 그것은 나에게 다른 순교 이야기와 하등 다를 것이 없습니다. 이런 차원에서 바울은 그의 이름을 사용할 때 매우 신중하게 선택하여 사용합니다. 예컨대 "내가 받은 것을 먼저 너희에게 전하였노니 이는 성경대로 그리스도께서 우리 죄를 위하여 죽으시고"라고 말할 때와 같이 말입니다(고전 15:3),

또 우리가 예수의 모범을 인간의 삶의 이상(理想)이 완전하게 실현된 것으로써 생각한다고 가정해 봅시다. 그렇지만 그의 모범은 다른 모범들과 마찬가지로 전적으로 무력하며 무능한 것이 될 수 있습니다. 그러나 우리가 "그리스도께서 우리를 위해 죽으심으로 말미암아 우리의 영원한 모범이 되셨느니라"라고 가르치는 말씀을 듣는다면, 그러한 이상(理想)은 그 아름다움에도 불구하고 싸늘한 눈빛으로 내려다보는 차가운 석상(石像)과 같지 않을 것입니다. 도리어 살아 있는 인격이 손을 뻗어 우리를 그의 수준에까지 높입니다. 그리고 자신의 영을 우리 안에 두심으로써 우리로 하여금 그와 같이 되도록 만드십니다.

또 우리가 단순히 예수라고 불리는 사람이 다시 살아나 영광으로 승귀(昇貴)되었다는 믿음에 스스로를 한정시킨다면, 실제로 그의 부활과 승천에 대한 믿음은 인성의 영역을 뛰어넘는 초월적인 의미를 갖지 못할 것입니다. 설령 그러한 믿음이 지속될 수 있다 하더라도, 그는 혼자 고립된 보좌에 앉아 있는 것으로밖에 생각될 수 없을 것입니다. 그렇다면 그의 승리 안에 우리를 위해 죽음을 이긴 것은 없을 것입니다. 그러나 우리가 "그리스도께서 죽은 자 가운데 다시 살아나셨도다"라고 말할 수 있을 때, 우리는 또한 "그가 잠 자는 자들의 첫 열매가 되셨도다"라고 말할 수 있게 됩니다.

그러므로 형제들이여, 예수에 대한 여러분의 믿음을 그리스도에 대한 믿음의 영역까지 높이십시오. "너희는 나를 누구라고 생각하느냐?" 그 대답은 "주는 그리스도시오 살아 계신 하나님의 아들이시니이다"입니다. 나는 우리 모두가 온전한 마음으로 이렇게 대답하기를 바랍니다.

3. 기독교적 믿음은 주 예수 그리스도에 대한 믿음입니다.

나는 여기의 "주"라는 호칭을 가장 낮은 의미로서 단순히 공손함을 나타내는 호칭으로나, 혹은 가장 높은 의미로서 구약의 "여호와"와 동일한 호칭으로 사용된 것으로 취하지 않습니다. 다만 나는 중간적인 의미로서 위엄과 주권을 나타내는 것으로서 취합니다.

예수는 "주"이십니다. 우리의 형제이며 사람인 자는 우주의 왕입니다. 그리스도께서 "창세 전에 아버지와 함께 가졌던 영광"으로 되돌아온 것 가운데 새로운 사실은 그가 자신의 인성을 신성과의 불가분리적인 연합 안에서 취했다는 사실입니다(요 17:5). 그리하여 사람인 그는 "주"가 되었습니다. 이와 같이 여러분과 나는 그러한 놀라운 소망을 품을 수 있습니다. "이기는 그에게는 내가 내 보좌에 함께 앉게 하여 주기를 내가 이기고 아버지 보좌에 함께 앉은 것과 같이 하리라"(계 3:21). 뿐만 아니라 우리는 우리 자신과 우리의 사랑하는 자들과 교회와 세상과 관련한 모든 일이 혹 잘못될는지 모른다는 두려움을 조금도 가질 필요가 없습니다. 왜냐하면 우주를 통치하는 손이 다름 아닌 병자들과 불구자들 위에 얹어졌던 그리고 소자들을 품에 안았던 바로 그 손이기 때문입니다.

그리스도는 "주"이십니다. 다시 말해서 최고의 통치권은 고난 위에 기초합니다. 그가 입는 옷이 피에 젖어있기 때문에, 그 위에 "만왕의 왕이요 만주의 주"라는 이름이 씌어져 있습니다. 십자가가 보좌가 되었으며, 거기에 모든 참된 통치권의 기초가 있습니다. 그리고 거기에 그의 통치권이 영원한 통치권이라는 확증이 있습니다. 그러므로 우리의 믿음은 스데반처럼 눈이 열려 하늘의 위엄 우편에 계신 인자를 바라보아야만 합니다.

4. 기독교적 믿음은 "영광의 주" 예수 그리스도에 대한 믿음입니다.

여기의 표현은 많은 주석가들을 상당히 곤혹스럽게 만들었습니다. 그와 관련하여 많은 주석가들이 다양한 설명을 제시했습니다. 오랫동안 사람들에 의해 간과되어 왔지만 내가 볼 때 참된 설명인 한 가지 옛 설명이 있습니다. 그것은 "주"를 단순히 의미를 보충하는 보충어로 보면서, 거기에 특별한 의미를 두지 않는 것입니다. 그것을 무시하고 그냥 읽어보십시오. 그러면 무엇을 얻습니까? 그것은 "영광이신 우리 주 예수 그리스도에 대한 믿음"(The faith of our Lord Jesus Christ, the Glory)이라는 표현입니다.

이러한 표현은 쉽게 이해될 수 있지 않습니까? 야고보가 누구에게 편지를 쓰고 있었는지 생각해 보십시오. 그것은 유대인들이었습니다. 모든 유대인들은 쉐키나가 무엇인지 잘 알고 있었습니다. 그것은 그룹들 사이에서 비취는 빛으로서, 신적 임재의 명백한 상징이었습니다. 그러나 그것은 성전에서 오랫동안 사라졌습니다. 야고보가 그러한 익숙한 표현을 사용하여 은혜의 보좌 위에 비취었던 사라진 영광의 광채를 떠올리게 했을 때, 틀림없이 그의 편지를 읽는 유대인 독자들은 그의 의도를 이해했을 것입니다. 그리고 우리 역시도 그의 의도를 이해할 수 있습니다. 그것을 요한복음의 표현으로 바꾸면 이렇게 될 것입니다. "말씀이 육신이 되어 우리 가운데 거하시매 우리가 그의 영광을 보니 아버지의 독생자의 영광이요 은혜와 진리가 충만하더라"(1:14). 여기의 야고보의 표현은 신약의 다른 표현들과 정확하게 같은 의미를 갖습니다. 예컨대 바울 사도는 한 곳에서 "우리의 소망이신 우리 주 예수 그리스도"(Our Lord Jesus Christ, our hope)라고 말합니다. 이러한 표현은 "영광이신 우리 주 예수 그리스도"라는 표현과 정확하게 동일한 방식으로 구성된 것입니다.

그러면 그것은 무엇을 의미합니까? 그것은 하나님의 참된 임재와 찬란한 빛의 광채가 예수 그리스도 안에 있다는 것입니다. 그것은 그의 영광의 광채이며, 그의 인격의 명백한 형상입니다. 왜냐하면 하나님의 영광의 광채의 핵심은 사랑이기 때문입니다. 그리고 그것은 우리 구주 예수 그리스도의 이름과 사명 안에서 최고로 나타납니다. 대체로 사람들은 신적 본성의 영광을 우리의 무력하며 제한적이며 가변적이며 일시적인 존재와 근본적으로 구별되는 속성들 가운데 놓여 있는 것으로서 생각합니다. 반면 하나님은 자신의 최고의 영광을 세상의 모든 사랑의 원형(原型)인 그의 사랑 안에 놓여 있는 것으로서 생각하십니다. 신성(神性)의 핵심은 사랑의 마음입니다.

형제들이여, 우리가 하나님을 보고자 한다면, 우리의 믿음은 사람(Man)이며 주(Lord)인 그리스도 그리고 모든 이름 가운데 최고의 이름으로서 우리에게 주의 영광을 나타내기 위해 우리 가운데 오신 영원한 말씀이시고 성육신하신 하나님을 붙잡아야만 합니다.

그러므로 형제들이여, 우리 마음의 심비(心碑)는 어떤 고고학자들이 역사적 유적지에서 찾아낸 돌비(石碑)와 같지 않습니다. 오래 전의 왕들의 이름을 기록한 절반쯤 지워진 돌비 말입니다. 우리의 심비에 새겨진 이름은 마치 석공이 화강암에 새긴 이름처럼 명확하며, 분명하며, 완전하며, 잘 읽을 수 있는 이름입니다. 우리는 베들레헴에서 태어난 사람을 사람의 사랑으로 붙잡으면서, 동시에 그 안에서 옛적부터 예언된 그리스도를 식별해야만 합니다. 모든 제단이 그를 가리켰으며, 모든 선지자들이 그에 대해 말했습니다. 그리고 모든 옛 계시의 궁극적인 주제가 바로 그였습니다. 그를 만유의 주로서 우리 마음의 보좌에 좌정하게 하십시다. 그리고 그 안에서 아버지의 영광을 보면서, 우리가 그와 동일한 형상으로 변할 때까지 그의 빛 가운데 거합시다. 모든 이름 위에 뛰어난 이름의 다양한 측면들을 붙잡으십시오. 그럴 때 여러분의 믿음이 온전한 형태의 믿음이 될 것이라는 사실을 확신하십시오. 그리고 우리가 옛 사도들처럼 그 이름을 위해 능욕을 받기에 합당하게 여김을 받은 것으로 인해 기뻐합시다. 그 이름을 위해 우리에게 주어진 인생길을 걸어갑시다. 그리고 우리가 말하고 행동하는 모든 것을 "영광이신 주 예수 그리스도"의 이름으로 합시다.

8
행함 없는 믿음

“ 14내 형제들아 만일 사람이 믿음이 있노라 하고 행함이 없으면 무슨 유익이 있으
리요 그 믿음이 능히 자기를 구원하겠느냐 15만일 형제나 자매가 헐벗고 일용할 양
식이 없는데 16너희 중에 누구든지 그에게 이르되 평안히 가라, 덥게 하라, 배부르
게 하라 하며 그 몸에 쓸 것을 주지 아니하면 무슨 유익이 있으리요 17이와 같이 행
함이 없는 믿음은 그 자체가 죽은 것이라 18어떤 사람은 말하기를 너는 믿음이 있고
나는 행함이 있으니 행함이 없는 네 믿음을 내게 보이라 나는 행함으로 내 믿음을
네게 보이리라 하리라 19네가 하나님은 한 분이신 줄을 믿느냐 잘하는도다 귀신들
도 믿고 떠느니라 20아아 허탄한 사람아 행함이 없는 믿음이 헛것인 줄을 알고자
하느냐 21우리 조상 아브라함이 그 아들 이삭을 제단에 바칠 때에 행함으로 의롭다
하심을 받은 것이 아니냐 22네가 보거니와 믿음이 그의 행함과 함께 일하고 행함으
로 믿음이 온전하게 되었느니라 23이에 성경에 이른 바 아브라함이 하나님을 믿으
니 이것을 의로 여기셨다는 말씀이 이루어졌고 그는 하나님의 벗이라 칭함을 받
았나니”

약 2:14-23

여기에서 야고보는 자신의 논점을 세 번 반복합니다. 17절에서 그는 무익한 동정심의 예화(例話)로부터 자신의 논점을 끌어냅니다. 또 20절에서 그는 한 가상적(假想的)인 사람의 말로부터 동일한 결론을 끌어냅니다. 그리고 24절에서 그는 아브라함의 생애로부터 또 다시 동일한 결론을 끌

어냅니다. 우리는 본문을 세 부분으로 나누어 고찰함으로써 그것의 의미를 가장 잘 이해하게 될 것입니다.

1. 저자의 의도에 대한 대부분의 오해는 여기에 사용된 용어들을 불완전하게 이해하는 것으로부터 기인합니다.

야고보는 형이상학자가 아니었습니다. 그는 "믿음"이라는 단어로써 자신이 의미하는 바를 정확하게 설명하고자 노력하지 않습니다. 앞에서 그 단어를 사용할 때(1:3,6; 2:1-5) 그가 의미한 것은 분명 신뢰(trust)라고 하는 복음적인 의미였습니다. 반면 여기에서는 단순히 특정한 종교적인 진리에 대한 지적인 믿음 즉 메마른 정통을 의미합니다. 우리가 그의 이와 같은 용어법을 이해한다면, 그의 교훈과 바울의 교훈 사이에 발견되는 난제(難題)들 가운데 상당 부분은 즉시로 사라질 것입니다. 두 사람 사이에는 논조와 관점에 있어 명백한 차이가 있습니다. 그러나 그들은 피상적인 "믿음"의 무익성에 대해 완전하게 일치합니다 — 이것이 믿음이라는 이름으로 불릴 수 있다면 말입니다. 아마도 바울은 그것을 믿음이라는 이름으로 부르지 않을 것입니다. 그러나 야고보는 자신이 지금 논박하고 있는 사람의 "말"(saying)을 그대로 받아들이면서, 그의 전적으로 지적인 믿음을 기꺼이 "믿음"으로 부릅니다. 그러고 나서 그는 그것을 공허하며 무익한 것으로 산산이 부수어 버립니다.

우리는 14절이 단순한 입술의 "믿음"을 가상(假想)함으로 시작하는 것을 주목할 수 있습니다. "만일 사람이 믿음이 있노라 하고 행함이 없으면 무슨 유익이 있으리요"(14절). 반면 17절은 그것뿐만 아니라 행함으로 이어지지 않는 "믿음"까지 포함시키기 위해 그러한 결론을 확장시킵니다. "이와 같이 행함이 없는 믿음은 그 자체가 죽은 것이라"(17절). 17절의 논리는 만일 14절이 "어떤 사람이 믿음을 가지고 있다면"(if a man have faith)이라고 되어 있었다면 서로 훨씬 더 잘 어울렸을 것입니다. 그러나 행함 없는 믿음을 가진 사람이 종종 더 요란하게 떠든다는 말은 진리일 뿐만 아니라 또한 그 안에는 예리한 풍자도 담겨 있습니다. 자신의 신조(信

條)에 따라 거의 살지 않는 사람들이 그러한 신조를 가장 요란하게 떠들어 대는 것은 결코 드문 일이 아닙니다. 사지(四肢)에 영향을 끼치는 마비(痲痺)는 이런 경우 그런 사람들의 입술에는 영향을 끼치지 않습니다. 야고보는 바리새인들과 유대 그리스도인들 가운데서 그런 종류의 믿음을 너무나 많이 보았습니다. 그리하여 그는 입술을 제어하지 못하는 것에 대해 거룩한 두려움을 가지고 있었습니다(3:2-12). 그런 종류의 믿음은 오늘날에도 여전히 만연합니다. 그러므로 우리는 야고보와 함께 "그 믿음이 능히 자기를 구원하겠느냐?"라는 질문을 던질 필요가 있습니다(14절). 여기에서 "그"가 특별하게 강조되는 것을 주목하십시오.

이어지는 예화(例話)는 입을 것과 먹을 것을 주지 않으면서 단순히 입으로만 동정심을 베푸는 사람을 묘사하는데, 아마도 이 안에 따끔하게 찌르는 것이 있는 것처럼 보입니다(15, 16절). 아마도 정통적인 유대 그리스도인들은 이방인 그리스도인들에 비해 가난한 형제들을 돕는 일에 덜 적극적이었던 것 같습니다. 어쨌든 마음으로 동정을 베푸는 것과 실제로 필요한 것을 주는 것은 함께 가야만 합니다. 다른 모든 감정들과 마찬가지로, 동정은 행동으로 연결되어야만 합니다. 그렇게 되지 않는다면, 그것은 아무짝에도 쓸모없는 것이 되고 맙니다. 보일러에 불을 붙여 강력한 힘을 가진 증기(蒸氣)를 일으키는 것이 도대체 무슨 의미가 있습니까? 그것이 모두 배출구로 빠져나가버린 채 바퀴 하나도 돌리지 못한다면 말입니다. 이와 같이 단순히 입술의 배출구로 터져 나올 뿐인 "믿음"이 도대체 무슨 의미가 있습니까? 그것은 "그 자체로 죽은" 믿음일 뿐입니다. 로마서 2장 17절부터 29절은 동일한 진리를 나타내는 바울의 방식을 보여 줍니다. 행동으로 연결되지 않는 감정은 무익한 것입니다. 마찬가지로 행동으로 연결되지 않는 믿음도 아무짝에 쓸모없는 죽은 믿음입니다.

2. 18-20절 역시도 다른 길을 통해 동일한 결론에 도달합니다.

야고보는 한 가상의 인물을 등장시켜 그로 하여금 믿음이 있노라고 말하는 또 다른 가상의 인물에게 대답하도록 만듭니다. "어떤 사람은 말하기를 너는 믿음이 있고 나는 행함이 있으니 행함이 없는 네 믿음을 내게 보이라 나는 행함으로 내 믿음을 네게 보이리라 하리라"(18절). 여기의 화자(話者)가 이의를 제기하는 대상은 야고보가 아니라, 믿음이 있노라고 말하는 또 다른 가상의 인물입니다. 도리어 그는 야고보의 생각을 그대로 대변합니다. 여기에서 야고보가 자신의 입술로 직접 말하지 않는 것은 아마도 자신의 행위를 자랑하는 것처럼 보이는 것을 피하고자 했기 때문이었을 것입니다. 여기의 화자가 야고보에게 이의를 제기하는 것으로 이해하는 것은 쓸데없는 혼란을 야기시킵니다.

그러면 여기의 화자(話者)는 무엇이라고 말합니까? 그는 "믿음이 있노라"고 단언하는 한 가상의 인물을 설정합니다. 그는 스스로 믿음이 있노라고 말하지 않을 것입니다. 다만 그는 그 가상의 인물에게 믿음의 열매를 나타내는 것으로 그의 믿음을 나타내 보일 것을 도전합니다. 그 자신 역시도 똑같은 시험을 거칠 것이며, 기꺼이 그렇게 할 준비가 되어 있습니다. 그가 볼 때 단순히 믿음이 있노라고 말하는 것이 실제로 믿음이 있음을 증명하는 것은 결코 아니었습니다. 실제로 믿음이 있음을 증명하는 유일한 증거는 그것의 열매인 행함이었습니다. 만일 어떤 사람이 (참된) 믿음을 가지고 있다면, 그것은 필연적으로 행함으로 연결될 것입니다. 그가 말만 요란할 뿐 아무런 열매도 맺지 못한다면, 그는 결코 자신의 믿음의 실재(實在)를 증명할 수 없습니다. 그리고 만일 그가 아무런 증거도 제시할 수 없다면, 그에게 믿음은 존재하지 않는 것입니다.

삶을 시험(試驗)하는 것은 행동입니다. 아무 행동도 하지 않는, 다시 말해서 사지(四肢)를 움직이지 않는 "믿음"은 죽은 믿음입니다. 반면 어떤 나무에 붉고 달콤한 포도송이가 익는다면, 그 나무는 분명 좋은 포도나무일 것입니다. 뼈 안으로 공급된 양분은 결국 피와 살이 될 것입니다. 그와 같이 참된 믿음은 필연적으로 열매를 맺을 것입니다. 이것이 바울이 가르치는 교훈과 같지 않습니까? 그 역시도 "사랑으로써 역사(役事)하는 믿음"에 대해 말하지 않습니까? "그리스도 예수 안에서는 할례나 무할례나 효력이 없으되 사랑으로써 역사하는 믿음뿐이니라"(갈 5:6). 그 역시도 믿음이 행동의 원천이라고 말하지 않습니까? 그 역시도 믿음이 기독교적 삶을 움직이는 원리라고 가르치지 않습니까? 그 역시도 만일 어떤 사람의 삶 가운데 믿음의 결과가 없다면 실제로 그에게 믿음은 없는 것이라고 가르치지 않습니까?

계속해서 화자는 날카로운 조롱과 풍자의 말을 합니다. "네가 하나님은 한 분이신 줄을 믿느냐 잘하는도다 귀신들도 믿고 떠느니라"(19절). "너희는 너희의 유일신론적(唯一神論的) 신조를 자랑하도다. 그렇지 않은가? 너희는 이것이 너희를 하나님의 자녀로 만들기에 충분하다고 생각하도다. 물론 그것은 좋은 것이로다. 그러나 그것은 그리 멀리 가지 못하도다. 왜냐하면 귀신들도 그것을 믿기 때문이라. 도리어 그들은 그것을 너희보다 더 철저히 믿고 있노라. 뿐만 아니라 그러한 믿음은 너희보다도 그들에게 더 강한 영향을 끼치고 있노라. 왜냐하면 그들은 그것을 믿고 '떨기' 때문이라. 그렇게 볼 때 너희의 믿음은 귀신들의 믿음만도 못하도다." 만일 우리가 여기에서 야고보가 모든 유대인들이 아침저녁으로 암송하는 신명기 6장 4절 이하의 위대한 신앙고백의 한 구절을 인용하고 있는 사실을 주목한다면, 우리는 그의 조롱과 풍자가 훨씬 더 예리해지는 것을 느끼게 될 것입니다. "이스라엘아 들으라 우리 하나님 여호와는 오직 유일한 여호와이시니 너는 마음을 다하고 뜻을 다하고 힘을 다하여 네 하나님 여호와를 사랑하라"(신 6:4, 5). 마침내 야고보는 다음 절에서 자신의 이름으로 자기의 주된 사상을 다시금 재확증(再確證)합니다. "아아 허탄한 사람아 행함이 없는 믿음이 헛것인 줄을 알고자 하느냐"(20절).

3. 야고보는 믿음의 본질에 대한 논의로부터 시작하여 믿음과 행함 사이의 관계로 나아갑니다.

이제 그는 과거 역사(歷史)로 돌아와 아브라함의 경우에 호소합니다. "우리 조상 아브라함이 그 아들 이삭을 제단에 바칠 때에 행함으로 의롭다 하심을 받은 것이 아니냐"(21절). 여기의 문맥은 로마서 5장과 동일한 배경을 가지고 있습니다. 그러나 여기의 24절과 로마서 3장 28절은 문자적으로 서로 명백하게 모순됩니다. "이로 보건대 사람이 행함으로 의롭다 하심을 받고 믿음으로만은 아니니라"(약 3:24). "그러므로 사람이 의롭다 하심을 얻는 것은 율법의 행위에 있지 않고 믿음으로 되는 줄 우리가 인정하노라"(롬 3:28). 그러나 그것은 단지 문자적으로만 그런 것일 뿐입니다. 두 사도는 서로 상대방의 글을 알지 못한 채 편지를 쓰고 있었던 것일까요, 아니면 어느 한 사람이 다른 한 사람의 글을 참조하고 있었던 것일까요? 만일 후자의 경우라면, 야고보의 글과 바울의 글 사이에 어느 것이 먼저일까요? 이것은 매우 흥미로운 주제이지만, 여기에서 다루기에는 너무나 광범위한 주제입니다.

분명 아브라함의 경우는 랍비들이 너무나 자주 다루었던 매우 진부한 교훈이었습니다. 바울과 야고보 모두 그의 행적이 견강부회(牽强附會)식으로 말하여지는 것을 자주 들었을 것입니다. 단순히 아브라함에 대해 언급하는 것은 어떤 사도가 다른 사도의 글을 알고 있었음을 증명해 주는 증거가 되지 못합니다. 그러나 그에 대해 언급하는 방식은 그러한 식의 추측을 충분히 가능하게 만듭니다. 만일 어느 한 사도가 다른 사도를 참조하고 있었다면, 야고보가 바울을 참조하고 있었다고 생각하는 것보다 바울이 야고보를 참조하고 있었다고 생각하는 것이 더 쉽습니다.

앞에서 이야기한 것처럼, 그들의 피상적인 불일치는 단지 피상적으로만 그런 것일 뿐입니다. 사람을 의롭게 하는 것으로서 야고보가 말하는 "행함"이 무엇인지 생각해 보십시오. 22절이 그에 대해 분명하게 대답해 줍니다. "네가 보거니와 믿음이 그의 행함과 함께 일하고 행함으로 믿음이 온전하게 되었느니라." 그것은 믿음으로부터 솟아오른 행함입니다. 그리고 그것은 믿음의 열매로서 믿음을 "온전하게" 합니다. 마치 열매를 통해 나무가 온전하게 되는 것처럼 말입니다. 그렇게 볼 때 바울의 교훈은 여기의 교훈과 완전하게 일치합니다. 그 역시도 한편으로 믿음이 행함을 만들며, 다른 한편으로 행함이 믿음을 온전하게 한다고 주장합니다. 바울이 "율법의 행위"라고 부르는 행함은 무가치한 행함입니다. 그것은 야고보가 사람으로 하여금 "의롭다 하심"을 얻게 만드는 행함과 다른 행함입니다.

야고보가 쓸모없다고 말하는 믿음은 바울이 의롭다 하심을 받는 조건으로서 말하는 믿음이 아닙니다. 전자는 신조(信條)에 대한 단순한 동의(同意)인 반면, 후자는 살아 있는 인격에 대한 살아 있는 신뢰입니다.

계속해서 야고보는 아브라함이 이삭을 희생제물로 바침으로써 의롭다 하심을 받은 사실을 지적합니다. "우리 조상 아브라함이 그 아들 이삭을 제단에 바칠 때에 행함으로 의롭다 하심을 받은 것이 아니냐"(21절). 지금 그의 마음속에는 창세기의 신적 칭찬의 말이 있었던 것으로 보입니다. "네가 네 아들 네 독자까지도 내게 아끼지 아니하였으니 내가 이제야 네가 하나님을 경외하는 줄을 아노라"(창 22:12). 그러나 야고보는 그와 같은 헌신의 행동을 그것과 함께 일하고 또 그것으로 말미암아 온전하게 된 "믿음"에게로 돌립니다. "네가 보거니와 믿음이 그의 행함과 함께 일하고 행함으로 믿음이 온전하게 되었느니라"(22절). 그는 예전의 하나님의 선언이 여기에서 "성취된" 것으로서 언급합니다. "아브람이 여호와를 믿으니 여호와께서 이를 그의 의로 여기시고"(창 15:6). 아브라함이 이삭을 희생제물로 드린 행동의 뿌리는 믿음이었으며, 그러한 행동은 아브라함의 믿음을 "온전하게" 했습니다.

24절의 궁극적인 결론은 이와 같은 빛 안에서 읽혀져야만 합니다. "이로 보건대 사람이 행함으로 의롭다 하심을 받고 믿음으로만은 아니니라"(24절). 그렇게 읽을 때, 바울과 야고보 사이에는 어떤 모순도 없는 것으로 나타납니다. "야고보의 논증은 바울의 교훈과 전혀 모순되지 않는다. 다만 그의 취지는 마지막 날 사람들이 그들의 열매에 따라 심판받게 될 것을 역설하는 것이다. 그때 사람들이 듣게 될 말은 '너는 믿었느냐?'가 아니라 '너는 단지 말만 하는 자인가 아니면 행하는 자인가?'일 것이다"(Mayor, Epistle of St. James, LXXXVIII).

이와 같이 야고보와 바울은 같은 진리를 서로 다른 관점으로부터 바라봅니다. 전자는 실천적인 측면에서 바라보며, 후자는 더 깊이 들어갑니다. 전자는 자신의 눈을 열매에 고정시키며, 후자는 뿌리까지 파고 들어갑니다. 전자가 주로 바라보는 것은 흐르는 강물이며, 후자가 주로 바라보는 것은 그것이 흘러나오는 원천입니다. 이와 같이 그들은 서로 상충되는 것이 아니라 보완됩니다. 어떤 예리한 옛 스코틀랜드인은 사복음서를 지나치게 조화시키려는 태도를 경고했습니다. 왜냐하면 많은 사람들이 네 명의 복음서 기자들을 서로 합의시키고자 지나치게 많은 수고를 기울였기 때문입니다. 사실은 네 명 모두가 서로 다른 관점으로 바라보고 있었는데 말입니다. 우리 역시도 기독교적 의를 열심히 전파하고자 했던 야고보와 사람이 율법의 행위가 아니라 믿음으로 말미암아 의롭다함을 받는 진리를 열정적으로 전파하고자 했던 바울을 서로 화해시키고자 하는 많은 시도들에 대해 똑같은 말을 할 수 있습니다.

9
하나님의 친구

"그는 하나님의 벗이라 칭함을 받았나니"

약 2:23

아브라함은 언제 그리고 누구로부터 이와 같은 칭함을 받았습니까? 그가 이와 비슷한 호칭으로 불리는 경우가 구약에 두 번 나타납니다. 그렇지만 아마도 그러한 호칭은 사람들이 그를 부를 때 통상적으로 사용하던 이름이었을 것입니다. 그리고 그러한 호칭은 그의 생애의 역사(歷史)에 의해 만들어진 인상(印象)을 함축적으로 표현했습니다. 자신의 성격을 함축적으로 나타내는 그와 같은 호칭을 얻는 것은 얼마나 복됩니까! 또 그와 같은 호칭으로 모든 세대에 알려지는 것은 얼마나 복됩니까! 많은 사람들이 아는 것처럼, "그 친구"(the Friend)라는 이름은 오늘날 모든 이슬람교도들의 입술에서 아브라함이라는 이름을 대체하는 이름이 되었습니다. 그리고 그의 시신이 안장된 헤브론을 그들은 통상적으로 "그 친구"(the Friend)라고 부릅니다.

오늘 설교의 목적은 매우 단순합니다. 나는 사람의 수준에서 친구의 몇 가지 두드러진 특징들을 제시하고, 그러한 것들을 하나님과 우리 사이의 관계의 표준과 시금석으로 삼고자 합니다.

성경의 이러한 표현들의 기저(基底)에 있는 개념, 다시 말해서 우리와 하나님 사이를 연결하는 띠가 사람들을 서로 가장 달콤하며 강력하게 연결하는 띠와 동일한 띠라는 사실은 얼마나 아름다우며 복된 개념입니까! 결국 경건의 삶은 사람들의 삶을 달콤하게 만드는 모든 감정들을 하나님에게로 옮기는 것 이상도 이하도 아닙니다.

이제 "하나님의 친구"라는 호칭 안에 포함되어 있는 몇 가지 특징들을 살펴보도록 합시다. 그리고 그러한 특징들이 우리와 하나님 사이의 관계에도 그대로 해당되는지 스스로에게 물어보도록 합시다.

1. 첫째로, 친구들은 서로 신뢰하며 사랑합니다.

상호 신뢰는 마치 벽돌들을 서로 연결하여 마침내 하나의 건축물을 만드는 시멘트 반죽과 같습니다. 그것은 우정(友情)으로 연합된 사람들과 떼를 지어 다니는 짐승들 사이의 차이를 만듭니다. 상호 신뢰 없이는 어떤 공동체도 유지될 수 없습니다. 그것은 모든 친교에 생명을 불어넣는 피와 같습니다. 여러분은 "아무개는 나의 친구지만 나는 그를 신뢰할 수 없어"라고 말할 수 없습니다. 만일 의심이 슬그머니 들어오면, 그것은 모든 우정을 죽입니다. 이런 차원에서 야고보는 "아브라함이 하나님의 벗이라 칭함을 받은" 것을 "그가 하나님을 믿으므로 그것이 의로 여겨진" 것과 연결시킵니다. 여러분은 알지 못하는 사람을 친구로 만들 수 없습니다. "알지 못하는 하나님"에 대해서는 고작해야 막연한 경외심과 내키지 않는 순복 정도만 있을 뿐입니다. 반면 우정의 맥박이 고동치기 위해서는 먼저 분명한 앎이 있어야만 합니다. 그리고 우리는 신뢰로 말미암아 그러한 앎을 마음으로 굳게 붙잡아야만 합니다. 내가 하나님을 신뢰하지 않는다면, 나는 하나님의 친구가 될 수 없습니다. 여러분과 내가 하나님의 친구라면, 우리는 그를 신뢰하며 그는 우리를 신뢰할 것입니다. 왜냐하면 친구관계는 일방적인 것이 아니기 때문입니다. 그리고 친구라는 이름은 실제로 양 당사자를 언약 안으로 밀어 넣습니다. 그리고 양 당사자 사이에는 설령 똑같지는 않다 하더라도 비슷한 감정이 있습니다. 그러므로 내가 하나님을 신뢰한다면, 나는 하나님이 나를 신뢰함을 확신할 수 있습니다. 그리고 그러한 신뢰로 말미암아, 하나님은 나를 높이시며 영화롭게 하십니다.

우리는 하나님에 대한 이러한 믿음이 아브라함의 인격 전체의 중심이었으며 그가 하나님의 친구로 칭함을 받은 이유였음을 압니다. 그러나 우리는 한 걸음 더 나아가 그것이 하나님이 거짓말할 수 없다는 사실에 대한 단순한 동의(同意)나 단순한 지적 확신이 아니었다는 사실을 기억할 필요가 있습니다. 그러한 것들이 종종 믿음이라는 이름으로 불리기는 하지만, 정말로 그러한 이름으로 불리기에 합당한 것은 신뢰입니다. 왜냐하면 신뢰야말로 삶 가운데 계속적으로 작동하며 역사(役事)하기 때문입니다. "행함이 없는 믿음은 그 자체가 죽은 것이라"(17절). "우리 조상 아브라함이 행함으로 의롭다 하심을 받은 것이 아니냐"(21절).

히브리서 역시도 아브라함의 생애의 모든 주된 특징을 그의 믿음으로 추적합니다. "믿음으로 아브라함은 부르심을 받았을 때에 순종하여 장래의 유업으로 받을 땅에 나아갈새 갈 바를 알지 못하고 나아갔으며"(11:8). "믿음으로 그가 동일한 약속을 유업으로 함께 받은 이삭 및 야곱과 더불어 장막에 거하였으니"(9절). 또 그는 "믿음으로" 자기 아들을 제단 위에서 제물로 드렸습니다.

계속해서 우리는 하나님과 사람이 친구로서 서로 사랑하는 것은 그들이 서로 신뢰하기 때문이라는 사실을 발견하게 됩니다. "나의 친구"라는 표현은 내가 사랑하는 자를 의미할 수도 있고, 나를 사랑하는 자를 의미할 수도 있습니다. 그러나 둘은 분리될 수 없습니다. 다만 사랑의 달콤한 교호작용(交互作用)이 어디에서 시작되는지 기억하십시오. "우리가 사랑함은 그가 먼저 우리를 사랑하셨음이라"(요일 4:19). "우리가 원수 되었을 때에 그의 아들의 죽으심으로 말미암아 하나님과 화목하게 되었은즉"(롬 5:10). 그러므로 우리는 하늘의 신적 친구에게로 돌이켜, 생명과 마찬가지로 사랑 역시도 그로부터 시작한다는 사실을 분명히 깨달아야만 합니다. 우리의 마음 안으로 그리스도의 큰 사랑이 부어지지 않는다면, 우리의 마음은 결코 하나님과의 단절로부터 돌이켜질 수 없습니다. 옛 사람들은 나무가 벼락에 맞을 때 그 모든 잎들은 번개가 때린 방향으로 향한다고 생각했습니다. 이와 같이 하나님의 사랑의 번개가 우리 마음을 때릴 때, 우리 마음 안에 있는 모든 것들은 생명을 주는 빛의 근원을 향하게 됩니다. 우리의 사랑은 먼저 우리에게 임한 사랑이 달콤하게 반사(反射)된 것입니다. 사랑하는 형제들이여, 친구들은 서로 신뢰하며 사랑한다는 사실을 마음에 깊이 새기십시오. 여러분은 하나님을 신뢰하며 사랑합니까?

2. 둘째로, 친구들은 서로 친밀하며 숨김없는 교제를 나눕니다.

본문의 이야기를 다시 한 번 보십시오. 그리고 하나님이 아브라함에게 아무것도 숨기는 것이 없이 가까이 다가오신 것을 생각해 보십시오. "여호와께서 이르시되 내가 하려는 것을 아브라함에게 숨기겠느냐"(창 18:17). 이것을 훨씬 더 능가하는 말씀을 보십시오. "이제부터는 너희를 종이라 하지 아니하고 친구라 하리니 내가 내 아버지께 들은 것을 다 너희에게 알게 하였음이라"(요 15:15). 하나님이 아브라함에게 아무것도 숨기는 것이 없이 다가오는 것을 주목해 보십시오. 또 하나님에 대한 아브라함의 숨김없는 태도를 생각해 보십시오. 때로 그가 하나님에 대해 얼마나 항변했는지 생각해 보십시오. 때로 그가 하나님의 다루심에 대해 얼마나 불평했는지 생각해 보십시오. 때로 그가 하나님에게 얼마나 조르며 재촉했는지 생각해 보십시오. 이 모든 것들은, 그 기저(基底)에 있는 친밀함을 배제하고 생각한다면, 매우 방자하며 뻔뻔한 태도일 것입니다. 여기에서 우리는 한 가지 매우 단순한 교훈을 취할 수 있습니다. 그것은 우리가 하나님의 친구이며 그를 사랑하는 자라면, 우리는 필연적으로 그와의 교제를 즐거워할 것이라는 사실입니다. 하나님과 교제하는데 무관심한 신앙은 매우 이상한 신앙입니다. 하나님에 대해 생각하는 것보다 다른 것들을 생각하는 것을 더 좋아하는 신앙은 매우 이상한 신앙입니다. 그것은 우리를 하나님과의 고요한 교제와 친교로 이끌지 않습니다. 그러나 놀랍게도 그것은 오늘날 우리 가운데 너무나 많은 사람들의 신앙입니다. 그는 결코 여러분의 문턱을 넘어 들어오지 않는 이상한 친구입니다. 그는 여러분과 함께 있는 것을 불편하게 느끼며, 여러분도 그와 함께 있는 것을 불편하게 느낍니다. 그와 여러분 사이에 공통의 관심사도 없고, 할 말도 없습니다. 그저 꿀 먹은 벙

어리처럼 아무 말도 하지 않고 가만히 있을 뿐입니다. 바로 이것이 오늘날 우리 가운데 너무나 많은 사람들의 신앙이 아닙니까? "그는 하나님의 벗이라 칭함을 받았나니." 아브라함은 평생 동안 그런 식으로 하나님을 생각하거나 혹은 그런 식으로 하나님과 교제하지 않았습니다.

우리가 하나님의 친구라면, 우리는 그와 더불어 아무런 비밀도 갖지 않을 것입니다. 어떤 사람이 나에게 가장 사랑스러운 친구라면, 나는 그와 더불어 아무런 비밀도 갖지 않을 것입니다. 지하실에는 각종 지저분한 물건들이 있습니다. 그러나 가장 사랑하는 친구에게라면 기꺼이 우리는 그러한 것들을 보여줄 수 있습니다. 이와 같이 우리는 하나님에게 아무것도 감추는 것이 없어야 합니다. 우리가 하나님을 온전히 신뢰하며 사랑한다면, 우리는 우리의 모든 불결한 것들과 추한 것들과 악한 생각들과 행동들을 그의 정결한 눈앞에 펼치면서 이렇게 말하기를 두려워하지 않을 것입니다. '나의 가장 친한 친구 외에는 누구도 이러한 지저분한 것들을 볼 수 없나이다. 그러나 나는 이 모든 것을 주 앞에 펼치나이다. 그것을 보소서. 그리하면 주께서 그것을 씻으실 것이나이다. 그것을 보소서. 그러면 그것은 녹아 사라질 것이나이다. 그것을 보소서. 그러면 나의 마음은 그것으로부터 정결케 될 것이나이다."

여러분이 하나님의 친구라면, 모든 것을 그분께 말하십시오. 여러분이 그분께 대하여 말한 모든 거친 말들과 모든 불평들을 그분께 말하기를 두려워하지 마십시오. 하나님은 결코 자신을 사랑하는 자가 자신에 대하여 한 말에 대해 분개하지 않으실 것입니다. 그가 그것을 그분께 말하기만 한다면 말입니다. 하나님이 분개하는 것은 우리 마음 가운데 온갖 종류의 원망과 불평을 쌓아놓고 있음에도 불구하고 그것을 친구에게 단 한 마디도 말하지 않는 것입니다. 형제들이여, 그 모든 것을 쏟아내십시오! 모든 원망과 불평과 의심과 바람을 가지고 그분께 가십시오. 여러분이 그러한 것들을 말하기만 한다면, 그러한 것들은 하나님과의 친교를 깨뜨리기는커녕 도리어 심화시킬 것이라는 사실을 확신하십시오. 하나님과의 친교는 우리가 그분께 대하여 많은 비밀을 가지고 있을 때 심각하게 훼손됩니다.

우리가 하나님이 사랑하시는 자라면, 그는 우리와 더불어 아무런 비밀도 갖지 않을 것입니다. "여호와의 비밀이 그를 두려워하는 자들에게 있음이여 그의 언약을 그들에게 보이시리로다"(시 25:14, 한글개역개정판에는 "여호와의 친밀하심이 그를 경외하는 자들에게 있음이여"로 되어 있음). 때로 예언적인 기대(期待)가 되는 이상한 지혜와 통찰력이 있는데, 그것은 하나님과 밀접하게 연결된 자의 순전한 마음으로 슬그머니 들어옵니다. 그렇지만 우리와 하나님 사이의 친교의 결과가 그런 종류의 통찰력을 전달받는 것이든 아니든 우리가 그를 신뢰하며 사랑한다면 그리고 그에 대해 아무런 비밀도 갖지 않는다면, 우리는 그 역시도 우리에 대하여 아무런 비밀도 갖지 않으실 것이며 우리에게 자기 자신을 나누어 주실 것이라는 사실을 확신할 수 있습니다. 그리고 그의 사랑을 아는 지식 속에서 우리는 우리가 필요로 하는 모든 지식을 발견하게 될 것입니다.

3. 셋째로, 친구들은 서로의 바라는 것들을 채워주기를 기뻐합니다.

본문의 이야기로 다시 돌아갑시다. 하나님의 친구 아브라함은 스스로를 부인하며 본토와 친척과 아비 집을 떠난 날로부터 자신의 독자를 희생제물로 드리기 위해 모리아 산에 올라간 날까지 평생 하나님이 자신에게 명하시는 대로 행했습니다. 그가 하나님이 바라시는 대로 행한 것은 하나님을 신뢰하며 사랑했기 때문이었습니다.

그러면 그의 친구인 하나님은 어떻게 하셨습니까? 하나님은 아브라함이 바라는 것들을 외면하셨습니까? 여러분은 어떤 사람이 자신의 의지(意志)를 하나님께 순복시킬 때 하나님도 당신의 의지를 그 사람에게 순복시키신다는 영원한 진리를 극적인 형태로 나타내는 놀라운 장면 즉 아브라함이 소돔을 위해 간구했던 장면을 기억할 것입니다. 그때 그는 하나님께 끈덕지게 간구함으로 응답을 받았습니다. 이러한 역사적(歷史的)인 사실을 알 때, 우리는 다음과 같은 영원한 진리를 굳게 확신할 수 있습니다. 우리가 하나님의 친구이며 그의 사랑하는 자라면, 우리는 그의 의지(意志)에 순복하며 그의 명령에 순종하는 것보다 더 달콤한 것을 어디에서도 발견하지 못할 것이라는 진리 말입니다. 사랑의 표지와 특징은 사랑하는 자가 바라는 것을 이루어 주기를 기뻐한다는 것입니다. 사랑은 양 당사자의 의지(意志)가 서로 조화되며 일치되도록 만듭니다.

사랑하는 형제들이여, 우리의 경건의 삶은 바로 이런 개념 위에 세워지는 것입니다. 우리 가운데 얼마나 많은 사람들에게 경건의 삶의 개념은 우리가 하고 싶은 것을 금하는 것과 우리가 하고 싶지 않은 것을 명령하는 것입니까? 이러한 친구의 개념을 이해하고 사랑하는 자의 뜻을 행하는 것이 최고의 기쁨임을 깨달을 때, 노예적인 모든 순복과 마지못해 억지로 하는 모든 봉사는 깨끗하게 사라질 것입니다. 여러분과 내가 하나님의 친구라면, "의무적으로" "반드시" "강제적으로" 등의 냉랭한 단어들은 우리의 사전으로부터 사라질 것입니다. 대신에 그러한 단어들은 "즐거움으로" "기꺼이" "자원하여" 등의 단어로 대체될 것입니다. 왜냐하면 친구들은 상호적인 순종 안에서 그들의 친구관계의 정수(精髓)를 발견할 것이기 때문입니다.

그럴 때 하늘의 친구인 하나님 역시 우리가 바라는 것을 행하실 것입니다. 이런 맥락에서 예수 그리스도는 '자신과 친구가 되는 개념'과 '자신이 제자들의 원하는 것을 행하는 개념'을 하나로 연결시킵니다. 그는 이렇게 말씀하십니다. "너희는 내가 명하는 대로 행하면 곧 나의 친구라"(요 15:14). 그리고 계속해서 이렇게 말씀하십니다. "무엇이든지 원하는 대로 구하라 그리하면 이루리라"(요 15:7). 사람들 사이에서의 우정과 사랑을 생각해 보십시오. 그것의 절정은 양 당사자 사이에 의지(意志)가 하나가 되는 것이 아닙니까? 이러한 의지의 일치는 사람과 하나님 사이의 우정(友情)에도 똑같이 적용됩니다.

4. 넷째로, 친구들은 서로 선물을 줍니다.

본문의 이야기로 다시 돌아갑시다. 아브라함은 하나님께 무엇을 드렸습니까? "네가 네 아들 네 독자까지도 내게 아끼지 아니하였으니 내가 이제야 네가 하나님을 경외하는 줄을 아노라"(창 22:12). 그러면 하나님은 당신의 친구들에게 무엇을 주십니까? "자기 아들을 아끼지 아니하시고 우리 모든 사람을 위하여 내주신 이가 어찌 그 아들과 함께 모든 것을 우리에게 주시지 아니하겠느냐"(롬 8:32). 아브라함이 하나님께 자기 아들을 드리는 것은 하나님이 사람들에게 자기 아들을 주시는 것에 대한 희미한 그림자였습니다. 아브라함 편에서 자기 아들을 드리는 것이 그의 사랑의 확실한 증표였다면, 하나님 편에서 자기 아들을 주시는 것은 모든 세상에 대한 그의 사랑의 더 확실한 증표입니다. 이러한 개념을 일반화시키면 이렇게 될 것입니다. 우리가 하나님의 사랑하는 자들이라면, 하나님은 우리에게 자기 자신과 함께 다른 모든 것들을 주실 것입니다. 그것들이 선하며 필요한 것인 한 말입니다. 우리가 하나님의 친구이며 그의 사랑하는 자라면, 우리는 그분께 우리의 자아 전체를 즐거운 순복으로 드릴 것입니다. 만일 여러분이 하나님과 무관한 별도의 관심사를 가지고 있다면, 여러분이 어떤 것을 붙잡으면서 "이것은 내 것이야!"라고 말한다면, 여러분이 희생제물을 아까워하면서 스스로를 순복시키기를 싫어한다면, 여러분이 자아중심적이며 자아가 다스리는 삶을 산다면 — 그렇다면 여러분은 스스로를 그리스도인으로 부를 이유를 거의 갖고 있지 않은 것입니다. "너희는 내가 명하는 대로 행하면 — 그리고 너희 자신을 나에게 주면 — 곧 나의 친구라"(요 15:14). 여러분 자신을 하나님께 드리십시오. 그러면 여러분은 복된 모습으로 변화되고 영화로워진 자신을 다시금 되돌려 받게 될 것입니다. 친구가 자신의 것에 참여하지 못하도록 막는 곳에 참된 친구관계는 존재하지 않습니다. "나의 것"은 이 땅의 성벽에 둘러싸여 있고 "주의 것"은 하늘에 따로 있다면, 나와 하나님 사이의 친구관계는 없는 것입니다. 성벽을 허물어 버리십시오. 그리고 모든 것에 대하여 "우리의 것"이라고 말하십시오. 그러면 여러분은 "나는 하나님의 친구입니다!"라고 당당하게 말할 수 있습니다.

5. 마지막으로, 친구들은 서로를 옹호해 줍니다.

아브라함이 여러 왕들의 보복의 위험 가운데 있었을 때, 하나님은 그에게 "아브람아 두려워하지 말라 나는 네 방패요 너의 지극히 큰 상급이니라"라고 말씀하셨습니다(창 15:1). 그때뿐 아니라 그의 생애 전체를 통해 항상 강한 팔이 그를 둘러싸고 있었습니다. 아브라함은 주변의 이방인들 가운데 하나님을 옹호해야만 했습니다.

우리가 하나님의 친구이며 그의 사랑하는 자라면, 하나님은 우리의 모든 일을 맡아 주실 것입니다. 하나님이 우리를 위하시면 아무도 우리를 대적할 수 없다는 사실을 확신하십시오. 우리가 하나님의 친구이며 그의 사랑하는 자라면, 우리는 하나님의 일을 맡아야만 합니다. 어떤 사람이 먼 나라로 가면서 자신의 친구에게 "내가 떠나 있는 동안 나를 위해 이러저러한 것들을 좀 돌봐 주게"라고 말했다고 상상해 보십시오. 그런데 그 친구가 "그렇게 하겠네!"라고 대답하고서는 손가락 하나도 까딱하지 않는다면, 여러분은 그를 어떻게 생각할 것입니까? 하나님은 자신의 명예를 자기 백성들에게 맡기셨습니다. 그러므로 그리스도인인 우리는 세상에서의 그의 모든 일을 기꺼이 돌봐야만 합니다. 하나님이 여러분을 옹호하는 것과 똑같이 여러분도 하나님을 옹호해야만 합니다. 스스로를 그리스도인이라고 고백하면서 그의 일을 이루며, 그의 이름을 옹호하며, 그의 명예를 지키며, 그의 권리를 진척시키는 일에 거의 관심을 기울이지 않는 것은 얼마나 모순된 일입니까!

사랑하는 형제들이여, 여러분은 하나님의 친구라고 당당하게 말할 수 있습니까? 그렇게 말할 수 없다면, 그러면 여러분은 무엇입니까? 사람들 사이의 관계는 셋으로 구분할 수 있습니다 — 친구와 원수와 아무것도 아닌 사이. 우리는 사랑할 수 있으며, 미워할 수 있으며, 전혀 알지 못하는 사이로서 절대적으로 무관심할 수 있습니다. 나는 이러한 세 가지 종류의 상태가 우리와 하나님 사이의 관계에도 똑같이 적용될 수 있을까봐 두렵습니다. 여러분이 그의 친구가 아니라면, 그러면 여러분은 무엇입니까? 그와 더불어 단지 멀찍이서 가볍게 인사하는 정도의 관계일 뿐입니까? 그렇다던 그것은 여러분이 그를 소홀히 대했기 때문입니다. 설령 그를 경멸하며 발로 차버리지는 않았다 하더라도 말입니다. 아, 여러분은 얼마나 많은 것을 잃어버렸습니까! 어떤 사람이 여러분을 보고 만족하며 즐거워하는 분량은 하나님이 그렇게 하는 분량의 백만 분의 일도 되지 못합니다. 설령 그가 여러분에게 가장 사랑스러운 사람이라고 하더라도 말입니다. 이 땅의 모든 우정(友情)에는 한계가 있습니다. 그것은 변하며, 언젠가는 끝납니다. 그러나 하나님의 우정은 무한하며, 불변하며, 영원합니다. 하나님의 친구에게 모든 것은 친구입니다. 그러나 하나님의 친구됨을 배척하는 사람에게 모든 것은 부딪히는 장애물입니다.

간절히 당부하노니, 여러분의 마음을 그에게 순복시키십시오. 그리고 그를 사랑하십시오. 우리는 하나님과 원수 되었을 때 그의 아들의 죽으심으로 말미암아 그와 더불어 화목하게 되었습니다(롬 5:10). 그렇다면 하물며 그의 친구인 우리 위에, 그의 사랑의 모든 충만과 그의 마음의 모든 달콤함이 살아 계신 그리스도를 통해 풍성하게 부어지지 않겠습니까?

10
입술의 문을 경계하라

"[1]내 형제들아 너희는 선생된 우리가 더 큰 심판을 받을 줄 알고 선생이 많이 되지
말라 [2]우리가 다 실수가 많으니 만일 말에 실수가 없는 자라면 곧 온전한 사람이라
능히 온 몸도 굴레 씌우리라 [3]우리가 말들의 입에 재갈 물리는 것은 우리에게 순종
하게 하려고 그 온 몸을 제어하는 것이라 [4]또 배를 보라 그렇게 크고 광풍에 밀려가
는 것들을 지극히 작은 키로써 사공의 뜻대로 운행하나니 [5]이와 같이 혀도 작은 지
체로되 큰 것을 자랑하도다 보라 얼마나 작은 불이 얼마나 많은 나무를 태우는가 [6]
혀는 곧 불이요 불의의 세계라 혀는 우리 지체 중에서 온 몸을 더럽히고 삶의 수레
바퀴를 불사르나니 그 사르는 것이 지옥 불에서 나느니라 [7]여러 종류의 짐승과 새
와 벌레와 바다의 생물은 다 사람이 길들일 수 있고 길들여 왔거니와 [8]혀는 능히 길
들일 사람이 없나니 쉬지 아니하는 악이요 죽이는 독이 가득한 것이라 [9]이것으로
우리가 주 아버지를 찬송하고 또 이것으로 하나님의 형상대로 지음을 받은 사람
을 저주하나니 [10]한 입에서 찬송과 저주가 나오는도다 내 형제들아 이것이 마땅하
지 아니하니라 [11]샘이 한 구멍으로 어찌 단 물과 쓴 물을 내겠느냐 [12]내 형제들아 어
찌 무화과나무가 감람 열매를, 포도나무가 무화과를 맺겠느냐 이와 같이 짠 물이
단 물을 내지 못하느니라 [13]너희 중에 지혜와 총명이 있는 자가 누구냐 그는 선행으
로 말미암아 지혜의 온유함으로 그 행함을 보일지니라"

약 3:1-13

야고보서 1장 19절과 26절도 말과 관련한 비슷한 교훈을 제시하는데, 특별히 후자는 여기의 3절처럼 "재갈"의 상징을 사용하여 그렇게 합니다. "누구든지 스스로 경건하다 생각하며 자기 혀를 재갈 물리지 아니하고 자기 마음을 속이면 이 사람의 경건은 헛것이라"(1:26). 이와 같은 야고보의 교훈 속에서 우리는 말의 장엄한 가치와 관련한 구약의 교훈들과 자기가 하는 말에 따라 의롭다함을 받기도 하고 정죄를 당하기도 할 것이라는 그리스도의 가르침이 숨 쉬는 것을 느낄 수 있습니다.

분명 동방 사람들은 우리 서방 사람들에 비해 상대적으로 더 느슨한 혀를 가지고 있습니다. 그렇지만 현대적인 삶은, 특별히 도시의 발달과 신문 등 대중매체의 홍수를 생각할 때, 말과 글의 힘을 한층 더 고양(高揚)시키면서 야고보의 훈계를 보다 더 필요한 것으로 만들었습니다. 야고보는 여기의 교훈 가운데 여러 가지 상징을 사용합니다 — 재갈, 키, 불, 길들여지지 않은 동물들, 단 물을 내는 샘과 쓴 물을 내는 샘. 이제 이러한 것들을 차례대로 살펴보도록 합시다.

1. 첫째는 재갈과 키의 상징입니다.

의심의 여지 없이 아직 확고하게 조직화되지 않은 초창기 교회에는 오늘날 우리의 눈에 매우 이상하게 보이는 장면들이 종종 있었습니다. 예컨대 고린도전서 14:26-33과 같은 경우에서 우리는 스스로 선생을 자처하는 많은 사람들이 서로 경쟁적으로 말하려고 하는 장면을 발견하게 됩니다. 야고보는 자신이 가르치는 것을 실천하지 않는 선생들이 더 큰 심판을 받을 것이라는 개념으로 그와 같은 불건전한 열심에 대해 경고합니다. "너희는 선생된 우리가 더 큰 심판을 받을 줄 알고 선생이 많이 되지 말라"(1절). 그는 겸손하게 스스로를 선생들 가운데 한 사람으로 분류합니다. 나아가 2절 초두의 "왜냐하면"(for)은 1절의 훈계의 이유를 제시합니다(한글 개역개정판에는 "왜냐하면"이 생략되어 있음). 선생이 많이 되지 말아야 하는 이유는 실수를 피하기가 매우 어렵기 때문입니다. "왜냐하면 우리가 다 실수가 많기 때문이라"(2절) 그렇게 볼 때, 선생이 되고자 하는 것은 위험한 야심입니다.

계속해서 이러한 개념은 혀를 통제하는 것과 관련한 일련의 고찰들로 이어집니다. 혀를 완전하게 지킬 수 있는 사람은 "온전한" 사람입니다. "만일 말에 실수가 없는 자라면 곧 온전한 사람이라." 왜냐하면 혀를 완전하게 지키는 것이 너무나 어려운 일이므로 그렇게 하는 것이 온전함 여부를 시험하는 시금석이 되기 때문입니다. 야고보는 논증을 하기보다 예화(例話)를 사용하는데, 이런 측면에서 그는 히브리 선지자들과 같습니다. 그의 언어는 매우 상징적이며 회화적(繪畫的)입니다. 말(馬)의 재갈과 배의 키는 모두 혀가 몸을 통제하는 개념을 예증(例證)하기 위해 사용된 것입니다. 다시 말해서 그것은 사람이 혀를 통제해야 한다는 사실을 가르치기 위해 의도된 것입니다. 이러한 두 개념은 여기에서 하나로 융합됩니다. 말의 입에 재갈이 채워집니다. 그러면 그 재갈에 따라 말이 달려가는 방향이 결정됩니다. 키는 작은 나무토막에 불과합니다. 그러나 그것이 움직이는 대로 큰 배가 따라 움직입니다. 심지어 광풍에 흔들릴 때조차 말입니다. "이와 같이 혀도 작은 지체로되 큰 것을 자랑하도다"(5절). 이와 같은 자랑은 결코 거짓이 아닙니다. 왜냐하면 전체적인 요점은 그런 작은 지체가 큰 힘을 가진다는 것이기 때문입니다.

야고보가 말하는 대로 말(言)이 우리의 행동을 통제하는 것은 사실입니까? 마치 재갈이 말(馬)을 통제하고, 키가 배를 통제하는 것처럼 말입니다. 의심의 여지 없이 많은 죄들은 마음의 내적 처소로부터 행동의 외적 세계로 말을 통함이 없이 곧바로 나아갑니다. 그렇지만 우리의 행동을 결정함에 있어 우리 자신과 다른 사람들의 말의 무한한 힘을 생각해 보십시오. 종종 유혹하는 말 한 마디로 야기되는 죄의 두려운 결과를 생각해 보십시오. 어떤 추잡한 책이 우리의 마음과 기억에 남기는 지울 수 없는 더러운 흔적을 생각해 보십시오. 말이나 글로 말미암아 일어난 수많은 좋은 일들과 나쁜 일들을 생각해 보십시오. 우리가 이 모든 것들을 생각한다면, 우리는 그것이 정말로 사실임을 인정하지 않을 수 없습니다. 오늘날 세상 전체가 말의 홍수에 빠져 있는 것을 생각할 때, 우리는 말이 행동을 낳는다는 야고보의 교훈이 결코 과장이 아니라는 사실을 깨닫게 됩니다.

여기에서 야고보가 말하고자 하는 요점은 이와 같이 엄청난 힘을 가진 말(言)을 통제하는 무엇인가가 반드시 필요하다는 것입니다. 단호하면서도 부드러운 손이 고삐를 쥡니다. 그러면 민감한 입은 고삐의 가벼운 압력에 순복합니다. 사공의 손은 키를 조금 앞으로 당기기도 하고 뒤로 밀기도 합니다. 그러면 그에 따라 거대한 배가 움직입니다. 말(言)은 종종 느슨해집니다. 대부분의 사람들에게 있어 말에 대해 경계하는 것은 행동에 대해 경계하는 것보다 상대적으로 적습니다. 그러나 말로부터 행동으로 통하는 바깥쪽 문보다 생각으로부터 말로 통하는 안쪽 문을 경계하는 것이 훨씬 더 지혜로운 일입니다. 무익한 말, 성급한 말, 경솔한 말, 입에서 나오는 대로 내뱉은 말 — 이러한 말들이 우리의 대화의 많은 부분을 차지합니다. "그의 혀가 그로부터 도망쳐 나왔어!"라는 말은 너무나 자주 사실입니다. 고삐를 단단히 잡고 키를 조종하는 것은 어렵지만 가능한 일입니다. 그리고 그것은 꼭 필요한 일입니다.

2. 둘째는 불의 상징입니다.

"보라 얼마나 작은 불이 얼마나 많은 나무를 태우는가"(5절). 야고보는 작은 불씨가 거대한 숲에 큰 불을 일으키는 상징을 제시합니다. 기관차로부터 날아온 불씨 하나가 초원에 떨어졌다고 상상해 보십시오. 그 다음에 무슨 일이 일어날는지 우리 모두가 압니다. 계속해서 야고보는 혀와 불을 연결시키면서, 작은 지체와 그것의 큰 결과를 서로 대조시킵니다. "혀는 곧 불이요 불의의 세계라 혀는 우리 지체 중에서 온 몸을 더럽히고 삶의 수레바퀴를 불사르나니"(6절).

오늘 나는 6절의 의미를 충분히 해석할 만큼의 넉넉한 시간을 갖고 있지 못합니다. 그러나 그것의 전체적인 취지는 분명합니다. 그것은 몸 전체의 움직임에 대해 혀가 끼치는 힘과 관련한 앞의 개념을 새로운 상징으로 되풀이합니다. 여기의 이미지는 한층 더 섬뜩합니다. 그것은 성별되지 못한 혀가 가져오는 한층 더 치명적인 결과를 제시합니다. 혀는 "온 몸을 더

럽힙"니다. 학교나 직장에서 듣거나 혹은 추잡한 책에서 읽었거나 혹은 극장에서 들은 더러운 말은 많은 젊은이들의 인생을 더럽힙니다. 그리고 그것은 그들의 마음에 몸과 영혼을 태워 버리는 불을 붙입니다. 또 말(言)은 바퀴의 축과 같습니다. 그것이 뜨거워질 때, 그것은 바퀴 전체에 불을 붙입니다. 그러면 기차는 어떻게 됩니까? 무엇이 바퀴의 축에 불이 붙게 만듭니까? 게헨나(몰록에게 아이들을 산제물로 바친 골짜기지옥을 상징. 왕하 23:10) 구덩이로부터 나온 유황불이 아닙니까? 어느 정도 인생을 아는 사람이라면 아무도 야고보가 터무니없는 말을 했다고 생각하지 않을 것입니다.

3. 셋째는 길들여지지 않은 동물의 상징입니다.

우리는 여기에서 야고보가 열거하는 길들여진 동물들과 관련하여 문자적인 정확성을 요구할 필요가 없습니다. 여기의 언급은 그의 목적을 나타내기에 충분히 명백합니다. 왜냐하면 사람들은 오래 전부터 다양한 종류의 동물들을 길들여 왔고 또 계속해서 길들이고 있기 때문입니다. 거기에는 사나운 동물도 있고 순한 동물도 있으며, 독이 있는 동물도 있고 독이 없는 동물도 있습니다.

그러나 야고보는 그러한 모든 노력에 저항하는 한 가지가 있다고 말합니다. "혀는 능히 길들일 사람이 없나니"라는 말로써 야고보가 의미하는 것은 무엇입니까?(8절). 그것은 혀에다가 재갈을 물릴 수 있는 사람은 온전한 사람 이상(以上)이어야만 한다는 것입니다. 그렇습니다. 야고보는 그렇게 믿었습니다. 설령 그와 같이 직접적으로 말하지는 않았다 하더라도 말입니다. 그러므로 우리는 여기에서 야고보의 앞의 말로 되돌아가게 됩니다. "너희 중에 누구든지 무엇이 부족하거든 모든 사람에게 후히 주시고 꾸짖지 아니하시는 하나님께 구하라 그리하면 주시리라"(1:5).

계속해서 야고보는 혀의 특징을 덧붙이는데, 그것은 그의 길들여지지 않은 짐승의 이미지와 잘 어울립니다. 혀는 우리에 갇혀 있지만 길들여지지 않은 야생동물처럼 "쉬지 아니하는 악"이며, 포획된 방울뱀처럼 "죽이는 독이 가득한 것"입니다. 악독한 혀로부터 뿜어져 나오는 독은 어떤 방울뱀의 독보다도 더 치명적입니다. 사람의 혀로부터 화살처럼 발사된 신성모독적인 말이나 추잡한 말은 그것을 듣는 사람의 영혼에 치명적인 결과를 가져올 수 있습니다. 그리고 그와 같은 치명적인 독을 빼낼 수 있는 해독제는 어디에도 없습니다.

4. 마지막은 샘의 상징입니다.

이것은 사람의 말 가운데 나타나는 이상한 불일치를 예증(例證)하기 위해 사용된 상징입니다. "이것으로 우리가 주 아버지를 찬송하고 또 이것으로 하나님의 형상대로 지음을 받은 사람을 저주하나니"(9절). 찬송의 말과 저주의 말이 같은 입술로부터 나옵니다. 지나칠 정도로 종교적인 유대 그리스도인들 가운데 여기에서 야고보가 묘사하고 있는 모습의 사람들이 있었을 것입니다. "우리 조상들의 하나님을 송축할지로다"라는 말과 "이러한 자는 세상에서 없애 버리자"라는 말이 같은 입술로부터 나옵니다(행 22:22). 그러나 이러한 이상한 결합을 우리는 이후로도 자주 들어왔습니다. 특별히 종교적인 논쟁이 벌어지는 현장에서 찬송의 말과 저주의 말은 이상하게 결합된 가운데 계속해서 이어져 왔습니다. 그와 같은 현장에서 사람들이 여기의 야고보의 교훈을 좀 더 깊이 마음에 새겼더라면 얼마나 좋았겠습니까!

두말할 것도 없이 여기에서 야고보가 역설하는 것은 하나님을 찬송하는 입술이라면 마땅히 그의 형상대로 지음 받은 사람을 저주하는 입술이 되어서는 안 된다는 것입니다. 하나님을 찬송하는 것이 사람의 최고의 의무이며 또한 말의 은사를 가장 잘 사용하는 것이기 때문에, 그것과 불일치되는 것은 그것이 무엇이든 절대적으로 금지됩니다. 나아가 "이와 같이 짠 물이 단 물을 내지 못하느니라"라는 단언은 저주하는 것은 곧 하나님에 대한 찬송의 실재를 파괴하는 것임을 함축합니다(12절). 어떤 사람이 하나님을 찬송하면서 동시에 그의 형상대로 지음 받은 사람을 저주한다면, 그것은 저주하는 것이 그의 진짜 목소리이고 찬송하는 것은 단지 지나가는 바람소리일 뿐임을 증명하는 것입니다.

참된 근원은 혀보다 훨씬 더 깊은 곳에 있습니다. 삶의 결과들은 궁극적으로 마음으로부터 나옵니다. 마음에 가득한 것이 입술을 통해 밖으로 나오는 것입니다. 그러므로 마음이 그리스도로 말미암아 정결하게 되지 않았다면, 그곳으로부터 정결하며 깨끗한 물은 결코 솟아오르지 않을 것입니다. 먼저 생명의 나무가 물속으로 던져져야만 합니다. 그럴 때 비로소 물이 달콤해질 것입니다. 그리스도께서 우리를 다스리실 때, 우리는 우리의 마음과 우리의 입술을 다스릴 수 있으며 나아가 그것을 통해 우리의 몸 전체와 모든 행동들을 다스릴 수 있습니다.

맥클라렌 강해설교
디모데후서 - 야고보서

초판 인쇄 2014년 8월 15일
초판 발행 2014년 8월 25일

발행처 크리스찬다이제스트
발행인 박명곤
주소 경기도 고양시 일산동구 일산로 413번길 46
전화 031-911-9864, 070-7538-9864
팩스 031-911-9824
등록 제 396-1999-000038호
판권 © 크리스찬다이제스트 2014
총판 (주) 기독교출판유통
전화 031-906-9191~4
팩스 0505-365-9191